"十二五"國家重點圖書出版規劃項目
哈佛燕京圖書館書目叢刊第十五種

沈津 主編

美國哈佛大學
哈佛燕京圖書館藏
中文善本書志

Annotated Catalogue of the Chinese Rare Books
in the Harvard-Yenching Library,
Harvard University, U.S.A.

· 5 ·

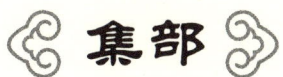

集部

下

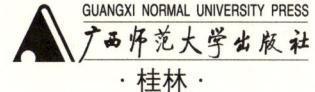

GUANGXI NORMAL UNIVERSITY PRESS
廣西師範大學出版社
·桂林·

集　部

2387　清康熙刻本湛園未定稿　　　　　　　　　　T5458/81B

　　《湛園未定稿》六卷,清姜宸英撰。清康熙刻本。六册。半頁十行二十字,左右雙邊,白口,單魚尾。框高 19.1 釐米,寬 13.8 釐米。前有秦松齡序,錢澄之序,韓菼序。

　　姜宸英,字西溟,浙江慈溪人。康熙三十六年進士。官翰林院編修,充順天鄉試副考官。工制藝,兼善詩古文,每一篇出,人爭傳誦之。有史才,參與撰修《明史》及《大清一統志》。居家孝友,與人交,無城府,談及文字,輒娓娓不休。讀書以五經爲根本,故於注疏細加尋繹,不窮其精藴不已。爲文必先立意,然後下筆,略無凝滯。書法鍾王,唐宋諸家亦無不臨摹,晚尤加意章草及隸篆各種,人得其隻字片紙藏以爲寶。詩宗少陸,參之韓蘇元白,以盡其致,一時論者皆以晉字唐詩宋文章推之。《(雍正)慈谿縣志》卷一〇有傳。

　　卷一論十三篇,擬稿四篇;卷二序上四十二篇;卷三序下十四篇,壽序十三篇;卷四記十六篇,書啟七篇;卷五題跋、書後、辨、説、論、議、贊、記三十八篇,碑文一篇,傳四篇,家傳二篇,賦二篇;卷六墓志銘、墓表碣、行狀、碑陰十五篇,誄一篇,祭文四篇。

　　秦松齡序云:宸英"以是益發憤,欲盡屏人事,並力以從事此道。會奉有纂修之命,治裝北上,哀其前後著爲一集,而中所芟汰者,不下十之三四。集成,將挈之以行,余視其才力雄富,而一規於法,擬古作者分量恢恢有餘地,然猶自署爲未定藁,即其志可知也。"可知此本爲宸英未入書局前所自定。

　　此本有扉頁,刊"湛園未定稿。二老閣藏板"。

　　《四庫全書總目》入集部別集類存目。《中國古籍善本書目》著録清康熙二老閣刻本,上海圖書館、遼寧省圖書館等十館也有入藏。日本内閣文庫、静嘉堂文庫等藏,皆著録爲"清刊本",不知與此同板否。

　　館藏有複本一部,六册,闕名批點,刷印似較此本早,然佚去扉頁。

2388　清康熙刻本查浦詩鈔　　　　　　　　　　T5466/4161

　　《查浦詩鈔》十二卷,清查嗣瑮撰。清康熙六十一年(1722)查氏刻乾隆間印本。四册。半頁十一行二十一字,左右雙邊,白口,單魚尾。框高 17.2 釐米,寬 11.3 釐米。題"海寧查嗣瑮德尹"。前有錢澄之序,康熙六十一年查慎行序。

　　查嗣瑮,字德尹,號查浦,浙江海寧人。少受業於黄宗羲,講明六經指歸及性命之學,與中表兄朱彝尊切劘風雅,益眈吟詠。游京師,詩名與伯慎行相垺,時稱"二查"。兼工書翰,健談論,風發泉流,聽者忘倦。康熙三十九年中進士,歷官翰林院侍講,提督順天學政。未幾,稱疾歸,填篋叶和,更約鄉人爲耆老會,賦詩游讌者數載。晚以門房之累,坐謫遣,卒於關西,年八十二。《(乾隆)海寧州志》卷一一《文苑》有傳。

　　卷一六十九首,卷二五十六首,卷三六十八首,卷四六十二首,卷五六十首,卷六五十二首,卷七九十五首,卷八六十六首,卷九七十七首,卷一〇七十首,卷一一八十八首,卷一二八十八首,又詩餘七首。

　　嗣瑮詩多慷慨悲歌,即尋常酬贈,音調鏗鏘,往往有孤憤不平之氣寓於其中,蓋素所蓄積然也。此本乃查慎行所刻,查慎行序云:"戊戌秋,余狥好友之意,先刻拙集問世,遠近知交兼來索弟詩刻,蓋弟平生轍跡幾徧天下,所至與賢豪長者游,覽眺留題,往往膾炙人口,獨不自愛惜,散軼者多,篋衍所存僅十之四五耳。余稍爲評潤,以付梓工。"

此本有扉頁,刊"查浦詩鈔"。"弘"字避諱。卷一二末刻"男基、學、開恭閱;姪孫羲全校訂"。

《四庫全書總目》未收。《中國古籍善本書目》著録,上海圖書館、南京圖書館等二十六館,及日本內閣文庫、静嘉堂文庫、京都大學文學部中國哲學文化研究室也有入藏。

鈐印有"南樓珍藏"、"西圃藏書"。

2389 清乾隆刻本道榮堂文集   T5466/7972

《道榮堂文集》六卷首一卷,清陳鵬年撰。清乾隆二十七年(1762)刻本。八册。半頁十行十九字,左右雙邊,白口,單魚尾。框高 16 釐米,寬 12.5 釐米。題"湘潭臣陳鵬年北溟著"。前有乾隆元年(1736)孫勷序,乾隆七年(1742)李馥序。

陳鵬年,字北溟,別字滄州,湖南湘潭人。少負才名。康熙三十年進士,初令浙江西安縣,陞知海州,擢守江寧,復出守蘇州,以清廉著,有陳青天之稱。曾出任武英殿修書總裁,奉旨同張鵬翮辦理河工,署理總督河道印務,遷兵部侍郎兼副都御史。以積勞卒於武陟,諡恪勤。《(乾隆)湘潭縣志》卷一九有傳。

據《湘潭縣志》,鵬年有詩文集六十二卷。此爲文集,卷一奏疏書啓,計三十篇;卷二序(詩集類)四十二篇;卷三序(文集類)四十八篇;卷四序小引(族譜及應酬類)三十四篇;卷五記、傳、銘、贊,四十六篇;卷六題跋、祭文、墓表、墓碣、墓銘五十四篇。共計二百五十四篇。首一卷爲諭祭文(雍正二年)、諭碑文(雍正四年)、諭祭文(乾隆十六年)、方苞撰《武陟陳公廟碑文》、鄭任鑰撰《陳公墓志銘》、宋和撰《恪勤列傳》、李果撰《恪勤公家傳》。

鵬年以清操受知於康熙,其在三吴,頗受吴人愛戴,凡士大夫及耆舊稚孺,無不盛稱其治行。卒於雍正元年,工所役徒皆哭,士民相弔失聲,上曰此真鞠躬盡瘁,死而後已之臣。集中奏疏多有關整治河工者,它作多爲應酬之文,非其所長。

李馥序云:"先生文最富,生常憂患,散亡無全帙,及在豫捐館舍,著等均不在旁,悉取他人集中弁言及墓碣碑表彙成一佚,蓋百不得十云。余受而卒業,先生居心仁恕,故其文和平大雅,即應酬游興,善爲往復,不以奇峭爲工而自合古法,至其碑志則徑入韓、歐堂奧矣。"

鵬年曾有詩集三十九卷,先爲刊刻,題《陳恪勤公詩集》。乾隆二十七年,又刻有《滄州近詩》十卷。據孫勷序,鵬年殁後,其子薯(學田)曾取其文刊布之,似或乾隆元年有一刻本。然李馥序則云,乾隆四年薯官福建漳州,攜先生文集若干卷求序,則文集尚未刊刻也。此書版本據扉頁,刊"道榮堂文集。乾隆壬午年鐫。本衙藏板"。

《四庫全書總目》入集部別集類存目。《中國古籍善本書目》著録,遼寧省圖書館、湖北省圖書館等十一館,以及日本静嘉堂文庫也有入藏。

2390 清雍正刻本夢月巖詩集   T5466/6679

《夢月巖詩集》二十卷《詩餘》一卷,清吕履恒撰。清雍正三年(1725)吕憲曾、吕宣曾刻本。八册。半頁十行十九字,左右雙邊,白口,單魚尾。框高 17.2 釐米,寬 13 釐米。題"新安吕履恒元素著"。前有康熙二十八年(1689)周稚廉序、沈德潛序,康熙三十四年(1695)張希良序,雍正三年張漢序;王廉夫先生書;王士禛等評語十六則;編輯校姓氏;《凡例》四則。

吕履恒,字元素,號炬庵,河南新安人。康熙三十三年進士,曾任寧縣知縣、廣西道監察御史、奉天府丞廉學政、都察院左都御史、宗人府府丞、都察院左副都御史、總都倉場户部侍郎、户部右侍郎,又爲雲南、江南典禮試官。康熙五十八年卒。履恒幼承家學,擅詩文,治古文簡煉有法,爲詩習盛唐,以雄渾壯闊爲宗。

是集卷一四言古詩九首(附古今樂府十一首),卷二至四五言古詩一百七十五首,卷五至七七言古詩八十九首,卷八至一二五言律詩四百八十四首,卷一三五言排律三十五首(附六言律詩一首),卷一四至一八七言律詩四百七十三首,卷一九五言絶句八十八首(附六言絶句一首),卷二〇七言絶句一百六十八首。《詩餘》二十四首。

履恒之詩,氣高骨峻,豐腴秀麗,沉摯雄奇。其有所作,或竟歲一改,或一月數改。《凡例》所列溯源流、嚴格調、崇意興、正差訛,當爲履恒詩之評價。其嘗教子姪門人曰,濟南大雅材,竟陵風人致,雖互有得失,要其定力卓然,非代議所及。王廉夫稱,履恒詩原本盛唐,遠溯漢魏,以求合於三百篇之旨。王士禛則云:"夢月岩詩,高渾超詣,多出於杜,正以不甚似杜爲佳。"

此集爲履恒子憲曾、宣曾所刻。張漢序云:"癸卯末秋,章範兄弟來京師,詣予舍,揖予而言曰,先司農《夢月岩集》未鋟板者居半,近欲鋟其全者。"按,"癸卯"爲雍正元年。憲曾,履恒長子,字章範,康熙四十七年舉人,曾任漵浦知縣,工詩,有《舒亭詩草》一卷。宣曾,履恒次子,字揚祖,號柏岩,康熙五十三年舉人,曾爲湖南永興和靖州知州,有《柏岩詩文集》十六卷等。履恒又有《冶古堂文集》五卷,清乾隆十五年吕宣曾刻本,上海復旦大學圖書館、河南南陽市圖書館入藏。又有《使滇草》一卷,爲清康熙四十九年刻本,藏河南省圖書館。

此本有扉頁,刊"夢月巖詩集"。

《四庫全書總目》入集部別集類存目。《中國古籍善本書目》著録,上海圖書館、南京圖書館等二十五館以及日本内閣文庫也有入藏。

2391　清乾隆刻本味和堂詩集　T5472/0242

《味和堂詩集》六卷,清高其倬撰。清乾隆五年(1740)高恪刻本。六册。半頁十行十九字,左右雙邊,白口,單魚尾。框高18.4釐米,寬13.2釐米。題"鐵嶺高其倬章之;男恪書勳、顧麟勳校編"。前有乾隆五年蔡珽序。

高其倬,字章之,鑲白旗漢軍人。康熙三十三年進士。授檢討,歷官山東學政、内閣學士、廣西巡撫。雍正初,擢雲貴總督。任内革除土司陋規,鎮壓叛亂,勸民開墾,興建學校,禁革搶劫民女陋俗,推行改土歸流。四年調閩浙總督,任内奏請廢除海禁,允許沿海居民出洋貿易。乾隆三年授工部尚書,病死進京途中。謚文良。

卷一《白蘋紅杏集》,計一百零二首。其小引云:"余幼解聲病,喜作小詩,師以非舉子業令屏去。甲戌入館後,新進者既有日課,至群遊索居,感時賦物,亦輒復有詩,自謂不工,未嘗存録。庚辰春,有萬柳塘詩,同年生顧書宣、周漁璜、汪安公賞之,索余他詩,無以應。諸君勸存所作,自是稍留稿,顧性疏脱,或存或棄,不甚留意。丙戌冬,病兩月,髭一莖白,念學殖就荒,忽忽將老。又書宣、安公皆下世,追思生平之言,檢未散失者,得詩一百二首,寫作一册,本不足存,存之聊記歲月,故不敢求序於人,非若元微之欲俟後人論定之也。曰'白蘋紅杏'者,原存詩之始,且故人凋落質益,無從志山陽之感耳。"

卷二《懶後憂餘集》,計一百零一首。其小引云:"性質謭拙,生平慵於命筆,復懶酬酢往還,無他賓友,獨諸齊年,時一相過,以吟詠爲娛客之具,故所作與同人倡復者居十六七。丙戌後,游舊零謝,懶不作詩。戊子後,校士山右,不暇作詩。壬辰丁外艱,三年中無詩。甲午復除館職,稍理廢業,通括前後,得詩一有一首,復作一册。二十年翱翔詞館,復逮見作者,而所有篇什寥寥若此,其於詩可知矣。存之如人,不忍棄舊衣物耳。"

卷三《灤陽消夏集》,計六十二首。爲康熙五十四年其倬扈蹕避暑熱河所作。起四月,迄十月。

卷四《塞上悲秋集》,計五十九首。康熙四十七年春,其倬分隸恒邸。五十五年秋,隨恒邸於熱河作。起七月,迄九月。

卷五至六《知非集》,計詩二百三十八首。

蔡珽序云:"乾隆戊午,大司農文良高公以疾卒,越二年,其子恪等校其詩而付之梓……公幼即能詩,長而益進,暮年以來,屛纖穠而歸樸厚,聲洪實大既醇且肆矣。初時頗不存稿,後乃存之……公詩有四者之美,而無其蔽,如山澤欲雨,煙雲自生,天籟一發,大小各和。故讀之者自初學以及老成,即泥執之儒、矜僻之士,亦無不摇首傾心,推爲才子也。"

其倬詩作頗平直,篇章多紀時事,卷一《牧羊詞》,寫牧羊人生活,云:"朝牧羊,牧羊亂山里;夕牧羊,牧羊幽澗底。澗深山高徒侶稀,採枏拾橡長苦飢,夜夜露卧枕老羝,布襆作被還作衣。可憐性命寄豺虎,牧得羊肥歸牧主,經年負直不肯償,乞索頻遭主人拒。故家舊有南山田,蕪没不治今三年,長鎌短笠寄鄰壁,逡巡欲去不敢前。田收已畢公家賦,賦外未輸行省怒,牧羊猶可更主家,縣吏捉人無避處。"又如《放鷹行》,云:"廣原兀兀天四遮,樹頭月落吹蚤笳,將軍錦袍金轡韉,寶弓六石馬五花。從者百騎寂不譁,班雎赤驃驪騮騧,駢頭並驅如排衙,轞上角鷹嘴爪佳。曾肉妖狐搏巨蛇,金鈴掣臂風捲沙,馬前一點掠地斜,飛走窮促喘且呀。裂眥潰腦困攖挐,舉鞭數獲載滿車,雉大如鵝兔如貆,炙肝燔肉傾流霞。侍兒十五彈琵琶,歸來猶作三日誇,相如豎儒井底蛙,如何上書諫大家。"

《四庫全書總目》未收。《北京圖書館古籍善本書目》著錄清乾隆五年高恪刻三十一年重修本。按,此本無重修。

鈐印有"磨印"。

2392　清乾隆刻本雙清閣詩稿

T5470/7212

《雙清閣詩稿》八卷,清勵廷儀撰。清乾隆三年(1738)勵宗萬等刻本。四册。半頁九行十八字,左右雙邊,白口,單魚尾。框高17.8釐米,寬13釐米。題"静海勵廷儀南湖"。前有乾隆元年(1736)張廷玉序。末有乾隆三年鄒升恒後序,乾隆三年張鵬後序。

勵廷儀,字南湖,天津静海人。康熙三十九年進士,選庶吉士,直南書房,授職編修。後累遷中允侍講學士,升内閣學士、經筵講官、掌院學士,晉兵部右侍郎,兼掌院如故。雍正元年升刑部尚書,五年典會試,七年加太子少傅,尋遷吏部尚書,仍專管刑部事。十年卒,賜祭葬如禮。謚文恭。《(民國)静海縣志》午集《人民部》有傳。

卷一樂府三十首,卷二至三五言古詩九十四首,卷四七言古詩二十四首,卷五五言律詩七十五首(附排律三首),卷六至七七言律一百四十四首,卷八五言絕句二十五首、七言絕句七十二首。

　　廷儀性嗜吟詠,公餘退食,輒爲賓從談詩,丙夜不倦。嘗言五言古體爲宗漢魏而步趨康樂,五七言近體則自盛唐至中晚皆不可不學。又嘗曰:香山、眉山之詩,吾未嘗一日去手,又曰必得古風人、騷人之故乃可言詩。張鵬後序云:"公詩才情粲發,格律渾成,而性情溫厚,措詞和雅,讀之使人油然生忠孝之心。尤長於樂府所歌辭,激昂磊落,自寫胸臆,則公盛年時所作爲多。公矜慎不苟作,尤不欲多存稿。"

　　是書爲廷儀子宗萬等所刻。宗萬,康熙六十年進士,選庶吉士,授編修,入直南書房,累官至刑部侍郎。張鵬後序云:"此吾師勵文宗公之吟稿,長君衣園前輩手鈔而鋟之,以傳於世者也。"

　　此本有扉頁,刊"雙清閣詩稿"。目錄後刊"同里後學牛思凝、受業董邦達、内甥井其穎、井其洵、男宗萬校刊"。

　　《四庫全書總目》未收。《中國古籍善本書目》著錄,中國國家圖書館、南京圖書館等十館也有收藏。

2393　清康熙刻本緯蕭草堂詩　T5466/3911

　　《緯蕭草堂詩》六卷,清宋至撰。清康熙刻本。二冊。半頁十行二十二字,四周單邊,白口,單魚尾。框高 18.2 釐米,寬 12.7 釐米。題"商丘宋至山言"。前有柯煜序,康熙六十一年(1722)周龍藻序,康熙二十七年(1688)汪琬序,劉榛序,康熙五十二年(1713)梅庚《胖呵集》序。

　　宋至,字山言,晚號方庵,河南商丘人。犖子。總角能辨四聲,犖授以唐人五七言,通曉大意。十六爲諸生,治經史,日有課程。從犖宦游四方,與施閏章、汪琬、朱彝尊諸老論詩,皆造其堂奥,而所心折者則王士禛,終生執弟子禮。康熙四十二年進士,授翰林院庶吉士,旋命入武英殿纂修《佩文韻府》。散館,授編修,典貴州試事,再爲浙江學政。康熙五十二年,犖逝,奔喪後遂不復出。雍正三年卒,年七十。《國朝耆獻類徵初編》卷一二三有傳。

　　此集皆今古體詩。卷一一百三十六首,卷二一百五十四首,卷三一百七十四首,卷四一百四十九首,卷五一百五十三首,卷六一百八十九首。

　　宋至承其家學,兼得王士禛之傳,天稟敦厚真摯,故發於詩者情深而文明,雖窮工造微而意度渾成,無爐錘雕鏤之蹟。如卷三《買書》云:"自分生涯逐蠹魚,畏人止合就閑居。妻孥笑我迂疏甚,元日街頭先買書。"又《示内》云:"廿年燈火伴辛勤,失意何堪話夜分。風雪飄蕭一杯酒,君兒憐我我憐君。"汪琬序有云:"所謂《緯蕭集》者,筆墨閎肆,往往清麗雄偉,備兼衆體,間出新意,愈奇而愈高古。至於聯句之作,用韻妥貼,使事變化尤類牧仲先生。"周龍藻序又云:"《緯蕭》一集,游覽之詩長於閒適,讌會之詩長於和平,懷人之詩長於沉摯,詠物之詩長於清新,其他次韻聯句不拘一體,而字字由性情中來。"至詩最初爲一卷本,附於宋犖《綿津山人詩集》後。

　　此本有扉頁,刊"緯蕭竹堂詩"。

　　《四庫全書總目》入集部別集類存目。《中國古籍善本書目》著錄,河南省圖書館也有入藏。

2394　清乾隆刻本古劍書屋詩鈔文鈔　T5466/2314

　　《古劍書屋詩鈔》八卷《文鈔》二卷,清吳廷楨撰。清乾隆二十一年(1756)吳士端刻三十四年(1769)補刻本。二册。半頁十行十九字,四周雙邊,白口,單魚尾。框高 17.2 釐米,寬 12.9 釐米。前有乾隆二十一年沈德潛序,乾隆三十四年彭啓豐序。末有乾隆二十一年吴士端跋。

吴廷楨,字山掄,江蘇長洲人。康熙三十五年順天鄉試中式,繼以占籍被黜閒居。聖祖南巡,獻迎鑾詩,賜復舉人,召入南薰殿,兼侍皇子講讀。康熙四十二年中進士後,入翰林,凡纂修書籍,咸詳瞻精核,賫予優渥,官秩頻遷。戊子典試江西,得士最盛。官至左春坊左諭德。乙未卒,年六十有三。

其集題"古劍"者,乃因聖祖南巡,自浙回鑾,廷楨趨赴平望跪迎,即舟次面試七言絶句,限"江"字韻,操筆立就。聖祖褒獎,復還舉人,並書"古劍篇"以賜,遂以"古劍"名其書屋以志榮遇。卷一至三古體詩七十五首,卷四至八今體詩三百九十四首,卷八後爲《補遺》,收今體詩四十九首附詩餘十八首;卷九《文鈔》頌一首、賦一首、論一首、序四篇、奏九篇;卷一〇《文鈔》策問二篇、祭文三篇、雜文七篇、題跋附録十一篇。

廷楨擢翰林後,領袖館閣,制草碑文,咸出其手。纂修御制諸書,降敕批問,援毫立就。賦詩應酬,志愜宸衷。沈德潛序云:"讀先生詩,清新綿婉,其旨温以厚,其辭麗以則,循環反覆而不能休。"

集爲廷楨子士端刊於貴州。士端跋云:"平時手稿散軼殊多,深用悼惜。士端一介迂愚,由諸生入直武英殿,修書議敍……因公暇,檢點少壯隨侍時,與三先兄士雍所抄録,及積年從親友處蒐羅,編次成帙,郵寄沈宗伯歸愚先生刪定,詩文共十卷,付梓行世。"

此本有扉頁,刊"古劍書屋文鈔"。

《四庫全書總目》入集部别集類存目,書名作《古劍書屋文鈔》十卷。《中國古籍善本書目》未收。宋犖輯《江左十五子詩選》收有《吴廷楨詩選》一卷(有清康熙四十二年商丘宋氏宛委堂刻本及民國上海掃葉山房石印本)。

鈐印有"臣焰之印"、"蓉棠氏"、"黃梅花屋所藏。"

2395　清雍正刻本受宜堂集

T5470/9234

《受宜堂集》四十卷目録四卷,清納蘭常安撰。清雍正十三年(1735)刻本。二十册。半頁九行二十字,四周單邊,白口,單魚尾。框高 18.8 釐米,寬 13.4 釐米。題"納蘭常安履坦著;男珉、琇、琦仝校"。前有雍正十二年(1734)吴世尚序,雍正十三年(1735)納蘭常安自序。

納蘭常安,姓葉赫納喇氏,字履坦,鑲紅旗滿洲人。筆帖式出身。雍正初授太原通判,歷官冀寧道,廣西按察使,江西巡撫,因母喪辭官。乾隆四年起爲盛京兵部侍郎,累官漕運總督、浙江巡撫。任内加固海塘,肅清盜匪,賑濟災民。後因縱容僕人滋事及索賄罪被捕,死於獄,時論以爲冤。

卷一至四論六十五篇,卷五至六序三十九篇,卷七至八記三十八篇,卷九説四篇、議二篇、言一篇,卷一〇至一二書五十二通,卷一三至一五史評四十九篇,卷一六傳七篇,卷一七考一篇、辨二篇、約二篇、引一篇、檄一篇、書後五篇,卷一八書後十一篇、雜著六篇,卷一九文十六篇,卷二〇頌三篇、銘四則、贊五則、連珠十首,卷二一至二二制義二十四篇,卷二三至二四賦二十五篇,卷二五《釣魚臺剩草》九十八首,卷二六《成章集》一百二十四首,卷二七《醉紅亭集》一百四十九首,卷二八《三署集》七十二首,卷二九《獨秀集》一百零二首,卷三〇至三一《昆明集》一百二十六首,卷三二至三四《玉帶溪稿》一百九十八首,卷三五至三七《豫章集》三百十九首,卷三八至四〇《詩餘》二百五十首。

"受宜"者,乃康熙五十二年,帝曾賜額"受宜堂",曰"爾之所受,皆爾之宜,勿宜何受"。其自序云:"又擇稍稍有得者,分類編次,統名曰《受宜堂集》。受宜云者,志天語也。且際吾世世子孫,勿忘一展卷而思之也。"序又云:"文雖不工,體裁略具,門下士請雕諸板,因出問世,並選制義若干首附於卷末。至奏議、公牘、告示各種,另刊外集。噫!此不忘聖人之訓,而又以諗後人手澤之所以存。"

《四庫全書總目》未收。《中國古籍善本書目》著錄,中國國家圖書館、上海圖書館等七館也有入藏。

2396　清乾隆刻本受宜堂駐淮集　　　　　T5470/9234.2

《受宜堂駐淮集》十二卷,清納蘭常安撰。清乾隆刻本。四册。半頁九行二十字,四周單邊,白口,單魚尾。框高 18.7 釐米,寬 13.2 釐米。題"納蘭常安履坦箸;男珉、琇、琦同校"。前有程嗣立序。

此爲乾隆五年常安以兵部侍郎董漕運,駐淮十有四月,職事之暇所作詩文。卷一論十五篇,卷二序十二篇,卷三記十一篇,卷四說六篇、書六通,卷五書十二通,卷六至七史評三十一篇,卷八辨二篇、書後六篇、文一篇、頌一篇,卷九箴四則、運珠十五首、賦六篇、雜箸一篇,卷一〇至一二詩一百六十七首。

程嗣立序云:"公宦跡所經,若晉若黔若滇南,若江右遼陽,南北舟車萬餘里,所歷名山大川,風土人物,形勝要隘,古今興廢,因革之故,足關政治,裨補風教,或廣異聞,備參考者,莫不紀以鴻篇,形之歌詠,卷帙盈繁,陵跨一世……兹於淮,復得詩文若干首,名曰《駐淮集》,雖所錄不多,而典則悉備,卓然可傳。"

常安幼習古文詞,長通聲韵,尤喜論文,服官數十年來,宦轍幾遍天下,所至必訪嗜古之儒,共爲談論。生平無他嗜好,惟於經傳子史百氏之書,手觸目注,有深味乎其間。其爲文頗實在,所撰史評尤可讀。卷七評"文徵明"云:"人之言行,亦各有所守。守之堅也,權貴不能移,威武不能屈。衡山之卻寧王聘而不赴,絕張璁、楊一清之謀而不就是也。史稱和而介,誠不爲謬。假令失其和,固不可以執業;失其介,尤不可以立身,雖多藝,何足稱。嗟乎!衡山之介,衡山之所以成名也夫。"評"王世貞"云:"人無賢愚,皆有一段至性流露之處。當其流露也,不稍留餘蘊,必極盡吾誠,則根本既立,枝條自茂,賢者佐之……雖然以嚴嵩、張居正二奸在朝,世貞乃得免於罪戾,幸矣。"

《四庫全書總目》未收。《中國古籍善本書目》著錄,中國國家圖書館、南京圖書館等七館也有入藏。

2397　清乾隆刻本瀋水三春集　　　　　T5470/9234.3

《瀋水三春集》十二卷,清納蘭常安撰。清乾隆五年(1740)刻本。六册。半頁九行二十字,左右雙邊,白口,單魚尾。框高 18.4 釐米,寬 13.3 釐米。題"納蘭常安履坦著;男珉、琇、琦仝校。"前有乾隆五年(1740)常安自序,乾隆五年陸慶元序;《凡例》八則。

納蘭常安,見清雍正刻本《受宜堂集》。

卷一論十二篇,卷二序六篇,卷三記三篇、説八篇,卷四題跋二十四篇,卷五書七篇,卷六頌一篇、箴二則、銘六則、連珠六首,卷七賦七首,卷八至一二詩二百十六首。

此集專載盛京諸作,或涉及盛京者。盛京山海縈峙其間,巖岫參差,波瀾浩渺,指不勝屈,而幅幀廣大,周循未徧。集中之作,皆其所親歷,且多爲記實。

常安自序云:"嘗觀古人一生述作,彙輯而刻之,詩曰詩集,文曰文集,而平日所經之地,所歷之時,悉具其中。若專以地名,則於山川風土、民物人文、古碑崇觀、勝跡名埸之中,節其最古而著者以概之。傳以時名,則或自春徂夏,自秋徂冬,任某官,理某事,花晨月夕,讌飲唱酬,有所吟咏,綜其歲月以標之。俾後之覽者,知某地某時,爲某人之所經歷、某人之所嘯歌也。丙辰歲,予奉命督理北路糧餉,駐鄂爾崑瓜,期未屆,蒙特授盛京兵部侍郎,得代入觀,時已未嘉平月之六日也。居半月,肅承聖訓,俶裝就道,未抵山海關,逢元日,出關日,逢立春,馳驅一月,方抵盛京。其地山峙海縈,兩府三鎮,遠拱近翊,太祖、太宗郊岐興土也。余先世祖籍亦托於斯,惜前此從未戾止。至是,見所未見,則詢之同僚;聞所未聞,則稽之載志,時有所得,一一形諸楮墨,迨五月杪,蒙内召,改刑部侍郎,閏六月朔起程旋京。此一任也,臘中奉命,夏杪回車,計其時雖歷六月,而迎春、送春,俱在關外,是三春景色得之獨全。因寓居東郭,適臨瀋水之濱,顏其集曰《瀋水三春》,時與地兼有所記也。"

陸慶元序云:"屢請公付剞劂,至是,將命梓,統命之曰《瀋水三春集》。"

《四庫全書總目》未收。《中國古籍善本書目》著録,中國國家圖書館也有入藏。

2398 清乾隆刻本善卷堂四六 T5463/7181

《善卷堂四六》十卷,清陸繁弨撰。清乾隆刻本。八册。半頁九行二十一字,左右雙邊,白口,單魚尾。框高15.1釐米,寬11釐米。題"武林陸繁弨拒石撰;桐城吴自高若山氏注;武進陳明善服旃校閲"。前有陳廷會序,徐炯序;章藻功跋;乾隆九年(1744)張廷玉序;陸宗楷撰傳;吴自高撰《例言》七則;乾隆七年(1742)吴自高撰《緣起》。

陸繁弨,字拒石,浙江錢塘人。培子。窮居著書,以孝義爲鄉里表率。工駢體文。年十五作春郊賦,辭藻流美,筆不停揮。伯父圻以爲王筠芍藥遜其敏、正平鸚鵡讓其工。時陳維崧、吴綺皆下世,繁弨自許儷語爲海内無雙。弟子章藻功等得其講畫,多足名家。詩豪華精整。康熙二十三年卒,年五十。《清史列傳》卷七〇有傳。

吴自高,字若山,安徽桐城人。官翰林院待詔。世承家學,少嬰足疾,鍵户十餘年,尤能博通群籍。

卷一至三序二十五篇,卷四至五壽序二十一篇,卷六至七書二十一通、壽啟二通,卷八引一篇、傳一篇、哀詞一篇、祭文四篇,卷九疏三篇、碑文一篇、雜文二篇、題跋三篇,卷一〇集外文二篇、拾遺四篇。

繁弨稟奇麗之才,履窮愁之境,其父於明季殉難後,即韜晦鄉曲,閉户著書,其作文屬辭比事,浩博淵深,讀者每多藉稻琅玡之惑。此集之注,爲自高句詮而字釋之,俾觀者如游名山勝水,望高深而識其徑術;如披珠林寶藏,閲斑斕而知其名器;如登崇臺複閣、曲榭迴廊,而得其門户梯階。據自高《例言》云:"高注是集,何敢自謂精詳,然凡引據處,務於文義確切,庶免錯繆,其有奧僻未能悉考者,於本句下標明補注,以俟更訂。"

此集之注,自康熙十三年始,迄二十一年秋止,凡九年始成。原集爲崑山徐炯所刻,凡四卷。崑山朱亦仁贈自高原刻,自高乃詳悉校對。又有逸篇等,皆爲原刻所不載,從它書抄録並附之簡末,名曰拾遺。

吳自高《緣起》云:"雍正甲辰,移館姚巢桐先生之抱影軒,其介弟三崧先生,自京師省覲歸里,集飲暗香齋。偶檢行笥《善卷堂文集》,舉集中一二事實相質,高聊即疇所記憶者應之。三崧欣然謂曰,足下盍倣迦陵四六,爲斯集鄭箋乎?高謝以徵事深博,未易窺測,請得借觀鈔録,因取引事之易知者,旁行側注之。迨庚戌春,膺太保張公召來京師,寓居西郊賜園,筆札多暇,長晝無聊,隨所繙閲,有與集中徵引相符者,即簽於卷尾,巾箱綴輯,積日彌多。三崧見之,益慫恿卒業,迺更借證藏書,旁搜典故,句疏而字釋之,凡九閲寒暑,而注始粗就。"

《四庫全書總目》入集部別集類存目。《中國古籍善本書目》著録。遼寧省圖書館、福建省圖書館等四館,日本大阪府立圖書館也有入藏。

2399　清乾隆刻本學耨堂詩文集　　　　T5466/1129

《學耨堂文集》七卷《詩稿》九卷《詩餘》二卷,清王崇炳撰。清乾隆刻本。十冊。半頁十行二十字,四周單邊,白口,單魚尾。框高17.2釐米,寬12.8釐米。文集題"鶴潭王崇炳虎文氏著";門人程建楷端儒、何元顯器璉、黃廷元殿選、俞濟楫川全較"。前有乾隆二十五年(1760)齊召南序。末有乾隆五十三年(1788)郭燕貽跋。《詩稿》題"鶴潭王崇炳虎文氏著;男國壎、國陛、崧壽、婿張世僑全較"。前有王崇炳自序。《詩餘》題"鶴潭王崇炳虎文氏著;男國壎、國陛、崧壽、孫延年全較"。(應有雍正九年王崇炳自序,此本佚)

王崇炳,字虎文,浙江東陽鶴潭人。貢生。年八十餘而卒。曾輯有《金華徵獻録》二十卷及《金華文略》二十卷。

《文集》卷一《書荃隨筆》,計六十六條,箴六則;卷二序等十六篇;卷三序十九篇;卷四傳十七篇;卷五記二十二篇;卷六説七篇、跋一篇、評二篇、題辭一篇、墓志銘一篇、行述一篇、壽序三篇;卷七賦三篇、書一通、雜文五篇。《詩稿》卷一一百十首;卷二一百二十三首;卷三九十二首;卷四一百十四首;卷五一百十六首;卷六八十五首;卷七八十三首;卷八八十四首;卷九四十首。《詩餘》卷一一百零二首;卷二六十三首。

學耨堂者,爲崇炳讀書處,取《大戴禮記》講學以耨之義。《文集》卷五有《學耨堂記》,有云:"所耨何田?蓋心田也。萬善皆起於心,猶田之生穀也。莠者似苗之草而害苗者也,耨所以去莠也。"

齊召南序云:"先生夙負文章重名,好學深思,鄙俗儒舉業之陋,於聖賢經術毫髮無所得也。因地懷古,沿流溯源,志在紹何、王、金、許之傳,以上承朱子,而由東萊以兼綜金谿。多聞多見,採擇至精,搜葺儒先遺書,廣爲刊布,家居教授,一言一動,皆足楷模。"

崇炳嘗言,二十爲詩,三十學詩,四十能詩,然不能工,至七十猶故。其自序云:"壬寅,至四明訪友,類多倡和,欲刻爲一帖。兒輩以爲不如檢平日所爲詩,擇其精者合刻之。一開卷則束髮故人,不勝存殁之感,存者當留,殁者亦難恝置。故此編凡六卷,壬寅以後詩,録十之五;壬寅以前詩,録十之二。其所去取,止能敘交,不能擇詩。"此爲九卷本,當後人所重編。

《文集》、《詩稿》每卷題名均不相同。又《詩稿》書口下爲黑口。

《四庫全書總目》、《續修四庫全書總目提要(稿本)》未收。《中國古籍善本書目》、《中國科學院圖書館藏中文古籍善本書目》、《臺灣公藏善本書目》、《日本京都大學人文科學研究所漢籍分類目錄》、《日本内閣文庫漢籍分類目錄》未著録。日本東京大學東洋文化研究所入藏。

鈐印有"羅劍峰印"。

館藏複本一部,存七册。《詩稿》佚去卷七至九。又《詩餘》前有雍正九年王氏自序。《文集》及《詩稿》皆有扉頁,刊"學耨堂文集"、"學耨堂詩稿"。鈐印有"王紹夏印"、"邾杞"。

2400 清康熙刻本古香樓吟稿 T5472/3102

《古香樓吟稿》二卷《詞稿》一卷,清汪文柏撰。清康熙刻本。一册。半頁九行十九字,左右雙邊,黑口,雙魚尾。框高18.3釐米,寬12.4釐米。題"休陽汪文柏柯庭"。前有王晫序,黄玢序,韓純玉序,臧廷鑑序,魏坤序,沈兆麟序。《詞稿》前有張光曙序,黄容序。

汪文柏,字季青,號柯庭,安徽休寧人。附貢生,康熙間官北城兵馬指揮使、行人司行人。善畫墨蘭,雅秀絶俗,尤工詩,嗜古好讀書。又有《摘藻堂集》、《柯亭餘唱》。

文柏曾以養疴閉關十年,静處一室,乃得考核古今,博綜物理,以及釋老藩籬,亦得單刀直入。據云於此渣滓既去,清虚日來,病不治而躍然起。其所藴發爲詩歌,氣充力厚。此吟稿卷一六十三首,卷二六十六首;《詞稿》五十六首。多爲山川亭墅游歷之詩,以暨桐谿酬倡之詠。

黄容序云:"司城柯庭汪先生叙敏天異,擷芳群籍,以供其驅遣。詩才超逸淵雋,瑩無塵想,見者無不嘆賞。又以其暇爲長短句,凡探幽攬勝,撫景懷人,偶有所觸,倚聲而成。不矜奇而字新創,情至者文副,故能運靈心,舒妙腕,寓軟玉柔金之巧於鏤冰濯雪之中。"

文柏天資朗悟,爲詩詞大抵以禪理證入,其詠家藏法書名畫之《古香樓》云:"何物滿高樓,宋鑴與秘録,青藜最可人,黄妳吾所欲。香清凝座隅,色古悦心目,焉敢傲百城,擁書聊自足。"又吟《題壽聖寺善繼禪師血書華嚴經》云:"其中妙諦難敷演,且寫貝葉藏花宮。松煤黑汙不可用,丹砂炫眼令人瞢。金銀作屑總外物,捨所易捨非吾從。最難捨者身中血,充足則生枯則絶。我今將報世雄恩,十指如鎚俱刺裂。和香蘸取録真言,八十一卷無差别。要知不是凡間書,豈效銀鉤與釵折。須教字字放光明,何異造論蓮生舌。莊嚴法寶信堪珍,呵護天龍及鬼神。"按,善繼禪師書血經,書於元至正二十五年,今藏蘇州西園寺,有元釋壽序,明宋濂、李維楨及清歸莊、宋犖等數十人跋。

是本寫刻。

《四庫全書總目》、《續修四庫全書總目提要(稿本)》均未收。《中國古籍善本書目》著録,作《吟稿》三卷《西山紀游詩》一卷《詞稿》一卷。中國國家圖書館、復旦大學圖書館、南京圖書館等四館也有入藏。

2401 清康熙刻本柯庭餘習 T5466/3104

《柯庭餘習》十二卷,清汪文柏撰。清康熙四十四年(1705)汪氏古香樓刻本。二册。半頁十行二十一字,左右雙邊,黑口,雙魚尾。框高17.6釐米,寬12.5釐米。題"練江汪文柏季青"。前有陳維崧序,朱彝尊序;同學評論三十則;柯庭小照(鮑承勳摹)並贊(黄玢)。

卷一至二五言古體一百零二首,附録六首;卷三七言古體三十二首;卷四至五五言律詩二百二十首;卷六至七七言律詩二百二十首,附録一首;卷八五言排律十六首、七言排律二首、七言小律十首;卷九五言絶句一百七十二首、六言絶句二十首;卷一〇至一一七言絶句二百四十八首;卷一二樂府五十六首。

　　柯庭,文柏之號。其云"餘習",蓋指詩首、學之餘也。文柏天資敏妙,博學多能,兼通釋老二氏,探入精微,吟詠工繪,亦興會之餘。卷四有《芥子園爲李笠翁題》一首,云:"芥子納須彌,名園位置宜,毛端千佛刹,橘裏四仙棊。至小能含大,巋安卻勝危,樽前新樂府,大半出書帷。"卷一二《酬曉廬五疊前韻》云:"生平嗜好無多物,琴鶴同舟,書畫銷愁,雙硯端溪與歙州。"

　　朱彝尊序云:"柯庭年方少,結交皆老蒼,揚扢風雅,氣足奪人。嗣是海内稱詩者相與訂攬環結珮之好。予留京師,不相見久,比歸,而柯庭通籍,除北城兵馬司指揮,塵沙之蓬勃、干謁之奔忙、判牘之繁冗,對簿詰察者,率栗果之惡少年、黥面之逃丁、探刃之寇宄,意其無暇作詩人矣,而吟詠愈多。既而解組歸來,則道塗之作,益多且工……柯庭則能去陳脱近,獨出新裁,是足傳矣。"

　　此本有扉頁,刊"柯庭餘習。古香樓定本"。目録後刊有"康熙乙酉年仲夏月。男兆鯨、兆鰲恭較"。

　　《四庫全書總目》未收。《中國古籍善本書目》著録,中國國家圖書館、上海圖書館等六館也有入藏。日本大阪府立圖書館有清康熙四十六年序刻本。

2402　清雍正刻本樓村詩集　　T5463/1147

　　《樓村詩集》二十五卷,清王式丹撰。清雍正三年(1725)王懋訥刻本。四册。半頁十一行二十一字,左右雙邊,白口,單魚尾。框高 17.9 釐米,寬 12.7 釐米。題"寶應王式丹方若"。前有吳斯泌題詞;田雯序,康熙六十一年(1722)陳鵬年序,查慎行序,雍正三年吳瞻淇序。末有雍正四年(1726)洪公寰跋。

　　王式丹,字方若,號樓村,凝鼎子,江蘇寶應人。以名諸生選拔入成均。康熙四十二年會試、殿試皆第一,授修撰。分修《皇輿表》、《佩文韻府》、《一統志》諸書。居官十年,吟誦自娛。罷歸後,僑居郡城,喜獎後進,聞人有一善,則津津樂道,士以是多歸之。《(道光)重修寶應縣志》卷一七有傳。

　　卷一至五《龍竿集》,收壬申詩五十七首、癸酉詩五十五首、甲戌詩六十三首、乙亥詩九十九首、集前詩一百五十三首;卷六至一二《罜蘇集》,收丙子詩六十九首、丁丑詩一百四十七首、戊寅詩一百七十八首、己卯詩六十三首、庚辰詩一百六十一首、辛巳詩一百二十首、壬午詩九十九首;卷一三至卷一四《補過齋集》,收癸未詩四十八首、甲申詩五十九首;卷一五至二一《忍冬齋集》,收乙酉詩四十三首、丙戌詩五十八首、丁亥詩四十五首、戊子詩六十三首、己丑詩四十四首、庚寅詩六十七首、壬辰詩六十三首;卷二二《鴻柯集》,收癸巳詩八十九首;卷二三至二五《梅花書屋集》,收甲午詩六十三首、乙未詩四十七首、丙申詩三十六首。

　　式丹積學嗜古,以詩文名海内,每一篇出,人相傳誦。其爲人寬和弘藹,與人交必盡其忻懽,發爲吟詠,極筆墨之淋灕,而一澤於古雅。

　　此本刻於雍正三年,查慎行序云:"雍正甲辰秋,賢嗣懿誦以名孝廉來宰烏程,甫蒞任,亟專信使奉先人遺稿,委余校訂,將付剞劂,並索弁言。"又吳瞻淇序云:"懿誦以龍竿諸集,屬余編次,授之剞氏,凡如干卷。"洪公寰跋云:"遺稿若干卷,嗣君抑夫令吳興,始從開雕。余於今春棹舟訪抑夫於官舍,重覩斯集,悼歲月之不留,憶風流之恍若,悲喜不自勝抑。"按,王懋訥,字抑夫,武英殿纂修,雍正元年任烏程知縣。

此本有扉頁,刊"樓村詩集二十五卷"。

《四庫全書總目》入集部別集類存目。《中國古籍善本書目》著錄,上海圖書館、天津圖書館等二十一館收藏,又日本內閣文庫也有入藏,然均作雍正四年王懋訥刻本。

2403 清康熙刻本敬業堂詩集　　　　　　　　　　T5464/83

《敬業堂詩集》五十卷,清查慎行撰。清康熙五十八年(1719)刻雍正增修本。二十一冊。半頁十一行二十一字,左右雙邊,白口,單魚尾。框高17.7釐米,寬12.4釐米。題"海寧查慎行悔餘"。前有王士禎序,楊雍建序,黃宗炎序,陸嘉淑序,鄭梁序(闕康熙五十八年許汝霖序、唐孫華序)。

查慎行,初名嗣璉,字夏重,後更今名,字悔餘,晚號初白,浙江海寧人。康熙四十二年進士,授編修。曾受業於黃宗羲。工詩,古體學蘇軾,近體似陸游。

是編裒其生平之詩,隨所游歷,各爲一集。卷一至三《慎旃集》,計詩二百五十三首;卷四《遄歸集》詩九十一首,《西江集》詩八十一首;卷五《踰淮集》,詩五十九首;卷六至七《假館集》,詩一百三十三首;卷八《人海集》,詩八十九首;卷九《春帆集》,詩六十六首;卷一〇《獨吟集》,詩七十六首;卷一一《竿木集》詩五十五首,《題壁集》詩六十首;卷一二《橘社集》,詩六十四首;卷一三《勸酬集》,詩九十三首;卷一四《溢城集》,詩九十一首;卷一五《雲霧窟集》,詩七十三首;卷一六《客船集》詩二十九首,《並轡集》詩四十三首;卷一七《冗寄集》,詩六十三首;卷一八《白蘋集》詩三十五首,《秋鳴集》詩五十二首;卷一九《敝裘集》詩三十四首,《酒人集》詩七十五首;卷二〇《游梁集》,詩九十七首;卷二一《皖上集》,詩六十一首;卷二二《中江集》,詩七十三首;卷二三《得樹樓集》詩八十九首,《近游集》詩二十四首;卷二四《賓運集》,詩四十四首;卷二五《炎天冰雪集》詩三十五首,《垂櫜集》詩四十二首;卷二六《杖家集》,詩六十五首;卷二七《過夏集》,詩七十四首;卷二八《偷存集》詩十七首,《繙經集》詩八十一首;卷二九《赴召集》,詩九十七首;卷三〇《隨輦集》,詩一百十四首;卷三一《直廬集》,詩一百二十四首;卷三二《考牧集》,詩一百首;卷三三《甘雨集》,詩四十三首;卷三四《西阡集》詩六十二首,《迎鑾集》詩四十六首;卷三五《還朝集》,詩八十首;卷三六《道院集》,詩七十三首;卷三七至三八《槐簃集》,詩一百九十五首;卷三九《棗東集》,詩一百八首;卷四〇《長告集》,詩一百七十二首;卷四一《待放集》,詩一百五十九首;卷四二《計日集》,詩七十九首;卷四三《齒會集》,詩一百二十八首;卷四四《步陳集》,詩一百二首;卷四五《吾過集》,詩六十四首;卷四六《夏課集》詩四十五首,《望歲集》詩五十首;卷四七至四八《粵游集》,詩一百八十九首;卷四九至五〇《餘波詞》,爲長短調二百三十三首。總共四千五百八十七首。

查氏之詩,恢之以學問,深之以涵養,且歷覽宇內名山巨川,以達其氣、裕其神,而擴其耳目之聞見。即物寫懷,皆其忠孝友愛、至性至情之所蘊蓄而流露。此集之名,乃因慎行隨駕山莊時,康熙帝御書賜額"敬業堂",故名。其每小集之名,也皆有所由,可見每集之篇首文字。

唐孫華序云:"吾友查夏重先生,天縱異才,深沉好古,於書無所不闚,而其生平所癖好者,惟於詩、於山水、於友朋,而於進取榮利之塗泊如也。昔人論文謂必得江山之助,以先生之才之學,而天又故遲其遇,俾其馳驅游覽,以盡吐其胸中之奇。嘗挾策從軍至牂牁夜郎之地,以及齊魯燕趙梁宋之區，郵亭驛壁題詠殆遍，往往傳誦人口。又嘗渡彭蠡、過洞庭、登匡廬之巔，探峴山黃鶴之勝，所至必與賢豪長者相結，往復酬唱，詩益富而且益奇。癸未成進士，簡入翰林，即受天子特達之知。授職以後，比歲西巡，扈蹕者再，常在屬車豹尾之間，涉大都之河，窮甌脫之境，荒邈幽岨，從來詩人之所未到、題詠之所不及，蕩胸駭目，悉繪之於詩。凡有所作，皆呈御覽，未嘗不篇篇稱善也……既歸里門，於世事一無干預，而登臨詠歌之興未衰也。乃復南游閩粵，尋無諸之故墟，訪尉佗之遺跡，而其詩益豪蕩感激、超神入化矣。"

《四庫全書總目》入集部別集類。《中國古籍善本書目》著錄，中國國家圖書館、上海圖書館等三十二館，臺北"國家圖書館"、日本內閣文庫、尊經閣文庫、靜嘉堂文庫、東洋文庫、京都大學人文科學研究所等也有入藏。

鈐印有"于"、"半哭半笑樓珍藏印"、"舊雨草堂"、"守真草堂珍藏"。

館藏有複本一部，十六冊，較此本多出康熙五十八年許汝霖序、唐孫華序。鈐印有"長州彭穀孫長壽印信"、"彭穀孫胡鳳扆長壽合璧之印"。

2404　清查學等刻本敬業堂詩續集　　　　　　　　　　　　　T5464/83B

《敬業堂詩續集》六卷，清查慎行撰。清查學、查開刻本。三冊。半頁十一行二十一字，左右雙邊，白口，單魚尾。框高 17.4 釐米，寬 12.3 釐米。題"海寧查慎行悔餘"。

卷一至二《漫與集》，詩二百三十六首；卷三至四《餘生集》，詩三百三十四首；卷五《詣獄集》，詩七十四首；卷六《生還集》詩七十七首，《住劫集》詩五首。

此本有扉頁，刊"敬業堂詩續集"。每卷之末，刊"姪男學、開校刊"。

《四庫全書總目》未收。《中國古籍善本書目》著錄，中國國家圖書館、上海圖書館等十三館，以及日本東洋文庫、大阪府立圖書館也有入藏。

鈐印有"守真草堂珍藏"、"關西餘子"、"右任珍藏"、"舊雨草堂"。

2405　清乾隆刻本集虛齋學古文　　　　　　　　　　　　　　T5475/0214

《集虛齋學古文》十二卷附《離騷經解略》一卷，清方婺如撰。清乾隆十九年（1754）方超然佩古堂刻本。四冊。半頁十一行二十五字，左右雙邊，白口，單魚尾，書口下刻卷數。框高 18.1 釐米，寬 13.1 釐米。題"還淳方婺如文輈屬藁"。前有總目，題"還淳方婺如文輈屬藁；同學諸先生閱定；男超然異渠開雕；孫男墾西堂校"。

方婺如，字若文，一字文輈，號樸山，浙江淳安人。受業於毛奇齡，篤信好學，博覽群籍，以文章名天下。康熙四十五年進士。授順天豐潤知縣，歷官三年，以"燒鍋失察"去官。後家居力學，清嚴律己，教書自給。曾在敷文、蕺山、紫陽書院講學，其教必以正心術、端品行為本，門下多出高足。乾隆二年以經學被推舉，欽召纂修三禮，堅辭不就，時人稱"樸山先生"。又有《周易通義》、《尚書通義》、《毛詩通義》等。

婺如深究經學，潛心理學，擅長古文，為文樸茂古奧，事例能闡發性道，有濟世之教。是書卷一至二雜著，卷三至四書札，卷五至八序，卷九碑、記，卷一〇墓誌，卷一一墓誌、墓表，卷一二傳、志。末附《離騷經解略》。

近人張舜徽《清代文集別錄》卷五著錄此書，敘述甚詳。《四庫全書總目》云："其制義最有時名,而散體之文,亦頗奧勁有筆力,然喜雕琢新句,襞積古辭,遂流爲別派。蓋其制義,亦喜以新穎爲工,天性然也。"另《離騷經解》在《總目》中則云:"是編所解甚略,無所考證發明。"兩種均入存目。

　　婁如家居甚貧,其致王虚舟(澍)札云:"昨歲奇旱,浙東西十一州,無少差者,米價遂痛騰躍,而弟食貧日益甚,故人當路,不能丐之餘論。使遂饑馳乎?方望足下以君子;而欲自爲計,又望足下以小人。一身兩口,自相齟笑不能止。然事固有私情無害公義者,獲上信友同一關捩,想足下必不判若背膺也。"

　　此本無序、跋。扉頁刊"集虚齋集。乾隆甲戌年鐫。佩古堂藏本"。

　　《中國古籍善本書目》著録,湖北省圖書館、杭州大學圖書館等五館入藏。又日本静嘉堂文庫、京都大學所屬圖書館也有入藏。

2406　清乾隆刻後印本王石和文　　　　T5470/1165

　　《王石和文》九卷,清王珻撰。清乾隆刻後印本。四册。半頁九行二十二字,四周單邊,白口,單魚尾,書眉上刻評。框高 18.9 釐米,寬 13.4 釐米。題"晉陽三立書院受業諸子參編"。前有乾隆六年(1741)黄祐序;雍正七年(1729)王珻小引;劉贄撰《三立祠傳》。

　　王珻,字韞輝,號石和,山西盂縣人。康熙四十五年進士。生而穎異,至性天成。選翰林院庶吉士,授檢討。學養深醇,爲名公卿所推重,與人接,温厚和平對之。以推薦充三朝國史館纂修官,旋以親老乞終養歸。

　　王珻鄉居數十年,敦重品行,德望大著。論古今是非得失,透徹入微。其爲文自出性靈,時文古文自成一家。雍正二年,各憲重珻學行,延爲晉陽書院山長,從游者百餘人,掌教十餘年,從游者日益衆多,至數千百人,自丙午至乙卯、丙辰之間,登甲乙科者百餘人。此集多議論之文,筆意亦頗縱横。《四庫全書總目》云,其記周遇吉死節事,與《明史》本傳不合。又以好蚡廟爲田子方廟,與朱彝尊碑不合。珻文皆注明所撰之年,文末有評語,然非出一人之手,故不注姓氏。

　　黄祐序云:"雍正十三年秋,予有山西巡察之役。甫入境,聞先生掌教會城書院,至則喜而趨謁,親其道範,朗然如明月之鑒懷也,冷然如清風之滌煩暑也……先生官京師時,恥奔競,鍵户讀書,同僚咸敬憚之。比告歸,益砥礪實學,以醇朴範鄉邦……乾隆六年,予方家居,時坊人以先生時文久膾炙於海内,而古文集僅傳播北地,乃於先生季弟瀘溪令署中,覓得先生文集,欲重梓之,以公四方。介友屬予爲序,予展而讀之,其議論上下千古,論事必持其要,論人必當其衡,合參之四書文,而體用大備。"

　　此本有扉頁,刊"王石和文。三立書院諸子參編。培風齋藏板"。

　　《四庫全書總目》入集部别集類存目。《中國古籍善本書目》著録,山西省太原市圖書館、天津南開大學圖書館等五館也有入藏。民國間,山西省文獻委員會輯《山右叢書初編》收入此書。

　　鈐印有"鳳"。

2407　清乾隆刻本餘園詩鈔　　　　T5470/2231

　　《餘園詩鈔》六卷,清繆沅撰。清乾隆繆集、繆琬刻本。四册。半頁十行十九字,四周單

集部

邊,白口,單魚尾。框高 18.2 釐米,寬 13.1 釐米。題"亭間繆沅澧南氏著;後學沈德潛、金志章編輯;男集、琬校字"。前有乾隆九年(1744)張廷玉序,乾隆十年(1745)史貽直序,乾隆八年(1743)黃叔琳序,乾隆九年阿克敦序,乾隆十年孫嘉淦序,乾隆八年沈德潛序。末有劉方靄後序,乾隆十年陳豫朋後序,乾隆十年程盛修後序,乾隆七年(1742)金志章後序;繆集、繆琬識語。

沅,字湘汜,江蘇泰州人。幼嗜學,四庫百家,靡不貫穿。康熙四十八年進士,殿試一甲第三。授編修。充五十一年會試同考官,視學湖廣。尋遷工科給事中,轉禮科,擢太僕卿、通政使、內閣學士、工部侍郎轉刑部。無疾而終,年五十八。《(嘉慶)揚州府志》卷四八有傳。

卷一五言古八十八首,卷二七言古七十三首,卷三五言律六十六首,卷四七言律一百十首,卷五五言排律十七首,卷六五言絕句三十六首、七言絕句七十首。

繆沅自少天稟絕人,負穎異才,有聲江淮間。中年成進士,讀中秘書,敭歷館閣者十餘載。既而司衡三楚,所至汲引寒畯,還朝後,聲望益隆。生平酷嗜吟詠,薰習卷軸,有得輒形於篇,其古體登蘇李之堂,格律入王孟之室,而其七言長歌,沉雄綺麗,尤稱獨步。阿克敦序云:"君學術淹雅,於書無所不讀。其爲人循循然,束身槼矱,不越尺寸。早歲游京師,名噪輦下,既而登大科,由館閣位至侍郎,清脩峻望,著在搢紳。而性好爲詩,一吟一詠,恬然終日,不自知其嗜好之篤,每進愈工,而未能自已也……君生平爲詩至多,不自收拾,散佚者衆。今令子所編集凡若干卷,卷首爲五七言古,次律絕,次排律,諸體具備,卓乎可傳。"

是集由沅子集、琬所刻。史貽直序云:"公子集與弟琬,哀其遺詩若干卷,將付梓人。"繆集、繆琬識語云:"先司寇公弱冠工詩,千言立就,一時名公鉅卿、山人墨客,不遠數千里造廬請業。未通籍之前,已衣被海內矣。顧先公殊不欲以詩名,嘗訓集等曰,文藝末也,詩又文藝中之一藝,故有所作,都不存稿。先公歿後,檢搜遺篇,僅得如干卷,相與分體類編,付諸梨棗。"

此本有扉頁,刊"餘園詩鈔。泰州繆澧南先生著。葆素堂藏板"。

《四庫全書總目》未收。《中國古籍善本書目》著錄,中國國家圖書館、浙江圖書館等八館,以及日本內閣文庫也有入藏。

鈐印有"簡盦珍弄"。

2408　清乾隆刻本穆堂初稿　　T5470/4424B

《穆堂初稿》五十卷,清李紱撰。清乾隆五年(1740)王恕無怒軒刻本。十六冊。半頁十一行二十三字,左右雙邊,白口,單魚尾,書口下刻"無怒軒"。框高 19.1 釐米,寬 13.7 釐米。題"臨川李紱巨來"。前有雍正十年(1732)李紘序,雍正五年(1727)儲大文序,乾隆二年(1737)黃之雋序,李光埊序;乾隆五年(1740)王恕跋。

李紱,見清雍正刻本《陸子學譜》。

紱天姿淵異,甫就塾,稱神童,十歲能詩,十二歲能古文。其爲義理之學,宗主陸(九淵)、王(安石)。此集卷一賦、雅、頌,卷二《火餘草》(卷二至一七皆爲詩),卷三《春風草》,卷四《吳征草》,卷五《螺川草》,卷六《共車草》(《南歸詩》附),卷七至一○《瀛洲草》,卷一一《望雲草》,卷一二《南浮草》,卷一三《觀潮草》,卷一四至一五《河上草》,卷一六《漕行草》、《桂林草》、《後桂林草》,卷一七《紫藤軒草》,卷一八《原說》,卷一九至二○考,卷二一至卷二二解,卷二三至二四論、議、贊、箴,卷二五至二七墓志銘,卷二八墓表,卷二九至三〇記,卷三一至三六序,卷三七傳,卷三八至三九疏,卷四〇札子,卷四一至四三書,卷四四策問,卷四五至四六題跋,卷四七昭告文、誄、哀辭,卷四八至五〇祭文。

《臨川縣志》載,紱博識多聞,抵掌談天下事及掌故,如決潰隄而東注。刑部郎中楊某欲試之,故意於押赴市曹時探問經史疑義,紱對赭衣白刃應答如流,見者難服。

是書李光墺原欲鋟板於閩中,蓋因其時光墺赴京問業於紱,請刻此集於閩,稱以吾縣清溪所産梨木質極堅潤,開雕可檚十萬本,不刓點畫。紱喜而異之,命墺校定,然未能成書。此本爲王恕所刻。恕跋云:"吾師臨川先生《穆堂初稿》,賦雅頌一卷、詩十六卷、原説一卷、考兩卷、解二卷、論議贊箴二卷、墓志銘表四卷、記二卷、序六卷、傳一卷、疏劄子三卷、書三卷、策問一卷、題跋二卷、告文誄哀辭祭文四卷,共全集五十卷。曰《初稿》者,謙詞也。曩時安溪同年生李光墺,欲鋟板於閩中。己未之冬,公子孝洋入粵,恕因請而刻之。在南二三同年,梧州陶分司德熹、惠州應司馬上苑、新會王大尹植,皆欣然願勷其役。開雕於首春,不數月,會恕適拜署理福撫之命,將行矣,而工甫竣……李之舊序仍存於前,亦以見其嘗有志於是役也。"

此本有扉頁,刊"穆堂初稿。臨川李巨來先生著。本衙藏板"。目錄後及各卷末皆刻"門人安居王恕校刊"。按,紱又有《別稿》五十卷,爲道光間所刻。

《四庫全書總目》未收。《中國古籍善本書目》因其書流傳較多而未收録。日本東洋文庫、大阪府立圖書館、京都大學附屬圖書館也有入藏。

鈐印有"觀生録"。

2409　清乾隆刻本圭美堂集

T5466/2978

《圭美堂集》二十六卷,清徐用錫撰。清乾隆十三年(1748)刻本。六册。半頁九行二十一字,左右雙邊,白口,單魚尾。框高18.2釐米,寬12釐米。目錄頁題"宿遷徐用錫晝堂"。前有阿克敦序,雷鈜序。目錄後有乾隆十三年周毓崙識語。末有徐鐸跋。

徐用錫,字晝堂,號魯南,原名杏少,江蘇宿遷人。好學有文名,游京師,占籍大興,康熙乙卯舉人。李文貞(光地)延課諸孫,與講論爲學之要,由是所學益邃。自習經史性理,旁及樂律、音韻、曆數、書法,咸造其奧。康熙四十八年進士,選庶吉士,授編修。乙未分校會試,因事坐罷。雍正元年,李紱巡撫廣西,請以用錫爲書院長,不果,勒令里居。乾隆初,授翰林院侍讀,時年八十,與纂修三禮,予原品休致,卒於家。《(同治)宿遷縣志》卷一七有傳。

卷一至二五言古詩一百零三首;卷三七言古詩二十三首;卷四至五五言律詩三百十八首;卷六至八七言律三百零一首;卷九五言排律三十三首、七言排律三首;卷一〇五言絶句二十七首、七言排律一百十一首、六言排律四首;卷一一至一二序十七篇;卷一三傳六篇、逸事一篇;卷一四記五篇、碑二篇、碑銘二篇;卷一五墓志銘二篇、墓表一篇、行狀一篇;卷一六書七通;卷一七雜著四篇;卷一八詩説三十一則;卷一九至二〇《字學札記》一百三十二則;卷二一至二二跋六十三篇;卷二三書後三十八篇;卷二四祝文十篇、祭文十篇;卷二五引四篇、約四篇、呈詞三篇;卷二六賦三篇、銘二則。

用錫從學於李光地,作文以樸澹爲長,生平書法頗工。集中《字學札記》,皆道其臨池心得。題跋、書後亦論法帖、碑刻、書籍者,皆有參考之價值。圭美堂者,爲用錫讀書講學之堂。其號魯南,蓋其居宿遷在魯之南也,故爲號。

阿克敦序云:"宿遷徐魯南先生,蘄志於古之立言者也,奉座主安溪先生爲依歸,沉潛篤實,好學而精湛於思。性孤介,非其人不一語,惟晤對朋輩,誘進後生,則忘形引心,證據今古,上下其議論,娓娓然日夜不知倦……其爲詩也,用意深邃,調古光淵,古文雜體,屏斥浮嚚,一歸樸雅,蓋以道德爲立言之本,雖單辭片語,鮮有不根而無實者,然未嘗汲汲以立言自標也,故著作富有,大都散在篋笥。既殁後,令子念詒、及門族子楓亭、周子汝峰,相與蒐而輯之,折衷名流,汰存其半,次爲二十六卷。楓亭復欲獨力開雕,以督學山左未遑,嗣出守雲南,卓薦來都,迺捐奉果其事,屬汝峰校刊。"

周毓崙識語云:"右《圭美堂集》二十六卷,吾師下相先生手著也。先生游安溪李文貞公門,淵懿純粹,學見本原,其傳習心得者,富有纂記,公諸海內。所自爲詩古文辭,不急人知而名也。憶崙與楓亭太史同侍函丈,請薈萃成編,不許;世講鈍園,覓胥鈔又不許。泊先生騎箕後,共蒐篋衍,獲稿草如干,猶悲別擇不審,重達先生志,迺商之先生高弟李少宗伯穆亭先生,未卒業,宗伯謝世。嗣得張君冰璜、厲君太鴻,刪存十之五六,銀臺雷翠庭先生復覼訂次第之,稱完帙矣。會楓亭由滇入覲,議鋟板於京邸,歸捐俸錢,屬崙以校勘之役,閱數月,工甫竣。"

《四庫全書總目》入集部別集類存目。《中國古籍善本書目》著錄,浙江圖書館、福建省圖書館等六館也有入藏。

2410 清乾隆刻後印本二希堂文集 T5472/4942

《二希堂文集》十一卷首一卷,清蔡世遠撰。清乾隆四十八年(1783)蔡本崇刻後印本。六冊。半頁九行二十字,四周單邊,白口,單魚尾。框高19.6釐米,寬12.5釐米。前有乾隆六十年(1795)上諭;《欽定四庫全書·二希堂文集提要》;乾隆四十八年蔡本崇識語;平郡王序,雍正八年(1730)皇四子序,皇五子序。目錄後有編校姓氏。

蔡世遠,字聞之,福建漳浦人。康熙四十八年進士。少承家學,敦孝弟,辨義利,以古人自期許。博覽經史,爲有用之學,從父璧至鰲峰與修先儒書。中進士後,改庶吉士,出大學士李光地門。後返閩,主持鰲峰書院,以立志爲始,以孝弟爲基,以讀書體察、躬行克己爲要。雍正元年,特詔至京,授編修,入直尚書房凡六年,累遷至禮部右侍郎。年五十四而卒。加贈禮部尚書,諡文勤,又加贈太傅。《(同治)福建通志》卷二三〇有傳。

乾隆即位前,世遠嘗爲其師,"教以古文作法,宜學昌黎"(上諭)。此集名"二希"者,蓋其嘗謂:言學問,未敢望朱文公,庶幾其真希元乎!事業,未敢望諸葛武侯,庶幾其范希文乎!卷首爲賦、頌、序,志其榮遇。卷一至四序,卷五記,卷六傳,卷七論、說、書,卷八書,卷九墓表、志銘、行狀,卷一〇祝文、祭文,卷一一雜著。

皇四子序云:"吾師梁村蔡先生,守道君子也……因出平生所爲文示余,余披讀之餘,而嘆先生之實爲有用之儒也。先生講學鰲峰,教人以忠信孝悌仁義,發明濂洛關閩,淵源有自也。及立朝,而豐采議論,嘉言讜議,足以爲千百世治世之良規,則又國家棟梁之任也。今觀其文,則溯源於六經,闡發周、程、張、朱之理,而運以韓、柳、歐、蘇之法度,如金聲玉振於有虞之廷也。"

據《總目》,此書有乾隆刻本,末有世遠門人雷鋐跋。哈佛此本爲乾隆四十八年世遠嫡孫本崇重梓本,非原刻。《總目》後有識語云:"右提要一篇,乃曉嵐、耳山諸先生奉命纂校時作也。本崇丁酉年選拔入都,充《四庫全書》謄錄,檢閱兹編,惻然興感,敬手錄而藏之。嗣知原板尚在京邸,因繕寫付梓,用志弗諼云爾。"

《四庫全書總目》入集部別集類。《中國古籍善本書目》著錄清雍正十年刻本,四川省圖書館、中國科學院圖書館等五館入藏。此書版本,日本各館著錄不同,如尊經閣文庫作清雍正刻本、静嘉堂文庫作清刻本,京都大學人文科學研究所作清雍正八年序刻本,大阪府立圖書館作清乾隆六十年刻本。

2411 清雍正刻本匠門書屋文集　　　　T5470/1342

《匠門書屋文集》三十卷,清張大受撰。清雍正三年(1725)至七年(1729)顧詒禄刻本。十册。半頁十行二十一字,左右雙邊,白口,單魚尾。框高18.3釐米,寬12.8釐米。題"嘉定張大受日容"。前有張雲章序。末有雍正八年(1730)顧詒禄後序。

張大受,字日容,一字拙齋,江蘇嘉定人。居吴郡之干將門,干將門又名匠門,故以自號,人皆稱"匠門先生"。生有異才,幼負文名,好學特甚,於經史百家之言無不貫穿。康熙三十八年南巡,以舉人奉召,後御試一等,賜金,充南巡盛典詩經館纂修官。四十八年成進士,改庶吉士,授檢討,入直南書房。又充順天鄉試同考官、四川鄉試正考官,尋督學貴州,設書院義塾,士風一變。雍正元年卒於官,年六十四。《(光緒)嘉定縣志》卷一六有傳。

大受詩文超雋,駢體尤膾炙人口,造門請業者無虚日。此書雖題文集,然卷一至一○皆爲古今體詩,計七百五十九首;卷一一詩餘三十二首;卷一二賦四篇、進表四篇;卷一三啓十五篇;卷一四啓三篇、序七篇;卷一五至一六序二十五篇;卷一七壽序四篇、記二篇、檄二篇;卷一八引十三篇、題跋十篇;卷一九至二一序三十五篇;卷二二至二三壽序二篇、跋十五篇、題辭二篇、書二通、論三篇、説一篇、策問十二首;卷二四頌一篇、贊五則、銘二則、記六篇;卷二五記三篇、傳七篇;卷二六墓志銘九篇;卷二七墓志銘四篇、墓表四篇;卷二八墓表三篇、哀辭五篇;卷二九祭文十四篇;卷三○奏疏等四篇、勸學十六條、課士十條。

張雲章序云:"匠門之詩,或直抒胸臆,或引物連類,或爲舒和高暢之音,或爲慷慨激昂之節,或屈曲排奡以發揮其怪奇,無非古忠臣孝子之至情,愛國憂國之實意,纏綿委篤、流連詠嘆而不能自已……其於四六久矣,獨擅當代,語則駢儷而流麗清便,緯以深情,與古文散體不異。至於古文,早年猶雜六朝體,晚而益變,亦緣根本出之深厚而鬱盤,雖古大家,不殊其氣體也。"

是書爲大受課士之暇手定詩文,外孫顧詒禄患其遺佚,付之剞劂。顧詒禄後序云:"課士餘閑,舉平生全集,自加簡擇,彙爲三十卷,寄書詒禄曰,歲科兩畢,皮骨空存,寸心無愧。獨居清暇,刪削篋中所作,僅留十之二三,繕錄成帙,恨不得與汝輩共證之。蓋七月中札也,是冬即捐館。明年,柩歸,詒禄首問遺集所在,抱持來家,朝夕兢守,惟恐散佚,因思勉付剞劂。訂之外舅蘅圃先生,先生謂詒禄曰,匠門先生一生愛子,子能謀爲先生壽世,不負先生矣。隨於乙巳秋始事雕鐫,至己酉冬告竣。"

此本有扉頁,刊"匠門書屋文集"。

《四庫全書總目》未收。《中國古籍善本書目》著錄,上海圖書館、廣東中山圖書館等二十館,以及日本内閣文庫、尊經閣文庫也有入藏。

集 部

2412　清雍正刻本雲川閣集　　　T5466/4106

　　《雲川閣集詩》十四卷《詞》七卷,清杜詔撰。清雍正刻本。三册。半頁十行二十一字,四周單邊,白口,雙魚尾。框高17.7釐米,寬12.6釐米。題"無錫杜詔紫綸"。前有雍正三年(1725)楊繩武序,雍正三年樓儼序,雍正九年(1731)王會汾序;附蔣汾功書。

　　杜詔,字紫綸,江蘇無錫人。少從嚴繩孫、顧貞觀游,得其指授。詩古文並工,而尤工填詞,亦始終以詞受知遇。康熙四十四年,聖祖南巡經錫山,詔獻迎鑾詞十二章,試於行宫,列高等。召對,賜御書,命入内廷纂《歷代詩餘》、《方輿考略》及《詞譜》。康熙五十一年,欽賜進士,選庶吉士。尋乞假歸。乾隆初,命舉博學鴻詞,嵇文敏曾筠以詔名上,辭不赴,未幾卒。《(乾隆)無錫縣志》卷三〇有傳。

　　詔篤倫紀,尚氣誼,而温良樂易,卜築城南,擁書萬卷,吟弄風月,或徜徉湖山,探奇攬勝,風流衣被,爲騷雅主盟凡數十年。此本詩皆古近體,卷一一百二十三首(起康熙癸酉,訖甲申),卷二九十四卷(起乙酉,訖辛卯),卷三六十七首(爲壬辰、癸巳兩年),卷四八十六首(起甲午,訖戊戌),卷五一百十六首(起己亥,訖壬寅),卷六六十一首(雍正癸卯),卷七一百零五首(甲辰),卷八六十首(乙巳),卷九六十四首(丙午),卷一〇五十六首(丁未),卷一一一百零三首(戊申),卷一二四十五首(己酉),卷一三四十二首(庚戌),卷一四五十九首(辛亥)。《詞》,卷一《浣花詞》(删補舊刻)四十三首;卷二至三《鳳髓詞》(起乙酉春,訖甲午春)七十八首;卷四《鳳髓詞外編》(自乙酉召試,暨壬癸在翰林時進呈之作)三十一首;卷五至七《蓉湖漁簑譜》一百零七首。

　　杜詔傳爲少陵之苗裔,其爲詩緣情體物,風流綺靡,類出入於義山、飛卿之間,並無學杜之面目,而有學杜之神爽。其特工詞,樓儼序云:"雲川生長錫山,幼時即得顧典籍梁汾、嚴中允藕漁兩先生指授,大都原本《花間》,薰習乎晏小山、張子野及周美成,一洗豪蘇膩柳之病,故於令詞稱最工。追折衷於吾師竹垞先生,又從南渡諸名家變化出之,學姜夔而去其生硬處,總以史梅溪、張玉田爲指歸,故於慢詞爲尤工。"

　　《雲川閣集詩》最先有六卷,又詞一卷,康熙間所刻。中國國家圖書館、上海圖書館均有收藏。此本有扉頁,刊"雲川閣集"。

　　《四庫全書總目》入集部别集類存目,所收爲殘本,存卷三至一二。《總目》云:"是編總題雲川閣集,而僅有古體詩。詩又起於卷三,終於第十二,前無目録,其版又近時新刻,不喻其故,或裝輯者佚之耳。"《中國古籍善本書目》著録。南京圖書館、四川圖書館等五館,日本静嘉堂文庫也有全帙入藏。

　　鈐印有"徐乃昌讀"、"積學齋徐乃昌藏書"、"一桂圖書"。

2413　清乾隆刻本葆璞堂文集　　　T5466/4263

　　《葆璞堂文集》四卷,清胡煦撰。清乾隆三十七年(1772)吴門穆大展局刻本。四册。半頁十行十九字,左右雙邊,白口,單魚尾。框高19.4釐米,寬13.9釐米。題"光山胡煦滄曉"。前有乾隆三十六年(1771)彭啟豐序。末有乾隆三十七年(1772)顧宗泰跋,乾隆三十七年胡季堂跋。

　　胡煦,字滄曉,號紫弦,河南光山人。康熙五十一年進士。甚得康熙帝賞識,稱其爲"真苦心讀書人"。爲南書房檢討,擢鴻臚寺卿,授内閣學士、禮部侍郎、兵部侍郎,再爲殿試讀卷官、教習庶吉士。協理左副都御史攝刑部右侍郎,充《明史》總裁,入直尚書房,爲兵部侍郎知貢舉,轉禮部左侍郎。雍正九年,河東總督田文鏡奏其"嗣子孟基本異姓,不當冒官眷中選",罷官返里。乾隆元年,官復原職,不久病逝於北京。又有《周易函書》等。

卷一賦一篇、序十六篇,卷二論三篇、辨一篇、説三篇、奏摺六篇,卷三書五通、墓志銘三篇、傳二篇、碑二篇,卷四雜著十八篇、箋六篇。

胡煦湛深經學,自髫齡即篤嗜周易,研精四十餘年。其文多抒寫性情,淵然粹然,渟泓演迤,大遠於玩物喪志者之所爲。故此文集,服躬經世之言爲多,要皆原本於道,平正通達,可以見之行事。

胡煦於此集外,又有《詩集》四卷,哈佛燕京缺之。此集乃其子升夫所輯。乾隆元年,蔭封煦子入國子監讀書,後帝篤念舊臣,特簡升夫爲江東按察使,繼美前武,推廣仁治。升夫(季堂)跋云:"先宗伯學易餘暇,間或形諸歌詠,發爲文章,悉本經術之腴,而得之易理者尤多。通德類情,語語見道,獨標心得,不尚詞華,實有不敢以輕心掉之、怠心易之者。惟是一生專精於易,無暇彙集,捐館時,堂方童稚,未足仰承嚴命,而家世單傳,又無期功近親可以委託,殘編剩簡,幾至散軼。堂自服官後,留心搜輯,或從先世故交得見手澤,或於名賢文集獲有餘篇,隨時録存,彙成草册,特以校訂未遑,時爲惴惴……俾先宗伯遺集與《周易函書》並傳不朽,是則堂之厚幸也。"

此本有扉頁,刊"葆璞堂文集。乾隆壬辰年輯。本堂藏板"。"壬辰"爲乾隆三十七年。序後有"吴門穆大展局刻"。目録後有"男季堂校字"。

《四庫全書總目》未收。《中國古籍善本書目》著録,河南省圖書館、中國科學院圖書館等五館有全帙。

鈐印有"山陰張允中補蘿盦所藏"。

2414　清乾隆活字印本李鷺洲詩文集　T5466/4446

《李鷺洲詩集》二十卷《文集》十卷,清李茹旻撰,李若膺編。清乾隆十三年(1748)李饒義活字印本。十二册。半頁十行二十字,四周雙邊。白口,單魚尾。框高22.1釐米,寬14.9釐米。題"臨川李茹旻覆如譔;嫡孫若膺屏獻編次;重姪孫饒義念皇梓"。前有康熙五十五年(1716)周彝序,雍正八年(1730)羅復晉序,乾隆十三年(1748)李紱序,乾隆十三年李安民序。卷一八前有康熙五十一年(1712)李紱序。

李茹旻,字覆如,江西臨川人。居二水白鷺洲前,人稱鷺洲先生。自幼厲學,常中夜起讀書,或通夕不寐,經史百家皆通貫。工駢體,詩賦尤善。舉康熙壬午鄉試,以大臣薦,教授皇十六子。康熙五十二年進士。與族弟紱以文名顯京師,稱臨川二李。康熙五十七年補授内閣中書,以母憂歸。雍正二年,紱巡撫廣西,請修《廣西通志》,後郡守羅復晉又請修府志,一時皆稱信史。年七十六卒。《(同治)臨川縣志》卷四三有傳。

卷一至五《蔓草》,計五言古體十二首、七言古體六首、五言近體四十二首、七言近體六十七首、迴文十五首、五言截句九首、七言截句三十一首,《補遺》五言古體四首、五言近體十四首、七言近體四首;卷六至八《蓬草》,計五言古體十一首、七言古體三首、五言排律五首、五言近體五十一首、七言近體九十五首、五言截句八首、七言截句二十首;卷九《蓬草補遺》,計五言排律一首、七言近體八首、連環迴文四首、七言截句三首；卷一〇至一二《東觀草》，計五言古體六首、七言古體十一首、五言排律八首、五言近體四十三首、七言近體六十九首；卷一三《東觀草補遺》，計五言古體二十首、七言截句七首；卷一四至一五《西清草》，計五言古體十五首、七言古體十首、五言排律四首、五言近體二首、七言近體三十六首、七言截句十五首；卷一六至一七《桂江草》，計五言古體十七首、七言古體十五首、九言古體一首、樂府一章、五言近體二十首、七言近體三十八首、迴文一首、七言截句二首；卷一八至二〇《鴻雪集句》，計五言近體二十八首、七言近體一百五十首、七言截句九首。《文集》卷一至四序四十六篇、凡例一篇、跋一篇，卷五詩序二篇、傳二十篇，卷六啓五通、書二通、碑記二篇，卷七摺子一道、賦一篇、論一篇、禳文一篇、贊七則、策四篇，卷八策七篇、塔銘一篇，卷九至一〇行略一篇、祭文二十六篇。所作序文多與《廣西通志》有關。

茹旻五十始登第，得官後，踔厲風發，慷慨激昂，每思以其學大施於天下，然以運數多奇，僅以中書舍人歸老。其後齒益日高，著述亦日富，不以衰齡自沮。其長於集句，晚歲游粵西，掌教宣城書院，振興古學，修撰諸志書。所纂多散佚，雍正十一年，又被洪濤浸毀多篇，此爲僅存稿。

李安民序云："族祖鷺洲先生著作等身，惜多散佚，所存者以貧故無力開雕，既歿之後十四年，其孫若膺始彙輯篋衍所藏詩文若干卷，付從姪饒義爲購棗募工，梓以行世。"

此本有扉頁，刊"二水樓稿。李穆堂先生鑒定。乾隆十三年鐫。附鴻雪集句。無逸軒藏板"。各序皆非活字排印。

《四庫全書總目》著録《二水樓詩集》十八卷《文集》十卷，入集部別集類存目。《中國古籍善本書目》著録《二水樓文集》二十卷《詩集》十八卷首一卷，清乾隆二十二年李葆元等刻本，藏北京大學圖書館。

2415　清康熙刻本橫山詩文鈔　　T5463/4313

《橫山詩文鈔》二十二卷，清裘璉撰。清康熙裘氏絳雲居刻本。八冊。

裘璉，字殷玉，號蔗邨，浙江慈谿人。世居橫山，學者稱"橫山先生"。生而孤露，天才過人，能爲詩古文及樂府詞，對客據几，立盡數紙。家有玉壺樓藏書數千卷，罔不鈎玄提要，年未壯，著作等身。康熙五十四年中進士，改庶吉士，時璉已踰七十，遂乞身歸里，徜徉鴛湖、交溪、西泠、檇李間，以山水自娱。著作日益繁富。雍正七年卒，年八十六。《(光緒)慈谿縣志》卷三二有傳。

是書分《橫山初集》十六卷、《胡二齋先生評選橫山初集》不分卷、《橫山文鈔》不分卷、《易皆軒二集》六卷。

《橫山初集》，半頁九行二十二字，左右雙邊，白口，單魚尾。框高 19.1 釐米，寬 12.3 釐米。題"慈谿裘璉殷玉甫著"。前有康熙二十年姜宸英序。

卷一至二《雪耕藁》，卷三至五《覽筠藁》，卷六至七《桐帆藁》，卷八至九《信菊藁》，卷一〇至一二《倚江藁》，卷一三至一四《卧南藁》，卷一五至一六《溯川藁》。姜宸英序云："君自垂髫，予識之，及長，文名日益噪，所著詩文多至五六種，辭藻艷發，旁及宋元樂府，亦皆自名家。惜乎以彼其才，而莫試於時，以爲人之所取怪也。然居君不顧，裒其詩成卷。"

《胡二齋先生評選橫山初集》，半頁九行二十二字，左右雙邊，白口，單魚尾。框高 19.2 釐米，寬 12.3 釐米。題"慈谿裘璉殷玉甫著"。前有康熙十七年胡亦堂序。

此集皆爲論，計四十篇。璉曾從其舅胡亦堂宦游宜豐，歲辛亥，會丁内艱，乃盡輟其制舉帖括，肆力於古文。三年之中，畢讀《二十一史》，其間治亂興衰、是非得失之故，意有所觸，輒爲評隲，此即爲其時所作。胡亦堂序云："裘子蓋閉門把卷，斗酒自樂以爲常。迄甲寅冬，予丐疾旅寓章江，兵戈風雨，憂愁交集，困頓無聊之境，一一發諸詩歌，雖不能工，然可謂善處窮者。間搜笥中，得《橫山初集》一編，予卒讀之，奇識正論，旁見側出，忽而喜，忽而怒，忽而牢愁挫抑之念俱忘，則裘子之文，更能移我情也……且欲使世之學者知通經治史爲重，遂捐貲以授梓。"亦堂所評，皆在每篇之首，又文中也有評、圈點。

　　《橫山文鈔》，半頁九行二十字，四周單邊，黑口，雙魚尾。前有高士奇序，康熙二十九年黃宗羲序，康熙三十年徐乾學序。

　　此集爲賦三篇、序一篇、記四篇、啓一篇、雜文三篇。高士奇序云："四明裘子殷玉，沉酣丘索，鎔鑄古今，自少壯歷攬四方名勝，著作日益廣，詩古文辭動盈卷軸。余閒居多暇，適遇裘子於東湖，悉以所著見示。讀其文浣瀚閎肆，得大家之神，其排偶樂府及古今各體詩，秀麗渾雄，要歸大雅。史論獨出心裁，譏彈無枉，尤爲尚論所宗。至若留連風雅，寄託遥深，明翠湖亭一編，更極才人之致。諷詠再三，觀止興嘆，視他家捃捨割裂，或僅得其一端者，猶夏蟲之不可語冰矣。"

　　《易皆軒二集》，半頁十一行二十二字，左右雙邊，黑口，雙魚尾。框高17.7釐米，寬12.7釐米。題"慈溪裘璉殷曰著；蛟川薛士學五玉定；同里姜宸英西溟選；受業董經濟文始、毅溶公敏、袁家燦道孫仝校"（各卷所題不同）。前有鄭梁序。

　　此集卷一賦三篇，卷二序八篇，卷三書三通，卷四記二篇，卷五雜著三篇，卷六銘誄三篇。鄭梁序云："殷玉才高學廣，於古無所不能。爲詩則唐、詞則宋、曲則元，而文則爲八大家，間亦爲左史。若以家數言，固已不讓今之作者矣……殷玉之文，波瀾段落，雖亦周規折矩，而其深情之一往，浩氣之滂流，未嘗不獨行而獨止，此乃文章之神之不可没者也。"

　　此本有扉頁，刊"橫山詩文鈔。慈水裘蔗村著。絳雲居藏板"。

　　《四庫全書總目》未收。《中國古籍善本書目》著録，中國國家圖書館、北京大學圖書館等四館也有入藏。日本內閣文庫缺《胡二齋先生評選橫山初集》。

　　此書曾爲廣東徐紹棨所藏，鈐有"南州書樓藏書、徐湯殷整理、編列、字、號、年、月、日"章。按，紹棨，字信符，廣東番禺人，藏地方文獻爲多，有《廣東藏書紀事詩》等。其子徐承瑛，字湯殷，承父業，將藏書校勘編次成《南州書樓善本題識》。此印當爲承瑛整理舊藏時所鈐。

2416　清乾隆刻本陳學士文集

T5470/7925

　　《陳學士文集》十八卷，清陳儀撰。清乾隆陳氏蘭雪齋刻本。十二冊。半頁九行二十二字，左右雙邊，白口，單魚尾，書口下刻"蘭雪齋藏本"。框高17.9釐米，寬12釐米。題"文安陳儀甫著；男鳳友、玉友，孫雯、霸校"。前有乾隆五年（1740）喬學尹序，乾隆四年（1739）于辰序，乾隆十五年（1750）伍起序。

　　陳儀，字子翽，號一吾，河北文安人。康熙五十四年進士，歷侍讀庶子，晉侍讀學士，兼僉都御史領京東觀察使，再爲營田使。乾隆七年卒，年七十三。《（民國）文安縣志》卷九有傳。

　　儀幼性慧而奇，讀書超悟，曾爲八府諸生第一。何焯、黃叔琳等諸名宿皆爭納縞紵，與李綱等尤密。此集卷一疏、表、頌、賦、銘、詔，卷二事宜、志、議、咨，卷三至四序，卷五至六壽序，卷七書,卷八書、啓,卷九論,卷一〇傳、事略,卷一一記,卷一二祝文、祭文,卷一三祭文、誄,卷一四墓志銘,卷一五題辭、跋,卷一六疏引、箋、贊、雜著,卷一七至一八古今體詩。

儀講求經世之務,於禮樂制度、鹽法河防,莫不考究其得失,而以畿輔河道尤關桑梓利害,於天下阨塞、生民利害,皆洞悉之。卷二所載《直隸河道事宜》、《文安河堤事宜》、《營田志》、《四河兩淀私議》、《永定引河下口私議》、《後湖官地議》、《治河蠡測》、《與天津清河兩道咨》,皆實用之文。嘗云:"興水利者,去水害也。水聚則害,分則利;壅則害,行則利。去害之法,於隘者擴之,容羨者分之,淤塞者疏之,通漫者攝之。"

喬學尹序云:"文安陳公象先,篤學嗜古,淹貫宏通,研窮乎經史百家而發於文,以析其蘊;體會乎身心性命而根諸道,以正其宗。詩賦辭歌、傳記雜體,皆能方駕前哲,垂範後昆。至四書文藝,理本程朱,體兼韓柳,成弘之脈,王唐之法,備於胸中,抒之腕下,焚膏繼晷,兀兀窮年。"

此本爲儀子瑗度所刻。喬序又云:"而公之子瑗度,亦越仙霞嶺以候補府司馬來閩,迺出公之文若干首,付之剞劂。"

《四庫全書總目》未收。《中國古籍善本書目》著錄。上海圖書館、北京大學圖書館等六館(作乾隆十八年蘭雪齋刻本),日本京都大學人文科學研究所、京都大學附屬圖書館、大阪府立圖書館也有入藏。

2417 清乾隆刻本白田草堂存稿   T5470/1140

《白田草堂存稿》二十四卷,清王懋竑撰;《行狀》一卷。清乾隆刻本。八册。半頁十二行二十二字,左右雙邊,白口,單魚尾。框高17.4釐米,寬12.6釐米。題"寶應王懋竑予中甫著"。前有乾隆十七年(1752)雷鋐序。

王懋竑,字予中,江蘇寶應人。康熙五十七年進士。性耿介恬淡,官安慶府教授。雍正初,應召特授翰林院編修,入直內廷,欽點順天鄉試同考官。乞病歸,杜門著書。懋竑以邃於經術稱,精研理學,於朱子遺書研思最久,有小朱子之目。其所作《朱子年譜》,於前人之本訂補舛漏,頗多發明。乾隆六年卒,年七十四。又有《讀書記疑》等書。

卷一至九雜著六十二篇,卷一〇至一三奏疏一篇、書三十六通,卷一四序十二篇,卷一五至一六壽序十八篇,卷一七祭文十一篇,卷一八行狀一篇,卷一九記二篇、墓志銘三篇、詳稿一篇,卷二〇啓十八篇,卷二一至二四詩二百二十首。

雷鋐序云:"先生篤信朱子,考究研析,源委瞭然,其詳見於集中及纂訂朱子年譜。其他著述,非有關於身心與當世之務不苟作,其表章人善,雖微賤不遺,其見諸吟詠者,亦與風雲月露之詞迥異。先生於學,可謂潛心用力,俛然日有孜孜者矣。獨惜其以廣文散僚受世宗憲皇帝特達之知,授以史職,旋以憂歸,而竟以病故,未及展布於事業也。"

《四庫全書總目》入別集類存目。蓋《四庫》館臣以懋竑長於考證,而詩文則未能過人之故。《總目》又著錄《白田雜著》八卷於雜家類。以此集與《雜著》相核,《雜著》所收乃自《存稿》析出另行編定者。《存稿》爲懋竑子箴聽等刻於乾隆十七年。此本原附之《崇祀鄉賢錄》,今佚。據昔日所見香港中文大學圖書館所藏之本,除《崇祀鄉賢錄》外,又有寶應縣知縣火秉禮撰祭文,署乾隆二十六年、二十七年,當爲後人重印懋竑集時增補之文。

此本有扉頁,刊"王白田全集。雜著九卷、序志六卷、書啓五卷、詩集四卷。本祠藏板"。目錄後刊"山陽後學邱敦美寫"。又是書序前另刊有《欽定四庫全書簡明書目》之《家禮》、《神農本草經疏》、《說學齋稿》、《朱子年譜》、《白田雜著》中涉及王懋竑内容。

《中國古籍善本書目》著錄。福建省圖書館、湖北省圖書館等十四館,香港中文大學圖書館、臺灣大學圖書館、日本内閣文庫、静嘉堂文庫(三部)、愛知大學圖書館也有入藏。按,懋竑又有詩文稿本傳世,據著錄,南京圖書館藏有《白田草堂稿》不分卷、上海辭書出版社藏《白田草堂續稿》八卷、北京大學圖書館藏《白田草堂存稿》不分卷。又按,《存稿》曾爲《廣雅書局叢書》收入,然爲八卷。《國朝文錄》續編又收懋竑雜文,爲《白田草堂文錄》一卷。1972年,昌彼得主編《清名家集彙刊》,以此本"傳本頗寡"而據臺灣大學藏本影印。

鈐印有"沈印閩崐"、"東山外史肖岩沈氏藏書之印"。閩崐,字肖岩,晚號東山外史,浙江湖州人。貢生,官上虞訓導,性喜藏書,得異本必手自校正,跋而藏之。

2418　清乾隆刻本唐堂集　　　　　　　　T5466/4832

《唐堂集》五十卷《補遺》二卷《續》八卷附《冬録》一卷,清黄之雋撰。清乾隆刻本。十册。半頁十行二十一字,左右雙邊,白口,單魚尾。框高 18.7 釐米,寬 12.1 釐米。題"華亭黄之雋石牧"。前有乾隆六年(1741)黄之雋自序。總目後有門人王永祺識語。《補遺》前有乾隆九年(1744)黄之雋自序。《續》前有乾隆十二年(1747)黄之雋自序。《冬録》前有乾隆六年黄之雋識語。

黄之雋,初名兆森,字若木,後改字石牧,號唐堂,江蘇華亭人。康熙六十年進士。弱冠即能詩,好著古詩,以杜韓爲準的,暇則出其餘力,薈粹唐句。中進士後,選庶吉士,授編修,充日講官并起居注,又重修《明史》。提督福建學政,陞右春坊右中允,轉左春坊左中允。後坐事罷歸,年八十一而卒。又有《香屑集》,尤稱工巧。

唐堂爲之雋讀書處,乃康熙五十七年,其從西粵歸,葺唐堂,并以自號。此本卷一至二賦十九篇,卷三頌八篇、騷八篇,卷四制草二十篇,卷五至一〇序九十三篇,卷一一壽序十二篇,卷一二至一三記二十六篇,卷一四游記十一篇,卷一五傳十一篇,卷一六論六篇、議一篇、説七篇,卷一七至二一雜著二十篇,卷二二書十四通,卷二三題辭三十二篇,卷二四跋十八篇,箴五則,贊十六則、銘九則,卷二五墓表二篇、墓志九篇,卷二六墓志七篇,卷二七行述二篇、祭文七篇,卷二八至三〇四六四十五篇,卷三一古樂府三十六篇、四言古詩十二篇,卷三二至三五五言古詩二百四十六首,卷三六至三九七言古詩一百七十四首,卷四〇至四二五言律詩三百五十六首,卷四三至四四七言律詩二百零九首,卷四五至四六五言排律四十首,卷四七七言排律十首、五言絶句五十七首、六言絶句二十三首,卷四八七言絶句一百八十四首,卷四九至五〇詞一百二十六首。《補遺》卷一雜文十四篇、尺牘二十通,卷二古體詩十八首、今體詩四十八首、詞十二首。《續》卷一賦三篇、頌一篇、序十篇,卷二序九篇、送序三篇、壽序三篇,卷三記六篇、傳五篇、諭一篇,卷四書二通、雜著七篇、題辭四篇、跋七篇,卷五贊三則、銘一則、墓志銘四篇、墓表二篇、祭文一篇,卷六五言古詩二十一首、七言古詩三十三首,卷七五言律詩五十一首、七言律詩四十首,卷八五言排律四首、七言排律二首、五言絶句三十八首、六言絶句八首、七言絶句三十六首、詞五首。《冬録》一卷,則自撰類年譜也。

之雋生平篤守程朱之學,所作詩文,持論甚正,綜覽浩博,才華富贍,興之所至,下筆不能自休。王永祺識語云:"吾師唐堂先生前後集共六十卷、《冬録》一卷皆手定,先生行古人之道,爲古人之文,以文章名當世久矣,世莫不誦而慕仰之曰,唐堂先生今文章伯也。然先生之於文章,

集　部

自有原本,平日孳孳爲學,一稟程朱,卓立不惑,深疾夫陸王釋老之説,中於高明,而流弊不可止也。見於口講指畫,又著之於文,闡提正學,排觝邪論,不遺餘力,散在集中可考。中年讀朱子書,意欲有所撰述而不果,蓋夙以標榜道學爲戒,潛心力行,自少至老,自處家以至服官,一以忠誠篤敬。由是蓄積光火,浩乎沛然,雲霞舒而金石奏,萬象俱備。"

此本有扉頁,刊"唐堂集"。

《四庫全書總目》入集部別集類存目。《中國古籍善本書目》著録。遼寧省圖書館、陝西省圖書館等十一館,日本内閣文庫、静嘉堂文庫(三部)也有入藏。

鈐印有"武昌柯逢時收藏圖記"、"柯印逢時"、"茂苑香生蔣鳳藻秦漢十印齋秘藏圖書"。

2419　清乾隆刻本秋塍文鈔　T5472/2689

《秋塍文鈔》十二卷,清魯曾煜撰。清乾隆九年(1744)刻本。六册。半頁九行二十二字,四周單邊,白口,單魚尾。框高 18.5 釐米,寬 11.6 釐米。題"會稽魯曾煜啓人"。前有乾隆九年納蘭長安序,乾隆九年胡浚序。

魯曾煜,字啓人,號秋塍,浙江會稽人。康熙六十年進士,改庶吉士,未授職。以祖母年九十餘、父年亦六十餘,乞養親歸,教授生徒,終於家。《(民國)會稽縣志稿》卷一九《人物》有傳。

卷一論八篇(中易本末論六十四篇嗣刻),卷二議七篇,卷三傳十一篇,卷四至五序二十七篇,卷六説、賦十篇,卷七書十一篇(缺答御史孫虛船書),卷八記、辨九篇,卷九考八篇,卷一〇書後十四篇,卷一一墓志銘、祭文六篇,卷一二狀、七、策、答問、凡例十一篇(《廣東通志》凡例、《祥符縣志》凡例、《易纂》例共八十篇嗣刻)。

納蘭長安序云:"會稽魯秋塍先生,已登甲科,入清禁,而以親老乞終養。夫終養,孝也;孝,德之本也,學之府也。其望之所蔚跂,衆舉以爲淵豫之師,負笈者雲集而景從,殆孟子所謂英材教育之樂歟?昔隋王通教授河汾,元吳萊置長薌書院山長,兩人著作各等身,胥湛於經術。先生之學似之,因力謀其得以自主者,爰薈萃所作,釐而次之,鏤而行之。"

《四庫全書總目》卷一八六云:"是集文一百二十一篇,多考證之作。其文氣頗剽急,蓋才性使然。若《續中山狼傳》之類,雖規橅毛穎,然不可作也。目列易本末論六十四篇、易纂例八十篇,而有録無書,蓋均未刻。又廣東、祥符二志凡例,亦有録無書,殆以已見於兩志歟?"

此本有扉頁,刊"秋塍文鈔。乾隆甲子年鑴。鳴野山房藏板"。

《四庫全書總目》入集部別集類存目。又有《三洲詩鈔》四卷,爲杭州、汴州、廣州,蓋其歷主講席,游蹤所及也。《中國古籍善本書目》、《日本現存清人文集目録》著録,湖北省圖書館、日本京都大學人文科學研究所入藏。《臺灣公藏善本書目》未收。

鈐印有"時於此間得少佳趣"、"真州吳氏有福讀書堂藏書"、"鈍村"。

2420　清乾隆刻本小蘭陔詩集　T5466/0631

《小蘭陔詩集》八卷,清謝道承撰。清乾隆三十八年(1773)刻本。四册。半頁九行十九字,左右雙邊,白口,單魚尾。框高 18.4 釐米,寬 13.2 釐米。題"晉安古梅謝道承著"。前有乾隆六年(1741)錢陳群序,乾隆十三年(1748)沈德潛序,乾隆三十八年(1773)蔣允焄序,乾隆八年(1743)吳文焕序,乾隆十三年(1748)黃任序,乾隆三十一年(1766)朱景英序。

1815

謝道承,字又紹,號古梅,福建閩縣人。幼孤力學,康熙庚子舉鄉試第一,次年成進士。以母老不蘄仕進,即謀歸省親,故慰勸方赴廷對,選庶吉士,授編修。乞假歸,晨昏侍養,築一枝山房,率子弟讀書其中,家居十三年,母卒喪畢,召見授中允,晉侍讀,轉國子祭酒。明年遷內閣學士,兼禮部侍郎,仍領祭酒事。未幾,以勞卒於官。《(乾隆)福州府志》卷四九有傳。

道承韶齓開敏不群,長從舅氏侯官林佶游,所學日進。爲詩歌古文詞,軼出輩流。性介特,不驁聲譽。此爲詩集,卷一頌,卷二古樂府,卷三五言古,卷四七言古,卷五五言律,卷六七言律(七言長排附),卷七五言絕句,卷八七言絕句(詩餘附)。

黃任序云:"古梅學有根柢,經籍紛綸,奔赴腕下。其所爲詩,靈氣往來,風格翹然自異。當其得意疾書時,直合韓蘇爲一手,可謂自張一軍者矣。"沈德潛序云:"闡揚死難,表日星河嶽以勸忠也;憑吊古今,借登山臨水以寫懷也;他如隱語以警貪殘,紀實以憫風俗,考碑版以訂史之闕略,咏花木以寓品之清幽。綜其歌吟,辭必己出,意必和厚。"

此本有扉頁,刊"小蘭陔詩集。乾隆癸巳年秋鎸。本衙藏板"。又目錄頁刊"胞侄瑋編次;孫生彪、生夔、胞侄孫生晉、生魁、生仲全校字"。

《四庫全書總目》所收爲十二卷本,入集部別集類存目,爲詩十卷,文二卷。《總目》云:"道承假歸養親,故取南陔補亡詩語名集。而集中所載,則應制館課之作皆在焉,不專家居作也。"《中國古籍善本書目》著錄,福建省圖書館、廈門大學圖書館也有入藏。

鈐印有"潄盦主人詩詞印"、"榮郭齋藏"。

2421　清康熙刻本尊德堂詩鈔　　　　T5472/4264

《尊德堂詩鈔》八卷,清胡國楷撰。清康熙寫刻本。二册。半頁十行二十一字,四周單邊,白口,單魚尾。框高18.6釐米,寬13.8釐米。題"山陰胡國楷鏡舫"。前有胡天游序;《選例》五則。

胡國楷,字鏡舫,浙江山陰人。康熙六十年進士。歷任安徽太湖、廣東高明知縣,並有聲。擢禮部郎,在官十九年,容臺典故,多其手定。年七十告歸。又有《承家錄》、《二樓集》、《鏡舫詩集》、《浮家泛宅集》、《春曹存稿》、《歸田集》。《(嘉慶)山陰縣志》卷一五《鄉賢》有傳。

國楷好爲詩,爲越中七子之一。此集皆古今體詩,乃自《尊德堂集》二十四卷中選出。卷一九十首,卷二四十七首,卷三八十六首,卷四八十七首,卷五一百首,卷六七十九首,卷七七十一首,卷八一百三首。共六百六十三首。

《選例》爲胡天游撰。國楷之詩皆經刪選,《選例》有云:"大抵古人集,不論詩文,並以簡嚴矜慎,不務求多,貴在可傳而已。""功深學富,格律穩正,思理精密,所謂清新俊逸者兩皆有之。"七律之作,"篇什既衆,不免往往意境相同處,故於是體所選,更不敢泛愛廣取,唯採其精英倍茂者。"凡集內詠花題照與官場送贈酬和之作,多不錄,於詠花更慎採擇。所選多清蒼老辣者。

胡天游序云:"子雲爲太元準易,先生則深於詩,凡所詠歌,一皆本風人大雅之旨。且易與詩皆經,子雲精味六籍,而先生篤好經術,故或得之爲元,或得之爲詩。唯其得之深,故子雲於元與相終身。先生於詩,自少至今,嗜焉莫之倦,予以謂先生之詩爲即其元無不可也。先生詩稱《尊德堂集》者,合數千篇,共二十四卷,舉其尤工者選次焉,凡若干卷。"

此爲胡氏家刻本。《四庫全書總目》、《續修四庫全書總目提要(稿本)》、《臺灣公藏善本書目》、《日本現存清人文集目錄》未收。《中國古籍善本書目》著錄二十四卷本,爲清抄本,藏寧波天一閣。此本則未見著録。

鈐印有"真州吳氏有福讀書堂藏書"。

2422 清乾隆刻本香樹齋詩文集   T5470/8571

《香樹齋詩集》十八卷《詩續集》十四卷《文集》二十八卷,清錢陳群撰。清乾隆刻本。八册。半頁十行十九字,左右雙邊,白口,單魚尾。框高18釐米,寬12.7釐米。題"嘉興錢陳群集齋"。

錢陳群,字主敬,號香樹,浙江嘉興人。少貧苦,母陳氏教誨之。年十八游京師,結交皆老蒼,名藉甚。康熙六十年進士。雍正中,以編修典河南試,爲陝西宣諭化導使。歷侍讀學士,充日講起居注官,督學順天,入直内廷。乾隆初,擢右通政,母喪服除,仍視學順天,累官刑部侍郎,充經筵講官、會試副總裁,兩典江西試。以疾歸。高宗純皇帝南巡,加刑部尚書太子太傅,特予在家食俸,赴京兩祝慈釐,與香山九老會。年八十九卒於家,謚文端。《(道光)嘉興府志》卷二七有傳。

《詩集》,前有彭啓豐序、乾隆三年陸奎勳序、乾隆十六年汪由敦序。末有乾隆十六年宗弼序。詩皆古今體,卷一七十首,卷二九十一首,卷三六十九首,卷四七十三首,卷五七十首,卷六七十六首,卷七七十三首,卷八一百六首,卷九一百八首,卷一〇一百十首,卷一一一百二首,卷一二八十九首,卷一三九十首,卷一四九十三首,卷一五七十六首,卷一六七十四首,卷一七七十二首,卷一八六十二首。《詩集》刻於乾隆十六年。

陳群於學博綜瀏覽,上自漢魏盛唐,下至宋元明諸大家,靡不出入其間,所以掉鞅詞壇。彭啓豐序云:"其取材之浩博,如觀滄海,入珠宫,珍貝陸離,爛然奪目。其使筆之沈著,如巨靈擘山,獅子搏象,神斤妙運,動以全力。其摹寫景物,則山水煙雲,花鳥變態,盡入鈞陶而無雕縷之跡,謂是學韓、蘇,而得其神髓者。至於緣情綺靡似竹枝,一唱三歎似樂府,則又尋流溯源,直追騷雅之遺矣。"陳群以文章受知遇,致仕後,乾隆帝巡幸所至及秋獮行圍,凡有御製,輒寄令陳群和,故集中和詩多。陳群母即所稱南樓女史者,課陳群讀書於紡車旁,卷五第五頁《敬題家慈夜紡授經圖》,即爲當時實况。

《詩續集》,前有乾隆十九年沈德潛序;齊召南題詞。卷一六十一首,卷二一百三十二首,卷三五十三首,卷四三十九首,卷五七十四首,卷六七十七首,卷七七十二首,卷八六十八首,卷九七十一首,卷一〇五十七首,卷一一四十七首,卷一二七十七首,卷一三五十九首,卷一四六十二首。

續集爲乾隆十七年以後所作,多歸里燕居之詩。沈德潛序云:"到家閑適,諸所詠吟,猶是林園養痾,寄興泉石,與夫友生會合,話桑麻、課晴雨之作,而隨所感觸,永懷君恩,時時流露於載實舒文之表。"

《文集》,前有乾隆二十九年沈德潛序。卷一賦四篇,卷二至六奏疏五十四篇,卷七至一〇尺牘一百零九通,卷一一至一四序四十三篇,卷一五至一八跋六十七篇,卷一九至二〇記十四篇,卷二一傳十三篇,卷二二至二三祭文二十二篇,卷二四至二五墓誌銘十二篇,卷二六行狀二篇,卷二七至二八雜著十三篇。

沈德潛序云:"蒞事之暇,於朝章國政之鉅,郊廟禮樂之詳,無不隨在討論,援古據今,上下千百年,瞭如指掌。今所載奏疏、考辨論説之類是也,而又出其緒餘,沾丐字内,如贈送詩文之弁序、名山大川之題名、魚雁往來之尺素、鉅公名流之傳誌、琳宫梵刹之記載,爭欲得先生言,以爲碑版卷軸之光。"

《四庫全書總目》未收。《中國古籍善本書目》著録之本,除詩文集外,又有《詩續集》三十六卷、《文集續鈔》五卷,全帙遼寧省圖書館、北京大學圖書館等四館,及日本靜嘉堂文庫都有入藏。

鈐印有"蓮龕舊隱"。

2423 清乾隆刻本半野居士詩集

T5475/2153

《半野居士詩集》十四卷《塞游草》一卷,清毛振翧撰。清乾隆刻本。六册。半頁十行十九字,左右雙邊,白口,單魚尾,書口上方刻"半野居士集"。框高16.1釐米,寬12.2釐米。題"錦江毛振翧翯蒼氏著"。前有毛振翧自序。

毛振翧,字翯蒼,號半野居士,四川成都人。世居瀘州,務農。康熙四十七年舉人。雍正三年,官雲南羅平知縣,擢阿迷州知州。六年,西藏活佛所隸阿爾布巴與頗拉奈仇殺,鄂爾泰命爲監軍,治糧察木多。十三年,官貴州古州知州。乾隆初,留畿輔。六年,知易州,被劾。復任督漕糧。乾隆九年卒,年五十九。

卷一《蜀燕集》,康熙五十六年丁酉;卷二《蜀燕集》,康熙五十八年己亥;卷三《滇南集》,雍正三年乙巳;卷四《西征集》,雍正六年戊申;卷五《滇蜀集》;卷六《苗疆集》,雍正十年壬子;卷七《苗疆集》,雍正十二年甲寅;卷八《蜀燕集》,乾隆三年戊午;卷九《燕臺後集》,乾隆五年庚申;卷一〇《燕臺後集》,乾隆七年壬戌;卷一一《燕臺後集》,乾隆八年癸亥;卷一二《燕臺後集》,乾隆九年甲子;卷一三《燕臺後集》,乾隆九年甲子;卷一四《燕臺後集》,乾隆十年乙丑。

詩中於少數民族生活多有刻畫,如卷六《江岸苗樓書所見》、《夜宿苗樓書感》;卷七《苗俗》、《苗姑竹枝詞》等。卷九《集成自述》有云:"容我清閒賦一年,半生殘稿彙成編。千秋高唱人誰許,百種深情我負偏。老去何曾律漸細,狂來空説句如仙。劇憐卅載精神注,可否詞臣採一篇。"又有《自嘲》一首,云:"廿年登仕籍,一載别官衙,身世終蒭狗,功名屬浪花。江遥魚信杳,風疾雁行斜,擬欲乘槎去,浮生亦有涯。"卷一四《自述》一首,云:"童稚匪穎異,父師重瓊寳。小子貴小學,所事惟灑掃。漸誦經史文,幼不令搜考。延年將弱冠,至理督深造。文章謬入選,採芹舒夙抱。復際鑑衡明,賢書亦登早。無緣題雁塔,遂爾歸蓬草。飛騰遂彩鸞,淪没甘行潦。乃荷聖主知,黎庶委余保。七載治滇南,隨師赴西討。挽運軍中儲,備歷窮荒道。事平計功賞,晉秩控南獠。剿撫專虎臣,卻共分醜好。六年戎馬塲,骨儆心如擣。功多不補過,降調級顛倒。乃復還趙璧,不使終鬱惱。且遠瘴癘鄉,得以近京鎬。兩持州牧篆,四擁司馬纛。時逢丙寅冬,三年滯海島。浮家萬里來,窮官殆將老。官閒署甚清,事省類枯槁。賦詩聊自娛,非只耽文藻。"均可見其心態。

自序云:"余自束髮受書,攻舉子業,初不知詩也。年弱冠,領戊子鄉薦,得與計偕北上,歷秦、晉、燕、趙諸名區,覺山水幽勝逼人,勃勃有風騷意,間從驢背推敲,旅館吟哦,得若干首。顧以其未諳於古人法律,不敢自信,因貯之私篋。旋蜀持示好友許君士元,士元蓋深於詩者也,披覽之下,謬許曰:'子於詩性情最近,可以摻觚矣。'余乃肆力於有唐諸名家,下及宋、元、明人,靡不旁搜遠討,凡於鄉莊釣臺、花榭客路、月夕霜朝,皆有吟詠。歲甲辰,蒙世宗憲皇帝揀發滇南,作牧五載,以簿書絆,幾於廢詩,然得暇,亦間有作。旋從軍西域,往返越二年,所歷山川、花鳥、人物、方言與夫風俗之好醜、道路之險夷、糧運之艱苦、兵行之駐撤,類皆中國所未覩聞,故所經必以詩志之,以爲紀異云爾,於是詩日益多。回滇之明年,量移黔省古州司馬,值各新疆逆苗勾結猖狂,余以儒生籌餉治糧,偕武臣親甲胄,冒矢石,協力同心,身先士卒,賴聖德遠屆,渠魁授首,餘孽蕩平,依然一化疆焉。溯自下車伊始,振興文教六年,古州之苗,竟有善制舉業、列宫墻、備弟子員者。蓋生平之艱辛,莫甚於是,而余不知也。離瘴雨蠻煙,未嘗廢筆墨,一人一事必志,志必以詩,取其不遺忘,而所得亦已數千首矣,然要不可作詩觀也……屢欲删訂而未有暇,幸於乾隆三年戊午入覲,蒙聖恩留用畿輔,庚申之五月,以保定司馬去任閒居,方得自爲塗抹,擇其略可存者,得一千四百餘首,彙爲十二卷。楚北年姪張子諟齋,請余付之剞劂。余惟梨棗何辜,而故以弇鄙之辭災之。張子曰:'是詩也,姑無論其工與不工,西域之詩可以當齊諧之志,苗疆之詩可以見聖化之隆。'余笑曰:'是則然矣。爰授之梓,固知不能免詞壇之一哂也。'"

此本有扉頁,刊"半野居士詩集"。

《四庫全書總目》、《續修四庫全書總目提要(稿本)》、《日本現存清人文集目録》、《臺灣公藏善本書目》未著録。《中國古籍善本書目》著録清乾隆五年刻增修本,四川省圖書館有全帙,復旦大學圖書館爲殘本。

2424　清康熙刻本芙航詩襭　　T5472/4243

《芙航詩襭》十二卷,清楊士凝撰。清康熙六十一年(1722)寫刻本。四册。半頁十一行二十一字,左右雙邊,白口,單魚尾。框高 18 釐米,寬 13.4 釐米。題"武進楊士凝笠乘"。前有康熙六十一年惲鶴生序,殷元福序,康熙六十一年徐永宣序,雍正元年(1723)王汝驤序。

楊士凝,字笠乘,江蘇武進人。康熙五十六年舉人。未晬而孤,生而穎異,伯姐楊安人教之讀書,讀書數行俱下,以貴公子爲名孝廉,舉子業外,兼工古文辭,逮及詩歌,根柢漢魏諸樂府,而尤熟精於三唐,年未三十而詩文播海内。爲詩詭思險語,入長吉而出昌黎。

卷一《焚餘哂休録》。前有胡香昊序。卷前楊士凝《引言》云:"余性喜韻言,經師恐妨舉業,禁勿令學。竊取古詩讀之,雖不盡解,然胸中勃勃不能自已。每境與情會,輒有所作,作已輒慚,慚過復作,積歲焚棄什之七八。甲申迄庚寅,僅録如干首,彙爲一卷。詩不足存,聊志少時緣起云爾。"詩計六十七首,附一首。

卷二《團香集》。前有杜詔序。卷前楊士凝《引言》云:"卯辰之間,養親小園,心頗閒適,春秋佳日,花鳥迭更,輒以體物語遣興,不復計工拙也。"詩計七十三首。

卷三《天笑集》。前有芝田老人楊大鶴序。取名"天笑"者,蓋杜子美有云:"每蒙天一笑,復似物皆春。"又蘇子瞻云:"詩成天一笑,萬象解寒窘。"卷前楊士凝《引言》云:"歲之正月,放棹秦淮,下上春江,未蒙天笑,作詩者猶言其志乎!"詩計五十首。

卷四《春曉集》。前有徐瑶序。末有沈無咎跋。卷前楊士凝《引言》云:"友人訂余讀書山中,春夏之交,以太夫人病不果行,篇什亦廢。入秋,擯於有司,自傷顛蹶,得三十章,叔祖命付剞氏,曰《春曉集》。仍舊名也。"詩計三十首,附一首。

卷五《戀月亭集》。前有康熙五十四年吕廷鶪序。卷前楊士凝《引言》云:"余擬北遊,緣吴中月社淹留故園,適與釁會,煩冤終歲,幾於鬼張之弧矣。情有所觸,不忘悔尤,别是年之詩爲《戀月亭集》。"詩計六十首。

卷六《秋深集》。前有周鐸序。此卷題"秋深",殆取李長吉所云"非君唱樂府,誰識怨秋深"。卷前楊士凝《引言》云:"……輒詣舅氏茶坪先生,探討源流正變,意在不泥古人,而復不戾於古,每搆一章,隨得評騭,終歲計詩六十八首。雖事異勢殊,去古愈遠,要亦自寫其哀樂之心云爾。"詩計六十八首。

卷七《燕市西廊集》。前有陳鵬年序。卷前楊士凝《引言》云："余年二十七,始客京師,居宣武門之斜街,甫踰月,大兄奉命典試全蜀,獨處窮愁。涉冬,復臥病,所爲詩率游子陟屺陟岡之悲,故志其地。"詩計七十二首,附六首。

卷八《待熄集》。前有張逸少序。卷前楊士凝《引言》云："戊戌下第南歸,得侍太夫人晨夕,暇則彙篋中稿,督小胥鈔録。倏而謗言朋興,意外見侮。太夫人笑而謝之,禁弗與較。歐陽子云:'待彼謗焰熄。'取以名是集焉。起戊戌正月,盡己亥五月,詩如干首。"詩計七十五首,附四首。

卷九至一〇《寒鐙集》,前有潘玠序。此乃士凝居憂卒哭之作,也感兄弟之暫聚,痛高堂之已違,其觸物哀吟,發自肺腑。卷前楊士凝《引言》云："戊戌四月四日,大兄送余出都,誦子瞻鄭州西門詩,惻然而別。明年六月,太夫人棄養,大兄奔喪南歸。不意寒鐙相對,乃在麻衣苦岀中。記太夫人病革時,痛憶兩兄遠不可致,今二兄羈滯黔陽,余兩人雖獲聚首,而太夫人音容不可復接矣。祥琴後詩一百五十首,釐爲《寒鐙集》二卷。起庚子七月,盡辛丑一年。"詩共一百五十三首,附十二首。

卷一一《後甲集》。前有蔣汾功序。卷前楊士凝《引言》云："康熙六十有一年,余編次前後詩卷,除夜詩云'删訂狂吟昉甲申',遂以'後甲'名是集。"詩計六十一首,附十一首。

卷一二《疊紅吟卷》。前有荼坪序。士凝序云："己丑之秋,余始寫江天一笠小照。甲午渡江,張子寶臣復爲余寫江天第二圖,自題絶句一首。海内諸君子見而和之,一體一韻,隨和隨録,歷年倡和,凡得詩百餘首,因以和章之先後爲次第,別録一卷。俟有繼和,當續編之。"詩計十七首,附八十三首。

士凝少攻吟詠,長益攻苦,其所爲詩掐腎鈇心、日新月盛,前後積帙甚多。此本計古今體詩七百二十三首。卷自爲集。《哂休》、《天笑》、《戀月》諸集,多登山臨水、傷離弔古之作;《秋深》皆樂府;《團香》則爲詠物詩;《燕市西廊》,志地也;《春曉》者,爲無題詩;《待熄》乃公車下第後,還轅息軫之作;《寒鐙》爲感別懷人,寄其寒鐙夜雨之思。其《戲倣元遺山論詩絶句三十八首》,上下數千年,源流派別,瞭如指掌。又卷二有《閱湯義仍邯鄲傳奇戲,和元微之夢遊春七十韻題其後》。卷一一《吳中曲三首》(賣荒吏、良家女、捉伶人)爲諷諭變體之作。惲鶴生序云:"今楊子之爲詩也,才力雄獨,思致深細,凡人所常言,麾斥殆盡,雖探奇歷奧,必中繩而應矩,信善於立言者矣。"

卷六及一二有部分抄配。

《四庫全書總目》、《續修四庫全書總目提要(稿本)》、《日本現存清人文集目録》、《臺灣公藏善本書目》未著録。《中國古籍善本書目》著録,中國國家圖書館、四川省圖書館入藏。另又有二十九卷本,爲乾隆四十一年增修本,北京清華大學圖書館、中國社會科學院文學研究所、重慶市博物館有藏。

2425　清乾隆刻本全韻詩　T5470/8170

《全韻詩》二卷,清金門詔撰。清乾隆刻本。二册。半頁十一行二十二字,左右雙邊,白口,單魚尾。框高16.4釐米,寬10.9釐米。題"江都金門詔東山撰;同學同譜諸子評閱;門人子姪仝校"。前有乾隆九年(1744)尹繼善序,陳守創序,曹繩柱序,乾隆九年黃大本序。

集　部

　　金門詔,字軼東,號東山,江蘇江都人。康熙五十六年舉人,由順天府府尹陳守創薦舉博學鴻詞科,乾隆元年成進士,改庶吉士,官博野知縣,調壽陽,以忤上官被劾。門詔又有《金東山文集》十二卷。

　　門詔爲邗江名宿,舉鴻博有聲,復由制科成進士,入蓼閣,一時聞望,勢足以傾動天下。此集上卷十一首,爲《聖德吟》,分爲《祖德吟》、《懷師吟》、《懷三館吟》、《懷人文館吟》。下卷十九首,爲《讀書問古吟》、《讀書論古吟》、《讀書懷古吟》、《夢游讀書吟》、《文苑吟》、《攀龍吟》、《附鳳吟》、《相馬吟》、《觀海望山吟》、《百花吟》、《蕭齋晝吟》、《蕭齋夜吟》、《新春初日吟》、《對月望江南吟》、《紀游吟》、《感遇吟》、《書懷吟》、《且歌吟》、《喜全韻詩成吟》。總共三十吟,悉遵《佩文韻府》全韻。其《懷三館吟》爲追懷古今圖書集成館、明史館、三禮館往事而作。門詔所作,可窺其遠綜近核,博注零搜之功。

　　尹繼善序云:"先生故以上下平三十韻,共四千二百數十餘字,創成句讀,使字義有所附麗,而不致頡、斯遺跡常置於無所可用之鄉。又文無所屬,則義難聯綴,於是各立爲題,本其夙昔君親師友,閱歷往來之大節,以抒其平生抱負,蘊蓄之閎深,韻於是全,詩亦於是全矣。然則《全韻詩》者,先生作之,固非無情之言,而後學讀之,亦屬有用之書。由詩識韻,因韻識字,則如昔人《十七史蒙求》、《廿一史彈詞》之類,皆可類推。而全韻三十章,足並而爲三矣。如以詩論,則將云,詩不宜用險,詩貴含蓄,不宜說盡。又將云,詩不可一字牽綴,詩須逐字有來歷。若是者,信乎其爲論詩也,而非所論於《全韻詩》也。若《全韻詩》,則聽其單行焉,可矣。東山年且老,學既純粹,顧惓惓不忘於全韻者。蓋欲學者致力於四聲,先從平韻記熟始,而後及於仄韻之□,則將以是編爲嚆矢也。"

　　《四庫全書總目》、《續修四庫全書總目提要(稿本)》、《中國古籍善本書目》、《臺灣公藏善本書目》皆未著録。

2426　清康熙刻本課慎堂詩文集　　T5472/4473

　　《課慎堂詩集》十九卷《詩餘》一卷《文集》二十卷,清李興祖撰。清康熙刻本。十册。半頁十行二十二字,四周雙邊,白口,單魚尾,書口下刻"初編"。框高 18.5 釐米,寬 13.3 釐米。題"銀城李興祖廣寧著;古黟王楫汾仲定;受業陶岐文治、男鰲又白校"。前有康熙二十三年(1684)沈荃序,康熙三十二年(1693)孫光祀序,康熙二十九年(1690)彭開祐序,康熙二十二年(1683)王餘祐序,康熙二十九年錢金甫序,康熙二十九年毛奇齡序,康熙三十二年彭孫遹序,康熙三十二年戴本孝序,康熙三十二年王楫序,康熙三十二年王概序;鑒定姓氏;選訂姓氏。

　　李興祖,本名閎,字廣寧,號慎齋,漢軍正黃旗人。廕生。嘗出宰慶雲,循聲冠畿輔。康熙二十四年任沂郯海贛同知,草創布置,井然有法。收降李二和尚餘黨,境内以安。累遷山東運使。恤商惠竈,私販斂跡。嘗捐修古歷下亭,以存前賢遺蹟。《(宣統)山東通志》卷七四《職官·宦跡一》有傳。

　　興祖,幼遭艱虞,四歲失恃,然能力學,嗜古如飴。及登仕籍,吟誦不輟,其爲詩與文,格律既高,意旨復遠。是集自通籍以至課績,所至燕、齊、吳、楚,山川風物,舉凡賓客之往來,政治之得失,悉有以見諸文章而形之賦詠。詩集卷一《樂府》,卷二《冢津草》,卷三《醉餘草》,卷四《楚遊草》,卷五《耕露草》,卷六《釣月草》,卷七《復嘯草》,卷八《倡和集》,卷九《邁征集》,卷一○《以永草》,卷一一《四聲草》,卷一二《元對草》,卷一三《觀瀾草》,卷一四《嚶春集》,卷一五《歷下草》,卷一六《錦湖草》,卷一七《自攜草》,卷一八《簡思草》,卷一九《歷亭草》。《文集》卷一序,卷二記,卷三論,卷四傳,卷五行狀,卷六志表,卷七書,卷八牋牘,卷九引,卷一〇解,卷一一辨,卷一二說,卷一三跋,卷一四祭,卷一五賦,卷一六表,卷一七啓,卷一八贊,卷一九銘,卷二〇雜文。

《鬲津草》,據卷前自序,鬲津爲九河之一,南接青齊,北接瀛州,東歸於海,慶雲居其中,斯河稱冀北通會。興祖曾牧茲土,"撫今思古,感悼情深,從來容有不可轉之地勢,斷無不可化之人心,特以移易風俗存乎人耳……余以簿書之暇,集邑之紳士,相與倡和優游,欲爲此地山川生色。集成是草,蓋所見者固鬲津之景物,而措詞寓意亦無非鬲津之民心土俗也。"

《醉餘草》,卷前自序云:"酣時萬字,旭哉何心;斗酒百篇,白也無敵。豈麴蘗之多助,實襟抱之孔舒。風月呼朋,鶯花攜友,傳觴遞斝,耳熱情融,隨意興之所生,與物華而共愜。低回顧盼,俯仰流連,工拙固不暇論,鬱凝由以俱釋,聿拼沉湎,聊破窮愁,敢曰掇伯高之奇標,襲青蓮之逸致也哉。"

《楚遊草》,興祖於康熙二十一年秋南游楚地。卷前自序云:"挹楚之景,詢楚狂之高蹤,訪靈均之遺事,吊斑筐之猶在,悟誕夢之俱非,觸物興哦,發懷遣意,積而筆之,遂成一帙。"

《耕露草》,耕者,爲言勤也;露者,爲言早也。春能幾度,時不再來。卷前自序云:"余賦質弱而才復鈍,暨年失學,懼成荒廢,勉托吟詠,冀奮新畬,大有愧於耕露者之勤且早也。而顧取名於斯者,或亦欲如老牯拽犁不勤,聞鞭聲而竭蹙努力焉。"

《釣月草》,卷前自序云:"余於文既率意,而嗜詩復不能工,然觸物抒情,隨境託寄,有意無意不自解也。"

《復嘯草》,興祖康熙二十四年量移東阿,未親翰墨者七月有餘,至次年,簿書餘隙,始得理殘編,托興吟哦。此集爲其寓景抒懷、感舊傷今,暢遂其性情之作。

《倡和集》,此集爲興祖與友人唱和詩。卷前序云:"二三同人,斟酌規勵,鞠躬盡瘁,漸獲安全。枳署甫成,茅亭初葺,挹清馨,抒素抱,連榻燒燈,遙深興會,茶鐺酒臼,寄託良般,如云騁玩,非所敢出矣。和予倡汝,俱根情志,引伸連類,悉叶風謠,或亦興之一機乎?遂次録之爲倡和集。"

《邁征集》,取名"邁征",有日邁月征之意。此集亦興祖與友人唱和之作。

《以永草》,卷前序云:"愛國忠君,素志未遂,蘊結於中,實懼銷磨,特假長歌短詠,用抒情愫,勤類運甓,念擬飲冰,積日成帙,顏曰'以永',亦聊以永日云爾。"

《四聲草》,此集爲興祖以其詩類其目,計一百有六,按四聲之全,而各以韻之,次第押之。"稍暇則擁鼻以哦,刻不自懈。"(卷前序語)

《元對草》,卷前序云:"余夙抱愚忠,守職維勤,不敢依何詭遇,諧俗取容以上負朝廷,而下辱生平。然智慮淺狹,懼時有感發於情,無當聊托聲歌,規我性情,庶幾山光水色中稍有領會,非敢即謂能元對也。"

《觀瀾草》,卷前序云:"故譬彼觀海必觀水,觀水必觀瀾,乃知所以觀聖,而推之觀民先觀風,觀風先觀政,兼可於此觀人。"

《嚶春集》,《詩》云:"嚶其鳴矣,求其友聲。"興祖取其意,"而托爲嚶鳴,以求益於同群,其曰春者,以志時乎,不敢失也。"(卷前序語)

《歷下草》,歷下者,山東濟南也。卷前序云:"余以司氊官此地,愧未能嗣音二三君子,而名勝所在,輒復流連,若明湖、趵突、百花、玉函諸境,寓感成聲,積日成帙。以歷爲名,亦猶古人觀風問俗,因地因時之義。"

　　《錦湖草》,此集多寫興祖閒情,素志丹衷。

　　《自攜草》,卷前自序云:"昔人云,一卷冰雪文,避人常自攜。冷暖自知在幽懷,不在世境也。免俗未能,聊取吟詠,適以自砥耳。"

　　《簡思草》,興祖耽吟詠,致成痼癖。曾欲禁思斷絶,而情之所感,卻不能已。"因爲約自矢,或登臨名勝,觸景微諲;或瘡痳良朋,託懷遠寄,至於泛泛酬應,都爲芟卻。"

　　《歷亭草》,此集所詠皆與歷亭有關。卷前自序云:"余既再搆歷亭,頗擅遊觀之勝,湖環山拱,蔘潔蓮香,僚友選勝以開筵,吟朋放舟而載筆,此唱彼和,朝哦夕詠,積時未幾,篇什漸繁,大抵皆因亭發興,遂若與亭贈答,因繫之曰《歷亭草》。"

　　課慎堂,乃興祖讀書處。《文集》卷二有《課慎堂記》,云:"因思不惑,不動,孔孟養心之候也,而老泉讀書、達夫攻詩,均屬老成。余竊擬之,尚或未晚,遂築堂於宥戒顔曰'課慎'。學以日規爲課,課以日嚴爲慎。堂亦以是而名者,此物此志也。堂三楹,南北設户,東西置牖,凡山川之流峙,花木之代謝,日月之升沉,悉於堂中晤之,所以課吾之視聽也。堂所藏經史子集及方書稗説,凡古今之得失,世代之興衰,人物之臧否,悉於堂中考之,所以課吾之性情也。政事之暇,游泳其中,或詩古文詞,或意興所適,或應酬交錯,雖勞逸相半,功未嘗一日廢弛。"

　　沈荃序云:"讀其詩,麗若錦綺而不鶩繁縟,空若雲漢而不涉虚渺。文則比事屬詞,苞涵萬有,而不蕩不襲。至其忠孝悱惻,篤愛纏綿,悉發爲温厚和平之響。"

　　此本有扉頁,刊"課慎堂詩集。銀城李廣寧先生著。江栖閣藏板"。按,江栖閣,乃王楫讀書處。王自號亦曰江栖。

　　《四庫全書總目》、《續修四庫全書總目提要(稿本)》、《臺灣公藏善本書目》、《日本現存清人文集目録》皆未著録。《中國古籍善本書目》著録,中國國家圖書館收藏兩部,作"清康熙江栖閣刻本"。

　　鈐印有"清吟書屋"。

2427　清乾隆刻本在亭叢稿　T5470/4469

　　《在亭叢稿》十二卷,清李果撰。清乾隆寫刻本。十册。半頁十行二十一字,左右雙邊,白口,單魚尾。框高17.5釐米,寬12.7釐米。題"長洲李果碩夫"。前有乾隆十年(1745)韓孝基序,沈德潛序,康熙六十年(1721)杜詔舊序,周準舊序。

　　李果,字碩夫,號在亭,又號客山,江蘇長洲人。康熙時布衣。工詩,格律蒼老,晚年名益盛。清舒位《乾嘉詩壇點將録》稱李果爲"雙尾蝎"。又有《詠歸亭詩鈔》八卷。

　　卷一至四序,卷五書、論、説、議,卷六傳,卷七傳、書事,卷八碑記,卷九記,卷一○題跋,卷一一贊、銘、墓志銘、墓表、祭文、哀辭、行狀,卷一二家傳、行述、啓、跋、紀游。

　　李果,少時孤貧力學,其詩古文詞久名於時。凡所爲文,意在取法史漢,而以韓、歐、曾爲歸宿,異乎世之貌。集中記、序、傳、論、銘,皆有關乎人心風俗、行己立身之道。周準序云:"吾友李君碩夫,少以詩名吳下,壯更工文,凡經之腴、史之粹,皆擷而取之。故自大江南北,凡昔所經歷地,及所交游之人,無不重其節概而相與稱其文不置。"

　　沈德潛序云:"李子客山,自少以詩名淮揚間,所謂詩發源漢魏,流衍唐人。既又益肆力於古文,其持論也正,其徵引也確,其序事也潔,其選言也精,其用法也不拘成法而自閑乎法……

窺其得力,意殆討源六籍,泛瀾諸史,而後旁及乎子集,以暢其支流者耶?"杜韶序云:"方今吳下古文作手,推楊三文叔,文叔亦盛稱客山之文。世之知客山者,徒以詩人目之,不知其文有足與詩並傳者。"

清王昶《蒲褐山房詩話》卷上,引《湖海詩傳》云:"客山艱苦力學,忍飢誦經,衡門兩板,竟日翛然。良友至,輒呼小童取一錢就茶肆潑茗共啜之。樵蘇不繼,怡然自得。巡撫宗室雅公,嘗過次山侍御,叩以吳中隱君子,侍御對以客山及惠松崖。公遂往造焉,避而不見,時人兩賢之。其後詔徵經學,總督黃文襄以松崖薦,亦雅公所推轂也。"

據韓孝基序,此本爲保寧陸君所刻。有扉頁,刊"在亭叢稿"。

闕卷九第十三至十五頁、卷一一第十三頁。

《四庫全書總目》入集部別集類存目,作二十卷,蓋後附《詠歸亭詩鈔》八卷。《中國古籍善本書目》、《日本現存清人文集目錄》著錄,中國國家圖書館、上海圖書館等十一館,以及日本內閣文庫入藏。《臺灣公藏善本書目》未著錄。

2428　清乾隆刻本俯浦詩鈔　　　　　T5475/7249

《俯浦詩鈔》二卷,清馬世榮撰。清乾隆三年(1738)馬維翰寫刻本。一冊。半頁十行二十二字,左右雙邊,白口,單魚尾,框高 19 釐米,寬 11.7 釐米。題"海鹽馬世榮煥如甫著;男洪熹輯錄;孫維翰、維垣仝校"。前有錢乘撰《俯浦先生傳》。末有乾隆三年馬維翰跋。

馬世榮,字煥如,浙江海鹽人。居俯浦里,人稱俯浦先生。性恬淡,溶溶盎盎,莫得其深淺。好與方外游,若僧一靈、黃山畸人及蓮社庵主、瓣香老人皆相還往,泊然自得。

此集二卷,皆古今體詩,上卷一百十七首,下卷一百七首,補遺三十首。附絅園詩十二首。

絅園,名洪燦,絅園爲其字,世榮子。幼稱神童。未冠補郡學生,繼得足疾,劇甚,年二十九卒。

馬維翰跋云:"乾隆元年冬,大人輯先祖俯浦詩一冊,寄京師,諭維翰曰:'爾祖自弱冠讀書已多,結交皆老蒼,爲詩卓然成家。是時,遺民故老,典刑未遠,乃合訂所業詩六卷,投一先輩論定。會迫渡江,尋禹穴諸勝,未及錄副本。約留江東祁氏,匝月往取,如期往,則攜而南矣,嗣後更不相聞。年四十餘,屢不得志於有司,即棄去,屏跡鄉里。遘爾伯早世,嘗悲惋,詩不多作,作亦不復矜慎如曩時。今之所輯,晚年者半,其舊所存,或已經刊落者均在焉。計門人張士達所鈔近百首,姪婿錢鳴遠所鈔一百四十餘首,水月庵僧原道所鈔亦數十首,如是而已。顧鳴遠所鈔,間有爲其祖真長先生評點,則爾祖最少作也。原道所錄遊諸佛寺暨與僧贈答之作什九,而他詩絕少。其互相參訂,去其重複及少作不必存者,稍加編次,離爲上下二卷,刻之以傳,亦爾祖意也。爾伯詩多散軼,水月庵敗篋中有殘稿數紙,從僧乞得,宜亟檢錄存之。'維翰惶悚受命,再三校讎,扃之行笥。今春托金壇諸生王嵩繕寫成帙,計上卷詩一百十七首,下卷詩一百七首,又於里人章氏得舊所刻詩箋,和錢真長先生芳草詞三十首補其後。而先伯父《絅園遺稿》中鈔七言律絕詩共十二首附焉,行覓良工雕版,以藏於家,世之覽者,或亦有取爾。"

跋後有"吳門李又韓鐫"。

《四庫全書總目》、《續修四庫全書總目提要(稿本)》、《中國古籍善本書目》、《臺灣公藏善本書目》、《日本現存清人文集目錄》皆未著錄。

鈐印有"吳玉簪"、"墨陽小隱"、"松齡之印"。

集部

2429　清乾隆刻本自怡小草　　T5484/4244

《自怡小草》四卷，清葛其英撰。清乾隆刻本。四册。半頁八行十六字，左右雙邊，白口，單魚尾。框高 18.7 釐米，寬 13.1 釐米。題"青華葛其英檜庭氏著；子婿顧嘉綸、沈新畬、侄堅焘、男厚培仝校字"。前有乾隆二年（1737）鮑皋題詞，商盤題詞，乾隆五年（1740）吳燫文題詞，乾隆三年（1738）張浤題詞，諸馥題詞，莫栻題詞，中表兄權題詞，商綸題詞，徐有常題詞（以上俱《檜庭初集》題詞）。鮑皋題詞，商盤題詞，徐有常題詞，張雲題詞（以上俱《涉江唱和》題詞）。沈榮光序，乾隆十四年（1749）秦錫淳序（兩序皆爲《章安詩草》）。乾隆四十九年（1784）葛其英自序。末有侯嘉繙跋，汪樹琪跋，馮鬱跋，丁式度跋。又有乾隆四十九年沈新畬跋《評香小集》；沈新畬《自怡小草》題詞。

葛其英，號檜庭，生於康熙五十一年。

卷一四十七首，卷二七十二首，卷三一百七首，卷四一百四首。

其英自序云："余未嘗學問，而性喜吟詠，少爲對偶之學，篇什頗多，不敢出以示人。迨後奔走宦盦，悉從散軼。公餘偶吏筆研，遇交游贈答、課農問雨、祈年志喜及歷覽山川，流連風物，輒見於詩，豈敢於案牘中故作煙霞語。抑簿書鞅掌間藉得少解風塵下吏之勞，興之所至，率爾揮毫，不計工拙也。丙申秋，任事儀封，大工方興，差務絡繹，浩如煙海，苦歷五載餘，卒致休官以去。僑居汴省，食指嗷嗷，直欲吸風飲露，心境欝欝，筆墨久蕪，曩時所蓄吟稿俱雜投敝篋中，供蠹魚之飽者，字存無幾矣。甲歲長夏，阿倩沈澐飃至汴，見余窮愁困頓，相對凄其，遂晨夕縱譚漆園抱朴之書以澡雪心神，且尋讀余之斷簡殘詩，編年彙録，輯爲四卷，力請鋟板問世，並札商之顧霞浦大倩。兒子厚培、猶子金圃咸相踴躍設措刻資，開雕成軼。余鑒逎誠，不忍固却所請，因顔之曰《自怡小草》。"

此本寫刻，有扉頁，刻"自怡小草"。

《續修四庫全書總目提要（稿本）》、《中國古籍善本書目》、《北京圖書館古籍善本書目》、《中國科學院圖書館藏中文古籍善本書目》、《臺灣公藏善本書目》、《日本現存清人文集目録》、《清人詩集敘録》未收。

2430　清康熙刻本匏潛子四時四聲山居草　　T5439/2910

《匏潛子四時四聲山居草》五卷，清釋上暎撰。清康熙硯壽齋刻本。二册。半頁八行二十字，四周單邊，白口，單魚尾，書口下刻"硯壽齋"。框高 19.3 釐米，寬 11.3 釐米。題"東吳而庵徐先生拈閱；晉陵可園許先生評頌"。前有嚴我斯序，史夏隆序，釋冬杲序，康熙三十一年（1692）釋上暎自序。末有吳慶期跋。

釋上暎，俗姓徐氏，別號匏潛，江蘇宜興人。爲荆邑濯林冬杲和尚之高弟。冬杲序云："匏潛長老，是余之入室真子也，賦性超軼，峻傑沖漠，宛有古人行履，喜山居，善吟詠。"

是書以春夏秋冬四季，再分上平聲、下平聲、上仄聲、去仄聲、入仄聲。爲上暎山居時所作，計百餘首。

上暎爲詩僧，其詩有佛禪之理。卷一春時《四支》云："既與空岩好，何心可轉移，山光圍野色，芳草長幽思。夢斷千峰月，身貧一縷絲，名花榮上國，莫我論干支。"《十一真》云："雨過泉聲

1825

急,雲收谷轉春,焦桐鳴土竈,青嶂出芳塵。惜睡何嫌冷,貪安不厭貧,三無我皆得,一牀可韜真。"卷四秋時《十卦》云:"溪聲日日塡冷債,虎嘯山巔驅雨怪,静夜塵濤涌客思,禪房清磬開幽界。槿花榮落在揮毫,爵禄浮沉看拾芥,常向雲隈消有生,何凶何吉占蓍卦。"作者看輕功名利禄,超脱之情,可見一斑。嚴羽《滄浪詩話》嘗云:"大抵禪道惟妙悟,詩道亦在妙悟。"

嚴我斯序云:"庚午冬,有臨陶大師別號匏潛者,乃荆邑濯林冬呆和尚之高弟也。遇予於龍華山房,深談入理,造次分明,真僧中鸞鳳、法席棟梁,恨傾蓋之晚,實有愧於平生。又出《四時四聲山居草》一集,展卷成誦,如高山流水,玲玲瓏瓏,穿雲透石,其運意甚良,布置甚新,涵養甚渾,吐露甚奇。非唯益見其躬行心得之著,令人洗塵萬斛、鼻塞氣喘之能,且大方獨步,王、孟有所裹足,苟不通三教之源、百家之髓,安得其若是之盡善也。予觀今時所尚者詩,此集誠足爲法後世、標準當代,可謂荆邑傑出之士,威音再來之人,信不誣矣。"

自序云:"予小子荆邑徐氏也,脱白參方,矢心宗教,不事筆墨。邇來卓錫山林,萍泊閭閻,於火種刀耕之暇,復展舊業。以四時四聲,次第歌詠,以發其志,以道其情,擬韻部,勒成五卷。不敢曰閫中肆外,永垂不朽,亦欲少開茆塞,以洗煩囂,聊抒岩壑之幽思,指爲静慮之别調。"

《四庫全書總目》、《續修四庫全書總目提要(稿本)》、《中國古籍善本書目》、《臺灣公藏善本書目》、《中國科學院圖書館藏中文古籍善本書目》未著録。

2431　清雍正刻本偶存草詩集　T5472/4934

《偶存草詩集》六卷,清林之蓓撰。清雍正刻本。四册。半頁九行二十字,四周雙邊,白口,單魚尾。框高19.9釐米,寬12.7釐米。題"孝感林之蓓素園氏著"。前有雍正元年(1723)楊夢琰序,康熙六十年(1721)胡宗緒序,康熙六十一年(1722)林之蓓自序。

林之蓓,字素園,山東任城人,寓居湖北孝感。據楊序"獨惜林君以敲銅刻燭、叉手立就之才,數年來,僅參佐寮幕,爲他人作嫁衣裳",可知之蓓在官場中並不得意。

之蓓性癖耽詩,好杜子美特甚,束髮讀書時,即嗜吟詠。因悟王阮亭所謂山川游盡,歲月歷深,始可言詩語,故其游京師,出居庸,循太行,渡蒲津,下襄樊,泛洞庭,抵姑蘇,臨太湖,過維揚。其序云:"凡游歷所至,征車泛舟,不知幾千萬里,山川之勝,風土之殊,間關跋涉者三十餘年。抒其胸之所得,興之所及,即有題詠,往來投贈,亦所不乏,竟積詩千有餘章。雖未敢謂有關世道名教,然浮華靡麗,雅所不尚。阮亭先生雖往,而詩卷久爲海内所宗,予既信其言,因而法其詩,但愧形穢,恐其災梨,總期歸性情之正,不失三百篇遺音則幸矣。"此集之詩,大都道其歷游所得,而言以有關風教者居多。

《四庫全書總目》、《續修四庫全書總目提要(稿本)》、《中國古籍善本書目》、《臺灣公藏善本書目》、《日本現存清人文集目録》皆未著録。

鈐印有"淮南道人曾經一讀"、"十羽齋"、"陶庵蓬閣"。

2432　清康熙刻本愛吾廬詩稿　T5453/2333

《愛吾廬詩稿》一卷附《補遺》一卷,清吳兆寬撰。清康熙二十四年(1685)吳樹臣刻三十九年(1700)張尚瑗補刻本。二册。半頁十一行二十字,左右雙邊,綫黑口,雙魚尾。框高19.4釐米,寬14.4釐米。題"吳江吳兆寬弘人甫著;同學諸子論定;男燾、樹臣校輯"。前有康熙三十九年(1700)張尚瑗序,吳樹臣序,嚴繩孫序。末有何源濬《客游詩鈔》舊序。

吳兆寬,字弘人,江蘇吳江人。諸生。早歲聰穎夙成,受知於東林繼起諸君子。讀書目數行下,不屑屑俗下文字,凡千古微言秘義,前人所不及發,與數十代禮樂刑政理明治幽之大經大法,靡不纖究而貫通之,以故抒寫性情,發爲聲歌。其時,三吳之士有文社之設,而吳江則以兆寬爲領袖。兆寬與弟兆宮(聞夏)、兆騫(漢槎),文藻挺拔,翩翩兢爽,海內知與不知者皆以獲交吳氏兄弟爲快。

是集爲五言古五十首、七言古十七首、五言律九十首、五言排律一百十一首、七言絕四十五首。《補遺》四首。

兆寬之詩,艷逸而俊邁,所謂三河少年,風流自賞者。兆寬子吳樹臣序云:"樹臣不幸,不獲久承庭教,曉暢四始六義微旨,又流離多故,篇什散軼,自戊戌以前皆弗能考,後此者亦僅存什一於千有之餘。又痛我兩仲父相繼即世,不克訂定訛舛,補輯所已。"

嚴繩孫序云:"今年夏,余來嶺表,則弘人嗣君大馮,以明經出宰四會,政成既三年矣。當事者以卓異薦於朝,擢守蜀之漢州。將行,訪我於肇慶邸舍,晨夕過從,游復甚暱,既出具其先人遺集示我索序。視之,刻既成矣。"

此本爲兆寬門人張尚瑗所補刻。張序云:"先生於庚申即世,少作之詩,憂患以後已散軼不復存。歲乙丑,季子大馮,爲令四會,乃就所攜篋中者刻之於嶺南。未幾,擢尹漢州,蜀道險遠,行李不能輦致者,悉置之大庾嶺。己卯冬,余採藥假道南雄,得詩板於逆旅主人,乃攜之以歸。散缺者什之二三,爲較舊刻補之,復刻補遺詩數首并《客游詩鈔》舊序一篇,集於是乎粗備……補刻既竣,以郵寄大馮於潼川,不知其辭之不能已已云。""乙丑",爲康熙二十四年,即樹臣刻書之時。

此本有扉頁,刊"愛吾廬詩稿"。

《四庫全書總目》、《中國古籍善本書目》、《臺灣公藏善本書目》、《中國科學院圖書館藏中文古籍善本書目》未收。

鈐印有"瑞軒"。

2433　清康熙刻本隱居放言　T5453/1441

《隱居放言》十二卷,清夏基撰。清康熙三十二年(1693)翰墨林刻本。五冊。半頁九行二十二字,左右雙邊,白口,無魚尾,書口下有"泊庵"。框高 20.1 釐米,寬 11.5 釐米。題"聖湖同學諸子鑒定;泊庵磊人夏基稿"。前有順治十三年(1656)宋維藩序。

夏基,字磊人,又字樂只,號泊庵,安徽徽州人,僑居杭州西湖。能詩,工書畫,曠然有高世之風。

卷一賦、書,卷二記,卷三序,卷四傳、壽文,卷五祭文、誄、啓,卷六尺牘,卷七《詩話》(詩俠四條、詩鑒九條、詩感五條、詩樂四條、詩箴三條、詩謔八條),卷八《詞話》四十一條并序,卷九《客窗閒話》四十一段并序,卷一〇《詩草》(五言古詩十首、五言近體十四首、七言近體十四首、七言絕句十二首),卷一一《時賤》(計十六紙),卷一二《悟語》十三則。

卷四有《拙奴傳》,寫查士標三癖(好潔、好古、好眠),蓋基與士標素有宗誼,故所言甚詳。卷六尺牘、卷一〇七言絕句皆有致查氏者。卷五有《自祭文》,云:"嗚呼樂只,詩美君子。胡生不辰,遭茲亂季。冠非舊冠,履非舊履。潔已難容,溷濁蒙恥。夙願素期,一朝暴棄。吁嗟余兮,命之衰矣。身固儒也,寧存儒風。儒近迂也,獨行迂志。豈曰異人,適性爾已。時當忿激,中懷如炙。浪跡西湖,耽情泉石。結契投歡,非狂即逸。維狂與逸,堪語通塞。和歌聯吟,遂成詩癖。詩癖既成,行同樗櫟。不材罔顧,無緣見斥。見斥者疑,見知則惜。惜我生平,廉隅砥礪。今已老矣,追嘆何益。爰卜荒丘,身圖以息。葬之明湖,厥土沃赤。是曰吾廬,將用奄㝱。生寄死歸,何求弗得。"

《詩話》前有總述,述己每恨唐宋詩話逸事無機警之語,故"慨然任之,發大覺菩提心,振一世痴迷想"。"皆近今實事,醒世真言,絶不集舊編一事。總之,皆從見聞記録,以入情之詩開勸懲之路,非餙辭曼衍、夸矜小説比也。"

其詞話多寫曹秋岳、張桐仙、陳椒峰、林鐵崖、徐方虎、陸鶴田、周元亮等人事。其寫己者有云:"磊人雅耽書畫之樂,讀古之餘,間作山水竹石幾幅。客有請者,少取杖頭以爲遊覽之供。生平志不屈人,以兀傲自命。"又云:"磊人居西湖,門題曰泊庵,樓題曰瀟灑,以習隱游藝爲樂,別稱樂道人,常作詞自況。"又云:"余性落拓不羈,幼時結客少年場,今老矣,漸入迂途,多爲時髦所擯。有見誚者詩云:'東坡前世客,和靖再來人,但恐才華老,詩工不救貧。'蓋前二聯爲周櫟園先生乍見贈,後二句乃少年貽誚也。未幾,少年坐事敗,而余以迂全。"卷一〇五言古詩有《避世吟》,云:"昔我居西湖,淹留三十年。今居西塢村,終歲老林泉。素耽山水癖,此意弗能遷。非不愛市朝,車馬畏喧闐。功名亂人意,奔競徒騷然。爲儒多白首,氊逐空流涎。"

《客窗閒話》爲基答客問,爲《問冰壑》、《問搆園》、《問造閣》、《問八大家》、《問杜詩各體》、《問畫竹》、《問畫山水》、《問骨董》、《問奕碁》、《問飲酒種花》、《問陶詩》、《問讀書不求甚解》、《問隱士禪僧》等。《問王弇洲李于鱗》云:"弇洲之文,博而不精;于鱗之文,健而不秀。世人皆以二公爲有病,而予曰不然。即有病,亦當以苓蓮之劑投之,非與用參術者比也。元美腸胃患其太雜,太雜則食古而溢,宜以苓蓮清之。滄溟齒牙患其太剛,太剛則嚼古未細,亦宜以苓蓮疏之。二公皆非虚弱之症,參術非所宜也,吾不敢執庸醫之説,妄生意見。"《問鍾伯敬譚友夏》云:"明末《詩歸》盛行,時有取鍾、譚二家合刻者持屬樂叟評之。予曰二公善評詩者,觀其所評,即知其詩之所向矣。伯敬以散見寄,故其出手也雋而逸;友夏以整取勝,故其出手也樸而文。二公皆思矯唐人之習,力求清新之句,而不知盛唐之後無詩,猶之秦漢之後無文。即有詩有文,亦終不能過盛唐與秦漢也。"

此本有扉頁,刊"游戲文章。憑山閣主人選定。康熙癸酉冬鎸。泊庵三話。翰墨林梓"。

《四庫全書總目》收有夏基撰《西湖覽勝志》十四卷,而不及此書。《中國古籍善本書目》、《臺灣公藏善本書目》、《中國科學院圖書館藏中文古籍善本書目》、《日本現存清人文集目録》未著録。日本内閣文庫也有入藏。

鈐印有"桂窗"、"竹西"、"蒹葭藏書"、"古愚堂圖書記"。

2434　清乾隆刻本集唐詩　　T5475/1367

《集唐詩》一卷,清張思閌撰。清乾隆四年(1739)兩間書屋刻本。一册。半頁十行十九字,四周單邊,白口,雙魚尾。書口上方刻"集唐詩",書口下刻"兩間書屋"。框高17.6釐米,寬12.1釐米。題"錢唐張思閌稗登"。前有陳撰、厲鶚等十七人《徵刻兩間書屋集唐詩啓》。康熙五十二年(1713)儲大文序,乾隆四年(1739)王箴輿序,乾隆四年劉正宜序。末有吳一楨跋,宗鐸跋,乾隆元年(1736)張鳳池跋。

張思閔,字穉登,浙江錢塘人。弱冠工詩。《徵刻兩間書屋集唐詩啓》云:"穉登張子,漸水名家,曲江華胄,妙年結客,盡搖琴擊劍之儔。"

兩間書屋,爲張氏讀書處。集句始於宋王荆公、文信國,而盛行於明初。此書乃集唐人句爲詩,計無題、漫興、游仙、禪悅,各三十首。多寫其性情,錯彩鏤金,引商刻羽,無奇不偶,有往必來。讀之頗有借舊語以發新思之感。作者若非熟讀唐人詩,則無法有此。每首詩後皆錄出唐詩人八位之姓名,以便勘查。

劉正宜序云:"錢唐張君穉登,才擅三都,學窮二酉,仿宋人體,集唐人詩,更不辨其孰爲初盛,孰爲中晚,非蘊蓄宏深,靈機圓妙,其能融而化之若是耶?夫釀百花之露以爲樽,魯酒不足言也;綴千狐之腋以爲裘,大布不足言也。"

儲大文序云:"錢唐穉登張子,驚才絕學,名噪大江南北,凡游蹟所歷,翰墨風流,紀載成囷。尤工集唐人詩,多至千餘首,而誦之皆有條理,豈所謂易而艱者邪?"

此本或爲宗鐸所刻。據吳一楨跋云:穉登"回幕府,酒酣佗傺間,吐胸中之奇,耆宿輒匿去。尤喜集唐人詩,詩至千餘篇,兹特吉光片羽耳。又得賢主人襄其剞劂以傳之,穉登之遇可謂不窮已。"又宗鐸跋云:"兩間書屋集唐無題三十首,膾炙人口者二十餘載。曩時,承乏徐屬,曾於淮北分醼淵度叔案頭得獲一帙,誦之手不忍釋,私心景慕,想見其爲人。丁巳春,銓補越郡,甫抵武林,邀延入幕,公餘之下,索其藏篋,更得漫興、游仙、禪悅各三十首,合之前作,統計一百二十首。此非胸羅海嶽,與天爲徒,烏能驅策古人遂我之用,若斯之神妙耶?是宜亟謀梨棗,以公同好云爾。"

此本有扉頁,刊"兩間書屋張穉登集唐詩。己未重刊"。

《四庫全書總目》、《續修四庫全書總目提要(稿本)》、《中國古籍善本書目》、《臺灣公藏善本書目》、《日本現存清人文集目録》均未著錄。

鈐印有"有竹山房書畫之印"、"小湖"、"徐氏元本"、"道壺"、"徐元"、"甲子年生"、"石隱"、"沈德壽印信"、"授經樓藏書記"、"長尾甲印"、"雨山"、"雨山居士"、"何遠樓藏"、"海外所獲"。

2435 稿本耘硯山房全集　　　　　　　　　　　　　　　TNC5472/1274

《耘硯山房詩集》二十五卷《前明小記》一卷《前明雜事詩》一卷《耘硯山房文集》二卷《百六吟》一卷《耘硯山房時藝偶存》一卷《篷窗吟》一卷《耘硯詩話》二卷《耘硯卻睡錄》一卷,清邵履嘉撰。稿本。六冊。半頁九行二十一字,無框格。前有乾隆十九年(1754)沈維材序;邵大業識語;乾隆十五年(1750)姚之琅序。

邵履嘉,字思田,北平人。早年因病棄舉子業,奔走衣食於弟侄署間。喜詩文,游歷幾半天下。據《耘硯山房文集》邵大業識語"今行年六十有六",則履嘉生於康熙二十二年。

《耘硯山房詩集》,題"北平邵履嘉思田氏著;弟大業思餘校訂"。卷一《晉吟》三十一首,卷二《吳吟》四十三首,卷三《悼夢吟》三十九首附《感音吟》,卷四《永歎吟》十二首,卷五《路吟》十八首,卷六《楚吟》三十六首附《一由吟》,卷七《行因吟》十三首,卷八《黔吟》二十五首,卷九《驟行吟》二十六首,卷一〇《越吟》十六首,卷一一《鼠思吟》十七首,卷一二《戴笠吟》二十三首,卷一三《書空吟》十七首,卷一四《落花吟》三十七首,卷一五《賦物吟》三十四首,卷一六《復燃吟》十首,卷一七《鹽雪吟》十五首,卷一八《悲來吟》二十首,卷一九《病中吟》七首,卷二〇《尚古吟》十二首,卷二一《循簷吟》十首,卷二二《共城吟》十五首,卷二三《衛源吟》十一首,卷二四《後吳吟》六首，卷二五《遜咸吟》十二首。總共五〇八首，各卷前多有友人之序引。

《前明小記》，題"耘硯老人緝編"。後有乾隆十七年邵自玉所撰序。筆記體，乃履嘉讀書時隨手筆錄，記明代史事，可佐典籍之不逮。

《前明雜事詩》，前書"起神宗迄永明，陳曰稽原倡"。多爲七言絕句，詩後均有釋文詳解史事。書末貼一浮簽，書"皋城黃廷柱敬錄"。

《耘硯山房文集》，題"北平邵履嘉思田父著"。前有乾隆十四年邵大業序。卷下前有乾隆九年邵氏自序。卷上多爲邵氏一族行略記實，計三十四篇；卷下則爲其往來弟姪署中，代爲草擬災祲水旱祈禱之文，計三十二篇。文後多有邵氏弟姪邵大業、邵自鎮、邵自牧等識語或評語。

《百六吟》，前有邵子政識語。爲邵氏憑弔亡室徐氏之長詩。《耘硯山房詩集》後邵自鎮所撰後志云："爰挑《百六吟》不附集中，以其紀實也。"

《耘硯山房時藝偶存》，選邵氏所作之制藝帖括。文後有親友評語。

《篷窗吟》，邵氏詩作，蓋作於《耘硯山房詩集》諸吟後。前有自序云："續二十五吟之後也。"

《耘硯詩話》，題"北平邵履嘉思田父"。前有邵氏自序、題詞。乃作者辛未夏五月自吳門隨衆赴衛糧船遭阻，又因水大難行，故取所寫之書並所記憶之事，錄爲《詩話》，頗有裨於詩教。上卷一百則，下卷五十八則。又《耘硯卻睡錄》後有邵自祐關於《詩話》之識語。

《耘硯卻睡錄》，筆記體，乃作者於"夏日炎炎，聊借一編作引睡具，遇有會心即筆之，乃樂此不疲，而睡魔返遁矣"，故名"卻睡"，計一百五十一則。

《耘硯山房詩集》後履嘉姪自鎮所撰後志，述邵氏詩文集編纂經過云："詩凡二十五吟，而《百六吟》不與焉；文則上下兩卷，而帖括不與焉。吟各有序文、有小跋，數語於前，或志事，或志地，或志人，如年譜然，瞭若指掌。下卷文駢體居多，皆寓晉楚時爲季父輩捉刀者。文未授梓，詩刻於己未年客楚時，則特一斑耳。越十二年，文益富。先生曰是文繁，未殺也，命自鎮擇焉。"

該書編次稍冗亂，文中偶見勾抹竄點及增補之處，每冊皆鈐作者名印，當爲邵履嘉弟姪整理之繕清稿本。諸家書目及《販書偶記》等皆未著錄。

鈐印有"邵履嘉印"、"遂思"。

2436　清康熙刻本兼齋詩文集

T5463/0232

《兼齋文集》十九卷附三卷初一卷《尺牘》一卷《詩》六卷附二卷，清齊之千撰。清康熙刻本。十六冊。框高20.3釐米，寬12.9釐米。題"鍾陵齊之千仲英著；男以禮、武、智、治、祖、孫大庚彙次"。序佚去。

齊之千，字仲英，江西進賢人。年十四入縣庠，長於古學，鄉先輩以昌黎後身目之，一時推重，尤爲學使邵吳遠所許，嘗曰，吾門得兩奇士，韓菼與之千耳，時文齊不如韓，古文則韓不如齊。巡撫董衛國舉博學鴻辭，以母老不赴。以諸生終。《(乾隆)南昌府志》卷六二《文苑》有傳。

卷一碑記十九篇，卷二墓表二篇，卷三書二十四通，卷四序五十五篇，卷五壽序三十八篇，卷六傳三十五篇，卷七記二十九篇，卷八志銘五篇，卷九賦四篇，卷一〇頌九篇，卷一一哀詞八篇，卷一二祭文十一篇，卷一三文九篇，卷一四題詞四首，卷一五書後十七篇，卷一六辨一篇，卷一七説一篇，卷一八論一篇，卷一九議一篇。附卷一雜著七篇，卷二像贊七首，卷三紀夢四篇。初一卷爲《三三集》(少作)十七篇。《尺牘》一百六十八通。詩卷一五言詩五十二首，卷二七言詩四十九首，卷三五言近體四十二首，卷四七言近體五十三首，卷五五言絕二十一首，卷六七言絕七十三首。附卷一《荊山舊作詩》二十三首，卷二《易簣吟》二十首。

之千，原名傑，號兼齋。"兼齋"爲其師邵仁和所起，時爲康熙己卯落榜後。名之千，乃取自《鶡冠子》中"千人之謂，英簡從我"。

卷六有《八大山人傳》。

此本有闕頁，爲《文集》卷七第三十五頁、三十七頁、五十一頁，卷八第十二頁，卷一二第七頁、第二十五頁；《尺牘》第七十一頁；《詩集》卷二第三十五頁，卷四第十頁。

《四庫全書總目》未收。《中國古籍善本書目》未著録。

2437　清康熙刻本霜葉吟　　　　　　　　　　T5453/3302

《霜葉吟》一卷《一葦集》一卷，清釋法新撰。清康熙刻本。一册。半頁八行二十字，四周單邊，白口，無魚尾。框高 18.4 釐米，寬 11.6 釐米。題"閩鼓山釋法新不染稿"。前有康熙三十年(1691)龔錫瑗序，康熙三十九年(1700)陳宗柏序，陳軾序。

釋法新，無考。

《霜葉吟》收七言古一首、五言古三首、七言律三十一首、五言律四十八首、七言絕五十二首、五言絕十首。《一葦集》收雜文十七篇。

作者似爲罷參皈依佛門之士，龔錫瑗序云："不染新公，罷參歸來，掩扉石鼓，日與寒山秋水相響答，故其爲五七言諸詩，靈心逸韻，閒情幽致，置之皎然、靈徹諸公集中，若出一手⋯⋯公自顔其詩曰《霜葉吟》，蓋亦傲岸於風霜之致而有得者。"《一葦集》中《山房雜集序》云："白晝無事默坐，推思四十年來所學之業，如石上栽花，夢中就食，安得厭需，都成妄執，徒費筆墨，所謂掘井九仞，不見其泉之説矣。余佛行之暇，喜揀古人文籍讀之，每恨如風過耳，及目即忘⋯⋯"末有釋界和所録《臨終偈》云："七十餘年住此山，了無塵夢到人間。今朝徹底掀翻去，月上青霄玉一團。"

序前刊龍牌，云："皇圖鞏固、帝道遐昌、佛日增輝、法輪常轉。"并有助刻者牌記，刊"安平鎮信女陳本庸喜捨銀叁兩，刻此佛像，祈求早生麟兒暨女子黃崇節福慧聰明者"。"信士陳太智捌錢；信女洪本密壹兩肆錢；鄭妙德、龔妙傾各叁錢；黃妙璧、姚妙襯各貳錢；林淨念、史瑑官各壹錢"。末有韋馱像。

《四庫全書總目》未收。《中國古籍善本書目》著録，天津南開大學圖書館也有入藏。

鈐印有"勅賜鼓山□□禪寺佛法僧寶之印"。

2438　清康熙刻本西齋集　　　　　　　　　　T5463/1122

《西齋集》十八卷，清王仲儒撰。清康熙夢華山房刻本。十二册。半頁九行十九字，左右雙邊，白口，單魚尾，書口下有"夢華山房"。框高 17.6 釐米，寬 12.4 釐米。題"興化王仲儒景州著；天都閔寬大臨選"。前有毛際可序，洪嘉植序，李驎序，康熙二十八年(1689)李國宋序，康熙三十八年(1699)李國宋又序，康熙三十九年(1700)王熹儒序。

王仲儒，字景州，江蘇興化人。於詩用力三十餘年，諸體極工盡變，尤加意於唐制長句。其少時，於莊騷左史、班范古逸、六朝三唐諸家之言，無不周覽強記，又手抄《通鑑》而背誦之。十五歲，始爲帖括並詩古文辭。三十餘，出交四方之士，内秉庭訓，外結文社，詩也駸富。後家道中落,羸弱多病,於康熙三十七年卒。

仲儒之詩以編年排。辛丑至丙辰詩七十九首,丁巳至己未詩四十三首,庚申至壬戌詩六十一首,癸亥詩九十九首,甲子詩三十四首,乙丑詩四十首,丙寅詩四十首,丁卯詩一百八十一首,戊辰詩八十七首,己巳詩九十七首,庚午詩一百五首,辛未詩一百四首,壬申詩一百二十四首,癸酉詩一百四十首,甲戌詩一百二十二首,乙亥詩四十六首,丙子詩五十六首,丁丑詩四十四首。計刻詩一千五百四十八首。

是書乃其新安諸同人集已刻、未刻詩合之,付諸剞劂。李國宋序云:"西齋已刻詩,自丁卯至甲戌,凡九年;其未刻者,癸亥至丙寅,凡四年;又自辛丑至壬戌,共一册,凡二十二年。而甲戌後乙亥、丙子、丁丑凡三年,則老而愈困,餬口不暇,未能刻矣……今得程載錫、閔在東、黃仲賓諸子,各盡其心力,既自刊之,又遍挽知西齋者共刊之,合已刻、未刻詩編年成集,西齋可以不死矣,余之慟可以已矣。"

此爲禁書,《禁書總目》、《清代禁書知見錄》著錄。

《中國古籍善本書目》著録,中國國家圖書館、上海圖書館等八館也有入藏。

鈐印有"媿不學齋"、"羅士收藏"、"朱羅"。

2439　清雍正刻本蠹窗詩集

TNC5466/1382

《蠹窗詩集》十四卷,清張令儀撰。清雍正二年(1724)姚仲芝澄碧樓刻本。六册。半頁十行十九字,四周單邊,黑口,單魚尾。框高17.9釐米,寬12.8釐米。題"龍眠張令儀柔嘉氏著;姪女姚仲芝嗣徽校字;表兄馬鳳翥恒齋選;同懷弟廷玉硯齋、廷璐約齋、廷瑑思齋訂"。前有吳泳序,康熙五十七年(1718)方正玉序,康熙五十六年(1717)馬源序,申兆鴻序,張廷玉序,馬鳳翥序,張方爽序,雍正二年張令儀序;張士蘴、張士陛《題詞》。

張令儀,字柔嘉,號蠹窗主人,安徽桐城人。大學士張英第三女,姚士封(湘門)妻。博雅賦詩,奇章警句,傳誦里中,以古詩爲最,風格典雅,氣韻淳厚,不以修繢辭藻排比字句見長,尤以晚年所作無雕琢之蹟,無靡曼之音,渾成遒勁,極見陶冶之功。

卷一至二古體詩九十八首,卷三至一二近體詩九百二十七首,卷一三詩餘八十九首,卷一四古文雜述十二篇。

張令儀序云:"予自弱齡於歸吳興,先太傅太夫人作宦京師,弟兄皆隨侍,而予獨留故國,瞻望燕雲,寄聲北雁,情難當已,涕淚因之。先舅翁階州公爲清白吏,壁立蕭然夫子,湘門懷才不偶,餬其口於四方者幾四十載。予索居窮巷,形影相依,草薰風暖,夏簟冬缸,觸事興懷,間發之於長章短句,信口吟成,工拙難計。乃昊天不吊,夫子以屢躓鎖闈,齎志而歿,兒子鉏鏗衣食於奔走。予寂寞孤幃,風雨之悲,門閭之望,無可抒發,或歌以當哭,或詩以代書,叢雜無章,尤不自修飾,豈得自附於風人之末哉。姪女仲芝,乃長姐次女也,高懷散朗,具林下風,素工吟詠,著有《畹香閣詩集》成帙,性癖嗜痂,憐予衰老多病,恐一旦溘然,先草木湮沒無聞,乃爲收拾殘篇,捐資付災梨棗,予愧不克當,亦不能卻也。"

卷十四有《蠹窗主人傳》,云:"蠹窗主人者,生於華胄,早事梁鴻,頗厭紛華,能甘淡薄,當其鐘鳴鼎食之際,歌珠舞翠之場,主人視之蔑如也。唯愛焚香靜坐,獨處一室,左琴右書,湘簾棐几,古玉尊彝之屬,貧不能致。然雅愛圖史,有未見之書,雖鬻簪珥必搆得之。或見其室中牙籤插架,縹帶盈床,遂目爲蠹窗主人云。間爲吟詠,祇自道其離愁積抱,秘不示人,而性又酷嗜花木,居室前地不盈丈,嘉木參差,雜花掩映,幾無置足處,主人顧而樂之,不以爲隘也。與世無求,寄情草木,亦灌園氏之儔歟。"

此本有扉頁,刻"蠹窗詩集。龍眠張令儀柔嘉氏著。澄碧樓藏板"。澄碧樓,爲張令儀居處。卷一四有《澄碧樓記》,云:"小樓五楹,木窗素壁,無欄檻之設,取足容膝而已,目以澄碧。蓋此樓北臨綠野,臺樹依然,高柳蔽天,清池匝地,遠峰環翠,碧水澄鮮,暮靄朝煙,雲霞蒸變,晦明風雨,無一不奇。"

卷一第一頁第一行下有朱筆題識:"道光丙午石莊讀于安業之退思齋"。"丙午",爲道光二十六年。按,是書又有《文集續刻》一卷,爲清雍正二年姚仲芝增刻本,今藏中國國家圖書館、復旦大學圖書館。另中國國家圖書館有《蠹窗詩二集》六卷,乾隆二年刻本。《清人詩文集總目提要》於此書擅改書名、卷數,作《蠹窗集》二十一卷。

《續修四庫全書總目提要(稿本)》、《歷代婦女著作考》著錄。《中國古籍善本書目》著錄清雍正二年姚仲芝刻本,中國國家圖書館、浙江圖書館入藏。

2440　清乾隆刻本研堂詩　　T5466/4224

《研堂詩》十卷《續稿》二卷《晚稿》二卷《拾遺》一卷《花外散吟》一卷,清楊維坤撰;《贈言》三卷。清乾隆刻本。六册。半頁九行二十一字,左右雙邊,黑口,單魚尾。框高18.5釐米,寬12.6釐米。題"毗陵楊維坤地臣"。前有康熙五十九年(1720)趙東旭序,康熙三十五年(1696)錢陸燦舊序;董訥題辭。卷三末有康熙三十五年胡香昊跋。《續稿》題"宿鳳亭外史楊維坤素堂氏作;男顥、燦校字"。《晚稿》題"素堂居士楊維坤作;孫書謨、詩南同校字"。《花外散吟》題"陽湖定安先生口占;男時保、孫書謨、詩南同記錄"。前有楊維坤自序。末有雍正十二年(1734)龔時愷跋。目錄後有乾隆十年(1745)吕廷鷸贈言。

楊維坤,字素堂,號地臣,江蘇毗陵武進人。年尚少,即以詩著稱,鉅公名宿交相推許。其發爲詩歌,清機妙理,大雅博物,要歸於真。

卷一至三《存管集》一百八十四首,卷四《律陶詩》二十五首(附贈言四首),卷五《括囊集》六十四首,卷六《飴庭集》四十二首,卷七《琴餘集》二十七首,卷八《南邱佃漁集》二十五首,卷九至一〇《復醉集》八十二首(附聯句五首),附贈言各體二十五首。《續稿》卷一《澹香池上集》六十二首(聯句摘附),卷二《提扶集》八十七首(附和韻十四首、聯句一首),附贈言各體四首。《晚稿》卷一《栖雲集》四十八首(附和韻一首),卷二《碧天池上集》八十九首(附分韻二首、聯句一首)、内和陶詩凡二十四首。《拾遺》二十四首,附贈言各體四十首。《花外散吟》二百九十六首(附詩贈言、聯句各體二十首)。

維坤性安恬,絶意進取,以飲酒賦詩聚天倫之樂。居常杜門卻掃,足蹟不出户庭,惟擁書萬卷,彈琴一曲,與二三知己栖遲泉石,商榷古今。《存管集》乃維坤三十以前所作。《律陶集》爲康熙三十二年南旋舟次,從篋中搜得陶靖節集,效犟謔庵居士《律陶詩》及黄虛復《律陶纂》,以志歸興而得句。各集命題,寓意皆有所宜。

是集以研堂爲名,蓋因研者,維坤祖父爲諸生時,常寶用之,臨歿手授維坤,命以世守。其堂之規制,爲屋三楹,不陋不華,貯書數千卷。

龔時愷跋云:"……以所刊詩集示余,觀其續稿,晚稿及花外散吟諸帙,皆別後所作,而余未之見者。攜歸細讀,歎其識益高,筆益老,氣格益古,如長松勁柏挺生於高巘絶巘之上,而聲色之動人,則又如風濤之可聽,蒼翠之欲滴,再三吟咏,擊節不已,乃知研堂老而好學,以至於此。"
《四庫全書總目》未收。《中國古籍善本書目》未著錄。《北京圖書館古籍善本書目》著錄。
鈐印有"陽湖陶氏涉園所有書籍之記"。

2441　清康熙刻本後圃編年稿　　　　　　　　　　T5466/4421

《後圃編年稿》十六卷,清李嶟瑞撰。清康熙刻本。八册。半頁十行十九字,左右雙邊,黑口,單魚尾。框高 16.8 釐米,寬 12.8 釐米。題"盱眙李嶟瑞蒼存"。

李嶟瑞,字蒼存,號後圃,江蘇盱眙人。貢生,官知縣。《國朝詩人徵略(初編)》卷二〇云:"先生困場屋,以教習期滿,循例爲唐邑宰。"

集名"後圃"者,卷一五有《後圃講堂詩并序》云:"予舍後有隙地一區,舊爲種蔬之圃。壬申十月,偶搆草室數間,額曰後圃講堂,蓋將課兒姪輩讀書其中也。"

詩皆以編年排。卷一至六《焚餘稿》,起康熙二十年,止二十八年三月,計詩三百七十八首。前有康熙三十三年萬斯同序、康熙三十年孔尚任序、康熙二十八年李嶟瑞自序。嶟瑞年未強仕,詩已至數千首,舉庚申以前所作,悉焚棄之,其辛酉至戊辰,凡若干篇,始錄存之,爲《焚餘稿》,其意欿然,其志銳然。其自序云:"余年十四五,即喜習爲有韻之言,顧其時未嘗學問,雕蟲篆刻、童子戲而已。逮十八九,稍知聲病……繙閱笥中,取所爲詩,悉焚棄之。友人有止予者曰,少壯心血,即不足惜,十載光陰,亦豈易得,何遽舉祖龍毒手?余謂,千古之事,寸心自知,得失較然,吾不早自爲計,留以供人之覆甕糊壁耶!遂毅然決策,付諸一炬,不復躊躇。於是辛亥至庚申之詩,不下二千首,悉化爲冷煙,略無存矣。辛酉下第後,人事多艱,風波迭值,生計無聊,意欲焚筆瘞硯,安閒過日,而夙業難忘,故態時作,每一歲中必有草本,多或一二百篇,少亦近數十首,荏苒至今,又復成帙……頃者,將入都門,卒業太學,二三舊好,勸付欹劂。余重違其意,乃搜前後諸草,命老蒼頭清錄若干篇,授以災木,名之曰《焚餘稿》。始辛酉秋九月,斷自今春三月而止,皆焚餘之所作也。"

卷七至八《北游稿》,起康熙二十八年閏三月,止三十年二月,計詩一百五十四首。前有康熙二十九年姜宸英序。

卷九至一〇《歸來稿》,起康熙三十年四月,止三十二年三月,計詩一百三十八首。前有康熙三十三年俞化鵬序。序云:"己巳初夏,予與蒼存偕來京師,過從唱酬,殆無虛日。辛未春,蒼存南歸,余留京邸。閱兩歲,復入都。予索其近詠,乃出詩百餘首,名曰《歸來稿》。蓋自出都後或感懷,或贈答,或咏物,濡墨吮毫,皆寫其性靈之趣,不規規蹈前人窠臼,而力與前人争勝者也。"

卷一一至一四《北游續稿》,起康熙三十二年三月,止三十五年,計詩三百七十六首。前有康熙三十六年朱元英序。

卷一五至一六《歸來續稿》,起康熙三十六年,止三十七年,計詩一百二十六首。前有康熙四十一年朱書序。

嶟瑞工詩,王士禛門下士。王士禛《居易錄》嘗稱其詩"縱橫有奇氣,江淮中一才士"。其早歲能詩,才情颷舉,邁越時流,而間有幽憤不平之感,蓋嶟瑞屢不得志於有司,中有所鬱,以寫其情,而抒其抱負。其家貧,詩中多有述之。《失書二首》其一云:"偷兒掘我垣,然燈照茅屋。寥寥四壁存,無錢並無粟。架上如鄴侯,牙籤獨盈軸。偷兒歎息曰,迂儒惟此足。既來難虛歸,提攜一筐束。緗帙負挑還,猶知書足錄。灌絳不好文,何堪與作僕。"

《四庫全書總目》入集部別集類存目。《中國古籍善本書目》著録,中國國家圖書館、南京圖書館、首都圖書館也有入藏。

鈐印有"我穀過目"。

2442　清康熙刻本玉池生稿　　　　　　　　　　　　　　　T5470/7702

《玉池生稿》五卷,清岳端撰;附二卷。清康熙三十五年(1696)自刻本。存一册。半頁八行十八字,左右雙邊,白口,單魚尾。框高18.8釐米,寬12.7釐米。題"長白岳端兼山著"。

岳端,宗室。或作袁端,或作蘊端,字正子,一字兼山,號玉池生,别號紅蘭室主人,封固山貝子。

此書殘存《出塞詩》一卷、《無題詩》一卷兩種。闕《紅蘭集》一卷、《蓼汀集》二卷,又附《雲笥詩》一卷、《織字軒詩》一卷。

《出塞詩》前有博爾都序、康熙三十五年龐塏序、康熙三十五年王源序。共四十三首。塞上,非樂游之地,山水雄而不秀,風氣慘而不和,有跋涉之苦,無怡情娱目之觀。此卷寫形勝,紀歲時,思故舊,一皆忠厚之旨,悱惻纏綿之情。王源序云:"紅蘭者,天潢貴胄,自號紅蘭主人。負異才,英慧弘敏絶倫……奇情瀟舉,清音朗激,如置身寒空,俯萬里,凉風颯颯起天末;如鳴琴夜秋,林篠階蟲互答;如太白、昌谷、嘉州合爲一人,而與之晤言於一室。凡他人含毫渺思不一得者,率不經意出之。"

《無題詩》前有康熙三十四年羅浮林序、方正瑀序、周彝序。共二十六首。其曰無題,乃昉於唐。蓋十五國風、屈原離騷、漢古詩十九首、晉魏雜詩均無題。羅浮林序云:"紅蘭主人,負思淵奇,吐言天拔,若黄河之下碧落,走東海,一注萬里……清芬雋永,雅有新聲。其賦恨則曰'無窮言語無窮恨,縮作紅箋一首詩';其賦情則曰'昔日乍逢憑眼語,今朝重别寄心聲';其賦景物則曰'青錢紅雨遶天愁',又曰'薄薄一天神女雲'。諸如此語,皆超詣警絶,拔出前人,開闢後世。"

《四庫全書總目》未收。《中國古籍善本書目》著録,浙江圖書館、南京圖書館等五館有全帙。按,康熙四十三年德普又有增刻本,爲十卷。增者爲《就樹堂集》一卷、《松間草堂集》二卷、《題畫絶句》一卷、《桃板詩餘》一卷。中國國家圖書館、上海圖書館等九館有全帙。

2443　清康熙刻本萍草删存　　　　　　　　　　　　　　　T5463/0638

《萍草删存》不分卷《瀞花詞》一卷,清唐祖命撰。清康熙唐氏萍齋刻本。一册。半頁十行二十一字,四週單邊,白口,單魚尾,書口下有"萍齋藏板"。框高16.9釐米,寬11.9釐米。題"晉陵唐祖命薪襌—字心傳著"。前有康熙四十一年(1702)梁佩蘭序,康熙三十九年(1700)季麒光序;康熙三十三年(1694)戴元慧跋;康熙四十一年唐祖命自序。《瀞花詞》前有王志喜序。

唐祖命,字薪襌,一字心傳,江蘇常州人。負奇絶之姿,家有賜書,博聞强記,才思横溢,能爲古文,兼工詩詞、古樂府。

是書以萍草爲名,蓋因萍草水激之東則東,水激之西則西,其踪蹟聚散,一主於水。然遇盲風,則漂泊中流無所依泊,且不得與蘋蘩荇藻,共登錡釜。作者自喻爲天地間孤苦無用之一物耳。

此集收詩自康熙二十九年至康熙四十年,凡十二年。爲五言古詩二首、七言古詩七首、五言律八十五首、七言律二百零五首、五言排律一首、七言絶一百零一首。《瓣花詞》七十八首。

自序云:"予自束髮至今,亦嘗究心制藝,乃蹭蹬名塲二十餘載,魚魚鹿鹿,一無表著。向者詩文間作,雞牕燈火,困於文者七,而困於詩者三,希一遇以承先志。自丙子被放以來,衰病侵尋,名根灰燼。迨予弟己卯通籍,祖先裔脈,嗣續有人。予惟自傷時命,後此將窮力於詩,以予弟服習先公之文,而以予闡述先公之詩,差可塞責於吾先子也,不猶愈乎。友人某某,相謀醵貲,爲予鋟版問世。予既不欲玷諸友之名,又恐重拂其意,鍵户僧寮,篝燈執筆,嚴加删汰。凡於通津貴秩、應酬祝嘏之章,及爲人捉刀、借梓他氏者,悉爲割去。先是,予客杭時,梓有《勾留唱和集》、客楚有《竟陵消夏詞》、客揚有《聽濤吟》、客滇有《滇行記事》,零箋片牘,彙歸此編。至有腐語陳言,紕繆踳駮者,雖梓必削,顏曰《萍草删存》,志悔也。"

《四庫全書總目》未收。《中國古籍善本書目》著録,湖南圖書館也有入藏,但無《瓣花詞》一卷。

2444 清乾隆寫刻本蔗塘未定稿

T5475/4132

《蔗塘未定稿》九卷《外集》七卷,清查爲仁撰;《芸書閣賸稿》一卷,清金至元撰。清乾隆寫刻本。五册。半頁十行二十一字,四周單邊,白口,單魚尾,框高 18 釐米,寬 12 釐米。題"宛平查爲仁心穀"。前有乾隆八年(1743)厲鶚序。

查爲仁,名成甡,字心穀,號蓮坡,直隸宛平人。康熙舉人。以被訐得罪,數年得釋,因發憤讀書。居天津水西莊,貯書萬卷,往來名士多主其家。

金至元,字載振,一字含英,河間府人,查爲仁妻。幼讀書,通大義,穎慧絶倫,女紅之外,書算琴管,無不精擅,尤工於詩。清拔孤秀,不染粉黛習氣。

《未定稿》爲《花影庵集》二卷、《無題詩》二卷、《是夢集》一卷、《抱甕集》一卷、《竹邨花隖集》一卷、《山游集》一卷、《押簾詞》一卷。《外集》爲《花影庵襍記》二卷、《蓮坡詩話》三卷、《游盤日紀》一卷、《賞菊倡和詩》一卷。

《花影庵集》,前有康熙五十八年陳鵬年序、張照序。起康熙甲午,盡庚子三月。爲仁年十九,被逮西曹,越八年始釋。此集蓋合前後九年之所作,其時"間爲歌詩,以銷歲月……尤多贈答之作"。"花影庵"爲其西曹所居額名,因以名集。

《無題詩》,前有康熙五十九年查慎行序,錢陳群、王霖、西崑、汪沆、萬光泰、陳皐題辭。爲仁詩前小序云:"予跧伏花影庵中,心灰形槁,六時清課,惟楞伽堆案而已。此卷游戲爲之,頗蹈綺語之過。然昔賢謂,知梵志翻著襪法,始可作無題詩;知九方甄相馬法,始可論無題詩。率爾操觚,未窺奥旨,殊乖體裁。"

《是夢集》,前有乾隆四年王霖序。起康熙庚子四月,訖壬寅。爲仁於康熙五十九年三月被釋出獄,旋歸舊廬,其憶白香山有句云:"形骸與冠蓋,假合相戲弄,何異睡著人,不知夢是夢。"爲仁詩前小序云:"予前日之是夢,而今日之非夢耶?抑今日之一吟一詠,不猶是噇囈中語耶?用以名集,且以知蘧廬之同夢耳。"

《抱甕集》,前有乾隆二年符曾序。起雍正癸卯,盡乙卯。爲仁詩前小序云:"放廢以後,萬事頽落,微特人世一切玩好聲利,百不關慮,雖筆床硯匣,亦久屏絶。暇日偶搜篋衍,十三年中僅存詩四百餘首,删蕪汰穢,又去十之七八,亦云陋矣。敝帚自享,不忍棄置,姑録存之。憶頻年息影水西,鋤花蒔竹,日與園父畦丁共分灌溉之勞,凡有所作,蓋得之抱甕時居多,因取以弁諸首云。"

《竹邨花塢集》,前有乾隆六年萬光泰序。起乾隆丙辰,盡己未。爲仁詩前小序云:"予始弱冠,讀書錢塘之西溪,愛其竹翠罨山,繁花襲澗,欣然有終焉之志。既蹈世網,願不得遂,彈指日月忽忽三十年矣。丙辰以還,汪子西顥、陳子江皐先後北來,下榻予之澹宜書屋,琴歌酒墜,每述西溪花竹之勝,思之轉深,抗塵容,走俗狀,山靈不我騰笑,請以兹集爲他年卜居左券。"

《山游集》,前有乾隆六年汪沆序。起乾隆庚申正月,盡辛酉四月。乾隆五年,爲仁有盤山之游,得詩若干首。次年,又有事抵都門,沿途望西山諸峰,復有詩若干首,再以道途及贈答讌集諸詩附之而成此集。

《押簾詞》,前有陳琰、汪沆、萬光泰、陳皐題詞。乾隆四年冬,爲仁與同人有消寒之詠,各以倚聲相尚,陸續得詩四十餘闋,合舊制而成一帙。其居有花影庵,張子野有"簾押卷花影"句,故摘其意而取名"押簾"。

《花影庵禊記》,前有雍正十一年釋元信序。此集乃爲仁在西寺時,與高雲古宿暨知交唱酬贈答之詞。釋元信序云:"居士抱軼世才,於學無所不窺,日肆吟詠,尤以禪悅爲味。壯志淩厲,蚤預英髦,既而爲同輩所忌,顛躓彌年,其遇境皆他人苦眼鋪眉愁怨百出之地,而居士處之淡然,築板屋數間,顏曰花影,筆公楮生,日長自隨。暇則相與究妙明心,論尊勝品,流連往復,或咢或歌,不啻飛屨雲表,結苑空山,高情逸致,在松風水月間也。"卷上第十二頁有談汝龍撰《花影庵記》。

《蓮坡詩話》,前有乾隆六年杭世駿序、乾隆六年查爲仁自序。自序云:"僕少遭憂患,放棄以後,酷嗜聲詩。凡從遊先輩以及石交襟契,所有贈答倡酬之作,必加甄錄,用備遺忘。今年春三月,人事少暇,搜諸篋衍,共得若干條,稍加詮次,釐成三卷,題曰《蓮坡詩話》。若方外閨秀雜流之句,亦附入焉。回憶三十年來,酒邊燭外,論議所及,足以資暇啓顔者正復不少,並爲述其顛末,以助談柄。蓋是書得於見者七八,得於聞者二三也。"

《游盤日紀》,前有吳廷華序、乾隆五年杭世駿序。盤山在天津薊縣西北,本名四正山,又名盆山。乾隆五年,爲仁與新安朱岷導江、錢塘陳皐對鷗、吳趨陸生染香四人共游盤山。此爲盤游所得之詩。

《賞菊倡和詩》,前有康熙五十九年釋成衡序。

《芸書閣賸稿》,前有康熙六十一年趙執信序、康熙六十年王時鴻序、康熙六十年胡捷序、雍正九年查爲仁序,陳鵬年撰《金孺人小傳》。查爲仁序云:"孺人少習孝經、論語、內則、女誡諸書,無不通曉。稍長,誦唐賢詩,遂工韻語,然不輕作,作亦匿不示人。既歸予,索視至三,偶出數首,旋復毀去,曰吟詠非婦人所宜,聊以攄一時之懷抱耳。其自矜重也如此。歸予十月而歿,計十月中,迫於予請,間有酬倡。既歿,鐍置香奩,塵封蛛網,不啓視者十年於兹矣。首夏曝書,從叢帙中檢得零縑斷楮,凡若干首,亟錄以附予《蔗塘稿》後。"

此本有扉頁,刊"蔗塘未定稿"、"花影庵禊記"。

上海師範大學圖書館有《蔗塘外集》八卷,稿本。

《外集》之《游盤日記》、《賞菊倡和詩》以及《芸書閣賸稿》配清抄本。

《四庫全書總目》、《續修四庫全書總目提要(稿本)》未收。《中國古籍善本書目》著録。中國國家圖書館、上海圖書館、天津圖書館等十七館,日本京都大學人文科學研究所、京都大學中國哲學文化研究室、廣島大學圖書館也有入藏。

鈐印有"漢陽葉氏藏書"、"葉東卿再閱記"、"道光甲辰自京寄楚咸豐壬子由楚寄粵再閱一過仍復寄楚葉志詵識於廣督署"。"曉赧收藏"、"曉霞"、"徐鈞印"、"長林愛日"、"愛日館收藏印"。

2445　清康熙刻本南州草堂集　　　　T5463/2981

《南州草堂集》三十卷首一卷《續集》四卷《菊莊詞》二卷,清徐釚撰。《楓江漁父圖題詞》一卷《青門集》一卷,清徐釚輯。清康熙菊莊刻本。十二冊。半頁十一行十九字,四周雙邊,黑口,雙魚尾。框高18.1釐米,寬12.8釐米。前有康熙三十四年(1694)黎士弘序,康熙三十四年朱彝尊序,康熙三十四年徐釚自序。

徐釚,字電發,江蘇吳江人。幼穎敏,年十三,吟詩有警人句。既而工爲詞,兼通古文及制舉業。嘗兩至京師,公卿皆折節與交,尤見知於大司農梁清標。會開博學鴻詞科,清標薦之,召試,授翰林院檢討,纂修《明史》。後會當外轉,遽乞歸。《(乾隆)吳江縣志》卷三二有傳。

《南州草堂集》,題"吳江徐釚電發著"。前有康熙四年姜宸英序、康熙七年程康莊序、康熙九年錢肅潤序、康熙十年杜紹凱序、康熙十年方膏茂序、康熙十三年龍光序、康熙十五年朱鶴齡序、康熙十五年張綱孫序、孫治序、康熙二十年周綸序、康熙十七年汪懋麟序、康熙二十四年潘耒序。首一卷即爲舊序十二篇。卷一至一六爲古今體詩九百四十五首,卷一七賦一首、頌一首、雅二首,卷一八至二一序三十八篇,卷二二壽序八篇,卷二三記十篇,卷二四書五篇、啓一篇、疏二篇,卷二五傳六篇,卷二六至二七擬史傳七篇,卷二八題跋十六篇、書後四篇,卷二九墓志銘四篇,卷三〇謚議一篇、贊二篇、事略一篇、行述一篇、祭文二篇。按,南州草堂爲釚父所築,在吳淞之西、澂浦之東,其先君則吟詠其中。公卒,堂也廢去,此集仍繫以"南州草堂"者,乃不忘其先君之意也。

《續集》,題"吳江徐釚虹亭"。前有康熙四十四年徐釚自序。卷一詩七十八首,卷二詩七十八首,卷三詩五十一首,卷四詩四十九首。徐釚自序云:"歲在乙亥,余年六十,手輯平生詩古文十存六七,彙而刊之,爲《南州草堂集》三十卷……今忽忽又十年矣,學殖荒落,老而愈甚,方自嘆螢乾蠹朽,雖有時捉筆,意思都不相屬而猶沾沾自喜,薈蕞十年來所作,編爲《續集》,亦聊以志歲月云爾。"按,此《續集》又作《松風餘稿》。

《菊莊詞》,題"鱸鄉徐釚填"。前有《葉舒璐紀事》、康熙三十三年傳變調序、黎士弘題詞。詞共四十七首。據《紀事》,其時每年寧古塔人應往朝鮮國會寧地方交易一次,康熙十七年,吳兆騫將《菊莊詞》及成容若《側帽詞》、顧梁汾《彈指詞》三本,交與驍騎校帶至會寧地方,有朝鮮國會寧都護府記官仇元吉、前觀察判官徐良崎見之,用金一餅購去,並各題絕句於左,以詠嘆之。

《楓江漁父圖題詞》,題"菊莊編次"。前有張尚瑗序、《楓江漁父圖》並康熙五十八年顧樵贊、《楓江漁父傳》、毛際可撰《楓江漁父圖記》。共九十一人題古文詩詞曲,計一百三十五首、外傳一首。圖爲會稽謝彬爲徐釚所作。釚家楓江,自號楓江漁父。自釚應召居館職,乞假南游,所歷必挾圖自隨,得名人題詠甚多。後補官左遷,同朝餞送及里居唱和,又往往題詩之左。此集則集衆人所題而刊。

《青門集》,前有康熙二十六年湯斌序。題"青門"者,可見集之首徐釚識語,云:"余於丙寅四月病起補官,僦屋宣武門外,居未半載,蒙恩左遷。時以眷口累重,不能從陸南行,守凍復踰數旬。明年二月,始買歸棹,或有以樂天、子瞻相慰勞者,余謝不敏,同朝諸公卿咸賦詩相送,遂詮次成帙,題曰《青門集》云。"

此本有扉頁,刊"南州草堂集。附楓江漁父題詞、青門贈別詩,菊莊藏板"。

《中國古籍善本書目》著録,中國國家圖書館、上海圖書館等十四館也有入藏(又有《詞話》一卷)。

鈐印有"積學齋徐乃昌藏書"、"徐乃昌馬韻芬夫婦印"、"徐乃昌讀",又有"有待天然"印。

2446 清乾隆刻本非水舟遺集　　T5472/3981

《非水舟遺集》二卷,清梁錫珩撰。清乾隆六年(1741)梁濬刻本。二册。半頁九行十八字,左右雙邊,白口,單魚尾。框高16.3釐米,寬11.3釐米。題"定陽梁錫珩楚白"、"男濬校編"。前有乾隆四年(1739)楊繩武序,康熙五十四年(1715)顧嗣立序,乾隆四年韓騏序;陳汝楫撰《梁府君小傳》;俞北晟撰《皇清待贈奉政大夫候選郎中加二級深山梁君墓志銘》。末有康熙五十六年(1717)張充美跋,乾隆六年(1741)王佑跋,陳璲跋,梁濬跋。

梁錫珩,字楚白,號深山,山西介休人。幼讀孝經即成誦,稍長,篝燈夜讀,其祖静齋課之甚嚴。年十四,應童子試,爲學使者所激賞。性好游,康熙五十八年,渡江自吴入越,還至西湖,遇舊友同游佳山水,觸暑登涉,疾作而逝。生於康熙二十三年,卒年三十六。

卷上詩一百三十五首,卷下詩一百二十二首。錫珩之詩娟秀静好,渾成卓老,如"漢營何處路,秦塞不分山。""候逢黄菊節,人在白登城。""白日照殘千嶂雪,春風吹斷一河冰。""去雁影低秋水外,暮蟬聲曳夕陽遲。"

顧嗣立序云:"介休梁子深山,名家子,少負儁才,喜與當代賢豪長者遊,而性忼爽,中無城府,人亦樂與之遊,故相見輒傾倒……集中放言遣辭,各極其變,而尤長於近體,懷古詠物之作,居什之三四,名章俊句時有,似丁卯、玉溪諸公,而一種嶔嶔歷落、倜儻不羈之概,何酷似深山之性情也。"

是集爲錫珩子濬所刻。梁濬跋云:"先君子《非水舟遺集》二卷,不肖濬久欲付梓,流布詞苑。頻年僕僕風塵,積懷未遂。己未南遊,乞翰林楊文叔先生暨吴門韓君其武爲序,開雕壽諸永永,先君子一生苦心,或不至泯滅無傳矣。校讎之役,則陳元常璲、王天孚佑兩同學與有力焉。庸並書之,鳩工既竣,敬書卷尾。"佑跋又云:"今文川將以《非水舟遺集》鏤板壽世。"

《四庫全書總目》、《續修四庫全書總目提要(稿本)》未收。《中國古籍善本書目》著録清乾隆四年梁濬刻本,誤。廣東中山圖書館、北京大學圖書館等五館也有入藏。

2447 清康熙刻本寤硯齋學詩　　T5466/4565

《寤硯齋學詩》一卷,清戴晟撰。清康熙戴有光等刻本。一册。半頁八行二十字,左右雙邊,黑口,雙魚尾。框高17.3釐米,寬12.4釐米。題"淮山戴晟晦夫著"。前有康熙三十二年(1693)戴晟自序(《春雨集》),又自序(《己卯集》);戴有光等識語。

戴晟,字晦夫,號愧齋,山西太原人。

此爲寫刻本。全書頁數相連，末有闕頁，存六十九頁，計詩二百六十三首。

此本爲戴晟孫戴有光、有教、有本所刻。有光等識語云："先大父奉教萬先生，由梨洲上溯蕺山之學，察幾審獨，功歸反求一切，語言文字，誇工鬭靡，非其志也。時或同心唱和，一室言懷，發爲詩古文辭，存有瘏研齋集，業經甬上鄭寒村、萬九沙、吾鄉徵君閻百詩諸先生點定。迨晚年所作，不復序次，紙條書尾，散見軼出。光等以手澤所存，恐久而湮没，爰彙成一集，付之梨棗，庶幾藏諸家乘，展卷如親謦欬焉。"

《四庫全書總目》未收。《中國古籍善本書目》著錄，浙江圖書館入藏，然爲二卷本，内容不知與此有何不同。又中國國家圖書館藏有不分卷本，作清乾隆刻本。日本内閣文庫有清刻本。

2448　清康熙刻本太白山人槲葉集　　T5455/4446

《太白山人槲葉集》五卷《南游草》一卷，清李柏撰。清康熙三十四年(1695)駱文刻本。十册。半頁十行二十二字，左右雙邊，白口，單魚尾。框高 21.4 釐米，寬 13.4 釐米。題"太白山人李柏雪木著"。前有李柏自敘，蕭震生序，康熙三十四年(1695)駱文序，康熙二十六年(1687)許孫荃序，王于京序。《南游草》末有李柏序。

李柏，字雪木，號太白山人，陝西郿縣人。生而歧嶷，幼失怙，負薪事母，患難不懈，曾爲酒家傭。十七歲方就傅，博覽無遺，究心正學，以古人自期。母殁，廬墓三年。後讀書太白山中，成大儒，與李顒、李因篤稱"關中三李"，公卿多欲致之，卒不就，山居力耕，昕夕謳吟，年七十一而卒。《(雍正)郿縣志》卷五有傳。

槲，木名。實圓，味劣，可入藥。葉稱槲若。李柏自序云："山中乏紙，採幽居之肥綠，浥心血之餘瀝，積久盈篋，遂爲集名。"卷一賦、論，卷二序、説、記、傳、跋，卷三書、疏、松牕瑣言、辯、解、語録、雜著、圖、讚、銘、祭文，卷四七言古詩、五言古詩、四言古詩、六言古詩、七言絶句，卷五七言律詩、五言絶句、五言律詩、長短句、箴。《南游草》爲雜文十四篇、詩四十四首。

柏少時，家赤貧，膏火不給，然得一斷簡殘編，則秘枕中，或升高照月，或爇香燭字，至雞鳴方寢。會童子試，因其志在山林，故避不就。後奉孀母命，舉博士弟子，累試高等。母卒，棄冠服，結廬太白山中，讀書學道。其爲文多得之山水清音，不作人間絲竹。此本爲駱文爲郿縣令時所刻。王于京序云："乙亥春暮，先生以拜掃歸里，邑侯駱簡庵先生聞而招之，館於南禪，請啓先生之篋，出先生之文章，令梓人布告海内。""乙亥"爲康熙三十四年。駱文，宜城人，康熙三十年以捐貢任，有才辨，能折獄，性武健，喜豪華，終以虧空獲譴，居圖圉幾三十年，赦免尋卒。

《南游草》李柏序云："庚午九月，茹司馬紫庭，約遊南嶽，出關由熊耳鴉路至襄鄧、瀟湘、洞庭、長沙數千里，目擊明末盜賊焚刼遺跡，滿目傷心，不能無言，或曉拾一句，或暮構一篇，墨以淚和，字以愁結，因成小草云。"《南游草》中有記李自成事，又"流賊張獻忠破襄陽説"，皆有史料。

此爲禁書。《禁書總目》及《清代禁書知見録》著録。

《中國古籍善本書目》著録，中國科學院圖書館、福建師範大學圖書館也有入藏。

2449　清康熙刻本野航詩集　　T5466/1174

《野航詩集》二卷，清王丹林撰。清康熙刻本。二册。半頁十一行二十一字，左右雙邊，白口,單魚尾。框高 17.8 釐米,寬 12.4 釐米。題"武水王丹林赤杼著"。序佚去。末有章撫功撰《皇清勅封徵仕郎中書科中書舍人赤杼王君暨元配勅封孺人陸太君合葬墓志銘》。

王丹林,字赤杼,號野航。本山西太原人,後徙閩,再居浙之姚江,又遷杭,則爲錢塘人。十二歲而孤,十五歲補郡弟子,又五年而饩廪,十年而中明經選,踰三年試爲教習,又四年官中書科,又八年而以疾歸,終始三十餘年。

丹林官中書時,詩名滿長安,長安中公卿貴人,無不願交君者。飲酒高會,輒分韻唱酬,又善書,雖短章醉墨、畫幀題識,落筆爭爲人傳誦。據墓志銘,丹林有《野航詩集》十卷、《文集》若干卷、《牽率集》一卷。

此本二卷,卷上詩三百零八首,卷下詩二百九十二首。卷末有闕名書:"沈宗伯雲,詩品在牧之、飛卿間,羈留日下,諸鉅公交口推重,方欲薦揚明廷,而中道摧折。詩之鐫刻者亦少,藝林至今想望之。"

《四庫全書總目》未收。《中國古籍善本書目》未著錄。

鈐印有"玉松廬圖書印"、"雨山學人過眼"。

2450 清乾隆刻補板印本恒齋文集

T5470/4409

《恒齋文集》十二卷,清李文炤撰,李芳華評選,柳煌、李章達輯。清乾隆刻補板印本。十册。半頁十行二十字,四周雙邊,下黑口,單魚尾。框高 18.1 釐米,寬 12.1 釐米。目錄頁題"星沙李文炤著;愚弟芳華評選;壻柳煌、男章達編輯;後學張如班、廖文憲、易孔璘較勘"。

李文炤,字元朗,號恒齋,湖南善化人。舉人。生而穎異,器識不凡,賦質篤實。以公車不第,遂絕意仕進,杜門著述,不願就吏職,既而改授湖北穀城學博,亦以疾辭。生於康熙十一年,卒於雍正十三年,年六十四。

文炤學問淹博,志行端莊,博極羣書,精心理學,於書無所不讀,讀輒務究其蘊奧,雖子史梵書,必指其根柢。其論文以義理爲主,以氣脈輔之,故其文渾穆浩翰,蒼勁沈鬱;其詩賦沖雅古健,寄託幽邈。此集雖題文集,然有詩編入其卷。卷一序二十七篇,卷二記八篇、辯三篇、跋二篇,卷三論四篇、說五篇、策三篇,卷四學規十四條、家訓八論、傳一篇,卷五書札二十一篇,卷六祭文七篇,卷七賦六篇,卷八詩集上一百六十首,卷九詩集下六十三首,卷一〇學道吟六十四首,卷一一雜錄上,卷一二雜錄下。附錄爲鄉賢題稿、行述、墓志銘、跋。

卷一一雜錄上,乃文炤乾隆二十七年授業於龍潭巷、二十八年授業於家塾時,其甥黃之綸所錄之語。乾隆四十二年,經文炤略加潤色,所言者皆經史學仕之大綱。卷一二雜錄下乃雍正十一年文炤所錄,爲其在家祠之廳事接知舊、訓友生之言。"既慮耆艾之遺忘,又恐流傳之失實,於是即問答日錄,擇其關於體要者而潤色之。"

此本有扉頁,刊"恒齋文集。星沙李元朗著。四爲堂藏板"。

《四庫全書總目》未收。《中國古籍善本書目》未著錄。

鈐印有"倬甫"。

2451 清康熙刻本後村雜著

T5446/1103

《後村雜著》三卷,清王文治撰。清康熙刻本。三册。半頁九行二十一字,左右雙邊,黑口,單魚尾。框高17.7釐米,寬12.1釐米。目録頁題"歙州王文治後村著;侄天印山立、子昕大昕校"。前有康熙四十七年(1708)王文治自序。

王文治,字後村,安徽歙人。康熙間人。工古文。據集中《窗稿初編自序》云,其自康熙十七年始學爲時文,時受業於陳尹閣,至康熙二十二年,又從李子固游。後村善病,病輒數月,故爲文不多。《窗稿初編》即爲其早年作品,後又有《窗稿續編》。其十三四歲時,初學爲制藝,最愛吕留良文,年稍長,又酷好歸有光時文稿。

此爲文集,收序、書、題、跋、論等。卷中、卷下多論史及人物,頗有新意。

王文治自序云:"余少苦多病,和藥之暇,時覽諸史,以消遣時日,精力委弊,不復廣徵切究,以窮史學之藴奥,偶有所見,隨筆識之,間以示我子姓,童稚謬阿乃翁,謂可以問世,并其記序論説諸文,彚爲一集,謀付鋟梓。"

此本有扉頁,刊"後村雜記。歙州王文治先生著。挹香居藏版"。卷中第二十九、三十頁佚去。金鑲玉裝。

按,文治著作又有《昌志編》二卷《續編》二卷附一卷《三編》二卷附一卷《吳越游草》一卷,清康熙刻本,中國國家圖書館、上海圖書館等四館入藏。

《四庫全書總目》未收。《中國古籍善本書目》著録,清華大學圖書館、華東師範大學圖書館等六館也有入藏。

館藏有複本一部,三册,存普通書庫。

2452　清康熙雍正間刻本紫幢軒詩集　　T5460/0466

《紫幢軒詩集》三十二卷,清文昭撰。清康熙雍正間刻本。六册。半頁十行十九字,左右雙邊,白口,單魚尾。框高15.6釐米,寬11.4釐米。題"薌嬰居士宗室文昭子晉"。

文昭,字子晉,號紫幢,別號薌嬰居士,或署北柴山人。清宗室。鎮國公百綬子。從王士禎游,辭爵讀書,性情和雅,才藻透逸,博學工時,負有才名。

此書計《古瓻集》三卷(前有王式丹序、又序、康熙五十年文昭自序)、《松風塵餘集》二卷、《螢吟》一卷、《東屯集》一卷、《在告集》一卷、《交春集》一卷、《古瓻續集》二卷、《龍鐘集》一卷、《臺溪集》一卷(起辛亥正月盡八月)、《石孟集》一卷、《盤山紀游草》一卷、《瓢居草》一卷(起辛亥九月盡十二月)、《病榻吟》一卷、《畫屏齋稿》一卷、《槐次吟》一卷(起己酉秋)、《艾集》二卷(起庚戌正月盡六月,計詩一百三十二首)、《飛騰集》二卷、《知田集》一卷、《雍正集》二卷、《松風支集》四卷、《檜棲草》二卷。

王式丹又序云:"先生長內邸,朝夕孜孜,於書無所不闚。每當抵掌談辯,如導九河之水,斐亹可聽,蓋根柢既深,而柯條自無不暢。即其發皇於詩者,已駸駸與唐宋諸大家分茅設蕝,豈直同如庵、朣仙後先輝映而已哉!"

文昭自序云:"余少喜吟詠,未敢輕以示人,家故有一古瓻,遇有所得,輒投其中,率以爲常。月時,命童子一掌記之,過亦不復省視。歲丁丑,從遊新城公之門,乃始取少陵、摩詰、蘇州諸詩,潛心熏習之……自是余益肆力爲詩,而詩往往不工。然以余聞古之能詩而工者,蓋未有不出於游李、杜、韓、蘇諸公,其大較矣。余才不逮古人,而志竊響往,重以典令於宗室,非奉命不得出京邑,故間有所遊,不過郊坰,而外乘一緉展,盡日輒返。夫所謂高山大谷、浦雲江樹之屬,舉足助夫流連咏歎者,而顧未嘗一寓於目,詩之不工,抑又何尤耶?辭俸多暇,乃因禽戲之餘,出簏中稿,排次一通,會當屬二三同志一正訂之,或勸余鋟諸梓而質諸天下,余烏乎敢。"

《四庫全書總目》未收。《中國古籍善本書目》著錄,中國國家圖書館、南京圖書館等五館也有入藏。

鈐印有"樂亭史氏藏書印"。

2453 清乾隆刻本弱水集   T5466/7724

《弱水集》二十二卷,清屈復撰,馬璞、陳長鎮評。清乾隆七年(1742)賀克章刻本。四冊。半頁十行二十一字,左右雙邊,白口,單魚尾。框高17.6釐米,寬12.2釐米。題"蒲城屈復悔翁著;曾孫來泰志同録;長洲馬璞授疇、武陵陳長鎮宗五評;受業同邑王垣紫亭、山陰章文禮節文校"。前有乾隆七年馬璞序。

屈復,字悔翁,晚自號金粟道人,陝西蒲城人。據鄭方坤《弱水詩小傳》云:家世莫得而詳,即同邑人亦無有悉之者。其少年時,即棄帖括不事,只身走萬里,寓沂剡間最久,既乃之吴楚、之閩越,垂老乃轉徙之京師,以詩學教授弟子,名公卿多從之游。武陵冢宰楊公奇其才,以鴻博薦,三徵不起。寓僧廬,日坐卧土床中,講論詩文源流派别,並前史善敗興亡陳蹟以及關河扼塞、兵馬漕鹽、天文律曆,愷切詳明。

復論詩與賦,比興之外,尚以寄托爲主,謂陶之飲酒、郭之游仙、謝之登山、左之詠史,自有所以傷心之故,而姑借題發揮。其所作詩,大率多殘山剩水之思、麥秀黍離之感。是集卷一至三五言古詩三百零六首,卷四至五七言古詩九十三首,卷六至八五言律詩四百二十六首,卷九至一○七言律詩三百首,卷一一五言排律八十一首,卷一二七言排律二十六首,卷一三五言絶句一百七十一首,卷一四七言絶句一百八十三首,卷一五詠物詩六十九首(三言古一首、五言古十九首、七言古四十九首),卷一六詠物五言律詩五十九首,卷一七詠物七言律詩一百四十六首,卷一八詠物七言律詩一百零三首,卷一九詠物五言絶句十八首、七言絶句三十三首,卷二○一字題詩一百首,卷二一樂府體詠古詩七十八首,卷二二樂府郊廟家祀五祀歌謡銘贊共六十二首。共計詩二千二百一十七首。

卷五《蘭雪堂夜讌即事並序》,記口技事,甚生動。卷一四《聽演牡丹亭傳奇》云:"一夜牡丹亭夢長,千鍾不醉鬱金香,相公老去猶惆悵,信有婁江俞二娘。此曲已經百回聽,春花秋月總纏綿,少年有夢有尋處,座上人今非少年。"

馬璞序云:"悔翁楚系而家秦,年二十五東游,流寓於剡子之國,歷齊魯吴越燕趙之郊數十年,孤貧且老,更滯跡薊門。但有集若干卷,充於行笥。東阻海涯,西望渭水,關山夕陽,憑吊何極,而寂寞身後,誰爲歔欷而太息?……然則悔翁之有是集,而欲梓之而傳之也,不其難哉!辛酉秋,忽有其同里茂才賀闓然克章者,館於萬全縣幕,見其詩歎曰,是集而或不傳,俾别有所待,吾鄉其無人矣,亟謀付剞劂。聞之者異之,亦相與助其成焉,於戲!是集而果傳也。"賀克章者,秀才,曾修《萬全縣志》。此集卷三有《懷闓然》,卷一○有《冬夜同賀闓然克章談詩》,注云:"闓然許刻拙集。"卷四有《賀闓然生日》一首,云:"吾友今年方四十,有文千軸詩千篇。紫燕嘶風向空立,半生不入權貴門。彩結虚無一片雲,上窮碧落横寰宇。"卷一四《消暑詩十六首》之一爲《賀秀才闓然》,小序云:"秀才,書記萬全縣。宣府王太守偶見余詩數首,欲刊全集,究未一面。秀才聞之,嘆曰關中乃無一人耶?慨然付梓。"

按,清末王相信芳閣以木活字排印《國初十家詩鈔》,收有《弱水詩》八卷,本館也有入藏。

卷八末王相跋云：“悔翁先生《弱水詩》，寄興無端，故是楚騷遺裔，其取徑在昌谷、玉溪間，而以少陵爲歸宿，寄愁天上，埋憂地下，有莫可致詰者。原集篇章頗富，未經手定，如揚州詞變、竹枝詞等作，筆墨不倫，編集者濫入之過也。爲録各體如干首，以存其概。”

復有《楚辭新注》，入《四庫全書總目》集部楚辭類存目。此爲禁書，清代《禁書總目》、《違礙書目》、《清代禁燬書目·補遺二》、《清代禁書知見録》著録。《清代禁燬書目·補遺一》云：“查《弱水集》，係屈復撰。詩中多違悖語，應請銷燬。”

《續修四庫全書總目提要(稿本)》、《中國古籍善本書目》、《日本現存清人文集目録》著録。天津圖書館、河南省圖書館、湖南圖書館、中國科學院圖書館等七館，日本京都大學人文科學研究所、京都大學文學部中國哲學文學研究室入藏。《臺灣公藏善本書目》未收。重慶市北碚區圖書館有復《金粟詩草》二十卷，爲清抄本。

2454　清乾隆刻本緑蘿山莊詩文集　T5475/4234

《緑蘿山莊文集》二十四卷《詩集》三十三卷，清胡浚撰注。清乾隆二十一年至二十七年(1756—1762)刻本。二十册。《文集》半頁十行二十二字，四周雙邊，白口，單魚尾，書口上方刻"緑蘿山莊文集"，書口下刻"竹巖胡浚撰注"。框高 19.8 釐米，寬 13.3 釐米。題"會稽胡浚字希張撰注"。《文集》前有乾隆八年(1743)李紱序，乾隆四年(1739)魯曾煜序。《詩集》前有乾隆二十三年(1758)齊召南序，乾隆二十六年(1761)孫人龍序。

胡浚，字希張，號竹巖，浙江山陰人。康熙五十九年舉人。乾隆間曾舉鴻博，知洧川縣，以事落職。工詩古文，尤長駢體。

是編文皆駢體，浚自爲之注。卷一七有《緑蘿山莊記》。魯曾煜序云：“吾年友竹岩胡君，博聞強識，古昔典籍，靡不窺校。作爲文章，元元本本，四六一種，千態萬狀，下筆不能自休。”

《詩集》卷一五言古三首、七言古一首、五言律三首、七言律十七首；卷二五言古二首、七言古四首、歌行四首、五言絕一首、七言絕三首、五言律十四首、七言律十二首；卷三五言古四首、七言古一首、五言律十四首、七言律十五首；卷四五言古五首、七言古四首、歌行一首、七言絕一首、五言律十首、七言律十二首；卷五五言古五首、七言古四首、五言絕一首、七言絕八首、五言律三首、七言律八首、七言排一首；卷六五言古五首、七言古四首、七言絕十六首、五言律十二首、七言律十六首；卷七五言古五首、七言古二首、歌行四十首、七言絕五首、五言律六首、七言律九首；卷八五言古八首、七言古五首、歌行四首、七言絕一首、五言律十二首、七言律十首；卷九五言古二首、七言古八首、五言律三首、七言律二首、五言排一首；卷一〇五言古二首、七言古二首、歌行二首、七言絕二首、五言律三首、七言律一首、五言排一首；卷一一五言古五首、七言古七首、五言律五首、七言律六首；卷一二五言古八首、七言古四首、歌行一首、七言絕一首、五言律五首、七言律七首；卷一三五言古八首、七言古五首、七言絕四首、五言律四首、七言律三首；卷一四五言古一首、七言古二首、歌行一首、五言絕四首、五言律四首、七言律六首；卷一五七言律五十一首；卷一六七言律五十二首；卷一七四言古一首、五言古三首、七言古一首、五言律一首、七言律九首；卷一八五言古一首、七言古二首、歌行一首、七言絕二首、七言律一首、五言排一首、七言排一首；卷一九五言古六首、七言古三首、歌行一首、五言絕五首、七言絕三首、五言律三首、七言律八首；卷二〇七言古一首、六言絕十四首、七言絕二首、七言律六首、五言排一首;卷二一七言絶一百首;卷二二五言古二首、七言古三首、七言絶一首、五言律四首、七言律九首、五言排一首;卷二三五言古三首、七言古五首、歌行二首、七言絶一首、五言律六首、七言律十四首;卷二四五言古六首、七言古五首、七言絶二首、五言律四首、七言律五首、五言排一首;卷二五五言古五首、七言古三首、七言絶六首、五言律二首、七言律七首;卷二六五言古三首、七言古一首、歌行一首、五言律四首、七言律七首、五言排一首;卷二七五言古三首、歌行一首、五言絶五十二首、七言律一首;卷二八五言古二首、七言古三首、歌行五首、七言絶一首、五言律八首、七言律十首、五言排一首;卷二九五言古七首、七言古四首、歌行一首、六言絶六首、五言律八首、七言律十二首;卷三〇五言古三首、七言古四首、五言律六首、七言律四首、七言排一首;卷三一五言古四首、七言古三首、五言律六首、七言律十二首;卷三二五言古二首、七言古二首、七言絶三首、五言律二首、五言排二首;卷三三會稽山賦。

齊召南序云:"會稽竹岩先生,學博才雄,久以詩古文名天下。舊刻《緑蘿山莊四六文集》二十四卷,臨川穆堂李公、同邑秋塍魯公序之。今刻詩集三十二卷並前編,屬余爲序,余荒陋,烏足以言詩古文。先生所著,原原本本,殫見洽聞,取精多而用物宏,功力深而收名遠。文於五色,其爲天孫之雲錦;詩於八音,其爲神女之琅璈乎?……聞先生晚喜草編,不廢著述,精神無異少壯,心甚羡之,故以卦畫爲詩古文引首。"

此本有扉頁,刊"緑蘿山莊四六全集。乾隆丙子年鐫。會稽胡竹巖撰注。李穆堂先生鑒定"。"緑蘿山莊詩集。乾隆壬午年鐫。會稽胡竹巖撰注。齊息園先生鑒定"。

《四庫全書總目》入集部別集類存目。《中國古籍善本書目》於此書分開著録。《文集》,北京大學圖書館、山西祁縣圖書館、中國社會科學院近代史研究所入藏。《詩集》,北京大學圖書館、中國社會科學院近代史研究所入藏。又日本大阪府立圖書館有此書(有嘉慶七年序),東洋文庫有《文集》(有嘉慶八年序)。

鈐印有"積學齋徐乃昌藏書"。

2455　清康熙刻本潘潁川聞和草賦集

T5466/3654

《潘潁川聞和草賦集》七卷《詞集》一卷,清潘書馨撰。清康熙刻本。一册。半頁九行二十字,四周雙邊,白口,單魚尾。框高19.8釐米,寬12.3釐米。題"星源潁川潘書馨汝璜著"。前有康熙四十四年(1705)余光耿序,康熙三十年(1691)黄夢麟序,康熙二十四年(1685)程賜榮序,康熙三十年潘書馨自序。末有劉然跋。

潘書馨,字汝璜,河南許昌人。幼負逸才,於研練制藝外,好縱筆爲詩賦,所爲古今諸體,靡不擅場。

卷一賦九篇,卷二五言古詩二十首,卷三七言古詩四十六首,卷四五言律六十三首、五言排律四卷,卷五七言律一百零四首,卷六五言截六十三首,卷七七言截六十二首。《詞集》即卷八,爲《香雪吟》二十三首。

潘書馨自序云:"余自十五前後喜爲詩,亦嘗沐浴三唐與六朝漢魏,然要必本性情以出之,初不事乎摹倣,是以詩或有醇處、有疵處,總以率其自然之趣,故尚多真聲。真聲之詩,僅可得之閭閻婦子,而不可得之士夫家也久矣,蓋士夫家必務步趨李杜,俎豆劉曹以爲之,而閭閻婦子不知蹈襲,興會所至,領略倍真,猶不失三百篇之餘者也。然則世有謂我詩爲似盛初,似中晚,吾豈敢信?第謂此潘子自道性情之詩。噫,是真能知潘子之詩者也,是真可與言詩者也。"

書馨下帷授經,屢試不售,其詩作多有不平之慨。卷四《自述》云:"天地賦畸骨,行藏乃不情。襟其全骯髒,世態懶逢迎。笑罵空千古,搜羅盡一生。解嘲非我意,牛馬可呼名。"又卷七《自編詩稿成漫興》云:"閉戶常將萬卷排,辛調筆硯有荊釵。文章自富功名薄,未許榮枯礙好懷。"

此本有扉頁,刊"穎川詩集。詩篇寄我神明在,留與千秋照韻人。玉森堂藏版"。

《四庫全書總目》未收。《中國古籍善本書目》僅有《穎川文集》十二卷,藏安徽徽州地區博物館,而未收有此詩集。

2456　清康熙刻本若庵集　　　　　　　　　　T5470/2104

《若庵集》五卷,清程庭撰。清康熙刻本。存六冊。半頁十行十九字,左右雙邊,白口,雙魚尾。框高 16.8 釐米,寬 12.6 釐米。題"江南程庭且碩"。

程庭,字且碩,號若庵,安徽歙縣人。於書無所不窺,善古文辭,而尤工為詩。

是書今存卷二《古今詩》,卷三《詩餘》,卷四《停驂隨筆》,卷五《春帆紀程》。卷一為文,今佚去。

《古今詩》,前有陸奎勳序、芝栅居士式莊序。計一百九十三首。陸奎勳序云:"吾友程君且碩,則尤詩壇之霸才也。程君以茂閥而具英姿,於書無所不窺,汰其渣滓,味厥精英,才與識與學,三者備矣。以之研經酌史,恢恢乎有餘力。"

《詩餘》,前有康熙五十六年先著序。末有汪道行、杜乘跋。計一百十八首。

《停驂隨筆》,前有王棠序、□元愈序。此為康熙五十二年,帝六旬萬壽,庭至京祝釐,隨日紀行之作,並附以詩詞。庭有云:"予少長江淮,風塵未習,乃今驅車北道,日有見聞,每於投宿晚餐之餘書之。歸檢奚囊,序次先後,冠以停驂,明是帙所成之時也。"庭於長安道上往返計七十七日,其間飲食寢興、人事擾雜、風雨待候者半之。然其所記皇都之壯麗、河嶽之精神,皆不落俗套。

《春帆紀程》,前有費錫璜序。此卷為庭自揚州至歙往返所作,亦有詩詞附之。庭自云:"汎汎松舟,維江之汜,終風且暴,行行止止,脂我征車,戒我行李,載馳載驅。爰歸於里,日居月諸,有歌有紀,命以春帆,弗忘其始。"庭世籍新安,自其大父僑居維揚,遂隸籍之。庭四十七年來,未嘗一睹故鄉面目,故康熙五十七年二月始登舟行。此卷第一頁第一行之卷第,易"五"為"一",凡書口均有挖補,賈人所為也,以殘書充其全。又此卷存一至二十八頁,末有缺。

《四庫全書總目》入集部別集類存目。《中國古籍善本書目》著錄,中國國家圖書館、上海圖書館等十館也有入藏。北京師範大學圖書館有六卷本,為康熙刻雍正增修本。

2457　清乾隆刻本秋水集翠滴樓詩集　　　　　　T5436/3240

《秋水集》十六卷,清馮如京撰;《翠滴樓詩集》六卷,清馮雲驪撰。清乾隆五年(1740)清暉堂刻本。六冊。半頁九行二十字,四周單邊,白口,單魚尾,書口下有"清暉堂藏板",書眉上刻評。框高 17.4 釐米,寬 13 釐米。題"雁門馮如京秋水甫著;男雲驤、雲驪輯;北海宗人士標宗尼甫評;延令季振宜滄葦較;東海范驤文白閱;孫欽、墅同曾孫祖悦、光裕、觀民重梓;曾孫忱詹、觀吉校字"。前有馮士標序;周拱辰跋。《翠滴樓詩集》題"雁門馮雲驤懿生;男欽過亭、璧樞南校字"。前有許汝霖序,鹿祐序;方苞《粵槎日記》序;康熙五十六年(1717)祝基皋《粵槎日記》跋、《唐鴻宮詞小序》。

馮如京,字秋水,又字紫乙,山西代州人。由恩貢授永平府灤州知州,興利除弊,勸善懲惡,清驛累,招流移,課農桑,興學校,三年治成。陞本座同知,後授永平知府,桑陞陝西榆林副使,兵備靖邊。遷西寧參政,以功陞爲江南右布政,擢廣東左布政使,督撫以卓異舉。後乞致仕歸里,年六十八卒。又有《春秋大成》、《聖賢正諦》等書行世。《(乾隆)直隸代州志》卷四有傳。

卷一五言古,卷二至三五言律,卷四五言絕句、五言六句、五言排律,卷五七言古、古樂府,卷六至七七言律,卷八七言絕句、七言排律、雜體、六言,卷九文類、序,卷一〇至一一序,卷一二賦、記、疏、題辭、祭文、墓志銘、銘,卷一三宮詞,卷一四《粵槎日記》,卷一五至一六《北征記署》。

如京詩頗清利,尤工於五言;文亦平正,惟駢體不爲擅長。書眉上之評批,乃其宗人士標所爲。《粵槎日記》者,乃自江南之廣東任時,紀其行役所見。《北征記署》,則自廣入覲時作也。

馮士標序云:"兹讀紫乙金湟諸篇,抒性怡情,悠然澹雅,興懷所及,直逼古人……今紫乙詩樸老澹宕,覺其胸中絕無滓垢,而淵静之氣,鬱鬱逼人,真如江清月近、飛鳥與還等句,口頭目前,渾然大家,絕無雕鵠之形,小乘詩家不能道雙字。"

馮雲驤,字懿生,如京子。康熙十五年進士,選翰林院庶吉士,授編修,充日講官、起居注官,歷禮科給事中。後請假歸養,與兄參議雲驤同居二十年,雅好施賑,待以舉火者百數十人。《(乾隆)直隸代州志》卷四有傳。

此本有扉頁,刊"秋水集。乾隆庚申武林重梓。清暉堂藏板"。

《四庫全書總目》入集部別集類存目。《中國古籍善本書目》著録。上海圖書館、山西省圖書館等四館,日本京都大學人文科學研究所、大阪府立圖書館也有入藏,但均無《翠滴樓詩集》六卷。

2458 清乾隆刻本朱止泉先生文集

T5466/2933

《朱止泉先生文集》八卷,清朱澤澐撰。清乾隆朱氏顧天齋刻本。八册。清沈宗濟跋。半頁十行二十二字,左右雙邊,白口,單魚尾。框高19.4釐米,寬13釐米。題"男光進編輯;從子轡、輿、輅、衛、輣仝校"。前有高斌、尹會一像贊(均手録),乾隆四年(1739)劉師恕序。卷八末爲門人王箴傳撰《止泉先生朱公行狀》。

朱澤澐,字湘陶,別號止泉,江蘇寶應人。生於康熙五年,卒於雍正十年,年六十七。生而端慤,爲兒童不好嬉戲,言動如老成人。既長,游鄉校,雖習舉子業,而志意高遠。博觀史乘,究心天文之學,於聖賢切要之言獨有心得。其婿并門人王箴傳所作行狀述之甚詳。

此本雖題爲文集,然卷一爲詩二十六首、賦一首,卷二語録一百三十三則,卷三至六書七十六通,卷七至八雜著三十篇。大抵皆講學之語,蓋其生平,惟以崇奉朱子爲事也。書眉上有清人録高斌、尹會一評語。

劉師恕序云:"吾邑朱止泉先生,卓然奮起於孤陋之鄉,無所師承,始探先聖遺經,得其大段規模,而博觀於歷代諸儒之説,不能無疑焉。後乃專用力於朱子之書,如四書集注、或問、易本義、啓蒙、詩集傳、儀禮、經傳通解、太極圖、通書、西銘解、小學、近思錄、文集、語錄等凡數百卷，一字一句，無不精心研窮，反身體認，積有歲年。"

沈宗濟跋云："寶應朱止泉先生文集，先侍郎公舊有藏本，咸豐庚申毀於粵匪之亂，越今二十餘年矣。今夏旋廣州，書肆友以此本見貽，紙板精舊，眉端行間錄有高東軒斌、尹健餘會一兩公評及圈點，並寫入兩公贊語於簡首，蓋能景仰先生而深嗜篤好者，惜無從究其姓名，爰以白銀一兩四錢易之。考先生尚有文外集，爲道光年間永福呂月滄郡丞璜所刊，見於姚春木徵君椿文集，媿余讀書數十年，未經寓目，僅於徵君所輯文錄中讀先生論著十首，其爲弇陋，何堪設想耶！先生與王予中先生講論主敬、主靜之旨，終未脗合，兩家文集俱載往還書牘，而白田辯析尤詳。先生没後，尚援劉孝標致劉沼書例相問難，愚謂此是先生入門稍有偏處，抑其用功得力所自來，不諱言之，正見前輩爲學，下手自有真精神，匪如近日依草附木者流，言與行不相顧也。光緒癸未六月朔後一日，後學沈宗濟謹識。"王予中即王懋竑，光緒癸未爲九年。

此本有扉頁，刊"朱止泉先生文集。顧天齋藏板"。又鈐有"顧天齋藏板"印。"顧天齋"爲澤澐讀書處。

《四庫全書總目》入集部別集類存目。《中國古籍善本書目》未收。是書又有清光緒二十七年刻本。

2459　清乾隆刻本巳山先生文集　T5470/1125

《巳山先生文集》十卷《別集》四卷，清王步青撰；《傳》一卷。清乾隆寫刻本。四册。半頁九行二十字，左右雙邊，白口，單魚尾。框高 18.7 釐米，寬 12.1 釐米。目録頁題"金壇王步青罕皆氏著；受業門人編輯；男士耄山抃錄；孫維甸稼先、乃昀南仲、尚畬耕三、爾畯季良校"。前有乾隆十七年(1752)雷鋐序；王廷琬撰家傳；陳弘謀撰《王檢討巳山先生傳》。《別集》目録後有王士耄識語。

王步青，字罕皆，江蘇金壇人。家近巳山，學者稱"巳山先生"。性穎異，六歲誦小學，及學爲文，操筆立就。家素貧，恒藉修脯爲養。年十八補弟子員，聲譽日起。蓋綜覈儒先，貫串經傳於朱子全書，獨得心解。有明三百年，名家制義無不洞徹源流，詳核派別。雍正元年進士，時年逾五十。入詞館，授檢討，充武英殿纂修官。以疾不能久留，遂乞歸，即家居鍵戶，課子姓而生徒，聞風者仍不遠千里負笈以至。老年尤務惜分陰，每辨色而興，正容莊坐，手不停披，寒暑疾病無間。步青生於康熙十一年，卒於乾隆十六年，年八十，無疾而終。

步青早歲蜚聲藝苑，操選政者數十年。其爲文講求實學，不涉虛聲，不尚詭異，理精法密，士林推爲文章山斗。此集卷一至四序三十一篇，卷五記五篇、跋二篇，卷六雜著十一篇，卷七傳八篇，卷八墓志銘七篇，卷九墓志銘三篇、神道碑銘一篇、墓表一篇、祭文二篇，卷一〇書簡二十二通。《別集》卷一《天崇十家文鈔序》(十篇)、《國朝制義所見集序》、《國朝制義所見集補序》；卷二《歷科程墨所見集總序》(八篇)、《闈墨大旬紀盛序》；卷三《四逸簡存序》(四篇)、《塾課小題分編序》(三十六條)；卷四《分課小題續編序》(八篇)、《直省考卷所見集序》、《二集序》、《三集序》、《國朝小題匯覽序》、《明文初學指要序》。

王士耄識語云："先君子文集，坊人久請付梓，每謙讓未之許也。辛未春，先君捐館。閩中雷翠庭先生視學江蘇，按臨壇邑，詢及先君文集，因以《竹里草堂遺稿》呈請選定，蒙賜序言，兼示手劑云：'讀《巳山先生全集》，其氣和以恬，其辭淳以質，洵非文人之文，而爲學者之文矣。

集　部

謹擇其有關治道學術及表章節義者如干首,其纏綿往復、足以增友誼之重者間亦采焉。若時文、序、壽序、家傳,僅存十之一二,非其人足存,即其論可存者也。自餘應酬牽率之作,概不收入。至明文、今文選本諸序,雖皆先生心力所萃,然諸選業已弁諸簡首,似無庸入集,必不得已,附諸集後,庶編次得宜。'"

《四庫全書總目》、《續修四庫全書總目提要(稿本)》、《臺灣公藏善本書目》未收。《中國古籍善本書目》、《日本現存清人文集目録》著録,上海圖書館、湖北省圖書館、中國科學院圖書館等七館,及日本大阪府立圖書館也有入藏。

鈐印有"海豐吳氏家藏"、"海豐吳氏"、"魏塒"、"卧雪山房藏書"。

2460　清乾隆刻本絳跗閣詩稿　　　　　　　　　　T5472/0682

《絳跗閣詩稿》十一卷,清諸錦撰。清乾隆二十七年(1762)刻本。四册。半頁十一行二十三字,左右雙邊,白口,單魚尾。書口上方刻書名,書口下則刻卷數。框高 18.7 釐米,寬 12.9 釐米。題"秀水諸錦草廬著;受業雯都管樂編;子塏范成校"。前有乾隆五年(1740)鄭江序,雍正四年(1726)陸奎勳序,汪澐序,康熙六十年(1721)徐元禧序,吳銘道序,康熙五十八年(1719)徐天秩序。末有雍正三年(1725)鮑鉁後序,趙元祚跋,范長發跋,乾隆十二年(1747)孟思誼後序。

諸錦,字襄七,號絅廬,浙江秀水人。甫冠,以舉人考授内閣中書,雍正元年成進士。由庶常改知縣,再改金華府教授。乾隆元年,以博學鴻詞授翰林編修,典福建、山西、貴州試,歷左贊善,假歸不復出。錦於書無所不窺,於箋疏考核尤精,詩學韓蘇,書法瘦硬如其人。又有《毛詩說》等。《(道光)嘉興府志》卷五二有傳。

卷一自康熙甲申至甲午,爲《學古集》八十七首、《近游集》七十六首;卷二自康熙乙未至庚子,爲《空舲集》六十二首、《虛白集》六十七首;卷三自康熙庚子至雍正甲辰,爲《芩蒿集》一百六十八首;卷四自雍正甲辰至庚戌,爲《紫薇集》五十九首、《河清集》四十六首、《鞭鸞集》二十九首;卷五自雍正辛亥至乾隆丁巳,爲《梅石集》二十九首、《三秀集》三十首、《朝天集》五十首;卷六自乾隆丁巳至庚申,爲《鴻硯集》四十四首、《養疴集》六十五首;卷七自乾隆庚申至乙丑,爲《松下集》六十五首、《使閩集》五十二首、《來諗集》四十三首;卷八自乾隆丙寅至戊辰,爲《瀛堂集》四十六首、《井陘集》三十五首、《盤桓集》五十首;卷九自乾隆戊辰至辛未,爲《三水集》二十二首、《昇平集》二十四首、《使黔集》七十六首、《羊羹集》四十四首;卷一〇自乾隆辛未至乙亥,爲《鷗鷺集》四十三首、《扈駕集》三十八首、《齋房集》四十三首;卷一一自乾隆乙亥至壬午,爲《遂初集》八首、《迎鑾集》四十一首、《游藝集》三十三首、《泮宫集》三十一首、《王路集》十六首。總共五十九年之作,計一千五百餘篇。

趙元祚跋云:"讀《絳跗閣文稿》,取義深奥,析理精微,不規規於尺寸間,而神明變化,不肯一語。下筆必作傳文,故其文必傳無疑。又誦其詩藁,不獨工於聲律,而命意遣題,全是一片道理,又全是一副精神。其工也,斧鑿無痕,不可端倪,清如鶴唳,富如鶯音、如鳳彩,嫩如出水芙蕖,老如蒼松怪石,奇幻如海市蜃樓,平淡如布帛菽粟,醇厚如太羹元酒。吟詠數過,自有味外之味,音外之音,其骨則仙,其旨則風騷矣。"

絳跗,亦作絳趺,紅色花萼。唐温庭筠《病中書懷呈友人》詩:"釣石封蒼蘚,芳蹊豔絳跗。"清梁章鉅《歸田瑣記》之《北東園日記詩》附《蘭省和韻》:"絳跗朱萼庭階盛,愧讀蘭陔潔養詩。"

目録頁首行刊"乾隆壬午夏朶"。目録頁末又刊"受業嘉興徐士鳳編寫"一行。

《四庫全書總目》入集部別集類存目。《中國古籍善本書目》著録,中國國家圖書館、上海圖書館等六館也有入藏。

2461　清乾隆刻本貞一齋集　　　　　　　　　　　　　　T5475/4424

《貞一齋集》十卷《貞一齋詩説》一卷,清李重華撰。清乾隆刻本。四册。半頁十行十九字,左右雙邊,白口,單魚尾,框高 17.2 釐米,寬 13.2 釐米。題"吳江李重華玉洲"。前有乾隆十一年(1746)沈德潛序,李重華自序。

李重華,字君實,號玉洲,江蘇吳江人。雍正二年進士。官翰林院編修。

卷一五言古(雜擬詩三十首,有序;雜詩七首,記興十首,感會三首,道古五首);卷二五言古三十八首;卷三七言古三十九首;卷四五言律七十二首;卷五至七七言律二百三十三首;卷八五言排律一百零六首、七言排律五首、五言絶句六十六首;卷九至一〇七言絶句一百八十七首。

重華幼奉庭訓學詩,熟聞古人詩。沈德潛序云:"玉洲李先生,今之才人也。少歲出語即能越俗,既與張匠門先生遊,匠門故以才自豪,即以才接引人者,兩才相遭,引而愈出。故玉洲之詩,因得肆其才,於陶冶萬類、籠挫一切之餘,水銀硃砂,入其鑪鞴,皆成丹也;麼弦雜韻,經其和調,皆成樂也……先生家吳江,往來吳門,兩地多詩社,先生詩成,衆交口服,酒闌燈炧,出片辭單語,俱有才華流露其間。既成進士,列侍從,鋪陳雅頌,淵涵金石,仍以才爲主,而不拘尋常,應制格律,品極重焉。既又脱然去官,得以蕭閑無事之身,一肆其力於詩歌,以其獨得,兼有衆長。求之趣,趣益以流;求之氣,氣益以盛;求之格與學,格益以老、學益以化,而總由於才之益縱横,自得出天入淵而不可控制,蓋其得於蕭閑無事者爲已多,而天之與之有獨厚者也。"

《詩説》一卷,計論詩答問三則、詩談雜録數十條,皆作者平時泛言所及,兹録數則:"凡古詩,有一定音節,先要分别出體製高下來。""五古,自漢魏至晉宋俱可學,齊梁以下不必學。唐代五古,則自陳伯玉、張曲江至韋柳俱可學,自後亦不必學。所謂取法乎上,僅得乎中也。""古人於古近各體,各有所長。如太白七律至少,昌谷七律全無,其餘名集缺一二體者,不可勝數,此皆遺其所短,善用所長,得失舉在寸心中也。然有專攻律體,竟不見古詩者,如許渾、方干一流,此則不應慕效。蓋止見古體,仍然無愧高手,若止存律調,即古詩從未窺見,其爲薄殖無疑矣。"

此本沈德潛序缺首頁。

《四庫全書總目》、《續修四庫全書總目提要(稿本)》未收。《中國古籍善本書目》著録。中國國家圖書館、上海圖書館等八館,日本内閣文庫也有入藏。

鈐印有"皎亭圖書"、"稀覯珍籍"、"吉壽堂嚴氏家藏"。

館藏有複本一部,四册,闕《詩説》一卷。

2462　清乾隆刻本海珊詩鈔　　　　　　　　　　　　　　T5472/6435C

《海珊詩鈔》十一卷《補遺》二卷《明史雜詠》四卷,清嚴遂成撰。清乾隆二十二年(1757)刻本。八册。半頁十行二十一字,四周雙邊,白口,單魚尾,書眉上間刻評語。框高 18.7 釐米,寬 13.1 釐米。題"烏程嚴遂成"。前有乾隆十九年(1754)徐鐸序,乾隆二十二年嚴遂成自序。

《明史雜詠》前有乾隆十二年(1747)齊召南序。

嚴遂成,字崧瞻,號海珊,浙江烏程人。康熙五十九年舉人,雍正二年進士。乾隆元年,薦舉博學鴻詞。丁內艱,不與試。選山西臨汾知縣,調長垣,歷雲南嵩明州,鎮雄州知州,卒於官。其在臨汾開兔坡險道,創立鳳山書院;在長垣拯河患,救民飢,修隄築支,所在有政績。《(光緒)烏程縣志》卷一七《人物六》有傳。

遂成於聲律一道,直入三唐之室,同輩中自錢塘厲鶚而外,弗多讓也。自負詠古第一,而尤長七言律詩,雖厲鶚亦自謂弗及。是集皆古今體詩,計卷一五十七首,卷二五十四首,卷三六十四首,卷四四十九首,卷五六十首,卷六六十三首,卷七七十二首,卷八六十一首,卷九六十五首,卷一〇五十五首,卷一一四十五首。《補遺》卷上古今體詩五十一首,卷下七言律詩六十三首。總計七百五十九首。《明史雜詠》卷一古詩二十六首,卷二至三古今體詩一百五十四首。

遂成自序云:"余少為詩,以偏宕相尚,罔識律令。吾鄉姚薏田、同年厲樊榭方負能詩聲,雅與余善,而詩未之許也。甲寅被薦,居內憂弗逮赴朝考,顧虛聲一時藉甚,思有以襄之。辛酉夏,量移阜昌,吾師穆堂先生典試江南,止郵亭,余謁見,迎謂曰:'吏亦不易為,知生百無暇,獨詩可分余一席,慎毋廢。'余憬然汗下。嗣後收視返聽,知功夫有在於詩之外者,厚其所積,窮其所變,別搆戶牖,不屑苟同昔人,迄於今不自知其至猶未也,然我才亦既竭矣。後梅花詩傳誦京師,《明史雜詠》,人以詩史目之。今裒集十一卷,又補遺二卷,都從零佚中以次改竄,無復前後年地可聞。大參徐南岡先生閱竟評曰,君詩必有所為始作,無一字無來歷,筆頭勾得數十斤起。楚中余同麓嘗從夏環川大吏遊,嘆為知言,辱參之於竹垞、阮亭二家之間,相勸付梓。"

《明史雜詠》,賦明一代之事,古體、近體相間,故名曰"雜詠"。齊召南序云:"曩者,詞科之役,吾浙薦舉先得十人,皆史才,而海珊先生為舉首,海內翕然推之。及臨軒召試,而先生顧以艱歸里,海內莫不嘆其才之奇,而不獲為史也……先生既不獲為史,因以其史之具,盡發於詩。余讀之,欲歌欲泣,其詩即其史也。高者欲攀工部,次亦平視記室諸公,較西涯新樂府何多讓焉。"

此本有扉頁,刊"海珊詩鈔第十二卷補遺卷中續刊嗣出。驪溪世綸堂藏板";"明史雜詠"。

《四庫全書總目》僅著錄《明史雜詠》四卷,入集部別集類存目。《續修四庫全書總目提要(稿本)》未收。《中國古籍善本書目》著錄,但分列款目。《海珊詩鈔》并補遺,廣東中山圖書館、雲南省圖書館等四館收藏,又日本大阪府立圖書館也有入藏。《明史雜詠》,上海圖書館、湖北省圖書館等七館收藏。按,是書有日本昭和二年(1927)排印本。又《小石山房叢書》第13冊、《浙西六家詩鈔》(吳應和、馬洵選)均收有遂成詩,然為一卷。

館藏有複本一部,八冊。

2463　清乾隆刻後印本種松園集　　T5475/3244

《種松園集》十二卷,清湯大坊撰。清乾隆刻後印本。十二冊。半頁九行二十字,四周單邊,白口,單魚尾,書眉上刻評。框高20.1釐米,寬12.4釐米。目錄頁題"南豐湯大坊翠含著"。前有湯聘序,乾隆五年(1740)包濤序,乾隆十四年(1749)李灝序,雍正九年(1731)薄履青序。《講席餘編》前有雍正十二年(1734)黃在中序。

湯大坊,字固之,別字翠含,江西南豐人。雍正五年(1727)進士。以進士歷官袁州、贛州教授,陞廣東定安知縣,不就,復改授南昌教授。月課日講,皆有程式,尤以品行勵士。有古文時藝編纂凡五種。《(民國)南豐縣志》卷二七《文苑》有傳。

卷一賦;卷二論、解、考、說、辨;卷三策、策問;卷四書、啟;卷五序;卷六記、跋、傳;卷七祭文、墓銘、行狀、年譜;卷八露布、像贊、疏、書後;卷九《武寧志原稿纂》;卷一〇《贈答錄》;卷一一《講席新編》(表、呈文);卷一二《講席餘編》(申文、移文、告示)。

大坊家世顯第,爲文頃刻萬言,登第後,著論更控縱出没。卷二《明代縉紳論》,洞悉興亡之故,有言"漢之亡也以宦官,唐之亡也以藩鎮,宋之亡也以女真韃靼"。"明之所以亡也,明之縉紳,皆其亡明者也。自萬曆以來,户、工二部,交相借貸,府庫之空竭極也。民間採草根樹皮以食,婚以野合,葬以土培,見於章疏者,不可勝數。生民之憔悴亦極矣。夫天地之利不在官則在民,今也官民交困,吾不知其利之安所歸也。嗚呼!盡入於縉紳之家矣。明代縉紳,所謂猛如虎、貪如狼者也。"又《熊廷弼論》,論及明代監軍之害,同列猜嫌而忠烈受戮,人多冤之。言廷弼其才有餘而識不足,也爲千古具眼。

卷九爲《武寧志原稿纂》。按,《(雍正)武寧縣志》,廖科令纂修。中國國家圖書館、上海圖書館入藏,流傳不多。此《原稿纂》爲湯氏當時協助廖科令所爲,重修邑志告示、目錄、凡例、各卷分序皆出湯氏之手。原擬編定二十卷,後刊爲十卷本。

此集收湯大坊詩三百二十五首,均在贈答錄内(分齋居、袁陽、虔中、旅次、南州、將歸等,附諸公贈言)。

黄在中序云:"余同年友湯君翠舍,天姿秀拔,爲人慷慨,務大節,敦品立行,古人流亞,匪徒以文章顯也。其制藝,駕啟、正而法慶、曆,比成、弘,大雅遺音,於斯在矣。其詩古文辭,博大淵深,宏中肆外,兼唐宋之奇正穠鬱、兩漢之渾浩精醇,陵莊、騷而追左、國,直登作者之堂。年十九,領鄉薦,名噪郡國。三十成進士,譽滿京華,爲親耄秉鐸。吾袁委吏乘田,皆可行道,故其來也,區畫規爲毅然,以斯文爲己任,月課則嚴立其程,日講則細發其藴,冷帳寒燈,批校不輟。"

《四庫全書總目》、《續修四庫全書總目提要(稿本)》、《中國古籍善本書目》、《臺灣公藏善本書目》、《日本現存清人文集目録》皆未著録。

2464　清乾隆刻本南華山房詩鈔　T5472/1371

《南華山房詩鈔》六卷賦一卷《南華山人詩鈔》十六卷,清張鵬翀撰。清乾隆刻本。六册。半頁十一行十八字或十九字,左右雙邊,白口,單魚尾。框高18.7釐米,寬13.9釐米。題"翰林院侍講臣張鵬翀"(目錄頁題"賜詩賡和集目録"、"日講官起居注詹事府詹事兼翰林院侍讀學士臣張鵬翀"。《南華山人詩鈔》題"嘉定張鵬翀天扉"。(目錄頁題"嘉定張鵬翀天扉著;男汝霖、汝標、龍輔恭校")。前有乾隆五年(1740)史貽直序。末有乾隆七年(1742)馬榮祖後序,乾隆四年(1739)張照後記,乾隆五年沈德潛後序;乾隆四年倪國璉跋。

張鵬翀,字天扉,一字抑齋,上海嘉定人。雍正五年進士,改庶吉士,授檢討。歷充文穎館八旗志書館纂修、雲南副考官、河南正考官、日講起居注官。累遷侍講右庶子,擢少詹事,晉詹事。乾隆十年假歸,行至德州卒,年五十八。《(光緒)嘉定縣志》卷一六有傳。

鵬翀少以詩名天下,比長,湛酣六籍,著述益富。間以餘力作山水,瀟灑閒逸,全以韻勝。書法亦蒼秀,論者謂兼鄭虔三絶,而敏捷過之。其孝友敦内行,喜讀南華,人稱南華散仙。此集即以"南華"名之。

《南華山房詩鈔》,卷一《進呈詩藁》(乾隆四年進,六年改定),卷二《賡韻集》(乾隆六年至七年),卷三《金蓮榮遇集》(實分三集,乾隆七年),卷四《傳宣集》(乾隆九年),卷五《雙清集》(乾隆九年)、《雙清閣集》(乾隆九年至十年歲交)。

賦爲《御賜鄭宅茶賦》、《擬御試五六天地之中合賦》、《御試藏珠於淵賦》、《南苑大閲賦》、《長日如年賦》、《御試藏珠於淵賦》、《上陵大禮賦》七首。

《南華詩鈔》,卷一至二《海螺集》,卷三《海螺賸藁》,卷四《楚游集》,卷五《紀游集》,卷六《紀游二集》,卷七《北游集》,卷八《春歸集》,卷九《紀游後集》,卷一〇《使滇集》,卷一一《鶴天集》,卷一二《落葉詩》,卷一三《接葉亭藁》,卷一四《清真倡訓集》,卷一五《奉使紀恩詩》,卷一六《消寒集》。

沈德潛後序云:"南華張先生官於朝矣,人因其氣之清、品之潔、才之敏,以仙稱之,南華亦自以爲仙,弗却也。愛佳山水,裹糧往游,糧盡而返,無繫戀。喜奕(弈),不求勝人。客至,常設脱粟飯,客辭亦不強留。爲人作畫,十數紙頃刻盡,或終歲不可得。綜其生平,取適而已。長有韻語,興到每得三四十篇。"馬榮祖後序又云:"先生秀骨天成,早承家學,博綜百氏,尤喜攻詩。其詩不趨險僻,不尚纖穠,洪爐默運,妡女競飛,陶鑄精能,萬象畢現。"又史貽直序云:"南華詩甚多,不自愛惜,大半遺佚,存者尚如干卷,剞劂將就。"

《四庫全書總目》未收。《中國古籍善本書目》著録,復旦大學圖書館、武漢大學圖書館等六館也有入藏。

鈐印有"闕"。

館藏有複本一部,六册,内闕《南華山房詩鈔》之卷一至二。

2465 清乾隆刻本四焉齋詩文集　　T5470/5614

《四焉齋詩集》六卷《文集》八卷,清曹一士撰。《梯仙閣餘課》一卷,清陸鳳池撰。清乾隆十五年(1750)曹錫端、曹錫黼刻《石倉世纂》本。四册。半頁十行二十一字,左右雙邊,綫黑口,單魚尾。框高18釐米,寬12.9釐米。《詩集》題"海上曹一士濟寰著;男錫端菽衣、壻葉承子敬、姪錫黼誕文同較"。前有乾隆十五年(1750)沈德潛序,黃文蓮序。末有葉承跋,曹錫黼跋。《文集》題"海上曹一士濟寰著;姪錫黼誕文編訂;壻葉承子敬、内姪張熙紳赤垂、男錫端菽衣、錫圖起南同校"。前有乾隆十四年(1749)顧棟高序,乾隆十五年(1750)焦以敬序,乾隆十五年嚴源燾序;又本傳;又曹一士像。末有葉承跋,曹錫黼跋。《梯仙閣餘課》題"秀林山人陸鳳池著"。前有康熙五十一年(1712)焦袁熹序,康熙五十年(1711)陳鵬年序,儲大文序,康熙五十年曹一士序。末有乾隆十三年(1748)曹錫黼跋。

曹一士,字諤廷,號濟寰,上海青浦人。負異稟,年十五,補諸生。少留心於經史,於書無所不窺,連絲貫串,不徒以章句。尤潛玩洛閩諸書,旁搜曲証,以求會通。每作詩古文辭,温潤雅潔,見者無不心折。其爲諸生者,幾四十年,曾爲如皋縣學教諭。雍正八年成進士,入翰林,授編修,壬子充順天同考官,推得人第一。又充一統志館纂修官,改山東道監察御史,擢御史,尋轉工科給事中。慷慨敢言,爲諫官,期年所陳,多切時要。一士生於康熙十七年,卒於乾隆元年,年五十九。家貧,俸薄幾無以歸喪。全祖望撰有《工科給事中前翰林院編修濟寰曹公行狀》,見《鮚埼亭集》卷二五。

一士以文章著稱,撰述甚富,所作詩賦及古文辭爲館閣中所推重。此《詩集》卷一五言古二十三首、七言古十八首;卷二五言律七十三首;卷三至四七言律一百三十五首;卷五五言排律十四首、七言排律一首;卷六五言絕句十首、七言絕句一百三十五首。《文集》卷一賦九首、頌三首;卷二奏摺十一首、策八首、論二首;卷三議二首、序二十五首;卷四序九首、記四首、傳十二首;卷五書十二首、啓六首、贊一首、世譜二首;卷七碑二首、墓志銘五首、祭文七首;卷八行狀五首、遺事四首附呈示三首。《梯仙閣餘課》詩五十五首、詩餘十一首,爲一士繼室陸氏鳳池所作。陸鳳池爲廣東潮惠道陸振芬孫女。又此書佚去《拂珠樓偶鈔》二卷,爲曹錫珪撰。錫珪,一士之女。

沈德潛序《詩集》云:"黃門曹濟寰先生,不以詩自鳴者也。窺其胸中抱負,静而淵涵,觸而攄寫,有蘊蓄於未言之先,洞達於方言之時,游演於既言之後者,以故無意爲詩而不能不見諸詩,無意求工而不能不出於工。今讀其擬古、懷古、詠史、出門辭親、敷陳經濟之作,俯仰古今,目空四海,才高而心折,氣雄而慮沉。小足以淑一身,大足以經邦國;近足以通幽明,遠足以垂天下後世,洵乎有得於詩人之教而豈斷斷焉。"

曹錫黼跋《詩集》云:"舊有《夢白草》、《沔浦詩鈔》及《城北》、《城西》、《筍里》、《毘陵》、《閩燕》諸編,顧皆攜之行篋。黃門歿京師,梱載而歸,類多殘缺。庚戌以後作皆零紙斷簡,兼多塗注,今共輯爲六卷。"

嚴源燾序《文集》云:"先生於經濟,可無愧矣。及卒,讀賦、頌、論、議諸篇,原本經術,發爲高文,其摛華皆有根柢,又嘆先生之學問邃密精深,淵淵乎非涉獵詞章者所能襲也。"

此本《詩集》、《文集》等,均爲《石倉世纂》之零本,蓋全書又有《道腴堂集》四卷(清曹煜曾撰)、《放言居詩集》六卷(清曹炳曾撰)、《長嘯軒詩集》六卷(清曹焌曾撰)。

是書爲錫端、錫黼所刻。沈德潛序云:"令嗣菽衣昆季刻遺集成。"顧棟高序也云:"曹子濟寰既歿之十有三年,其子錫端等刻其遺文若干卷。"又錫黼跋云:"黼既梓先黃門詩集,乃發篋搜遺文讀之,頗缺佚。向所耳熟如與焦徵君論文二書、開方辨、請明彰黜陟劾摺、漕米條奏諸篇,或不見,或未全,由黃門歿京邸,菽衣兄、起南弟方幼,且在籍,僕從倉猝攜歸,未盡收拾,故存者僅得五六,殊可惜已。茲就所存,或一文而數稿,或一稿而數改,每至不可辨,乃益嘆吾黃門用心之勤也……黃門未第時,自經史外,尤好讀宋儒語錄,下至百家雜說、星經地志,無不遍窮而深討。讀書惟日不足,若絕不知有人世事……遺文雖缺佚,而先黃門學問經濟之大端於是乎存,可不亟梓!"

清宣統二年有木活字印本,乃據此本重新排版。臺北"國家圖書館"藏有清趙熟典編《國朝文會》(清乾隆間平河趙氏清稿本),計一百二十冊,内中有《四焉齋文集》二册。

此本有扉頁,刻"四焉齋全集"。

《四庫全書總目》入集部別集類存目。《中國古籍善本書目》、《日本現存清人文集目錄》著錄,上海圖書館、天津圖書館等七館,日本内閣文庫、静嘉堂文庫、大阪府立圖書館均有全帙入藏。《臺灣公藏善本書目》未著錄。

2466　清乾隆刻本質園詩集　　T5475/0221

《質園詩集》三十二卷,清商盤撰。清乾隆刻本。十二册。半頁十行二十一字,四周單邊,白口,單魚尾,框高19.2釐米,寬13.3釐米。題"會稽商盤寶意"。前有蔣士銓撰《寶意先生傳》;何世璂序,沈德潛序,李宗仁序,商盤自序。

商盤,字蒼雨,號寶意。浙江會稽人。雍正八年進士。年十九補庠生,與同學結社,著《小山叢桂集》。其登第廷對,列二甲,以知縣用,後改庶常,習國書,散館授編修,充八旗館、國史館纂修官。後外任得廣西新寧州牧,改授鎮江郡丞,權海州牧及南昌令、南康守,調太平郡丞,補慶遠府,再擢雲南守,移守元江。因清軍進勦緬甸,跋涉戎行,感觸瘴癘,受病日深,痰壅而卒。

是集皆古今體詩。計卷一七十二首,卷二八十首,卷三六十七首,卷四八十五首,卷五九十九首,卷六七十一首,卷七七十二首,卷八六十二首,卷九一百二首,卷一〇九十二首,卷一一一百九首,卷一二一百八首,卷一三一百三十四首,卷一四八十八首,卷一五九十七首,卷一六一百七首,卷一七一百二十一首,卷一八九十四首,卷一九一百九首,卷二〇一百四首,卷二一八十九首,卷二二九十二首,卷二三九十一首,卷二四一百三十九首,卷二五一百首,卷二六九十一首,卷二七九十四首,卷二八七十四首,卷二九一百四首,卷三〇九十四首,卷三一九十一首,卷三二一百七首。"質園"者,爲商氏別業,在越之土城山,舊傳爲勾踐教西子歌舞處,亭臺花竹,甲於一郡。

何世璂序評其詩云:"生之詩,間學眉山,而奇艷或似昌谷,雋永或似襄陽,根柢屈蟠,柯葉張王,至欲尋聲捕影,終不可得,亦善學古者也。"沈德潛序云:"會稽商太史寶意,少負逸才,年方壯,第進士,讀中秘書,擅古今帖,誦之工,而生平能事,尤專注於詩。"

商盤自序云:"編年詩始雍正癸卯,至今凡若干卷,老友歸愚沈公定之,剪蔓呈柯,微露本質。三十年來,巖栖川觀,鳳泊鸞飄,瞻紫府之光華,歎錦袍之蕭瑟,可喜可愕,一寓於詩……僕自弱齡,即負吟癖,蒙衾索句,擊鉢成篇,殆如叔子弄環,宿因不昧,飲光聞聲,結習未除者與。稍長,出交當代名賢,驂駕服襄,獲聞高論,遂悟幼日之非,因取已付剞氏悉毁之。"

此本有扉頁,刊"質園詩集。會稽商寶意太史著。斟雉山房藏板"。

《四庫全書總目》入集部別集類存目。《中國古籍善本書目》著録,上海圖書館、四川省圖書館等四館也有入藏。又上海圖書館又藏有《質園逸稿》三卷,清沈氏鳴野山房抄本,或爲此本之外者。

2467 清乾隆刻本矢音集 T5475/3901

《矢音集》十卷,清梁詩正撰。清乾隆清勤堂刻本。四册。半頁十行十九字,四周雙邊,白口,單魚尾,框高 19.2 釐米,寬 13.8 釐米。題"錢唐梁詩正薌林"。前有乾隆二十年(1755)錢陳群序,裘曰修序,乾隆十七年(1752)馮浩序。

梁詩正,字薌林,浙江錢塘人。雍正八年一甲三名進士。授編修,充山東考官、會試同考官,遷侍讀,晉侍講學士,以母病乞假歸,旋丁憂。乾隆元年,命在南書房行走,兼直懋勤殿,校《樂善堂全集》。補侍讀學士,擢內閣學士,遷刑部右侍郎,調户部,兼管錢法。兼署吏部右侍郎,擢户部尚書。調兵部,加太子少師,攝户部兼掌院學士、協辦大學士。乾隆二十四年,調署兵部,充順天考官,授兵部尚書,遷吏部尚書,協辦大學士,仍兼掌院,後加太子太傅,以微疾卒,年六十七。贈太保,諡文莊。《(民國)杭州府志》卷一二五《名臣》有傳。

詩正之詩,根柢三百篇,而取格於盛唐諸家。是集皆古今體詩,卷一九十三首,卷二一百九首,卷三九十三首,卷四八十七首,卷五一百首,卷六八十首,卷七九十九首,卷八一百首,卷九七十一首,卷一〇八十八首。

錢陳群序云:"錢唐相公薌林先生,自幼稟承家學,與伯氏蔎林太史歲時倡和,愉愉怡怡,邦人士多豔之……先生耳濡目染,所作詩必恪守三唐榘矱,弗事詭異。庚戌成進士,授職翰林,即侍學潛邸，親近龍光，職屢遷而業亦日進。自皇上御極至今二十年中，天章布濩，不下萬有餘篇，成稿後，先生必恭繹彊記，每遇宣示同直諸臣屬和，則先生已成誦矣，顧元韻渾若天成。諸臣學步如神駿追風，駑馬蹕後，立見顛蹶，而先生必謹奉繩墨，不敢輕下一字，往往同賡一詩，先生詩後出，其穩稱爾雅，同輩歎不如也。先生猶雅不自詡，如群之譖陋荒殖，或商榷一二字，先生多採擇焉，其謙受如此……先生於定省之暇，檢篋中詩若干卷，題曰《矢音集》。"

此本有扉頁，刊"矢音集。清勤堂藏板"。

《四庫全書總目》、《續修四庫全書總目提要（稿本）》未收。《中國古籍善本書目》著錄。上海圖書館、遼寧省圖書館等十一館，日本内閣文庫也有入藏。

2468　清乾隆刻本弢甫續集　　T5472/7901.1

《弢甫續集》二十卷，清桑調元撰。清乾隆三十二年(1767)刻本。四册。半頁十一行二十一字，四周單邊，白口，單魚尾，框高 17.7 釐米，寬 12.7 釐米。題"錢唐桑調元"。前有乾隆三十二年(1767)桑調元自序。

此本所收皆古今體詩。計卷一三十八首，卷二五十六首，卷三六十五首，卷四五十六首，卷五二十七首，卷六六十四首，卷七七十七首，卷八八十六首，卷九七十六首，卷一〇三十一首，卷一一四十六首，卷一二六十九首，卷一三七十一首，卷一四九十首，卷一五九十六首，卷一六一百十三首，卷一七一百四十八首，卷一八一百三十八首，卷一九七十五首，卷二〇九十首。

調元自序云："僕德不進，業不修，惟癖性耽吟，以自適其平生。前既刻《弢甫詩集》十四卷，年來所作尤多。鴛湖錢載謂予曰，惟《五岳集》單行，餘當收拾作一處。余是之，合台蕩、洞庭、中州、閩嶠諸遊草及居恒所作，都爲一集。今老病龍鍾已，輟翰不事吟咏，深悔誤耗精神。劉忠肅公云，一爲文人，便無足觀。吾不幸蹈此，有忝餘山門弟子矣。"

《四庫全書總目》、《續修四庫全書總目提要（稿本）》未收。《中國古籍善本書目》著錄，上海圖書館、吉林大學圖書館入藏。又日本京都大學文學部也有入藏。

鈐印有"新宮城書藏"，日人印也。

2469　清乾隆刻本弢甫五嶽集　　T5472/7901

《弢甫五嶽集》二十七卷，清桑調元撰。清乾隆修汲堂刻本。八册。半頁十一行二十字，左右雙邊，白口，單魚尾，書口下刻"修汲堂"。框高 18.7 釐米，寬 13.5 釐米。題"錢唐桑調元"。前有乾隆二十一年(1756)桑調元總序。

桑調元，字伊佐，號弢甫，浙江錢塘人。雍正十一年進士。官工部主事，引疾歸。師事勞史，闢餘山書屋以友教四方之士。爲人清鯁絕俗，足蹟遍五嶽，晚年主持瀺源書院，益暢師説。又有《躬行實踐錄》、《論語説》等。

是書皆古今體詩，計《嵩山集》二卷，二百六十四首；《華山集》三卷，一百九十五首；《泰山集》三卷，二百六十二首；《衡山集》五卷，三百六十九首；《恒山集》七卷，六百六十首。調元性好游，有遍五嶽之志。據調元總序："自辛未發軔嵩山，時年五十七，中間一年不遊，華、泰、衡、恒，凡六年而遍，於今六十有二矣。筋力雖衰，尚堪登躋嶽頂。性癖耽吟，登高懷古，胸中有如許物,必傾吐乃快……五嶽集共得二十卷,遂僭號五嶽詩人。前之題名獨往生,惟恐遊之不及遍,今幸天遂予之初願。"

《嵩山集》,前有乾隆十六年調元自序。序云:"遂發憤賃一柴車,無朋儕,無傔從,所至停軌於坡陀之足,獨策一藤,窮幽極峻,意有所得,則嘯呼作爲歌吟。淋灘題崖壁,不著名,祇署獨往生……所經古跡清景輒一詩與收拾中有寄吁慨不能已者,物外人未得竟無心肝,吟畢即置之,要不使胸中留滯……詩不求工,聊記吾目前遊踪已矣。"

《華山集》,前有乾隆十七年調元自序。序云:"至嶽麓,雨淋灘不止,默禱於嶽廟,詰朝火輪躍出,照耀萬蓮花,簇簇可數。金天開豁,静掃氛翳,獨跂萼浮空,妍鮮如新,出滄池中,實乾坤奇景也。予勇攀鐵索,上撫蒼龍背,吟眺三峰頂,瀏連不忍還,恨不餌黃精,長避静石室間。兹遊極險悸況瘁,而此中所得殊多,足以償吾勞矣,雖絶無謝朓驚人句存之。"

《泰山集》,前有乾隆十九年調元自序。序云:"且遊且吟,有作又積帙。"其於泰山古跡、聖賢林廟殆遍,"足盡天下大觀而無憾矣。"

《衡山集》,前有乾隆二十年調元自序。序云:"萬事有定,惟情之所鍾,天必從之……遂泝錢江而上,度常玉,泊蘆溪,過萍鄉,樣舟衡山,登祝融絶頂,連日開霽,窮極岩幽。回帆梯嶽麓,訪朱張之勝,吊屈賈之靈,浮洞庭直下……於是既聚所好,不怪多取,遊歷之境繁多,詩遂得四百餘篇,蕪不復芟,取一時之興也。"

《恒山集》,前有乾隆二十一年調元自序。序云:"遂溯江漢,過河汴,道京師,瞻仰雲中雙闕,感激遲徊者久之,物外行踪,不一踏朝貴之門。即出居庸關,抵渾源州,直上恒宗",再轉詣曲陽,出信陽,下漢口,歸瀨溪之上。

此本有扉頁,刊"弢甫五岳集。脩汲堂藏板"。另每集也各有扉頁,爲"弢甫嵩山集。脩汲堂藏板","弢甫華山集。脩汲堂藏板","弢甫泰山集。脩汲堂藏板","弢甫衡山集。脩汲堂藏板","弢甫恒山集。脩汲堂藏板"。《四庫全書總目》著録《桑弢甫集》八十四卷,計詩十四卷、續集二十卷、五嶽詩二十卷、文三十卷,入集部別集類存目。《中國古籍善本書目》著録。上海圖書館、天津圖書館等二十二館,日本内閣文庫、大阪府立圖書館也有入藏。

鈐印有"張"、"大興金氏繩齋藏書之印"、"臣金紹綸"。

2470 清乾隆刻本洞庭集閩嶠集　　T5472/7901

《洞庭集》二卷《閩嶠集》二卷,清桑調元撰。清乾隆修汲堂刻本。二册。半頁十一行二十字,左右雙邊,白口,單魚尾,書口下刻"修汲堂",框高18.5釐米,寬13.4釐米。題"錢唐桑調元"。

《洞庭集》,前有乾隆十一年調元自序。卷上十四首,卷下十二首,皆七言古詩。自序云:"是山鳳無三斑,足暢清遊,無所恐怖。轉窮鄧尉、靈岩諸山,看萬樹梅花,有生眼所未經。登高吊古,至湖州長史故墅而還,所歷景並奇而曠。然最勝無如西洞庭者,三面環湖,危峰突出,雲表下臨……似覺心臍澄空,滿眼皆詩,惟七言歌行,足攄歷落之清興,故所作皆七言古詩云。"

《閩嶠集》,前有乾隆二十年調元自序。卷上四十二首,卷下四十六首,皆五言古詩。自序云:"春入閩,主道山書院。泝江而上,至西安陸行,登頓萬山中,俯建溪之奇險,擴心眼之未經……仰先賢之流風餘韻,以愜生平所響往,而瀏覽溪山,又予心之夙好也。因吟詠見聞,隨興之所適,連綴之而不復删,亦見予之白首無成,特用以紀垂老之清遊也。"

按,是書二種之刊刻,當與《弢甫五嶽集》二十卷同時,板框、扉頁、樣式設計均同。又《五嶽》及《洞庭集》之謄寫者爲調元門人梁曰源,《閩嶠集》則爲門人朱振圖謄寫。此書有扉頁,刊"弢甫洞庭集。脩汲堂藏板","弢甫閩嶠集。脩汲堂藏板"。

《四庫全書總目》、《續修四庫全書總目提要(稿本)》、《日本現存清人文集目錄》皆未著錄。《中國古籍善本書目》著錄,遼寧省圖書館、中共中央黨校圖書館也有入藏。

鈐印有"大興金氏繩齋藏書之印"、"臣金紹綸"。

按,是書與《弢甫五嶽集》同函。

2471 清乾隆刻本普陽琴餘草　　　T5476.9/4206

《普陽琴餘草》五卷,清蕭麟趾撰。清乾隆刻本。四册。半頁八行二十字,四周雙邊,白口,單魚尾。框高19.5釐米,寬11.8釐米。前有乾隆十年(1745)朱介圭序,乾隆十年熊約祺序,乾隆十年楊大鴻序,乾隆十年陳元德序。

蕭麟趾,字子振,山東堂邑人。雍正十一年(1733)進士,乾隆六年(1741)任廣東普寧縣知縣,十一年(1746)離任。曾修《普寧縣志》。

此集爲蕭麟趾在普寧縣任內所撰述、吟詠,由陳元德輯成。卷一賦二篇、序十二篇;卷二論三篇、說四篇;卷三記四篇、贊一首、議七篇、雜著五篇;卷四古體詩八首、今體詩三十一首;卷五尺牘六通、讞一篇、示二篇。

朱介圭序云:"今年秋,蕭子因修普邑志,諸同學固請出其近稿以授梓人,名曰《普陽琴餘草》。"

楊大鴻序又云:"會先生修普志,請嘉應蘭畹陳明府先生總其事。蘭畹固名下士,與先生有針芥之投,其於藝文一志取舍甚嚴。見先生諸作,輒傾倒以爲不可及,因剞劂之便,請出全稿,以授梨棗。先生笑而不應,強之再三,乃即在普所得者屬余與同人校訂,而蘭畹擬其題爲《普陽琴餘草》,蓋先生精於琴。"

《四庫全書總目》、《續修四庫全書總目提要(稿本)》、《中國古籍善本書目》、《臺灣公藏善本書目》、《中國科學院圖書館藏中國古籍善本書目》、《日本現存清人文集目錄》、《販書偶記》未著錄。

2472 清乾隆刻增修本蔗尾詩集　　　T5472/8204

《蔗尾詩集》十五卷,清鄭方坤撰。清乾隆元年(1736)刻增修本。六册。半頁十行十九字,左右雙邊,白口,單魚尾。框高16.2釐米,寬13釐米。題"晉安鄭方坤荔鄉"。前有乾隆十一年(1746)傅王露序,雍正十一年(1733)鄭方城序,乾隆十八年(1753)金德瑛序,乾隆十一年吳文焕序,乾隆元年張振義序,雍正十二年(1734)孫勷序,胡天游序,乾隆元年杭世駿序。

鄭方坤,字則厚,一字荔鄉,福建建安縣人。雍正元年進士。少師其兄方城,從父至固安,固安近京師,因得遍交名人,講求河漕利弊、邊防要領。後授邯鄲知縣,以卓異遷景州知州,又遷河間同知,擢登州知府。修少陵書院,以興文教。以病乞休。《(同治)福建通志》卷二三五有傳。

方坤天分甚高,記誦尤廣,故其詩下筆不休,有凌厲一切之意,尤力攻嚴羽《滄浪詩話》。此書皆古今體詩,卷一《刪餘草》二十八首,卷二《公車草》三十九首,卷三《木石居草》五十一首,卷四《公車後草》二十四首,卷五《木石居後草》九十六首,卷六《丁年小草》四十二首,卷七《叢臺稿》七十首,卷八《春明草》十首,卷九《廣川草》六十五首,卷一〇《酒市稿》二十一首,卷一一《一粟齋稿》二十一首,卷一二《瓶花齋稿》二十九首,卷一三《杞菊軒稿》一百七十首,卷一四《詩話軒稿》七十四首,卷一五《青衫詞小令中長調並詞餘》七十首。

方坤與鄭燮善,卷一三有《寄家板橋大尹二首》,云:"廿載欽芳譽,披襟願已盈,賦應徵鄭志,誼與篤周盟。肝膽輪囷露,詩歌跋扈鳴,匆匆一為別,又早歲崢嶸。""瘦與俗均病,蠲除每未能,識君胸有竹,誇客肉如陵(濰產也,因戲及之)。吏散琴鳴閣,官閒硯漸冰,囊沙弔遺烈,意氣一飛騰。"

其集名"蔗尾",蓋自謙也。杭世駿序云:"夫蔗之味則知之矣,甘溢齒頰,餘味在胸,少有口者鮮不嗜之,顧以其蔗也。若其尾,則所削棄而不顧者矣。荔鄉之詩,譬諸天漿甘露、醴泉肉芝,已極天下之至味,蔗不足喻,矧其尾乎?以之名集,何也?以鳴謙也,以風世也。"

鄭方城序云:"予弟荔鄉,少穎悟,讀書一二遍即成誦……夫荔鄉於前人著作,靡不沿源討流,追魂取影,下筆輒有奇香,異色繽紛,噴吐於金石響中。非取材之博、構思之精,去其纖與鑿者,而能若是乎?至所謂跌宕波瀾,沉鬱頓挫,不可思議之奇,又寢食於韓、杜、歐、蘇,而兼攝其勝。"

《四庫全書總目》入集部別集類存目。《中國古籍善本書目》著錄,福建省圖書館、中國社會科學院近代史所圖書館也有入藏。按,是書另有十卷本,上海圖書館、北京大學圖書館入藏。

鈐印有"臣士琸印"、"菊農"。

2473 清乾隆刻本雪窗雜詠　　　　　　　　　　　　　　TNC5476.9/1366

《雪窗雜詠》一卷,清弘瞻撰。清乾隆二十三年(1758)刻本。一册。半頁六行十一字至十二字不等,四周雙邊,白口,單魚尾。框高 20.8 釐米,寬 13.2 釐米。題"經畬主人著"。無序跋。

弘瞻,清世宗胤禛之七子,別號經畬主人。襲封果親王,卒諡恭。善詩詞,幼受業於沈德潛,故詞歸正音,不同凡響。極富藏書,李文藻《琉璃廠書肆記》云:"寶名堂周氏購得果親王府書二千餘套,列架陳之,其書裝潢精麗,俱鈐圖記。"

此書刻弘瞻詠雪詩三十首,後附慎郡王和詩三十首。前有弘瞻"冬夜積雪初晴,因約施静波、顧端卿二客詠雪窗雜詩,并請紫瓊叔同作,得長律一首",云:"促膝聯吟擘綵箋,重簾燈火夜忘眠。已欣詞客相如最,更有家風阮籍賢。深院茶香煙起户,虛窗人静月當天。他時記取今宵景,冰雪襟期翰墨緣。"次為雪意、初雪、雨雪、風雪、聽雪、踏雪、雪徑、雪屋、雪邨、雪寺、雪山、雪江、雪溪、雪篷、雪樵、雪漁、雪松、雪竹、雪梅、雪月、雪鴻、雪鶴、煮雪、嚙雪、積雪、晴雪、殘雪、掃雪、再雪、賦雪。

是本共計二十八頁,字大悅目,為朱文震所書,行書,末署"時乾隆著雍攝提格之菊月中浣五日奉經畬殿下教謹書。門下士朱文震"。按,文震,字青雷,號去羨,山東歷城人。精篆刻,善畫工詩,以太學生充方略館謄錄,授西隆州同知。後開《四庫全書》館,授詹事府主簿,充篆隸校對官。有《雪堂詩稿》。

卷一第一頁"經畬主人著"下,鈐有"不同同之"、"果親王"印。紫瓊道人和詩下鈐"慎郡王章"、"辛卯人"印。末頁"門下士朱文震"下鈐有"臣文震印"、"青雷"印。上海圖書館藏有果親王府抄本《春和堂史記讀本》四卷,楷書精絕。

《中國古籍善本書目》著録,上海圖書館亦有入藏。

2474 清乾隆刻本中州仕學編 T5508/4243

《中州仕學編》十二卷,清楊世達撰。清乾隆十九年(1754)刻本。四册。半頁九行二十四字,左右雙邊,白口,單魚尾。框高19.2釐米,寬11.4釐米。目録頁題"原知河南湯陰縣事揭陽楊世達兼齋甫著"。前有雍正十一年(1733)何多學序,乾隆十八年(1753)楊纘烈序。

楊世達,號兼齋,廣東揭陽縣人。歲貢生。雍正七年任湯陰知縣,任内纂修《湯陰縣志》、募修嵩嶽廟、建文峰塔、修湯陰學宫、刻岳王文集、修伏道橋,振興學校,勸課農桑,大興水利,所作利民之事甚多,循聲甚著,後因病告休歸里。又續纂《湯陰精忠廟志》十卷。

楊世達在中州任達二十餘年,此本所收爲其任内所作。卷一書九通;卷二詳文、稟摺、疏、呈八篇;卷三序、引十六篇;卷四記十五篇;卷五記十一篇;卷六記八篇(皆爲他人所作);卷七文十七篇;卷八文十五篇;卷九雜著十九篇(詩附六首);卷一〇《遂溪雜著》八篇;卷一一《歸來雜著》十五篇;卷一二爲湯陰各界賀楊世達壽帳文等十二篇,又壽詩十六首。

岳飛爲湯陰人,是編有《募重刻岳王文集小引》、《募捐岳王廟常住資引》、《募捐岳王廟燈油小引》、《重修岳王廟碑記》、《修岳王廟肅瞻亭小碣》、《修岳王廟觀光台小碣》、《岳廟會規》、《岳王像讚》、《謁岳忠武廟三首》。

何多學序云:"吾友兼齋楊先生,自少以博士起家,被服文儒。及壯而爲吏,皆中州岩邑,所至循聲茂美,而於治民事神、微顯闡幽之際,一切倡率表章無遺力,皆由衷而發。所爲文,無一語人不共曉,無一事人不樂趨,實無一字假手於人……輒出其宦稿百數十則以相商榷,余再三讀之,乃嘆文章自有真文,吏不可爲而可爲也,俗吏可爲而不可爲也。"

此本有扉頁,刻"中州仕學編。乾隆十九年鐫。談經處藏板"。

《續修四庫全書總目提要(稿本)》、《中國古籍善本書目》、《中國科學院圖書館藏中文古籍善本書目》、《臺灣公藏善本書目》、《日本現存清人文集目録》未收。

2475 清乾隆刻本寓舟詩集 T5475/3152

《寓舟詩集》八卷,清沈青崖撰。清乾隆寫刻本。二册。半頁十一行二十二字,四周雙邊,白口,單魚尾。框高18.5釐米,寬13.5釐米。題"秀水沈青崖艮思父著"。前有乾隆十三年(1748)沈德潛序,乾隆十三年于大猷序。

沈青崖,字艮思,浙江秀水人。雍正元年舉人,官至開歸道。青崖先以監司任軍儲,有掎摭之者,繫獄幾數年。子敫懃訟於部,上知其冤釋之,仍官監司,終以議論梗直爲大吏劾罷。在獄時,著有《五經明辨録》、《綱目尚論編》。《(光緒)嘉興府志》卷五二《秀水列傳》有傳。

詩集取名"寓舟",有"天地一寓也,境遇一舟也"之意,蓋其身世遷流,迄無定蹤也。詩自甲午至丙寅。卷三《訓子詩六章》自述祖德履困,歷宦途,勤于役,以及研窮經術,豎立品行之事。其意諄切,其辭温厚,誠勉諄摯,敦行之道,無不具備。

沈德潛序云:"家艮思觀察,深於經史,於經學有《明辨録》一書,匯漢、唐、宋諸家注疏而推闡之;於史學有《尚論編》一書,取司馬文正及朱子所定而辨証之。既已得乎作詩之源矣,由是苞羅旁魄,大放厥辭,無論沉鬱豪岩,穠麗清超不懈焉,而胥及於古。此豈必斤斤焉謂吾之於詩,能抉諸經之精奧,準諸史之是非云爾哉?而識者觀之,知非讀詩成詩,第沉溺於尋章摘句亡戔戔者,蓋其醞釀已深,華采自露,有流於既溢而不能自知者也……觀察由侍讀出任西陲令,蒞中州,見之於詩,其盡職愛民,時有合於道州遺意,所重固不在詩之能工,而況枕經葄史,根柢深厚,有不求工而自不在不工者。"

于大猷序云:"南河觀察寓舟沈公,稽古論文,枕經葄史,壯歲校讎天祿,藜光螢火,十有餘年。其於芸閣秘藏,靡所不覽,於是發而爲詩,原原本本,沛若江河,觀者莫不縮頸咋舌。由是緩步西清,迴翔郎署,關中轉漕,塞上籌謀,而於倥傯之暇,不廢詠歌,或爲玉關楊柳之詞,或爲積雪驚砂之句。乃以運逢磨蝎,跡類栖鳥,而載詠篇章,止安義命。未幾,屈蠖旋伸,棟才復用,其所遇益奇,其爲詩日益富。余過訪大梁,官齋燈火,觀察出一編以示余,妙於用情,工於用法,薈萃群言,卓然自成一家,每爲諷誦,不禁唾壺欲缺。此猶半管一斑,已知公之蘊釀無窮矣,窺其全豹,又當何如耶?"

此本寫刻,極精。

《四庫全書總目》、《續修四庫全書總目提要(稿本)》、《中國古籍善本書目》、《臺灣公藏善本書目》、《日本現存清人文集目錄》皆未著錄。

鈐印有"陽湖陶氏涉園所有書籍之記"。

2476 清雍正刻本臨漪園詩文集   T5470/3234

《臨漪園詩集》四卷《後集》四卷《偶存》一卷《文集》三卷《贅言》三卷,清湯準撰。清雍正刻本。存二册。半頁九行十九字,四周單邊,白口,單魚尾。《後集》框高 17.2 釐米,寬 12.2 釐米。《後集》題"睢州湯準穉平著;同學侯京曾孝則評"。前有雍正四年(1726)侯京曾序,胡具慶序,雍正四年楊長松序,雍正四年史暉序。《後集》末有康熙五十八年(1719)張淑文跋;附贈詩。《偶存》題"睢州湯準穉平著;同學李中牟山、張淑文憲潞評"。《文集》所題同《後集》。

湯準,字穉平,河南睢州人。爲湯斌第四子。生而近道,斌授以《理學宗傳》一書。其於濂洛授受、朱陸異同及宋明諸儒講論,靡不悉心研究,洞徹精奧,而對人則口不言學。雍正元年(1723),詔舉賢良方正,州守薦之,辭勿就。晚年闢臨漪園,讀書其中,學者稱"臨漪先生"。《(光緒)續修睢州志》卷六有傳。

此本佚去《詩集》四卷、《贅言》三卷。

準恬榮利,好古力學,於學無所不窺,其文無所不工,而尤工於詩,其韻悠然,其味恬然。然或摹景言情,或懷人詠物,未嘗規規言道,語語中皆有天機盎然,流溢於意言字句之表。詩《後集》卷一七十五首,卷二六十四首,卷三五十六首,卷四五十七首。《偶存》二十五首。《文集》卷一序四篇、記三篇、傳四篇;卷二傳十二篇;卷三記五篇、説一篇、跋一篇、祭文一篇、行略一篇。又墓志銘等四篇(《湯孺人侯氏墓志銘》、《七亡妹傳》、《湯孺人傳》、《湯孺人侯氏墓表》),非湯準撰。

《偶存》之詩,乃準年二十尚未學詩之時所作,旋成旋棄,多不存稿。此爲篋中所存,因樸拙質直,也可見其爾時之詩意頗正、志頗大。如《自勵二首》(其一)云:"大道垂天壤,賴人故不墜。悠悠當世士,誰非斯道寄。胡爲甘自暴,委靡無所志。生死毫無關,靦然不知愧。自慚才駑下,恐竟淪蒿蔚。中夜起徬徨，奮然自修治。主敬除狂肆，存誠去虛偽。黽勉勤自勖，不敢事嬉戲。"《偶感》云："掃除名利更何營，靜掩雙扉百慮清。天下盡皆忻郭霸，世人寧解重淵明。無才甘守泉林樂，有識應知仕宦輕。此日小園花正放，柴桑結社共誰盟。"

臨漪園，爲湯氏游息以習靜處，雜以花木竹石，時時屧步其中，有會心處，輒託諸吟詠以自娛樂。《文集》卷三有《臨漪園記》，就園中所有閒閒寫來，不別立意見，首句云："余居之北，傍城皆水，水闊七丈，長三里許，沉寒鏡净，名曰湛溪，而吾園即踞溪上。"其末句云："而使吾園有無盡之致者，則湛溪也。故取臨漪以名吾園。"

侯京曾序云："穉平少承司空公庭訓，無纖毫貴介氣，貌莊而色溫，守嚴而性和，潛修樂道，慨然以聖賢自期……穉平之詩，聊以陶寫性靈、流連光景，不爲巉岩刻峭之思、詰曲聱牙之態，不爭一韻之奇，不鬭一字之巧，興會所至，長吟短詠，自能古澹和平，舂容大雅，雖世之詩壇老手，亦何多讓乎！語所謂詩如其人，余與穉平益信之。今之讀是集者，當因人而重其詩，後之讀是集者，當重其詩而益重其人。抑余又有說焉，穉平學聖賢學，能安義命，中年後即絕意名場，晚舉孝廉，力辭不就，闢園宅後，日以水木禽魚自娛。"

是書每詩、每文之後皆有評語，乃侯京曾所爲。按，侯妹下嫁準。準與侯氏定交垂四十年，侯氏坦胸無城府，文筆敏妙，尤工於詩。論詩最能感發人意，直諒多聞，兼而有之。《文集》卷一有《侯孝則傳》，可見一斑。

《四庫全書總目》、《續修四庫全書總目提要(稿本)》、《臺灣公藏善本書目》、《日本現存清人文集目錄》皆未著錄。《中國古籍善本書目》著錄，河南省圖書館、上海復旦大學圖書館有全帙入藏。

鈐印有"赤菫山人"、"詩是吾家事"、"退一居珍藏印"、"真州吳氏有福讀書堂藏書"。

2477　清乾隆刻本綠筠軒詩　　T5470/1311

《綠筠軒詩》四卷，清張元撰。清乾隆四十二年(1777)張廷寀刻本。二冊。半頁十一行二十一字，左右雙邊，白口，單魚尾。框高18.4釐米，寬14.2釐米。題"淄川張元殿傳"。前有乾隆二十五年(1760)沈廷芳序，蔡應彪序，田同之序，鄧汝功序；乾隆十五年(1750)盧見曾《平山詩草》序；張秉義跋《平山詩草》；宋弼撰墓表；申士秀撰傳；《魚臺縣新志》小傳；又鄭銘撰絕句五首。目錄後有乾隆四十二年張廷寀識語。

張元，字殿傳，號榆村，山東淄川人。雍正四年舉人。篤學力行，博洽嗜古，其於文章，本天性，守家訓，生平師法，具有淵源。爲文不趨時好，故其遇較晚。詩古文詞，學於族父篤慶（崑崙山人），得王士禎之傳。其後，學益老，文益工，自成一家。又研精八法，善大書，骨力蒼勁尤奇絕，有雲鶴游天之概。尤善教人，及門多所造就。曾爲盧見曾延爲敬勝書院山長，文風爲之丕變。又助盧氏謀鋟《感舊集》，佐其校讎，人各系以小傳。後授魚臺縣教諭。乾隆二十一年卒，年八十五。

詩皆古今體，多醇古淡泊，不類新聲，且高閑古澹，是其本色。沈德潛曾評此集，謂有可參少陵之席者。卷一一百七十二首，卷二一百五十六首，卷三一百八十三首，卷四二百六首。張元晚年謝名場，於世間得喪窮通，毀譽炎涼，繫戀縈鬱，皆已視爲幻影空花，消除殆盡。故晚年常追念一時老輩，集中所存懷舊諸作，如《哭常太乙四首》、《哭李念庵孝廉》、《輓朱帶存四首》、《讀高梓岩遺詩有感二首》、《輓劉世其四首》、《哭羅蘭齋比部》等皆是。又有

《悼亡絕句》二十六首,有云:"共苦同甘事已非,百年回首寸心違。最憐永訣哭君日,猶著君爲手著衣。""裙布釵荆過一生,米鹽薪水費經營。艱辛歷盡歸黃土,六十年來伉儷情。"感物興懷,直攄胸臆。

張元與高鳳翰善,贈高詩達八首之多。《讀高南村自撰生志有贈》云:"嘗怪世間人,志墓煩人手。無實借貴銜,求妍適益醜。豈知我與我,周旋亦已久。生平我自知,性情我自有。緬昔醉鄉翁,亦粵香山叟。我墓我生題,方寸可自剖。踵美者何人?南村吾老友。生居膠水涯,才筆凌八斗。劍氣與珠光,沉淪終不偶。垂老得微官,十年苦奔走。一朝舍之去,曠若棄敝屣。歸卧海西頭,種竹兼釀酒。病軀雖支離,仍能運左肘。作畫三千軸,題詩一萬首。陋彼名利徒,何啻被械杻。讀君志墓文,造化將爲耦。我亦欲營壙,勒石繼君後。不知吾南村,謂我知言否。"

淄川爲古般陽之地,昔鄭康成流寓兹土,教授生徒,書帶繽紛,薰染無盡。田同之序云:"榆村,濟之淄川人,爲崐崘山人之從子,學有淵源。故其詩不騁奇,不鬭巧,以南以雅,深契乎六朝三唐之旨。其始終自守,不稍牽於世俗之趨舍,而又虛懷若谷,不自以爲是,且工特。"鄧汝功序云:"今觀先生之詩,不膠一格,皆有陶然自得之趣。卻所處窮約,或多變聲,及晚年漫與,亦有君形者存,由其生平坦夷樂易,無聲華利禄之見擾於中,而達其不得難言之隱,故無意於詩而意已至,蓋其從父崐崘山人親炙漁洋,得其一體。先生由崐崘得漁洋之傳,性之所近,自成一家。"《四庫全書總目》云,其詩法本王士禎之論,以神韻爲宗。晚乃漸歸朴老而終,未忘其故轍。

據張元孫廷宷識語,《緑筠軒詩稿》舊有兩本,皆編年而不分體。一爲其世父手抄,一爲其父手抄,互有小異,而大略相同,然均未經張元手定。張元晚年之詩,多爲自書,亦無定本。乾隆二十五年,廷宷與伯弟廷銘合兩本比對校讎,并已刻《平山詩草》及晚年諸作,編次於後,分爲四卷,繕寫成帙,藏諸笥篋。乾隆三十六年,廷宷假館濼上,元門人比部郎李士瑜(荆圃)知元遺詩未刻,爲之慨然,欲首倡元諸門人醵金而板行之。然士瑜下世,事遂不果。次年,周永年復倡前議,索廷宷藏本,請門人鄭銘以端楷書之,並付梓人。乾隆四十二年"乃得告竣,兹復詳加校對,改正訛誤,遂成完本。"

此本有扉頁,刊"緑筠軒詩。乾隆丁酉。及門諸子較刻"。總目下刻"受業朱崇禧祐存、朱琦景韓、李士瑜荆圃、李士珣萩亭、羅以書素文、翟建書笏山、羅以深淵碧、李士琛獻南、李士珠謹亭、周永年書昌編次;小門生鄭銘秋池楷書;男作賓叔尚、孫廷鈞秉夫、廷宷惠夫、廷銘警夫、廷敘惇夫校對"。是書缺卷四第十頁。闕名朱筆圈點。

《四庫全書總目》入集部別集類存目。《中國古籍善本書目》著録,上海圖書館入藏。《臺灣公藏善本書目》未收。按,是書稿本今存山東省圖書館。山東省博物館有二卷本,爲清抄本。

鈐印有"筆諫堂主人純齋秘玩"、"壽餘秘玩"。

2478 清乾隆刻本夢堂詩稿

T5475/4303

《夢堂詩稿》十五卷,清英廉撰。清乾隆四十七年(1782)至四十八年(1783)延福等刻本。六册。半頁十行二十二字,四周雙邊,白口,單魚尾。框高18.9釐米,寬13.1釐米。題"福餘英廉著"。前有乾隆四十八年(1783)錢載撰《夢堂詩老傳》。末有延福跋。

英廉,字計六,漢軍鑲黃旗人,姓馮氏。雍正十年舉人。洊擢永定河道,以誤工革職。尋起用,累官内務府大臣,於内廷諸事最爲熟悉。官至文淵閣大學士,署直隸總督。乾隆四十八年卒,年七十七,諡文肅。

《湖海詩傳》卷五云:"相國初通籍時,雅嗜芸湘,尤敦車笠,與樊榭及吴樸庭瀹文、符幼魯曾、查蓮坡爲酬和友。詩壇酒社,翰墨飛騰,雖江左風流,不是過也。既而職長六曹,殫心時務,或舉舊稿爲言,輒遜謝之,蓋不欲以文人自命矣。先是,定制内閣大學士滿、漢各二人,及于文襄公殁,時方爲户部尚書滿缺,上以其祖籍涿州,本姓馮,命踐文襄之席。蓋鹽梅之用,久廑聖心,故不拘常格,即司台鼎云。"《乾嘉詩壇點將錄》列廉爲"花項虎"。廉早歲自號曰夢堂,其稱詩,自江南知之且五十年。其詩温潤縝密,超然意象之表。此本卷一壬寅至辛亥,卷二壬子至丙辰,卷三丁巳至辛酉,卷四壬戌、癸亥,卷五甲子,卷六乙丑,卷七丙寅,卷八丁卯至己巳,卷九庚午至甲戌,卷一○乙亥至丁亥,卷一一戊子至辛卯,卷一二壬辰、癸巳,卷一三甲午、乙未,卷一四丙申、丁酉,卷一五己亥至癸卯。

其子延福跋云:"先君子於詩之一道,自三百篇漢魏而下,靡不研涉,而獨於杜子美、蘇子瞻二家長年不去手。故於五律沉厚整暇,意味深長,每出一篇,到處傳誦。當年裘文達公嘗言:'讀夢堂五律,不過半紙耳,覺有壓手之重;七律氣健神完,風骨清圓,往往有大蘇之氣味。'錢坤一先生亦云:'夢堂詩詣之精,全從老杜得來,不過後人有古人壓得耳。'福輩雖不能窺測幽奥,而當日過庭時所親見也。嗚呼!先君當日綜理閣部,兼領數職,身心曾不少閒,然力學起家,平生刻意辭章,孜孜不倦,縱案牘蝟集,每遇佳時勝賞,觸景興懷,時時發於吟詠。嘗云:'人有假日者,則其人必不能過人。'福輩髫歲時,見先君日課一藝,或詩或文,終其身如一日,未嘗少間,然於詩學詣力尤深,而心愈不敢自信。子侄及知交雖屢請付梓,猶歉然不肯問世。嗚呼!今先君子捐館矣,爲子孫者,其能已乎?先君各體詩,凡數千百首,一時未能悉刊,謹先就平日手澤所錄、親所更定者,得遺稿若干卷。始於壬寅,訖癸卯,凡得古今體九百三十八首,按年叙次,釐爲十五卷,餘俟校輯續刻,庶先人一生精力之所寄不致湮没。今因鋟木成集,敢紀其實載於末,以俟立言之君子爲之序焉。"

《續修四庫全書總目提要(稿本)》、《臺灣公藏善本書目》、《日本現存清人文集目錄》未收。《中國古籍善本書目》著錄,遼寧省圖書館、北京大學圖書館、清華大學圖書館入藏。

2479 清乾隆刻本東巡金石錄   T5476/2007

《東巡金石錄》八卷,清高宗弘曆撰,清崔應階、梁蠹鴻輯。清乾隆刻本。二册。半頁九行十七字,四周雙邊,白口,單魚尾。框高20.1釐米,寬13.3釐米。末有崔應階跋。

崔應階,字吉升,湖北江夏人。廕生,初授順天府通判,遷西路同知。雍正中,擢山西汾州知府。乾隆十五年,授河南驛鹽道,擢安徽按察使,補貴州按察使,又爲湖南布政使,署巡撫。後遷山東布政使、貴州巡撫。二十九年調山東巡撫,三十三年擢閩浙總督,加太子太保。召授刑部尚書,調左都御史。四十五年,以原品休致。尋卒。《清史稿》列傳九六有傳。

此書爲崔氏於乾隆二十九年至三十二年任山東巡撫時所輯。集乾隆十三年至三十年間,弘曆六次東巡,宸游所及,御製碑文題詠勒石之作。首列編目,卷一至六爲御製詩,依戊辰、辛未、丙子、丁丑、壬午、乙酉前後六次東巡之序。每次巡幸之作,自爲一卷,六卷共一百五十一首。卷七則孔廟碑文、復聖、宗聖、述聖、亞聖、萬仞宮牆、奎文閣、手植檜、杏壇、聖蹟殿、詩禮堂、金絲堂、禮器、故井、故宅門諸贊,凡關於闕里之御製文勒石者皆屬之。卷八則爲御題曲阜、泰山、靈岩寺、泉林、行宫、水路、恩賜東省各官楹聯扁額。而以乾隆手臨古帖賜官勒石於東省者附之。所有各卷之題詠碑文，其勒石處所，皆詳注於卷首目錄之下。

崔應階跋云："自戊辰以迄乙酉，皇上六幸東省，頒發御製各種，業已摩崖勒石，用垂永古。顧以分豎各地，難窺美備，臣謹與藩司臣梁翥鴻彙集成帙，俾敬觀聖翰者，一開卷而得仰龍章鳳藻之全。至於誦讀典謨，如臨咫尺，想化馳之，若神感民情之可見。"

《四庫全書總目》、《續修四庫全書》未收。《續修四庫全書總目提要（稿本）》著錄。《中國古籍善本書目》未收。

2480　清乾隆刻本耕餘居士詩集　　　T5466/8241

《耕餘居士詩集》十八卷，清鄭世元撰。清乾隆刻本。八冊。半頁十行二十一字，左右雙邊，上黑口，下白口，單魚尾。框高 17.7 釐米，寬 12.8 釐米。題"餘姚鄭世元黛參著；烏程門人江相星左纂"。前有乾隆三十一年(1766)鄭世元序。卷一第一頁有乾隆三十七年(1772)江相識語。

鄭世元，字亦亭，號黛參，浙江餘姚人。雍正舉人。博綜群籍，工詩。與陳梓同遷秀水，家於鴛湖，倡和獨多。後入京，公卿爭相引重。

卷一至二《敝簏賸稿》，卷三《廣陵集》，卷四《歸侍集》，卷五至七《斜風細雨集》，卷八至九《北門吟》，卷一〇《莊泜集》，卷一一至一二《射篨集》，卷一三至一四《真拾得集》，卷一五至一六《南征集》，卷一七《先吾集》，卷一八《後南征集》。

集爲江相所編。後四卷爲鍾國相編。江相康熙四十五年從學於鄭世元。鍾國相則爲世元婿。據江相識語云："康熙丙戌，相從學飛英山房，始得夫子全詩手抄之，即欲爲謀梓，以太先生遺集未刊辭。丁亥，以葬事去。戊子相見靈隱山中，復得補錄兩年之詩。戊子後，水旱頻仍，衣食奔走，相見無自，音問亦隔。壬辰五月，扁舟忽來苕上，時相適養痾飛英，復過舊館，傍徨信宿，因感離別之易而會合之難如此，請留己丑來四年詩畀相，合從前諸集編序成帙，歲終錄成，兼贅數語於每集下，以道所以作詩命集之意。"

《敝簏賸稿》詩一百二十四首。"此先生少作，堆閣不復省閱。相因錄先生詩，從簏中檢錄。先生曰，此予敝簏賸稿也，意不欲存。相請存之，因復加手定，得二卷，年次亦不復序，始庚午，終庚辰，丙子後詩十之七焉。"

《廣陵集》詩九十首。"先生三十以前鍵户讀書，不交一人，不接一物。辛巳年三十一，始遊廣陵，授經於柳巷之南主人家。壬午仍客廣陵。是冬，以太先生春秋高，終歲作客，隔別千里，不得時消息，力辭歸，總兩年，計一卷。"

《歸侍集》六十八首。"先生既辭廣陵，高郵吳太史幼日聞之，欲延之家塾，恐不可，因其親先生之母姨授書焉。既歸，以疾辭，先生家無負郭，事硯奩以資俯仰。是歲，長侍膝下，竟失館不顧也。終癸未，計一卷。"

《斜風細雨集》詩一百七十四首。"甲申，先生授徒於湖州府治之西。是夏，遭太先生變，居憂毀瘠。秋，得氣疾瀕死。其明年，以主人不盡禮，遂去之，仍往來苕霅間。每當風雨之辰，嘗誦張志和'斜風細雨不須歸'之句，輒呼天號泣。因摘其詞題集，蓋自痛窮人之無所歸也。總兩年，計三卷。"

《北門吟》詩七十二首。"丙戌，相兩兄延先生於飛英塔院，始得受業於門。飛英在北城之闠,余又家北門外,先生時時出自北門,因以名集。且飛英僻壤,人跡絕少,自先生來居,請業者日益衆。嘗謂吾不競名,而喧攘若此,吾其能忘憂乎?是冬,果有毁言以中先生者。先生遂拂衣歸。終一年,計二卷"。

《莊涇集》詩七十首。"丁亥,先生賣舊所住宅,以太先生柩反葬於越,遂去吳興。是歲亢旱八十日,七月始得一椽,僅蔽風雨,地曰莊涇。愛其繞屋水一曲,庭有杏花兩株,遂卜居焉。終一年,計一卷。"

《射篘集》詩一百三十首。"戊子,先生客杭館於胥山之麓。春,苦潦,百物騰涌,二千四百錢始得米一石。大江南北,行李蕭然。是冬十月,以主人語言不合辭去。適吳,投詩滄洲太守,不得見,遂渡江覓食淮揚間。己丑去揚,適高郵妹氏旋往海陵,復還揚度歲。先生既憫人窮,而復自傷蹙蹙,射篘者,言其行之窮也。總兩年,計二卷。"

《真拾得集》詩一百四十二首。"庚寅春,先生歸自揚州,杜門不出,嘗至炊煙不繼,家人呻吟,而先生歌聲時出金石。四十無子,是冬始舉一子。其明年二月,潘夫人卧病二月,子失乳幾死。又明年五月患疹,醫者言萬無生理,後竟獲全。昔黃涪翁生子名拾得,先生曰,如吾子真拾得也。因總三年詩,以名其集,以志喜。計二卷。"

《南征集》詩一百六十五首。此集題"桐鄉婿鍾國相雪艇纂"。卷一第一頁又有鍾國相識語,云:"國相自丁酉冬得在甥館,始得讀先生之詩。因見壬辰前詩皆西吳門人江相手輯,每集有序,每序編年。自癸巳以來詩,字畫潦草,簡册腐穢,偏序缺焉。國相不自揣固陋,思續江相而成之,會多病,忽忽未卒業。今年冬,陳子分佩將集同人以刻先生之集,謀於國相,曰宋元以來無此作者矣……國相因退而力疾竣事焉。纂識一如江本,每易一集,則識之。其一集二三卷者,其年次亦皆係於集端,共計卷二十、集十二。江相纂八集十四卷,國相纂四集六卷。自己亥至壬寅,尚有數集,俟讎訂卒業嗣出。""癸巳,先生之季蘆村先生,之官粵之廣寧縣,邀先生偕行。會病不欲行,遂先發,待之途中八九日,不得已於七月中旬,扶病往抵常山縣,病本痊,翼日,坐肩輿中,看玉山山色,遂霍然,於是作紀行詩著《南征集》。甲午正月,舉第二子,三月喪次女。家人到署,聞信遂遄歸。蘆村先生固留不可,因曰弟甫蒞任,兄何以為歸計耶?先生曰,吾寧為歸計來,吾數奇,苟得飽,在此相聚最樂,而妻病女死……汝好為之,吾行矣。遂垂橐而返。十一月抵家。總兩年,計二卷。"

《先吾集》詩六十八首。"先吾集者,先生因陳子俯恭而題其集也。是年家居,發宋先諸儒書讀之,又手披朱子綱目及許魯齋讀書、居業、備忘諸錄,與陳子辨析天人性命之理,講求經濟之義。暇則倡和,又共擬作古樂府題八十餘篇……是集也,乙未正月迄九月為一卷。"

《後南征集》詩七十五首。"乙未十月八日,先生復赴寧署,內外奸弊,釐剔一盡,因為眾所忌。丙申六月,遂去寧陽,適廣州,寄寓李太史公館四閱月。九月南旋,仲冬抵家。計在寧署無半年,其不肯苟同之概,略見於是集。起乙未十月,終丙申,計一卷。"

此本有扉頁,刊"耕餘居士詩集。書帶艸堂藏板"。

《四庫全書總目》未收。《中國古籍善本書目》著錄。中國國家圖書館、清華大學圖書館、中國科學院圖書館、日本静嘉堂文庫也有入藏。

2481　清乾隆刻本野庵詩鈔　　T5484/8197

《野庵詩鈔》四卷,清金惟駿撰。清乾隆刻本。二册。半頁九行十九字,左右雙邊,黑口,單魚尾。框高 17.3 釐米,寬 12 釐米。題"嘉定金惟駿"。前有雍正八年(1730)朱厚章序,雍正十年(1732)張鵬翀序,乾隆九年(1744)沈德潛序。

金惟駿,字昂千,號野庵,江蘇嘉定人。國子生。負才藻,學詩於崑山朱厚章。古體排奡妥貼,近體亦妍雅。《(光緒)嘉定縣志》卷一九《文學》有傳。

此本皆爲古今體詩,計卷一六十四首,卷二四十八首,卷三四十六首,卷四三十首。

卷一《卧游齋印譜歌》(詠張夷令印譜)、卷二《羅龍文墨歌》(詠歙羅龍文製墨)、卷四《前窰古跡》(詠沈富燒瓦事),皆有史料,可讀性高。又卷一《蠶家竹枝詞四首》云:"話蠶話葉候難平(諺云:清明寒,只話蠶;清明熱,只話葉),甕粉形如雪蠒盈(作粉蠒相餽遺)。無數村娃來曠野,翠裙緗帶避清明(蠶婦相率出游,謂之避清明)。""南鄰北里莫焚香(蠶惡香),消遣春寒辣塊湯(忌言僵,因謂薑曰辣塊)。約伴采桑衝夜雨,二眠時節最匆忙。""春深夏淺上山時(上箔曰上山),舉族辛勤可得知。斗室要安蠶寶寶(蠶曰蠶寶寶),一時農具盡遷移(貯箔之室盡出所有,蓋有寡女絲之患)。""三旬辛苦是生涯(蠶事約三十日),旋見門前索債譁(土人於蠶罷索債)。新婦漫言端午近,要留黃蠒插黃花(端午插蠒花)。"卷四又有《蠶家竹枝詞二首》,云:"村娃十五太嬌憨,采蠒纍纍滿竹籃(摘蠒曰采蠒),報道今年十分熟,一斤蠒子一斤蠶(蠶四眠後,衡之如重一斤。他日得繭亦一斤者,謂之十分熟)。""繰車歷碌做絲頻(繰絲曰做絲),抽出絲絲白似銀。却喜同功蠒子少(二蠶合爲蠒曰同功蠒,繰之不成絲),紛紛蠶蟻餉比鄰(蠶已成蠒,將化蛾,蛹而未爲蛾,蛹曰蠶蟻,蠶家臑而食且餉人)。"

張鵬翀序云:"金子昂千,家本新安,世席豐盛,而恂恂自好如寒素。不喜他業,而獨好吟詠,清才雋思,語必拔俗……近來才彥輩出,詩道日昌,將復有如唐婁諸賢之盛者。昂千負此異姿,其益自淬礪以進於古之作者,以是發抒性靈,掉鞅詞苑。"

此爲寫刻本。按,此書應另有《翡翠蘭苕集》五卷《排悶集》四卷,館藏此本佚去。上海復旦大學圖書館有全帙。

《續修四庫全書總目提要(稿本)》、《臺灣公藏善本書目》、《中國科學院圖書館藏中文古籍善本書目》、《日本現存清人文集目録》、《清人詩集敘録》未收。《中國古籍善本書目》著録,上海圖書館藏有是書稿本全帙(清沈德潛評校並跋)。

2482　清乾隆刻本練江詩鈔　　T5472/2132

《練江詩鈔》八卷,清程之鵷撰。清乾隆十八年(1753)王鳴刻本。八册。半頁十行十九字,左右雙邊,白口,單魚尾。框高 17.4 釐米,寬 12.8 釐米。題"歙程之鵷羽宸"。前有乾隆十八年(1753)沈德潛序,乾隆十八年王鳴序,雍正八年(1730)秦道然序。末有曹學詩撰《程采山先生傳》(乾隆二十年(1755)張元博書)。

程之鵷,字羽宸,號采山,歙人。生而穎悟過人,讀書日記萬言,過目成誦,尤愛吟咏。於風騷、漢魏六朝以及唐宋元明諸作者,皆刻意冥搜,縱橫博覽。爲文章,力追古人,馳驟經史。受知於學使林公,補博士弟子員,以貢入成均,注銓部,授教諭。既而試塲屋,偶不得志,即棄去舉子業,專力於詩學。乾隆六年卒,年六十。

之鵷爲新安風雅之士,嘗縱游大江南北,及吳越楚豫燕趙之墟,凡危崖老樹、破廟荒陵、灌木斜陽、怪禽相唤,必捫斷碣、訪殘碑,立焉長吟,徘徊而不能去。又登匡廬,坐瀑布間終日,往來彭蠡湖,泊舟菰荻,有焚香鼓瑟推篷而朗詠者。家居時,竹屋紙窗,垂簾默坐,賦小詩以自娛。

1867

客至,則供家釀,剪園蔬,觴咏無虛日。凡蟲魚花竹,必潛摹細繪,曲肖其形。

此集卷一至二爲古體詩,卷三至八爲近體詩。卷一三十首,卷二二十四首,卷三一百零四首,卷四一百二十九首,卷五一百三十六首,卷六一百八十三首,卷七一百二十四首,卷八一百十八首。集中有關黃山之題咏最多。

沈德潛序云:"采山之爲詩,隨所感觸而暢所欲言,絕無形模之跡。即謿辭長語,嬉笑涕洟,衝口信筆,靡不入其鑪錘。而命意之新、造句之別,自覺唾棄一切,直不欲沿襲前人片語。蓋其中固有自然者存,而足以盡乎詩家之變者歟。"

此本爲王鳴所刻。鳴爲江蘇溧陽人,乾隆十三年進士,次年筮仕歙州。宰歙之年,欲表彰人文,蒐羅遺籍,重鄒之爲人,愈重其詩,故梓其集以傳。王鳴序云:"余於己巳秋筮仕歙州,樂山水之清淑,人物之豐淳,政事餘閑,蒐羅遺佚,思爲表章,用以風世厲俗……余涖歙稍後,不及親接其人。未幾,令子笙友、管庭來見,出采山《練江詩鈔》示余,讀之,洵不愧邦之遺佚哉!……遂郵呈吾師宗伯沈歸愚先生删而序之,梓以傳後,俾歙州風物於焉不墜。"

此本有扉頁,刊"沈歸愚先生選定練江詩鈔"。並鈐有"松圓嗣響"。此爲寫刻本。卷八末有"長洲章曙開鐫"。

《四庫全書總目》、《續修四庫全書總目提要(稿本)》未收。《中國古籍善本書目》著録,上海圖書館、廣東中山圖書館等四館也有入藏。

鈐印有"家住梅花豁上"、"思紅吟館"、"英"、"梅道人"、"千山月出令人醉半夜梅花入夢香"、"月桂餘香尚滿衿"。

2483　稿本南阜山人詩文類稿　　　　　　　　TNC5472/0274

《南阜山人詩集類稿》三十三卷《敩文存稿》十五卷,清高鳳翰撰。稿本。八册。前有高鳳翰題識。

高鳳翰,字西園,號南村、南阜山人、歸雲老人、老阜、尚左生,山東膠州人。工書畫,筆墨灑脱,不主故常。因患風痹,右臂不仁,以左手作畫,奇絶一時。篆刻印章蒼勁古樸,全法秦漢。亦豪於詩。以諸生舉賢良,歷歙縣丞、績溪令,均有政聲,遭讒罷官。性嗜硯,所藏皆手琢,自爲銘詞,有《硯史》傳世。

《南阜山人詩集類稿》,題"高鳳翰敩"或"膠州高鳳翰西園甫著"。含五集:《擊林集》四卷,凡二百一十首;《湖海集》七卷,凡四百五十首;《岫雲集》一卷,凡五十一首;《鴻雪集》十六卷,凡一千一百四十首;《歸雲續集》五卷,凡四百六十七首。又有《青蓮集》數首,殆未及成集。各卷皆注明作詩干支年份,大體按所作年代分卷編集。各卷末多題"乾隆甲子山人自編;男汝魁、孫攀鱗存;甥王泰來手録",或"乾隆甲子山人自編"、"甲子年編"。"甲子",爲乾隆九年(1744)。

《南阜山人敩文存稿》十五卷。卷一序,卷二傳,卷三記,卷四書,卷五表、狀、志銘、題跋、書後、碣,卷六文,卷七説,卷八賑荒八議,卷九修城條議,卷一〇江行日記,卷一一南行日記,卷一二皖江紀行,卷一三賦,卷一四尺牘,卷一五雜著。

後附《夷白草》一卷,題"春草堂伯氏鳳擧翔紫敩作;仲氏鳳翰南阜訂存",爲高氏手訂其兄鳳擧詩作,共録詩四十四首。前有乾隆九年高鳳翰序。"夷白",爲安貧樂道,品質高潔之意。《南史·隱逸傳下》:"安貧清白曰夷,涅而不緇曰白。"高氏序稱其兄"雅崇潔操,疾俗如惡"。

又附《騎竹集補遺詩》數首,爲鳳翰少作。前有識語云:"戊寅、己卯之間,隨先君子在淄川,余年甫十五六,於時已有小作,未堪入集,特別存之,以識少日心血。"又《補遺詩附》四首,前有識語云:"此非《騎竹集》矣。少時奔走交游,壯益汗漫,談餘酒次,往往隨手散落,間有重經睹記者,山雞愛羽,聊復訂存如左。"又再附制藝、序、傳、書後、銘、題識、對聯等數篇,蓋補文集所未收者。

書前高氏手書識語云:"□自戊子有訂稿,前此爛紙,久如敗蜻,蓋自騎竹縛鷗以來,已多儷語,茫茫煙煤,略無端緒,顧影一笑,有付之書燈焰火耳。概綜生平,約舉四部類稿各編,庶使林泉之響不雜軼掌。紀以年敍,用驗功候,亦令後之覽者,按紀檢披,行蹤可繪。尚其有觸緒紛來,千載如揭,澆酒向空,呼高生而哀其志者乎?雍正甲寅七月廿有四日,海陵壩署自題。"按,雍正甲寅爲十二年(1734)。

《四庫全書總目》著録《南阜山人詩集》七卷。《中國古籍善本書目》著録《南阜山人詩集類稿》二十一卷《敩文存稿》十五卷,清抄本,中國國家圖書館有藏;《南阜山人詩集類稿》七卷,清乾隆二十八年高元質刻本,清華大學圖書館、復旦大學圖書館、中國科學院圖書館等六館有藏;《南阜山人全集》四十四卷,清抄本,山東省博物館有藏。另外,臺灣大學圖書館藏有清乾隆二十八年高元質刊本《南阜詩集》七卷。孫殿起《販書偶記》著録《南阜山人敩文存稿》十四卷(未記雜著),題"膠州高鳳翰撰,底稿本",疑即此本之文集部分。

文中屢見墨筆塗抹。是書爲鳳翰手書及其甥王泰來手録。凡鳳翰手書者,多簡題作"高△△敩",字體爲行書,揮灑自然,禿筆;王泰來書爲楷書。行間又有朱筆、墨筆圈點,頁眉有墨筆批校。第四册末有"咸豐二年六月十三日校過",第五册末有"癸丑十月二十日校畢",第六册末有"十一月廿八日校畢",第八册末有"十二月初一日校畢"。"癸丑",爲咸豐三年,未知批校者何人。

鈐印有"鶴泉吟定"、"鶴泉過目"。

2484　清乾隆刻本固哉草亭詩文集　　T5466/0204

《固哉草亭文集》二卷《補遺》一卷《詩集》四卷,清高斌撰。清乾隆二十四年(1759)高恒刻本。四册。半頁九行二十字,左右雙邊,白口,單魚尾。框高 24.5 釐米,寬 15.9 釐米。題"長白高斌東軒著;男恒校字"。前有乾隆二十七年(1762)錢陳群序,乾隆二十四年左廉序,乾隆二十四年王焕序,乾隆二十四年王世業序。末有乾隆二十三年(1758)史流馨序;乾隆二十四年王南珍跋,高瀛海跋;尹嘉銓後序。《詩集》前有乾隆五年(1740)蔣振生序,唐英序,史流馨序,左廉序;又鹿霱、左廉、法重正、程嗣立、史流馨、鮑皋題辭。末有鍾曙跋,李昞跋,王焕跋。

高斌,姓高佳氏,字右文,號東軒,鑲黄旗滿洲人。好讀書,於經史外博通先儒諸集。雍正初,由内務府主事遷員外郎,累遷至江南河道總督。乾隆朝,歷官直隸總督、吏部尚書。治河十餘年,疏奏最多,大都可爲依據,非一時救弊者比。晚年官至文淵閣大學士加太子太保。諡文定。

高斌詩學得力在讀書養性,其入值内廷,出爲外臺,所至必以書自隨,暇則手一編,哦誦往往至雞唱不肯罷,尤喜讀《周易》及二程、紫陽諸書,期於躬行而實踐,其發爲篇章,隨意所得,不事雕飾。偶逢勝友名區,復以餘事形之篇詠。《文集》始雍正八年,至乾隆十九年,計書、記、銘、跋、序、傳、贊、行狀、祭文等三十一篇。《詩集》始康熙四十一年,至乾隆十九年,計詩三百七十五首。

其於治水任內，修建減水壩，開挖引河，建閘蓄水，設水位標志，其多項措施皆爲後人所效法。詩中於治水等事也有吟詠刻畫，如卷三《奉命兩江察賑兼勘水利》詩云："千夫雲集萬夫來，負土杠柴絡繹催。煢獨弱羸群入募，寓工於賑亦栽培。""河干兵弁一齊呼，遠近聞聲星夜趨。盡道鉅工應效力，爭先恐後奮忘劬。""後推前拽集千夫，齊聽鏢師振臂呼。將到沾唇聲更急，臨深涉險畫堪圖。""安不忘危信可師，涉川險阻更無疑。爲言賢智河防使，記取衰翁漫興詩。"

斌嘗云：詩寫性情，文以紀事，詞達而已，不暇求工。其自序云："然於歌詠篇章，曾未有口授心得之傳，則詩之一道，予何敢言哉！祇以未至廢學，意之所向，偶一爲之，積之既久，亦復任情，率易而出之，無論詩家之體裁、格調，未獲前聞，兼愧古人之氣味風情，略無肖似，不求工穩，不事推敲，不解苦吟，不涉憂怨，聊自言其志。抑且或作或輟，偶然有作，隨即棄擲，草稿不存，予固從未嘗敢言詩也。今年春，延桐城左策頑先生授恒兒經學，接席之餘，偶及予詩，先生乃嘉悅之，且索予全稿，言之至再。而予實未存稿，究無以應也，予心每懷歉然。秋九月，公餘偶檢舊篋，見零星片紙中，予向所爲詩頗有存者，於是編次歲序，更續近年偶得之句爲一帙，悉敘錄之。此外散擲不復記憶者，已無尋處，蓋十存六七耳。溯自壬午至今，且三十餘年，中間浮沉夢境各不同，而予詩亦各異，要亦自言其志也。"

斌集爲其子高恒所刻，王世業序云："猶憶保定督署時，先生曾令門下士檢已諸舊作詩文，及予暇次敘定，都爲一書，而搜討難齊，輒復中止。今先生薨四年矣，嗣君敬承家學，繼其志，始得其全集讀之，即詩文而想見當年之氣象焉。"王煥序亦云："公生平著作，不多授梓，門生故吏各隨所得鋟行之，迄無合刻。歲甲戌，公謝事淮陰，彙訂存稿，藏皮篋笥。越五載，公子立齋先生視鹺兩淮已，再閱星紀，政通務簡，守家法於先型，綿孝思於手澤，爰付剞劂，顏爲合集。"

高瀛海跋云："相國高文定公文二卷詩四卷，乾隆十九年冬，公手定裒定，屬瀛海編次其歲月，而書其副墨，以納於藏書之室。次年春，公捐館舍。又三年，而公之令嗣立齋使君以節視鹺揚州，檢所藏本付之梓人，爲詩文合集。瀛海復與讎校之役，四閱月竣事。"

恒，監生出身，乾隆初授戶部主事，歷官郎中，署天津總兵、兩淮鹽政、總管內務府大臣。三十三年，因在兩淮鹽政任內接受鹽商賄賂，事發處死。

《四庫全書總目》、《續修四庫全書總目提要(稿本)》、《臺灣公藏善本書目》未著錄。《中國古籍善本書目》著錄，中國國家圖書館、上海圖書館等七館入藏。又日本東洋文庫有清嘉慶十二年刻本。

2485　清乾隆刻本未篩集　　T5481/4839

《未篩集》一卷，清釋超源撰。清乾隆刻本。一冊。半頁十行十八字，左右雙邊，綫黑口，單魚尾。框高17.4釐米，寬13.2釐米。題"武林釋超源蓮峰著"。前有乾隆元年(1736)釋元信序，乾隆八年(1743)蔡寅斗序，乾隆六年(1741)釋超源自序。

釋超源，字蓮峰，號紫衣道人，浙江錢塘人。爲敕封大覺普濟能仁國師之孫、敕封明道正覺禪師之子。法眼圓明，兼精翰墨，能繪山水。雍正帝曾召入內廷，並賜紫衣杖缽，侍圓明園。敕主蘇州怡賢寺丈席，當時士夫多從之學禪，大人先生也樂與之游覽，其門甚盛。

此集詩一百五十六首，多思古懷人、游歷登臨之作，聲調高閑，情致纏綿，其中愛親篤友之思，猶不勝悠然而深長，讀之令人戚戚心動。《留別胡稚威》云："山陰將返棹，茲思獨懷君。終日自無語,仰天看白雲。好山愁里過,孤磬夜深聞。明日滄波上,沙鷗空復群。"《書懷》云:"行踏階下月,仰看天上雲。雲月本同類,我獨愴離群。回首一朝別,千里萬里分。燕南趙北間,容易凋朱顏。一日似兩日,半年同一年。有親亦有友,念念來循環。循環無斷頭,春夜何悠悠。傷心誰家子,吹簫明月樓。聽之斷我腸,不得夢杭州。"又超源爲學佛者,其得乎佛之深,詩中也多有反映,《示徒》三首云:"至道無聲臭,玄妙難具陳。遊心於物外,乃貴得其神。一滯言與相,未免喪其真。離之具萬法,即之無一塵。所以學道人,宗説爲通津。不見老瞿曇,歷劫常苦辛。""堅貞讓松柏,點頭讓頑石。天地一生閑,卻輸水雲客。人生如旅泊,四事勿嫌薄。草衣而木食,其中有真樂。""造化本無私,萬物各相屬。春深紅紫繁,秋老松檜綠。雨露無減增,榮枯有遲速。夏蟲不知冰,井蛙不知瀆。我問山中徒,枵腹將篋束。瞪目視雲漢,心期美如玉。試看長江流,萬里豈無曲。"

自序云:"昌黎言文章曰皆醇也而後肆焉。余惟稻粱固美種,而業農者必揚其糵而去其秕,蓋取其醇也。醇出厥功在篩,余學佛有暇之詩,且乏師資,隨心所至而爲吟詠,未嘗去取,自知不醇。昔六祖執舂,五祖問曰'米熟未動'。曰'已熟,但未篩耳。'余宗此言,而自署曰'未篩'。倘有爲我篩者,安得不北面而事之?"

此本有"蓮峰禪師像",爲松江徐璋繪。

《續修四庫全書總目提要(稿本)》、《中國古籍善本書目》、《臺灣公藏善本書目》、《中國科學院圖書館藏中文古籍善本書目》、《日本現存清人文集目録》未收。

鈐印有"瀧川氏圖書記"、"釋□"、"珂山"。

2486 清乾隆刻本陶人心語 T5487/0643

《陶人心語》六卷附一卷,清唐英撰。清乾隆三十七年(1772)唐寅保古柏堂刻本。八册。半頁九行十八字,左右雙邊,白口,單魚尾。框高 16.8 釐米,寬 13 釐米。題"瀋陽唐英俊公"。前有乾隆三年(1738)高斌序,乾隆四年(1739)李紱序,乾隆七年(1742)金德瑛序,顧棟高序,乾隆六年(1741)趙大鯨序,唐英自序。末有乾隆五年(1740)施雨田跋,乾隆三十七年華嶽蓮跋。附一卷前有顧棟高序,乾隆三年華西植序,徐梁棟序,沙上鶴序;汪澎題詩。

唐英,字俊公,一字叔子,晚號蝸寄老人,遼寧瀋陽人,隸漢軍正白旗(一作鑲黄旗)。授内務府員外郎兼佐領,歷官淮安關、九江鈔關、粤海關監督。其所督造瓷器,今稱"唐窑"。工詩,善詞曲,擅書畫,也善篆刻。生於康熙二十一年,卒於乾隆二十一年,年七十五。又有《古瓷考略》、《八旗畫略》、《廣印人傳》、《歷代畫史彙傳》、《熙朝雅頌録》等。

此書曰"陶人心語",蓋因唐氏在江西景德鎮督陶政最久,故名。卷一古體詩三十一首,卷二五言律詩(長律附)一百十二首,卷三七言律詩二百八首,卷四七言律詩一百首,卷五五言七言絶句(詩餘附)二百七十二首,卷六雜著二十六篇。

附一卷爲《可姬小傳》。可姬,張姓,唐英之妾。因生子亡,年二十三。

唐英於雍正六年奉命督陶,於制陶頗多心得。其自序云:"陶人有陶人之天地,有陶人之歲序,有陶人之悲歡離合、眼界心情,即一飲一食,衣冠寢興,與夫俛仰登眺交游之際,無一不以陶人之心應之,即無一不以陶人之心發之於語以寫之也。故有時守其心而無語,固淡淡漠漠,渾然一陶人也;有時藉其語以達其心,亦似耕而食鑿而飲,熙熙怡怡一陶人也。或陶人而語陶,故陶人之本色,即陶人而不語陶,亦未始不本陶人之心,化陶人之語而出之也。"李紱序云:"内務府唐公,少負奇質,工詩文書畫,心悟絕人,侍直廬,出入禁禦三十餘年。歲戊申,奉命至饒,督陶政於浮梁……蓋公之陶政,即公之心爲之也,心正則器亦正矣。公暇不廢翰墨,詩文盈帙,余門人顧震滄爲選録成集,而公自標目曰《陶人心語》。公嘗司榷兩淮,今又榷九江,不專督陶,而陶爲專職,十年以來,珠山昌水見之筆墨者爲多,故曰陶人也。"

　　此爲寫刻本。卷一末刻"男寅保校刊,孫凌雲、書魯恭閱"。有扉頁,刻"陶人心語。瀋陽唐儁公著。乾隆三十七年武林重鐫。古柏堂。"古柏堂,曾爲唐英讀書處。英有《古柏堂傳奇十三種》。

　　《續修四庫全書總目提要(稿本)》、《臺灣公藏善本書目》、《日本現存清人文集目録》未收。《中國科學院圖書館藏中文古籍善本書目》著録,與此本同。《中國古籍善本書目》著録《陶人心語》並《續選》十卷《補遺》一卷,當爲最全之本,中國國家圖書館、北京大學圖書館有全帙。按,唐英《陶人心語稿》二卷,稿本,今藏中國國家圖書館。

2487　清乾隆刻本清素堂詩文集

T5496/1682

　　《清素堂詩集》九卷《文集》八卷,清石韞撰。清乾隆六十年(1795)至嘉慶八年(1803)白雪書屋刻本。五册。半頁十行十九字,左右雙邊,白口,單魚尾。框高17.5釐米,寬13釐米。題"嘉定王西沚、青浦王述庵兩先生鑒定;吳郡石韞遠梅甫撰"。前有王鳴盛序,乾隆六十年王昶序,乾隆六十年楊安濤序,吳世基序,任兆麟序,乾隆六十年梅沖序,乾隆六十年徐熊飛序,乾隆五十九年(1794)王豫序;參閱諸先生姓氏;同人姓氏。《文集》前有嘉慶八年楊安濤序,鍾晉序,王豫序。

　　石韞,字秉綸,號遠梅,江蘇吳縣人。少爲貴公子,倜儻不群。弱冠,匹馬孤劍,游齊魯燕趙之區。年十九,只身出山海關,復經黃沙大漠,萬有餘里。歸居泖上,受業於王昶、王鳴盛之門,與趙曰永、鮑文逵唱和。惇名義,重然諾。後田園蕩盡,衣食無資。約卒於嘉慶十年,年五十一。

　　《詩集》卷一樂府,卷二四言古詩,卷三五言古詩,卷四七言古詩,卷五五言律詩,卷六七言律詩,卷七五言排律,卷八五言絕句,卷九七言絕句。《文集》卷一傳、行略十九篇,卷二墓志、哀詞七篇,卷三記三十九篇,卷四詩序二十一篇,卷五書十二通,卷六策、論、辨十篇,卷七賦六篇,卷八跋、硯銘五篇。

　　石韞工詩,其游歷關外之詩頗有沉雄激壯之音,歸里後之作則和平大雅。王鳴盛序云:"近石君遠梅詩出,風骨遒上,韻趣深曲,予一見灑然異之。"王昶序云:"考其源流,大抵古詩步武於吳梅村,近體則出入於何大復、謝茂秦諸家,故其工若此。"《詩集》卷六有《五十初度》四首,其二云:"少小曾爲絕塞行,窮途幾度淚縱橫。人從貴賤評聲價,我愛風騷托死生。草木初長陶令宅,夢魂不到貳師城。毋嫌敗絮慚兒子,室有同心結耦耕。"

　　《文集》中傳記銘序有發潛闡幽之意,書則雞鳴風雨之思,策論辨説古今是非得失。卷一有《遠梅居士傳》,云:"遠梅居士,貌古心朴,訥於言,人與問難不能答,退而作文辨之,亦有所見。愛梅,遠望尤多致,與性合,故以爲號。人罕識之者,或曰居士早歲好詩歌,往往獨吟詠山水間。中年後,復樂爲古文,以娛性情,作書法魏晉。"

　　楊安濤序《文集》云:石韞"性恬淡,絕意仕進,少刻苦爲詩,不至漢魏三唐不止。西莊、述庵兩先生爲采尤佳者千餘篇刊行於世。今更胙經枕史,肆力於古文,酣嬉淋灕,孳孳日進,積累既富。王子應和擇百餘篇,勸使付梓。"

此本有扉頁,《詩集》刻"清素堂詩集。乾隆六十年孟冬鐫。白雪書屋藏板"。《文集》刻"清素堂文集。嘉慶八年癸亥夏鐫。白雪書屋藏板"。

《續修四庫全書總目提要(稿本)》、《中國古籍善本書目》、《臺灣公藏善本書目》、《中國科學院圖書館藏中文古籍善本書目》未收。《日本現存清人文集目錄》著錄,又有《梅清閣詞鈔》四卷。

鈐印有"西莊文庫"。

2488　清乾隆內府刻本樂善堂全集定本　　T5476/8328

《樂善堂全集定本》三十卷目錄一卷,清高宗弘曆撰。清乾隆二十四年(1759)內府刻本。十八册。半頁九行十七字,四周雙邊,白口,單魚尾,框高 20.2 釐米,寬 13.2 釐米。前有乾隆二十三年(1758)六月十五日上諭;乾隆二十三年蔣溥、劉統勳等奏議;乾隆二年(1737)御製序,雍正八年(1730)御製原序,雍正十年(1732)莊親王允祿序,果親王允禮序,雍正十年允禧序,弘晝序,雍正十年平郡王福彭序,鄂爾泰序,雍正八年張廷玉序,雍正九年(1731)朱軾序,蔣廷錫序,福敏序,雍正九年蔡世遠序,雍正九年邵基序,胡煦序,雍正八年顧成天序。末有乾隆元年(1736)鄂爾泰跋,乾隆元年張廷玉跋,乾隆元年福敏跋,乾隆元年邵基跋,乾隆元年梁詩正跋,乾隆元年顧成天跋,乾隆二十四年蔣溥、劉統勳等跋。

弘曆,即清高宗,世宗第四子。年號乾隆,在位六十年,加上以太上皇訓政三年,其主持政務之長,在歷史上屬空前絕後。乾隆時,文治武功達於極盛,物阜民豐,四海寧晏;全國人口由一億多翻了一番,突破三億,在古代歷史上亦屬空前。乾隆帝對中國傳統思想、文化、藝術都有精深研究和極高的造詣,精通漢、滿、蒙三種語言文字,他既仁慈又殘暴,既英明又短視,史家所稱"康乾盛世",在他治期達到頂峰。

乾隆是歷史上最多產的一位詩人,一生寫詩四萬三千首以上,其詩之多,有史以來,無與倫比。此集卷一至五論,卷六論、説,卷七序,卷八記、跋,卷九雜著,卷一○表、頌、贊、箴、銘,卷一一至一三賦,卷一四至二二古體詩,卷二三至三○今體詩。共詩一千零八十首。

"樂善堂"者,乃弘曆讀書之處,取"爲善最樂"意。卷七有《樂善堂記》云:"余有書屋數間,清爽幽靜,山水之趣,琴鶴之玩,時呈於前。菜圃數畦,桃花滿林,堪以寓目。顏之曰樂善堂者,蓋取大舜樂取於人以爲善之意也。夫孝弟仁義,乃所謂善也。人能孝以養親,弟以敬長,仁以恤下,義以事上,樂而行之,時時無怠,則能因物付物,以事處事,而完所性之本體矣。"

乾隆九歲始讀書,十四歲學屬文,二十歲前讀四書五經、性理綱目、大學衍義、古文淵鑑等書。其寫詩之習,早在阿哥時代便已成型,嘗云:"伊余有結習,對時耽屬詠","笑予結習未忘詩","平生結習最於詩"。即位後,詩篇數量與年俱增,其作詩數,相當於《全唐詩》所收三百年兩千二百多位詩人的全部詩作總和。

乾隆才思敏捷,故趙翼説乾隆詩文"如神龍行空,瞬息萬里"。乾隆嘗云:"幾務之暇,無他可娛,往往作爲詩古文賦。文、賦不過數十篇,詩則托興寄情,朝吟夕諷。其間天時農事之宜,苞朝將事之典,以及時巡所至,山川名勝,風土淳灕,莫不形諸詠歌,紀其梗概。"然其詩題材單調,不暇錘鍊,從整體上看,後人評其"格調不高,佳作不多"。其清新自然之篇什,當爲獻給孝賢皇后的上百首詩,堪稱最見真情之上乘佳作。

此集雖爲乾隆詩文,但不全爲御製,部分"出詞臣之手,真贋各半"。爲乾隆捉刀者初有汪由敦、錢陳群、劉統勳,中有沈德潛、劉綸、于敏中,晚年則有梁國治、張鵬翀、彭元瑞等人。

《樂善堂全集》最早有四十卷本,爲七行十八字,除内府刻本外,又有外省官刻本及書坊翻刻本。據蔣溥奏議云:"凡内外臣工曾蒙頒發初刻及書坊翻板,並外省官刻本,並令隨時收繳,不必立定限期及行文追查。在内交軍機處彙繳,在外由各該地方官轉送布政司敬謹收貯。定本刻成時,仍乘便發交各布政司,照依摹刻印行,嘉惠天下。"由於四十卷本"所存卷帙頗繁,其中多有不甚愜心之句",故乾隆命"内廷諸臣悉心校閱,分擬應存應删,簽貼進呈,候朕裁酌,重訂定本,以付剞劂"。

蔣溥等跋云:"我皇上聖學日新,冲懷謙抑,近復以全集卷帙綦繁,命臣等重爲釐定編節……爰敬謹校閱數過,精益求精,擬爲三十卷,恭呈乙覽。上復親加裁定,重付剞劂,較之全集存者十之五六云。"

《樂善堂全集》,今上海圖書館、四川省圖書館等十一館入藏。此定本《中國古籍善本書目》著錄。山東省圖書館、青海省圖書館等八館,日本内閣文庫、靜嘉堂文庫、東洋文庫、京都大學人文科學研究所、京都大學附屬圖書館也有入藏。按,又有《御製樂善堂集》四卷,爲姚培謙注,清乾隆六年刻本,天津圖書館等四館有藏。

鈐印有"藏書之印"、"庚子進士"、"儀廷"、"陳印鴻舉"、"穀牲珍賞"、"獻陵史氏"、"叢泉"、"武林周氏"、"周印學淵"。

此本卷一三至一四配複印本。

2489　清乾隆内府刻本御製詩初集　　T5476.3/83

《御製詩初集》四十四卷目錄四卷,清高宗弘曆撰,蔣溥等編。清乾隆十四年(1749)内府刻本。十六册。半頁九行十七字,四周雙邊,白口,單魚尾,框高20釐米,寬13.3釐米。前有乾隆十四年御序;蔣溥奏折。

弘曆,見清乾隆刻本《樂善堂全集定本》。

《初集》所收詩,自乾隆元年至乾隆十二年,計詩四千一百五十餘首。《初集》編竣後,弘曆命翰林諸臣中字畫端楷者分卷抄錄,藏之内殿,不令付梓,然"群臣請鑴刻者數"。後經蔣溥上奏"敬謹校錄,擇吉鳩材,壽諸剞劂,告成恭進"。

《四庫全書總目》云:"考帝王有集,始於漢武帝,然止二卷。魏晉至唐,御撰詩文,惟唐高宗大帝集,多至八十六卷,今所存者,亦大抵皆纂組之詞,其於聖製,固猶培塿之望華嵩。至王應麟《玉海》載,宋太宗御集三百卷,真宗御集亦三百卷,仁宗御集一百卷,觀其目錄,皆湊合雜纂書籍,以充卷帙,其數既已不確;又惟真宗集稱鏤版,然宋人書目,皆不著錄,是未宣布也。太宗、仁宗集則並藏於禁中,不以示人,宋人詩話、説部所稱述者,太宗詩僅傳二首,真宗詩僅傳七首,仁宗僅傳二首,亦不甚工。"按,弘曆詩共刊刻五集,計《二集》九十卷目錄十卷、《三集》一百卷目錄十二卷、《四集》一百卷目錄十二卷、《五集》一百卷目錄十二卷。此外又有《餘集》二十卷目錄二卷、《御製詩》不分卷等。

弘曆自序云:"向敘《樂善堂集》云,夙昔典學所心得,不忍棄置,後雖有作,或出詞臣之手,真贋各半,且亦不欲與文人學士爭長,故十數年來,臣工以編次詩文集爲請者概弗許。然幾務之暇,無他可娛,往往作爲詩古文賦。文賦不數十篇,詩則托興寄情,朝吟夕諷其間,天時農事之宜,洎朝將祀之典,以及時巡所至,山川名勝,風土淳漓,罔不形諸詠歌,紀其梗概,積至今以數千百首計矣。而較晴量雨,憫農疾苦之作爲多。觀其詩,可以知憂勞而驗今昔,使閱歲逾時或致殘缺失次,其不忍棄置,較先爲甚,因取丙辰以迄丁卯所作,略加編定,都爲四十四卷,古今體計四千一百五十首有奇。"

《四庫全書總目》入集部別集類。《中國古籍善本書目》著録,遼寧省圖書館、安徽省圖書館等十一館入藏。日本内閣文庫、静嘉堂文庫、東洋文庫、大阪府立圖書館也有入藏。

2490　清乾隆重刻本御製詩初集　　　　T5476.3/83B

《御製詩初集》四十四卷目録四卷,清高宗弘曆撰,蔣溥等編。清乾隆江蘇重刻本。二十册。半頁九行十七字,四周雙邊,白口,單魚尾,框高 19.6 釐米,寬 13.2 釐米。前有乾隆十四年(1749)御序;蔣溥奏折。

此本與前本細核,非同板,紙張也無原刻之舊。御製詩序末句"乾隆己巳夏六月望日",原本後刻"乾"(小圓印)、"隆"(小方印),重刻本後鈐"乾"(小圓印)、"隆"(小方印)。目録第十五頁第九行"射鹿門","射"字右半"寸",原本書寫牽絲,作"丁";重刻本則端作"寸"。又原本卷一第七頁斷板,翻本則不斷。

鈐印有"飯田城主堀氏書庫"。

2491　清乾隆重刻本御製詩二集　　　　T5476.3/83B

《御製詩二集》九十卷目録十卷,清高宗弘曆撰,蔣溥等編。清乾隆江蘇重刻本。五十册。半頁九行十七字,四周雙邊,白口,單魚尾,框高 19.6 釐米,寬 13.3 釐米。前有蔣溥奏折。

此集所收詩,自乾隆十三年至乾隆二十四年,計詩八千四百七十餘首。

蔣溥奏云:"欽惟皇上天亶聰明,日新學問,萬幾餘暇,寓意詩篇,自御極以來,幾盈卷什。丁卯之春,始取丙辰後一紀所作詩四千餘首,訂爲初集,命翰林諸臣中字畫端楷者分卷抄録,藏之内殿,不令付梓。群臣請鑴,皆未許允。臣溥不揣愚陋,輒自校刻以進。""歲自戊辰,迄於己卯,復閲十有二年,御製詩篇益增卷帙,因復綜所作八千首有奇,編爲二集,仍命抄藏内殿,不令付梓。蓋皇上謙德尊光,不欲與文人學士爭長,猶初志也。""臣於入直之次,力請宣刻,再四陳懇,終未得旨,因不揣愚陋,仍自敬謹抄録,壽諸剞劂,告成恭進。"

《四庫全書總目》入集部別集類。《中國古籍善本書目》著録,遼寧省圖書館、安徽省圖書館等九館入藏。日本内閣文庫、静嘉堂文庫、東洋文庫也有入藏。疑間或有重刻本。

按,此爲重刻本,紙張與《初集》(清重刻本)同。卷一第八、第十四、十五頁框斷。又目録頁第一、第五頁框亦斷。

此本有扉頁,刊"御製詩二集"。四周刻龍舞之圖。

鈐印有"飯田城主堀氏書庫"。

2492　清乾隆重刻本御製詩三集　　　　T5476.3/83B

《御製詩三集》一百卷目録十二卷,清高宗弘曆撰,于敏中等編。清乾隆四十二年(1777)江蘇重刻本。四十冊。半頁九行十七字,四周雙邊,白口,單魚尾,框高19.8釐米,寬13.2釐米。前有于敏中奏折,乾隆四十一年(1776)王杰奏折。卷末有劉統勳、劉綸、于敏中等七人聯名跋,錢陳群跋。

《三集》所收詩,自乾隆二十五年至乾隆三十六年,計詩一萬一千六百二十餘首。

于敏中奏云:"曾奏請如前例編刊,幸荷俯俞。因恭校庚辰以來詩篇,按年分卷,陸續付雕,迄於辛卯,星紀適周,編排亦就,卷則盈百,篇則積萬一千六百有奇。是《二集》已倍於《初集》,茲《三集》之富,又合初、二集之數而賅之,洵乎學海泉源,有時出不窮者矣。"

此為重刻本。王杰奏云:"臣伏念御製詩初集、二集,臣工敬請開雕後,我皇上允前任浙江學臣錢維城之請,令直省布政司俱已恭行傳刻。今御製詩三集,尚未重鑴,臣仰蒙恩命,再任學政來浙,習聞諸人士莫不喁喁以先覩為幸,咸深冀望。臣思浙省欣逢盛典,屢駐鑾輿,凡名區勝地,奎章景鑠,元氣彌綸,銀榜翠珉,固已照耀湖山;昭回雲漢,而多士猶思盥誦鴻篇之美富,冀瞻天矩之光華。推之薄海內外,久沐化成,自必共切訓行之願,彌殷欣仰之誠。臣不揣冒昧,仰懇皇上俯允臣請,將御製詩三集頒發直省布政司,俾得敬謹重刻,廣布藝林,永為盛事。至臣感沐殊恩,涓埃未効所有,浙江省恭刻一部,臣請自行選工摹鑴,敬加校對,藉展微忱,並乞恩允。"按,此奏於乾隆四十二年正月初五日"奉到","硃批覽欽此"。

《四庫全書總目》入集部別集類。《中國古籍善本書目》著錄,遼寧省圖書館、內蒙古自治區圖書館等四館入藏。疑四館所藏,或有重刻。

鈐印有"飯田城主堀氏書庫"。

2493 清乾隆重刻本御製文初集

T5476.4/83

《御製文初集》三十卷目錄二卷,清高宗弘曆撰,于敏中等編。清乾隆江蘇重刻本。八冊。半頁九行十七字,左右雙邊,白口,單魚尾。框高16.9釐米,寬11.2釐米。前有乾隆二十九年(1764)御製序;乾隆二十八年(1763)于敏中奏折;尹繼善、莊有恭、蘇昌、熊學鵬聯名奏折;監刻官名銜。末有沈德潛跋(跋御製詩二集)。

卷一至二經筵御論,卷三論、說、祝文,卷四至七記,卷八至一二序,卷一三後序、跋、書後,卷一四問、考辨,卷一五至二一碑文,卷二二雜著,卷二三至二四賦,卷二五連珠,卷二六頌、箴,卷二七銘,卷二八至三○贊。凡五百七十餘篇,各以歲月為次,皆弘曆萬幾餘暇,親御丹素所成,其誥敕碑記之屬,詞臣恭擬代言者不與焉。

于敏中奏云:"惟是御製文集未經宣示,書林喁望,積久彌殷。臣愚竊念鴻篇美富,自臨御以迄於今,多至五百餘首,囊括古今,苞涵鈞軸,賅六籍之奧旨,集群言之大成,上而揚謨訓以欽燕貽,奉慈寧以申祝嘏;大而策勳紀績以慶武成,導河觀海以勤民事……臣日侍禁近,先覩為榮,謂宜並壽棗梨,垂光宇宙。區區愚悃,蓄有歲年,為此繕摺瀆陳,仰懇皇上俯允臣請。"

《御製文初集》刊行後,浙江學政錢維城曾有奏請廣刊《御製詩文集》一摺。尹繼善等也附奏曰:"亟望縹緗之流布,允非阿好之私言,臣等並詢之司道暨各地方官,所云俱屬相同。伏乞聖慈俯允錢維城所奏,頒發直省,廣為刊布。"

據監刻官名銜,除大學士管兩江總督尹繼善、兩江總督高晉外,餘皆江蘇地方官員,可證此本應為江蘇重刻本。又監刻官名銜後頁末行有"吳縣監生臣穆孔成恭鑴"一行。

《四庫全書總目》入集部別集類。《中國古籍善本書目》著錄,遼寧省圖書館、故宮博物院圖書館等四館有清乾隆二十八年內府刻本。日本內閣文庫、東洋文庫也有入藏,惟不知是原本或重刻本。

2494　清乾隆內府刻本御製文二集　　T5476.4/83

《御製文二集》四十四卷目錄二卷,清高宗弘曆撰,梁國治等編。清乾隆五十一年(1786)內府刻本。八冊。半頁九行十七字,四周雙邊,白口,單魚尾。框高19.5釐米,寬13.2釐米。前有乾隆五十一年梁國治、董誥奏折。末有梁國治、劉墉、曹文埴、彭元瑞、王杰、董誥、金士松、沈初聯名跋。

卷一至二經筵御論、臨雍御論,卷三至四論,卷五至六說、解,卷七至九諭,卷一○至一五記,卷一六至一七序、後序,卷一八題辭,卷一九按語、識語、書後,卷二○跋,卷二一至二三考,卷二四至二五辨,卷二六至三○碑文,卷三一至三三書事,卷三四至三六雜著,卷三七頌,卷三八賦、銘,卷三九至四○硯銘,卷四一至四四贊。凡四百一十餘篇。

梁國治、董誥奏折云:"自癸未以前編刻《御製文初集》,久已經緯興蓋,照耀羲娥。茲自甲申至乙巳二十二年,復得文四百一十一首,臣等獲侍禁近,每丹稿初成,輒蒙宣示,相與誦習講貫……臣等恭依初集體例,排類為四十四卷,繕錄進呈,並請發下刊刻,以傳布九有,垂示萬世。"

《四庫全書總目》入集部別集類。《中國古籍善本書目》著錄,遼寧省圖書館、故宮博物院圖書館等七館入藏。日本東洋文庫也有此本。

按,《御製文》又有三集,為十六卷目錄二卷,沈初等編,清嘉慶內府刻本。另有《餘集》二卷,朱珪等編,清嘉慶五年內府刻本。

2495　清乾隆刻本御製盛京賦　　T5476.3/83.5

《御製盛京賦》三十二卷,清高宗弘曆撰,傅恒等編校。清乾隆武英殿刻本。存十五冊。半頁五行七字,四周單邊,白口,單魚尾。框高21.4釐米,寬15.5釐米。有序。

盛京,即今遼寧瀋陽市。清人稱入關前之舊都為盛京,後金天命十年,努爾哈赤自遼陽遷都於此。皇太極天聰八年尊為盛京。世祖(福臨)順治元年遷都北京,遂以盛京為留都。康熙初,為鎮守遼東等處將軍治地。序云:"予小子纘承丕基,懼德弗嗣,深惟祖宗締搆之勤,日有孜孜,敬奉神器,言念盛京為天作之基,永陵、福陵、昭陵巍然在望,不躬親祀事,其奚以攄愨忱而示來許。爰以乾隆癸亥秋,恭奉皇太后發軔京師,屆我陪都孝思,以申祖武是仰。因周覽山川之渾厚,民物之樸淳,穀土之沃肥,百昌之繁廡,洵乎天府之國、興王之會也。昔幽居相度,召頌公劉,岐宅作屏,周歌大王,莫不於上帝之監觀,下民之君宗,三致意焉。故物以賦顯,事以頌宣,既見於斯,豈默於言乎!遂作賦。"

乾隆十三年九月十二日,上諭以太宗時國書,雖舊有篆體,而未詳備,以前寶璽印章,尚多取用本體清字,幾暇指授儒臣,援據古法,肇為篆書清字三十二體。於是傅恒等以御製盛京賦,義蘊既富,字數復多,請即以盛京賦之清漢字繕成古篆三十二體,以成是編。得旨,以傅恒、汪由敦、阿克敦、蔣溥等總裁其事。清篆既成,寶璽印章得遵式改鐫。

是書應三十二卷,此本今存垂露篆、懸鍼篆、龍篆、垂雲篆、鸞鳳篆、科斗篆、軀書、倒薤篆、鳥書、大篆、麟書、轉宿篆、刻符篆、鵠頭篆、纓絡篆,計十五種。缺玉筯篆、芝英篆、尚方大篆、小篆、鐘鼎篆、柳葉篆、殳篆、穗書、鳥蹟篆、墳書、雕蟲篆、金錯篆、飛白書、龍爪篆、奇字、剪刀篆、碧落篆,計十七種。此本佚去乾隆十三年九月十二日上諭。

按,《御製盛京賦》一卷撰成後,鄂爾泰等人有注,有清乾隆刻朱墨套印本。另汪由敦有寫本,存中山圖書館。

《續修四庫全書總目提要(稿本)》及《中國古籍善本書目》著錄,首都圖書館、故宮博物院圖書館等四館有全帙。

鈐印有"緑漪書屋"。

2496　清乾隆刻本緝齋詩文集　　　　　　　　T5476.9/4902

《緝齋文集》八卷首一卷附錄二卷《詩稿》八卷首一卷,清蔡新撰。清乾隆五十年(1785)刻本。七册。半頁九行二十一字,四周雙邊,白口,單魚尾。框高 19.9 釐米,寬 12.4 釐米。題"漳浦蔡新葛山"。前有乾隆五十年皇十一子序。《詩稿》前有乾隆五十年朱珪序,乾隆四十七年(1782)皇十一子序。

蔡新,字次明,號葛山,福建漳浦人,爲世遠從子。幼孤。稍長,知篤學,喜聞性命之説。世遠以理學倡閩南,特愛之。乾隆元年進士,改庶吉士,授編修。在詞館,日進講義,更殫心經濟。典江西鄉試,旋直尚書房,再授侍講。奉命督學河南,秩滿再典試江西,又典順天鄉試。後命爲内廷總師傅。又提督直隸學政,再疊次陞遷,歷官樞要。官至文華殿大學士,吏部尚書,充會試正考官。致仕,加太子太師。年九十三而卒,謚文恭。《(光緒)漳浦縣志》卷二二有傳。

蔡新人品端正,學問深醇,久任綸扉,兼轄部務,俱能恪恭奉職。其在尚書房行走,年分最久。乾隆帝及諸皇子俱經授讀。乾隆帝嘗云,近日朝臣中,詞章優贍者雖不乏人,惟蔡新究心根底,猶能守其家學。據《詩人徵略》載,其致仕家居,遇巡檢典史亦執禮甚恭。或問之,其曰:欲使鄉民知位至宰相亦必敬父母官,知父母官當敬,庶幾常存不敢之心,而犯法者或鮮耳。其學以求仁爲宗,以孟子不動心爲指歸,嘗苦此心難治。《文集》首一卷爲經史講義。卷一奏疏;卷二頌、雅;卷三賦、策、論;卷四書、序;卷五序;卷六記、墓志銘;卷七墓表、傳、文、行述;卷八跋、雜著。《詩稿》首一卷爲《恭和御賜詩元韻六首》。卷一五十三首,卷二七十九首,卷三一百六首,卷四五十四首,卷五五十一首,卷六七十首,卷七六十一首,卷八四十一首。附錄卷一《讀史隨筆》,卷二《文獻通考隨筆》。

皇十一子《文集》序云:"余既已闡發旨意,以爲其言在五常之行,則使人油然思而孝慈忠信之心生;其言在政事,則使人昭然明白而可行可法之效著。今文稿中,若進呈經義、家譜序諸篇,皆孝慈忠信之心之所發也。南洋開禁議、河防議諸篇,又莫非可行可法之效也。真善古文,非從制義出,又其餘也。積力於質,質厚而文從者,雖闇而章矣。況其荷聖皇知遇,授上書房總師傅者四十年,晉秩宫師,賜詩寵行,爲天下讀書士所歆慕而詠嘆之者乎!"

皇十一子序《詩稿》云:"蔡葛山先生每與余言及詩,輒自謂不能,亦未嘗見先生日有所作,其意以爲質而不華也。一日,攜其《緝齋詩稿》示余,余遍閱之,嘆賞不能釋然,竊怪先生之自視歉然……先生既深慕文公之風,又善承聞之先生之家學,則其於達本豐末,孰重孰輕,必有辨矣。修辭立其誠,君子之所務也。"

《文集》卷五缺第十七、十八頁。

《四庫全書總目》、《續修四庫全書總目提要(稿本)》、《日本現存清人文集目錄》未收。《中國古籍善本書目》著録,存《文集》八卷首一卷附録二卷,無《詩稿》,藏福建省圖書館。《中國科學院圖書館藏中文古籍善本書目》著録爲全帙。

2497　清乾隆刻本繩齋内外集　　　　　　　　　　　　T5476.9/7222

　　《繩齋内集》十六卷《外集》八卷,清劉綸撰。清乾隆刻本。十二册。半頁十一行二十一字,左右雙邊,白口,單魚尾。框高17.9釐米,寬13.9釐米。前有乾隆三十八年(1773)上諭,諭祭文,乾隆三十九年(1774)御製碑文,于敏中撰《皇清誥授光禄大夫經筵講官太子太保文淵閣大學士兼工部尚書直南書房軍機大臣晉贈太子太傅入祀賢良祠謚文定武進劉公墓志銘》;乾隆三十七年(1772)錢陳群序,劉綸自序。

　　劉綸,字慎涵,號繩庵,江蘇武進人。乾隆元年召試博學鴻詞第一。少雋異,六歲綴文,驚其里師。稍長,則學爲古文詞,不忕世非,覃精鋭思,卓然早成。十九補諸生,既而入翰林,益踔厲自力,擢侍講,進太常少卿,由左右通政太僕卿三遷至大理卿。歷試克譽,不懈於位,拜内閣學士兼禮部侍郎。署兵部侍郎,入直南書房,再遷禮、工二部侍郎,直軍機處。後以户部尚書協辦大學士加太子太保。乾隆三十六年拜文淵閣大學士兼工部尚書。乾隆三十八年卒,年六十三。卒謚文定。

　　綸學問博雅,於詩獨喜高啓,謂能入唐人門閫,爲文章浸淫六朝而根柢漢魏。此本《内集》卷一賦,卷二詩(直廬稿),卷三詩(吉林稿),卷四詩(田盤稿),卷五詩(木蘭稿),卷六詩(嵩麓稿),卷七詩(臺懷稿),卷八詩(西陲稿),卷九詩(南中稿),卷一〇詩(帖子稿、試帖稿),卷一一進册,卷一二講義經史摺、奏摺,卷一三銘、贊、跋,卷一四序,卷一五解、論,卷一六策問。《外集》卷一至四詩,卷五贊、箴、銘、誄、疏、序,卷六題辭、傳、書,卷七記、論、説、墓志銘,卷八墓表、行狀、祭文。

　　《外集》卷一詩有《縫窮女》,云:"朝尋北里門,暮趁南坊路,還憐倚市人,縫新不縫故。長針引短縷,貧女那可作,萬縷復千針,爾自無完袴。"卷二詩《跋遺卷》云:"成敗英雄論定難,幢幢絳蠟卸頭盤。莫因負局抛殘著,我是樵柯爛後看。"均有新意。

　　綸自序云:"綸不才,幼禀先人之教,嘗舉經訓菑畬四言俾揭坐隅。稍長,從叔穰滕先生以詩學相鏃礪。初補學官弟子,出桐城药齋張師之門。既而長白望山尹師、用方顧師,以制撫校士吴中,並嘉與其少作,不忍重自暴棄,後以詞科通籍,讀中秘書,伏覩聖天子睿學高深,天文炳蔚,度越隆古,昕夕跽頌,繹思尺寸,若有所得。自是出入扈從,承敕賡和及經進篇什,所積遂多,屬子婿董摭拾連綴,得《内集》十六卷,上以志聖人之依歸,下以程膚學之進退。自餘所存,非早年學步即牽率應酬,其言實無足采。雖然,昔之人不云乎雞肋無味,棄之可惜,又云家有敝帚,享之千金,至少源婦人刈薪而不棄箸簪,君子且以其不忘故爲情之厚,因是别加芟汰,録爲《外集》又八卷。"

　　《續修四庫全書總目提要(稿本)》云:綸"於萬機叢脞之暇,性嗜詩古文辭,文則本原經史,取法六朝;詩則頗學高啓,自有精神意象存乎其間,雖未能以吟詠爲事,苦思力索以求工。然《内集》所載大科應制諸作,清華典麗,根柢宏深,一賦抉經之心,尤爲諸藝之冠。其備蒙恩眷,本非偶然。至其立朝,風度端謹,尤堪比美。在政府十載,明良契合,襄贊雍容,遇事直陳,無所依附"。

　　《外集》卷八末頁刊"受業唐紹家、婿陳賓、男圖南、躍雲、召揚同校字"。

《四庫全書總目》、《臺灣公藏善本書目》未收。《中國古籍善本書目》、《日本現存清人文集目錄》著錄,前者作清乾隆用拙堂刻本,必有所據。中國國家圖書館、中國科學院圖書館、四川省圖書館等五館,以及日本東洋文庫、京都大學文學部、大阪府立圖書館也有入藏。

鈐印有"漢陽葉氏藏書"、"葉志詵印"、"葉氏東卿"、"葉東卿再閱記"、"道光甲辰自京寄楚咸豐壬子由楚寄粵再閱一過仍復寄楚葉志詵識於廣督署"、"太子少保"、"葉繼雯"、"雲素"、"積學齋徐乃昌藏書"。按,葉繼雯,字雲素,湖北漢陽人。乾隆五十五年進士,官至戶科給事中。志詵當爲繼雯子,於金石之學剖晰毫芒,所藏彝器甚多。

2498　清乾隆刻本華陽散稿　　　　　　　　　　　T5475/5414

《華陽散稿》二卷,清史震林撰。清乾隆松槐書屋刻本。六册。半頁九行二十一字,四周單邊,白口,單魚尾。框高 17.3 釐米,寬 12.2 釐米。題"金沙悟岡史震林撰"。前有乾隆三十二年(1767)史震林自序。

史震林,見清乾隆刻本《西青散記》。

是書題"散稿",乃多記、序、書、題等。卷一有"小記"十七篇,其七有云:"銅甚臭,善用之則香;墨甚香,不善用之則臭。孔方兄,流芳絕少;管城子,遺臭偏多……"篇篇皆具哲理。

自序云:"我生如戲,嬉笑怒罵,皆戲具耳。人生如夢,語言文字,皆夢囈耳。詩文之道有四,理事情景而已。理有理趣,事有事趣,情有情趣,景有景趣。趣者,生氣與靈機也。做無趣之夢,串無趣之戲,豈不負有趣之天,虛有趣之地乎哉?搭不三不四之人,作不深不淺之揖,吃不冷不熱之餅,説不痛不癢之話,小人之描畫君子,雖爲無禮,不爲無趣也。余生也晚,未見古人;余才也魯,未見奇書。矢口爲詩,信筆爲文,理事情景,四無一趣,人之所嗤,鬼之所笑,此中有淚,哭之者其誰也。風有時而逆,列子之御無趣矣;月有時而晦,太白之御無趣矣;花有時而萎,南華之蝶無趣矣;槐有時而枯,南柯之蟻無趣矣。此中有淚,哭之者又誰也。墨耕、琴莊者,趣士也,遊趣園,拈趣筆,吟趣事,與有趣之人,愛無趣之我,揮有趣之金,刻無趣之文。是猶玉勾詞客之刻余《西青散記》,余將毀之,震亭藏之,而祝融氏厭其無趣,起而焚之,人莫能嗤,鬼莫能笑,此中有淚,哭之者又誰也。墨耕、琴莊喟然嘆曰,嗟乎!夢爲生,夢爲旦,未必無趣也。夢爲生而忽浄,夢爲旦而忽丑,亦未必無趣也。至於争無趣之蝸角,競無趣之蠅頭,夢不成夢,戲不成戲,此中尚有淚乎?哭之者誰?且遊華陽第八洞天第一福地可也。"序中所云墨耕、琴莊者,皆徐姓。震亭者,曹姓也。玉勾詞客即吴長公。

此本有闕名朱筆批點。又有扉頁,刊"華陽散稿。金沙史祐岡先生著。松槐書屋藏板"。按,是書又有清光緒刻《敉園叢書》本及民國二十四年《中國文學珍本叢書》(第一輯第九種)本。

《四庫全書總目》、《續修四庫全書總目提要(稿本)》、《臺灣公藏善本書目》、《日本現存清人文集目錄》未收。《中國古籍善本書目》著錄,中國國家圖書館、南京圖書館入藏。

鈐印有"禮堂曾見"、"禮堂閱本"。

2499　清乾隆通志堂刻本織雲樓詩　　　　　　　T5476.9/4145

《織雲樓詩》八卷附鈔一卷,清莊大中撰。清乾隆姑蘇通志堂刻本。四册。半頁九行二十一字,左右雙邊,白口,單魚尾。框高 18.1 釐米,寬 11.7 釐米。題"元和莊大中鏡堂"。前有乾隆十年(1745)陳益序,乾隆二年(1737)沈德潛序,雍正十一年(1733)莊歆序,雍正十年(1732)徐陶璋序,乾隆九年(1744)陳張翼序。

莊大中,字鏡堂,江蘇元和人,莊正子。乾隆二年(1737)進士,曾任東安知縣。

大中天姿儁朗,曠代軼才,古文辭出入漢唐,制義參宋人之席,乃其興之所托,不能自已者,尤在於詩。卷一《滋蘭集》九十八首,卷二《絳霄集》一百二十三首,卷三至四《焚香集》二百十九首,卷五至八《溟螺集》二百五十七首。附鈔《率爾集》五十八首。

陳益序云:"鏡堂一孱弱書生耳,平居曠枚不羈,一旦遠窆天末,顧能政成民安,行所無事,儼然古循良吏之所爲。而退食之暇,復能揮灑翰墨,凡粤中山水之奇跡,花木禽魚之美好,人民都市之風尚,以及懷人念舊、勸學興農,一於詩乎發之以抒寫其性情,則又彷彿白香山、蘇子瞻之流風餘韻,才人之才其真不可測也哉?"

徐陶璋序又云:"其詩本於性靈,傅以藻采,佳處有漢魏三唐風味。賦體物瀏亮,如揚子雲所言,麗以則,非麗以淫者。纔踰志學,而其辭成於四五年前者居多,非奇才天授而能然歟?"

扉頁刊"織雲樓集。姑蘇通志堂發兌"。又書有"大清同治六年春,王古樊與同山氏珍藏"一行。

《四庫全書總目》、《續修四庫全書總目提要(稿本)》、《臺灣公藏善本書目》、《日本現存清人文集目錄》未收。《中國古籍善本書目》著錄,湖北省圖書館入藏,上海圖書館所藏爲殘本。

鈐印有"陳氏之印"、"陳氏珍藏"、"同山畫印"、"同山"、"詩城"、"古香齋"、"惜花人"、"花房"、"永壽"、"月古雲香"、"忙里偷閑"、"空山無人水流花開"。

2500　清乾隆刻本海山存稿　　T5481/7291

《海山存稿》二十卷,清周煌撰。清乾隆五十八年(1793)周氏葆素家塾刻本。四冊。半頁十行二十一字,四周雙邊,白口,單魚尾。框高19釐米,寬13釐米。題"涪陵周煌著"。前有乾隆三十四年(1769)陳兆崙序。末有乾隆五十八年周興岱跋。

周煌,字景垣,號海山,四川涪州人。乾隆二年進士。改庶吉士,散館,授編修。以文學著名,官翰林院侍讀二十年。屢典試事,充山東鄉試副考官,會試同考官、雲南鄉試正考官、福建鄉試正考官。嘗以侍講充册封琉球副使。擢內閣學士,提督江西學政,後爲刑部侍郎、兵部侍郎、《四庫全書》館總裁、工部尚書,官至左都御史、兵部尚書。以病乞休,卒諡文恭。又有《琉球國志》。《國朝耆獻類徵初編》卷八三有傳。

此集皆爲詩。卷一至八爲《內集》,收恭和御製詩。卷九至二〇爲《外集》,收典試山東、雲南,奉使琉球,扈駕熱河,視學江西、福建、四川之詩。卷一五十七首,卷二五十一首,卷三七十八首,卷四七十首,卷五六十七首,卷六十四首,卷七十首,卷八頌三十一章,卷九九十首,卷一〇七十三首,卷一一一百二十九首,卷一二四十六首,卷一三四十五首,卷一四五十四首,卷一五二十四首,卷一六八十九首,卷一七五十首,卷一八九十一首,卷一九四十九首,卷二〇四十四首。

卷一七有《題天一閣》,云:"寶書樓閣敞神仙,廿四櫥封二百年。兵火不遭真有幸,子孫能守豈非賢。階前帶草長抽綠,卷里蟫魚早化煙。我本蘭台舊太史,披圖回首意悠然。"又《吳興蠶詞》十二首,述育蠶之事。云:"好是風風雨雨天,清明時節鬧桑田。青螺白虎剛祠罷,留得灰弓月樣圓。""羅帕兜來正打包,曉寒新火出堂坳。辛勤甚有爺娘意,抱定繃兒不肯抛。""已從蠶國見蠕蠕,市葉稍來得現無。認取床頭堆箇箇,鵝毛新刷有攤烏。""陌上相攜踏復歌,頭蠶起後斷經過。平時畏吏真如鬼,官禁初嚴奈我何。""戢戢聲中聽轉希,可憐腸斷不勝飢。小姑新婦銀彎脫,贏得砧石快似飛。""繅到三眠半月強,即時嬾意滿筠筐。一篝燈焰青如許,長伴香閨照繚娘。""縛得松棚似屋牢,爲編竹格裹絲縧。兒童細認便便腹,上到山頭數老饕。""乍見春陰結綺疏,家家撩火烏來初。灼山貴葉如相和,一例從呼亦警予。""飼餇殷勤屬阿誰,報恩唯是寸心知。人間乞網堆盤果,爭比勻圓甕大時。""立夏初過小滿來,繅車聲動隱如雷。盆三已見銀爲線,串五猶誇雪作堆。""去年葉貴不任餐,今歲蠶傷又苦寒。聽取吳兒盆卜好,阿娥手外轉團團。""貴賤徒聞事兩傷,三姑如把合低昂。儂家自有雞豚賽,笑煞祠官寄屋郎。"

周興岱跋云:"先文恭公晚歲自取生平所爲詩刪存二十卷,嘗欲出以問世也。興岱自服闋補官京師,緬懷夙訓,時展遺編,竊窺立言之旨,原本忠愛,因事宣詞,屛去雕飾,而律身行己之大端,每流著於簡表。誠恐手澤久而散失,因校授梓人,垂諸家塾,俾後嗣承麻溯澤,感荷燾覆洪慈,務勗於讀書敦行云爾。"

此本有扉頁,刻"海山存稿。乾隆癸丑鐫。葆素家塾"。

《續修四庫全書總目提要(稿本)》、《臺灣公藏善本書目》、《日本現存清人文集目錄》未收。《中國古籍善本書目》著錄,四川省圖書館、山西省祁縣圖書館入藏。又《中國科學院圖書館藏中文古籍善本書目》也有著錄。

2501　清乾隆刻本瓠息齋前集　　　　　　　　T5476.9/3447

《瓠息齋前集》二十四卷,清凌樹屛撰。清乾隆刻本。四册。半頁十行十九字,左右雙邊,黑口,單魚尾。框高 17.5 釐米,寬 12.5 釐米。題"烏程凌樹屛保氂"。前有乾隆二十四年(1759)自序;校閱同人姓氏。

凌樹屛,字保氂,號緘亭,浙江烏程人。乾隆四年進士,官鳳縣知縣,調咸陽,後改補嘉興府教授。學問該博,能文,善課士,月旦之評,不爽尺寸,禾中好學者多有請業。又著有《五經文字異同考》等。《(光緒)烏程縣志》卷一七有傳。

樹屛善詩,大抵爲才情奔放之作。此本殘存卷一至二二。卷一賦集、古律賦,卷二至二四爲古今體詩。卷二《彀音集》,起庚子迄丁未,四十二首;卷三《鼠臘集》,起戊申迄壬子,三十九首;卷四《後庚集》,起癸丑迄丙辰,六十五首;卷五至六《前齐壁集》,起丁巳迄戊午,七十八首;卷七至一一《天光雲影齋集》,起辛酉迄癸亥,二百十一首;卷一二《攈餘集》,甲子,四十七首;卷一三《北莊集》,乙丑,五十八首;卷一四至一六《白洋集》,起丙寅迄戊辰,一百九十八首;卷一七《爭席集》,己巳,四十二首;卷一八《南湖市隱集》,庚午上,四十五首;卷一九《冬瓜集》,庚午下,三十九首;卷二〇《廬屋集》,辛未上,五十首;卷二一《水明樓集》,辛未下,五十一首;卷二二《倚蓬集》,壬申上,五十首。

《彀音集》,此集爲凌氏學語時作。其少時爲祖父器愛,凡聲律之學,口授爲多。自序曰:"玆吟詠雖復孱筆稚墨,無當巨雅,顧嘗資老人歡笑之具,未忍廢棄,稍稍遴其可存者,集爲一卷,名曰彀音,聊自托於小鳥之鳴。"

《鼠臘集》,凌氏中舉後,獲交閔晴岩,"並以少年靡綺,不少微詞、無聊有托之作,往復遂多。然回視丁未以前,了無遷異,殊負家公之教澤與良友師之磨切,意甚媿之。顧猶不廢排纘,則亦宋人寶其鼠臘之意也。"

《後庚集》,"是年癸丑,始思揆之以理,啓杜、韓、張三集,伏而誦之,時有所得,然猶未免故態復發也。乙卯以後,華葉稍已芟盡,雖未遑希響山石犖確之篇第,卻顧作女郎詩。時眉眼殊異,非復曩容。集曰後庚,恨晚也。"

《疥壁集》,"余生平游歷不出數百里外,丁春,偕計吏北上,始睹江淮天塹之險,燕、趙虎都之雄。書鞭作賦,畫堁成吟,郵亭舍館,淋灕殆遍。然頗爲逆旅主人所厭惡,身未去而堊漫者往往而是。明年,棲跡潯南,復不自戒,圍屏坐幄之間,殊多粘綴,亦安所得碧紗籠乎?因並其兩年所作,署曰疥壁,以志余愧。""巳春,復試禮闈,雖倖邀一第,而僻才狹識,終違時用。夏秋之交,書券南歸,不免衣奔食走,偶有所得,大都道途辛苦之作爲多。曰疥壁,猶前志也。"

《天光雲影齋集》,"違湖郡東南一舍許,有村曰荻岡,宋倪尚書思所紀二十四游之一也。余自辛酉以後,流梗是鄉者凡三載,水部章先生父子,無日不過從,亦無日不談詩。寄跡菰蘆之中,乃復有此生活,誠自喜不暇自哀也。歷年既久,積帙遂繁,因釐其集爲五。天光雲影齋,則水部兄子靜遠君所築以寓余者。"

《攫餘集》,"舊冬,妖孛久駐天西北隅,接於開歲,復見東南,占者咸謂水象。至夏,成都、睦、婺諸州,遂有發洪之異。秋,米湧貴。凌子感時傷遇,作詩至二百首。臘杪歸家,不知誰何攫去。後見一妄子所搆,往往取青於此。豈宋延清世,固不乏耶?燈邊酒際,記憶所得,因號攫餘集焉。"

《北莊集》,"是歲家居無事,因雜取齊梁詩擬之。至秋,有妹之喪,重以母病,遂輟業焉。"

《白洋集》,"白洋,吳江東南鄙小水也。然接波巨鎮,畫舸紅樓,華輝無際,兼亦備絲竹之趣焉。余游寓於斯,因取以名集。""時無和者,孤唱不豪。歲云暮矣,頗動旅羈之感,故寄托轉深,二三君子有依而詠者,亦爲彬彬焉。"

《爭席集》,"凌子非庚桑子也。然是歲寓跡闐溪下鄉,日與野人伍。彼豈知阿婆三五少年時乎?小閣吹笙,閒亭鼓瑟,挑泥擔糞之徒,欻來並坐,亦無誰何呵麾之,蓋亦幾於爭席矣,因取以命集。"

《南湖市隱集》,"南湖,秀州之勝區也,裴公島、舟里街皆連屬焉。余僦一廛於街之右,朝夕課業,以短簿爲隔。簿以外,皆販途賈藪,擔夫之爭呶,花嫗之唱喚,賣餳簫、出蠱鼓之狂吹而邊擊,輒與謳吟聲相亂。余既忘其市中,市中人亦都忘其有余也。是可編以爲市隱集矣。"

《冬瓜集》,"冬瓜,唐詩人張承吉之子小字也,時有合出弧子之誚,蓋以承吉名祜云。今秀州東北隅有地曰冬瓜堰,李日華《雜綴》乃云:承吉嘗爲此堰官,卒後,其子虎望復權是職,遂前來語圖記取之。二者未定誰是。余於夏五,由春波門左遷跡堰旁,翅岸斜開,鱗溝接次,如薺林邊,朝陽明滅,孤帆往來,長年漁子喁吁,唱答之聲,隱送霞外。蓋雖帶城闉,而饒有泉壑至趣,始與塵廛遠焉。"

《廬屋集》,"《淮南子》曰,廬屋之下,不可以久居。余頻年失足,萍著於此,徹晨雨夜,上漏下蒸,雖患苦亦復如何!幸未壓閒,尚頗據床觚吟誦不休。蓋所謂欲泣近於婦人,聊以當仰嘆而已。"

《水明樓集》,"四更山吐月,殘夜水明樓。嗟乎!非久客孤夐者,其能見此景哉?余寓齋適有是樓,每秋點疏殘時,憑欄徙倚,便覺杜老此吟凄然動人也。彼錦幄高張,輝燈亂影,有畢世不知矣。"

《倚篷集》,"凌子自年長來,無日不爲旅人,頗能以槧墨自遣。是秋,將有事於京師,托命篷脚下者殆五十餘日。江濤之陡作,檣月之凄涼,蕩心怵目,諸趣咸以一詠消之。倚篷孤嘯,蓋與縫夫之邪許相唱和焉。"

凌氏自序云："樹屏自就傅後，入承弓冶，出交老蒼，服習科舉業外，即從事詩古文辭。竊見斯道蹧駁於前明，未墜於今日，荒村末學小生，幸尚得其遺法，未忍佴背，蘄朝夕爲之。顧以財力蹇拙，無能窮極格意，三十年來，苟有撰著，不爲長老訶斥者鮮矣。夫人手成一技，果皆出諸辛苦之餘，則甚陋，未有不自愛玩者，矧於余乎！誠不得以多所未當而輒棄也。庚午仲夏，游寓盛川逆旅，主人不戒於火，奚囊中物乃爲祝融氏取去。聞溪諸生周玉霖者，舊嘗抄纂其副本，因乞以歸。詩頗全，而古文已亡。今歲長夏無事，料理故帙，懼復有失，爰并其後所作，都差次爲一編，以付開雕。秀水友人穗樹翁朱芬雅好余詩，實率諸友人資助焉。目曰前集，蓋用唐賢自集之例，且使他日有儲吾文者出而見，予得輯之爲中集、續集云爾。"

據《烏程縣志》卷三二《著述二》，凌氏此書又有《後集》四卷、《文集》三卷、《別集》一卷。

《四庫全書總目》入集部別集類存目。《中國古籍善本書目》、《臺灣公藏善本書目》、《日本現存清人文集目錄》、《販書偶記》未著錄。《中國科學院圖書館藏中文古籍善本書目》著錄。

鈐印有"管得圖書印"。

2502　清乾隆刻本沈歸愚詩文全集　　T5468/3123

《沈歸愚詩文全集》七十三卷，清沈德潛撰。清乾隆刻本。二十四冊。半頁十行十九字，左右雙邊，白口，單魚尾。框高 17.3 釐米，寬 13.2 釐米。題"長洲沈德潛確士"。

沈德潛，見清乾隆刻本《杜詩偶評》。

德潛文本學汪琬(堯峰)，後由堯峰上溯歸震川，以唐宋八大家爲歸宿。詩則古體必宗漢魏，近體必宗盛唐，於杜工部、韓昌黎、李義山、蘇東坡、元遺山，下至高青邱、李空同、何大復、陳臥子、王漁洋，兼取其長。詩文全集爲《歸愚詩鈔》二十卷、《歸愚詩鈔餘集》十卷《詩餘》一卷、《歸愚文鈔》二十卷《餘集》八卷、《矢音集》四卷、《歸田集》三卷、《八秩壽序壽詩》一卷、《説詩晬語》二卷、《浙江通省志圖説》一卷、《黄山游草》一卷、《台山游草》一卷、《南巡詩》一卷、《沈德潛自訂年譜》一卷。按，德潛未通籍以前，於雍正二年(1724)刻有《竹嘯軒詩鈔》十八卷。此全集各種，皆通籍以後並前刻詩鈔重編，陸續刊行者。

《歸愚詩鈔》，卷一古樂府六十二首，卷二新樂府四十六首，卷三四言古三十三首，卷四至七五言古二百六十九首，卷八至一一七言古一百四十九首，卷一二至一四五言律二百七十六首，卷一五至一八七言律二百七十三首，卷一九五七言長律五七言絕句一百三十二首，卷二〇七言絕句一百八十一首。前有乾隆十六年(1751)乾隆帝序。目錄後有"錢塘鬱吳邑、嘉善戴兆薇校"。

《詩鈔餘集》，卷一至一〇古今體七百五十首。前有乾隆三十一年(1766)梁國治序。

《詩餘》一卷，詞四十六首。題"長洲沈德潛歸愚稿；長洲顧詒祿緩堂閲"。前有乾隆三十二年(1767)顧詒祿序。

《歸愚文鈔》，卷一賦八篇；卷二賦十二篇、擬詔四篇；卷三考八篇、辨七篇；卷四説十六篇；卷五摺子等十二篇；卷六論十六篇；卷七對策九道；卷八至九記三十二篇；卷一〇至一四序七十七篇；卷一五書十二篇；卷一六至一七傳十七篇、墓誌銘七篇；卷一八墓誌銘十二篇、墓碣一篇、墓表一篇、行狀一篇；卷一九書後及跋二十一篇、贊一首、銘辭；卷二〇祭文等十篇。題"長洲沈德潛確士著"。前有乾隆二十四年(1759)顧詒祿序。

《文鈔餘集》,卷一至三序七十六篇;卷四記十七篇;卷五傳十九篇;卷六墓志銘十三篇、墓表二篇;卷七論十六篇、又規條十則;卷八補遺(不及分體)二十篇。題"長洲沈德潛歸愚"。前有乾隆二十三年(1758)方棨如序。目錄後刊"受業長洲高鑑金錄恭校"。

《矢音集》,卷一至四皆古今體詩,計二百十五首。題"長洲沈德潛確士"。前有乾隆十八年(1753)傅王露序。目錄後刊"門人錢塘鬱吳邑、嘉善戴兆薇校"。

《歸田集》,前有乾隆三十二年(1767)沈德潛自序。

《八秩壽序壽詩》,壽序四篇、壽詩十六首。附九秩壽序二篇、壽詩十四首。

《說詩晬語》,二百十五則。題"長洲沈德潛確士"。前有沈德潛自序。

《浙江通省志圖說》,二十六篇。題"長洲沈德潛確士稿;長洲周準欽萊評點"。《黃山游草》,四十三首。題"長洲沈德潛歸愚"。末有沈德潛識語。沈氏游黃山在乾隆十五年(1750)。

《台山游草》,二十九首。題"長洲沈德潛歸愚"。末有沈德潛識語。沈氏游台山亦在乾隆十五年。

《南巡詩》,計三十章。

《年譜》,題"長洲沈德潛歸愚自訂"。前有乾隆二十九年(1764)顧詒祿序。書口下有"教忠堂"。有扉頁,刊"沈歸愚詩文全集。教忠堂藏板"。記其少時攻苦力學,遇合淹遲,晚之遭逢帝眷恩施。

《四庫全書總目》未收。《中國古籍善本書目》或因其流傳較多而不予收錄。《臺灣公藏善本書目》未著錄。《續修四庫全書總目提要(稿本)》、《日本現藏清人文集目錄》著錄。日本靜嘉堂文庫、內閣文庫、東洋文庫等館藏有十部之多。

館藏有複本一部,二十三冊。鈐有"松濤庵圖書記"、"守真菊堂珍藏"、"澹寧"、"大崎氏圖書印"。又有殘本一部,八冊,二函。存《歸餘詩鈔》二十卷、《歸田集》三卷、《說詩晬語》二卷、《浙江通省志圖說》一卷、《黃山游草》一卷、《台山游草》一卷、《南巡詩》一卷。《歸餘詩鈔》有扉頁,刊"歸餘詩鈔"。餘六種,估人並爲一書,取名《歸愚六種》,將原有扉頁割去中間部分,填紙又書"歸愚六種",并在左側寫有六種之名。《歸餘詩鈔》之函套上有張滋昉識語,云:"文恪論詩,以和平敦厚爲主,故其所作本源漢魏,追綜漢唐,下逮元明諸大家,莫不兼綜條貫,以集大成。此冊係初印本,爲杏林軒所藏。張滋昉識。"

2503　清乾隆刻本——齋詩　　T5468.3/83

《一一齋詩》十卷,清沈德潛撰。清乾隆刻本。二冊。半頁九行十八字,左右雙邊,黑口,單魚尾。框高 16.1 釐米,寬 12.3 釐米。題"長洲沈德潛確士"。前有張景崧序。

德潛簡歷,見清乾隆刻本《杜詩偶評》。

德潛工詩。是時江南盛詩社,又宗尚蘇、陸之學,硬語粗詞,荊榛塞路。德潛獨斤斤然古體詩必宗漢魏,近體必宗盛唐,元和以下視爲別派。又提創格調說,認爲"詩貴性情,亦須論法"。與王士禎之神韻說、趙執信之聲調說、袁枚之性靈說爲當時詩壇主要流派。舒位《乾嘉詩壇點將錄》"詩壇都頭領三員",第一位即沈德潛。

"一一"者,玄象之始也。漢揚雄《太玄·瑩》云:"夫一一,所以摹始而測深也。"范望注云:"一一起於黃泉,故謂之始;在泉之中,故測深也。"此集之詩,始自己卯(乾隆二十四年),止於戊子(乾隆三十三年),每年一卷。計卷一四十六首,卷二三十二首,卷三二十五首,卷四二十六首,卷五四十二首,卷六六十二首,卷七四十四首,卷八三十四首,卷九五十二首,卷一〇三十八首。

張景崧序云:"余於確士爲舊交,爲同道,故知之最深……今讀確士《一一齋詩》,雖宗不一家,家不一格,而於比興爲工。中有《擬古》、《寒夜述懷》諸作,尤爲魁壘傑出,因信工夫果在詩外,而非尋常拈髭弄墨者比也。由是益涵養性情,浸淫學術,不違於衆論,不牽於毁譽,其所造更有超群絕倫者,又何以量吾確士耶?"

此本有扉頁,刊"一一齋詩稿"。

《四庫全書總目》、《續修四庫全書總目提要(稿本)》、《臺灣公藏善本書目》未收。《中國古籍善本書目》著錄,浙江圖書館入藏。

2504　清乾隆刻本笏山詩集　　T5481/5052

《笏山詩集》十卷,清申甫撰。清乾隆刻本。二册。半頁十一行二十一字,左右雙邊,黑口,無魚尾。框高 18.2 釐米,寬 13.5 釐米。題"江都申甫及甫"。前有乾隆五十七年(1792)袁枚序。

申甫,字及甫,江蘇揚州人,其先系出池陽,後遷於揚州。少敏悟,下筆輒見新意。乾隆六年順天鄉試中式,授中書舍人。後任軍機處行走,擢内閣侍讀、刑部郎中、順天府府丞兼學政,授光禄寺卿、大理寺卿、都察院左副都御史,以事降調,補太僕寺少卿,尋遷通政使。三十九年仍授左副都御史如故。乾隆四十三年卒,年七十三。《國朝耆獻類徵》卷八六有傳。

申甫以詩鳴,乾隆元年徵博學鴻詞之士用備館閣,大學士嵇曾筠薦申甫於朝,時薦在京輦者凡一百八十八人,而申甫之詩名最著,士大夫之言詩者走集其門,故稱詩於都下。此集皆爲古今體詩。卷一八十一首,卷二六十八首,卷三九十八首,卷四七十二首,卷五六十六首,卷六五十首,卷七六十五首,卷八六十一首,卷九四十九首,卷一〇四十六首。

袁枚序云:"今之爲詩者,非余與公當日之詩也,有以數典爲工者,有以貌襲矜者,有泥於古者,有蔽於今者,有乘人而斗其捷者,雖人人見貌自藏,律以性情二字,抑末也。惟公掃而空之,修然自束,清峭不群,取之於人意之中,得之於物象之外,安得喚公復生擁而置之壇坫之上,令後生北面而事之哉!"《湖海詩傳》卷九云,申甫爲詩抒寫性情,羌無故實。白樂天、楊誠齋、查初白,其兔園册子也。其好句如:"行攀石磴無人跡,静聽流泉冷客心。""幾日閑眠關竹户,一番細雨長秋花。""寒歸木末全無葉,暖入梅梢漸有花。""尚有晚香留紫菊,不妨小閨到黄楊。"

此本有扉頁,刻"笏山詩集"。

《續修四庫全書總目提要(稿本)》、《中國古籍善本書目》、《中國科學院圖書館藏中文古籍善本書目》、《臺灣公藏善本書目》、《日本現存清人文集目録》未收。

鈐印有"來青閣藏"、"明治辛丑得于宇域"。

2505　清乾隆刻本水南灌叟遺稿　　T5481/6135

《水南灌叟遺稿》六卷,清羅遐春撰。清乾隆四十八年(1783)羅氏二畝園刻本。六册。半頁八行二十一字,左右雙邊,白口,單魚尾。框高 18 釐米,寬 11.7 釐米。書口下刻"二畝園"。目録頁次行題"吉水羅遐春旭莊"。前有乾隆四十八年熊爲霖序。末有乾隆四十八年姚頤跋。

羅遐春,字泰初,號旭莊,江西吉水南堡人。自歸田後,日以灌園爲業,因以水南灌叟爲別號。乾隆七年進士,改庶吉士。十年散館,授職編修,開坊右贊善,充日講起居注官。十六年分校禮闈,除侍讀,已復爲編修,凡在翰林近二十載。十八年,丁父憂回籍。二十四年服闋,還翰林。明年主考廣東,旋改官福建道御史,又以言事入刑部對簿,後以六部主事用,選授刑部貴州司主事,題本部江蘇司員外郎、奉天司郎中,在刑部六年。任滿,外除湖北德安府知府,易黃州府,旋遷山東鹽運使,以老病勒休。生於康熙五十六年,卒於乾隆四十七年,年六十六。

卷一序十一篇、狀一篇、弁言一篇、引一篇、緒言一篇,卷二記十三篇,卷三傳十五篇,卷四議一篇、説三篇、書十四通,卷五題跋四篇、碑文十二篇、壽序八篇,卷六墓表一篇、墓志四篇、祭文八篇、自輓額等三首。

熊爲霖序云:"旭莊少穎慧,才思駘宕,不可羈勒,初所習無專家,漁獵《莊》、《騷》、《左》、《國》、《史》、《漢》、八家文甚富,究亦不規規撫倣。既改南臺,然後縱力爲古文辭……邵叔宀、王芥子、顧密齋諸君子及余多往復,漸乃名滿長安。而碑版文字尤傳於海内,凡孝子仁人之不欲死其親者,多自燕齊、自秦、自楚、自嶺南、吳越、閩、滇,不遠跰涉數千里,抱其先人事狀以泣請,或介紹轉致,以蘄於必得一言志竁以爲榮。嗚呼!旭莊傳此公傳矣,此公傳旭莊愈傳矣,故集中此種爲多。次則扶植人倫,好紀人間節孝事,亦可備史書所不及。外此偶一爲游戲小品,亦不在《夷堅》、《諾皋》下。"

姚頤跋云:"先生由翰林而侍御、而西曹,歷楚北、山左。於山見鹿門、岱宗、赤壁之奇;於水見漢江、黄河之深,且廣肆覽所到,文益道上,薑桂之性然也。集中如景星、如芝草、如鐵堂古雪、如岩下電、如飛空走瀑布,名不一家,亦無恒象,而陸離夭矯,總適成爲旭莊先生之文。於戲!吉州自六一公後乃見斯文,先生以文重,則匪直吉州所由重,抑將以重我西江也。"

此本有扉頁,刻"水南灌叟遺稿。乾隆癸卯秋鎸。二畝園藏版"。並鈐有"四世孫均夏校對"紅色木記。此本爲暹春後人所刻,熊爲霖序有:"旭莊先生今已下世矣,其初原不欲汲汲以文名,今其兩公子檢其遺稿如干首,皆鄉所同人論定者,意壽之梨棗,以不朽其先人。"

《續修四庫全書總目提要(稿本)》、《中國科學院圖書館藏中文古籍善本書目》、《臺灣公藏善本書目》、《日本現存清人文集目録》未收。《中國古籍善本書目》著録,湖北華中師範大學圖書館也有入藏。

2506　清刻本靜廉齋詩集

T5475/8121

《靜廉齋詩集》二十四卷,清金甡撰。清刻本。六册。半頁十行二十一字,左右雙邊,白口,單魚尾。框高 19.2 釐米,寬 13.4 釐米。題"仁和金甡雨叔"。前有皇六子質親王題辭;蔡新序,朱珪序。

金甡,字雨叔,號海住,浙江仁和人。乾隆七年進士。至性過人,事母孝,砥礪學問,尤淹貫史事。會試、殿試皆第一。授修撰,擢贊善,歷左庶子、侍講學士。充廣東、江西、山西考官,督安徽學政。甡長於論文,所至稱得士。二十二年,入直上書房,先後侍書十七年。自孝友大端至言動儀節,罔弗盡言。唱酬題詠,皆寓意納箴,皇子皆鑒其誠。升詹事,督江西學政,轉内閣學士,三十二年,晉禮部左侍郎。三十八年以疾告歸,主講萬松書院、敷文書院。卒於乾隆四十七年,年八十一。《(民國)杭州府志》卷一二六《名臣四》有傳。

此集取名"靜廉",蓋因甡藏有宋朱熹手蹟"靜廉"拓本,故名。卷二二有《易靜廉齋扁喻意》一首,云:"新屋舊書齋,素榜署石壁,榜隨舊主去,我則換新額。靜廉摹拓本,朱子留手跡,有客或然疑,義與境殊隔。""石刻幾時傳,昔從京邸獲,妙理契深心,懸壁臨几席。服膺三十載,朝夕凜目擊,舊拓雖不存,雙鉤猶可覓。齋扁待更張,二字復誰易,即境義旁通,君疑應盡釋。"

是書收詩計五千餘首,無體不備。起雍正二年,迄乾隆四十七年。卷一三有《七十初度述懷二十首》,各首自注生平梗概,可作年譜之用。卷一八有《家誡五十首》,乃其見解所及,凡切於日用終身可行之理,以垂示子孫者。卷二四有《八十初度自序詩》,凡八十一章,"體不更張,數殊泛濫。敢云相敵,聊用自娛。"

蔡新序云:"公性廉潔,恬淡不苟取與。其於學也,凡諸子百家之説,靡不綜貫。溯其生平,得力不僅在於詩也。顧當公未遇時,詩教未行於場屋,公其時已究心聲律,評隲唐宋元明諸詩之合於程度格式者,以陶淑後學。且少歷險阻,足跡幾遍天下,故凡數十年前困頓憂勞之況,以及致身通顯之後,所經山川之險易、風俗之變態、悲愉欣戚,觸於目而有動於中,必於詩焉發之。大要歸於和平坦易,出入少陵、王、孟之間。蓋此特公之緒餘,然亦足以見公之素蘊矣。"

《四庫全書總目》、《續修四庫全書總目提要(稿本)》、《臺灣公藏善本書目》未著錄。《日本現存清人文集目錄》著錄,日本大阪府立圖書館及京都大學文學部中國哲學文化研究室有清嘉慶二十五年刻本。此本無具體刻書年代依據,故作清刻本。《中國古籍善本書目》未收此書,但著錄牲著《今雨堂詩墨》二卷,清乾隆二十三年刻本,廣東省潮安縣博物館入藏。按,《詩墨》之刻,當在此本前。

2507　清乾隆刻本玉芝堂詩文集　　T5477.9/83

《玉芝堂文集》六卷《詩集》三卷,清邵齊燾撰。清乾隆刻本。四冊。半頁十行二十字,左右雙邊,白口,無魚尾。框高18.1釐米,寬12.2釐米。前有鄭虎文撰《敕授儒林郎翰林院編修加一級邵公墓志銘》。

邵齊燾,字荀慈,號叔宀,江蘇常熟人。清乾隆七年進士。選庶吉士,在翰林院十年,充書局編修,再充京兆分校,二遇廷試。性夷曠,年三十六即罷官歸,主講毗陵龍城書院。工駢文,海內推有東京六朝之風,章草入晉人室。卒於乾隆三十四年,年五十二。

是集凡文六卷,詩三卷,乃其晚年所自定,大抵駢偶之作爲多。《文集》篇章編排並無體例,每卷混雜各種文體,如此凌亂編排,在明清文集中頗爲少見。《詩集》卷上收詩八十六首,卷中七十六首,卷下五十首,自乾隆癸亥至戊子,凡二十六年,共二百十二首。

《詩集》卷上有《悼席安人作》、《爲席安人寫真》二首,讀來頗有情感。《悼席安人作》云:"爲婦十五載,離別經十年,我宦久不歸,子病日纏綿。今春迎子來,子來暑已闌,誰言歲未改,舊疴竟無痊。傷哉中道夭,銜恨千萬端,念子幼無依,慈父見驕憐。入門恭婦道,婉娩矯剛偏,處群易小忿,隱忍多所全。雖未觀詩書,大義固無愆,秉性誠亢急,柔克詎非難。黽勉戶牖謀,每念物力艱,玉體辭華繡,雲髮曠珠鈿。仰事兼俯畜,賓敬無違顏,茲事遂永乖,思之五情煎。誠死生有命,夭壽同自然,結髮共苦甘,難忘偕老言。盛年既草草,不盡觸類歡,方謂從今來,出入無棄捐。薄命遽如此,沉痛何能宣。"

《四庫全書總目》云:"爲四六之文者,陳維崧一派,以博麗爲宗,其弊也膚廓;吳綺一派,以秀潤爲宗,其弊也甜熟;章藻功一派,以工切細巧爲宗,其弊也刻鏤纖小。齊燾欲矯三家之失,故所作以氣格排奡,色澤斑駁爲宗,以自拔於蹊徑,而斧痕則尚未渾化也。"

《文集》(除卷四、卷六外)、《詩集》各卷末頁均刊有"吳門穆大展局刻字"一行。

《四庫全書總目》入集部別集類存目。《臺灣公藏善本書目》未收。《中國古籍善本書目》著錄,北京大學圖書館入藏。又《中國科學院圖書館藏中文古籍善本書目》、《日本現存清人文集目錄》也收有此書。日本所藏在静嘉堂文庫。按,清吳鼒輯《八家四六文鈔》收有《玉芝堂文集》一卷(有清校經堂刻本、民國上海掃葉山房石印本)。又清邵震亨輯《昭文邵氏聯珠集》收有《玉芝堂詩集》一卷(清光緒刻、民國木活字排印本)。

鈐印有"榮郭齋藏"。

2508　清抄本宋蒙泉文集　　　　　　　　　　　　　　TNC5475/3912

《宋蒙泉文集》不分卷,清宋弼撰。清抄本。三册。半頁十行十九字,無框欄。無序跋。

宋弼,字仲良,又字蒙泉,山東德州人。乾隆十年進士,改庶吉士,散館授翰林院編修,歷任武英殿提調《續文獻通考》纂修官、右春坊右贊善、分巡鞏秦階道等,官至甘肅按察使。又著有《蒙泉學詩草》、《思永堂文稿》、《州乘餘聞》等。《國朝耆獻類徵初編》卷八〇有傳。

是書爲宋氏之文集。首册序三十八篇,跋二篇,書後六篇,題後一篇,説一篇,辨一篇,賀狀一篇,書札六篇,啓三篇,約言一篇,例言一篇,上奏皇帝札子一篇,策二篇,賦一篇,文六篇,爲官時飭示二篇;二册墓志銘一篇,傳十三篇,記七篇,序七篇;三册墓志銘二十六篇,行述一篇。

弼之詩集《蒙泉學詩草》八卷,有清乾隆刻本,中國國家圖書館有藏,然其文集似未刊刻。《(民國)德縣志》卷二〇載弼撰《思永堂文稿》四卷,然亦未見傳世。此本首册《代黄崑圃先生蓮洋集序》一篇,有闕名朱筆圈點,並批有:"論詩處字字平允,毫無溢美,然非深知蓮洋者不能道也。"又《張山農先生詩序》等篇皆有墨筆刪改,訛字挖補甚工。疑是本或爲宋氏請人抄出之謄清稿本。

是書各種書目皆未見著録。

2509　稿本竹牕雅課　　　　　　　　　　　　　　　　TNC5487/4643

《竹牕雅課》四卷,清如松撰。稿本。三册。半頁八行十六字,無框格。題"素心人著"。前有乾隆三十五年(1770)德保序。

如松,清宗室,姓愛新覺羅氏,睿親王多爾袞五世孫,輔國恪勤公功宜布第三子,別號"素心道人"。乾隆十一年襲輔國公,二十七年襲信郡王,歷官都統、左宗人、署兵部尚書、領侍衛内大臣,綏遠、西安將軍。三十五年卒,諡曰恪。四十三年追封睿親王。喜詩詞,工畫山水。又著有《丁香亭詩稿》、《怡情書室詩鈔》。福晉佟佳氏嫻吟詠,著有《虛窗雅課》二卷、《繐幛淚草》一卷。

該書共收詩二百七十餘首。卷一戊寅年二十八首、己卯年十三首;卷二庚辰年七十二首;卷三辛巳年二十八首、壬午年十一首、癸未年十九首、甲申年二首、乙酉年三十首;卷四丙戌年四十七首、丁亥年三首、戊子年十一首、己丑年五首,又庚寅年稿數首。

此爲德保所抄謄清稿本。德保序云:"禮有云:温柔敦厚,詩教也。我主人得詩之教最深,故發而爲詩,皆温柔敦厚之語。然詩雖佳,曾不肯輕以示人,緣鈞名之心素化,祇期借以理性情已爾,惟保叨居陪讀之列,遂不惜傾囊賜觀。前自乾隆丙寅,迄丙子,集成一帙,保手書之,名之曰《丁香亭詩稿》……庚寅春,保以别駕之黔,主人出戊寅迄己丑詩四卷,問序於保。"按,德保,字潤和,號慎齋,别號匀園居士,滿洲正藍旗人。乾隆七年進士,散館授編修,官至侍講。《皇清書史》卷三一有傳。

正文與序文字體一致,應均爲德保手書。書中時見墨筆塗改,書末附有庚寅年所作詩稿數首,最後一首《紅葉得句》僅有寥寥數字,蓋未及抄完者。

《八旗藝文編目》僅著録《怡情書室詩鈔》。《中國古籍善本書目》著録清乾隆十九年德保抄本《丁香亭詩選》,中國社會科學院文學研究所有藏。

鈐印有"信郡王"、"素心人珍賞"、"信王章"、"素心人"、"信王珍賞"、"素心人章"。

2510　清乾隆刻本鹿邨詩集　　　　　　　　　　　　T5453/0241

《鹿邨詩集》一卷,清方士琯撰。清乾隆方聖述刻本。一册。半頁八行十八字,左右雙邊,白口,無魚尾。框高 19.5 釐米,寬 13.6 釐米。題"古歙方士琯西城著;長洲李果碩夫選;無錫過臨汾欽頤校"。前有康熙十七年(1678)魏禧序,康熙十八年(1679)傅脩序;魏禧贈別方西城序;乾隆五年(1740)李果序;乾隆九年(1744)方桼如題辭。末有過臨汾跋。

方士琯,字西城,安徽歙縣人。嘗客江都,後寓江西南昌。教學不倦,耽詩,於唐宋以來諸家多師之。爲詩皆有所寄托,以自寫其歷落嵚崎之思,可謂天真爛熳,發乎其情。

此集五言古詩六首、五言律詩三十九首、七言律詩八十首、七言絶句二十五首。

此本爲士琯孫聖述所刻。李果序云:"歙縣方西城氏,氣磊落,耽詩。嘗客江都,後乃僑居江西之南昌。愛西山南浦之勝,詩遂多。繼又交魏叔子、和公、傅卣生、羅飯牛、熊薌及諸君子相討論。諸君皆西江名流,而稱西城之詩無異辭,海内士聱聲相求,往往舟車接於道路。西城出縞紵,賦詩贈答。然詩成不自收拾,輒爲人取去。今年冬,西城之孫聖述,搜集其遺著,得十之一二,寄予選定。堅蒼矯矯,循唐人風格,言之有源,意在言外,不肯隨俗步趨,而能出於古人意慮之表。"過臨汾跋云:"翁殁後三十年,其孫聖述搜遺集,謁李客山吳門,選得若干篇授梓。"

有扉頁,刊"鹿邨先生詩集。古杭金農題"。又鈐有"傅谿方氏藏板"。刻工爲旌邑方仲高。白紙。楷書,甚精,爲家刻本也。

《四庫全書總目》、《續修四庫全書總目提要(稿本)》、《中國古籍善本書目》、《臺灣公藏善本書目》、《中國科學院圖書館藏中文古籍善本書目》未著録。

鈐印有"芸樓"、"黔山李氏藏書"、"錫山浦氏詠青所得"、"調鶴館"。

2511　清乾隆刻本敬恕堂詩鈔　　　　　　　　　　　　T5476.9/4161

《敬恕堂詩鈔》九卷,清查景璠撰。清乾隆十五年(1750)刻本。二册。半頁十行十九字,左右雙邊,黑口,單魚尾。框高 17.2 釐米,寬 13.1 釐米。題"休寧查景璠冠璵稿本;同學彭湘懷棟塘、吳啓瀛鶴洲點陟"。前有乾隆十三年(1748)吳啓瀛序,乾隆十五年戴喻讓序,乾隆十五年瞿中序。

查景璠,字冠璵,號灌叟,安徽休寧人。《(道光)休寧縣志》無傳。

查景璠先有《敬恕堂詩》若干卷,已刻。此爲《詩鈔》,乃擇其可存者別爲一編,用質當世者。此集共收古律雜歌詩六百九首。卷一五言古詩七十九首,卷二七言古詩二十三首,卷三擬古雜體詩五十六首,卷四讀史樂府一百四十三首,卷五五言律詩七十四首,卷六七言律詩一百十九首,卷七五言長律十首、七言長律一首,卷八五言絶句四十四首,卷九七言絶句六十首。

集　部

吴啓瀛序云:"灌叟詩,含吐藴藉,風格雋上,無規規摹古之跡,而已駸駸不懈而進於古,五七斷句,尤酷肖初唐人。至讀史諸篇,則上下數千年,卓然尚論,而是非褒貶,一軌於正傳也無疑也。兹强余評點,余雅不敢當,乃於旅舍閒寂中,茗碗爐香,披覽累日夜,每遇獲心處,不揣謬爲標出,而仍以俟之當代博雅君子焉。"

此本有扉頁,刻"敬恕堂詩鈔。同學諸子點定"。目録頁末行刻"乾隆十五年歲在庚午春三月刊"。

《四庫全書總目》、《續修四庫全書總目提要(稿本)》、《中國古籍善本書目》、《臺灣公藏善本書目》、《中國科學院圖書館藏中文古籍善本書目》、《販書偶記》、《日本現存清人文集目録》未著録。

2512　清乾隆刻本介石堂集　　　　T5481/0241

《介石堂集》十卷,清郭起元撰。清乾隆刻本。二册。半頁九行十九字,左右雙邊,白口,單魚尾。框高17.9釐米,寬12釐米。題"古閩郭起元復齋"。前有乾隆十一年(1746)郭起元自序。

郭起元,字復齋,福建閩縣人。爲諸生三十二年,肄業鼇峰書院。乾隆元年,巡撫盧焯舉博學鴻詞,弗就。刑部侍郎周學健視學閩中,以賢良方正薦。乾隆四年引見,始授舒城知縣,後調桐城,甫三月,又調太湖,未踰年,改盱眙。九年,署泗州知州。後因失察被議,遂乞歸,置祭田,立規條,鍵户著書以自娱,卒於家。《(民國)福建通志·循吏傳》卷一二有傳。

此本僅爲古文十卷,卷一論五篇,卷二論五篇,卷三策五篇,卷四策五篇,卷五考五篇,卷六議一篇、説六篇、辨二篇,卷七記十六篇,卷八序八篇、書四篇,卷九雜著九篇,卷一〇雜著九篇。

自序云:"余束髮授書,即有志於天地古今之事理,塾師教以應舉之業,屏去他書不令寓目,余心竊疑之。稍長,入鼇峰書院,事梁村蔡先生,得聞性理之學。先生纂《古文雅正》,命余編次,始涉其津涯。後從力堂周先生校士全閩,先生所録者時文,而去取甲乙,一以古文爲衡式。余得窺古大家之蹊徑門户,與凡利病得失之所由,退而三復於史漢八家,積而久之,心癢癢然,手搢搢然,於是中有見即書之投皮篋中,漫不復省。年來奔走四方,身羈塵鞅,卒卒無間,時有筆墨應酬,牽率而爲之,雅不自喜。友人蔡子方山、陳子一山輩,謬許爲源流有自,波瀾意度不悖於古,以屬諸先達爲之評隲,飾以丹黄。余竊自揆此稿,謂是説部語林則可,若冠以古文之名,則面赤顔汗,急杵擣心有惡,然無以自寧者。繼而思之,學者望道以趨於聖賢精微之詣,古人忠孝之節,猶將以身任焉,矧古文乃學者所當爲,顧諉謝而不敢爲,何哉!且使天下之大聰明材力者之衆,俾見謮陋薄劣如余者尚不難感發興起,侈然以自奮於古,則群然踴躍而爲之。"

是書應有詩十卷,但本館無。此本有扉頁,刻"介石堂文集"。目録頁末刻"男鵬舉恭編次;孫端揆、端牧、端岳恭校字"。

《續修四庫全書總目提要(稿本)》、《中國古籍善本書目》未收。《北京圖書館古籍善本書目》、《中國科學院圖書館藏中文古籍善本書目》著録。又《日本現存清人文集目録》著録,内閣文庫入藏。臺北"國家圖書館"有《介石堂文集》一卷,入《國朝文會》(清趙熟典編,乾隆間平河趙氏清稿本)中。

鈐印有"吴氏槃盦所藏"。

2513　清乾隆刻本凝齋先生遺集

T5475/793

《凝齋先生遺集》十卷末一卷，清陳道撰。清乾隆二十七年(1762)魯仕驥刻本。四冊。半頁九行二十字，左右雙邊，白口，單魚尾，框高20.3釐米，寬13.1釐米。前有乾隆二十七年黄祐序，涂瑞序，乾隆二十七年朱仕琇序；魯仕驥撰《凡例》九則。末有乾隆二十七年魯仕驥後序。

陳道，字紹洙，號凝齋，江西新城人。乾隆十三年進士。生而端重，不爲兒嬉。甫入塾，晝從師習業，夜則從父受小學、近思錄。沉潛宋儒諸書，旁及水利農田軍政邊防諸要務，大要專宗濂洛，兼資陸王，講求有用之學。成進士後，以父母年高，侍養不仕，居家挾册，誦讀如諸生，佐父爲善事。乾隆二十五年卒，年五十四。《(光緒)江西新城縣志》卷一〇《人物志三·理學》有傳。

卷一書十八篇，卷二雜著十篇，卷三序十五篇、贈送序六篇、壽序二篇、記一篇，卷四行狀三篇，卷五傳一篇、墓志一篇、墓表一篇、祭文二篇，卷六家訓、官戒、祭田序、學田議，卷七古體詩三十四首，卷八今體詩二十七首，卷九制義二十二篇，卷一〇制義二十五篇。末一卷爲墓志銘、墓表、哀辭、行述。此本佚去卷九至一〇，並末一卷。

黄祐序云："同邑陳凝齋進士，以沉篤之姿攻舉子業，初爲國子生，肄業太學，獲交當代賢士夫，聆其緒論。讀書兼攻詩古文辭，不專習舉業，其學尤重躬行，不專尚文藝。既登賢書成進士，以兩尊人年高，鮮兄弟，遂侍養不出。爲人恬淡寡欲，家素封而服食器用無美惡精粗，處之如一。嘗僑居會城，旦晝酬接賓客，即事爲學，客退即讀書，晚則篝燈展卷，坐默凝思，漏下數箭不止。夫澹於嗜好，而又能沉毅以守之，其於學必力，其於文也必能深入其阻而究極。"

《凡例》於各卷内容皆有論述，兹録如下：

"然其立言，必思有補於世，其諸師友往反書問，披宣衷曲，商論學術，一出至誠，語無泛設，尤足見其根柢。謹依先儒書例，編書簡爲第一卷。"

"先生生平有志著書而未逮，然讀書有觸，與夫朋友講習之餘，心有所得者，往往見之於文。惜其散佚者多矣，今僅存十首，亦以雜著統之爲第二卷。"

"表章先哲遺書，先生之志也。嘗欲輯成《江西文統》一書，而網羅未遍，往年曾與築野涂先生同刻二三種，後又毁於火。今其序尚存羅文恭逸稿序、程山文集序是也，合之時賢集序、贈送壽序，共得二十二首，記一首附焉，爲三卷。"

"行狀之作，其師門之淵源存焉，與家狀並列爲第四卷。"

"傳志墓文，先生不輕作，間亦不得已而作者，然所存特少，僅各得一首、祭文二首，足考見其師友之情也，爲第五卷。"

"先生居家，一言一動以身教，其所以穀後嗣者至矣，加詳焉而有訓，蓋其慮之長也。官戒，蓋爲長嗣觀察作者，其胸中藴畜亦頗可見。祭田，爲封公設，即推以贍族人，又可見其仁孝之思矣。立學田而示以規，欲使子子孫孫相勉以正學，尤其慮之周也，爲第六卷。"

"先生於詩非所好，然車馬風塵之間，每有作焉。友朋贈答，閑居詠懷，亦所不廢，所謂感物而動，一性之流露也，以古今體分爲七卷、八卷。"

"先生壯歲以前，專力攻制舉業，刻意爲江右前輩之文，及遊静山先生之門，於是沉潛儒先之旨，期於自得。其爲舉業，一以發揮義理爲主，時或緯以史事，旁推交通，而識議乃益閎放矣。故其生平舉業約有二種，其篇幅謹嚴者，皆壯歲以前之文也；其言理徵事篤暢明切者，則壯歲以

集　部

後文也……故以九卷、十卷終焉。"

　　此本乃陳道門下士魯仕驥所刻。魯氏後序云："凝齋先生遺集，合古今文歌詩共幾卷，蓋先生既没之二年，諸孤收拾其生平所著，謁諸執友點定，而仕驥承命爲之編次授梓者也。"仕驥，亦新城人，乾隆三十六年進士。

　　《四庫全書總目》入集部別集類存目，但爲八卷本，爲其子守誠等刻，凡文六卷、詩二卷。《中國古籍善本書目》著録，福建省圖書館有全帙。

　　鈐印有"無竟先生獨志堂物"。

2514　清乾隆刻本梅崖居士文集　　　　　　　　T5476.9/2921

　　《梅崖居士文集》三十卷《外集》八卷，清朱仕琇撰。清乾隆四十七年(1782)魯仕驥刻本。十二册。半頁九行二十五字，左右雙邊，黑口，雙魚尾。框高19.4釐米，寬13.2釐米。前有乾隆四十七年朱珪序，乾隆二十三年(1758)雷鋐序、林明倫序，乾隆二十四年(1759)朱雕序，乾隆二十四年朱仕玠序。末有朱筠撰《賜同進士出身敕授文林郎翰林院庶吉士山東東昌府夏津縣知縣福寧府儒學教授鰲峰書院掌教梅崖朱公墓志銘》；魯仕驥撰《行狀》。

　　朱仕琇，字斐瞻，號梅崖，福建建寧人。生有異稟，穎悟過人。乾隆十三年進士，改庶吉士，前輩莫不折輩行願與之交，仕琇循循然守後進之禮。後入翰林，優游讀書，以成其才。三年散館，出爲山東夏津縣知縣，日以至誠惻怛撫其民。在任七年，以河決改福寧府教授，以足疾自辭。主講鰲峰書院十一年，造就人才甚衆。乾隆四十五年卒於家，年六十六。

　　此集卷一頌、賦、論七，卷二傳十，卷三傳六、像贊八，卷四哀辭、祭文九，卷五碑記十一，卷六記五、行狀三，卷七至一四墓志銘六十四，卷一五墓表九，卷一六至二〇序七十六，卷二一至三〇書一百三十五通。《外集》卷一論、説、碑記、祭文、墓志銘等十八，卷二序十四，卷三至六壽序四十二，卷七書啓十六，卷八雜録十九則、詩偶存二十九首。

　　閩學近實，而仕琇天姿獨超，深湛嗜學，故其爲文善狀物，情必揆於經義。其於書無所不讀，而與人言每以未學自歉。人或有所稱引偶誤，則爲舉其辭正之，自經傳諸子百家，至於稗官小説皆然。仕琇爲文，始學韓子，後更博採秦漢以來諸家之長，而獨成其體於韓子之後。其教學者爲文，即舉韓子之所以教人者而綜其要，以立誠爲本，以文從字順各識職爲旨歸。嘗云："凡爲文不宜太切，其陳義類迂誕，而咀之有餘味，使人心寬厚愉悦，風清而神遠，穆然而近古，最爲文家高致。"

　　雷鋐序云："越一年，梅崖遂發解成進士，入史館，當是時，天下人無不知有梅崖者，名公卿咸刮目焉。""梅崖承先世詩書之澤，胸中所浸灌無勢利之見，兄弟友朋所切劘皆超然遠於俗。歸而有母可事，有兄弟友朋倡和之樂，山林池館又足以供游息。梅崖挾其所有，視世之奔走風塵，惴惴恐失意，如桎梏之在身，寧肯以彼易此哉！其文章不爲炳炳烺烺，以動人視聽，其變化離奇，皆以淳古沖淡出之，其所自得，蓋在文字之外。然則世之知梅崖者，毋涉乎淺而不既其深也。知梅崖之淺深，則其人之淺深可知矣。"

　　此集所載有關福建者頗多，蓋仕琇閩人也，又家居多年，所撰墓志銘，亦多朱氏族人并閩人，故多地方史料。《外集》卷七有致王鳴盛二札，寫其有感於當時學與文之弊妄。其晚年則讀孔孟學庸、老莊荀揚、周張程邵等言，以時相調劑，以娱心氣。

　　此書乃其門人魯仕驥奉仕琇遺命而彙刻之。朱珪序云："辛丑春，其門人新城魯進士仕驥，奉梅崖遺命,彙其已刻、未刻遺文,因其兄子文偉寄予校之。是冬,予按試邵武訖,邀魯君來,與之面商去存,考核舛誤。明年夏,刻成。"

《續修四庫全書總目提要(稿本)》未收。《中國古籍善本書目》著錄,湖北省圖書館、湖南圖書館等六館,又日本内閣文庫、東洋文庫等皆有入藏。《臺灣公藏善本書目》未收。《北京圖書館古籍善本書目》僅著錄《朱梅崖文鈔》不分卷(清蔣氏別下齋抄本)。

鈐印有"知足知不足館人王紹蘭記見"(此印確無"主"字)。按,王紹蘭,字南陔,號畹馨,浙江蕭山人。乾隆五十八年進士。歷官知縣、知府,薦擢福建布政使、福建巡撫,再署閩浙總督。嘉慶二十二年罷職,歸里杜門讀書,著述不輟。

館藏有複本一部,十二冊。有扉頁,刻"梅崖居士全集。乾隆四十七年鐫。松谷藏板"。鈐印有"積學齋徐乃昌藏書"、"南陵徐乃昌校勘經籍記"。

2515 清乾隆刻本陳司業集四種

T5470/7934

《陳司業集四種》十一卷,清陳祖范撰。清乾隆二十九年(1764)陳氏刻本。六冊。半頁十行二十三字,四周雙邊,白口,單魚尾。框高 20 釐米,寬 12.8 釐米。題"海虞陳祖范著"。前有《司業陳見復先生像》並湯愈像贊;乾隆二十九年沈德潛序,乾隆二十九年嚴有禧序。末有乾隆四年(1739)王峻跋,莊大中跋,乾隆二十九年陳士林跋。總目後有陳鎣識語。

陳祖范,字見復,江蘇常熟人。乾隆十六年進士。以足疾不與廷試,退居水村山郭之間,學益進,望益高,博綜流略,尤長於經術,潛德養晦,閉門著述。時朝廷搜揚海內窮經積學、懷道抱德之士,廷臣各舉所知。祖范喪然舉首,念其衰老不復徵。詣尚書,給筆札,試家法,取其所著書上呈睿覽,特授國子司業。生於康熙十五年,卒於乾隆十九年,年七十九。

此書四種,爲:

《經咫》一卷,前有乾隆二十一年顧棟高序、乾隆二十一年沈德潛序。

《掌錄》二卷,前有乾隆二十九年邵齊燾序。

《文集》四卷,前有乾隆二十九年顧鎮序、雍正九年吳景雲序。

《詩集》四卷,前有乾隆十七年自序。

《文集》卷四有《自序》、《續自序》,述其去世前之經歷。

沈德潛序云:"見復少爲制舉業,不肯苟同於俗,後益肆力於古,原本經術,貫穿子史,剖悉同異,訂正得失,卓然成一家之學。優游餍飫,沈酣浸漬,久之而性情意思不自知其與古爲化也。故其發之於文,其神肅以穆,其氣和以平。不尚馳騁,而練宕自如;不喜鉤棘,而簡古彌茂。間爲詩歌,氣體高潔,寄託深遠,要皆有爲。而作辭不妄抒,所謂笙磬之音,圭璧之器,迥非庸耳俗目之近玩。信乎其爲有道者之言,著述比興兼攻而不作者也。"

陳鎣識語云:"先君子枕經葄史五十餘年,提要鉤元,正訛裁偽,惟披覽既富,故著述轉嚴。晚年乃手錄文稿,編彙成帙,曰經咫,曰掌錄,至詩古文集,一以立言立意抒寫性情爲主。稍涉應酬代作及閒情詠物之什,脫稿後概不藏弃。茲所鋟板,上經睿覽,餘亦出自手定,不敢濫入也。"

此本有扉頁,刻"陳司業集。同學諸子校。乾隆甲申夏鐫。日華堂藏板"。並鈐有"御覽"雙龍戲珠印。《詩集》卷四末刻"男鎣、祉、增編次;孫昊、昂、景較梓"。

《續修四庫全書》未收。《續修四庫全書總目提要(稿本)》著錄。《中國古籍善本書目》不收。《北京大學圖書館古籍善本書目》、《清華大學圖書館藏善本書目》、《中國科學院圖書館藏中文古籍善本書目》、日本《京都大學人文科學研究所漢籍分類目錄》著錄,又中國國家圖書館、臺灣大學圖書館皆有入藏,均作清乾隆二十九年日華堂刻本。

鈐印有"南陵徐乃昌校勘經籍記"、"積學齋徐乃昌藏書"。

2516 清乾隆刻本林青山先生文集   T5476.9/4984

《林青山先生文集》十三卷,清林愈蕃撰。附錄一卷。清乾隆三十八年(1773)林氏敬義堂刻本。六冊。半頁十行二十一字,左右雙邊,白口,單魚尾。書口下刻"敬義堂"。框高18.2釐米,寬12.3釐米。題"金堂陳鈞璇圖校訂;門人耿煇含齋參閱;姪興祖、宗編次;姪孫資裕校字"。卷一三末有乾隆三十八年林興祖識語。

林愈蕃,字青山,號澗松,四川中江人,系出福建莆田。康熙五十三年生。生而穎異,賦性端嚴,酷嗜學,喜聞古者忠孝廉讓之事。其以古人自命,學以不欺爲本,自幼至老,品行心術、學問文章以及言語政事,深有得於古大儒名臣遺範。乾隆十六年進士,任湖南酃縣知縣,清廉正直,重學校,切民瘼,寬猛咸宜,民咸頌青天。乾隆三十六年卒,年五十有八。又有《孝經刊誤要義》、《敬義堂四書文稿》等。

此集卷一書,卷二論、記,卷三學規、得心偶錄,卷四序,卷五題跋,卷六至一〇詩,卷一一引、碑,卷一二賦、墓表、行狀、傳、祭文,卷一三說、雜著、示。附錄爲墓志銘、《言行拾遺錄》、《年譜》。

愈蕃八歲入家塾,受四子書,十三歲始作文,即有大家風範。成進士後,需次期屆,例當謁選。然愈蕃銳意潛修,實有在於榮祿顯達之外者。又復杜門授徒,益肆力於儒先著作,泛覽經濟有用之書,貫通古今,源流畢徹。其學規三十一則,爲林氏少時授徒於三臺南路馬祖寺時所立,蓋合爲學、讀書而言也,皆古聖之至論、先儒之格言、時賢之精語。其官酃邑,年已五十。酃縣俗好訟,善交納官長,更以演戲耗財。林任縣令後,首嚴訟棍,卻餽獻。政暇,則延子弟講課文藝,訓以立身行己之要,士風佻達爲之一變。卷一三有"禁止餽送示"、"酃邑觀風示"、"禁城鄉演戲示"、"勸諭息訟示"等。

林興祖識語云:"叔父生平嗜學,如飢之嗜食,如渴之嗜飲,至於嗜忠孝節義,則如數家珍焉。故是集片語只字,無非本諸性情而出,但中有叔父所刪改愜心者,有草創未經裁訂者,然俱係叔父一點心血。興祖恐其久而就湮,不忍散軼,故號疵莫辨,概鏤諸板,以俟知言者之採擇焉。"

此本卷六目錄缺第一、二頁。有扉頁,刻"林青山先生文集。金堂陳璇圖校訂。乾隆癸巳新鐫。斑竹園書屋藏板"。

《續修四庫全書總目提要(稿本)》、《中國古籍善本書目》、《臺灣公藏善本書目書名索引》、《日本現存清人文集目錄》、《中國科學院圖書館藏中文古籍善本書目》未著錄。

2517 清乾隆刻本響泉集   T5487/3894

《響泉集》二十八卷,清顧光旭撰。清乾隆刻本。十二冊。半頁十行十九字,左右雙邊,白口,單魚尾。框高17.4釐米,寬13釐米。題"金匱顧光旭華陽"。前有乾隆三十年(1765)王宮序。末有沈清任、蔣士銓、徐熊飛、黃世則、畢芬、顧端題詞。

顧光旭，字華陽，號晴沙，一號南谿，江蘇金匱人。乾隆十七年進士，歷任户部主事，累擢監察御史，出爲寧夏知府，官至甘涼道，署四川按察使。居官有清操。光旭學術純正，工於詩，尤精書法。卒於嘉慶二年，年六十七。《（光緒）無錫金匱縣志》卷二〇《宦望》有傳。

此集皆古近體詩。卷一《泉上小稿》七十一首，起丁卯秋，止壬申夏五。光旭弱冠讀書慧山貫華閣，嘗夜至漪瀾堂，"九峰月出，五更泉注，拾松子烹茶竹爐中，意有所得，輒吟小詩。《易》曰'山下出泉，蒙泉之出，蒙之發也'。顧少作鮮可存者，删而存之，名曰泉上。"

卷二至四《半日讀書齋稿》二百五十九首，起壬申秋，止壬午。"半日讀書"爲朱熹語，光旭授官農部，有"輪蹄酬應，歲月坐失，深自懼焉"之感，故名。

卷五至六《可耕餘稿》一百五十六首，起癸未春，止丁亥冬。其時，光旭奉使畿輔，察民隱洩流潦。乾隆帝有詩曰："繡衣分督濬，漸有可耕勢。"光旭還京，屢見豐稔，檢篋中餘稿，名"可耕"。

卷七至八《風草行廬稿》一百四十七首，起戊子，止壬辰夏。"風草"見《尚書》。戊子春，光旭有出守西夏之命，友人王宸爲圖贈行，京華故人多有題詠。同年范棫士曰："君子之德，其在斯乎？願無忘是圖也。"抵郡後，即以名廬。

卷九至一〇《叱馭小稿》一百七十七首，起壬辰秋，止丙申春。小序云："昔王尊爲益州刺史，居部二歲，威信著行，蠻夷歸附。今清溪邛崍山，其叱馭地也。予官隴右，屢乞歸養，未遂。會征勘金甾，大司馬制府文公奉命移節西川，奏光旭同行。自壬辰秋七月循隴入蜀，出南徼，歷戎旃，繼權臬事，奮勵疲駑，蓋未敢以私情載諉云。"

卷一一《峨眉小稿》七十一首。丙申夏，光旭乞假養痾峨眉山中，又遍歷漢、嘉諸勝，所得詩皆以"峨眉"名之。

卷一二《吴船小稿》七十四首。丙申秋，光旭抵家，江行凡八十日，途中所經之地，同范石湖《吴船録》所載，故行江所作以"吴船"名之。

卷一三《錦樹園稿》八十三首，起丙申冬，止丁酉冬。光旭歸里，"始抵里門，錦樹在峭蒨青蔥間，高年頤養，於是爲適，兹得晨昏定省無疏，節樂何如也。趨庭餘暇，得詩獨多，删存一卷。"

卷一四至一五《吾廬漫稿》一百六十五首，起戊戌夏，止辛丑冬。光旭父卒，"哀痛餘音，係以吾廬，嗚呼歌哭於斯，先大夫之遺也，小子其曷敢忘諸。"

卷一六至二八《松風閣稿》九百二十八首，起壬寅，止壬子冬。前有乾隆五十七年朱廷鎬序。光旭嘗夢人授青鏤管筆，管端刻"松風閣"三字。後有薛湘者，以邵文莊公"松風閣詩"真蹟示光旭，光旭因以自勵並名其集。

按，光旭是書有十二卷本、二十八卷本、三十卷本之分。十二卷本前十卷爲古近體詩，末二卷爲大小令。二十八卷本即此本。三十卷本爲光旭殁後補刻。又有二十卷本，爲宣統二年排印本。

《續修四庫全書總目提要（稿本）》著録十二卷本。《中國古籍善本書目》著録十二卷本（清乾隆四十年刻本）及三十卷本（清乾隆四十年刻五十七年增修本），前者藏湖北省圖書館，後者藏湖北省圖書館、湖南圖書館、四川省圖書館、清華大學圖書館。《中國科學院圖書館藏中文古籍善本書目》著録兩部，一爲十二卷本，清乾隆四十年天妙閣刻本；另一部爲三十卷本，清乾隆四十年天妙閣刻五十七年增修本。《日本現存清人文集目録》著録，有二十八卷本（藏内閣文庫）、十二卷本（藏大阪府立圖書館）。

鈐印有"秀水王相"。

2518　清道光刻本復初齋文集　　　　　　　　T5486.4/4400

　　《復初齋文集》三十五卷,清翁方綱撰。清道光十六年(1836)李彦章刻本。十二册。清何紹基批點。半頁十一行二十一字,左右雙邊,白口,單魚尾。框高16.4釐米,寬12.3釐米。題"大興翁方綱撰;門人候官李彦章校刊"。

　　翁方綱,字正三,一字忠敘,號覃溪,又號蘇齋。順天大興人。乾隆十七年進士。選庶吉士,授編修。歷典江西、湖北、江南、順天鄉試,又嘗督廣東、江西、山東三省學政。参與纂修《四庫全書》,出力甚多。《四庫全書總目》多出其手。官至内閣學士。長於考證金石,富藏書,金石家鑒賞一派,方綱實開其先。書法初學顏真卿,繼學歐陽詢,爲有清一代重要書法家。生於雍正十一年,卒於嘉慶二十三年,年八十六而終。又有《復初齋詩集》七十卷、《復初齋集外詩》二十四卷、《復初齋集外文》四卷、《兩漢金石記》二十二卷、《經義考補正》十二卷等。

　　翁氏《文集》,最早雖爲道光年刻,但不多見,蓋當時印本甚少。20世紀60年代初,曾見同治間金石學家沈樹鏞(鄭齋)跋《復初齋文集》(道光本)云:"曩在家鄉所見率抄寫本,咸豐戊午始見上海徐氏所藏刻本,以番銀十餅易得之。辛酉冬遭難後,即倉卒北上,書之存否,尚未可知。來都四年,留心搜訪,竟不一見。頃至廠肆大文堂,忽獲覯此,亟購回之,並書年月,心志欣幸。"可見道光本在當時即不易得。

　　是書自始至終,皆爲清何紹基晚年手批圈點,墨痕累累。何紹基,字子貞,號東洲居士,晚號蝯叟,湖南道州人。道光十六年進士,官編修,工經術詞章,尤精説文考訂之學,旁及金石碑版文字。書法具體顏真卿,上溯周、秦、兩漢篆隸,下至六朝南北碑,皆心摹手追,卓然自成一家,草書尤爲一代之冠。同治初寓上海,後卒於吳縣,年七十五。有《東洲草堂詩文集》。是書卷七後有"庚午七月廿九、卅日閲於吳門金獅橋寓,蝯叟記"。卷二四末有"庚午八月初一、二日,蝯叟對雨看"。卷三五末有"庚午八月初四日閲竟,蝯叟記於吳門金獅巷"。"庚午"爲同治九年,何氏閲此書時當七十二歲。

　　卷七"讀李穆堂原學論"中,"童子入塾延師督課,每日無經書誦讀之事,而欲其心不放,而欲其有所恪守此,其事可行乎?"何氏批"此數行明白";"考訂論中之二":"昨阮侍郎元以所鋟台拱之書來示,其論語卷中有精審者,亦有偏執者。而淩廷堪之《儀禮釋例》,雖不爲害,而究亦無所益。"何氏批"《儀禮釋例》豈爲無益乎"。卷八"詩法論",批"覃翁乃能作此論";"趙子昂論":"子昂大楷多側媚,而小楷尚有存《黄庭》之遺意者,行書則實有淵深渾厚可入晉人室者。"何批"一人之書,如何有此數品?　謬論"。卷一三"撥鐙法贊",批"不明白"。卷一五"繆篆解",批"確且精"。卷一七"附書原道後",何批"確論"。卷二○"跋妻壽碑":"金匱錢梅溪於吳門雙鉤此本見寄,未谷欣然爲付剞氏,以視顧南原所稱趙凡夫本,何啻十倍過之,即以作真宋拓本觀可矣。"何批"梅溪鉤本,如何會好"?　卷二○"跋琅邪臺秦篆",批"簡林何曾知篆法"。卷二五"跋泉州萬安橋記",批"相去遠甚,亦非虞法。君謨書,吾實不知其佳處也"。

　　按,何紹基於翁氏稿本《復初齋詩集》十二卷上也有批注,原本藏湖南圖書館,與館藏此本當爲雙璧。1980年,曾在北京中國科學院圖書館見《翁詩録賸》三卷,爲何紹基輯,清咸豐何氏東洲草堂抄本,何氏批注甚多。

　　金鑲玉裝。黄色錦函二函。

　　《中國古籍善本書目》著録,有清翁同龢批注本,藏中國國家圖書館。按,翁方綱是書稿本,今存十四卷,爲卷七至二〇,藏中國國家圖書館。

鈐印有"道州何氏收藏"(殘去一半)。

2519　清乾隆刻本復初齋時文　　T5486.4/2306

《復初齋時文》一卷《帖經舉隅》三卷,清翁方綱撰。清乾隆刻本。四册。半頁九行二十四字,左右雙邊,白口,無魚尾。框高 20 釐米,寬 11.7 釐米。前有乾隆五十二年(1787)翁方綱自序。《帖經舉隅》題"北平翁方綱手稿"。

《帖經舉隅》卷二内又附《書法舉隅》二卷。

翁方綱自序云:"往在粵東,檢篋中舊存制藝,自壬申至戊子所作凡七十首,分爲三集,鋟板於藥洲西齋,今二十年矣。此後校讎天禄,日事鉛槧,於時文未多作。""愚嘗謂往日言時文者不甚留意注疏,恒傷於固陋,而近日稍知看注疏者,又高談漢學而喜駁宋儒,此學者之大患也。兹來江右,輒復尋理舊編,删其與初學無甚切益者,稍附以新作一二,得四十首。舊所存評,皆雜集諸友人語綴爲一條,是以不復記其出誰某矣,非前後體例有異也,惟自記尚仍其舊耳。編次前後則依昔時所存,以作文先後爲次,故與刻稿者按經文題目之例亦不同也。"此序不見《復初齋文集》、《復初齋集外文》。

此爲寫刻本。翁氏於乾隆五十一年督江西學政,五十五年扈蹕山東,擢内閣學士。此本當刻在江西任内。

此本鮮見各家著録。

2520　清乾隆刻本丁辛老屋集　　T5481/1178

《丁辛老屋集》十二卷,清王又曾撰。清乾隆五十二年(1787)刻本。六册。半頁十二行二十二字,左右雙邊,白口,單魚尾。框高 18.6 釐米,寬 13 釐米。題"秀水王又曾受銘"。前有畢沅序。又有錢載題詩。

王又曾,字受銘,號穀原,浙江秀水人。乾隆十六年,南巡召試,賜舉人,授内閣中書。十九年成進士,官刑部主事。工詩。同縣錢載論其詩宗黄庭堅,務縋深鑿險,不墮曰科。又曾與朱沛然、陳向中、祝維誥和之,號"南郭五子"。卒於乾隆二十七年,年五十七。《清史稿》卷四八五(列傳二七二)有傳。

清乾嘉之詩,浙中最盛,而浙中又莫盛於嘉禾。又曾爲繼朱彝尊之後壇坫重要人物,其詩與錢載齊名。又曾爲詩不異指趣,亦不同體格,時目爲秀水派。《湖海詩傳》云:"王穀原,極爲陳文勤公、汪文端公稱許,釋褐後,皆以爲當得上第,既入三甲,人猶以朱檢討爲比。"又法式善《梧門詩話》云:"王穀原又曾以'橋外錫簫寒食路,柳邊蠹殼酒船窗'等句見稱。"此集卷一至一〇爲古今體詩,卷一一至一二爲詞。卷一七十一首,卷二七十三首,卷三八十九首,卷四七十三首,卷五八十七首,卷六八十八首,卷七五十一首,卷八五十六首,卷九七十八首,卷一〇五十八首,卷一一五十八調,卷一二五十七調。計詩六百十四首。

畢沅序云:"余自癸酉、甲戌間,與老友穀原比部同居京師,其時過從無間者爲擇石宗伯、竹君學士、述庵方伯諸人。擇石素與君齊名,而竹君、述庵則又與兩人同歲生也。官事多暇,銷寒避暑,輒共聯吟,然君每一篇出,則人皆斂手下之。蓋君才本大而約之以歸於切實,氣最盛而斂之以底於和平,削膚郭而見性情,汰塵腐而存警策,於漢魏六朝及唐宋諸家外,能融會變化自成一家……至於取材於衆所不經見,用意於前人所未及發,此又君之所獨到,而亦吾鄉所共推也。"

此本有扉頁,刻"丁辛老屋集。乾隆丁未七月刊於鄢陵官舍"。

又曾《丁辛老屋集》最早有二十卷本,爲詩十七卷、詞三卷,梓於新安,然抉擇不甚精。此本爲又曾子復乞於錢載(萚石)閲定,時復攝鄢陵知縣事,而刊刻於鄢陵官舍。卷一二末有"男復校字"。

《中國古籍善本書目》、《中國科學院圖書館藏中文古籍善本書目》、《臺灣公藏善本書目》未收。《日本現存清人文集目録》著録,東洋文庫入藏。又京都大學文學部中國哲學文學研究室藏有二十卷本,作乾隆四十一年刻本。中國國家圖書館有《丁辛老屋集》十卷,爲稿本,一册。

鈐印有"獻臣氏珍賞"。

2521　清嘉慶刻本潛研堂文集　　TNC5483.4/84

《潛研堂文集》五十卷,清錢大昕撰。清嘉慶十一年(1806)刻本。十册。清陳澧批並圈點。半頁十行二十一字,四周單邊,白口,單魚尾。框高19.6釐米,寬13.2釐米。題"嘉定錢大昕"。前有嘉慶十一年段玉裁序。

錢大昕,字曉徵,號辛楣,又號竹汀,江蘇嘉定人。乾隆十九年進士,先爲翰林院詹事,又爲山東、浙江、湖南、河南鄉試考官,又任廣東學政。在京退食之暇,唯以經史自娱,討論異同,貫穿古今,丹黄不去手。乾隆四十年後,辭官回鄉,不復出仕,專心著述。任南京鍾山書院、松江婁東書院、蘇州紫陽書院院長。學問淵博,考辨審實,造詣精深。有《潛研堂全書》,所收二十二種,重要者如《廿二史考異》、《十駕齋養新録》等。

卷一賦、頌、奏摺;卷二論;卷三説;卷四至一五答問;卷一六辨、考;卷一七箴、銘、贊、雜著;卷一八至一九雜著;卷二〇至二一記;卷二二紀事;卷二三至二六序;卷二七至三二題跋;卷三三至三六書;卷三七至四〇傳;卷四一碑;卷四二至四八墓誌銘;卷四九墓誌銘、墓表、墓碣;卷五〇家傳、行述、祭文。

段玉裁序云:"夫自古儒林能以一藝成名者罕,合衆藝而精之,殆未之有也。若先生於儒者應有之藝,無弗習、無弗精,其學固一軌於正,不參以老、佛、功利之言。其文尤非好爲古文,以自雄壇坫者比也。中有所見,隨意抒寫,而皆經史之精液。其理明,故語無鶻突;其氣和,故貌不矜張;其書味深,故條鬯而無好盡之失。法古而無摹仿之痕,辨論而無齟齬攘袂之習。淳古澹泊,非必求工,非必不求工,而知言者必以爲工。俾學者可由是以漸通經史,以津逮唐宋以來諸大家之文,其傳而能久,久而愈著者,固可必也。"

清張宗泰云:"錢辛楣先生文集,予嘗讀之一再過,其於天文之推步,地理之沿革,以及職官、姓氏、聲音、文字,無不精通。而於音韻之通轉假借,尤能推發盡致,有觸處洞然之妙,所謂通天地人曰儒者,先生非其人邪!"(《魯岩所學集》卷一三《跋潛研堂文集》)

陳澧所批爲朱筆。澧,字蘭甫,廣東番禺人。道光十二年舉人。曾爲河源縣訓導。九歲能爲詩文,及長,與同邑楊榮緒、南海桂文燿爲友,復問詩於張維屏,問經學於侯康,凡天文、地理、樂律、算術、古文、駢文、填詞無不研究。中年讀諸經,注疏子史及朱子書,日有課程。爲學海堂學長數十年,主講菊坡精舍,成就甚衆。光緒八年卒,年七十三。有《聲律通考》、《切韻考》、《漢志水道圖説》、《漢儒通義》、《水經注題綱》、《東塾集》、《東塾讀書記》等。

此本有扉頁，刻"潛研堂文集。婿瞿中溶謹題"。書有小蛀。

鈐印有"陳澧"、"東塾書樓"。

2522　清乾隆刻本補瓢存稿　　　　　　　　　T5472/4578

《補瓢存稿》六卷，清韓騏撰。清乾隆二十三年(1758)韓鍵等南蔭書屋刻本。四冊。半頁八行十八字，左右雙邊，白口，單魚尾，書口下刻"南蔭書屋"。框高16.9釐米，寬11.9釐米。題"長洲沈歸愚先生鑒定；雲東韓騏其武氏著；男鍵裕生、是升東生校字；姪學田硯芸、暢遂生編次"。前有乾隆二十二年(1757)沈德潛序，乾隆二十三年顧文炯序；彭啓豐撰《韓貢士補瓢君傳》。末有乾隆二十三年韓彦曾跋。

韓騏，字其武，江蘇長洲人。生有異稟，捷記誦，博覽載籍，尤嗜史漢書，工吟詠。偕北郭詩人聯社唱和，習晉唐楷法，學殖益進。家故素封，喜與寒儉交，能潔身植品，慎交游。然淡於仕進，不屑爲捧檄計。嘗謂人曰：我所以囊卷橐筆，蹠踔而赴制科者，以父志未遂，冀邀一第以承歡也。今已風木銜感，尚何忍逐逐於名場哉？乾隆十九年逝去，年六十一。

騏能折節讀書，以翰墨自娛，嘗卻徵聘，優游塵埃之外。其詩歌古文詞，皆醖藉醇雅，多可傳者。此稿卷一至四皆《古今體詩》，卷一九十八首、卷二七十三首、卷三八十首、卷四九十一首；卷五《詩餘》三十九首，卷六《古文》二十八篇。

卷二有《補瓢歌》，云："志士勤補拙，學人善補過，老夫志短學亦荒，但補山瓢惜瓢破。瓢腹彭亨大如斗，肌理錯雜形模醜，托生古木含精久，二曜胎光百靈守，曾依佛氏缽，亦貯仙家酒，屢空不悔是吾儒，陋巷食簞相與友。一朝墮入俗士懷，所托非人不如朽，猛然躍掌聲如雷，暗中已覺光芒走。由來破甑不反顧，而此相逢定非偶，衆人所棄何足憑，談笑尋常落吾手。歸來摩挲几案傍，形分神合終輝煌，媧皇煉石天可補，補瓢事卻非荒唐。冰絲作繩裘教密，鸞液煎膠膩於漆，縱橫湊泊本天成，凹凸彎環反初質。古意忽添冰裂痕，奇姿更簇蒲桃紋，翻嫌自昔瓢無補，一補須增價十分。老夫生平嗜好偏，瓦鐺折脚琴無弦，補成此瓢共三絕，商彝周鼎良徒然。不聞祖師西來意，不讀莊叟南華篇，籛鏗八百等駒隙，回也何必非長年。醉邀東林月，渴飲西澗泉，朝注五湖雲，暮浥三江煙。行住坐卧不離手，百年自與瓢爲綠，吁嗟瓢破終獲全，幹補造化天無權。悠悠此意向誰語，挈瓢獨上荒山巔。"

此本爲沈德潛删定，騏子鍵、是升所刻。沈德潛序云："哲嗣裕生昆弟刻其遺稿。"顧文炯序云："賢嗣裕生、東生能世其家學，裒集詩文代剞劂氏。"韓彦曾跋也云："吾宗自前朝少宗伯公由詞垣通顯，文章德望代有聞人，若以詩名家，高叔祖寄庵公而後惟補瓢叔一人。寄庵公生逢明季，野服遯荒，不無故國忝離之感。叔則身閱太平，庭椿垂蔭八十餘年，四世一堂，天倫樂事，人爭羨焉。當春秋佳日，泛扁舟，侍杖履，吳澌名勝，遍搜往跡，所爲詩靡不抒寫性情，雖老困棘闈，而豪邁灑落之氣未嘗少抑也。叔既没後四年，裕生、東生兩弟輯所著詩古文詞，請於大宗伯沈歸愚先生，斟酌删存，鏤板行世。"

騏除此集外，又有未刻稿本《小林屋詩文稿》九卷，藏南京圖書館。另中國社會科學院文學研究所藏有騏《舞踩堂詩稿》七卷《宛渠螺詞稿》一卷(附補瓢先生行略)，爲清抄本。《四庫全書總目》、《續修四庫全書總目提要(稿本)》未收。《中國古籍善本書目》著錄，中國國家圖書館、遼寧省圖書館等六館，以及日本内閣文庫有入藏。

鈐印有"菜香吳氏藏書印"、"曾經東山柳蓉村過眼印"。

2523　清乾隆刻本學福齋詩文集　　T5475/3145

《學福齋詩集》三十七卷首一卷《文集》二十卷,清沈大成撰。清乾隆三十九年(1774)刻本。十冊。半頁十行二十一字,左右雙邊,黑口,單魚尾,框高16.8釐米,寬11.8釐米。題"雲間沈大成學子"。《詩集》前有乾隆三十一年(1766)杭世駿序。《文集》前有惠棟序,乾隆三十六年(1771)戴震序,乾隆三十五年(1770)程晉芳序,乾隆三十六年張鳳孫序,乾隆三十五年任大椿序,乾隆三十九年江春序《詩文合集》。

沈大成,字學子,號沃田,江蘇松江人。少應童子試,學使奇其才,拔置第一。研究經史,務窮根柢,以詩古文辭知名江左。旁通百家之書,兼及天文、地理、六書、九章算學、樂律。多次就幕府徵聘,歷粵、閩、浙、皖,前後四十餘年。性勤敏,雖舟車往來,必以四部書自隨。與惠棟、戴震等交游,世稱"沃田先生"。

首一卷爲賦二首。《詩集》卷一《策衛詩鈔》四十四首,卷二《脩門詩鈔》四十首,卷三至八《嗽荔詩鈔》二百二十五首,卷九《西泠詩鈔》二十四首、《皖江詩鈔》九首、《菽蘭詩鈔》三十八首,卷一○至一一《近遊詩鈔》一百十五首,卷一二至一八《百一詩鈔》三百三十三首,卷一九至三七《竹西詩鈔》六百八十六首。《文集》卷一論二篇、說一篇、解二篇、書五篇,卷二至九序九十七篇,卷一○至一一記二十四篇,卷一二辭一篇、銘五則、贊六則、偈五則,卷一三書後十一篇,卷一四引一篇、題跋二十四篇,卷一五碑六篇、墓表三篇,卷一六墓志銘七篇、墓碣一篇、壙志一篇,卷一七至一八傳二十二篇,卷一九傳十一篇、書事一篇,卷二○祭文五篇、哀詞二篇、雜著八篇。

杭世駿序《詩集》云:"華亭沈沃田先生,其今之詩人之砭石乎,於書無所不讀,於學無所不窺。吾與之共學,窮年累月而不能究其底蘊;吾與之共爲詩,胸喘膚汗而不能儀其步趨。伏而思瘖而歎曰:今之人奉之以詩人,則群然喜;目之以學人,則疑信相半而不敢居。沃田之不欲自居於詩人審矣,與世方斷斷被之以詩人之名,沃田不能却也。余之交沃田也,置其詩於不論,從舉世波靡之中,震而別之,爲學人得一知己,可以不恨,沃田數十年力學之苦心,與數十年學詩之微旨,得余一言而定矣。"

江春序《詩文合集》云:"沃田生長九峰三泖之區,多名師益友,既長,足蹤半天下,盡交海內通人鉅儒。其學無所不究,自天文算數、樂律圖譜、六書七音,以及山經地志、浮屠老子之書、皇潛壬遁之奧,窮千秋之絕業而津逮焉。雖艱難困躓、饑寒勞苦之餘,手未嘗一日去書。主予家近十年,行笈稛載多至數千卷,丹黃甲乙幾遍。間出其所作詩文,與予相劘切,辨析微渺,斟酌於毫釐分寸之間。酒闌燈炧,議論娓娓勿倦也。"

是書刻於乾隆三十九年,大成年老善病,雖病,然讀書愈不懈。乾隆三十六年十月,以病歸,未幾卒。江序又云:"工未竣,予序亦未遑作,而沃田訃至。又二載,畢工,予始爲之序其大概如此。"

此本有扉頁,刊"學福齋詩集"、"學福齋文集"。

《四庫全書總目》、《續修四庫全書總目提要(稿本)》未收。《中國古籍善本書目》著錄。中國國家圖書館、上海圖書館等九館,又日本內閣文庫、尊經閣文庫、靜嘉堂文庫、大阪府立圖書館也有入藏。

鈐印有"槐南詩料"、"森氏圖書之印"、"森寶書"、"槐南"、"樂我小室珍藏"、"□□三十年精力所聚"。

2524　清乾隆刻本劍虹齋集　　　　　　　　　　T5475/3936

《劍虹齋集》十二卷,清梁潛撰。清乾隆三十六年(1771)梁本榮刻本。四册。半頁十行十八字,左右雙邊,白口,單魚尾。框高15.8釐米,寬12.3釐米。題"綿上梁潛文川"。前有王杰序,乾隆十六年(1751)朱承煦序,乾隆二十三年(1758)董柴序,乾隆三十六年張聖訓序。末有茹倫常跋,董揚曾跋,梁本榮跋。

梁潛,字文川,號南原,又號秋谷居士,小字照慶,山西介休縣人。生於康熙四十二年,卒於乾隆七年,年僅四十。潛雅好吟詠,兼工古文詞曲,幼即夙承家學,以詩文名里中,所作具有宗法,間爲小詞,遂入秦黃之室。長而遨游四方,所交皆一時名下士,相與切劘,樂與酬唱。

其以劍虹名齋,蓋因其父見背後,僕僕風塵,奔驅南北,每頌盧昇之"唯餘劍鋒在,耿耿氣成虹",輒壯志欲飛。因以劍虹名齋,又求王澍(良常)書之懸於齋。

此集卷一《年譜》,卷二至六《言志山房詩稿》三百九十八首,卷七至九《南原文鈔》二十七篇,卷一〇《秋谷尺牘》三十五通,卷一一《漱芳詩餘》五十首,卷一二《秋谷詩話》五十二則。

是書最具價值者,在《秋谷詩話》,記梁氏師友之事頗多,如顧亭林、繆嗣寅、馬幾先、羅贄、董兆蛟、于灝、梁必迁、任鋭、嚴遂成、王鐸、傅山、王澍等數十人。

王杰序云:"文川豐於才而嗇於遇,年甫四十即化去,而所遺著述,本本原原,動中窾窾。生平篤於孝友,凡家庭常變之事,無不筆之於書;敦於友朋,凡文酒流連之會,靡不形諸歌詠。其爲詩也,出入三唐而自然合度;其爲文也,浸淫歐蘇而摻縱在心;其爲詞也,花間草堂,各極其妙。"朱承煦序也云:"文川梁君,毓於綿上,懷才負志,既以場屋再奇,遂肆其情於山水間,胸有所得,發爲詩歌,以寫其湮欝,亦可謂怨而不怒矣。年未及艾,賚志以歿。"

梁氏之集,最初爲董柴刻入《綿上四山人集》。其序有:"遂於束裝南遊時,命兒汾手錄其集,留之行篋,玆且付剞劂氏。"朱承煦序也云:"同好董惟園刺史,欲取其遺稿而付之梓人。"此本爲梁氏子本榮(欣木)重爲搜輯,付攻木氏剞劂者。梁本榮跋云:"先君歿時,不肖方在襁褓,及長,於故籙中得見遺稿,即擬鋟木流布,然零箋碎草,散軼殊多,雖往時董惟園先生刊《綿上四山人集》已列先君,而所刊止詩,詩亦尚非全本。因搜輯多年,始獲集錄成帙,而乞惟園、任西郊、茹容齋三先生校定焉,得詩文雜著,共十二卷。"董揚曾跋云:"辛卯冬,嗣君欣木將出先生遺集,鏤版壽世,而以稿本示余。"茹倫常跋又云:"辛卯,欣木將以先生遺集付梓。"

此本有扉頁,刊"劍虹齋詩文集。綿上秋谷居士遺稿"。

《四庫全書總目》、《續修四庫全書總目提要(稿本)》、《日本現存清人文集目錄》未收。《中國古籍善本書目》著錄清乾隆三十六年梁本榮一畝園刻本,藏上海圖書館、浙江圖書館、復旦大學圖書館。

2525　清乾隆刻本柘坡居士集　　　　　　　　　　T5476.9/4295

《柘坡居士集》十二卷,清萬光泰撰。清乾隆二十一年(1756)刻本。四册。半頁十二行二十三字,四周單邊,白口,單魚尾。框高19.5釐米,寬13.5釐米。題"秀水萬光泰循初"。前有乾隆二十一年(1756)汪孟鋗序。

萬光泰,字循初,號柘坡,浙江秀水人。生於康熙五十一年。博學工詩文,善畫山水。尤精於周髀之學,上自注疏,旁及諸史,以至明之三曆,布算了了,時稱絕才。乾隆初,試鴻博,報罷,旋舉鄉闈。梁詩正續修《通考》,延光泰董其事。乾隆十五年卒於京寓。年僅三十九。有《轉注緒言》、《漢音存正》、《遂初堂類音辨》。

光泰以乾隆改元之歲,入京應詞科之薦,年甫冠,時人甚稱其詩。是集其所自定。卷一《南村草堂集》(乙巳至乙卯),詩七十五首;卷二《鑾于集》(丙辰、丁巳),詩五十六首;卷三《聞漁閣集上》(戊午、己未),詩六十七首;卷四《聞漁閣集下》(庚申),詩六十八首;卷五《北郭草堂集》(辛酉、壬戌),詩八十首;卷六《江船集上》(癸亥),詩六十五首;卷七《江船集下》(甲子),詩六十首;卷八《聞漁閣續集》(乙丑),詩五十三首;卷九《瓠屋集》(丙寅),詩六十首;卷一〇《江船續集》(丁卯),詩五十七首;卷一一《五上春司集》(戊辰),詩六十二首;卷一二《青乳軒集》(己巳),詩六十五首。

全祖望嘗謂光泰爲"今世之學者也,其穿穴六藝,排比百家,如肉貫串。而尤卓然獨絕者,則周髀之學也"。(見《鮚埼亭集·萬循初墓誌銘》)此本乃汪孟鋗所刻。汪序云:"余友萬君循初,計偕北上,館尚書錢塘梁公第,以病卒。方病中,奉書母氏永訣外,舊自定詩十二卷,一緘寄余,有'可存則付令子存之,不者毀之'之語。余與循初交好,磋切有年,而兒子如藻又嘗從循初問字,情分宜然……刻既成,取循初別字題曰《柘坡居士集》。其古文詩餘極夥,聞手自毀去外雜著十六種,則皆其自定緘寄者,俟他日續刻。"

此本有扉頁,刻"柘坡居士詩集"。

《四庫全書總目》入集部別集類存目。《中國古籍善本書目》著録,中國國家圖書館、上海圖書館、南京圖書館等四館也有入藏。又中國國家圖書館藏有萬氏稿本《聞漁閣續集》不分卷、《瓠屋漫稿》不分卷。《日本現存清人文集目録》未著録。

2526　清乾隆刻本紫瓊巖詩鈔　　　　T5475/2136

《紫瓊巖詩鈔》三卷,清允禧撰。清乾隆二十三年(1758)永瑆等刻本。一冊。半頁九行十九字,四周雙邊,白口,單魚尾,框高20.1釐米,寬13.6釐米。題"慎郡王允禧著"。前有乾隆二十三年果親王弘瞻序,乾隆二十三年永瑆序。末有顧元揆跋。

允禧,聖祖第二十一子。康熙五十九年,始從幸塞外。雍正八年二月,封貝子。五月,諭以允禧立志向上,進貝勒。十三年十一月,高宗即位,進慎郡王。允禧詩清秀,尤工畫,遠希董源,近接文徵明,自署紫瓊道人。乾隆二十三年五月薨,予諡。見《清史稿》卷二二〇《列傳七》。

卷上五言古詩、七言古詩,卷中五言律詩、七言律詩,卷下五言排律、五言絕句、六言絕句、七言絕句。卷中第十四頁《喜鄭板橋書自濰縣寄到》云:"二十年前晤鄭公,談諧親見古人風。東郊繫馬春蕪綠,西墅彈棋夜炬紅。浮世相看真落落,長途別去太匆匆。忽看堂上登雙鯉,煙水桃花錦浪通。"按,鄭燮與允禧善。允禧有《隨獵詩草》一卷,爲乾隆七年鄭燮寫、司徒文膏刻本,上海圖書館入藏。

允禧少聰慧好學,爲順治帝所鍾愛,後就藩封。性恬淡,無他嗜好,惟好讀書,宣力之暇,益勤學問。平居無盛服美飾、奇巧玩好之御,左圖右史,書卷自如,被服宛然儒者,樂與布衣相親。其集所以名"紫瓊巖",見弘瞻序,序云:"先是客有以端溪岩石聞邸中者,購以重價,愛之至,鐫八分三字於其側,曰紫瓊巖,遂自號紫瓊道人。"允禧年四十八而薨,以紫瓊硯石殉。

永瑆序云:"尤工詩。承皇父知遇,不勤以事,俾得雍容風雅,是以習與性成,老更入細。數十年來,位在藩王,而以詩名家者,主人一人而已。"允禧詩甚平淡,因其爲藩王,故序跋皆頌揚備至。

此本乃永瑆等刻,其序又云:"奈何其竟棄予而長逝也,今遺稿具存,其人已往,每一撫卷,動觸悲感,欲報同心之厚,不可得矣。乃與經畬主人約,同輯是鈔,付諸棗梨,以垂永久。"又此書爲寫刻本,乃元和顧元揆書。

《四庫全書總目》、《續修四庫全書總目提要(稿本)》、《日本現存清人文集目錄》皆未收録。《中國古籍善本書目》著録,中國國家圖書館、南京圖書館等五館也有入藏。按,允禧又有《紫瓊巖詩鈔續刻》一卷,清乾隆四十八年永瑢刻本,中國國家圖書館藏;《花間室詩鈔》不分卷,清乾隆刻本,中國社會科學院文學研究所藏。另有是書稿本八卷,藏遼寧省圖書館;《慎郡王詩稿》不分卷,稿本,藏中國社會科學院文學研究所。

鈐印有"賞雨茅屋"。

2527 清乾隆刻本花間堂詩鈔　　　　T5475/2136.2

《花間堂詩鈔》不分卷,清允禧撰。清乾隆刻本。二册。半頁九行二十字,左右雙邊,白口,單魚尾,框高 18.4 釐米,寬 11.6 釐米。題"慎郡王允禧著"。前有允禧自序。

此書有《題板橋詩後》云:"高人妙義不求解,充腸朽腐同魚蟹。此情今古誰復知,疏鑿混沌驚真宰。振枯伐萌陳厥粗,浸淫漁畋無不無。按拍遙傳月殿曲,走盤亂瀉鮫宮珠。十載相知皆道路,夜深把卷吟秋屋。明眸不識鳥雌雄,罔與盲人辨烏鵠。"《新范邑宰板橋鄭燮》云:"一疋纏頭一曲新,風流不省自家貧。無端腰繫銀魚佩,閑殺雷塘花柳春。"

允禧序,從字體看,當爲鄭燮所書。序云:"詩易言乎哉,虞書曰,詩言志,歌永言,聲依永,律龢聲。尼父論詩,始自興觀群怨,而極於事父事君。故三百而蔽以一言,曰思無邪。此百代詩家準也。三百章下,漢魏六朝、唐宋元明,以及今日,篇什林立,求其風義,按其音節,使人油油然慾心平躁心釋者,代不數人,人不數首。嘻,難矣哉。余才與學遠不逮人,而性躭吟詠,較人癖甚,每遇事,觸景捉筆而賦,無暇計論工拙,落紙後隨復棄去,不敢自存。既又自思言者心之聲也,戴記有言,喜心感者其聲發以散,怒心感者其聲粗以厲。吾之喜怒哀樂,其中節邪,其未中節邪,心不可見而於其聲見之。根心而發聲,即因聲以驗心,是亦返己克治之一端,而觸事觸境得自考鏡焉,此余詩所以棄而復存之意也。若云揚風扢雅,與千古詞人學士樹幟分壇,則余謝不敏。"

《四庫全書總目》、《續修四庫全書總目提要(稿本)》、《日本現存清人文集目錄》均未收。《中國古籍善本書目》著録,中國社會科學院文學研究所也有入藏。另《花間堂詩鈔》八卷,允禧稿本,藏遼寧省圖書館。

2528 清乾隆刻本儉重堂詩　　　　T5466/2133

《儉重堂詩》十二卷,清紀邁宜撰。清乾隆刻本。十二册。半頁十行二十一字,左右雙邊,黑口,單魚尾。框高 17.7 釐米,寬 13 釐米。題"文安紀邁宜偲亭甫著;男黃中、鴻中仝校閱"。前有乾隆二十五年(1760)紀昀序。末有張學浩跋。

紀邁宜,字偲亭,號蓬山老人,又號儉重堂主人。河北文安人。少時讀書有大志,功名氣節皆不欲居古人下。其遭逢坎壈，抑鬱憂愁，無所發洩，一寫於詩。故其詩上薄風騷，下躪宋元，無不一一闖其奧。

是書十二卷，每卷爲集，皆有序。卷一《贈灑殘稿》一百五十二首，前有自序。皆輯其少壯所爲詩，以篇帙散佚，所存無幾，故稱殘稿。其曰"贈灑"者，乃以卷中有《迴灑井詩》，取少陵"投詩贈汨灑"句爲義也。

卷二《餐霞閣集》一百五十三首，前有自序。詩作於甲辰，即雍正二年。以餐霞爲名者，乃因邁宜饔飧不繼，炊煙屢斷，杜詩云"明霞朝可餐"，因取以名居。其曰閣者，"乃內室非書齋也。厥後數年，家業益中落，頹垣敝廬，弗加修葺，蓋日徜徉吟詠於其間，而詩亦較進。"

卷三《岱麓山房稿》一百三十九首，卷四《岱麓山房續稿》一百三十五首。卷三前有乾隆元年自序。邁宜爲官山東泰安，得石章，質溫潤，鐫刻精雅，文曰"岱麓山房"，並以名其軒，又號岱麓主人。越四年，邁宜被議，避署事，移榻軒中幾一年。此集之詩，即爲其歷年所作，而名之曰《岱麓山房稿》。次年，事得白，而新守至，乃復移寓署外，心閒神適，益事吟詠，積半載之詩，又成《續稿》。

卷五《赤城集》一百五十四首。前有乾隆九年自序。赤城在河北。乾隆二年，邁宜奉檄協辦赤城印務，並驗前令徐君病勢輕重，邁宜據實稟報。後又接任高邑，途中，徐病歿，讒者遂有蜚言於當事，令邁宜自赤歸，遂置之不議不論之列，其羈留保陽，凡三年，皆以赤城之故，故其詩以"赤城"爲名。

卷六《蓬山集》一百四十六首，卷七《蓬山集》一百六十七首。卷六前有乾隆十二年自序。序中云，其所蒞多仙境，欲不謂之仙吏。"余老矣，筋力日就衰，耳日漸瞶，目日漸眊，齒髮日漸脫落，於仙乎何有？惟是游覽之餘，發爲吟詠，積成卷帙，前後不下千篇，此則山靈之助爲多耳。"蓬山者，即蓬萊山。

卷八《希阮齋漫稿》一百四十七首，前有自序。希阮者，希阮亭(王士禎)也。

卷九《華游集》一百四十九首。前有乾隆十六年自序。此爲游太華山之詩。序云："今春，五弟自潼署寄信，相約作太華之遊，聞之欣然命駕。至則霖雨連月，予適染痔症，又弗果遊。七月下旬，天稍霽，勉強扶病一行，終以雨後山徑益崎嶇，至桫欏坪遂止。於華之勝，十未得三四……往返半載，共得詩二百餘首，較之平昔吟詠爲最多，則受山靈之益不淺矣，歸而次之爲《華游集》。"

卷一〇《古博浪集》一百六十八首，前有乾隆十九年自序。古博浪在陽武縣，因河流暴漲，群堤俱潰，邁宜子黃中時任陽武令。後黃中往河南，仍以知縣補用。序云："統計蒞陽二十五閱月，家口移寓署外，又四閱月，而余之詩以古博浪名集者，適成一卷。"

卷一一《昆陽集》一百二十三首。前有乾隆二十一年自序。此爲邁宜在河南葉縣所作詩。序云："而余適俶裝歸里，歸而輯在葉所作，爲《昆陽集》一卷，付之前十卷之後。"

卷一二《愛吾廬集》一百四十九首，前有乾隆二十三年自序。序云："余自辛未歲作華嶽之遊，歸而隨宦汝汴間，無日不思歸里，而淹留不得歸者遂五載。丙子仲春，始決計俶裝而歸。歸而汛掃庭除，灑然愛之。適四弟緘三亦解蠹學組返舍，與諸姪暨姪孫輩喜余之歸，爭以詩相投，與之唱和，篇什漸多，錄而存之，名曰《愛吾廬集》。"

其姪紀昀序此書云："今歲，偲亭伯父復寄示《儉重堂集》十二卷，首曰《贈灑殘稿》，皆少作，一往情深，有王伯輿之思焉。次曰《餐霞閣集》，家居食貧所作。次曰《岱麓山房稿》、《岱麓山房續稿》，官山東及解組後作。次曰《赤城集》，羈棲保定時所作也，至是遇益蹇，詩亦益進。次曰

《蓬山集》，作於內邱。次曰《希阮齋集》，次曰《華遊集》，作於內邱。解組後，絕意人事，脫落町畦，意象所生，方圓隨造矣。次曰《古博浪集》，次曰《昆陽集》，次曰《愛吾廬集》，皆就養河南之所作。老境恬愉，頹然天放，無復人間煙火語，然軒昂磊落之氣，尚時時來也。大抵平生性情篤至，寄托遙深，纏緜悱惻，不自解其何故，人亦莫窺所以然。"

《四庫全書總目》未收。《中國古籍善本書目》未著錄。日本內閣文庫也有入藏。

2529 清乾隆刻本思居堂集　　　　　　　　　　　　T5470/2213

《思居堂集》十三卷，清喬于泂撰，喬學衍、胡元長輯。清乾隆二十一年(1756)喬序駕刻本。二冊。半頁十一行二十一字，左右雙邊，上白口，下黑口，雙魚尾。框高17.6釐米，寬13.6釐米。題"猗氏喬于泂休齋氏著"。前有乾隆二十一年(1756)蔣元益序，乾隆二十三年(1758)喬于泂自序，乾隆二十一年喬學顏序。

喬于泂，字休齋，山西猗氏人。少學聲韻於江南樓和叔，學古文於仲叔喬澄潭，又從張拗齋、郭存齋游，而詩文益進。年二十二入泮，旋食餼，然五赴秋闈，皆忤朱衣，於是乃專學爲詩。

此集卷一至二五言古詩六十八首，卷三至四七言古詩四十首，卷五至六五言律詩一百二十三首，卷七至九七言律詩二百四十三首，卷一〇五言絕句二十八首、七言絕句六十四首、雜詩六首、詩餘二十九首，卷一一賦九首，卷一二論三首、序五首、記三首，卷一三引一首、書二首、祭文四首、告一首、說二首、墓表一首、銘一首。

于泂作詩之外，間有古文詞及詩餘雜體，興之所至，隨筆舌而出，工拙不計。其讀書"頗耐寒，暑夏之日、冬之夜，常呫呫焉不惜筆楮之費，所撰著約三百餘首，爲一門人竊去不復出。茲所刻，皆四十歲後所作，以前者無幾"。

于泂詩文頗受明末鍾惺、譚元春影響，卷一二有《三晉沿革》一文，乃應太守之試，文僅一千五百字，於三晉之山川郡邑，皆能窮源竟委，鑿鑿有據。又其家貧甚，故詩中多有述及。其《偶然作》四首云："平生惡釋老，空寂渺茫茫。近來覺空寂，亦是安樂鄉。""富貴人多傲，貧窶人每謙。謙德原自美，貧則令人厭。""貧無對人言，乞憐態可恥。不食嗟來食，古人乃如此。""雞犬固禽獸，似有天理存。主人貧到骨，不肯離家門。"其《貧二首》又云："貧原非病病緣貧，日日倉皇計米薪。筆墨無靈空諛墓，參苓不救腹枵人。""無衣可典妻孥怨，有廩皆空鼠雀嗔。明日便當持缽去，朱門應厭白頭頻。"

此本乃于泂侄孫序駕所刻，自序云："茲刻亦非鄙意，侄孫序駕作宰於浙，憐余老於卷帙而無以自見也，亟索而付諸梓。"喬學顏序也云："歲甲戌，次子駕宦浙之鎮海，思哀而刻之，請於家，得若干卷。"序駕，乾隆四年進士。此本目錄後刻"男學衍椒蕃、壻虞鄉胡元長邁庸同輯"。

《四庫全書總目》未收。《中國古籍善本書目》著錄，山西省圖書館、上海復旦大學圖書館也有入藏。

2530 清乾隆刻本夢樓詩集　　　　　　　　　　　　T5484/1103B

《夢樓詩集》二十二卷，清王文治撰。清乾隆六十年(1795)食舊堂刻本。十二冊。半頁十一行二十二字，四周單邊，白口，單魚尾。框高19釐米，寬12.9釐米。題"丹徒王文治禹卿"。前有乾隆六十年王文治自序，乾隆四十二年(1777)姚鼐序。

集　部

　　王文治，字禹卿，號夢樓，江蘇丹徒人。乾隆二十五年進士，官至雲南臨安知府。兩年後被劾東還，遂無意於仕進。文治賦才英俊，尤工書，與劉墉、翁方綱、梁同書齊名，有"濃墨宰相，淡墨探花"之稱。楷法褚河南，行書效《蘭亭》、《聖教》，入京師，士大夫多寶重之。年未五十即耽禪學，精於《楞枷》、《唯識》二書。卒於嘉慶七年，年七十三。

　　清舒位《乾嘉詩壇點將錄》稱文治爲"病關索"。早年侍講全魁、編修周煌奉使琉球，挾文治俱往，其詩爲之一變，頗以雄偉見稱。錢塘袁枚壯年引退，以詩鳴江浙間，文治繼其後，聲華相上下。是集皆古今體詩。卷一《放下齋初存稿》一百四首。文治弱冠時，取"趙州放下"之語名其齋，其時初學爲詩，亦初學坐禪。

　　卷二《海天游草》六十五首。乾隆二十年，文治隨全魁等去琉球，此卷爲詠琉球詩。

　　卷三《揚州集》四十九首。文治在京師時，曾受業於武進劉映榆，劉掌教揚州，文治亦負笈就之，時大江南北諸名士畢集，相與唱和，故以"揚州"名之。《漱六山房集》十九首。乾隆二十三年，文治再入都門，館於侍御蔣榕盦邸寓，授蔣二子以學。所居爲漱六山房，故名。

　　卷四《丁香館上集》十首，卷五《丁香館中集》五十二首，卷六《丁香館下集》八十首。文治通籍後，寓居宣武門外珠巢街，庭有丁香花紫白各二株，遂名之。上集爲進御之篇，中、下集爲同人唱和之作。

　　卷七《南詔初集》六十七首，卷八《南詔二集》六十首，卷九《南詔三集》八十一首。乾隆二十九年夏，文治由翰林侍讀外除雲南臨安知府，故以南詔爲名。

　　卷一〇《歸人集》六十三首。文治告歸，此集爲歸行途中所詠所見山光水色、古跡名勝。

　　卷一一《柿葉山房集》一百三首。歸里後，文治卜居夢溪之旁、壽邱山之麓，有柿樹，大可數拱，葉繁陰茂，構小齋"柿葉山房"其下，日夕吟詠以爲娛，故名。

　　卷一二《西湖長集》一百首。乾隆三十五年冬，文治游於杭州。次年春，掌教西湖崇文書院，湖上四時朝暮晴雨領會殆遍，因自號"西湖長"。

　　卷一三《洮河集》六十六首。乾隆四十年春，其有關中之游，並乘興至臨洮。此即其時所作。

　　卷一四《快雨堂集》一百十三首。文治得董其昌書"快雨堂"舊榜，爰於所居之北構堂三間，作詩遂以堂名，志其得董書之喜。

　　卷一五《無餘閣集上》九十五首，卷一六《無餘閣集下》九十七首。文治學禪垂四十年，乾隆四十四年，其在杭州天長寺謁摩受具，並受法師囑累名曰達無，字曰無餘。歸而築無餘閣於北郭外寶蓮庵中，遂以名集。

　　卷一七《楚游草》四十七首；卷一九《後楚游草》八十六首；卷二二《楚游三草》八十九首。乾隆四十五年，文治自杭州歸里，因其弟文明官楚中，故有江夏之行，並居楚半載。

　　卷一八《小止觀齋集》七十二首；卷二〇《小止觀齋二集》九十九首，卷二一《小止觀齋三集》八十四首。天台有大小止觀，爲宗教雙詮，文治從事其中有年，並構屋於快雨堂之西北隅，閱止觀之教，參止觀之宗，故以小止觀名齋。

　　王文治自序云："余年未弱冠，即習爲詩，然未敢以示人。甲戌春，至京師，時年二十五歲矣。與遼東朱子穎、桐城姚姬傳論詩，心甚愜，因各出其所作以相質。子穎詩豪宕感激，有高達夫、李太白之風；姬傳深於古文，以詩爲餘技，然頗能兼杜少陵、黃山谷之長。二人者，與余異趨而相賞特甚，遂相與訂交，此外仍不敢以示人也。通籍後，官翰林，以詩爲職業，人或以爲能，然多進御及應試之篇。至於抒寫懷抱、贈答友生，古人所謂緣情之作，則依然不敢驟示人也。余自臨安解官歸，子穎官兩淮運使，延姬傳主梅花書院，於是三人者復相聚於江淮之間。子穎欲刻余詩，姬傳欣然爲之序。余自取視之，頗不敢信，故板已鋟而復毀，是時余年將五十矣。厥後，余訪友於長沙，舟行湘水中，日夕無事，因取舊所作詩刪定之。同人及門弟子皆慫余鋟板，余不獲已從其請，今始竣工，是時余年已六十有六矣。"

此本有扉頁，刻王文治手書"夢樓詩集。乾隆乙卯。食舊堂藏板"。食舊堂，爲文治讀書處。姚鼐序有"肅又渡江，宿其家食舊堂內"。

《續修四庫全書總目提要(稿本)》、《中國科學院圖書館藏中文古籍善本書目》、《臺灣公藏善本書目》未收。《中國古籍善本書目》不收。《日本現存清人文集目錄》著錄，東洋文庫也有入藏。

2531　清乾隆刻本夢樓詩集　　　　　　　　　　　T5484/1103B2

《夢樓詩集》二十四卷，清王文治撰。清乾隆六十年(1795)食舊堂增補刻本。十二冊。半頁十一行二十二字，四周單邊，白口，單魚尾。框高19釐米，寬12.9釐米。題"丹徒王文治禹卿"。前有乾隆六十年王文治自序，乾隆四十二年(1777)姚鼐序。序後有袁枚《袁簡齋前輩書》，陳奉茲《陳同浦同年書》，曾燠《曾賓谷都轉書》，姚鼐《姚姬傳比部書》、《姚姬傳又一書》，王鳴盛《王西莊前輩書》。

此本與二十二卷本同板，多出二卷，爲卷二三《江介沿緣集》九十五首，卷二四《乙卯集》九十二首。二十二卷本爲初刻本，乾隆六十年夏五月竣工，刷印後不久又增刻卷二三、卷二四，即爲增刻本。據曾燠札(乙卯長至)云："前者，承賜大集，燠受而讀之，竊見先生之詩真得乾坤之清氣，偶賦一物、詠一事，無不出以大方。"姚鼐札云："今歲兩次奉書欲求大集，不知去冬已承見賜。昨日下午乃併手書接到，急展讀之，覺其情深意厚，使人魂銷氣盡，往復不能自已。"又王鳴盛札云："昨承見惠大刻，向來雖相好多年，竟未及捧讀全稿。及今拜觀之下，乃覺逸氣橫空，不可羈勒，古懷壯思，獨往獨來，不勝欽異，嗟慕俛首，佩服之至。"

《江介沿緣集》小序云："自西江歸，竊願杜門不出，而白下、廣陵友朋相招者不獲辭。往來江介，忽已逾年，得古今體詩九十五首，名江介沿緣集。"

《乙卯集》小序云："余作詩頗自矜重，選輯亦嚴，初未有一年得一卷者。項行年六十有六矣，歲終自訂所作，居然成卷，因以'乙卯'名之，蓋良友迫逼之益居多也，私幸老而猶健也。"

此本有扉頁，刻王文治手書"夢樓詩集。乾隆乙卯。食舊堂藏板"。

《續修四庫全書總目提要(稿本)》、《臺灣公藏善本書目》未收。《中國古籍善本書目》不收。《中國科學院圖書館藏中文古籍善本書目》、《日本現存清人文集目錄》著錄，內閣文庫、尊經閣文庫、東洋文庫、大阪府立圖書館、京都大學文學部中國哲學文學研究室、愛知大學圖書館也有入藏。

鈐印有"今關天彭藏書之印"。

2532　清乾隆刻本黄琢山房集　　　　　　　　　　T5484/2318

《黃琢山房集》十卷，清吳璜撰。清乾隆四十二年(1777)刻本。四冊。半頁十二行二十三字，左右雙邊，白口，單魚尾。框高18.8釐米，寬13.5釐米。題"會稽吳璜鑑南"。前有蔣士銓撰《吳璜傳》，沈清任撰《吳璜傳》；乾隆四十二年王昶序，程晉芳序，朱岐序；王霖、周天度、嚴遂成、周大樞、商盤題辭；胡元琢、程晉芳、蔣士銓、萬光泰、金文淳舊序；又蔣士銓題辭。末有李聲振後序，吳尊盤跋。

吳璵，字方甸，號鑑南，浙江山陰人。年十七，隨父之京師，讀書於舅氏商盤，後從嚴遂成、萬光泰游。乾隆二十五年進士，觀政戶曹，官戶部雲南司主事、湖南澧州知州。性嗜學，重友義，為文宏麗，議論馳騁，輒以人倫綱紀為任，都下端人名士咸器之。三十八年五月，從劉秉恬辦金川糧餉，解銀十萬兩至登春，時木果木之役，六月大營陷，途中遇劫，至崇德山墜溪河死，年四十七。又有《蘇門紀游》。

吳璵工詩，能苦吟，篇成，數改竄，求必傳，一字一句必嘔心而出，至廢寢食。飲酒談文，終夕不倦。此集皆古今體詩，卷一一百四十八首，卷二一百三十九首，卷三一百十七首，卷四八十五首，卷五八十六首，卷六九十首，卷七六十七首，卷八八十一首，卷九一百一首，卷一〇一百首。

卷二有《裂扇歌》，詠孔尚任《桃花扇》本事，云："蟲沙寂寞戰場苦，月黑楓林哭杜宇。毛人踰堞紙鳶飛，焚屋挈盤猶暢舞。夷門公子太情多，駘宕春光奈客何。莫學楚囚頻灑淚，且從洛浦詠凌波。燠翠樓頭動繁吹，簾櫳深鎖人嬌媚。誰歟低按玉昭華，小杜樊川心忽醉。相隨龍友狹斜游，垂柳千絲繫紫騮。翠幰燭跋停歌板，玉砌花眠落酒籌。廿八字媒題素箋，不須溝水流紅葉。惟願深情與扇同，轇轕不分如摺疊。榴花蒲葉燦當筵，載得娉婷古渡邊。名流狹客同觴詠，肯許奄兒夜泛船。奄兒氣短生心計，欲傍東林舊門第。探囊不惜錦纏頭，暗里揮金奪佳麗。珊珊俠骨李香君，羅綺全拋斷夕熏。一任鴛鴦飛雪浪，肯教蛺蝶簇霞裙。蝶化鴛鴦飛兩處，回首茫茫隔雲霧。滿地煙塵淮水旗，一樓風雨青溪樹。霓裳驚破已成灰，門掩蒼苔晝不開。誰遣無端沙叱利，竟尋柳色到章臺。皎潔妾心冰一片，不願豪華願貧賤。已拚墜損石家珠，何妨伴老樓前燕。淋漓熱血濺宮紈，幾點紅痕膩未乾。染作桃花如寫照，殷勤遙寄與郎看。詎知宵小工荼毒，良緣攪斷難重續。深累夷光誤入宮，更陷鄒陽冤繫獄。惱動昂藏俠士胸，星馳漢楚激侯封。千門虎旅鳴鼙鼓，十道鯨波下戰艟。軸復樞翻變桑海，河山鼎沸興圖改。殺聲衝散後庭花，賸水殘山空戰壘。可惜穠華古秣陵，淒涼池館罷春燈。沿堤一帶朱欄檻，可有當時玉臂憑。乘間潛身離密網，妾歸舊院郎何往。弓刀隊里怯覊魂，觱篥聲中勞遠想。畫眉夫婿走天涯，惆悵春來幾落花。覓蹟敢辭山徑遠，鐵鞋踏破到棲霞。棲霞山上中元節，齋壇稽首聲嗚咽。魂招故國素旛飄，腸斷先皇盂飯設。梗斷萍浮會合奇，兩人如夢復如痴。青衫淚灑雙紅袖，髣髴朱樓乍見時。絮語唧唧私竊歎，當場棒喝柔情斷。仙人指點出迷津，勘破三生舊公案。君不見：建康輦路賸斜暉，南內無人蔓草圍。烈帝慘悽遺血詔，福王憔悴易青衣。又不見：靖南劍剼寧南死，閣部孤忠葬江水。中原龍虎近如何，南部鶯花今已矣。家亡國破最欷歔，底事情根未蘊除。立斬愁魔仗慧劍，雲開頓識廬山面。千秋空吊媚香樓，一聲已裂桃花扇。"

璵之詩稿，在其殉難前交周輔鈞（字佐成，別字筠村，璵外舅之弟）保管，戰役中，輔鈞幸免於難，攜璵稿歸衛輝，請吳尊盤為之編次。據尊盤跋，"其生平所作固具在也。筠村又言，先生入蜀後尚有詩若干首，自藏於懷，故不可復得。"此集為陝西節使畢沅所刻。王昶序云："今年丁酉，周君自衛輝寓書來曰：'鑑南《黃琢山房集》六卷刻已竟，蓋同年陝西巡撫畢君沅所助也。'"

《續修四庫全書總目提要（稿本）》、《中國古籍善本書目》、《臺灣公藏善本書目》、《中國科學院圖書館藏中文古籍善本書目》、《日本現存清人文集目錄》未收。按，此書又有民國八年排印本。

2533 清乾隆刻本蘭韻堂詩文集

T5487/3132

《蘭韻堂詩集》十二卷《文集》五卷《御覽集》六卷《經進文稿》二卷《詩續集》一卷《文續集》一卷《西清筆記》二卷，清沈初撰。清乾隆五十九年(1794)至道光元年(1821)刻本。十二冊。半頁十行二十一字，左右雙邊，白口，單魚尾。框高18.9釐米，寬12.6釐米。題"平湖沈初雲椒"。前有乾隆五十九年陳嗣龍序，汪中序，乾隆五十八年(1793)沈初自序。

沈初，字景初，號萃岩，又號雲椒，浙江平湖人。優貢生，七應鄉試不售。乾隆二十八年中進士，授編修，擢侍講，轉右庶子，累陞禮部右侍郎，轉兵部復調吏部，遷左都御史，授軍機大臣，轉兵部尚書。五任學政，歷充三通館、實錄館副總裁。沈初性寬厚謙和，事親至孝，歷事兩朝三十餘年，小心無間。自幼穎悟，弱冠即工詩文，既登上第，淹貫博雅，爲詞苑所推重，清舒位《乾嘉詩壇點將錄》稱其爲"小遮攔"。其以"蘭韻"爲堂名，可見自序："蘭曰香、曰幽、曰芳、曰秀，未有言韻者。余生三歲，從外祖識字，即辨四聲。稍長，漸知五七言句法，外祖喜曰：'花之品，蘭爲貴，夫蘭以韻勝，汝當以蘭韻名其堂。'"生於雍正七年，嘉慶四年卒於官，謚文恪。

《詩集》卷一至二《南窗集》一百九十二首，爲庚辰以前所作，"南窗"者，"老屋一楹，几硯圖書，位置南窗下"；卷三《秣陵集》一百二首，辛巳初授徒江寧司馬署，此集詩多爲其時所作，秣陵即江寧；卷四《木天集》八十一首，爲癸未至己丑夏作；卷五《城南聯句集》二十八首，甲申、乙酉間，江左詩人有聯句之會，初亦與之，故名；卷六《歸帆集》九十八首，爲己丑秋至辛卯之詩，其時初南旋歸里；卷七《西泠集》九十四首，爲壬辰至甲午春之詩，時初居武林；卷八《容臺集》七十九首，爲甲午至己亥之詩，時初在禮部供職，後視學閩中；卷九《西曹集》八十二首，收庚子至甲辰詩；卷一〇《西曹後集》八十八首，收乙巳至庚戌七月以前詩，時初視學畿輔，又移江蘇；卷一一至一二《吏部集》一百七十五首，爲庚戌以後之詩。有扉頁，刻"蘭韻堂詩集。乾隆甲寅春編，本衙藏板"。

陳嗣龍序云："當夫子通籍時，所著已不下萬餘篇，而刪存極嚴。辛丑秋，請養旋里，至甲辰冬，始取庚辰以前迄是年之詩，釐爲八卷，題曰《蘭韻堂詩集》。應制及進獻之作，則別爲《御覽集》四卷，授諸梓。嗣是督學畿輔及三吳，還朝三載，復被命視豫章學政，屈指又十年矣。近乃刊乙丑以來之作四卷，合前爲十二卷；《御覽集》二卷，合前爲六卷。"

《文集》五卷，前有乾隆六十年楊倫序。卷一賦六首、論三篇、記六篇，卷二序十八篇，卷三序八篇、跋五篇、引一篇，卷四書四篇、傳六篇、贊二首，卷五墓志三篇、墓表二篇、祭文四篇。楊倫序云："吾師少宰雲椒先生，既刻《蘭韻堂詩集》成，復刊其文集五卷、經進文二卷，屬倫以一言弁其首簡。"有扉頁，刻"蘭韻堂文集"。

《御覽集》六卷，前有張誠序。詩二百四十五首。有扉頁，刻"御覽集"。

《經進文稿》二卷，乃初少時試於有司及館課之賦稿。卷一賦三首、詔一篇、論二篇、疏一篇、策二篇、序一篇、跋二篇，卷二謝摺十九篇。有扉頁，刻"經進文稿"。

《詩續集》一卷，有道光元年鮑桂星序。鮑序云："桂星尋以憂去，而夫子歸道山，又十餘年，始得見長公春畹於京邸，敬讀所刊《蘭韻堂遺集》，因以窺夫子之瑰才積學。""春畹旋以續刊詩三卷、文一卷見示，其間詩文多應奉之作。"此所云"續刊詩三卷"，實一卷也。有扉頁，刻"嘉慶庚辰年仲夏鐫"。"庚辰"爲嘉慶二十五年。

《文續集》一卷，有朱爲弼序。謝摺三篇、跋一篇、序六篇、記一篇。朱序云："至道光元年，春畹將出守漢陽,偕遠亭大令來余都寓,以手輯文恪公《蘭韻堂詩文續集》誰謏作弁言,余不敢辭。逾明年壬午之冬,簿領稍暇,爰敬序。"扉頁刻"嘉慶庚辰年仲夏鎸"。

《西清筆記》二卷,前有阮元序,蔣予蒲序,乾隆六十年沈初自序。末有朱方增跋。卷上《恩遇》十五則、《典故》十八則、《文獻》十八則;卷下《職志》二十三則、《名蹟》二十一則、《庶品》二十四則。皆初於甲寅冬自九江還省城度歲,入春雨雪匝旬,燕居多暇,賓客談次,詢及內廷故事者。阮序云:"嘉慶九年,平湖沈文恪公令嗣蓮生,以公《蘭韻堂詩》印本見贈,所記南書房翰林事,雖未極詳備,然內廷故事足見一斑……蓋於豫章學署暇日偶筆,追述遭逢,兼記事實,舉凡典章文獻、書畫名蹟以及庶類小品,無不纖細備具。"有扉頁,刻"西清筆記"。

沈初之集,乾隆間先刻有《詩集》八卷、《御覽集》四卷,流傳頗罕,僅見中國國家圖書館入藏。至乾隆末年,再刻有《文集》五卷、《經進文》二卷。道光間,其子春畹、遠亭又刻《續詩》一卷、《續文集》一卷。此本又有《西清筆記》二卷。《詩集》也由八卷增至十二卷,當爲後人增補之本。

《續修四庫全書總目提要(稿本)》、《中國古籍善本書目》、《臺灣公藏善本書目》未收。《中國科學院圖書館藏中文古籍善本書目》著錄《蘭韻堂二種》二十五卷,"清彙印本"(《蘭韻堂詩集》十二卷《御覽集》六卷,清乾隆四十九年刻五十九年增修本;《經進文稿》二卷《蘭韻堂文集》五卷,清乾隆五十九年刻本)。《日本現存清人文集目錄》著錄,無《詩續集》一卷、《文續集》一卷、《西清筆記》二卷,靜嘉堂文庫、京都大學人文科學研究所入藏。

鈐印有"積學齋徐乃昌藏書"。

2534 清乾隆刻後印本鬯文書屋集略 T5476.9/3646

《鬯文書屋集略》八卷,清潘相撰。清乾隆刻後印本。五冊。半頁十一行二十三字,左右雙邊,白口,單魚尾。框高19.8釐米,寬14.4釐米。題"安鄉潘相潤章學"。前有乾隆四十二年(1777)潘汝誠序。

潘相,字潤章,號經峰,湖南安鄉人。生於康熙五十二年,乾隆二十八年進士,出知山東福山縣,調曲阜,兼攝黃縣、泗水,陞濮州知州。少性敏好學,内行敦篤,勸化孝友。振興義學,自奉儉約,學問湛深,循良吏也。致仕歸。乾隆五十五年卒,年七十八。著作宏富,有《周易尊翼》、《尚書可解》、《毛詩古音參義》、《琉球入學見聞錄》、《濮志》等。《(民國)安鄉縣志》卷二三有傳。

卷一頌、賦,卷二詩,卷三雜著,卷四序,卷五碑、記,卷六傳、墓表、志銘,卷七祭文,卷八公移。

鬯文書屋爲潘相藏書、讀書處。卷四有《鬯文書屋藏書序》,卷五有《鬯文書屋記》。潘相輯聖經賢傳諸史子集爲一屋,"屋四室,室各四版",中之北曰經室,其第一版欽定諸經,尊王也。第二版置朱子諸經解以及儀禮經傳通解之定本。第三版爲十三經注疏。第四版爲歷代經解。中之南爲史室,置編年、紀實之書。經室之北乃子室,史室之南爲集室。

相嘗爲武英殿分校、國子監教習,并爲琉球國官學教習,其詩中有《琉球學即事》、《悼琉球國官生梁允治金型》,雜著有《書琉球書經刻本後》,文有《琉球鄭紹衣太學課藝序》、《琉球入學見聞錄序》等。潘汝誠序云:"及披《鬯文書屋集略》,諸體兼妙,而碑記一冊,大筆淋灘,尤令人氣悚神湧。"

卷六有董誥撰《皇清誥授奉直大夫濮州知州經峰潘公墓志銘》。卷八末爲《邪教戒》(上、下)，有白蓮教史料，文長 3 500 字。

此本有扉頁，刻"彎文書屋集略。汲古閣藏板"。

《中國古籍善本書目》著錄，中國國家圖書館入藏。《續修四庫全書總目提要(稿本)》《中國科學院圖書館藏中文古籍善本書目》《臺灣公藏善本書目》《日本現存清人文集目錄》未收。

2535　清乾隆刻本傳經堂詩鈔　　　　　　　　　　　T5481/4509

《傳經堂詩鈔》十二卷，清韋謙恒撰。清乾隆刻本。四冊。半頁十行二十一字，四周雙邊，黑口，雙魚尾。框高 18.5 釐米，寬 13.7 釐米。題"蕪湖韋謙恒慎旃"。前有乾隆五十五年(1790)韋謙恒自序。

韋謙恒，字慎旃，號約軒，一號木翁，安徽蕪湖人。幼從父任金壇，就學王己山之門。乾隆二十八年進士，授編修，充一統志纂修，遷左春坊左庶子，充順天同考，奉命督學山東。歷官翰林院侍讀學士、國子監祭酒、貴州布政使、右中允。甲辰，以年逾六十准與千叟宴。生於康熙五十九年，卒年七十七。又有《傳經堂文集》十四卷、《瓦卮山房館課鈔存》二卷、《古文輯要》八十卷。《(民國)蕪湖縣志》卷五〇《人物志》有傳。

卷一壬戌至辛未，卷二壬申至乙亥夏，卷三乙亥秋至丁丑八月，卷四丁丑九月至辛巳秋，卷五辛巳冬至己丑，卷六庚寅至壬辰四月，卷七壬辰五月至丙申四月，卷八丙申五月至己亥四月，卷九己亥五月至十二月，卷一〇庚子至癸卯，卷一一甲辰至丙午，卷一二丁未至己酉。

韋謙恒序云："鈔己酉以往所得古今體詩一千有奇，凡十二卷，蓋余年已七十矣。憶四歲時，先母教識字，即日授唐詩一兩首，泊六歲就外傅，以方受經弗暇也。十一歲侍先君子歸自泗州，舟中無事，適行笈有《右丞集》，俾余讀之，乃稍知所謂詩者。至十三四，見諸執友分題刻燭，余亦間有吟詠，謬邀許可，然此中實無所得也。稍長，始博觀漢魏以泊三唐，並旁涉宋金元明諸大家，覺胸臆間有流露於不自知者，故存詩自壬戌始。伏念自少孤露，不得已餬口四方，歌食歌事，期於自適。通籍後，雖簪筆從容，宜得盡心於文字，而軟塵僕僕，求如曩時之低首牖下，含毫吮墨，殊不易得。及出而之海岱、之滇、之黔，則案牘填委，川涂阻長，凡有所作，多在馬上枕上，亦不復能自收拾。迨重入玉堂，而白駒過隙，鬚鬢皤然，壯盛不來，吟興漸減。唯己亥典試雲南，重尋陳蹟，時越半年，得詩較多。丙午奉使入秦，新作亦復無幾。至徧叨館職書局，匆匆再領成均，則以講習爲職，輒復累月經旬，不成一句。四十餘年，薈萃篇什，離爲三十四卷，聊紀歲時。所謂千金敝帚，擁以自私，真不堪一噱也。新春稍暇，遍檢諸集，鈔什之三四，未知於古作者何如？或不至以浮華浪蕊、蚓竅蠅鳴見擯於大雅則幸矣。"

此本有扉頁，刊"傳經堂詩鈔"。

《續修四庫全書總目提要(稿本)》《臺灣公藏善本書目》未收。《中國古籍善本書目》《中國科學院圖書館中文古籍善本書目》《日本現存清人文集目錄》著錄。中國科學院圖書館、清華大學圖書館、日本京都大學人文科學研究所、大阪府立圖書館也有入藏。

2536　清乾隆刻本白荅集　　　　　　　　　　　　T5481/4511

《白荅集》四卷，清戴翼子撰。清乾隆六十年(1795)戴氏義竹山房刻本。四冊。半頁八行

集　部

十九字,左右雙邊,白口,單魚尾。框高 19.5 釐米,寬 12.7 釐米。書口下刊"義竹山房家藏"。題"上公山人戴翼子著"。前有乾隆五十九年(1794)寧楷序,乾隆五十九年文霈序;戴衍等識語。

戴翼子,字燕貽,號芑泉,又號上公山人,江蘇上元人。乾隆三十一年進士。授工部主事,尋以郎中擢山東道御史。凡時事有未盡者知無不言,上將大用,或惡其亢直,沮之,未幾卒於官,年五十二。《(光緒)重刊江寧府志》卷三九《仕績》有傳。

卷一一百三十二首,卷二七十七首,卷三六十八首,卷四七十五首。

戴衍識語云:"先大夫侍御公早負盛名,一時矜重老宿輩咸折節下交。所著詩古文辭制藝最富,顧脱稿人争攜去,迨司鐸廬江,稍自收拾。丙戌,將入都,彙詩文雜著一篋,手緘而藏之,蓋皆平時心得之作,屢削稿而存者也。及成進士,官水曹,迎養先大母,既奉板輿,即檢書篋,而手緘者竟失去。丙申春,公歿時,先伯兄衍祚年十五,衍祐年十三,故弟衍祺甫八齡,衍祉三齡耳,年皆幼稚,不知蒐羅先人遺蹟,且都中交遊率通籍後所結納,能具道先人性情而不多見先人著述。返江寧又數年,伯兄始求遺稿録之。時諮訪公舊友,已落落如晨星。未幾,伯兄卒。祐復翶口四方,敬檢遺編庋行篋,遇公年家故舊及深嗜篤好之士,輒以就正,删訂折衷,抄輯讎校蓋數十通,然所存者大都屢次散失之餘耳……所遺制藝另刊成帙。今編次全詩,以作於金陵者爲一卷,廬陽、都門各爲一卷。其懷古詠物、即景即事諸作,近於游蹤者爲一卷,以類相從,取便觀覽。又兹集非公所自訂正,故收録特慎,凡非公手書可辨識者概不入集;自注之外,不敢妄贅一字;有缺文者,亦謹仍之。顔曰'白苔集',從公手抄册所自定,尊前志也。"

此本有扉頁,刊"白苔集。上元戴翼子芑泉著。乾隆六十年鐫。義竹山房藏板"。

按,戴氏此集,民國間翁長森、蔣國榜輯《金陵叢書》丁集(民國三年至五年上元蔣氏慎修書屋排印本)已收入。

《續修四庫全書總目提要(稿本)》、《中國古籍善本書目》、《中國科學院圖書館中文古籍善本書目》、《臺灣公藏善本書目》、《日本現存清人文集目録》未收。

2537　清乾隆刻本西澗草堂集　T5481/7224

《西澗草堂集》四卷《詩集》四卷,清閻循觀撰。清乾隆三十八年(1773)閻循霖刻本。二册。半頁十行二十二字,白口,單魚尾。框高 20.2 釐米,寬 14.5 釐米。題"昌樂閻循觀懷庭"。前有任瑗序,乾隆三十七年(1772)汪縉序,乾隆三十七年韓夢周序,閻循霖序。《詩集》前有乾隆三十八年韓夢周序。

閻循觀,字懷庭,號伊蒿,山東昌樂人。乾隆三十一年進士。官吏部考功司主事,居官盡職,然不得行其意,遂告歸。初好佛氏,既讀宋儒書,乃一以程朱爲宗。與濰縣韓夢周講學於程符山,省身克己,刻苦自立,於河津之派爲近,治經歸於自得。又有《困勉齋私記》、《尚書讀記》、《毛詩讀記》、《春秋一得》等。

卷一序八篇、論二篇、辨一篇,卷二書四通、啓一通、記十篇,卷三墓志五篇、墓表二篇、墓碣一篇、行狀四篇,卷四傳十一篇、誄一篇、雜著二篇、銘四首、箴一首。《詩集》皆古今體,卷一八十三首,卷二七十三首,卷三六十六首,卷四八十四首。

韓夢周序云:"昌樂閻懷庭先生,賦質既美,又養之以學,其爲文也,油然出於中而暢其志,温然即於人心,其於退之所言殆似之矣。余嘗歷數交遊中,惟懷庭德性學術爲最醇密,其大致於明之薛敬軒、本朝陸稼書爲近,故其文肖其爲人,非可强而致也。因訂輯遺書,爲推究文章之極致,並著懷庭之得至此者,其發之有本,考其文可以知其人焉。"

韓夢周序《詩集》云:"吾友閻懷庭先生,少日喜爲詩,自'三百'、《楚》、《騷》,下逮漢魏以及本朝作者,皆有評著。講學後,遂不復注意,然觸事興詠,遂成此編已,既工且至矣。余因稍爲別擇,釐爲四卷而付之梓。"

此本爲閻循霈所刻,閻序云:"友人韓公復輯其遺書,余爲刻之。"《中國科學院圖書館藏中文古籍善本書目》作"清乾隆三十八年韓夢周樹滋堂刻本"。又有扉頁,刻"西澗草堂文集。乾隆癸巳年鐫。樹滋堂藏板"。《詩集》扉頁刻"西澗草堂詩集。乾隆癸巳年鐫。樹滋堂藏板"。

《四庫全書總目》收有循觀《尚書讀記》、《春秋一得》、《困勉齋私記》及《西澗草堂集》,後者入集部別集類存目,爲《文集》四卷。《臺灣公藏善本書目》未收。《中國古籍善本書目》著錄,福建省圖書館入藏。《中國科學院圖書館藏中文古籍善本書目》、《日本現存清人文集目錄》著錄,爲《西澗草堂全集四種》十三卷,除詩集、文集外,又有《困勉齋私記》四卷、《尚書讀記》一卷。日本京都大學人文科學研究所、東洋文庫、靜嘉堂文庫也有入藏。

鈐印有"舊燕堂"。

2538　清乾隆刻本笠亭詩集　　　　　　　　　T5484/2918

《笠亭詩集》十二卷,清朱琰撰。清乾隆三十八年(1773)樊桐山房刻本。四册。半頁十一行二十一字,左右雙邊,綫黑口,單魚尾,書口下刻字數。框高17.9釐米,寬13釐米。題"海鹽朱琰桐川"。

朱琰,字桐川,號笠亭,又號友石居主人,浙江海鹽人。乾隆三十一年進士。曾爲江西巡撫幕僚,後授直隸阜平縣令。爲政廉慎,捐俸重建學宫,又修阜平志書。擅畫山水,精鑒賞,工摹印,爲嘉禾七子之一。以積勞過度,卒於任上。又有《金華詩録》、《唐詩律箋》、《金粟山人遺事》等。

琰工詩擅文,此集卷一《楓江集》,卷二《瀛洲集》,卷三《湖樓集》,卷四《桐花集》,卷五《後桐花集》,卷六《書畫船集》,卷七《書畫船後集》,卷八《驂鸞集》,卷九《妙門集》,卷一〇《章江集》,卷一一《先庚集》,卷一二《小冰壺集》。每集前皆有序。

《楓江集》,計一百五首。楓江,即吳江,前人有"楓落吳江冷"之句。

《瀛洲集》,計九十一首。序云:"余家海上,故明徐東濱太守築室城闉,與西村老人輩結社賦詩,稱'小瀛洲十老'。"丁卯,琰讀禮家居,不復作出游計,與同邑諸子相與唱和,曰"瀛洲七子"。此集題"瀛洲",蓋不忘同聲之應。

《湖樓集》,計一百十六首。乾隆十六年六月至十七年十二月,琰在杭城崇文書院,參與修《幸浙盛典》,同事多才俊之彦,暇時散步西湖,此集所録多爲其時在湖上所作。

《桐花集》,計詩九十六首。此爲琰在嘉興桐鄉館友人家,課友人子姪時所作。序云:"曰《桐花集》,聊以當草木之華,隨時芬榮而已。"

《後桐花集》,計詩一百十首。此集所收爲琰乾隆二十一年至二十四年在桐鄉所作詩。

《書畫船集》,計詩八十九首。琰於學古之暇,有書畫癖,喜購名流真蹟以供玩賞,又喜抄纂故籍,其讀書之廬曰"書畫船",蓋仿宋米芾意也。序云:"陳唐卿以其爲人無補於世,而自號江湖長翁,余以余之書畫無當千古而比之江湖長物,則以書畫船而通其義於江湖也……曰《書畫

集　部

船集》,蓋亦參江湖長物之義而通於書畫也。"

《書畫船後集》,計詩一百三首。爲乾隆二十七年至二十九年所作。

《駸鸞集》,計詩六十一首。此爲琰乾隆三十年應京兆試途中所作。序云:"即如唐白傅與元九書,前稱其應舉則曰策,蹇步於利足之途,張空拳於戰文之場。後稱其作詩則曰一吟一詠,不知老之將至,雖駸鸞鶴游,蓬瀛之適,無加於此。余乃今以蹇步爲鸞鶴,長安道爲蓬瀛也。"

《妙門集》,計詩六十七首。此爲乾隆三十一年由京返鄉途中所作。

《章江集》,計詩一百四十四首。章江,一名贛江。此爲乾隆三十二年至三十四年在江西所作。

《先庚集》,計詩三十五首。此爲乾隆三十四年九月至三十五年三月所作。

《小冰壺集》,計詩一百十首。冰壺,爲金華三洞之一。乾隆三十五年,琰應金華太守顧小韓太守請,掌麗正書院,其所居之室曰"小冰壺"。序云:"清莫如水,潔莫如冰,用以自勵,庶有裨矣。余在金華歷四年,謁選人去,集所作曰'小冰壺',以希風於婺州前賢,其寄懷蓋在詩之外矣。"

此本有扉頁,刻"笠亭詩集。乾隆癸巳年鐫。樊桐山房藏板"。

《續修四庫全書總目提要(稿本)》、《臺灣公藏善本書目》、《中國科學院圖書館藏中文古籍善本書目》、《清人詩集敘錄》未收。《中國古籍善本書目》著錄,中國國家圖書館、上海圖書館、北京大學圖書館等五館入藏。《日本現存清人文集目錄》著錄九卷本(疑殘),藏東京大學文學部中國哲學文學研究室。按,上海圖書館有《瀛洲集》一卷,爲稿本。《武林掌故叢編》第十八集收有《湖樓集》一卷。

鈐印有"環碧山房珍藏"、"吴子琴藏閱書"、"木石吴兒"。

2539　清乾隆刻本虛白齋存稿　　　　T5490/2346

《虛白齋存稿》十四卷,清吴壽昌撰。清乾隆五十五年(1790)刻本。五册。半頁十行二十一字,四周雙邊,白口,單魚尾。框高17.9釐米,寬13.5釐米。題"山陰吴壽昌泰交"。無序跋。

吴壽昌,字泰交,號蓉塘,浙江山陰人。乾隆三十四年進士,改庶吉士,充《四庫全書》館纂修。曾爲廣西主考官,又視學貴州,官至左中允。壽昌厚重少言,自奉樸素,性耿介,不附權貴。致仕後,田園自娱,怡養自適,主講稽山書院,本經術以誨生徒,游其門者甚多。《國朝耆獻類徵初編》卷一二九有傳。

壽昌詩雍容爾雅,清虛靜遠,無當時習氣。是書存十一卷。爲《館課詩》二卷(七言八韻、五言八韻)、《館課賦》二卷、《冰銜集》卷下(起癸巳,訖己亥)、《直廬集》一卷(起庚子春,訖癸卯夏)、《驛程雜詠》一卷(癸卯典試廣西作,起五月,訖十月)、《直廬續集》一卷(起癸卯冬,訖丙午夏)、《細吟集》二卷(起丙午秋,訖己酉夏)、《細吟續集》一卷(起己酉十月,訖庚戌正月)。佚去《操縵集》一卷、《對薇集》一卷、《冰銜集》卷上。

此本有扉頁,刻"虛白齋存稿。山陰吴泰交。館課詩、館課賦。乾隆庚戌春鐫"。

《續修四庫全書總目提要(稿本)》未收。《中國古籍善本書目》著錄"十二卷",中國國家圖書館、北京大學圖書館、清華大學圖書館、遼寧大學圖書館入藏。《北京圖書館古籍善本書目》著錄書名作"虛白齋存稿十卷館課詩一卷館課賦一卷"。《中國科學院圖書館藏中文古籍善本書目》著録"清乾隆五十五年刻本"。《日本現存清人文集目録》卷數作"不分卷",愛知大學圖書館入藏。

2540　清乾隆刻本楳荘詩鈔　　　　　　　　　T5493/8529

《梅荘詩鈔》五卷首一卷,清鐵保撰。清乾隆六十年(1795)阮元刻本。二册。半頁十行二十字,左右雙邊,黑口,單魚尾。框高19.5釐米,寬14.9釐米。題"白山鐵保冶亭著"。前有鐵保自序,乾隆六十年阮元序。

鐵保,字冶亭,號梅庵,姓棟鄂氏,正黃旗人。先世姓覺羅,稱爲趙宋之裔,後改今姓。乾隆三十七年進士,授吏部主事,遷郎中,擢少詹事。歷侍讀、内閣學士、禮部侍郎兼副都統。嘉慶四年,轉盛京兵部侍郎、刑部侍郎,兼奉天府尹。尋復召吏部侍郎,調漕運總督。歷廣東、山東巡撫、兩江總督。因事革職留任,不久褫職並遣戍烏魯木齊。後給三等侍衛,充葉爾羌辦事大臣,調喀什噶爾參贊大臣,再擢禮部尚書,調吏部。二十三年,召爲司經局洗馬。道光初,以疾乞休,賜三品卿銜。卒於道光四年,年七十三。又有《白山詩介》五十卷。輯《熙朝雅頌集》一百三十四卷。

鐵保工詩,清舒位《乾嘉詩壇點將録》稱其爲"玉旛竿"。此集首一卷四十一首,卷一一百二十七首,卷二八十二首,卷三五十九首,卷四八十九首,卷五四十九首。

鐵保曾爲《八旗通志》總裁,卷四有《奉敕纂八旗通志恭紀二十韻》、卷五有《纂八旗通志名臣傳二十韻》、《纂八旗通志人物志身事前朝及晚節有虧者概不存録詩以紀之兼呈曉嵐大宗伯》、《纂八旗藝文志仿唐書以書存人例得詩二首》。

自序云:"夫詩成於我,境成於天,少壯異其時,窮達異其遭,喜怒哀樂異其節,强而同之,不亦慎乎?且詩以述事,紀君恩,緬祖德,申岵岵之思,寫棠棣之樂,篤室家之愛,聯友朋之情。推之山水奇蹤,風雲變態,鳥獸草木,託興適懷,詩存則境存。於以驗少時之性情,証中年之得失,勵晚節之操舍,所關綦重,非徒較章句短長自附於文人之末也。甲寅,余典試山左,值阮閣學伯元方以宫詹視學其地,索觀稿本,竟留付梓。伯元調兩浙,續索近作並鋟之。伯元篤於師友,愛而忘其醜,禁之不及,然余之自信則未也。起丙戌十五歲,訖乙卯四十四歲。應制詩一卷,則多屬近作云。"

阮元序云:"吾師鐵宗伯,學深才健,由唐溯漢魏,體格無少降。典禮春官,扈蹕秋獮,煎茶鎖院,倚馬賡歌,又詞林佳話也。至於軺車所指,銜彼山川,大江南北齊魯間,益鮮抗衡者。甲寅秋,師典試山左,元適督學於此,徹棘後,得師全稿鈔讀之,因思吾師及門著録將千,人人願先覩,用是速付梓人,同門者各贈一帙,庶無郵借傳寫之勞歟!"

此本有扉頁,刻"梅荘詩鈔"。

《續修四庫全書總目提要(稿本)》、《中國科學院圖書館藏中文古籍善本書目》、《臺灣公藏善本書目》、《日本現存清人文集目録》未收。《北京圖書館古籍善本書目》著録《玉門詩鈔》二卷(清嘉慶刻本)、《淮西小草》一卷(清嘉慶七年張振德、許鯉躍等刻本),而不及此本。《中國古籍善本書目》又有《愛吾軒詩鈔殘稿》不分卷,爲鐵保稿本,藏北京大學圖書館。

鈐印有麟慶"廖見亭讀一過"、"嫏嬛妙境"。按,麟慶字振祥,一字伯徐,號見亭。姓完顔氏,隸鑲黃旗。嘉慶十四年進士,授内閣中書,遷兵部主事,後任河南按察使、布政使、湖北巡撫、都察院右副都御史,兼署兩江總督管兩淮鹽政。

集　部

2541　清抄本半湖草續半湖草　　　　　　　　　　　　TNC5484/3122

《半湖草》、《續半湖草》不分卷,清沈婧撰。清抄本。二十册。半頁九行二十字,無框格。題"蔣州沈婧西岳訂"。無序跋。

沈婧,字西岳,江蘇南京人。生平失考。據此集,當生於雍正元年(1723),主要活動於乾隆時期。第二册《清明曲》有小字注云:"先考於癸卯四十八年三月初二日整整一百歲,故慶之。"按,乾隆四十八年爲癸卯。第十三册《辛亥仲冬中浣之一日賤辰漫吟》有小字注"予今年六十九","辛亥"爲乾隆五十六年(1791)。早年生活於南京、杭州,後客居京師,長年處館授徒爲生。

沈氏始入書院習文,後改習武,曾爲諸生,然仕進不偶。第十三册《自敘》小字注:"予自十四歲考取,入書院習文,未成,剛十九歲,被友人招去習武,一試即得,已將十五年矣。"第十三册《仲春春分後三日坐呈琅書屋對雪漫吟得二律以請梅亭大哥老先生指疵》小字注:"予自十九歲棄文習武,至今五十四年矣,終未上達。"從第四册《送選拔諸同學赴都廷試》來看,則曾爲諸生。第十三册《十一月廿二日獻亭兒來禀於十月初九酉時生得一子予喜而賦之》小字注:"予不但不能作官,連舉也不能中。"入京後羈旅多年,寄人籬下,四處飄泊,以教授文字糊口。第十四册《夏日同梁以寧閑話》小字注:"予自入學後,即隨父兄貿易四方,將書高擱。不意來京反以舌耕爲事,真可悲可泣。"第二册《糊壁》有小字注云:"予留京師二十餘年矣,並未曾一歸。"第十三册《感吟》有句:"北想南歸過卅載,東移西寓直千端。"小字注:"一處館於齊化門燒酒衚衕王府,二處館於真定府誇署,三處館於保定府誇署,四處館於清河誇署,五處館於東四牌樓小豆腐庵後庫郎中陶宅,六處館於孫家坑王宅,七處館於劈柴衚衕刑部侍郎塔宅。一寓廊坊二條衚衕元寧飯店,二寓廊坊三條飯店,三寓蠍子廟,四寓孝順衚衕口成衣店後。復處館於六郎莊余宅,復處館於東四牌樓粉漿衚衕文宅,復處館於西四牌樓手帕衚衕圖宅,復處館於通永道宋署,復處館於玉泉山東宮門外東小橋文大人花園内。家眷來京,寓於鷂兒衚衕,又移寓於小椿樹衚衕,又移寓於長巷上二條衚衕許宅,又移寓於海岱門外小豆腐巷東口,又移寓於巾帽衚衕官房。共計連處館整整二十一寓所。"第十八册《憶少年》有小字注云:"廿年前,皇上巡幸故蘇,予隨簡齋袁夫子接駕。"則沈氏又與袁枚有所交往。

是書爲沈氏詩賦集。首册爲《半湖草》,第二册至第二十册爲《續半湖草》。第十九册前收賦五首,餘皆爲詩。《半湖草》爲作者早年於南方詩作,詩中所見游歷之地有莫愁湖、栖霞山、西湖、靈隱寺等。《續半湖草》多爲至北方後所作,西山、香山、昆明湖、隆福寺等地名於詩中多見,亦間有南方游歷之作。詩中可見當日普通落魄文人之情懷,既有與友人游歷歡會、逸興遄飛的觴詠之作,亦有不少羈旅他鄉、懷才不遇的感時傷懷之句。如第二册《糊壁》末有:"可憐易往佳辰景,惟坐層峰羡鳥還。"第六册《春日客館閑吟》:"年來五十未知非,愛聽絃歌醉不歸。峭峭東風吹斷雁,昂昂野騎踏斜暉。且憑活潑天淵抱,不屑逢迎人世機。昨夢無端應發笑,老妻燈下補朝衣。"又"三春鳥語一窗餘,皓首江南人卜居。每警賢徒修孝弟,長留異客究琴書。""平生學術豈雕蟲,争奈圖南運未通。書著琳堆愁逆旅,劍將石試嘆飄蓬。有兒隨我知情素,無主留人愧面紅。賒得酒來且痛飲,自歌自舞月明中。"第七册《夜坐閑吟》:"蹉跎十五年(小字注:予來京一十五年矣,只坐破青氈,故云),不敢怨青天。況得詩書癖,應干管樂偏(小字注:房主夜夜笙歌,樂此不疲,故云)。雖然同一院,頗似隔千川。夜忽風威起,何能了夢緣。"第十二册《館中自道》:"一畝宮惟老沈居,培花漉酒檢詩書。無窮趣事朝朝有,不是相如賦子虛。"第十四册《自

1917

嘲》："負笈來都下，思聞雨露香。書開寧仗劍，策獻不吹簧。但得龍門跳，自超鳳沼行。明明天上月，笑我太荒唐。"

是書各種目録皆無著録。

"玄"字避帝諱。

鈐印有"治光"、"李氏家藏"。

2542　清乾隆刻本尺木樓詩集　　　　　　　　　　　T5466/2142

《尺木樓詩集》四卷，清程世繩撰。清乾隆二十五年(1760)刻本。四册。半頁九行二十字，四周雙邊，白口，單魚尾。框高 18.6 釐米，寬 12.7 釐米。題"休寧程世繩準存著"。前有乾隆二十四年(1759)沈廷芳序，李汝榛序，成城序，乾隆二年(1737)程世綏序；程世繩(晴湖居士)識語。末有乾隆二十五年程志隆跋。

程世繩，字準存，號晴湖，安徽休寧人。生平篤於孝友，忠厚悱惻。

此集卷一五七言古詩九十九首，卷二五言律詩二百零四首，卷三七言律詩二百零三首，卷四五言絶句六十四首、六言絶句十首、七言絶句一百八十三首。

李汝榛序云："晴湖先生卓然踵起，力厚思，沉雅欲，闡颺宗旨，演暢法輪，當其涵養根柢，醞釀經術，早歲蔚爲人望。繼以孝廉出宰甾陵，簿書之餘，不廢吟詠，筆騰墨飛，足使雲杜山水生色耳。得目遇，悉寄諸長短律中，陶情冶性，疏瀹風雅，力能追配先民。讀其尺木樓一編，清詞麗句，婉慧和平，既無蛇神牛鬼吞剥剽竊之習，而比事屬詞，亦典亦則，又異乎索解白婢者，誠爲斯道正音。"

此本爲世繩哲嗣志隆(蘊山)所刻，其時爲山東泰安令。其跋語云："《尺木樓詩集》四卷，先君子生平所爲詩也。先君子嘗自題卷首，雅不欲與作者較短絜長，而不肖質之當代鉅公，皆以爲卓然可傳，亟宜壽諸梨棗……詩集數册，乃收拾於行篋敝簏之中者，歲月如駛，遂已二十餘年矣。不肖竊禄以來，夙興夜寐，懼弗克肩荷家聲，而遺文手澤所存，未能仰窺一二。今日者，敬事編校，用付剞劂，蓋不知涕泗之何從也。"

《四庫全書總目》未收。《中國古籍善本書目》著録，湖南圖書館、廣東中山圖書館等四館也有入藏。

館藏有複本一部，一册，存卷一至二。

2543　清乾隆刻本知畏堂詩　　　　　　　　　　　T5470/4841

《知畏堂詩》五卷《詩餘》一卷，清趙執琯撰。清乾隆二十七年(1762)趙氏知畏堂刻本。三册。半頁十行十九字，四周單邊，黑口，單魚尾。框高 15.9 釐米，寬 12.5 釐米。題"青州趙執琯嶰音"。目録頁題"青州趙執琯嶰音著；男憙夢接校閲"。前有乾隆二十七年(1762)王雲銘序。

趙執琯，字嶰音，號鐵峯，山東青州人。趙執信之從弟。天資穎敏，嗜古好學，童子時已能詠詩，琅琅合格律。弱冠魁鄉薦，落拓不偶，廉直耿介，樂易温恭，訓迪諸生，朝夕授課，一時多所成就。年八十一卒。

執琯里居，則蒔花木，畜禽魚，茗椀爐燻，怡然自樂，即景感事，往往寄託於詩，晚而益工。此集卷一《紫黍集》九十八首，卷二《耐辱軒稿》八十七首，卷三《歸耕集》一百零二首，卷四《真足軒稿》九十二首，卷五《寓世卮言》一百零三首。《詩餘》爲《澡雪軒稿》計二十九首。

卷一有《題桃花扇傳奇四絶句》云:"君王扶醉理雲璈,瓊樹輝光璧月高。可笑兵樞無賴子,祗將樂府抵龍韜。""新亭空復淚沾襟,誰使神州竟陸沉。千古名流成黨錮,卻從巾幗覓同心。""上游戰鼓起雷霆,羽檄星馳達禁扃。卿相盡爲花鳥使(唐明皇採訪民間殊色者,稱花鳥使),莫將跋扈怨南寧。""云亭裁曲按紅牙,一代風流寄扇紗。譜到阿香腸斷處,還如和血寫桃花。"

此本有扉頁,刊"鐵峯詩集。乾隆壬午鎸。知畏堂藏版"。

《四庫全書總目》未收。《中國古籍善本書目》未著録。

鈐印有"壽餘秘玩"、"筆諫"。

2544　稿本曙堂詩稿　　　　　　　　　　　TNC5487/4219

《曙堂詩稿》十卷,清蕭霖撰。稿本。四册。半頁十行十九字,淺色格。題"江都蕭霖雨垓父著"。無序跋。

蕭霖,字雨垓,江蘇江都人。乾隆二十一年鄉試,年甫及冠,以大挑分發雲南,爲普洱知縣。詩作甚工,疏放恬淡,不屑描頭畫角競爲新巧。一令以終,遠宦久羈,未得歸里。《(嘉慶)江都縣續志》卷六有傳。

此本卷一五十三首,卷二六十三首,卷三五十九首,卷四四十六首,卷五五十九首,卷六五十二首,卷七五十九首,卷八六十一首,卷九六十七首,卷一〇七十四首。共五百九十三首。除卷一爲其里居時所作外,卷二至卷一〇皆其任官滇中作詩,自壬辰始,至壬戌止。

卷一〇有《六十初度詠懷四首》云:"正及公孫應詔年,那堪漂泊到窮邊。千山覓路愁鞍馬,八口謀生笑硯田。勞我杼機燈火下,助他歌舞戲棚前。一般案牘倥傯處,回首風塵意惘然。"此詩時在丁巳,爲嘉慶三年,則蕭氏當生於乾隆三年。

作者在滇多年,詩稿間有詠滇俗、滇景之作,然其心繫故里,故詩中也多流露返回内地之意。如《五十初度詠懷四首》:"待得三年邊秩滿,一肩琴鶴出昆明。"《不寐偶成》:"怪底客窗歸夢少,夢中歸去已無家。"其詩稿最末二首題癸亥,是年始獲命歸里。

此爲謄清稿本,行格内間有挖改補字痕蹟。紙用雲南皮紙。無鈐印。

霖之詩集又有《爨余集》、《昆海集》兩種,亦滇中所作詩,據云遍行滇中,而鄉邦流傳絶少。此稿似未刊刻,各家書目皆未著録。

2545　清嘉慶刻本聽鐘樓詩稿　　　　　　　T5503/4562

《聽鐘樓詩稿》十卷,清韓是升撰。清嘉慶刻本。五册。半頁九行二十一字,四周雙邊,白口,單魚尾。框高 18.3 釐米,寬 12.1 釐米。題"元和韓是升東生甫"。前有嘉慶六年(1801)趙懷玉序,嘉慶六年法式善序,乾隆四十九年(1784)丁式度序;昭槤、張問簪、伊秉綬、黎簡、李士楨題詞;嘉慶十五年(1810)韓是升跋。末有沈奎跋,甘運源跋,潘奕雋跋。

韓是升,字東生,號旭亭,江蘇元和人。是升爲韓騏子。乾隆二十二年貢生,嘗曰人生惟讀書爲最樂事,而窮達不與焉。五十以後以子蔚官刑部,至都門,爲禮親王昭槤師。後主講蜀山書院。晚年自稱樂餘東老。

是升與法時帆、石琢堂、伊墨卿、顧南雅善,故集中有與唱和之作。其於春渚秋岩、名園古刹,乘興必往游,游輒記之以詩。卷一至八皆古今體詩。卷一一百三十七首,卷二一百十二首,

1919

卷三一百四十六首,卷四一百二十三首,卷五一百十二首,卷六一百十九首,卷七一百十九首,卷八一百十八首、贊一首,卷九一百零六首,卷一〇六十三首。補遺四十五首。集中之詩自卷一至卷八始於乾隆二十八年,止於嘉慶十五年。

卷三有《桃花扇題詞》,云:"挑燈夜讀桃花扇,南渡興亡盡此編。沈醉朝廷巢幕上,臨戎宰相哭江邊。中原鼙鼓收殘局,舊院笙歌慘別筵。血跡淚痕磨不滅,春風一握最堪憐。"卷九有《題黃蕘圃移家圖》,蕘圃爲嘉道間大藏書家,詩云:"先人移家洽隱淪,乃在順治之庚寅(洽隱園在顯子巷,先貞文公自婁門移家於此)。顧家寶樹鄭秋水,望衡對宇三遺民(大來先生寶樹園、桐庵先生秋水軒在縣橋巷,與吾家密邇)。百餘年來還聚族,升也樸陋甘清貧。去年臘月喧爆竹,涪翁來接煙霞鄰。爲君自小厭閬闠,最愛風俗東城淳。無多家具載一舸,富有萬卷書隨身。君昔卜居囧鄉宅,七年迅速如風輪。猶嫌近市素心少,擇仁不憚三遷頻。耕田讀書善貽厥,講學論道招嘉賓。吾衰何當廁末座,香山舊句吟來新。終身數見頗不惡,子孫永作聯牆人。"

趙懷玉序云:"先生吾老友也,乾隆乙酉締交於京師,詩名已籍籍人口,中間契闊言論風采,時復往來胸次……一日,以所著《聽鐘樓詩稿》屬余訂定而序之。其詩斷自乾隆壬午爲始,凡蹤跡之所經,倡酬之所及,以至居今稽古,隨所感觸,靡不於詩寓焉。"

韓是升跋云:"余自稚齒學吟,東塗西抹,隨手散去。壬午冬,下第南歸,家居無事,吟唱頗多,因即癸未歲爲始,次第鈔錄,至從前所作,但就能記憶者登於編首,歲月先後不可得而序也,非敢示人,聊以考鏡得先云爾。"

此本有扉頁,刻"聽鐘樓詩稿"。目錄頁所刻至卷八止,卷九至一〇以及補遺當爲續刻。卷八後刻"男崧、岩、對、峑、崇,孫男第、簠、簡、範校字"。補遺後刻"及門諸子校訂"。卷一〇第十六頁佚去。

《續修四庫全書總目提要(稿本)》、《河南省圖書館中文古籍書目》、《北京師範大學圖書館中文古籍書目》、《"國立臺灣大學"普通本綫裝書目》、《美國普林斯頓大學葛思德東方圖書館中文舊籍書目》、《日本京都大學人文科學研究所漢籍分類目錄》、《東京大學東洋文化研究所漢籍分類目錄》未收。日本內閣文庫有入藏,作清嘉慶十五年序刻本。

2546　清乾隆刻本戴東原集　　T5479/83A

《戴東原集》十二卷,清戴震撰;附《覆校札記》一卷,清段玉裁撰。清乾隆金壇段氏經韻樓刻本。四冊。半頁十行二十一字,左右雙邊,白口,單魚尾。框高18.2釐米,寬12.6釐米。題"四庫館纂修官翰林院庶吉士戴震撰"。佚去乾隆五十七年(1792)段玉裁序。

戴震,字東原,安徽休寧人。問學於江永。乾隆二十七年舉人,三十八年修《四庫全書》,特召爲纂修官,在館五年。震博聞強記,於天文、數學、歷史、地理均有研究,又精通古音。乾隆四十二年卒,年五十五。著有《孟子字義疏正》、《聲韻考》、《方言疏正》等。後人編有《戴氏遺書》。

此爲震之文集,各卷略以意類分,次其先後,計收考、書後、記、辨、書、書後、記、序、論、札、跋、碑、事略、傳、墓誌銘、墓表、壙銘、家傳。共一百三十八篇。

是書應附段玉裁撰《戴東原先生年譜》一卷,今佚去。

震之文集原爲十卷,爲孔繼涵微波榭刻《戴氏遺書》之二十三,後由武進臧在東(庸)、顧子述增其未備,編爲十二卷。此本爲段玉裁自蜀歸後,於乾隆五十七年刻於經韻樓者。段氏札記末刻:"刻版既成,不欲多剜損,故箋其後如此。得此書者,尚依此研朱校改,以俟重刊。"清光緒十年鎮海張海榮秋樹根齋刻《戴段合刻》中依據此經韻樓本校勘覆刊。1910 年,渭南嚴式誨又據經韻樓本"重爲斠讎補正,並易其寫刻粗率者數十頁更印布之"。民國間上海涵芬樓又據經韻樓本景印,入《四部叢刊》集部。震集最全之本爲 1995 年由戴震研究會、戴震紀念館、徽州師範專科學校編纂,北京清華大學出版社出版的《戴震全集》。

《續修四庫全書總目提要(稿本)》僅收《戴氏遺書》。《中國古籍善本書目》著録,上海圖書館、南京圖書館、復旦大學圖書館等十一館也有入藏。《臺灣公藏善本書目》未收。《日本現存清人文集目録》著録,日本京都大學人文科學研究所、東京大學文學部中國哲學文學研究室也有入藏。

2547 清乾隆刻本竹葉庵文集　　　　　　　　　　　　　T5487/1348

《竹葉庵文集》三十三卷,清張塤撰。清乾隆五十一年(1786)刻本。四册。半頁十二行二十字,四周單邊,黑口,雙魚尾。框高 20.9 釐米,寬 14.7 釐米。題"吳縣張塤商言"。前有乾隆三十八年(1773)王友亮序(西征集),乾隆四十一年(1776)孔廣森序(熱河集),乾隆四十三年(1778)嚴長明序(南歸集),陸燿序(紅欄書屋擬樂府),乾隆二十一年(1756)沈德潛序(碧簫詞),張塤序(瓷青館悼亡詞),乾隆四十三年張塤序(林屋詞)。

張塤,字商言,號瘦銅,又號吟薌,江蘇吳縣人。乾隆三十年舉人,官内閣中書。詩才橫厲,硬語獨盤,學於黄山谷、陳後山,於詩古文外兼愛填詞,與翁方綱、孔繼涵、趙翼友善。考證金石書畫題跋,均極詳贍。卒於乾隆五十四年,年五十九。《(民國)吳縣志》卷六六下有傳。

此書雖題"文集",實爲詩集。塤詩與蔣士銓齊名。卷一至二《南海集》九十三首;卷三《西征集》六十六首(附一首);卷四《熱河集》三十二首,《熱河後集》二十五首;卷五至一三《鳳皇池上集》五百三十三首;卷一四《南歸集》五十六首;卷一五《渡渭集》六十二首;卷一六至一九《秘閣集》二百六十首;卷二〇至二一《乞假集》一百三十二首;卷二二至二四《賜研齋集》二百十九首;卷二五至二六《紅欄書屋擬樂府》,長短令詞一百四十三首;卷二七至三三《林屋詞》,長短令詞三百九十一首。詩斷自庚寅(乾隆三十五年)起,至乙巳(乾隆五十年)止,共計一千四百七十六首。詞斷自壬戌(乾隆七年)起,至壬辰(乾隆三十七年)止,共計五百三十四首。

按,此集中《西征集》,王友亮曾刻於金陵;《南海集》,畢沅曾刻於關中;《碧簫詞》,爲塤少作,沈德潛曾序而刻之;《南歸集》,爲塤奉其母櫬還吳所作;《林屋詞》,太湖洞庭西山處有林屋洞,其地民風淳古,無盜賊,塤想往歸老結廬之地,故以"林屋"爲名。

此本有扉頁,刻"竹葉庵文集"。

目録頁後刻"乾隆五十一年歲次丙午四月開雕,十二月工竣"。

《臺灣公藏善本書目》未收。《續修四庫全書總目提要(稿本)》、《中國古籍善本書目》、《日本現存清人文集目録》著録。中國國家圖書館、上海圖書館、南京圖書館等十一館,以及日本京都大學文學部中國哲學文學研究室也有入藏。湖南省社會科學院圖書館藏有是書稿本(有佚名批校)。

2548 清乾隆刻本白蕋詩集　　　　　　　　　　　　　T5481/1375

《白蕋詩集》十六卷,清張開東撰;附一卷,清張兆騫編。清乾隆五十三年(1788)張兆騫刻本。八册。半頁十行二十一字,四周單邊,白口,無魚尾。框高19.1釐米,寬11.8釐米。題"蒲圻張開東賓陽氏著;男兆騫編校"。目錄頁題"鍾祥杜光德虹山氏選;姪孫潤繕寫"。前有乾隆三十九年(1774)朱珪序,乾隆五十四年(1789)畢沅序,乾隆三十六年(1771)胡兆鼎序,乾隆五十三年杜光德序,乾隆五十三年盧煃序。目錄頁後有乾隆五十三年張兆騫識語。附一卷末有乾隆五十四年張兆騫跋。

張開東,字賓陽,號白蒓,湖北蒲圻人。乾隆三十年舉人,工詩,與朱珪、紀昀、曹學閔、胡紹鼎、程晉芳善。曾坐獨輪車遍游五嶽。主講江漢、鶴山等書院,以蘄水教諭終。生於雍正十二年,卒於乾隆四十六年。

卷一乾隆壬戌至乙亥,計一百七十九首(古體五首、騷體十六首、五言古五十一首、七言古十二首、五言律三十三首、七言律二十八首、五言絕六首、七言絕二十八首);卷二乾隆丙子至庚辰,計一百四十八首(五言古十一首、七言古十七首、五言律三十八首、七言律二十五首、五言排律一首、五言絕五首、七言絕四十八首、雜體三首);卷三乾隆辛巳至癸未,計一百四十一首(騷體一首、五言古二十一首、七言古十六首、五言律四十八首、七言律二十一首、五言排律一首、五言絕一首、七言絕三十一首、雜體一首);卷四乾隆甲申至乙酉,計八十五首(五言古十六首、七言古八首、五言律二十一首、七言律十二首、五言絕十首、七言絕十八首);卷五乾隆丙戌,計一百十八首(五言古二十一首、七言古十一首、五言律三十三首、七言律十首、五言排律二首、五言絕二首、七言絕三十九首);卷六乾隆丁亥至戊子,計一百二十七首(五言古十二首、七言古十六首、五言律四十一首、七言律三十四首、五言排律二首、七言絕二十二首);卷七乾隆己丑至庚寅,計九十八首(騷體十三首、五言古一首、七言古十六首、五言律二十一首、七言律三十五首、五言排律一首、七言絕十一首);卷八乾隆辛卯,計七十三首(五言古十二首、七言古十五首、五言律十六首、七言律十三首、五言排律二首、五言絕一首、七言絕十四首);卷九乾隆壬辰正月至八月,計七十七首(五言古十七首、七言古十九首、五言律十六首、七言律十首、五言排律一首、七言絕十四首);卷一〇乾隆壬辰九月至十二月,計八十首(五言古七首、七言古十二首、五言律四十一首、七言律十首、五言排律一首、五言絕二首、七言絕七首);卷一一乾隆癸巳,計一百三十八首(五言古二十五首、七言古三十四首、五言律三十首、七言律十八首、五言排律一首、五言絕一首、七言絕二十八首、謠一首);卷一二乾隆甲午正月至五月,計七十五首(五言古六首、七言古五首、五言律五十六首、七言律三首、七言絕五首);卷一三乾隆甲午六月至十二月,計七十五首(騷體一首、五言古十六首、七言古八首、五言律三十二首、七言律七首、五言排律一首、五言絕四首、七言絕六首);卷一四乾隆乙未正月至七月,計一百零五首(古體八首、五言古十五首、七言古三十一首、五言律二十一首、七言律十七首、五言排律一首、七言絕十二首);卷一五乾隆乙未八月至十二月,計九十二首(五言古二十七首、七言古八首、五言律三十五首、七言律五首、五言排律一首、七言絕十六首);卷一六乾隆丙午至己亥,計八十五首(五言古二十九首、七言古十六首、五言律十八首、七言律十三首、五言排律一首、五言絕一首、七言絕七首)。

開東性情高淡,讀書於蒲陽之雲峒,數十年不介介於得失,故爲詩脱去畛域,融怡自遂。其詩溯源於漢唐,而有山川奇偉之氣。胡紹鼎序云:"蒲圻張子白蒓,以詩古文名家四十年,無所求合於世,而獨嗜遠遊,天下名山巨川,無弗至者……所至必有詩,愛山水,故詩多不忍棄。"

張兆騫識語於此書刊刻敘述甚詳,云:"先君子八歲知詩,十三即有詩名,合生平著作幾以萬計,多不自檢點,曾於王耐庵司馬署中失去一千二百餘首,及零星散遺不可勝算,故三十以前無一存者。自壬戌至丙子,叔父還亭公收而藏之,編爲號,凡三十二卷,丁丑以後諸詠,每攜行笥。辛卯將遠游，兆騫恐其復失，亟請藏之家，允所請，並收回叔父先年所藏諸本。從此遍歷海嶽，詩益富。丙申還家，丁酉、戊戌居幽蘭山。己亥歸青園，精力漸衰，鮮所作。庚辛兩年間，有詩亦不錄稿。故詩起自壬戌，止於己亥，計存四千九百首有奇。辛丑冬，先君子以壽終蘄陽學舍，櫬歸後，兆騫掩淚檢遺篋若干卷，編次先後，並請叔父選其精要者冀授諸梓。兆騫連年旅食四方，叔父以年老多疾竟未披閱。丁未春，兆騫自晉歸，覓得江右梓人，族中諸父兄咸促選訂，方將啓卷，不意是年秋叔父下世，時兆騫入關中，今春旋里，既痛叔父之不存，復歎詩集之未就。維思先君子生平文章知己之存者，則有中丞畢秋帆先生、宗伯朱石君先生暨河南呂寸田、安陸杜虹山兩世叔，諸公皆遠阻關河，獨虹山公近在數百里內。五月，兆騫攜全稿買舟赴鄂，過武昌，適遇公於黃鵠磯頭，來數日，訪友不遇將返。兆騫備陳來意，公欣然曰：'是吾願也。憶子先君子癸巳濟南病亟，語人曰，異日訂吾詩文以傳者還亭、虹山、寸田也。兹可以慰好友於地下矣。雖然，其事甚難，千秋之業，訂於一朝，不可以苟且。其事之成否、遲速若有定數，使子來稍有緩急，皆相左矣，今日之遇，豈偶然哉？'命即日齎稿旅舍，閉戶謝客，雖炎蒸盈室，蚊蟲在體，弗之顧。不一月而選竣，共得一千六百九十六首，詩不分體，以年爲次，彙爲十六卷。卷後附當代諸公酬贈之作，總計八册，命潤姪謄繕，以授剞劂。其古文、賦、銘諸體，儲待後日補刊。"

兆騫跋云："先君子足跡遍天下，自公卿大夫以及騷人墨士遊客之侣，多與之交，而擇交必嚴，故相識者皆有德行學問著於世。交人則情深，情深則不能已於言，或邀覿面之贈，或蒙離久之思，或席間唱酬，或臨岐餞別，或生平企慕而長篇遠寄，或没後悲嗟而吊輓頻來，故名作甚多，有書於箋，有書於册頁手卷，兆騫珍藏有年矣。然曩昔舟車往還，間有遺散，今檢其存者彙爲一帙，附刊先君子詩集卷末，悉照原本，未敢妄易一字，諸公姓氏爵里並注題下。"

《續修四庫全書總目提要（稿本）》、《中國古籍善本書目》、《臺灣公藏善本書目》、《日本現存清人文集目録》未收。《中國科學院圖書館藏中文古籍善本書目》著録兩部，另一部爲後印本。按，湖北省圖書館有張開東稿本《海嶽集》十卷。

鈐印有"虚心師竹"、"有恒軒珍藏"。

2549　清乾隆刻本五研齋詩文鈔　T5490/3142

《五研齋詩鈔》二十卷《文鈔》十卷《寄傲軒讀書隨筆》十卷《續筆》六卷《三筆》六卷，清沈赤然撰。清嘉慶刻本。十册。半頁十一行二十二字，四周雙邊，黑口，單魚尾。《詩鈔》框高 19.3 釐米，寬 14 釐米。題"仁和沈赤然韞山"。前有乾隆五十四年（1789）潘應椿序，嘉慶三年（1798）吳錫麒序。《隨筆》題"仁和沈赤然梅村著原籍德清"。前有嘉慶十年（1805）沈赤然自序，嘉慶十年吳錫麒序；嘉慶十年胡元呆跋。《續筆》所題同《隨筆》，前有嘉慶十年沈赤然自序。《三筆》所題也同《隨筆》，前有嘉慶十二年（1807）沈赤然自序。

沈赤然，字韞山，號梅村，又號病足生、更生道人，浙江仁和人。乾隆三十三年舉人，官直隸平鄉、南宮、豐潤、大城等縣知縣，有強項名。其作《自爲壙志銘》云："少處蔭下，衣暖食飽，則爲驕子。弱冠而孤，耽吟縱酒，尚氣任俠，則爲狂生。既舉鄉試，六踏省門不第，短衣挾策，以賣文鬻字走四方，則爲游子。及五知縣事，上無補於國，下無益於民，則又爲枝官。年四十六，以足疾引歸，甘貧守寂，卻掃閉關，把卷含毫，寒暑不輟，則又爲詩癖、爲書淫，如是者若干年。"嘉慶二十一年卒，年七十二歲。又著有《公穀異同合評》、《寒夜叢談》、《漢書語偶》、《雜言提耳録》等。

赤然詩文以"五硯"名集,可見《文鈔》卷三《五硯齋說》,云:"予挾五硯游者數十年,嘗齋茅茨矣,齋華屋矣,齋里門、齋吳越齊魯燕趙矣,蹤跡所至,無論遲速,莫不以五硯名之,以概吾集。誰曰不宜?或曰子之硯盡於此而已乎?曰,奚止於是。然五硯者,不以貧賤棄予,不以簿書鄙予,不以終日矻矻疏予。歲寒之交,盡在是矣。餘雖佳,非齋中物也,故不敢與五硯齒。"

《詩鈔》卷一至四《鴻爪集》,卷五至九《瘁癭集》,卷一〇《病足集》,卷一一至一四《青鞋集》,卷一五至一八《寄愁集》,卷一九至二〇《週甲集》。

卷一一有《書李笠翁一家言後二首》,云:"詞曲當年數笠翁,兩朝冠帶揖群公。囊金不惜教歌妓,家具都思奪化工。驅遣朔髡來腕底,挾持猿鶴走寰中。布衣遭際如君少,何事揮毫輒告窮。""爭傳紙貴寫三都,顧曲周郎老道塗。逆旅門前喧勝市,故人天上欸成珠(謂龔合肥諸人)。潛逋一笑空高隱,蠻素同時嫁腐儒。白下園亭看未足,又移歌舞入西湖(笠翁芥子園,甲於白下,暮年復移家西湖)。"

卷一三有《曹雪芹紅樓夢題詞四首》,云:"名園甲第壓都莊,鵝鶩年年饜稻梁。絕代仙姝歸一處,可人情景惄雙光。花欄夜宴雲鬟濕,雪館寒吟繡口香。只有瑿瑿無限恨,背人清淚漬衣裳。""兩小何曾割臂盟,幾年憐我我憐卿。徒知漆已投膠固,豈料花偏接木生。心血吐乾情未斷,骨灰飛盡恨難平。痴郎猶自尋前約,空館蕭蕭竹葉聲。""仙草神瑛事太奇,妄言妄聽未須疑。如何骨出心搖日,永絕枝連蒂並時。獨寢既教幽夢隔,游仙又見畫簾垂。不知作者緣何恨,缺陷長留萬古悲。""月老紅繩只筆間,試磨奚墨爲刊刪。良緣合讓林先薛,國色難分燕與環。萬里雲霄春得意,一庭蘭玉晝長閒。逍遙寶笈琅函側,同躡青鸞過海山。"

卷一四有《題云亭山人桃花扇傳奇後二首》,云:"興亡自取復何疑,肯爲金陵王氣悲。只恐深山無史讀,網羅遺事作傳奇。""一載君臣過耳風,桃花扇血尚殷紅。秦淮生色鍾山笑,不道青樓勝鉅公。"

《文鈔》卷一賦、論、序;卷二序、記、書;卷三書、說、傳;卷四傳、雜著、雜說、祭文;卷五(以下皆續刻)賦、論、序、書、記;卷六記、說、墓志、傳、祭文、書事、跋;卷七賦、論、序、書、記、說、傳;卷八傳、墓志、祭文、議、雜文、跋、書後;卷九序、記、傳;卷一〇傳、雜文、墓志、書後、跋。

《詩鈔》潘應椿序云:"梅村沈明府,負雋上才,博覽群書,稱詩武林者二十年……梅村早失怙恃,弱冠即飢驅四方,嘗衣短衣,挾策長吟,游閩涉豫,馳驅齊魯燕趙之區,七上春官,七報罷,歷鹿舟車,蹭蹬亭皋,凡身之所歷,境之所接,即景流連,發爲歌詩,宜其抑塞磊砢,意悲而遠。而吾讀其行役懷歸之什、憫農憂旱之篇,乃不覺忠孝之心油然而生,蓋梅村能移我情矣。至其徵事博奧,俯拾即是,非由其學之博而善用其才能如是乎?"

《隨筆》、《續筆》、《三筆》皆赤然讀書之心得。吳錫麒序云:"余觀其上下千百年,窮經考古,兼綜史傳,旁及風雅,蟲魚瑣屑,必甄必備。至於議論卓犖,自成一家,風發泉飛,絕無依傍,此則抱負於往昔者,今乃傾其腹笥而出之。惟余爲知之最深,而因嘆其未盡見於施行爲可惜也。""今梅村接踵而起,山居無事,抽繹緒餘以演其文章,以闡發其經濟。"自序云:"寄傲軒也者,坐臥飲食之所也。臥不能遽臥,飲不能徒飲。書也者,又引睡下酒之具也。書有經有史,有諸子詩文雜說堆列其前,隨意抽覽,偶有所得,拍案而筆者有之,推枕而筆者有之,停杯而筆者有之,積之期年,乃得十卷,藏廢簏中七載矣。適門人胡子宗溥元杲見之,亟請爲余付雕。"

《文鈔》前有扉頁,刻"五研齋古文鈔"。《隨筆》前有扉頁,刻"寄傲軒讀書隨筆"。《續筆》前有扉頁,刻"寄傲軒讀書續筆"。《三筆》前有扉頁,刻"寄傲軒讀書三筆"。

《續修四庫全書總目提要(稿本)》、《臺灣公藏善本書目》、《中國科學院圖書館藏中文古籍善本書目》、《日本現存清人文集目録》未收。

2550　清乾隆刻本石帆詩鈔　　　　　　　T5484/6493

　　《石帆詩鈔》十卷,清嚴光禄撰。清乾隆刻本。一册。半頁十行十九字,左右雙邊,白口,單魚尾。框高 16.4 釐米,寬 12 釐米。題"桐鄉嚴光禄"。前有金標序,乾隆五十九年(1794)宋景穌序,嚴光禄自序(《東山集》、《大梁游草》、《射襄集》)。末有孫貫中跋,並附孫貫中輓詩八首。

　　嚴光禄,字銘書,號石帆,浙江桐鄉人。乾隆三十九年歲貢生,候選訓導。耽於吟詠,窮而益工。

　　此本皆爲古今體詩,計卷一至三《東山集》,共一百六十九首;卷四至五《大梁游草》,共一百三十首;卷六《續東山集》,五十六首;卷七至一〇《射襄集》,共二百七十二首。

　　《東山集》之得名,蓋因光禄所居桐鄉之郭有東山,故名。

　　《大梁游草》,光禄於乾隆四十五年,應友人之招,渡揚子江,從維揚歷滁鳳,過壽春、正陽,後又經宛邱,覽大梁之勝,見黃河之大且深。乾隆五十一年自清潁淮上渡金陵,由燕子磯一登金山而歸。序云:"首尾七年,凡山水之所遇,尊酒之所集,興之所至,輒寄之於詩。暇日稍爲編次,藏之敝篋,亦聊以自識其游蹤云爾。"

　　《射襄集》,乾隆五十四年,光禄館友人張氏家。此爲五六年中所積之詩,多爲友朋酬贈之作,以紀一時之興會。集名"射襄",序有云:"聞川者,嘉禾之北境,即古射襄城故址也。"

　　卷四有《項城大水》,記乾隆四十六年項城水災事,詩云:"辛丑之歲閏五月,項城大雨連十日。村郊水溢四五尺,里民奔告吏無策。登城四望遍水鄉,東疇西陌成汪洋。高粱半淹壟上稃,嘉種已没波中秧。前年老黄河決口,浚儀一帶作淵藪。堤民重累棄故鄉,屋無竈窔田無畝。聖主勤民軫隱憂,帑金百萬堙橫流。功成沉璧答神佑,垂億萬禩荷鴻庥。豈意今歲雨不息,更逢此地罹此厄。東作雖云麥有秋,西成眼見農無食。負販不通路絶行,貧家何以供朝夕。主人昨説米囊空,官舍業已無從糴(署中不食麥,米已告匱)。一歎歸來燈黯然,卧聽夜雨仍綿綿。"

　　宋景穌序云:"桐鄉嚴石帆先生者,積學有年,獻賦不遇,既貢於廷,需次學博,遂以詩學友教四方。中年復游大梁,於山瞻嵩嶽之高,於水涉黃河之大且深,所至名區勝蹟,憑弔流連,與夫羈愁旅況,無不於詩寫之……去年秋,雪泉下世,先生哀其遺稿,余亦爲之論次。今春既竣事,復請先生自訂其集,蓋余之慫慂鋟版也久矣。至是先生始加删定,編爲十卷,授門下西園陳君書以待梓。"

　　此本爲寫刻本,爲光禄弟子孫貫中輯。有扉頁,刻"石帆詩鈔"。卷一〇末刻"門人陳汝琇書"。

　　《續修四庫全書總目提要(稿本)》、《臺灣公藏善本書目》、《中國科學院圖書館藏中文古籍善本書目》未收。《日本現存清人文集目録》著録,内閣文庫也有入藏。按,《(光緒)桐鄉縣志》卷一九《藝文志》也有著録。

2551　清乾隆刻本循陔文集　　　　　　　T5487/1110

　　《循陔文集》一卷,清王子音撰。清乾隆刻本。二册。半頁八行十九字,左右雙邊,白口,單魚尾。框高 18.8 釐米,寬 12.3 釐米。題"武寧王子音心蕃著"。

王子音，字心輦，江西武寧人。乾隆間拔貢。官雲南直隸州。又有《宦拾錄》。

此集所收序、書、傳、錄、說、辨、書後、碣志，共二十七篇。《三言堂新編琅邪王氏譜序》、《存舊譜序》、《始遷祖儲本公傳》、《鼻祖敬齋先生傳》，皆旁搜遠索，不遺餘力，敘述清楚。傳、錄也多寫武寧人氏。每篇後皆刊有時人批語。

此本共五十頁。書口魚尾下有黑框。又有扉頁，刻"循陔文集"。

《續修四庫全書總目提要（稿本）》、《中國古籍善本書目》、《中國科學院圖書館藏中文古籍善本書目》、《臺灣公藏善本書目》未收。《日本現存清人文集目錄》未著錄，然有子音《宦拾錄》十八卷（清嘉慶刻本，內閣文庫、東洋文庫入藏）。

鈐印有"豐華堂書庫寶藏印"。

2552　清嘉慶刻本雙佩齋詩文集

T5490/1140

《雙佩齋詩集》八卷《文集》四卷《駢體文集》一卷，清王友亮撰。《補梅書屋詩草》一卷，清王麟生撰。清嘉慶十年(1805)至十五年(1810)刻本。四冊。半頁十二行二十四字，四周單邊，黑口，雙魚尾。框高20.1釐米，寬14.7釐米。題"婺源王友亮東田"。《詩集》前有乾隆五十七年(1792)袁枚序，嘉慶十五年法式善序，楊芳燦序，嘉慶十年何道生序，嘉慶十年張問陶序，吳嵩梁序，嘉慶十年胡永煥序，乾隆五十九年(1794)吳錫麒序（金陵雜詠），嘉慶元年(1796)吳錫麒序（視漕小草）。《文集》題"王友亮葑亮"。前有嘉慶十五年姚鼐序。《駢體文集》前有嘉慶十六年(1811)吳錫麒序。《補梅書屋詩草》，題"婺源王麟生孔翔"。前有嘉慶十年法式善序，嘉慶九年(1804)張問陶序。

王友亮，字景南，號封亭，安徽婺源人。少孤敦內行，乾隆三十年舉於鄉，乾隆四十六年成進士。初以中書直樞廷，因母老乞養歸，繼授刑部郎，改擢御史，遷給事中，巡城巡漕，皆有清直聲。後由太僕轉通政，嘉慶二年卒於官，年五十六。又有《金陵雜詠》、《視漕小草》。

是書以"雙佩"為名，蓋因友亮"瑾瑜抱昭質修，士佩之，蘭蕙擢幽芳潔；士佩之，觿以解結；智者佩之，玦以決疑；勇者佩之，取相類者，以彰美也……《書》云：'高明柔克，沉潛剛克。'言剛柔，貴乎得中，不可偏，尤不可雜也。偏者易正，專佩而已有餘，雜者難純，雙佩而猶不足。是則余之前望古人，而皇然增媿者矣"。張問陶序《詩集》云："先生性緩復急，外疏漫而內持清激，故自顏其齋曰'雙佩'。"

《詩集》皆古今體詩，起自乾隆十七年，至嘉慶元年止，共九百六十三首。卷一一百二十六首，卷二一百二十八首，卷三一百十六首，卷四一百三十六首，卷五八十二首，卷六一百五十六首，卷七一百三十二首，卷八八十七首。

《詩集》為友亮季子鳳生及門人胡永煥所輯刻，法式善序云："今年，葑亭季子鳳生奉遺集乞勘定，余為芟汰，存詩千首，皆寄託高遠，意味深厚，有合風雅之旨者，餘則概弗取焉。"何道生序云："客歲，先生季子竹嶼以秋試北來，始奉先生遺集若干卷與胡君謀剞劂。胡君以余與先生契最深，而全集存詩多至二千餘首，屬余決擇，刪其不足存者……因就所見所及，汰而存之，凡若干首，以付胡君梓而傳之。"胡永煥序云："今先生歿九年矣，而集猶未出，煥又病且衰，常用為懼。今年春，先生之子竹嶼來京師，持先生稿付煥，煥得重讀之，曩時情景宛然在目，因與同鄉汪一林民部、程紉蘭中翰、董小查孝廉、齊梅麓明經分校而登之梓刻。"

《文集》所收說、記、序、書、跋、傳、引等共九十七篇，所記多有掌故之事，如記梅溪得朱彝尊批注宋本《資治通鑒》、名醫葉天士、武士甘鳳池等事，多不見它處有載。又《書程魚門編修遺文後》、《與家惕甫孝廉》等，也可見友亮之學。卷三有《記季亢二家事》，季、亢二家乃清初巨富，有"南季北亢"之稱。文云："泰興有季家市，居人三百餘家，半爲季氏。相傳市乃其先一家所居，環居爲複道，每夕行，撤六十人。蓄伶甚衆，又有女樂二部，稚齒韶顏，服飾皆直鉅萬。及笄，或自納，或贈人。有修撰某，得其一，百方媚之，姬涕泣廢飧，謂弗若其主家廝養，乃遣還。"泰興季振宜（滄葦）藏書甚豐，家爲豪富，然史料頗少見，錄此也可添補一則。

《文集》姚鼐序云："今其家將以其蔚亭集雕版，復請論定。余覆讀之，内正師、正友兩篇，最爲卓然名論，大有益於世教。設世有錄本朝文，如呂東萊之錄宋文者，則此二篇宜亟采入。其餘諸作，大體清幽不俗，余曩志稱其似程魚門者盡之矣。"鼐與友亮未之見，序中有："余本因魚門而知世有通政，卒未與通政見。"友亮墓志銘也鼐所撰。

《駢體文》計五十篇，爲賦、文、啓、祭文、贊、銘等，乃友亮仲子鳳生請吳錫麒慎擇而刻。吳錫麒序云："蔚亭先生詩名走天下，而四六文不常作，人亦未有知之者，唯余信其於此詣爲甚深也……今年春，其仲子鳳生，既輯其詩集行世，復搜索遺稿，以四六文一卷來示於余。余受而讀之，喜其不務爲險字拗句，以求新異，而亦無俗調闌入其中，胎息即深，神明自異，洵足與前言相吻合矣。"

《補梅書屋詩草》也爲古今體詩，計八十五首。王麟生，號香圃，友亮仲子。初師袁枚，得其詩之圓妙。工近體詩，尤工七言，爲詩多淒愴之音。連試京兆，皆不售。歸，得疾辭世。

《詩集》有扉頁，刻"雙佩齋詩集"。《詩集》目錄末刻"嘉慶十年歲次乙丑鎸"。卷八末刻"姪婿陳其松、婿陶渙悅、男鳳生、孫世林同校字"。《文集》有扉頁，刻"雙佩齋文集"。《文集》目錄後刻"男鳳生、孫世林、姪孫世銓校字"。

《續修四庫全書總目提要（稿本）》、《臺灣公藏善本書目》、《中國科學院圖書館藏中文古籍善本書目》未收。《日本現存清人文集目錄》著錄，多出《金陵雜詠》一卷，但缺《駢體文集》一卷，藏内閣文庫。《中國古籍善本書目》未著錄，僅有《金陵雜詠》不分卷，清刻本，藏北京大學圖書館。

鈐印有"積學齋徐乃昌藏書"。

館藏又一部，存《文集》四卷《駢體文集》一卷（T5490/1140.1）。

2553　清道光刻本多歲堂詩集　　T5496/7556

《多歲堂詩集》四卷《載賡集》二卷《試律詩集》一卷《賦集》一卷，清成書撰。清道光刻本。四册。半頁九行十九字，四周單邊，白口，單魚尾。框高18.3釐米，寬13.3釐米。題"長白成書倬雲"。前有劉治敬序。

成書，字倬雲，號誤庵，姓穆爾察氏，滿洲鑲白旗人。乾隆四十九年進士，歷官哈密幫辦大臣、辦事大臣、烏什葉爾羌辦事大臣。道光初年，遷兵部左侍郎，奉使山東，調户部右侍郎，管理錢法堂事務兼鑲藍旗漢軍副都統，復奉旨由山東前往河南，七月卒於河南蘭陽縣廟工差次，時年六十二。

此集皆古今體詩。卷一一百六十八首（附文一首、詩餘一首），卷二九十四首，卷三一百五首，卷四五十九首（附文一首）。《載賡集》卷上四十四首，卷下四十四首。《試律詩》三十三首。《賦》十首。詩集始於乾隆四十年，其時成書十六歲，止於嘉慶二十五年。四十五年間，有十七年無詩,每年之詩前皆有編年,詳述其履歷。

成書逝去十年後,其子方衺集遺詩刻之而成此本。劉治敬序云:"先生早歲即擅吟詠,而不以詩稱;弱冠,鄉舉魁進士,而不以文名。中年累官翰苑,一再追隨屬車豹尾之間,每和章經進,同時咸斂手推服……生平教門人輩學從根柢,必無取苟作,以故所自作亦殊不多。少日瓣香杜韓,晚更出入坡谷誠齋諸家,而不徒其貌。雜體文古雅典則,一宗先正,不爲僞體。"

《續修四庫全書總目提要(稿本)》、《美國普林斯頓大學葛思德東方圖書館中文舊籍書目》、《日本現存清人文集目錄》未收。《河南省圖書館中文古籍書目》有《多歲堂古詩存》八卷,清道光十一年多歲堂刻本,即此本。

2554　稿本奏御集壹齋集　　　　　　　　　　　　T5500/4885

《奏御集》一卷《壹齋集》三卷《文集》一卷,清黄鉞撰。稿本。三册。半頁九行二十五字。無框格。題"當塗黄鉞左田"。無序跋。

黄鉞,字左田,晚號盲左,安徽當塗人。乾隆五十五年進士。授户部主事。時和珅管部務,鉞不欲趨附,乞假歸,不出。嘉慶四年,朱珪薦之,召來京。入見仁宗,尋直懋勤殿。九年,改贊善,入直南書房,未補官,命與考試差,典山東鄉試。十年,督山西學政,累遷庶子。十五年,差滿,仍直南書房,遷侍講學士。十八年,復典山東鄉試,留學政,擢内閣學士。次年,擢户部侍郎,尋調禮部。充《秘殿珠林》、《石渠寶笈續編》總閲、全唐文館總裁,書成,並邀賞賚。復調户部,陞禮部尚書,加太子少保。二十五年,命爲軍機大臣,尋調户部尚書。鉞受仁宗特達之知,久直内廷,書畫並被宸賞。習於掌故,持議詳慎。宣宗即位,始畀樞務,甚優禮之。道光四年,以年老罷直軍機。累疏乞休,六年,始許致仕。二十一年卒,年九十二,贈太子太保,諡勤敏。《清史稿》卷三五一有傳。

鉞有《壹齋集》四十卷《奏御集》二卷《兩朝恩賚記》一卷又《壹齋集》二卷,附《蕭湯二老遺詩合編》一卷,咸豐九年蕪湖許氏於廣東南海縣丞署雕版印行。"四十卷本"俱爲古今體詩,始乾隆三十七年,止道光十九年。"二卷本"爲賦十三首、二十四畫品。此稿本内容,多有塗墨修改處　其中《奏御集》一卷及《文集》一卷,刻本均未收録。

《奏御集》一卷,收古今詩四十五首,始道光元年,止六年。而刻本爲一百六首,始嘉慶五年,止二十五年。

《壹齋集》三卷,卷數已被買人挖改並填補爲卷二、三、四。卷二詩五十三首,爲道光五年至六年,刻本卷二九收入。卷三詩五十四首,爲道光七年,刻本卷三〇收入,但爲五十三首。卷四詩六十一首,爲道光八年,刻本卷三一收入,但爲六十首。

《文集》一卷,爲序十三篇、策問二篇、記二篇、行述一篇、賦二篇、墓誌銘一篇。

《中國古籍善本書目》僅著録有二十五卷本,嘉慶間刻本。

2555　清乾隆刻本迂齋學古編　　　　　　　　　　T5481/3343

《迂齋學古編》四卷,清法坤宏撰。清乾隆三十九年(1774)海上廬刻本。二册。半頁十行十九字,左右雙邊,白口,單魚尾。框高17.3釐米,寬13.2釐米。書口下刊"海上廬"。目錄頁題"膠州法坤宏"。前有乾隆三十九年韓夢周序,王克揆序。

法坤宏,字直方,一字鏡野,號迂齋,山東膠州人。乾隆舉人。官大理評事。性恬静不諧俗,嘗讀《傳習錄》,以爲如己意所出,故其學以陽明爲宗,以不自欺爲本。博通群經,尤邃於《春秋》。又有《春秋取義測》、《綱目要略》。

卷一書二首、序十五首、記二首、論一首、議一首、説一首、書後五首,卷二傳九首、書事四首、志銘五首、墓表三首、行狀二首、文一首,卷三紀一首,卷四《雜著》二十四首。共計各體文七十六首。

卷二《書濰縣知縣鄭板橋事》,云:"濰縣知縣鄭板橋燮,揚州人,乾隆丙辰進士,與吾膠南皐老人高鳳翰善。余曾於南皐處見鄭往來筆札,心慕其人。辛未五月,下第歸過濰,招飲友人家。濰俗重賈,二三賈客與焉,語次及板橋。余亟問曰,何如?群賈答曰,鄭令文采風流,施於有政有所不足。余曰,豈以其詩酒廢事乎?曰,喜事。丙寅、丁卯間,歲連歉,人相食,斗粟值錢千百,令大興工役,修城鑿池,招徠遠近饑民就食赴工,籍邑中大户開廠煮粥輪飼之,盡封積粟之家,責其平糶。訟事則右寠子而左富商。監生以事上謁,輒延見,據案大罵駝錢驢,有何陳乞!此豈不足君所乎?命皂卒脱其帽足蹴之,或捽頭黥面,驅之出。余曰,令素憐才愛士,此何道?曰,惟不與有錢人面作計。余笑而言曰,賢令此過乃不惡。群賈相視愕,起坐去。語曰,商賈之言,醫匠之心。録其事,以俟採風者。"卷三《膠志通紀》,述膠州歷史源流、地理沿革、鹽場漕運、人事變遷、自然災害,頗具史料價值,文長三十五頁。

韓夢周序云:"膠西迂齋法先生,少治古文學,罷舉以來,伏處海上,不獲躬制作之林,文故未大顯於世。迂齋今且老,同學友彙其文若干首付梓人。"

《續修四庫全書總目提要(稿本)》、《臺灣公藏善本書目》、《日本現存清人文集目録》未收。《中國古籍善本書目》著録,湖北省圖書館、北京大學圖書館、南開大學圖書館等五館也有入藏。

2556 清乾隆刻本繡餘吟

T5473/3265

《繡餘吟》六卷附録一卷,清馮思慧撰。清乾隆刻本。二册。半頁八行十九字,四周雙邊,白口,單魚尾。框高 17.4 釐米,寬 10.3 釐米。題"鑑湖馮思慧睿之稿"。前有乾隆四十九年(1784)劉秉恬序。

馮思慧,字睿之,浙江會稽人。馮垣女,侍郎劉秉恬室。髫齡負才名。母即胡慎容,幼撫於母姨胡慎儀,遂從駱姓。乾隆三十九年卒。

卷一五言律詩四十四首;卷二七言律詩四十四首;卷三七言律詩四十二首;卷四五言絶句十六首、七言絶句三十二首;卷五七言絶句五十六首;卷六七言絶句六十首。附録《詩餘》十三首。

劉秉恬序云:"余亡室馮夫人,少隨其先人宦粵東,遂家嶺。表母胡太君,博學工詩,舊有紅鶴山莊之刻。夫人自其六七歲時,即解音韻,太君授以經兼及史事。夫人朝夕手一編,吟詠弗輟。年十九歸余,歸八載,以甲午夏卒於京。余時于役,駐蜀西,徼外家問,不以聞。嗣戎事凱旋還成都,適司馬徐芷堂以秋海棠唱和徵詩海内,卷中閨媛十六人,夫人遺稿四首與焉,余既爲之引其端。惟念夫人生平日不廢吟,篋中所藏甚富,久思點訂向所存本,以公事忽忽,且十年未暇及。今夏兒子寶筴鈔録全集,請定正爲删其半,將付剞劂。因思古昔名媛,不乏人跡,其所傳詩皆發乎情,止乎禮義,然則今茲之有是刻也,非敢謂夫人之詩希宗風雅,第披誦之餘,其澄思逸致,即方之文人學士卷帙中實有不可磨滅者。"

此本寫刻,有扉頁,刻"繡餘吟"。

《續修四庫全書》、《續修四庫全書總目提要(稿本)》、《清人詩文集總目提要》未收。《中國古籍善本書目》未著録。《歷代婦女著作考》著録。

2557　清乾隆刻本六湖先生遺集　　　　　T5481/1301

《六湖先生遺集》十卷,清張文瑞撰。清乾隆九年(1744)張學懋刻本。四册。半頁十行十九字,左右雙邊,白口,單魚尾。框高 18.4 釐米,寬 13.5 釐米。題"蕭山張文瑞雲表著"。前有周琰序。

張文瑞,字雲表,一字孤雲,號恩齋,又號六湖,別號梅隱、雲門中隱,浙江蕭山人。早籍太學有聲,屢試不舉,輒隨例謁選授青州府同知。《(民國)蕭山縣志稿》卷一六有傳。

卷一《亦南軒近稿》,卷二《因心齋近稿》,卷三《淺緑山房稿》,卷四《當歸小草》,卷五《孤雲集》、《嶺南游戲集》,卷六《歸厚莊稿》、《北游稿》,卷七《松雲草堂稿》、《北至集》,卷八《來青集》、《曲阜集》,卷九《曲阜二集》、《西笑集》,卷一○《再來青集》。

卷六《歸厚莊即事》云:"寒雨蕭蕭歲欲昏,端居無事掩衡門。詩將窮我工何益,賤不求人品自尊。歌詠最憐晞髮集,出游除是浣紗村。此生不作榮華想,淡泊何妨咬菜根。"卷九《感懷》云:"夜合花殘客斷腸,芭蕉影里月昏黃。南園遥恨梅妻死,東野空憐菊婢香。三百青錢沽美酒,半頭白髮飽秋霜。何年得遂尊鱸願,一葉扁舟返故鄉。"

周琰序云:"六湖張司馬老先生,尚書華閥,刺史清門,素有才子之名,早著通人之目。玉池清水灌其靈根,仙露明霞方其朗潤,謀心思於神講,出睿慮於夙成。揚手文飛似岩花之錯映,揮毫霧捲儼江月之澄鮮。宜其名擅騷壇號稱詩伯者矣……諦觀往製,行行入群玉之林;縱覽遺編,字字浴投金之瀨。驅穢濁而餐沆瀣,棄糟粕而漱醇醪,意蕊經營,無取乎剪紅刻翠;辭條茂密,有異於攀柳吹花。規橅在李杜之間,位置入元和之室。"

《續修四庫全書總目提要(稿本)》、《臺灣公藏善本書目》、《日本現存清人文集目録》未收。《中國古籍善本書目》著録,爲清乾隆九年孝友堂刻本,中國國家圖書館、華南師範大學圖書館入藏。又《中國科學院圖書館中文古籍善本書目》著録,爲清乾隆九年張學懋刻本,當有所據,今從之。

鈐印有"張"、"學敏"、"洗硯天魚墨"、"筆研精良"。

2558　清乾隆刻本吾友于齋詩鈔　　　　　T5481/1382

《吾友于齋詩鈔》十二卷,清張錫爵撰。清乾隆十年(1745)刻本。二册。半頁十行十九字,左右雙邊,白口,單魚尾。框高 17.1 釐米,寬 13.2 釐米。題"嘉定張錫爵擔伯"。前有乾隆五年(1740)沈德潛序,雍正三年(1725)張雲章序,乾隆六年(1741)朱稻孫序,乾隆六年高不騫序。

張錫爵,字擔伯,又字中岩,江蘇嘉定人,寄居吴江。縣學生,學淵博而才宏,工詩,爲東吴詩家。

錫爵其詩,酷摹王士禎,亦往往得其一體。此集皆古今體詩。卷一七十八首,卷二七十六首,卷三七十首,卷四五十二首,卷五五十首,卷六五十首,卷七五十四首,卷八四十七首,卷九七十七首,卷一○八十八首,卷一一六十三首,卷一二五十七首。其齋名"吾友于"者,當取杜甫

《岳麓寺詩》"山鳥山花吾友于"句,即境皆適,與物同游。詩中可見其由鄉井迤會區以達皇都,所過山河名勝,廢興顯幽,各極其登臨觀感之情,而暢所欲言出從來能賦者意匠之外。至攬古金玉彝器以及法書名畫,又無不考據緻密,淋灕以寫其護惜之致。

朱稻孫序稱錫爵詩:"原原本本,格高調古,非得力於漢魏六朝三唐者不能。君之詩信可傳,宜昔時樸村、匠門兩先生歎賞之不已也。嘉定素多名賢……擔伯既生其鄉,又篤志好古,力學不怠,春秋佳日,與二三朋好,東阡西陌,流連光景,觸物興懷,見諸詞章,一唱三歎,有溫柔敦厚之遺焉。"

此本有扉頁,刻"吾友于齋詩鈔"。

《四庫全書總目》著錄,入集部類存目。《中國古籍善本書目》著錄,上海復旦大學圖書館、華東師範大學圖書館入藏。《臺灣公藏善本書目》未收。《日本現存清人文集目録》著錄,大阪府立圖書館有二十卷本(有乾隆二十八年序)。

鈐印有"耕野過眼"。

2559　清乾隆刻本小停雲詩集　　T5481/1112

《小停雲詩集》五卷,清王廷魁撰。清乾隆刻本。四册。半頁九行十九字,左右雙邊,白口,單魚尾。框高 16.2 釐米,寬 11.1 釐米。題"沈宫傅歸愚夫子鑒定;光禄西莊兄選;吳縣王廷魁岡齡"。前有乾隆二十五年(1760)沈德潛序,乾隆三十一年(1766)彭啓豐序,乾隆三十一年顧詒禄序,乾隆二十九年(1764)王鳴盛序。

王廷魁,字岡齡,號盤溪,江蘇吳縣人。歲貢生。爲沈德潛門下士。工畫,山水學文徵明,相傳其早年多病,獨坐斗室,懸徵明畫終日靜對,心凝神寂,目之所注,手之所摹,欲與徵明追逐。當其興酣落筆,一丘一壑,蔚然蒼然。詣門徵索者,往往以文畫目之。又善帖括,工韻語。所居曰盤溪草堂。又有《西塘倡酬集》、《古柏重青集》、《盤溪倡酬集》等。

卷一六十六首,卷二六十首,卷三七十五首,卷四八十一首,卷五六十首。共三百四十二首。其詩集以"小停雲"名,蓋岡齡私淑文徵明,徵明有停雲館,岡齡詩情畫意也絶雅類,又顔其讀書處爲小停雲齋,故以此命集名。卷一有《文衡山先生停雲館》一首,云:"溪館殘碑疊蘚侵,先生遺跡尚堪尋,歸閑已謝權豪薦,衣敝先辭故吏金。尺幅雲山傾絶島,一聲玉磬和清吟,即今德藝傳風雅,仰止空懷異代心。"

沈德潛序云:古來畫師兼詩人,二者並工者甚難。"吾門王生岡齡,本名諸生,少善病,慕煙雲供養者多壽,因習繪事,以衡山爲師,始撫規格,漸得神理,觀者目爲小停雲也。予作記贈之亦云。然近則專力於詩,凡憑吊古今,友朋贈答,與夫模範山水,刻畫飛潛動植,皆以己之性情流貫其中……岡齡好朋舊,名流會合,必拈題賦詩。今所鐫《西塘倡和》、《盤溪唱和》二集,卻上追玉山池館諸賢,與北郭十子不相讓也。"

《續修四庫全書總目提要(稿本)》、《中國古籍善本書目》、《臺灣公藏善本書目》、《日本現存清人文集目録》未收。中國科學院圖書館有廷魁《西塘唱酬集》、《盤溪倡酬集》,而不及此書。

2560　清乾隆刻本荷塘詩集　　T5484/1315

《荷塘詩集》十二卷,清張五典撰。清乾隆刻本。四册。半頁九行十九字,黑口,單魚尾。

1931

框高17.3釐米,寬12.2釐米。題"涇陽張五典敘百"。前有乾隆五十二年(1787)金汝珪序,乾隆四十二年(1777)李汪度序,乾隆徐立綱序,乾隆五十年(1785)朱珪序。

張五典,字敘百,陝西涇陽人。乾隆二十五年舉人,選官臺灣三年。歷任山西上黨、湖南芷江、江蘇上元等縣知縣,所至有政聲。攝徐州篆,動帑修洪河故道,民得不擾。鄉試時,秦淮水溢闈舍,捐俸置木凳,士得無苦。作吏二十年,尤篤師友舊誼。工詩,精八法,兼善山水。《清畫家詩史》卷一九、《(宣統)重修涇陽縣志》卷一二有傳。

五典爲詩本乎天性之自然,風土山川及嘉卉香草、時鳥候蟲之觸發而爲詩者,皆其之所寄。時與袁枚、趙翼、王文治相唱和。此集皆古近體詩,卷一己卯至癸未,七十七首;卷二癸未至丙戌,六十七首;卷三丙戌至庚寅,八十首;卷四庚寅至甲午,五十八首;卷五甲午至丙申,五十二首;卷六丙申至丁酉,五十三首;卷七丁酉,五十八首;卷八丁酉至己亥,六十五首;卷九己亥,六十九首;卷一〇己亥至辛丑,七十五首;卷一一壬寅至甲辰,七十六首;卷一二甲辰至乙巳,八十一首。

卷一〇有《謝湯玉枚贈筆》,涉製筆事,有云:"昔我游錢唐,筆工訪幾遍。一叟得程洛,居鄰智果院。疑是奕之裔,所製頗稱善。千管耗年深,苦覓難中選。君家苕霅間,柔桑生青蒨。食葉璽耳羊,毛潔如霜霰。偶然戲剪梳,縛以湖絲線。嵌來最堅牢,溪邊芟竹箭。大者供擘窠,細以備點竄。各爲分一床,暴富覺豪擅。勢挾風雨快,眼看蛟螭纏。此君毛遂才,處囊穎自見。昨來汪少尹,龍尾貽歙硯。數升磨隃糜,縱橫誰辭勩。毫禿宜粗鈔,取掃鵝溪絹。或與滌清泚,金乳畫杭扇。"

金汝珪序云:"荷塘以孝友世其家,夙承溫柔敦厚之旨,所以陶冶其性情者既至而又轍跡遍天下,所過名山大川,與一時名公卿相交遊,以及四方騷人墨士之所在,無不折節而延訪,則所以拓其聞見,激其志氣者復久且深。於以發爲詩歌,其秀也,如初日之照芙蕖;其清也,如秋月之映寒潭;其蒼然而古也,則又如長松之千尺而不可攫挐。洵乎其才之高、學之宏,而養之裕也。吾聞之也,非才不可以理繁,非學不可以馭才,非養不可以蓄所學,蓋嘗見夫古所稱循吏者矣。其爲人也,廉而不劌,嚴而不苛,拊循吏民,煦煦慈愛,而不失之姑息。而人心正風俗厚,雖不言詩,而詩之道存焉。"

金汝珪序後有"江寧劉文奎鐫字"。

按,此書有十卷、十二卷、十六卷、十八卷之分。十卷本作乾隆刻本,陝西省文史研究館、西安市文物管理委員會入藏。十二卷本,即爲本館所藏。十六卷本,藏中國科學院圖書館。十八卷本,藏福建師範大學圖書館。

《續修四庫全書總目提要(稿本)》、《中國古籍善本書目》、《臺灣公藏善本書目》、《日本現存清人文集目錄》未收。

2561　清乾隆刻本日課詩稿　　　　　　　　T5493/3311

《日課詩稿》三卷,清永瑆撰。清乾隆刻本。四册。半頁八行十八字,四周單邊,上黑口,單魚尾。框高16.6釐米,寬12.1釐米。目錄頁題"皇十二子著"。無序跋。

永瑆,高宗第十二子。乾隆四十一年卒。嘉慶四年三月,追封貝勒。

詩爲乾隆二十九年至四十年間所作。卷一一百三十五首、卷二九十二首、卷三爲"恭和御製詩"六十三首。

《續修四庫全書總目提要(稿本)》、《中國古籍善本書目》、《中國科學院圖書館藏中文古籍善本書目》、《臺灣公藏善本書目》、《日本現存清人文集目録》未收。《八旗藝文編目·集部》"別集一"著録"日課詩稿,見殘鈔本"。

2562 清乾隆刻本紅鵝館詩選　　T5496/1136

《紅鵝館詩選》二卷,清王濬撰。清乾隆吳益高刻本。二册。半頁十行二十一字,四周單邊,白口,單魚尾。框高 17.6 釐米,寬 12.5 釐米。題"山陰王濬喆人"。前有乾隆二十六年(1761)沈冰壺序,乾隆二十六年孫大瀁序,乾隆二十五年(1760)陸溶序,王濬自序。又王濬後序。

王濬,字喆人,號半村,又號紅鵝館主人,山陰人。

卷上一百二十四首,卷下一百三十九首。

是書又名《鳳山集》,書口題"鳳山集"。蓋濬在鳳山精舍時,與友朋諸君倡和之什,"慨念交情,縈於魂夢,即顔其集曰'鳳山'。"自序云:"庚辰仲冬之月,王子既自哀其三年來所作詩若干首,釐爲二卷,名之曰'鳳山集'。""憶丁丑秋,余往浣江訪故人陳恕齋,便道抵鳳山,延陵諸君館余家塾,留七旬而去。次歲,復遣人賫書邀余入山,余既愛其風俗之淳朴,諸君又恂恂好學,晨夕周旋,賦詩談藝已三年於兹矣。""雖然人事多變遷,獨文章氣誼即死生契闊,不可磨滅,山靈有知,知余天長地久,魂魄猶應戀此也,豈特取以名集已哉!然則今日之名是集也,亦曰惓惓焉,不忘所由始,蓋集雖迕而意彌摯矣。"

是書爲濬暨陽友人吳益高糾資刊刻。

《續修四庫全書總目提要(稿本)》、《中國古籍善本書目》、《中國科學院圖書館藏中文古籍善本書目》、《臺灣公藏善本書目》、《日本現存清人文集目録》未收。

鈐印有"小謨觴圖書"。

2563 清抄本二馬集　　TNC5475/7261

《南齋集》六卷《南齋詞》二卷,清馬曰璐撰;《沙河逸老小稿》六卷《嶰谷詞》一卷,清馬曰琯撰。清抄本。八册。半頁十行十九字,無框格。《南齋集》、《南齋詞》題"祁門馬曰璐佩兮"。前有乾隆二十六年(1761)杭世駿序,乾隆二十五年(1760)蔣德序。《沙河逸老小稿》、《嶰谷詞》題"祁門馬曰琯秋玉"。前有乾隆二十三年(1758)沈德潛序,乾隆二十二年(1757)陳章序。

馬曰璐,字佩兮,號半槎、半查,又號南齋,原籍安徽祁門,祖父經營鹽業,始移家揚州。國子監生,候選知州。乾隆元年舉博學鴻詞,不赴試。詩筆清刻。曾編有《叢書樓書目》。

馬曰琯,字秋玉,别字嶰谷,曰璐之兄。原江蘇江都籍諸生,候選知州。性孝友,篤於學。耽山水,好游歷。詩纏綿清婉,沈德潛以爲"峭刻得山之峻,明净得水之澄"。

馬氏兄弟並擅詩才,互相師友,以古書、朋友、山水爲癖,人稱"揚州二馬"。家富厚,好結客,有園亭曰小玲瓏山館,與全祖望、厲鶚、金農、杭世駿、陳章等游,結邗江吟社。嗜書,構叢書樓,見秘本,必重價購之。或世人所願見者,不惜千百金付梓。藏書甲大江南北,《四庫》館開,進書七百七十六種,優詔褒嘉,賜《古今圖書集成》一部,並平定伊犁金川詩、得勝圖。乾隆帝南巡,幸其園,賜御書及詩。

曰琯、曰璐情誼之篤,交游之廣,可見於蔣德序:"馬君佩兮,與其兄秋玉,皆以詩名東南。家有別業,極林泉之勝,二十年來,文酒之會無虛日。或賓客不時至,對牀風雨,聯吟不輟,人以是知君兄弟之篤好爲詩也。已而秋玉歿,君絕筆不爲詩,至今終年鍵户,若初不能詩者。人以爲君之爲詩,特以其兄故,而或非其真好也。"

《南齋集》爲曰璐詩集,諸體雜陳,蓋依年代編次。除自作詩外,亦有多首聯句,可想見當日馬氏兄弟與友朋歡聚之盛況,如卷三《五日席間詠嘉靖雕漆盤聯句》、卷四之《渡太湖聯句》。是集爲曰璐自編,杭世駿序云:"半查抱桓山折翼之痛,過時而悲,頹然就老。余亟勸其自定一集,以遺後嗣。"

《南齋詞》爲曰璐之詞集。

《沙河逸老小稿》、《嶰谷詞》爲曰琯詩集、詞集,編例同《南齋集》、《南齋詞》。兩種均有刻本,爲曰璐於曰琯身後所刻。沈德潛序云:"難弟半查……篤鴒原之義,梓其遺詩。"陳章序云:"前年嶰谷下世,半查將刻其遺集,問序於余。"

書名"二馬集"據函套題。書中行間有朱筆批校。《續修四庫全書總目提要(稿本)》著錄《沙河逸老小稿》六卷。《續修四庫全書》未收。《中國古籍善本書目》著錄《南齋集》六卷《南齋詞》二卷,清乾隆刻本,中國國家圖書館、上海圖書館等六館入藏;《沙河逸老小稿》六卷《嶰谷詞》一卷,清乾隆二十三年馬曰璐刻本,中國國家圖書館、上海圖書館等五館入藏。《南齋集》、《沙河逸老小稿》又有《粵雅堂叢書》本及《叢書集成初編》本。

"玄"字避帝諱。

鈐印有"張"。

2564 稿本姑射山房存稿   TNC5487/4224

《姑射山房存稿》不分卷,清闕名撰。稿本。一册。半頁八行二十四字。無框格。無序跋。存稿收詩八十四首。封面題"辛巳迄戊子",當爲乾隆二十六年至三十三年。詩中有《同諸子集戴農南師齋即席分賦》、《壽農南師》,"農南"爲戴永植,雍正舉人,曾官龍陽知縣,改餘姚教諭。

稿本有塗改,又有闕名爲之批點,如《秋草八首》,批爲"通體才氣極橫溢,但少精彩,結構亦欠緊嚴"。封面又有"無多也,只得一半功夫"。《劍俠》有"農南師評龍跳虎卧之筆"。

清代署"姑射山房"者,有俞思謙及黄仁兩人。俞思謙,字秉淵,浙江海寧人。黄仁,字研北,江蘇婁縣人。錢泰吉《海昌備志》卷四〇《藝文十四》云,俞思謙有《姑射山房詩草》,編入《静餘樓詩集》。今《静餘樓詩集》不及得見,無法相核,作者是否俞氏,當再考之。黄仁無考。

2565 清抄本楚尾集   TNC5466/0499.4

《楚尾集》一卷,清許燦撰。清抄本。一册。半頁十行二十一字,無框格。題"嘉興許燦衡紫"。前有乾隆二十七年(1762)閔鑑序。

許燦,字衡紫,號晦堂,浙江嘉興人。諸生。又著有《燉煌集》、《晦堂詩鈔》、《梅里詩輯》。《國朝詩人徵略》卷三三有傳。

楚尾,指南昌。南昌古稱豫章,其地位於楚地下游,吳地上游,曰"楚尾吳頭"。宋朱熹《鉛山立春》詩:"雪擁山腰洞口,春廻楚尾吳頭。"清方文《泊魯港》詩:"竹郎木客憂垂橐,楚尾吳頭患剥膚。"

是書所收爲許燦居留南昌期間吟詠詩作。閔鑑序云:"歲戊寅,晦堂來南昌,相見於西禪僧舍,爲傾蓋交,暇則過從論詩……今年秋,余自泰和歸,出《楚尾集》屬序……豫章自杜樊川、羅昭諫、韋端已輩裙屐經過,詩篇流傳千古。晦堂高才博學,到處留題,與古人争勝毫釐,後先輝映,非吾鄉山水之光歟?""戊寅",爲乾隆二十三年。

是書卷端題"晦堂詩鈔",第二行題"嘉興許燦衡紫",第三行題"楚尾集",因知此集内容出自《晦堂詩鈔》。

《續修四庫全書》、《續修四庫全書總目提要(稿本)》未收。《中國古籍善本書目》著録《晦堂詩鈔》五卷,中國國家圖書館、復旦大學圖書館藏有清刻本,中國國家圖書館另有清抄本一部。《臺灣公藏普通本綫裝書目書名索引》亦著録《晦堂詩鈔》五卷,清刊本,臺灣師範大學圖書館有藏。

2566 清乾隆刻本梅軒遺草

T5490/3648

《梅軒遺草》一卷,清潘松竹撰。清乾隆四十一年(1776)張裕昆刻本。一册。半頁八行二十一字,四周雙邊,白口,單魚尾,書眉上刻批。框高19.7釐米,寬11.8釐米。題"瀋陽潘松竹青遠氏著"。前有乾隆四十一年宣聰序,乾隆四十一年何廣生序。末有乾隆四十一年張又齡跋,周錦跋,乾隆四十一年陳崑跋,乾隆四十一年郭瑾跋。

潘松竹,字青遠,别號梅軒,遼寧瀋陽人。甫弱冠游泮,天情開朗,豐姿秀美,舉業之外,惟嗜吟哦。其爲詩和平温厚,情致纏綿,清麗可愛。年三十而卒。

是集所收詩一百十五首。

張裕昆跋云:"青遠生而穎異,咸有不凡之目。既長,孝友性成,處家庭之中藹如也。待人接物,平易可親,家雖素封,絶無紈綺氣。甫弱冠,補博士弟子員,試輒冠軍。性耽吟詠,凡憂喜悲歡以及懷人覽勝之際,莫不於詩焉發之,蓋其有得於風雅者深也。誦讀之暇,旁及繪事篆刻、投壺手談諸技,饒有天趣。室前闢地爲圃,雜植卉木……尤愛梅花,琴書而外,盆盎累累,手自灌澆,因顔其室曰梅軒。"是本爲張裕昆所刻,宣聰序云:"青遠中表張君裕昆,博雅君子也,與余交最契,有見於此,爰集其遺稿若干,都爲一卷,屬余弁言簡端,將欲付諸開雕氏。"

《續修四庫全書總目提要(稿本)》、《臺灣公藏善本書目》、《中國古籍善本書目》、《中國科學院圖書館藏中文古籍善本書目》、《日本現存清人文集目録》未收。

2567 清乾隆刻本漱石詩鈔

T5490/3914

《漱石詩鈔》七卷,清宋廷桓撰。清乾隆刻本。二册。半頁十行二十一字,左右雙邊,白口,單魚尾。框高17.8釐米,寬12.7釐米。題"餘姚宋廷桓式瞻"。前有乾隆五十九年(1794)黄璋序,乾隆五十一年(1786)韓肇序,乾隆四十七年(1782)宋廷桓自序;乾隆三十年(1765)韓泓題辭;乾隆四十六年(1781)自識。

宋廷桓,字式瞻,號漱石居士,浙江餘姚人。九歲入鄉塾,讀毛詩、四子、尚書、左氏諸古文辭。年十五,以父年邁,後繼無人,遂棄其業。有志於藝文,阻於遇而弗遂。生平世味淡然,獨喜韻語,嘗從其父習詩,癖耽佳句。黃璋序云:"余友宋君式瞻,爲騷之苗裔,自幼侍家先生,客三湘七澤之間。其地爲楚騷之地,濡染庭訓,發爲聲詩,宜其清深而杳渺、幽怨而多思也。"

此集多登臨吊古之作,才情淵美,不受前人牢籠。卷一擬樂府雜體二十七首,卷二古近體八十九首,卷三近體三十首,卷四古近體六十八首,卷五古近體八十二首,卷六古近體七十六首,卷七古體二十首。

卷五有《歸思》一首,云:"已看深淺桃花發,更聽呢喃燕子來。歸思迷人濃似酒,倣裝不待杜鵑催。"卷六有《慈母見棄痛摧五内擗踴之餘飲泣書此》一首,云:"十八年前失所天,無端荼毒又相煎。茫茫天墜誰相倚,母子相依四十年。"皆寫其心情。

目録前有宋廷桓小像,爲崑山陳國瑚繪,小像後有自題。目録後附"古字注"。自識後刻"古吳譚一夔刻"。此本有扉頁,刻"漱石詩鈔"。

《續修四庫全書總目提要(稿本)》、《中國古籍善本書目》、《中國科學院圖書館藏中文古籍善本書目》、《臺灣公藏善本書目》、《日本現存清人文集目録》未收。

鈐印有"成驪"。

2568 清乾隆刻本百一草堂集唐附刻　　T5493/2143

《百一草堂集唐附刻初編》二卷《二編》二卷,清柴杰撰。清乾隆三十二年(1767)柴氏百一草堂刻本。四册。半頁十行十九字,四周單邊,白口,雙魚尾,書口上刻"附刻初編",書口下刻"百一草堂"。框高17釐米,寬12.1釐米。題"錢塘柴杰臨川"。前有乾隆三十一年(1766)沈廷芳序。

柴杰,字臨川,浙江錢塘人。性好讀書,家貧以硯田爲生,走嶺表間八九載,能以所學爲當事重。曾爲瑞溪講席。

杰爲柴才子,才有《集唐詩》初刻、二刻、三刻。此本亦"集唐"之作,雖不必自己出,然組織天然,具見杰性靈之妙。《初編》五律三十六首、五排一首、七律六首、七絶四十二首、四古十三首、詩餘五首。《二編》五律二十二首、七律十八首、七絶八首。

此本有扉頁,《初編》刻"臨川初刻。沈椒園先生鑒定。丁亥春鐫。本衙藏板"。《二編》刻"臨川二刻。沈椒園先生鑒定。丁亥秋鐫。本衙藏板"。

《續修四庫全書總目提要(稿本)》、《臺灣公藏善本書目》、《日本現存清人文集目録》未收。《中國古籍善本書目》著録《百一草堂集唐初刻》二卷《二刻》二卷《三刻》二卷,清柴才撰,清乾隆二十五年百一草堂刻本。北京清華大學圖書館有全帙。《中國科學院圖書館藏中文古籍善本書目》著録《百一草堂集唐二種》六卷,清柴才撰,清彙印本(爲《百一草堂集唐初刻》二卷《詩餘》一卷,清乾隆二十五年柴杰刻本;《百一草堂集唐三刻》二卷《詩餘》一卷,清乾隆二十三年顧大本刻本)。上海圖書館藏《百一草堂集唐》六卷,清抄本。館藏此本則不見著録。

鈐印有"榮郭齋藏"。

2569 稿本素履堂稿　　T5472/2223

《素履堂稿》一卷,清喬億撰。稿本。二册。清沈德潛圈點并批。清劉寶楠跋。半頁九行二十一字,無框格。題"寶應喬億慕韓"。前有雍正十三年(1735)沈起元序,雍正十三年方觀承序;萬邦榮題詞。

喬億,字慕韓,號劍溪,江蘇寶應人。爲人美鬚髯,善談論。以國學生應棘闈,試不售,輒棄去。專肆力於詩,五言宗漢魏,其近體亦不屑作大曆後語。時沈德潛主東南壇坫,群從以詩鳴浙西,億與之游,頗能自樹一幟。與王棫竑、方觀承、曹錫寶、王述瀿、鮑臯、程夢星、沈廷敬諸家唱酬,爲"白田七子"之一。生於康熙三十年,卒於乾隆四十八年,年九十二。又有《窺園吟稿》、《江上吟》、《三晉游草》、《夕秀軒遺草》、《惜餘存稿》、《劍溪外集》、《劍溪説詩》。《(光緒)寶應縣志》卷一六《文苑》有傳,唯云億"卒年八十七",當有誤。

"素履"者,布衣之士也。億詩凝重,而時出以俊逸。此爲喬氏初稿本,後刊刻時,易爲《小獨秀齋詩》,并以一卷析爲二卷。初稿本共有詩七十九首,中《枕上》、《聞雁感賦二首》、《空房》、《簡補齋》、《代内述哀》等十二首爲《小獨秀齋詩》所無。又《小獨秀齋詩》中有《癸卯除夕》、《銅官山》、《即事》、《采石磯》、《虎邱即事》等六十四首爲稿本所缺。

此本有沈德潛手批,《繁昌山行》批有:"寧拙勿巧,康樂有此本事,作者得之。"《望齊山》批有:"七律以沉鬱頓挫爲上,流澹清遠即次之。徒工對偶,而神理不屬,斯下乘矣。作者殊近大曆十子,而開元諸公,望更進焉。"《上兩淮鹺使高公五十四韻》批有:"老杜亦有上哥舒翰等作,然終近酬應,恐礙詩品,另存何如?"《露筋祠》批有:"澹極高極,與新城絶句異曲同工。只寫景而貞摻於言外領之。"按,德潛學有本原,道存風雅,爲江南老名士。嘗爲内閣學士兼禮部侍郎,直上書房,侍諸皇子讀書。又典湖北鄉試,充會試總裁。其詩專主唐音,以温柔爲教,如弦匏笙簧,皆爲正聲。德潛所批當爲公允。

沈起元序云:"慕韓之詩,其骨格超秀,韻味清遠,上領陰何之勝,下參王孟之席,所得於古者深矣,豈唯非獵宋元餘習者之可比,即學唐詩而不襲其貌者矣。"方觀承序又云:"觀其古詩,深味六朝,近體在開元、大曆之間,其次者亦不爲晚近之趨。讀其詩,慕其爲人而益信。"

劉寶楠跋云:"外曾祖喬公劍溪,初名其詩爲《素履堂稿》,其後更名《小獨秀齋詩》,此卷乃其初稿。長洲沈文慤公評訂。子孫世寶之。咸豐元年三月廿八日,外曾孫劉寶楠謹識於元氏署齋。"劉寶楠,字楚楨,道光二十年進士。曾任文安縣知縣,再補元氏縣,調三河縣。咸豐五年卒。

此書後附闕名録有關古玩小器論述數十則,又抄録法帖之文字,與《素履堂稿》無關。

金鑲玉裝。封面有"沈碻士先生評本。己未"。《中國古籍善本書目》著録有億之稿本兩種,一爲《素履堂稿》一卷《小獨秀齋近草》一卷《集古》一卷,有清方宜田評;二爲《素履堂稿》一卷。兩種皆藏上海圖書館,如以此稿與上圖所藏稿本相核,當可知三本差異。《清人詩集敍録》、《清人詩文集總目提要》著録億《窺園吟稿》、《江上吟》、《三晉游草》、《夕秀軒遺草》、《惜餘存稿》、《劍溪外集》、《小獨秀齋詩》。

鈐印有"劉寶楠印"、"楚楨"、"第五橋"、"古歡"、"未識古人心"。

2570　清乾隆刻本漁山詩草　　T5466/3331

《漁山詩草》二卷,清邊汝元撰。清乾隆四十年(1775)刻本。二册。半頁九行十九字,左右雙邊,白口,單魚尾。框高 18.3 釐米,寬 12.8 釐米。題"任邱邊汝元善長"。前有康熙三十四年(1695)馬之驌序,乾隆二十四年(1759)邊汝元自序。

邊汝元,字善長,號漁山,河北任邱人。之鉉次子,爲人和易端凝,持身斬斬不苟,而孝友尤其天性。初隨父宦游,於一切玩好略無所好,惟好積書。中歲歸里,與邑中名士十二人結還真社,日飲酒賦詩,不預外事。十赴棘闈,屢薦不售,遂絕意進取。工詩並今樂府,又著雜劇三種,品格並似槃花齋。後精音律。《(乾隆)任邱縣志》卷九有傳。

汝元於詩,自蘇李而下迄明代作者,無不窺其閫奧,而一以浣花爲宗。與龐公壏相切磋,交分在師友間,而其詩清蒼雄健,實與之埒。此本卷上二百零七首,卷下二百四十六首。

馬之驦序云:"善長生於河間獻王風教之鄉,長於平原家丞植節之里。年少時因尊君宦游,南北省覲翱翔,過都歷國,得以搜古今書,友天下士。其所爲詩寄托遙深,藏鋒歛鍔,有陶柳之風。近因家業中落,窮愁著書,益肆力於吟詠不輟,雄渾悲壯,幾幾乎問津於浣花草堂,排闥直入矣。"

汝元自父解組後,家益中落,授徒糊口,所得不足供食,令妻女傭針綫給之。嘗有句云:"八口曾無三日米,百年賸有一床書。"又云:"三餐十指禿,八口五更啼。"蓋皆寫實。又《乞米》云:"乞米何所適,十室九不應。出門還入門,旭日下荒徑。小兒倒娘懷,索餅聲不定。弱女強解事,兀兀坐床凳。長男默無言,羅視釜與甑。守拙四十年,吾道合蹭蹬。嗷嗷八口啼,聒耳愁難聽。易志投時好,撫躬多不稱。吾愛田子方,貧賤驕千乘。"康熙三十二年,汝元母以暴疾卒,踉蹌奔赴,以頭觸棺而哭,死而復甦者再。次年忌辰,有《四月初三日先母馬安人忌日感懷》五百言,以述其悲,讀之極爲感人。

此本有扉頁,刊"漁山詩草。乾隆乙未年鐫"。

《四庫全書總目》未收。《中國古籍善本書目》著錄,北京首都圖書館、北京大學圖書館等六館也有入藏。

2571 清乾隆刻本印齋近體詩集   T5466/4838

《印齋近體詩集》二卷,清黃宗羲撰。清乾隆黃載衡刻本。二冊。半頁九行二十二字,左右雙邊,白口,單魚尾。框高17.9釐米,寬12.5釐米。題"古歙黃宗羲師逸著"。前有王士後序,乾隆二十九年(1764)江濤序。末有黃文煒跋。目錄後有黃載衡識語。

黃宗羲,字師逸,號印齋,安徽歙人。工詩。爲人尚氣節,敦行誼,資敏而嗜學,自幼至老,未嘗一日釋卷。其詩屢有變化,以劍南爲宗,而律守白山之細。胸有機杼,筆具鑪錘,能使陳言皆新,俗事亦雅。卒於雍正三年。

卷上五言律二百七十七首、五言絕五首,卷下七言律二百五十六首、七言絕二百十二首。宗羲嘗云:余昔追步少陵,後見《渭南集》,竊心喜之。

宗羲生平爲詩甚多,然不自什襲,其子載衡綽有父風,彙其僅存者刻梓。黃載衡識語云:"先君子作詩甚富,往往隨手散佚,不復記憶,所存稿者十之五六爾。今錄出近體四種,分爲上下二卷,先付開雕。其樂府五七古詩及詩餘諸體,續即梓出。"

《四庫全書總目》未收。《中國古籍善本書目》未著錄。

鈐印有"養"。此爲寫刻本。

2572 清乾隆刻《道腴堂集十種》本道腴堂詩編   T5472/2182

《道腴堂詩編》三十卷,清鮑鉁撰。清乾隆刻《道腴堂集十種》本。十二冊。半頁十四行二十五字,四周單邊,白口,單魚尾。框高 20.8 釐米,寬 14.3 釐米。題"雲中鮑鉁冠亭"。前有唐紹祖序,鮑鉁自序(《閩吳興集》有乾隆五年自序)。

鮑鉁,字冠亭,一字西岡,號辛圃,自號夢崦居士,晚號待翁,山西應州人,隸漢軍。乾隆間,由貢生歷官嘉興府海防同知。

此爲《道腴堂集》十種之一。全帙爲《道腴堂詩編》三十卷、《道腴堂詩續》十三卷、《道腴堂雜編》八卷、《俊逸亭新編》一卷、《小簌園新編》一卷《續編》二卷、《道腴堂脞錄》一卷、《道腴堂雜著》一卷、《雪泥鴻爪錄》四卷、《禪勺》一卷、《亞谷叢書》四卷。總共六十五卷。全帙藏中國國家圖書館。

此集皆古今體詩。卷一《酈亭集》三十七首、《三舟草》三十五首、《濠梁集》四十七首,卷二《潮陽集》一百五十三首,卷三《一旅亭稿》一百零六首,卷四至六《吳興集》四百四十三首,卷七《忽禄齋稿》一百九十八首,卷八《閩江集》六十一首、《質盫集》(古樂府)四十三首,卷九至一〇《忽禄齋續稿》二百八十五首,卷一一至一六《析津集》一千零七十五首,卷一七《鐵船集》八十六首,卷一八至二七《後吳興集》一千九百四十四首,卷二八至二九《閩吳興集》二百四十八首,卷三〇《召見集》九十三首。鉁與金農(冬心)善,集中之詩涉及金者幾二十首。

鮑鉁序云:"余自童而習之,三十年來業專且勤,篇什富有,終未合作,多與寡均也。方今目漸眊□□□□尺許,鬢髮漸白十二三,意思零落,多倦少睡,老□□□□□□□隨時編輯,卷帙方未有限,友人金壽門嘗□□□□□□□然唯諾,遂付剞劂氏開雕,實非初心汲汲也。"

此集有扉頁,刊"道腴堂詩編",並鈐有"道逸亭長"。

2573 清乾隆活字印本迂松閣詩鈔　　T5484/4424

《迂松閣詩鈔》十二卷,清李雕來撰。清乾隆活字印本。四册。半頁十行十九字,四周單邊,綫黑口,單魚尾。框高 17.2 釐米,寬 13 釐米。題"梁溪李雕來濱篁撰"。前有乾隆四十九年(1784)袁枚序;王宫跋。

李雕來,字濱篁,號迂松,江蘇無錫人。少嗜吟詠,出之以漢魏,始以三唐,終於宋元。曾在廣西任知縣。

卷一九十五首,卷二九十六首,卷三九十二首,卷四八十七首,卷五九十六首,卷六九十七首,卷七一百八首,卷八一百二首,卷九九十一首,卷一〇一百四首,卷一一一百四首,卷一二一百十七首。

此本有扉頁,刻"迂松閣詩鈔。畢秋帆先生鑒定。樂旨堂"。

《續修四庫全書總目提要(稿本)》、《中國古籍善本書目》、《臺灣公藏善本書目》、《中國科學院圖書館藏中文古籍善本書目》、《日本現存清人文集目錄》未收。《清人文集敘錄》著錄,然誤作"清乾隆四十九年刻本"。

鈐印有"蕉鹿窩"、"訒堂藏書"。

2574 清乾隆刻本葉鶴塗文集　　T5472/4936

《葉鶴塗文集》二卷,清葉溶撰。清乾隆四十八年(1783)凌世御刻本。四册。半頁十行二十一字，左右雙邊，白口，單魚尾。框高18.2釐米，寬12.9釐米。前有乾隆四十七年(1782)章學誠序。末有柳溥撰《葉鶴塗先生傳》；乾隆四十七年葉景高跋，乾隆四十八年梁肯堂跋，乾隆四十八年凌世御跋。

葉溶，字容水，號鶴塗，浙江錢塘人。幼而岐嶷，以孝友聞。弱冠補錢塘學生員，文章卓犖，試輒高等，爲膠庠所矜式，以廩膳生得歲貢。愛古嗜奇，搜剔不遺餘力。尤精史事，自二十一史外，凡稗官野乘、山經水注，無不精研。人質以疑義，如懸河東瀉，酬注不衰。老死諸生，年七十有三。

溶天性灑脱，讀書爲文，不以得失攖心，且爲文多在勉人讀書，發明義理，有功後學。或寫景賦物，亦自見其性情。卷上序二十篇、贈言壽序二十二篇、記四篇；卷下傳七篇、雜著題跋十五篇、銘贊六首、書啓尺牘十一通、祭文九篇、詩三首。

溶積學不遇，賚志以殁，其嗣君楠塘嘗收集遺文，從孫景高也掇拾一二，然究以不得全稿爲憾。據從孫景高跋云："已而楠塘從父辭世，遺屬家人，吾兒以病廢業，先代遺文，宜付景高。曩者，吾父所許也。已而伯兄嫂先後病亡，仲兄復抱沉痾，迄無寧歲。今年春，因事請於世母，慨然許之，傾篋手付景高，凡若干紙，因得詳悉校録，有端詳正畫批點俱明者，有草稿初定字跡模糊者，有一題一詠而零碎收拾者，亦有殘缺不全而首尾倒置者。景高悉心體之，眷選楮墨，蠲潔手録，自此旦晚手不停筆，目不旁視，心不他顧，未逾月而録成。更爲覆審，無有遺漏，得各種文序、壽祭文、傳贊、題詠、尺牘總若干篇。"

景高輯録之稿並未刊行，十年後，溶之門人凌世御與仁和傅軼宗遂將此集刻以傳世。章學誠序云："書巢凌君，以所師葉君鶴塗文稿囑學誠校定篇次，將欲刻之，以廣其傳。葉君懷才不遇，終老諸生，遺稿散失，未有專輯。子殁，諸孫皆食貧力，不克振起。從孫景高，乞録殘編於君之子婦，及門鮮有聞者。凌君求得景高録本，又從親串舊識諸家遍訪遺逸，共得詩古文詞一百九十二篇。故紙塗乙，傳録脱訛，不可勝舉，蓋其搜之勤而輯之難也如此，良可感也。"

凌世御跋云："世御女兄，歸於先生從子，世御幼年以親串受業門下，辱知最深。今先生下世已三十年，從遊之士，星落雲散，後嗣未有達者，遺文散落，掇拾無從，良可慨也。按景高序先生文，在乾隆三十七年，去今又十年矣。一觚落拓，無由廣益，若更留以有待，則併此區區存者，不知又散失何歸矣。章君序先生文，以謂所校諸體文辭，先生餘力爲之，未爲其至，而不知即餘力所爲者，猶復散逸大半，所存不過十之二三，後之讀是編者，即所存而想見其全，即其全者而想見其餘力之所自……先生門下之士，散落既久，惟仁和傅君軼宗同官畿輔，與世御謀梓遺集。世御以爲先生精於制義，專集久亡，然已有選刻行世之篇，當世自有知者。兹刻詩古文辭，庶備先生之遺。"

《四庫全書總目》、《續修四庫全書總目提要(稿本)》、《中國古籍善本書目》、《臺灣公藏善本書目》、《日本現存清人文集目録》皆未著録。

2575　清乾隆刻本紅蕉山館題畫詩　　T5472/1843

《紅蕉山館題畫詩》一卷，清項夢昶撰。《續和題畫詩》一卷，清項鷟撰。清乾隆項氏寫刻本。一册。半頁十行二十一字，左右雙邊，白口，單魚尾。框高18.2釐米，寬12.2釐米。題"水村項夢昶桐雨"。前有乾隆二十四年(1759)諸錦序。末有乾隆二十四年項鷟跋。《續和題畫詩》題"茗柯項鷟太青"。

項夢昶,字水村,號桐雨。不詳履歷,當爲浙江嘉興項元汴天籟閣後人。項鷟,字茗柯,號太青,夢昶子。

題畫詩,唐代即有,李邕有"醉里呼童展畫,笑題松竹梅花"句。陳子昂有《詠主人壁上畫鶴》詩。李白有《當塗趙炎少府粉圖山水歌》、《瑩禪師房觀山海圖》等。唐代題畫詩,以杜甫爲最多,清人楊際昌《國朝詩話》云:"題畫詩沉鬱淋灕,少陵獨步,自後作者,凡遇珍玩碑碣,多師其意。"此集凡七首,爲清和平遠之音,作者乾隆二十四年銷夏時所作也。計有《王元章墨梅》、《沈石田溪山雪霽》、《文徵仲秋林倚杖圖》、《王麓臺歲寒三友圖》、《王振鵬仿盧鴻觀瀑圖》、《郭天錫風竹》、《陳小蓮丹淵詩意》。

諸錦序云:"水村買宅繡州,園有佳卉,館有琴書。余每一再過,啜茗清談,間出宋元明人畫種種,口目品題,其嗜畫也,比於其家天籟閣。而其詩則古今備體,長短互吟,縱橫出入。"

《續和題畫詩》凡三十五首,乃項鷟寄"家大人訓誨"者。爲《李從訓梅花山茶》、《文君博燕子磯圖》、《女史蘇翠墨蘭》、《惲南田折枝絳桃》、《明景泰帝蒲石》等。

項鷟跋云:"家大人以爲竹管蘆笙詎有當於夔倫典樂之耳,然誘掖後進之心不可拂也。命附梓卷後,以質諸海內諸同志。"

金鑲玉裝。寫刻。

《四庫全書總目》、《續修四庫全書總目提要(稿本)》、《中國古籍善本書目》、《臺灣公藏善本書目》、《日本現存清人文集目録》皆未著録。

2576 清嘉慶刻同治修補印本壽籐齋詩　　T5476.9/2121

《壽籐齋詩》三十五卷,清鮑倚雲撰。清嘉慶十三年(1808)鮑桂星刻同治十二年(1873)鮑康修補印本。八冊。半頁九行二十字,四周單邊,白口,無魚尾。框高20.7釐米,寬12.1釐米。題"歙鮑倚雲薇省"。前有嘉慶十三年阮元序,乾隆三十年(1765)傅王露序,乾隆三十五年(1770)金長溥序,乾隆三十三年(1768)汪沆序。末有同治十二年鮑康跋。

鮑倚雲,字薇省,安徽歙縣人。優貢生,少工詩,吳瞻泰試以紅豆歌使和之,援筆立就。出入漢魏唐宋諸家,清微雅健,一洗雕章琢句之陋。高宗南巡召試,以病未就,坐卧一小樓,吟詠自娛,足蹟不出户者六載。晚往來江淮間,所至皆有詩。卒年七十一。傳見《清史列傳》卷七二。

卷一至二《暫游集》六十一首,卷三《阮溪集》七十首,卷四《桐香集》一百二首,卷五至七《餐荔集》二百三十七首,卷八《後辛集》(原闕),卷九《勉耘集》九十四首,卷一〇至一一《空韻集》一百七十六首,卷一二《白雲廬集》一百首,卷一三至一四《蒿露集》(原闕),卷一五至一七《蜕餘集》二百七十二首,卷一八至二〇《渡江集》一百八十五首,卷二一《東養集》一百四首,卷二二《鹿喧集》七十九首,卷二三《松桂林集》五十八首,卷二四《三有集》八十一首,卷二五至二六《蘇亭集》一百七十首,卷二七至二八《蘇亭續集》一百九十七首,卷二九《小斜川集》一百二十二首,卷三〇《桂風蘿月集》九十九首,卷三一《課孫集》六十五首,卷三二《春雨集》八十一首,卷三三《酒下漢書集》七十五首,卷三四至三五《後課孫集》一百七十四首。

倚雲詩獨抒性情,卓然灑然。汪沆序云:"嗟乎!諸生之窮蓋多矣,窮如先生愴悅鬱伊,軀殼莫保,乃憬然悟徹,斷割百緣,宛轉於沉痾百折之中,而窺竊於眠食小安之鑪。丹黄不廢,咏詠隨之,積月累年,富有卷帙。其五古溯源漢魏,下泊浣花;七古頗攬韓蘇勝概,近體研精杜律外,兼得宋人所不傳,大要直舉襟情,義關風教,一洗雕章琢句之陋。"

金長溥序云:"鮑君薇省,自輯其前後所作古今體詩,合爲三十卷而以示余。蓋鮑君之於詩,其境屢遷矣。少稟承其尊甫家學,胚胎風雅,束髮即能詩,中間銳志進取,焚膏宿火,併日夜治經藝詩,故未遑卒業。"傅王露亦云:"薇省古文詞並有家法,即其制舉業,無體弗備,亦無美弗臻。閩遊後,得心疾,不試於場屋者垂二十年。著録多弟子,凡經講授,試輒冠軍,當路相知不少,隻字不到輦轂下,杜門養疴,時寄吟嘯,經史插架,丹黄等身。察其詳,殆深有得於居易俟命之旨。一切升沉得䘮,是非毀譽,不入其胸中,斷斷自愛。教其子,慎交游,窮而自固,勿墜家學,然則有重於詩文者,而詩文乃彌重矣。"

倚雲工書,此集稿本爲其以行書自抄者。桂星敬此手澤,選良工摹刻成卷。卷末刻"受業許士彬、程學駒,内姪吳如山同校;江寧周一浩鐫"。

此本爲鮑氏曾孫康修補,鮑康跋云:"曾大父手寫詩集卅五卷,覺生伯於嘉慶丙寅用原本雙鈎梓行,版存秦中一友處。友逝後,其子輾轉售於人。同治庚午,康出守夔州,道經長安,始以重資贖歸,顧版已不全。壬申解組旋京師,覓良工補鐫如舊,敬志以自幸且自愓云。"康,桂星從子,字子年,道光舉人,官至夔州知府,忤上官歸里。考藏古泉,海内推爲專家。

《四庫全書總目》《續修四庫全書總目提要(稿本)》未收。《中國古籍善本書目》著録,中國國家圖書館有清嘉慶十三年鮑桂星刻本。按,江西省圖書館有《壽藤齋文集》六卷,稿本。

鈐印有"遽六所藏書印"。

2577　清乾隆刻本稽古齋全集　T5475/1351

《稽古齋全集》八卷,清弘晝撰。清乾隆十一年(1746)刻本。五册。半頁八行十八字,四周雙邊,白口,單魚尾,框高18.4釐米,寬13.4釐米。前有乾隆十一年弘曆御序、御製原序、和碩莊親王序、和碩果親王序、和碩諴親王序、鄂爾泰序、張廷玉序、朱軾序、蔣廷錫序、福敏序、蔡世遠序、邵基序、胡煦序、顧成天序、弘晝自序、乾隆十一年施炳炎序、乾隆十一年常衛都序。

弘晝,即和親王,清世宗(雍正)第五子。雍正十一年封和親王。十三年,設辦理苗疆事務處,命弘曆與弘晝領其事。乾隆間,預議政。弘晝少驕抗,帝每優容之。嘗監試八旗子弟於正大光明殿。性復奢侈,世宗雍邸舊貲,帝悉以賜之,故富於他王。好言喪禮,言"人無百年不死者,奚諱爲"?嘗手訂喪儀,坐庭際,使家人祭奠哀泣,岸然飲啖以爲樂。作明器象鼎彝盤盂,置几榻側。三十年,薨,予謚。《清史稿》卷二二〇《列傳七·諸王》有傳。

卷一論(四書、易經、詩經、書經、春秋、禮記、周禮、格言),卷二論(自夏至北周),卷三論(自唐至明),卷四説、序、記、跋、書後,卷五雜著、頌、贊、銘、辨、祭文,卷六制藝(四書)、賦,卷七古體詩(五言古、七言古、四言古)、今體詩(五言排律、七言排律、五言律),卷八今體詩(七言律、七言截、六言絶句)。

"稽古齋"者,弘晝讀書處也,故又以"稽古"名其集。莊親王序云:"皇子之所爲稽古者,非求之於記誦辭章之末,而於性命之原,天地萬物之理實有體驗也。"

弘晝爲弘曆之弟,九歲讀書,同受經於先生。十二歲時,弘曆隨康熙帝住宫中。雍正帝登基後,又選師教育弘曆、弘晝,凡八年之久。兩人自孩提至成人,"且孺且耽,怡怡如也。"

自序云:"余自髫齡誦讀以來,每日偕師友講論經史子集,涉獵篇章詩賦,以及周、秦、漢、唐、宋、明古先大家之遺書,而未敢一日稍輟者,誠恐有負我皇考至誠明理之大訓也。故在宫内時,朝夕追隨皇上,一體誦習其課業,辛勤大略相同,顧余資學淺陋,遠不及皇上聰明天縱,是以發爲文藝,形於詩歌,工拙懸殊,奚啻霄壤。於雍正八年秋,曾録自作論、序、雜著、詩賦若干卷,當時皇上賜有序文,而諸叔父暨諸師亦皆有序以冠於首,尚未付之剞劂。至雍正十三年間,課業日密,文較前集益夥……自藩封後,蒙皇上差委公務,兢兢敬慎,無敢怠忽,而書史於以漸曠,翰墨因以久疎,間有操觚一二,或鼓吹休明,或詠吟寄興,皆散漫不成卷帙,何敢上登梨棗,爰録送大學士毅庵鄂先生,分別瑕瑜。先生緣燮理無暇,復爾溘逝,以故未得成書,乃取回原集,囑余諸子之師江寧施生炳炎、常生衛都同爲校對,復命嚴加删削其不必録者外,將新舊所作合訂爲一,釐爲八卷,於今年夏初告竣。余覆取而閲之,喜二生取擇,適獲余心,因授諸剞氏。"

《四庫全書總目》、《續修四庫全書總目提要(稿本)》、《日本現存清人文集目録》均未著録。《中國古籍善本書目》著録,中國國家圖書館、南京圖書館等九館也有入藏。

2578 清抄本置書懷袖　　　　　　　　　　　　T5773/1274

《置書懷袖》不分卷,清闕名輯。清抄本。二册。半頁八行二十五字,無框格。前有乾隆三十五年(1770)雲泉居士序,乾隆五十三年(1788)□振祖序。

此爲雲泉居士友朋往來書札,雲泉居士,不知誰人。此册收商築民、周蘭坡、王時升、商盤(十通)、商墨亭、某先生、成周助、李永書、鄭宣(十九通)、朱奎揚、胡文伯、王錡(四通)、黄敘詞(三通)、周鳳岐、金傅瀛、姚芳㳺、沈廟勳、周大樽、楊世炤、周賡南、朱康齋(三通)、倪燕貽、傅秉之(二通)、沈月波、顧宗泰(七通)、平聖臺(四通)、范起鳳(二通)、蔡封(三通)、蔣士銓、金尚清、朱錦昌、胡雲坡(四通)、任傑、沈西村(二通)、宗聖垣(二通)、唐夢鵬、唐元瑛(三通)、邵晉涵、龍承祖,共三十九人。

雲泉居士序云:"余東西南北人也,所與共晨夕者,惟此良友數人而已,無如聚散靡常,相思彌切。每當同心離居、搔首延佇之際,惟取往來書札披閲數過,或論詩文,或議時事,或談山水,或道家常,因其書想其人,覺其人之鬚眉馨欬,一一如在目前,飢渴私忱,於焉稍慰。數年來,舉凡尺素相遺,無不奉爲珍寶,惟是藏諸行篋中,取攜不便。兹特摘録數首,置之懷袖,字跡不滅,正不僅三歲已也。"

□振祖序云:"先大人取生平交好中所遺翰札,擇其尤雅者,彙録一編,題曰《置書懷袖》,并書數行於卷首,敦氣誼而親風雅,深情若揭,即前小序是也。夫以同時良友,萍蹤飄蕩,不能合併,先大人猶纏綿致意如此。振自中年失怙,孤子謀生,既鮮依依膝下之樂,惟此先人手訂之編,隨時繙繹,覺曩年交游之盛,風尚之厚,山川之酒痕墨跡,猶可因此以推尋大概,其爲寶貴,更當何如。振誠慮原本藏諸行篋或致遺失,邇者托跡雲陽,辦公多暇,與弟培祖、昌祖校訂先栲峰公詩集完畢,因將《置書懷袖》一卷重録副本,且於振所及見諸先輩尺牘詩稿中,有與先代往來酬答之章俱備録之。正襟開卷,誦清芬而寄思慕,蓋不獨鄉賢筆札之流傳,吟篇之寄托,足供往復揣摩已也。"按,所謂"先代"者,爲振祖之曾祖寄亭公、伯祖春江公、祖春山公,計十四通。

金鑲玉裝。

2579 清嘉慶刻本東海半人詩鈔　　　　　　　　T5476/8143

《東海半人詩鈔》二十四卷,清鍾大源撰。清嘉慶刻本。八册。半頁十行二十一字,左右雙邊,白口,單魚尾。框高18.9釐米,寬12.6釐米。題"海寧鍾大源晴初"。前有嘉慶二十四年(1819)阮元序,易鳳庭序,乾隆五十四年(1789)俞思謙序,嘉慶八年(1803)屈爲章序,嘉慶二十二年(1817)張駿序,嘉慶二十二年何太青序,乾隆五十二年(1787)陳萊孝序,乾隆五十八年(1793)查揆序,嘉慶二十二年應時良九序,俞思謙序,陳萊孝序;張青選、周春、陳廣寧、徐熊飛、楊鑄、查有新題詞;嘉慶三年(1798)陶元藻評。目錄頁後有徐紹曾繪"東海半人小像"並鍾大新撰像贊。

鍾大源,字晴初,號箬溪,又號東海半人,浙江海寧人。布衣。父式金爲江西萍鄉縣典史,大源從之官。年十七以躓廢,遂專精於詩。二十三歲歸,顔所居曰"詩藪",木榻布帷,吟誦不輟。同里陳萊孝以詩負重名,晚歲病足家居,與鍾氏鄰,見大源詩,大賞之,吟筒往還無虛日。嘗受學於周春。居里,主持吟社有年。阮元在杭闢詁經精舍,以痼疾不克就課,稱弟子。一生貧病,恥事干謁,以全力致力於詩,晚歲則偃卧詩藪中,與諸名流欣然唱和。年五十六卒。《(民國)海寧州志稿》卷二九《文苑》有傳。

此本皆古今體詩,編年始於乾隆五十年,終嘉慶二十二年。卷一九十九首,卷二五十七首,卷三八十三首,卷四九十一首,卷五六十五首,卷六六十八首,卷七九十三首,卷八六十六首,卷九一百九首,卷一○八十七首,卷一一九十七首,卷一二六十八首,卷一三七十首,卷一四六十一首,卷一五七十四首,卷一六一百六十首,卷一七八十六首,卷一八一百三十三首,卷一九八十九首,卷二○九十五首,卷二一一百二十八首,卷二二一百三十五首,卷二三九十三首,卷二四一百五十八首。詩共二千二百六十五首。

卷七有《紅樓曲》一首,詠曹雪芹《紅樓夢》事,録如下:"紅樓縹緲春雲里,百尺珠簾風綽起。幻境迷離似可憑,奇情蕩漾真難擬。通侯珂里本金陵,軼事流傳世艷稱。許史天親同赫奕,鄂褒勳業並崚嶒。北堂長喜金萱茂,綵舞宮袍時介壽。羯末封胡子弟行,臨風特詡孫枝秀。神俊秋水骨璠璵,玉貌生來玉不如。繡裩何誇迦葉送,金環曾説女媧餘。多情自是天人謫,太母呼來深護惜。愛逐瑶釵十二行,嬾親珠履三千客。閑乘春困發幽情,覥見紅樓近玉京。蝴蝶薨薨還栩栩,因緣世世復生生。覺來似夢還非夢,怳惚神仙邀與共。窈窕芳名縹帙看,玲瓏謎語芸編誦。慧心從此結纏緜,團扇詩成一笑嫣。石不能言渾是妄,花原解語最堪憐。月輪至竟星難替,珍重鴛盟思別締。詠雪多才屬外家,情親孰是深惊寄。就中林下擅高風,群羨仙姿出蕊宫。擲果拈花生小共,擘牋飛盞長時同。相親相敬猜嫌少,意自端嚴情自好。莊語能令小婢驚,謔詞不怕郎君惱。兩心密印兩情痴,試問旁人可得知。春水文鴛難比翼,秋風紅豆最相思。怡紅院落瀟湘館,春去秋來歌纂纂。翠竹欄前夜雨寒,桃花簾外東風軟。工愁善病每開吟,欲卻閑愁病轉侵。不語憑誰通叩叩,無憀兀自太惛惛。傾城名士從來慕,怪底高堂伴不悟。玉鏡無端聘夜來,紅顔頓爾先朝露。他生未卜此生休,天上人間各自愁。焚卻鸞箋雲未散,裂殘錦帕淚還留。爭禁公子牽情哭,漫道眼前人是玉。懊惱無成種董節,淒涼作事逢張角。翻身別去自超超,銀榜功名遜紫霄。化鶴成虹雙不定,黃塵碧海兩難招。茫茫猶剩紅樓影,賈假甄真心自領。多少紅樓夢里人,翻書不覺秋宵冷。"

卷二四最後一首爲《拙稿鐫成自題一律》,云:"記得香山曾有句,誇張十五卷詩成。我今篇帙昔賢過,人笑思量後世名。從此眼前口頭語,再如時鳥候蟲鳴。倘符萬首編年數,老學庵容否嗣聲。"

易鳳庭序云:"鍾箬溪先生,海昌詩人也,抱不羈才,未獲世用,因寓意於詩,以寫其悲憫,旋以病廢,自號東海半人。所集詩帙大概得之卧吟者也。先生既病卧家又貧,自是閉門不問得失,詩弟子之請益請業者就床頭口授之。傳詩既廣,名大噪,一時薦紳才士聞聲向慕,數百里外詩筒來不絕。"俞思謙序又云:"鍾君箬溪,海昌世胄,幼即能詩,後隨任萍鄉,得湖山之助,詩益進,忽患支離之疾,愈專於詩,而詩乃不可及矣……少陵云'飄然思不群',昌黎云'秀語奪山綠',箬溪兼之,洵足以一洗公安之陋而補自漢以來鍾氏無詩之缺。雖兩浙之大,吾不敢知,若就海寧而論,則近日諸君子未見其匹也。"

據《海寧州志稿》,大源詩集二十四卷爲徐紹曾(大源親家)集貲所刻。

館藏又有大源《東海半人詩鈔》,抄本,六册。

《續修四庫全書總目提要(稿本)》、《中國科學院圖書館藏中文古籍善本書目》、《河南省圖書館中文古籍書目》、《青海省古籍善本書目》、《中國人民大學圖書館古籍善本書目》、《四川大學圖書館古籍善本書目》、《美國普林斯頓大學葛思德東方圖書館中文舊籍書目》、《日本國立國會圖書館漢籍目錄》、《日本現存清人文集目錄》未收。《中國古籍善本書目》著錄,僅有清抄本,不分卷,藏中國社會科學院文學研究所。

鈐印有"懷古情深"。

2580 清抄本東海半人詩鈔　　T5496/8143B

《東海半人詩鈔》十卷,清鍾大源撰。清抄本。六册。半頁八行二十三字,無框欄。題"海寧鍾大源晴初"。前有俞思謙序,陳萊孝序。

卷一至四爲古體詩,卷五至一〇爲近體詩。卷一三十三首、卷二三十一首、卷三二十八首、卷四四十二首、卷五一百十一首、卷六八十九首、卷七九十五首、卷八一百六首、卷九一百四首、卷一〇一百六首。共七百五十五首。

此書流傳不多。館藏有清嘉慶刻本,二十四卷。此抄或非據刻本所抄,文前俞、陳兩序據刻本均作於乾隆間,但此抄本則無作序之年,況嘉慶間諸人之序皆無。

《中國古籍善本書目》著錄,中國社會科學院文學研究所也有入藏,著錄爲"不分卷",清抄本。

鈐印有"安定胡氏留白軒藏書"。

2581 清嘉慶寫刻本一詠軒詩草　　T5476.9/2333

《一詠軒詩草》二卷,清吳進撰。清嘉慶十六年(1811)寫刻本。四册。半頁九行十九字,左右雙邊,黑口,單魚尾。框高16.4釐米,寬12.5釐米。題"山陽吳進揖堂"。前有乾隆三十七年(1772)吳玉摺序,乾隆四十八年(1783)程晉芳序,吳進(瓞村老人)七十六歲時自撰《小傳》。

吳進,字揖堂,江蘇山陽人,欲多子,以瓜瓞自況,人稱"瓜瓞先生"。《小傳》云:"家貧,性孤冷,不喜與富貴人近。居草屋數間,左右漁樵相雜,時沽酒,時或賦詩,無專好,也無專業。青藜竹杖,獨遊行草野間,每西風颭颭,黃葉寒鴉,日夕凄緊,怡然自適。""十數年來,教讀里中,呫呫爲六七童子師。庭户往來嘈喧,拉雜紛擾,而拈管高吟,亦若得於焚香掃地及山巔水涯間者。非身處塵寰,心遊物外,能若是哉?近貧且老矣,詩益工,淵明數仞之墻,竟能窺見,習與性成,學隨年近,工夫至而理趣生,無不得其疏淡自然之妙。"

吳進四十四歲始學詩,其詩淡若韋蘇州,酸若孟東野。集中所載詩三百餘首,可見其生平茹苦嗜學。程晉芳曰：“吾山謂其詩近陋軒，余亦謂然。特視陋軒磨礱之功又進耳。嗚呼！士不出鄉井，忍飢寒，嗜書史，著述不爲人知者衆矣。揖堂有其族叔山夫及吾山知之，其詩刻露清峻，必傳於世，而揖堂固未嘗一日求知也。聞其年近七十，貧且耽詩如故。”吴玉搢序云：進詩“純出性靈，不雜采繪，切於人情，體乎物性，而於骨肉交遊間尤真摯矣。溯其淵源，蓋初宗孟東野，後究心於韋左司，參之王孟暨香山。五言短古，融會諸賢，自成一家，質而綺，枯而腴，高寒古淡，畫家所謂逸品也。”

進性喜近沖淡，朝夕吟哦，間有佳作。其詩中多有警語，如《暮歸》云：“人生襟懷寬，所得在歡笑。貧賤安素常，外事何足擾。”其詩又多寫實，《孟冬貧居閒詠》之四云：“我貧人更貧，相周量我力。饑分釜內粥，冷饋一束荻。人無愁嘆聲，我眠得安席。風冽寒冰堅，日晚晴霞赤。林屋荒原上，雞犬帶寒色。凜凜歲云暮，所求非獨適。”《雜詠》之八云：“我本庸俗子，敢言氣如蘭。因病得心空，渣滓將消殘。無事常臨水，出門且看山。窮餓百事減，終日多清閒。清閒性情淡，凡慮俱已删。研精耽道妙，遊心元默間。”《茅屋搆成作》云：“謀生計拙日窮蹙，家人日苦無再粥。今年爲人課兒子，得剩白米盈數斛。有米意氣頗自豪，議招匠氏起茅屋。工多直少屋難成，我躬捧土兼爲營。土未盈簣喘不息，始知力役原非輕。屋成掃滌不容惰，藜床在右陶器左。敝書幾卷置窗閒，老去鑽研癖在我。隙地還思種菊花，留待秋深開數朵。”

此本有扉頁，刻“一詠軒詩草。嘉慶十六年辛未重鎸。碧潤堂藏板”。

按，是書原本爲乾隆五十年碧潤堂刻本，并有附録一卷，南京圖書館、天津南開大學圖書館有藏。此本爲嘉慶十六年刻本，無附録一卷。《中國古籍善本書目》或因此爲嘉慶重刻本而不予收録。《續修四庫全書總目提要(稿本)》、《臺灣公藏善本書目》、《中國科學院圖書館藏中文古籍善本書目》、《日本現存清人文集目録》、《販書偶記》未收。

2582　清乾隆刻本銅鼓書堂遺稿　　　　T5476.9/4131

《銅鼓書堂遺稿》三十二卷，清查禮撰。清乾隆查淳等刻本。四册。半頁十二行二十二字，左右雙邊，白口，單魚尾。框高 19.3 釐米，寬 13.6 釐米。題“宛平查禮恂叔”。前有乾隆三十五年(1770)杭世駿序，乾隆五十七年(1792)顧光旭序。末有乾隆五十三年(1788)查淳後序。

查禮，見清嘉慶刻鈐印本《銅鼓書堂藏印》。

卷一至二四古今體詩，計一千六百五十七首；卷二五至二七詩餘，計一百四十八首；卷二八賦一篇、辨一篇、考一篇、序六篇、文一篇；卷二九記十二篇、日札一篇、題名一篇；卷三〇題跋四十八篇；卷三一碑二篇、志一篇、行略一篇、哀辭一篇、碣銘一首、硯銘一首、上梁文一篇；卷三二詞話。

查禮弱冠即蜚聲文壇，其發爲文章，乃經世有用之文，非徒學士謳吟之物。卷二四《自述》云：“物我皆自若，天地兩悠悠，日月感居諸，曾無片刻休。青山有老時，人能不白頭？胸懷本坦然，然念便生愁。我來竟何自，我後復何修，形骸寄造化，精竭神難留。賴此微吟意，聊用結綢繆，安得淳樸味，老似韋蘇州。”禮又擅繪事，尤善畫梅。卷三〇有《題畫梅》三十四則，每則俱可見其心得。昔安儀周與之訂忘年交，酷嗜禮畫梅。

查氏世居京師，而別業在天津，世所稱水西莊。禮讀書其中，藏書累數萬卷，東南勝友麋至如歸，尊酒唱和，殆無虛日，故禮平生所作於詩尤多。此書之詩文，爲禮子淳守桂林時搜羅。查淳後序云：“府君少好學問，老而彌篤，雖戎馬倥傯，簿書填委，未嘗一日廢書。於軍國機宜、民生利病,講求最悉。其溫柔敦厚,慈祥愷惻之意,往往見於歌詩,讀者可考而知也。在軍中日,遺失舊稿一篋,淳數年來訪諸故人,遠近蒐羅,不及十之二三,然自甲寅以訖壬寅四十九年之作,雖多寡不同,計年竟無間斷。乃附以詩餘及雜文,編爲三十二卷……謹以軍旅之暇,發篋衍所藏,覆校一過。"

葉德輝《郋園讀書志》卷一一稱,禮以"所歷荒徼崎嶇之境,軍事成敗之因,託於詩歌,情真事當,雖杜工部號爲詩史,無以過之,而其揆藻修詞,句斟字酌,千錘百鍊,仍復動合自然。由其萬軸羅胸,借舌於筆,故能閎中肆外,聲情兩兼,世并不以其功業而掩厥詩名,豈非才力足以振動一世哉?其於詞工力尤深,殊有南宋姜、張雅韻,觀於詞話之作,可知其用心專而用功久,非徒以長短句爲擅長者已。"

此本有扉頁,刻"銅鼓書堂遺稿"。卷三二末刻"男淳,孫樞、林校刻"。

《中國古籍善本書目》著録清乾隆刻本。中國國家圖書館、遼寧省圖書館等二十五館,日本東洋文庫、靜嘉堂文庫、京都大學附屬圖書館、大阪府立圖書館也有入藏。《續修四庫全書總目提要(稿本)》著録清乾隆五十三年刻本。《臺灣公藏善本書目》未著録。中國科學院圖書館存此書稿本三卷,爲卷一九至二一。

鈐印有"富岡敏印"。

館藏有複本一部,十二册。

2583 清乾隆刻本賜書堂文稿詩稿

T5472/8263

《賜書堂文稿》六卷《詩稿》四卷,清翁照撰。清乾隆刻本。八册。半頁九行十八字,左右雙邊,白口,單魚尾,框高17.8釐米,寬13.2釐米。題"海陽翁照霽堂"。前有沈德潛序,乾隆十三年(1748)高斌序,乾隆十六年(1751)杭世駿序。

翁照,字朗夫,號霽堂。初名玉行,字子靜,江蘇江陰人。監生。乾隆丙辰薦舉博學鴻詞,以病不就。十六年以經學徵。帝以所薦過多,詢其尤者,大臣無知照學,因不與。照少以所業質毛奇齡,奇齡稱其意充而舒,度遠而不拘於隅。其才思縱發,所至開通,質而不足,而文又見其有餘。

《文稿》前有乾隆十七年周天度序。卷一至三説,卷四考,卷五論、辨、答問,卷六賦。天度序云:"早歲多客遊,著述散佚者大半。中間及門之士爲鈔五大帙,會遊浙中,復倉卒失去。今所僅存,特近年作耳。"

《詩稿》前有康熙四十四年毛奇齡序、張燦序、彭啓豐序、乾隆十年沈廷芳序、乾隆十六年顧詒禄序、乾隆十五年王鳴盛序。詩四卷,共一百二十九首。照早歲負才名,掉鞅詩壇,出遊南北,多忘年交,當時節鉞諸大吏,靡不傾心折節,尊禮有加。顧詒禄序云:照"惟心厚量宏,故發爲詩歌,真摯纏綿,清明廣博……先生之詩若文,皆先生性情之流露。"

沈德潛序云:"吾友翁子霽堂,少以文章鳴,始工對,偶聲律,見稱於時。中歲以往,孜孜矻矻,日穿穴經史之學,而於經學尤深。其治經也,博覽漢魏唐初諸賢之注疏正義,而折衷以宋五子書,故其見純粹,而不流於踳駁。其治史也,以馬、班、范、歐陽爲主,取其議論之正,不繆盭於筆削之旨者以爲依歸,故其識超卓而不爲霸史、僞史、小史所惑。本所得者爲文,以之解經,以之論史,以之抒寫性靈,多見理親切,而不欲求工於語言文字之餘者,猶有徒傷辭費,而顯然與道摘裂者耶?"

此本金鑲玉裝。有扉頁,刊"賜書堂集。歸愚沈先生鑒定"。

《四庫全書總目》未收。《續修四庫全書總目提要(稿本)》著錄,但爲清光緒二十六年王氏刻本,僅《詩稿》四卷。《中國古籍善本書目》著錄。南京圖書館、湖南圖書館等五館,又日本内閣文庫、大阪府立圖書館也有入藏。

鈐印有"陶廬"、"水月主人"(朱文)、"水月主人"(白文)。

2584　清嘉慶刻本泊鷗山房集　　　　T5476.9/7214

《泊鷗山房集》三十八卷,清陶元藻撰。清嘉慶刻本。十册。半頁十行二十一字,左右雙邊,白口,單魚尾。框高18.8釐米,寬12.7釐米。題"會稽陶元藻鳧亭"。前有嘉慶十八年(1813)秦錫淳序,王右曾序。

陶元藻,字篁村,浙江紹興人。貢生。工詩古文詞,兼長制藝。屢上鄉闈不得售,後遂絶意進取。其子廷琛、廷琡先後登甲科,出宰劇縣。元藻則買宅湖山,徜徉詩酒以終。又有《全浙詩話》、《鳧亭詩話》、《珠江集》等。

卷一至二序,卷三記,卷四傳,卷五至七家傳,卷八墓志、祭文,卷九哀辭、頌、贊、引、跋,卷一〇辨、論、考、題辭、書後,卷一一書、賦,卷一二駢體一(序、啓、書、傳),卷一三駢體二(祭文、誄、墓表、表、諭、引),卷一四駢體三(賦),卷一五至三四詩,卷三五至三八詞。

泊鷗山房爲元藻讀書處。元藻有泊鷗莊,在西湖葛仙嶺之麓。康熙間爲監察御史顧豸文侍御譔游處,其西偏有水一泓,相傳爲葛稚川煉丹井。其後顧氏子孫中落,歸於汪氏。汪氏有莊纔十餘年,家亦不振。陶元藻得此莊在乾隆四十年冬,次年即薙草剪萊,斬其惡木,益以嘉卉。上棟下宇,傾者扶,腐者易,赤白漫漶不鮮者塗而飾之。元藻以泊鷗名莊,意有"人生於世,猶鷗鳥之在水,時而泛乎中流,時而泊於汀渚。然則人即鷗也,鷗即人也,騁懷游,目久暫,胥忘興廢乘除,付諸造物。謂吾泊於斯也可,謂鷗泊於斯也亦可。"

王又曾序云:"及聆其講貫古文源流升降、正變得失,有余生平思慮所不能到者,智識相去遠近,固未可以道里計也。若夫聲韻之學,世人或褒唐而譏宋,或祖宋而祧唐,篁村痛斥其拘與隘。蓋取格於開元、天寶,而徵材之廣,則下逮乎嘉祐、熙寧。鏤冰琢雪之思,致加季鍛月鍊之功程,故能變化縱横,牢籠百態。麗句清詞,層見疊出,如山陰道上應接不暇。尤長於樂府歌行,慷慨激昂,纏綿悱惻,直與梁園鄴下諸公頡頏上下。"

乾隆二十二年,盧見曾在廣陵(今揚州)大會名士於紅橋,凡六十三人。元藻即席賦絶句十章,中有"誰識二分明月好,一分應獨照紅橋",一時傳誦而膾炙人口。清張維屏撰《清代詩人藝談録》摘元藻句云:"欲語性情思骨肉,偶談山水悔風塵。高士門庭雲亦懶,荷花世界夢俱香。"又有《在良鄉旅店》一律,袁枚《隨園詩話》爲之流播。清王昶《湖海詩傳》卷一八稱元藻爲"五十年前老名士"。清舒位《乾嘉詩壇點將録》將元藻比作"鐵叫子"。

美國哥倫比亞大學東亞圖書館收藏本有扉頁,刻"泊鷗山房集。會稽陶鳧亭著。衡河草堂藏板"。此本無扉頁。

孫殿起《販書偶記》作清嘉慶癸酉衡河草堂刻本。葉德輝《郋園讀書志》作三十六卷,誤。

《續修四庫全書總目提要(稿本)》、《臺灣公藏善本書目書名索引》、《中國科學院圖書館藏中文古籍善本書目》未收。《中國古籍善本書目》、《日本現存清人文集目録》著錄,廣東暨南大學圖書館、日本尊經閣文庫入藏。浙江圖書館藏有《陶篁村詩文稿》不分卷,稿本,有徐鏡清、樊增祥跋。

2585　清嘉慶刻本存素堂文集　　T5496/3348

《存素堂文集》四卷《續集》二卷,清法式善撰。清嘉慶十二年(1807)至十六年(1811)程氏揚州刻本。三册。半頁十二行二十二字,左右雙邊,白口,單魚尾。框高 18.9 釐米,寬 14.5 釐米。題"法式善著"。前有嘉慶六年(1801)吴錫麒序,嘉慶五年(1800)趙懷玉序,嘉慶六年楊芳燦序,嘉慶八年(1803)陳用光序,嘉慶十二年法式善自序。

法式善,姓爾濟氏,原名運昌,字開文,號時帆,又號陶廬,蒙古正黄旗人。其改法式善者,滿語黽勉而進之意。乾隆四十五年進士,改庶吉士,嘉慶中官至侍講學士、國子監祭酒。自登仕版,即以研求文獻、宏獎風流爲己任,久在翰苑,熟諳當代制度掌故。所居有詩龕及梧門書屋,論詩信奉王士禛"神韻説"。作詩學王維、孟浩然,質而不癯,清而能綺,主壇坫幾三十年。卒於嘉慶十八年,年六十一。又有《清秘述聞》、《陶廬雜著》、《槐廳載筆》、《存素堂詩集》等。

法式善少通籍,入翰林,陟歷清要,手未嘗一日去書。其爲文刻意求工,不脱唐宋窠臼。每文篇幅不長,雅潔有餘,文後皆有時人爲之評語。卷一論八篇、考一篇、辨一篇、序十九篇;卷二序三十三篇;卷三序十五篇、跋三十篇、書四篇、書後七篇、例言二篇;卷四傳六篇、狀二篇、墓表一篇、墓誌銘一篇、碑文四篇、記十五篇、銘八篇。《續集》卷一序六篇、墓表一篇、記一篇、跋三篇、書後一篇、傳一篇;卷二序十二篇、跋一篇、書五通、行狀一篇、墓表三篇、墓誌銘一篇、記五篇。

自序云:"余何敢言文,顧自少讀書,及官翰林三十年,舉所見聞、存掌故、核是非、識得失、備遺忘,歷時既久,遂成卷帙,存之以驗讀書課程云爾。程子素齋來京師,寓佑聖寺,距余居近,數數過從。見余文,袖歸,鈔成副本,余未之知也。既別去,一日自揚州寄書來,謂方梓家集,俟工竣將並鑴余文。余聞之皇然,驚亟作書止之,書至而鑴已半矣。嗚呼!程子將以余文爲可傳耶!豈余所及料者哉!今天下之績學而能文章者林立而薪積,余何敢廁作者之列?乃程子善之謂,非余之深幸哉!"

此本有扉頁,刻"存素堂文集。嘉慶丁卯。程氏揚州刊板"。《續集》扉頁刻"存素堂文續集。嘉慶辛未年。程氏揚州刊板"。

《續修四庫全書總目提要(稿本)》、《中國古籍善本書目》、《日本現存清人文集目録》著録,上海圖書館、静嘉堂文庫、京都大學人文科學研究所也有入藏。南京圖書館有《文集》四卷,爲法式善校。中國國家圖書館及中國科學院圖書館有《文集》四卷《續集》一卷。中國科學院圖書館作"清嘉慶十二年程邦瑞刻增修本"。又中國國家圖書館藏有《存素堂文續集》□卷(存二、四卷),稿本;又《存素堂文續集》一卷,稿本。

2586　稿本蓬廬文鈔　　TNC5484/7203

《蓬廬文鈔》八卷,清周廣業撰,清周勳懋、周勳常輯。稿本。八册。半頁九行二十三字,無框格。前有張駿題詩二首。嘉慶十六年(1811)吴騫序,嘉慶七年(1802)周春序。末有嘉慶四年(1799)周勳懋跋。

周廣業,字勤補,號耕崖,浙江海寧人。乾隆舉人。幼慧能文,家貧力學,長而博覽群籍,弱冠游於庠，爲名諸生者三十年。天性孝友，慷慨好義，勇於有爲，凡遇族黨之事有不能舉者，輒身任之。曾三試禮闈不第，倦游而歸，授徒武林，後掌教廣德書院，兼修州志。卒於嘉慶三年，年六十九。又有《孟子四考》、《文昌通紀》、《關帝徵信編》、《重修廣德州志》、《四部寓眼錄》等。

此本計八卷，卷一策、考、文，卷二記、説，卷三序，卷四跋，卷五書，卷六行略，卷七傳、墓志，卷八雜著。

吴騫序云："予讀亡友周耕崖孝廉《蓬廬文鈔》，而深嘆其學之博、才之贍，初不從古人脚跡求生活者。蓋君之學以六經爲根柢，子史百家爲枝葉，所謂本之固者其實懋，是以所著皆體大思精，閎深奧衍，能發前人所未發。""夫君平生撰述等身，已刊行者僅什之二三，其餘各種及詩文集未授梓者，尚什之六七藏於家，且捐館十餘寒暑，喪在南榮，未能卜兆，以安體魄，兩嗣君恒以是爲戚。予惟昔者揚子雲以《太玄》、《法言》授弟子侯芭，卒，侯芭爲之起墓服喪。昌黎既没，有門人李漢編傳其遺書，世并以爲美談。君少孤，家貧力學，長年客游四方，藉脯脩以供朝夕。平生於師友之誼尤篤，又安知無好義若侯芭、李漢其人亟爲之料理者乎？爰書之以引其首簡，且少慰兩嗣君云爾。"上海圖書館藏有吴騫稿本《日譜》，其中多處記有騫與耕崖來往之事，可證兩人最爲相好。

周春序云："君制藝負盛名，闈墨膾炙人口，詩出入唐宋，抒寫胸臆，一以典雅爲宗。古文辭原本經史，長於考訂，其論事之文，尤剴切通達，曲中情理，見者莫不愜心。""君與予爲竹林之游，然君品行學問實予之畏友也，且同有著書之癖。君每入城，必過予齋，互出所著相商榷，倘有疑義，輒往復辨論。回憶四十餘年如一日也，我兩人相知極深，何敢以不文辭。爰書簡端，以答兩茂才之意，行見能讀父書，表章遺集，將必有大顯於世者。"

此本内容略有改動，當爲勳懋持以請周春、吴騫、張駿求題序之本。勳懋跋云："先君子嗜古好學，隨見隨録，不解勞瘁。其辨論條記，悉志於《三餘攟録》、《循陔纂聞》諸書中。至於古文記、序，半爲同人敦請及代人捉刀者，不自收拾，零散居多。戊午春，突罹大故，於苫塊中過家松籟先生處，拜求傳略。先生曰：'尊公所有著述，僕均得過眼，惟文集未曾一睹，卷帙幾何？'懋一時茫然，不知所對。退與勳常弟言，俱泣下，即檢諸行篋書笥遺稿，哀然僅存手澤，亟爲抄謄編次，計八卷，惟文與序最多，而應酬之作及書序已刊行者，概不録入。"

孫殿起《販書偶記》云：此書"舊抄本，首有張駿題辭，次嘉慶辛未夏四月吴騫序，次嘉慶壬戌年松籟周春序"。1940年夏，北平燕京大學圖書館曾以館藏《蓬廬文鈔》舊抄本付引得校印所排印，云："原書每半頁九行，寬營造尺四寸四分，每行二十三字，高七寸半。"孫氏所記和燕大所藏舊抄本實乃一本，即孫氏售於燕大者，也即館藏此稿本。按，是書後有周氏種松書塾刻本，當爲勳懋、勳常家刻。

吴騫序後鈐有"吴騫之印"、"兔床"。周春序後鈐有"松籟"、"著書齋"。卷八末有隸書"嘉慶庚午秋兔床弟吴騫譔序"數字，又鈐有"槎客"小印。隸書審爲吴騫手筆。

《中國古籍善本書目》著録有周氏《蓬廬詩鈔》二十卷（稿本）、《蓬廬詩鈔》二十二卷（稿本）、《周廣業詩稿》不分卷（稿本）、《耕崖初稿》二卷（稿本）、《耕屋文稿》一卷（清周氏種松書塾抄本）。

鈐印有"竹下書堂"、"吴騫讀過"。

2587　清乾隆刻本眺秋樓詩　T5472/0222

《眺秋樓詩》八卷，清高岑撰。清乾隆二十二年（1757）刻本。四册。半頁九行十九字，左右雙邊,白口,單魚尾。框高17.2釐米,寬12.5釐米。題"商邱高岑峴亭著"。前有趙瑷題詩;乾隆二十二年(1757)沈德潛序,湯懋綱序,乾隆二十二年杭槍序,張若駒序,顧師仁序;乾隆七年(1742)高玢序《寶氣亭詩》;張景蒼序《豐城雜詞》;張庚序《和月泉吟社田園襍興詩》;乾隆二十二年陳浦跋。

高岑,字峴亭,河南商邱人。爲吏部尚書宋犖外孫。官江西豐城縣知縣。

全書計五種。卷一至二《課餘草》一百十六首,卷三至五《寶氣亭集》一百五十九首,卷六《豐城雜詞》一百首,卷七《歸田草》五十四首,卷八《和月泉吟社春日田園雜興詩》六十首。

陳浦跋云:"《眺秋樓集》,商邱高峴亭先生總詩名也。先生詩凡五册,早年詩爲《課餘草》,宰豐城則有《寶氣亭集》及《豐城雜詞》,解組後有《歸田草》,晚年乃《和月泉吟社田園雜興》,總計詩六百餘首。其風格淳正,意致深婉,於幽秀沖淡中,寓興觀群怨之旨。殆寢食三唐,畋漁歷代,治之以潔,養之以和,而運之以神,而後成者也。余遊梁恨晚,未及親炙杖履,獲交嗣君芋坪、亦山諸昆季,因得盡讀先生遺稿,而追慕生平。乙亥四月,亦山使君舅尹郎步,明年春,余自鳩江過訪,寒暄外,即以先生全詩商榷授梓,合成一集。蓋先生手定已分刻三册,惟《課餘》、《歸田》二册,未及付梓耳。余愧不敏,然素知諸稿凡先生自壯而老,由仕而歸,踪跡歷歷。爲先生詩,即可爲先生年譜,正不必彙分體裁,錯綜前後。如宋之楊誠齋、元之宋子虛、我朝王漁洋、樓村諸名家詩,分集合帙,或因時記事,或因地編年,出處了然,精神愈出,後之覽者,不致有牽合穿鑿之弊,而失作者之苦心。使君以爲善,乃次五册爲八卷,並識私淑於後。"

此本有扉頁,刊"眺秋樓詩。十研居藏板"。目錄後刊"參訂姓氏",爲沈德潛等十七人。又刊"江寧穆周士殿衡鐫"。

《四庫全書總目》入集部別集類存目。《中國古籍善本書目》著錄,遼寧省圖書館、北京大學圖書館、中央民族大學圖書館也有入藏。

2588　清乾隆刻本獨學廬初稿　　T5500/1641

《獨學廬初稿詩》四卷《二稿詩》三卷《花間樂府》一卷《三稿詩》六卷《四稿詩》四卷,清石韞玉撰。清乾隆至嘉慶間刻本。八册。半頁十行十八字,左右雙邊,黑口,單魚尾。框高18.6釐米,寬13.3釐米。題"東吳石韞玉著"。前有"竹堂居士像"。像後有沈秉鈺贊。

石韞玉,字執如,號琢堂,一號獨學老人,又號花韻庵主,江蘇吳縣人。乾隆五十五年進士,授翰林院修撰。嘗典試福建,視學湖南,官至山東按察使。嘉慶初,充日講起居注官,因事被劾,引疾歸,主蘇州紫陽書院二十餘年。韞玉工詩,清舒位撰《乾嘉詩壇點將錄》稱其爲"金錢豹子"。卒於道光十七年,年八十二。

《初稿》卷一爲《雲留舊草》,詩一百零三首;卷二至四爲《江湖集》,共詩二百零七首。

《二稿》卷一爲《玉堂後集》,詩一百十一首;卷二爲《鵑聲集》,詩一百三十首;卷三爲《學易齋吟草》,詩九十八首。又《花間樂府》一卷。

《三稿》爲《晚香樓集》六卷,共詩五百五十二首。

《四稿》爲《池上集》四卷,共詩三百九十九首。

此本爲寫刻本,鐫刻甚精。有扉頁,刻"獨學廬初稿"。

《續修四庫全書總目提要(稿本)》未收。此書與《中國古籍善本書目》著錄之《獨學廬初稿詩》八卷《文》三卷《讀左卮言》一卷《漢書刊訛》一卷(清乾隆六十年長沙官舍刻本)不同。

鈐印有"青宮太保"、"詠芝"。

2589　清乾隆刻本獨學廬初稿　　　　　　　　　　T5500/1641B

《獨學廬初稿詩》八卷《文》三卷《讀左卮言》一卷《漢書刊誤》一卷《二稿詩》三卷《詞》二卷《文》三卷《外集》一卷，清石韞玉撰。清乾隆六十年(1795)至嘉慶十年(1805)刻本。十六冊。半頁十行十八字，左右雙邊，黑口，單魚尾。框高18.6釐米，寬13.3釐米。題"東吳石韞玉著"。目錄前有《獨學廬初稿總目》、《獨學廬二稿總目》。

《初稿詩》卷一爲《雲留舊草》，詩一百零三首；卷二至四爲《江湖集》，詩共二百零七首；卷五《玉堂集》，詩六十六首；卷六《劍浦歸槎錄》，詩一百十四首；卷七至八《湘中吟》，詩共一百六十三首。《文》卷一爲賦四篇、頌三篇、論辨七篇；卷二解一篇、釋一篇、說四篇、記八篇、序十四篇；卷三跋五篇、書五通、雜著十篇、哀詞一篇、祭文二篇。《讀左卮言》一卷。《漢書刊誤》一卷。

《二稿詩》卷一爲《玉堂後集》，詩一百十一首；卷二《鵑聲集》，詩一百三十首；卷三《學易齋吟草》，詩九十八首。《詞》卷一爲《花韻庵詩餘》七十六首，又附《南北曲》六首。卷二爲《微波詞》五十一首。《文》卷一爲四六文十七篇；卷二疏一篇、書五通、記四篇、序十篇、傳一篇、祭文二篇；卷三跋六十五篇。《外集》爲《守渝公牘》一卷。

此本有扉頁，刻"獨學廬初稿"、"獨學廬二稿"、"守渝公牘"。《初稿》總目後刻"乾隆六十年歲在乙卯刊於長沙官舍。同里許彭年繕本"。《二稿》總目後刻"嘉慶十年歲在乙丑刊於重慶官舍。同里許彭年繕本"。

按，此非全本。另當有三稿、四稿、五稿、餘稿，本館有缺佚。石韞玉有《竹堂類稿》，爲其詩集全稿。又有《竹堂文類》八卷，爲其文集全稿。

2590　清乾隆刻本聽秋軒詩集　　　　　　　　　　T5481/7624

《聽秋軒詩集》三卷，清駱綺蘭撰。清乾隆六十年(1795)金陵龔氏刻本。一冊。半頁九行二十一字，左右雙邊，白口，單魚尾。框高18.3釐米，寬11.5釐米。題"句曲女史駱綺蘭佩香"。前有乾隆六十年袁枚序，乾隆六十年王文治序，曾燠序。

駱綺蘭，字佩香，號秋亭，又號句曲女史，江蘇句容人。少通典籍，能吟詠，詩畫皆有天趣。舊居廣陵，移家丹徒，爲袁枚、王文治女弟子。

綺蘭適金陵龔世治，世治亦好爲詞，夫婦兩人日夕閉門相倡和。然世治早逝，集中存詩，多世治逝後所作。集名"聽秋"，乃見於王文治題綺蘭"秋燈課女圖"，有云："一燈雙影瘦伶俜，窗外秋聲不可聽。兒命苦於慈母處，當年有父爲傳經。"駱得詩，故以"聽秋"名其軒。是書皆古今體詩，卷一七十六首，卷二六十五首，卷三七十七首。

綺蘭少時即愛靜坐，後從事於釋氏，故心之所處與身之所歷悉超然。卷一《隨園謁袁簡齋師二首》云："柴門一徑入疏筠，爲訪先生到水濱。絶代才華甘小隱，名山從此屬詩人。""閨閤聞名二十秋，今朝纔得識荆州。匆匆問字書窗下，權把新詩當束脩。"卷二《寄懷夢樓師楚遊》云："記曾折柳暮江頭，一葉風帆漾碧流。每聽雁鴻增遠思，應寒蘭芷憶前遊。求書墨染瀟湘水，作賦人懷鸚鵡洲。獨有寒閨女弟子，離騷吟望楚天秋。"

王文治序云："綺蘭讀書明大義，具卓識，無世俗兒女子態，亦不沾沾爲資生計，親族間有大事,群謀不決,綺蘭一言而衆輒伏。家雖貧,常能以財賄緩急人,扶危濟困,有烈士風。所爲詩,忼爽高邁,丈夫之雄傑者不能過也。嘗受業錢塘袁子才太史及余,謂予二人之詩非世間餂飣常語,故愛之深且願師之。予每與論詩,輒心解其意,或有所彈擊,尤悦妙不可言。噫!士夫言學問者,往往存自是之心,一聞貶斥即赧顏不欲聞。予不能面訣人,故從遊者甚寡。綺蘭一女子耳,獨能虛懷受學如此,此豈易得者哉?顧其詩益進,其境益窮,白屋孤燈,夏日冬夜,塊然兀處,與物無求。古所謂固窮之君子,不意於巾幗中遇之。至於遊歷山川,流連景物,意之所適,寢食難忘,窮之中又有通者存焉,殆非有得於中者弗能也。"

王昶《春融堂集》卷二二,有《閨秀駱佩香綺蘭贈聽秋軒集圖題其后》一首云:"煙月紅橋放櫂遲,青綾帳外見新詩。昔時緑净何人繼,端在香閨絶妙詞。""句曲溪山似玉京,游仙詩句不勝情。須知標格冰霜冷,正與瑶臺一樣清。"(佩香有游仙詩二十首)"落葉哀蟬少日愁,殘年梵筴事熏修。何期瓜步東風里,未了吟春又聽秋。"

此爲家刻本,紙白如玉,初印。有扉頁,刻"聽秋軒詩集。金陵龔氏藏板"。袁枚、王文治、曾燠三序,皆爲王文治手書後刊板,書法秀逸天成,頗得董其昌神髓。

胡文楷《歷代婦女著述考》著録之本爲六卷,後三卷爲卷四詩九十四首、卷五一百二十九首、卷六一百三十六首,後并附《閨中同人集》一卷。然此本爲三卷,目録頁並無割裂,或爲先印之本耶?

《續修四庫全書總目提要(稿本)》、《臺灣公藏善本書目》未收。《中國古籍善本書目》、《中國科學院圖書館藏中文古籍善本書目》著録,大連市圖書館也有入藏。《日本現存清人文集目録》著録六卷本,藏内閣文庫。

鈐印有"徐秋槎賞鑒印"。

2591 清道光刻本岱雲編　　　　　　　　　　　　T5508/2342

《岱雲編》三卷,清吴梯撰。清道光刻本。三册。半頁八行十八字,四周雙邊,白口,雙魚尾。框高 16.1 釐米,寬 11.2 釐米。題"順德吴梯秋航著"。前有道光六年(1826)黄釗序。

吴梯,字秋航,廣東順德人。幼聰慧,嘉慶六年鄉薦第一,九上春官皆報罷。以方略館謄録議敘出宰山東,初選蒙陰,有"吴青天"之名。後調濰縣、禹城縣令,皆有惠政。年逾八十,神明不衰。又著有《歸雲編》二卷《續編》二卷、《巾箱拾羽》二十卷、《讀杜姑妄》三十六卷。《(光緒)順德縣志》卷一七列傳有傳。《(咸豐)順德縣志》卷一八又載其所輯《吴氏家集》十卷,云:"梯服官濟寧,三蒙召對,歸後日事著述。"

此集文字多言興革,也多勸諭之詞。卷一爲告示、諭文、祭文等三十五篇,題"岱雲筆草";卷二爲記、墓表、硯銘、壽序、後序、祭文、上書等三十六篇,也題"岱雲筆草";卷三爲詩,題"岱雲吟草",計一百八十三首。

卷三有《勸戒歌十二首》,其九爲《早回船》,諭戒賭事,云:"賭錢兒,愚可憐。朝賭錢,暮賭錢,飢不食,困不眠,以賭爲命爲心肝,贏得身無寸縷竈無煙。初輸輸銀,再輸輸錢,三輸輸房宅,四輸輸田園,五輸衣服裘葛綿,六輸器物銅錫鉛,七輸輸妻女,八輸輸兒孫,九輸十輸學爲盜,輸頭輸頸輸膚臀。賭錢兒,愚可憐。本來汝亦一家人,上有父母中兄弟,下有妻子旁姻親,父母憎汝賭,不以爲子孫;兄弟憎汝賭,不以爲弟昆;妻妾憎汝賭,不以爲良人;親戚憎汝賭,不以爲婚姻。賭棚賭席汝之局,賭朋賭主汝之倫,囊空倫散局亦結,向誰借貸依誰門?而汝埋頭總不悟,結成賭夢猶欣欣,死爲賭鬼入黃泉,閻羅天子見亦嗔。士農工商各有業,汝獨業賭得非顛,試思汝賭亦有年,幾見賭者家興焉?賭而破家比比然,勸汝抽身賭人國,賭風賭海早回船。賭錢兒,愚可憐。"

此本有扉頁,刻"岱雲編"。

《續修四庫全書總目提要(稿本)》、《北京師範大學圖書館中文古籍書目》、《河南省圖書館中文古籍書目》、《美國普林斯頓大學葛思德東方圖書館中文舊籍書目》、《日本現存清人文集目錄》未收。《(民國)順德縣志》卷一四《藝文》著錄,又有《岱雲編續編》二卷。

2592　清嘉慶刻本是程堂集　　　　　　　　　　T5506/7624.62

《是程堂集》十四卷《二集》四卷《耶溪漁隱詞》二卷,清屠倬撰。清嘉慶十九年(1814)刻二十五年(1820)道光元年(1821)遞刻本。六冊。清張兆蘭批點並題詩。半頁十一行二十一字,左右雙邊,綫黑口,單魚尾。框高19.5釐米,寬13.2釐米。題"錢塘屠倬孟昭"。前有嘉慶十九年阮元序,嘉慶十九年吳錫麒序,嘉慶十五年(1810)法式善序,馬履泰序,嘉慶九年(1804)陳斌序,嘉慶九年郭麐序,嘉慶九年查揆序。《二集》前有嘉慶二十五年屠倬自序。《耶溪漁隱詞》前有嘉慶二十三年(1818)董國華序,嘉慶二十一年(1816)夏寶晉序。

屠倬,字孟昭,號琴塢,晚號潛園　浙江錢塘人。嘉慶十三年進士,改翰林院庶吉士,授儀徵知縣,在任前後五年,循聲大著。道光初元,詔求親民官實有治績者,僉以倬名上,特旨擢江西袁州知府,未赴任,旋移九江府,皆以疾辭。倬夙智早成,質行獨絕,鄉舉後,讀書清平山中,與一時名流以詩文相鑛厲。工詩古文,旁及書畫金石篆刻。與郭麐、查揆齊名。卒於道光八年,年四十八。《清史列傳·文苑傳》四有傳。

《是程堂集》十四卷,皆古今體詩。爲卷一八十八首,卷二九十八首,卷三一百一首,卷四九十六首,卷五八十二首,卷六七十八首,卷七六十二首,卷八七十四首,卷九六十八首,卷一〇八十三首,卷一一七十七首,卷一二七十三首,卷一三五十一首,卷一四八十七首。

《二集》四卷,卷一五十五首,卷二四十八首,卷三六十二首,卷四六十三首。

《耶溪漁隱詞》二卷,卷一七十八首,卷二七十三首。

郭麐序云:"孟昭之詩,氣伉以爽,音大而宏,不名一家之學,而發揚蹈厲,有幽并烈士河朔少年之風,此其所以異於人人者也。不知其無所爲而爲是與,抑有得於中、有感於外、有不能已於言者而後出於是與。夫山非求異於部婁也,山之長諸山者,非求異於諸山也,而固不能無異之。至於不能無異之,必推求其所以傑然者,而後見其磅礴敦龐迴環曼延者焉。人豈有異於是乎?詩文又豈有異於是乎?孟昭年少氣盛,舉凡人世馳騖爭逐,惟恐不勝。人之心一返,而資以爲詩,而又敦行孝弟,能急人之急,視朋友如性命,此其所以傑然者,本固立矣。充而養之,漸以俟之,不渝不怠,追古人於百世之上,欲不自異,得乎?"

屠倬自序云:"余年十八學爲詩,二十四歲而刻初集四卷。甲戌在揚州,裒輯十年所作,合前四卷并刻之,爲《是程堂詩集》十四卷,海内能詩者見之,亦稍稍稱許,不以爲不知詩也。丙子,以憂歸,不能詩者兩年,繼取前所爲十四卷者讀之,蓋可存者,曾不及半,甚悔前日之詩之非我詩也。客聞余言,疑而請究其說。余曰:言者,心之聲也,是有我焉。無我者詩不真,不真不可以言詩真矣。而我之所以爲我者,又何如也,此余之所以爲悔也。""工詩者如中酒,小醉則小工,大醉則大工,醉則吾胸臆所不能吐,夢寐所不能通者,胥纖微委曲,婆娑顛倒,隱約流露於意言之表,夫是之謂真詩而有我。余進而求於是者有年矣。"

卷一第一頁有"儀徵張兆蘭讀一通"。張兆蘭題詩云:"湖光山翠誰管領,天與詩人闢詩境。耶溪漁隱畫圖中,淡到風前鷺鷥影。竹雨松濤覓句時,一編冰雪想襟期。先生騎鶴渺何許,閒然寒梅一萬枝。潘星齋少宰題。光緒戊寅九月,儀徵張兆蘭書。"兆蘭,字畹九,江蘇儀徵人。

此本有扉頁,刻"是程堂集。嘉慶十九年秋八月陳鴻壽題"。卷一四末有牌記,刻"嘉慶甲戌秋開雕於真州官舍",又有"秣陵陶士立仿宋書王日華董刊"一行。《二集》扉頁刻"是程堂二集。朱文翰題"。卷二末有牌記,刻"道光元年四月潛園開雕",又有"仁和陸貞一仿宋書并董刊"。《耶溪漁隱詞》有扉頁,刻"耶溪漁隱詞。丁丑夏五爲琴隱題。陳鴻壽",又有"仁和陸貞一仿宋書并董刊"。

《續修四庫全書》第1517冊收入。《續修四庫全書總目提要(稿本)》著錄。《中國古籍善本書目》著錄,首都圖書館有全帙,浙江圖書館、中國社會科學院圖書館有殘本。《清人詩集敘錄》著錄。

鈐印有"繡衣直指"、"椒翁鑒藏"、"昔往齋主人讀書手印"、"榮郭齋藏"。

2593　清道光刻本石經閣文初集　　T5508/3210

《石經閣文初集》八卷《種芸仙館詞》二卷《釣船笛譜》一卷《月湖秋瑟》二卷,清馮登府撰。清道光刻本。五冊。近人陳乃乾跋。半頁十一行二十三字,左右雙邊,黑口,單魚尾。框高18.5釐米,寬12.4釐米。目錄頁題"嘉興馮登府雲伯"。前有道光十一年(1831)汪士侃序,吳德旋序。

馮登府,字雲伯,又字柳東,號勺園,又自號小長蘆舊史,浙江嘉興人。嘉慶二十五年進士,授翰林院庶吉士,散館改福建將樂縣知縣,旋官寧波府學教授。工詩,兼喜倚聲,尤喜掌故。中年游閩,修《鹽法志》、《福建通志》,又有《經補考》、《三家詩異文疏證》、《十三經詁答問》、《清芬集》、《金石綜例》等。

卷一說、考、序十四篇;卷二自序二十篇;卷三記、書二十六篇;卷四碑、傳十六篇;卷五墓志銘、銘三十四篇;卷六書事、書後、跋二十二篇;卷七跋二十九篇;卷八跋二十二篇。《種芸仙館詞》卷一三十一首,卷二三十二首。《釣船笛譜》三十五首。《月湖秋瑟》卷一五十二首,卷二四十三首。

按,登府文集有四卷、八卷之分。四卷本據《販書偶記續編》,有道光十一年刻本,此八卷本雖爲定本,然也有軼出定本之外者,據陳乃乾所補,尚有《衲被錄序》、《張夢廬閩游草序》、《閩詞鈔序》、《送呂月滄歸桂林序》、《送鹿坪閩游敘》、《論語異文疏証自序》、《荷花池荷花記》、《福州西湖宛在堂記》、《重建鄞江橋碑》、《重建鄞縣大堂及二堂川堂儀門碑》、《先墓記》、《天一閣書藏記》、《戴孝子傳》(此篇與他本文異)、《漢曹全碑跋》、《漢仲秋下旬碑跋》、《漢校官碑跋》,計十六篇。

此本有扉頁,刻"石經閣初集。瞿中溶書"、"花墩琴雅"、"釣船笛譜"、"月湖秋瑟"。

陳乃乾跋云:"《石經閣文集》,每篇自爲起訖,隨時增刪。此八卷者,爲最後定本。秀水金氏藏者,亦分八卷。金山姚氏藏最初印本不分卷。余別有一本,分四卷,嘗聚而比勘之,其篇數皆不及此本之多,惟間有數篇出此本外者,爲依次寫補之。柳東文當以此爲第一足本,爰記卷首,以告後之讀此書者。甲戌十二月十一日燈下。陳乃乾。"

《續修四庫全書總目提要(稿本)》未收。《中國古籍善本書目》著録有馮登府撰《石經閣詩略》五卷《小檍李亭詩録》二卷、馮登府輯《石經閣鄺硯倡酬集》一卷,爲清道光刻本,藏中國國家圖書館。《石經閣文稿》一卷《竹邊詞》一卷,稿本,中國國家圖書館藏。《石經閣集外文》二卷(忻寶華輯),稿本,上海圖書館藏。《石經閣文續集》七卷(史注輯),清抄本,中國國家圖書館藏。《拜竹詩龕集外詩》不分卷(忻寶華輯),稿本,上海圖書館藏。《拜竹詩堪詩集外稿》一卷《種芸詞初稿》一卷《拜竹詩堪集外稿》一卷(史詮輯),清抄本,中國國家圖書館藏。《馮柳東雜稿》不分卷,上海圖書館藏。《柳東先生詩賸稿》八卷《竹榭詞》一卷,稿本,浙江圖書館藏。《壓綫集》不分卷,稿本,浙江圖書館藏。《壓綫集》不分卷,清道光史詮抄本,上海圖書館藏。日本静嘉堂文庫有《初集》八卷,道光本。東京京都大學文學部中國哲學文學研究室有《初集》四卷《拜竹詩堪詩存》六卷《釣船笛譜》一卷《石經閣詩略》五卷《種芸仙館詞》五卷,爲抄本。

鈐印有"陳其榮印"、"茇盒"、"共讀樓"、"乃乾毓英共讀"。

2594　清嘉慶刻本鶴麓山房詩稿　T5481/5052

《鶴麓山房詩稿》六卷,清葉煒撰。清嘉慶二十五年(1820)刻本。二册。半頁九行二十一字,左右雙邊,黑口,單魚尾。框高17釐米,寬12.4釐米。題"慈谿葉煒意亭"。前有嘉慶二十五年戚學標序,湯家衡序,嘉慶二十一年(1816)朱文治序,嘉慶二十五年葉煒自序。

葉煒,字允光,號意亭,浙江慈谿人。生有至性。嘉慶元年,詔舉孝廉方正,力辭不就。由監生官刑部安徽司主事,以母老歸養不復出,行德鄉里垂二十年,倡議建祖廟,置祀田,又捐金建白杜兩湖隄堰。性喜聚圖籍,古書秘本,不惜重價購之,或從友人借鈔,藏庋至數萬卷。煒生於乾隆二十八年,卒於道光元年。《(光緒)慈谿縣志》卷三二有傳。吴德旋《初月樓文續鈔》卷七有葉煒墓志銘。

少與兄燕焕稱詩郡邑中,其爲詩獨清真瀟灑,似白樂天。此本皆古今體詩,計卷一九十八首,卷二九十八首,卷三九十六首,卷四一百一首,卷五九十四首,卷六九十九首。共五百八十六首。"鶴麓山房",煒之讀書處也。"鶴麓"指煒居鶴山之麓也。

卷一《書桃花扇傳奇後》云:"半壁江南幾度春,笙歌夜夜宴君臣。獨憐閣部心如佛,竟作淮西坐化人。""拼將一死報秦嘉,淚滿青衫血滿紗。好事終輸楊水部,添將枝葉作桃花。"卷二《題續紅樓夢》云:"神仙何事亦情癡,顛倒乾坤費苦思,千古紅樓多少夢,有誰悟到醒來時。"又《辛酉春留別内子》云:"一家八口費支撐,話别難禁淚暗傾。奉母賴卿兼子職,課兒替我作先生。多存藥物期長服,莫向關山念遠行。記取明年花發候,春風陌上好相迎。"

戚學標序云:"其於詩自少目濡耳染,不待力學而能矣。丙辰,當事以孝廉方正舉,不就。繼出任秋曹,佐其長平反冤獄,以廉明稱,道遠艱迎養,解部務歸,自是杜門絶意仕進,蓋始持一出,稍展平生之略,而宦情素淡,軒冕之榮非其好也。家居恣意林泉,與兄弟一門相酬唱,或乘興與二三知己放櫂白湖,挈榼傳花,吟嘯風月,見者有宗之太白之羨。爲詩不名一體,取資極博,而性情出處與香山相近,所作酷似,殆深有得於天地萬物之趣,形於筆墨間,隨在皆樂意也。"

葉煒自序云:"余幼習舉業,以病棄。年二十往來姚江,獲交朱君少仙,始學爲詩。未幾,少仙膺鄉薦,歷遊江南,天涯海角,相見恨難。余素不規規格律,自良友别後,興之所至,縱筆便成,工與拙不自問也。丙子秋,晤少仙於武林行館,將余未定稿刪定之,即勸付剞劂。今春,鶴泉戚學博來官吾郡,並爲序以速。余自揣年近六旬,欲加努力,亦難望有進境。然使三十年前不交少仙,或交少仙而所好不及此,並此區區者無之矣。爰從少仙泊鶴泉學博意,出問諸世。"

此本有扉頁,刻"鶴麓山房詩稿"。

《續修四庫全書總目提要(稿本)》、《中國科學院圖書館藏中文古籍善本書目》、《臺灣公藏善本書目》、《日本現存清人文集目録》未收。

鈐印有"來青閣藏"、"明治辛丑得于宇域"。

2595　清嘉慶刻本端居室集　　　　　　　　　　　　　　T5500/1143

《端居室集》十二卷,清王蔚宗撰。清嘉慶二十年(1815)刻本。二册。半頁十行二十一字,左右雙邊,黑口,單魚尾。框高17.8釐米,寬12.2釐米。題"華亭王蔚宗山春"。前有劉權之序。

王蔚宗,字山春,江蘇華亭人。生於乾隆二十二年。嘉慶三年舉人。十九年由禮部選任置城主簿。

卷一至一二皆古今體詩。卷一五十首,卷二五十一首,卷三五十五首,卷四四十二首,卷五八十一首,卷六八十一首,卷七四十五首,卷八六十七首,卷九四十六首,卷一〇八十一首,卷一一五十二首,卷一二二十二首。

此本有扉頁,刻"端居室詩集。嘉慶二十年中春月宣城刊版"。

《續修四庫全書總目提要(稿本)》、《日本現存清人文集目録》未收。

2596　稿本玉延文筆　　　　　　　　　　　　　　T5500/1431.3

《玉延文筆》一卷,清夏寶晉撰。稿本。一册。清徐炘、蔡壽昌、陳嵩慶、方履籛、董國華、鮑桂星、蔣學沂、李墡、許乃穀、劉寶楠、汪正榮、黃安濤、李鴻賓、彭兆蓀、周儀暐、顧蓴、□正鋆、董國華、夏修恕、陳方海、陳方瀾、宋道驌、趙申嘉、陳均、俞浩題識。半頁九行二十字,四周單邊,單魚尾,白口。框高18.8釐米,寬13.4釐米。題"秦郵夏寶晉□",末一字剜去。

夏寶晉,字玉延,一字慈仲,江蘇高郵人。少孤貧,游學郡城,往來酬酢,皆當時名宿。嘉慶十八年舉人,薄游京外,大雅公卿皆願延諸門下。歷任山西和順、甯鄉縣,署代州,升授朔州知州。賦性孤介,所在以清廉名。晚年主崇川紫琅書院講席,與里中老友詩詞贈答。精於篆刻,長於詩文,又工倚聲,著有《山右金石録》、《冬生草堂文集》、《仕國弦歌録》、《笛椽詞》、《琴隱詞》、《湖中明月詞》等。光緒《再續高郵州志》卷四、《廣印人傳》卷一三有傳。

此爲夏氏文集之一。書末《蔣伯生穿廬唱和詩序》一篇前,有陳方海題識云"此慈仲文集第二卷",則此書爲《慈仲文集》之一部。計有賦七篇,文三篇,記三篇,序六篇,書啟五篇,贊二篇,銘三篇,墓誌銘四篇,哀辭一篇,誄一篇。編排非以類相從,頗雜亂。

行間有朱筆或墨筆圈點、塗改,書眉上間有評語。應爲定本前作者校閱本,復經後人評點者。

方履籛題識云:"取材芳潔,選韻悠遠。其所儲者富,其所擇者醇,此曹、劉、鮑、庾之正格也。"董國華題識云:"其體峻潔,其旨靜深,必如此而文格乃尊。至遠抱亮節,神與古會,近日修詞家烏足語此。"鮑桂星題識云:"近代爲六朝文者,孔葃軒先生爲最,有正味齋則取才太廣矣。同年張皋文雅擅斯體,惜其早逝,所作不多。今讀玉延文筆,乃見替人,爲之歎服。"李鴻賓題識云:"醇雅古質,不必如六朝之綺麗,而神味過之。"彭兆蓀題識云:"賦格踵跡江鮑,雜文具體齊梁。斲削埃蕪,斥遠凡近,淵色夐味,澡於古者深矣。時將東歸,倚裝燒燭讀之,漫墨簡端,以志欣賞。"

《續修四庫全書總目提要(稿本)》著録有《冬生草堂文録》四卷,爲咸豐元年家刻本,此稿本内容或未之收。

鈐印有"寶晉"、"少游鄉人"、"玉延文筆"、"清茶澹話之齋"。

2597　稿本待珠亭文鈔初集　　　　　　　　T5500/1431.2

《待珠亭文鈔初集》不分卷,清夏寶晉撰。稿本。一册。清郭麐、夏嗣綰、□奐之、毛岳生、邵淵耀、□學蓮、黃若濟、施應心、李彥章、吳鼒、魏成憲題識。半頁十行二十字,四周雙邊,單魚尾,白口。書口下書"待珠亭"。框高18.0釐米,寬12.7釐米。題"秦郵夏寶晉慈仲饌"。

夏寶晉,見稿本《玉延文筆》。

是書爲夏氏詩文集之一種,計收入賦四篇、騷一篇、七(即"七體")一篇、書三篇、序二篇、記一篇、銘八篇、誄一篇、哀文一篇、吊文一篇、詩二百一十首、詞三十五首。所收詩文皆作於嘉慶十八年寶晉中舉前。正文前有寶晉自述:"弱冠慷慨,浸爲浪人。望古遥集,哀余長勤。劍氣塵壤,琴欒材薪。孤露飢驅,激爲性真。積勞而歌,如病者呻。家有甓社,元珠效珍。何日歸去,蒼茫水濱。嘉慶壬申秋九月哉生明寶晉自述。""壬申",爲嘉慶十七年(1812)。

又□奐之題識云:"癸酉秋,以試事來白下,與慈仲夾清淮而居,論詩論畫,相得甚樂,慈仲出此册相示。""癸酉",爲嘉慶十八年(1813)。邵淵耀題識云:"悱惻沉緜,妙擅風人之旨。導源六代,取則亦高。瑶草琪花,豈復耳目近玩耶? 癸酉中秋,晤慈仲於秦淮水榭,因得快讀其詩。"吳鼒題識云:"脱棄凡近,旋折自中。胎息既古,音節風宣。葃軒叔心之外,無能爲役。"

文中多見塗抹,詩文題下間有"刪"、"存"等字,應爲夏氏定本前之校閱本。行間有批點,書眉上間有評語。

鈐印有"離别寬衣帶"、"寶晉之印"、"□社湖主"、"吉祥雲室"、"慈愛宜裔"、"寶晉"、"慈愛詡商"、"蓮東"、"希仁父"。

2598　稿本夏寶晉文稿　　　　　　　　　　T5500/1431

《夏寶晉文稿》一卷,清夏寶晉撰。稿本。一册。半頁十行二十字,四周雙邊,單魚尾,白口。書口下刻"世德堂"。框高18.4釐米,寬12.1釐米。

夏寶晉,見稿本《玉延文筆》。

是書所收皆雜文,計記十一篇,論三篇,序七篇,書札一篇,行狀一篇,墓表、碑銘、哀辭十六篇。編排非以類相從,諸體混雜。

行間有朱筆或墨筆圈點。文中有墨筆塗改,書眉上間注"某空一字"、"某頂格"等字樣,應爲以備抄定或刊刻之校閱本。

集　部

2599　清內府刻本御製巡幸盛京詩　　　　　　　　　　　T5503/3233

《御製巡幸盛京詩》一卷，清宣宗旻寧撰。清內府刻本。一冊。半頁八行二十一字，四周雙邊，白口，單魚尾。框高 20.1 釐米，寬 12 釐米。末有曹振鏞等人跋。

旻寧，清道光帝，姓愛新覺羅氏，清仁宗顒琰第二子。嘉慶四年立爲皇太子。在位三十年。此本共古今體詩一百二十四首。

《續修四庫全書總目提要(稿本)》未收。《中國古籍善本書目》、《日本現存清人文集目錄》著錄，北京故宮博物院圖書館、日本京都大學人文科學研究所也有入藏。

鈐印有"積學齋徐乃昌藏書"。

2600　稿本寶芸齋詩草　　　　　　　　　　　　　　　TNC5513/4923

《寶芸齋詩草》一卷，清葉名澧撰。稿本。一冊。半頁十二行二十四字，藍格，左右雙邊，白口，無魚尾，書口下刻"漢陽葉氏著錄"。框高 19.9 釐米，寬 13.4 釐米。題"潤臣葉名澧"。無序跋。

葉名澧，字潤臣，號翰源，名琛弟，其先世自江南溧水遷湖北漢陽，遂爲漢陽人。道光十七年舉人。官內閣，久歷史館、玉牒館纂修，轉侍讀，京察優等。家門鼎貴，依然寒素，汲引人才，惟恐不及。居恆嗜詩，於書無所不窺，擁書十萬卷，有志纂述。咸豐九年卒於杭州，年四十九。又有《讀易叢記》、《周易異文疏證》、《戰國策地名考》、《敦夙好齋詩集》等。

名澧爲詩清微遒厚，駸駸老杜。此稿收詩七十二首，詩中多有删改。名澧爲翁方綱弟子，《詩草》中有《過翁覃溪先生宅有感》，云："嵩陽夢杳烏雲散，石墨樓空夕照留。幾輩清尊開北海，百年華屋感西州。學宗鹿洞儒流仰，跡重雞林賈客求。樹影當門稀過轍，蟬聲鄰寺送殘秋。"翁氏年八十六而卒，晚年境遇不佳，身後蕭條。名澧聞翁氏曾孫女溷蹟市中，貧無以度，引爲己女，擇名門子嫁之，此事士林中皆頌其賢。

《敦夙好齋詩集》未收此集。

《續修四庫全書》、《續修四庫全書總目提要(稿本)》未收。《中國古籍善本書目》著錄，浙江圖書館也藏有一稿本，尚不知與此本所收相同否。

2601　稿本城南集　　　　　　　　　　　　　　　　TNC5513/4923

《城南集》一卷，清葉名澧撰。稿本。一冊。半頁十行二十一字，藍格，四周雙邊，藍口，單魚尾，框高 19.5 釐米，寬 13.5 釐米。題"漢陽葉名澧潤臣著"。前有道光十八年(1838)潘德輿評語；張際亮題詞。

葉名澧，見稿本《寶芸齋詩草》。

潘德輿評語云："作者性府昭曠，倫紀敦篤，已得詩人大根本。而塗徑復至正，淘洗復至潔，故偶然命筆，皆古雅可誦，能動人溫厚之心。如此作詩，雖未遽宣揚政治，而已大有益於風教矣。"張際亮題詞云："丁酉歲暮入都，潤臣出示《城南集》，盡一日之力讀竟，歎其格高韻雅，深得《唐賢三昧集》之旨，肆力爲之，明之高、徐當拜下風矣。"

此稿本收詩九十六首，皆爲道光五年至二十年所作。名澧有《敦夙好齋詩集初編》十二卷（光緒十六年重刻本），內有《城南集》，爲卷一至三，共收詩二百零九首。以稿本核之刻本，稿本中《古寺》、《送友》、《送人》、《淵甫臨行索題樂志圖》、《大道曲》、《送黃香鐵翁之潮陽教諭任》、《香鐵廣文臨行以松下談元圖索詩》、《雨霽訪李方赤丈》、《錢玉潭畫馬融絳帳圖》、《冬夜答黃香鐵丈》、《日夕》、《淮陰話雨圖爲孔星廬憲階繡山憲彝題》、《和亨父望西山》十三首爲刻本未收。而刻本中，卷一《言懷》、《乙酉除夕侍大父側言詩》、《戊子順天秋闈三場考舍遇》等三十二首；卷二《人日》、《夜詠》、《小園》等二十八首；卷三《初春雪後邀客小酌》、《讀養浩齋詩並序》、《聞張亨父自楚歸閩》等四十首爲稿本所無。

《續修四庫全書》、《續修四庫全書總目提要（稿本）》、《中國古籍善本書目》未收。

鈐印有"葉名澧"、"鳳栖里人"、"玉階之印"、"蓉石讀過"。玉階，爲黃玉階。

2602　稿本性禾善米軒詩稿　　　　T5517/2944

《性禾善米軒詩稿》一卷，清徐士燕撰。清道光二十六年（1846）手稿拓本。一册。清黃錫蕃、錢聚朝、蔣槐題識。半頁十行二十一字，四周雙邊，白口，單魚尾。藍格。

徐士燕，號穀孫，浙江嘉興人。廩生。性英敏，十歲即能賦五字句。生於嘉慶二十四年。又有《讀杜質疑》、《竹里述略》。

此詩稿實乃《仿清儀閣雜詠十二首》，爲詠長生無極瓦、金錯弩機、五銖錢範、徐奉磚、瓷碗、趙文毅兕觥、江鳴皋瓷阿羅、雙石、魏子一硯、巢貞孝硯、錢半完名印、顧雲美金石之遺印。每詩旁皆拓有器物原形，互爲印證。今器物大約多已佚去不存，於此可窺一斑。又每詩後皆鈐"徐印士燕"、"穀孫"印，又有"嘉興徐士燕穀孫"、"文章大吉"印。

士燕跋云："張叔未舅祖《清儀閣雜詠》作於嘉慶戊辰，是年浙西大水，因以憂時憫農之意託諸賦詠，其首章云：'編宜唱出新詩卷，消卻風波水國愁。'蓋自序其志也。今年夏小旱，憫雨者再輒得雨，喜不自勝，爰雜舉古物小品詠之，得十有二首，雖憂樂可感，意各不同，而瓣香有自，竊願從無已後云。"

士燕爲張廷濟外甥。詩稿曾請張氏隸書題"道光二十七年丁丑元旦穀孫彥士徐甥標題，八十歲老者張廷濟"，鈐有"眉壽老人"、"嘉興張廷濟叔未甫"。張氏生於乾隆三十三年，卒於道光二十八年，也即題引首之次年。

蔣槐識語："捧讀諸作，才調格律，酷似清儀閣，可謂善於學步。擬欲題詩，明日將泛舟笠澤，匆匆行色，未遂所願，歎何如之。"

上海圖書館有士燕稿本《性禾善米軒小草》一卷《思貽居偶吟稿》一卷《文》一卷。

日人裝幀。

鈐印有"九華室藏"。

2603　原札黏貼本江人鏡友朋書札　　　　T5773.8/3188

《江人鏡友朋書札》，清江人鏡輯。原札黏貼本。三册。

江人鏡，字雲彥，號蓉舫，安徽婺源人。道光二十九年順天舉人。銳志欲得大魁，而久困春闈，乃考取中書，得入軍機，放山西知府，旋升河東道，與大吏不合，去任。又爲湖北漢黃德道，官至兩淮鹽運使。咸豐初主講遵化燕山書院。生於道光三年,卒於光緒二十七年。有《知白齋詩鈔》五卷。《感舊懷人集》有傳。

此爲江人鏡友朋往來書札,計黄煦、鄧裕生、凌蔭廷、劉青煦、豐紳(二通)、馮邦棟、李昭煒、戴華貴、孫楫、吳引孫、致麟(二通)、陳基湘、鄭思贊、鄭思賀、袁大升、陳浞、劉瑞芬、張仁黼、侍華、廖壽豐、唐椿森、張捷書、江麟瑞、江之墅、夏廣慶(二通)、姚泗生、梁俊卿、包鼎鈺、江澍昀(二通)、王祖光、曹南英、沈秉成、許應鑅、郜雲鵠、楊慕璿、馬恩培、譚鍾麟、程儀洛、吕海寰、王定安、江穖、瞿廷韶、范德鎔、陳維、奎斌、沈瑜慶、丁峻、馬先松、惲祖翼、錢應溥(二通)、鄭家溥、陳維、楊鍾琛、周綬、牛世英、戴作楫、徐用儀、燕毅、朱之榛、姚雲、姚霽、江賡、沈玉麒、穆克登布、澹吾廬齋主、德沅、江孝瓀、周謙、姚覲元、秀文齋、俞厚安、趙繼元、龍錫慶、劉璘等七十四人。又闕名十六人(十六通)。札多應酬語,時間似在人鏡位兩淮鹽運使任上。

2604　稿本成山廬稿　　TNC5531/0692

《成山廬稿》七卷,清唐炯撰。稿本。二册。半頁十行二十四字,藍格。題"遵義唐炯鄂老著"。前有同治六年(1867)彭崧毓序,同治八年(1869)王柏心序,光緒五年(1879)薛福保序。

唐炯,字鄂生,號成山,貴州遵義人。道光二十九年舉人,任四川南溪、綿州、夔州等縣知縣,智勇兼備,升道員,官至雲南巡撫。越南之役失地,坐奪職,再起給以原銜。晚年復督辦礦產,事功最鉅。生於道光九年,卒於光緒三十二年。

炯詩文俱以練勝,識見卓犖,筆力沉厚。此稿爲其留成都養疴時自輯古今體詩,計卷一五十六首,咸豐二年至六年;卷二一百二十一首,咸豐六年至八年;卷三七十八首,咸豐九年至同治元年;卷四一百五十六首,同治二年至五年;卷五一百九首,同治五年至九年;卷六三十二首,同治十一年至光緒九年;卷七四十七首,光緒十年至十二年。

王柏心序云:"今觀君詩,志在掃除寇攘,休養凋殘,歷險危而不慴,遘憂讒而不懾,識益以卓犖,氣益以沉厚,自非豪傑安能有是,且其格韻神骨又無一不範於古。夫詩不足束豪傑,而足以定豪傑,乃今於君之詩而定之。昔蜀人范雲吉語余曰:鄂生爲政、用兵、行己、治詩文、作真行書,無一不以練勝。余以其言驗之,良然。文人而優將略,其文業又精絶過人,目中僅見君耳。"

炯繫獄時有《獄中感事》三首,云:"北風一夜來,黄葉滿階砌。春陽幾何時,倏爾成隔世。物性詎不堅,盈虛本常例。所以古達人,超然遠權勢。""權勢實禍樞,人苦不知足。一粒世界中,擾擾隨起伏。覆水尚冀收,斷竹將來續。如何思立功,乃更欲歸獄。""歸獄徒爾爲,肉食者竟墨。思非無定情,緇素寡真色。如器貯蚊蚋,紛然肆觸擊。尋帶恩怨酬,禍乃中邦國。"

北京大學圖書館又有《成山廬稿》三卷,爲清抄本。據《清人詩文集總目提要》,是書有光緒三十四年貴陽刻本,爲十二卷本,内《詩稿》九卷、《文稿》一卷、《家譜》一卷、《年譜》一卷。按,炯又有《成山廬主人自撰年譜》不分卷,稿本,今藏北京大學圖書館。

《續修四庫全書》未收。《續修四庫全書總目提要(稿本)》著錄,爲十二卷本。

2605　稿本成山草堂稿　　TNC5531/0692

《成山草堂稿》四卷,清唐炯撰。稿本。一册。半頁十行二十四字,藍格。

此稿計卷一七十首,咸豐二年至六年;卷二一百三十八首,咸豐六年至八年;卷三七十八首,咸豐九年至同治二年;卷四一百五十六首,同治三年至四年。

此稿似應早於《成山廬稿》。以此稿較之《成山廬稿》,卷一多出八首,爲《出都》、《祀竈日大雪泊銅頂》、《癸丑辰州除夕書懷》、《庭有隙地買菊二百本乘雨種之率賦》、《月夜獨行梅下》、《成山獨坐有懷子尹》、《奉和夏秋丞丈見贈四律》、《偕夏秋丞丈鄭子尹莫芷升黃子壽游扶風山並邀同作》。卷二較《成山廬稿》多出十七首(《曉度雪山雲氣滿衣袂俯視層巒疊嶂如出沒波濤中奇觀也乃不知興之所至而作是詩》、《瀘州懷古》、《將至成都先寄沈吟樵兄弟》、《右寄黃子壽》、《右寄沈松樵兄弟》、《右寄宣少甫刺史》、《右寄周子容》、《山中夜話步眉君韻》、《旅夜漫興》、《暮宿趙州橋時腰纏窘急醉賦此篇》、《客有自貴陽來者言二月初川滇兵勇格斗城中多所殺傷越日令下百姓橫被誅戮唐子聞而悲焉》、《自武關至馬道》、《寓有小園竹木蓊蔚頗類草堂偶夜半納涼悵然有作》、《曉登大相嶺得睹雲海喜而有作》、《大霧夜行邛崍道》、《過邛州新津道上作》、《八月十六夜月呈李小輪使者》)。卷三、卷四與《成山廬稿》同,惟時間起止略有差別。

2606 稿本吳山雜著

T5500/2204

《吳山雜著》不分卷,清吳儀一撰。稿本。六册。半頁九行二十五字,無框格。無序跋。

吳儀一,字璪符,一字舒鳧,號吳山,浙江錢塘人。髫年游太學,名滿天下,尤工於詞。有《吳山草堂詞》。

此書之文爲傳略、墓志銘、碑記、行略、家傳、墓表、書後、哀辭等,而以壽序爲多。第五册之文,多涉及韓國學者事,如《朝鮮金子道喜字柱下記》、《朝鮮權左衡詩集序》、《朝鮮梅社詩稿序》、《朝鮮韓專山相國詩文集序》、《送海東申綸齋尚書使竣榮歸序》、《送洪進士駱皋歸朝鮮序》等十三篇。第六册多爲錄韓國學者信札,可爲研究嘉慶、道光間中韓兩國文化交流者提供史實。

2607 稿本蘭泉詩稿

TNC5493/3604

《蘭泉詩稿》二十六卷,清福慶撰。稿本。四册。半頁九行十六字,四周雙邊,白口,單魚尾,書口下刻"紫藤書屋"。框高17釐米,寬13.1釐米。題"長白福慶仲餘氏著"。前有乾隆二十八年(1763)福慶自序。末有道光元年(1821)項本彝跋,博克順等跋;道光六年(1826)重喜等撰《先妣董鄂太夫人家傳》。

福慶,字蘭泉,亦字仲餘,姓鈕祜禄氏,隸鑲黃旗。年十六入直繙書房,遂輟舉子業。入理藩院,由部曹歷官鎮迪道、貴州巡撫、倉場侍郎、禮部尚書。又有《異域竹枝詞》。

福慶詩近香山,抒寫性靈,不拘於三唐兩宋,而自然合度者,言爲心聲。詩稿皆古今體詩。卷一《望雲集》六十三首(乾隆二十八至三十年),卷二《卜居集》二十八首(乾隆三十至三十二年),卷三《雲泉集》三十七首(乾隆三十三至三十六年),卷四《書空集》四十五首(乾隆三十八年),卷五《客塞集》二十二首(乾隆三十八至三十九年),卷六《惜蘭集》十六首(乾隆三十九年),卷七《悲秋集》二十一首(乾隆三十九年),卷八《鳳城集》二十三首(乾隆三十九年),卷九《初陽集》五十四首(乾隆四十年),卷一〇《半圖集》十四首(乾隆四十年),卷一一《隨扈集》二十二首(乾隆四十年),卷一二《捧檄集》三十五首(乾隆四十至四十二年),卷一三《瀛洲集》十八首(乾隆四十二至四十四年），卷一四《問津集》三十一首（乾隆四十五至四十九年），卷一五《登樓集》九首（乾隆四十九至五十四年），卷一六《虎符集》二十三首（乾隆五十四至五十六年），卷一七《酒泉集》五十七首（乾隆五十六至五十九年），卷一八《輪臺集》九十八首（乾隆五十九至嘉慶二年），卷一九《涼州集》十五首（嘉慶三年至四年），卷二〇《皖江集》十五首（嘉慶四年至七年），卷二一《黔陽集上》六十八首（嘉慶七年至九年），卷二二《黔陽集下》八十九首（嘉慶九年至十四年），卷二三《司庚集》二十三首（嘉慶十四年至十五年），卷二四《春官集》三十三首（嘉慶十五年至十七年），卷二五《夏官集》二十九首（嘉慶十七年至二十三年），卷二六《紀恩集》五首（嘉慶二十三年至二十四年）。

福慶自序云："予寡嗜好，每有所感，輒托之吟詠以自適。然拙於研鍊，惟意所之，況胸無成竹，筆少性靈，則所詠所歌者，竭鼓四摑耳，將見貽笑大方，必來噴飯之譏。故往日所作，輒隨手棄去，概未存諸篋笥，亦未嘗聞於人也。癸未，友人過予齋，適案頭新搆稿不及檢藏，友人見之，吟哦數四，曰：吾竟未知子之寄情於詩也，敢請舊稿以觀。予告之故。友曰：惜乎稿之不存也，夫詩所以道性情，即所以紀時事，人之一生，悲歡離合，所遇不同，隨時之感發，無不形諸篇什，苟爲筆之於書，則前此十年，後此十載，境遇遭際，自可歷歷在目。而花晨月夕，淨几明窗之暇，披閱一過，既可以娛心志，而又可以見學力之不同，其獲益豈淺鮮耶？惜乎稿之不存也。予曰：噫！旨哉言也，受教多矣，請以此詩始。"

此稿爲項本彝編。項本彝跋云："大司馬公好吟詠，每歷一境，別爲一編。原稿甚繁富，今二十六卷，名仍其舊，而删存如干首。公敭歷中外四十餘年，經濟文章，詳諸史乘，而立心之誠篤，處世之和平，憂勤惕厲之功彌見。博聞之學，則散見於集中，第發乎性情之真，而不事雕飾，類皆出之坦易，則不違夙夜所由然也。丙子夏，命爲編錄，旋奉諱南行。洎服闋北來，公邃捐館，諸公子捧集泣謂本彝曰：先君子心力所在也。本彝潸然，受而讀之，踐前諾，辛巳夏，始竣事。"

此稿似未刊刻。

《續修四庫全書》、《續修四庫全書總目提要（稿本）》、《中國古籍善本書目》均未收。《八旗藝文編目》著錄。

2608　清道光刻本清風草堂詩鈔　T5481/8925

《清風草堂詩鈔》八卷，清余崢撰。清道光余氏刻本。四册。半頁十行二十一字，白口，單魚尾。框高17.9釐米，寬13.2釐米。題"山陰余崢元平稿"。前有乾隆元年（1736）胡峻序，乾隆十一年（1746）查禮序，道光四年（1824）梅成棟序；乾隆四十九年（1784）余杰跋。

余崢，字元平，浙江山陰人。

卷一八十二首，卷二一百十三首，卷三九十三首，卷四一百十四首，卷五九十三首，卷六九十三首，卷七一百十首，卷八九十二首。

梅成棟序云："先生詩不規摹一家，古體近蘇、韓，七言近體類玉谿生，五言近草、孟，尤能吐棄塵凡，自出意境。碧海鯨魚，蘭苕翡翠，兼具其奇。詩骨詩品遙遙然駕袁、蔣諸公而上，蓋袁、蔣之佳處在喜人知，公之佳處在不喜人知也。頗怪先生於乾隆丙辰舉鴻博，名騰日下，一時耆宿交游殆遍，何以歸愚甄選《別裁》竟不一錄？豈當時無如劉春虛之爲人求孟六遺文以備選訂者乎？何没没以至今日耶？"

余杰跋云：“吾父元平府君先有《蒹葭亭詩》之刻，後毀於火。是集多追錄舊詩，雜以晚年之作，故不可以歲次紀也。同時諸名輩多有評注，其若合一，契而存之者，得集中十之七焉，杰謹手鈔而笥藏之。詩凡八卷，擬付諸梓，迺以南北飢驅，命途多舛……杰衰且貧，未逮所志，嗚呼！清風之詩出，其或有時乎？是所望於後之人矣。”

此集直至崢曾孫堂始爲刻之，卷八末刻“曾孫堂敬謹校字；元孫作恭薰沐書”。跋後刻“粵東省城大南門內西湖街康簡書齋刊”。當余氏出資，委之康簡書齋刊刻。

《續修四庫全書總目提要（稿本）》、《臺灣公藏善本書目》、《中國科學院圖書館藏中文古籍善本書目》、《日本現存清人文集目錄》、《清人詩集敘錄》未收。《中國古籍善本書目》著錄，天津圖書館有清抄本（清查禮、錢萃恒跋），然爲六卷。

2609　稿本淡淡軒詩抄　　　　　　　　T5521/2984

《淡淡軒詩抄》七卷，清朱鍾萱撰。稿本。二冊。半頁九行二十字，藍格。題“石城朱鍾萱培生未定草”。前有咸豐六年(1856)李淳序，咸豐六年孫駿業序。

朱鍾萱，字培生，石城人。無考。

卷一《始可集》，二十七首；卷二《南冠集》，二十六首；卷三《更生集》，作於咸豐五年，二十六首；卷四《勞勞集》，作於咸豐六年，五十二首；卷五《排雲集》，二十四首；卷六《滌塵集》，作於咸豐七年，五十四首；卷七《親雅集》，作於咸豐八年，二十一首。

李淳序云：“朱君培生，予先後同門也。少年英達，落落曠世，數年間窮搜秘討詩書之澤，見於面而盎於背，誠大器也。癸丑爲賊所俘，流離道路，羈囚三年，乘危履險，間關而出。嗚呼！天厄詩人，古今一例，天欲成詩人之志，而朱君於是雖欲無詩，其可得乎？憂憤結鬱，發而爲千秋偉作，未可與予雕蟲小技同日而語也。”

孫駿業序云：“朱子培生，夙具英才，幼承庭訓，未冠而詩才已略見一斑。然或以雄健，或以艷麗，所謂由性情中發出者猶未也。癸丑金陵之變，朱子被陷其中，顛沛流離，不可勝述。即今干戈未定，南北奔馳，其際遇固如此，而近作予猶未之□。”“蓋詩固貴乎性情，而性情實本乎閱歷，閱歷既深，性情自見。如篇中諸什，或因時序而感懷，或藉山川而寄託，詠物則繪影繪聲，言情則可歌可泣，況乃關心國事，縈念鄉閭，其慷慨淋漓，實有流露於筆墨間者，予是知有以得其性情之正者也，至於雄健艷麗，又其餘事矣。”

書中有塗改。書眉上有批。

《清人詩文集總目提要》未著錄。

鈐印有“鍾萱”、“培生”、“習靜齋”。

2610　稿本鄰鶴齋詩稿　　　　　　　　TNC5503/7928

《鄰鶴齋詩稿》二卷，清陳幼慈撰。稿本。四冊。清宋體淳、潘景跋。清范今雨、田伯威、朱慶元、許榮、黃爵滋、郭松年、張鏞、何垣、許宜昌、許福昌題識。半頁八行二十字，無框格。題“荻舟陳幼慈慕堂未定稿”。前有陳幼慈自序。

陳幼慈，簡歷不詳。“鄰鶴”爲齋名，蓋因曾就館瀋陽，其師有雙鶴納之瀋地，天寒宿鶴，非溫室不可，故與之比鄰，遂顏書齋曰“鄰鶴”。

此稿計詩一百八十四首,五言排律五十首。其詩有《五十初度》,云:"太息韶光似水流,霎然五十到今秋。自知蒲柳終當棄,誰説桑榆晚可收。華髮盡隨衰草變,朱顔不共好春留。浮雲過眼經如許,一任無聞也便休。""年來百計覓生涯,寡見真成井底蛙。媚竈徒工煙每斷,挈瓶少智酒難賒。倦行盤曲千程路,幸免溝湟八口家。一飯昔人思冥報,斯言今日信無差。"可見作者生活狀況頗窘。

宋體淳跋云:"丁亥夏,予於李香雨座次見蕺山陳荻舟丈,白髮數莖,飄飄有仙氣,竟日不苟言笑,心識爲非常人。款接之,知向以薄宦游江南,不偶於俗,見廢來京師,困躓衣食,泊如也,益相重。越日贈以詩,而荻舟耳余詩名,遂出所著詩屬定。大都傲岸,自喜不工,爲恬密藴藉一派。古云言者心之聲,又云詩言志,讀荻舟詩,可見荻舟之情性矣。因點次其尤雅者十之五歸之。"

潘景跋云:"景與荻舟别廿餘稔矣,辛卯□旋里葬親,遇於軟紅旅舍,相逢皆老。譚次示以詩集,捧讀一過,内有見懷之什,拳拳舊雨,歷久彌真。意昔春明聯藝,意致雄豪,今各雪滿頭顱,天涯淪落,一往深情,不堪回首,思之默然。"

《續修四庫全書》、《續修四庫全書總目提要(稿本)》、《中國古籍善本書目》未收。

2611　稿本倚修竹軒詩草　　　　　　　　　　TNC5531/6633

《倚修竹軒詩草》不分卷,清吕逸撰。稿本。二册。半頁八行二十字,無框格。末有光緒二十六年(1900)完宗嶼後序。

吕逸,號韻清女史,清末浙江石門人。豐姿卓越,負性奇異,幼讀書,善書畫,尤嗜歌詩。年三十許不離母,閨閣待字,與世浮沉。一鄙膏粱肉食流,不屑與偶,日抱一編,孤吟優游歲月。遇風雅友,每深款洽,放言高論,不拘拘以巾幗束。逸或爲吕晚村之後。

《詩草》收詩計二百二十五首,皆七言。

女輩讀《紅樓夢》者不多,讀後有感而入詩者更少。逸詩中有三首涉及《紅樓夢》者。其一爲《讀紅樓夢傳奇》:"斬新花月著紅樓,不補情天死不休。漫説渺茫終是夢,雖然是夢也風流。"其二《題紅樓夢傳奇》:"媧皇不補奈何天,與我何干亦黯然。但願有情皆眷屬,只愁無計替成全。痴心自古空餘恨,好夢由來不易圓。若向箇中求甚解,鴛鴦轉願羨神仙。"其三《前詩意有未盡,重有感再成一律》:"解得其中味是誰,分明剥繭與抽絲。欲同今古才人哭,莫認荒唐作者痴。天若有解猶解恨,夢雖可續已嫌遲〔《續紅樓夢》、《紅樓圓夢》、《紅樓補夢》諸書〕自通靈後翻多事,不若頑時了不知。"

逸曾在上海小住,居仁美里,其在都市生活,所見演劇活動甚多,入詩者有《觀西婦演各種戲技》、《觀内城供奉孫伶菊仙演劇》等。又有《登海上寓樓有感》一首,云:"獨上高樓感不支,繁華地莫過於斯。可憐海市笙歌夜,正是宫幃宵旰時。蕩子有金惟買笑,災黎乏食枉啼饑〔時聞各省湖南等處大饑〕,知陝甘蛾眉無力安天下,空自臨風熱淚垂。"亦可見其同情貧苦百姓之心。

逸善畫,詩中有《題自畫水仙拳石便面》、《題自畫芍藥海棠月季畫幅》、《自題梅花韻軒夜讀圖》、《自題倚梅小影》多首。

完宗嶼後序云:"余庚子客石門,聞石邑有才女者吕氏韻清也……昔游徐君亞陶先生門,列弟子行。亞陶先生,石邑詩翁者也。時先生守廬郡,年已七十六矣。案牘暇,撚髭嗜吟,奇韻清才,召隨宦。韻清乘一葉舟,遍歷山川奇異,而見聞益廣,得先生傳,而詩格益高。余自聞韻清名與行,旋於肆市中見其畫,彌傾慕。與石邑茂才葉君和卿往來,談及韻清事,邀訪其家,登見論文,娓娓不倦,豪有丈夫氣。出稿示余,輒誦一過,幾使人叫絕,篇中感時賦事,各有諷喻,洵非稍稍識字學爲詠歌嘲弄風月比。"

封面有鈐印"倚修竹軒"、"韻清女史呂逸",因知是書爲呂逸作。另封面書籤有"半影厂主蝶生氏"。卷一第一頁第一行下寫有"半影厂主陳氏珍藏"。第一册前十數首詩字句有修改。

此稿未曾刊刻。清代閨閣能詩且卓然成家者不下數百,然名媛之集,鐫印不多,紅香小册,綠窗零袟,流傳極少,搜羅亦不易。嘉道間完顏惲珠廣搜博采,輯有《國朝閨秀正始集》并續集、補遺,所收皆閨閣中奇才。至民國間,胡文楷編《歷代婦女著作考》,自漢魏以迄近代,著其目者四千餘家,得其集者八百餘家,可謂集大成者,然均未收此呂集。《清人詩集敘錄》、《清人詩集總目提要》、《清史稿藝文志拾遺》、《續修四庫全書》、《續修四庫全書總目提要(稿本)》皆未著錄。《晚晴簃詩匯》亦未收錄呂詩。

2612 稿本賓鴻吟稿

T5510/1138

《賓鴻吟稿》八卷《續稿》三卷《海濱紀事》二卷,清王鴻鈞撰。稿本。四册。半頁八行二十一字,無框格。題"上海王鴻鈞雲村氏草"。前有道光二十九年(1849)陸鴻儀序,道光二十年(1840)王鴻鈞自序。

王鴻鈞,字雲村,一字大銓,號海濱逸叟,上海人。業儒,貧不克進取,以故名利淡如也。生平喜爲詩,不襲古套,唐之少陵,宋之玉局,其所深嗜。其閑静寡言,不爲利動,不爲物誘,品端謹而不趨時,行直道而不邀名。生於嘉慶三年,詩中記事至同治十年,鴻鈞時七十三歲。

鴻鈞所作詩二千餘首,此其選本也。計《吟稿》卷一五言古詩二十二首,卷二七言古詩二十五首,卷三五言律詩三十一首,卷四七言律詩一百零四首,卷五七言律詩八十七首,卷六絶句(五言、六言、七言)一百八十首,卷七排律二十四首、六言排律一首、七言排律一首,卷八爲補遺,詩四十三首。《續稿》卷一《退崖集》,詩七十一首;卷二《歸東集》,詩六十四首;卷三《隱庵集》,詩四十一首。《海濱紀事》卷一三十四首,卷二十五首。

鴻鈞之詩多觸景而出,所謂發乎情止乎禮義,是情生於景,景成於聲,聲成於文,文成於詩。故詩淡而有神,瘦而能腴,有甘苦自得之意。卷五有《自題拙集》,云:"可憐苦費半生心,淘盡泥沙不見金。險覓枉窮天地外,狂蒐空測海江深。徒勞餓鬼扒腸出,幾約情魔入骨侵。終覺一名無我分,死灰重撥淚難禁。"《續稿》有《七十生辰志感》三十首,述其貧病潦倒生涯,第一首云:"七十韶華一夢中,追思往事總成空。室無巧婦難藏醜,詩乏奇才敢道窮。秋草荒煙迷去住,愁雲落日感飄篷。如何銷得平生志,好使蒼頭速變童。"

細讀諸篇,覺有超出炎涼之致,無煙花熱鬧之氣,且多寫實。如卷三《澤中吟》,寫道光二十二年五月,在上海漕河涇見夷匪入境,民衆遠避,流離困苦之景。他如《紀事》、《壬寅紀事》、《十六日過滬城感賦》、《滬城紀事》、《咸豐十一年十二月二十二日長髮賊犯高橋》、《袁公閏甫明府殉難滬城》、《滬城感事十首》、《乙酉元旦滬城歸復感而志之》等,頗具史料價值。又有記上海藏書家徐紫珊事數首。

鴻鈞自序云:"暨兩宋遼金元明,沿及聖朝諸大家,傑出莫不各有專集,甚至禍棗災梨,堆山塞海,誠不知有幾千萬萬人!爭欲自名一家,托傳於後,將撐破乾坤外,尚多遺落而不彰者,亦不知有幾千萬萬人哉！如才同襪綫,學等泥沙,竊不自愧,而孜孜不輟。好作韻語,不敢自以爲是,偶有所得,書之寸紙,寄之敝篋,乃欲起而與諸大家抗衡。所謂蚍蜉撼樹,不知分量者哉！矧鄕曲無聞,安能流於四海;没世難名,豈得傳之千秋。然人知之如是,人不知亦如是,發抒自我之所思,違顧他人之噴飯,此所謂是我之詩也。"

此集似未刊刻。《續修四庫全書》、《四庫未收書輯刊》未收。《續修四庫全書總目提要(稿本)》、《清人詩文集總目提要》、《清人詩集敍録》未著録。

鈐印有"有不爲齋"。

2613 稿本敝帚軒吟草　　　　　　　　　　　　　　T5517/2121

《敝帚軒吟草》一卷,清程佐撰。稿本。一册。半頁八行二十八字。題"閲微老人珥卿氏著"。光緒七年(1881)李立機序;光緒五年(1879)唐夢熊題辭,光緒三年(1877)張文河題辭。

程佐,字珥卿,號閲微老人,安徽含山人。

此集計詩四十五首。書眉上有籤貼,署"菊裳"。菊裳,即吳恩綸。

李立機序云:"庚辰冬,余初識漕川程先生珥卿於池陽郡學,一解一見,如舊好重逢驚喜交集之狀,便道疇昔相思,晤面恨晚。蓋先生家含山漕川,余家濡須,相距四十里。先生弱冠以文名馳遠近,爲博士弟子,家世簪纓,藏書最富。先生於書無所不覽,以工詩古文詞見重鉅公長者。金陵吳石迂先生,名孝廉也,時爲吾濡學博,重先生才,以其愛孫女歸爲先生配。而余時立雪吳先生門,謬蒙許少虛聲,因達先生耳,遂相傾慕,蓋面不相識而心則兩相印也。時隔四十年,滄桑遷變,彼此不相知。光緒庚辰,嗣君禮耕以權郡司訓迎養先生於池陽,見余問名驚喜,余固衰朽龍鍾,而先生亦皤然老矣。然先生性耽筆墨,吟哦聲不絶於口,詩成間暱就余示商,故朝夕過從,流連傾倒,不厭如是者六閲月矣。未幾,禮耕解訓導事,奉先生歸漕川。瀕行前二日,以大著《敝帚》、《紅羊》諸集本見示,其采絢也,爛若春葩;其奇變也,蒸若夏雲。撫時感事,未嘗不慷慨跌蕩,而性情所發,究歸敦厚。昔人謂詩有詩人之詩,有才人之詩,有學人之詩。遂又有謂才人以氣雄,學人以才富,詩人則以韻標格勝。余謂詩歌之始,大抵皆道,其性情之所自得三百篇,貞淫正變,各流其心之自然,固未嘗有才人、學人、詩人之分也。先生早負盛名,績學宏富,而屢躓場屋,又經亂離,備歷艱險,世業蕭條,故於流覽、酬應、吊古、懷人,見於詩者,一發其心所欲言。蓋出於性情自然,而無所規撫古人也。然渺慮澄思,動與古合。讀是詩者,於昔人所論分才人之詩、學人之詩、詩人之詩,自能默會爲何屬也。"

書前附有周星譽札。

《清人詩文集總目提要》未著録。

2614 稿本秋浦冷署閒吟　　　　　　　　　　　　　T5517/2121.23

《秋浦冷署閒吟》一卷,清程佐撰。稿本。一册。半頁八行二十字。題"環峰六二盲叟珥卿氏著"。無序跋。

程佐,見稿本《敝帚軒吟草》。

此集計詩二十八首。

《清人詩文集總目提要》未著録。

2615　稿本秋樹蟬聲集　　　　　　　　　　　　T5517/2121.24

《秋樹蟬聲集》不分卷，清程佐撰。稿本。三冊。清張文河、張科俊跋。半頁八行二十一字。

程佐，見稿本《敝帚軒吟草》。

此集計詩四十一首。始自光緒十年，止十一年。書名據封面頁。作者爲無功名之鄉村學究，窮愁潦倒，詩多抒發情感。其《己卯仲春余年已週甲矣病臥斗室一燈熒熒百愁交集因援筆率成六律》云："盈盈白髮苦奔忙，家計勞勞沒主張。有子未能籌菽水，無衣空擬檢行裝。孫多繞膝翻饒舌，友少知音枉熱腸。識破人情今已老，見幾須避是非場。""臥床幾日病難支，勿藥呼天默禱祇。妻子未能勞問慰，英雄到此亦酸悲。怯寒鎮日垂簾幙，飲泣三更濕被池。伉儷終身成怨敵，此中苦境有誰知。"

張文河跋云："珥卿先生豪於詩，抑塞磊落無所施。中有塊壘不能化，流於齒頰而吐之。先生齧齒非磨牙，瑶篇淘汰淨無瑕。九天咳唾隨風落，盡是含英而咀華。睢陽臨陣嚼齒碎，擔當道義在宇內。少陵垂老幸齒存，樂府歌傳詩聖尊。先生孤憤得此意，牙慧流出皆妙思。大聲疾呼意何雄，不比細嚼梅花味。僕近沒齒老痴頑，管窺何曾見一斑。讀君健句來風雨，使我頓覺開心顏。"

《清人詩文集總目提要》未著錄。

2616　稿本紅羊劫後賸草　　　　　　　　　　　T5517/2121.28

《紅羊劫後賸草》不分卷，清程佐撰。稿本。一冊。半頁八行二十二字。題"環峰程佐洱卿甫著"。前有光緒三年（1877）張文河題辭，盧茂林題辭。

程佐，見稿本《敝帚軒吟草》。

此集有詩四十三首，作於光緒三年，時爲丁未。書名署"紅羊"，蓋指國難也。古人迷信，以丙午、丁未爲國家發生災禍之年，而丙、丁均屬火，色赤，未屬羊，故稱。或謂午屬馬，因稱丙午爲赤馬。《全唐詩》卷四九二殷堯藩《李節度平虜》云："太平從此銷兵甲，記取紅羊換劫年。"

集中第一首即爲《鄉居避亂憤極有感十八律》，茲錄其四："屢擬東行乏裹糧，連年空慶疊豐穰。田房盡屬他人業，薪米難籌竟日忙。夢寐不成思莫白，鬢毛未育髮先蒼。人言浪聽徒增憤，終日安愚避虎狼。""剩有殘書與破囊，終朝無計可收藏。堅貞轉覺身多累，樸拙堪教性異常。人似流星無跡住，心同古井不波揚。後來縱有嘗蔗境，到我親嘗已夕陽。""囊中羞澀一文錢，乍學提攜未慣肩。乞米無從尋法帖，求蒭莫得斷吹煙。但云水火相通與，不愛錙銖豈受憐。筋骨既勞心志苦，幾回搔首問蒼天。""志氣消磨已十秋，既窮且苦易招尤。縱明德怨空思報，得報平安此願酬。昔日文章沉海底，當年風月憶樓頭。針氈悶坐無容膝，鎮日攢眉莫解憂。"

《清人詩文集總目提要》未著錄。

2617　稿本鳴求軒詩錄　　　　　　　　　　　　T5517/2121.64

《鳴求軒詩錄》不分卷，清程佐撰。稿本。八冊。半頁八行二十字。題"閱微老人珥卿氏著"。無序跋。

程佐,見稿本《㪚尋軒吟草》。

此書佚去第一册。第二册爲詠史,計一百八十三首。第三册爲詠懷等,計一百四十七首。第四册爲詠人物,計一百五十五首。第五册爲詠秋,計一百七十一首。第六册爲詠動物,計一百三十二首。第七册爲詠春,計七十五首。第八册爲詠菊、花等,計一百一首。第九册爲詠荷、竹等,計六十四首。

詠懷詩中多抒發情感,並對社會不公予以抨擊。《催科吏》云:"婦女驚藏老稚走,望見旌旗逃恐後。借問逃者意云何,官領百人親催科。追迫株連及比戶,小民有口難言苦。非敢避官如避寇,自來畏役勝畏虎。官嚴役怒勢莫當,生斷人命如牛羊。忍將血肉換上考,鞭撻何礙稱循良。如此用心尚何極,火煎日夜憐不得。但嗟舊歲禾爲塵,人家所餘唯一身。今春絶炊已累日,縱有枯髓鍛不出。不出豈能使終止,官令如山違必死,明日街頭鬻妻子。"

《力役謠》云:"生不必歡死莫惜,一死方能了此役。役夫歲歲應徵呼,堂下聞聲先蹙額。官府籍内舊有名,衰老安望憐餘生。欲將換免乞恩許,法嚴不得論人情。長亭柳秃塵飛起,紛紛追唤何時已。往時穀賤勉支持,今兹荒歉將何恃。傳聞大吏過郡城,官催如火供送迎。敢言稍緩鞭撲行,自嗟説充役五十載。飢寒留得隻身在,長途奔走無虛日。匆皇寧得顧家室,官錢十枚餘在手。歸來羞澀未敢出,老妻詬罵不絶辭。橐中米盡兒啼飢。"

《食蕨歎》云:"七尺壯夫竟不起,床頭僵卧三日矣。百畝之家無宿米,旱魃欺人一至此。昔聞力田能免飢,今見老農愁不死。出門四望面如灰,十戶七閉三半開。親里相見各無語,但問何處多野菜。平時口衆鮮生理,百物騰踴苦難市。豐年已覺不自支,矧乃展轉饑荒裏。衣裳脱盡身欲禿,髓乾寧問肌與肉。傷心忍得一家寒,且飽今朝暫時腹。腹空終日將奈何,氣短聲弱難哀歌。含羞不肯向人乞,相攜覓蕨行山阿。蕨深入地費窮日,力盡空山始鋤出。少婦十指皆血痕,揮土不顧拾蕨根。死且難保傷何論,拾得盈筐竊自喜。持歸舂粉供甘旨,舉室得之美無比。稻粱縱有非所欲,此時食蕨尚爲福。君不見老翁杖頭三百錢,鄉村無粟赴市廛。糴米未得飢可憐,困不能行委路邊。又不見素封擁穀爲奇貨,粟朽不欲救窮餓。西鄰請貸轉見嗔,歸煮白水烹榆皮。我獨餐蕨甘如飴,安能一飽不傷悲。"

封面頁書"鳴求軒詩存。珥卿氏訂"。鈐印有"程佐印"、"珥卿"。

《清人詩文集總目提要》未著録。

2618　清光緒刻本人壽堂詩鈔人壽集　T5531/5022.2

《人壽堂詩鈔》一卷《人壽集》一卷,清戈鯤化撰。清光緒三年(1877)至四年(1878)刻本。二册。半頁七行十七字,四周雙邊,白口,單魚尾。框高 13.2 釐米,寬 9.2 釐米。題"新安戈鯤化硯畇"。《詩鈔》前有同治十三年(1874)章鋆序,光緒四年黄鈺序,光緒三年陳勷序,光緒三年戈鯤化自序。《人壽集》前有光緒三年戈鯤化自序。

戈鯤化,字硯畇,一字彦員,安徽新安人。生於道光十八年。二十二歲時,在黄開榜軍中做幕僚。同治二年前後,在美國駐上海領事館任職,二年期滿。其至寧波爲同治四年,又在英國領事館任職。1879 年 7 月,四十一歲時,前往美國紐約,隨後轉往波士頓,在哈佛大學三年,卒於美國。戈氏爲中國學者在美國大學教授中國文化的第一人,在中美文化交流史乃至整個中外文化教育史上都具有重大意義。

促成戈氏去美的最初是一位美國商人奈德。他曾任美國駐營口領事,也兼任法國、德國、荷蘭等國駐營口領事或副領事。1877年，他針對美國在華商務和傳教事業的需要，致信美國哈佛大學校長，提出募錢在該校建立中文講座的建議，其目的是通過學習中文，培養年輕人，以增強將來促進兩國貿易往來。而進一步尋得戈氏來美的是在寧波工作的稅務司杜德維，戈曾在英國駐寧波領事館任職，還教過英國、法國學生，並善於同西方人打交道。由此雙方在1879年5月簽訂了三年合同，寫明哈佛聘請戈氏前去教授中文。

"人壽"者，戈氏之讀書堂。《詩鈔》始同治三年，止光緒五年。

《詩鈔》自序云："余少孤，未嘗學問，弱冠後，橐筆依人，往來吳楚間，軍書旁午，何暇學詩。然性之所好，公餘輒取古人詩讀之，愛不忍釋，間有所觸，亦復形諸詠歌。繼與同志相往還，遇游讌，必命題爲詩，但余所作，粗鄙俚俗，直道其心之所欲言而已。諸君子見之，謂余尚可學詩，余不敢自信也。歲乙丑，移硯甬上，偶晤陳魚門太守，亦過蒙獎借，且許爲介紹，得游子相陳先生之門。始覺向之所作，皆率爾操觚，漫無紀律，由是益肆力於詩。朋友過從，輒相質正，此唱彼和，數年以來，積數百首，太守慫恿付梓。余惶然謝曰：風雅自有專家，非力學兼至者，不能窺其堂奧，余從諸君子後，勉學爲詩，亦惟道其心之所欲言耳，持以問世，不幾爲大雅笑乎？太守促之不已，乃勉就近年所作，刪其什五六，用付梨棗，蓋將以就正大雅，非敢自信也。"

《人壽集》自序云："余弱冠讀書不成，從軍幕府，貿貿無所得。及攜硯甬上，襟山帶海，怡悅心目，遂寓焉。乙亥夏五，四十初度，自慚無聞，述詩四首，承大雅不棄，屬和者百餘人。於是張鐵翁先生巋然靈光，年八十有九矣，故弁卷首，其餘略以齒次。集中諸君，皆與余有子桑溫伯之雅，非是不敢登。最奇者，鐵嶺至德甫大令，需次虎林，適和拙作，長白延小舫參軍見之，亦有和詩，落均云'帶水迢迢隔東浙，登堂何日拜先生'，承以郵筒緘寄，方驚爲不識面之交。門者忽將延君名刺入，迓之音吐洪朗，若平生歡。君曰：當改爲'登堂今日拜先生'矣，相與大笑。蓋君以句當鹺務至甬，月餘始別去，舊雨不來今雨來，儻所謂文字因緣非耶？削氏告竣，字之曰《人壽集》，人壽者，余自額其讀書之堂也。"

章鋆序云："新安戈君硯畇，天才踔厲，尤好吟詠，興之所至，輒濡墨伸紙，頃刻數千百言，空所依傍。是其專主微眇，有真性情以貫之，復得江山戎馬之助，以發抒其所見，豈規唐摹宋，務求形似，而神不相屬者所能及乎？"黃鈺序云："太守之詩，不拘一格，要其歷覽山川，胸次高曠，情興所寄，搦管成章，不屑屑以描摹見長。而淵懿醇茂，風華綺麗，靡不畢集，殆震川所云'得西子之神而不徒以其顰者'乎！"

戈氏對地方民生、民衆疾苦頗爲了解，詩中描摹風物，傾吐心志，多直抒胸臆，不假雕飾，對於社會生活也有所披露。《民有三疾，詩以憫之》之《狎妓》云："迷津孽浪慘滔天，錯認風流夙世緣。夢醒陽台金易盡，空嗟失足誤青年。"《縱博》云："快意豪情莫與京，逢場興劇貌輸贏。牧豬雙戲原輕賤，況破家資業朱精。"《嗜賭》則云："短榻橫眠趣味多，一燈遑問夜如何。膏肓深入醫無術，誰信煙魔勝病魔。"詩中也頗有史料可尋，如《久寓》諸詩之四云："藏書閣比魯靈光，劫後牙籤半散亡。檢點殘編珍世守，故家喬本尚蒼蒼。"反映了太平天國戰事後，寧波天一閣藏書慘遭破壞，民族文化受到摧殘之情景。

此本有扉頁，刻"人壽堂詩鈔。鄞陳允升署。光緒四年戊寅春王正月開雕"。"人壽集。王蛻題。光緒三年丁丑春王正月開雕"。書以稀以貴，是書雖近代刻印，然流傳罕見，且爲自藏，並與哈佛大學有關，故寫入書志。

《清人詩文集總目提要》、《日本現存清人文集目錄》均未著錄。

鈐有"戈印鯤化"、"硯畇"、"戈鯤化"、"□□主人詩詞"印。

集　部

2619　原札黏貼本張廣生等稟函稿　T5773.88/1302

《張廣生等稟函稿》。原札黏貼本。一册。

此爲張廣生等向劉含芳稟報函札，時間在光緒九年至十八年前後。計忠振、忠沆、張廣生（十三通）、王樹泰（二通）、嚴懷仁（十一通）、中榕（十二通）、宋春陶、李成鰲、桂本誠、陳錦標（三通）、德春（三通）。共十人。

陳錦標函之上款爲"薌林憲台觀察大人"，第一通忠振、忠沆函爲致父母之家信，餘皆爲"薌林"下屬。信之内容多爲採辦柳樹秧等各種花秧，又有涉及北方旅順、大沽港口械備庫、大連灣鐵碼頭工程、劉公島基地工程事。最有價值者，爲嚴懷仁札中有稟報威遠號軍艦去朝鮮事，計細字七紙，述拜見朝鮮國王事及宮中閨事甚詳，約二千字。

查《清史稿》卷四五一有劉含芳者，字薌林，安徽貴池人。同治初，李鴻章率師東征，從克蘇州，司運糧械。後隨征捻，積功至道員。鴻章督直隸，命含芳治軍械天津。又創設電氣水雷學堂，編立水雷營，皆以含芳董其役。光緒七年，海軍初立，造船塢旅順，含芳兼領沿海水陸營務處。十四年，署津海關道，授甘肅安肅道，留治海防。尋調山東登萊青道，監督東海關。十九年，始之任。含芳自隨鴻章至天津，凡十四載，屯旅順十一載，至是雖領一道，猶隸於北洋。

2620　稿本蕉雨軒詩草　TNC5531/0128

《蕉雨軒詩草》四卷《澹如齋偶草》一卷《晉游消遣集》一卷，清鹿傳鈞撰。稿本。四册。半頁八行二十字，四周雙邊，雙魚尾，白口。緑絲欄。框高18.5釐米，寬12.6釐米。題"定興鹿傳鈞著"。無序跋。

鹿傳鈞，河北定興人，活動於清末，生平乏考。

該書爲作者詩集，題材多記述游歷、吟賞風月之作，或闡發史事，敷演發揮古詩名句。《詩草》卷一六十首，卷二六十三首，卷三四百二十二首，卷四二百三十九首；《偶草》一百三十七首；《消遣集》九十二首，且集中多見河南、山西一帶地名。

書中凡修改字句，均另紙貼補。

《續修四庫全書總目提要（稿本）》著録光緒二十五年定興鹿氏家刻本《蠹餘集》，爲鹿氏後人所編先賢詩文集，内有傳鈞《澹如齋偶草》和《晉游消遣集》。

2621　明崇禎刻本文紀　T5238.07/4563

《文紀》十五種二百七十一卷，明梅鼎祚輯。明崇禎刻本。存六十三册。半頁十行二十字，左右雙邊，白口，單魚尾。框高20.6釐米，寬13.6釐米。前有崇禎二年（1629）陳繼儒序，崇禎二年吳伯與序；《凡例》十八則。

《皇霸文紀》十三卷。五册。題"江東梅鼎祚纂輯；男士都校閲"。是編上起古初，下迄於秦，故曰皇霸。《四庫全書總目》云："網羅繁富，周秦以前之作，莫備於斯，蕪雜之中，菁英不乏。陸機所謂雖榛楛之勿翦，亦蒙茸於集翠者也。故病其濫，而終取其博焉。"中國國家圖書館、上海圖書館等十二館，臺北"國家圖書館"及美國國會圖書館亦有入藏。

《西漢文紀》二十四卷。八冊。題"古鹽陳泰來參閱；江東梅鼎祚纂輯"。前有崇禎六年陳泰來序。是編以《史記》、《漢書》爲主，而雜採他書附益之。所據爲根本者，較諸子雜言頗爲典實，故所收於班、馬二史之外者，亦藉以參校是非，不至如《皇霸文紀》之濫。《四庫全書總目》云："三代以下文章，莫盛於西漢，西漢莫備於此編，含英咀華，固著作之驪淵矣。"序後刊"上元丘羲民書，古宣尤大賓鐫"。中國國家圖書館、南京圖書館等五館，臺北"國家圖書館"也有入藏。鈐印有"長沙徐皖生藏書印"、"徐恭立印"、"徐皖生珍藏"、"御賜重闈錫羡"、"蓮溪劉庸"。

《三國文紀》二十四卷。十二冊。題"豫章李右讜參定；江東梅鼎祚纂輯"。前有崇禎八年李右讜序。是編含《魏文紀》十八卷、《蜀漢文紀》二卷、《吳文紀》四卷。《四庫》館臣未見此書。上海圖書館、杭州大學圖書館等三館，臺北"國家圖書館"也有入藏。鈐印有"莫友芝圖書印"、"莫印彝孫"、"莫印繩孫"。

《晉文紀》二十卷。二十冊。題"江東梅鼎祚纂輯；同邑詹應鵬參閱"。前有崇禎三年詹應鵬序。是編多採詩賦之序，以足篇帙，特較它代爲繁，殊嫌割裂。中國國家圖書館、上海圖書館等十二館，臺北"國家圖書館"（四部，其一爲原北平館藏本）亦有入藏。

《梁文紀》十四卷。十二冊。題"嘉魚尹民興參閱；江東梅鼎祚纂輯"。前有崇禎十二年王思任序。是集採梁一代之文，多取之《梁書》、《南史》及諸家文集，故所錄不甚繁碎，考證亦頗精核。此本有扉頁，刊"宣城梅禹金先生輯梁文紀。玄白堂鐫"。又有鈐印"本衙藏板翻刻必究"。北京大學圖書館、南京圖書館等五館亦有入藏。

《隋文紀》八卷。六冊。題"四明徐之垣參定；江東梅鼎祚纂輯"。《四庫全書總目》云："隋氏混一南北，凡齊周之故老，梁陳之舊臣，咸薈萃一朝，成文章之總匯。而人沿舊習，風尚各殊，故著作之林，不名一格，四十餘載，竟不能自爲體裁。又世傳小說，唐代爲多，而仁壽、大業，去唐最近，遺篇瑣語，真贗相參，不能無所附會。故鼎祚所錄，此集又最糅雜……然上起古初，下窮八代，旁搜博採，薈合成編，使唐以前之文章，源委相承，粲然可考。斯實藝苑之大觀，其功亦不爲過掩矣。"南京圖書館、無錫市圖書館等三館亦有入藏。鈐印有"莫友芝圖書印"、"莫印彝孫"、"莫印繩孫"、"柳蓉春經眼印"、"博古齋收藏善本書籍"。

是書缺《東漢文紀》三十二卷、《東晉文紀》二十四卷、《宋文紀》十八卷、《南齊文紀》十卷、《陳文紀》八卷、《後魏文紀》二十卷、《北齊文紀》三卷、《後周文紀》八卷、《釋文紀》四十五卷。

是集輯陳隋以前之文，編爲《文紀》，以配馮惟訥《詩紀》。陳繼儒序云："昔北海馮惟訥《詩紀》之出也，得百五十六卷，王弇州序成示余曰，盍不纂《文紀》以配之，如日月之並麗於中天，亦藝林一大快事。余謝不敏。坐客曰，宣城梅禹金先生曾力任之。其時子威、漪園、海若諸公皆引爲在茲宜歸作者。禹金果賈十年餘勇，蒐引討索，採綴詮綜，以述爲作，而成是書……禹金獨以一儒者，縱橫上下於諸史百家，以逮浮屠老子之二藏，閴閻鬼怪之小品短書，手自丹鉛，務求粹白，且復加以解釋箋注，糾繆拾遺，其博洽不較難乎？《詩紀》一刻於陝西行臺甄侍御，再刻於古鄢吳太學，又刻於檇李黃中丞。今禹金已赴玉樓之召，而其子無瑕欲易產行其書，猶以博碩浩衍，不無詘於時與力。"

是書南京圖書館所藏最多，存十四種二百四十七卷，僅缺《東晉文紀》一種二十四卷，有丁丙跋。日本靜嘉堂文庫存十三種，缺《東晉文紀》一種二十四卷、《後魏文紀》一種二十卷。

2622　明萬曆刻本漢魏諸名家集　　T5235.2/3147

《漢魏諸名家集》二十一種一百二十四卷附一種八卷。明萬曆葛寅亮刻本。二十四冊。半頁九行二十字,左右雙邊間有四周單邊,白口,單魚尾。框高 20 釐米,寬 13.6 釐米。前有萬曆十一年(1583)焦竑序,葛寅亮序。

子目爲《董仲舒集》一卷(漢董仲舒撰)、《司馬長卿集》一卷(漢司馬相如撰)、《東方先生集》一卷(漢東方朔撰)、《揚子雲集》三卷(漢揚雄撰)、《蔡中郎集》八卷(漢蔡邕撰)、《曹子建集》十卷(魏曹植撰)、《陶靖節集》十卷總論一卷(晉陶潛撰,宋湯漢等箋注)、《陸士衡集》十卷(晉陸機撰)、《陸士龍文集》十卷(晉陸雲撰)、《阮嗣宗集》二卷(魏阮籍撰)、《謝康樂集》四卷(劉宋謝靈運撰)、《庾開府集》十二卷(北周庾信撰)、《嵇中散集》十卷(魏嵇康撰)、《鮑明遠集》十卷(南朝宋鮑照撰)、《陶貞白集》二卷(梁陶弘景撰)、《謝惠連集》一卷(南朝宋謝惠連撰)、《江文通文集》十卷(南朝梁江淹撰)、《謝宣城集》五卷(南朝齊謝朓撰)、《顏延之集》一卷(南朝宋顏延之撰)、《任彥升集》六卷(南朝梁任昉撰)、《潘黃門集》六卷(晉潘岳撰)。附《海瓊玉蟾先生文集》六卷續集二卷(南朝宋葛長庚撰)。

葛寅亮序云:"余居恒,嗜諸集,願公同好。"

《四庫全書總目》入集部總集類存目。《中國古籍善本書目》著錄,中國國家圖書館、上海圖書館等十五館(作明萬曆十一年南城翁少麓刻本)收藏。臺北"國家圖書館"(作明天啓六年武林葛寅亮重刻本,缺任昉、葛長庚二家集十四卷)及日本內閣文庫亦有入藏。

鈐印有"陽湖陶氏涉園所有書籍之記"、"秀水莊氏蘭味軒收藏印"。

2623　明凌濛初刻套印本陶韋合集　T5304/3433

《陶韋合集》十九卷。明凌濛初刻朱墨套印本。八册。半頁八行十八字,四周單邊,白口,無魚尾。框高 21.3 釐米,寬 14 釐米。

此書爲《陶靖節集》八卷,晉陶潛撰,宋湯漢等箋注;總論一卷。次爲《韋蘇州集》十卷拾遺一卷,唐韋應物撰,宋劉辰翁、明高棅、顧璘、楊慎、鍾惺、譚元春等評。

《陶集》前有萬曆三十一年(1603)焦竑序,又梁昭明太子統舊序並《陶淵明傳》,顏延年撰《靖節徵士誄》。卷末有凌濛初跋。卷一爲四言詩,卷二至四爲五言詩,卷五爲賦辭,卷六爲記傳贊述,卷七爲傳贊,卷八爲疏祭文。

《韋集》前有嘉祐元年(1056)王欽臣序。

凌濛初跋云:"從來以繼陶者,莫如左司,而兩集無合刻者,合之自何觀察公露始。余游白門時,以其刻見示,爲之爽然。而諸家之評其詩者,陶則宋人獨詳,韋於近世亦復不少。其丹鉛雜見,不能定於一,斟酌其間,則余竊有取焉爾。"

《中國古籍善本書目》著錄,中國國家圖書館、上海圖書館等十八館亦有入藏。

鈐印有"吳琪之印"、"作肅之印"、"敬一"、"吳氏藏書之印"、"王孫錫印"、"王作肅印"。

2624　明天啓崇禎間刻本詩詞雜俎　T5235/2116

《詩詞雜俎》十四種二十四卷,明毛晉編。明天啓崇禎間毛氏汲古閣刻本。十二册。半頁八行十九字(間有十八字),左右雙邊,白口,無魚尾,書口下刊"汲古閣"或"綠君亭"。

其子目爲《衆妙集》一卷(宋趙師秀輯)、《剪綃集》二卷(宋李龏撰)、《石湖詩集》一卷(宋范成大撰)、《月泉吟社》一卷(宋吳渭輯)、《谷音》二卷(元杜本輯)、《河汾諸老詩集》八卷(元房祺輯)，《三家宮詞》三卷(《王建宮詞》一卷，唐王建撰;《花蕊夫人宮詞》一卷，後蜀花蕊夫人撰;《王珪宮詞》一卷，宋王珪撰)，《二家宮詞》二卷(《宋徽宗宮詞》一卷，宋徽宗趙佶撰;《楊太后宮詞》一卷，宋楊皇后撰)，《漱玉詞》一卷(宋李清照撰)，《斷腸詞》一卷(宋朱淑真撰)，《女紅餘志》二卷(元龍輔撰)。

此本有扉頁，刊"詩詞雜俎。汲古閣正本。衆妙集。剪綃集。田園雜興。月泉吟社。谷音。河汾諸老詩。三家宮詞。二家宮詞。二妙詞(漱玉詞、斷腸詞)。女紅餘志。萃古齋藏板"。鈐有"虎邱太子馬頭萃古齋書坊發兌印"。此當爲汲古閣書板流至蘇州萃古齋，並由萃古齋刷印發賣。

《四庫全書總目》未收。《中國古籍善本書目》著錄，天津圖書館、山東省圖書館等十一館收藏。臺北"國家圖書館"及日本静嘉堂文庫有全帙(較此本多《元宮詞》一卷)。又日本內閣文庫有明汲古閣刻清印本。

金鑲玉裝。

鈐印有"淮陰杜氏藏書"、"卧廬所得善本"。

2625　明萬曆天啓間刻漢魏六朝二十一名家集本晉二俊文集　T5235.2/3147

《晉二俊文集》二十卷，明汪士賢輯。明萬曆天啓間新安汪氏刻《漢魏六朝二十一名家集》本。四冊。半頁九行二十字，左右雙邊，白口，單魚尾。框高20.1釐米，寬13.6釐米。前有慶元六年(1200)徐民瞻序。

《陸士衡集》十卷，題"晉吳郡陸機著;明新安汪士賢校"。末有正德十四年(1519)都穆後記。卷一至四賦，卷五詩，卷六擬古十二首、樂府十七首，卷七樂府十首，卷八雜著，卷九頌、箴、贊、牋、表、文、誄、辭，卷一〇議、論、碑銘。

《陸士龍文集》十卷，題"晉吳郡陸雲著;明新安汪士賢校"。卷一〇末刊"錢塘郭志學寫"。卷一賦箴，卷二至四詩，卷五誄，卷六頌，卷七騷，卷八書，卷九啓，卷一〇書集。

此爲《漢魏六朝二十一名家集》零本。

2626　明萬曆刻本前唐十二家詩　T5235.4/0426

《前唐十二家詩》二十四卷，明許自昌編。明萬曆三十一年(1603)霏玉軒刻本。十六冊。半頁九行十九字，左右雙邊，白口，單魚尾。框高22釐米，寬13.9釐米。題"長洲許自昌玄祐甫校"。前有萬曆三十一年許自昌序;《前唐十二家爵里詳節》。

許自昌，字元祐，吳縣人。工樂府，又有《水滸記》等傳奇。

細目爲《王勃集》二卷(唐王勃撰)，《楊烱集》二卷(唐楊烱撰)，《盧照鄰集》二卷(唐盧照鄰撰)，《駱賓王集》二卷(唐駱賓王撰)，《陳子昂集》二卷(唐陳子昂撰)，《杜審言集》二卷(唐杜審言撰)，《沈佺期集》二卷(唐沈佺期撰)，《宋之問集》二卷(唐宋之問撰)，《孟浩然集》二卷(唐孟浩然撰)，《王摩詰集》二卷(唐王維撰)，《高常侍集》二卷(唐高適撰)，《岑嘉州集》二卷(唐岑參撰)。

序佚去首頁。

《四庫全書總目》未收。《中國古籍善本書目》著錄。中國國家圖書館、上海圖書館等十一館，日本內閣文庫亦有入藏。按，是書又有明鄭能刻本，題"晉安鄭能拙卿重鋟"，南京圖書館、

集 部

2627 清康熙刻本唐宋八大家 T5238.48/4102

《唐宋八大家》二十卷,清姚靖輯。清康熙刻本。八册。半頁十行二十五字,左右雙邊,白口,無魚尾,書眉上刻評,書口下刻"攬勝定本"。框高 20 釐米,寬 11.5 釐米。題"古吴天目姚靖手評;同學諸子參訂"。前有康熙二十三年(1684)姚靖序。

姚靖,字天目,江蘇古吴人。無考。

集中選唐宋八位散文大家之作品,計卷一至四韓愈文五十篇,卷五至六柳宗元文三十八篇,卷七至一〇歐陽修文四十四篇,卷一一至一二蘇洵文十六篇,卷一三至一六蘇軾文五十三篇,卷一七至一八蘇轍文十九篇,卷一九曾鞏文十篇,卷二〇王安石文二十篇。共二百五十篇。八大家皆爲古文運動之重要代表,而八家之名,始自明初朱右選韓、柳等人文章爲《八先生文集》,此書今已不傳。後唐順之著《文編》,於唐宋人除八家外,一律不取。而明末茅坤又選編八家文,成《唐宋八大家文鈔》。

集中每篇之末,皆有姚靖評語,間有茅坤、鍾惺、孫爌等人評。如韓文首篇爲《論佛骨表》,姚云:"昌黎一生精神,雖在《原道》一篇,然亦空言無補,此則其見諸實際者也。"又書眉上所批之人爲朱文公、樓迂齋、錢鶴灘、唐子西、李于麟、吕雅山、楊升庵、沈大生、唐荊川、茅鹿門、盧文子、王守溪、何修文、胡龍匯、李九我、洪次崖、錢豐寰、羅景云、邵二泉、張侗初、関如霖、何孟春、王陽明等。

姚靖序云:"癸丑春仲,余自京師還里,無事閒居,檢童子時所誦左國秦漢文評,有古文八種。八種者,《左傳》、《國語》、《戰國》、《史記》、兩漢六朝、八大家、元明文也。今屈指幾十年矣,緣囊無餘資,余復性懶動,輟積歲,是以蓄是願十年,而因循莫之逮也。去年,文芸館主人先請八大家行世,且曰:'八大家自月峰、鹿門、伯敬三先生始,其集浩繁,誦習者莫能得其指歸,故雖誦之習之,而多未能揣摹而得其精神也。誠得一至簡至嚴者,與世更始,俾誦習者無揣摹之苦,而有得其精神之樂,因源溯流,使人能淪肌浹髓於八大家之中,而復引而伸之而至於左、國、秦漢八種,則是集也,非特裨益於韓柳八大家之全文,并能裨益於左國秦漢八種之全文也。'余曰然,固余願也,非余素心也。""余退而思之,不覺喟然嘆曰:斯言也,誠有補於八大家也,誠有補於左國秦漢八種也。於是嚴以訂之,詳以纂之,得文若干首。"

此本"玄"字不避。又有扉頁,係套印,刻"唐宋八大家偶輯。姚天目先生評。嚴訂課業必讀。全集即出。文芸館梓行"。"嚴訂課業必讀"及"全集即出"爲朱色,餘爲藍色。又有"翻刻必究"印爲朱色。

《四庫全書總目》、《續修四庫全書》未收。《續修四庫全書總目提要(稿本)》、《中國古籍善本書目》、日本《内閣文庫漢籍分類目録》未著録。

鈐印有"櫻圃"。

2628 清康熙刻本唐宋八大家文鈔 T5235.4/4245

《唐宋八大家文鈔》一百四十四卷,明茅坤輯。清康熙刻本。三十册。清盧文弨過録盧元昌批校。半頁十行二十四字，四周單邊，白口，單魚尾。框高19.9釐米，寬13.5釐米，書眉上刻批注。題"歸安鹿門茅坤批評。孫男闇叔著重訂"。前有萬曆七年(1579)茅坤序；舊刻《凡例》六則，又《凡例》五則；《論例》八則。每種文鈔前，皆有茅坤撰引。又節錄八家本傳列於各集之首。

茅坤，字順甫，號鹿門，浙江歸安人。嘉靖二十六年進士。坤好談兵，善古文，最宗唐順之，順之《文編》唐宋人惟取韓、柳、歐、三蘇、曾、王八家。坤皆有所稟承。官廣西兵備僉事，遷大名兵備副使。年九十卒，《明史》入《文苑傳》。著有《白華樓藏稿》、《玉芝山房稿》等。

八大家文鈔爲：韓愈《唐大家韓文公文鈔》十六卷、柳宗元《唐大家柳柳州文鈔》十二卷、歐陽修《宋大家歐陽文忠公文鈔》三十二卷、蘇洵《宋大家蘇文公文鈔》十卷、蘇軾《宋大家蘇文忠公文鈔》二十八卷、蘇轍《宋大家蘇文定公文鈔》二十卷、王安石《宋大家王文公文鈔》十六卷、曾鞏《宋大家曾文定公文鈔》十卷。

《四庫全書總目》云："然八家集浩博，學者遍讀爲難，書肆選本又漏略過甚，坤所選錄，尚得煩簡之中。集中評語，雖所見未深，而亦足爲初學者之門徑，一二百年以來，家弦户誦，固亦有由矣。"《明史·茅坤傳》云："其書盛行海内，鄉里小生無不知茅鹿門者。"由於茅坤本之流行，致使"唐宋八大家"成爲中國古代散文之總體代表。

《唐宋八大家文鈔》明代計有三刻：

一萬曆七年茅一桂杭州刻本，一百四十四卷，題"歸安鹿門茅坤批評"。天津圖書館、南京圖書館、浙江圖書館等二十館藏。又美國國會圖書館、日本内閣文庫、東京大學東洋文化研究所也有入藏。

二崇禎元年方應祥刻本，一百六十六卷，題"歸安鹿門茅坤批評"。北京師範大學圖書館，又日本内閣文庫、香港大學馮平山圖書館(缺蘇洵、王安石、曾鞏三家)也有入藏。此本《中國古籍善本書目》未著錄。方應祥序云："余向奉視學東省之命，因向吾友孝若氏乞其家藏手批原本捧持以往，此願不遂，乃與子將及其甥楊次弁謀校讎付梓人，公諸四方。"此本卷數較萬曆本多出二十二卷，蓋因增入歐陽修之《五代史抄》二十卷《新唐書抄》二卷。按，明末又有一翻方本者，一百三卷，美國國會圖書館入藏。據王重民《中國善本書提要》云："持此本以校茅一桂刻本，每家各删落若干篇，又合併卷數，更改每家小引内卷數以符之。又目録上間有增益之篇名，集内實無其文。然則此乃一節本，謂據手批原本上版者，殆欺人之言耳。"

三崇禎四年茅著刻本，一百六十六卷，題"歸安鹿門茅坤批評。孫男闇叔著重訂"。中國科學院圖書館、湖北省圖書館、山西省圖書館等七館入藏。日本内閣文庫也有入藏。臺灣各大圖書館皆無。按，《四庫全書總目》著錄即爲此本，但作一百六十四卷，蓋未收《新唐書抄》二卷。《總目》云："其書初刊於杭州，歲久漫漶。萬曆中，坤之孫著復爲訂正而重刊之，始以坤所批《五代史》附入歐文之後，今所行者，皆著重訂本也。"又《增訂四庫簡明目録標注》云："著刻本亦不多見。後屢翻刻，字較小。"

館藏此本"玄"字避康熙帝諱，"弘"、"曆"字不避諱，且字體、紙張亦不類明末，故此本當刻於康熙、雍正間，爲翻刻茅著本。日本《京都大學人文科學研究所漢籍分類目録》著錄有康熙三十年孫男闇叔重刻本。按，"康熙三十年"或有所據，然"孫男闇叔重刻本"則有誤，蓋茅著本刻於崇禎四年，此康熙本當據茅著刻本重刻。哈佛燕京圖書館原作"明萬曆七年刻本"，誤。

此本有盧文弨校。盧文弨，字紹弓，一作召弓，號磯漁，又號檠齋，晚更號弓父，浙江餘姚人。乾隆十七年進士，歷官翰林院編修、侍讀學士、左春坊左中允、湖南學政。以議事不當左遷,三十三年乞養歸。晚主崇文、鍾山、龍城等書院,士子多信從之,學術爲之一變。著有《抱經堂文集》、《鍾山札記》、《龍城札記》等。盧爲乾隆間著名校勘家,丁丙云:"校勘之學,至乾嘉而極精。出仁和盧抱經、吳縣黄蕘圃、陽湖孫星衍之手者,尤校讎精審,朱墨爛然,爲藝林至寶。"吳騫亦云:"篤志問學,一生手不停披,凡經史百家之書,無不勾讎字勘,丹黄燦然,且無一懈筆。"校筆中提及"元昌",當爲盧氏據元昌所批過録。查元昌,爲盧元昌,字文子,自號半林居士,江蘇華亭人。諸生。著述有盛名,詩學杜陵,操選政數十年,以壽終。著有《春秋分國左傳》、《杜詩闡》、《稀餘留稿》、《半林詞》。

另日本内閣文庫有《唐宋八大家集選》十二卷,清順治十五年(1658)刻本。但哈佛及《中國古籍善本書目》未著録,無從核對,俟之它日,或可冰釋。

《中國古籍善本書目》入集部總集類,但未著録崇禎元年方應祥刻本及此康熙本。《唐宋八大家文鈔》作爲讀本來説,後世多有翻印,流傳必多,清代有安徽聚義堂刻一百四十四卷本,見《山西省圖書館普通綫裝書目録》)。

鈐印有"盧文弨過批本"。

2629　清康熙刻本唐宋大家全集録

T5235.4/2678

《唐宋大家全集録》五十二卷,清儲欣編。清康熙四十四年(1705)吳氏刻本。十八册。半頁九行二十五字,左右雙邊,黑口,雙魚尾。書眉上刻批。框高19.7釐米,寬13.7釐米。總目題"後學宜興儲欣同人録"。《昌黎先生全集録》題"後學宜興儲欣同人録;受業吳蔚起豹文參校;儲在文禮執、汪誠牧庭全校"。前有康熙四十四年儲欣總序;《凡例》二十則。

儲欣,字同人,江蘇宜興人。康熙二十九年舉人。性篤學,年六十始領鄉薦,一試禮部,不遇,遂杜門著書。康熙四十五年卒,年七十六。嘗闢在陸草堂,學者號"在陸先生"。又有《春秋指掌》、《在陸草堂集》。《清史列傳·文苑傳二》、《國朝耆獻類徵初編》卷四三〇有傳。

是編乃仿明茅坤《唐宋八大家文鈔》,增李翺、孫樵爲十家,各爲批評,亦間附考注,其中標識悉依茅本之舊。此書出,風行海内,乾隆中御選《唐宋文醇》即因其本而增益之,御序亦稱"欣用意良美"云。十家爲:《昌黎先生全集録》八卷,唐韓愈撰;《河東先生全集録》六卷《外集録》一卷,唐柳宗元撰;《習之先生全集録》二卷,唐李翺撰;《可之先生全集録》二卷,唐孫樵撰;《六一居士全集録》五卷《外集録》二卷,宋歐陽修撰;《老泉先生全集録》五卷,宋蘇洵撰;《東坡先生全集録》九卷,宋蘇軾撰;《欒城先生全集録》六卷,宋蘇轍撰;《南豐先生全集録》二卷,宋曾鞏撰;《臨川先生全集録》四卷,宋王安石撰。

儲欣序云:"唐宋大家之録,因也,非創也。余成童時,讀《詩》、《書》、《春秋四傳》及先秦兩漢之文,頗成誦,先君子因授以八大家文,名曰《文鈔》,歸安茅鹿門先生所撰次也。循序漸進,至十八,駸駸遍諸家矣,口誦心維,遇所得意,輒舞蹈不自制。歎曰:茅先生表章前哲,以開導後學,述者之功,豈在作者下哉?""予欲破學者抱匱守殘之見,適當舊刻圖新,於八先生文所録加倍焉。然其規模大段,一奉文鈔爲準,而稍稍變通之,故曰因也,非創也。嗟乎,歸安初刻行世二百年,梨棗腐壞,而兹刻繼之,其壞也,度亦必俟二百年,當是時,詎無有人焉惜其壞而繼之者! 而茅先生嘉惠來學之德,相延於無窮矣。故唐宋大家之録,凡以爲茅先生也,即所録加多亦如治水者,前人導其源,後人揚其波耳,而豈有意乎爲異哉? 故曰因也,非創也。至增入習之、隱之,似屬創見,然大家有定數哉,可以八,即可以十矣。嗟乎,是亦因也。是書門下十生校讎精到,而商酌出入往往起予,又力贊其尊大人捐貲以公諸世者,吳生蔚起豹文也。"

《凡例》云:"余每讀一家文集,必求之史傳,旁及他書,下至稗乘所載,以想見其爲人。即讀一篇,必考究年月,循其顯晦順逆之遇,以窺其所以言之意。此困學之事,不足爲明達者言之。然風雨淒淒,雞鳴喈喈,斗室中得尚友,古人之樂,未必不由於此。""輯評,尊前人也,然惟精當而妙於言語者始掇之,故寥寥無幾。備考,便後人也,然必艱深者始稍加注釋,其易曉及彼此集中互見者概勿注。""吳子尚木,古君子也。三十歲以前讀書砥行,已而歷游天下名山大川,定居維揚,葺存園,邀余訓子婿者三載,見余是書,大悦之,且曰茅板漶漫不可讀,得先生書行於世,嘉惠後學不淺矣,今竟捐貲鋟板,成其志云。"

《四庫全書總目》入集部總集類存目。《四庫全書存目叢書》第 404 至 405 册收入,底本爲南開大學圖書館所藏(按,《叢書》底本,作南開大學圖書館、山東大學圖書館、湖北省圖書館所藏,並河東、可之、老泉三家集,配補以光緒八年江蘇書局覆刻康熙本。然以館藏此本較之《叢書》本,自昌黎至臨川各集皆同版,即河東集斷板處亦皆同,疑《叢書》配補它本之説或有誤)。《中國古籍善本書目》著録清康熙刻本,首都圖書館、山西省圖書館等四館有入藏。又日本《内閣文庫漢籍分類目録》著録。

2630　清康熙刻本唐詩百名家全集　　T5237.48/0233

《唐詩百名家全集》三百二十六卷,清席啓㝢輯。清康熙席氏琴川書屋自刻本。六十四册。半頁十行十八字,左右雙邊,白口,單魚尾。高 16.6 釐米,寬 12.9 釐米。目録頁題"吳郡席啓㝢文夏編録;男永恂、前席同校"。前有葉燮序,康熙四十七年(1708)宋犖序,康熙四十一年(1702)席啓㝢自序;《凡例》四則。

席啓㝢,字文夏,江蘇常熟人。以國子監生援例補工部虞衡清吏司主事,掌山澤之禁、鼓鑄之局、驗試之廳、盔甲之廠、除道捎溝之役,事最繁瑣。後鐫級留任,尋加二級,敕授文林郎。既而請假養母,以所居僻左,獨學無友,乃徙宅常熟。春秋佳日,版輿奉母往來,題其圃中居曰娛暉之堂,滋蘭樹蕙,周覽湖山之勝。以孝友敦睦聞鄉里,修族譜,置祭田,立義學,人咸樂其寬厚。卒年五十三。《國朝耆獻類徵初編》卷一四三有傳。

是書每集均有著者小傳,並附論説。

葉燮序云:"虞山虞部席治齋先生,壯歲官於朝,即陳情乞歸養,高卧家園,以著述爲己任。暇日出其篋衍所藏唐人詩,自貞元、元和以後,時俗所稱爲中晚唐人,得百餘家,皆係宋人原本,一一校讎而付之梓。意以謂是詩也,時值古今詩運之中,與文運實相表里,爲前後一大關鍵,灼然不易。奈何耳食之徒,如高棅、嚴羽輩,創爲初盛中晚之目,以自誇其鑒別,此鄉里學究所爲,徒見其陋而已矣。今請觀百家之詩,無不一一自開生面,獨出機杼,皆能前無古人,後開來學,諸公何嘗不自以爲初、自以爲盛,而冒居有唐之中之地乎?先生於此不列開寶以前,而獨表元和以後,不加之以中晚之稱,而命之曰《唐人百家詩》,以發明詩運之中天。"

宋犖序云:"虞衡席君治齋,家多藏書,篤好古學,嘗論初盛之詩,舊有《詩紀》,中晚之詩,近有《唐音統籤》之丁戊兩籤,而搜羅未備,遂摘中晚百家全集,依宋槧本刻之。除元白長慶集單行以外,都爲一集,刻成,而君歸道山。"

席啓㝢自序云:"余自洞庭東山之遷於海虞也,既樂其岩壑之秀麗,風土之清嘉,而人傑地靈,鉅公魁士,沈酣經籍,主持風雅者接踵於其間。藏書之富,則有若彭城、絳雲,雕印之精,則有若西河、汲古,比之二酉、石倉,竹居鬱儀,未易軒輊也。余以固陋,僑寓名區,獲交於賢士大夫,握手清言,商及文字,輒以有唐一代之詩,未有以全集彙成全書者,諈諉慫恿,心竊識之而未敢力任也。於是持宋槧本見遺者亦日至,乃募良工,爲之鋟版。甫及數種,即有遠役,浮沉京師者數年,此事幾廢。然所攜張司業、韓翰林諸集,謬爲名公卿所亟賞,百家唐詩之名,遂流傳人口,實爲未成之書。迨虞衡差竣,請養南旋,閑居之暇,復爲訪求購輯,次第授梓。其斷自大曆、貞元,訖於唐末五代者,則以李杜以前諸集善本最多,箋評略備。故部郡吳氏《詩紀》所載,自開寶止矣。《唐音統籤》丁集行世蓋寡,所見者惟戊集耳。辱諸公尋息壤一言,或郵寄,或手授,或以束脩羊借鈔者,多至數卷,少僅數篇,必爲録副詳校,更細撿《文粹》、《英華》、《紀事》、《類雋》、《類苑》諸書,以及家藏諸舊集,其有缺軼者,爲補遺於卷末,一句一字互有異同者,則分注某本作某字,不敢妄加測臆也。蓋諸家之所輯者,各徇所見,務擇其精。而余之所刻者,必博採所傳,務求其備,薈萃名編,而折衷於益友,凡閲三十餘年,而百家之刻始成,可謂難矣。且自失恃居憂,并廢吟詠,是編亦久未寓目。今秋祥琴初調,復抱沉疴枕次,始爲翻閲一過,命兒子永恂、前席差次總目,計爲卷二百八十有奇,爲帙四十,爲函四。而元、白、皮、陸四公,亦以刊刻廣而卷帙繁,請俟諸異日。"

此本後印。有扉頁,刻"唐詩百名家全集。琴川書屋校刻"。書内部分詩集末刻有"東山席氏悉從宋本刊於琴川書屋"木記。

《四庫全書總目》未收。《續修四庫全書總目提要(稿本)》著録有殘本。《中國古籍善本書目》著録,北京大學圖書館、遼寧省圖書館等十館也有入藏。

2631　明刻本唐詩艷逸品　　T5237.47/4233

《唐詩艷逸品》四卷,明楊肇祉輯。明刻本。二册。半頁八行十八字,四周單邊,白口,無魚尾。框高(《名媛集》)21.1 釐米,寬 12.4 釐米。題"武林楊肇祉君錫甫集選;友人李宇參仲三甫校閲"。前有楊肇祉序。每種皆有《凡例》。圖四幅。

是書序題"唐詩四種"。爲《名媛集》、《香奩集》、《觀妓集》、《名花集》,每集一卷。

楊肇祉序云:"余椎魯無能,不解風人之旨,而晴窗静几,諷咏唐詩,於名媛、香奩、觀妓、名花諸篇,偶有所得,非獨鍾情於佳人佚女、麗草疏花也。以唐詩之艷逸者,首此四種。艷如千芳絢綵,萬卉争妍,明滅雲華,飄揺枝露,青材鬱楚,丹巘葱蒨,而一段巧綴英雜,姿態醒目。逸如湖頭孤嶼,山上清泓,鶴立松陰,蟬翳蘿幌,碧柯翹秀,翠篠修纖,而一種天然意致,機趣動人。此余《艷逸品》所由刻也。"

《凡例》有云:"所記名妃、淑姬、聲妓、孽妾,凡寫其志凛、秋霜、心盟、匪石、遞密、傳悰者咸載焉。"

此本有扉頁,刊"美人書。唐才子詠。太史楊君錫選輯。一種名媛集、一種香奩集、一種觀妓集、一種名花集。本衙藏板"。

此書又有明天啟元年閔一栻刻朱墨套印本。

《四庫全書總目》未收。《中國古籍善本書目》著録,中國國家圖書館、浙江圖書館等六館亦有入藏。臺北"國家圖書館"有《唐詩四種》,即此書,其版本項作明萬曆四十六年武林楊氏刻本,或有所據。

鈐印有"學然後知不足"。

2632　清康熙刻本宋十五家詩選　　　　　　　　　　T5237.58/7904

《宋十五家詩選》十六卷,清陳訏編。清康熙三十二年(1693)刻本。八冊。半頁十一行二十二字,左右雙邊,黑口,雙魚尾。高 19.3 釐米,寬 13.5 釐米。題"東海陳訏輯"。前有查昇序,康熙三十二年陳訏序;《發凡》六則。

陳訏,字言揚,浙江海寧人。康熙間由貢生官淳安教諭。有《句股引蒙》、《句股述》、《時用集》。

"十五家"者,爲梅堯臣之《宛陵詩選》、歐陽修之《廬陵詩選》、曾鞏之《南豐詩選》、王安石之《臨川詩選》、蘇軾之《東坡詩選》、蘇轍之《欒城詩選》、黃庭堅之《山谷詩選》、范成大之《石湖詩選》、陸游之《劍南詩選》、楊萬里之《誠齋詩選》、王十朋之《梅溪詩選》、朱熹之《朱子詩選》、高翥之《菊澗詩選》、方岳之《秋崖詩選》、文天祥之《文山詩選》。每集作者之姓氏爵里,俱抄撮《宋史》舊文,其《宋史》所不載者,間取集前序傳節錄於前。又每家詩必載昔賢一二評語,並附以己評。至於細批圈點,概不增設,使學者熟讀深思,自能融會貫通,深知其妙。

如梅堯臣之《宛陵詩選》,訏評論云:"都官詩巉削瘦硬,咀嚼之,真有無窮之味。歐陽公寄詩云,初如食橄欖,真味久愈在千載下。讀之尤信。歐陽公與都官善,世比之韓孟,二公亦頗以自況。然歐公固不愧韓,若都官視孟,魄力更倍矣。"

查昇序云:"吾友陳子言揚,天才駿爽,自少承其尊人近思先生過庭之訓,而懷鉛握槧寒暑不輟,盡取有宋一代之詩而論定之。顧其選詩,獨以十五家著,此十五家者,原不必以詩雄而論,宋詩之精詣深造,總莫能過。則言揚之爲是選也,其取舍精覈,寓託徵渺,殆非莛撞蠡測之見所能持其短長者矣。昔元人劉靜修論詩,嘗云:隋唐而降,詩學日變,變而得正,李、杜、韓其至者也;周宋而降,詩學日弱,弱而後強,歐、蘇、黃其至者也。今自宛陵以迄信國,反覆循覽,皆所謂弱而後強,以上續乎變而得正之意。風流文藻,炳耀千古,而其間盛德大業又掩映乎詞章之外。吾知卒業是編者咸欣欣焉,有探驪得珠之慕,日與十五家之精神貫注,大有關於世道人心,而非僅爲風雅之標的已也。"

《凡例》云:"茲十五家,係宋一代眉目,悉從全集選定,或多至千篇,少亦不下百餘首。學者可以各隨所好,沉酣一家,博通衆妙,剖蚌見珠,鑿石得玉,既無鮮陋之譏,亦不致涉海登山,徒嘆浩汗矣。""宋人全集,歐、蘇而外,世即罕覯。茲十五家,雖去取頗嚴,然鴻裁鉅製,已無復遺,幾與孤行《全集》埒。將來擬事《宋詩總選》,第搜購不易,藏書家凡有宋人詩集,或借或售,尚望助予。"

《四庫全書總目》入集部總集類存目。《四庫全書存目叢書》第 419 冊收入,底本爲北京師範大學圖書館藏本。《中國古籍善本書目》著錄,上海圖書館、湖北省圖書館等五館也有入藏。日本《內閣文庫漢籍分類目錄》著錄日本文政十年(1827,道光七年)刻本,或據此康熙三十二年刻本翻刻耶?

鈐印有"湯滏"、"紹南"、"湯印滏"、"湘畦"。

2633　清康熙刻本唐四家詩　　　　　　　　　　T5237.48/3102

《唐四家詩》八卷,清汪立名編。清康熙三十四年(1695)汪立名刻本。十冊。半頁十行十九字,左右雙邊,黑口,單魚尾。高17.4釐米,寬12.9釐米。前有尤侗序,康熙三十四年汪立名自序。

汪立名,號西亭,安徽婺源人。通六書。官工部主事。

是本《王右丞詩集》二卷,唐王維撰;《韋蘇州詩集》二卷,唐韋應物撰;《孟襄陽詩集》二卷,唐孟浩然撰;《柳河東詩集》二卷,唐柳宗元撰。

此書緣起,可見汪立名序:"唐以'四家'名者,莫如王、楊、盧、駱爲最著,乃置初唐四子不刻,而獨刻此四家者,何也? 大凡欲矯風氣之偏者,非驟能奪人情所常好,而要先予以所可喜,太羹玄酒,非不極美,而俗下以爲無味。四家風格,固遠過乎宋元諸家,而意新理愜之致,猶與宋元諸家不大相懸隔。梅都官嘗言:詩句議論雖通,語涉淺熟而可笑者,亦其病也。世人好新之過,得無類是。宋詩無踰蘇,陸放翁極心折。王輞川自云:十七八時,讀摩詰詩最熟,而於孟浩然詩則辨別於一句一字之精,反覆讚歎不已。至若韋蘇州、柳柳州,尤時時見於題記,以志響往之誠。由此推之,則四家詩固宋元人之鼻祖也,溯流窮源,敝極反本,舍四家詩,將誰屬哉?況乎王、孟見許於少陵,韋、柳盛稱於眉山,千古同途,出門合轍,耳濡目染,由漸而幾李、杜堂奧不難矣,僅王、楊、盧、駱以專家名云爾哉,因刻四家詩,約略余意如此。"

尤侗序云:"世之稱唐詩者,或曰王孟,或曰王韋,或曰韋柳,若有不祈合而合者,是則四家之詩,斷以將無同三語,其亦可也。予既心焉好之,每欲彙爲一編,以資玩詠。乃新安汪子西亭,先獲我心,遂合刻四家全集,校勘精良,爛然成帙。"

此本有扉頁,刻"唐四家詩。天都汪西亭訂。王右丞集。韋蘇州集。孟襄陽集。柳河東集"。"玄"字避帝諱。

《四庫全書總目》入集部總集類存目。《四庫全書存目叢書》第408冊收入,底本爲湖北省圖書館藏本。《中國古籍善本書目》著錄,中國國家圖書館、上海圖書館等二十二館也有入藏。

2634　清康熙刻本宋四名家詩　　T5237.58/7223

《宋四名家詩》二十七卷,清周之鱗、柴升編。清康熙三十二年(1693)刻本。二十冊。半頁十行二十一字,左右雙邊,黑口,單魚尾。高18.5釐米,寬13.5釐米。題"禹航周之鱗雪蒼、仁和柴升錦川仝選"。前有柴望序。

周之鱗,字雪蒼,浙江海寧人。

柴升,字錦川,浙江仁和人。

"四名家"者,爲蘇軾、黃庭堅、范成大、陸游。是書分體排次,所選之詩,較吳之振《宋詩鈔》爲多,然《四庫全書總目》云其"去取未能悉當也"。

《東坡先生詩鈔》七卷,收五言古五十五首、七言古一百十九首、五言律三十五首附排律十四首、七言律二百二十首附排律一首、五言絕四十二首、六言絕七首、七言絕二百二十九首。

《山谷先生詩鈔》七卷,收五言古八十四首、七言古七十一首、五言律二十七首附排律五首、七言律六十三首、五言絕十一首、六言絕十九首、七言絕一百二十二首。

《石湖先生詩鈔》六卷,收五言古二十五首、七言古四十二首、五言律二十五首、七言律一百三十六首、六言絕十五首、七言絕一百六十七首。

《放翁先生詩鈔》七卷,收五言古三十五首、七言古九十七首、五言律一百四十六首附排律四首、七言律四百三十七首、五言絕二十一首、六言絕十一首、七言絕二百三十五首。

柴望序云："宋四名家之刻,得毋猶有新之見者存乎？夫新故何常之有,始以獨造爲新,繼以間出爲新,終且以雷同附和爲新,故其所長新與新其所必故,皆不明於運會適然之故者也。四家之詩,長新之物也,推而上之四唐,何常不新；推而上之漢魏六朝,又何常不新。婿周子暨兒升,獨欣然有是選,重懼世之以溲泄爲零陵香者,其果不謬戾古人、異於今之好新者耶？樂其志於風雅也。"

《四庫全書總目》入集部總集類存目。《四庫全書存目叢書》第394冊收入,底本爲北京師範大學圖書館藏本。《中國古籍善本書目》著錄清康熙三十二年弘訓堂刻本,湖北省圖書館、清華大學圖書館等四館也有入藏。日本《內閣文庫漢籍分類目錄》著錄。

2635　清乾隆刻本宋百家詩存　　　　　　　　　　T5237.58/5604

《宋百家詩存》二十卷,清曹庭棟編。清乾隆六年(1741)曹氏二六書堂刻本。二十冊。半頁十一行二十一字,左右雙邊,白口,單魚尾。框高17.4釐米,寬12.7釐米。題"嘉善曹庭棟六圃選"。前有乾隆六年曹庭棟序。末有乾隆六年曹庭樞跋；《例言》十則。

曹庭棟,字楷人,號六圃,自號慈山居士,浙江嘉善人。乾隆元年舉孝廉方正,辭不就,絕意功名。居東園,杜門著書四十餘年,成書十餘種,有《易準》、《孝經通釋》、《昏禮通考》、《琴學內外篇》等。庭棟工草隸,善寫蘭竹,四方得其片楮,珍若拱璧。尤長於詩,爲邑中風雅領袖。年八十七而卒。《(嘉慶)嘉善縣志》卷一五《文苑傳》有傳。按,曹庭棟序後刻二印,其一作"字楷人"。《四庫全書總目》云,庭棟字六吉,誤。

宋代詩家甚多,清吳之振云："宋人之詩,變化於唐而出其所自得,皮毛落盡,精神獨存。"然宋詩舊時向無總集,亦無專選,呂祖謙《宋文鑑》所錄無幾。呂本中曾列《江西宗派圖》,自黃庭堅以下共二十五人。陳振孫《直齋書錄解題》卷一五著錄有《江西詩派》一百三十七卷續派十三卷,今已佚傳。至南宋陳起始編有《南宋六十家小集》九十七卷,宋陳思、元陳世隆補《兩宋名賢小集》三百六十六卷。明人選宋詩較著者有明李蓘所編《宋藝圃集》二十二卷,收二百三十七人之兩千餘詩。另有曹學佺編《石倉歷代詩選》,也收有宋人詩一百零七卷。清初也僅呂留良、吳之振、吳爾堯編有《宋詩鈔初集》九十五卷；清陳訏編《宋十五家詩選》十六卷；清周之鱗、柴升編《宋四名家詩》二十七卷而已。

是編因《宋詩鈔》收宋人一百家,雖盛行於世,然缺略尚多,其有目而未刻者十六家,庭棟因搜採遺佚,續爲是編。所收宋詩也一百家,據其《例言》,多採僻集,每家之首均繫以小傳,並加品評或考證。其書子目如下：

卷一
《慶湖集》一卷,宋賀鑄撰　　　　　　《東觀集》一卷,宋魏野撰

卷二
《穆參軍集》一卷,宋穆修撰　　　　　《景文詩集》一卷,宋宋祁撰
《伐檀集》一卷,宋黃庶撰　　　　　　《公是集》一卷,宋劉敞撰
《陳副使遺稿》一卷,宋陳洎撰

卷三
《傳家集》一卷,宋司馬光撰　　　　　《文潞公集》一卷,宋文彥博撰
《無爲集》一卷,宋楊傑撰

卷四
《鄱陽集》一卷，宋彭汝礪撰　　　　《樂静居士集》一卷，宋李昭玘撰
《姑溪集》一卷，宋李之儀撰

卷五
《青山集》一卷，宋郭祥正撰　　　　《倚松老人集》一卷，宋饒節撰

卷六
《龍雲集》一卷，宋劉弇撰　　　　　《紫薇集》一卷，宋吕本中撰
《竹友集》一卷，宋謝邁撰　　　　　《棣華館小集》一卷，宋楊甲撰

卷七
《西渡詩集》一卷，宋洪炎撰　　　　《竹谿集》一卷，宋李彌遜撰
《松隱集》一卷，宋曹勛撰

卷八
《雅林小稿》一卷，宋王琮撰　　　　《醉軒集》一卷，宋姚孝錫撰
《傅忠肅集》一卷，宋傅察撰　　　　《華陽集》一卷，宋張綱撰
《苕溪集》一卷，宋劉一止撰　　　　《栟櫚集》一卷，宋鄧肅撰

卷九
《雪溪集》一卷，宋王銍撰　　　　　《網山月魚集》一卷，宋林亦之撰
《太倉稊米集》一卷，宋周紫芝撰　　《洺水集》一卷，宋程珌撰
《漁溪詩稿》一卷，宋俞桂撰

卷一〇
《樂軒集》一卷，宋陳藻撰　　　　　《歸愚集》一卷，宋葛立方撰
《默堂集》一卷，宋陳淵撰　　　　　《秋堂遺稿集》一卷，宋柴望撰
《于湖集》一卷，宋張孝祥撰　　　　《小山集》一卷，宋劉翰撰

卷一一
《蠹齋鉛刀編》一卷，宋周孚撰　　　《雪窗小稿》一卷，宋張良臣撰
《臞翁集》一卷，宋敖陶孫撰　　　　《巽齋小集》一卷，宋危稹撰
《龍洲道人集》一卷，宋劉過撰　　　《梅屋吟稿集》一卷，宋鄒登龍撰

卷一二
《招山小集》一卷，宋劉仙倫撰　　　《皇荂曲》一卷，宋鄧林撰
《順適堂吟稿》一卷，宋葉茵撰　　　《玉楮集》一卷，宋岳珂撰

卷一三
《野谷詩集》一卷，宋趙汝鐩撰　　　《白石道人集》一卷，宋姜夔撰
《静佳詩集》一卷，宋朱繼芳撰　　　《鷗渚微吟集》一卷，宋趙崇鉷撰

卷一四
《翠微南征録》一卷，宋華岳撰　　　《秋江煙草》一卷，宋張弋撰
《檜庭吟稿》一卷，宋葛起耕撰　　　《沃州鴈山吟》一卷，宋吕聲之撰
《橘潭詩稿》一卷，宋何應龍撰　　　《杜清獻集》一卷，宋杜範撰
《芸居乙稿》一卷，宋陳起撰　　　　《山居存稿》一卷，宋陳必復撰

卷一五
《方泉集》一卷,宋周文璞撰　　　《方壺存稿》一卷,宋汪莘撰
《雪林刪餘》一卷,宋張至龍撰　　《端平集》一卷,宋周弼撰
《庸齋小集》一卷,宋沈説撰　　　《露香拾稿》一卷,宋黄大受撰
卷一六
《雪篷詩稿》一卷,宋姚鏞撰　　　《東齋小集》一卷,宋陳鑒之撰
《竹莊小稿》一卷,宋胡仲參撰　　《骳稿》一卷,宋利登撰
《適安藏拙餘稿》一卷,宋武衍撰　《芸隱詩集》一卷,宋施樞撰
《竹溪詩集》一卷,宋林希逸撰
卷一七
《無懷小集》一卷,宋葛天民撰　　《抱拙小稿》一卷,宋趙希櫪撰
《華谷集》一卷,宋嚴粲撰　　　　《瓜廬集》一卷,宋薛師石撰
《吾竹小稿》一卷,宋毛珝撰　　　《雪坡小稿》一卷,宋羅與之撰
《雲泉詩集》一卷,宋薛嵎撰
卷一八
《靖逸小稿》一卷,宋葉紹翁撰　　《斗野支稿》一卷,宋張蘊撰
《端隱吟稿》一卷,宋林尚仁撰　　《實齋詠梅集》一卷,宋張道洽撰
《梅屋集》一卷,宋許棐撰　　　　《雪磯叢稿》一卷,宋樂雷發撰
《癖齋小集》一卷,宋杜旃撰
卷一九
《可齋詩稿集》一卷,宋李曾伯撰　《學吟》一卷,宋朱南杰撰
《竹所吟稿》一卷,宋徐集孫撰　　《野趣有聲畫》一卷,元楊公遠撰
《佩韋齋集》一卷,宋俞德鄰撰　　《西麓詩稿》一卷,宋陳允平撰
卷二〇
《菊潭詩集》一卷,宋吳仲孚撰　　《古梅吟稿》一卷,宋吳龍翰撰
《月洞吟》一卷,宋王鎡撰　　　　《滄州集》一卷,宋羅公升撰
《柳塘外集》一卷,宋釋道璨撰　　《采芝集》一卷,宋釋斯植撰

《四庫全書總目》於此書有所評論,云是編"始於魏野《東觀集》,終於僧斯植《採芝集》","然選六朝詩者,陶謝不先於潘陸;選唐詩者,李杜不先於沈宋。以甲乙而移時代,此庭棟之創例,古所無也。其中如穆修以古文著,傅察以忠節傳,林亦之、陳淵以道學顯,於詩家皆非當行。許棐、張至龍、施樞諸人,載於《江湖小集》者,王士禎《居易録》詆爲概無足取者,亦皆録其寸長,不遺採擇。雖別裁未必盡當,然宋人遺集,徐乾學傳是樓二十家之本、朱彝尊曝書亭五十家之本,皆未刊刻,輾轉傳鈔,陶陰多誤。其餘專集行世者,又各自爲帙,未能匯合於一。庭棟裒輯成編,以補吳之振書之缺,宋詩大略已幾備於此二集矣。"

曹庭棟序云:"歲庚申,余園居多暇,敢承前志,選刻兩宋詩人遺集,以廣諸選本所未及。適同里友人陳希馮雅有書癖,藏本甚夥,倒篋畀余。余復馳書四方朋好,曲折羅致,一時薈萃,因加決擇,次第分編。刻既竣,題曰《宋百家詩存》,蓋取存什一於千百之意,並以竟我先人未竟之事。雖然作詩難,傳詩亦難,《宋史·藝文志》所載别集類不知作名者十六人,即《石湖文集》亦書卷亡,其流傳乃别集與大全集耳。然則兩宋詩人之聲銷跡滅,自《揭陽》、《靈仙》、《溢江》等集

而外,又何可指數? 余之是選,敢謂蒐輯遺僻,足補三百餘年間風雅之未備哉,倘博識者以挂漏譏焉,余又奚辭?"

此本有扉頁,刻"宋百家詩存。嘉善曹六圃選。古呑塘中和里二六書堂藏板"。鈐有"御覽"雙龍圓印。按,二六書堂爲曹氏堂名。曹序末署"乾隆六年歲次辛酉三月既望,曹庭棟書於二六書堂"。

《四庫全書總目》入集部總集類,作"二十八卷",然臺灣商務印書館影印文淵閣《四庫全書》卻作四十卷。經細核,文淵閣本內容不變,然將原本卷數析爲四十卷。《中國古籍善本書目》著錄,湖北省圖書館、廣東中山圖書館等十七館也有入藏。日本《京都大學人文科學研究所漢籍分類目錄》、《內閣文庫漢籍分類目錄》(兩部)著錄,另美國普林斯頓大學葛思德東方圖書館藏有殘本,存八種八卷。

鈐印有"米庵所藏"、"曠真野史"、"曠真堂"、"黃花吟社"、"小南氏"、"紗花之印"、"李山人"、"藕鄉詩社主人"。

2636 明崇禎刻本蘇門六君子文粹 T5238.5/4970

《蘇門六君子文粹》七十卷,題宋陳亮編。明崇禎六年(1633)胡潛武林刻本。二十冊。半頁九行十九字,左右雙邊,白口,單魚尾。框高 18.8 釐米,寬 13.1 釐米。前有崇禎六年錢謙益序;《凡例》七則;《六君子雜記》十八則。

是書爲《淮海先生文粹》十四卷(宋秦觀撰),《宛丘先生文粹》二十二卷(宋張耒撰),《濟北先生文粹》二十一卷(宋晁補之撰),《豫章先生文粹》四卷(宋黃庭堅撰),《後山居士文粹》四卷(宋陳師道撰),《濟南先生文粹》五卷(宋李廌撰)。觀其所取,大抵議論之文居多,蓋以備程試之用。

錢謙益序云:"崇禎六年冬,新安胡仲修氏訪予苦次,得宋人所緝《蘇門六君子文粹》以歸,刻之武林。"

其《凡例》有云:"是編向傳陳同甫所輯,底本尚是宋人繕寫,然不著姓名,不敢遽藉重於疑似之間。第鑒裁精審,寧嚴毋恕,至有一篇之中,刊去首尾繁文,庸劣無當之句,其嚴不可及也。語云,精甲三千,勝羸師十萬,具眼者當必辯之。""近坊間所刻書,多假李、袁、鍾、陳評點,以欺世之耳食者。有識者開卷輒爲嘔唾,無論贗者,即真出四君手,亦自可厭,此可與智者道也。"

《四庫全書總目》入集部總集類。《中國古籍善本書目》著錄。上海圖書館、南京圖書館等十八館,臺北"國家圖書館"(兩部)及美國國會圖書館、日本內閣文庫(兩部)、尊經閣文庫亦有入藏。

2637 明萬曆刻本明初四家詩 T5235.7/7956

《明初四家詩》四十一卷,明陳邦瞻輯。明萬曆三十七年(1609)汪汝淳刻本。存十四冊。半頁十行二十字,四周單邊,白口,單魚尾。框高(《眉庵集》) 21.6 釐米,寬 13.5 釐米。末有萬曆三十七年汪汝淳後序。

陳邦瞻,字德遠,高安人。萬曆二十六年進士,由南京大理評事歷官河南右布政使,分理彰德諸府,遷兵部右侍郎,總督兩廣軍務。天啓初,召拜左侍郎,卒官。邦瞻好學敦風節,服官三十年,吏議不及。有《蓮花山房集》。

1985

此本闕《重刻高太史大全集》十八卷(明高啓撰)。

《重刻楊孟載眉庵集》十二卷補遺一卷，明楊基撰。題"姑蘇楊基孟載著；高安陳邦瞻德遠訂；新都汪汝淳孟樸校"。卷一五言古體一百三十首，卷二至三七言古體七十七首，卷四歌行二十六首，卷五長短句體三十七首，卷六至七五言律一百五十一首、五言排律八首，卷八至九七言律一百八十一首，卷一〇五言絕句一百五首、六言絕句十四首，卷一一七言絕句一百五十七首，卷一二詞曲五十四首。補遺十六首。末有成化二十一年(1485)張習後序。

《重刻張來儀靜居集》四卷，明張羽撰。題"潯陽張羽來儀著；高安陳邦瞻德遠訂；新都汪汝淳孟樸校"。卷一至二五言古體二百三十首、樂府歌行四十六首，卷三七言古詩長短句五十首、五言律詩一百六首、五言排律六首、七言律二十八首；卷四七言律七十一首、五言絕句八十二首、六言律絕五首、七言絕句九十八首。

《重刻徐幼文北郭集》六卷，明徐賁撰。題"吳郡徐賁幼文著；高安陳邦瞻德遠訂；新都汪汝淳孟樸校"。卷一樂府六十一首、五言古體五十八首，卷二五言古體六十二首，卷三七言古體二十六首、五言排律十首，卷四五言律一百三十四首，卷五七言律六十五首，卷六五言絕句十一首、六言絕句八首、七言絕句一百七十四首。

汪汝淳後序云："會匡左陳先生秉憲於浙，特屬淳物色。期年，乃得報命。高季迪集，先生已得之洪給諫；張來儀、徐幼文二集，尋得之吳興張氏；獨楊孟載集，歷吳越荊楚，遍訪之詞林諸宿，竟寥寥也。抵金陵，乃聞許石城先生家有藏本焉，昔爲文徵仲所贈，百餘年而歸之淳，求玄珠於赤水，異哉！""今匡左先生建旗鼓於詞壇，經國大業，行將與廬阜並峙，猶且尋遺緒於先民，使沉淪之業，不至湮沒者，功實偉也。淳於先生忝夙昔之雅，敢任校讎之役，集既具合而付之梓。"

《四庫全書總目》未收。《中國古籍善本書目》著錄。南京圖書館、臺北"國家圖書館"(兩部)有全帙。

2638　清康熙刻本丘海二公文集合編

T5235.7/7236

《丘海二公文集合編》十六卷。清焦映漢編。清康熙四十七年(1708)焦映漢、賈棠刻本。八冊。半頁十行二十二字，四周雙邊，白口，單魚尾。前有康熙四十七年焦映漢序，康熙四十七年賈棠序，康熙四十七年王贄序。

丘濬、海瑞皆海南瓊州人。焦映漢、賈棠同官於瓊，故有茲刻。

《丘文莊公集》十卷，明丘濬撰。框高20.5釐米，寬13.7釐米。題"瓊山丘濬仲深甫著；關中焦映漢雯濤選定；瀛海賈棠青南編次；新安王贄獻甫閱；男世爵紹庵、男際熙庶淺咸校"。前有葉向高序；焦映漢撰《丘文莊公傳》。

丘濬，字仲深，號瓊臺，海南瓊州人。景泰五年進士。官至文淵閣大學士，參預機務。性嗜學，熟於典故。謚文莊。《明史》有傳。

濬有《瓊臺類稿》，爲七十卷，此選爲十卷。計卷一章奏、表；卷二至四序；卷五至六記；卷七記、錄、傳、題跋、雜說、字說；卷八雜著、賦、頌、贊、墓志銘；卷九神道碑、哀辭、祭文；卷一〇五言古詩、擬古樂府、七言古詩、五言絕句、五言律詩、五言耕律、六言、七言絕句、七言律詩、迴文、集句、歌行、詩餘。

《海忠介公集》六卷，明海瑞撰。框高20.2釐米，寬13.8釐米。題"瓊山海瑞國開甫著；關中焦映漢雯濤選定；瀛海賈棠青南編次；新安王贄獻甫閱；男世爵紹庵、男際熙庶淺咸校"。前有嘉靖四十一年(1562)海瑞自序；梁雲龍撰《海忠介公傳》。

海瑞，字汝賢，號剛峰，海南瓊州人。嘉靖舉人。官戶部主事，遷右僉都御史，巡撫應天，有政績。未幾，謝病歸。後爲南京右都御史。卒謚忠介。有《元祐黨人碑考》、《備忘集》等。

瑞有《自作稿引》，不著卷數，此選爲六卷，計卷一奏疏；卷二策、訓諭、參評、申文、稟帖、告示、條例；卷三至四序；卷五記、志銘、贊、書簡、議論；卷六論。

焦映漢序云："文莊丘公、忠介海公爲一代大儒，千秋名世。迄今考其行，讀其書，莫不心儀神往，匪粵東一隅爲然也。文莊著有《瓊臺類稿》及《世史》、《世綱》諸書；忠介則平黎、治河諸封事，及奏議、章疏、正言、讜論，不一而足。大抵皆本天地之正氣，岳瀆之靈根，發爲道德文章，炳若日星，垂諸史册，以繼往而開來者也。予分巡雷瓊，獲登二公之祠宇，訪其著作之富，得之簡編者，妄加校訂，去繁就要，以資後學觀型。書成，聞太守賈公亦留心玆選，過而質之，其鑒賞同，品次同，去取亦無不同，始歎予二人仕同地，學同道，好古有同心，而纂述有同志也。及公陟蘗使，赴任五羊，言別海濱，予曰：公之守瓊，與予之巡瓊，無異轍也；公選二公之文，與予選二公之文，無異尚也。公今去瓊，則合集之刻非予之任也乎？遂取公選並予選者參校之，非敢以後人之筆妄爲删訂也。""清獻、文忠宦瓊於二公之先，爲二公所取法，賈公與予宦瓊於二公之後，而取法於二公，私淑之懷，亦竊比古人遺意。則合二公之集，壽之梨棗，公之同好，期無負咎於昔賢，貽譏於後哲，以表予二人宦瓊之蹟，曁平生景慕之私云爾。至於兩集原板字句剥落及遺失篇次者，未敢謬以己見增補入選，不無滄海遺珠之歎。"

賈棠序云："曩者，歲在戊寅，予奉命守瓊，下車問俗，謁二公祠像，徵求遺逸，廣詢博採，闕疑存信，删繁輯要，合爲一書，鈔訂成帙，緘諸篋中，俟有道者正焉。閱七載乙酉，觀察焦鼇米守玆土，撫綏之暇，讀書懷古，手不釋卷，取二公遺文，編而次之，出以見示。中間删補詳略，與予前鈔若合符節，相視而笑，莫逆於心。次年丁亥，予移視蘗政，將赴廣州，焦公送之郊，握手言曰：丘、海二公，海外文獻也，作者觀者，旁參而互訂者，均有同心焉。心同則理同，理同則事同，剞劂之役，當共荷之。予唯而別。至廣州，乃鳩工焉。廣工工而材善也，焦公寄俸，使專任之，三月而竣。""是役也，焦公倡之，予隨而和之。兢兢然，惟亥豕魚魯之是慎，恐有負於二公者，負焦公也。""戊寅"，爲康熙三十七年；"乙酉"，爲康熙四十四年；"丁亥"，爲康熙四十六年。

王贄序云："文莊、忠介兩先生專集，膾炙海内，以歲月歷久，魚魯豕亥，剥落殆盡。甲申冬，余承乏瓊山視事，之明年，文莊公嫡孫丘珩捧遺集跪而請曰：先人遺集行世久矣，愈久愈湮，乞公新之。余曰：是吾志也。展卷披讀，差訛殘缺，不可勝紀。因細加校讎，缺者以補，訛者以訂，重刻二百五十餘頁，亦完好如初矣。兩先生海外文龍，筆墨之香，學者每以不得讀全集爲恨，然著作之富，彌樞充笥，而汗漫繁多，又苦不能於全集而竟其讀也。巡憲焦公乃爲删繁就簡，拔其尤而謀合刻，其意與中憲今視蘗兩省賈公適合，而選擇亦同。爰不鄙余淺陋，俾與檢閱而編次之，焦公捐俸授梓，而賈公實力襄其事。噫！二公可謂留心文獻者矣。""甲申"，爲康熙四十三年。

"玄"字避帝諱。按，此本與清康熙十八年邱氏可繼堂重刻本不同，重刻本中又有乾隆十八年黨維世重刊序。又何喬遠撰《邱文莊公傳》、《海忠介公傳》。兩種卷一第一頁題名也大有不同。

《四庫全書總目》入集部總集類存目。《四庫全書存目叢書》第406冊收入，底本爲中央民族大學圖書館所藏，爲清康熙十八年邱氏可繼堂重刻本。《中國古籍善本書目》著錄清康熙四十七年刻本，上海圖書館、山西省圖書館等十館也有入藏。

2639　明崇禎刻本皇明十六名家小品　　　T5235.7/7110

《皇明十六名家小品》三十二卷，明陸雲龍等編，陸雲龍評。明崇禎六年(1633)陸雲龍杭州峥霄館刻本。二十册。半頁九行十九字，四周單邊，白口，無魚尾，書眉上刻評。框高20.4釐米，寬13釐米。前有何偉然序，丁允和序，崇禎六年陸雲龍序；陸雲龍跋。

陸雲龍，字雨侯，號蜕庵，錢塘人。諸生。家有翠娛閣。峥霄館爲其書肆名。陸生於萬曆十五年，卒於康熙五年，年八十。

是集收十六名家爲屠赤水、徐文長、李本寧、董思白、湯若士、虞德園、黄貞父、王季重、鍾伯敬、袁中郎、文太青、曹能始、張侗初、陳明卿、陳眉公、袁小脩。細目爲：

《翠娛閣評選屠赤水先生小品》二卷，題"東海屠隆長卿著；仁和丁允和叔介選；錢塘陸雲龍雨侯評"。前有崇禎五年陸雲龍序。卷一序十一篇、記四篇、賦二篇、傳一篇，卷二書十通、論七篇、銘三首、贊三首、跋二篇、祭文六篇、誄一篇、哀辭一篇。有扉頁，刊"屠赤水先生小品。峥霄館藏板，翻刻必究"。

《翠娛閣評選徐文長先生小品》二卷，題"山陰徐渭文長著；錢塘陸雲龍雨侯選；仁和陶良棟贊皇評"。前有陸雲龍序。卷一賦六篇、表三篇、序十二篇、記三篇、論一篇、啓四通、書六通，卷二碑二篇、傳二篇、贊七首、銘八首、墓志銘二篇、祭文七篇、題跋十篇。有扉頁，刊"徐文長先生小品。峥霄館藏板，翻刻必究"。

《翠娛閣評選李本寧先生小品》二卷，題"京山李維禎本寧著；錢塘陸雲龍雨侯選；仁和陶良棟贊皇評"。前有陸雲龍序。卷一序十三篇、引一篇、題詞六篇，卷二記二篇、傳二篇、箋二首、銘三首、贊六首、疏一篇、題跋五篇、墓志銘一篇、祭文五篇。有扉頁，刊"李本寧先生小品。峥霄館藏板，翻刻必究"。

《翠娛閣評選董思白先生小品》二卷，題"華亭董其昌思白著；仁和丁允和叔介選；錢塘陸雲龍雨侯評"。前有崇禎五年陸雲龍序。卷一序八篇、記五篇、題詞三篇，卷二論、議、傳各一篇、引六篇、疏三篇、銘一首、贊八首、祭文三篇、墓表三篇。有扉頁，刊"董思白先生小品。峥霄館藏板，翻刻必究"。

《翠娛閣評選湯若士先生小品》二卷，題"臨川湯顯祖若士著；仁和江之淮道行選；錢塘陸雲龍雨侯評"。前有崇禎五年陸雲龍序。卷一賦六篇、序十篇，卷二題詞五篇、記二篇、文一篇、説一篇、頌一篇、尺牘十通。有扉頁，刊"湯若士先生小品。峥霄館藏板，翻刻必究"。

《翠娛閣評選虞德園先生小品》二卷，題"錢塘虞淳熙長孺著；仁和丁允和叔介選；錢塘陸雲龍雨侯訂"。前有崇禎五年丁允和序。卷一序十二篇、引一篇、記二篇，卷二傳二篇、書一通、啓一通、書五通、説二篇、疏一篇、判一篇、贊二首、雜著一篇、塔銘一篇、祭文一篇、書跋三篇。有扉頁，刊"虞德園先生小品。峥霄館藏板、翻刻必究"。

《翠娛閣評選黄貞父先生小品》二卷，題"武林黄汝亨貞父著；仁和丁允和叔介選；錢塘陸雲龍雨侯評"。前有陸雲龍序。卷一序十三篇、記三篇、題後五篇、跋二篇、引二篇，卷二論三篇、傳一篇、墓表一篇、哀辭一篇、祭文三篇、尺牘九通、贊五首、偈二首、疏三篇。有扉頁，刊"黄貞父先生小品。峥霄館藏板，翻刻必究"。

《翠娛閣評選王季重先生小品》二卷，題"山陰王思任季重著；仁和丁允和叔介甫選；錢塘陸雲龍雨侯甫評"。前有崇禎五年陸雲龍序。卷一序十九篇，卷二序六篇、記四篇、説一篇、紀游六篇、傳四篇、評一篇。有扉頁，刊"王季重先生小品。崢霄館藏板，翻刻必究"。

《翠娛閣評選鍾伯敬先生小品》二卷，題"竟陵鍾惺伯敬著；錢塘陸雲龍雨侯評釋；宣城梅羹子和參定"。前有陸雲龍序。卷一賦三篇、序十二篇、引一篇、碑一篇、記二篇、傳二篇，卷二論六篇、書二通、尺牘十通、銘二首、贊九首、疏三篇、祭文四篇、題跋四篇。有扉頁，刊"鍾伯敬先生小品。崢霄館藏板，翻刻必究"。

《翠娛閣評選袁中郎先生小品》二卷，題"公安袁宏道中郎著；錢塘陸雲龍雨侯選；宣城梅羹子和閱"。前有崇禎五年陸雲龍序。卷一序七篇、引四篇、廣莊四篇、解一篇、述一篇、記三篇，卷二紀游九篇、傳一篇、疏一篇、祭文一篇、志銘一篇、題跋五篇、書四通、尺牘八通。有扉頁，刊"袁中郎先生小品。崢霄館藏板、翻刻必究"。

《翠娛閣評選文太青先生小品》二卷，題"西極文翔鳳天瑞著；錢塘陸雲龍雨侯選；仁和陳燮明若時評"。前有崇禎五年陸雲龍序。卷一序七篇、游記四篇，卷二解二篇、議一篇、文二篇、贊二篇、書一通、啓三通、尺牘五通。有扉頁，刊"文太青先生小品。崢霄館藏板，翻刻必究"。

《翠娛閣評選曹能始先生小品》二卷，題"閩中曹學佺能始甫著；錢塘陸雲龍雨侯選；仁和陸府治玄功評"。前有崇禎五年陸雲龍序。卷一序十二篇、引一篇、記二篇，卷二碑一篇、文二篇、傳一篇、啓七通、書一通、疏四篇、引一篇、墓志銘三篇、祭文二篇、跋一篇。有扉頁，刊"曹能始先生小品。崢霄館藏板，翻刻必究"。

《翠娛閣評選張侗初先生小品》二卷，題"雲間張鼐世調著；仁和丁允和叔介選；錢塘陸雲龍雨侯評"。前有崇禎五年陸雲龍序。卷一序十五篇、記三篇、論三篇、説二篇，卷二篇二篇、對一篇、解一篇、啓一通、書二通、碑二篇、箴一首、銘二首、言誡二首、贊一首、疏一篇、文二篇、墓志銘一篇、祭文三篇、題跋四篇。有扉頁，刊"張侗初先生小品。崢霄館藏板，翻刻必究"。

《翠娛閣評選陳明卿先生小品》二卷，題"古吳陳仁錫明卿著；錢塘陸雲龍雨侯選；仁和陳嘉兆和仲評"。前有陸雲龍序。卷一序二十七篇，卷二引一篇、記十篇、傳一篇、贊八首、書五通、墓銘二篇、祭文二篇、跋三篇、論一篇。有扉頁，刊"陳明卿先生小品。崢霄館藏板、翻刻必究"。

《翠娛閣評選陳眉公先生小品》二卷，題"雲間陳繼儒眉公著；錢塘陸雲龍雨侯評；宣城梅羹子和選"。前有崇禎五年陸雲龍序。卷一序十六篇、賦一篇，卷二記四篇、傳二篇、祭文三篇、疏二篇、贊二首、題跋三篇、書三通、尺牘四通。有扉頁，刊"陳眉公先生小品。崢霄館藏板，翻刻必究"。

《翠娛閣評選袁小脩先生小品》二卷，題"公安袁中道小脩著；仁和全汝棟漢卿選；錢塘陸雲龍雨侯評"。前有崇禎五年陸雲龍序。卷一序十一篇、記四篇、游記八篇，卷二傳二篇、碑二篇、墓志銘一篇、贊四首、書跋三篇、雜著一篇、尺牘五通。有扉頁，刊"袁小脩先生小品。崢霄館藏板，翻刻必究"。

首冊前有扉頁，刊"皇明十六名家小品。翠娛閣評選。屠赤水、徐文長、李本寧、董思白、湯若士、虞德園、黃貞父、王季重、鍾伯敬、袁中郎、文太青、曹能始、張侗初、陳明卿、陳眉公、袁小脩。崢霄館藏板，翻刻必究"。又鈐有"崢霄館"印。按，陸氏還刻有《董子春秋繁露》。廣東中山大學圖書館有《翠娛閣評選行笈必攜》，行款同此本，作明崇禎崢霄館刻本。

此本有徵文啓，當為崢霄館所擬，錄於後："一刊《行笈二集》(徵名公制誥奏疏詩文詞啓小札)、一刊《廣興續集》(徵各省直昭代名宦人物)、一刊《續西湖志》(徵游客咏題嘉隆後杭郡名宦人物)、一刊《明文歸》(徵名公逸士方外閨秀散逸詩文)、一刊《皇明百家詩文選》(徵名公逸士方外閨閣成集者)、一刊《行笈別集》(徵名公新劇騷人時曲)、一刊《型世言二集》(徵海内異聞)。

見惠瑤章,在杭付花市陸雨侯家中;在金陵付承恩寺中林季芳、汪復初寓。"

《四庫全書總目》入集部總集類存目。《中國古籍善本書目》著錄。中國國家圖書館、上海圖書館等十六館,臺北"國家圖書館"及美國國會圖書館、日本内閣文庫、静嘉堂文庫、京都大學人文科學研究所亦有入藏。

2640　清乾隆刻本七子詩選　　　T5237.88/3123.2B

《七子詩選》十四卷,清沈德潛編。清乾隆刻本。四册。半頁十行十九字,左右雙邊,白口,單魚尾。框高 15.2 釐米,寬 11.9 釐米。前有乾隆三十二年(1767)翟寶沙序,乾隆十八年(1753)沈德潛序。

沈德潛,見清乾隆刻本《杜詩偶評》。

是書選沈氏門下之士,皆吴地詩人作品,計王鳴盛《耕養齋集》二卷,詩一百十首;吴泰來《硯山堂集》二卷,一百二十六首;王昶《履二齋集》二卷,一百十八首;黄文蓮《聽雨樓集》二卷,一百十一首;趙文哲《媕雅堂集》二卷,九十三首;錢大昕《辛楣吟稿》二卷,一百十三首;曹仁虎《宛委山房集》二卷,一百三十首。

沈德潛序云:"今吴地詩人復得七子,曰王子鳳喈、吴子企晉、王子琴德、黄子芳亭、趙子升之、錢子曉徵、曹子來殷之七子者,其數相符,而其才又足與古人敵,殆踵前後七子之風而興起者也,爰合鈔而刻之爲《七子詩選》。""七子者,秉心和平,砥礪志節,抱拔俗之才,而又亭經籍史,以培乎根本。其性情、其氣骨、其才思,三者具備,而一歸自然。故發而爲詩,或如鉅壑崇岩、龍虎變化;或如寒潭削壁、冰雪崢嶸,曷嘗沾沾焉,摹擬刻畫局守一家之言哉。而宗旨之正、風格之高、神韻之超逸而深遠,自有不期而合者。"

翟寶沙序云:"余嘗隨雲峰羅公仕宦澄江埠邸,幕邸教讀,閲歷年所,因得親炙長洲沈宗伯歸愚先生,欽其言論風旨。先生夙領袖詩壇,富於著述,所選古詩、唐詩、明詩,久風行天下,奉爲標準,蓋惟杼軸群言,乃能權衡曠代。歲癸酉,又有《七子詩選》,其所録悉皆吴地詩人,夫吴爲余夙昔久羈之地,其人才卓越,最所稔知,及讀《七子詩選》,益以徵信。蓋諸公抱俊偉磊落之才,著温厚和平之論,故其騷壇唱和,直追雅頌,誠盛世元音,軼超前哲者也。余反覆披吟,遂覺心胸頓拓。迨歸,即出篋授徒,示爲宗匠。及門簡子淵堂,深信篤學,其浸淫愛慕之意,更過於余。第其書珍若珠玉,流布嶺表,不可多購,索之坊間,未見鋟板,而傳抄又多秘吝,淵堂因付諸梨棗,以公同好。余嘉其善,相與夜窗剪燭,檢輯校讎,亥豕魯魚,務令定正,非如坊賈希企翻刻,致滋舛訛也。"

此爲寫刻本。有扉頁,刻"七子詩選。沈歸愚先生定。王鳴盛、王昶、趙文哲、曹仁虎、吴泰來、黄文蓮、錢大昕"。按,此書又有翻刻本。

《四庫全書總目》、《續修四庫全書》未收。《續修四庫全書總目提要(稿本)》著録。《中國古籍善本書目》著録,湖南圖書館、湖北省圖書館等八館也有入藏。日本《内閣文庫漢籍分類目録》著録。

2641　清乾隆刻本熊劉詩集　　　T5235.8/6275

《熊劉詩集》二卷,清易履泰編。清乾隆五十七年(1792)刻本。二册。半頁九行二十字,四周雙邊,白口,單魚尾。前有乾隆五十七年易履泰序。末有易大樅、易大暮、易大醇跋。

《熊鍾陵詩》一卷,清熊伯龍撰。框高 17.8 釐米,寬 11 釐米。題"漢陽熊鍾陵先生著;京山後學易履泰眉川甫纂;男姪大樅、醇、暮校字"。前有王清序。

熊伯龍,字次侯,號鍾陵,湖北漢陽人。順治六年進士。官至翰林院侍讀學士。其古文較勝劉子壯,詩雖直抒胸臆,而五言古體亦時有淳古之音。

五言古三十九首、七言古八首、五言律八十四首、七言律一百八十一首、五言絕二首、七言絕十五首。

《劉稚川詩》一卷,清劉子壯撰。框高 17.4 釐米,寬 11.1 釐米。題"黃岡劉稚川先生著;京山後學易履泰眉川甫纂;男姪大樅、醇、暮校字"。前有金德嘉序。

劉子壯,字克猷,湖北黃岡人。崇禎三年舉人,困公車者幾二十年,至順治六年成進士。授翰林院修撰。制藝與熊伯龍齊名,雄厚排奡,凌轢一切。其詩古文亦以氣勝,然精華果銳,已銷耗於八比之中。年僅四十四而卒。有《屺思臺詩文集》。

四言古四首、五言古六十二首、七言古九首、五言律七十五首、五言排律四首、七言律八十首、五言絕七首、七言絕三十六首。

易履泰序云:"若吾楚熊、劉二公,文章膾炙海內,其有韻之言,詎必待敘而後傳哉。余束髮讀二公制藝,賞其古調高唱,謂此乃班馬手脫,爲詩歌便與屈宋分席。惜也,其集不傳,幾有疑子固爲不能詩者。癸巳,司諭石壇得二詩鈔本,珍同弧史,顧字多錯訛,尚不敢壽諸梨棗,貽誚燕郢。辛亥秋,教授沌陽,搜求家藏,校讎亥豕而彙梓之,願始遂。"

此本有扉頁,刻"熊劉詩集。京山易履泰編。乾隆壬子新鐫。名山閣藏板"。

《四庫全書總目》未收此書,但著錄有熊伯龍《熊學士詩文集》三卷、劉子壯《屺思臺文集》八卷《詩集》一卷。《中國古籍善本書目》著錄清刻本,北京大學圖書館入藏。按,北大本疑佚去扉頁。

2642　清乾隆刻本七子詩選　　　　　　　　　　　T5237.88/3123.2

《七子詩選》十四卷,清沈德潛編。清乾隆刻本。四册。半頁十行十九字,左右雙邊,白口,單魚尾。框高 15.7 釐米,寬 11.5 釐米。前有乾隆十八年(1753)沈德潛序。

此本爲翻刻本。有扉頁,刻"七子詩選。沈歸愚先生定。王鳴盛、王昶、趙文哲、曹仁虎、吳泰來、黃文蓮、錢大昕"。此書得自日本,函套爲日人所製,鈐有"東京下谷寒山寺製帙"印。

《中國古籍善本書目》著錄,湖南圖書館、湖北省圖書館等八館入藏,又日本《內閣文庫漢籍分類目錄》著錄,惟不知與此同板否。

2643　清乾隆刻本國朝六家詩鈔　　　　　　　　　T5237.88/7242B

《國朝六家詩鈔》八卷,清劉執玉輯。清乾隆三十二年(1767)詒燕樓刻本。六册。半頁十行二十一字,左右雙邊,白口,單魚尾。框高 18.1 釐米,寬 12.6 釐米。題"錫山劉執玉復燕選;門人許庭堅麟石、鄒容成雲瞻參閱"。前有乾隆三十二年鄒一桂序,乾隆三十二年沈德潛序;劉執玉撰《凡例》八則。

劉執玉,字復燕,江蘇無錫人。教授鄉里,不樂仕進。

此集之編，皆古近體詩，爲執玉教其鄉之子弟門下士者，選擇謹嚴，箋解精當。計宋琬《荔裳詩鈔》一卷，一百四十七首；施閏章《愚山詩鈔》一卷，二百三十一首；王士禛《阮亭詩鈔》二卷，四百八十九首；趙執信《秋谷詩鈔》二卷，一百零三首；朱彝尊《竹垞詩鈔》一卷，八十一首；查慎行《初白詩鈔》二卷，三百三十六首。仿元遺山《中州集》例，各家繫以姓字、爵里、著述事蹟，俾讀者有知人考世之徵。

　　《凡例》云："我朝詩家林立，步武漢唐，而精深華妙、擅場諸體者，首推阮亭、查初白，格意清雄，出變化於矩矱中，有神無跡。施愚山、朱竹垞、趙秋谷、宋荔裳，生面各開，功力深到，拔奇選勝，彙爲六家。""詩中佳境，讀者各有會心，若綴以評語，未免畫蛇添足。茲編惟旁用圈點，以清眉目，使讀者展卷豁然。""詩中援引故實，閱者誠難一覽了了，茲略加詮釋，以便初學。第語出經傳，夫人誦習者，不妨闕如，惟散見子史文集者，則考核務期精當，然亦節取簡要，使與詩義相發，不欲貪多務博，反致炫人心目也。"

　　沈德潛序云："吾友劉君復燕，少承其尊府于根先生家學，尤深於詩。嘗取我朝諸名集，反覆熟讀，得六家焉，曰王阮亭、查初白、施愚山、宋荔裳、朱竹垞、趙秋谷，擇其尤者選爲若干卷，會以詩著於功令，吾邑之學詩者同然從之。復燕以此講畫，其及門恐莊寫之不易也，謀付之梓。余惟詩之道，自漢魏六朝以至於今，其卓然成一家言者，類皆有不可磨滅之處，薪盡火傳，各有其學問性情而不相襲。今六家之詩具在也，誠能知青之出於藍而青於藍，冰之出於水而寒於水。由此而上朔三唐六朝漢魏，則復燕是編，未必非大雅扶輪之一助也。"

　　此本有扉頁，刻"國朝六家詩鈔。無錫鄒小山、長洲沈歸愚兩宗伯鑒定。乾隆丁亥新鐫。宋荔裳、施愚山、王阮亭、趙秋谷、朱竹垞、查初白。詒燕樓藏板"。並鈐有"風流儒雅亦吾師"、"閶門內後板廠北文粹堂書坊發兌"印。

　　《四庫全書總目》、《續修四庫全書》未收。《續修四庫全書總目提要(稿本)》著錄。《中國古籍善本書目》著錄，只收名人批校本。日本內閣文庫有殘本。

2644　清康熙刻本二家詩鈔　　　　　　　　　T5235.8/1308

　　《二家詩鈔》二十卷，清王士禛、宋犖撰，清邵長蘅選輯。清康熙刻本。五册。半頁十行二十一字，四周單邊，粗黑口，單魚尾。框高 18.4 釐米，寬 12.9 釐米。前有康熙三十四年(1695)邵長蘅序。

　　是書分爲《王氏漁洋詩鈔》十二卷，《宋氏綿津詩鈔》八卷，分別題"濟南王士禛貽上撰；毗陵邵長蘅子湘選"、"商丘宋犖牧仲撰；毗陵邵長蘅子湘選"。

　　王士禛，見清康熙刻本《國朝諡法考》。

　　宋犖，見清康熙刻本《滄浪小志》。

　　邵長蘅，見康熙刻本《古今韻略》。

　　是書共收入王士禛古近體詩一千四百五十五首，宋犖詩七百三十一首(另附八十二首，聯句十首)。

　　邵長蘅序云："亡友汪鈍翁先生常舉元遺山語，以爲金源之文，如宇文、吳、蔡諸人，皆宋儒之仕於金者。大定明昌間文派，斷自蔡正甫、黨竹谿、趙閑閑始。因而推論本朝詩文，若常熟、太倉、合肥諸公，雖或爲文雄，或爲詩伯，亦皆前明之遺老。蘅心韙其言，竊疑正宗別當有屬。""蘅奉教兩先生久，數聞緒論，因得以窺作者之旨。新城天授既高，變化愈出，如游賈胡之肆，光怪瑰瑋,而珊瑚、火齊、木難之錯陳也。商丘含吐醖藉,標格雋上,如良玉之温潤,縝栗而精采肆映也。其體製故不相襲,而其淵源於風騷、漢魏、三唐,以自成其家,大概相同。兩先生既遭際昌時,受聖天子特逢之知,爲時名臣,而乃出其緒餘,揚扢風雅,天下士之趨如波委雲合,皆曰兩先生一代之宗工也。""自祧唐禰宋之説盛,後生靡然,且謂兩先生亦嘗云爾。顧兩先生詩具在,其所爲淵源風騷,斟酌漢魏、三唐以自成其家者,各有根柢。雖間亦取於宋人,第以資泛瀾耳。學者病不好學深思,不能知前人根柢所在,而争剽販於影響形模之間,妄分畛畦。前膚附唐人而贋,今膚附宋人而亦贋;影掠李、何、王、李諸家而失影,掠蘇、黄、范、陸諸家而亦未爲得。没人笑溺,舉世滔滔。自惟挽之無力,庶幾尊兩先生以挽之,是則余鈔二家詩之指也。"二家詩"各如干卷,掇其尤者,次爲《王氏漁洋詩鈔》十二卷,《宋氏綿津詩鈔》八卷。"

此本有扉頁,刻"二家詩鈔。毗陵邵子湘撰。王氏漁洋詩集,宋氏綿津詩集"。寫刻甚精。"玄"字避帝諱。

《四庫全書總目》入集部總集類存目。《四庫全書存目叢書補編》第 34 册收入,底本爲中國人民大學圖書館藏康熙三十四年刊本。《中國古籍善本書目》著録清康熙三十四年刻本,清華大學圖書館、中國社會科學院文學研究所等十四家藏有全帙,北京大學圖書館、上海圖書館等八館有殘帙。日本《内閣文庫漢籍分類目録》、美國《普林斯頓大學葛思德東方圖書館中文舊籍書目》著録。臺北《"國立中央圖書館"普通本綫裝書目》著録"清康熙己亥(五十八年)刊本",當以"乙亥"作"己亥"之誤。

鈐印有"廣西等處承宣布政使司印"。

2645　明末毛氏汲古閣刻本文選　　　　　　　　　　T5236.03/4F

《文選》六十卷,梁蕭統輯,唐李善注。明末毛氏汲古閣刻清康熙二十五年(1686)錢士謐重修本。十一册。清劉師安録清何焯批校;蔣宗海校並跋;清焦循批校;清汪鋆跋。半頁十二行二十五字,左右雙邊,白口,單魚尾。框高 21.6 釐米,寬 14.9 釐米。題"梁昭明太子撰;文林郎守太子右内率府録事參軍事崇賢館直學士臣李善注上"。前有蕭統序;李善上文選注表。

清蔣宗海跋云:"義門校《文選》六十卷,余亡友江都劉師安寧世所手録也。師安未死時,費強子借去二十卷(十二卷至廿一卷、五十一卷至六十卷),餘四十卷存江子裕中架上。裕中以余與師安篤好,遂舉以爲贈。余屢求之強子以冀復合,而卒不可得。因取别刻補完,假程氏桂窟藏本補録並重校一過,合成十册,庶亡友之手澤不致散軼焉。時乾隆庚辰十月既望,蔣宗海識於淮陰寓齋。"蔣宗海,字星嚴,號春農,江蘇丹徒人。乾隆十七年進士。官内閣中書。工畫,兼精篆刻,尤篤内行。年四十,即乞養里居,或甘旨不繼,賣文自給。有《春農吟稿》。

李善上文選注表後,有"江都焦循批閲"。蕭統序後有"康熙辛巳秋日焯題。前有百□□此八字,末所書年月也,以所論涉批評家寔曰,去之。循。"又卷三末有"兩都賦,丁卯元日所閲。兩京賦,至今辛未六月廿七日始寓目焉。學殖荒落爲可哉矣。識之卷末,俾子孫鑒之。無勇。""無勇,何氏之别字也,凡卷末所題皆録之,以見前人讀書之勤。循。"卷二〇末有"批二十卷畢。時辛亥十月廿八日燈下,天驟寒,兩足如蹴冰中,未嘗輟也。循記。""嘉慶乙亥十一月十七日閲,至此去辛亥已廿五年。"按,循批有朱筆,也有墨筆。焦循,字里堂,號半九主人,江蘇江都人。嘉慶六年舉人,一應會試不中遂棄舉業,托足疾不入城市十餘年。於經史、曆算、聲韻、訓詁無所不精,尤邃於經。又著有《雕菰樓文集》等。

汪鋆跋云："右何《文選》缺三十至卅四五卷,從雜詩下起至張景陽《七命》止,其中詩騷及枚乘《七發》均烏有焉。卷首有蔣春農先生一跋,謂原缺既補而□缺從何覓哉,謹就今存五十五卷重訂一番,或不失抱殘守缺之義云爾。光緒八年秋,儀徵汪鋆識。"汪鋆,字硯山,江蘇儀徵人。工詩善畫,尤邃於金石。有《十二硯齋金石過眼錄》。

卷一第一頁第一行下刻"康熙丙寅孟夏上元錢士謐重校"。"丙寅",為康熙二十五年。卷二第一頁第一行下刻"琴川毛鳳苞氏審定宋本"。范志新著《文選版本論稿》有《汲古閣毛本散論》一文,內分毛本的底本是唐藩本、汲古閣《文選》毛氏修訂本、周氏懷德堂三刻毛本、毛本系統傳承流變四節。

《四庫全書總目》入集部總集類。《中國古籍善本書目》著錄,只收名人批校本,餘皆刪去。

鈐印有"鄭道乾審藏"、"焦氏藏書"、"硯山過眼"、"儀徵汪鋆硯山書畫印"。

2646　明嘉靖刻本六家文選　　　　　　　　　　T5236.03/4

《六家文選》六十卷,梁蕭統輯,唐李善、呂延濟、劉良、張銑、李周翰、呂向注。明嘉靖十三年(1534)至二十八年(1549)袁褧嘉趣堂刻本。存十九冊。半頁十一行十八字,左右雙邊,白口,無魚尾,書口下間有刻工。框高24釐米,寬18.2釐米。題"梁昭明太子撰;唐五臣注;崇賢館直學士李善注"。前有蕭統自序;顯慶三年(658)李善進表;開元六年(718)呂延祚進表。

蕭統,字德施。南朝梁武帝(蕭衍)長子,天監元年立為太子,中大通三年卒,三十一歲,謚昭明。好文學,博覽群書,召集文士劉孝威、庾肩吾等多人編撰《文選》。《梁書》有傳。

是書選錄先秦至梁各體詩文,共三十七類,原分三十卷,為我國現存最早之文學總集。自序稱選文以"事出於沈思,義歸乎翰藻"之文學作品為主,故不選經、子、史之文。唐顯慶中李善作注,析為六十卷。開元六年,呂延祚復集呂延濟、劉良、張銑、呂向、李周翰五人共為之注,稱"五臣注",其注偏重於解釋字句,與李善注時有出入。南宋以後,兩本合刻,稱《六臣注文選》。

卷一至一九賦,卷二〇至三三詩,卷三四七,卷三五七、詔、冊,卷三六令、教、文,卷三七至三八表,卷三九上書、啓,卷四〇彈事、牋、奏記,卷四一至四三書,卷四四檄,卷四五對問、設論、辭、序,卷四六序,卷四七頌、贊,卷四八符命,卷四九至五〇史論、史述贊,卷五一至五五論、連珠,卷五六至五九箴、銘、誄、哀、碑文、墓誌,卷六〇行狀、吊文、祭文。

蕭統自序後,刊"此集精加校正,絕無舛誤,見在廣都縣北門裴宅印賣"。廣都,即今四川雙流縣。卷六〇後又有牌記,刊"吳郡袁氏善本新雕"。

此本缺卷一至二,又佚去嘉靖二十八年袁褧跋。據《明代版本圖錄初編》卷六袁褧跋云:"余家藏書百年,見購鬻宋刻本《昭明文選》,有五臣、六臣、李善本、巾箱、白文、小字、大字,殆數十種。家有此本,甚稱精善,而注釋本以六家為優,因命工翻雕,匡郭字體,未少改易。刻始於嘉靖甲午歲,成於己酉,計十六載而完。用費浩繁,梓人艱集,今模搨傳播海內,覽茲冊者,毋徒曰開卷快然也。"

又卷三〇末刊"皇明嘉靖壬寅四月立夏日,吳郡袁氏兩庚草堂善本雕"。卷三二末刊"皇明嘉靖丙午夏雕,南征"。卷四〇末刊"此蜀郡廣都縣裴氏善本,今重雕於汝郡袁氏之嘉趣堂,嘉靖丙午春日。國朝改廣都縣為雙流縣,屬成都府"。卷五一末刊"毋昭裔貧時,常借《文選》不得,發憤曰,異日若貴,當板鏤之,以遺學者。後至丞相,遂踐其言。出《揮塵錄》"。

刻工有信。

《四庫全書總目》入集部總集類。《中國古籍善本書目》著錄,中國國家圖書館、上海圖書館等四十三館收藏。臺北"國家圖書館"(五部)及美國國會圖書館、日本內閣文庫、靜嘉堂文庫、京都大學人文科學研究所亦有入藏。

鈐印有"恭邸藏書"。

館藏有複本兩部,一為十六冊,有"小汀文庫"印;一為三十一冊。

2647 明萬曆刻重修本六臣注文選　　　　　　T5236.03/4M

《六臣注文選》六十卷,梁蕭統輯,唐李善、呂延濟、劉良、張銑、呂向、李周翰注。明萬曆二年(1574)崔孔昕刻六年(1578)徐成位重修本。三十冊。半頁九行十八字,四周雙邊,白口,單魚尾。框高 20.1 釐米,寬 14.6 釐米。題"梁昭明太子蕭統撰;唐李善、呂延濟、劉良、張銑、李周翰、呂向注"。前有萬曆二年汪道昆序,萬曆六年舊序;梁昭明太子小傳;萬曆六年徐成位跋;蕭統自序;開元六年(718)呂延祚進表,顯慶三年(658)李善上表。

徐成位跋云:"郡齋舊有《六臣文選》,刻久而殘失。山東崔大夫領郡,重為剞劂,但校讎者鹵莽,中多舛訛,甚以俗字竄古文,觀者病之。余暇日屬二三文學詳校,凡正壹萬五千餘字,庶幾復見古文之舊。又以為讀書論世,必得其人,故略梁史,梓昭明小傳。錢塘田叔禾舊有《文選敘》一章,足祛世俗之惑,亦以併梓。若司馬佳什,則與此選不朽者,是宜冠諸篇首。"徐成位,景陵人,隆慶二年進士。

卷末間刻有"九雲館重校"、"見龍精舍重校"、"冰玉堂重校"。

《四庫全書總目》入集部總集類。《中國古籍善本書目》著錄。中國國家圖書館、上海圖書館等三十四館,臺北"國家圖書館"(兩部)亦有入藏。

鈐印有"玉芷山房秘藏"。

2648 清康熙刻本新刊文選考注　　　　　　　T5236.03/4N

《新刊文選考注前集》十五卷《後集》十四卷,梁蕭統輯,唐李善、呂延濟、劉良、張銑、呂向、李周翰注。清康熙刻本。二十四冊。半頁九行十八字,四周單邊,白口,單魚尾。書眉上刻批注。框高 18.8 釐米,寬 13.5 釐米。題"梁昭明太子蕭統選輯;唐李善、呂延濟、劉良、張銑、李周翰、呂向考注"。前有蕭統序;李善上文選注表;進五臣集注文選表。《後集》前有康熙二十七年(1688)張緝宗序。

是書《前集》卷一至八賦類;卷九至一三詩類;卷一四離騷經、九歌等;卷一五招魂士、招隱士。《後集》卷一騷類、七類;卷二詔類、冊類、令類、教類、文類、表類;卷三表類、上書類;卷四啟類、彈事類、牋類、書類;卷五書類;卷六書類、檄類、對問類、設論類、辭類;卷七序類、頌類;卷八贊類、符命類、史論類;卷九史述贊類、論類;卷一〇論類;卷一一論類、連珠類、箴類;卷一二銘類、誄類、哀類;卷一三碑文類、墓志類、行狀類;卷一四弔文類。每篇之後皆有考注。按,書眉上所刻批注,似非張鳳翼,扉頁上刻"張伯起先生原注",或為托名。

張緝宗序云:"今天子好古右文,崇儒重道,以古今之文,不僅科目制藝可以得人,於己未之春,既設博學宏詞之科,擢居詞苑,以副史局,而第次詞臣優絀,時以詩賦考較軼材。於是天下響風,藝林有志之士,罔不嗜古學、敦詩文、以成一代之盛,而《文選》一書,復家絃戶誦於天下。

第其文去古未遠，字多不甚經見，而句讀且不可以臆測，非賴前人訓注，雖有班馬之才，恐不能強爲之説也。幸有六臣標注於前，復有張伯起先生纂注於後，殆已繁稱博引者有人，斟字酌句者有人，一展卷而前人詞意粲若列眉，朗同清漢，不致讀者望洋而歎，莫知涯涘已。然舊本率字釋句解分段畫截，於前人文氣，又未免有傷，則讀者得其義，而又難繹其致，雖在佳篇，苦爲餖飣所掩。此雖張衡閣筆十年，左思練思一紀，終未能得其旨趣也。故是集於每篇則首列全文，而注解則統附於後，且并續選命梓，以廣見聞，庶後人既識文義，又知考訂，其於前人之廣注、纂注，應爲功臣。"

中國國家圖書館有此書兩部，一作清康熙刻本，一作明末清初刻本。

此本有扉頁，刻"昭明文選。張伯起先生原注。六臣考注讀本。内附音釋，分前後集。文選一書刻本甚多，率皆逐段注釋，讀者苦於斷續，不易得其文義。茲以一應訓注彙集每篇之後，考核詳備，校讎更精，既便誦讀，尤便參解，誠翰苑之驪珠，古學之津梁也。贈言堂主人謹識"。封面貼有小籤，印"草鹿所藏"，下用鋼筆書"昭明文選。前集自卷一至卷十五"。日人所爲也。此書於1952年得之日本。

《四庫全書總目》、《續修四庫全書》、《續修四庫全書總目提要（稿本）》未收。《中國古籍善本書目》未著録。

2649　明萬曆刻本文選　　　　　　　　　　　T5236.03/4.1

《文選》十二卷，梁蕭統輯，明張鳳翼纂注。明萬曆刻本。二十四册。半頁十一行二十二字，左右雙邊，白口，單魚尾。框高18.7釐米，寬12.4釐米。題"梁昭明太子蕭統選；明吳郡張鳳翼纂注"。前有蕭統自序。

張鳳翼，字伯起。長洲人。嘉靖舉人。好填詞，有聲於時，嘗作《紅拂記》等傳奇。

張鳳翼纂注《文選》除此本外，又有明萬曆十年書林余碧泉刻本，上海圖書館等五館藏；又一明萬曆刻本，行款與此本同，但有刻工，南京圖書館等四館藏；又一明萬曆刻本，行款同此本，但爲四周單邊，河南新鄉市圖書館藏；又一明萬曆刻本，行款同此本，但眉欄鎸評，目録及版心鎸"文選纂注評林"，上海圖書館等二十二館藏；又明何敬塘刻本，行款同此本，眉欄鎸評，藏廣西師範大學圖書館；又明葉敬溪刻本及明末刻本兩種，行款均同此本，眉欄亦皆鎸評，前者藏大連市圖書館，後者藏天一閣等四館。臺北"國家圖書館"有明萬曆八年刻本。

《四庫全書總目》未收。《中國古籍善本書目》著録，中國國家圖書館、上海圖書館等三十館亦有入藏。

鈐印有"陸郎"、"平原阿岳"。

2650　明萬曆刻本梁昭明文選　　　　　　　　T5236.03/4.19

《梁昭明文選》十二卷，梁蕭統輯，明張鳳翼纂注，惲紹龍參訂。明萬曆二十九年(1601)惲紹龍刻本。十二册。半頁十一行二十二字，四周單邊，白口，單魚尾，書眉上刻評，書口上方刊"文選纂注評林"。框高22.8釐米，寬14.1釐米。題"明吳郡張鳳翼纂注；晉陵惲紹龍參訂"。前有萬曆二十九年晏文輝序；開元六年(718)吕延祚進表；顯慶三年(658)李善上表；蕭統自序。

晏文輝序云："頃有惲生者，染指新章，耽情往翰，采蘴薹於緗紈，挹微言於殘竹，嘔飫膏液，

集　部

咀茹芳華,蓋庶幾博物君子哉！間嘗披覽六朝,字比而句櫛之,至於徵引之類、調切之法,無不加意。雖復子野諧聲,寄知音於後世；文信搆覽,懸百金於當時,居然無以相尚,緣捐貲付之剞劂,以公同志。"

惲紹龍,武進人。

《四庫全書總目》未收。《中國古籍善本書目》著錄,上海圖書館、吉林省圖書館等十館收藏。臺北"國家圖書館"(兩部)亦有入藏。美國普林斯頓大學葛思德東方圖書館有此書,但書名作《文選纂注評林》。又日本東京大學東洋文化研究所藏此書作明萬曆四十年序刻本,不知板同此否。

2651　明萬曆刻本文選纂注評苑　　　　T5236.03/4.11

《文選纂注評苑》二十六卷,梁蕭統輯,明張鳳翼纂注,陸弘祚輯訂。明萬曆余碧泉克勤齋刻本。存十二册。半頁九行十八字,四周單邊,白口,單魚尾,書眉上刻評。框高22.2釐米,寬13.3釐米。題"梁昭明太子蕭統選；明王世懋删定；張鳳翼纂注；陸弘祚輯訂"。前有萬曆二十四年(1596)沈一貫序,張鳳翼序,蕭統自序；陳仁子輯諸儒議論；顯慶三年(658)李善上表,開元六年(718)吕延祚進表。

《前集》卷一至八賦類,卷九至一三詩類、歌類、雜類,卷一四騷類；《後集》卷一五騷類、七類,卷一六詔類、册類、令類、教類、文類、表類,卷一七表類、上書類,卷一八啓類、彈事類、牋類、書類,卷一九書類,卷二〇書類、檄類、對問類、設論類、辭類,卷二一序類、頌類,卷二二贊類、符命類、史論類,卷二三史論類、史述贊類、論類,卷二四論類,卷二五論類、連珠類、箴類,卷二六銘類、誄類、哀類、碑文類、吊文類。

存卷一至六、卷九至二六。

沈一貫序云："《文選》一書,唐顯慶間,李善爲之注；開元間,吕延濟五人又爲之注。今《纂注》則出吴郡張鳳翼氏,而《評苑》又陸弘祚所成也。一書而不憚注釋,又不憚評品,果有神於《文選》耶？曰,古人造辭宏博,立意深遠,不有諸說爲之羽翼,則迷津蹈岐者衆,孰登康莊之境乎？故注之、纂之、評之不可已也。""兹《評苑》大旨,不襲注、不拘常,品藻書額之上,或評其結撰大綱,或評其編摩細目,析句分章,片言要字,靡不有評,可謂成一家之言矣。"

卷二六末有牌記,刊"克勤齋余碧泉新刊"。克勤齋余碧泉爲萬曆間建陽書林中人,又刻有《世説新語注》八卷、《秘傳常山楊敬齋針灸全書》二卷、《孔子家語圖》十一卷、《由拳集》二十三卷等。

《四庫全書總目》未收。《中國古籍善本書目》著錄。安徽省圖書館、江西省圖書館等四館,日本内閣文庫(兩部)亦有入藏。美國普林斯頓大學葛思德東方圖書館有明萬曆二十四年刻本,不知同此本否。

2652　清康熙刻本文選瀹注　　　　T5236.03/4.7

《文選瀹注》三十卷,梁蕭統編,明孫鑛評,明閔齊華瀹注。明末烏程閔氏刻清康熙六十年(1721)徐善建得板重印本。三十二册。半頁九行十九字,四周單邊,白口,無魚尾。書眉上刻評。框高20.9釐米,寬14.8釐米。題"孫月峰先生評閱；閔赤如先生瀹注；後學徐善建孝表、柯維楨翰周仝校"。前有崇禎七年(1634)錢謙益序，康熙二十年(1681)柯維楨序，蕭統原序。末有康熙六十年徐善建跋。

閔齊華，字赤如，浙江烏程人。崇禎中以歲貢任沙河縣知縣。高才閎覽，博極群籍，其於《文選》研覈有年。

瀹者，有疏通、洗滌之義。《孟子·滕文公上》："禹疏九河，瀹濟漯而注諸海。"趙岐注："瀹，治也。"《文心雕龍·神思》："疏瀹五藏，澡雪精神。"文選之學，多古文奧義，學者不能驟通，注家又多，委曲繁碎，讀不可了，使人畏其難而苦其勞，漸致蕪廢。此瀹注之爲書，提綱挈要，微顯闡幽，具有條理，使讀者豁然心開，有文從字順之樂，無鉤章棘句之苦。是書以六臣注本删削舊文，分繫於各段之下，復採孫鑛評語，列於書眉之上。蓋以批點制藝之法，施之於古人著作也。

柯維楨序云："《文選》注行於今者，李善、五臣，各自名家，大抵援引浩博，其多倍於本書。明張鳳翼氏始删煩就約，釐爲《纂注》，盛行於代，顧其間裁擇未精，踳駮時見。吳興閔赤如先生，老於選學，復爲《瀹注》一書，綜括六臣疏證，伯起名物義理，詮釋無遺，簡而明，曲而該，諸家之所不及。余髫年讀《選》，酷愛此本，頃獲與先生之孫來之爲同年生，問其書，則鏤版具存，而刓缺無次。來之因以見歸，輒爲訂訛補漏，重加剞劂，遂爲完書。"

徐善建跋云："余亡友柯子翰周有雋才，弱冠省親京師，即交海內名宿，藝日工而道日廣矣。居里門，獨與余友善，號稱耐久。翰周於書無所不窺，尤嗜《文選》，嘗謂余：人非精熟《選》體，文必不能雅馴。又謂《文選》注本甚多，惟《瀹注》爲疏通簡要。余服其知言。《瀹注》本，吳興閔氏書。乙卯，翰周與來之閔子同舉於鄉，因購得原板以歸，而□蝕殆半，亟命工補綴得完。己未，赴博學宏詞之召，挾數百本懸諸國門，一時爭售，庶幾《文選》之學復興於世歟。乃御試有期，而翰周以外艱歸矣。摧毀之餘，幽憂致疾，日就沉綿，至丁卯而劇，病中頗厭煩黷，雖家人希得見，然聞余足音，則歡然相接，劇談竟日，不知疾之在其體也。易簀前數日，忽枉手札，以《瀹注》板畁至，鄭重付托，豈自愛身後名耶？抑嘉惠後學之意居多也。余受而弆藏三十餘年矣。昔蔡中郎有云，吾家書籍盡與王粲。倘古人之情有同於今，則此書之傳否，洵後死者之責，而忍任其漫漶銷蝕，以負亡友耶？丁酉之冬，余大病幾死，病痊，益懼此書之淹沒，抱歉於九原，乃復詳加校訂，而字畫之間，尚有魚魯之誤，鳩工刊正，庶稱完書。行將勉力刷印，廣爲流傳，聊贅數語，以志知己之感，存沒之痛，而數年來校對刊誤，亦與有微勞焉。""乙卯"，爲康熙十四年；"己未"，爲康熙十八年；"丁卯"，爲康熙二十六年；"丁酉"，爲康熙五十六年。

閔氏是書最早爲天啓間所刻，書名爲《孫月峰先生評文選》，題"烏程閔齊華瀹注"。有崇禎七年錢謙益序及蕭統原序，又有《凡例》十三則，書眉上無評。

此本有扉頁，刻"梁昭明文選六臣全注。□□□□校定。□□□□年重鐫。懷德堂藏板"。並鈐有"文選考注一書，海內奉爲拱璧，第行世已久，字跡漶漫，苦無善本。本坊不惜工價，重刊精較，迥與汀板不同，識者甄之"。按，"重鐫"前佚去之四字，被後人用筆妄寫爲"康熙四"三字。

《四庫全書總目》入集部總集類存目。《四庫全書存目叢書》第287册收入，底本爲廣西師範大學圖書館所藏明末烏程閔氏刻本。《中國古籍善本書目》未收此康熙本，著錄有明天啓刻本，北京大學圖書館、清華大學圖書館等十八館皆有入藏。又《清華大學圖書館藏善本書目》、美國《普林斯頓大學葛思德東方圖書館中文舊籍書目》著錄有明末烏程閔氏刻清康熙二十年柯維楨重修本，或有所據。又《湖南省古籍善本書目》著錄有明天啓二年刻本。

鈐印有"精敏臺藏書"、"雨山草堂"。

集部

2653　明天啓刻套印本文選尤　　　　　　　　T5236.03/4221

《文選尤》十四卷,梁蕭統輯,明鄒思明刪訂。明天啓二年(1622)刻三色套印本。八册。半頁八行十八字,四周單邊,白口,無魚尾,書眉上刻評。框高 20 釐米,寬 14 釐米。題"梁昭明太子蕭統選;明西吳鄒思明評閱;男德延校"。前有韓敬序;《凡例》八則。

鄒思明,字汝誠,號見吾,烏程人。嘉靖四十三年舉人,初令霍山,再令彭澤,兩邑俱有清鄒之頌。歸而四壁蕭然,獨嗜趙文敏書法,乞書者履滿户外。《(光緒)烏程縣志》卷一四《人物》有傳。

尤者,優異、突出也。《莊子·徐無鬼》云:"夫子,物之尤也。"

是書原有朱國禎序、鄒思明自序,此本佚去。據王重民《中國善本書提要》所録朱序云:"我湖鄒見吾先生,靈慧性成,力研墳典,而居恒好譚名理,學有本源。蚤年藻思横發,輒建藝壇旗鼓,先余而舉,與共事公車時,每相晤,上下古今,已而先生出其緒餘,兩宰名邑,以文章飾吏治,有卓績。而冰操凛凛,尤著清譽,故歸而蕭然四壁。時寄興於詩,余得隨杖履,一日出篋中《文選尤》示余,蓋先生暇日諸郎君所趨庭而相授受者也。"

其《凡例》有云:"批評或採諸别簡,或出諸愚衷,總期闡發作者心事,融會作者精神,非敢以虚詞塗飾也。""圈點必於着意處、結脉處、歸重處、奇幻靈變處、韶令華贍處,則不嫌繁密,非漫以采綺斗捷也。""綴言有朱、有緑、有墨,各有所取。總評分脉,則用朱;細評探意,則用緑;釋音義、解文辭、考古典,則用墨,觀者辨之。"

《四庫全書總目》入集部總集類存目。《中國古籍善本書目》著録,南京圖書館、浙江圖書館等二十八館收藏。臺北"國家圖書館"(作明天啓二年吳興閔氏刊朱墨緑三色套印本,或有閔氏所刊之依據)及美國普林斯頓大學葛思德東方圖書館、國會圖書館(王重民《中國善本書提要》著録三部,一不知藏何館,作明三色印本;一藏國會館,作明朱墨印本,誤)、日本内閣文庫亦有入藏。

2654　明刻本選詩補注　　　　　　　　T5237.06/7274

《選詩補注》八卷,元劉履撰;《補遺》二卷《續編》四卷,元劉履輯。明刻本。十册。半頁十行二十字,四周雙邊,黑口,雙魚尾。框高 21 釐米,寬 13.2 釐米。題"上虞劉履補注"。前有闕名序(佚去後半頁),至正二十五年(1365)夏時序;《凡例》十二則。

劉履,字坦之,上虞人。入明不仕,自號草澤閒民。洪武間,浙江布政使强起之,至京師,以老疾固辭,遣還,未及行而卒。

卷一漢詩三十五首,卷二魏詩三十四首,卷三魏詩十六首、晉詩二十一首,卷四晉詩三十七首,卷五晉詩三十七首,卷六宋詩二十五首,卷七宋詩二十六首,卷八齊梁詩十六首。共二百四十六首。《補遺》卷上唐虞,卷下漢魏晉,共四十二首。《續編》收唐宋詩。

闕名序云:"《風雅翼》者,中山劉坦之先生之所輯録。既繕寫成書,其友謝君肅來告曰,先儒朱文公,嘗欲掇經史韻語,及《文選》古辭,附於《詩》、《楚辭》之後,以爲根本準則。又欲擇夫《文選》以後之近古者,爲之羽翼與衛焉,書未及成而即世。吾鄉劉先生,蓋聞文公之風而興起者也,故取蕭昭明所選之詩,精擇而去取之,至其注釋,亦以傳《詩》注《楚辭》者爲成法,所謂《選詩補注》者是也。他若唐虞而降，以至於晋，凡古歌辭之散見於傳記諸子集者，則又別爲簡拔，題之曰《選詩補遺》。此外，又有《選詩續編》，乃李唐趙宋諸作。二編亦皆有注，視《補注》差略。《補注》凡八卷，《補遺》二卷，《續編》四卷，合十四卷，以其可爲風雅之羽翼也，故通號曰《風雅翼》。"

是書版本較爲複雜，明代有數刻：一明初刻本，八行二十字，四周雙邊，黑口；一明宣德九年陳本深刻本，十行二十字，四周雙邊，黑口，有刻工；一明天順四年刻本，十行十九字，左右雙邊，白口；一明弘治十四年王璽刻本，十行二十字，四周雙邊，黑口；一明嘉靖四年蕭梅林刻本，十行十九字，左右雙邊，白口；一明嘉靖三十一年顧存仁養吾堂刻本，十行十九字，左右雙邊，白口；一明刻本，十行二十字，四周雙邊，黑口；一明刻本，十行二十字，四周雙邊，白口。此本《續編》卷末被割去數行，疑或有刻書牌記之類。疑此與明刻（黑口）本或弘治王璽本同。美國普林斯頓大學葛思德東方圖書館有明初刻本，但存《補遺》二卷《續編》四卷。

金鑲玉裝。

《四庫全書總目》入集部總集類（作《風雅翼》）。

鈐印有"梅花草堂"、"墜山謙"、"朱樨之印"、"九丹"、"尚同經眼"、"汪印兆鯨"、"莘畯"、"履研齋"。

2655　明刻套印本選詩　　　　　　　　　T5237.03/4221

《選詩》七卷，梁蕭統輯，明郭正域評點，凌濛初輯評；《詩人爵里》一卷。明凌濛初刻朱墨套印本。六册。半頁八行十八字，四周單邊，白口，無魚尾，眉端上刻評。框高20.4釐米，寬14釐米。題"梁昭明太子蕭統選；江夏郭正域批點；吳興凌濛初輯評"。前有凌濛初序；《凡例》九則；《批評選詩名公姓氏》。

其《凡例》有云："注從六臣中取其簡明者節錄之，取可解而止。""圈點，諸家無本，止郭明龍有批評《文選》本，今悉依其筆。"此本乃據《文選》詩甲至詩庚，選其部分，仍其舊第爲七卷。每集後皆有訂注。

凌濛初序云："言選詩者，當按選於理，徵理於選，可以直指，可以微言。""上下若干年，言選詩者不一，大都印義詮微，互有證發。邇來郭太史明龍所摻觚，高視闊步，得其大端。郭有顓本行世，而諸家之言，僅散見於殘管蝕帙中，無彙而輯之者。余感少陵語，沉湎濡首，雖固陋未及備蒐，一臠之嘗，竊有取焉。"

《四庫全書總目》未收。《中國古籍善本書目》著錄，中國國家圖書館、上海圖書館等三十八館收藏。臺北"國家圖書館"（四部）及美國國會圖書館亦有入藏。

鈐印有"巴陵方氏碧琳琅館珍藏古刻善本之印"、"巴陵方氏功惠柳橋甫印"、"碧琳琅館珍藏"、"功惠珍藏"。

2656　明刻套印本選賦　　　　　　　　　T5240.03/4221

《選賦》六卷，梁蕭統輯，明郭正域評點；《名人世次爵里》一卷。明凌氏鳳笙閣刻朱墨套印本。六册。半頁八行十八字，四周單邊，白口，無魚尾，書眉上有評。框高20.3釐米，寬14釐米。題"梁昭明太子蕭統選"。前有凌森美識語；《梁昭明傳》；梁昭明序；《唐李學士行略》；《李善上注表》。

　　凌森美識語云：“余見詞壇摻觚，擬都麗嫻雅，動稱昭明《選賦》云，顧文繁意奧，句裂字綴，每爲咕嗶所苦。江夏郭明龍先生，削以丹鉛，加之品隲，甕牖繩樞之子，亦得側弁而哦矣。先儒用修，當世博雅，著籍幾百種，或間有發明者，聊復綴之首，玉屑盈車，兼潤全璧耳。若句字獨李善詳確，五臣荒陋，識者所歎，力加校訂，實不敢諆。”

　　《四庫全書總目》未收。《中國古籍善本書目》著錄。上海圖書館、南京圖書館等三十七館，臺北"國家圖書館"（四部）亦有入藏。

2657　清乾隆刻本文選音義　　　　　　　　　　　　　T5236.03/4.89

　　《文選音義》八卷，清余蕭客輯。清乾隆二十三年（1758）靜勝堂刻本。二册。半頁八行十九字，四周雙邊，綫黑口，無魚尾。高17釐米，寬11.7釐米。題"吳郡余蕭客仲林輯著；同郡金旦評又砎、朱燦華和中參定"。前有乾隆二十三年（1758）沈德潛序，乾隆二十三年余蕭客自序。

　　余蕭客，字仲林，江蘇吳縣人。布衣。江藩《漢學師承記》云：“余氏以漢學名，自幼受《文選》於其母顔氏。年甫三十，即於《爾雅釋》、《爾雅釋》之外，成《文選音義》八卷。”余氏深於文選學，因名其樓曰選音，有《選音樓詩拾》。又有《古經解鉤沉》。

　　是書乃據何焯校毛氏汲古閣本，而於李善注、五臣注分析頗精。余氏自序云：“前輩何義門先生，當士大夫尚韓愈文章，不尚文選學，而獨加賞好，博考衆本，以汲古爲善。晚年評定，多所折衷，士論服其該洽。然諸書散見與《文選》出入者，尚多可采，輒不自料據何爲本，益以所聞，摘字爲音，作《音義》八卷，先盡善注本音，次及六臣舊刻所補，二書未備，乃復旁及。其字一從汲古，諸本異同參注其下。葉韻則從沈重改音，古音則從入韻偶見，音葉無考，則從闕疑。五臣注可備一説及可補善注闕者，百無一二。今每卷擇稍可數條，列於音後，並注昭明李善序表。别舊訓之朱紫，備一家之瞽説，未敢謂善注功臣，然校正數十處，補遺數百事，未嘗稍亂李氏舊章。”

　　然《四庫全書總目》列入存目，約舉其失數端，一曰引證亡書，不具出典；一曰本書尚存，轉引他籍；一曰嗜博貪多，不辨真偽；一曰摭拾舊文，漫無考訂；一曰疊引瑣説，繁復矛盾；一曰見事即引，不究本始；一曰旁引浮文，苟盈卷帙；一曰鈔撮習見，徒溷簡牘。《總目》所云，頗中余之失誤。《漢學師承記》又云：“余氏是書，本悔少作，然久已刊行，乃別撰《文選雜題》三十卷。病革之時，以付弟子朱敬輿。敬輿寶爲枕中秘，以是學者罕知之。”巴陵方氏刻《碧琳瑯館叢書》中有《文選雜題》，書中泛引群籍至數百種，意取疏通選義，頗嫌雜遝，不盡本原。

　　沈德潛序云：“布衣余仲林，年三十，幼有異禀。家甚貧，而書卷不啻以千計，皆奔走數十里，或扁舟，或徒步。聞一異書，必借抄，或得觀乃已。性淡於榮利，鍵户讀古二十年矣。所居非南山之南，北山之北，而人間寂寂不聞有斯人名字。今歲七月，以所著《文選音義》八卷介予門人玉臚蔣生問序於余。余未暇讀其書也，一再觀其序，則自曹憲以前，李善以後，所謂熟精《文選》理者，其論皆未嘗及此。雖謂選學復興源流，當自此序入可也。至於爲音，倣陸德明而有餘，其義補李崇賢所未及。世所挾爲誇多鬭靡之具，皆棄置不復道。蓋以辟塵犀自衛，而球琳重錦，充牣其中，誠足爲昭明之功臣，李注之益友。義門先生手評，素推博洽，今入此書，僅居十之三四，不覺前賢畏後生，於仲林《音義》書益信。仲林，名蕭客，吳縣人，寒素復門之士。其詩淡雅，不多作，有作輒工，蓋非獨有得於《文選》者。”

此本有扉頁，刻"文選音義。吳郡余仲林輯著。沈歸愚先生定。全載何義門先生考訂舊評。静勝堂藏板"。每卷第一頁及末頁書口中部多刻有"静勝堂"三字。"弘"字避帝諱。

《四庫全書總目》入集部總集類存目。《四庫全書存目叢書》第288冊收入，底本爲私家藏本。《中國古籍善本書目》不收。《北京大學圖書館藏古籍善本書目》、《清華大學圖書館藏善本書目》、《中國人民大學圖書館古籍善本書目》、《中國科學院圖書館藏中文古籍善本書目》、日本《內閣文庫漢籍分類目録》均有著録。

鈐印有"曉畦圖記"、"澤總清"。

2658　清乾隆刻本重訂文選集評　　　　　　T5236.03/4S

《重訂文選集評》十五卷，清于光華輯。首一卷末一卷。清乾隆四十三年(1778)鍾綱刻本。十六冊。半頁九行二十字，左右雙邊，白口，單魚尾。框高13.3釐米，寬10.5釐米。書口下刻卷數。題"金壇後學于光華悭介編次；男壎伯吹、堅式玉、垮峻如、域超畛校字"。前有乾隆四十三年黃燁照序，乾隆三十七年(1772)秦鎮鑌序，乾隆三十七年金嘉琰序，乾隆四十五年(1780)鍾綱序，于辛鍊序，乾隆四十三年于光華自序；乾隆四十三年于光華撰《重訂凡例》七則；乾隆三十七年于光華撰《凡例》十七則。末有蔣國昌跋，王彬跋，乾隆三十七年邱先德跋，楊師韓跋，吳廷璐跋。

于光華，字悭介，又字晴川，江蘇金壇人。嘗任羊城鳴皋書院講席。顧其生平篤嗜《文選》，研精覃思獨深。又著有《心簡齋集録》、《四書句讀辨》、《四書字體辨》等。

是書據何義門本爲藍本，並採諸家評論，《文選瀹注》所載孫月峰評，全録無遺。餘如《纂注》、《評林》、《約注》等，亦各採其一二。其注解則本汲古閣原注而刪其復出者。此外圈點畫乙，科條亦極煩密。初刻於乾隆壬辰(三十七年)，越戊戌(四十三年)而又加重訂，自謂得何氏初次評本，支分節解，於初學尤宜。

卷一賦(京都)；卷二賦(郊祀、耕籍、畋獵、紀行、游覽、宮殿)；卷三賦(江海、物色、鳥獸、志)；卷四賦(哀傷、論文、音樂、情)；卷五詩(補亡、述德、勸勵、獻詩、公讌、祖餞、詠史、百一、游仙、招隱、游覽、詠懷、哀傷)；卷六詩(贈答、行旅、軍戎、郊廟)；卷七詩(樂府、挽歌、雜歌、雜詩、雜擬)；卷八騷、七、詔、冊、令、教、策問；卷九表、上書、啓、彈事；卷一〇牋、奏記、書；卷一一移書、檄、難、對問、設論、辭、序；卷一二頌、贊、符命、史論、史述贊；卷一三論；卷一四連珠、箴、銘、誄、哀文；卷一五碑文、墓志、行狀、弔文、祭文。首一卷爲蕭統原序、李善上文選注表、體辨集說、姓氏小傳。末一卷爲葉星衛附注。

秦鎮鑌序云："金壇于君，一日持一編見示，顏其名曰《文選集評》，蓋據義門先生爲藍本，復取諸家評論，薈萃精覈，標識簡端，舉目豁如，於以嘉惠來學，足使人盡讀《選》而不覺其詞義之艱深也。嗟乎！《選》可讀經，評可輔注，江夏功臣，其在是哉。"

黃燁照序云："吾友于君晴川，胸次磊落，綽有國士風，而遇與才左，彌形斂約，不自炫其聰明，滴露研硃，情殷汲古。余讀其鐫板行世之書極富，若《文選集評》十五卷，原本六臣，根據於汲古閣，復準繩於前輩何義門、孫月峰兩先生評論，更裒集諸家善本，採取引證以羽翼之，聲韻音義靡不詳盡。故其書不脛而走，海以內莫不爭先睹爲快，其嘉惠藝林之苦心，可與天下共見矣。猶復欿然於中，惓惓不已，爰兼收邵氏手評、方氏集成二書，採擇以備所未逮。噫嘻！豈非端木氏所引《衛風》切磋琢磨之遺意歟？鍾君澹齋，與晴川投契最深，重訂之役，慨然捐貲，再壽梨棗,俾操觚之家得以條分縷晰,由藩翰而窺堂奧,不朽之業,澹齋直與晴川共之矣。"

此本爲鍾綱出貲所刻,鍾綱序云:"書既成,適前刻已漫漶,讎校諸君皆願急登棗梨,以公同好,而俾余襄成剞劂之役焉。余既幸汲古之家得是書爲圭臬,其沾溉良非淺尠。"又《重訂凡例》云:"兹編草成,錫山鍾君澹齋綱見而善之,因前刻坊板浸腐,而兹編所集,更爲完備,遂捐貲付梓。期年工竣,同人稱快,他日傳播士林,有益選學,皆鍾君之力也。"

此本刻於廣州。有扉頁,刻"重訂昭明文選集評。金壇于惺介編。乾隆己酉重鐫。有懷堂雕板"。"玄"字避帝諱。

《續修四庫全書》、《續修四庫全書總目提要(稿本)》未收。《中國古籍善本書目》只收有名人批校之本,它皆不入目。

鈐印有"誦芬書屋"、"如射書堂圖書記"。

2659　清末抄本文選考異　　　　TNC5236.03/4.03

《文選考異》一卷,清闕名輯。清末抄本。一册。半頁十行二十一字,無框格。無序跋。

此本第一頁首行題"李善與五臣同異附見於後"。將《文選》六十卷中李善與五臣注之同異俱列,如卷一《西都賦》"鋪菜",五臣作"敷紛";"綸連",五臣作"編連";"修其營表",五臣作"擇其"。《東都賦》"填流泉",昭明諱順,故改爲"填",五臣作"順";"抑抑威儀",五臣作"皇儀"。

共四十一頁,端楷精鈔。

鈐印有"雲輪閣"、"荃孫"、"曾經藝風勘讀"。

2660　明隆慶刻本文苑英華　　　　T5236.05/4462

《文苑英華》一千卷,宋李昉等輯。明隆慶元年(1567)胡維新、戚繼光福建刻本。存二百零三册。半頁十一行二十二字,四周單邊,白口,單魚尾,書口下有刻工。框高20.9釐米,寬15.2釐米。目録頁題"翰林院學士朝請大夫中書舍人廣平縣開國男食邑三百户上柱國賜紫金魚袋宋白等奉勅纂"。前有隆慶元年涂澤民序,隆慶元年胡維新序;周必大撰《纂修文苑英華事始》。

是書爲李昉、扈蒙、徐鉉、宋白等編,蘇易簡、王祐等續修,雍熙三年成書,上承《文選》,輯録南朝梁末至唐末作家二千二百餘人,作品近兩萬篇,文章體裁繁多,分賦詩等三十八類。其中南北朝詩文居十分之一,唐人詩文占十分之九。唐代散佚諸集,多賴此書而得存。

南宋以來,是書共刊刻過兩次,第一次在宋寧宗嘉泰元年開雕,到嘉泰四年秋天完工,爲周必大所刻,今僅存一百三十卷,藏中國國家圖書館。第二次所刻即爲此本,明嘉靖四十五年,經福建巡按御史胡維新倡議,巡撫涂澤民及總兵戚繼光贊助,於當年六月上板,次年(隆慶元年)成書。萬曆間,曾對原板作了修補。此刻所據底本爲明抄本,成書又極爲倉卒,故錯誤甚多。目録及序佚去。

胡維新序云:"余嘗欲購其全編,梓而傳之,且有未逮者。丙寅歲,余祗命按閩,遣侍御顔君冲宇,論文於武林道中,因語之曰,《苑》之傳也,宋有刻也,然藏之御府,昔非掌中秘之書者不獲見,而今并逸之矣。儒林家傳有善本,又以卷帙繁灝,繕録非經年不可,故寒畯之士,慕而觀之,且弗能也,又何暇録而傳也。余是行其將梓之……六月,入閩境,遂以白於督撫任齋涂公,嘉之贊決之,乃肇謀始役焉。故主令率先捐廩奠費,則督撫公之首文也;劃謬證疑、銓次補逸,則藩臬諸君之協襄也;鳩工廑程、繕書校刻,大將軍孟諸戚公及福州太守胡君帛、泉州太守萬君慶之奏勞也。不數閱月,《苑》文刻成,孟諸公命副軍金科告余竣事。"胡維新,時任巡按福建承事郎、江西道監察御史。

此本刻工有劉亨、詹宏、蔡昰、周在、劉和、余傑、蔡希、余仕、吳長春、詹卿、黃釜、黃安、蔡時、余宗、周欽、黃春、陸達、陸毛、陸奇、陸賜、陸生、曾軌、曾志、曾共、熊興、助富、余生、太榮、榮建、劉清、吳四、伯太、李子、虞應、朱儉、陳得、吳昭、吳郎、一清、陳二、黃四、余成、周三、朱卿、黃文、詹四、詹八、朱用、劉張、朱清、張福、文力、朱高、崇勝、余啓、劉五、黃乃、余五、六桀、曾七、范志、劉目、王堅、詹崇、六旺、王時、葉三、張員、王定、陳生、余吉、王進郎、劉五、余伕堅、余堅、葉太、張福興、余伕賜、吳茂森、王妳成、曾洪、曾保、伯奇、蔡友、王成、周壽、陳興、葉俻、陸文、劉壽、周聲、陸華、范洪、葉智、王煜、文世、曾佛、龔相、六付、六富、余仕宗、周昊、曾伕、陸七、周全、張興、余海、後進、陳貴、陳能、黃朝、熊四、張貴、朱銑、朱良、北斗、張子、余明、蔡三、吳長富、張恩、范福、楊高、毛奴、余毛、朱牛、朱茂、余文吉、王仁、葉東、伯奇、王定、王定還、江宣、余當、張旺、曾一、葉再興、余要等。

《四庫全書總目》入集部總集類。《中國古籍善本書目》著錄。中國國家圖書館、上海圖書館等六十館,臺北"國家圖書館"(五部)及美國國會圖書館、普林斯頓大學葛思德東方圖書館(兩部)、日本內閣文庫、尊經閣文庫、静嘉堂文庫、京都大學人文科學研究所、東京大學東洋文化研究所亦有入藏。

2661　明隆慶刻萬曆遞修本文苑英華　T5236.05/4462B

《文苑英華》一千卷,宋李昉等輯。明隆慶元年(1567)胡維新、戚繼光福建刻隆慶六年(1572)、萬曆六年(1578)、三十六年(1608)遞修印本。一百零一冊。半頁十一行二十二字,四周單邊,白口,單魚尾,書口下有刻工。框高20.8釐米,寬15.1釐米。目錄頁題"翰林院學士朝請大夫中書舍人廣平縣開國男食邑三百戶上柱國賜紫金魚袋宋白等奉勅纂"。前有隆慶元年塗澤民序,隆慶元年胡維新序;《纂修文苑英華事始》(周必大撰)。

是書補板之頁,於書口下可見。如卷九百九十三第一頁書口下刊"萬曆六年重刊";卷九百九十七卷第五頁書口下刊"三十六年重刊"。

《四庫全書總目》入集部總集類。《中國古籍善本書目》著錄。中國國家圖書館、上海圖書館等二十五館,臺北"中央研究院"史語所及日本東京大學東洋文化研究所亦有入藏。

鈐印有"楊顯楷子端印"、"出類拔萃至善時中"。

2662　明嘉靖刻本廣文選　T5236.07/7282

《廣文選》六十卷,明劉節輯。明嘉靖十六年(1537)陳蕙刻本。十冊。半頁十一行二十一字,四周單邊,白口,單魚尾,書口下有刻工。框高20.9釐米,寬14.5釐米。題"明都察院右副都御史大庾劉節廣、巡按直隸監察御史晉江陳蕙校"。前有王廷相序,嘉靖十二年(1533)呂柟序,嘉靖十一年(1532)劉節序;《凡例》十二則。

劉節,字介夫,南昌人。弘治十八年進士,歷任浙江左布政使。好賢禮士,見學官弟子,每延款而咨訪之，不屑以俗吏自居。仕至刑部侍郎致仕。又有《梅國集》等。

是輯乃爲補《文選》之遺。卷一至七賦，卷八至一五詩，卷一六至一八騷，卷一九詔，卷二〇璽書、賜書、策、敕、諭，卷二一令、教、策問、表，卷二二至二四上書，卷二五至二八疏，卷二九疏、啓、彈事，卷三〇封事，卷三一至三二議，卷三三對，卷三四對策，卷三五對策、牋、奏記，卷三六至三七書，卷三八檄、對問、問，卷三九至四〇設論，卷四一至四二序、記，卷四三至四四頌、贊，卷四五符命、史論，卷四六史論、史述贊，卷四七至四八傳，卷四九至五二論，卷五三說、箴，卷五四銘、誄，卷五五哀、哀辭、吊文、祭文、祝文、墓志、行狀，卷五六碑文，卷五七至六〇雜文。

王廷相序云："今少司寇梅國劉公，乃博稽群籍，撿括遺文，萃所不及《選》者，命曰《廣文選》，總八十二卷。宣明往範，垂示來學，俾後生小子盡覩古人之擬，不亦盛心乎哉？揚州守侯君季常，仰惟茲編有禆詞囿，乃命葛生澗校正壽梓行之。"

此本佚去陳蕙跋。據《四庫全書總目》云："卷末有晋江陳蕙跋，稱節舊本所錄，凡千七百九十六篇，其中譌字逸簡雜出，又文義之甚悖而俚者間在焉。迺以視釐之暇，與揚郡守王子松、教授林璧、訓導曾辰、李世用，共校讎增損之，刻置淮揚書院，刪去二百七十四篇，增入三十篇云云。則此本爲蕙等重編，非節之舊矣。"《四庫》所收爲六十卷本。

此書原輯八十二卷之嘉靖十二年揚州知府侯秩刻本，上海圖書館、吉林省圖書館等七館，臺北"國家圖書館"均有入藏。

此本有刻工文華、徐敖、張朝、王禾、廷佩、易里、周全、王文、劉鎮、晏仁、吳文、王賢、王倫、周宣、王武、易昆、張尊、李昆、萬章、王爵、胡之、張經、劉元、周相、大用、劉正。

《四庫全書總目》入集部總集類存目。《中國古籍善本書目》著錄，上海圖書館、南京圖書館等十九館，臺北"國家圖書館"（四部）、美國普林斯頓大學葛思德東方圖書館（作明嘉靖十六年揚州書院刻本）、日本內閣文庫、尊經閣文庫亦有入藏。

鈐印有"歙西方氏家藏"、"古岩方氏"。

2663　明崇禎刻本續文選　　T5236.47/3223

《續文選》三十二卷，明湯紹祖輯。明崇禎二年（1629）湯穉珪希貴堂刻本。十六册。半頁十行二十字，左右雙邊，白口，單魚尾，書口中下刻刊工及字數，書口下間有刊工并刻"希貴堂"。框高 21.2 釐米，寬 13.7 釐米。題"明平原湯紹祖公孟撰"。前有陳懿典序，湯紹祖自序，崇禎二年湯穉珪重刻序。

湯紹祖，字公孟。浙江海鹽人。

是書成於萬曆三十年，采自唐及明詩文，以續昭明之書。然所錄止唐人、明人，無五代、宋、遼、金、元。又明人惟取正德、嘉靖後七子一派，洪武、永樂以來劉基、高啓諸人，僅錄一二。所分門目，一從《文選》。卷一至五賦，卷六至一三詩，卷一四騷，卷一五七、詔、册，卷一六令、教、策問、表，卷一七上書、啓、彈事、牋、奏記，卷一八至二〇書，卷二一檄、對問、設論、辭，卷二二至二三序，卷二四頌，卷二五讚、符命，卷二六史論、史述讚，卷二七論、連珠，卷二八箴、銘、誄，卷二九誄、哀，卷三〇碑，卷三一墓志，卷三二行狀、吊文、祭文。

陳懿典序云："近來得鹽官湯公孟所編《續文選》，讀之深嘆其苦心焉。""聞其長君茂先，曾爲茲編作注，未竟，齎志而没，注亦散佚。令其書存，當於五臣之注《文選》同傳。今其次君元纘自梁，皆美秀能文，善讀父書。而其孫穉珪，克繼祖志，精研古集，重爲整頓。"

湯穉珪重刻序云："余王父，天授異姿，沉酣學海，纘續《昭明文選》一書，雖功令彷梁儲君，而自出手眼，仍是不可無一、不容有二之業也。書成，授先子。先子性躭鉛槧，會精神於筆墨之表，從而箋釋之。彼五臣之注，猶屬異代，而此則趨庭授受，更覺親切。業未就，而賫志以歿。蓋余生甫彌月，而慟見背也。迨余長，知讀書，披搜前業，感典型之不朽，攬手澤之如新，怳若祖父精氣，不呼而應。懼以埋光匣彩，滋荒墜之愆，爲是重新梨棗，流傳通都，寶血脉於一家，志風雅於當代，即未敢謂紹述大志，補先人未了之事，而斤斤守府，不墮墨城。"

刻工有楊、陳、明、陶、思、夏、馬、山、丘、潘、張、中等。

《四庫全書總目》入集部總集類存目。《中國古籍善本書目》著録，中國國家圖書館、上海圖書館等二十三館有明萬曆三十年希貴堂刻本。臺北"國家圖書館"有明萬曆二十九年海鹽湯衎希貴堂刻本。美國普林斯頓大學葛思德東方圖書館有明萬曆間希貴堂刻本，日本內閣文庫有明希貴堂刊本。疑以上各館所藏或有與此相同者。

鈐印有"海豐吳氏"、"波穩外珍藏印"、"手澤存焉"、"唐寶衡書畫印"、"鴟安校勘秘籍"。

2664　明崇禎刻本精刻古今女史　　T5236.07/4844

《精刻古今女史》十二卷《詩集》八卷《姓氏字里詳節》一卷，明趙世杰輯。明崇禎問奇閣刻本。十二册。半頁九行二十字，四周單邊，白口，單魚尾，書眉上刻評。框高20.1釐米，寬13.5釐米。題"武林趙世杰問奇選輯；仁和江之淮道行參訂"。前有崇禎元年(1628)錢受益序，趙如源序；趙世杰撰《凡例》六則。

趙世杰，字問奇，武林人。

卷一賦，卷二文，卷三序、傳，卷四疏，卷五表，卷六上書、狀、啓、牋，卷七詔、策、敕、璽書、令，卷八書，卷九歌、詞、引、跋、論、語，卷一〇記、頌、贊、銘，卷一一哀册文、祭文、志銘、行狀、誄，卷一二詩餘。《詩集》卷一古歌，卷二五言古，卷三七言古，卷四五言絕句(附六言雜詩)，卷五至六七言絕句，卷七五言律(附五言排律)，卷八七言律詩(附七言排律及雜體詩)。

錢受益序云："余友趙濬之曁長君問奇，精心墳典，博覽古今，編成是帙。蓋與左丘明、太史氏並駕中原，非徒稗官小說、《虞初》、《豔異》可同年而語也。"

趙如源序云："余不慧，每於燈牕蘿薜之餘，課子世杰，抽繹百家，漁獵稗官傳載，輯選古今名媛，自皇娥、嫘祖以還，下迨春秋戰國、漢魏六朝曁唐宋，以及昭代，其間蘭儀玉度、寶跗芸編、琢玉鏤金、剪霞裁雪、吐鳳唾珠、輝煌竹册、文章詩賦、擲地作金聲者，計共二十卷，命之《女史》。蓋與史乘共昭合德之義，俾天下後世曉然，知女學士猶勝鬚眉婦人哉！其於風化之原，未必不無少補云。"

其《凡例》有云："是集也，選於歲首，竣於孟冬，但人物代生，見聞有限，窮荒絕域，必有遺珠，海內君子，或有採拾，幸爲郵寄本坊，以繕其後，則補偏之益大矣。""選集古文，坊刻繁甚，每於婦女，遺棄不録。孰知宮閫中儘多名作，感慨激烈，倍於男子。不佞是選，實有裨於舉業者。如烈女、仙女、豪俠、孝義等類，有事無文，悉令選入《名媛志》中，俟季冬刻竣行世。"據此，趙世杰，當爲書林之人。

此本有扉頁，刊"古今女史。問奇閣藏板"。又刊"閨閣詞章，久爲傳誦，須家標世揭，始成全帙，儻俯近遺遠，終非大觀。是集也，上遡秦漢，下迄元明，搜翠幙之瓊瑤，馨香奩之錦繡，綜□既精，校讎復權。海內博覽鴻儒，自具鑒賞。問奇主人識"。

《四庫全書總目》未收。《中國古籍善本書目》著錄,天津圖書館、浙江圖書館等三館亦有入藏。另上海圖書館、南京圖書館、浙江圖書館等八館及美國國會圖書館、普林斯頓大學葛思德東方圖書館、日本內閣文庫、東京大學東洋文化研究所有明崇禎刻本,行款皆同此本,不知兩本有何區別。又據《北京圖書館古籍善本書目》著錄,此書書名前未有"精刻"二字,是著錄失誤,還是另一版本,則不得而知。

館藏有複本一部,十四冊。金鑲玉裝。鈐印有"浮青水榭圖書"。

2665　明崇禎刻本玉臺新詠　　　　　　　　　　　　　　　T5237.03/2974B

《玉臺新詠》十卷,南朝陳徐陵輯。明崇禎六年(1633)趙均刻本。二冊。半頁十五行三十字,左右雙邊,綫黑口,無魚尾。框高21釐米,寬13.8釐米。題"陳尚書左僕射太子少傅東海徐陵字孝穆撰"。前有徐陵自序。末有陳玉父後序。

徐陵,字孝穆。東海人。八歲能文,釋寶志摩其頂曰,此天上石麒麟也。仕梁爲通直散騎常侍。陳受禪,加散騎常侍。安成王頊輔政專橫,陵奏劾之,朝廷肅然。所爲文頗變舊體,辭藻綺麗,與庾信齊名,世號徐庾體。

是書爲繼《詩經》、《楚辭》後之古詩選集。前八卷錄自漢至梁五言詩,第九卷爲歌行,末卷錄五言二韻之詩。保存了一部分樂府民歌及六朝前已佚詩篇,《孔雀東南飛》即首見於此,但大多皆爲艷情宮體之作。

此本爲崇禎間吳郡趙均,得宋嘉定時陳玉父本,摹刊以傳。寫刻精雅,楮墨明湛,當世推爲佳槧。宋刻原本,自趙氏之後歸於錢遵王,其後踪蹟已不可知。因此刻鐫工精善,印行時多用佳墨舊楮,故古雅絕倫,坊肆書估多去趙氏跋語,用充宋刻,嗜古者多爲所欺。此本趙均跋也被撤去。

《四庫全書總目》入集部總集類。《中國古籍善本書目》著錄。中國國家圖書館、上海圖書館等二十六館、臺北"國家圖書館"(兩部)及美國國會圖書館、普林斯頓大學葛思德東方圖書館、日本靜嘉堂文庫亦有入藏。

鈐印有"海寧周氏家藏"、"周春"、"松靄"、"松靄藏書";"曾藏許氏"、"許乃穀玉年印"、"玉年鑑藏";"古未方民"、"桫盦珍"、"桫盦藏書"、"桫盦所得金石文字"、"劍白";"徐恕"、"文在"、"振";"天馬山房藏書印"、"夷初"、"馬印敘倫"。

2666　明刻本古樂府　　　　　　　　　　　　　　　　　　T5237.06/4146

《古樂府》十卷,元左克明輯。明王文元刻本。十冊。半頁九行十八字,左右雙邊,白口,單魚尾,書口下有刻工。框高19.5釐米,寬14釐米。題"元豫章左克明編次;大明新安王文元校刊"。前有至正六年(1346)左克明序。

左克明,豫章人。

是書錄古樂府詞,分爲八類,爲古歌謠、鼓吹曲、橫吹曲、相和曲、清商曲、舞曲、琴曲、雜曲。收錄上古至陳、隋樂府歌辭,着重於追溯樂府詩之源,於變體及文人擬作,選擇較謹嚴。

左克明序云:"克明竊伏山林,有志茲事,見聞淺鮮,終不克成。數年以來,勉強就緒,採摭前人之餘意,探求作者之異同,按名分類,刪繁舉要,唐人祖述尚多,非敢棄置,蓋世傳者衆,弗賴於斯。是編也,謂之《古樂府》,故獨詳於古焉。"

《四庫全書總目》入集部總集類。《中國古籍善本書目》著録明王文元刻萬曆七年田藝蘅重修本,藏中國國家圖書館、南京圖書館等五館。臺北"國家圖書館"所藏同此本。按,此本確有重修之頁,然無田藝蘅重修之依據,或原有田氏序跋,今佚去。

此本刻工有黃鎡、黃憲、劉琦、鍾、珦、瑜、瑆、錫、俞、璁、人、璉、千、愛。

鈐印有"古歙曹堅子剛氏圖書"、"魏氏温雲藏書畫印"、"佳屏"。

2667　明萬曆刻本古樂苑　T5237.07/4523

《古樂苑》五十二卷《前卷》一卷《衍録》四卷《目録》二卷,明梅鼎祚輯。明萬曆吕胤昌刻本。二十四册。半頁十行二十一字,左右雙邊,白口,單魚尾,書口上方刻"樂苑",書口下間有刻工及字數,框高21.6釐米,寬14.3釐米。題"西吳梅鼎祚補正;東越吕胤昌校閲"。前有萬曆十九年(1591)汪道昆序;《凡例》二十八則。

梅鼎祚,字禹金,自號勝樂道人。安徽宣城人。以古學自任,詩文博雅,王世貞嘗稱之。申時行欲薦於朝,辭不赴,歸隱書帶園,構天逸閣,藏書著述其中。又有《書記洞詮》、《梅禹金集》等。

是書乃據郭茂倩《樂府詩集》加以增輯,自上古至南北朝。收録雖然豐富,内容不免蕪雜。衍録四卷,記作者爵里及諸家評論,蓋多取自馮惟訥《詩紀别集》而稍爲附益,并多采楊慎等人之説。前卷爲古歌辭,卷一至五《郊廟歌辭》,卷六至七《燕射歌辭》,卷八至一一《鼓吹曲辭》,卷一二至一三《横吹曲辭》,卷一四至二二《相和歌辭》,卷二三至二六《清商曲辭》,卷二七至二九《舞曲歌辭》,卷三〇至三一《琴曲歌辭》,卷三二至四〇《襍曲歌辭》,卷四一至四九《襍歌謡辭》,卷五〇《襍曲歌辭》,卷五一《仙歌曲辭》,卷五二《鬼歌曲辭》。

《凡例》有云:"是編本據郭茂倩《樂府詩集》,補其缺佚,正其譌舛。始自黃虞,訖於隋代,則倣左氏克明舊有《樂苑》,其名近雅,因名之曰《古樂苑》,不必創異,無敢貪功。"

此本卷七第十一頁佚去。刻工有劉仁、陳才、武先、吳、希、元等。

《四庫全書總目》入集部總集類。《中國古籍善本書目》著録。中國國家圖書館、上海圖書館等二十二館,臺北"國家圖書館"及日本内閣文庫、東京大學東洋文化研究所、尊經閣文庫、静嘉堂文庫亦有入藏。

2668　明末刻本古逸詩載　T5237.07/0912

《古逸詩載》十二卷,明麻三衡輯。明末刻本。四册。半頁九行十七字,左右雙邊,白口,無魚尾。高19.2釐米,寬13.5釐米。題"吳方以智密之定;麻三衡孟璿輯"。前有方以智序;麻三衡撰《凡例》十則。

麻三衡,字孟璿,號祖洲,安徽宣城人。選貢生。與徵士沈壽民俱知名復社中。有志節,喜奇服,力能挽強射堅,好馳馬擊劍,談兵法,習將帥之略並天文五行奇門六壬諸家言。然淹雅博文,所著《花瑣志》,古香流麗,得晉唐風氣。家故富,輕財好施,客多歸之,至是益出家財募士,旬日得數千人,遂起兵於稽亭,屯師姑山,兵潰被執,死於市。唐王時,贈國子監學正。《明詩紀事》辛籤卷六上、《静志居詩話》卷二〇、《皇明四朝成仁録》卷七皆有傳。

此本存卷一至八。卷一三皇、五帝、夏、商;卷二周;卷三魯、齊、田齊;卷四晉、趙、魏、衛、鄭、宋、吳；卷五楚；卷六秦、燕、鄒、虞、越、徐、西楚、志考；卷七漢、魏、吳；卷八晉、宋、齊、梁、陳、北魏、北齊、北周、隋。

方以智序云："吾友麻子孟璿之載古逸詩也，義存焉耳，自經傳外，旁及佚記斷簡，靡不畢載。又勤討之，訓釋其故，使詠歎之士知所從來。以今觀之大義，較如其有聖人之遺意乎。帝王箴銘諸類，亦詳其聲協，勸人戒謹，中間貞女義士，感時譏諷，往往獨多，豈非聞之者足以戒與。諸如樂章笙歌，無其詩存其名，欲後之人毋忘音因以忘義也。迄於里巷謠諺必兼采之，亦所以觀風俗，稽得失焉。雖以秦焚書後有所漏略，即傳者當殘壁購獻之餘，豈無舛失，或雜偽作，然此一切載之，取其犁然咸備，學者得以大觀而考也，有裨好古，功豈不盛哉。"

《凡例》云："是編斷自三皇，下迄西楚，緣漢魏以後去古漸遥，且纂輯歸然，體裁一變，未敢兼收。""世遠言湮，斷殘佚闕，多有題存而失其詩者。風雅廣逸，《詩紀》、《詩所》率別集古逸詩名，彙成一卷，雜然無序。茲特鈎校綴緝，仍附見各作者名下。""載籍傳聞古詩有三千四百餘首，反魯一正，軼簡罕存，迨乎秦季，所餘百一，古風未遠，僭肆參同，名曰《古逸詩載》。雖馴駁具陳，亦勸懲所寓，但主在苞舉，不愜旁搜，詎有埤於風雅道德之林，或無罪於民彝物則之訓。"

《中國善本書提要》著録之本，爲北京大學圖書館所藏，存九卷，題"宣城麻三衡孟璿纂輯"，除方以智序外，並有崇禎十年周鑣序、崇禎九年沈壽民序、崇禎九年顏紹庭序。按，北大本與此本當爲不同版。

《四庫全書總目》、《續修四庫全書》、《續修四庫全書總目提要（稿本）》未收。《中國古籍善本書目》著録，上海圖書館、安徽省圖書館等二館有全帙，中國國家圖書館、南京圖書館、北京大學圖書館爲殘本。日本内閣文庫有兩部，作八卷，亦當不全之本。

2669　清乾隆刻本古詩箋　　　T5237.08/1143

《古詩箋》三十二卷，清王士禛輯，清聞人倓箋。清乾隆三十一年（1766）芷蘭堂刻本。十二册。半頁十行二十一字，左右雙邊，白口，單魚尾。書口下刻"芷蘭堂"。高17.2釐米，寬12.8釐米。題"王阮亭先生選本；雲間聞人倓訒甫箋"。前有姜宸英序，乾隆三十一年聞人倓序；王士禛撰《五言凡例》十一則；王士禛撰《七言凡例》十七則；王士禛撰《發凡》十四則。

王士禛，見清康熙刻本《國朝謚法考》。

五言詩卷一漢（古詩以下全），卷二魏（三曹以下諸家），卷三魏（阮籍），卷四晉（張華以下諸家），卷五晉（左思、郭璞以下諸家），卷六晉（陶淵明），卷七宋（謝靈運、謝混、謝瞻、謝惠運、謝莊），卷八宋（顏延之、鮑照以下諸家），卷九齊（謝朓以下全），卷一〇梁（何遜以下諸家），卷一一梁（江淹以下諸家），卷一二陳（徐陵以下全），卷一三北魏、北齊（劉昶以下全），卷一四北周（王褒、庾信），卷一五隋（煬帝以下全），卷一六唐附（陳子昂、張九齡、李白），卷一七唐附（韋應物、柳宗元）。

七言詩卷一古歌，卷二西漢（漢高帝以下諸家），卷三（李嶠、宋之問、張説、王翰），卷四上下（王維、李頎、李勻等諸家），卷五上下（杜甫），卷六韓愈，卷七歐陽修，卷八王安石，卷九上下（蘇軾），卷一〇黃庭堅，卷一一鼂沖之，卷一二（上下）陸游，卷一三元好問（附劉無黨），卷一四虞集（附劉因），卷一五吳萊。

聞人倓序云："新城先生選古詩，其於四言不録，蓋以五言上接三百篇也。於漢幾取其全，於魏晉以下遞嚴，而遞有所録，而猶不廢齊、梁、陳、隋之詩，於唐録五人。明五言古詩之變，而不失其正也。七言自古辭下，八代兼采，放乎唐、宋、金、元諸大家，啓疆樹表，源委洞然，洵乎詩家寶筏在是已。閑中反覆紬繹，不敢漫託於不求甚解，輒蒐討群籍，識諸簡端，歷時既久，丹黃排比，無復可沘。筆間有所得，更書小方幅黏之，垂二十餘年於茲矣。歲癸未，遭大故，匿跡苫山間，擯絕一切世事。既改歲，迺取舊本手錄之，因復芟其繁，訂其訛，補其漏，句梳字櫛，自朝至昃，歷寒復暑，始克成編。"

《發凡》云："新城原分之卷數，雖視作者年代先後、篇什多寡而次第之，然風氣轉移，於每卷第一人頗示疆畛。今五言詩俱仍其舊，至七言如王、杜、蘇、陸諸家所選詩，已倍他卷，加以箋釋，紙數幾及七八十番似過多。今分爲上下卷，以存舊式，亦猶《文選》存賦甲於卷首也。""向來注釋家僞造故事，極爲錢蒙叟所訶，茲概不敢引，以滋疑誤。間有一二條未删，取其新奇，略備一説耳。巨眼人自能別之。""詩中有一事一義，而前後疊見者，注釋家每云見某卷某詩，或只云見上。茲亦略倣其例，但事或奧僻，義或沈晦，及前注宜略，而後注宜詳者，仍再三援引疏解，蓋與其失之漏，無寧失之複也。""詩中邑里山川古跡，必稽之前籍，參以近代地志。蓋陵谷屢遷，名號遞易，非舉前籍，幾昧由來，非証今名，恐難融會也。至其名同而地實異，則必稽作者生平足跡所歷，然後稱引。""原本訛字頗多，茲搜各集善本詳加校訂，罔敢傳訛。"

此本有扉頁，刊"古詩箋。王阮亭先生選本。松江文萃堂藏板"。卷一五末刊"乾隆丙戌冬十二月茸城聞人氏刊成"、"金文達刻"。"弘"字避帝諱。

《四庫全書總目》、《續修四庫全書》、《續修四庫全書總目提要（稿本）》未收。《中國古籍善本書目》著錄，上海圖書館、遼寧省圖書館等十七館也有入藏。日本《內閣文庫漢籍分類目錄》著錄。

2670　明萬曆刻本新刻解注和韻千家詩選　　T5237/0442.3

《新刻解注和韻千家詩選》二卷，題明湯顯祖校釋。明萬曆書林文華軒刻本。一册。半頁十行十四字，四周單邊，雙節版，上刻增和之詩，白口，單魚尾。框高20.3釐米，寬11.4釐米。題"臨川湯海若校釋；書林文華軒梓行"。

此爲坊間所刻童蒙讀本，每詩後皆有注。每頁刻圖一幅。白紙。字體仿宋。題湯海若校釋，乃托名。

前有扉頁，刊"新刻和韻註釋千家詩選。文華軒梓行"。扉頁上又刻圖一幅。

《四庫全書總目》未收。《中國古籍善本書目》未著錄。

鈐印有"日本政府圖書"、"淺草文庫"、"書籍館印"、"兼葭堂藏書印"、"昌平坂學問所"，皆日人印。

2671　明萬曆刻本新鐫釋和魁斗千家詩選　　T5237/0442.2

《新鐫釋和魁斗千家詩選》二卷，題明穀于峯釋和。明萬曆潭城羅少竹刻本。一册。半頁九行十四字，四周雙邊，雙節版，上刻增和之詩。白口，無魚尾，框高20.8釐米，寬12釐米。題"學士穀于峯釋和；南閩羅少竹刊行"。

此爲坊間所刻童蒙讀本。每詩後皆有釋義。每頁刻圖一幅。竹紙。字體作楷書。

前有扉頁，刊"千家詩註。魏誠甫先生詮釋。羅少竹梓"。末有牌記，刊"潭城羅少竹梓"。

《四庫全書總目》未收。《中國古籍善本書目》未著録。

鈐印有"智秀",日人之印。

2672　清康熙刻本瀛奎律髓　　T5237.5/0260

《瀛奎律髓》四十九卷,元方回輯。清康熙五十一年(1712)吴寶芝刻本。十六册。半頁十行十九字,左右雙邊,上白口,下綫黑口,雙魚尾。高16.4釐米,寬12.7釐米。題"宋紫陽方虚谷先生選;州泉吴孟舉重閲"。前有成化三年(1467)皆春居士(龍遵)舊序,至元二十年(1283)方回自序,康熙五十一年吴之振序,康熙五十二年(1713)宋至序;康熙五十一年吴寶芝撰《重刻律髓記言》八則。

方回,字萬里,號虚谷居士,安徽歙縣人。宋景定進士,累官知嚴州。入元,爲建德路總管。初媚賈似道,似道敗,又先劾之。及守嚴州,舉城迎降於元,不齒清議。晚乃倡講道學,熟精詩律。又著有《桐江集》、《續古今考》等。

是書兼選唐宋二代之詩,分四十九類,所録皆五七言近體,故名"律髓"。自序云,取十八學士登瀛洲五星聚奎之義,故曰"瀛奎"。大旨排西崑而主江西,倡爲"一祖三宗"之説,一祖者杜甫,三宗者黄庭堅、陳師道、陳與義也。其説以生硬爲健筆,以粗豪爲老境,以鍊字爲句眼,頗不諧於中聲。宋代諸集不盡傳於今者,頗賴以存,而當時遺聞舊事亦往往多見於其注,厲鶚作《宋詩紀事》,所採最多,其議論可取者亦不一而足。

卷一《登覽類》,卷二《朝省類》,卷三《懷古類》,卷四《風土類》,卷五《昇平類》,卷六《宦情類》,卷七《風懷類》,卷八《宴集類》,卷九《老壽類》,卷一〇《春日類》,卷一一《夏日類》,卷一二《秋日類》,卷一三《冬日類》,卷一四《晨朝類》,卷一五《暮夜類》,卷一六《節序類》,卷一七《晴雨類》,卷一八《茶類》,卷一九《酒類》,卷二〇《梅花類》,卷二一《雪類》,卷二二《月類》,卷二三《閑適類》,卷二四《送別類》,卷二五《拗字類》,卷二六《變體類》,卷二七《着題類》,卷二八《陵廟類》,卷二九《旅况類》,卷三〇《邊塞類》,卷三一《宫闈類》,卷三二《忠憤類》,卷三三《山岩類》,卷三四《川泉類》,卷三五《庭宇類》,卷三六《論詩類》,卷三七《技藝類》,卷三八《遠外類》,卷三九《消遣類》,卷四〇《兄弟類》,卷四一《子息類》,卷四二《寄贈類》,卷四三《遷謫類》,卷四四《疾病類》,卷四五《感舊類》,卷四六《俠少類》,卷四七《釋梵類》,卷四八《仙逸類》,卷四九《傷悼類》。

此本爲吴寶芝所刻。吴之振序云:"余嘗懸諸家塾以爲的,所謂去陳言而日新者,俾於此考驗焉。兒子寶芝,幼即好之,因苦其舛訛之多,流布之寡,爲重加校勘,授之梓人。鋟既成,因識之簡端,以示兒輩,並願與世之讀是書者,共揚扢商権焉。"

《記言》云:"芝自束髮入鄉校,正業之暇,輒從塾師受近體詩一首。迨成童以後,家大人始授《律髓》一書,謂其所講貫切明顯,有塗軌可依尋,命時肄業,以爲退息之居學,當時頗鋭意好之。然方攻治制舉業,未能并心一意從事於此。又更數載,弱冠成人,則日揣摹場屋應制之文,以應有司之試,兼亦家事滋出,雖不至如子固之勞心困形,以役於事,然亦頗有涉世奔走之煩,此書遂庋閣者十餘年。客歲省闈報罷,料簡故書,因復卒業焉。第苦中多舛誤,且板刻漫漶,適見坊間新鐫本,謂可是正,而校對之下,舛誤乃更甚於前。因嘆是書舊本既流布未廣,新刻流行恐遂因此踵訛襲謬,讀者永不復覩古人真面目。因出家藏善本,及吕晚村、曹叔則兩先生手抄本,互爲參校,尚有疑者,更從唐宋人集中讎對之。雖未能盡改正,然已得十之六七矣,讀是書者自當辨之也。""是刻始於辛卯季秋,至今歲嘉平而始成。"

此本流傳頗多。有扉頁,刻"方虛谷瀛奎律髓。黃葉村莊重校。評注圈點悉依原本"。是書明代有兩個刻本,最早爲明成化三年紫陽書院刻本,另一爲明刻本。清代除此本外,又有康熙四十九年陳士泰刻本。日本寬文十一年(1671,康熙十年)以及朝鮮皆有據明成化三年紫陽書院刻本翻刻者。

《四庫全書總目》入集部總集類。《中國古籍善本書目》著錄,僅收名人批校本。又日本《內閣文庫漢籍分類目錄》著錄。

2673　明萬曆刻本詩宿　　T5237.07/7214

《詩宿》二十八卷《詩人考世》二卷,明劉一相輯。明萬曆三十六年(1608)劉一相關中刻本。二十四册。半頁九行十九字,四周雙邊,白口,單魚尾。框高22.2釐米,寬14.8釐米。題"長山劉一相彙輯;男鴻訓、鴻範、鴻采參閱;章丘朮良知、休寧閔文逸、稷山梁蕙、鄭寅校次;關中何補之、來臨訂正"。前有萬曆三十六年李維楨序,萬曆三十六年朱之蕃序,萬曆三十五年(1607)劉一相自序;萬曆三十七年(1609)劉一相跋。末有萬曆三十六年劉鴻訓跋;《凡例》八則。

劉一相,字惟衡,號頃陽。山東長山人。萬曆五年進士,授高平知縣,豪子弟恣橫里中,相按治以法,邑以大服。兩校鄉試,省元兩出其門。擢南京吏科給事中,左遷陝西按察司僉事,分巡隴西,再謫茂山衛知事,稍遷稷山知縣,多惠政。擢南京兵部車駕司主事,遷刑部員外郎轉郎中。又爲四川布政司參議,改貴陽參議,移守商洛。晉陝西按察司副使,清理軍屯,以母老致仕歸。相爲政勤敏,務盡其職。在隴右時,凡有不便,輒裁去之,秦人賴焉;在稷,而人爲立祠以祝;在駕部,理船政,著《船政要覽》,爲南樞孫月峰嘆賞。惟以剛直,不容於時,未竟其用。有《燕喜堂文集》。《(康熙)長山縣志》卷六《仕業》有傳。

是書采周、秦、漢、魏、六朝、三唐之詩,區别差次,爲部二十有八,凡《天文部》一百七十六首、《時令部》二百七十九首、《地理部》二百二十七首、《帝德部》一百三十六首、《居宇部》二百五十八首、《宮閨部》六百七十三首、《朝省部》七十一首、《郊廟部》四十二首、《軍旅部》二百九十三首、《應制部》二百十四首、《神情部》六百八十四首、《宴游部》二百六十三首、《寄贈部》三百五十八首、《酬和部》一百七十首、《行邁部》三百五十八首、《餞送部》五百四十九首、《留别部》九十四首、《契闊部》二百五十五首、《悲吊部》三百四十三首、《夭冶部》一百六十八首、《俠少部》六十二首、《隱逸部》一百三十首、《釋部》二百七十首、《道部》一百九十二首、《器物部》一百六十七首、《昆蟲部》二百三十二首、《草木部》三百二十三首。總共詩七千六十七首。

據其《凡例》,"類詩序朝代先後,陳隋而上,不拘三、四、五、七言,通曰古詩,亦止論世次,不拘體裁。至唐體各備,則又因題分類,因時分人,因詩分體。"其書以《詩宿》名之,蓋因其目一百五十有四,其所以群分類聚之凡有八,按部之數,適與二十八宿合,因而名之。

李維楨序云:"惟衡弱年,博學多通,言語妙天下,舉進士高第,愈肆力文章,百家之書無所不窺,而尤覃精於詩。洎夫令稷山,與其邑人梁理夫、立夫兄弟言詩,日有妙悟精詣,雖簿領委積,軍旅劻勷,校讎討論,不釋於手。茲編義例獨創,而師友切磋,受益不少,計費二十年心力,殺青斯竟。"

劉一相自序云:"客歲,余彊起,再役關中。關中翰墨都也,亟謀剞劂。猶虞舛譌,復招稷鄭孝廉寅、梁太學蕙,共朮君集署中,詳訂諸集,互迴詰難,類嚴析於分合,功閒施乎衰益,蘄協律度,烏憚改絃。"

劉跂又云:"《詩宿》校定,業付梓,猶懼舛譌,勤勤訂正,迺得長安何補之太學、三原來臨茂才,均名家子,質有其文。復偕术君良知,嚴校閱月。最後友人閔君文逸至,是曾共業都門者,復精心一核,不憚易置無憾,而後即安。"

目録後,刊"書記石懋學詳檢"。每卷之末,有校刊書寫人姓氏,如卷一末,刊"段一讓楷書,古自寵校刊,張贄督刊"。此本皮紙印,乃刻於關中之本。

《四庫全書總目》入集部總集類存目。《中國古籍善本書目》著録。天津圖書館、南京圖書館等十二館,臺北"國家圖書館"(三部)及美國普林斯頓大學葛思德東方圖書館亦有入藏。

2674　明崇禎刻本石倉十二代詩選　T5237.57/5672

《石倉十二代詩選》□□卷,明曹學佺輯。明崇禎刻本。存二十五册。半頁九行十八字,左右雙邊,白口,單魚尾,書口下有刻工。框高 18.9 釐米,寬 13.2 釐米。

此本僅存《宋詩》一百七卷,卷一爲《巴東集》,題"宋下邽寇準著;明後學曹學佺閱"。前有崇禎三年曹學佺序。

是書共刻多少卷,今不得而知,中國國家圖書館、上海圖書館等九館所藏皆不全之本,全部相加,舍去重複之卷數,共存九百二十四卷。臺北"國家圖書館"作《石倉歷代詩選》,存五百零六卷。美國國會圖書館藏本存五百零六卷,即《古詩》、《唐詩》、《宋詩》、《元詩》、《明詩》(初集、次集)。據《中國古籍善本書目》,又有《明詩》三集一百卷、四集一百三十一卷、五集五十卷、六集六十六卷、七集二十二卷、八集□□卷,另有續、再續等。日本靜嘉堂文庫有三百六十六卷目録七卷。

《四庫全書總目》著録之本也爲五百零六卷,入集部總集類。

此本刻工有葉士、鄭西、林、居、長、才、力成、周、魏憲、王、夏、功、杰、宗、貞等。

2675　明萬曆刻本詩紀　T5237.07/3290

《詩紀》一百五十六卷《目録》三十四卷,明馮惟訥輯。明萬曆吴琯、謝陞、陸弼、俞策金陵刻方天眷印本。三十二册。半頁九行十九字,四周雙邊,白口,單魚尾。框高 20.1 釐米,寬 13 釐米。題"北海馮惟訥彙編;海寧方天眷重訂"。前有嘉靖三十七年(1558)張四維序,王世貞序;《凡例》二十一則;《引用諸書》。

馮惟訥,字汝言,號少洲。臨朐人。嘉靖十七年進士,由宜興令累擢江西左布政使,所舉多爲民便,以光禄卿致仕。與兄惟健、弟惟敏,皆以詩文名齊魯間。

張四維序云:"右《詩紀前集》十卷、《詩紀》百三十卷、《外集》四卷、詩話及識遺爲《別集》十二卷,北海少洲馮先生所纂輯也。先生以儁才大雅,高步一時,見世之爲詩者,多根抵於唐,鮮能窮本知變,以窺風雅之始。乃溯隋而上極於黄軒,凡三百篇之外,逸文斷簡、片辭隻韻,無不具焉。秦漢而下,詞客墨卿,孤章浩帙,樂府聲歌,童謡里諺,無不括焉。七略、四部之所鳩藏,齊諧、虞初之所志述,無不蒐焉。始事於甲辰之冬,集成於丁巳之夏,歲凡十四稔。先生宦跡且徧四方矣,遇通儒博士,無不出而訂焉。驟見之編、郡邑之載、金石之刻,無不取而羅焉。嗚呼!先生之加意斯篇,其可謂勤且篤矣。""先生於是會萃遺失,裒爲成書。詩以人系,人以代分,代以時次,火齊明月,的皪錯陳,鏞磬枳敔,翕如並奏。使藝林之士,因詩考人,因人論世,得以繹祖述之淵源,第古今之優劣,獵皇王之菁華,而窮性術之變化也,豈不偉哉!"

王世貞序云:"惟訥竭生平之精力爲此書,書成,而御史甄敬刻之陝西行臺。其刻既不能精,又無爲之校訂者,豕魚之誤相屬。蓋至萬曆中,而古鄒吳琯氏,與其鄉人謝陛氏、江都陸弼氏、吳郡俞策氏相與讎校,而復刻之金陵,大約吳氏居其資,而謝氏、陸氏、俞氏與其力,其書遂完好無遺憾。"

《凡例》有云:"是編原以古逸爲前集,漢魏以至陳隋爲正集,似覺牽合。今取古逸與各代之名與數疏之於首,而以詩紀卷數統之於下,竊取刻《史記》、《國語》之例。""是編馮公攬摭有年,幾乎無遺矣,然有未覩諸書,如《古今風謠》等,及金石中流傳於世者,間有未盡,今別輯一編曰《拾遺》,以附於後。""是編刻於關中,刻既不佳,校多遺誤。今悉取馮公引用諸書,酌量改易,至有彼此俱不可解者,姑且存疑,不敢妄加臆見也。"

是書最早有嘉靖三十九年甄敬刻本(即《凡例》所云之關中本),爲一百三十卷《前集》十卷《外集》四卷《別集》十二卷(相加即爲一百五十六卷)。又有萬曆四十一年黃承玄、馮珣刻本。此本有扉頁,刊"古詩紀。王鳳洲、馮北海兩先生彙訂。聚錦堂藏板"。按,湖南圖書館作明萬曆吳琯、謝陛、陸弼、俞策聚錦堂印本,實即方天眷印本。

《四庫全書總目》未收。《中國古籍善本書目》著錄明萬曆吳琯、謝陛、陸弼、俞策刻本,中國國家圖書館、上海圖書館等四十九館收藏。臺北"國家圖書館"(四部)也有入藏。此方天眷印本,上海圖書館、臺北"國家圖書館"亦有入藏。日本內閣文庫有明萬曆十四年序刻本(四部),靜嘉堂文庫有明萬曆刻本(兩部)。

2676　明刻套印本詩刪

T5237.07/4440

《詩刪》二十三卷,明李攀龍輯,鍾惺、鍾元春評。明刻朱墨套印本。十册。半頁九行十九字,四周單邊,白口,無魚尾,書眉上刻評,框高20.4釐米,寬14釐米。題"濟南李攀龍于鱗選"。前有王世貞序。

卷一《古逸》,計十七首,凡十人;卷二《漢樂府》,計四十二首,凡九人;卷三《魏樂府》,計二十三首,凡四人;卷四《晉樂府》,計八十二首,凡四人;卷五《宋樂府》(宋、齊、梁、陳、北朝),計七十四首,凡二十一人;卷六《漢魏詩》,計八十八首,凡十五人;卷七《晉詩》,計三十九首,凡七人;卷八《晉詩》,計五十九首,凡二十人;卷九《宋齊詩》,計八十七首,凡十一人;卷一〇《梁陳隋北朝詩》,計八十二首,凡三十四人;卷一一《唐五言古詩》,計五十九首,凡十一人;卷一二《唐五言古詩》,計六十二首,凡二十人;卷一三《唐七言古詩》,計四十首,凡十人;卷一四《唐七言古詩》,計五十八首,凡三十人;卷一五《唐五言律詩》,計六十七首,凡二十人;卷一六《唐五言律詩》,計五十八首,凡二十四人;卷一七《唐七言律詩》,計四十首,凡十四人;卷一八《唐七言律詩》,計三十一首,凡十六人;卷一九《唐五言排律》,計三十八首,凡十六人;卷二〇《唐五言排律》,計三十五首,凡十五人;卷二一《唐五言絕句》,計八十七首,凡四十九人;卷二二《唐七言絕句》,計八十四首,凡十七人;卷二三《唐七言絕句》,計八十四首,凡五十二人。

攀龍先有《古今詩刪》三十四卷之輯,新都汪時元刻以傳世,收歷代詩,自古逸而至明,然不及宋元。蓋因李夢陽有不讀唐以後書之說,前後七子,多以此論相尚,攀龍也崇其志。此本當爲後人在《古今詩刪》基礎上,刪去明詩及書名中"古今"二字,又從他書移來二鍾之評。此當坊賈所爲也。

《四庫全書總目》未收。《中國古籍善本書目》著録。遼寧省圖書館、湖南圖書館等十一館及美國國會圖書館亦有入藏。臺北"國家圖書館"作明烏程閔氏刊朱墨套印本。按，閔氏所刻，無根據。

鈐印有"内藤虎印"、"湖南秘板"、"珊瑚閣珍藏印"、"留耕草堂"。

2677　明萬曆刻本詩歸　　　　　　　　　　　　　　T5237.47/8191

《詩歸》五十一卷，明鍾惺、譚元春輯。明萬曆四十五年(1617)刻本。存十一册。半頁九行十八字，左右雙邊，白口，單魚尾。

此本存《唐詩歸》三十六卷。框高20.8釐米，寬13.3釐米。題"景陵鍾惺伯敬、譚元春友夏同選定"。闕《古詩歸》十五卷。

《四庫全書總目》入集部總集類存目。《中國古籍善本書目》著録，天津圖書館、浙江圖書館等二十四館有全帙。

鈐印有"文溪"、"杉林維修"。

2678　明末刻本詩歸　　　　　　　　　　　　　　T5237.07/8191.2

《詩歸》五十一卷，明鍾惺、譚元春輯，劉敷重訂。明末刻本。十二册。半頁十行十九字，左右雙邊，白口，單魚尾。框高20.6釐米，寬13.9釐米。題"景陵鍾惺伯敬父、譚元春友夏父選定；古吳劉敷典生父重訂"。前有萬曆四十五年(1617)鍾惺序，譚元春序。

是書凡《古詩歸》十五卷、《唐詩歸》三十六卷。

鍾惺序云："選古人詩而命曰《詩歸》，非謂古人之詩以吾所選爲歸，庶幾見吾所選者，以古人爲歸也。引古人之精神，以接後人之心目，使其心目有所止焉，如是而已矣。昭明選古詩，人遂以其所選者爲古詩，因而名古詩爲選體。唐人之古詩曰唐選。""書成，自古逸至隋凡十五卷，曰《古詩歸》；初唐五卷、盛唐十九卷、中唐八卷、晚唐四卷，凡三十六卷，曰《唐詩歸》。"

此本有扉頁，刊"鍾譚二先生古唐詩歸。吳郡寶翰樓藏板"。鈐有"學耕堂珍賞"印。

是書有明萬曆四十五年刻本，半頁九行十八字，左右雙邊，白口。又有明刻本，行款同上本，但爲四周單邊。又明君山堂刻本，行款同萬曆本。又明末刻本，半頁八行二十二字，四周單邊，白口。又明閔振業、閔振聲刻三色套印本。

《四庫全書總目》未收。《中國古籍善本書目》著録。天津圖書館、遼寧省圖書館等十一館，臺北"國家圖書館"亦有入藏。

2679　明萬曆刻清康熙修補印本詩家全體　　　　　　　　T5237.07/4437

《詩家全體》十四卷，明李之用輯。明萬曆二十六年(1598)邵武府學刻清康熙三十三年(1694)趙萃中修補印本。十册。半頁九行二十字，四周雙邊，白口，單魚尾。書口下間有刻工名及字數。框高23.6釐米，寬14.3釐米。題"黄岡李之用輯；弟李之周、子疇、閩縣鄭梁、楊如春、陳薦夫仝校;龍山汪麗日重輯"。前有康熙三十三年趙萃中重刻序,趙賢意序,萬曆二十五年(1597)李之用自序,鍾萬春序,萬曆二十六年陳薦夫序,張三異序;萬曆二十六年黎應鳳等後序;《凡例》七則;詩人世次。

李之用,字見松,湖北黄岡人。萬曆八年進士。官雲南按察使。

是書卷一三言詩、四言詩;卷二五言古詩、五言律詩、五言側律;卷三五言變體、五言排律、五言六句、五言五句、五言絶句;卷四五言長篇;卷五六言絶句、六言五句、六言六句、六言律詩、六言排律、六言古詩、七言三句、七言絶句、七言五句、七言七句;卷六七言律詩、正體、亥起體、亥對起體、平對起體、領聯不對體、領聯失粘體、頸聯失粘體、結失粘體、領頸二聯俱失粘體、頸結俱失粘體、四聯俱失粘體、對扇體、結亦對體、徹首尾俱對體、古律體;卷七七言側律、七言拗體、七言排律、絶句古體、絶句變體、六言變體、八言變體、七言古詩;卷八七言長篇、八言詩、九言詩、長短句、三五七言詩、一三五七九言詩、一字至七字、雜三五七言古詩、一字至十字詩;卷九雜五七言古體、五七言長篇、五言背律、七言背律、重韻詩、祀字詩、回文詩;卷一〇總論、詩法、雜考;卷一一總韻目録、上平聲、下平聲;卷一二上聲、去聲、入聲、中原音韻;卷一三續補賦;卷一四續補謡、歌、詩、辭、琴操、古樂府、小詞。

陳薦夫序云:"蓋楚黄見松李公守昭武之三年,歲通人和,庭清訟簡,政體既立,雅道益弘,業已鍥諸醫方,嘉惠元元矣已。又編輯古近諸詩,題曰《詩家全體》……則公所爲編《全體》以嘉惠詞壇者,視諸醫方當不啻棘爾。是故由三四而之雜言,由四唐而溯隆古,篇味字研,區分派析,或自略而及詳,或舉一以該百,而又衍詩家之旁支,潴詞流之別潤。即辭賦、歌謡、樂府、琴曲、詩餘、韻譜,靡不精覈,較若列眉,即一篇可以徵體,積衆體可以會全。夫非素問内經,與夫青囊上池背明視垣之術,俾詞林後學人窺六義之圖經,家測四詩之脈理者哉,乃其周流運用,委輸聯絡,具諸體中。"

此書輯刻,當李氏於官邵武知府時。書中黎應鳳(邵武縣知縣)、季際熙(光澤縣知縣)、葉夢熊(建寧縣知縣)、滕養志(泰寧縣知縣)等後序有云:"下吏不肖,頃受事於府君教唯,謹因卒業是編,而復授之司剞。"

《凡例》云:"詩之佳者,豈能盡採,管窺所及,各家惟録一二首,以備諸體。雖巨臂名公,無敢疊疊,其或諸體中有缺失者,幸俟同志詳焉。""五言由古風以及於絶句者,敍世代之先後也;七言由絶句以及於古風者,敍才情之煩簡也,總之以長篇終焉。三四六言,雜出無次;八言九言,惟齊梁僅有之,卒亦未工,覽者必參以我明之列體,則林林全備矣。""是編終於晚唐,至宋而詩亡矣,元則夷夏之音雜矣。《盛明百家詩》刻亦未備,兹不敢採入,恐難越宋元而及我明也。博雅之士,自當另加選擇焉。"

此本作修補印本之依據,見趙萃中重刻序,云:"明萬曆間,楚黄李君見松出守邵郡,聽政之暇,爲《詩家全體》之選,上下數千年,博覽精取,析律度於毫芒,考世運之升降,且於聲音陰陽清濁之微,不啻燭照而數計,信乎其用力之勤且多也。乃易代以來,風雨侵蝕,板已漫漶,不可辨識者什居其二三,余爲之鳩工補輯,仍歸之府帑,不敢私爲行笥之藏也。"

刻工有劉應予、劉子、劉宇、劉安、劉長、劉廷、羅六、羅一中、羅一鳳、王富、王付、張山、張八、張義、黄四、黄光、黄宇、黄勉、黄一調、黄三茂、吴德、吴同、吴四、吴五、鄭貴、鄭顯、鄭相、朱賓、尤朝、葉青、葉墨、葉魁、葉禄、葉積、葉得、葉德、熊青、熊清、余仙、余富、余滿、陳德、十三郎、大、能、林、光、蔣、心。

《四庫全書總目》、《續修四庫全書》、《續修四庫全書總目提要(稿本)》未收。《中國古籍善本書目》著録明萬曆二十六年邵武府學刻本，上海圖書館、天津圖書館等十館入藏。又美國國會圖書館、日本内閣文庫(兩部)也有收藏。

鈐印有"雨山草堂"。

2680　明刻本名媛詩歸　　　　　　　　　　　　　　T5237.07/8191

《名媛詩歸》三十六卷，題明鍾惺輯。明刻本。十八册。半頁九行十九字，左右雙邊，白口，單魚尾，書口下刻"周明徵書"。框高 20.5 釐米，寬 13.2 釐米。題"景陵鍾惺伯敬點次"。前有鍾惺自序。

鍾惺，字伯敬，號退谷。竟陵人。萬曆三十八年進士，官至福建提學僉事，以通關節爲言官劾罷。《明史》卷二八八《袁宏道傳》附。

卷一古逸、漢，卷二漢，卷三魏、晉，卷四至五晉，卷六宋、齊、梁，卷七梁、北魏、北齊、隋，卷八迴文，卷九至一五唐，卷一六至一七蜀，卷一八至二二宋，卷二三至二四元，卷二五至三六明。取古今宫閨篇什，裒輯成書。《四庫全書總目》云："與所撰《古唐詩歸》並行，其間真僞雜出，尤足炫惑後學。王士禎《居易録》亦以爲坊賈所托名。"按，鍾序，《隱秀軒詩文集》不載。

金鑲玉裝。

《四庫全書總目》入集部總集類存目。《中國古籍善本書目》著録。中國國家圖書館、上海圖書館等三十九館，臺北"國家圖書館"及美國國會圖書館、日本内閣文庫(兩部)、尊經閣文庫、東京大學東洋文化研究所亦有入藏。

2681　明泰昌刻本古今名媛彙詩　　　　　　　　　　T5237.07/8206

《古今名媛彙詩》二十卷，明鄭文昂輯。明泰昌元年(1620)張正岳刻本。存十册。半頁九行十八字，四周單邊，白口，單魚尾，書口上刻"名媛彙詩"。框高 20.8 釐米，寬 13.6 釐米。題"閩中鄭文昂季卿甫編輯"。

鄭文昂，無考。

卷一古歌，卷二至三五言古詩，卷四至五七言古詩，卷六五言絶句，卷七至一二七言絶句，卷一三至一四五言律詩，卷一五至一六七言律詩，卷一七詞，卷一八迴文詩。此本佚去卷一九、卷二〇兩卷。收閨秀詩詞至明代。《四庫全書總目》云："明人喜爲編輯，然大抵輾轉剿襲，體例略同。此書較《名媛詩歸》等書，不過增入雜文，其餘皆互相出入，譌謬亦復相沿，魯衛之間，固無可優劣也。"

此本有批。卷一八末有"陳繼儒批閲"五字。按，陳氏工詩文，短翰小詞皆極有風致。終生不仕，擅繪水墨梅花、奇石等，與同時人董其昌齊名。書法在蘇、米之間，其七十之後所作書，字劃轉折在行楷之間，瀟灑流暢，秀雅疏朗。是書批注甚多，卷一一第十五頁批云："伯敬云，憶到初至時，極尋常事正是極難過處。"伯敬爲鍾惺，與陳繼儒爲同時人。然諦審此本批注之文，陳批可疑。當再酌。

《四庫全書總目》入集部總集類存目。《中國古籍善本書目》著録。中國國家圖書館、北京大學圖書館等四館，臺北"國家圖書館"有全帙。

2682　清康熙刻本歷朝應制詩選　　　T5781/2334

《歷朝應制詩選》十卷。清吳汶、吳英輯。清康熙吳門文彙堂刻本。八冊。半頁九行十八字，四周單邊，白口，無魚尾，書口下刻"文彙堂"。框高19.8釐米，寬12.8釐米。題"延陵吳汶秋林、英石林仝選；安州欽牧牧臣參定"。前有鑒定姓氏。目錄後有吳汶、吳英撰《凡例》七則。

吳汶，字秋林，江蘇長洲人。

吳英，字石林，江蘇長洲人。

是集選漢魏迄唐之應制詩，卷一四言古詩(魏、晉、宋、齊、梁、唐)、五言古詩(宋、齊、梁、陳、隋、北齊、北周、唐)；卷二七言古詩(漢、梁、唐)；卷三至四五言律詩(唐)；卷五至六五言排律(唐)；卷七七言律詩(唐)、七言排律(唐)；卷八五言絶句(唐)、七言絶句(唐)；卷九應令、應教(六朝、唐)；卷一〇雜體(郊祀樂章、雜祭、元會、大禮、后妃、陵寢、游幸、聖誕、射獵、扈從、攝職、恩賜、頌聖、獻詩、宮詞、早朝)。

《凡例》云："是集選以歷朝者，蓋欲博探古今之風氣，并稽世代之盛衰。自漢魏六朝以及唐宋元明，其間聲調固是不同，而體式亦爲極備，更際當代文明。衡文者間以課士，可謂千秋盛美，先後同揆矣。願期海内同聲，共志不朽。""應制詩雖盛於唐，實起於漢魏，自武帝柏梁臺肇開君臣唱和之端，曹植應詔詩始備闕庭進獻之體，兹選故以二詩冠首。""自漢魏至唐，詩體繁冗不一，未能分類，分則古律間雜，今略序其朝代氏次先後。至於應試諸詩，專工律體，且晚唐居多，氏次難以悉考，故不能序人之先後，謹循其類而分之。""歷朝應制，惟唐爲盛，或一人而數首，或一首而一人，多者即備美，無能悉載；少者雖微疵，不能盡刪。緣備諸體式，以供採擇耳，惟識者鑒之。"

金鑲玉裝。按，此書應有錢謙益序，今已抽去。《清代禁燬書目·補遺三》云："延陵吳汶、吳英同選編，内有錢謙益序一篇、詩一首，應鏟除抽禁，餘書仍行世。"

《續修四庫全書》、《續修四庫全書總目提要(稿本)》未收。《中國古籍善本書目》未著錄。

鈐印有"犬養毅"、"木堂圖書"、"萬曆己丑進士翰林院庶吉士禮部尚書文敏公裔"。"王印士禎"、"阮亭"、"顧印廣圻"三印僞。

2683　清順治刻本歷代詩家初集　　　T5237.08/4144

《歷代詩家初集》五十六卷，清戴明説、范士楫、錢允升輯。清順治十三年(1656)毛氏汲古閣刻本。十册。半頁九行二十一字，左右雙邊，白口，無魚尾。書眉上刻批注。高19.1釐米，寬12.8釐米。題"渤海戴明説道默、范陽范士楫箕生、上谷錢允升升之選定；男戴王綸經碧、王縉紳黄、男范勳公彝、海虞毛晉子晉參閲"。前有順治十三年戴明説序；順治十三年郭棻跋；橘洲(范士楫)、賜鸞堂撰《發凡》十二則。

戴明説，見清順治刻本《篆書正》。

范士楫，字箕生，號橘洲、放樵，河北定興人。崇禎十年進士。官陽曲、洪洞知縣，後棄官歸隱，居鼓台山。入清，起授禮部員外郎，尋改吏部，典試陝西，晉文選司郎中。罷職，游揚州，歿於旅舍。有《橘洲詩集》。《大清畿輔先哲傳》卷一九有傳。

此書選歷朝名家之詩什，略以時代爲序，同時者又以其人之先後爲序。《初集》録人五十

六、人各一卷，且每人詩前皆有"題語"。計爲魏曹植、晉陸機、陶淵明、宋謝靈運、鮑照、齊謝朓、梁簡文帝、沈約、江淹、庾肩吾、何遜、陳徐陵、江總、北周王裒、庾信、初唐王勃、楊炯、盧照鄰、駱賓王、陳子昂、杜審言、沈佺期、宋之問、張説、張九齡、盛唐王維、孟浩然、李頎、儲光羲、王昌齡、高適、岑參、中唐劉長卿、韋應物、韓愈、柳宗元、劉禹錫、元稹、白居易、李賀、孟郊、賈島、晚唐李商隱、杜牧、宋陸游、元劉因、明高啟、李夢陽、何景明、高叔嗣、楊慎、李攀龍、王世貞、湯顯祖、王象春、茅元儀。

戴明説序云："吾友箕生范子，寢食先民者三十年，時他山餘揚，扤無所逆，余方有志焉，未之能從也。甲午召還，春明後，乃擷古諸家詩，自六朝迄明，與范子縱讀之。齋慮滌營，去偏與陋，協盡其心，眼見古人之面目快矣，見古人面目之不相沿襲則益快。復感後人之各以其面目繩古人，致古人面目反隱於來兹也。綜其全以窮緻其指，或於濟上聲格、新寧正變之外，别鞭風霆，或恢廓竟陵，揚鍾吕而作之氣。夫時代雖遥，英靈燐炳，務求其鬚眉心血炯炯可鑑者而止，蓋欲以古人還古人也。時或截海薦珠，剔崑覿璧，櫛所短以用長，則併不敢以古人累古人，積星霜久之。帙成，爰以詩家名。"

《凡例》云："以家名詩，何也？謂製作必諸君子者，迺成一家之言也。楮墨世本無窮，騷雅人可自命，庶幾綑高鏡深，以嚴厥事，使若鏌鋣之不可輕弄，則詩道昌矣。"

此爲禁書，《清代禁書知見錄》著録。是書又有《二集》八十六卷，本館佚去。

《續修四庫全書》未收。《續修四庫全書總目提要(稿本)》著録。《四庫禁燬書叢刊補編》第54册收入。《中國古籍善本書目》著録，上海圖書館、天津圖書館等六館有全帙入藏。日本《内閣文庫漢籍分類目録》也有著録。

2684 清順治刻本詩苑天聲   T5237.08/4173

《詩苑天聲》二十二卷，清范與良輯并評。清順治十六年(1659)旋采堂刻本。八册。半頁十行二十二字，左右雙邊，白口，單魚尾。高19.2釐米，寬13.6釐米。題"黄海范與良眉生評選"。前有順治十七年(1660)錢謙益序，李楷序，順治十六年范與良自序；范與良撰《凡例》十六則；海内訂正諸先生姓氏。

范與良，字眉生，號幽草軒主人，安徽徽州人。

是書選自漢至明之詩，計應制詩、應試詩、朝堂集、館課集、歷代樂章五種，各集均冠以順治十六年范與良小引。所選皆鋪張富麗之作，由其體宗臺閣故也。然精粕互呈，頗爲淆雜。

《應制集》四卷：卷一四言古詩(天文一首、歲時二十七首、祖餞三首、征伐一首)、五言古詩(天文七首、歲時十三首、地理十五首、邊塞一首、官職四首、政事一首、禮儀一首、宴饗三首、巡幸十首、扈從三首、音律一首、講武二首、田獵二首、賜詩一首、祖餞十一首、仙釋三首、宫室五首、寺觀四首、器用一首、草木三首、鳥獸一首、蟲魚四首)；卷二七言古詩(天文二首、歲時二首、地理三首、宴饗四首、聖誕二首、宫室三首)、五言律詩(天文十三首、歲時四十四首、地理十八首、貴戚三首、官職三首、和親八首、孔廟二首、侍宴十七首、凱旋一首、祖餞二首、巧藝七首、寺觀二十首、花木三首、鳥獸一首)；卷三五言排律(天文二首、歲時十八首、地理三十四首、邊塞七首、帝王一首、貴戚一首、官職十二首、禮儀三首、侍宴四首、酺宴五首、巡幸四首、扈從二首、聖誕一首、閱武二卷、巧藝二首、宫室二十二首、冢墓二首、寺廟十首、鳥獸一首)；卷四七言律詩(天文四首、歲時五十二首、地理三十一首、貴戚十九首、禮儀一首、酺宴一首、奏捷一首、凱旋一首、祖餞一首、寺觀六首、巧藝四首、花木二首）、七言排律（歲時一首、朝貢一首、講武一首）、五言絕句（歲時二首、地理四首、朝會二首、侍宴一首）、七言絕句（天文七首、歲時十首、地理二首、貴戚四首、花木十二首）。

《應試集》三卷：卷一天文九十五首、歲時四十一首；卷二地理四十二首、禮儀一首、巡幸三首、婚姻二首、聖壽七首、音樂二十三首、文史五首、講武二首、告捷一首、武器二首、懷古三首、夢寐一首、舟楫二首、自試一首、風化一首、耕織一首、巧藝四首、宮室二首、器用十三首、衣服一首；卷三鄉飲一首、珍寶二十五首、布帛三首、穀麥五首、果木三十五首、花竹二十首、百草十首、鳥獸三十四首、蟲魚八首、采色一首。

《朝堂集》七卷：卷一四言古詩（歲時八首、地理九首、帝王一首、禮儀十八首、宴饗五首、頌德四首、自效一首、應辟一首、營建一首）、五言古詩（天文七首、歲時十四首、地理十二首、京都一首、貢舉一首、入京一首、奉使三首、休假一首、禮儀十一首、朝會七首、侍宴九首、酬宴一首）；卷二五言古詩（公讌十九首、耕耤九首、巡幸一首、駕迴三首、扈從五首、迎駕二首、省直一首、上陵四首、音樂二首、文史一首、講武二首、校獵六首、習射一首、征伐七首、凱旋一首、祖餞三首、恩榮一首、仙釋四首、宮室九首、寺觀十六首、飲食一首、蔬果二首、花竹二首）；卷三七言古詩（天文一首、歲時六首、地理六首、京都六首、貢獻一首、貢舉一首、奉使三首、省直一首、婚姻一首、聖誕一首、文史四首、征伐三首、宴饗一首、巧藝二首、宮室一首、器用二首、內苑一首、鳥獸一首）；卷四五言律詩（天文八首、歲時十四首、地理十六首、帝王九首、官職四首、奉使二十首、赦宥一首、郊祀十三首、禮儀一首、朝會十首、侍宴五首、酬宴五首、登封三首、巡幸十六首、扈從四首、省直八首、婚姻四首、誕辰三首、上陵二十四首、挽歌三十三首、音律一首、告捷三首、宮禁十二首、文史一首、仙釋四首、農功一首、宮室四首、寺廟三首、器用二首、草木二首）；卷五五言排律（天文三首、歲時九首、地理三首、內苑五首、京都一首、帝王二首、中書一首、奉使七首、郊祀四首、明堂二首、朝會七首、侍宴一首、酬宴三首、登封一首、巡幸二首、駕迴一首、扈從三首、省直一首、誕辰一首、上陵三首、講武一首、告捷一首、凱旋三首、祖餞二首、仙釋一首、農功一首、宮室五首、寺廟四首、鳥獸一首）；卷六七言律詩（天文六首、歲時二十二首、內苑十三首、京都十三首、帝王五首、帝戚二首、中書一首、貢獻二首、敕旨一首、恩賜一首、出使九首、和親一首、赦宥三首、禮儀一首、郊祀十六首、朝會二十五首、拜表二首、酬宴一首、賜宴二首、巡幸十六首、駕迴二首、扈從六首、省直七首、婚姻一首、誕辰四首、上陵十七首、挽歌三首、文翰四首、征伐三首、告捷八首、頌德二首、恩榮八首、巧藝一首、仙釋一首、宮室二十七首、器用二首、果木八首、鳥獸四首）；卷七七言排律（經筵一首、賜宴一首、朝會一首）、五言絕句（歲時八首、地理二首、朝會一首、內苑一首、宮室一首、省直一首、和親一首、貢舉一首、郊祀三首、上陵一首、頌德十一首、草木八首、蟲魚一首、鳥獸四首）、六言絕句（郊祀三首、內苑二首、鳥獸三首、頌德一首）、七言絕句（天文四首、歲時二十九首、內苑六首、京都八首、后妃一首、政事三首、和親二首、奉使一首、郊祀九首、朝會十首、表奏六首、徵召三首、酬宴四首、巡幸三十六首、駕迴八首、省直三首、婚姻五首、誕辰三首、頌德四首、上陵三首、音律四首、田獵三首、武功十一首、凱旋十首、貢舉一首、巧藝三首、宮室七首、寺觀三首、草木二首、鳥獸二首）。

《館課集》六卷：卷一五言古詩，卷二七言古詩，卷三五言律詩，卷四五言排律，卷五七言律詩、七言排律，卷六五言絕句、七言絕句。

《歷代樂章》二卷：卷上《郊廟歌辭》（吉禮），卷下《愷樂歌辭》（軍禮）。

范與良序云："惟是吾人性命經濟之學，莫切於詩，恐世儒薄之為小道，而無見於經國之大業、不朽之盛事,輒取古近詩詳分而標識之,凡幼學壯行,廣治敷化,俾其咸有可循。學者存誠養氣以立其基,師友淵源以正其學,兵農禮樂以裕其才,天人曆數以精其蘊,兼綜而條貫之,如玄爐範物,鴻鈞播氣,彰施之效,律呂以和而美善,斯協由斯道也,詩教炳然,則專有賴乎。當世之文章鉅公,整齊聲律,鼓鑄詞林,於以臻三代一道同風之盛,是則小子良之所仰高山而企望者也。若曰區區之選,亦與有小補焉,則吾豈敢,則吾豈敢。"

此本有扉頁,刊"詩苑天聲。黃海范與良眉生評選、孫閩夫重訂。海内諸先生同定。一歷代應制詩、一唐人應試詩、一歷代朝堂詩、一明臣館課詩、一歷代樂章。旋采堂藏板"。並鈐有"長嘯"、"當今盛世公卿必讀之書"、"旋采堂"印。又各集另有扉頁,刊"應制詩。范眉生評選、孫閩夫重訂。旋采堂藏板";"應試集。范眉生評選、孫閩夫重訂。旋采堂藏板";"朝堂集。范眉生評選、孫閩夫重訂。旋采堂藏板";"館課集。范眉生評選、孫閩夫重訂。旋采堂藏板";"歷代樂章。范眉生評選、孫閩夫重訂。旋采堂藏板"。

按,此書又有清初金閶童晉之、武林還讀齋刻本,二十二卷,行款同此本,中國國家圖書館藏。未詳二者有何關連,俟之他日,或可冰釋。

《四庫全書總目》入集部總集類存目。《四庫全書存目叢書補編》第 38 册收入,底本爲首都圖書館所藏。《中國古籍善本書目》著録,浙江圖書館、首都圖書館等五館也有入藏。日本《內閣文庫漢籍分類目録》著録。

鈐印有"徐"、"積學齋徐乃昌藏書"。

2685　清康熙刻本宋金元詩永　　T5237.58/2322

《宋金元詩永》二十卷《補遺》二卷,清吳綺輯。清康熙十七年(1678)刻本。八册。半頁九行十九字,左右雙邊,白口,單魚尾。高 17.3 釐米,寬 12.7 釐米。題"延陵吳綺園次選;蒲吾崔華蓮生訂;濟陽江闓辰六、江湘文江較"。前有康熙十七年吳綺自序;豐南樗叟撰《凡例》四則。

吳綺,見清乾隆刻本《林蕙堂詩文集》。

此書收宋金元詩合爲一集,兩易寒暑而成。卷一宋五言古詩,卷二宋五言古詩、金五言古詩,卷三元五言古詩,卷四宋七言古詩,卷五宋七言古詩、金五言古詩,卷六金七言古詩、元七言古詩,卷七元七言古詩,卷八宋五言律,卷九金五言律、元五言律,卷一〇至一一宋七言律,卷一二金七言律、元七言律,卷一三元七言律,卷一四宋五言排律、金五言排律、元五言排律、宋七言排律,卷一五宋五言絕句、金五言絕句、元五言絕句,卷一六宋六言絕句、元六言絕句,卷一七至一八宋七言絕句,卷一九金七言絕句,卷二〇元七言絕句。《四庫全書總目》云,是書"頗能刊除宋人生硬之病,與元人縟媚之失"。

吳綺序云:"夫唐以後無詩,是宋金元可以不作,宋金元尚可不作,至於明、至於今,又安用乎捻鬚摇膝,敝敝於聲音之數哉?故予是編,於三唐之後,急掇宋金元而出之,存宋金元所以存三唐,所以存宋金元之不爲三唐者,所以存三唐於宋金元也。讀此者,以己之性情合於宋、合於金、合於元之性情,始可以論宋金元之詩,始可以論三唐之詩矣。以己之性情得乎宋、得乎金、得於元之性情,又何氣運之足云乎。"

《凡例》云:"是選詩多秘本,博搜嚴較,寸珠尺璧,藏書家珍異,非力可致。如汲古閣之就鈔,春草閑房之借録,暨諸善本,皆不憚裹糧負笈,累月兼旬,以求必獲。覽閱者幸勿得魚忘筌,庶見予苦心,以快睹大觀云。""是選人維兩宋,時逮金元,而其詩之品骨氣味、規圓矩方,要不與李唐豐格致有天淵之別。惟讀者以讀三唐詩手眼讀宋金元詩,而仍不失宋金元詩,則可知選者之選宋金元詩,猶選三唐詩也。"

此本有扉頁,刻"宋金元詩永。延陵吳園次先生選。思永堂藏板"。佚去《補遺》二卷。

《四庫全書總目》入集部總集類存目。《四庫全書存目叢書》第393至394冊收入,底本爲中國人民大學圖書館藏本。《中國古籍善本書目》著錄,北京師範大學圖書館、山西師範大學圖書館、齊齊哈爾市圖書館也有入藏。日本《内閣文庫漢籍分類目錄》著錄。

2686　清康熙刻本御選宋金元明四朝詩　　　　T5237.58/1310

《御選宋金元明四朝詩》三百二卷首二卷《姓名爵里》十三卷,清聖祖玄燁輯。清康熙四十八年(1709)内府刻本。一百十二冊。半頁十一行二十一字,左右雙邊,白口,雙魚尾。高17.1釐米,寬11.2釐米。前有康熙四十八年御序;纂選官人員。

此書博採宋金元明各體詩爲一集,計宋詩七十八卷、金詩二十五卷、元詩八十一卷、明詩一百二十卷。共計作者五千八百人。每代之前,詳述作者之爵里。其詩分帝製、四言、樂府歌行、古體、律詩、絶句、六言及雜言等,以體分編。爲研究宋金元明四朝詩學之重要資料。

是書所列纂修官員,有纂選官六人、録選官二十二人、校刊官一人、校勘官九人,多爲翰林院修撰、侍講、編修、檢討、庶吉士。如校勘官中有張廷玉、查慎行、陳邦彦、錢名世、汪灝等,都是一時重要文臣及英才俊彦。

御序云:"近得《全唐詩》,已命儒臣校訂,刊布海内,由唐以來千有餘年之久,流傳自昔未見之書,亦可謂斯文之厚幸矣。遂又命博採宋金元明之詩,每代分體各編,自名篇鉅集以及斷簡殘章,罔有闕遺。稍擇而録之,付之剞劂,用以標詩人之極致,擴後進之見聞,譬猶六代遞奏八音之律無爽,九流並溯一致之理同歸,然則唐以後之詩自今而傳矣。"

《四庫全書總目》云:"大抵四朝,各有其盛衰,其作者亦互有長短,而七百餘年之中,著作浩繁,雖博識通儒,亦無從遍觀遺集。至於澄汰沙礫,披檢精英,合四朝而爲一巨帙,勢更有所不能矣。"

此書爲康熙五十年刻成,可見顧嗣立《閭邱先生自訂年譜》,《年譜》是年載:"十月二十八日,《四朝詩》暨《歷代詩餘》、《廣群芳譜》成。"可見從四十八年御撰序始,僅費兩年之力即大功告成,若無充裕經費以及大量書寫匠、刻印裝訂工,是不可能在較短歲月内竣工的。又《武英殿造辦處寫刻刷印工價等定例》中,有此書之裝訂標準。

此本爲清刻本之白眉,用開化紙印,紙質細膩,潔白無疵,柔薄而韌性強。陶湘編《清代殿版書目》,把《四朝詩》著録爲揚州詩局刻本,不確。揚州詩局雖也承辦内府交待之圖書刊刻,但並未刻過《四朝詩》。是書印出後,多賜與近臣,外間甚少流通。近二百年來,國内外所存也僅十餘部而已,中國國家圖書館、上海圖書館、遼寧省圖書館皆有入藏。

《四庫全書總目》收録。《中國古籍善本書目》著錄,北京故宫博物院圖書館也有入藏。

2687　清康熙刻本詩林韶濩　　　　T5237.08/3860

《詩林韶濩》二十卷,清顧嗣立輯。清康熙四十四年(1705)顧氏秀野草堂刻本。十册。半頁十一行二十一字,左右雙邊,白口,雙魚尾。書口下刻"秀野草堂"。高18釐米,寬12.7釐米。題"長洲顧嗣立俠君類選"。前有康熙四十四年顧嗣立自序;《凡例》五則。

顧嗣立,字俠君,一字心堅,別號奇庵,江蘇長洲人。康熙三十八年舉人。康熙五十一年會試,特賜進士,改翰林院庶吉士,以疾歸。年少而才雋,性嗜書,博學工詩,享有盛名。輕財好施與,家日貧,而風流文雅,照映一時。家居蘇州城内,構有草堂,取宋蘇軾《獨樂園》句,顏曰"秀野",水木亭臺之勝,實甲吳下。招邀四方賓朋,觴詠其中,一時朝野名士、文彦碩儒莫不與之交游。康熙六十一年卒,年五十四。著有《昌黎先生詩集注》、《温飛卿詩集校注》、《詩林韶濩》、《秀野草堂詩集》等。

韶濩,亦作"韶護"、"韶頀"。湯樂名。《左傳·襄公二十九年》:"見舞《韶濩》者。"杜預注:"殷湯樂。"孔穎達疏:"以其防濩下民,故稱濩也……韶亦紹也,言其能紹繼大禹也。"一説,舜樂和湯樂。後亦以指廟堂、宫廷之樂,或泛指雅正的古樂。唐元結《欸乃曲》之三:"停橈静聽曲中意,好是雲山韶濩音。"宋陸游《次金溪宗人伯政見寄韻》:"讀君長句還增氣,俗耳那聞韶濩聲?"

卷一御製詩;卷二御書、御試、省試上(州試、府試附);卷三省試下(監試、州試、府試、擬省試、閣試、館課附);卷四錫宴、侍宴、酺宴(餞送附);卷五東朝(千秋、應令附)、帝德(奉母、籍田、觀稼附)聖學(理學、詩文、講讀、纂述附)、政治(改元、曆法、治河、班赦附);卷六貢舉(薦辟附)、銓政(上官、出鎮、遷除、復召附);卷七巡幸(辟暑、扈從附);卷八秩祀(郊社、岳瀆、釋奠、太廟、明堂、登封、祈禱、宿齋、行香、分獻、視牲附);卷九出使(册立、勒碑、採訪、頒曆附)、軍旅(征伐、奏凱、獻捷、受降、勒石附)、射獵(講閲、合圍附);卷一〇慶賀(符瑞、萬壽、尊號、降誕、滿月、婚禮附)、朝貢、賜賫;卷一一天文、地理;卷一二節序上;卷一三節序下、朝省上;卷一四朝省下;卷一五京都;卷一六邊塞、陵廟;卷一七宫室、苑囿;卷一八宗藩(應教附)、國戚;卷一九釋道;卷二〇雜伎(博戲、工藝、音樂、圖畫附)、雜賦(木石、花卉、果蔬、鳥獸、蟲魚、飲食、器用附)、聯句、集句。

顧嗣立序云:"今天子聰明天授,御製詩集,頒布中外,文明之化,歷代以來,未有論比。乃翠華所臨,復遍訪人才,親加考校,一介之士,皆令自效愚。賤如臣嗣立,屢蒙清問,濫入禁廷,揣分踰涯,漸無一得,因竭駑鈍,搜羅篇什,彙唐五代宋金元明應制館閣諸體,分門别類,編爲一集,冀學詩者家弦户誦,專心體裁。賈王早朝之壯麗,錢劉西崑之綺靡,袁馬上京之鮮新,楊李館閣之工穩,神而明之,各臻其極。公卿大夫,賡歌颺拜於觚棱金爵之上,而草茅儒生,亦得含哺鼓腹以鳴夫太平之盛治。後之論者,謂聖朝詩教,超李唐而追雅頌,夫豈趙宋以下所能幾也哉。"

《凡例》云:"是集以'韶濩'名,所取近體皆和平盛世之音,分類務合當代時務。題有古製僅存,非今所尚,以及悲涼之句、感慨之詞,縱名作如林,慨不入選。""古詩樂府多清廟明堂之作,宋白、姚鉉、吕祖謙、蘇天爵諸選,擴擷頗富,每苦卷帙浩繁。兹集起自唐初,迄於明季,止收近體,專取便於瀏覽,非敢妄爲刪削也。""是集編纂僅五月而成,匆忙卒業,殊愧荒略。又本朝名公鉅卿鴻文雅製,一時未能採掇,不無遺恨,異日另編續集,列諸卷後,庶幾大觀云。"

此本寫刻,甚精。有扉頁,刊"詩林韶濩。長洲顧俠君手定。分類選輯唐五代宋金元明館閣應制各體。秀野草堂藏板。"並鈐"别裁偽體親風雅"印。"玄"字避帝諱。

《四庫全書總目》、《續修四庫全書》、《續修四庫全書總目提要(稿本)》未收。《中國古籍善本書目》著録,遼寧省圖書館、湖北省圖書館等十一館入藏。

2688　清康熙刻本詩林韶濩　　　　　　　　T5237.08/3860B

《詩林韶濩》二十卷，清顧嗣立輯。清康熙刻後印本。十册。半頁十行二十四字，左右雙邊，黑口，單魚尾。高19.4釐米，寬13.4釐米。題"長洲顧嗣立俠君類選"。

此本字體仿宋。"玄"字避帝諱。顧嗣立序及《凡例》皆佚去。

《四庫全書總目》、《續修四庫全書》、《續修四庫全書總目提要（稿本）》未收。《中國古籍善本書目》著録有清康熙弘文書屋刻本，僅收北京市文物局一帙，蓋有闕名録清金甡批校，餘皆不入。日本《内閣文庫漢籍分類目録》有清刻本，疑同此本。

2689　清康熙刻本佩文齋詠物詩選　　　　　　T5237.08/0278

《佩文齋詠物詩選》四百八十六卷，清張玉書、汪霦等輯。清康熙四十六年（1707）内府刻本。六十四册。半頁十一行二十一字，左右雙邊，綫黑口，雙魚尾。書口上刻類别。高16.5釐米，寬11釐米。前有康熙四十五年（1706）御製序；彙閲、編輯官職名；康熙四十六年高興撰《御定佩文齋詠物詩選告成進呈表》。

張玉書，見清乾隆刻本《文貞公集》。

汪霦，字朝采，號東川，浙江錢塘人。康熙十五年進士。官行人，舉鴻博，授編修，官至户部侍郎。又有《西泠唱和集》。

自《藝文類聚》、《初學記》始以詠物之詩分隸各類後，宋綬、蒲積中有《歲時雜詠》，專收節序之篇。陳景沂有《全芳備祖》，惟採草木之什，未有蒐合遺篇，包括歷代，分門列目，共爲一總集者。明張之象始有《古詩類苑》、《唐詩類苑》兩集，然亦多以人事分編，不專於詠物，其全輯詠物之詩者，實始自是編。此編上起古初，下迄明代，凡四百八十六類，又附見者四十九類，諸體咸備，庶彙畢陳。是書未標卷第，惟分六十四册，册内分别類目，每類又分五言古詩、七言古詩、律詩。

御製序云："朕自經帷進御，覃精六籍，至於燕暇，未嘗廢書，於詩之道，時盡心焉。爰自古昔逸詩，漢魏六朝，洎夫有唐，訖於宋元明之作，博觀耽味，騫其蕭稂，掇其菁英，命大學士陳廷敬、尚書王鴻緒校理之，翰林蔡升元、楊瑄、陳元龍、查昇、陳壯履、勵廷儀、張廷玉、錢名世、汪灝、查慎行、蔣廷錫編録之，名曰《佩文齋詠物詩選》。蓋蒐采既多，義類咸備，又不僅如向者所云蟲魚、鳥獸、草木之屬而已也，若天經、地志、人事之可以物名者，罔弗列焉。於是鏤板行世，與天下學文之士共之。"

《進呈表》云："於敕幾之餘暇，事弘覽之精勤，謂歌詩原本於性情，而名物悉關乎義理，若不廣爲采擷，曷以萃厥菁英。屢經乙夜之親裁，申命諸臣而彙輯於是。燃藜芸閣，給札薇垣，上自古初，下迄勝國。詩從物類，若五色之相宣；選以體分，猶四時之成序。大則觀文察理，取象高深；細則喙息跂行，肖形毫末。其間包羅衆品，薈蕞群材，服食器用之需，皆歸逸響；律吕權衡之事，並入妍辭。農牧樵漁，恍見野人之趣；圖書藥物，足抒大雅之襟。以及仙釋之遐蹤，將帥之行陣，異卉名花之悦性，纖鱗弱羽之遂生，莫不次第臚陳，後先區别。夜光觸目，荆山無韞玉之嫌；明月入懷，滄海寡遺珠之歎。既漱芳而傾液，復按部而就班，群服宸衷，藻鑑之精，亦見作者經營之善，彙成卷帙，繕寫進呈。""謹校定六十四册，爲類四百八十有六，計古今各體詩一萬四千五百九十首,刊刻告成。"

此本端楷寫刻。彙閲者,署張玉書、陳廷敬、王鴻緒三人。編輯官者,署汪霦、蔡升元、楊瑄等十二人。

《四庫全書總目》入集部總集類。《中國古籍善本書目》著録,上海圖書館、天津圖書館等二十四館也有入藏。日本《内閣文庫漢籍分類目録》、美國《普林斯頓大學葛思德東方圖書館中文舊籍書目》著録。

鈐印有"長白敷槎氏堇齋昌齡圖書印"、"昌齡"。

2690　清康熙刻本御定歷代題畫詩類　　T5237.08/7920

《御定歷代題畫詩類》一百二十卷,清陳邦彦輯。清康熙四十六年(1707)内府刻本。二十四册。半頁十一行二十三字,左右雙邊,黑口,單魚尾。高18.4釐米,寬12.2釐米。題"翰林院編修臣陳邦彦奉旨校刊"。前有康熙四十六年御製序;《凡例》九則。

陳邦彦,字世南,號春暉,又號匏廬,浙江海寧人。康熙四十二年進士。工書法。入詞館,侍直内廷。上方注意典籍,歲開數館編纂,往往被命校讎御製碑文,亦時奉敕繕寫。以侍讀學士歸,日與楮墨相親,乞書者踵相接。筆意酷似董文敏,晚年所作,幾欲亂真。乾隆初起原官,仕至禮部侍郎。《(民國)海寧州志稿》卷二九《人物志·文苑》有傳。

此書裒合題畫之詩爲一集,凡詩八千九百六十二首,分類俱有條理,末爲人事、雜題二類,包舉亦爲簡括。其中涉及名物典故者,有資考證;鴻篇巨製者,有益文章;即山川景物,開卷如逢,魚鳥留連,煙雲供養,亦足以悦性怡情。其人事類,則人世應酬之事,朝賀燕享繪圖記盛者。雜題一類,則詩無專屬,或義取賞鑒,或意在應酬。

是集卷一至二《天文類》一百七十六首,卷三至六《地理類》二百三十一首,卷七至二六《山水類》一千六百四十一首,卷二七至三〇《名勝類》二百六十首,卷三一至三二《古跡類》一百二十三首,卷三三至四四《故實類》八百六十二首,卷四五至五二《閑適類》五百八十七首,卷五三《古像類》一百五首,卷五四《寫真類》一百二十七首,卷五五至五六《行旅類》一百四十八首,卷五七《羽獵類》六十二首,卷五八至六〇《仕女類》二百六十八首,卷六一至六五《仙佛類》三百一十三首,卷六六《神鬼類》三十四首,卷六七至六八《漁樵類》一百五十九首,卷六九《耕織類》七十二首,卷七〇《牧養類》七十六首,卷七一至七四《樹石類》二百七十一首,卷七五至八二《蘭竹類》七百六十八首,卷八三至九〇《花卉類》七百七首,卷九一至九二《禾麥蔬果類》一百四十七首,卷九三至九九《禽類》四百七十四首,卷一〇〇至一〇七《獸類》五百三十四首,卷一〇八至一〇九《鱗介類》一百五首,卷一一〇至一一一《花鳥合景類》一百六十三首,卷一一二《草蟲類》七十首,卷一一三至一一五《宫室類》二百二十五首,卷一一六《器用類》四十五首,卷一一七至一一八《人事類》一百十一首,卷一一九至一二〇《雜題類》一百十首。

御製序云:"至漢世圖寫功臣,用示襃異,則又人物之肖象粲然著見於史册者矣。嗣是工繪事者日衆,自天文地輿、鳥獸草木,以及宫室器用,與一切登臨游覽之勝,皆假圖畫以傳於世。晉宋而後,莫盛於唐,五代迄宋,作者輩出。金元明間,亦代有聞人,方其詣精入理,足以體陰陽,含飛動,爲稽古博物者之所取證,不僅以丹青擅長而已。而能搜抉其義藴,發攄其旨趣者,則尤藉有題畫之詩。歷代各體題詠以萬計,散置諸集,無所統紀。翰林陳邦彦裒輯彙鈔,得八千九百餘首,分爲三十類,編次一百有二十卷,繕本呈覽。朕嘉其用意之勤,命授工鋟梓,兹刊成裝潢來上，萬幾餘暇，時一披閱，凡兩間之名象，庶類之棼錯，無不該載於中，且不踰几席而得流觀山川，險易之形，近在目前。而可考鏡往代留遺之蹟，以至農耕蠶織，纖悉具陳；雞犬桑麻，宛然如睹。庶幾於昔人豳風無逸之圖，有互相發明者焉。"

此本有扉頁，刊"御定歷代題畫詩類"。

《四庫全書總目》入集部總集類。《中國古籍善本書目》著錄，浙江圖書館、福建省圖書館等三十五館也有入藏。日本《內閣文庫漢籍分類目錄》著錄。

館藏有複本一部，三十二冊。前有扉頁，刊"題畫詩類"，上有"御製"二字，並雙龍戲珠圖。

2691　清雍正刻本詠物詩選　　　　　　　　　　T5237.08/8218

《詠物詩選》八卷，清俞琰輯。清雍正刻本。四冊。半頁十行二十一字，左右雙邊，黑口，單魚尾。高15.9釐米，寬11.2釐米。題"魏塘俞琰長仁輯"。前有雍正二年(1724)俞琰自序，錢鑒序；俞琰撰《凡例》十五則。

俞琰，字長仁，浙江嘉善人。

詠物者，以詩歌描寫事物。《國語・楚語上》："若是而不從，動而不悛，則文詠物以行之，求賢良以翼之。"韋昭注："文，文辭也。詠，風也。謂以文辭風託事物以動行也。"宋范仲淹《賦林衡鑒序》："指其物而詠者，謂之詠物。"

是集乃爲初學所設，卷一《天部》九十二首、《歲時部》一百二十三首(附錄十二首)；卷二《地部》六十一首、《山部》五十首；卷三《水部》六十六首、《居處部》九十八首、《寺觀部》二十九首；卷四《人部》四十一首、《麗人部》七十三首、《文部》二十七首、《武部》二十七首；卷五《樂部》五十一首(附錄三首)、《巧藝部》三十一首、《器用部》一百四首、《雜玩部》十二首；卷六《玉帛部》十六首、《冠服部》二十七首、《飲食部》三十五首、《果部》三十三首、《穀部》八首、《蔬部》十二首；卷七《花部》一百三十一首(附錄五首)、《木部》四十一首(附錄八首)、《草部》二十二首；卷八《禽部》七十五首、《獸部》三十二首、《鱗部》十一首、《介部》五首、《水族雜部》四首、《昆蟲部》三十九首。

俞琰序云："古之詠物者，其見於經，則灼灼寫桃華之鮮，依依極楊柳之貌，杲杲爲出日之容，瀌瀌擬雨雪之狀，此詠物之祖也。而其體猶未全。至六朝而始以一物命題，唐人繼之，著作益工。兩宋元明承之，篇什愈廣，故詠物一體，三百導其源，六朝備其製，唐人擅其美，兩宋元明沿其傳。其佳者，往往擬諸形容，象其物宜，不即不離，而繪聲繪影。學者讀之，可以恢擴性靈，發揮才調，顧巨帙鴻編，難於卒讀，一朝專稿，掛漏實多。從游沈子堯封偕弟賡虞，欲得一簡而該者，以供記誦，請業於余。余不獲辭，爰取名家諸集及選本而手錄之，斷自六朝至於明季，集分八卷，詩逾千篇，名曰《詠物詩選》，聊便初學，用塞其請。或曰雕蟲篆刻，壯夫不爲，月露風雲，古人所賤，則是書之輯，余滋愧焉。"

《凡例》云："是集選自六朝，止於明世。若國朝人文蔚起，佳作如林，琰孤陋寡聞，無由遍識，惟就古人所缺，與同里諸子詩略附一二，故加附字以別之，明非備錄。""一題之詩，多者不過六首，少者僅存一首。蓋既欲其約，又欲其該，第取備物，不能備詩也。"

此爲禁書，《清代禁書知見錄》著錄。有扉頁，刊"歷朝詠物詩選。嘉善俞長仁編輯。分類備載。寧儉堂藏板"。并鈐有"三餘堂藏書"印。

《續修四庫全書》、《續修四庫全書總目提要(稿本)》未收。《四庫禁燬書叢刊》第137冊收入。《中國古籍善本書目》著録清雍正寧儉堂刻本,遼寧省圖書館、清華大學圖書館等十二館有入藏。

2692　明刻本賦珍　　　　　　　　　　　　　　　T5240.07/0129

《賦珍》八卷,明施重光輯。明刻本。二十四册。半頁十行二十字,四周雙邊,白口,單魚尾,書眉上刻評,書口下間有刻工并字數。框高22.7釐米,寬15釐米。題"芝山施重光慶徵甫輯撰"。前有吴宗達序。

施重光,號慶徵。山西振武衛人。萬曆二十九年進士。

吴宗達序云:"余年友慶徵先生,冥心芳潤,品隲千秋。采昭明之遺英,彙耳目之奇賞,鴻纖畢簡,今古並收,既羽翼以詩詞,復鼓吹其意義。條分臚列,郁郁繽繽,涉崑岡而遊玄圃,左顧右盼,殊采照人,此珍之義也。雖然請與慶徵言珍,宇宙間一種精粹不可磨滅之氣,在人爲材,在物爲寶,非二也。然用有大小,品有真贋。上之闡繹聖真,敷陳帝制,如天球神鼎,傳億禩而攝萬靈,此一珍也。次之引義匡時,誦言悟主,如元龜之告吉,導車之指南,此又一珍也。其或耽精淫艷,買譽名流,皮筆十年,蕩思百日,類宋人之刻楮,誚鄭客之還珠,若者於珍奚當乎!要以珍於己,弗若珍於人,珍與人,弗若珍於世。珍於人則真,珍於世則大,壯夫小技,惟人所爲耳。慶徵首對大廷數千言,燭盡不肯出,一時聲稱籍甚中外。今宦跡所履,猶然刑名錢穀中,而能澄心玄覽,弔三閭之悱惻,探六義之幽深。有材如慶徵,吾不能窺其珍矣。"

序書口下刊"□邢(刑)部□□舖刊"。刻工有夏。

《四庫全書總目》未收。《中國古籍善本書目》著録,中國國家圖書館、北京大學圖書館、西北大學圖書館亦有入藏。

鈐印有"清儀閣"、"嘉興張廷濟字叔未行二居履仁鄉張邨里藏經籍金石書畫印"。

2693　清乾隆刻本應試排律精選　　　　　　　　　　T5781/7244

《應試排律精選》六卷。清周大樞選,清狄之武、申贊皇箋釋。清乾隆二十三年(1758)刻本。八册。半頁九行二十字,左右雙邊,白口,單魚尾。框高17.6釐米,寬11.2釐米。題"新建裘漫士、會稽周石帆先生鑑定;溧陽狄之武春暉、元和申贊皇士先仝箋"。前有乾隆二十三年裘漫士序,乾隆二十三年周長發序,乾隆二十二年(1757)周大樞序;《凡例》十則。

周大樞,字元木,一字元牧,浙江山陰人。以能詩稱於鄉,於文章歌詠之事研精數十年。與同里胡天游在江東詩社中最稱傑出,尤與秀水萬光泰善。乾隆初,舉鴻博不遇,後舉於鄉,官教諭。有《居易堂稿》。

是集爲應試而選,所載多試帖,五言排律至應制詩,其體與試帖相埒。卷一至二唐,卷三宋元明,卷四至六本朝。

裘漫士序云:"國家近定取士之制,特去表判而增律詩八韻,俾多士夙習風雅,益閎元首股肱之賡和,海内蒸蒸向風,爭言聲律。於是周、狄、申三孝廉因毛氏選本始唐人以至昭代,取諸應制五言詩及試帖體精選而箋疏之,爲學詩者備指津逮。"

周長發序云:"元木孝廉乃慨然彙應制及試帖諸詩,解釋而評隲之,由唐人至於本朝,得若干首,申國博、狄孝廉見而好焉,復從而箋注其故寔。""今觀所選諄諄,首以切題,爲言不欲妄抑藻采,用高人之法度,標後學之津梁,使人顧律詩之名而思其義。而申、狄兩孝廉所箋特簡括,罕有遺漏。"

《凡例》云:"唐人試帖,選者頗有箋釋,其本朝詩之箋釋者絕少。今併略標作法及所用故寔,惟經史習見者不注,其詩中用字稍隱者則略注出某經,用明其命意有自,其雜出傳記者,事習則亦復從略焉。但注中遺漏舛忤處,幸識者有以教我。""諸選皆卷分事類,然一代有一代風氣,雅不欲今昔雜列,故卷以世分。至諸公姓名次第,則年紀無從備考,且有數人而前後同作一題者,間用連綴,不過略分先後而已。""是集所選不獨試帖,而標以應試排律,緣詩為應試者立模鵠而選也。集成後,或有謂其名太樸者,以其所選皆臺閣體,不同錚錚細響,因取皇甫持正稱昌黎語,顏之曰《鯨鏗集》,用為大叩小叩者之鳴應,兼亦杜工部'掣鯨海中'之義焉。"

此本有扉頁,刻"應試排律精選鯨鏗集。園牧周大樞選釋。春暉狄之武、粗仙申贊皇全箋。裘漫士周石帆兩先生鑑定。二集嗣出。安迎堂藏板。翻刻必究"。

《續修四庫全書》、《續修四庫全書總目提要(稿本)》未收。《中國古籍善本書目》未著錄。

2694　清乾隆刻本歷朝名媛詩詞　　　　T5237.08/7163

《歷朝名媛詩詞》十二卷,清陸昶輯。清乾隆三十八年(1773)吳門陸氏紅樹樓刻本。六冊。有圖。半頁九行十九字,左右雙邊,白口,無魚尾,書口上刻"紅樹樓選"。目錄頁題"吳門陸昶梅垞評選;同學程琰東冶、宋思敬秋厓閱定"。前有乾隆三十八年王鳴盛序,宋思敬序,乾隆三十八年陸昶序,程琰序。末有陸昌吉跋,林萬棟跋;《凡例》十二則。

陸昶,字梅垞,江蘇吳縣人。

是集卷一至一〇為漢至元之詩,計六百三十一首;卷一一為詞,自隋至元,計六十七首;卷一二為鬼仙詩詞。卷一漢十一人,卷二魏三人、晉八人、宋二人、梁四人,卷三梁五人、陳二人、北魏四人、北齊二人、隋七人、秦一人、唐二人,卷四唐十八人,卷五唐二十四人,卷六唐二十三人,卷七唐十六人、宋二人,卷八宋二十一人,卷九宋二十一人、遼一人、元五人,卷一〇元十九人,卷一一隋三人、元三十二人,卷一二八人(不敘年代)。共作者二百四十四人。是集寧刻無怨,寧簡無繁,務使深閨才子迥出塵表,且以詩存人,不以人存詩,一首一句之美,即出自煙花,亦為拈出,略寓憐才之意。又於詩詞前先列小傳,俾讀者瞭然於姓氏里居,其遭際之享否,行事之薰蕕,亦略見之。小傳末略綴評語,令"女郎手口之妙,如見如聞,能玩味之"。

王鳴盛序云:"吾友汪君訒庵輯《本朝名媛詩》,亦既裒然成帙矣。陸子梅垞復取自漢迄元名媛之作,選定為一集,系以小傳,傳尾略加品隲。上下二千年,閨幨佳製,蒐採靡遺,而以詩存人,不以人存詩。詩苟足存,北里亦收,而仙鬼荒幻,則付之缺如。名媛與選,此為最精矣。"

程琰序云:"吾友梅垞選《歷朝名媛詩詞》,自漢迄遼元,蒐羅富,決擇精,寧簡勿濫,折衷諸李漫翁先生而定。漫翁,其樂丈也。詩得津梁,人比之謝師厚、黃山谷,昔《亙史》錄江進之《閨秀詩評》,起自班姬,終於女妓。明劉士鏻謂之彤管董狐,選入《文致》。是編有過之無不及。他日載入藝文,流傳後來,當不第如鍾竟陵之《詩歸》,王西樵之《然脂》也。"

《凡例》云:"是選於流傳仙女唱酬之什,概從刪削,琪花瑤草,翻覺塵俗,且荒眇之詞,情無附麗,吟詠之道,當不取此。""是選詩詞,行間俱用圈點,令人眼目醒快,酒闌燈爐時,易於觀覽。""是選小傳前間繪小像,使絕代佳人靈秀之姿微留影似,讀者如挹其芬芳,亦香奩之勝事也。蓋倣《無雙譜》之例,識者鑒諸。""是選詩卷後並錄詩餘,知閨閣才人能事多矣。抑揚聲調,不減南唐遺韻,亦復可歌可詠。"

此本有扉頁，刻"歷朝名媛詩詞。乾隆癸巳新鐫。紅樹樓藏板"。林萬棟跋後刻"有耀齋王鳳儀刻字"。圖皆名媛畫像。

《歷代婦女著作考》、《續修四庫全書總目提要(稿本)》著錄。《北京大學圖書館藏古籍善本書目》(兩部)、《中國人民大學圖書館古籍善本書目》(三部)、《中國科學院圖書館藏中文古籍善本書目》、《四川省高校圖書館古籍善本聯合目錄》、日本《内閣文庫漢籍分類目錄》著錄。

2695　明天啓刻本四六法海　　　　　　　　　　T5239.07/1147

《四六法海》十二卷，明王志堅輯。明天啓七年(1627)刻本。十二冊。半頁九行二十字，四周單邊，白口，單魚尾。框高 20.9 釐米，寬 13.5 釐米。題"吳郡王志堅論次；友張我城、弟志長、志慶參閱"；"男偲偕儆編較"。前有陸符序；天啓七年王志慶小引；《凡例》七則。

王志堅，字弱生，更字淑士，亦字聞修，崑山人。萬曆三十八年進士，授南京兵部主事。天啓二年起，督浙江驛傳。復以僉事督湖廣學政，禮部推爲學政第一。通籍後，卜居吳門，肆志讀書，先經史，後子集，詩文法唐宋，兼通內典。居官執法，屹然所至，守律令，謝請託，理冤抑，問疾苦，手削爰書，雖老於文法者無以過。崇禎六年卒於官，年五十八。《(道光)崑新兩縣志》卷二三《儒林》有傳。

四六者，駢文之一體。以四字六字爲對偶，故名。南朝梁劉勰《文心雕龍‧章句》云："若夫筆句無常，而字有條數，四字密而不足，六字格而非緩。或變之以三五，蓋應機之權節也。"唐李商隱《樊南甲集》序云："作二十卷，喚曰《樊南四六》。"駢文以"四六"爲稱，蓋始見於此。法海，佛教語。喻佛法，謂佛法深廣如海。《維摩經‧佛國品》："度老病死大醫王，當禮法海德無邊。"

此編上溯於魏晉，下迄於元。每篇之末，或箋注其本事，或考證其異同，或臚列其始末，語有實徵，非明代選本所可及。此書之編，乃爲舉業而作。

《凡例》云："是編以《文選》、《藝文類聚》、《文苑英華》、《唐文粹》、《宋文鑑》、《文章正宗》、《元文類》、《荆川文編》、廣續二《文選》爲主，而参之以諸家集及正史、野史所載。凡一切訛謬相仍之書，概不因襲，有所訂正，間爲别白，聊自附於諍友云爾。""是編雖自爲一書，然大抵爲舉業而作，故入選寧約無濫。凡文體題目不甚相遠者，但存其尤，餘不得不忍情割愛。"

此本有扉頁，刊"四六法海。鍾伯敬先生鑒定。王弱生先生精選。是編上自魏晉，下迄宋元，詮類綜奇，搜攬悉備，蓋實深有切乎制科者也。所載悉以才情爲網羅，以體裁爲格律，視諸剿竊浮華、妄規時好者，奚啻雅俗。學者陶鑄此書，謝華啓秀，其於制舉業也，殆無□然矣。養正堂藏版"。

《四庫全書總目》入集部總集類。《中國古籍善本書目》著錄。南京圖書館、天津圖書館等二十二館及日本内閣文庫(兩部)、東京大學東洋文化研究所(載德堂藏板)亦有入藏。按，臺北"國家圖書館"所藏爲六卷本，作明天啓七年張我城等校刊本，疑爲殘本。

2696　清康熙刻本御定歷代賦彙　　　　　　　　T5240.08/7910

《御定歷代賦彙》一百四十卷《外集》二十卷《逸句》二卷《補遺》二十二卷《目錄》三卷，清陳元龍輯。清康熙四十五年(1706)内府刻本。五十冊。半頁十一行二十一字，左右雙邊，黑口，單魚尾。框高 19.2 釐米，寬 13.8 釐米。題"經筵日講官起居注詹事府詹事兼翰林院侍讀學士加三級臣陳元龍奉旨編輯"。前有康熙四十五年(1706)御製序;康熙四十五年陳元龍進呈表;《凡例》四則。

陳元龍,字廣陵,號乾齋,浙江海寧人。康熙二十四年進士。授編修,直南書房,累遷侍讀學士、詹事、翰林院掌院學士。後遷吏部侍郎,授廣西巡撫,擢工部尚書。雍正七年,又授文淵閣大學士,兼禮部尚書。十一年,以老乞休,加太子太傅致仕。乾隆元年,命在籍食俸,尋卒,賜祭葬,謚文簡。元龍博極群書,老成練達,學問優長。工書,爲聖祖所賞,嘗命就御前作書,深被獎許。生於順治九年,卒於乾隆元年,年八十五。又有《愛日堂詩集》,輯有《格致鏡原》等。《清史稿·列傳七六》、《國朝耆獻類編初稿》卷一二有傳。

是編爲陳元龍奉旨編刻。康熙四十二年,元龍以父病乞養歸,時正編《賦彙》,帝令攜歸校對增益。所錄上起周末,下訖明季,以有關於經濟學問者爲正集,分三十類,爲《天象》九卷二百八十篇,《歲時》四卷一百二十八篇,《地理》十七卷三百三十四篇,《都邑》十卷七十篇,《治道》六卷一百五十八篇,《典禮》六卷一百十篇,《禎祥》四卷八十篇,《臨幸》一卷二十一篇,《蒐狩》二卷二十一篇,《文學》四卷七十四篇,《武功》二卷六十四篇,《性道》四卷九十二篇,《農桑》二卷三十九篇,《宮殿》六卷一百四篇,《室宇》七卷一百五十四篇,《器用》四卷一百四十二篇,《舟車》一卷十六篇,《音樂》六卷一百六十一篇,《玉帛》三卷八十七篇,《服飾》一卷三十篇,《飲食》一卷四十二篇,《書畫》二卷三十四篇,《巧藝》二卷五十二篇,《仙釋》二卷四十四篇,《覽古》六卷一百八篇,《寓言》二卷五十九篇,《草木》六卷一百四十篇,《花果》七卷一百五十一篇,《鳥獸》九卷二百三十三篇,《鱗蟲》四卷一百十五篇。總計三千四十二篇。

其勞人思婦、哀怨窮愁、畸士幽人、放言任達者,別爲《外集》,分八類,爲《言志》六卷一百二篇,《懷思》二卷六十三篇,《行旅》二卷四十五篇,《曠達》三卷四十二篇,《美麗》二卷五十篇,《諷喻》一卷二十二篇,《情感》二卷三十三篇,《人事》二卷六十六篇。總計四百二十三篇。

旁及佚文墜簡,片語單詞,見於諸書所引者,碎璧零璣,亦多資考證,裒爲《逸句》二卷。爲《天象》十三篇,《歲時》十四篇,《地理》十四篇,《都邑》四篇,《典禮》二篇,《文學》五篇,《武功》五篇,《器用》十三篇,《音樂》十一篇,《玉帛》一篇,《飲食》二篇,《巧藝》三篇,《覽古》一篇,《草木》十一篇,《花果》二十三篇,《鳥獸》二十五篇,《鱗蟲》七篇,《言志》三篇,《懷思》五篇,《行旅》三篇,《曠達》六篇,《美麗》三篇,《諷喻》一篇,《人事》二篇。總計一百十七篇。

《凡例》云:"秦漢六朝及唐以前之賦,有《梁昭明文選》、《漢魏一百三家集》、《賦苑》、《修文御覽》、《文苑英華》、《唐文粹》六種,書內所載甚多,咸爲類次。其宋元止有《文鑑》、《文類》二書,至明文,并未有專書,即近時所刻《賦鈔》、《賦格》、《賦楷》等書,殊未詳備,此外散見雜出者不少。今從各人文集及別種書內廣加蒐羅,止就臣見聞所及,誠恐闕漏正多。至所採之原本,每有闕字、誤字,若有他本可較,擇其善者從之,其無他本可較者,不敢以臆見增損改易,謹遵古人闕疑之義,仍依原文謄寫,以俟參考。"

此所謂"御定",可見御製序:"漢興,賈誼、枚乘、司馬相如、楊雄、張衡之流,製作尤盛。三國兩晉以逮六朝,變而爲排。至於唐宋,變而爲律,又變而爲文,而唐宋則用以取士,其時名臣偉人往往多出其中。迨及元而始,不列於科目。朕以其不可盡廢也,間嘗以是求天下之才,故命詞臣考稽古昔,蒐采缺逸,都爲一集,親加鑒定,令校刊焉。"又書成之後,補遺三百六十九篇,散附逸句五十篇。

是集以楷書入梓,寫刻俱極精雅,頗怡心悦目。"玄"、"曄"字缺筆,皆避康熙帝諱。

此書流傳甚多。《四庫全書總目》入集部總集類。《中國古籍善本書目》著錄,天津圖書館、浙江圖書館等三十六館也有入藏。1987年,江蘇古籍出版社、上海書店重印此書。又國家圖書館出版社(原北京圖書館出版社)也於1999年據陝西省圖書館藏本重印。

鈐印有"漢陽周貞亮退舟民國紀年後所收善本"、"□中父周氏寶藏"。

館藏有複本一部,五十册,鈐印有"鳴野山房"。

2697　清抄本賦海類編　　　　　　　　　　　　　　　　T5240/7741

《賦海類編》二十卷,清關槐輯。清抄本。二册。紅格。半頁八行二十二字,四周雙邊,白口,單魚尾。框高22.2釐米,寬14.8釐米。題"仁和關槐纂輯"。

關槐,見清乾隆刻本《文帝全書》。

此爲殘本,存《城關部》一卷,計二十篇;《橋梁部》一卷,計十二篇;《蟲部》三卷,計四十三篇。

楷書。開本甚大,天頭地腳甚寬。"玄"、"弘"字皆避帝諱。

《中國古籍善本書目》著録,存十四卷,爲卷一至三、卷五至八、卷一一至一七,藏上海圖書館。按,此本應是上圖藏本所闕部分。

2698　明刻本新刊迂齋先生標注崇古文訣　　　　　　T5238.05/4462C1

《新刊迂齋先生標注崇古文訣》三十五卷,宋樓昉輯。明刻本。十二册。半頁九行十九字,左右雙邊,白口,單魚尾。框高20.5釐米,寬13.5釐米。題"松陵後學吴邦楨、邦杰校正"。前有寶慶三年(1227)姚珵序。末有寶慶三年陳森跋。

樓昉,字陽叔,號迂齋,鄞人。少從吕祖謙學,與弟昞俱以文名。紹熙四年進士,授從事郎,遷宗正簿,有直諒聲。後以朝奉郎守興化軍卒。昉爲文汪洋浩博,從學者凡數百人。又有《東漢詔令》等。

是集所選古文,凡二百餘首。所録自秦漢而下,至於宋,篇目增多,發明尤精,學者便之。卷一先秦文,卷二至六兩漢文,卷七兩漢文、三國文、六朝文,卷八至一五唐文,卷一六至三五宋文。

姚珵序云:"四明樓公,假守莆邦,積其平時苦學之力,紬繹古作,抽其關鍵,以惠後學。廣文陳君,鋟諸梓以傳之,使世之學者,優游而深求,饜飫而自得。"

是書今存之最早版本,爲宋刻二十卷本,藏中國國家圖書館,存卷四至一一、卷一九至二〇。次爲元刻本,三十五卷,藏中國國家圖書館,臺北"國家圖書館"有殘本。明代有正德二年姚鏌桂林學宫刻本,藏上海圖書館。又有明嘉靖十二年王鴻漸刻本,藏南京圖書館、浙江圖書館等十館及臺北"國家圖書館"(兩部)。

此本卷一八第四頁、卷三一第三及第八頁佚去。

《四庫全書總目》入集部總集類。《中國古籍善本書目》著録。中國國家圖書館、上海圖書館等二十一館,臺北"國家圖書館"(作明松陵吴邦楨等校刊本)及美國普林斯頓大學葛思德東方圖書館(作明嘉靖間松陵吴邦楨等校刊本)、日本静嘉堂文庫亦有入藏。

鈐印有"予閒堂"、"漱六埶之芳潤"、"陳杭"、"北平來薰閣陳氏經籍舖"。

館藏有複本一部,十八册。全書染色充舊,有"石庵"印(僞)。

2699　明嘉靖刻本西山先生真文忠公文章正宗　　T5236.05/4822

　　《西山先生真文忠公文章正宗》二十四卷，宋真德秀輯。明嘉靖四十三年(1564)李豸、李磐山東刻本。二十五冊。半頁十行十九字，左右雙邊，白口，單魚尾，書口下有刻工。框高21.6釐米，寬15.2釐米。前有正德十五年(1520)崔銑序，嘉靖四十三年曹三暘序；《綱目》。

　　是集分辭令、議論、敘事、詩賦四類，録《左傳》、《國語》以下，至於唐末之作。其持論甚嚴，大意主於論理，而不論文。

　　曹三暘序云："西山真文忠公所編《文章正宗》一書，其類凡四，一曰辭令、二曰議論、三曰敘事、四曰詩賦。起周末造，迄唐中葉，上下千有餘載，其人無慮數十餘家語。其尤者，則有若左氏、司馬遷氏、賈誼氏、董仲舒氏……江右谷南高公，以侍御史來按茲土，獨持風裁，又以其暇，進諸生湖南書院，親爲指授，亦既稍知趨向矣。猶慮久之或叛去也，因出是編，詔誦法之。且檄藩司校刻，以廣其傳，庶幾人挾一册，爲則不遠，若大匠之誨人以巧而惓惓焉，繩墨之示也，意亦勤哉！維時藩伯李君直卿、李君伯固承檄，惟謹遴屬德州崔同知吉，正訛補脱，其篇章前後注釋詳略，一仍西山舊本，迺繕迺梓，凡七閱月而告厥成。"

　　《文章正宗》，據著録，臺北"國家圖書館"有宋刻殘本，存六卷，又目録一卷。中國國家圖書館、上海圖書館、吉林大學圖書館有元至正元年高仲文刻明修本。中國國家圖書館、清華大學圖書館、中國社會科學院文學研究所有元刻本，皆殘缺不全；臺北"國家圖書館"爲全帙，惟不知同板否。

　　與是書同書名之明代所刻有數種：一爲明初刻本，十行二十一字，左右雙邊或四周雙邊，黑口，有刻工景舟、士達、吴原禮、黄孟龍、周壽、周同等，藏中國國家圖書館、遼寧省圖書館；一爲明初刻本，行款等皆同前本，然刻工有游疇、范汝、何好、吴名、張朋、游二等，藏中國國家圖書館、上海圖書館等五館；一爲明正德十五年馬卿刻本，十行二十一字，四周單邊，白口，無魚尾，刻工有申、濟、重、奉、澤、相、寬等，藏上海圖書館、南京圖書館等九館及臺北"國家圖書館"；一爲明嘉靖十五年朱鴻漸刻本，行款同前本，藏廣東中山圖書館、復旦大學圖書館；一爲明嘉靖四十三年杜陵蔣氏家塾刻本，行款同前本，左右雙邊，白口，有刻工，藏中國國家圖書館、天津圖書館等十四館；一爲明嘉靖四十四年鍾沂刻本，行款同前本，四周單邊，白口，有刻工，藏南京師範大學圖書館；一爲明安正書堂刻本，行款同前本，有刻工余元善、余道宗、丘景春、葉順、鄭記保、劉景福，藏首都圖書館。臺北"國家圖書館"有明常州李倫寫刻本五部。

　　此本崔銑序第一頁書口下刊"吴人吴曜、李澍、錢世傑寫，夏文祥等刻"。曹三暘序第一頁書口下刊"吴人李澍寫，李炤刊"。刻工有陸鑰、章彬、李孫、楊仁、李炤、章儒、唐林、唐鳳、張電、劉叶、柯仁義、何一金、顧連、袁宏、夏璈、章循、何勉、陳約、林智、顧鈴、夏文錫、李福、張仁、夏文祥、劉燁、劉樺、張便、章松等。卷二四末刻"管理校正姓名"，凡曹鏤、崔吉、陳宗慶等十三人。

　　《四庫全書總目》入集部總集類。《中國古籍善本書目》著録，上海圖書館、南京圖書館等三十一館及日本内閣文庫、東京大學東洋文化研究所亦有入藏。

　　鈐印有"悔堂藏弆"、"禄"、"文津堂"。

2700　明嘉靖刻本真文忠公續文章正宗　　T5236.05/4822.2

　　《真文忠公續文章正宗》二十卷，宋真德秀輯。明嘉靖十一年(1532)孫衡雲南刻本。八册。

半頁十行二十一字,四周單邊,白口,無魚尾,書口頁數之上有"∧"、之下有"∨"。框高19.6釐米,寬12.1釐米。前有嘉靖十一年顧應祥序。末有咸淳二年(1266)倪澄跋,鄭圭跋;嘉靖十一年王閣後序。

顧應祥序云:"有宋西山真先生,慨後世文辭之多變,而志切復古,既輯左氏而下及漢唐諸家之言,爲《文章正宗》,又以其本朝諸君子之文續之,編未竟而先生已捐館。其門人梁弘齋董,即先生所爲目錄,蒐輯成之,是爲《續文章正宗》,在當時已刻行矣。今惟冑監有板,四方之士弗易得也。予偶得善本,攜以自隨,間出以示滇士,咸曰,盍廣厥傳,以淑遠人。惟是晉寧守孫衡,請任其事,因授之,五閱月而告成。"

王閣後序云:"西山先生,慮學者之多變,開文源之正流,攬摭鉅家鴻筆,大肆校讎,拔其明義理、切世用者充諸冊。總二十卷,分爲三目,一曰論理、二曰敘事、三曰論事。讀論理之文,可以知潔淨精微之舊;讀敘事之文,可以知中正誠愨之實;讀論事之文,可以知典則謹嚴之體。博觀約取,最爲精密,江氏伯恭,不可同日語矣。我巡撫顧箬溪公,明時冠冕,雅好文學,先嘗訪其遺稿,繕寫繪帙,將欲推行,以爲化裁之助,弗逮也。茲膺簡命,來撫滇服,釐政丕新之暇,出授是書,責諸吏正,竣工鏤刻,以公天下。"

是書之宋刻本,今遼寧省圖書館所藏,爲殘本,存卷五至八。又有宋刻元大德七年處州路儒學馮德秀重修本,中國國家圖書館、中國科學院圖書館所藏,合爲四卷,爲卷八至一一。另有明嘉靖二十一年胡松刻本,行款同此本,有刻工,中國國家圖書館、浙江圖書館等八館藏。

《四庫全書總目》入集部總集類。《中國古籍善本書目》未著錄。

鈐印有"中邨佐滕氏藏書記"。

2701 清初刻本西山先生真文忠公續文章正宗   T5236.05/4822.2B

《西山先生真文忠公續文章正宗》二十卷,宋真德秀輯,清盛符升重訂。清初刻本。八册。半頁九行十九字,左右雙邊,白口,單魚尾。書口下刻字數。高20.1釐米,寬13.2釐米。題"崑山盛符升珍示重訂"。前有咸淳二年(1266)倪澄跋。

盛符升,字珍示,江蘇崑山人。世居澱湖,少補諸生,從張溥、夏允彝游。順治十七年舉鄉試,出王士禎之門,益殫究詩學。康熙三年進士,授内閣中書。移疾歸。起補禮部主事,纂修《會典》,視榷贛關,擢廣西道御史。嘗疏請詳定律例,語甚剴切,旋罷歸。三十八年,車駕南巡,符升獻《三京》、《三駕》、《平朔》、《會同館》等賦。生於萬曆四十二年,卒於康熙三十九年,年八十六。《(道光)崑新兩縣志》卷二七《文苑傳》有傳。

卷一至二論理;卷三至六敘事(元老人臣事蹟);卷七至九敘事(名儒文人事蹟、賢士大夫事蹟);卷一〇敘事(武臣事蹟、處士銘、婦人銘);卷一一敘事(傳);卷一二敘(學記、齋附)、敘事(堂宇等記);卷一三敘事(堂齋、廳壁、亭、軒記);卷一四敘事(樓臺、園、門、城、池、湖、井、陂、山水石等記、畫記);卷一五敘事(寺觀);卷一六敘事(祠廟);卷一七至一八論事(諫争論列指切時病);卷一九論事(從容諷諭況陳治道);卷二〇闕文。

此本之刻,當在符升四十八歲中進士後,定非在明末。

本館存卷一至一九。卷二〇爲闕文,闕文皆爲論事:議論事宜反覆利害,如救荒議之類;與公卿大夫陳論治道事宜;議論古事得失,如朋黨論之類;辨論古人是非,如賈誼、鼂錯論之類。

《四庫全書總目》云:"續集二十卷,皆北宋之文,闕詩歌、辭命二門,僅有敘事、議論。而末一卷議論之文，又有録無書，蓋未成之本。"

《四庫全書總目》入集部總集類。《中國古籍善本書目》著録明末刻本，山東省圖書館有全帙，清華大學圖書館、復旦大學圖書館等五館有殘帙。按，清華館存卷一至一九，當非殘帙，想復旦等館亦如是。

2702　明萬曆刻本新刊續文章軌範　　T5238.07/2238

《新刊續文章軌範》七卷，明鄒守益評點。明萬曆六年（1578）余氏新安堂蒼泉刻本。二册。半頁十行二十字，四周雙邊，白口，單魚尾。框高17.9釐米，寬12釐米。題"南京祭酒東廓鄒守益批點"。前有王體仁序。

鄒守益，字謙之，江西安福人。正德六年進士，出王守仁門，授編修，逾年告歸，謁守仁，講學於贛州。世宗即位，始赴官，因直諫謫廣德州判官，廢淫祠，建復初書院，與學者講授其間。遷南京禮部郎中，歷祭酒，復以諫落職歸。守益天姿純粹，里居日事講學，四方從游者踵至，學者稱"東廓先生"，卒諡文莊。

據王體仁序，是書嘉靖三十三年夏五月刻於金陵，天下始獲睹其完文（《續文章軌範》）。此本當爲余氏據嘉靖本再刻也。

卷七末有荷蓋荷托牌記，刊"萬曆戊寅歲孟冬月余氏新安堂蒼泉梓"。

《四庫全書總目》未收。《中國古籍善本書目》未著録。

2703　明成化刻弘治嘉靖萬曆遞修本文翰類選大成　　T5236.07/4432

《文翰類選大成》一百六十三卷，明李伯璵、馮厚輯。明成化淮府刻弘治十四年（1501）、嘉靖二十五年（1546）、萬曆四十四年（1616）遞修本。六十四册。半頁十二行二十三字，四周雙邊，黑口，雙魚尾。框高23.2釐米，寬14.8釐米。題"左長史上海李伯璵編輯；伴讀慈谿馮厚校正"。前有成化八年（1472）朱祁銓序，嘉靖二十五年朱厚熹序，萬曆四十四年朱常清序。末有萬曆四十四年任元忠後序，李伯璵後序，成化九年（1473）馮厚後序；弘治十四年林祥跋。

李伯璵，上海人，官淮王府長史。

馮厚，慈谿人，官淮王府紀善。

是書乃奉淮王之命而作。分賦類、樂章類、樂府類、琴操類、詩類、歌類、行類、辭類、引類、曲類、吟類、騷類、雜體類、頌類、銘類、箴類、贊類、文類、記類、序類、書類、論類、諫類、奏類、疏類、封事類、狀類、議類、解類、説類、辯類、原類、詔赦類、制誥類、敕類、檄類、册謚類、表類、箋類、啓類、策類、對問類、連珠類、露布類、敘事類、傳類、碑碣類、行狀類、墓志類、墓表類、哀挽類、吊祭類、誄類、詞調類、題跋類、雜著類，計五十六類。其書總録前代及明人詩，分體編次，每體之中，各以時代爲次，采撥頗詳。然愛博而無所持擇，往往乖誤，《四庫全書總目》有數例證之。

據《明史》一百十九，淮靖王瞻墺，仁宗第七子，永樂二十二年封，宣德四年就藩韶州，正統元年徙饒州，十一年薨。子康王祁銓嗣，弘治十五年薨。從子定王祐棨嗣，嘉靖三年薨。弟莊王祐楑嗣，十六年薨。子憲王厚熹嗣，四十二年薨。此本淮王自稱西江頤仙者，爲朱祁銓；稱淮藩垣仙者，即朱厚熹。朱常清，爲朱翊鉅嫡一子，萬曆四十四年封世子，既而襲封。

朱祁銓序云：“粵自聖人删述之餘，其間賢人君子，所著作者甚廣，汗牛充棟，何下千萬計而已哉。然學者欲究閱之，自成童以至髮更霜雪，莫能徧也，其功亦甚難矣，況乎書無所積，而不能博觀者耶！予爲此慮，迺命左長史李伯璵、紀善馮厚，取古今文章、載籍諸書，始自唐虞，至於我朝，上則王公列卿大夫，下逮山林閭巷布韋之士之所述作，精加選擇去取，若言之冗泛淺近者去之，言之醇正暢達有關於世教者錄之，序其世代，考其名氏，凡六十四類，總一百六十三卷，名曰《文翰類選大成》，用鋟諸梓，以溥其傳，則不惟有以表章儒先之所著作，抑且有便於學者之檢閱，一覽而舉在目前矣。”

朱厚燾序云：“然歲月荏苒，板刻湮没，未免有魯魚豕亥之傳。予爲此懼，恐抱憾無涯，申命儒臣校正補訛，重加訂定。”

朱常清序云：“迺今歲久殘蠹，當吾世而不重加補訂，以墜厥先志，誰之咎歟？歲甲寅，會任左史蒞職，毅然請任校脩之役，遂鳩工集事，凡缺者補之，朽者易之，遺佚者廣求善本以參之，而書始獲全。”

任元忠後序云：“皇上紀曆之四十二年，元忠備員淮邸，始至咨詢掌故，則名蹟奇編，鐫珉繡梓，連楹疊架，煌煌乎鴻寶之藏已。而其鉅者爲《文翰類選大成》一書，昔先康王命長史李伯璵、紀善馮厚所纂輯而成者也。歷年既久，殘缺朽蠹，多漫漶不可讀。而我賢王方紹述先猷，雅志詞翰，慨然有意於校脩之舉。會參知馮公珽，念其祖厚遺澤，捐貲助工，臣乃祇遵睿命，與紀善左四表開局繙閱，苦無善本，遍訪久之，始得永豐王孫常沸藏本，已又得豫章石城宗侯欝儀藏本，互證參補，而書始獲大全云。”“歷代守之，傳爲藏寶七十餘年，至憲王時而重脩，又七十年，至今王而復脩，易梨續簡，什五焕新，經年而役始竣，使後之覽者，無憾於讀之難，而得睹其大全。”

《四庫全書總目》入集部總集類存目。《中國古籍善本書目》著錄明成化淮府刻弘治十四年增刻本。中國國家圖書館、臺北“國家圖書館”有全帙。明成化淮府刻弘治十四年至嘉靖二十五年遞修本，天津圖書館、山東省圖書館等八館，臺北“國家圖書館”及美國普林斯頓大學葛思德東方圖書館(原作明成化八年淮藩刻本，誤)、日本内閣文庫、尊經閣文庫亦有入藏。此萬曆間遞修本，則不見各館有藏。

2704　明天啓刻本古今翰苑瓊琚　T5773/4298

《古今翰苑瓊琚》十二卷《皇明宸藻》一卷，明楊慎輯，孫鑛續輯并評。明天啓刻本。十二册。半頁九行二十字，左右雙邊，白口，單魚尾，書口下刻字數。框高22.2釐米，寬13.1釐米。題“蜀都楊慎選；浙姚孫鑛評；吴郡陳元素校”。前有天啓元年(1621)陳元素序，孫鑛序；孫鑛撰《凡例》六則。

翰苑，文翰薈萃之處，猶言翰林。唐白居易《長慶集》卷一五《詶盧秘書二十韻》云：“謬歷文場選，慚非翰苑才。”瓊，玉之美者。琚，佩玉名。瓊琚，華美之佩玉。《詩·衛風·木瓜》：“投我以木瓜，報之以瓊琚。”

是書卷一唐虞，卷二列國，卷三兩漢，卷四西晉，卷五隋唐，卷六兩宋，卷七至一〇國朝，卷一一至一二四六啓。乃倣真德秀《文章正宗》遺意，以《尺牘清裁》、《當朝書啓》、《濡削選章》、《風教雲箋七才子尺牘》、《雲箋一統》數書爲主。據《凡例》：“諸名公尺牘，或譚經濟、或論詩文、或抒情愫、或寓箴規、或期風月山水，寧獨一家言，其有啓齒而珠璣滿目，落筆而琳瑯成響者，手錄入集，蓋博觀而約取云爾。""是集自虞夏商周以及秦漢晉，自五代以及唐宋元，次爲六卷，我明另爲卷次。"

陳元素序書口下刻"吳郡章欽刻"。

此本佚去《皇明宸藻》一卷。

《四庫全書總目》未收。《中國古籍善本書目》著錄。南京圖書館、吉林省圖書館等十七館，臺北"國家圖書館"（兩部）及日本內閣文庫（兩部）、美國普林斯頓大學葛思德東方圖書館亦有入藏。

鈐印有"張印純嘏"、"修祖"。

2705　明嘉靖刻本藝贊　　　　　　　　　　　T5417/0238

《藝贊》三卷，明鄺灝輯。明嘉靖任氏刻本。三冊。半頁九行十八字，左右雙邊，白口，單魚尾。框高 18 釐米，寬 12.9 釐米。前有嘉靖十一年（1532）鄺灝序。

卷上四十二篇，卷中三十六篇，卷下七十二篇。

鄺灝序云："灝曰，物渙於海寓，理萃諸萬物，經也。載無遺秘，君子猶不列之，三物矧籍今藝，以規青紫，豈曰擯之君子，悲其已乎？後儒或緣詞以識理，或執理以寓詞，雖尚經邈其贊，今藝固亦弘矣。矧其才駕氣驅，抑揚於典，起伏以麗，贊縈奚以盡之。灝憫今藝，聊此一爲均贊，亦知博嚛於彥，以其邇焉爾矣。公隟屬襄倅任子刊定，或取以自贊者，尚其健誦以化之。"

《四庫全書總目》未收。《中國古籍善本書目》著錄，中國國家圖書館、北京大學圖書館、重慶市圖書館有嘉靖二十年任慶雲刻本，行款同此本，然不知與之同板否。又按，《北京圖書館古籍善本書目》著錄明任慶雲輯，有兩種版本，一作明嘉靖二十年自刻本，一作明刻本，前者行款同此本，後者未注行款。

2706　清刻本六藝流別　　　　　　　　　　　T152/4821

《六藝流別》二十卷，明黃佐輯。清康熙二十六年（1687）黃逵卿、黃銘刻本。二十冊。半頁十行二十字，四周雙邊，白口，單魚尾。框高 19.4 釐米，寬 13 釐米。目錄頁題"門人南海歐大任校正"。前有嘉靖十年（1531）黃佐序。目錄後有嘉靖四十一年（1562）黃在素跋。末有嘉靖四十一年歐大任後序。

黃佐，見清康熙刻本《樂典》。

是書採摭漢魏以下詩文，悉以六經統之，分類編敘，去取甚嚴。卷一至五《詩藝》，卷六至一二《書藝》，卷一三至一四《禮藝》，卷一五至一六《樂藝》，卷一七至一九《春秋藝》，卷二〇《易藝》。

是書成於嘉靖十年，三十年後，其門人歐大任校正，並由佐子在素付之刊刻。在素跋云："家君講學於粵洲草堂，進諸生而告之曰：聖人刪述以垂世者謂之經，後學傳習以修辭者謂之藝。嘗觀六藝之流，其別猶川，然其源於經，則合之盡其大而無餘也。是故文弗周於萬物，則心爲有外；精弗聚於一心，則文爲支離必也。文之川流者，別而條析之，觀其會歸，則德之敦化者，渾渾乎其一，而六經皆在我矣，諸生其採諸於是。黎君惟敬、梁君公實輩受命而退，博採群書，會稽成編,凡二十卷,名之曰《六藝流別》云。夫晉摯虞嘗著《文章流別》,當時稱之,然考諸類書,惟瑣屑文詞,而不統諸經,宜其弗傳也。今兹編自歲辛卯告完,日就蠹矣。歐君彥楨因加精校,懼其湮也,乃命工鋟諸梓。"

歐大任後序云:"吾師泰泉先生,辭榮金馬,高卧碧山,集儒書之淵藪,導學子以津梁,嘗曰精一博約,聖賢之道也;川流教化,天地之德也。非求之於萬殊,曷貫之於一致,乃閱九流之橫決,厭諸家之紛紜,括綜百王,上窮黃帝;馳騁千載,下迄有隋。撮史籍之英華,漱詞林之芳潤,因體定篇,源源聖蘊。斷章摘節,彙集群言,搜隱側,則宫闈不遺;闡幽潛,則芻蕘必録。三復斯編,信學海之鉅觀,册府之淵匯也。"

按,此本黃佐序後應有"康熙丁卯秋七月玄孫逮卿、雲孫銘重梓"一行,但爲書賈剗去並精加修補,以充嘉靖原刻。臺北《岫廬善本叢刊》收有此清刻本,黃佐序後有"重梓"一行。美國國會圖書館藏本亦同此本,然作"明刻清印本"。王重民《中國善本書提要》云:"重梓者謂重梓自序,非全書也。全書猶是嘉靖間原板。"然王氏此說有誤,此本絶非"嘉靖間原板",卷一第三頁第二行"石鼓"之"石"起筆斷裂;卷一第三十六頁第一行"肥"字、第三十七頁第一行"兩"字皆斷裂,録此或可以待將來核對嘉靖黃在素刻本。

《四庫全書總目》入集部總集類存目,云:"是書大旨,以六藝之源,皆出於經……其自序言欲補摯虞《文章流别》而作,然文本於經之論,千古不易,特爲明理致用而言。至劉勰作《文心雕龍》,始以各體分配諸經,指爲源流所自,其説已涉於臆創,佐更推而衍之,剖析名目,殊無所據,固難免於附會牽合也。"

金鑲玉裝。《中國善本書提要》444頁黃在素跋作嘉靖十年,誤。

《中國古籍善本書目》著録明嘉靖四十一年歐大任刻本(按,應作明嘉靖四十一年黃在素刻本),藏中山圖書館、中山大學圖書館、山西祁縣圖書館。《四庫全書存目叢書》第300册收入,底本爲中山大學圖書館藏本,然諦審之下,中大所謂嘉靖本,實爲此康熙二十六年本,惟不知《中國古籍善本書目》著録其他館所藏是否也非明嘉靖本。

2707 明嘉靖刻本文編   T5238.07/0623

《文編》六十四卷,明唐順之輯。明嘉靖福州知府胡帛刻本。六十四册。半頁十行二十字,四周單邊,白口,單魚尾,書口下有刻工。框高19.7釐米,寬13.9釐米。題"荆川武進唐順之應德甫選批;門人丹陽姜寶廷善編次;知福州府墊江胡帛子行校刊"。前有嘉靖三十五年(1556)唐順之序。

卷一制策,卷二對,卷三諫疏,卷四論疏,卷五疏,卷六疏請,卷七疏議,卷八封事,卷九表,卷一〇奏,卷一一至一三上書,卷一四説,卷一五至一七劄子,卷一八至二〇狀,卷二一至三二論,卷三三年表論斷,卷三四論斷,卷三五論,卷三六議,卷三七至四〇雜著,卷四一至四四策,卷四五辭命,卷四六至五〇書,卷五一啓狀,卷五二至五四序,卷五五至五七記,卷五八神道碑,卷五九碑銘,卷六〇至六二墓志銘,卷六三墓表、傳,卷六四行狀、祭文。

是集取由周迄宋之文,分體排纂。每題上下,間有評語,並注文格,篇末亦間附評語。篇中都加圈點、墨綫及旁注,頗得覈要。

編次者爲姜寶,字廷善,江蘇丹陽人。嘉靖三十二年進士,授編修。以不附嚴嵩,出爲四川提學僉事,再遷國子監祭酒,累官禮部尚書。

胡帛，字子行，別號忠庵，四川墊江人。少穎敏，善屬文，嘉靖三十五年進士，授南京户部福建司主事，升署山西司郎中。四十二年倭寇犯福建，帛升福州知府。隆慶元年擢江西按察司副使。《（光緒）墊江縣志》卷八有傳。此本當爲帛在福州知府任上所刻。

此本有刻工黄沛、陸達、周聲、劉壽、詹世、世能、陳一、陳二、陳三、陳七、葉八、詹弟、周全、張目、張員、張興、劉興郎、六富、吴郎、陸賜、一清、蔡湛、蔡林、熊成應、朱德卿、熊清、朱生、余當、友貴、劉五、黄丁清、余禄、熊四、張禄、黄春、余明、黄福、朱茂、朱明、朱牛、朱用、王鎮、文世、文力、張福興、周泗、黄四、陸奇、葉三、陳友、北斗、六華、葉智郎、蔡時、余仕宗、余祐、洪重、後進、曾保、曾洪、葉八、鄭有、陳貴、詹崇、蔡昂、余吉、余傑、蔡友、六桀、六旺、余海、再生、陳能、妳員、余文吉、朱儉、余佽賜、陳九、張文恩、吴長春、朱仕清、吴茂森、王仁、曾佛、曾伯、曾軌、陳奇、龔林、陳長、吴照、蔡榮、王堅、周在、葉脩。

《四庫全書總目》入集部總集類。《中國古籍善本書目》著録，上海圖書館、南京圖書館等十六館有全帙。臺北"國家圖書館"（兩部）及日本内閣文庫、尊經閣文庫、美國國會圖書館亦有入藏。按，《文編》又有明天啓刻本，爲十行二十一字，四周單邊，白口。上海圖書館、南京圖書館等二十三館入藏。

鈐印有"欽齋居士"、"守先待後之印"、"許氏藏書"、"延陵須氏藏書"。

2708　明隆慶刻本歷代文選　T5238.07/3411

《歷代文選》十四卷，明凌雲翼輯。明隆慶六年（1572）湖廣鄖陽知府楊愈茂刻本。十四册。半頁十行二十字，左右雙邊，白口，單魚尾，書口下間有刻工。框高18.9釐米，寬13.2釐米。前有嘉靖四十年（1561）范惟一序，嘉靖四十年凌雲翼序；《凡例》五則。

凌雲翼，字洋山，一字汝成，太倉人。嘉靖二十六年進士，萬曆初，累官兵部左侍郎，提督兩廣軍務，復召爲南京兵部尚書，以病歸家居，驕縱，詔奪官。雲翼有幹濟才，然好殺戮，爲時所譏。《（嘉慶）鄖陽志》卷五下有傳。

卷一序文、目録，卷二至三戰國，卷四至六西漢，卷七東漢，卷八後漢（附魏），卷九晉、六朝，卷一○至一一唐，卷一二至一三宋，卷一四唐宋雜録。

范惟一序云："凌子所選，自戰國余漢以及唐宋，掇其文之雅馴有實者，不分類，不列體，惟隨世代與其人之先後彙録之。上下數千年間，風氣合分之機，文章變遷之運，具可按而睹焉，其用心不已勤乎？□成凌子復謂予曰：吾誠知文難言，詎敢自謂約取之當哉？第以一時寡見數年用心，不欲遽棄之，將刻存焉。子其謂何？予曰：文章，公器也，舉爾所知，爾所不知，人其舍諸，可以爲喻矣。於是凌子遂刻之。"

其《凡例》云："今選則以代爲次，而一代之人，以其生之後先爲次；一人之文，以其作之後先，或義之小大爲次，故展卷而其人其世，與其氣運之盛衰居然在目。""上古風氣渾涵，故文亦醇遂。戰國與西漢去古未遠，入選者略備。東漢而下，去取不得不嚴也。""選以人之先後爲次矣，至於唐宋，獨韓、柳、歐、蘇四大家各選爲一卷，其他非無可取，而比於四家者鮮矣。故總爲一卷，而命之曰唐宋雜録，一便覽觀。"

卷一四後有牌記，刊"歷代文選，大中丞凌洋翁所集也，翁撫鄖之明年，出是集授諸舉子，諸舉子白余，翻刻以廣其傳。余應之，遂請得允。乃捐貲募工，甫數月苟完矣，期與同志者共，抑亦昭翁之文章政事垂於不朽云。隆慶六年冬，湖廣鄖陽府知府北地後學楊愈茂謹識"。愈茂，

集　部

陝西安化人，嘉靖四十一年進士。

刻工有皮、七、崇仁、黄、趙。

按，是書有明嘉靖四十年宋守志、謝教等刻本，藏中國國家圖書館、上海圖書館等四館，及臺北"國家圖書館"（作明嘉靖四十年温州府知府宋守志等刻本）。此本當據嘉靖本翻刻。

《四庫全書總目》未收。《中國古籍善本書目》未著録此本。

2709　明萬曆刻本文體明辯　T5236/2928

《文體明辯》六十一卷首一卷目録六卷附録十四卷附録目録二卷，明徐師曾輯。明萬曆十九年(1591)刻本。四十七册。半頁十行十九字，左右雙邊，白口，單魚尾。框高19.5釐米，寬13.3釐米。題"大明吴江徐師曾伯魯纂"。前有萬曆十九年趙夢麟序，萬曆元年(1573)徐師曾序。

徐師曾，字伯魯。吴江人。年十二，能爲詩古文，長博學，兼通陰陽律曆醫卜篆籀之説。嘉靖三十二年進士，選庶吉士，歷吏科給事中，頻有建白。世宗方殺僇諫臣，言官緘口，師曾遂乞休。

卷首爲文章綱領。卷一古歌謡辭（歌、謡、謳、誦、詩、辭、諺附）、四言古詩、楚辭上，卷二楚辭下，卷三至五賦，卷六至一〇樂府，卷一一至一二五言古詩，卷一三七言古詩，卷一四至一五近體律詩，卷一六絶句詩，卷一七命、諭告、詔，卷一八敕、璽書、制，卷一九誥，卷二〇册，卷二一批答、御札、赦文、鐵券文、諭祭文、國書、誓、令、教，卷二二至二三上書，卷二四至二五章、表、牋，卷二六至二八奏疏，卷二九盟、符、檄，卷三〇露布、公移、判，卷三一至三三書記，卷三四策問，卷三五至三七策，卷三八至四一論，卷四二説、原、議，卷四三辯、解、釋、問對，卷四四至四五序、引、題跋，卷四六文、雜著、七、書、連珠、義、説書，卷四七箴、規、戒、銘，卷四八頌、贊、評，卷四九碑文、碑陰文、記，卷五至五一記、志、紀事、題名，卷五二字説、行狀、述、墓志銘，卷五三至五四墓志銘，卷五五至五六墓碑文、墓碣文、墓表，卷五七諡議，卷五八至六傳、哀辭、誄，卷六一祭文、弔文、祝文。附録爲卷一雜句詩、雜言詩、雜體詩、雜韻詩，卷二雜數詩、雜名詩、離合詩、詼諧詩，卷三至一一詩餘，卷一二玉牒文、符命、表本、口宣、宣答、致辭、祝辭、貼子詞，卷一三上梁文、樂語、右語、道場榜，卷一四道場疏、表、青詞、募緣疏、法堂疏。

趙夢麟序云："徐伯魯先生，當世廟時，讀書中秘，拜夕郎，早歲懸車杜門著述。因同郡吴文恪公訥所纂《文章辯體》，廣爲《文體明辯》，分爲八十四卷，自敘簡端。既文而蕃，其取類也肆，其辯析也精，凡文之爲制誥、爲疏劄、爲書文表贊之類；詩之爲樂府、爲古風、爲近體之類，與夫襍體附録，總命曰文。昭秋林之矩矱，標製作之堂奥，千古人文一覽，具見先生之掔掇誠勤，而用心良苦矣。"

徐師曾自序云："《文體明辯》六十一卷、綱領一卷、目録六卷、附録十四卷、目録二卷，通八十四卷。撰述始嘉靖三十三年甲寅春，迄隆慶四年庚午秋，凡十有七年，而後成其書，大抵以同郡常熟吴文恪公訥所纂《文章辯體》爲主而損益之。《辯體》爲類五十，今《明辯》百有一；《辯體》外集爲類五，今《明辯》附録二十有六。進律賦律詩於正編，賦以類從詩，以近正也。輯既成，繕寫貯藏，以俟正於君子。""竊不自量，方更編摩，而以庸劣絀居瑣垣，然退食之餘，志不沮喪，蓋忘其非吾職也。已而謝病家居，積累成衺，更以今名，聊畢前志。"

此本徐氏自序後有牌記，刊"大明萬曆八年庚辰仲秋望日吴江董邦寧書于壽檜堂刊"。

是書又有明萬曆建陽游榕銅活字印本，北京大學圖書館、西北大學圖書館等四館入藏。又崇禎十三年刻有四十八卷本，天津圖書館、河南省圖書館等十館入藏。

《四庫全書總目》入集部總集類存目。《中國古籍善本書目》著錄。上海圖書館、浙江圖書館等十八館,臺北"國家圖書館"及美國普林斯頓大學葛思德東方圖書館(作明萬曆八年刻本)也有入藏。

2710 明隆慶刻本歷代文粹　　　　　　　　　　T5238.07/7995

《歷代文粹》八卷,明陳省輯。明隆慶四年(1570)賈淇刻本。八冊。半頁十一行二十二字,左右雙邊,白口,單魚尾,書口下有刻工及字數。框高20.6釐米,寬14.5釐米。前有隆慶四年陳省序。末有隆慶五年馮惟敏跋。

陳省,字孔震,一字幼溪,福建長樂人。嘉靖三十八年進士。才高負重名,擢侍御,按楚。萬曆初,累遷右副都御史。後督學北畿,出撫陝西,以艱歸,再起撫楚,以功晉少司馬。歸省後,徜徉山水間。《(同治)長樂縣志》卷一四有傳。

是書收先秦文、西漢文、東漢文、魏晉文、唐文、宋文、國朝文,共二百五十篇。

陳省序云:"程篁墩謂時義不讀古文,不入佳境。斯言蓋業舉者三昧。余已選程文之近古者刻於真定矣,猶以時文非古也,復選秦漢唐宋及我朝名家之便於舉業者,彙而集之,曰《歷代文粹》,欲諸生登古之法堂……古文復,而古道又何難耶?雖然,文也者,發於性靈機籟,而抽洩玄黃之英華,形寫神理之玅致,蓋言之載道者也。故余之選茲集也,要不獨以其文而已焉,諸生的古者,其有味乎斯言。集成,刻於保定太守賈君。"賈君爲賈淇,河南嵩縣人。嘉靖三十八年進士,時爲保定太守。

馮惟敏跋云:"中丞幼溪陳公,頃以侍御督學畿內,命郡守以下校刊所摘古今文粹,示諸生攻舉子業者。顧今之業舉子者,窮年汩汩,口誦手錄,皆今之舉業文也。肆市所售,汗牛充棟,日新而月盛,非此弗鬻,學者非此弗購,即穎敏淹貫富於胸中者,非此弗有也……嗟夫!市以此射利,士以此成名,文何繇而興哉!是編上自周秦兩漢,迄於昭代,備矣,唐宋以來,至於今日,稍稍益多,豈固優於古哉!便於舉業者往往在是也。諸生熟復是編於胸中,爲舉子業,爲古文詞,爲章疏,爲紀述,以鳴國家之盛。"

刻工有江右付高、寧國貢良、鄒彥、江右熊成、吉彭忠、張棟、位珏、馮明、馮叚、馮史、馮義、付鋭。

《四庫全書總目》未收。《中國古籍善本書目》著錄,山西師範大學圖書館、吉林大學圖書館亦有入藏。

鈐印有"三井家鑒藏"。

2711 明嘉靖刻本金陵新刊古今名儒論學選粹　　　T5238.07/4826

《金陵新刊古今名儒論學選粹前集》二卷《後集》三卷,明趙睿輯。明嘉靖四十四年(1565)金陵南岡郭良材刻本。二冊。半頁十行二十三字,四周雙邊,白口,單魚尾。框高19.8釐米,寬12釐米。題"壬戌進士湛泉趙睿精選;己酉文魁一山趙世卿批點;南岡郭良材繡梓;東浙野樵王林倣錄"。前有嘉靖四十四年鄭一元序。

趙睿,字若思,號湛泉,涇縣人。睿數歲能占對,嘉靖四十一年進士,知蕭山縣,擢四川道御史,巡視十庫。後監蠽河東,出爲承天知府,歷山東副使、雲南參政。以戰功遷廣西、四川左右布政。勤儉清慎,始終如一。《(嘉慶)涇縣志》卷一七《宦業》有傳。

是書乃爲科試舉子所選,《前集》卷一爲漢論三題、唐論五題、宋論三十一題,卷二宋論四十六題、皇明論二題。《後集》卷一程式論九題、墨卷十九題,卷二窓稿三十一題,卷三窓稿三十二題。目録後有《論體總式》,分總論、破題式、承題式、原題式、講題式、繳題式、結題式。所選多名家之論,如漢論則選賈誼之《過秦》、班彪之《王命》、徐幹之《法象》。唐論則爲獨孤及《季札》、韓愈《原道》、《諍臣》、柳宗元《封建》、牛僧孺《守在四夷》。宋論選歐陽修、蘇洵、蘇軾、蘇轍、陸九淵、楊萬里、呂祖謙等。墨卷選湛若水、鄒守益、王錫爵、許國等十九家。窓稿選唐順之、宗臣、歸有光、王相、茅坤、王守仁、王革等數十家。

此本爲坊間所刻,有牌記,刊"嘉靖乙丑季夏金陵南岡繡梓"。有闕名圈點。

《四庫全書總目》未收。《中國古籍善本書目》未著録。

鈐印有"永井書屋記",日人印也。

2712　明萬曆刻本文浦玄珠　　T5238.07/2207

《文浦玄珠》六卷,明穆文熙輯。明萬曆十四年(1586)沈榜刻本。六册。半頁九行二十字,四周單邊,白口,單魚尾,書眉上刻評。框高24.1釐米,寬13.2釐米。題"前吏部考功司員外天雄穆文熙、東明縣知縣岳陽沈榜□□"。前有萬曆十四年穆文熙序。

文浦,猶文圃,文苑也。玄珠,黑色明珠。道家佛教皆以玄珠喻道之本體,也比喻人才、事物之寶貴。《北齊書·文苑傳序》:"於是辭人才子,波駭雲屬,振鷫鸘之羽儀,縱雕龍之符采,人謂得玄珠於赤水,策奔電於崑丘。"

卷一春秋戰國二十二篇;卷二戰國二十三篇,多録《左氏》、《國語》、《國策》、《吕氏春秋》中文;卷三《史記》文十五篇;卷四漢魏十四篇,收司馬相如、賈誼、東方朔、班彪、諸葛亮、曹植等文;卷五晉唐二十三篇,收陶潛、孔融、阮籍、李密、嵇康、韓愈、柳宗元、王勃等人;卷六宋二十八篇,收歐陽修、蘇洵、蘇軾、曾鞏等文。

穆文熙批語多刊書眉,沈榜之評則在每篇正文之前,如卷六《唐六臣傳論上》,穆批:"讀此論,則白馬之禍大臣不死,而柳璨等死矣,其凛於斧鉞哉?"沈榜評:"朋黨之禍,至唐而極。論朋黨之文,至歐陽子而極。"又《唐六臣傳論下》,穆批:"漢唐之末,以朋黨禁錮君子而致亡,此論大足以昭雪之。"沈榜評:"文甚圓,而所見世情特透。"

穆文熙序云:"於是即兹數十卷中汰去十七,而獨采秦漢以來諸大家昭然爲古今人所膾炙者百餘首,末附以唐宋諸公數十首,僅爲六卷。而每首復各爲評品,發明作者之意,蓋兩閱月而工成矣。於是,沈君撫之踴躍曰:向也,吾愛兹籍之富也;今也,吾愛兹籍之精也……集成,而題曰《文浦玄珠》,終沈君珍藏之意矣。沈君儁爽不群,諸政務斑斑可記,本其所以,皆自兹籍中發之,文事之有資於治理如此。"榜,岳陽人,山東東明縣知縣。

《四庫全書總目》未收。《中國古籍善本書目》著録,浙江圖書館亦有入藏。

鈐印有"里路道人"、"平重吉印",日人印也。

2713　明萬曆刻本書記洞詮　　T5773/4523

《書記洞詮》一百二十卷目録十卷,明梅鼎祚輯。明萬曆二十五年(1597)至二十七年

(1599)刻本。三十二册。半頁十行二十字,左右雙邊,白口,單魚尾。框高 21 釐米,寬 14.2 釐米。題"江東梅鼎祚纂輯"。前有萬曆二十五年劉鳳序;《凡例》二十六則;引用書目。

書記者,書牘也。《漢書·外戚傳下·孝成許皇后》:"廢后因嫉私賂遺長,數通書記相報謝。"《後漢書·列女傳·皇甫規妻》:"妻善屬文,能草書,時爲規答書記,衆人怪其工。"

《四庫全書總目》云:"先是楊慎編《赤牘清裁》一書,自左氏至六朝,僅八卷,王世貞益之,訖於明代,爲六十卷。是書仍楊慎之舊,起周秦訖陳隋,凡長篇短幅,採録靡遺,卷帙幾十倍於楊,而真贋并收,殊少甄別。至《左傳》所載問對之詞,並非形諸筆札,非類強附,尤爲不倫。"

此本目録卷一○第九頁抄配,第九頁後佚去。按,王重民《中國善本書提要》著録北京大學圖書館藏此書兩部,一《凡例》後有"萬曆歲丙申春玄白堂識",一無。無者目録之末刻"大明萬曆歲丁酉仲夏汝南郡鏤版,己亥孟秋竣工"。疑兩本爲同板。此哈佛本後缺頁或即有此行,亦未可知。又此本《凡例》後刻"萬曆歲丙申春玄白堂識"。"丙申"爲萬曆二十四年。

《四庫全書總目》入集部總集類存目。《中國古籍善本書目》著録明萬曆二十五年至二十七年玄白堂刻本。中國國家圖書館、上海圖書館等二十六館,臺北"國家圖書館"(六部,作明萬曆二十五年梅安祚等集貲刻本)及美國普林斯頓大學葛思德東方圖書館、日本內閣文庫(三部)、靜嘉堂文庫、尊經閣文庫亦有入藏。

鈐印有"遺世獨立"、"梅叙"、"邵氏研經堂印"、"何印蘭殂"、"湘來氏"、"樂琴書以消夏"。

2714 明萬曆刻本新鍥臺閣校正注釋補遺古文大全　　T5238.05/4048

《新鍥臺閣校正注釋補遺古文大全》八卷,題明張瑞圖校釋。明萬曆元年(1573)潭邑劉龍田刻本。四册。半頁十行二十一字,四周雙邊,白口,單魚尾,書眉上刻音注。框高 20.9 釐米,寬 12.1 釐米。題"翰林二水張瑞圖校釋;匪我何喬遷詳閱;潭邑龍田劉大易繡梓"。有圖。

卷一勸學文、五言古風短篇、五言古風長篇,卷二七言古風短篇、七言古風長篇,卷三長短句歌類,卷四行類、吟類、引類、曲類,卷五辭類、賦類、説類、解類,卷六序類、記類,卷七箴類、銘類、文類、頌類、傳類、贊類、碑類、辯類,卷八表類、原類、論類、書類。此類圖書,爲當時之蒙學讀本。

圖八幅,爲聖君勉學、太白對酌、李白歌飲、杜子美獻賦、武帝秋風辭、太白作桃李園序、君聖臣良、孔明奏表出師。

此本有扉頁,係抄配:"註釋心鑑古文大全。種德堂。書林熊振宇梓。"卷末有荷蓋蓮花牌記,刊"飛龍萬曆新歲穀旦劉龍田梓"。

《四庫全書總目》未收。《中國古籍善本書目》未著録。

鈐印有"吉家氏藏"、"稱意館藏書記"、"公內"。

2715 明萬曆刻本新鋟增補注釋珊瑚古文大全　　T5238.05/4048B

《新鋟增補注釋珊瑚古文大全》八卷,明徐心魯輯。明萬曆閩書林張大業刻本。四册。半頁十行二十字,四周單邊,白口,無魚尾,兩節版。框高 20.9 釐米,寬 12 釐米。題"豫撫金徐心魯精輯;閩書林張大業發行"。前有龔健環序。有圖。

集　部

卷一勸學文、五言古風短篇、五言古風長篇，卷二七言古風短篇、七言古風長篇，卷三歌類，卷四行類、吟類、引類、曲類，卷五辭類、賦類、説類、解類，卷六序類、記類，卷七箴類、銘類、文類、頌類、傳類、贊類、碑類、辯類，卷八表類、原類、論類、書類。此亦爲蒙學讀本。内容與題張瑞圖校釋本同。

上節刊"五車文翰摘要"、"名賢勵志精裁"、"名賢詞府珊瑚"、"題詠録奇"、"縉紳名公書言"、"新録勸戒華章"。

圖八幅，爲皇王勸學、對月長吟、酌酒浩歌、管鮑情交、武帝賦辭、夜宴名園、人主正位、孔明出師。

《四庫全書總目》未收。《中國古籍善本書目》未著録。

鈐印有"内滕氏藏書"。

2716　明萬曆刻本京板新增注釋古文大全後集　　T5238.05/4048.2

《京板新增注釋古文大全後集》十卷。明萬曆三十六年(1608)書林鄭雲林刻本。二册。半頁十行二十字，四周雙邊，白口，單魚尾(間無魚尾)，書眉上刻評。框高19.8釐米，寬12.4釐米。無序跋。有圖。

卷一辭類、賦類，卷二説類、解類，卷三序類，卷四記類，卷五箴類、銘類、文類，卷六頌類、傳類，卷七碑類、辯類，卷八表類、原類，卷九論類，卷一〇書類。

圖十幅，爲傳道解惑、宴桃李園、蘭亭脩禊、良臣匡辟、孔子廟碑、上出師表、忠臣諫主、上張僕射。佚去兩幅。

卷末有荷蓋蓮花牌記，刊"萬曆戊申年孟春月書林鄭雲林繡梓行"。

每卷之第一行下題"後集"。則書當有前集而此本佚去。

《四庫全書總目》未收。《中國古籍善本書目》未著録。按，日本内閣文庫有《京板注釋古文大全前集》十卷《後集》十卷，明葉向高校，作明萬曆三十六年鄭世容刻本，不知與此本有何關係。

鈐印有"白石園藏"。

2717　明萬曆刻本評林注釋要删古文大全後集　　T5238.05/4048.2B

《評林注釋要删古文大全後集》十一卷。明萬曆余文台克勤齋刻本。一册。半頁九行十八字，四周雙邊，白口，單魚尾，書口下刻"余文台梓"，書眉上刻評。框高20.3釐米，寬12.3釐米。無序跋。無圖。

卷一辭類、賦類，卷二説類、解類，卷三序類，卷四記類，卷五箴類、銘類、文類，卷六頌類、傳類，卷七碑類、辯類，卷八表類，卷九原類、論類，卷一〇書類，卷一一爲新增之卷，收各類遺佚之文。

卷末有荷蓋蓮花牌記，刊"克勤齋余文台梓行"。

目録頁題"新增注釋古文評林後集"。每卷之第一行下題"後集"。則書當有前集而此本佚去。

《四庫全書總目》未收。《中國古籍善本書目》未著録。日本内閣文庫亦有入藏。

2718　明萬曆刻本正續名世文宗　　　　　　T5238.07/1142

《正續名世文宗》十六卷，題明王世貞輯，錢允治續輯，陳繼儒校注。明萬曆四十五年（1617）刻本。十六冊。半頁九行二十字，左右雙邊，白口，單魚尾。框高22釐米，寬13.3釐米。題"瑯琊王世貞元美編選；雲間陳繼儒仲醇校注；吳郡錢允治功父參訂"。前有萬曆四十五年陳仁錫序，萬曆四十五年錢允治序，胡時化序。

卷一左傳、國語，卷二公穀、春秋、列國，卷三列國、後秦、戰國策，卷四戰國策、呂氏春秋、楚辭，卷五至九西漢文，卷一〇西漢文、東漢文，卷一三國文、六朝文，卷一二六朝文、唐文，卷一三唐文，卷一四唐文、宋文，卷一五宋文，卷一六元文、明文。

錢允治序云："《名世文宗》者，餘姚胡侍御家食時所選也。廣採精擇，博注確評，剖剛吳中，學者傳誦，而簡袠重大，窮鄉末學，不能遽得。於是有選爲十五卷者，而坊刻潦草，覽者病焉。然侍御之所彙萃，止於趙宋，若勝國、若本朝，則未遑也。豈如今人言元無文乎？是不然也。於是覽者復病焉。太末翁元泰，好刻奇籍，來逸不佞續貂。不佞屢以見聞不廣、學殖荒落爲辭。居久之，又復致懇，乃稍爲銓次，增爲一卷。"

胡時化序云："督學褚公，新奉璽書，以興起斯文爲己任。今年春，校士廬郡，問時化程課之者。取精義錄若干篇進，乃錢、王、唐、瞿四先生名筆也。公覽而喜曰，是今文之可式矣，博古之學安稽。遂出《文章正宗鈔》，命袠集以廣其傳。時化唯唯。上自春秋戰國，迄於宋，數千載名賢著作，蒐羅採集，繆爲音釋。會兵憲聶公，重加釐正，檢居平所選南豐諸大家文益之。四閱月始克成集。"

是書乃托王世貞名，據序，知爲胡時化所輯，錢允治又爲之補。

卷一第一頁書口下刊"姚叔謙寫、章仲明刻"。刻工又有潘以成、李仁甫、朱季偉、張振庵、尤德徵、朱紹先、陳敬軒、尤敬泉。

《四庫全書總目》未收。《中國古籍善本書目》著錄。天津圖書館、山西省圖書館等二十六館，臺北"國家圖書館"及日本静嘉堂文庫亦有入藏。

2719　明崇禎刻本古文雋　　　　　　T5238.07/4891

《古文雋》十六卷，明趙燿輯。明崇禎元年（1628）趙胤昌福建刻本。十六冊。半頁十行二十字，四周單邊，白口，無魚尾，書口下間有刻工、字數，書眉上刻音注。框高21.7釐米，寬13.3釐米。題"進階通議大夫巡撫畿南都察院右副都御史趙燿文明選；江西布政司左布政使吳興徐中行子與訂；巡按福建兼理鹽法清軍監察御史男趙胤昌世茂重鋟；福建布政司右參政越東朱大典延之重訂"。前有崇禎元年趙胤昌序，萬曆六年（1578）趙燿序。末有朱大典跋，徐中行跋。

趙燿，字文明，山東掖縣人。隆慶五年進士，由庶吉士擢御史，按江西，以忤張居正歸。後擢兵部郎中，歷藩臬，率屬巡撫保定。《（乾隆）掖縣志》卷四《政治》有傳。

卷一至三春秋文，卷四戰國文，卷五至九漢文，卷一〇三國六朝文，卷一一至一二唐文，卷一三至一四宋文，卷一五至一六六子文。

是書以《古文雋》爲名，乃因非雋不永，非永不傳之意。明萬曆六年徐中行於江西布政司任上曾予刊刻。此爲燿子胤昌重刻本。胤昌序云："余家大人性嗜古，蒐擷貫穿，撐腸挂腹，文字無慮幾千卷,憫今世人士之工時文,而不工古也。乃輯其最嗜者,起《左》、《國》,迄歐、蘇,爲若干卷,壽諸梨棗,題曰《文雋》,擬鼎臠志嗜也。""余嗜古不及家君篤,顧閱茲選而跋焉。讀父書,其尚老蠹魚,以毋實析薪之荷哉!聊因按閩之役,再付剞劂氏,以公諸同好。"

朱大典跋云:"中丞公茲選,上自《左》、《國》,下迄唐宋諸大家,亦既多且旨,而一切若亡若存之書、誕謾之指擯勿收焉。故其爲味醇而不醨、精而不粃、正而不腐、奇而不痂,倘所稱易牙之調也者。自有是選來,數十年間,遞王遞伯、遞主遞奴者,不知經幾吐茹,而豫章人士之涵泳漱潤於是書,久而逾新,亦足以見永而傳矣。公持直指節,觀風於閩,感時趨觴濫,咸有返而思雋之意,因廣中丞公之飫豫章者,以飫閩多士,豈非換腸之神匕、還元之靈液哉!"

趙胤昌,字世茂,號芝亭,萬曆四十四年進士,任曲周知縣,有惠政,選授御史,仕至莊浪參議。見《(乾隆)掖縣志》卷三。

《四庫全書總目》未收。《中國古籍善本書目》著錄,山東省圖書館、山東師範大學圖書館、山西師範大學圖書館亦有入藏。

2720 明萬曆刻本鐫六朝文選評注　　T5238.37/2223

《鐫六朝文選評注》五卷,明何喬遠輯。明萬曆三十年(1602)鄭雲竹刻本。三册。半頁九行十九字,四周單邊,白口,雙魚尾,書眉上刻評。框高 19.4 釐米,寬 11.7 釐米。題"晉江匪莪何喬遠選;會友欽閣吳良誥閱"。前有何喬遠序。

是書收論、序、文、檄文、書、策文、七類、表、牋、奏記、教、令、辭、頌、箴、賦,共八十三篇。

何喬遠序云:"文至六朝,兩漢沉渾之氣,一變而爲俳偶,凌遲衰微,遂以萎然。然其潤古雕今,星稠綺合,追琢淘練,篇無剩語,語無餘言,可謂人工之極,天巧之至者矣。夫道生兩儀,日月寒暑,陰陽晝夜,莫不對待。文章之體,殆亦宜然,而今時制科之業,尤爲近之。兒子讀書之暇,執《文選》而問,因就六朝之文,擇其條暢整潔者,彙爲一帙授之,魏晉之作亦附其中,雖未必盡文心之颺流,亦聊以資秋場之餖飣云爾。"

卷五末有牌記,刊"萬曆壬寅春鄭雲竹梓"。

《四庫全書總目》未收。《中國古籍善本書目》未著錄。

鈐印有"梅軒圖書之記"。

2721 明萬曆刻本文府滑稽　　T5238.07/2239

《文府滑稽》十二卷,明鄒迪光輯。明萬曆三十七年(1609)鄒同光刻本。十二册。半頁十行二十字,四周雙邊,白口,無魚尾。框高 21 釐米,寬 13.7 釐米。題"梁谿鄒迪光彥吉甫選;弟同光彥公甫校;男德基公履甫、姪振基輿公甫輯"。前有王穉登序,萬曆三十七年鄒迪光序。

鄒迪光,字彥吉,號愚谷,無錫人。萬曆二年進士,授工部主事。累官湖廣提學副使,擅衡鑒,楚士服而歸之。以吏議罷,乃治園亭惠山之麓,與當世名公卿文士游宴其中,極聲伎觴詠之樂垂三十年。《(乾隆)無錫縣志》卷三〇《文苑》有傳。

是書選周秦迄於唐宋寓言俳諧之文,故以"滑稽"爲名,而正言莊論,時亦採入。卷一至八《文部》,卷九至一二《説部》。

鄒迪光序云:"予雅好讀書,每手一編,必至中旦。頃五十而老,以貝葉分之而稍怠,以睡魔嬲之而愈怠，惟是結習牢不可破。乃於諸書中，摘其詼諧隱喻，可以惺心脾、動體魄、回易意慮者，手自抄錄，積成數卷，題曰《文府滑稽》，置之帳內，用以破夢解醒，蠲煩釋悶已耳。而家弟彥公見之，謂今時牙籤緗帙，編滿大地，無如此書也者，遂取以付厥氏。"

王穉登序云："先生難弟彥公，慧等文若，才方惠連，罔恤校勘之勞，更任雕鏤之直。授鍰甫成，俾余作序。"

卷一第一頁書口下刊"六安崔繼堯刊"。

《四庫全書總目》入集部總集類存目。《中國古籍善本書目》著錄。中國國家圖書館、上海圖書館等十四館，臺北"國家圖書館"（五部）及美國國會圖書館、普林斯頓大學葛思德東方圖書館、日本內閣文庫、尊經閣文庫亦有入藏。

2722　明萬曆刻本彙古菁華　　T5238.07/1361

《彙古菁華》二十四卷，明張國璽、劉一相輯。明萬曆二十四年（1596）褚鈇刻本。十八冊。半頁九行十九字，四周單邊，白口，無魚尾。框高22.1釐米，寬13.6釐米。前有萬曆二十四年褚鈇序，萬曆二十四年蔣春芳序，萬曆二十四年張國璽序。末有萬曆二十四年何際可後序；萬曆二十四年潘蔓跋；《刻彙古菁華姓氏》；《凡例》十則。

張國璽，字君侶，號藍田，河北任丘人。萬曆五年進士，授山東萊蕪令，又任山西盂縣。光明爽剴，遇事迎刃立解，平賦均徭，詰奸勾隱，士民畏如神明，親如父母，鄰邑有大獄不決者，咸質成焉。有東察院之謠。歷任政績赫奕，終赤城兵備道。《(乾隆)任丘縣志》卷九有傳。

劉一相，字維衡，長山人。萬曆五年進士，官至陝西布政使。嘗採周秦漢魏六朝三唐之詩，區別差次，爲《詩宿》一書。

卷一《易經》，卷二《書經》，卷三《詩經》，卷四《禮記》，卷五《周禮》，卷六《孔子家語》，卷七《左傳》，卷八《國語》，卷九《戰國策》，卷一〇周秦文，卷一一至一二前漢文，卷一三後漢文，卷一四三國文，卷一五兩晉文，卷一六六朝文，卷一七唐文，卷一八至一九宋文，卷二〇辭，卷二一賦、七，卷二二《道德經》，卷二三《文始經》，卷二四《南華經》。

刻《彙古菁華》姓氏題"彙選：虞丘藍田張國璽丁丑進士；於陵頃陽劉一相丁丑進士。校正：河東貞予曹于汴壬辰進士。同校：西秦藍崗周瑮選貢……"

褚鈇序云："余自蚤歲即有志好古，每讀五經諸史百家之言，輒手錄其精粹，名曰《菁華》，昕夕與俱，竊以自淑。迨督學南畿，復謀諸聶、馮二觀察君、郭水部君及合肥胡令，刻《名世文宗》以詔諸生，雖稍加充拓，猶惜其未備。既總漕淮上，得守淮觀察張君，與其友戎部劉君所彙選古文若干卷，自宋唐而上，歷六朝三國兩漢先秦七國春秋之季，見人抉其奇、家摽其體，而以五經冠之先，庶幾乎稽古大觀。余昔有志而未逮者，咸萃是矣。爰授剞劂，命之爲《彙古菁華》，感初志也。"

張國璽序云："余自束髮事舉子業，每見粉榆社佔佾應制者，沉沒時秋，轉相摽竊，私心厭之。迺取先人遺冊，並求諸素藏名家，肆意極覽，分門撮要，手抄成帙，名曰《學海叢珠》。""唯是二十年來，歇歷兩都，一有餘閒，雖披覽未嘗停手，志固歉焉未遂也。歲在甲午，播人敗類，川貴告急，余以駕部郎暨同部頃陽劉君，仰承綸旨，從少司馬邢公後，贊畫厥役。去以冬莫，至以春分，議剿議勘，紛紛靡適，蓋始事之難也。嗣邢公丕宣恩威，播人震叠，兵事日解嚴，調發之文，稍稍停閣不復理。公衙事簡，復就三巴學士大夫，徧求寶墨。與頃陽君舊所輯攜行者，倒篋而出,朝莫參閱。中選者千幾佰首,越五匝月而成集。上自五經,下及諸子,檢尋殆徧。回际前日《叢珠》,源源本本,璀璨簡端……遂出示同寅司理曹貞予君,泊山陽何君諸屬分閱之,既命潘生蔓校什之,求纖訛誤,不致魯魚豕亥足矣。方不備不精是懼,敢萌木菑,顧諸君合志請付剞劂氏。意甚懶,於是取裁制府褚公、按臺蔣公,二公詞林宗匠、文章山斗,邊勿厭棄踈漏,嘉與後學傳焉,頒其名曰《匯古菁華》。"

褚鈇,山西榆次人。嘉靖四十四年進士。曾任户部尚書,兼都察院右副都御史,總督漕運,提督軍務,巡撫鳳陽等處地方。

《四庫全書總目》未收。《中國古籍善本書目》著錄。南京圖書館、山東省圖書館等九館,臺北"國家圖書館"(作萬曆二十四年山陽知縣何際可刊本)及美國國會圖書館(作明萬曆刻本)、普林斯頓大學葛思德東方圖書館也有入藏。

鈐印有"三峽"、"半澤文庫"、"東尾堂圖書印"、"太田氏圖書記"、"雲煙家藏書記子孫永保"。

2723　明刻本鉅文

T5238.07/7671

《鉅文》十二卷,明屠隆輯。明刻本。十二册。半頁九行十九字,左右雙邊,白口,無魚尾。框高20.4釐米,寬12.9釐米。題"甬東屠隆緯真氏摘取;西吳茅元儀止生氏品次"。前有屠隆題詞。

是書雜選經傳及古文詞,分宏放(計文二十二首)、奇古(計文十一首)、悲壯(計文十三首)、莊嚴(計文十二首)、閒適(計文十二首)、綺麗(計文十首),總計文八十首。《四庫全書總目》云:"以《考工記》、《檀弓》諸聖賢經典之文,與稗官小説,如《柳毅傳》、《飛燕外傳》等,雜然並選,殊爲謬誕,疑亦坊賈托名也。"

屠隆題詞云:"余嘗上下古今,英華良亦有數,稍分品類,摘取鴻士鉅文數十首,披襟讀之,心神怡曠。"

《四庫全書總目》入集部總集類存目。《中國古籍善本書目》著錄,福建省圖書館、北京大學圖書館等五館及日本內閣文庫亦有入藏。

鈐印有"粹芬閣"、"王氏信芳閣藏書印"、"秀水王相"、"惜庵"。

2724　明萬曆刻本詞致錄

T5239.07/4410

《詞致錄》十六卷,明李天麟輯。明萬曆十五年(1587)李天麟杭州刻本。十二册。半頁十行二十字,四周單邊,白口,單魚尾,書口下有刻工。框高19.9釐米,寬13.4釐米。目錄頁題"巡按浙江監察御史古燕李天麟彙輯;杭州府知府豫章余良樞、兩浙都轉運鹽使司同知莆陽唐守欽、杭州府同知南郡姜奇方同校"。前有萬曆十五年溫純序,萬曆十五年傅好禮序,萬曆十五年李天麟序。末有萬曆十五年余良樞後序;萬曆十五年唐守欽跋。

李天麟,字公振,武定人。萬曆八年進士,由牧馬千户所軍籍中式,官至湖廣巡按御史。又有《楚臺記事》。

是集皆載詞命之文,分制詞、進奏、啓劄、祈告、雜著五門,中又各分子目:爲册文類、詔令類、制誥類、勅類、麻類、赦文類、批答類、鐵券文類、德音類、賜書類、策問類;表類、章類、狀類、議類、書剳類、致語類、對策類、露布類、牋類；啓類、狀類、長書類、小簡類、合尖類；朱表類、青詞類、疏語類、告文類、祭文類、歎文類、榜類；序類、記類、論類、文類、碑類、辭類、箴類、連珠類、檄類、牒類、教類、判類。所采上自漢晉，下迄於宋，頗勝明末之猥濫。

李天麟序云："雖然昔之富麗也，尚因本根而生枝葉；今之富麗也，遂狗枝葉而忘本根，至於本根忘，而四六滋病。余竊悼之，輒裒集唐宋諸名家，稍爲詮次，題曰《詞致錄》，命之梓，以示當世，以爲世道……而余之刻《詞致錄》也，至欲復乎四六之舊，豈不重可，嗟乎！若曰余之兹刻爲教天下以富麗，則孔氏之志益荒矣。"

余良樞後序云："侍御李公，觀風餘暇，慎選諸博士以及弟子員，若而人悉發篋中藏書畀之，而以銓擇薈萃之役屬焉，且授之指……書成，授之剞劂。良樞以下吏，實董是役，獲寓目焉。"

唐守欽跋曰："侍御古燕李公，按部兩浙也，重念東南民力，既登之衽席矣，又以文章與世上下亦司風紀者所必慮也，於是以所輯《詞致錄》者刻之，授下吏守欽爲役。"

此本寫工有趙聯壁、蔡應辰、郭之屏、楊樹聲、郁士奇、蔡承德、嚴士高。刻工有徐安、陶坤、陶承敎、俞亨、王典、余滔、朱軒、蔡學、孫宗、史化、王時、劉大節、陳才、陳武、陸野、黃德明、趙惟孝、孫應科、夏尚容、夏雲、陶汝成、任正、劉大郎、陶節、夏大賓、史洪、孫科、趙其、王朝明、夏時麗、陶九成、陶惠、俞兆亨、黃明、陶乾、唐天佐、王鳳翔、張玄、徐志道、陶仕承、沈應奎、夏鳳、朱成、余亨、蔡朝、趙孝。

《四庫全書總目》入集部總集類存目。《中國古籍善本書目》著錄。上海圖書館、南京圖書館等二十四館，臺北"國家圖書館"（五部）及美國國會圖書館、普林斯頓大學葛思德東方圖書館亦有入藏。

鈐印有"劉銓福印長壽年宜子孫"、"子重"。

2725　明刻本新鐫重訂增補名文珠璣　　T5238.07/2303

《新鐫重訂增補名文珠璣》不分卷，明焦竑輯。明刻本。六冊。半頁九行二十字，四周單邊，白口，無魚尾，書眉上刻評。框高21.6釐米，寬14釐米。前有焦竑序，史鳴皋序；《談藪》七十九則（讀左氏五則、讀諸子十五則、讀《戰國策》七則、讀賈誼五則、讀司馬相如四則、讀司馬遷十則、讀班固三則、讀楊雄一則、讀崔寔二則、讀劉峻一則等）；考實。

是書收《左傳》、《國語》、《檀弓》、《公》、《穀》、《管子》、《荀子》、《淮南子》、《楊子》、《莊子》、《列子》、《晏子》、《孫子》、《戰國策》、《楚辭》、秦文、《呂氏春秋》、西漢文、《史記》、西漢、東漢、三國、晉魏、六朝、唐文、宋文、元文、明文若干篇。

焦竑序云："余於退食之暇，取其言之足爲世資者，採而錄之，題爲《名文珠璣》，凡若干篇，思欲與世共焉。於是芟繁輯簡，次其篇帙，旁注批評，俾後學觀誦……因并序之首簡，予之書林梓焉，以廣其傳。"

《四庫全書總目》未收。《中國古籍善本書目》著錄，天津圖書館、山東省圖書館等四館亦有入藏。

2726　明萬曆刻本古文世編　　T5238.07/4643

《古文世編》一百卷，明潘士達輯。明萬曆三十七年(1609)廣東刻本。五十冊。半頁九行十八字，四周雙邊，白口，單魚尾。框高 19.7 釐米，寬 14.3 釐米。題"西吳去聞潘士達編；長水獻之劉廷元、龍城玄之陳原道、南海後學區慶雲校"。前有萬曆三十八年(1610)黃儒炳序，萬曆三十七年潘士達序。

潘士達，字去聞，號完樸。烏程人。十七舉於鄉，萬曆二十年進士，授臨江府推官，力雪冤獄，補禮部主事，歷正郎，轉廣東提學副使，陞江西參政，署藩印。《(乾隆)烏程縣志》卷六《人物》有傳。

是書選錄詩文，自三皇始，至元代止，以世代爲次，故曰《世編》。其役始於萬曆三十六年九月，竣於三十七年八月。

黃儒炳序云："去聞潘先生，神遊八極，學富五車，所爲著作，由淹貫而出，斐然自名其家。督學吾粵，憫粵人士學一先生之言，罕視大方，爰自開闢文字，以迄宋元，彙爲《古文世編》……頃剞劂之竣也，取材者資其贍，就奇者徵其故，涉獵者藉其品目，參訂者合其異同，人人以爲執規矱括，先生之嘉惠甚鉅。"

《四庫全書總目》未收。《中國古籍善本書目》著錄，山東省圖書館有全帙，揚州市圖書館所藏爲殘本。美國普林斯頓大學葛思德東方圖書館、日本內閣文庫(兩部)、尊經閣文庫亦有入藏。

鈐印有"佐伯文庫"。

2727　明萬曆刻本文儷　　　　　　　　　　　T5238.07/7911

《文儷》十八卷，明陳翼飛輯。明萬曆三十九年(1611)畢懋康刻本。十八册。半頁十行二十字，四周單邊，白口，單魚尾。框高 21.7 釐米，寬 14 釐米。題"明閩漳陳翼飛元朋刪輯；新安畢懋康孟侯參訂"。末有萬曆三十九年陳翼飛後序。

陳翼飛，字元朋，福建平和人。萬曆三十八年進士，除宜興知縣，被劾歸。詩摹七子，篇什甚富。又有《慧閣集》、《長梧集》等。

是書所錄，自漢及唐，皆以駢儷爲主，略依《文選》之例，惟不載詩，與《文選》略異。計收賦四十六首、七四首、連珠四首、詔十二首、璽書二首、敕二首、册文五首、制十五首、令三首、教八首、策問二首、判十八首、表一百四十五首、上書三首、啓一百六十八首、彈文三首、章五首、狀三首、牋十首、書一百四十二首、移文七首、檄文六首、露布三首、牒一首、設論六首、對六首、序九十四首、頌八首、贊十四首、論四首、箴一首、銘二十六首、志二首、傳二首、哀册文十五首、諡議三首、誄九首、碑八十七首、墓志二十八首、行狀五首、哀詞一首、祭文十六首、記一首、佛事十一首。

陳翼飛後序云："余未受書，輒從大父作巧對能屬，稍長成，癖讀史及百家有儷語者，手鈔之，積爲彙。自六朝以還，謬多所刪，竊寸朽而棄全樗，一籥而知九鼎，亦性之所習，聊以自娛云爾，不敢傳之通都大邑也。同社諸君子，每過從，散帙摘一二揚搉之，以佐耳熱。適余友畢孟侯，爲內史時使霞中見之，披緗不能已已，曰，是可終爲帷中之祕耶？余頷之已。庚戌春，粗了公車事，久滯長安，孟侯乘瘦馬頻來，語輒移日，因徵往緒，余出自篋中，攜之而去，參訂三閱月，名之曰《文儷》，捐月俸繡梓之。"

此本前序已佚。

《四庫全書總目》入集部總集類存目，但作十四卷，南京圖書館、西北大學圖書館及日本內閣文庫入藏，行款爲九行十八字，四周雙邊，白口。與此本不同。《中國古籍善本書目》著錄，上海圖書館、浙江圖書館等八館收藏。臺北"國家圖書館"（兩部，作明萬曆三十八年新都畢懋康刊本）及美國普林斯頓大學葛思德東方圖書館、日本尊經閣文庫亦有入藏。

鈐印有"二酉齋"、"茗仙耿氏藏印"、"強恕堂"。

2728　明崇禎刻本古文備體奇鈔　　T5238.07/8191

《古文備體奇鈔》十二卷附錄一卷，明鍾惺輯、黃道周評。明崇禎閶門兼善堂刻本。十二冊。半頁九行二十字，四周單邊，白口，無魚尾，書眉上刻評，書口下刻卷數。框高19.9釐米，寬13.5釐米。目錄頁題"景陵鍾惺伯敬甫選輯；清漳黃道周石齋甫評閱；潯陽劉肇慶開侯甫參訂"。前有崇禎十五年（1642）黃道周序；兼善堂撰《凡例》九則。

是書選《左傳》、《國語》、《戰國策》以及各種體裁之文，如文體、記體、論體、序體、跋體、賦體、表體、敕體、制體、詔體、令體、冊文體、檄體、諫體、劄子體、奏體、疏體、策體、銘體、頌體、歌體、辭體、碑體、贊體、箴體、議體、錄體、説體、解體、訓體、書體、傳體、啓體、辯體、對體、碣體，共三百七十五篇。附錄爲《元包經傳》一卷。

其《凡例》云："文之有體，猶人有具軀，肥姿臞質不同，手目無别。每覽洪裁纖搆，必祖前徽，夫非其有體耶？彼龍門腕法，兩班筋脈，與夫孟部蘇篇，得其傳者，鬚眉酷肖。故兹集彙其體以分之，允無龜毛兔角之混。""兹集嚼蠟者概删，襲珍者永垂。偏於平淡無奇處，標出作家心手，耳目一新，洵當利羽之朋。""批評出自名公者不數，然有一二語，洞晰全體，宏啓法門者，悉經採入，仍存姓氏，以備參觀，俾閱者知雪椀冰壺，非滌露之毫，不獲與賓。""古文爲名家藪澤，彙有朋部，如《昭明》之後，有《續文選》、《文選補遺》，他如《西山正宗》、《荊川文編》、《文粹》、《珠璣》、《文宗》、《奇賞》、《正集》、《旁訓》諸刻，非嫌掛漏，即嘆浩繁。兹集既不遺於廣博，復不紛於體局，百軸同緘，千籤齊榜，展也壓倒元白，比貴太冲。"

《四庫全書總目》未收。《中國古籍善本書目》著錄，有兩種，一爲明崇禎發祥堂刻本，行款同此本，藏南京圖書館、天津圖書館。一爲明崇禎閶門兼善堂刻本，藏浙江圖書館。臺北"國家圖書館"亦有入藏。日本内閣文庫所藏不知同何本。

館藏有複本一部，十二册。鈐印有"蕉壯圖書"、"滕印弼亮"。

2729　明萬曆刻本廣文字會寶　　T6160/2903

《廣文字會寶》不分卷，明朱文治輯。明萬曆閩建書林葉見遠刻本。十二册。半頁行字不等，四周單邊，白口，無魚尾。框高22.7釐米，寬14.5釐米。前有沈懋孝序，萬曆三十六年（1608）朱文治自序；《凡例》七則。

朱文治，字簡叔，錢唐人。

是編乃文治萃古人名作，遍請當世能書之家書之，以存其真。朱氏自序云："余不佞，無能爲先人役，幸文字結癖，不敢自墮。奈蕭條五車，徒有神愴，第唯當今名士輩起，試拔古文辭之尤者，人錄一題，家勒一法，袞而集之，作齋頭雙璧，詎不稱快。於是遍邀四方名墨，若賈人居積，銖銖寸寸，不願世有遺寶，兹皇皇三閱歲矣。"

《凡例》有云："今特禮請名筆寫入，復求名工善刻，佈之海内，以爲至寶。""文選上乘，字求最精，真石室之白眉也。""原梓是書也，文盡宇宙之美，字極海内之精，求已數年，刻經三載，印者如雲,求者如市,年數將久,版漸刓糊,今特加訂正,廣其未備,精其不工,復經三載,而成善本,誠一代之良書,萬年之美帖。"

此本有扉頁,刊"思白董太史廣文字會寶。是書海內寶之久矣,第中多闕畧,今經董太史訂補,真舉業家髻珠也,具眼者珍之。本衙藏板,繙刻者千里必治"。四周刊有龍之圖案,藍色。沈懋孝序第一頁書口下有"閩建書林葉見遠刊"。

《四庫全書總目》未收。《中國古籍善本書目》著錄。上海圖書館、南京圖書館等八館,臺北"國家圖書館"(三部)及美國國會圖書館、日本內閣文庫也有入藏。

鈐印有"杉聽雨"、"華"。

館藏有複本一部,四冊。

2730　明萬曆刻本文壇列俎　　　　　　　　　　　T5238.07/3110

《文壇列俎》十卷,明汪廷訥輯。明萬曆三十五年(1607)汪氏環翠堂刻本。三十冊。半頁十行二十字,四周單邊,白口,單魚尾,書口下刻"環翠堂藏板"。框高 21.4 釐米,寬 14 釐米。題"明新都無如汪廷訥昌朝父編輯;了我王尚哲鏡遠父參閱"。前有萬曆三十五年焦竑序,萬曆三十三年(1605)祝世祿序,萬曆三十五年俞彥序,萬曆三十五年汪廷訥序。

汪廷訥,字昌朝,一字無如,休寧人。官鹽運使。工樂府。又有《環翠堂集》、雜劇《廣陵月》、傳奇《獅吼記》等。

其書所錄上及周秦,下迄明代,如無名氏之《雕傳》,佛家之《心經》,俱載入之,特爲冗雜。卷一《經翼》,卷二《治資》,卷三《鑒林》,卷四《史摘》,卷五《清尚》,卷六《掇藻》,卷七《博趣》,卷八《別教》,卷九《賦則》,卷一〇《詩概》。

焦竑序云:"新安汪昌朝氏,幼而績學,讀書之暇,纂集是編,自經翼以逮詩概,凡爲十卷。君之言曰,塗有殊而一致,學雖博而歸約。以故冥搜經子,捃摭玄釋,哀達人之短章,采英儒之鴻撰,漢宋畢收,古今咸載,斯亦六穀九鼎,千珍百葉,總而爲賓筵之獻也。擅文苑之大觀,極詞人之巨麗,名曰《列俎》,詎不信然。"

汪廷訥自序云:"卯辰之歲,余杜門謝客,日取群書遍讀之,字究句研,篇搜卷索,楮凋墨故,大類童子受書時。偶然會心,忻而命筆,屬掌故者錄焉。先後得十則而詮次之……因屬剞劂,布之以公同嗜者。"

此本有扉頁,刊"鐫環翠堂文壇列俎。高士里藏板"。又刻"坐隱先生"及"環翠堂印"。又卷八第七十三、七十四頁及卷一〇尾頁佚去。按,環翠堂刻書甚多,尤多戲曲之書,如《元本出相西廂記》二卷、《人鏡陽秋》二十二卷、《坐隱先生精訂王西樓樂府》一卷、《坐隱先生精訂梁少伯江東白苧》一卷、《坐隱先生全集四種》十八卷、《彩舟記》二卷、《投桃記》二卷、《義烈記》二卷等十餘種。

《四庫全書總目》入集部總集類存目。《中國古籍善本書目》著錄。南京圖書館、浙江圖書館等七館及美國國會圖書館、日本內閣文庫亦有入藏。

2731　明刻本新刊陳眉公先生精選古論大觀　　　　T5238.07/7922

《新刊陳眉公先生精選古論大觀》四十卷,明陳繼儒輯。明刻本。四十八冊。半頁九行二十四字,四周單邊,白口,單魚尾,書口下刻標題。框高 21.5 釐米,寬 12.1 釐米。題"華亭陳繼儒仲醇甫選;婁東吳震元長卿甫編次"。前有陳繼儒序,朱勳序。

是書分天地類、六經類、歷代類、政治類、名法類、藝文類、技術類、諸子類、二氏類、四夷類。彙集古人論著,自漢至明。《四庫全書總目》云:"今觀是書,不但漫無持擇,亦且體例龐雜,罅漏百出。雖以古論爲名,而實多非論體,往往雜掇諸書,妄改名目。"

目錄頁末,刊"雲間陳夢蓮、陳夢松、陳夢草全詮次"。此本或爲三陳所輯,而托名於陳繼儒。

《四庫全書總目》入集部總集類存目。《中國古籍善本書目》著錄。南京圖書館、山東省圖書館等七館,美國國會圖書館、日本尊經閣文庫亦有入藏。

鈐印有"雲遠氏"、"陟岵之印"、"三餘樓印"。

2732　明天啓刻本古文品外錄　　T5238.07/7922.2

《古文品外錄》十二卷,明陳繼儒輯並評。明天啓五年(1625)朱蔚然刻本。四冊。半頁九行二十字,四周單邊,白口,無魚尾,書眉上刻評。框高 21.2 釐米,寬 14.1 釐米。題"華亭陳繼儒仲醇選評;仁和朱蔚然茂叔參閱"。前有姚士粦序,天啓五年朱蔚然序;《凡例》六則。

是書選自秦漢,迄宋元之文,大抵沿公安、竟陵之波,務求詭雋,故以品外爲名,然多習見之文。

朱蔚然序云:"眉公痛世深,用心良苦。余不敏,師眉公而志眉公之志,敬爲之梓之。"

《四庫全書總目》入集部總集類存目。《中國古籍善本書目》著錄,浙江圖書館、天津圖書館等九館收藏。美國國會圖書館、日本東京大學東洋文化研究所亦有入藏。

按,孫殿起《清代禁書知見錄》著錄有二十四卷本。又 1936 年,上海雜志公司有排印本,收入《中國文學珍本叢書》第一輯內。

2733　明刻本古文品外錄　　T5238.07/7922.2B

《古文品外錄》二十四卷,明陳繼儒輯並評。明刻本。八冊。半頁九行二十一字,四周單邊,白口,單魚尾,書口下刻篇名。框高 20.6 釐米,寬 13.7 釐米。題"陳繼儒仲醇選評;董其昌玄宰、蔡祖芬曼倩全校"。前有王衡序,姚士粦序;總校全書姓氏。

此本與十二卷本分卷不同,但所收篇目幾乎相同。

《四庫全書總目》未收此二十四卷本。《中國古籍善本書目》著錄。上海圖書館、南京圖書館等三十二館,臺北"國家圖書館"及日本內閣文庫、尊經閣文庫、靜嘉堂文庫亦有入藏。

是書又見於《清代禁書知見錄》,云:"明華亭陳繼儒選評、崇禎間朱蔚然刊、第二十四卷方外。"按,孫殿起誤,朱蔚然所刻應爲十二卷本,非此二十四卷本。

2734　明萬曆刻套印本秦漢文鈔　　T5238.27/3241

《秦漢文鈔》六卷,明閔邁德等輯,楊融博批點。明萬曆四十八年(1620)閔氏刻朱墨套印本。六冊。半頁九行十九字,四周單邊,白口,無魚尾,書眉上刻評。框高 20.6 釐米,寬 14.1

釐米。前有萬曆四十八年臧懋循序;秦漢文鈔批評姓字。

批評姓字題"一批點:楊融博;一參評:呂東萊、胡致堂等五十三人;一裁定:閔日斯邁德、閔子容洪德、閔文仲映璧"。集凡秦文二卷、西漢文三卷、東漢文一卷。

臧懋循序云:"我湖閔氏稱望族,古文詞大半爲其家刻,而日斯諸君,復取秦漢文一訂政之。批點宗融博氏,參評集諸大家,閉戶精披,閱歲而告成事。屬余弁諸臣,則文仲君也……此編也,舉業家當別具鑒賞矣,如謂坊刻充棟,苦無佳本,漫塗朱墨,於以爲書林之美觀也。"

《四庫全書總目》未收。《中國古籍善本書目》著録。上海圖書館、南京圖書館等三十七館,臺北"國家圖書館"(三部)及美國普林斯頓大學葛思德東方圖書館、日本内閣文庫、東京大學東洋文化研究所亦有入藏。

2735　明萬曆刻本古逸書　　T5238.07/3640

《古逸書》三十卷首一卷末一卷,明潘基慶輯。明萬曆刻本。十六册。半頁八行二十字,四周單邊、白口、單魚尾,書口下刻字數。框高 21.3 釐米,寬 14.9 釐米。前有萬曆四十年(1612)臧懋循序,盧辩序;《凡例》二十五則;總論;姓氏。目録頁題"西吴潘基慶良耜選注"。

潘基慶,字良耜。松江人。萬曆四十六年貢生。

是書名爲逸書,實皆習見之《陰符》、《素問》、《逸周書》、《山海經》之類。

臧懋循序云:"潘良耜,能好古者也。以其帖括之暇,冥搜邃採,不遺餘力,直將抉二酉而覆五車,凡諸柱下之所未收,象岡之所未獲,微言奇字,莫不表而出之,無慮文三百四十四篇,三十卷,總目之曰《古逸》。"

此本有扉頁,刊"古逸書"。

《四庫全書總目》入集部總集類存目。《中國古籍善本書目》著録。上海圖書館、南京圖書館等四十六館,臺北"國家圖書館"(二部)及美國普林斯頓大學葛思德東方圖書館、日本内閣文庫、尊經閣文庫(兩部)、東京大學東洋文化研究所亦有入藏。

館藏有複本一部,十册。鈐印有"祖光文庫"、"消"、"尚德館藏書印"、"憺山堂圖書記"。

2736　明天啓刻本續古文奇賞　　T5238.07/7928.2

《續古文奇賞》三十四卷,明陳仁錫輯并評。明天啓刻本。十一册。半頁十行二十字,四周單邊、白口、單魚尾,書眉上刻評,書口下刻字數等,書口上刻"續古文奇賞"。框高 20.1 釐米,寬 14.1 釐米。題"古吴陳仁錫選評"。前有天啓元年(1621)陳仁錫序。

此爲陳仁錫《古文奇賞》二十二卷《續古文奇賞》三十四卷《奇賞齋廣文苑英華》二十六卷《四續古文奇賞》五十三卷《明文奇賞》四十卷之部分。本館又有三續。全帙中國僅天津圖書館、浙江圖書館等六館入藏。又美國普林斯頓大學葛思德東方圖書館、日本尊經閣文庫也有全帙。臺北"國家圖書館"有此二續之本。

此本所選古文,乃自《武經》、《春秋左傳》至《文苑英華》中選出。卷一至二爲《武經》,卷三爲《大戴禮記》,卷四至六《春秋左傳》,卷七《公》、《穀》合傳,卷八至九《國語》,卷一〇《列子》、《墨子》、《商子》,卷一一至一二《管子》,卷一三《晏子》,卷一四《鶡冠子》,卷一五至三四《文苑英華》。

《清代禁書知見録》著録。

2737　明天啓刻本奇賞齋廣文苑英華　　T5238.07/7928

《奇賞齋廣文苑英華》二十六卷，明陳仁錫輯并評。明天啓刻本。七册。半頁十行二十字，四周單邊，白口，單魚尾，書眉上刻評，書口下有"奇賞齋"，書口上刻"廣文苑英華"。框高 20.5 釐米，寬 14 釐米。題"史官陳仁錫明卿甫評選"。前有天啓四年(1624)陳仁錫序。

此爲陳仁錫《古文奇賞》二十二卷《續古文奇賞》三十四卷《奇賞齋廣文苑英華》二十六卷《四續古文奇賞》五十三卷《明文奇賞》四十卷之部分。陳序即作《三續古文奇賞廣文苑英華》。全帙中國僅天津圖書館、浙江圖書館等六館入藏。又美國普林斯頓大學葛思德東方圖書館、日本尊經閣文庫也有全帙。臺北"國家圖書館"有此三續。

此三續卷一至四爲賦，分天類、歲時類、地類、都類、宮殿類、苑囿類、禮類、樂類、符瑞類、治理類、仙類、文學類、志類、閒適類、遊覽類、紀行類、哀傷類、情類、器用類、茶類、寶類、絲帛類、蟲魚類、鳥獸類、草木類；卷五爲騷類、詔類、策書類、教類、詔類、敕類、册文類、招討使制類、册異姓王制類、節鎮制類；卷六爲詔制，分雜制類、敕類、批答類、疏遊宴類、端好尚類、儆戒類；卷七至九爲疏，分儆戒類、接臣下類、經筵類、治道類、儲嗣類、外家疏類、嬖倖類、宦官類、災異類、禮疏類、選舉類、銓選類、職司類、舉訟類、彈論類、邊事類、兵事類、度支類、救荒類、刑禁類；卷一〇爲表、狀，分封禪類、尊號類、聽政類、太子請類、讓謝類、讓起復類、讓封侯類、宰相讓官類、節度刺史讓官類、文官讓官類、致仕類、謝除類、謝上類、遺表類、進文章類、謝衣服類；卷一一爲策、箋、啓、論，分策賢良類、策類、勸進類、賜賚類、褾啓類、哀策類、論史類、論治道類、名理類；卷一二爲銘類、箴類、誡規類、贊類；卷一三爲書，分大計類、政事類、諫諍類、論用兵類、求通類、不遇類、敘情類、品藻類、往復類、家誡類；卷一四爲啓，分論禮類、論樂類、論史類、雜書類、文章類、詩文類、謝官類、投知類；卷一五爲記，分廳壁類、學校類、井類、田渠類、樓類、祠廟類、園亭類、居處類、堂類、齋類、軒類、圖畫類、書類、紀事類；卷一六至一八爲序，分書序類、文集類、贈送類、名字類、遊宴類、詩序類、雜序類；卷一九爲雜著，分經緒類、史緒類、學緒類、政緒類、物緒類、投論類、自論類、雜文類、褾篇類；卷二〇至二四爲碑、墓表、墓志，分功德類、德政類、遺愛類、獄瀆類、聖賢祠類、朝官類、藩鎮類、高士類、婦女類、墓表類、碣類、大臣類、職官類、素德類、婦人類；卷二五爲行狀、傳，分行狀類、勳名類、賢雋類、節俠類、婦人類；卷二六爲祭文、哀辭，分祭群神類、聖賢類、交舊類、親屬類、婦人類、哀辭類、褾祭類、誄類。

《清代禁書知見録》著録。

陳仁錫序第一頁書口下刻"章逸素刊"。

鈐印有"黃龍窟藏"、"鵬北菴記"。

2738　明天啓刻套印本文致　　T5238.07/7248

《文致》不分卷，明劉士鏻輯，閔無頗、閔昭明集評。明天啓元年(1621)閔元衢刻朱墨套印本。四册。半頁八行十八字，四周單邊，白口，無魚尾，書眉上刻評。框高 20.5 釐米，寬 13.9 釐米。前有天啓元年沈聖岐序。

劉士鏻，字越石，杭州人。崇禎四年進士。

是集輯漢魏六朝以至明人所著,通爲一書,別爲十七門,爲賦、辭(附歌行)、騷、序、記、傳、碑、書、表、文、贊、銘、墓銘、誄、哀文、紀事、題跋。詮次頗傷蕪雜,無所取裁。

此本佚去閔元衢序并姓氏頁。

《四庫全書總目》入集部總集類存目。《中國古籍善本書目》著録。上海圖書館、南京圖書館等三十八館,臺北"國家圖書館"(兩部)及日本内閣文庫亦有入藏。

2739　明崇禎刻本新刻卧子陳先生編纂歷代名賢古文宗　　T5238.07/7910

《新刻卧子陳先生編纂歷代名賢古文宗》六卷,明陳子龍輯。明崇禎刻本。六册。半頁十行二十二字,四周單邊,白口,無魚尾,書眉上刻評。框高22.1釐米,寬12.4釐米。題"華亭陳子龍卧子父編次;全社夏允彝緩公父較閲;彭賓燕又父合參"。前有崇禎十二年(1639)陳子龍序。

陳子龍,字人中,更字卧子,號大樽,松江人。工舉子業,兼治詩賦古文,取法魏晉,駢體尤精妙。崇禎十年進士,選紹興推官,以定亂功,擢兵科給事中,命甫下而京師陷,乃事福王於南京,以時事不可爲,乞終養去。南都失,遁爲僧。尋以受魯王部院職銜,結太湖兵欲舉事,事露被擒,乘間投水死。

卷一簡古文、典則文、雄偉文,卷二敘次文、經濟文,卷三殊絶文、抗直文、諷切文、刺譏文、攻擊文,卷四議論文、正大文、懇至文、標表文、玄虛文,卷五幻穎文、悲憤文、幽思文,卷六機權文、刻深文、捃摭文、瀟灑文、豪放文。

陳子龍序云:"夫史子百家,古之陳法也。宗派淵源,各率其性之所近,或以正勝,或以奇標,或以簡古,或以藻繢。或如長江大河,一瀉千里;或如率然之勢,首尾俱應。雖不至學古兵法,而鯀古證今,鑒遠知近,語曰前事不忘,後事之師也。此《古文宗》之所爲選也。"

《四庫全書總目》未收。《中國古籍善本書目》未著録。

鈐印有"劉印斐之"、"北越天神高橋庫中圖書之記"、"越後□水原思齋堂藏不許出于閾外"。

2740　明末刻本葛忉上先生選評古文雷橭　　T5238.07/4145

《葛忉上先生選評古文雷橭》六卷,明葛世振選評。明末人瑞堂刻本。二册。半頁九行二十六字,四周單邊,白口,無魚尾,書口下刻"人瑞堂",書眉上刻評。框高19.8釐米,寬11.5釐米。題"四明葛世振忉上甫選評;富沙鄭尚玄幼白甫參訂"。前有葛世振序;《例言》五則。

葛世振,字忉上,四明人。崇禎十三年進士,授編修,充日講官,授東宫講讀,以省親告歸。明亡,杜門不與世事,兩膺徵召,皆不赴。《(乾隆)鄞縣志》卷一六有傳。

是書卷一《春秋左傳》、《公羊》、《穀梁》、《檀弓》、《周禮》,卷二《戰國策》,卷三至四兩漢文、魏晉六朝文,卷五唐文,卷六宋文。

其《例言》有云:"今選本百出,大都真贋混淆,耳目不清,閲者多爲濃圈密點所欺。今悉參諸先正名本,删其繁蕪,掇其玄精,間以管見品隲之,務當至當而已。"

此本有扉頁,刊"古文雷橭。葛忉上先生選評。人瑞堂校梓"。鈐有"人瑞堂"印。

《四庫全書總目》未收。《中國古籍善本書目》未著録。

2741　明崇禎刻本古文正集二編

T5238.07/4242

《古文正集二編》不分卷，明葛鼐、葛鼎輯。明崇禎吳門葉聚甫、葉碧山、周交甫刻本。存四冊。半頁十行二十七字，四周單邊，白口，無魚尾。

是本所録，凡十一家，計李文饒、杜牧之、司馬君實、程正叔、楊中立、范仲淹、黃山谷、真西山、王龜齡、劉夢吉、虞伯生。據《四庫全書總目》，二編共二十二家，尚有顔真卿、陸贄、韓琦、范純仁、鄒浩、李覯、張耒、朱熹、陸九淵、陳亮、文天祥各集。此則爲不全之本。每人各以小傳冠集前，所録猶採自本集。《總目》云："差勝村書之稗販，然去取皆漫無持擇，其蕪雜亦相去無幾耳。"

《李文饒集》，題"吳郡葛鼐靖調甫、葛鼎端調甫評輯；弟葛鼐玆調甫同評"。有扉頁，刊"李文饒文集。永懷堂評選。吳門葉聚甫受梓"。

《杜樊川文集》，題"吳郡葛鼐朗調甫、葛鼎端調甫評輯；弟葛鏽□□甫較訂"。有扉頁，刊"杜樊川集。永懷堂評選。吳門葉聚甫受梓"。

《司馬文正公傳家集》。

《伊川先生文集》。

《楊龜山文集》，題"吳郡葛鼐靖調甫、葛鼎端調甫評輯；姪葛雲萱□□甫較訂"。有扉頁，刊"楊龜山集。永懷堂評選。吳門葉碧山受梓"。

《范文正公文集》，題"吳郡葛鼎端調甫、葛鼐玆調甫評輯；弟葛鐦安調甫仝訂"。有扉頁，刊"范文正公集。永懷堂評選。吳門周交甫受梓"。

《黃山谷文集》，題"吳郡葛鼎端調甫、葛鶻毅調甫評輯；弟葛鏽寧調甫仝訂"。有扉頁，刊"黃山谷集。永懷堂評選。吳門葉碧山受梓"。

《真西山文集》。

《王龜齡文集》，題"吳郡葛鼎端調甫、葛鼐玆調甫評次；弟葛鐦安調甫同定"。有扉頁，刊"王梅溪集。永懷堂評選。吳門周交甫受梓"。

《劉静脩文集》，題"吳郡葛鼐靖調甫、葛鼎端調甫評次；侄葛雲蘭湘九甫同評"。有扉頁，刊"劉静修集。永懷堂評選。吳門葉碧山受梓"。

《道園類集》，題"吳郡葛鼐靖調甫、葛鼎端調甫評輯；侄葛雲芝瑞五甫同評"。有扉頁，刊"虞道園集。永懷堂評選。吳門周交甫受梓"。

《四庫全書總目》入集部總集類存目。《中國古籍善本書目》著録，遼寧省博物館亦有入藏。又上海圖書館、常熟市圖書館有明崇禎永懷堂刻本《古文正集》十卷。北京師範大學圖書館有《古文正集》十卷《二編》不分卷，明崇禎刻本。又日本內閣文庫所藏有《正集》十卷《二編》二十二集。

鈐印有"寒濤"、"遠明"。

2742　明末刻本純師集

T5238.07/8981

《純師集》十二卷，明余鈺輯並評。明末刻本。十二冊。半頁十行二十字，四周單邊，白口，單魚尾，書眉上刻評。框高20.1釐米，寬13.7釐米。題"姑蔑後學余鈺式如甫評輯"。前有陳子龍序,崇禎十六年(1643)吴适序;崇禎十六年余鈺撰《義例》四則。

余鈺,字式如,浙江龍游人。王重民云,鈺爲西安縣人,藏書萬卷,皆丹黄數過,以貢生終。

卷一東周文,卷二至三漢文,卷四後漢文,卷五季漢文,卷六晉文,卷七至八唐文,卷九至一二宋文。

陳子龍序云:"太末余子式如有《純師集》之編也,做自屈平,訖於文相國,凡十二卷。事不關大節與夫國家之治亂、君子小人之進退者不載;荒才否德,亮不足而談有餘者不載;僭朝僞統、夷狄之文,雖盡心於所事者不載。蓋其源出於《尚書》,而凛凛乎兼《春秋》之義者也……今觀余子之書,知其意量有過人者。"

《四庫全書總目》未收。《中國古籍善本書目》著錄。上海圖書館、河南省圖書館等六館,臺北"國家圖書館"(兩部)及美國國會圖書館、普林斯頓大學葛思德東方圖書館亦有入藏。

鈐印有"福山文庫"、"阿部氏圓山書庫之記"、"養拙軒藏書印"。

2743　明末刻本古文褒異集記　　　　　　　　　　T5238.07/3136

《古文褒異集記》十四卷,明汪定國輯并評。明末刻本。十册。半頁八行二十六字,四周單邊,白口,無魚尾。框高 21.1 釐米,寬 11.5 釐米。題"海昌汪定國蒼舒氏評;嘉禾汪貞士與可氏較"。前有汪定國初序,汪定國再序,汪定國後序。

汪定國,字蒼舒。海昌人。

是書集先秦至明代之頌、贊、表、賦、傳等佳文爲一編,亦坊間所刻古文之讀本,分元、亨、利、貞四集。

此本有扉頁,刊"古文褒異。海昌汪蒼舒輯。古衆閣藏板"。又鈐有"文起堂"、"歷代經濟不朽名言"印。

《四庫全書總目》未收。《中國古籍善本書目》未著錄。日本內閣文庫(兩部)亦有入藏。

鈐印有"山本氏藏書"。

2744　明末刻本古文定本　　　　　　　　　　　　T5238.07/7212

《古文定本》五卷,明馬晉允輯。明末刻本。五册。半頁九行二十六字,四周單邊,白口,無魚尾,書眉上刻評。框高 21.2 釐米,寬 11.8 釐米。目錄頁題"寶日堂精選旁訓古文定本"、"金陵張榜賓王父、古姚孫鑛月峰父、景陵鍾惺伯敬父原評;歸安茅坤鹿門父、長洲陳仁錫明卿父參評;舜水馬晉允畫初父點次"。前有孫鑛序;馬晉允撰《凡例》九則。

馬晉允,字畫初,餘姚人。順治十五年進士,官翰林侍讀。

是書爲古文讀本。《凡例》云:"是選也,備秦漢之鴻章,參唐宋之散帙,刪繁就簡,以約該多。蓋古文坊刻經名人手筆者,雖微有異同,然而東箭南金,世所共寶。茲選亦因衆芳而精爲點次云爾。""月峰、伯敬批點《左》、《國》,每有人詳我略,人棄我取之妙;賓王《公》、《穀》、《國策》,手眼獨超,斯集所以多錄其評額。""集內難字,皆有音釋,宗之《篇海》、《字彙》,使學士家考訂極捷。且剞劂無訛,可免魯魚晉豕之譏爾。"

此本有扉頁,刊"旁訓古文定本。合諸名家選定。彙集歷代名文音釋六書訛字。陳明卿先生摘古《周禮》、孫月峰先生《左》、《國》、張賓王先生《公》、《穀》、《國策》、鍾伯敬先生《史記》、孫陳二先生《前後漢》、茅鹿門先生八大家、真西山先生《文章正宗》、焦弱侯先生《名文珠璣》、張侗初先生《必讀古文》》。

《四庫全書總目》未收。《中國古籍善本書目》未著錄。日本内閣文庫也有入藏。

鈐印有"語一樓藏書"。

2745　明末刻本合諸名家點評古文鴻藻　　T5238.08/4840

《合諸名家點評古文鴻藻》十二卷,明黃士京撰。明末刻本。六册。清闕名批點。半頁十行二十一字,四周單邊,白口,單魚尾,書眉上刻評。框高22.8釐米,寬13.8釐米。題"竟陵公永錢天錫閱;錢塘一瓻翁鴻業定;武林二馮黃士京輯;欽之謝廷謨校"。前有翁鴻業序;黃士京撰《凡例》十二則。

黃士京,無考。

是書選《左傳》、《國語》之文,乃有資於舉業,故作者認爲凡博大雄渾、幽奇清逸之文皆收。"總期於觸發性靈而止,若夫構而僻者,學之易流於窘;艷而浮者,倣之或流於野。"其以"鴻藻"爲名,蓋鴻以納之軌物,藻以盡其菁華。其"合諸名家"者,爲穆文熙、林之奇、鄭維嶽、焦竑、楊維楨、羅大經、張之象、汪道昆、丘濬、唐順之、凌稚隆、黃震、吳鼎、馬端臨、孫鑛、王宇、董份、王世貞、茅坤、林希元、李廷機、洪邁、黃洪憲、歸有光、凌約言、王廷相、樓枋等數十人。

《凡例》有云:"文之有圈點,點以嘉其秀麗而蒼勁,圈以表其骨力與識神,即未能一一盡當,然而注意凝精,較之泛然侈觀者,不無徑庭矣。""批評自先代暨國朝,無慮數十百家,存之則限於尺幅,惟取其極的確傳神者,始錄之以爲步邯鄲者鵠。間有所獨契,而先輩批所不及,敢贅一語以續貂。""佳文堪賞,人心所同。但以字板之不精,紙張之不潔,致反爲几案之穢。是刻捐貲力求全美,具目者將共擊節。""翻刻爲邇來極惡之舉,夫人購樣繕寫,鳩工命刻,不知費幾許精神,幾許日月,才成此一段因緣。我一旦艷其可售而翻梓焉,其忍不啻於殺人,其恨何殊於發塚。"

《四庫全書總目》、《續修四庫全書》、《續修四庫全書總目提要(稿本)》未收。《中國古籍善本書目》著錄,清華大學圖書館、河南大學圖書館入藏。

2746　清初刻本買愁集　　T5237/8593

《買愁集》四卷,清錢尚濠輯。清初刻本。七册。半頁八行二十二字,四周單邊,白口,單魚尾。高18.9釐米,寬11.2釐米。題"綏山主人錢尚濠振之輯;石天散禪沈顥朗清閱"。前有錢尚濠序。

錢尚濠,江蘇長洲人。

此本分《想書》、《恨書》、《哀書》、《悟書》四集。

此本佚去沈顥序,有云:"吾吳錢子,才餘華國,學富等身。嗽六而叩寂,康水徵文;汲五而搜腴,蒽市啓藻。葳蕤藿蘼,操江氏之青縷;或煜雲裹,洩馬生之黃絹。且也潤玉爲姿,詎煩拭汗;寒蘭作骨,不藉薰香。依依楊柳,張緒徊徨;濯濯梧桐,王恭遘止。抱懷賢於天際,栽恨種於房中,先吾意而有拈拈來玉屑,同斯懷而成撝,搆就花簟,署曰買愁,良有以也。"

此本有扉頁,刻"買愁集。綏山主人新輯。一集想書、一集恨書、一集哀書、一集悟書。本衙藏板"。是書又有清刻本,作《買愁集》四卷《二集》四卷。

集　部

《四庫全書總目》、《續修四庫全書》、《續修四庫全書總目提要（稿本）》未收。《中國古籍善本書目》著録，上海圖書館、遼寧省圖書館等六館入藏。

鈐印有"姚江老謝印"。

2747　清康熙刻本晚村先生八家古文精選　　T5238.48/6673

《晚村先生八家古文精選》八卷，清吕留良輯，清吕葆中批點。清康熙四十三年(1704)吕氏家塾刻本。十二册。半頁十行二十五字，左右雙邊，白口，雙魚尾。書口下刻"吕氏家塾讀本"。框高 19.6 釐米，寬 13.7 釐米。前有康熙四十三年吕葆中序；吕葆中撰《凡例》八則。

吕留良，字莊生，原名光輪，字用晦，初號東莊，又號晚村，亦自署恥翁，浙江石門人。初從黄宗羲游。順治十年始出就試，爲邑諸生。康熙五年不入試，以學法除名。與張履祥發明濂洛之學，編輯朱子書。留良尚氣節，任俠好義。卒於康熙二十二年，年五十五。雍正中，有曾静、張熙之獄，謂讀天蓋樓選文，始知夷夏之防，因論留良、葆中戮尸，子毅中斬决。留良身後得禍最酷，得名亦最盛。又有《晚村先生文集》、《東莊詩存》等。《清詩紀事初編》卷二、《碑傳集》卷三六有傳。

吕葆中，初名公忠，字無黨，號冰湼，浙江石門人。康熙四十五年進士。授翰林院編修。罷，以事置法。

是集選韓文三十三篇、柳文十八篇、歐陽文四十三篇、曾文二十一篇、老蘇文十一篇、大蘇文三十四篇、小蘇文十篇、王文十五篇。計八家一百八十五篇。文章皆有句讀，其分段並用符號"一"、"⌐"；凡文章精妙、議論警策處皆用"○○○"、"、、"。又文章末尾皆引用名家批語並葆中自批，如韓愈第一篇《原道》，有茅紳批，葆中又云："欲原道，必先闢佛老，此是韓子之學，根本孔子。其闢之也，以怪字爲眼，怪字亦從孟子反經意生出。前段推究本原仁義道德之説，以求其端。後六段指斥其誕妄斁棄爲生民之害以訊其末，卻暗藏樞軸於中間。此等處，極不易識。原道之文極正，亦極變、極闊大，亦極細密，讀者不可一字蹉過。"

吕葆中序云："先君子晚歲選定古文，其於唐之韓柳、宋之歐曾王蘇諸家，則又撮其精腴若干篇，以付家塾。而命葆中曰：汝試爲點勘，以授學者，毋繁冗，毋穿鑿，但正句讀、分段落於一篇，要害處稍爲提出，粗示學者以行文之法，至精妙處則在學者熟復深思，自得之耳。葆中既受命，隨點數卷以進，先君子覽之，亦不以爲非常語……今者，諸弟共請以選本付雕開，以余所批點大半曾經先人過目，因遂仍之。"

是編爲初學文者而設，祇發明行文之法，不泛涉議論，惟於作文之緣由，及其人之本末行事略爲附載，寓古人讀書論世之意。

據其《凡例》，八家文另有全選，又有選《公羊傳》、《穀梁傳》、《戰國策》、《韓詩外傳》、《說苑》、《新序》及唐陸敬輿、李習之、杜牧之之文，將嗣刻問世。然上述九種皆未流傳。

此爲禁書。《清代禁燬書目·補遺一》著録，"查晚村八家古文精選，係吕留良所撰，應請銷燬。"

此本有扉頁，刻"晚村先生八家古文精選"。並鈐有"天蓋樓"、"本家書籍外有翻板舛錯訛謬識者須詳鑒之"兩印。

《中國古籍善本書目》著録，中國國家圖書館、上海圖書館等三十館也有入藏。

館藏有複本一部，六册，爲後印本。前有另刻之扉頁，刻"晚村精選八大家古文"。鈐印有

2059

"孫氏"。

2748　清康熙刻本古文析義　　　　　　　　T5238.08/4918

《古文析義》十六卷,清林雲銘評注。清康熙五十五年(1716)文選樓刻本。十六册。日人闕名批注。半頁九行二十三字,左右雙邊,白口,單魚尾,書口下間刻"文選樓"。框高17.8釐米,寬13.1釐米。題"晉安林雲銘西仲評注;婿受業鄭郊官五、仁和葉世宸殿紫、男沅芷之仝校"。前有康熙五十五年林豐玉序;康熙五十五年林沅跋;林雲銘撰《凡例》十六則。

林雲銘,見清康熙刻本《莊子因》。

天下之可以長垂不朽而膾炙人口者,惟古文爲最。此集選周秦兩漢以迄唐宋元明諸大家之文,精心體勘,逐句辨定,逐段分析,堂奥臚陳,罔留纖毫剩義。卷一至四周文一百九十二篇,卷五至六秦文五十九篇,卷七至八西漢文七十篇,卷九西漢、東漢文三十八篇,卷一〇魏六朝唐文二十九篇,卷一一至一三唐文七十九篇,卷一四至一五宋文八十篇,卷一六元明文四十八篇。共五百九十五篇。每篇後皆有林氏評語。

林氏最早有《析義》兩編,此則合二爲一,林豐玉序云:"因思此兩部文,堪稱合璧,學者囊篋中缺一不可,與其縹帙分部,購求者有得此遺彼之憾,曷若并兩爲一,俾几上半部千古之奧義瞭如指掌,可以熟讀玩味之尤便也。昔人汗牛充棟,以牙籤分定甲乙者,昭其辨也。然必碔砆始不可以亂玉,魚目始不可以混珠,若夫夜光之珍,是不可聯而綴之者乎,藍田之璧是不可琢而合之者乎。爰是以工資付梓,令彙成一貫。"

林沅跋也謂其先君早有刻古文合編之意,業已彙成稿本,然甲戌祝融爲虐,家徒四壁,先君丁丑見背,故力有不逮。二十年後,"同里余宗伯年,以合編之刻爲請,且願捐貲而成之。"

據其《凡例》,兹編"詮釋誓不留一句疑竇,致誤同志欣賞","凡係坊本未注者,悉爲拈出,或有舛誤,細細駁正。若從前解釋無訛,及舊載諸家評語,概不重録。""是編全文中有明白易曉處,止於逐段下總評數語,以闡發通篇血脈,其深心結構,出没收縱,有鬼斧神工之妙者,必逐句注出,不敢草率。"古文選家,多出於賈人射利,"其實千部一律,毫無獨見,且較讎不精,亥豕傳訛,誤人不小。是編研精有年,剖剞之後,復遍覓善本,細較數過,不但無誤,字畫必精,讀者鑒余之苦心可也。"然《四庫》纂修官認爲,雲銘學問頗爲弇陋,所評注選刻,大抵用時藝之法,不能得古文之源本。

此本有扉頁,刻"增訂古文析義合編。千百年眼。晉安林西仲先生評注"。按,此書又有道光元年福州刻本,四十卷,《續修四庫全書總目提要(稿本)》有云:"陳壽祺掌教鼇峰,至立條約,勸人勿讀。然而行世久且盛,迄至清末民初,閩中學塾,莫不以此爲教本,流行且遠過於姚氏《類纂》、曾公《雜鈔》也。"

《四庫全書總目》僅收雲銘《挹奎樓文集》,入别集類存目,而不及此書。《中國古籍善本書目》著録清康熙五十五年寶文堂刻本,北京大學圖書館入藏。

鈐印有"河島圖書之印"。

2749　清康熙刻本古文淵鑑　　　　　　　　T5238.08/4603

《古文淵鑑》六十四卷,清徐乾學等輯並注。清康熙内府刻四色套印本。二十四册。半頁九行二十字，四周單邊，黑口，雙魚尾。框高 19.1 釐米，寬 13.5 釐米。題"內閣學士兼禮部侍郎教習庶吉士臣徐乾學等奉旨編注"。前有康熙二十四年(1685)御序。

此書爲內閣學士徐乾學等奉敕編注，選《左傳》、《國語》、《公羊傳》、《穀梁傳》、《戰國策》等秦漢至宋之文。據御序云："朕留心典籍，因取古今之文，自春秋以迄於宋，擇其辭義清純，可以鼓吹六經者彙爲正集；即間有瑰麗之篇，要皆歸於古雅，其綺章秀製弗能盡載者，則列爲別集；旁採諸子，録其要論，以爲外集。"

此爲紅、黄、藍、黑四色套印本。前人批語用藍色，黄色批語不標姓名，朱色爲清代批語。前人批者有葉適、王應麟、胡安國、汪克寬、胡寧、朱熹、真德秀、劉敞、陳傳良、金履祥、張洽、吕祖謙、王宗沐、尹起莘、茅坤、王鏊、王世貞、唐順之、丘濬、黄震等。清人批者有高士奇、岳頌、王鴻緒、徐乾學、杜訥、韓菼等。批語皆在書眉上。

《四庫全書總目》云："所録上起春秋左傳，下迄於宋，用真德秀《文章正宗》例，而睿鑒精深，別裁至當，不同德秀之拘迂名物訓詁。各有箋釋，用李善注《文選》例，而考證明確，詳略得宜，不同善之煩碎。每篇各有評點，用樓昉《古文標注》例，而批導窾要，闡發精微，不同昉之簡略。備載前人評語，用王霆震《古文集》爲例，而蒐羅賅備，去取謹嚴，不同霆震之蕪雜。諸臣附論，各列其名，用五臣注《文選》例，而夙承聖訓，語見根源，不同五臣之疏陋。"

康熙御序後鈐"體元主人"、"稽古右文之章"。按，是書又有紅、黄、緑、藍、黑五色套印本。

《四庫全書總目》入集部總集類。《中國古籍善本書目》著録五色套印本，中國國家圖書館、天津圖書館等七十館有藏。按，此七十館所藏定有四色套印本者。

鈐印有"合肥親仁堂郭氏珍藏印"。

2750　清刻本榕村講授　T1035/4494

《榕村講授》三卷，清李光地輯。清刻本。三册。半頁十一行二十字，左右雙邊，白口。框高 18.5 釐米，寬 13.8 釐米。前有李光地自序。

李光地，見清康熙刻本《篆文六經四書》。

是書分上、中、下三編，上編録周敦頤《太極圖説》、《通書》，張載《西銘》、《正蒙》，程顥《論定性書》，程頤《顔子所好何學論》、《易傳》，朱熹《太極圖解》、《西銘解》、《定性書解》、《答胡廣仲》等；中編録董仲舒《對賢良策》、《論春秋》，揚雄《法言》，王通《中説》，韓愈《原性》、《原道》等，邵雍《觀物外篇》，胡宏《知言》；下編録賈誼、匡衡、劉向、谷永、劉歆、諸葛亮、程顥、程頤、王安石、曾鞏、陸九淵、真德秀及《漢書》、《唐書》之文。

李氏自序云："吾家子弟輩授諸經畢，即令稍誦近世儒先説理之文。雖今之學者不崇此，然而幼志趣舍繫焉。吾懲夫晚出之爲俗驅，未卯角輒已笑宋人之爲腐且陋矣。此殊有關涉，非特講解文字間也。"序未署年月。據李清植《文貞公年譜》卷上，此書成於康熙三十七年(1698)，時李氏年五十七。

此本有扉頁，刻"安溪先生榕村講授"，扉頁鈐"御賜教忠堂"朱印，序文首頁鈐"國子監印"。按，李光地之父李兆慶有《教忠堂遺稿》，教忠堂爲李氏堂號，此本蓋李氏家刻本。"玄"字避帝諱。

《四庫全書總目》集部總集類存目著録，云是書所選，"多取其足發聖賢之理者，大抵皆儒者之言，其揚雄、谷永、劉歆諸人，則不以人廢之義也。"

《中國古籍善本書目》著錄中國人民大學圖書館藏本，作清刻本。《中國人民大學圖書館古籍善本書目》著錄爲清康熙間李氏教忠堂刻本，亦鈐"御賜教忠堂"、"國子監印"二印。《四庫全書存目叢書補編》第 37 册即據中國人民大學圖書館藏本影印。

鈐印有"岩佐氏圖書印"。

2751　清康熙刻本文韻集　　　　　　　　　　T5238.08/4440

《文韻集》十二卷，清李士麟輯。清康熙三十年(1691)敬恕堂刻本。四册。半頁九行二十字，左右雙邊，白口，單魚尾，書口下刻"敬恕堂"。框高 20.5 釐米，寬 13.5 釐米。題"海昌李士麟静山選輯"。目錄頁題"海昌李士麟静山選輯；男大經文圃、大純青城、大緯雲門、大綸聖皋、大綏丹霞參校"。前有沈珩序，康熙三十年李士麟自序。

李士麟，字静山，浙江海昌人。無考。

卷一至二賦三十三篇；卷三騷一篇、七一篇；卷四序二十三篇；卷五題辭八篇、引五篇、書後二篇、跋十一篇、文六篇；卷六記十五篇；卷七記十二篇、紀三篇、志二篇、論二篇、辨二篇、説四篇；卷八傳十三篇；卷九詔册三篇、彈文三篇、檄三篇、露布二篇、揭二篇、品一篇、述一篇；卷一〇書三十通；卷一一啓十通、募疏三篇、頌二篇、贊五首、銘六篇；卷一二祭文五篇、誄二篇、墓志銘六篇、問答二篇、連珠二篇、雜文十二則(閒餘筆話)。

沈珩序云："李子静山，博雅人也。一日，攜其所集《古今文韻》示予，余讀而卒業焉。質實者不嫌其朴，飾藻者不流於浮，宜攄者又得其致，曲引者更逢其真，簡者非促，繁者非冗，奇者非誕，正者非庸……今李子所集之文如是，則其人之度量相越爲何如哉？予請以一言復李子曰：燕公之文，供以博山；仲任之書，珍秘枕帳。《文韻》一集，固當於風清月白、鳥語花明時，左爇名香，右品清泉，細細讀之，此中韻趣難與儈父道也。"

"玄"字避帝諱。目錄頁末刻"只可自怡悦"、"清談浩歌雄筆麗藻□劍□酒醉揮素琴"。

《四庫全書總目》、《續修四庫全書》、《續修四庫全書總目提要(稿本)》未收。《中國古籍善本書目》著錄，上海圖書館、中國社會科學院文學研究所也有入藏。

鈐印有"孔印廣琳"、"蓮谿"、"蓮谿書畫"、"孔廣琳印"、"長卿外字蓮谿"。

2752　清康熙刻本山曉閣選古文全集　　　　　　T5238.08/1919

《山曉閣選古文全集》三十二卷，清孫琮輯。清康熙刻本。十六册。半頁九行二十五字，左右雙邊，白口，無魚尾。框高 20.7 釐米，寬 11.5 釐米。題"吴郡孫琮執升手評"。前有孫琮序。

孫琮，字執升，號寒巢，又號禮庵居士，浙江嘉善人。諸生。早自高隱，藏書萬卷，手不停披，每評選一書出，人争購之。晚歲放蹟名山，笠屐所經，悉發於題咏。著有《山曉閣詩文集》，又有《山曉閣國策選》、《山曉閣唐宋八大家選》、《山曉閣選宋大家蘇東坡全集》、《山曉閣選明文全集》等。《(光緒)嘉善縣志》卷二四有傳。

山曉閣者，孫琮讀書處也，喬木參雲，皆數百年物。是本選《左傳》至宋代之文，計卷一至四《左傳》，卷五至六《國語》，卷七至八《戰國策》，卷九至一二西漢文，卷一三至一六《史記》，卷一七至一八東漢文，卷一九至二〇韓愈文，卷二一柳宗元文，卷二二唐文，卷二三至二四歐陽修文，卷二五蘇洵文，卷二六至二九蘇軾文，卷三〇蘇轍文，卷三一曾鞏文，卷三二宋文。每篇文章皆有圈點及注釋,文末有名家及孫琮評語。

名家爲呂東萊、戴冈得、鍾伯敬、黃士京、徐揚貢、金聖嘆、唐荆川、茅鹿門、韓友一、陳家珍、陳明卿、張侗初、程明道、錢牧齋、王鳳洲、宋子建、陳寒山、閔午塘、王緱山、張賓王、倪鴻寶等。

孫琮序云:"余不揆鄙陋,向自左國而降,代爲論列以有成書,上下千百年間,所爲彬彬質有其文者,亦可聊以自怡悅矣。年來多暇,繙閱既久,私心竊復有所得,乃詳加參訂,合爲一編。既成,旋更其殆於厭常而喜新也哉。"

此本有扉頁,刻"重刊山曉閣古文全集。孫執升先生評定"。日人裝幀。

《四庫全書總目》集部別集類存目收有孫琮《山曉閣詩》十二卷,而不及此書。《續修四庫全書》、《續修四庫全書總目提要(稿本)》未收。《中國古籍善本書目》未著錄,但有孫琮《山曉閣選明文全集》二十四卷《續集》八卷。

鈐印有"七山裕印"、"七山氏藏書印"(楷書)、"七山氏藏書印"(篆文)、"月易喜氏",日人印也。

2753　清雍正刻本古文約選　　　　　T5238.08/4023

《古文約選》不分卷,清允禮輯。清雍正十一年(1733)果親王府刻本。二十四册。半頁九行十九字,四周雙邊,白口,單魚尾。框高 16.9 釐米,寬 12.8 釐米。前有雍正十一年果親王序;《凡例》九則。

允禮,聖祖第十七子,康熙四十四年,從幸塞外。自是輒從。雍正元年,封果郡王,管理藩院事。三年,諭曰:"果郡王實心爲國,操守清廉,宜給親王俸,護衛亦如之,班在順承郡王上。"後進親王,命管工部事,總理戶部三庫。又授宗令,管户部,上命辦理苗疆事務。世宗疾,大漸,受遺詔輔政。高宗即位,命總理事務,管刑部。乾隆三年薨,上即日親臨其喪,予謚。《清史稿》卷二二〇有傳。

是編所錄,選漢代散文及唐宋八家之文,俾承學治古文者先得其津梁,然後可溯流窮源。全書計西漢文四十三篇、東漢文四篇、後漢文二篇、韓愈文七十二篇、柳宗元文四十五篇、歐陽修文五十八篇、蘇洵文三十二篇、蘇軾文三十四篇、蘇轍文二十篇、曾鞏文二十六篇、王安石文二十六篇。

果親王序云:"我國家稽古典禮,建首善自京師始,博選八旗子弟秀異者,並入於成均。聖上愛育人材,闢學舍,給資糧,俾得專力致勤於所學。而余以非材,實承寵命,以監臨而教督焉。竊惟承學之士,必治古文,而近世坊刻絕無善本。聖祖仁皇帝所定《淵鑑古文》,閎博深遠,非始學者所能遍觀而切究也。乃約選兩漢書、疏及唐宋八家之文,刊而布之,以爲群士楷。""惟兩漢書及疏,唐宋八家之文,篇各一事,可擇其尤,而所取必至約,然後義法之精可見。故於韓取者十二,於歐十一,餘六家或二十、三十中取一焉。兩漢書、疏,則百之二三耳。"

按,是書之選文,乃方苞所爲。蘇惇元撰《方苞年譜》,有雍正十一年春三月,"奉果親王教:約選兩漢及唐宋八家古文,刊授成均諸生。其後於乾隆初詔頒各學官。"又果親王序及《凡例》,也方苞所撰(見劉季高校點《方苞集》"集外文"卷四)。苞,字靈皋,晚號望溪,安徽桐城人。二十三歲應鄉試未第,然文名噪於一時。三十九歲中進士,後爲文學侍從,充武英殿修書總裁、翰林院侍講兼禮部侍郎。生於康熙七年,卒於乾隆十四年,年八十二。

卷一第一頁刻"果親王府選刻"。《續修四庫全書總目提要(稿本)》著錄清雍正十三年刻本。

《四庫全書總目》、《續修四庫全書》未收。《中國古籍善本書目》著錄，吉林省圖書館、湖北省圖書館等十二館也有入藏。

鈐印有"古潭州袁臥雪廬收藏"。

2754　清乾隆刻本古文眉詮　　　　　　　　　　T5238.08/3240

《古文眉詮》七十九卷，清浦起龍編。清乾隆九年(1744)三吳書院刻本。三十二冊。半頁九行二十二字，左右雙邊，白口，無魚尾，書口下刻"三吳書院"。框高22.2釐米，寬13.1釐米。題"桂林陳榕門、歸安吳牧園兩先生鑒定；金匱後學浦起龍論次；三吳書院程鍾、方懋福彙參"。前有乾隆九年浦起龍序；《鈔例》二十五則；三吳書院諸子參校姓氏。

浦起龍，見清雍正刻本《讀杜心解》。

此書選歷代古文，起自春秋，迄於南宋，計卷一至八《左傳》，卷九《公羊傳》、《穀梁傳》，卷一〇至一一《穀梁傳》、《國語》，卷一二至一五《戰國策》，卷一六《莊子》，卷一七《楚辭》，卷一八至三〇《史記》，卷三一至三六漢文，卷三七後漢文，卷三八至四二《文選》，卷四三徐孝穆、庾子山文，卷四四至四五宣公奏議，卷四六至五一昌黎文，卷五二至五四柳州文，卷五五至五六《文苑英華》，卷五七至六二六一文，卷六三老泉文，卷六四至六九東坡文，卷七〇欒城文、臨川文，卷七一至七二南豐文，卷七三至七四《宋文鑑》，卷七五龍川文，卷七六至七七《朱子大全集》，卷七八至七九《文獻通考》序。總合為二十七鈔、八百七篇。

是本之刻，可見浦起龍序："歲戊申，嘗膺薦至會城，攜《史》、《漢》坊評本自隨，意與古會，輒條辨之，此綴筆之始。甲寅，為山長滇南，出所積散見本，肄遠方學者，就裒合之，得千有八百葉，此彙鈔之始。己未，竊禄於蘇，司教事，又繙檢加塗乙，復謄之，此定稿之始。紫陽書院在學地東北隅，稍出其書院舍，院士見之，喜加商榷焉。辛酉冬，請率錢鍰之版，止之不可，此開雕之始。又三易歲而刻成，計從事於此十有七年矣。"

其《鈔例》備述歷代文章之源流，文運之盛衰，文風之丕變，文氣之通塞，乃為各家選本所無。此為寫刻，兩節版，書眉上刻詮譯。有扉頁，刻"古文眉詮。錫山浦二田論次。靜寄東軒藏版"。各卷之末，多刻"門人張玉穀蔭之、男敬敷官虞校刊"。諸子參校姓氏計一百人，多吳縣、長洲、元和人士，故疑"三吳書院"當在蘇州地區。

《四庫全書總目》、《續修四庫全書》、《中國古籍善本書目》未收。《續修四庫全書總目提要(稿本)》、《清華大學圖書館藏善本書目》、日本《內閣文庫漢籍分類目錄》著錄，清華本作"清乾隆九年靜寄東軒刻本"。

2755　清乾隆刻本古文斵　　　　　　　　　　T5238.08/4140

《古文斵前集》十六卷《後集》十八卷，清姚培謙輯並注。清乾隆三十九年(1774)至四十一年(1776)清華齋刻本。十五冊。半頁九行二十一字，左右雙邊，黑口，雙魚尾。框高17.4釐米，寬11.9釐米。題"華亭姚培謙平山評注；同里朱霞初晴、錢唐張琳玉田參閱"。前有雍正四年(1726)朱軾序，乾隆二十七年(1762)姚培謙序；姚培謙撰《讀左國史漢例言》十則。《後集》前有乾隆三十一年(1766)姚培謙序；姚培謙撰《讀唐宋八家文例言》九則。

姚培謙,字平山,江蘇松江人。諸生。生長世族,才富學殖,好交游,名滿江左。喜刻巾箱小本,亦好事之士。雍正中保舉人才,以居喪不赴。又有《李義山詩箋注》、《文心雕龍箋注》、《松桂讀書堂集》等。

是書選《左傳》、《國語》、《戰國策》、《史記》、《漢書》及唐宋八大家之文,詳加注釋,每篇後皆有批語。計《前集》卷一至四《左傳》六十九篇,卷五《國語》二十二篇,卷六至七《戰國策》三十六篇,卷八至一二《史記》四十篇,卷一三至一六《漢書》十六篇。《後集》卷一至四韓愈六十篇,卷五至六柳宗元三十一篇,卷七至九歐陽修四十一篇,卷一〇蘇洵十五篇,卷一一至一三蘇軾四十篇,卷一四蘇轍十二篇,卷一五至一六曾鞏二十七篇,卷一七至一八王安石二十六篇。

朱軾序云:是書"考訂詳明,評論精確,不惟獨出心裁,爲昔人別開生面,且有裨於初學者匪淺,洵讀古之寶筏,而操觚之指南也"。

姚培謙《前集》序云:"四家之文不能盡軌於道,而千古之言文者必宗焉,外此則旁枝耳、散金耳。四家之全書具在,學者不能不苦於望洋也,則不得不鈔蕞其精華而讀之。乃讀者之所苦有二:蓋古文之所賴者注,而古今注家其繁蕪者、譌謬者、迂曲而難通者,什不啻三四焉,使讀者不終帙而倦,其苦一;且古文之字句章篇皆法也,不經指點則不易見,而評者非膚言即臆説,雷同勦襲,以盲引盲,使讀者靈明爲之頓障,其苦二。余不揣譾劣,於四家書窺測有年,輒敢彙成一編,大約舊注之繁蕪者芟節之,譌謬者考正之,迂曲而難通者疏鬯之,使讀者誦習之功差便。至每篇評論,則皆從再三熟復之餘,自攄管見,不敢片語涉膚、片語涉臆、片語涉附和,務求脈絡貫道、精神振動,使讀者思索之勞少省,如是而已。"

姚培謙《後集》序云:"余於左國史漢文之後,復鈔録唐宋八家之文如干首,而疏櫛其字句篇章之法,附以管窺之見。非謂八家之文觀此已足,從此引而伸之,上窺左國史漢文之堂奧,而不悖乎六經;下統唐宋以來歷代之著作,而補益於制舉義,庶不至眩瞀於鏨鋭之華、餒飣之陋,而忘布帛菽粟之不可以一日而或廢也。"

據其《凡例》,如《史記》所選,自本紀世家列傳,其震蕩耳目、冠絕古今者皆全録,詳加評論,以資大觀,且使學者略知古人序事之法。再如八家之文,遍閲諸家選本,間有諸賢所未經搜剔者,總以指示格法,澡雪精神爲主。

此本有蟲蛀。有扉頁,刻"古文斲前集。華亭姚平山評注。乾隆甲午重訂。左國史漢。清華齋藏板","古文斲後集。華亭姚平山評注。乾隆丙申重訂。唐宋八家。清華齋藏板"。封面貼有"牧野藏書"書票。《後集》卷一八末刻"姑蘇閶門内護龍街大關帝廟北首姚清華齋藏板"。

按,此書姚氏前集、後集二序之末,署有"乾隆壬午"、"乾隆丙戌春二"字樣,細締字體,與前略有不同,或爲其時所挖補。疑此書板即爲清康熙六十一年至雍正元年所刻,而後爲清華齋得板重印者。

《四庫全書總目》別集類存目收有姚培謙撰《松桂讀書堂集》,而不及此書。日本《内閣文庫漢籍分類目録》著録。《中國古籍善本書目》著録清康熙六十一年至雍正元年刻本,而無此本。

鈐印有"笠閒文庫"。

2756　清乾隆刻本御選唐宋文醇　　T5238.48/3203

《御選唐宋文醇》五十八卷,清高宗弘曆輯。清乾隆三年(1738)内府刻四色套印本。十册。

半頁九行二十二字，四周單邊，白口，單魚尾。框高19.5釐米，寬13.6釐米。前有乾隆三年御序；校刻諸臣職名；《凡例》六則。

是編爲乾隆帝御定。昔明茅坤以韓、柳、歐、三蘇、曾、王之文，編有《唐宋八大家文鈔》，後清初儲欣增李翱、孫樵而爲十家。帝以儲氏去取尚未盡協，評論亦或未允，乃指授儒臣，定爲此集。

韓愈文：卷一至二雜著二十四篇；卷三書九通；卷四書、啓、序十四篇；卷五序十一篇；卷六記、議、狀、表九篇；卷七順宗實錄、祭文、哀辭十篇；卷八碑六篇；卷九碑銘、墓誌銘八篇；卷一〇墓誌銘、雜文八篇。

柳宗元文：卷一一賦、雜著十篇；卷一二雜著十四篇；卷一三書八通；卷一四書、啓八通；卷一五序、論九篇；卷一六論、記十六篇；卷一七記、議、碑十篇；卷一八祭文、墓表、墓誌銘、狀、碣、雜文十二篇。

李翱文：卷一九賦、雜著七篇；卷二〇書、奏狀、行狀五篇。

孫樵文：卷二一賦、雜著、書、祭文、雜文十篇。

歐陽修文：卷二二賦、雜著、書八篇；卷二三書九通；卷二四序九篇；卷二五序、策問、論八篇；卷二六論、記十篇；卷二七狀、疏五篇；卷二八上書三篇；卷二九劄子八篇；卷三〇祭文、碑銘五篇；卷三一碑銘、墓表六篇；卷三二至三三墓誌銘十篇。

蘇洵文：卷三四雜著六篇；卷三五雜著、書、序、論八篇；卷三六論、記十一篇；卷三七狀、上書二篇。

蘇軾文：卷三八賦、雜著十三篇；卷三九書七通；卷四〇書、尺牘、序十篇；卷四一至四三論二十三篇；卷四四記八篇；卷四五上書、狀四篇；卷四六上書四篇；卷四七狀五篇；卷四八劄子五篇；卷四九至五〇祭文、碑六篇。

蘇轍文：卷五一書、序、策、論、記十一篇；卷五二記、論事、狀七篇；卷五三狀、上書、祭文五篇。

曾鞏文：卷五四雜著、書、序八篇；卷五五序十篇；卷五六論、記九篇；卷五七疏、議、墓誌銘五篇。

王安石文：卷五八雜著、書、序、記、祭文、墓誌銘十八篇。

御序云："敕幾之暇，偶取儲欣所選十家之文，錄其言之尤雅者若干首，合而編之，以便觀覽。"《四庫全書總目》云："考唐之文體，變於韓愈，而柳宗元以下和之。宋之文體，變於歐陽修，而蘇洵以下和之。""皇上表章古學，示所折衷，乙覽之餘，親爲甄擇。其上者足以明理載道，經世致用；其次者亦有關法戒，不爲空言。其上者矩矱六籍，其次者波瀾意度，亦出入於周秦兩漢諸家。至於品題考辨，疏通證明，無不抉摘精微，研窮奧奧。"

據《凡例》："是編始雖取材於儲欣選本，復有欣本所遺而不可不采者，亦並錄入，通計十之二。"又書中所采古今人評跋及詩文論說，在唐爲柳宗元、李商隱、孫樵三人，在宋爲穆修、歐陽修、司馬光等二十七人，在元爲虞集一人，在明爲邱濬、胡居仁、楊慎等十六人，清初爲張英勱、杜訥、李光地等五人。

是編監理爲議政大臣辦理藩院尚書事務兼理總管內務府和碩莊親王允祿。

此爲朱、黃、紫、綠四色套印本。書中凡經聖祖御評者，以黃色書於篇首。乾隆帝御評者，則朱書篇後。而前人評跋，有所發明及姓名事蹟有資考證者，各以紫色、綠色分系於末。

《四庫全書總目》入集部總集類。《中國古籍善本書目》著錄，中國國家圖書館、天津圖書館

集　部

等三十四館也有入藏。

2757　明刻本尺牘清裁　　　　　　　　　　　　　　T5773/1142

　　《尺牘清裁》六十卷《補遺》一卷,明王世貞輯。明刻本。十二册。半頁九行二十字,左右雙邊,白口,無魚尾。框高19.7釐米,寬13.6釐米。題"吳郡王世貞編"。前有嘉靖三十七年(1558)王世貞前序,隆慶五年(1571)王世貞再序。末有王世懋後序,隆慶五年王世懋再後序。

　　王世貞,字元美,號鳳洲、弇州山人,江蘇太倉人。嘉靖二十六年進士,官至南京刑部尚書。與李攀龍同爲"後七子"首領,主張文必秦漢、詩必盛唐,倡導復古摹擬。

　　楊慎有《赤牘清裁》,此書蓋因楊撰原本而增修之。楊所錄自《左》、《史》迄於六朝,有五卷本及十卷本之分,王世貞益爲二十八卷,復採唐代至明之作,通爲六十卷,又旁搜稗史,得梁、隋以前佚作四十餘條,爲《補遺》一卷。

　　王世貞前序云:"西蜀楊用修,少游金馬,晚成碧雞,傾浮提之玉壺,然太乙之藜杖,漁秋獵穉,積有歲時,爰會斯篇,凡十一卷,命曰《赤牘清裁》。或因本寂寥,或删艾繁積,其見《文選》諸書者,不復更載。麗砂之礫,等謝氏之碎金;玄圃峥嶸,掩瑯琊之群玉。客有齎示,余甚旨之,第惜其時代名氏,往往紕誤,所漏典籍亦不爲少,乃稍爲訂定,仍加增葺,及自唐氏迄今,詞近雅馴,亦附於後,合爲二十八卷,藏之櫝中。"

　　王世貞又序云:"楊用修氏所纂《尺牘》僅八卷,余始益之,得廿八卷,頗行世,世有蔡中郎者愛之,恨不得爲帳中之秘耳。然余時時覺有挂漏,業已付梓,卒忽不復及。而會歸自太原,幽憂之暇,稍露隙日於鱗,一旦奄成,異代郵筒永廢,風流若掃,青燈弔影,不無山陽之慨,散帙曝晴,更成蜀州之歎,俯仰今昔,責在後死,高文大篇,勒之琬琰矣。兹欲使間閻寒暄之談,竿尺往復之致,附託群驥,以成不朽,爰廣昔傳,末及兹士,凡一千七百五十一條,一十三萬一千三百六十二言,前後得六十卷。較之余刻,十益其六;比於用修,十益其九,亦云瀚博矣。"

　　《四庫全書總目》入集部總集類存目。《中國古籍善本書目》著錄。南京圖書館、浙江圖書館等十七館,臺北"國家圖書館"亦有入藏。是書又有明隆慶五年自刻本;明萬曆三年金陵徐龍池、徐東山刻本。

　　鈐印有"親屋梅花三十六樹"。

2758　明刻本尺牘清裁　　　　　　　　　　　　　　T5773/1142B

　　《尺牘清裁》六十卷《補遺》一卷,明王世貞輯,陳仁錫評。明刻本。五册。半頁九行二十字,四周單邊,白口,無魚尾,眉端刻評。框高19.8釐米,寬13.6釐米。題"吳郡王世貞編;陳仁錫評"。前有嘉靖三十七年(1558)王世貞序,隆慶五年(1571)王世貞序。末有王世懋後序,隆慶五年王世懋再後序;王世貞《尺牘補遺序》。

　　此本有扉頁,刊"尺牘清裁。王鳳洲先生選。古今名文不朽。西爽堂藏板"。并鈐有"太史氏"印。

　　《中國古籍善本書目》未著錄此本。日本内閣文庫亦有入藏(兩部)。

　　鈐印有"滕氏珍玩"、"東尾堂圖書印"、"半澤文庫"等。

2759　明末刻本古今振雅雲箋　　T5773/2932

《古今振雅雲箋》十卷，明徐渭輯。明末刻本。四册。半頁九行十八字，四周單邊，白口，單魚尾，眉端刻評。框高22.8釐米，寬12.8釐米。題"武林徐渭文長纂輯；茂苑張嘉和起禎參訂"。前有文安序。

徐渭，初字文清，改字文長，號天池山人、青藤道士，浙江紹興人。年二十爲諸生，屢應鄉試不中。曾爲浙閩總督胡宗憲幕客，於抗倭軍事多所策劃。其詩歌奇恣，文亦縱肆。善書法，長行草，擅丹青，皆有所創造。有《徐文長全集》、《南詞敘錄》、《四聲猿》等。

文安序云："客有傳徐文長所删尺牘者，余受而披之。撮衆想之菁華，搜群言之隱賾，芟煩夷亂，事以群分，剪漫削浮，義緣類聚。雖復曹公秉筆，亦增損之爲難，假令驚座吐辭，並親疎之有意，乃知稱竿牘之小智，不過以辨破言，而誦書記之翩翩，實乃因言會道，是可騁千載而通情，懸百金而定字矣。"

《四庫全書總目》未收。《中國古籍善本書目》著錄。上海圖書館、浙江圖書館等十二館及日本内閣文庫亦有入藏。臺北"國家圖書館"有《振雅雲箋》十卷，明刻本，疑即此本。又山東省圖書館藏《新鐫通俗雲箋》二卷《古今振雅雲箋》八卷，作明末刻本，行款同此本。又蘇州市圖書館有《古今振雅雲箋》十卷《通俗雲箋》二卷，明刻本。行款亦同此本。

2760　明萬曆刻本古今濡削選章　　T5239.07/4463

《古今濡削選章》四十卷，明李國祥輯。明萬曆刻本。二十四册。半頁十行二十字，左右雙邊，白口，單魚尾。框高21.3釐米，寬13釐米。題"豫章李國祥休徵父選；兄李鼎長卿父校"。前有萬曆二十九年(1601)李國祥序；《凡例》五則。

李國祥，字休徵，南昌人。天啓中，官開封府同知。

是書選錄四六書啓，以官制爲類，每類之首，載官制考一篇，所選上起六朝，下迄宋明，而宋明尤詳。國祥及其兄鼎作亦附焉。大抵爲應酬而作，其體則總集，其實則類書。卷一至七《宰執門》，卷八《詹事府》，卷九至一〇《翰林院》，卷一一至一二《吏部》，卷一三《户部》、《漕冶諸使》，卷一四至一六《禮部》，卷一七《兵部》，卷一八《刑部》，卷一九《工部》，卷二〇《都察院》，卷二一《各省都察院》，卷二二至二三《各省都院》，卷二四《各差察院》，卷二五《通政使司》、《大理寺》，卷二六《六科》，卷二七《太常寺》、《光禄寺》、《太僕寺》、《中書科》、《鴻臚寺》、《尚寶司》、《行人司》、《欽天監》、《太醫院》，卷二八《國子監》、《京府》、《上林苑》、《五城兵馬司》，卷二九《五軍都督府》、《錦衣衛》、《勳戚》，卷三〇《王府》、《宗室》、《王官》，卷三一《布政使司》，卷三二《按察司》，卷三三《運司》，卷三四《外府知府》，卷三五《郡佐》，卷三六《節推》、《州官》，卷三七《知縣》，卷三八《縣佐》、《儒學》，卷三九《武秩》，卷四〇《謫降》、《封蔭》、《婚姻》、《鄉飲》、《遺贈》。

其《凡例》云："濡削，古以書札通訊之稱也。今獨命於啓者，蓋長書短札，自漢魏以降，别有濡削後選，故曰四六濡削選章云。"

此本卷四〇配清抄本。卷二第三十五、三十六頁，卷一〇第七、二十三頁，卷一四第二十三頁，卷一五第二十八、四十五頁，卷一七第二十五頁，卷一八第二十二、二十三頁，卷二四第四、六十五頁，卷二九尾頁，卷三〇第三十一頁，卷三二第六十四頁佚去。

《四庫全書總目》入集部總集類存目。《中國古籍善本書目》著録。上海圖書館、南京圖書館等十六館,臺北"國家圖書館"(兩部)及美國普林斯頓大學葛思德東方圖書館、日本内閣文庫、尊經閣文庫、東京大學東洋文化研究所亦有入藏。

鈐印有"樂亭史氏藏書印"。

2761　明萬曆刻本新鐫注釋里居通用合璧文翰　T5773/7671

《新鐫注釋里居通用合璧文翰》二卷,明屠隆編。明萬曆建邑書林熊雲吾種德堂刻本。二册。半頁下欄十行十八字,上欄十六行九字,四周單邊,白口,雙魚尾。框高 20.9 釐米,寬 12.3 釐米。題"東海赤水屠隆編選;閩海紫岳俞啓相校正;建邑書林熊榮吾梓行"。前有屠隆序。

屠隆,字長卿、緯真,號赤水、鴻苞居士。浙江鄞縣人。萬曆五年進士。明戲曲作家、文學家。曾任青浦知縣、禮部郎中。作有傳奇《曇花記》、《修文記》、《綵毫記》,又有《白榆集》、《由拳集》、《鴻苞集》等。

是書卷一天時類、地理類、人物類、宫室類、器用類、花木類、鳥獸類、飲饌類、官制類、文史類;卷二人事類、疾病類、干借類、訂約類、規勸類、干謁類、慰問類、陶情類。上欄爲各種字式,如家族摘錦字式、稱呼名謂摘錦字式、釋道流語字式、婦人美惡字式等一百五十二式。

屠隆序云:"今之翰札,固古詞命之流也。世有去故鄉、離姻朋,俄而脩尺一於雁距,寫衷悰於魚腹,令睹者若促膝。又有遨遊湖海,收名山大川之勝,退而紀所得以貽同好,令睹者若卧遊。又有賢人君子,中菱菲而遭擯斥,退而托楮以自剖白,令睹者若冰釋。又有若契漆園,悟祇樹,言言超俗,語語入玄,令睹者若蟬蜕,蓋靡不取具焉。詞命之不可已也如是夫。不佞屏居故里,日楫鷁首,泛湖江,作方以外遊。舊所交識,類以尺書通,庶幾哉,縮千里於面命。久而積幾充棟,時而寓目,則見其含嚼《左》、《國》,濡染馬班,與所謂若促膝、若卧遊、若冰釋、若蟬蜕,西來教,咸備矣。誠蘇中郎所稱代面不可無者,詎可供名山蠹哉?乃好事者求以壽諸梓,且曰,願使君擇其卑卑無甚高論,以通諸閭巷細氓,不則恐爰居大吕,適駭衆聽。不佞唯唯,爰遴其平易雅馴,古不聱牙,今不陳腐,且爲里人子平日交際所不可缺者,彙成兩部,命曰《里居通用翰墨》。"

此本卷二末有荷蓋蓮花牌記,刊"書林種德堂熊氏雲吾繡梓行"。按,種德堂乃建邑書林熊宗立所設,其刻書甚多醫書并通俗讀物,今所存者約二十餘種,最早者爲正統間所刻之《新刊袖珍方大全》。此熊氏雲吾刻本,雲吾,當是宗立後人或族裔輩。

《四庫全書總目》未收。《中國古籍善本書目》、《"國立中央圖書館"善本書目》等皆未著録。

鈐印有"殘花書屋"。

2762　明末刻本新鐫增補較正寅幾熊先生尺牘雙魚　T5771/2332

《新鐫增補較正寅幾熊先生尺牘雙魚》九卷,明吴雨來輯。明末金閶葉啓元刻本。三册。半頁九行二十四字,四周單邊,白口,單魚尾。框高 20.5 釐米,寬 11.7 釐米。前有陳繼儒序。

卷一通問類、起居類、造謁類,卷二感謝類、求薦類、自敘類、書翰類、借貸類、取索類,卷三解釋類、贊揚類,卷四贊賞類、迎送類、邀約類,卷五疾病類、喪服類、慶賀類,卷六請召類、餞受類,卷七家書類、情書類、關約類、契帖類、婚書類,卷八稱呼類,卷九祭奠類。所謂"雙魚"者,即札有去函及答函也。每類後附有"碎錦",爲釋注也。

陳繼儒序云:"雨來吳子,用是集古今尺牘,分爲二編,一以富淺人之貧,一以贈深人之慧。淺深各致,雅俗並宜,庶幾風雨如晦,雞鳴未已,得是編,以志其往來,即或兼葭采采,白露未晞,亦可憑是編以通其款曲云乎!"

此本有扉頁,刊"尺牘雙魚。陳眉公先生手授。一選捷用尺牘、一選名公尺牘。念伊人於霜汜,每勞秋葦縈思,晤驛使於荒郊,祇藉寒葩寄語。顧芳音金玉,雖已通空谷素書,而典句琅玕,或尚頗遺碑黃絹,爰輯新裁,并添評釋,付諸梨棗,以代李桃。高齋主人識。金閶葉啓元梓"。

《四庫全書總目》未收。《中國古籍善本書目》著録明末刻本。卷九後又有《補選捷用尺牘雙魚》四卷。首都圖書館有全帙,中國科學院圖書館及本館藏本皆佚後之四卷。日本東京大學東洋文化研究所有此書,作明熊宣幾輯(當誤寅爲宣),明刻本。日本内閣文庫、静嘉堂文庫有日本承應三年刻本。

按,葉啓元又刻有《繡梓尺牘雙魚》十一卷又四卷《補選捷用尺牘雙魚》四卷,《中國古籍善本書目》作明陳繼儒輯并評注,明金閶書林葉啓元玉夏齋刻本,北京大學圖書館、吉林省圖書館等四館有全帙。臺北"國家圖書館"有《補選捷用尺牘雙魚》四卷,明末刻本。日本有承應三年(1654)刻本。

鈐印有"元甫堂藏"(方)、"元甫堂藏"(長)。

2763　明崇禎刻本翰海　　T5773/3122

《翰海》十二卷,明沈佳胤輯。明崇禎刻本。八册。半頁九行二十字,四周單邊,白口,單魚尾。框高 20.8 釐米,寬 13.6 釐米。題"雲間陳繼儒眉公鑒定;門人沈佳胤錫侯輯;姪陳龍彩五若參"。前有崇禎三年(1630)陳繼儒序;沈佳胤撰《凡例》七則。

沈佳胤,無考。

卷一《情部》,卷二《美言部》,卷三《自敘部》,卷四《交際部》,卷五《情至部》,卷六《藥石部》,卷七《憤部》,卷八《逸部》,卷九《卧游部》,卷一〇《文部》,卷一一《經世部》,卷一二《佳言部》。

序後刻"古吳金仁甫麟書,旌邑湯維新鎸"。

《軍機處奏准全燬書目》著録。

《四庫全書總目》未收。《中國古籍善本書目》著録,上海圖書館、南京圖書館等二十三館亦有入藏。臺北"國家圖書館"有明末書坊安雅堂刻本,題明沈錫侯編。按,錫侯爲佳胤號。日本静嘉堂文庫所藏有明崇禎刻本。東京大學東洋文化研究所有明崇禎三年序金閶徐含靈刻本,或與此同板。

鈐印有"閒晴室藏書記"、"葆光閣藏書印"、"蓀坡"、"修井堂圖書"、"葆光閣藏"、"夕陽紅半樓藏書記"。

2764　明末刻本翰海　　T5773/3122B

《翰海》十二卷,明沈佳胤輯。明末刻本。六册。半頁九行二十三字,四周單邊,白口,無魚尾。框高 19.4 釐米,寬 11.8 釐米。題"雲間陳繼儒眉公鑒定;門人沈佳胤錫侯輯"。前有陳繼儒序(佚去後半二頁)。

此本有扉頁,刊"古今尺牘翰海。陳眉公先生手授。本衙藏板"。扉頁上鈐有"寶翰樓藏書記"。

《軍機處奏准全燬書目》著録。

《中國古籍善本書目》著録,北京圖書館、天津圖書館等七館亦有入藏。日本內閣文庫所藏爲明刻本,不知與此同否。

鈐印有"河本氏藏書"。

2765　明末刻本鼎鐫漱石山房彙編注釋士民便觀雲箋柬　T5772/7904

《鼎鐫漱石山房彙編注釋士民便觀雲箋柬》四卷,明陳翊九編。明末四知館刻本。一册。半頁上欄十行十字,下欄九行十八字,四周單邊,白口,無魚尾。框高 20.5 釐米,寬 11.7 釐米。題"三山陳翊九彙編;富沙剞劂"。

是書上層卷一敘別採言、名公彙語,卷二稱呼總類、邀約柬札、浼托柬札,卷三慶賀短札、假借柬札、感謝短札、推薦短札,卷四關書禁約、契券帖式。下層卷一稱呼套語、書啓定式、書尾稱呼、串成柬式、答書彙語、串成回柬、往來書札,卷二宴請帖式、帖文活套、請召札式、壽誕請札、創造請札,卷三餽送活套、品物稱謂、餽送時節、餽送殽饌、餽送菓品、餽送花木,卷四文公冠禮、文公笄禮、文公婚禮、文公喪禮、文公祭禮、家庭書信。

此本有扉頁,刊"翰墨琅瑯。二刻。修詞軌範、古今事類、欄門新語、品物稱呼、名家詩選、百家奇聯。新刻名公精輯全備捷用。四知館梓"。按,四知館爲楊金之坊肆,金,字麗泉,號君臨。又刻有《精選南北樂府時調青崑》不分卷、《丹溪心法》二十四卷、《三刻太醫院補注婦人良方》二十四卷、《武經通鑑》七卷、《嬰童百問》十卷、《新鍥京版工師雕斲正式魯班經匠家鏡》二卷、《鍾伯敬先生批評忠義水滸傳》一百卷一百回、《揭子戰書》十七卷等。

《四庫全書總目》未收。《中國古籍善本書目》未著録。日本有寬文元年(1661)刻本。

鈐印有"天橋文庫"。

2766　明刻本名公翰墨林　T5773/2357

《名公翰墨林》四卷,明虞邦譽輯。明余象箕刻本。二册。半頁十行二十八字,四周單邊,白口,無魚尾。框高 21.7 釐米,寬 11.6 釐米。題"姑孰逸史茂實虞邦譽彙輯;三台主人星一余象箕校刻"。前有王焞序。

卷一請召類、邀約類,卷二餽送類,卷三求索類、假借類、浼託類、薦舉類,卷四慰安類、勸戒類、懷別類、情書類。

王焞序云:"茂實虞君,曩嘗校集《四六類函》,幾令紙貴。茲復遍採諸名家尺牘,彙成一帙,雖每條寥寥數言,而引伸觸類,可擅長枝,譬之鄧林之木,千株萬樹,動可干霄,因命曰《翰墨林》。"

《四庫全書總目》未收。《中國古籍善本書目》未著録。

鈐印有"荷法館文庫"。

2767　明末刻本新刻友花居上林鴻　　　　　　　　　　　　　T5771/8191

《新刻友花居上林鴻》四卷,明鍾惺輯。明末刻本。一册。半頁上欄十二行十字、下欄十行十六字,四周單邊,白口,無魚尾。框高19.6釐米,寬11.9釐米。題"景陵鍾惺伯敬父輯;古吴陳仁錫明卿父較"。前有林岷序。

此題鍾惺輯,蓋坊賈托名也。

上欄一集爲通問門類、回書彙語;二集爲請召帖套、禮請短札、餞請短札、辭請短札、召請活套;三集爲器用餽札、食物餽札、果品餽札、蔬菜餽札、書籍餽札、餽贐短札、謝餽短札、餽吊短札;四集爲四禮備覽。下層一集爲友朋通問短札、師弟通問短札、家庭通問寄札、青樓傳情短札;二集爲仕進請人短札、時節請人短札、壽旦請人短札、誕育請人短札、冠笄請人短札、創造請人短札、請友玩賞短札;三集爲餽送門襟套式、餽賀仕進短札、餽賀壽旦短札、餽賀婚冠短札、餽賀誕育短札、餽賀創造短札;四集爲薦揚短札通用、干托短札通用、求取短札通用。

《四庫全書總目》未收。《中國古籍善本書目》未著録。

鈐印有"牛齋法眼"、"遂初堂"、"龜齡"、"至誠堂藏書印"、"碧梧亭藏書印"。

2768　清康熙刻本憑山閣新輯尺牘寫心集　　　　　　　　　T5773/7944

《憑山閣新輯尺牘寫心集》四卷,清陳枚輯。清康熙三十五年(1696)憑山閣刻本。八册。半頁九行二十四字,四周單邊,無魚尾,白口。書口上刻"寫心集"。框高18.5釐米,寬11.8釐米。卷一首頁題"西湖陳枚簡侯氏選;同學張國泰履安、馬銓遵素參訂"。

陳枚,字簡侯,浙江仁和人。康熙時人,諸生,生平不詳。

"寫心"者,抒發内心情感也。晉張華《答何劭》詩之二:"是用感嘉貺,寫心出中誠。"宋梅堯臣《傳神悦躬上人》詩:"握中一寸毫,寶匣百鍊金。鑑貌不鑑道,寫形寧寫心。"該書爲陳枚所輯明清士人尺牘集,以事類分卷。卷一慶慰類、仕途類、文藝類、懷敘類;卷二邀約類、餽遺類、感憤類、薦引類;卷三砥礪類、鑒賞類、乞假類、辭謝類;卷四高尚類、頌揚類、詼諧類、閨秀類。

《清代禁燬書目》著録,陳枚有《留青集》、《留青二集》、《留青全集》、《留青新集》、《留青廣集》等多種書被禁,如《留青二集》被禁乃因内有錢謙益、屈大均、方以智等人詩文,且黄稺作《陳瑶池節孝小序》中語有違礙。

是書因爲陳枚所輯,序跋或被抽毁,且書名、卷題及正文多處被墨筆塗抹。塗抹之處主要涉及陳枚,間及李漁等人,亦間有漏塗。兹以卷一爲例:慶慰類《慰李考叔先生》一篇,作者姓名被塗。仕途類張建績所作尺牘篇名被塗,字蹟依稀可辨"復□□侯",疑爲"復陳簡侯"。文藝類中龔鼎孳"與李□翁"被塗,從卷四乞假類《與曹顧庵太史》正文中作者"李漁"、"笠翁"被塗,卷三鑒賞類李式玉"答李笠翁"被塗,可知應爲"與李笠翁";《復胡天爲》一篇作者名"陳枚"被塗。懷敘類聞則徵《答陳簡侯》一篇,目次中篇名被塗,正文中則漏塗;吴國縉《與陳簡侯》一篇,則目次與正文中皆漏塗;《與張樞侯》一篇作者名"陳枚"、"簡侯"被塗;張國泰一篇篇名被塗,末字依稀可辨爲"侯"。

《中國古籍善本書目》著録,北京大學圖書館、清華大學圖書館等七館有藏,爲《寫心集》四卷《二集》六卷。日本《内閣文庫漢籍分類目録》亦著録此書,然版本項作清康熙十九年序刊本。

2769　清初刻本摘要書柬便裁　　　T5771/0461

《摘要書柬便裁》十卷,清許國球撰。清初刻補板印本。四册。半頁十行二十二字,左右雙邊,白口,單魚尾。框高 20.2 釐米,寬 11.9 釐米。題"高陽許國球恭玉輯著;吳門申麟芳天石訂閲"。前有許國球自序。

　　許國球,字恭玉,河北高陽人。無考。

　　卷一通問類、起居類、造謁類、感謝類;卷二求薦類、自叙類、書翰類、贊揚類;卷三薦舉類、迎送類、托寄類、借貸類;卷四干求類、訂約類;卷五慶賀婚姻類、慶賀生育類、慶賀科名類、慶賀創造類、慶賀壽誕類;卷六慶賀官爵類、邀請類、召飲類;卷七餽送令節類、餽送食物類、餽送果品類、餽送花木類、餽送器玩類;卷八酧報類、勸慰類、規戒類;卷九吉禮類、喪禮類;卷一〇壽文、祭文類。

　　許國球自序云:"則夫簡也、牋也、札也、牘也,皆人意中之言,即人言之意。不覿面而神交,亦聞聲而相思,代之之功大矣哉。彼不善代者,輒刺刺不休,或塑土木形骸,或扮儈父面孔,言者無味,聽者增厭,是猶酒肉帳簿,不經太史公點染,便覺俗氣滿幅,往往然也。余閲古今尺牘,間得其最佳者,吮毫吐句,妙緒紛來,拂楮揚詞,雲煙欲合,寓深情於穎末,發渺慮於言表,對之不覺相悦以解。因而旁及時刻,如雙魚,如雲箋,如如面談,妍媸不一,瑕瑜錯見,總倩他人手筆作往返津梁,未有是事,先有是言,子虛亡是,代之者若此纍纍。遂摘其腴,而爲《書柬便裁》,亦猶之乎代也云爾。"

　　此爲坊刻本,有扉頁,刻"應酬書柬彙選便裁。李笠翁先生纂、許恭玉先生輯。尺牘雙魚。學古堂藏板"。許序末"高陽許國球識□□□□清和之上浣日也",□内之年號被剜去,疑爲"順治庚子",即順治十七年。目録頁書口下刻"書柬便裁"。卷二第十三、十四頁補板。

　　《四庫全書總目》、《續修四庫全書》、《續修四庫全書總目提要(稿本)》未收。《中國古籍善本書目》未著録。

　　館藏有複本一部,四册。無扉頁。有鈐印,"不識庵藏"、"正章"、"一得齋"。

2770　清乾隆刻本書啓合璧二集　　　T5778/1032

《書啓合璧二集》八卷,清王淵仲、張晉咸輯。清乾隆三十四年(1769)刻巾箱本。四册。半頁十行二十字,左右雙邊,白口,單魚尾。框高 12.4 釐米,寬 8.6 釐米。題"茂苑王淵仲百川、張晉咸萼臺彙編;張師升介綏、葉永成冬榮參訂"。前有乾隆三十三年(1768)張宗燾序。

　　王淵仲,字百川,江蘇茂苑人。無考。

　　張晉咸,字萼臺,江蘇茂苑人。無考。

　　張宗燾序云:"原夫書札稟啓,不過達情之文,故修辭敘事,格調豐采,貴乎切實條暢,合乎風尚而止。若徒事艱深古奥,或膚泛鋪陳,亦奚爲也。余於癸未夏,偶狥坊友之請,有《書啓合璧》之刻。時因急欲授梓,名人簡札未及搜羅,良深悵悒。梓竣後,荷蒙博雅諸公交口稱賞,於是坊友復以續選二集爲請。余兩年來養疾居鄉,幾於酬應俱絶,束書不觀,未遑從事於斯。今春舊恙稍平,閒居無事,乃命兒輩搜輯時下名人書稟若干首,與王子百川細加採選,編成八卷,付之剞劂,以繼前編所未備。雖集隘未能廣登,割愛殊多,不無餘憾,然書札稟啓諸格,此中已略見一斑,亦可爲達情者之一助云爾。"

此本有扉頁，刻"書槀合璧二集。茂苑王百川、張萼臺編輯。乾隆己丑春鐫。山立堂藏板"。"己丑"，爲乾隆三十四年。

《四庫全書總目》、《續修四庫全書》未收。《續修四庫全書總目提要（稿本）》未著錄。《中國古籍善本書目》未收。日本《內閣文庫漢籍目錄》著錄。

2771　清乾隆刻本帖體類箋　　　　　　　　T5237.48/3117

《帖體類箋》七卷，清王延年輯。清乾隆二十四年（1759）刻本。六冊。半頁八行十九字，左右雙邊，白口，無魚尾。高12.9釐米，寬8.5釐米。題"錢塘王湧輪先生鑒定；平湖江三鳳集輝、馮堯虔敬承、顧守詒克岐彙箋；馮銘履素恬校字"。前有乾隆二十四年王延年序，馮堯虔序；《凡例》十一則；附《論作法》十三則。

王延年，字介眉，浙江錢塘人。雍正舉人。嘗舉鴻博，熟於諸史，官至國子監司業，賜翰林院侍講。又有《補通鑑紀事本末》。

是集爲家塾課本，計卷一日類、月類、星類、風類、雲類、雨類、露類、雪類、虹類，共七十一首；卷二時令類，共六十八首；卷三宮室類、山類，共五十首；卷四水類（附冰）、州郡類，共六十八首；卷五朝謁類、禮樂類、武功類、人事類，共五十七首；卷六樂器類、珍玩類、器用類，共五十一首；卷七植物類、動物類，共七十九首。

王延年序云："我皇上文教覃敷，風行天下，乾隆二十二年，命士子於鄉會試次場，賦五言排律一首，著爲令。蓋不第聲韻是先，亦欲本無邪，一言範海內，以光郅治也。顧五言排律，有唐以之取士，名工宗匠詩足模楷者，僅存什一於千百。而歷年既久，殘朽蟫斷，籤繙紛錯，無論作者姓氏，宵肯多舛，即詩中之以枝爲杖，訛束爲宋者，比比皆是，以致箋釋闕疑率多，存而不論。平湖江子集輝、馮子敬承、顧子克岐，研精嗜古，好學深思，出其帳中之秘，以公同好。余舊寓湖中，暨三子有一日之雅，郵寄而問序焉。余見其考核精詳，略無穿鑿滲漏，凡前賢屬辭比事，一歸典雅，而篇什之精蘊，不難得諸意言之表，庶幾規橅康成，洵足冶範藝苑，而今而後，朱紫別矣，虛車之誚，吾知免夫。竊念延年叨沐異數，思有以嘉惠來學，上副聖主作人之意。"

《凡例》云："集名'帖體'，帖體之爲言式也。唐試帖，耳目所及，傳留無幾，諸法不能完備。因思帖體本屬五排，其有雖非試帖而紀律森嚴者，並錄以資模楷。""選錄唐詩，多以作者時代爲次序，未爲不可。茲就題之相類，依次編入，用便翻閱。至題兼數類，編次舛錯，自知不免。""近來坊本箋釋，有援引字面成處，而意義滋晦，冗筆濫墨，多亦奚爲。茲集務求確切，間有存疑，以傳信也。""是集爲家塾課本，故附作法數則，第爲初學説法，未免鄙陋，閱者諒之。"

此本寫刻，有扉頁，刻"帖體類箋。錢塘王湧輪先生鑒定。乾隆己卯秋鋟。附論作法。翏邁藏版"。"玄"字避帝諱。

《四庫全書總目》、《續修四庫全書》、《續修四庫全書總目提要（稿本）》未收。《中國古籍善本書目》未著錄。

鈐印有"林松齡圖書記"、"研雲山房"、"西谿草廬"、"雙潘壺軒"。

2772　清乾隆刻本塾課賸編　　　　　　　　T5783/1374

《塾課賸編》不分卷，清張長均撰。清乾隆四十一年（1776）刻本。五冊。半頁九行二十五字,左右雙邊,白口,無魚尾。框高 19.7 釐米,寬 10.4 釐米。題"本房師青浦芳圃徐夫子鑒定;桐鄉張長均毅安鐵岑甫著;男應鑌振之、邦柱聞之,婿嚴大奎西旂,受業門人沈晉順之仝編校"。前有乾隆四十一年徐怨序。

張長均,字毅安,號鐵岑,浙江桐鄉人。

此編皆爲制藝文字,以《論語》、《大學》、《中庸》、《孟子》内之語爲題,計八十篇。

徐怨序云:"桐鄉張生毅安,爲余癸西分校時所得士,讀書好古,以制藝名浙中,孜孜不怠,久而益精。今覽其所作若干篇,文繁理富,銜華佩實,數典則考據確切,説理則洗净塵蒙。而小題諸作則又手腕空靈,心思巧妙,極行文之樂事矣。余一行作吏,此事便廢,念毅安之學而不厭,實慰我心,爰就所見爲序。"

目録後刻有"集外有已見選本及他氏借刻,及鄉試墨卷、會試薦卷等篇,統竢二集續刊"。又有"烏鎮有恒堂沈兆熊刻印"。

此本有扉頁,刻"塾課賸。桐鄉張毅安著。青浦芳圃徐夫子鑒定。乾隆丙申秋鎸。二集編遺詩古文稿嗣出。春暉堂藏板"。徐夫子者,即徐怨,字心如,號芳圃,一號補桐,曾爲兩浙總藩。

《續修四庫全書》、《續修四庫全書總目提要(稿本)》未收。《中國古籍善本書目》未著録。

鈐印有"藕漁精舍"、"懷松廬記"。

2773　明崇禎刻本周文歸　T5238.1/8191

《周文歸》二十卷,明鍾惺輯。明崇禎刻本。十册。半頁九行十九字,四周單邊,白口,單魚尾,書眉上刻評。框高 18.8 釐米,寬 13.8 釐米。題"竟陵伯敬鍾惺選;曲沃邰孫衛周胤鑒;武林爻一陳渼子輯;瀔西仲衍胡揆、仲光蔣尚賓參;古婺建白范德建閲"。前有崇禎顧錫疇序,胡揆序,包士瀛序;崇禎十三年(1640)陳渼子撰《凡例》四則。

卷一至三《周禮》,卷四《考工記》、《儀禮》,卷五《檀弓》、《爾雅》,卷六《孔子家語》,卷七至一〇《左傳》,卷一一至一三《國語》,卷一四《公羊傳》,卷一五《穀梁傳》,卷一六至一八《戰國策》,卷一九《楚辭》,卷二〇《逸周書》。《四庫全書總目》云:"其書删節《三禮》、《爾雅》、《家語》、《三傳》、《國語》、《楚辭》、《逸周書》,共爲一編,以時文之法評點之。明末士習,輕佻放誕,至敢於刊削聖經,亦可謂悍然不顧矣。"

顧錫疇序云:"己卯秋杪,舟過溪棲,訪金子鼎吉。時金子手其社友周文稿本,余閲而稱善焉,蓋相遇於朴也。"顧序題署時間爲"崇禎旃蒙單閼",按,旃蒙爲乙,單閼爲卯,然崇禎無乙卯。此署年疑誤。

胡揆序云:"陳子爻一,思有以反之,輯自《周禮》以下,訖於屈《騷》,書凡十三種。割腴烹臡,章研句櫛。集成,得卷二十,仍漢選之顔曰歸。余與范子建白、蔣子仲光,獲襄事焉,故於其竣工而推論之如此。"

包士瀛序云:"適陳子爻一、胡子仲衍,點次周文,予有仝志,循其説。旨例深切,洵足游譽名業,進衣前徽,以冕時家。蓋誦法先王,議正得失之功居多焉。"

《凡例》云:"讀書本在於吾徒,論文何假乎伯敬,今借鍾名鼎望,以罔利者,先生不少,不可信也。今稽談詩議漢而評周者,先生誠多,可不觀乎?乃於是纂,評宗伯敬,標佐月峰,參諸名家,附愚管見,私自條也,公求正也。至如圈點,悉本鍾、孫。"蓋是書應爲陳渼子所編,署鍾惺者,乃爲托其名也。

《四庫全書總目》入集部總集類存目。《中國古籍善本書目》著錄。天津圖書館、南京圖書館等二十一館,臺北"國家圖書館"(兩部)及美國普林斯頓大學葛思德東方圖書館(作明末豹變齋刻本,蓋因扉頁有"豹變齋發行"字樣也)、日本静嘉堂文庫亦有入藏。

鈐印有"棘津鄭氏百祿藏書之印"。

2774　明崇禎刻本西漢文　　　T5238.27/1329

《西漢文》二十卷,明張采輯。明崇禎金閶委宛齋刻本。十三册。半頁九行十九字,左右雙邊,白口,單魚尾,書眉上刻評。框高20.4釐米,寬13.9釐米。題"吳下張采受先輯;周鍾介生、張溥天如鑒定"。前有張溥序,崇禎六年(1633)張采序。

張采,字受先,太倉人。崇禎元年進士,與張溥同里,溥性寬,泛交博愛,采特嚴毅,喜甄別可否。知臨川,摧強扶弱,聲大起。福王時,官禮部員外郎。

此爲《兩漢文選》本。另《東漢文》亦二十卷。

卷一至四《詔令》,卷五至一二《章疏》,卷一三《策對》、《移教》,卷一四至一五《書記》,卷一六至一七《著譔》;卷一八《史記論贊》,卷一九《五行説》,卷二〇附《王莽》。分類紀事,各受條序。

《四庫全書總目》未收。《中國古籍善本書目》著錄,吉林省圖書館、河南省圖書館等十二館及日本東京大學東洋文化研究所有《兩漢文選》全帙。臺北"國家圖書館"及日本内閣文庫也有此本。

2775　清乾隆刻本兩漢策要　　　T5238.25/1238

《兩漢策要》十二卷,宋陶叔獻輯。清乾隆五十六年(1791)張朝樂刻本。八册。半頁六行十三字,四周雙邊,黑口,雙魚尾。框高23.1釐米,寬13.1釐米。前有金大定二十五年(1185)王大鈞舊序,景祐二年(1035)阮逸舊序;乾隆五十三年(1788)翁方綱序。

陶叔獻,無考。

宋代專尚詞賦,取士限以五經三史,出題惟東西漢二書,最爲浩瀚,學者披閱如涉淵海,莫能際其畔岸,大抵菁華無出策論書疏。此書爲科舉考試而編,卷一至五前漢,卷六續添,計七十四篇;卷七至一一後漢,卷一二續添,計九十篇。卷三未刻。選董仲舒、賈誼、公孫弘、杜欽、晁錯、主父偃、枚乘、劉向、劉歆、東方朔、王符、馬嚴、孔融、蔡邕、班固、張衡、班彪、楊震等數十家作品。

此書爲常彦脩之孫所編,王大鈞舊序云:"先是吾鄉常同知彦脩,宅取舊本《兩漢策要》,摹搨刊行於世,其間錯繆及有不載者僅數十篇,殆爲缺典。彦脩痛恨遺脱,嘗欲增廣,方經營間,不幸早世。今二孫克家,不墜箕裘之緒,皆業進士,乃承意繼志,遂再爲編次,將向者遺脱,一一校證添補附入,命工鋟木,用廣傳布。"

晁公武《郡齋讀書志》載叔獻有《漢唐策要》十卷,而無此書。《宋史·藝文志》亦未著錄。明末毛氏汲古閣收得元本,其目錄定爲元抄本,又稱或云趙松雪書。錢大昕《竹汀先生日記鈔》卷一,有載張朝樂竹軒以抄本《兩漢策要》見示事。乾隆五十六年,張朝樂始據以付刻。翁方綱序有云:"竹軒郡伯將摹勒而傳之。"張朝樂,字竹軒,號子長,江蘇如皋人,曾任贛州知府。

此爲寫刻本,體似趙孟頫,書法秀勁流轉,字大悅目。刻手亦絲毫不失神理,摹刻精美,且全書保存尚好,有觸手如新之感。"弘"字避帝諱。目錄頁第一行下刻"如皋子長甫張朝樂較閱"。阮逸序後有"玩松山人穆大展時年七十有三刻"。翁方綱序,乃以手蹟摹刻,恍如名人法帖。《增訂四庫簡明目錄標注》云,又有廣東重刻本。

《四庫全書總目》、《續修四庫全書》皆未收。《中國古籍善本書目》著錄,天津圖書館、山西省圖書館等九館也有入藏。

2776 清康熙刻本漢詩評　　　　　　　　　　　　　　T5237.28/4468

《漢詩評》十卷,清李因篤撰。清康熙刻本。四册。清闕名批校。半頁九行二十字,左右雙邊,白口,單魚尾。高 18.9 釐米,寬 13 釐米。題"中南山人李因篤音評"。前有康熙二十八年(1689)李因篤自序。

李因篤,字子德,又字天生,號中南山人,陝西富平人。明季諸生。見天下大亂,走塞上訪求奇傑士,與殺賊報國,無應者。歸而鍵户讀經史,貫穿注疏,負重名。康熙十八年,召試博學鴻詞,授翰林院檢討,尋以母老辭歸,遂不復出。其學以朱熹爲宗,工詩,尤精音訓。顧炎武作《音學五書》,特載《與因篤》一札,蓋頗重之。又有《受祺堂集》。

是集所錄,卷一高帝、昭帝、趙幽王友、朱虛侯章、淮南王安、廣陵厲王胥、廣川王去;卷二項羽、四皓、東方朔、霍去病、司馬相如、蘇武、李陵、李延年、楊惲、韋玄成、息夫躬、唐山夫人、戚夫人、烏孫公主、趙飛燕、班婕妤、虞美人、卓文君、王昭君;卷三靈帝、東平憲王蒼、馬援、梁鴻、班固、傅毅、崔駰、張衡、李尤、朱穆、王逸、桓驎、高彪、蔡邕、趙壹、酈炎、仲長統、孔融;卷四秦嘉、應亨、辛延年、宋子侯、虎賁郎、白狼王唐菆、蔡琰、徐淑、蘇伯玉妻、竇玄妻、蜀漢附諸葛亮、龐德公;卷五至八樂府古辭(郊廟歌辭、相和歌辭、雜曲歌辭、雜歌謠辭);卷九收無名氏古詩,並附諺語;卷一○無名氏古詩。

李因篤序云:"予自垂髫受漢詩,其中不解者半,往往屏人獨處苦思,至忘寢食,間解得一二語,則喜不自持,舞蹈狂呼,如是積三十餘年而盡通焉。友兄顧亭林先生,謬相推許,謂盡發古人之覆,勸作音注,尚未竣工,而朝夕於斯。丹鉛之餘,多綴評論,上下兩旁殆遍,家所藏本,敝而復易者數矣。同學康子孟謀見之,有會於心,手自較錄,更出示予,因題數語簡端。郭代公寶劍篇云:龍泉顏色如霜雪,良工咨嗟歎奇絶。漢詩之光,不啻干將、莫邪,予雖非鑄工,頗有磨拭之苦。而康子獨好之,不謂之良工不可。"

"玄"字有避有不避。

按,此本與《四庫》著錄本不同,《四庫》本作"漢詩音注五卷漢詩評五卷",卷一至五題"漢詩音注",卷六至一○題"漢詩評"。據《存目叢書》本,前有康熙三十六年胡在恪序、康熙三十七年丁灝序、康熙三十五年王梓序,然此本無。此本之李因篤序,庫本也無。

《四庫全書總目》入集部總集類存目。《四庫全書存目叢書》第 401 册收入,底本爲武漢圖書館藏清康熙三十五年王梓孝昌官署刻本。《中國古籍善本書目》著錄清康熙萬卷樓刻本,北京市首都圖書館、中國科學院圖書館等三館有入藏。

2777　明崇禎刻《唐人選唐詩》本河嶽英靈集　　T5237.44/7416

《河嶽英靈集》三卷，唐殷璠輯。明崇禎元年(1628)毛氏汲古閣刻《唐人選唐詩》本。二册。半頁八行十九字，左右雙邊，白口，無魚尾，書口下有"汲古閣"。框高19.2釐米，寬13釐米。題"唐丹陽進士殷璠集"。前有殷璠序。末有崇禎元年毛晉跋。

殷璠，丹陽人。生卒年不詳，活動於唐玄宗時期。進士出身，生平仕履無考。

河嶽者，黄河及五嶽之並稱也，語本《詩·周頌·時邁》："懷柔百神，及河喬嶽。"毛傳："喬，高也。高嶽，岱宗也。"後泛指山川。英靈者，傑出人才也。南朝齊謝朓《酬德賦》："賴先德之龍興，奉英靈之電舉。"唐王維《送綦毋潛落第還鄉》詩："聖代無隱者，英靈盡來歸。"

是集録常建、閻防、李白、高適、王維、孟浩然等二十四人，詩二百三十四首。姓名之下，各著品題，仿鍾嶸《詩品》之體。總集而録評語者，以此書爲最早。

殷璠序云："若王維、王昌齡、儲光羲等二十四人，皆河嶽英靈也，此集便以河嶽英靈爲號。"宋陳振孫《直齋書録解題》作二卷。

金鑲玉裝。

此爲毛晉刻《唐人選唐詩》零本，全帙中國國家圖書館、上海圖書館等三十七館有藏。《四庫全書總目》入集部總集類。《中國古籍善本書目》不收此零本，僅收名人學者題跋批校本。

2778　清康熙刻本王荆公唐百家詩選　　T5237.48/1131

《王荆公唐百家詩選》二十卷，宋王安石輯。清康熙四十七年(1708)宋犖、丘迥刻本。四册。半頁十行十八字，左右雙邊，白口，單魚尾。高18.4釐米，寬13.4釐米。前有乾道五年(1169)倪仲傅原序，康熙四十二年(1703)宋犖序。末有康熙四十三年(1704)丘迥跋。

是書《四庫全書總目》考證甚詳。云："是書去取絕不可解，自宋以來，疑之者不一，曲爲解者亦不一，然大抵指爲安石。惟晁公武《讀書志》云，《唐百家詩選》二十卷，皇朝宋敏求次道編。次道爲三司判官，嘗取其家所藏唐人一百八家詩選，擇其佳者，凡一千二百四十六首爲一編。王介甫觀之，因再有所去取，且題曰：欲觀唐詩者，觀此足矣。世遂以爲介甫所纂。其説與諸家特異。案《讀書志》作於南宋之初，去安石未遠。又晁氏自元祐以來，舊家文獻，緒論相承，其言當必有自。邵博《聞見後録》引晁説之之言，謂王荆公與宋次道同爲群牧司判官，次道家多唐人詩集，荆公盡即其本，擇善者籤帖其上，令吏鈔之。吏厭書字多，輒移所取長詩，籤置所不取小詩上。荆公性忽略，不復更視。今世所謂《唐百家詩選》，曰荆公定，乃群牧司吏人定也。其説與公武又異。然説之果有是説，不應公武反不知。"

此本爲宋犖、丘迥所刻。宋犖序云："昔予嘗購求《王荆公唐百家詩選》二十卷，僅得殘帙八卷於江南藏書家。庚辰秋，舉示山陽故人子丘迥求，遍求好學嗜古，請依舊式重梓，以廣其傳。予甚誼之，因序其首，略云夫物莫不聚於所好，而天地之氣，有開必先，故好龍而龍降，市駿而駿來。天下之大安，知更無嗜古如迥求者，或别購其半，則幾乎全矣。及梓成，果大行於時，寶愛之者，比於吉光片羽，莫不思復得河東三篋，以睹其全焉。先是吳中毛黼季氏，喜刊古本，而家中藏書最多，予因屬其勤求是選。黼季敬諾而去，旁搜遠索，無日以怠。今癸未秋，黼季來謁予，曰，日者宸游江陰，親見《王荆公唐百家詩選》二十卷於某氏藏書家，特來告公。予驚喜，趣購得之,凡所亡十二卷皆在焉,總數之得百有四家,而曰百家者,舉成數也。有乾道己丑盤谷倪仲傅後序。夫荆公沒,至孝宗乾道時,不過六七十年間,而序已云《唐百家詩選》淪没於世。蓋由北轅南渡,播遷喪亂中,其所亡失書籍,固不止此也,亦可慨夫!況乾道至今又六百年,而予寤寐之求甚久,一朝忽得,殆如香山居士所云:在在處處有靈物護之者乎?於是復招邇求,補刊十二卷,俾成完書,公諸同好。"

丘迥跋云:"自宋以來,選唐詩者不下數十家,而荆公本爲善。序云'欲知唐詩者,觀此足矣',豈欺我哉。顧近世罕有其書,庚辰秋,吾師商丘宋公,購得殘本八卷,授余校梓,斷玦殘璋,固已人爭寶重。越三年癸未秋,公復得乾道己丑倪氏本二十卷於常熟藏書家,時閲賑卹徐,道經淮郡,余迎謁舟次,因出以相示,曰:好龍而龍降,市駿而駿來。曩者,吾固已言之,今果得全本,子其亟補刊無怠。余承命,即加讎校,缺者補,訛者正,其字句與他本小異,而意可兩通,或文義間有可疑,而他本弗録,無從考訂者,悉仍其舊,不敢妄易一字。凡三月工畢,於是卷帙完整如初,而荆公精神所注,炯炯紙上,無復不全之憾矣。竊嘆是書選自荆公,數百年來,寥寥不慨見於世,而學士大夫知之者亦寡,復有章安、楊蟠僞本,亂真欺世,倘非我公精於鑒別,廣爲搜求,獲兹本而重新之,以傳於無窮,則是書之不亡,蓋亦幾矣,余小子於是有深幸焉。"

按,是書傳世有宋本二,均二十卷。一爲宋刻遞修本,題"唐百家詩選",存八卷,爲卷九至一六,藏中國國家圖書館。一爲宋紹興刻本,存九卷,爲卷一至九,藏上海圖書館。又,是書康熙本也有作"清康熙四十三年宋犖、丘迥刻雙清閣印本"者,疑扉頁有"雙清閣藏板"字樣。

此本寫刻甚精。有扉頁,刻"王荆公選唐詩。康熙戊子秋。緯蕭草堂藏板"。"戊子",爲康熙四十七年。

《四庫全書總目》入集部總集類。《中國古籍善本書目》著録,中國國家圖書館、南京圖書館等二十二館也有入藏。日本《內閣文庫漢籍分類目録》著録有日本享和三年(1803)刻本。

2779 明萬曆刻本宋洪魏公進萬首唐人絶句　　T5237.45/3833.4

《宋洪魏公進萬首唐人絶句》四十卷目録四卷,宋洪邁輯,明趙宧光、黃習遠補。明萬曆三十四年(1606)趙宧光刻本。六册。半頁十行十八字,左右雙邊,白口,單魚尾。框高21.4釐米,寬13.8釐米。題"明吳郡趙宧光凡夫矤定;靈巖黃習遠伯傅竄補"。前有萬曆三十五年申時行序,萬曆三十四年趙宧光序,萬曆三十五年黃習遠序;《凡例》二十一則;紹熙元年(1190)洪邁序;《重華宮投進剳子》;紹熙四年洪邁謝表;《唐風四始考》。

洪邁,字景盧,號容齋,又號野處,鄱陽人。洪皓幼子。紹興十五年進士。紹興末,假翰林學士使金,持國用敵國體。金令其在表中改稱陪臣,邁不從,被金拘於使館,後放還。孝宗時,官端明殿學士。邁博覽經史百家及醫卜星算之書,尤熟悉宋代掌故。又有《容齋隨筆》五集、《夷堅志》等。《宋史》卷三七三有傳。

申時行序云:"余觀唐詩選輯,無慮數十家,未有專取絶句者。自宋洪魏公景盧,以壽皇退居重華,游戲翰墨,常取唐人絶句,以供揮灑,乃次第録呈,前後積至萬首,遂刻以傳,曰《萬首唐人絶句》。然挂漏舛錯,間亦多有。余友趙君凡夫,偕黃君伯傅,參互考訂,闕者補之,譌者正之,其數增於前,其精核倍於昔,因付剞劂。"

趙宧光序云:"時有洪魏公邁,出其手鈔五千餘首,進之陛下,以供宸翰之須。天顔粲然,都俞襃錫。既復搜討,再得如前以獻。於是陛下益喜,題曰《萬首唐人絕句》,頒賜文臣,昇垂永久。惜於爾時洪公旋錄旋奏,略無詮次,代不攝人,人不領什,或一章數見者有之,或彼作誤此者有之,或律去首尾者有之,或析古一解者有之,至若人采七八而遺二三,或全未收錄而家并遺,若此詿誤,莫可勝紀。暇日,與靈巘詩人黃伯傳悉爲釐正,削其前失,復討尋四唐別總群集,以及選稿稗官諸家,得洪氏闕略者數百篇,合一萬若干首。"

黃習遠序云:"原板一百一卷,半刻於會稽,半刻於鄱陽。嘉定辛未,越守汪公綱,合鄱陽之刻於會稽而加脩補焉。迨嘉靖庚子,陳中丞重校而梓之,然無有正其譌者。萬曆甲辰春仲,予過寒山小宛堂,凡夫先生以兹集授余校讎,乃共芟去其謬且複者共二百一十九首,補入四唐名公共一百一人,遺詩共六百五十九首,總得一萬四百七十七首。詩以人彙,人以代次,釐爲四十卷,凡三易寒暑,而剞劂告成。"

《唐風四始考》後,刊篆書"萬曆丙午秋九日寒山小宛堂編次"。卷一末有牌記,刊"萬曆丙午秋日吳郡寒山校刻"。

《四庫全書總目》入集部總集類。《中國古籍善本書目》著錄。上海圖書館、南京圖書館等三十三館,臺北"國家圖書館"(大陸、臺灣等館均作萬曆三十五年趙宧光刻本)及日本內閣文庫、靜嘉堂文庫、東京大學東洋文化研究所亦有入藏。

鈐印有"翼輪堂藏書記"。

2780　明刻本箋注唐賢絕句三體詩法　　　T5237.45/7212

《箋注唐賢絕句三體詩法》二十卷,宋周弼輯,元釋圓至注。明刻本。三册。半頁九行十七字,四周雙邊,黑口,雙魚尾。框高24.7釐米,寬16.7釐米。題"汶陽周弼伯弜選;高安釋圓至天隱注"。前有大德九年(1305)方回序。序後有唐分十道之圖、唐高祖開基圖、唐太宗混一圖、唐地理圖、唐藩鎮圖、唐世系紀年。

周弼,字伯弜,汶陽人。又有《汶陽端平詩雋》四卷。

圓至,字牧潛,號天隱,高安人。至元以來,遍歷荆襄吳越,禪理外頗工古文,詩尤清婉。又有《牧潛集》。

是書分絕句體(卷一至七)、七言體(卷八至一三)、五言體(卷一四至二○)。卷一《實接》,卷二《虛接》,卷三《用事》,卷四《前對》,卷五《後對》,卷六《拗體》,卷七《側體》,卷八《四實》,卷九《四虛》,卷一○《前虛後實》,卷一一《前實後虛》,卷一二《結句》,卷一三《咏物》,卷一四《四實》,卷一五《四虛》,卷一六《前虛後實》,卷一七《前實後虛》,卷一八《一意》,卷一九《起句》,卷二○結句。

方回序云:"近高安沙門至天隱,乃大魁姚公勉之猶子,聰達博贍,禪熟、文熟、詩熟,又從而注伯弜所集之詩。"

是書版本較複雜,必須比對,方可區別。據《中國古籍善本書目》著錄,有明嘉靖二十八年吳春刻本,行款同此本,上海圖書館、中國社會科學院文學研究所入藏。此本卷二○末爲書賈割去數行,填以他紙,疑本有牌記之類,割去以充元刻。另有明刻本兩種,行款亦同此本,一藏北京大學圖書館、天津圖書館等三館;一藏中國國家圖書館、上海圖書館等十館。

《四庫全書總目》未收。

鈐印有"炳卿珍藏舊槧古鈔之記"、"駱村"、"有造館印"、"□氏忠元"。炳卿即内藤虎次郎。

2781　康熙刻本東嵒草堂評訂唐詩鼓吹　　　T5237.46/1147

《東嵒草堂評訂唐詩鼓吹》十卷，金元好問輯，元郝天挺注，明廖文炳解，清朱三錫評。清康熙刻本。四册。半頁十一行二十一字，四周雙邊，白口，單魚尾。高19.1釐米，寬13.7釐米。題"元資善大夫中書左丞校郝天挺注；古岡後學廖文炳解；虞山後學錢朝鼐、王俊臣、王清臣、陸貽典参校；吴門朱三錫評；男之枚、吴敏参校"。前有康熙二十七年（1688）徐乾學序。

元好問，字裕之，號遺山，山西太原人。興定五年進士。官至尚書省左司員外郎。金亡，不仕。有《遺山集》四十卷。《金史》有傳。

郝天挺，字繼先，出於多羅别族。父哈賞巴圖爾，元太宗世，多著武功。天挺英爽剛直，有志略，受業於遺山。累官河南行省平章事，追封冀國公，諡文定，爲皇慶名臣。嘗修《雲南實録》五卷。

廖文炳，無考。

朱三錫，號東嵒，江蘇蘇州人。

是集所録皆唐人七言律詩，凡九十六家。計卷一五十六首，卷二五十五首，卷三六十四首，卷四六十九首，卷五五十九首，卷六五十九首，卷七五十八首，卷八六十一首，卷九五十六首，卷一〇五十九首。總共五百九十六首。《四庫全書總目》云："天挺之注雖頗簡略，而但釋出典，不涉於穿鑿，亦不似明廖文炳等所解横生枝節，庸而至於妄也。"

徐乾學序云："吾於同學天忱朱子而重有感矣。天忱當束髮時，文章氣誼，已冠吴下，與余同庠，爲郡博士弟子員，執幟登壇，所遇辟易，同人咸退避三舍，小試必輒冠軍，闈戰則屢經首薦，其所以去天尺五者數耳……天忱以案牘勞形之際，獨能鳴琴賦詩，手不釋卷，寧特竹書石記，枕籍忘疲，載司空之廿乘，補河東之三篋而已哉。即究心詩歌，罔不探微校讎，古自柏梁、建安以來，律自貞觀、天寶而下，咸有以抉其髓奥，而証其指歸。如《唐詩鼓吹》一集，此固遺山選之於前，郝、廖注之於後，又得虞山諸君子参酌而考訂之，可謂盡善矣，而猶未也，天忱乃復取而校讎焉。凡注題注人，未詳者悉從史傳查考補備，引書引人，舛謬者皆有標舉駁正而無滲漏。至於每篇之中，必有起伏照應，引興托喻，不獨美人芳草、風雲月露、蟲魚禽卉之爲生動也，實有忠愛惻怛，憂愁困苦，而發於不得已者焉。天忱體會發明，句解聯釋，使作者之心靈呼之欲出，苟非夙昔之功候底於精熟融化，疇能若是。"

是書存世最早有元刻三種，一元刻本，一元劉氏日新堂刻本，一元沖和書堂刻本。明代有書林劉氏本誠堂刻本，此外又有三種明刻本。清初則有順治十六年陸貽典、錢朝鼐等刻本。此本有扉頁，刻"唐詩鼓吹箋注。原本較定。古講堂藏板"。"玄"字避帝諱。

《四庫全書總目》入集部總集類。《中國古籍善本書目》著録，因康熙本流傳較多，僅收録名家批校本。日本《内閣文庫漢籍分類目録》著録有明初沖和堂刻本、日本元禄二年（1689）刻本。

鈐印有"蘇州閶門内水關橋斯雅堂書坊精選古今書籍發兑黄氏印"。

2782　明刻本唐詩品彙　　　T5237.47/0249

《唐詩品彙》九十卷《拾遺》十卷《詩人爵里詳節》一卷，明高棅輯。明刻本。四十八册。半頁十行二十字,左右雙邊,白口,無魚尾。框高19釐米,寬12.8釐米。序跋皆佚去。

高棅,一名廷禮,字彥恢,號漫士,福建長樂人。永樂間,自布衣徵爲翰林待詔,陞典籍。爲閩中十子之一。《明史·文苑傳》附見《林鴻傳》中。

是書收録唐代詩作共六百二十家,五千七百餘首,分體編次。稱初唐爲"正始",盛唐爲"正宗"、"大家"、"名家"、"羽翼",中唐爲"接武",晚唐爲"正變"、"餘響",方外異人等爲"旁流",共九格。又補收作者六十一人,詩九百餘首,爲拾遺一卷。明代館閣皆以此書爲宗。

其分體爲五言古詩二十四卷,七言古詩十三卷、長短句附焉,五言絶句八卷、六言附焉,七言絶句十卷,五言律詩十五卷,五言排律十一卷,七言律詩九卷、排律附焉。始於洪武甲子,成於癸酉。拾遺則始於戊寅。

是書之版本明代有數種,一爲明弘治六年張璁刻本,半頁十行二十字,黑口,四周雙邊,浙江圖書館、四川省圖書館等三館藏。一爲明弘治六年張璁刻嘉靖十七年康河重修本,藏南京圖書館。一爲明嘉靖十六年姚芹泉刻本,半頁十一行二十字,四周單邊,白口,藏上海圖書館、吉林省圖書館等十二館。一爲明嘉靖十八年牛斗刻本,半頁十行二十字,左右雙邊,白口,藏中國國家圖書館、浙江圖書館等十八館。一爲明屠隆刻本,半頁八行十六字,四周單邊,白口,有刻工,藏天津圖書館、遼寧省圖書館等七館。一爲明萬曆三十三年陸允中刻本,半頁十行二十字,左右雙邊,白口,藏上海圖書館、故宫博物院等三館。一爲明金陵富春堂刻本,半頁十行二十字,左右雙邊,白口,藏遼寧大學圖書館、四川成都杜甫草堂。一爲明刻本,半頁十行二十字,左右雙邊,白口,版心下鐫"月到天心處風來水面時一般清意味料得少人知"爲卷帙次序,藏中國國家圖書館、上海圖書館等十四館。一爲明刻本,半頁十行二十字,左右雙邊,白口,藏福建省圖書館等四館。一爲明刻本(汪宗尼校訂),半頁十行二十字,左右雙邊,白口,藏遼寧省圖書館等八館。一爲明末張恂刻本,行款同前本,藏南京圖書館、福建省圖書館等二十五館。

此本每卷之第一、二行及卷末皆爲賈人割去。卷一第一頁第二行配以"金陵王安石介甫編選",乃爲三小紙湊合。卷八九至九○爲抄配。

《四庫全書總目》入集部總集類。是書又有朝鮮刻本。

鈐印有"袠章經史之寶"、"綷谿"、"宗伯"、"神品"、"宣和"、"白華樓"、"句曲外史張天雨印"、"郭衢階賞鑒"、"若有□山之阿"、"埤華菴藏書"、"王時敏鑒藏書畫記",皆僞。

2783　明刻本雅音會編　　T5237.47/0304B

《雅音會編》十二卷,明康麟輯。明刻本。十二册。半頁九行二十字,四周單邊,内無直格,白口,無魚尾,書口中刻"會編卷×"。框高20.3釐米,寬14.7釐米。題"羊城康麟文瑞集次;後學剡溪王鈍校正"。前有天順七年(1463)康麟序,天順七年王鈍序。

康麟,字文瑞,廣東順德人。景泰五年進士,以御史巡按關中,發奸如神。出爲福建僉事,提督屯田。以剛直見忤去。所居曰介軒,工吟詠,喜著述,又有《世教録》。《(咸豐)順德縣志》卷二三有傳。

是書以平聲三十韻爲綱,以諸詩案韻分隸,蓋因宋人十二先生詩宗之體稍變通之,所列始音、正音、遺響,亦沿楊士宏《唐音》之例。

康麟自序云:"予於案牘之暇,手録諸先正所選之詩、李杜韓三家集,特取其五言、七言絶律，凡如千首，各以本韻薈蕞爲一，名曰《雅音會編》，釐爲十有二卷，藏之巾笥，姑以私便檢閱而已。天順癸未春，余按清漳。暇日，出以示諸校官之知詩者，令其拾遺補誤。因復余曰，是編之作，提韻以舉其綱，分類以詳其目，披覽之次，如閱府庫，奇珍異貨，井布條列，使人應接不暇，其嘉惠後學之心至渥矣，盍壽諸梓，與四方學者共之，不幾於仁者之用心乎？予耳其言有理，肆俾求善本正譌，繕寫成帙，用鋟諸梓，以廣其傳，是亦表章先賢之珠玉，非敢妄有僭竊於斯也。"

王鈍序云："《雅音會編》者，閩臬僉憲五羊康先生之所集次也。先生性嗜吟，每於柏臺清暇日，開閣熏爐，博取諸家選唐詩，涌濡諷詠，喜不去手。及枕藉熟觀李、杜、韓詩，殊有所得，但未慊其音韻成類，艱於檢閱。因手錄楊伯謙所選《唐音》，取五七言律絶，仍分始音、正音、遺響而足之。以青蓮、工部、昌黎三家集及周伯弜、遺山、景棅、許仲孚、章泉、磵泉諸選，以一東二冬等三十韻，分布以提其綱，取詩之同韻者，以類從類，而詳其目，名曰《雅音會編》，凡十有二卷，總詩三千八百餘首。先生按清漳日，出以示鈍，俾刊訛誤。捧稿披閱數四，則知各韻所載衆則畢備……顧鈍少且賤，何敢與議此也，特慮其傳之不永，請壽諸梓。"

此本王鈍序後，隔去兩行，又有"奉政大夫福建等處提刑按察司僉事羊城康麟文瑞識"，但無識語。又卷一末有牌記之遺蹟，文字俱被剜去。

按，據康氏自序及王序，此書於天順七年在漳州刊刻，然諦視此本之字體，當爲嘉靖間所刻，或爲嘉靖間據原本翻刻。據臺北《"國立中央圖書館"善本書目》，著錄有明天順七年漳州刊本（兩部），惜無從比對。又據《中國古籍善本書目》，有明嘉靖二十四年潘藩勉學書院刻本，藏中國國家圖書館、南京圖書館等七館。疑此本或與國圖等館所藏同板，蓋因《北京圖書館古籍善本書目》著錄之本亦無直格之故。日本內閣文庫有嘉靖本，或與此同。

《四庫全書總目》入集部總集類存目。

又卷一二末有"朝舞我善坊溪設樂氏菅原貞邦，嘉永辛亥仲春得之，可以傳子孫也"。嘉永辛亥，爲日本嘉永四年，相當於咸豐元年（1851）。

鈐印有"我溪設樂氏藏書記"、"閑雅堂秘藏記"、"元澂之印"。

2784　明刻本雅音會編

T5237.47/0304

《雅音會編》十二卷，明康麟輯。明刻本。二十四冊。半頁九行二十字，左右雙邊，白口，單魚尾，書口上刻"雅音會編"。框高19.4釐米，寬13.6釐米。題"羊城康麟文瑞集次；後學剡溪王鈍校正"。前有嘉靖二十四年（1545）潘藩南山道人翻刊序，天順七年（1463）康麟序。

潘藩南山道人序云："康夫子者舊臺臣，弗及一識，觀其輯理，遺惠之心，概可見矣。書房之刻最多，而閩板獲之未易。予嘗檢閱詩之編次，款目俱佳。嗟乎！公輸未盡其善，亦古雅簡樸而可取，中雖舛訛頗多，然君子不以辭害意，而況於刻善與否，抑何傷乎？因付所司翻梓，以與好詩好古者共云。"潘藩南山道人爲朱允栘。序所云"書房之刻最多"，當指是書有數刻也。閩板者，即指天順七年漳州刻本，其時已不易得。

《中國古籍善本書目》著錄有明萬曆二十二年潘藩刻本，藏中國國家圖書館。臺北"國家圖書館"有明剡溪王鈍校刊本，美國普林斯頓大學葛思德東方圖書館有明崇禎四年周藩刻本（半頁九行十八字）。此本金鑲玉裝。卷一第五頁、第十一頁斷板，記之或待諸異日，得與他本相核。

鈐印有"張"。

2785　明嘉靖刻本唐雅　　　　　　　　　T5237.47/4223

《唐雅》八卷，明胡纘宗輯。明嘉靖二十八年(1549)文斗山堂刻本。四册。半頁十行二十字，四周單邊，白口，無魚尾，書口下刻"文斗山堂"。框高18.3釐米，寬13.5釐米。前有嘉靖二十八年胡纘宗序，嘉靖二十七年(1548)盛汝謙序，嘉靖二十七年許櫟後序。目錄後有胡纘宗跋、又再跋。末有嘉靖二十八年曹士奇跋。

胡纘宗，字可泉，一字世甫，自號鳥鼠山人，秦安人。正德三年進士，由檢討出爲嘉定判官，歷官副都御史，巡撫山東，改河南，俱有政績。時世宗喜告訐，纘宗爲仇所陷，革職歸，築室著書，有《鳥鼠山人小集》等。

卷一《樂府》，四言、五言凡一百三十一首；卷二《樂府》，五言、七言凡一百五十五首；卷三《古體》，五言凡二百五十六首；卷四《古體》，七言凡九十八首；卷五《絶句》，五言凡一百四十首、六言凡六首；卷六《絶句》，七言凡一百七十七首、三言七言凡二首；卷七《近體》，五言凡一百十五首；卷八《近體》，七言凡一百十五首。

是集乃爲選唐詩入雅者，胡纘宗序云："所輯必其出漢魏，必其合蘇李，必其爲唐絶倡，否則雖工弗取。"

曹士奇跋云："課耕之餘，譚經譚理，其志益力。嘗竊自謂曰，假我數年，可以學《禮》，可以學《春秋》矣。乃輯《儀禮集注》、《春秋集傳》、《讀禮記鈔》、《讀六子錄》，皆將脱稿，而先生猶日爲探永。暇日，乃編次《漢音》、《魏音》、《雍音》，乃選輯《唐輯》，今皆入梓……刻《唐雅》成，敢跋是於末簡。"

此本卷二、三後刻有"臨渭胡初、胡被、胡苴、關鍵校；平襄鄭玠、楊戩錄"。卷八後刻有"隴水胡初、胡被、胡苴、關鍵校；藉水鄭玠、楊戩書"。又卷七目錄後，刊"清渭胡統宗、胡初、胡襜、胡補、胡襆、胡祾、胡祌、胡祕、胡袟、胡苴校并錄於初画八卦處；梓人京兆沈良、胥大綱、沈學、胥大綸、沈厚"。

《四庫全書總目》未收此單刻本。《中國古籍善本書目》著錄，中國國家圖書館、山東省圖書館等七館亦有入藏。

2786　明萬曆刻本唐詩類苑　　　　　　　T5237.47/1332

《唐詩類苑》二百卷，明張之象輯。明萬曆二十九年(1601)曹仁孫刻本。四十八册。半頁十行二十字，四周雙邊，白口，單魚尾。框高21.2釐米，寬13.3釐米。題"明雲間張之象玄超甫纂輯；嶺南趙應元葆初甫編次；雲間王徹叔朗甫補訂；梁谿曹仁孫伯安甫校正"。前有馮時可序，萬曆二十九年趙應元序；王徹撰《王屋先生傳》；《凡例》十三則；唐詩類苑引用書目；四唐年號詩人總目。

張之象，字月鹿，一字玄超，別號王屋，人稱王屋先生，上海松江人。嘉靖中，官浙江按察司知事。

是書之編，乃因宋趙孟堅有分類唐詩，佚闕不完，世無刊本，之象因復有此作。書凡分三十九部，爲天部、歲時部、地部、山部、水部、京都部、州郡部、邊塞部、帝王部、帝戚部、職官部、治政部、禮部、樂部、文部、武部、人部、儒部、釋部、道部、居處部、寺觀部、祠廟部、產業部、器用部、服食部、玉帛部、巧藝部、方術部、花部、草部、果部、木部、鳥部、獸部、鱗介部、蟲豸部、祥異部、雜部。以類隸詩，意取博收，不復簡擇，難免失之冗濫。其人則帝王公卿，下至山林隱逸，外而夷狄，內而閨秀，至於衲子羽客、女冠仙鬼之流，凡有吟咏流傳者，俱有採摭。

馮時可序云："雲間張玄超先生，淹通宏博，寢食於唐詩中，窮蒐有年，分部類之，積至二百卷，名曰《唐詩類苑》。先生沒，久之，浙人卓澂父偶得其稿，乃割初盛唐梓之，自爲名而掩先生勞。里中叔朗王君慨然謂，泳河尋源，宜敦始事，且中晚亦一代製作，寧容榛楛棄也。取先生原稿，請於錫山尹趙公肖鶴。公讀而多先生勞，謀以月俸佐剞劂。會曹伯安雅志好古，請任其役，因爲訂疑誤，刪重複，補遺漏，以付諸梓人，踰年而工始竣。"

趙應元序云："不佞濫竽無錫令，簿書之暇，披覽未嘗去手。而會今祠部郎吳公曲羅，時方司理鎮江，見之而喜，謂不佞宜亟鋟，以公秋林，豈得秘之帳中耶？不佞唯唯。計將取諸贖鍰，既不可，割諸五斗，又不贍。奈何爲此書流布，乃邑中有綴文之士伯安曹君，欣然請以梨人棗人爲任。遂出篋中副墨，與二三名流各秉校讎之政，而兼總則在叔朗一人，訂其訛，正其舛，闕其疑，芟薙其繁複混淆、魯魚帝虎之譌，削除殆盡，而後付之剞劂。"

其《凡例》有云："詩無類書。詩之有類書也，自兹刻始。蓋玄超先生苦心歷二十餘年而就，以漢魏至六朝詩彙爲一集，以初唐至晚唐詩彙爲一集，總名之曰《詩紀類林》。兹刻惟唐詩，因題曰《唐詩類苑》，而漢魏至六朝者，俟讎校完乃授剞劂。"

《四庫全書總目》入集部總集類存目。《中國古籍善本書目》著錄。上海圖書館、南京圖書館等三十一館，臺北"國家圖書館"及日本內閣文庫、尊經閣文庫、靜嘉堂文庫、京都大學人文科學研究所、東京大學東洋文化研究所亦有入藏。

2787　明刻套印本李于鱗唐詩廣選　　　　T5237.4/4440

《李于鱗唐詩廣選》七卷，明李攀龍輯，凌瑞森、凌南榮輯評。明凌氏刻朱墨套印本。七冊。半頁八行十八字，四周單邊，白口，無魚尾，書眉上刻評。框高 21.5 釐米，寬 14 釐米。前有凌濛初序，王世貞《古今詩刪》序，李攀龍序；評詩名家姓字；凌瑞森、凌南榮識語。

此爲李攀龍《古今詩刪》中"唐詩"之部。凌濛初序云："《唐詩廣選》者何？李于鱗先生所爲《唐詩刪》也。《刪》而曰《廣選》者何？于鱗之《刪》，較今所稱《選》者稍廣也。""元美攜其本歸吳中，館客某者潛錄之，頗有軼落。他日，客復館先君子所，出其本相示，家仲叔欣然授諸梓，而《選》始傳。後元美觀察吾郡，見而語先君子曰，此尚有漏其完者，子與行且校之。先君子更從子與所請，得其原抄本，則子與時自有丹鉛評隲之草，犁然秘之書簏已。而《古今詩刪》出，《刪》止載子與名，不存其筆。此《選》與《刪》各行之始末也。嗣後，晉陵蔣仲舒取所爲《選》而箋釋之，詮載既詳，揚榷咸備，博雅欣賞，海內家傳户習之，以爲李《選》止是矣，而不知《刪》之所載尚溢也。即知《刪》之溢者，以爲《刪》溢耳，而不知《選》之自漏也，猶子輩以家簏之本付剞劂。"

凌瑞森、凌南榮識語云："余輩既謀刻子與先生所評《唐詩選》矣，已而思寥寥數語，恐未足以盡詩之變。因廣採唐宋以及國朝諸名家議論衷益之，亦爛焉成帙，第耳目睹記或隘，不無掛漏之虞，聊以精力所及者，備一班云爾。"

《四庫全書總目》入集部總集類存目。《中國古籍善本書目》著錄。上海圖書館、浙江圖書

2788　明刻本鐫李及泉參于鱗箋釋唐詩選　　T5237.47/4440.4

《鐫李及泉參于鱗箋釋唐詩選》七卷附錄一卷，明李攀龍輯，李頤參閱。明晏良榮刻本。四册。半頁九行十九字，左右雙邊，白口，單魚尾。框高 19.6 釐米，寬 13.2 釐米。題"明于鱗李攀龍編釋；及泉李頤參閱；羽王陸鳳翀商定；時行晏良榮梓行"。前有李攀龍序。

李頤，字惟貞，號及泉，餘干人。隆慶二年進士，爲中書舍人，博習典故，負才名。萬曆初擢御史，忤張居正，出知河南府，累擢右僉都御史，巡撫奉天，在鎮十年，威望大著，進工部侍郎，管理河道，以勞卒。

卷一五言古詩，卷二七言古詩，卷三五言律詩，卷四五言排律，卷五七言律詩，卷六五言絕句，卷七七言絕句。附錄一卷爲統論，計二十六頁。

此本有扉頁，刊"李于鱗先生唐詩選。附詩韻輯要。白下吳桂宇梓"。卷七第一頁書口下有"袞繡堂"三字。按，晏良榮，字時行，吳縣人，又刻有《解學士全集》十二卷《年譜》二卷。

《四庫全書總目》未收。《中國古籍善本書目》著録，四川重慶市圖書館亦有入藏。

鈐印有"萬松"、"梅華屋藏書記"、"松院"、"靜觀亭圖書"。

2789　明萬曆刻本新刻李袁二先生精選唐詩訓解　　T5237.47/4440

《新刻李袁二先生精選唐詩訓解》七卷，明李攀龍輯，袁宏道校。明萬曆四十六年(1618)余獻可居仁堂刻本。四册。半頁九行二十字，四周單邊，白口，單魚尾，書眉上刻評。框高 22.9 釐米，寬 13 釐米。題"濟南滄溟李攀龍選；公安石公袁宏道校；書林獻可余應孔梓"。前有袁宏道序；初盛中晚唐詩人姓氏爵里。

攀龍有《唐詩廣選》，後凌瑞森、鍾惺、蔣一葵、李頤、孫鑛等皆有箋釋、評點、參閱、輯評之本。此題袁宏道校本，當爲坊賈托名也。

卷一五言古詩，卷二七言古詩，卷三五言律詩，卷四五言排律，卷五七言律詩，卷六五言絕句，卷七七言絕句。

此本有扉頁，刊"唐詩訓解。二刻。李于鱗先生選。書林三台館梓"。扉頁上鈐有紅色木記"每部紋價壹兩"。又卷七末有荷蓋蓮花牌記，刊"萬曆戊午孟夏月居仁堂余獻可梓"。余獻可曾刊有《新鍥燕臺校正天下通行文林聚寶萬卷星羅》三十九卷。三台館，似爲萬曆至崇禎間建陽書林余象斗之肆名，刻書甚多。疑余獻可與余象斗當爲同族之人，刻書互有所通。按，此本刻於萬曆四十六年，四册之書，售紋銀壹兩，據清錢泳《履園叢話》云，崇禎末年，田價每畝只值一二兩，此書售一兩之銀，也是昂貴之極。

《四庫全書總目》未收。《中國古籍善本書目》著録。遼寧省圖書館、杭州大學圖書館、美國國會圖書館、日本靜嘉堂文庫亦有入藏。臺北"國家圖書館"有日本田原仁翻刊明萬曆本。又日本尊經閣文庫也有日本刻本。

鈐印有"臥看江南雨後山"、"宜爾子孫"、"小野節家藏書"、"桂窗"、"西莊文庫"。按，桂窗，爲日本江户後期藏書家小津桂窗。

2790　明萬曆刻重修本唐詩紀　　　　　　　　T5237.47/4831

《唐詩紀》一百七十卷目録三十四卷，題明方一元輯。明萬曆十三年(1585)吳琯刻方天眷重修本。存三十二册。半頁九行十九字，四周雙邊，白口，單魚尾。框高19.9釐米，寬13.1釐米。題"豫章李明睿閲；海寧方天眷重訂"。卷二題"滁陽方一元彙編；海寧方天眷重訂"。前有萬曆十三年方沆序，萬曆十三年李維楨序；《凡例》十三則。

是書缺卷一百六十二至一百七十。

收初唐、盛唐之詩，並非完書。其《凡例》有云："是編原舉唐詩之全，以成一代之業，緣中、晚篇什繁多，一時不能竣事，故先刻初、盛，以急副海内之望，而中、晚方在編摩，續刻有待。""是編初唐，原係黄清甫首事，止編一十六卷，今特列其名，以示不忘始之者。"

方沆序云："古鄣吳太學琯，既校刻六朝以上《詩紀》，傳之四方矣，復彙編有唐一代之業，而以初、盛詩百七十卷先之，其凡例壹準諸《詩紀》。"

李維楨序云："始黄清父輯初唐詩十六卷，無何病卒。鄣郡吳孟白以爲未盡一代之業，乃同陸無從、俞公臨、謝少廉諸君，倣馮汝言《詩紀》，紀全唐詩，詩某萬某千某百有奇，人千三百有奇，名氏若詩闕疑者五十人有奇，仙佛神鬼之類爲外集三百人有奇。考世里、敘本事、采評論、訂疑誤，稗官野史之説，殘篇隻字之遺，無所不攟摭合之，得若干卷，積年而告成，蓋其難哉！"

蓋始其事者爲黄德水，德水爲魯曾子，吳縣人，初名德水，後易名河水，字清父。諸生。工詩。吳琯爲續其事者，琯字孟白，歙縣人，嘗校刊馮惟訥《古詩紀》，因準其例輯此書。同時讎校者爲陸弼、謝陛、俞策諸人。此題方一元者，或爲其得板重印時剜改後添加。

方沆序第一頁書口下刻"何鯨刻"。

此本有扉頁，刊"唐詩紀。李本寧、李太虚兩先生重訂。聚錦堂藏版"。鈐有"聚錦堂"印。

《四庫全書總目》入集部總集類存目。《中國古籍善本書目》著録。山東省圖書館、南京圖書館等十六館，臺北"國家圖書館"(兩部)、日本内閣文庫亦有入藏。按，明萬曆十三年吳琯刻本，中國國家圖書館、上海圖書館等二十四館及臺北"國家圖書館"(兩部)有入藏。

2791　明末刻本類選唐詩助道微機　　　　　　　　T5237.47/7237

《類選唐詩助道微機》六卷，明周汝登輯評；《助道微機或問記》一卷，明方如騏撰；附《邵康節先生詩鈔》一卷《楊慈湖先生詩鈔》一卷，明周汝登輯評。明末胡正言十竹齋刻本。六册。半頁八行十八字，四周單邊，白口，單魚尾，書口下刻"十竹齋"三字。框高20.6釐米，寬13.5釐米。胡正言跋。

周汝登，字繼元，嵊人。萬曆五年進士，累官南京尚寶卿。其學欲合儒釋而會通之。

卷一心學、家庭，卷二君道、臣道，卷三交友、邊塞，卷四飲酒、静趣，卷五感策、對治，卷六禪門、玄門。詩後多有周氏評注之語。

胡正言跋云："夫詩言志，志心所之也。本心之志，率乎其天。天機發爲天籟，自有天然之旨趣，豈人之所能爲哉？人爲之詩，奚以詩爲。楊慈湖云，世傳李杜文章伯，問着《關雎》恐不知，彼蓋有所重者在也。海門先生之箋唐詩，意取諸此。予有感而訂行之，庶幾與三百篇並垂人心。"

後附之邵楊二家詩鈔，書口題"邵楊詩微"，前有周汝登序。胡正言跋。周汝登序云："近讀康節、慈湖二先生詩，其語彌似禪，而其旨彌徹。因爲摘揭各數十首，以附《微機》之後。學者讀此，莫問是禪非禪，一味起疑起信，參求既久，有日醒然。"胡正言跋云："漢唐亡論矣，宋儒悟入心宗，妙脫言解，如邵、楊兩先生，罕視其匹。蓋康節之語，洞達痛快；慈湖之語，警悟了徹；海門之揭，明白直捷。總之單提人心以示人，使人讀之躍然。"

此爲胡正言十竹齋刻本。胡氏刻書二十五種，此其一也。《四庫全書總目》未收。《中國古籍善本書目》著錄，湖南圖書館也有一帙，然將附錄分開著錄。

鈐印有"毘陵世家"。

2792　清順治刻本唐詩解　　　　　　T5237.48/0630

《唐詩解》五十卷，明唐汝詢輯。清順治十六年(1659)萬笈堂刻本。二十册。半頁九行十九字，四周單邊，白口，單魚尾。書口下刻"萬笈堂"。高20.4釐米，寬13.6釐米。題"華亭唐汝詢仲言父選釋；武林毛先舒馳黃父、韋人鳳六象父參校"。前有毛先舒序；《凡例》二十則；又順治十六年(1659)趙孟龍撰《新例》四則；詩人爵里。

唐汝詢，字仲言，上海松江人。汝諤弟。幼而失明，口授耳治，博通群籍，工於詩，且能著書，爲恒古稀有。又著有《編蓬集》、《姑蔑集》等。

是書取高廷禮《唐詩正聲》、李于鱗《唐詩選》二書，稍爲訂正，附以己意，爲之箋釋。《書影》曰：唐汝詢五歲而瞽，默坐聽諸兄佔畢而暗識之，積久遂淹貫，嘗解唐詩，掇拾古文，以爲箋注，溯流從源，蒐羅略盡。必先經後史，不少紊淆，雖詩賦之屬，亦從年代次序之。如某字某句，秦漢並用，則必博採秦人，不以漢先，其推挹之甚至。卷一至一〇五言古詩；卷一一至一八七言古詩；卷一九至二〇歌行長篇、騷體、琴操；卷二一至二三五言絕句；卷二四五言絕句、六言絕句；卷二五至三〇七言絕句；卷三一至三八五言律詩；卷三九至四四七言律詩；卷四五至五〇五言排律。《四庫全書總目》云：此書"所注實多冗蕪，不盡得古人之意，亦不盡得其所出"。

此本爲萬笈堂據萬曆四十三年楊鶴刻重刻。毛先舒序云："顧唐氏書歲久滅漫，同郡趙六蟠司濤兄弟，爰合同人重爲繙刻，較訛補注，比昔加美，縣諸國門，不刊之書矣。"

凡例云："是編所選詩凡七體，而附以六言，一遵《品彙》之例。獨人以世次，詩以體別，不無有所更定。""是編之解有二，屬辭比事，則博引群書，遵李善注《文選》之例。揣意摹情，則自發議論，遵朱氏傳《詩》之例。"《新例》云："仲言校字，實有苦心，而沿刻多訛。今兹詳加訂正，悉改淆訛，較之原本，尤精鑒矣。""詩中諸體，具有源流，初涉之士，需此尤急，原書未嘗載之，似爲闕然。今兹詳蒐別本，悉爲補入。""詩人爵里姓氏，原書多闕注記。今兹博蒐史傳、稗官諸書，更爲廣注，以補前遺。"

是書最早有明萬曆四十三年楊鶴刻本。明天啓間又刻有唐汝詢輯《彙編唐詩十集》四十一卷目錄七卷。清康熙間有《删訂唐詩解》二十四卷，吳昌祺評，爲康熙四十年誦懿堂刻本。

詩人爵里，計帝王三人，公卿名士一百七十七人、有姓氏無字里世次者四人、無姓氏三人、衲子四人、女冠一人、閨秀二人。

此本後印。有扉頁，刻"增補唐詩解。唐仲言先生原本。諸名家較訂。本衙藏板"。

《四庫全書總目》入集部總集類存目。《四庫全書存目叢書》第369至370册收入，底本爲吉林大學圖書館藏明萬曆四十三年楊鶴刻本。《中國古籍善本書目》著錄，上海圖書館、天津圖書館等十九館也有入藏。

鈐印有"小田切萬壽之□印"、"瀧川氏圖書記"。

2793　清康熙刻本唐音戊籤　　　　　　　　　　T5214.47/4210.5

《唐音戊籤》二百一卷《餘閏》六十四卷，明胡震亨輯。清康熙二十五年(1686)胡氏南益堂刻本。四十八冊。半頁十行十九字，左右雙邊，白口，單魚尾，書口下間刻戊字。卷一第一頁題"唐音統籤卷五百五十三"。框高20.1釐米，寬14.1釐米。目錄頁題"海鹽胡震亨遯叟編"。

唐音者，唐詩及其風格也。清袁枚《隨園詩話》卷一："學窮宋理談偏妙，詩合唐音自不知。"是編爲《唐音統籤》之戊籤，共收晚唐人集詩凡一百十一家；《餘閏》收唐人集詩凡六十二家。

《四庫全書總目》云：震亨"所撰《唐音統籤》，凡一千二十七卷，以十干爲紀，卷帙浩繁，均未鋟版。國朝乙丑，其孫成之、曾孫顧始以《戊籤》刊行，即此本也。蓋當明末國初時，太倉、歷下之摹古，與公安、竟陵之趨新，久而俱弊，遂相率而爲宋詩。宋詩又弊，而馮舒、馮班之流，乃尊崐體以攻江西，而晚唐之體遂盛。《戊籤》二百一卷，所錄皆晚唐之詩；《閏餘》六十四卷，所錄皆南唐、吳越、閩國之詩，風會所趨，故及時先出爾。方其剞劂之始，尚欲相繼刊布全書，故此集始於五百五十三卷，迄於八百一十七卷，編帙之數，尚仍《統籤》之舊。追御定《全唐詩》出，而諸籤遂廢。惟《癸籤》僅有續刊，餘則繕錄之本，亦日傳日滅矣"。

此書作清康熙二十五年胡氏南益堂刻本，乃據《中國古籍善本書目》。

《四庫全書總目》入集部總集類存目。《四庫全書存目叢書補編》集部第81冊收入，底本爲故宮博物院圖書館所藏。《中國古籍善本書目》著錄，上海圖書館入藏。上圖又有清沈岩錄清何焯批校本。又日本《內閣文庫漢籍分類目錄》著錄。

鈐印有"臥廬所得善本"、"淮□杜氏藏書"。

2794　清康熙刻本唐音癸籤　　　　　　　　　　T5214.47/4210

《唐音癸籤》三十三卷，明胡震亨輯。清康熙五十七年(1718)刻本。四冊。半頁十行十九字，左右雙邊，白口，單魚尾，書口下間刻字數。卷一第一頁書口下有"金陵劉鳳鳴刻"。框高20.1釐米，寬14.2釐米。題"海鹽胡震亨遯叟著"。

胡震亨，字孝轅，晚號遯叟，浙江海鹽人。萬曆舉人。官至兵部員外郎。乞歸。少以經濟自負，藏書萬卷，日夕搜討。又有《赤城山人稿》、《海鹽圖經》、《讀書雜志》等。

是編爲《唐音統籤》之第十集，九集皆錄唐詩，此集則錄唐詩話。舊無刊版，至康熙五十七年，江寧書肆乃得抄本刻行。爲目有七，爲體裁一卷，論詩體。法微三卷，分二十四子目，爲統論、通論各體、四言、五言古、七言古、樂府、律詩、五言律、七言律、排律、絕句、詠史、詠物、和韻、聯句、雜徘諧體、用字、用句、儷對、篇法、用韻、用事、則古、砭疵，自格律以及字句聲調，無不備論。評彙七卷，集諸家之評論。樂通四卷，論樂府。詁箋九卷，訓釋名物典故。談叢五卷，採擷逸事。集錄三卷，首錄唐集卷數，次唐選各總集，次金石墨蹟。《四庫全書總目》云："震亨蒐括唐詩，用力最劇，九籤之中，惟《戊籤》有刻，而所錄不出御定《全唐詩》之外，亦不甚行，獨詩話採擷大備，爲《全唐詩》所未收。雖多錄明人議論，未可盡爲定評，而三百年之源流正變，犁然可按，實於談藝有神，特錄存之，庶不沒其蒐輯之勤焉。"

此本有扉頁,刻"唐音癸籤。海鹽胡孝轅先生編撰。《唐音統籤》,凡一千卷,籤分爲十:甲唐帝王詩。乙初唐集詩。丙盛唐集詩。丁中唐集詩。戊晚唐集詩,戊之餘閏,唐五代集詩。己五唐無集,人失世次,人失名氏詩。庚僧、道士、宮閨、外國人詩。辛非詩,而凡有韻類詩者。壬詩而非人者也。癸籤則爲有唐一代詩史,尤吟家帳秘。《統籤》工鉅,容需歲月告成,先梓癸籤,以公世云。"

卷七、卷八末刻"戊戌秋刻"。"戊戌",爲康熙五十七年。

《四庫全書總目》入集部詩文評類。《中國古籍善本書目》著錄《唐音統籤》(內有《癸籤》),計三十一家圖書館入藏,然除故宮博物院圖書館有全帙外,它館皆爲不全之本。又日本《內閣文庫漢籍分類目錄》著錄有《癸籤》。

鈐印有"求善讀天沽諸"、"少泉蔡氏珍藏"、"竹墩"、"沈慈印"、"十峰父"、"曾在雲間嘯園沈氏"。

2795　明刻巾箱本唐詩粹選　　　　　　　　　　T5237.47/2901

《唐詩粹選》十五卷,明徐充輯。明刻本。五册。半頁七行十七字,四周單邊,白口,單魚尾。書口下間有字數。高10.4釐米,寬5.9釐米。題"江陰徐充編次;錢唐楊爾曾校正"。前有徐充序。

徐充,字子擴,號兼山,江蘇江陰人。年十三補諸生。有才思,工詩。所繪《清江紀勝圖》,爲藝林佳品。

卷一詩(五言古、七言古皆有),卷二至三五言古詩,卷四至五七言古詩,卷六至七五言律詩,卷八至一〇七言律詩,卷一一至一二五言絕句,卷一三至一五七言絕句。

徐充序云:"詩貴吟詠,聲律諧葉,一唱三嘆,有遺音者,可以暢敘幽情矣。唐人爲然,而亦不盡然也。暇因哀集諸家杜集大成,樂府宮詞,稍存別體,餘各選其粹者,雖一字一句之善所不忍遺,馬、遷多愛之病,不能免已。故博參群籍,錯綜並存,因同異而見工拙,校可否而定是非,亦讀書之法也。積錄成編,時取歌誦,聊假日以消憂,固非欲出以示人也。間有不同,自適己見而已,去留何足重哉,遂名曰《唐詩粹選》。"

卷三、卷五至卷八題"襄城楊士弘編次;鹽官祝守範校正"。此本疑爲楊爾曾夷白堂所刻。夷白堂刻有《海內奇觀》、《圖繪宗彞》、《香山九老詩》、《高氏三宴詩集》、《食物本草》等。其中《食物本草》亦巾箱本。

《四庫全書總目》、《續修四庫全書》、《續修四庫全書總目提要(稿本)》未收。《中國古籍善本書目》未著錄。

2796　明崇禎刻本唐文初集二集　　　　　　　　T5238.47/4983

《唐文初集》一卷,明林尊賓、昌弘綱輯;《唐文二集》一卷,明黃邇斅、吳烈騰輯。明崇禎刻本。二册。半頁九行二十五字,四周單邊,白口,無魚尾,書眉上刻評。框高19.2釐米,寬11.6釐米。《初集》目錄頁題"古莆林尊賓燕公、昌弘綱持伯選;林峒小眉參"。前有林峒序。《二集》題"閩黃邇斅濟公、吳烈騰士讓仝纂選"。前有黃邇斅、吳烈騰序。

是書《初集》選太宗文皇帝、魏徵、狄仁傑、張九齡、陳子昂、沈佺期、元結、李白、杜甫、獨孤及、沈顏、牛希濟、顧況、李德裕、顏真卿、楊夔、劉蜕、陸贄、白居易、李翱、皇甫湜、孫樵、杜牧、李商隱、皮日休、陸龜蒙等人之文,計九十二篇。《二集》收太宗、德宗、憲宗、文宗、武宗、舒元輿、陳子昂、李觀、歐陽詹、盧照鄰、沈顏、李白、陸贄、白居易、元結、馬周、張説、陳越石、皇甫湜、張九齡、獨孤及等人之文,計一百篇。

此本有扉頁,《初集》刊"唐文初集。石吟堂評選。本衙藏板"。《二集》刊"唐文二集。石吟堂評選。何衙藏板"。

《四庫全書總目》未收。《中國古籍善本書目》未著録。

2797　清初刻本貫華堂選批唐才子詩甲集七言律　T5237.48/8181

《貫華堂選批唐才子詩甲集七言律》八卷,清金人瑞輯;清金雍注。清初刻本。六册。半頁九行二十一字,左右雙邊,白口,無魚尾。高 19.3 釐米,寬 14.5 釐米。卷二題"男雍釋弓集撰"。

金人瑞,本姓張,名采,後改金姓,名喟,一名人瑞,字聖歎,江蘇長洲人。爲人狂傲有奇氣,嘗言天下才子之書有六,一莊、二騷、三馬史、四杜律、五水滸、六西厢,因作各書批評。其水滸、西厢兩種,頗爲世俗傳誦。清初以抗糧哭廟案被誅。

金雍,人瑞子。

此爲金人瑞就唐杜審言、李嶠、沈佺期、宋之問、崔湜、馬懷素、武平一、劉憲、韋元旦、裴漼、張説、蘇頲、張九齡、賈曾、徐安貞、李邕、孫逖、張諤、庚光先、李澄、賈至、王維、裴迪、孟浩然、王昌齡、高適、崔顥、岑參、李頎、祖詠、萬楚、崔曙、元結、嚴武、張謂、劉方平、陶峴、獨孤及、張志和、李白、劉長卿、錢起、包何、秦系、李嘉祐、韓翃、皇甫冉、韋應物、皇甫曾、郎士元、盧綸、耿湋、司空曙、李益、崔峒、竇叔向、李端、張南史、朱放、竇常、竇牟、于鵠、楊郇伯、戴叔倫、朱灣、王建、武元衡、王表、權德輿、劉禹錫、羊士諤、陳羽、韓愈、柳宗元、楊巨源、張籍、白居易、元稹、李紳、賈島、朱慶餘、李商隱、溫廷筠、杜牧、許渾、李遠、趙嘏、薛逢、姚鵠、劉威、劉滄、雍陶、來鵬、崔魯、曹鄴、李群玉、李郢、李頻、劉得仁、方干、翁綬、司空圖、張喬、胡曾、唐彦謙、章碣、沈彬、皮日休、陸龜蒙、李縠、鄭璧、魏朴、李洞、曹唐、鄭谷、崔塗、張蠙、蘇廣文、周朴、吳融、韓偓、曹松、劉兼、王貞白、韋莊、王滔、李咸用、廖匡圖、韋蟾、羅隱、羅鄴、譚用之、徐寅、伍喬、無名、皎然、清江、護國、貫休、齊己、曇域、若虛、棲一之七言律詩予以釋解。卷一爲《聖歎外書》,卷二爲《魚庭聞貫》,皆金雍所輯人瑞有關唐詩律體之語。

順治十七年春二月八日,金雍請其父説唐詩七言律詩,至夏四月望之日,前後所説達六百首。人瑞序云:"大唐之律詩,非獨一時之佳搆也,是固千聖之絶唱也,吐言盡意之金科也,觀文成化之玉牒也。其必欲至於八句也,甚欲其綱領之昭暢也,其不得過於八句也,預坊其蕪穢之填廁也。"卷二前有金雍小序,云:"雍既於今年二月吉日,力請家先生上下快説唐人七言律體,得五百九十五首,從旁筆受其語,退而次第成帙矣。既復自發敝篋,又得平日私鈔家先生與其二三同學所有往來手札,中間但有關涉唐詩律體者,隨長隨短,雍皆隨手割截,去其他語,止存切要,都來可有百三四十餘條,今揀去其重疊相同者,止録得三十餘條。又根據先生居常在家之書,其頭上尾後,紙有空白之處,每多信筆題記,其凡涉律體者,又得數十餘條。又寒家壁間柱上,有浮貼紙條,或竟實署柱壁,其有説律體者,又得數十餘條。一一羅而述之,亦復自成一卷,既不敢没先生生平勤勤之心,又思從來但有一書,之前必有《凡例》一通,今亦於義爲近,因遂列之於首也。”

此本有扉頁,刻"唐才子書。七言律詩。聖歎外書"。又鈐有"意趣不凡"印。

《中國古籍善本書目》著録,上海圖書館、山東省圖書館等十四館也有入藏。又日本《内閣文庫漢籍分類目録》著録。

鈐印有"守真草堂珍藏"。

館藏有複本一部,八册。

2798 清初刻本唐詩英華　　　　　　　　　　　　T5237.47/3844

《唐詩英華》二十二卷,清顧有孝輯。清初顧氏刻本。十册。半頁十一行二十一字,左右雙邊,綫黑口,單魚尾。題"吴江顧有孝茂倫編"。前有順治十四年(1657)錢謙益序,順治十四年金俊明序,陸圻序;顧有孝撰《凡例》六則。

顧有孝,字茂倫,江蘇吴江人。明末諸生,入清不仕。少受業陳子龍門,康熙十七年舉博學鴻儒,固辭不就。家居葑門釣雪灘,日以選詩爲事。詩雋永,不苟作。家貧好客,賓至輒留,生平胸無柴棘,負海内重望,不欲自顯於時。所交率高尚士,與徐介白、俞無殊、周安節稱莫逆交。有孝長身玉立,意氣自豪,樗蒲博簺,窮日夜不休。四方過松陵者,必停橈相問訊,以是名滿大江南北。平生著述至富,又有《釣雪灘集》。

此書皆爲七言,卷一至二初唐,卷三至四盛唐,卷五至一〇中唐,卷一一至二〇晚唐,卷二一納子、名媛,卷二二五代。其收五代之作,則以其風氣近乎晚唐,派别猶是唐音也。

錢謙益序云:"茂倫之撰是集也,胥初、盛、中、晚之詩臚而陳之,不立阡陌,不樹籬棘,異曲同工,分曹遞奏。沈休文之言曰:飈流所始,同祖風騷,徒以賞好異情,故體勢相絶。江文通之言曰:蛾眉詎同貌,而俱動於魄,芳草寧共氣,而皆悦於魂。茂倫奉爲律令,用以箴嚴氏膏肓之癖,洗高氏耳食之陋,庶幾後三百季,焕然復睹唐人之面目,斯茂倫之志也。"

金俊明序云:"唐之傳人,無慮三四百家,工且富者,曾不數輩。既工且富,無踰昭代,流及今日,兹體遂欲單行,要其所從來,不可蔑遺。猶禘者之必求其始,探河源者之必於崑崙積石也。顧子茂倫,爰事蒐纂,專爲一集,其人之梗概,與夫詩題之事跡,雜見於傳記者,亦採摭附之斯。煌煌乎,儷句之盛觀也。"

《凡例》云:"七言今體,倡自唐人,近代臺閣山林、酬唱贈投之什,咸以此體爲擅場。因閲唐賢諸集,抄録成編,從時好也。家凡數百,詩約三千,庶幾有唐一代律體之盛,得睹其大全爾。""詩章之興,多緣羈旅行役,感憤諷刺,無聊不得志之作,不考其出處,遇合、遺言、逸行,則詩人言外之旨不見。兹特采輯新舊唐書及《唐詩紀事》等編,備列於前,不但有唐一代名臣文士、爵里行實燦然在目,庶幾古人讀書論世之旨云。""詩話之作,傷於繁蘩。然前人論列,時有一二微語,足以鼓吹風雅,或考証詳確,有會作者情事。故自宋元而下,如《丹鉛》、《譚藝》、《卮言》諸書,以及時人論次,間入集中,所以廣文人之學識,且以備名賢説詩之旨焉。""風氣有初、盛、中、晚之分,人品有貞、淫、誠、僞之别,詩格有雄高、輕逸、絢麗、清癯之殊,各自成家,采輯具備,庶使千載下詩人興會,或因流以溯源,或因本以及末,性情既有所歸,風格端知所自爾。""讀書以明體達用爲大,經史根幹也,詩文枝葉也,未有根幹不植而枝葉英華者。有孝童年學詩,漢魏六朝以及三唐頗亦流覽,比年偶彙七律成帙,友人樂其備美,合謀之梓。"

此本有扉頁,刻"唐詩英華。吴江顧茂倫先生選。吴郡寶翰樓"。卷一目録頁題"友人薛宋、沈壽民、王光承、徐白參輯"。總目後有參與編校者姓氏。

《四庫全書總目》、《續修四庫全書》未收。《續修四庫全書總目提要(稿本)》著錄。《中國古籍善本書目》著錄清初顧有孝寧遠堂刻本，中國國家圖書館、北京大學圖書館等八館有全帙。

2799　清康熙刻本十種唐詩選　　　　　　　　　T5237.48/4021C.2

《十種唐詩選》十七卷，清王士禛輯。清康熙盛符升等刻本。六册。半頁十行十九字，左右雙邊，黑口，單魚尾。高 16.7 釐米，寬 13 釐米。第一種題"唐殷璠元本；新城王士禛刪纂"。餘九種作者各不相同，唯第二行"新城王士禛刪纂"均同。前有康熙三十一年(1692)徐乾學序，盛符升序，尤侗序，韓菼序。末有盛符升跋。

王士禛，見清康熙刻本《國朝謚法考》。

是編取唐人總集八家，及宋姚鉉《唐文粹》所載諸詩，各爲刪汰，凡《河嶽英靈集》一卷(唐殷璠本)、《中興間氣集》一卷(唐高仲武本)、《國秀集》一卷(唐芮挺章本)、《篋中集》一卷(唐元結本)、《搜玉集》一卷(唐闕名本)、《御覽詩集》一卷(唐令狐楚本)、《極玄集》一卷(唐姚合本)、《又玄集》一卷(唐韋莊本)、《才調集》三卷(唐韋縠本)、《文粹詩》六卷(宋姚鉉本)，其去取一以神韻爲宗。

盛符升序云："壬申春，我師漁洋先生以《唐賢三昧集》垂示，因受而讎校之，集成，讀者靡不嘆其神簡。蓋集中所載，直取性情，歸之神韻，凌前逸後，迥然出衆家之上，由是先生論詩之宗旨，益足徵信於天下。凡宋元明諸選，或重風格，或主聲調，或取雄放，或趨幽僻，矜尚非一，舉無以涉其津涯，況絺章繢句，爭工於文字之末者耶？迺先生之意以爲，後人選唐詩，不若求之唐人，足見當代之遺。則復取唐人選詩九種，併宋姚氏所選《唐文粹》古詩，薈萃成編，共爲十選，各仍舊本，存選家之面目也。加以持擇，務取盡善，明刪定之宗旨也。"

此本有扉頁，刻"十種唐詩選。漁洋山人刪纂。南芝堂藏版"。"玄"字避帝諱。作"盛符升等刻本"之依據，可見盛符升跋："先生復取唐人選詩九種，合宋人《文粹》所選古詩，爲《唐詩十選》，亦授符升及王子我建次第刊成。問諸當世，揆其宗指，專以神韻爲歸，視楊之上格，高之上氣，李之上聲調者，超然絕出其上。其十種詩選之意，猶然《三昧集》選之意乎。"

《四庫全書總目》入集部總集類存目。《四庫全書存目叢書》第 394 册收入，底本爲北京大學圖書館藏本，作"清康熙三十一年刻本"。《中國古籍善本書目》未收此本，但著錄有五卷本，爲"清宋氏漫堂抄本"，藏中國國家圖書館。日本《內閣文庫漢籍分類目錄》著錄。

鈐印有"堀越文庫"，日人印也。

2800　清康熙刻本御定全唐詩錄　　　　　　　　　T5237.48/2924

《御定全唐詩錄》一百卷《御定全唐詩人年表》一卷，清徐倬輯。清康熙四十五年(1706)內府刻本。四十八册。半頁十一行二十一字，左右雙邊，黑口，雙魚尾。高 16.4 釐米，寬 11.2 釐米。題"禮部侍郎臣徐倬、翰林院侍讀學士臣徐元正奉旨校刊"。前有康熙四十五年御製序。

徐倬，見清康熙刻本《道貴堂類稿》。

是編以唐詩卷帙浩繁，乃採擷菁華，輯爲一集，每人各附小傳，又間附詩話詩評，以備考證。康熙四十五年，適逢聖祖仁皇帝南巡，倬繕錄進呈，得旨嘉獎，特由侍讀擢禮部侍郎，以旌好學，並御製序文,賜帑金刊板。全書用胡震亨《統籤》之例,或分體,或不分體,各因諸家原集,以存其舊。是編惟仙鬼之詩仍不分體,餘皆以古體、今體分編。

御製序云:"頃以視河南巡至於江浙,見比閭士庶有吹豳擊壤之風,獻詩頌者絡繹於途。雖其工拙淺深各極其不齊之致,而衢謳巷舞,儼然省方之所採,列國之所陳,亦可見人情之愛戴。而先王以詩爲教之義,濡染而蒸陶之者,所關甚鉅也。翰林侍讀徐倬,以《全唐詩錄》進,展卷而讀之,與朕平時品第者,蓋有合焉。嘉其耄年好學,遷秩禮部侍郎,以爲天下學者之勸。乃取兹集,親爲鑒定,賜以帑金,即爲校刊,俾誦習者由全唐之詩沿波討瀾以上溯夫汾泗之傳,而游泳乎唐虞載賡之盛,其於化理人心,將大有裨益也矣。"

此書寫刻甚精。"玄"字避帝諱。

《四庫全書總目》入總集類。《中國古籍善本書目》著錄,天津圖書館、浙江圖書館等三十八館也有入藏。日本《內閣文庫漢籍分類目錄》著錄。

2801 清康熙刻本唐詩選勝直解　　　　　　T5237.48/2393

《唐詩選勝直解》八卷,清吳烶撰。清康熙刻本。四冊。半頁九行二十字,四周單邊,白口,單魚尾。高19.5釐米,寬11.4釐米。題"西泠吳烶葦庵父選注;同學沈佳昭嗣、男觀陛履丹參訂;姪觀至與幾、觀均履中較閱"。前有康熙二十六(1687)沈佳序;吳烶撰《凡例》十三則;《詩諭》十四則;《詩法》十八則;詩人爵里。

吳烶,浙江杭州人。

是編卷一五言古詩,十五人,共詩二十首;卷二七言古詩,十八人,共詩三十首;卷三五言排律,十八人,共詩三十首;卷四七言長篇,四人,共詩五首;卷五五言律詩,三十四人,共詩六十首;卷六七言律詩,三十人,共詩五十三首;卷七五言絕句,四十一人,共詩六十首;卷八七言絕句,三十六人,共詩六十首。

沈佳序云:"武林吳葦庵,幼稟異質,性耽吟詠,孳孳以樂道修身爲務。其令嗣履丹,及館甥王子令聞與余交,余景行已久,一日偕令聞過余齋,出袖中所解《唐詩選勝》一帙示余,且屬爲序。捧讀再四,辭不獲命。蓋先生懼世之學者,徒襲俚近之辭,而不得乎性情之正,不達夫作者之指,或失之略,或失之博,因取全唐人集,略爲選定注釋,名曰《直解》。大約如明道之說詩,晦庵之集傳,明白簡易,以便於學者誦習云爾。然由此而上溯乎六朝漢魏楚騷,又上而溯乎風雅頌,則詩之源流畢備矣,謂兹集盡唐人之勝可也。先生鑒別之精,詮解之善,其有功於人心,豈不大哉。"

《凡例》云:"選詩先五七言古,次五七言絕,再次五七言律敘也。今是選不定卷數,惟以各體各爲一卷,隨讀者閱者,所取何體自爲敘次可也。""古今論詩者多矣,諸家集說甚繁,擇其最易曉者數則,列之篇首。夫評注者,釋其義,逆其志而止。作者欲舒寫性靈,命意琢句,則詩法之有神於後學,不啻古作者之耳提面命矣。""曰選勝者,選諸刻之最勝者也。應制詩,惟初盛唐有之,斯時天子鼓吹風雅於上,臣工歌詠太平於下,然亦不多概見。盛唐名家,雜作最多,所選亦不過數篇。中晚諸賢,功名雜進,上無吟詠作倡,下鮮賡歌奉答,詩道衰矣。然亦有不遜初盛者,合參品彙諸選,亦增入數篇。""曰直解者,刪唐仲言之繁,增詩選之簡,以愚意而直解之也。情景意事,興比賦頌,其間起接映帶之法,虛實寄託之致,俱爲拈出,使讀者瞭然若對作者之面,中用典故,詳載注下。""詩內不加圈點,蓋入選者,皆精金美玉,沙礫不能掩其光,砆砱不能比其潤也。如篇中警聯，句中字眼，吟詠三過，意味便見。""詩人有時地之盛衰，品位之高卑，德行之淑慝，不能每篇悉載。兹以入選諸家彙列篇首，仍曰詩人爵里，讀其詩，知其人之生平大概云。"

此書寫刻甚精。"玄"字有避有不避。每卷皆有扉頁，刻"五言古詩"、"七言古詩"、"五言排律"、"七言長篇"、"五言律詩"、"七言律詩"、"五言絶句"、"七言絶句"。

《四庫全書總目》、《續修四庫全書》、《續修四庫全書總目提要(稿本)》未收。《中國古籍善本書目》著録，作"不分卷"，中國社會科學院文學研究所圖書館也有入藏。日本《內閣文庫漢籍分類目録》著録。

鈐印有"水野氏藏書"、"拙軒圖書"，日人印也。

2802　清康熙刻本唐詩體經　T5237.48/2312

《唐詩體經》六卷，清吳廷偉撰，清顧元標注。清康熙四十二年(1703)刻本。六册。半頁八行十九字，左右雙邊，白口，單魚尾。高20.1釐米，寬14.3釐米。題"天都吳廷偉端人選訂；廣陵顧元標天飛注釋；海陵宮鴻曆恕堂、天都黃鼎延逸園參訂"。前有康熙四十二年張玉書序，康熙四十二年顧元標序，康熙四十二年吳廷偉序。

吳廷偉，字端人，安徽天都人。家世鹽筴，流寓廣陵。康熙四十一年舉人。

顧元標，字天飛，江蘇揚州人。棄儒就賈。康熙四十一年舉人。

是編卷一五言古，七十二首；卷二七言古，七十二首；卷三五言律，一百零六首；卷四七言律，八十三首；卷五五言絶句，四十八首；卷六七言絶句，五十七首。每詩之首，冠以作者小傳；每詩之下，更標比興，期於讀者區分，以合於三百篇之旨。而比興之後，又附箋注，凡與是詩有關者，不別古今之説，悉爲擷録。而箋注之後，復附品評，綜其所論，亦頗精當。

張玉書序云："癸未夏，余在内閣，天都吳親家以選注唐詩遥寄郵筒，問序於余。開編檢閲，大爲愉快。蓋其選者、注者，各具手眼，遠宗毛詩，絶不雷同於諸選本。選乃吳端人，注乃顧天飛也。夫二子少年篤學，閉户著書，端人出其卓識，以選訂篇章，皆人所必讀之詩，絶無遺漏，正如十萬八千獅子座，盡在維摩丈室之中。天飛憑其學力，而細爲注解，言言明爽，一見快心，讀之者靡不了徹其意藴，正所謂'在人意中、出人意外'之書。將見海内唐詩定以《體經》爲第一，選注俱佳，可稱雙璧，吾深爲之喜也。"

顧元標序云："同學吳子端人，擅雕龍吐鳳之奇，將全本唐詩深爲研究，取其理明意正、可法而可傳者彙成一集，囑予注釋。予細閲之，喟然嘆曰：由博而返約，振裘而挈領，是殆三百之遺風，乎詩學津梁，其在此矣。予也材慙樗櫟，二十年苦志騷壇，得此有功世學之書，竟忘叔夜生平之懶，先爲之別，其體裁或賦、或興、或比，判然分明；復爲之詮其字句，或事、或人、或地，鰲然昭著；更爲之探其旨趣，或歌、或泣、或諷，確然共見。名其詩曰《體經》，俾覽之者一見了然，毫無遺憾。"

吳廷偉序云："余於芸窗之下，別無所事，惟有香一煙，茗一壺，書一卷而已。能怡情適興者，則惟詩，詩必以唐爲最，以其味厚如醇醪，愈讀而愈能心醉也。但其中有可法者，有不可法者，如概曰唐詩，一味矇矓讀去，恐爲唐詩所誤者不少也。余故於全本之中，取其切要必讀者，録爲六卷。余友顧子天飛，吟壇樹幟，久挾江淹之筆，壬午秋，南闈旅次，余出選本就正顧子，以爲確而當，欲余刊之行世，爲詩法之正傳。余曰：剞劂固所願，惜無注解耳。顧子曰：是予之責也。夫遂爲之分別其體裁，詮其字句，指其理脈，皆余意中所急欲爲之而未逮者也。顧子與余可謂志同而道合,能不授之梨棗,以公同好乎?"

此本有扉頁,刻"唐詩體經注解。天都吳端人、廣陵顧天飛同訂。京江張素存先生鑒定。光裕堂藏板"。並鈐有"光裕堂藏板"。"玄"字避帝諱。

《四庫全書總目》、《續修四庫全書》未收。《續修四庫全書總目提要(稿本)》著錄。《中國古籍善本書目》著錄清康熙四十二年賜蓮堂刻本,廈門大學圖書館也有入藏。

2803 清康熙刻本唐詩貫珠　　　　　　　　　　T5237.48/4224

《唐詩貫珠》六十卷,清胡以梅輯並箋釋。清康熙五十四年(1715)素心堂刻本。十二冊。半頁九行二十三字,左右雙邊,綫黑口,單魚尾。版心下刻"素心堂"。高20釐米,寬13.6釐米。題"吳郡胡以梅燮亭甫箋;男胡之熾校訂;同學王貽荃洲若甫閱;姪胡之煜、胡之炤、胡莊鼎、婿王奕定全參校"。前有陶彝序,康熙五十四年胡以梅自序;《凡例》十一則。

胡以梅,號燮亭,江蘇吳郡人。爲詩文華贍而有法,爲人忼爽卓犖,顧乃困躓名場,勿獲當世之用。

貫珠,喻珠圓玉潤之詩文、聲韻。唐元稹《答姨兄胡靈之見寄五十韻》詩序:"適白翰林又以百韻見贈,余因次酬本韻,以答貫珠之贈焉。"金元好問《贈鶯》詩:"山城無與樂,好鳥亦求侶;時將貫珠來,有唱當和汝。"此當爲初學詩者所輯並箋釋。卷一至三帝京、東都;卷四內大寮;卷五至六外大寮;卷七至八清華、武寮(附獵);卷九貴倖、牧守;卷一〇幕佐;卷一一縣令(附少府)、致仕;卷一二通人;卷一三寄懷通人;卷一四至一五旅懷通人、贈別、送別;卷一六詞翰酬、雅事;卷一七至一九雅事、樂事;卷二〇試事;卷二一祀事、逸事、雜事、餽遺;卷二二宦況、陳情、國事;卷二三國事、詠史;卷二四親情、隱逸;卷二五隱逸;卷二六至二八僧、道;卷二九感懷、疾感、旅感;卷三〇行役感、閨情、宮詞;卷三一至三二艷情;卷三三至三四傷感、傷悼;卷三五晏、歌;卷三六至三七舞、郊野、官舍、幽居;卷三八登眺;卷三九名山、卷四〇山水;卷四一名勝;卷四二故都;卷四三寺院;卷四四壇觀、女觀、游仙;卷四五至四六古跡;卷四七女古跡;卷四八北邊、南徼;卷四九春、人日、寒食、清明;卷五〇夏、秋;卷五一七夕、九日、冬、冬至(附獵日、除夕);卷五二天文;卷五三禽;卷五四禽、蟲、獸;卷五五至五七花木;卷五八至五九器物;卷六〇食物、水族、身體。注釋之文皆在每詩之後。

陶彝序云:"君今部居類彙,標榜抉摘,上而探其旨,中而衡其篇,繼而攻其辭,論世考言,會心冥契。將掆作者於几席,上下其論而折衷其心事,刻露其精爽,使唐人千年面目净洗塵埃,盡人可以相親。抑且攟摭冥討,探逸典於酉陽,訪遺編於汲郡,證引繁富,原原本本,出奇彌新。如入大都之市,爛然百珍,輝映眉睫間,光怪陸離,使人不可方物,而詩旨愈顯……是編詩之作法、宜忌闡發詳明,而薈萃典實精華,澤潤豐年寶玉、儉歲膏粱,嘉惠後學不少。用以索途問津,加之意匠經營,化卻筌蹄,發爲心聲,昌明博大,鳴太平郅隆之風,直可遠接成周,唐人又何有焉。將必風行海內,紙貴洛陽。"

胡以梅自序云:"夫唐以詩掄士,無不寄身於翰墨,耳揉目染,父師之傳,子弟之授,皆抉其奧而探其微,積二百八十餘年,如菽粟醯醬,人人含咀厭飫。即五代入宋,距唐方五十五載,少者未老,壯者未歿,皆李氏之遺民,其漸染家學,悉是唐音。猶夫兩漢易世,培養氣節之士爲三國雋傑,殊轍同軌。故唐末才人,位雖不達,憔悴浪跡,而佳製尤多。予特選四唐近體七言,都得二千四百首,晚唐尤致意於遺珠焉,皆藻麗迥拔、風流韶令之詞,洵稱文章之精英,無不適於用者也。若夫初盛之粗疏膚淺失律意者,中晚之空虛卑弱無膩致者,無益於後學,不敢泛錄。倣《文選》之意,區以別之,各從其類,尊首善而先帝京,則應制、應教、朝賀、宮禁、省闥、兩都、雜什皆屬焉。通交際而曰投贈,則内外大寮、清華、武職、貴倖、牧守、幕佐、邑令、林下、通人、隱逸、親情、僧道,也有所爲。而唱酬者曰詞翰、雅事、樂事、逸事、雜事、饋遺、宦況、陳情、科第、祭祀暨國事與詠史。情志之所發曰感懷、疾感、旅感、行役、閨情、宫詞、艷情與傷感、傷悼。題詠之所及曰晏會、歌舞、郊游、林亭、官舍、幽居、登眺、僧寺、壇觀、女觀、游仙、山水、名山、名勝、故都、古跡、女跡,至北邊、南徼。迨夫天文、時令、鳥獸、花木、器物、衣服、身體具有,繁目不一,皆因詩而歸類,非立類以强分,既便觀者循名索駿,而一題變化,群賢畢集,□□異曲,分路揚鑣,取材廣博,如入鄧林武庫,妙在絶無蹈襲剽竊,愈出彌新,爽心奪目,良已快意……不揣弇陋,興之所發,思加詮釋,於是論其世,考其事,詳其地,核其人,爵位之顯晦,遭逢之得失,交游疏密,事功大小,本之傳記,旁搜别籍,探根蒂以得其情志,索群書以原其用意,蠡測作者之衷,務歸首尾融會,不致刺謬而後即安,典故源流,寧詳弗略。累七十餘萬言,裒成六十卷,而耗費年光,消磨神志亦不少矣。愛而珍之曰珠,從其類通其塞曰貫,於以命是編焉。"

《凡例》云:"是編獨選七律,且是編近體作法,宜忌既具,引用典故又富一得,入手五言律、五言排、七言排,總不出此範圍,皆易事矣。""是編初盛中晚四唐,名篇悉採,止論工拙,以定取捨。""是編注釋,皆貫通全篇大旨,推原作者之意爲先,次發明章法、句法、字法,作者、精神、力量,疏其典故用意,通首無粗牾爲至,而古人之心,不知其契否。"

《四庫全書總目》、《續修四庫全書》、《續修四庫全書總目提要(稿本)》未收。《中國古籍善本書目》著録,北京大學圖書館、清華大學圖書館等十館也有入藏。日本《內閣文庫漢籍分類目録》著録,殘存五卷。

2804 清康熙刻本中晚唐詩叩彈集　　　　T5237.48/4106

《中晚唐詩叩彈集》十二卷《續集》三卷,清杜詔、杜庭珠輯。清康熙四十三年(1704)采山亭刻本。六册。半頁十一行二十字,左右雙邊,白口,單魚尾。版心下刻"采山亭"。高18.7釐米,寬14.2釐米。題"錫山杜詔紫綸、秀水杜庭珠詒穀集"。前有康熙四十三年秦松齡序,杜詔自序;杜庭珠撰《例言》八則。《續集》前有康熙四十三年杜庭珠序。

杜詔,字紫綸,江蘇無錫人。康熙進士,改庶吉士。以詩受知於聖祖,逾年乞養歸,與高僧結九龍三逸社。又著有《雲川閣集》、《浣花詞》等。

杜庭珠,字怡谷,浙江秀水人。尚書臻之子。官知縣。工畫山水。

是書以明高棅《唐詩品彙》所録皆貞元以前之詩,故選録元和迄唐末諸作,凡一千八百七十餘篇,以補所遺,名曰"叩彈",取陸機《文賦》語也。諸人系以小傳,卷末間有品評,其訓釋考證亦頗多可採。卷一至二白居易一百三十首、元稹五十首;卷三張籍六十四首、王建九十八首;卷四李賀七十九首、孟郊三十一首;卷五鮑溶三十五首、姚合二十八首、朱慶餘二十四首、張祜五十五首;卷六杜牧七十首、許渾六十四首;卷七李商隱一百二十首;卷八温庭筠一百四首;卷九趙嘏三十七首、薛逢二十首、馬戴二十七首、李遠十四首、雍陶十五首、曹唐五十二首;卷一〇李群玉三十一首、韓琮十四首、崔珏十四首、方干十八首、李頻十七首、劉滄十四首、張喬二十九首、崔塗十七首;卷一一陸龜蒙四十三首、司空圖二十九首、羅隱四十首、羅鄴十二首、張蠙十四首、陳陶二十一首;卷一二韋莊五十首、吳融四十八首、韓偓六十六首。

《續集》三卷,卷上李紳十首、楊巨源十一首、竇鞏六首、劉言史四首、張碧一首、盧仝四首、沈亞之三首、賈島十首、施肩吾二首、李涉八首、李廓六首、章孝標三首、張蕭遠一首、段堯藩一首、王涯四首、張仲素六首、王初二首、顧非熊一首、崔涯一首、周賀四首、牟融二首;卷中項斯八卷、薛能八首、劉得仁六首、李郢九首、劉威三首、于武陵四首、儲嗣宗二卷、紀唐夫二首、趙光遠一首、司馬禮六首、曹鄴三首、劉駕五首、聶夷中三首、于濆一首、邵謁一首、胡曾八首、許棠三首、李山甫一首、皮日休四首、顏萱一首、李昌符三首、秦韜玉三首、來鵬三首、高駢四首、鄭畋二首、段成式三首、王遒三首;卷下唐彥謙十首、鄭谷九首、孫棨一首、沈彬四首、章碣一首、崔櫓一首、杜荀鶴六首、江爲二首、徐夤四首、殷文圭二首、黃滔三首、鄭準一首、曹松二首、周朴一首、李建勳三首、李洞四首、張泌十首、李咸用二首、王仁裕二首、嚴郾二首、譚用之七首、劉兼七首、錢珝三首、羅糾二首、高蟾二首、崔道融五首、王渙八首、徐鉉十首。

杜詔自序云:"癸未春,余與家詒穀讀書駕湖之上,間爲詩歌,因相與論次唐人詩,自長慶以下,得三十有七人,詩凡一千六百十四篇。取平原'抱景咸叩,懷響畢彈'之意,名之曰《叩彈集》。"

杜庭珠《續集》序云:"前集諸家,各從全集采錄,多至百餘,少或十數,大約什取二三。其篇什雖繁而風格未逮,與流傳雖久而氣韻失妍者,多從陶汰。既又念自元和訖後唐百六七十年之詩,而蓋之以三十餘人,恐未足以盡風氣之變,乃與紫綸兄悉索諸編,更互繙閱,披珠玉於泥沙,擇嘉禾於稂莠,標新領異,剔隱探微。然或欲退而旋收,或將登而輒擯至於數四,不敢濫,不敢忽也。凡又得二百六十五首,前集已付剞劂,別作三卷附其後,名曰《叩彈續集》。"

《例言》云:"唐詩選絕少善本,唯《品彙》庶稱大觀,然詳初盛而略中晚,中晚則詳貞元以前而略元和以後。夫詩有正有變,正唯一格,變出多岐,觀其盡態以極妍勢,必兼收而並采。是選不及元和以上者,蓋以《品彙》所收,今已家弦户誦,匪謂後來居上,政恐數見不鮮云爾。""作者俱有小傳,皆援據正史,史未載者,參考諸選,以備知人論世之義。雖云闕疑而傳信,不免孤陋而寡聞,唯博學君子正其紕繆,有厚幸焉。""凡遇典故,多采新舊諸名家箋注。不揣固陋,間有增補或訂正處,加某按字。至或作者寓意曲折,非訓詁所及者,爲之參訂時事,略爲闡發,倣錢氏箋杜之意,掛漏之譏,所不免耳。""是選始於癸未春,余與紫綸兄手自摘鈔,本爲巾箱吟賞之具,未敢公之同好也。家大人督課之暇,偶見副本,喜曰二子用心良苦,盍出而是正乎? 遂興梨棗之工,並識芻蕘之見。"

此本有扉頁,刻"中晚唐詩叩彈集。錫山杜詔紫綸、秀水杜庭珠詒穀同輯。采山亭藏版"。刻工有陳章、顯玉、張玉、君甫、呂元貞、芮宇涵、陳茂園。

《四庫全書總目》入集部總集類存目。《四庫全書存目叢書》第406册收入,底本爲遼寧大學圖書館藏本。《中國古籍善本書目》著錄,遼寧省圖書館、湖北省圖書館等二十六館也有入藏。日本《內閣文庫漢籍分類目錄》著錄。

2805　清康熙刻本晚唐詩鈔

T5237.48/3424

《晚唐詩鈔》二十六卷,清查克弘、凌紹乾輯。清康熙四十二年(1703)十干詩塢刻本。十册。半頁十行十九字,左右雙邊,白口,單魚尾。書口下刻"十干詩塢"。高18.9釐米,寬14釐米。題"海寧查克弘可亭、錢塘凌紹乾子健同選;楊兆璘友三校"。前有康熙四十二年查克弘序,康熙四十二年凌紹乾序;《凡例》十一則。末有康熙四十二年楊兆璘後序。

集　部

　　查克弘，號可亭，浙江海寧人。
　　凌紹乾，號子健，浙江錢塘人。
　　是集所錄，凡一百十二家，蓋本明胡震亨《唐音戊籤》刊削成帙，人各綴以小傳，兼附考核。杜牧、李商隱、溫庭筠三家所收最多，皮日休、陸龜蒙二家次之，餘皆不滿百篇。
　　卷一至二杜牧五言古七首、七言古二首、五言律二十一首、五言排律三首、七言律二十七首、五言絶四首、七言絶四十三首；卷三至四李商隱五言古五首、七言古八首、五言律三十六首、五言排律十二首、七言律四十三首；卷五李商隱五言絶四首、七言絶五十九首，段成式七言絶十六首；卷六至七溫庭筠五言古六首、七言古二十二首、五言律三十首、五言排律四首、七言律二十七首、五言絶二首、七言絶二十首；卷八許渾五言律二十一首、五言排律四首、七言律十四首、七言絶六首，李群玉五言古三首、七言古一首、五言律七首、五言排律一首、七言律六首、五言絶八首、七言絶十二首；卷九李遠五言律二首、七言律二首，雍陶五言古一首、五言律三首、七言律五首、七言絶十五首，喻凫五言律六首，喻坦之五言律四首，方干五言律十三首、七言律二十六首、七言排律二首、七言絶六首；卷一○趙嘏五言古一首、五言律八首、七言律十八首、五言絶一首、七言絶二十首，盧肇七言律一首、七言絶三首，姚鵠五言律二首、五言排律一首、七言律二首，劉威五言律三首、七言律五首，孟遲五言絶二首、七言絶二首，馬戴五言古二首、五言律十四首、七言律一首、七言絶二首，項斯五言律十首、五言排律一首、七言律五首、七言絶一首；卷一一劉得仁五言律二十首、五言排律四首、七言律一首、七言絶三首，儲嗣宗五言律九首、七言律一首、五言絶二首、七言絶三首，司馬札五言古五首、五言律四首、七言律二首、七言絶一首，劉綺莊五言律二首，李善夷七言絶一首，韓琮七言古一首、七言律四首、七言絶四首，崔珏七言古二首、七言律六首、七言絶一首，李郢七言古一首、五言律一首、七言律十首、七言絶六首，劉滄七言律二十二首；卷一二李頻五言律十首、七言律三首、五言絶一首，于武陵五言律五首、五言絶三首，曹鄴五言古七首、五言律一首、七言律四首、五言絶十六首、七言絶五首，劉駕五言古七首，聶夷中五言古十首，于濆五言古六首，邵謁五言古二首，王遘七言絶十二首；卷一三胡曾七言律三首、七言絶八首，張喬五言律十六首、七言律二首、五言絶二首、七言絶十一首，許棠五言律二十三首、五言排律一首、七言律十首，李昌符五言律六首，周繇五言律二首、七言絶一首，來鵬七言律三首、七言絶三首；卷一四曹唐五言律一首、七言律十七首、七言絶三十五首，李山甫五言律三首、七言律十三首、七言絶四首，羅鄴七言律十四首、七言絶十二首；卷一五薛逢七言古二首、七言律二十一首、七言絶二首，薛能五言律十四首、五言排律五首、七言律十首、七言絶十九首，鄭畋五言排律一首、七言絶二首，高駢七言律一首、五言絶一首、七言絶十四首，顧雲七言古二首，章碣七言律四首、七言絶一首，崔櫓七言律二首、五言絶一首、七言絶三首；卷一六崔塗五言律七首、七言律三首、七言絶六首，秦韜玉七言律六首、七言絶一首，周朴五言律七首、七言律五首、七言絶一首，羅虬七言絶三十首，皮日休五言古十九首、五言律十首、七言律三十首、五言絶二首、七言絶五首；卷一七陸龜蒙五言古二十首、七言古五首、五言律十五首、五言排律六首、七言律二十七首、七言排律一首、五言絶十二首、七言絶二十首；卷一八司空圖五言律九首、七言律五首、五言絶十二首、七言絶三十七首，韓偓五言古一首、五言律五首、七言律二十二首、五言絶一首、七言絶十一首（外香奩集各體共四十二首）；卷一九鄭谷五言律二十七首、五言排律二首、七言律十九首、五言絶三首、七言絶十五首，唐彦謙五言律一首、五言排律二首、七言律五首、五言絶二首、七言絶二首，李洞五言律八首、五言排律一首、七言律十首、七言絶四首；卷二○唐球五言律六首、七言律二首，李咸用七言古三首、五言律十首、五言排律一首、七言律六首,吴融七言古一首、五言律九首、五言排律八首、七言律二十八首、七言絕十三首,高蟾七言絕六首;卷二一錢珝五言絕三十五首、七言絕一首,王駕七言絕三首,鄭準七言律一首、七言絕一首,褚載七言律一首,王貞白五言律五首、七言律二首、七言絕二首,王轂七言古二首、五言律一首,曹松五言律十一首、七言律八首、五言絕二首、七言絕三首,裴説七言古一首、五言律九首、七言絕二首,蔣吉五言絕一首,任翻五言律三首、五言絕一首、七言絕三首,鄭巢五言律七首,蘇拯五言古一首;卷二二杜荀鶴五言律三十三首、七言律二十首、五言絕二首、七言絕六首,孟貫五言律四首,殷文圭七言律一首,楊夔五言排律一首、七言絕一首,李建勳五言古一首、五言律五首、七言律四首、七言絕三首,沈彬七言律五首、七言絕二首,孫魴五言律二首、七言絕一首,韓熙載五言古一首,左偃五言絕二首、七言絕一首,潘佑五言絕一首、七言絕一首,熊皎五言律一首,江爲五言律四首、七言絕一首,成彥雄五言絕一首、七言絕十一首,伍喬七言律四首;卷二三陳陶五言古三首、七言古五首、五言律二首、七言律四首、五言絕六首、七言絕十五首,徐鉉五言古一首、五言律十四首、七言律二十四首、五言絕三首、七言絕十一首,孟賓于五言律一首、七言律一首、七言絕一首,張佖七言古二首、五言排律一首、七言律六首、七言絕二首;卷二四李中五言律十四首、七言律十首、七言絕七首,韋莊七言古一首、五言律十六首、五言排律十六首、七言律三十六首、五言絕一首、七言絕二十八首;卷二五張蠙五言律二首、七言律四首、七言絕二首,羅隱七言古一首、五言律九首、七言律三十六首、五言絕一首、七言絕十七首,徐仲雅七言絕一首,劉昭禹五言律一首,廖凝五言律一首,翁承贊七言絕二首,徐夤五言律三首、七言律二十二首、七言排律一首、七言絕二首;卷二六黃滔五言律十五首、五言排律三首、七言律二十一首、五言絕二首,崔道融五言絕十首、七言絕六首,林寬五言律四首、七言絕二首,譚用之七言律十一首,王周五言律三首、七言絕三首,劉兼七言律十一首。

　　查克弘序云:"余自戊辰春袯襫被入都,即從檇李朱竹垞太史游。晨夕往還者,則新城司寇阮亭王夫子、武塘水村魏先生,與吾家從父夏重德尹三四公,其商略騷雅,每以秉性靈敏、摻義深遠立格,次之摘辭,又次之出入風雅而止。其於襲唐之皮毛,窺宋之郛郭者,概不許也。余私淑諸君子之言,兢兢不敢,墮今已十餘年矣,猶未登大雅之堂,洵乎難哉?己卯,被放歸西泠,僂指四載,復罹祖母太孺人憂,奔走衣食,間關楚秦。壬午秋,始得寧居,與研友凌子子健衡宇相望,遂出晚唐《戊籤》讀之,相與選訂,編爲二十六卷。其中之精粹,鮮不采擷,雖殊途揚鑣,人各爲體,然其秉性靈依風雅則一轍耳。余與凌子非敢妄爲棄取,特以古人全集之中或有疵類者略爲删逸,使其靈苗慧根炳耀不朽,亦願天下之學詩者,知古鼎尊罍瓶盎之猶可以貌取,而錦繡纂組雕繪之不可以假爲也。"

　　凌紹乾序云:"其專鈔晚唐,何也?余自去秋被放,鬱鬱不暢意,息影楗户於河西之竹圃,可亭承祖母重不入闈,過從抵掌之暇,出《戊籤》共讀之,互有甲乙,因排纂成集也。又以爲一代各有一代之詩,自漢魏而下,莫盛於唐可知也;中之不如盛,晚之又不如中,亦可知也。匪獨才力不及,其聲韻格律有遞降者焉。譬之於味,初盛五穀也,中則嘉餚脾臄也,晚則山珍海錯也。以養生言,詎不知五穀之貴於嘉餚,嘉餚之急於珍錯。由人情言之,口未嘗珍錯,則心觖觸,以爲幾虛過此生。迨至嘗之又嘗之,知其果不可以爲常羞也,而饜飫豢飽稻粱,又焉有所外慕哉?然則斯鈔也,盡天下之奇味以足於口,其諸人情所欲得先嘗之者與。"

　　《凡例》云:"是編余與凌子自春徂夏共相選訂、鈔綴,以爲讀本,初未嘗有意付梓也。初秋,二三同學閲而樂之,云宜公之同好。因爲編次,得二十六卷,其次第悉本《戊籤》,人各綴以小傳,氏族爵里外有典核可助詞人談柄者録之,餘悉删削。""是編意欲仿宋人刊本,字畫疏密中少具錯落之致。今杭郡刻工,得傳者甚少,倘強而行之,未免有壽陵餘子之誚,然較之坊刻,頗有可觀,若近日吳趨新樣,亦得其大略耳。"

此本寫刻,有扉頁,刻"晚唐詩鈔。十干詩塢選訂。棲鳳閣藏版"。"玄"字避帝諱。

《四庫全書總目》入集部總集類存目。《四庫全書存目叢書》第 414 冊收入,底本爲天津圖書館所藏。《中國古籍善本書目》著録清康熙四十二年棲鳳閣刻本,天津圖書館、廣東省中山圖書館等八館也有入藏。

2806　清康熙刻本唐詩排律　　　　T5237.48/2581

《唐詩排律》七卷,清牟欽元輯,清牟灕箋注。清乾隆二十三年(1758)紫蘭書屋刻本。四冊。半頁九行二十字,四周雙邊,下綫黑口,單魚尾。高 17.1 釐米,寬 12.2 釐米。題"東山牟欽元選輯;男灕子淵箋注;江都楊本源子畏、長洲莫玉文荆琰較訂"。前有康熙五十四年牟欽元序。

牟欽元,正白旗漢軍人。

牟灕,正白旗漢軍人,康熙六十年進士。

是編卷一三十二人,共詩六十六首;卷二二十一人,共詩五十八首;卷三四十六人,共詩七十二首;卷四四十三人,共詩八十二首;卷五三十六人,共詩七十五首;卷六四十三人,共詩七十六首;卷七四十六人,共詩五十三首(外附無名氏十八首、閨秀五首、方外五首)。

牟欽元序云:"今我皇上,天縱聖明,研精經史,凡有評論,皆闡千古所未發。萬幾餘暇,又著爲歌詩,經緯天地,陶鑄萬彙,炳炳烺烺,留玉几而秘金函者,直幾乎三百篇之盛,猗歟、休歟。五音正而八風宣,六義明而四聲協。文物昭熙,元音融洽,何其盛哉。治五十四年,歲在旃蒙協洽,又命儒臣纂修《性理》,又聞二場欲試以詩《大哉王謨》,是即古舜之敕時幾、熙百工,大禹之勸九歌、俾勿壞之至意也。予宦游所歷,每遍攬其山川土物,見人材繽秀,詩文華贍,已識國家之涵濡汪濊,匪伊朝夕,今逢加意振興,逾當苕發穎茁。吾知天下之人,觀感而興起者,自必擷日月之精英,發山川之瑰麗,超貞觀,軼開元,駕沈、宋、王、孟、李、杜諸人而上之,而與卿雲月旦之歌、明良喜起之頌,同其盛焉,又詎宋與元明之所能望其萬一也。甲午歲,予去官閒居,因杜門謝客,晨夕無事,取唐人五言排律,選其中正和平、喬皇典麗可爲程式者,又間附以月露風雲、美人香草,發乎情,止乎禮義者,共得如干首,本以教兒輩,爲諸同人請付之梓。學詩者誠能由此而進求之,思所以鼓吹休明,潤色鴻業,以副我皇上聲教之至意,旁求之盛典,其於斯編,殆庶幾乎。"

此書寫刻甚精。"玄"字避帝諱。有扉頁,刻"唐詩五言排律箋注。古陵川牟東山選。乾隆二十三年重鐫。紫蘭書屋藏板"。並鈐有"三河東□德不孤堂印"。按,紫蘭書屋爲牟欽元讀書處。

《四庫全書總目》、《續修四庫全書》、《續修四庫全書總目提要(稿本)》未收。《中國古籍善本書目》著録,遼寧省圖書館、清華大學圖書館等五館也有入藏,作清康熙五十四年紫蘭書屋刻本。日本《内閣文庫漢籍分類目録》著録,亦作清康熙五十四年紫蘭書屋刻本。

鈐印有"蕉堅堂圖書記"。

2807　清康熙刻本而庵説唐詩　　　　T5237.48/2946

《而庵説唐詩》二十二卷首一卷,清徐增輯。清康熙九誥堂刻本。六冊。半頁九行十九字,左右雙邊,白口,單魚尾。書口下刻"九誥堂"。高 20.4 釐米,寬 13.4 釐米。題"吳門徐增子能父述"。前有康熙五年(1666)李圖南序、陳鑑序,前有康熙元年(1662)徐增自序;徐增附白。

徐增,字子能,江蘇長洲人。

是集爲初學唐詩者所編,所録唐詩三百餘首,一一推闡其作意,其説悠謬支離,皆不可訓。至於分解之説,始於樂府。計卷一至二五言古,卷三至六七言古,卷七至九五言絶句,卷一○至一二七言絶句,卷一三至一五五言律,卷一六至一九七言律,卷二○至二二五言排律。首一卷爲《與同學論詩》、《附周櫟園先生書》、《唐帝年號次序》、《唐人姓氏爵里》、目録。《四庫全書總目》云:"增與金人瑞游,取其唐才子書之説,以分解之説,施於律詩,穿鑿附會,尤失古人之意。"

李圖南序云:"丙午小春癸酉,夜將半,及門李子孟堅以而庵先生所説唐人詩問余。余三復之,不覺暢然曰,非具大光明藏正慧法眼不能也。乃知先生明以解數之法,并以起承轉合之道説之也。因語孟堅曰:爾第知明珠之孔,有一曲、二曲以至九曲之妙,而不知作詩之法,亦有一解、二解以至九解之數乎?知珠有盤旋不定之機,而不知詩亦有起承轉合之道乎?以此見而庵性靈血脈,直與唐人一氣貫通,不間毫髮,得將諸君子鬚眉毫孔、肝膽心腸、音容笑貌及悲歌俠烈之氣活現寫出,令讀者知唐人性靈所在,而非徒留此形影已也。然諸君子之性靈何皆與而庵接,其所説詩咸中經首爾?不知而庵先生自少而壯而老,其間天時變化,地運轉旋,人情世態,憂愁逸樂,風波險難,歷歷備嘗,兼之學道有年,心與物化,説詩時如身化爲蟻,衡線穿九曲珠,盤盤旋旋,轉轉折折,高高下下,儘力鑽研,津關方透,爲諸唐人一開生面,成千古詩壇第一人。"

徐增自序云:"余於丁卯歲,始大作詩,至今壬寅,蓋三十有五年。而説詩則在戊子歲,筆之於紙則自丁酉始。里中數輩,或就予論詩,余爲遡其高曾,按其規矩,以求無負乎唐人而後已。壬寅中秋,無事偶檢笥中所説之詩,若五言古、七言歌行、五言絶句、七言絶句、五言律、七言律、五言排律七體,共三百十九首,嶺南陳子明先生來見之,謬許從來所未有,並爲玄晏。於是録成卷數,名之曰《而庵説唐詩》。"

此本有扉頁,刻"説唐詩。吴門徐而庵先生。周元亮先生鑒定。九誥堂"。"玄"字避帝諱。

是書又見另兩種版本,一爲乾隆二十三年文茂堂重刻本,二十二卷,九行二十一字,書口下刻文茂堂。有扉頁,刻"説唐詩原本。吴門徐而庵先生。乾隆戊寅重鐫。唐詩選本甚夥,惟徐先生説詩律法考核詳明,數十年風行海内,膾炙人口。原刻歲久漶漫無稽,諸所翻本,魯魚亥豕。今本坊不惜貲工精刊校正,識者鑒之。文茂堂梓行。"前序悉同九誥堂本。一爲清刻本,九行二十二字,書口下刻卷數。有扉頁,刻"説唐詩。吴門徐而庵先生。周元亮先生鑒定。芸經堂藏板。"僅有李圖南序。卷一五言排律,卷二五言古,卷三七言古,卷四五言絶句,卷五七言絶句,卷六五言律,卷七七言律。首一卷《唐人姓氏爵里》。

《四庫全書總目》入總集類存目。《四庫全書存目叢書》收入第 396 册,底本爲吉林大學圖書館藏本。《中國古籍善本書目》著録,湖北省圖書館、東北師範大學圖書館也有入藏。日本《内閣文庫漢籍分類目録》著録。

鈐印有"守真草堂珍藏"、"子孫永寶"、"新野氏暴書記"。

2808 清康熙刻本唐詩箋蹄集

T5237.48/4803

《唐詩箋蹄集》六卷末三卷,清黄六鴻撰。清康熙刻本。四册。半頁九行二十字,左右雙邊,白口,單魚尾。高 19 釐米,寬 13.2 釐米。題"宜豐黄六鴻思齋注釋;子廷樅載初、廷枚惟吉校字"。前有康熙五十四年(1715)黄六鴻自序;《凡例》八則。

黄六鴻,字思齋,江西宜豐人。

　　此本乃爲初學唐詩者而編,以初唐、盛唐之詩爲多。筌蹄,亦作"筌蹏"。《莊子·外物》:"筌者所以在魚,得魚而忘筌;蹄者所以在兔,得兔而忘蹄。"筌,一本作"筌",捕魚竹器;蹄,捕兔網。後以"筌蹄"比喻達到目的之手段或工具。

　　卷一收太宗、玄宗、楊炯、盧照鄰、駱賓王、陳子昂;卷二沈佺期、宋之問;卷三蘇味道、蘇頲、張説、張九齡、鄭愔、袁暉;卷四王維、李白、杜甫;卷五高適、岑參、李頎、祖詠、張謂;卷六劉長卿、錢起、皇甫冉、楊巨源。末三卷之上爲《統論》;中爲《詩體》(論古歌謡辭、論四言古詩、論樂府、論五言古詩、論七言古詩、論歌行長篇、論近體歌行、論近體律詩、論排律、論絶句、論和韻、論詩與文通、論八比文始於詩、論應試詩附);下爲《詩法》(正義、平仄、題目章法、句法對法、情景虛實、明暗例、字眼、着題汎説、淺深語、詩法口訣、榮遇詩法、頌美詩法、諷諫詩法、贈行詩法、登臨留題詩法、詠物詩法、宮詞詩法、賡和詩法、哭挽詩法、總論、漪堂輯詩法附)。

　　黄六鴻序云:"一日客謂余曰:'君向有《唐詩筌蹄集》四十卷,注釋詳明,曷不公諸世,而徒效蔡中郎作枕中之秘爲。'余曰:'是予昔日家塾夏課之書也。余子廷樅、廷枚請學詩,余曰昔桓譚學賦於揚雄,雄命讀古人賦千首,汝欲學詩,亦如桓譚之學賦可也。'因點定唐詩諸體約千首授之,讀數月而茫然。余曰:'是不可無注釋矣。'夫注釋之家,發明義理,援驗故實,二者不可偏廢。今問以鼠豹蜥蜴,不能對語;以鰲擲鯨,呿不能知,宜乎其茫然也。因取所集之千首,句索其解,字求其故,務於一時之義藴精神,無不畢現,朗然燭照而無疑,意主詳明,不嫌覶縷,欲其得魚而忘筌,得兔而忘蹄已耳。深於詩者見之,未有不哑然笑余之刻舟求劍也,而安可問世乎?客曰:'非然也。公輸至巧,不能踰規矩以爲方圓;師曠至聰,不能舍律吕以正宫徵。深於詩者,已得魚得兔矣,何筌蹄之需?若初學而無斯,則是匿規矩、韜六律,而欲如公輸成其巧,師曠著其聰也。烏乎!可哉!'余聞客言,心爲之動,顧卷帙繁重,力不克登諸梨棗。客曰:'是無難也。君姑取六韻之排律六卷,及簡末之統論、詩體、詩法數卷,先付剞劂,以副初學之所首務,且兼明詩道之當必知,而徐以及其餘可也。'余曰:然。遂發凡起例,召梓人而授之,蓋不欲辜吾友慫恿之雅意,并余三夏注釋之苦心。"

　　《凡例》云:"余是集先梓六韻排律數卷,以爲初學勸,苟能鋭志於斯,即不難雞壇斗技,虎榜争雄,壇場而奪幟矣。""余取唐人詩千首,而輕爲之下注腳,豈果與古作者之意相吻合耶,亦聊憑臆見,以便初學耳。蓋深知此道者,如靈曜當空,無微不燭,又何假熒熒之嚼火。若素不留心者,則尺霧障天,迷塗莫辨,寧無煩冉冉之餘光。故不辭謬妄,强爲注釋,欲使初學之士,假一隅而三反,由粗淺以會精深,是則余納肝效髓之誠也。至於所釋合作者之意與否,而欲免識者之譏,皆不暇計矣。""余於全集之末,簡採古今人論詩之最精者,類爲一編,名曰《統論》,使初學覽之,易有所得焉。"

　　此本有扉頁,刻"唐詩筌蹄集。黄思齋注譯"。扉頁右邊有割裂,或爲"某某藏板"。鈐有"種書堂藏板"朱印。

　　《四庫全書總目》、《續修四庫全書》、《續修四庫全書總目提要(稿本)》未收。《中國古籍善本書目》未著録。《中國人民大學圖書館古籍善本書目》著録。

2809　清乾隆刻本唐詩箋注　　T5237.48/4829

　　《唐詩箋注》十卷,清黄叔璨撰。清乾隆刻本。六册。半頁十行二十一字,左右雙邊,白口,單魚尾。高18.7釐米,寬13.2釐米。題"虞山黃叔璨牧村箋注;京江王廷琬玉苕仝閲"。前有乾隆三十年(1765)沈德潛序;黃叔璨撰《凡例》八則。

黃叔璨,江蘇常熟人。

此本乃爲初學唐詩者而編。卷一至三五言律詩,卷四至六七言律詩,卷七五言絶句(附六言詩),卷八至一〇七言絶句。各體之前,皆有總論一則,溯其源流,辨其體製,間亦略舉諸家之梗概。

沈德潛序云:"詩莫盛於唐,而選詩家紛無定論,人各一見,此是彼非,然混於妍媸,即拘於繩墨,或訓詁淺陋,或臆説支離。選詩者自殷璠、高仲武後,雖不皆盡善,然亦各有指歸。惟王介甫《百家詩選》失之雜,高棅《品彙》強作區分失之鑿,方虛谷《瀛奎律髓》去取評點近於庸,而《鼓吹》一書,尤爲下劣。學者以此等爲始基,將汩没靈臺,後難洗滌,此牧村黃子所以有《唐詩箋注》之選也……牧村是編,雖專選近體,而搜至探珠,仍不外家絃户誦之什,其箋釋也約而該,其疏解也簡而晣,以是爲初學津梁,允足以指迷而啓悟矣。予喜其所採詩篇悉志和音雅,能變化於規矩之中,而無乖乎正始,與予《别裁》之旨有深契焉者。"

《凡例》云:"是編就曩時所吟賞者,存諸篋衍,録而輯之,以便初學之誦習,非云專選近體也。""唐詩傳世既久,諸家箋疏業已詳盡,而兹復引故實,略爲注釋,使讀者了然於心,無庸更煩搜討。其有人所易曉及出典未詳者,姑從其略。""詩貴明其法、會其意,一題有一題之命意,一篇有一篇之章法,不可偏執己見以強作解事,又不可泥於字句,枝枝節節爲之説,有害作者之志。是編綜核舊聞,參以己意而折衷之,剖抉於章法命意之間,指點妙處,歸於簡浄明晣,不欲支離其説,徒貽譏辭費也。"

此本有扉頁,刻"唐詩箋注。虞山黃牧村論次。沈歸愚先生鑒定。松筠書屋藏板"。

《四庫全書總目》、《續修四庫全書》、《續修四庫全書總目提要(稿本)》未收。《中國古籍善本書目》不收。《中國人民大學圖書館古籍善本書目》著録。又日本《内閣文庫漢籍分類目録》著録。

2810 清雍正刻本華國編唐賦選

T5240.48/1941

《華國編唐賦選》二卷,清孫濩孫輯。清雍正十一年(1733)孫縠刻本。二册。半頁九行二十二字,四周單邊,白口,單魚尾,書眉上刻評注。框高18.7釐米,寬13.5釐米。前有雍正十一年孫濩孫序;《凡例》十則。

孫濩孫,字沛村,江蘇高郵人。官至内閣中書舍人,管司經局正字。

兹選雖簡袠無多,然於門類亦復夥,但與題之無關應制者則從略。卷上爲應制及試帖,計賦三十七篇;卷下則自出機杼,猶之詩有歌行五七古,計賦二十三篇。共六十篇。其中所選開元、天寶名篇甚多,元和、長慶而後入選較少。每篇之後皆有評語。

此書之編,爲孫氏之"小臣報國之業也"。孫序云:"濩孫才識膚淺,年齒衰老,幸廁内閣之末僚,以司經爲專職。文章之事,與有責焉。因欲仿明文選之例,自賦以下,取駢儷之體,釐爲若干卷,探討而評論之,以爲明光起草大廷應制者折衷取法。先刊賦百篇以問世,篇袠簡而旨趣必根柢乎六經,評隲詳而體製足囊括乎百氏,俾讀者油油生忠敬之情。"

是書爲濩孫子縠所刊。《凡例》第十則有云:"今年夏秋間,男爨、男喬請評唐賦授讀,因於公餘爲之。適同學任君翼聖、同年吳君仰沫、陶君稱衷、程君慄也,偶相質正,極蒙讚賞,勸付剞劂,苦於無貲,亦姑緩之。長男穀,作令南康,聞有此帙,遠寄俸金,以養厥志,因令梓人速成,就正有道。"《凡例》後又有"廩生保舉孝廉江西南康縣試知縣記録二次男穀捐俸刊行"一行。

此本有扉頁,刻"華國編賦選。高郵孫遂人評訂。雍正癸丑新鐫。本衙藏板,翻刻必究"。並鈐有"唐賦先刊,古賦嗣刻"、"文臺閣章"朱印。

《中國古籍善本書目》著録,山東省圖書館、湖北省圖書館、清華大學圖書館等四館也有入藏。

鈐有"留小三郎印"。

2811　清乾隆刻本唐詩觀瀾集　　T5237.48/4464

《唐詩觀瀾集》二十四卷《唐人小傳》一卷,清李因培撰;清凌應曾注。清乾隆二十四年(1759)刻本。十册。半頁九行二十一字,左右雙邊,白口,單魚尾。高16.2釐米,寬11.1釐米。題"晉寧李因培鶴峰選評;上海凌應曾編注"。前有乾隆二十四年沈德潛序,乾隆二十四年李因培自序;《凡例》十二則。

李因培,字其材,號鶴峰,雲南晉寧人。乾隆十年進士,改庶吉士,散館授編修。特擢翰林院侍講學士,督山東學政。再擢内閣學士。署刑部侍郎,兼順天府尹。任江蘇、浙江學政。授禮部侍郎,尋改倉場侍郎。博學工詩文。清介威重,所在畏其嚴肅,而樂其取士得實。後巡撫湖北、湖南。以劾屬員虧空不實,降四川按察使,尋逮治,賜自盡。《清史稿》列傳一百二十五有傳。

此本卷一至二樂府九十首,卷三至四五言古詩六十八首,卷五七言古詩二十一首,卷六至七五言律詩一百六十三首,卷八至一一五言排律二百六十六首,卷一二至一三七言律詩九十三首又七言排律二首,卷一四五言絶句三十首、六言絶句五首、七言絶句三十八首又聯句三首,卷一五至二〇試律三百首,卷二一至二三詠物五律一百四十九首,卷二四詠物五排二十五首、聯句五首。每體之前,各冠以小論,藉識其詩體之源流升降與夫得失盛衰。每體序次,以時爲分,同時者以其人之先後爲分。各家小傳,另爲《唐人小傳》一卷,以示尊崇。

沈德潛序云:"晉寧李鶴峰先生,取有唐一代應制應試之什,上自樂章,下及絶句,鏧而審之,皆宏深典麗,可爲準則者,而詠物、明秀諸篇,亦得附焉。選擇之餘,詳加評論,共得二十四卷,曰《唐詩觀瀾集》。命蘇松人士之富於才者爲之注釋,援據古典,一一確鑿。予於是服先生抉擇之精,嘉諸子搜羅之細,從此習雅頌而考聲律者,始而誦習,繼而涵泳,久而淪浹,可以調性靈而得中和矣。"

李因培自序云:"適余校士江左,淹通者往一從游,每用斯旨相勗,慮其弗遍也。乃選唐詩之應制試士者,釐爲上下二編,共二十四卷,略示楷則,名曰《觀瀾》。其論著於各體兹不贅,獨念唐人之詩,必有不如漢魏六朝,漢魏六朝人之詩,必有不如楚詞三百。而今選唐人應制諸作,必有不如唐人平昔所自爲,墨守唐人已非善學唐人者,況墨守今選唐人諸作耶?觀水有術,必觀其瀾,兹特瀾耳。"

《凡例》云:"是集引注,但略具此字由來與此事本末,令讀者諷詠涵濡,其義自見。""題目必有所起,應制諸作,均有時事,至試律則道古爲多,不加注釋,展卷茫然,莫由知其意匠。又如詩人閱歷及詩有本事者,並即採入備考。"

此本有扉頁,刻"唐詩觀瀾集。江蘇學使李手定。乾隆己卯新鐫。本衙藏版。翻刻必究"。

並鈐有"文采珊瑚鈔"印。卷六末有"元和顧宗泰校字",卷二四末有"吳江金學詩校字"。

《四庫全書總目》、《續修四庫全書》未收。《續修四庫全書總目提要(稿本)》著錄。《中國古籍善本書目》著錄,湖北省圖書館、山西省圖書館等六館也有入藏。日本《內閣文庫漢籍分類目錄》著錄。

館藏有複本一部,六冊。扉頁無"文采珊瑚鈔"印,且較前本多出乾隆二十四年廖鴻章序,沈序、李序亦互有錯頁。鈐印有"堀越文庫",日人印也。

2812　清乾隆刻本唐人五言長律清麗集　　T5237.48/2961

《唐人五言長律清麗集》六卷,清徐曰璉、沈士駿輯。清乾隆二十二年(1757)徐氏刻本。二冊。半頁九行十九字,左右雙邊,白口,單魚尾,上欄刻箋注。高19.1釐米,寬11.6釐米。題"吳縣徐曰璉商徵、元和沈士駿文聲同輯"。前有乾隆二十二年沈德潛序;《凡例》六則;諸家論詩;附論試體詩七則。

徐曰璉,字商徵,江蘇吳縣人。

沈士駿,字文聲,號朗峰,江蘇元和人。乾隆二十六年進士,散館授編修,官至中允。《詞林輯略》卷四有傳。

清麗者,清新華美。晉陸機《文賦》:"或藻思綺合,清麗千眠,炳若縟繡,悽若繁絃。"王闓運《湘綺樓論唐詩》:"陳隋靡習,太宗已以清麗振之矣。"此書卷一《應制》,卷二至三《應試》上、下,卷四至五《酬贈》,卷六《紀述》。

沈德潛序云:"丁丑春,皇上念科場論判雷同之弊,命改試五言八韻。唐律作人雅化,雲漢昭回,海宇喁喁講求聲韻之學。而長律專選,顧無善本,學者患之。徐中翰商徵、族孫文聲,薈萃《全唐詩》,錄其尤者,輯《清麗集》六卷,分應制、應試、酬贈、紀述四門,自六韻至百韻咸具,不獨資場屋揣摩,亦以備館閣用也。余嘗論唐初長律,王、楊、盧、駱、沈、宋、陳、杜、燕、許、曲江,並皆佳妙。少陵出,而瑰奇宏麗,變動開闔,後有作者,無能爲役。自選家或祖元白,或推溫李,鋪排爲富,儷偶爲工,而長律正宗失矣。是集詳初盛,略中晚,大篇多錄少陵詩,以示模則,去取謹嚴,有與余曩日持論合者,蓋兩生從余游久,才美學贍,力追古人傑,然爲吳中之秀,故識見之卓如此。又出其餘力,箋注評點,爲初學先路,明備而不煩,密察而不鑿,刷目洗眉,骨節疏通,視《瀛奎律髓》、《唐詩掞藻》、《近光韶濩》諸選,遠突過之。惜其從場屋館閣起見,止論次長律一體也。然學者由是集以漸窺風騷漢魏,譬猶溯逆河而上,底崑崙之墟,星宿之海,沿流討源,吾安見其自涯而返哉。"

《凡例》云:"分應制、應試、酬贈、紀述四門,辨體裁也。不專錄試體,試體詩非唐人精詣,取法乎上者所未安。況體裁攸別,而法脈神理同條共貫,爲學者博其指趣,猶前志也。每門以韻數多寡,類編爲先後,俾得彙求篇法也。不收五韻七韻,非正體也。箋注評點,字標四聲,便初學也。詩律全體未純,摘聯句佳者類附詩後,略倣風騷旨格例也。甄綜《全唐詩》,刪蕪掇英,輯成斯編,命曰《清麗》,論詩以少陵爲歸也。""是集字求訓詁,句求歸宿,篇求法度,期於析疑疏滯,見笑大方,有不暇恤。""注以徵典,祇詳初見,後出則缺,見五經者,不詳引評。以釋義有未盡者,間附注中,評載行間,注載書額,取便觀覽。"

此爲寫刻本,有扉頁,刻"唐律清麗集。吳縣徐商徵、元和沈文聲同輯。沈歸愚先生定。丁丑冬鐫。是集專選唐五言長律,備場屋館閣之用,評注詳悉,校訂無訛,翻刻必究"。又鈐有"鳳池染翰"、"蘇城臥龍街北首莊家橋巷貞節坊徐宅藏板"印。卷六末刻"吳郡許翼周鐫"。

此書甚難得。《四庫全書總目》、《續修四庫全書》、《續修四庫全書總目提要(稿本)》未收。《中國古籍善本書目》未著錄。

鈐印有"守真草堂珍藏"、"餘清齋"。

2813　清乾隆刻本網師園唐詩箋　　　T5237.48/3931

《網師園唐詩箋》十八卷,清宋宗元輯並箋注。清乾隆刻本。六册。半頁十行二十一字,左右雙邊,白口,無魚尾。高 18.7 釐米,寬 13.6 釐米。題"元和宋宗元慤庭手輯"。前有乾隆三十二年(1767)宋宗元序。

宋宗元,字光少,號慤庭,江蘇元和人。乾隆三十三年舉人。歷官直隸按察司副使、津清河道,內遷光禄寺少卿。乞養歸,築網師園以奉親,建義莊以贍族,以行誼稱。又輯有《五禮通考》。《清儒學案小傳》卷七有傳。

是編箋注唐人古今體詩一千六十二首。計卷一五言古詩二十家六十三首,卷二五言古詩六家五十六首,卷三五言古詩二十四家六十三首,卷四七言古詩十八家三十一首,卷五七言古詩十家四十二首,卷六七言古詩二十二家三十八首,卷七五言律詩三十三家七十一首,卷八五言律詩二十六家八十五首,卷九五言律詩四十一家七十三首,卷一〇七言律詩二十家五十一首,卷一一七言律詩十八家五十首,卷一二七言律詩十七家四十七首,卷一三七言律詩二十六家五十首,卷一四五言絶句六十五家九十四首,卷一五七言絶句三十四家七十二首,卷一六七言絶句五十一家一百一首,卷一七長律二十家三十四首,卷一八長律二十三家四十首。每詩之下,各爲箋注,首明其詩題,次其著者,述其詩意,釋其典故。

宋宗元序云:"余愧不能詩,敢操詩選?況唐人閫奥,尤非率爾所能窺測。第以夙嗜斯在,不憚時爲玩索,意所愜適,輒分體手鈔,久而成帙。自謂於唐賢精粹,略已十臚五六,博求約守,庶無歉望洋矣。詩中典實辭彩并作者原起,不能洞然在目,詎望悠然會心,因采摭載籍,爲之援引疏注,期於詳盡而後已。四十年來,手胝口沫,未嘗頃刻離也。比當杜門讀禮,閒援祥後爲詩之義,繙閲再三,重加評釋,而曩昔援據未備者,亦補箋之。方將剞劂,以就正當代之能詩者……余生當盛代文明之會,愧未克扢雅揚風,曾何敢與古今來操選名家標新競異致顯戾。夫詩以永言敦厚温柔之旨,以自樹其所謂指歸者,故不曰選而曰箋,并舉夫發凡起例槩從略焉,即是可鑑鄙衷矣。"

此本有扉頁,刻"網師園唐詩箋注。慤庭宋宗元鑑定。尚絅堂藏版"。又鈐有"圓妙□□□院巷中□□□寶記發□書坊"朱印。

《四庫全書總目》、《續修四庫全書》未收。《續修四庫全書總目提要(稿本)》著録。《中國古籍善本書目》著録,遼寧省圖書館、湖北省圖書館等七館也有入藏。日本《内閣文庫漢籍分類目録》著録。

鈐印有"守真草堂珍藏"。

2814　清乾隆刻本應試唐詩類釋　　　T5781/2577B

《應試唐詩類釋》十九卷。清臧岳撰。清乾隆三十九年(1774)衣德堂刻本。八册。半頁八行二十字,左右雙邊,白口,單魚尾。框高 20 釐米,寬 12.1 釐米。題"濮陽臧岳括齋氏編次"。前有葉之榮序;《例言》十一則;《備考》十五則。

臧岳,字括齋,河南濮陽人。

是編爲場屋應試之作,卷一至三《乾象類》,卷四至五《歲時類》,卷六《坤輿類》,卷七《人事類》,卷八《禮儀類》,卷九《音樂類》,卷十《文苑類》,卷十一《武功類》,卷十二《宫室類》,卷十三《服御類》,卷十四《珍寶類》,卷十五《植木類》,卷十六《花草類》,卷十七《飛禽類》,卷十八《走獸類》,卷十九《蟲魚類》。詩以時代排先後,凡題有必須疏解而始明者,皆爲詳其來歷,紀其顛末,以令初學之士展卷了然。《備考》則録韻詩之掌故。

葉之榮序云:"顧唐詩之流布於今者,不下數十百種,而應試詩獨寥寥無幾。蓋應試詩如今日之鄉會墨,大率皆斂才就法,帖然於規矩準繩之中,非如嘲風弄月、對景興懷之大放厥詞而馳騁其才華者可比。以故試詩雖多,而流傳則少,是唐詩之盛,不盛於試詩,而試詩實唐詩所以盛之根柢也。自勝國八股之制定,操觚者皆以詩爲有妨舉業,概置不講。雖海內之大,不乏好學深思、心知其義,而窮鄉僻壤,且有不知古風歌行、近體絶句爲何物者,風氣至此,亦詩運之一厄也。恭逢我皇上崇尚實學,特命鄉會場增入六韻排律一首,一時應舉之士茫然莫尋其涯涘。夫昔之應試詩,即今之應試詩之標的也。吾友臧子括齋,好古能文,兼擅五七言,長城讀書之暇,博搜唐人試帖,擇其言尤雅馴者得若干首,分門別類,字疏句解,顔之曰《類釋》,是固迷津之槎筏、暗室之炬燈也。學者誠由此而尋繹之,由其所解以求其所不解,而得乎其所以解,則不惟唐人試詩之源流於此可考,而凡所爲子美、太白與夫數十家之詩,焉知不以是集爲嚆矢也夫。"

《例言》云:"古人所刻詩本多用細注,不著圈點,蓋欲學者自尋其趣味也。今爲開導童蒙之計,略加圈點,以清眉目,使其胸中有所依據。至於一切盲贊膚詞,概從芟削,以省翻閱之煩。""注中質實一條,所以明字句之來歷也,或出於某書,或用於某處,概爲詳其書目,以便學者稽查。其於一注之下,又各空白一方以別下文,覽者庶易於醒目。""前輩及時賢評語,其於詩義有相發揮者載之,使學者奉爲典刑,並爲詳其姓氏,不敢没人之善也。若鄙見臆説,則加一按字。"

此本有扉頁,刻"聞式堂唐詩類釋。山左臧括齋編輯。乾隆三十九年重鎸",並鈐有"近有喪心無恥奸徒暗謀翻刻,字畫舛錯,賜顧者須認本齋原板字樣,庶無訛錯濛混之誤。衣德堂謹白"木記。葉之榮序後刻:"《唐詩類釋》一書,注釋精詳,行世甚久。近有喪心無恥之徒翻刻此書,字畫舛錯,誤人非淺。本齋今不惜資本,購求寫樣刊刻,高明君子,須認本坊原本,點畫無訛。三樂齋謹白。"

《續修四庫全書》未收。《續修四庫全書總目提要(稿本)》著録。《中國古籍善本書目》未著録。

2815　清乾隆刻本唐詩繹　　T5237.48/4235

《唐詩繹》三十卷,清楊逢春輯。清乾隆紉香書屋刻本。八冊。半頁九行十九字,左右雙邊,白口,單魚尾。高 16.7 釐米,寬 12.9 釐米。題"無錫楊逢春芝山選輯;門人顧鈖苟皆、男開元巽來校字"。前有乾隆三十九年(1774)楊逢春序;楊逢春撰《凡例》十七則。

楊逢春,字芝山,號雪村,江蘇無錫人。

繹者,尋繹,理出事物之頭緒,引申爲解析。《論語·子罕》:"巽與之言,能無説乎?繹之爲貴。"清王夫之《讀四書大全説·中庸第二十章十一》:"唯熟繹本文,以求其條理,則自得之。"此當爲初學詩者所選釋。卷一至九五言古詩,卷一○至一五七言古詩,卷一六至一九五言律詩,卷二○至二三七言律詩,卷二四至二六五言長律,卷二七至二八五言絕句,卷二九至三○七言絕句。注釋之文皆在每詩之後。

楊逢春序云:"余向讀唐人詩,稍稍窺尋,目迷神眩,樊然不得其解。既而以我之心,追作者之心,騰天潛淵,滅没無際,遲之又久,忽然忻合,交通於高深阻絶之餘,而端倪顯豁呈露,是其繹之之效也歟。"

《凡例》云:"注之例有二,曰注辭,曰注事。辭有根柢,事有古今。古人屬辭比事,皆與詩之意義相傅而行,注一舛,與意義相乖隔,是欲疏通證明之,而反晦塞之也。愚見聞淺寡,其所灼見,而綴輯者半,而採擇舊注亦半焉。誤謬因仍,願天下好學深思之士,愛我而正是之。""唐詩舊解善本,惜未多見,搜羅之下,遇有可採者,輒節取焉。浦山傖先生《心解》,先得我心者特夥,解中備引而録。凡以見之岐者,不敢強同,見之合者,不容或異,惟其是而已矣。""圈點鉤勒,選時藝家用之以便讀,兹亦仿之。以圈點標一篇之警策,以鉤勒清長篇之段落,於小層次則用圓點志於行中,展卷讀去,心開目爽,亦引人入勝之一法。""兹選爲初學詩者説法,取則乎上,僅得乎中,故詩務式以正,不式以靡,所以示之準也;欲觀其妙,須發其覆,故解寧失之繁,無失之略,所以導之路也。拘拘謭謭,固不可徹知,見笑於大方之家。然半生精力,坐耗於此,聊以明微尚之,竊有在云爾。"

此本有扉頁,刻"唐詩繹。無錫楊芝山選輯。紉香書屋藏板"。"玄"字避帝諱。

此書流傳甚少。《四庫全書總目》、《續修四庫全書》、《續修四庫全書總目提要(稿本)》未收。《中國古籍善本書目》及各大圖書館善本書目皆未著録。

鈐印有"守真草堂珍藏"。

2816 清抄本韻選唐詩　　T5237.48/4114

《韻選唐詩》不分卷,清桂雪芸輯。清抄本。一册。半頁八行二十字,紅格。白口,單魚尾。高 16.8 釐米,寬 10 釐米。前有闕名序,道光三十年(1850)桂延序;《讀法》九則。

桂雪芸,桂延長女,吉林長白人。

此書之詩選自《唐詩別裁集》,以韻排列,爲家塾課童子之本。

闕名序云:"長白桂小山刺史,性静而心清,政餘吟詠,久深折服。兹出其女公子《韻選唐詩》一册相示,往復披吟,見其按韻之次第,録詩之後先,簡而該,明而順,使讀詩者即詩以拈韻,因韻以言詩,化險爲夷,籍熟生巧,如泉聲之入耳也,如鳥語之怡人也,其足以嘉惠後學,即徵繡閣餘閑醖釀篇什,又不特有裨於問字之少弟已也。昔白香山以終南紫石,爲愛女金鑾刊書,刺史之樂爲付剞劂也,殆亦喜淵源之家學先傳於女公子,而尋白公之勝跡也歟。"

桂延序云:"今世選刻之本,層見迭出,首推《別裁集》最爲善。余弱齡時,先文敏公即授而卒讀,口講手畫,未嘗一日釋也。長女雪芸,幼喜讀書,一日余與弟枝山論杜工部"秋興"八首,互相背誦,芸女在側聞之而心向往焉。即索得《別裁》本,翻得吟諷,自是誦無輟夕,遂慊解吟詠。余因即向所受於先文敏公者摘令玩索,積歲餘,忽執一編請於余,曰:人之作詩,不能離韻,初學詩時,遇險韻輒阻,似讀古人之詩者,當先觀古人之用韻。向曾取《別裁集》中五七言律及絕句,依韻彙集得三百首,弗及古體,第以爲初學津梁可乎? 余謂之曰:諺云熟讀唐詩三百首,不解吟詩也解吟。其汝彙集之所本耶,曷即名之《韻選》,刊以授汝弟,即以爲家塾課童子之本也奚不可,若以言選,非弟非汝之所知,亦非余之所敢知也。"

《讀法》云:"凡一韻內各以時之先後爲次,其次仍遵《別裁集》本。""是編皆從《別裁集》中選錄,至江、肴、鹽、咸等韻,原集偶缺,因欲導初學以險韻之法,於全唐集中摘錄足成,非有嗜痂獨好也。""《別裁集》絕句列在律後,今列律前,取字少易記,且初學便於按次諷詠。""唐詩刻本,多者數函,少者數本,行篋攜帶每易零落,茲止一本,便於攜閱。""他本皆繁冗難讀,是編取簡易便於初學,若云選採公世,非惟愧不敢居,亦與編輯初心相戾矣。"

書法工整秀麗。書名據序中所題。

《中國古籍善本書目》未著錄。

鈐印有"雲中白鶴"、"煙波釣魚"、"長瀨藏"。

2817　清抄本聖宋名賢五百家播芳大全文粹　　TNC5236.5/2107

《聖宋名賢五百家播芳大全文粹》一百二十六卷,宋魏齊賢、葉棻輯。清道光二十八年(1848)劉喜海嘉蔭簃抄本。四十册。半頁十四行二十五字,左右雙邊,單魚尾,白口。藍格。書口上刻"聖宋名賢五百家播芳大全文粹",欄外刊"東武劉氏嘉蔭簃宋本校鈔"。框高22.1釐米,寬14.2釐米。前有清劉喜海題識四則,咸豐三年(1853)寶珣題識;紹興庚戌(1130)許開序。目錄不分卷,題目下列作者名,後有聖宋名賢總目。

魏齊賢,字仲賢,自署巨鹿人。葉棻,字子實,自署南陽人。餘皆無考。

是書皆錄宋代之文,駢體居十之六七,雖題曰五百家,而總目所列姓氏,自范質至田萬頃,實五百二十家。其網羅宏富,散佚、遺篇、墜簡有賴此而傳者非少。然卷帙既盈,所錄不免冗雜,中多采宦途應酬之作,以充卷敷,不能一一精純。又仿《文選》體例,於作者只書其字,人遠年湮,亦往往難以考見,此自爲其不足之處。清彭元瑞選《宋四六集》,其文乃多出自《文粹》。

卷一至二賀表,卷三賀箋,卷四至二二表,卷二三至四三賀啓,卷四四至五七謝啓,卷五八至六四上啓,卷六五回啓,卷六六制誥,卷六七制誥、奏狀、奏劄,卷六八萬言書,卷六九至七○書,卷七一至七七疊幅,卷七八劄子,卷七九至八六尺牘,卷八七至九○青詞,卷九一至九八疏,卷九九至一○一祝文,卷一○二婚書,卷一○三辰賦頌詩,卷一○四至一○六樂語,卷一○七勸農文,卷檄文、雜文,卷一○八至一○九上梁文,卷一一○至一一七祭文,卷一一八至一二○挽詞,卷一二一至一二二記,卷一二三序,卷一二四碑銘,卷一二五銘、贊、箴,卷一二六頌、題跋。

此本爲劉氏於道光二十八年借許宗彥鑒止水齋藏抄本傳抄,雖多人抄寫,然字體精整,一筆不苟。其所用格紙乃專爲此書而雕板。許宗彥,原名慶宗,字積卿,浙江德清人。嘉慶四年進士,授兵部車駕司主事,就官兩月,引疾歸。居杭州,杜門著書,精天文,喜異書,藏奇滿樓。

劉喜海題識云:"道光戊申冬日,借許氏鑒止水齋影宋抄本過錄。"此所謂"影宋",非也。又有題識云:"按《四庫提要》,著錄一百十卷,云尋檢首尾,似無缺佚,疑朱竹垞所見宋刻本(徐炯家藏)稱二百卷,或記憶未審,或偶然筆誤。今據此本,乃一百二六卷,首尾亦頗完具,是一百十卷似非足本,即此一百二十六卷似亦仍非足本。宋刻二百卷之說,應無可疑也。道光庚古重陽日曝書偶記。燕庭。""案《養新錄》,錢氏所見百卷本題衢山精舍葉棻子實編,富學堂魏齊賢仲賢校正。此本無之。又每卷或析爲上下,或上中下,此本通爲一百二十六卷,亦無分析。余謂傳抄各本,皆未畫一,究以未獲一見刊本爲憾耳。庚戌十月朔,燕庭又志。""錢宮詹又云,吳興劉氏藏本亦祇百卷,意竹垞並所析之卷計之說亦未確。"寶珣題識云:"瀋陽東山寶珣得於宣南書室,時咸豐五年四月,謹記於思補過齋藏書之室。"喜海,字燕庭,一字吉甫,山東諸城人。道光十七年官汀州太守,官浙藩時,以風雅好古,爲某中丞劾罷。嘗手輯金石文字逾五千通,藏書亦富。"庚戌",爲道光三十年。喜海生於乾隆五十八年,卒於咸豐二年,此書蓋喜海五十五歲時囑人抄録,五十七歲作跋,逾二年而歸道山。三年後,即咸豐五年四月,此本爲寶珣所得。

《宋史藝文志補》集部及《四庫全書總目》集部總集類著録,皆爲一百一十卷。瞿氏鐵琴銅劍樓藏明抄本後有宋嘉定三年宋均跋,云:"嘉定二年冬,其於苕溪得之王君者香,者香出其舅葉棻編《文粹》見示,因言是書初編一百卷,刊行後一時紙貴,既思書以四六爲宗,宜多采表啓諸作,乃復廣搜旁輯成百五十卷,未及梓而卒,然則是書無刻本,彌足貴也。急假歸,偕同志友人分寫,六閲而畢。"由此可見,宋代並無一百五十卷之刻本。至於清朱彝尊云見徐炯家有宋刻二百卷之本,或誤一爲二。

《中國古籍善本書目》著録宋刻殘本,中國國家圖書館、北京大學圖書館、上海圖書館有藏。中國國家圖書館本今存四十册,爲《文粹》一百卷《目録》七卷,清初曾藏季振宜處。傅增湘於20世紀20年代所收之本即此本,目録及每卷卷首均有挖補痕蹟,蓋爲賈人剜改,欲以殘書充完本。北京大學圖書館本爲傅氏經眼另一宋刻殘本,行款俱同國家圖書館本,存四卷,爲卷二八至三一。上海圖書館本存二卷,爲卷三二至三三。又著録明清抄本多種,卷數多有不同,且頗紛雜。據各家書目,今所存者,有一百五十卷目録十卷者,清抄本,有清孫均、姚椿及近人丁國鈞跋,舊藏常熟瞿氏鐵琴銅劍樓,今藏中國國家圖書館。次爲一百一十卷目録七卷,明黑格抄本,藏北京大學圖書館;清抄本,藏浙江圖書館;清孔廣陶嶽雪樓抄本,有傅增湘校補並跋,藏中國國家圖書館;清紫格抄本(原缺卷二〇、九七、九八),藏臺北"國家圖書館";清乾隆間文淵閣《四庫全書》本,藏臺北"故宫博物院"。三爲一百零八卷者,有明藍格抄本(缺卷二、卷三)及清顧氏藝海樓抄本(原缺卷九七、卷九八),藏臺北"國家圖書館"。四爲一百零五卷目録七卷者,明抄本,藏上海圖書館。五爲一百卷目録七卷者,明抄本,藏中國國家圖書館。六即此一百二十六卷本。除此本外,臺北"國家圖書館"有舊抄本,清王宗炎校;臺北"中央研究院"史語所傅斯年圖書館藏有舊抄本;日本静嘉堂文庫也有明抄本。

鈐印有"劉喜海"、"燕庭"、"燕庭藏書"、"劉印喜海"、"文正曾孫文瀚從孫文恭冢子"、"御賜清愛堂"、"東武劉喜海燕庭所藏"。又有"世杰珍藏"、"世杰之印"、"竹銘"、"竹銘藏書之印"。

2818　清康熙刻本御訂全金詩增補中州集　T5237.5/1147.02

《御訂全金詩增補中州集》七十二卷首二卷,金元好問輯,清郭元釪補輯。清康熙五十年(1711)内府刻本。三十二册。清董柴圉點並跋。清茹綸常跋。半頁八行十九字,四周單邊,綫黑口,單魚尾。高17.6釐米,寬11.7釐米。目録頁題"金元好問原本;臣郭元釪補輯"。前有康熙五十年御序;郭元釪《奏刻書表》。

郭元釪,字于宫,江蘇江都人。家世業鹽筴,饒於貲。元釪以富家子獨好學深思,傲睨一切,漱芳潤而傾瀝液,邈然與古爲徒。好學工詩,以諸生參與修《佩文韻府》等書。後授中書。《國朝耆獻類徵初編》卷一四三有傳。

此書博採金代各體詩爲一集。郭元釪《奏刻書表》云:"臣少時里居,性耽吟詠,嘗讀金人元好問所選《中州集》詩,清真淡宕,有宋詩之新,而無其鄙俚;有元詩之麗,而無其纖巧,文質得宜,正變有體。而好問所作小傳,詞意斐亹,足以鼓吹風雅,爲史氏所採擇。然其載詩未備,紀事與劉祁《歸潛志》往往不合。元郝經稱,好問著《中州集》一百卷,而今存者止十卷,其間必有殘缺,未爲全書。臣竊念金有天下一百一十有七年,大定、明昌承平底定,文治之盛不減於他代,今世間唐、宋、元、明詩皆有備本,獨金無之,使不薈萃表彰,則河嶽菁英久愈散失。以故不揣愚陋,留意收拾,數年以來,見金人詩《中州集》所無者,即錄藏篋笥,載筆内廷。編纂餘暇,復於天下郡縣志中採輯遺逸,漸成卷軸,小傳之下,參以《歸潛志》及金元人銘表題跋並説部諸書,凡金人入元不仕者,皆附入其末,而即終之以元好問、劉祁,同異互存,洪纖不失,期於一代文獻,歷歷可考。然臣弇鄙無學,金人遺集傳於今世者恐有未見,或致疏漏,伏乞皇上聖鑒,賜之刊正,使有成書,將一代人文,千載如見,不惟存詩而已。"

御序云:"朕嘗覽《金史》,多採用好問《中州集》,益信所謂詩史不虚也。因是亦欲得金詩之全,以補《金史》之所未備,卓然成一代之書。會有《全金詩》之進,遂命更加搜緝。凡金人集之斷簡殘篇有可存者,皆令附以入,及諸山經地志、川澤之紀聞,綴摭薈蕞,鉅細不遺,使觀者弗厭其詳,而皆有以自擇焉。"

《四庫全書總目》云:"宋自南渡以後,議論多而事功少,道學盛而文章衰,中原文獻實併入於金。特北人質樸,性不近名,不似江左勝流,動刊梨棗,迨汝陽版蕩,散佚遂多。元好問撰《中州集》,掇拾畸零,得詩一千九百八十餘首,作者二百四十餘人,併樂府釐爲十一卷,每人各以小傳,述其軼事,頗爲詳悉。然好問之意,在於借詩以存史,故於詩不甚求全,所錄未能賅備。郭元釪因取好問原本,重爲茸綴,所增之人,視舊加倍;所增之詩,視舊三倍。仍存好問之小傳,而取劉祁《歸潛志》以拾其遺,別題曰補。又雜取《金史》及諸家文集説部,以備考核,別題曰附。元釪有所論説,亦附見焉。金源一代之歌詠,彬彬乎備矣。"

茹綸常跋云:"是書爲老友董帷園刺史所藏,歿後,予別購之。内中丹筆,皆刺史加者,不無謬誤,蓋刺史好讀書,而評點率多草草。余復性懶,不暇評正,皆可笑也。乾隆戊申孟夏下浣,簇蠶山樵茹綸常識。"

按,此書有清康熙五十年內府刻乾隆五十四年重修本,館藏此本間有斷板及文字模糊不清者,但無乾隆重修之依據。

《四庫全書總目》入集部總集類。《中國古籍善本書目》著錄,上海圖書館、北京大學圖書館等十六館也有入藏。又日本《内閣文庫漢籍分類目錄》著錄兩部,一作清刻本,一作清嘉慶修補印本。

2819　清乾隆刻本金詩選

T5237.58/3849

《金詩選》四卷,清顧奎光輯。清乾隆十六年(1751)刻本。二册。半頁十行十九字,左右雙邊,白口,單魚尾,書眉上刻評。高16釐米,寬12.7釐米。題"無錫顧奎光星五選輯;陶玉禾昆穀參評"。前有乾隆十六年顧奎光自序;陶玉禾撰《例言》十二則;名字爵里錄。

顧奎光,字星五,江蘇無錫人。乾隆十年進士。歷湖南瀘溪、桑植知縣,勸農桑,修學校,集諸生講學,風俗爲變,頗著循績。博學多識,於經尤長春秋,詩古文俱有名於時。生平砥行勵學,時稱其爲人有三不惑,曰酒色財;居官有三不愧,曰清慎勤。著有《春秋隨筆》、《然疑錄》、《詩文集》等。《國朝耆獻類徵初編》卷二三五、《清史列傳》卷七二《文苑傳》有傳。

此書收金代一百二十三人詩作,始宇文虛中、吳激,訖杜仁傑、元好問。《例言》云:"《中州集》搜採搜訪,耳目所及,殆無棄遺。然或因人而存詩,寥寥片什,亦復登選。是編所錄百餘家,蓋以詩之工拙爲主,第取擇精不須羅列。"

顧奎光序云："遺山生當末季，彙萃文獻爲《中州集》，金源之詩，賴以不廢。然野史亭中，蒐羅采輯，意在述事纂言，發揚幽潛，爲作史之地實，不專主於詩。故存者少止一二篇，或多而不工，工者或無完什。明程孟陽嘉燧選其尤雋者，謂能規模兩蘇，上泝三唐，勝國詞翰之盛，亦噓矢於此。余既選元詩，復取《中州集》持擇之，合《遺山集》及房祺《河汾遺老詩》輯爲四卷，與元詩並梓。""金踞西北，並幽燕冀之間，多伉慨悲歌之士。雍州厚重質直，故有夏聲。至於嵩邙汴洛，戎馬驅馳，上下百年，興亡再見。南遷東狩，播越無恒，故老遺臣感廟社之丘墟，悼宮庭之禾黍，故其詩雄健而踔厲，清剛而激越，悲涼蒼莽，饒沉郁慷壯之思。論者謂，詩教敦厚，於柔婉爲近，顧靡曼絮，專務姿媚而乏骨力，病其類於婦人。然而金詩雖染宋季餘習，而以救靡曼柔弱之病，固亦未可少也。至遺山渾浩流轉如長江大河，開闔變化，包舉百家；而《中州集》詩從其人，人從其類，文獻有傳於斯焉。"

此本有扉頁，刻"金詩選"。

《四庫全書總目》、《續修四庫全書》、《續修四庫全書總目提要（稿本）》未收。《中國古籍善本書目》著錄，上海圖書館、清華大學圖書館等十三館也有入藏。日本《内閣文庫漢籍分類目錄》有日本文化四年（1807）刻本。

鈐印有"萬全王氏怡愛堂二鶴藏書印"、"潔弆"、"瀟灑書齋"。

2820　明末刻本中州集　　　　　T5237.5/1147

《中州集》十卷首一卷《樂府》一卷，金元好問輯。明末毛氏汲古閣刻本。十册。半頁八行十九字，左右雙邊，白口，無魚尾，書口下有"汲古閣"。框高18.9釐米，寬13釐米。題"河東人元好問裕之集"。前有弘治九年（1496）嚴永濬序；紹定六年（1233）元好問引；淳祐十年（1250）張德輝序。末有毛晉跋。

元好問，字裕之，號遺山，太原秀原人。興定五年進士，官至尚書省左司員外郎。金亡，不仕。有《遺山集》四十卷。《金史》有傳。

是書集録金代二百四十九人之作品，每人附小傳，兼評其詩，保存了不少歷史資料，有"以詩存史"之用意。

毛晉跋云："裕之避兵南渡，悼金源氏亡，誓不更仕。晚年以著作自任，不可令一代之迹泯而不傳，乃築亭於家，寒暑不出，有所聞見，隨以寸楮細字紀録之，名曰《野史》，不下百餘萬言。《中州集》，其采詩一種也，凡十卷，共二百四十五人，每人敍略，以寓褒譏。史臣推爲一代宗工，真無忝矣。若卷首載顯章二作，卷尾附其父兄詩，尤見忠孝。"

《中州集》，今存最早之本，爲元至大三年曹氏進德齋刻本，上海圖書館藏，但殘存卷一至八。中國國家圖書館有元至大三年曹氏進德齋刻遞修本兩部，爲全帙；又一部，存卷三至六。臺北"國家圖書館"有元廣勤書堂刊配影鈔本。明代尚有弘治九年李瀚刻本，中國國家圖書館、南京圖書館等三館有藏。另上海圖書館有明末毛氏汲古閣抄本。

《四庫全書總目》入集部總集類。《中國古籍善本書目》著錄。中國國家圖書館、上海圖書館等七十六館，臺北"國家圖書館"（六部）、美國普林斯頓大學葛思德東方圖書館（兩部）、日本内閣文庫亦有入藏。

此本有扉頁，刊"中州集。汲古閣原本。古松堂藏板"。此本刷印，當在清初。

館藏有複本一部，十六册，清初印本，無扉頁。有"守真草堂珍藏"印。

2821　清康熙刻本元詩選　　T5237.6/3860

《元詩選初集》一百十四卷首一卷《二集》一百三卷《三集》一百三卷，清顧嗣立輯。清康熙三十三年(1694)至五十九年(1720)顧氏秀野草堂刻本。四十册。半頁十三行二十三字，左右雙邊，白口，雙魚尾。書口下刻"秀野草堂"，間有刻工。高19.2釐米，寬14.3釐米。題"長洲顧嗣立俠君集"。前有康熙三十二年(1693)宋犖序，康熙四十一年(1702)顧嗣立序；康熙三十三年顧嗣立撰《凡例》十三則。

顧嗣立，見清康熙刻本《詩林韶濩》。

此書凡三集，每集之中，又以十干分爲十集，如《初集》分甲乙丙丁戊己庚辛壬九集。所錄自帝王別爲卷首，《初集》凡元好問以下一百家。《二集》所錄，凡段克己兄弟以下一百家。《三集》所錄，凡麻革以下一百家。每人下各存原集之名，前列小傳，兼品其詩。雖去取不必盡當，而網羅浩博，一一採自本書，具見崖略，非他家選本飽飣綴合者可比。有元一代之詩，要以此本爲巨觀。且顧氏以一己之力，掇拾於零縑殘片之中，卒成此書，洋洋大觀，如非專心一志，鍥而不舍，斷不能成。

顧氏編刻此書，始於康熙三十年，時年二十七，春間抱病，請俞瑒館於家，相助詮次元人之詩。三十二年，《初集》告成。三十八年，玄燁第一次南巡，顧氏即以書進呈御覽。三十九年，訪朱彝尊，借得元人小集，復輯《二集》，並於四十一年完成。《三集》爲五十九年告成。再二年，而先生病逝。

顧嗣立序云："余自甲戌歲輯《元百家詩集》鏤板行世，嗣後奔走南北，所至窮極蒐羅，殘編斷簡，無不抄撮，積久成帙，約得五十餘種。庚辰春仲，從京師抱病歸草堂，鍵戶編纂，用竟前業。適秀水朱檢討竹垞先生盡攜家藏元人遺集見示，藥爐茶竈之下，窮年詮次，並前所獲復彙爲百家，深惜日力之費於斯也。亟付剞劂，與海內好事者共賞之。"

宋犖序云："先是予友石門吳孟舉，有《宋詩鈔》行世，學者靡然趨之，距今將三十年矣。而顧子乃起而爲元詩之選，論者謂元詩不如宋，其實不然。宋詩多沈僿，近少陵；元詩多輕揚，近太白。以晚唐論，則宋人學韓白爲多，元人學溫李爲多，要亦娣姒耳間。瀏覽是編，遺山、静修導其先虞、楊、范、揭諸君鳴其盛，鐵崖、雲林持其亂。渢渢乎，亦各一代之音，詎可闕哉。"

《凡例》云："歐陽公功有言，中統、至元之文龐以蔚，元貞、大德之文暢而腴，至大、延祐之文麗而貞，泰定、天曆之文贍以雄。有元之詩，每變遞進，迨至正之末而奇材益出焉。然而淵源流派，規矩師承，風會所存，班班可考。特倣《中州》之例，以十集爲編。一代詞人，凡有全稿可據者選成八集，其方外、閨秀自爲一集，至諸家選本止存四五首者，與夫山經、地志、稗官、野史所傳，總編一集附後。""元詩姓名，見於各選本者四百餘人，其專集刊行於世百家而已。然有史傳所載鴻文鉅集而今已散佚不存，亦有隱士逸民破瓢殘篋而幸爲人所珍惜者，余家藏元集，合之亦陶手鈔，及所借傳是樓藏本，得縱觀採擇，甚爲快事。以至屬在親朋好古博雅之士，凡有元詩，必皆借閱入選。所悲寡交荒學，遺漏者多，其或四方君子，笥珍枕秘未經寓目者，奉祈惠示，當與天下同好者共之。"

此爲寫刻本。有扉頁，刻"秀野草堂元詩選。長洲顧俠君論次"。並鈐有"遺稿天留"、"先編百家全集續出"、"別裁僞體親風雅"、"□□□□□□大街東鸚哥巷內"。"玄"字避帝諱。刻工有曾惟聖、鄧啓、公化、鄧玉、鄧貞、天渠、陳章、際生、鄧芃、鄧仁、高元、甘典、君甫、顧明、鄧臣、子茂、啓生等。

《四庫全書總目》入集部總集類。《中國古籍善本書目》著錄,上海圖書館、遼寧省圖書館等二十五館也有入藏。日本《內閣文庫漢籍分類目錄》著錄。

鈐印有"竹巷主人"、"明出地上"。

2822　清嘉慶刻本元詩選癸集　T5237.6/3860

《元詩選癸集》十六卷,清顧嗣立輯,清席世臣補。清嘉慶三年(1798)席氏掃葉山房刻本。五册。半頁十三行二十三字,左右雙邊,白口,單魚尾。書口下刻"秀野草堂"。高18.1釐米,寬13.3釐米。前有嘉慶三年席世臣序。

顧嗣立,見清康熙刻本《詩林韶濩》。

是書三集之成,顧嗣立已是垂暮之年,貧病交加,然仍將癸集編竣,並付之梓,但此刻爲未竟之業。席世臣序云:"顧秀野先生《元詩選》,以十干分部,自甲至壬,既壽諸梓,風行海内,惟癸集未竣,而先生遽没。先大夫守樸府君顧出也,嘗取是編授世臣,而深以癸集獨缺爲憾!迨先大夫捐館,世臣每讀是編,輒盡然有動於心,乃訪先生曾孫果庭,得已刻之版並未刻之稿,亟取以歸,如獲拱璧。爰與果庭乃復校紬,勘其脱落,重加修訂。版之壞者補之,完者鋟之,蓋十易寒暑而始克蕆事,庶幾先生蒐輯之功,自此勿墜,亦先大夫之志也。其十集所未備者,世臣博采群籍,别爲《補遺》一編,將續梓以問世焉。"

此爲寫刻本。《元詩選》中,癸集最爲難得。此本佚去顧嗣立序,序有云:"元人姓名見於元明各家選本,及山經、地志、書畫卷、遺蹟,而無字里、官爵、時代可稽,共計四百三十四人,仍照諸書次序,總爲一編,以俟更考。"

按,《癸集》有稿本,顧廷龍撰有《顧嗣立與〈元詩選〉》一文,敘述甚詳。文見《顧廷龍文集》。又席序中之"守樸府君",爲嗣立之曾外孫。嗣立有子四人,長名曰熼,次名筤,三名賁,四名璞。曰熼有三女,長適兩浙江南鹽運副使席襄,襄之子即守樸,孫即世臣。"果庭"者,爲筤之後,筤有子三人,長名森緒,森緒子名泰曾,字宗道,號果庭。席世臣,爲青浦人,掃葉山房主人。王芑孫跋《元詩選癸集》稿本云:"席鄙陋村俗之夫耳,其刻書意在求利,匪惟刊校不精,妄多删替,其書迄不行於世,雖登版而所印無多,猶之乎未刻也。"

《續修四庫全書》未收。《中國古籍善本書目》著錄清嘉慶三年席氏掃葉山房刻光緒十四年重修本,中國科學院圖書館、寧夏回族自治區圖書館等六館也有入藏。日本《內閣文庫漢籍分類目錄》著錄。

2823　清乾隆刻本元詩選　T5237.6/3849

《元詩選》六卷《補遺》一卷,清顧奎光輯。清乾隆十六年(1751)刻本。三册。半頁十行十九字,左右雙邊,白口,單魚尾。書眉上刻評。高16.1釐米,寬12.9釐米。題"無錫顧奎光星五選輯;陶瀚昆謀、陶玉禾昆穀參評"。前有乾隆十六年顧奎光序;《凡例》八則;名氏爵里考;陶瀚、陶玉禾撰《元詩總論》三十則。

顧奎光,見乾隆刻本《金詩選》。

此書所選元人近二百家之詩,取材乃據顧嗣立《元詩選》一、二、三集。因意主於詩,故行事從略,但取姓名爵里載之卷首。

顧奎光序云："夫古詩學唐則卑，獨律體必以唐爲宗，於唐以中盛爲宗。元詩矯宋流弊，而失於多學，晚唐纖濃繁縟之病，勢所不免。然其佳者，則婉轉怊悵，附物切情，工整而流逸，清新而秀麗。慮周藻密而不涉於粗疏，意深韻遠而不失之徑直，誠使披除淘汰，摘其英華，固翕然合於風雅，而率以纖濃煩縟棄之，殆未免貴耳之見也。特其先後百年間，流別略同，能自爲風氣者不過數人，至元季而靡曼已極，不及變而入於明，然一代之音亦既彬彬焉矣。元詩，吾家俠君先生所甄錄三百餘家，搜羅最博，然意在廣收，未遑持擇。余自晉陽旋里，授經陶氏，閒取閱之，旁涉諸家定本，遇所會意，輒爲點抹。昆謀、昆榖二子，因釐爲七卷，謂宋明詩皆有選刻，金元獨少，因參附評語，付之剞劂，以公同好。"

《凡例》云："秀野草堂元詩三集，已稱大備。茲選據以取材，其有專集者，間增一二，以補闕遺。""秀野所收，合附見者三百四十家。茲選不及二百家，每家甄錄，少者纔什之一。博觀約取，詩文類然，擇之務精，不嫌掛漏。""元人長古排律至百餘韻，或乏警策，復多率率。是選以便吟諷，故無取乎冗長。"

此本有扉頁，刻"元詩選"。"弘"字避帝諱。

《四庫全書總目》、《續修四庫全書》、《續修四庫全書總目提要(稿本)》未收。《中國古籍善本書目》著錄，山西省圖書館、遼寧省圖書館等十一館也有入藏。日本《內閣文庫漢籍分類目錄》著錄。

鈐印有"子固"、"金子"、"三十六宮都是春"。

2824　明萬曆顧氏奇字齋刻本國雅

T5237.77/3842

《國雅》二十卷續四卷雜附一卷，明顧起綸輯。《國雅品》一卷，明顧起綸撰。明萬曆元年(1573)顧氏奇字齋刻本。十二冊。半頁十行二十一字，左右雙邊，綫黑口，單魚尾，書口下間有刻工。框高20.4釐米，寬14釐米。題"勾吳顧起綸玄言選"。前有萬曆元年皇甫汸序；張佳胤書(附顧起綸跋)。末有萬曆元年姚咨後序，顧祖源後序；萬曆元年顧起綸識語；《凡例》十一則。

顧起綸，字更生，號元言，句吳人。從父可學摯之京師，代爲祝釐應制之文，多稱帝意。以國子生累官鬱林州同知致仕。豪於文酒，善書法。又有《赤城集》、《句漏集》。

是書編選明諸家之詩，上起洪武，下迄萬曆。首列品目一卷，仿鍾嶸《詩品》、殷璠《河岳英靈集》、高仲武《中興間氣集》例，但《詩品》不載詩，此則載詩。所錄詩篇，採擷頗富。

皇甫汸序云："勾吳顧儒林君仲氏，選我明詩彙次之，題曰《國雅》。朝更十三，歲踰二百，品列總若干人，備體凡若干首。例準貫鄭，評襲殷高，銓昉舍人，標符常侍。勒爲二十卷，富哉精矣。茲編足以宣盛世之雅音，立詞壇之赤幟。"

其《凡例》有云："按徐氏《風雅》、黃氏《類選》、張氏《文纂》、俞氏《百家》，凡我明詩人，無慮數百家。徐所編，詳於成化前，而略於成化後；黃所編，詳於正德前，而略於正德後。黃稍敘世次，變體節目，準品彙例也。張、俞二氏，則存沒兼收，中無倫次。張復分類瑣屑，殊失詮次本義，鈞之乎浩漫未核也。余就故篋中，手筆諸名家愜意詩若干卷，并平生所積名集，得商略而采之，復大搜未備，隨適衷帙。"

卷二末刊"梓授：吳郡顧植、顧賢、羅鑑、張璈、方之善、同邑何鑰、何鎡、何釗、邵垍、王伯才。筆授：吳郡顧櫺、施雲、侯愳、家產子顧相、戴卿、朱謨"。

此本有牌記,在《國雅品》後,刊"勾吳武陵郡奇字齋新雕"。按,顧氏奇字齋又刊有《類箋唐王右丞詩集》十卷《文集》四卷《外編》一卷、《標題補注蒙求》三卷等。

　　又卷一四第六頁、卷一七第九至十一頁、卷一八第八至十一頁、第十九至廿二頁、《續國雅》卷四第廿一頁佚去。

　　《四庫全書總目》入集部總集類存目。《中國古籍善本書目》著錄。中國國家圖書館、上海圖書館等十二館,臺北"國家圖書館"(四部,其一爲原藏北平館者)及日本內閣文庫亦有入藏。

　　鈐印有"惜花人"、"子蕃"。

2825　明萬曆刻本蘭嵎朱宗伯彙選當代名公鴻筆百壽類函　T5236.77/2534

　　《蘭嵎朱宗伯彙選當代名公鴻筆百壽類函》八卷,明朱之藩輯,徐榛、吳明郊注。明萬曆四十四年(1616)金陵王世茂、王鳳翔車書樓刻本。四冊。半頁九行十九字,四周單邊,白口,單魚尾。框高21.6釐米,寬13.7釐米。題"春穀許以忠君信甫參閱;定遠徐榛邊實甫、新都吳明郊子野甫釋注;繡谷王世茂爾培甫、金陵王鳳翔寵之甫校梓"。前有萬曆四十四年朱錦序。有壽字圖。圖後有王世茂跋。

　　朱之藩,字元介,號蘭嵎,金陵人。萬曆二十三年進士,仕至吏部侍郎,出使朝鮮,盡却其贈賄。朝鮮人來乞書,以貂參爲贄,橐裝顧反厚,盡以買法書名畫古器收藏之。卒贈尚書。又有《奉使稿》。

　　卷一至五爲壽序,卷六爲壽啓,卷七爲壽詩,卷八爲壽詩,并附詞賦。

　　王世茂跋云:"刻《百壽類函》,輒冠以百福百壽者,表純嘏也。百福百壽圖,世多有之,顧備矣,未必核也;核矣,未必溯其所自出也;溯矣,落筆未必精也。不佞殫心鈎考,命意謹書。揮翰者借此先資,幽探者緣供清賞。願言珍惜,勿視等夷。"車書樓刻書多通俗之本,如《車書樓選注名公新語滿紙千金》八卷、《車書樓彙輯旁注當代名公四六瑤函》六卷、《車書樓選注當代名公新製四六明珠》八卷、《車書樓彙輯各名公新製四六珍函》六卷、《車書樓彙輯皇明四六叢珠》四卷、《車書樓彙輯各名公四六爭奇》八卷、《車書樓選注當代名公四六天花》八卷、《車書樓新刻當代名公尺牘類函》八卷、《車書樓選刻各名公短札字字珠新集》六卷、《車書樓選刻舉業必用四六津梁》十二卷、《車書樓精選名公四六篇篇錦》十二卷等。

　　《四庫全書總目》未收。《中國古籍善本書目》著錄。中國國家圖書館、首都圖書館、廣東中山大學圖書館(作明萬曆四十三年王世茂、王鳳翔車書樓刻本)、臺北"國家圖書館"(兩部、作明萬曆四十四年金陵王鳳翔刻本)亦有入藏。

　　鈐印有"積學齋徐乃昌藏書"、"南陵徐乃昌校勘經籍記"。

2826　明萬曆刻本批點明詩七言律　T5237.77/2207

　　《批點明詩七言律》十二卷,明穆文熙輯並批。明萬曆十三年(1585)金陵胡氏東塘刻本。六冊。半頁九行二十字,四周雙邊,白口,單魚尾,書眉上刻評。框高24.1釐米,寬13.6釐米。題"東明穆文熙敬甫批選;石星拱辰閱正;長洲知縣劉懷恕校刊;莆田陳知占繕書"。前有萬曆九年(1581)趙國璧序,萬曆九年石星序;又刻明詩評語述。末有萬曆九年劉懷恕後序。

　　穆文熙,字敬甫,號少春,東明人。嘉靖四十一年進士,官吏部考功員外郎,陞憲副。

卷一收三十一人，詩七十一首；卷二收十七人，詩九十七首；卷三收十一人，詩八十九首；卷四收五人，詩一百一首；卷五收二十四人，詩九十三首；卷六收三十人，詩一百十二首；卷七收十九人，詩九十二首；卷八收十七人，詩一百四首；卷九收十人，詩一百十七首；卷一〇收十一人，詩一百十一首，又八人，詩二十七首；卷一一收二十人，詩九十七首；卷一二收一人，詩一百三十五首。

趙國璧序云："敬甫方爲諸生，即以聲詩自娛，比既登第，益復厭，去舉子業，一意爲詩。既已取唐詩百家，披讀得其要領，乃復取國初以來明詩百家，芟繁撮要，掇其七言律體若干首，彙成卷帙，擬與衆共之……穆君律詩凡百篇有奇，石拱辰氏手加批評，珍藏篋笥舊矣。余因取而置之集末，誠欲因茲選以知穆君，而又因穆君以重茲選也。"

石星序云："敬甫君取我明詩數百家，歷數十年閱之，拔選得七言律若干篇，各加評語，將梓行之。"

劉懷恕後序云："穆公益復拔選明詩七言律幾千首，石公取穆公詩百餘首，各加批評，而全石趙公爲之序其端。余是以請而梓之。"

此本有扉頁，刊"重刻穆先生批點明詩七言律。萬曆乙酉歲秋月金陵胡氏東塘繡梓"。刻工有魏國用。此本當據萬曆九年劉懷恕刻本重刻。

《四庫全書總目》未收。《中國古籍善本書目》著錄。中國國家圖書館、天津圖書館等五館，臺北"國家圖書館"有明萬曆九年劉懷恕刻本。

鈐印有"養安院藏書"、"有不爲齋"、"趙"。

2827　明崇禎刻本皇明詩選　　T5237.7/7910

《皇明詩選》十三卷，明陳子龍、清李雯、宋徵輿輯。明崇禎刻本。六冊。半頁九行十八字，四周單邊，白口，單魚尾。框高19.4釐米，寬13.6釐米。題"雲間陳子龍臥子氏、李雯舒章氏、宋徵輿轅文氏同撰"。前有陳子龍序、李雯序、宋徵輿序；崇禎十六年陳、李、宋共撰《凡例》九則。

李雯，字舒章，上海人。力學好古，與陳子龍齊名。順治初廷臣交薦雯才可用，授內院中書。

宋徵輿，字直方，一字轅文，松江華亭人。順治四年進士，官至副都御史。爲諸生時，與陳子龍、李雯等倡幾社，以古學相砥礪。其詩以博贍見長。

卷一古樂府，卷二至四五言古詩，卷五至六七言古詩，卷七至九五言律詩、附五言排律，卷一〇至一二七言律詩、五言絕句，卷一三七言絕句。

李雯序云："予小子不敏，嘗與同學之士，臥子陳氏、轅文宋氏切磋究之。痛蜩螗之群鳴，憫英韶之莫嗣。遂搜材覃思，紹興絕業，歷序一代之作者，哀其尤絕，附於採風之義，亦其勉厥所學，昭示來者，用彰本朝之巨麗云。"

《凡例》有云："此書始於庚辰，成於癸未，凡四載矣。閱名家文集四百一十六部，名家詩選三十七部。時日既久，收採亦博，論定而後付梓，覽者鑒之。""選中所載，咸屬往賢。蓋以當代名家，全集未定，未敢遽爲論次。"

每卷之末，刊"同郡夏完淳存古氏較"。

《清代禁書知見錄》著錄，云"內有徐渭、陳繼儒等詩，應請抽燬"。

《中國古籍善本書目》著錄。上海圖書館、南京圖書館等二十七館，臺北"國家圖書館"亦有入藏。

鈐印有"臣萬"、"田郡□氏家藏之記"。

2828　明萬曆刻本盛明十二家詩選　　T5237.77/2908

《盛明十二家詩選》十二卷,明朱翊鈏輯並批點。明萬曆十三年(1585)益藩刻本。六册。半頁九行十八字,四周單邊,白口,單魚尾。框高 18 釐米,寬 12.3 釐米。題"益王潢南道人選輯批點"。前有萬曆十三年朱翊鈏序;十二家姓氏。

朱翊鈏,宣王。益端王祐檳孫。萬曆五年,恭王厚炫薨,翊鈏嗣,嗜結客,厚炫所積府藏,悉斥以招賓從,通聘問於諸藩,不數年頓盡。三十一年薨。

是書所選十二家,爲李夢陽、何景明、徐禎卿、邊貢、顧璘、薛蕙、高叔嗣、王廷陳、李攀龍、王世貞、姚汝循、張文介。卷一至二五言古詩,卷三至四七言古詩,卷五至六五言律詩,卷七至八七言律詩,卷九五言排律,卷一〇七言排律,卷一一五言絕句、六言絕句附,卷一二七言絕句。

朱翊鈏序云:"顧藩封僻處一隅,未能廣收多士全集,乃輒選之,將不免有遺珠之嘆,姑且俟焉。今但自笥篋中所有集全而佳者凡十二人,酒聊加删釋批點,每類附以臆説,用見余所以選擇之意。共爲一十二卷,名之曰《盛明十二家詩選》。梓之齋中,以便昏旭披玩,并公之海内好唫之士。"

《四庫全書總目》未收。《中國古籍善本書目》著録。中國國家圖書館、上海圖書館等七館,臺北"國家圖書館"亦有入藏。

鈐印有"金澤學校"。

2829　明萬曆刻本新鐫注釋出像皇明千家詩　　T5237.7/3142

《新鐫注釋出像皇明千家詩》四卷,明汪萬頃選注。明萬曆周文卿刻本。存二册。半頁九行二十字,四周單邊,白口,單魚尾。框高 22.3 釐米,寬 13.8 釐米。題"雲林汪萬頃徹可父選注;南雍周文卿以忠父校梓"。前有吳道南序。有圖。

汪萬頃,字徹可,雲林人。

是書存卷一至二。每詩後皆有注。圖甚精。

吳道南序云:"我明以文治奠鼎,自洪、永以來,名公鉅卿、逸叟才女,句得而山川助,詩成而鬼神驚,幟立詞壇,旌鼓迭振,光我一代瓊琚,當不遜唐宋一馬首者,而千家之詩,獨今無集乎哉!汪徹可,乃於昭代詩,戛玉敲金,染雲作句,令人咀嚼不厭者,精選成編。囊括群言,網羅百家,以意逆志,其義燦然中天,俾説詩者斧斷鋸解,有所印正。而詩之精藴,一開卷而了了心目間,與昔千詩,並垂不朽,厥功豈在宋謝叠山先生下哉!因顔其首曰注釋明千家詩。"

此本有扉頁,刊"鐫出像註釋皇明千家詩。光霽堂刊"。

《四庫全書總目》未收。《中國古籍善本書目》著録,南京圖書館有全帙入藏。

2830　清順治刻本三子新詩合稿　　T5421.28/7910

《三子新詩合稿》九卷,明陳子龍、清李雯、宋徵輿撰,明夏完淳輯。清順治宋徵輿刻本。二册。清闕名圈點。半頁九行十八字，四周單邊，白口，無魚尾。框高19.3釐米，寬13.6釐米。題"雲間陳子龍臥子、李雯舒章、宋徵輿轅文同撰；門人夏完淳存古編録"。無序跋。

　　陳子龍，字人中，更字臥子，號大樽，江蘇松江人。工舉子業，兼治詩賦古文，取法魏晉，駢體尤精妙。崇禎十年進士，進紹興推官，以定亂功，擢兵科給事中，命甫下而京師陷，乃事福王於南京，以時事不可爲，乞終養去。南都失，遁爲僧。尋以受魯王部院職銜，結太湖兵欲舉事，事露被擒，乘間投水死。乾隆三十六年賜諡忠裕。生於萬曆三十六年，卒於順治四年。又有《陳子龍文集》等。《明史》列傳、《勝朝殉節諸臣録》有傳。

　　李雯，字舒章，江蘇松江人。諸生。少負才名，力學好古，與陳子龍齊名。崇禎十五年舉人，順治初，廷臣交薦雯才可用。授内院中書，起草詔誥書檄。傳多爾袞致史可法，即出其手。順治三年，爲北直鄉試同考官。四年卒，年四十。《(光緒)重修華亭縣志》卷一六有傳。

　　宋徵輿，字直方，一字轅文，江蘇松江人。順治四年進士，授刑部主事，晉員外郎。中出爲福建布政使、右參議，提督學政，擢尚寶卿。官至副都御史。卒年五十。爲諸生時，與陳子龍、李雯等倡幾社，以古學相砥礪。其詩以博贍見長，聲譽亞於子龍。又著有《林屋詩文稿》，編有《全閩詩選》，輯有《唐宋詞選》。《(光緒)重修華亭縣志》卷一六有傳。

　　夏完淳，字存古，允彝子，江蘇松江人。生有異稟，七歲能詩文。年十三，擬庾信作大哀賦，文采宏逸。允彝死後二年，以陳子龍獄辭連及，逮下獄，談笑自如，作樂府數十闋，臨刑神色不變。年甫十七。生於崇禎四年，卒於順治四年。又著有《南冠草》、《玉樊堂集》等。

　　松江歷史悠久，風俗樸厚，文化興盛，人才薈萃。明末清初，詩人也極一時之盛，世稱"雲間派"。子龍、雯、徵輿，人稱"雲間三子"。子龍負盛名於時，稱詩無所讓，位居首席，然其獨推重徵輿，以爲出己上，嘗共選明詩行世，學者宗之。是集爲完淳所輯，計卷一四言古詩、樂府、五言古詩七十一首，卷二五言古詩九十六首，卷三七言古詩三十七首，卷四七言古詩四十首，卷五五言律詩一百二十首，卷六五言律詩、五言排律一百十一首，卷七至八七言律詩二百零七首，卷九五言絶句、七言絶句一百二十首。共録子龍二百四十九首、李雯三百零三首、徵輿二百五十首。總共八百零二首。

　　《續修四庫全書總目提要(稿本)》云："考崇禎壬申，幾社刻《文選》後，社事日擴。癸酉，陳、李刻《倡和集》時，宋年祇十六歲。至丙子，始在南園與陳倡和。故《送臥子至南都》詩有'十年裘馬同知己，萬里江湖等比鄰'之句。陳至南都，按之年譜，癸未、甲申之間也。疑此《三子詩》刻，當在乙丙之際，鼎革之間也。"

　　查《陳忠裕全集》卷二六，有《三子詩選序》，云："三子者何？李子雯、宋子徵輿及不佞子龍也。曩予家居，與二子交甚歡，衡宇相望，三日之間必再見焉。見則有吟詠，互相劘切，申以旦旦，曰是無間寒暑而不輟風雨者也，已而曰人生豈麋鹿乎，而得群游而常處哉！勉旃各自愛，相泣也既而相笑，時人莫測也。庚辰，予治獄越州，行役之暇，間有篇什，不能當曩者十之二，而二子在國門相倡和無倦，嘗一再過從，相與上會稽，探禹穴，投贈送别之篇亦有存焉。癸未，李子從其尊人太僕公入燕邸，予移書尼之不聽。明年春，先皇帝召予爲諫官，未至，京師陷於賊，太僕殉難，師入寇邇，李子守父喪不得歸。今天子起淮甸，都金陵，東南底定，予入備侍從，請急還里。宋子閒居，則梓三人之詩爲一集，大率皆庚辰以後之所作也。"

　　按，子龍序中"庚辰"，爲崇禎十三年；"癸未"，乃崇禎十六年；"明年"，當爲甲申，崇禎十七年，也即順治元年。是年三月，明思宗自縊死。五月，明南京兵部尚書史可法、鳳陽總督馬士英等在南京擁立福王由崧。"尊人太僕公"者，即雯父、工部郎中李逢申。又是集卷八《聞吳大將軍率關寧兵以東西二虜大破李賊志喜二律》,當甲申以後之詩,是可知該集應爲宋徵輿刻於清順治間。

李雯云:"卧子與予言詩,大約以爲詩貴沉壯,又須神明。能沉壯而無神明者,如大將統軍,刁斗精嚴,及其鼓角既動,戰如風雨而無旌斾悠揚之概。有神明而不能沉壯者,如王夷甫、衛叔寶諸人,握塵談道,望若神仙,而不可以涉山川、冒險難。此惟子建、子美能兼之,故獨於二子深有宗尚。"

王士禎《池北偶談》載徵輿父幼清,精數學,徵輿生時,預書一紙緘付夫人,曰:"是子中進士後乃啓視之。"至順治丁亥捷南宫,開前啓,有字云:"此兒三十年後當事新朝,官至三品,壽止五十。"後果於康熙丙午遷副憲至三品,明年卒官,年正五十也。

陳子龍《干祿集》、《皇明經世文編》,李雯《蓼齋後集》,夏完淳《續幸存錄》,皆列入禁書之目。是集子龍之四言古詩、樂府、五言古詩等均爲《陳忠裕公集》所收。封面題"明本雲間三子新詩合稿",審其字體,當爲易培基所書,易爲故宫博物院首任院長。

《(光緒)重修華亭縣志》卷二〇《藝文》著録,作《三子詩選》九卷。《續修四庫全書總目提要(稿本)》所據乃明抄本。《中國古籍善本書目》未收。《北京圖書館古籍善本書目》、《中國科學院圖書館藏中文古籍善本書目》皆著録明末刻本。臺北"中央研究院"史語所傅斯年圖書館也有入藏,著録爲明清間吳門蔣復貞刻本,或有所據。

鈐印有"風樹亭藏書記"。

2831　清順治刻本列朝詩集　T5237.78/8508

《列朝詩集乾集》二卷《甲集前編》十一卷《甲集》二十二卷《乙集》八卷《丙集》十六卷《丁集》十六卷《閏集》六卷,清錢謙益輯。清順治九年(1652)毛氏汲古閣刻本。六十册。半頁十五行二十八字,四周雙邊,白口,雙魚尾。框高 20.5 釐米,寬 12.7 釐米。錢謙益序佚去。

錢謙益,字受之,號牧齋,晚號蒙叟,江蘇常熟人。明萬曆三十八年進士。崇禎初官禮部侍郎,與溫體仁争權失敗,革職。弘光時諂事馬士英,爲太子太保、翰林學士兼禮部尚書。清兵南下,率先迎降,以禮部侍郎管秘書院事,充修明史副總裁。數月後,被劾謝病歸。甚負詩文盛名,家有絳雲樓,以藏書豐富著稱。又有《初學集》、《有學集》等。

此書選録有明一代二百餘年間約兩千詩人之代表作,人各爲小傳。《乾集》上爲卷一"聖製",收帝王之作;《乾集》下爲卷二"膚製",收諸藩王之作。卷三至一三爲《甲集前編》,起龍鳳紀元至吳元年,即太祖元末壬辰起義至丁未建國,凡十六年。卷一四至三五爲《甲集》,自洪武開國至建文兩朝,凡三十五年。卷三六至四三爲《乙集》,自永樂、洪熙、宣德、正統、景泰、天順,共五朝六十二年。卷四四至五九爲《丙集》,載成化、弘治、正德三朝五十七年。《丁集》分上、中、下,自卷六〇至七五,爲嘉靖、隆慶、萬曆、泰昌、天啓、崇禎六朝,共一百二十四年。總計明代十六朝二百七十九年,加上《乾集》十六年,總共二百九十五年。此外,自卷七六至八一爲《閏集》,收高僧、道士、異人、香奩、宗室、内侍、青衣、傭書、無名氏、雜歌謡,以及滇南、朝鮮、日本等各方人士詩。

此書所重者,乃在小傳,其中不少人,即使在當時也已"身名俱沉"。錢氏所撰"間有借詩以存其人者,姑不深論其工拙","使後之觀者,有百年世事之悲,不獨論詩而已也。"

此本爲毛晉汲古閣所刻,依據可見錢氏自序:"毛子子晉刻《歷朝詩集》成,余撫之愾然而嘆。毛子問曰：'夫子何嘆？'余曰：'有嘆乎？余之嘆，蓋嘆孟陽也。'曰：'夫子何嘆乎孟陽也？'曰：'錄詩何始乎？自孟陽之讀《中州集》始也。孟陽之言曰：元氏之集詩也，以詩繫人，以人繫傳。《中州》之詩，亦金源之史也。吾將倣而爲之。吾以採詩，子以庀史，不亦可乎？'"按，孟陽，爲程嘉燧。又云："山居多暇，撰次國朝詩集幾三十家，未幾罷去。此天啓初年事也。越二十餘年而丁開寶之難，海宇版蕩，載籍放失，瀕死頒繫，復有事於斯集，託始於丙戌，徹簡於己丑，乃以其間論次昭代之文章，蒐討朝家之史乘。州次部居，發凡起例；頭白汗青，庶幾有日。庚寅陽月，融風爲災，插架盈箱蕩爲煨燼，此集先付殺青，幸免於秦火漢灰之餘。"

此書有清宣統二年神州國光社排印本，前有《重刊錢牧齋列朝詩集緣起》，云："虞山錢牧齋先生謙益，集有明一代之詩爲《列朝詩集》，共八十一卷。起洪武，迄崇禎，共十六朝，凡二百七十八年。分爲甲、乙、丙、丁四集，上而列帝與諸王之詩則入之《乾集》，下而僧道、閨秀、宗潢、婦寺、蕃服之詩，則入之《閏集》，而自元末至太祖建國，凡元之亡國大夫及遺民之在野者，則另編爲《甲前集》，入選者一千六百餘家。牧齋以先朝故老身歷滄桑，翰墨流傳，主盟壇坫，而又家富藏書，里居多暇，乃盡出其所藏故明一代人文之集，就其詩甄綜而次第之，案其姓氏、爵里、平生，與其詩之得失，爲小傳表諸首。庶幾元遺山之選《中州集》以詩繫人、以人繫傳之意。二百餘年間，新聲雅作連篇累牘，洋洋大觀，覽者可以明夫有明一代國史得失之故矣。故世人恒謂：元氏之集中州詩，即金源一代之史，而錢氏之集列朝詩，即繼《中州集》而作，蓋亦有明一代之史也。野史亭之遺懺，牧齋其隱以自屬哉。惜其書未幾遽遭禁毀坐令，鉅製鴻裁，所以備一朝之典故者，久久湮沒。而朱竹垞《明詩綜》乃得竊其緒餘，襲而尸其位，其《靜志居詩話》多鈔撮牧齋所撰此集小傳而成，乃反巧肆詆諆，至使是非倒置。夫有明之詩，至李、何倡復古之說，摹擬剽竊，吞剝尋撦，徒具膚廓，其弊已極。牧齋此集出，揚扢風雅，一掃雲霧而見青天。今日學者之言詩，亦主於興象之新，而不主摹擬之陳陳相因矣。得牧齋是集而讀之，於以別裁僞體，發揮才調，牧齋所謂'鴻朗莊嚴，富有日新天地之心聲'者，安見不發之於今日乎？"

此本有扉頁，刻"列朝詩集。絳雲樓選。本府藏板"。

此爲禁書，《禁書總目》、《清代禁書知見錄》、《違礙書目》著錄。《四庫禁燬書叢刊》第95至97冊收入。又有1983年上海古籍出版社《列朝詩集小傳》排印本。

《中國古籍善本書目》著錄，中國國家圖書館、上海圖書館等四十二館也有入藏。臺北《"國家圖書館"善本書志初稿》著錄兩部。又日本《內閣文庫漢籍分類目錄》著錄三部。

館藏有複本一部，二十四冊。前有順治九年錢謙益序，但佚去扉頁。

2832　清順治刻本明詩彙選

T5237.78/2930

《明詩彙選》十三卷，清朱之京輯，陳廷會、陸圻評。清順治十六年(1659)刻本。五冊。半頁九行二十字，四周單邊，白口，單魚尾。高18.8釐米，寬13.1釐米。題"西陵朱之京筐風選；同學陳廷會際叔、陸圻麗京仝評"。前有順治十六年關鍵序，毛先舒序；朱之京撰《選例》五則。

朱之京，字筐風。無考。

此書選明代文人之詩，計卷一古樂府，卷二至三五言古詩，卷四至五七言古詩，卷六至七五言律詩，卷八五言排律、五言排律、七言排律，卷九至一○七言律詩，卷一一五言絕句、七言絕句，卷一二七言絕句。總共一千二百七十四首。所選有高啓、李夢陽、徐禎卿、何景明、李攀龍、王世貞、吳國倫、汪廣洋、薛蕙、王廷相、王守仁、劉基、張羽、邊貢、俞安期、張溥、湯顯祖、馮夢禎、王寵、唐寅、劉鳳、黃纘宗、馮時可、唐順之、陳繼儒、楊慎、李東陽、戴良、陳子龍、陳仁錫、于慎行、李先芳、謝榛、宗臣、韓邦靖、陸深等近百人。

關鍵序云："余友朱篁風，才高子價，識邁卮言，閔元音之復絶，慨六義之不作，爰集有明詩什萬有餘篇，上下而甲乙之，有徵必徵，無穢不廢，而又折衷於余。同盟麗京虎臣、際叔宇台暨社中諸子，錯綜參伍，勒爲一書。其旨要所在，寧沉毋浮，寧遠毋近，去佻音，登大雅，要不踰於休文，所謂以情緯物，以文被質而已。是編既出，雖鍾嶸之《詩品》、梁統之《英華》，曷以加哉。以之羽儀四始，計有餘矣。余嘉篁風之能干城斯道，故喜讀是選，因得而論次之，俾世有足識之士以覽觀。"

《選例》云："是集始於辛卯之秋，偕二三同人，廣搜先輩詩集及名家選本，彙成一書。戊戌春，予掩關翁氏之梅圃，距際叔宇台絳帷數武而遥，相對商榷。同學陸子麗京、沈子甸華、張子宗緒、家弟璧人、及門湯子胤釗等，咸發先世藏書，不下數百種，以補蒐羅所未及。徐子武令自吳門歸，又佐以枕中秘笈十餘種，故是集所載，較諸選爲備。迺與諸子以敘楊子雲聲，互相參考，間採以諸家評論，編訂成帙，以存三百年盛事云。"

《四庫全書總目》、《續修四庫全書》、《續修四庫全書總目提要（稿本）》未收。《中國古籍善本書目》著録，中國社會科學院文學研究所圖書館入藏。日本《内閣文庫漢籍分類目録》也有著録。

鈐印有"聽劍謹讀"、"勝間田圖籍"，日人印也。

2833　清順治刻本九大家詩選　T5237.78/7944

《九大家詩選》十二卷，清陳葇、李昂枝輯並評。清順治十七年（1660）李秀芝刻本。六册。半頁九行十九字，四周雙邊，白口，無魚尾。書口下刻"古樂府"、"五言古"等。高18.7釐米，寬13.8釐米。題"鴛湖陳葇堯夫、李昂枝霄樹評選；古吳李德舜繡梓"。前有順治十七年李昂枝序，陳葇序；《凡例》八則；姓氏爵里。

陳葇，字堯夫，浙江秀水人。布衣。康熙中試鴻博不遇。有《東谿詩稿》。

李昂枝，字霄樹，浙江嘉興人。

"九大家"爲李夢陽、何景明、李攀龍、王世貞、謝榛、吳國倫、徐中行、宗臣、梁有譽。此書卷一古樂府，卷二至三五言古詩，卷四至五七言古詩，卷六至七五言律詩，卷八五言律詩、五言絶句，卷九至一〇七言律詩，卷一一七言律詩、七言排律，卷一二七言絶句。是編不録四言。又旁採《談藝》、《卮言》、《詩藪》、《直説》、《升庵詩話》、《名賢詩評》、《藝圃》、《撷餘》諸書，以作評注。

序云："國朝以詩鳴者，無慮數百家。洪永初，尚沿元習，積之深，更之或惆惆未暇。及成化以降，海内和豫，縉紳之聲，嘽緩典暢，而長沙輩出，未克振也。迨何李崛起，一創而變長沙，七子接武再創，而變北地、信陽，彼所謂能正其變者也。顧其病也，剽竊矜雕，繢而均漸厭棄，又安可以無正其變哉？由今觀之，前不見古人，後不見來者，誰爲正變者乎？余是以有九家之選也，俾天下誦其詩，論其世。"

《凡例》云："空同大復，闢弘正之元音；鳳洲于鱗，振嘉隆之巨響。一時同調，更和迭奏，各有源流，務相羽翼。顧前七子之品題，姓氏互爲出入；後七子之鼓吹，倡酬已有定交，爰輯九家，襃成一集。""九家全稿，繁簡或殊。空同、大復、于鱗，諸體悉敵；四溟、蘭汀、天目，樂府闕如。至若王、吳兩集，每患才多，宗氏一編，又若易盡。採拾芟夷，總研聲律，期臻壼奥，不敢濫觴。"

此本有扉頁,刻"九大家詩選。檇李陳堯夫、李霄樹兩先生評定。曹秋岳、宋轅文兩先生鑒定。李夢陽獻吉、何景明大復、李攀龍于鱗、王世貞元美、謝榛茂秦、吳國倫明卿、徐中行子與、宗臣子相、梁有譽公實。古吳李秀芝梓"。目錄頁書口下刻"服古堂"。日人裝幀。

《四庫全書總目》、《續修四庫全書》、《續修四庫全書總目提要(稿本)》未收。《中國古籍善本書目》著錄,上海圖書館、湖北省圖書館等五館也有入藏。日本《內閣文庫漢籍分類目錄》著錄五卷本兩部,爲日本元文二年(1737)刻本。

鈐印有"三央氏圖書印"、"石川圖書",日人印也。

2834　清康熙刻本明詩綜　　T5237.78/2928

《明詩綜》一百卷,清朱彝尊輯。清康熙刻後印本。三十六冊。半頁十一行二十一字,左右雙邊,白口,單魚尾。高18.7釐米,寬13.7釐米。題"小長蘆朱彝尊錄;休陽汪森緝評"。前有康熙四十四年(1705)朱彝尊序。

朱彝尊,見清乾隆刻本《曝書亭詩錄》。

此書選明代洪武至崇禎文人之詩爲一編,上自帝后宗藩,下至婦寺、僧尼、道流,也徵諸謠諺,入選者計三千四百餘家。或因詩而存其人,或因人而存其詩,間綴以詩話,述其本事,期不失作者之旨。至於封疆之臣、亡國之大夫、黨錮之士暨遺民之在野者,概著於錄。

《四庫全書總目》云:"明之詩派,始終三變,洪武開國之初,人心渾朴,一洗元季之綺靡,作者各抒所長,無門戶異同之見。永樂以迄弘治,沿三楊臺閣之體,務以春容和雅,歌詠太平。其弊也冗沓膚廓,萬喙一音,形模徒具,興象不存。是以正德、嘉靖、隆慶之間,李夢陽、何景明等崛起於前,李攀龍、王世貞等奮發於後,以復古之説,遞相唱和,導天下無讀唐以後書,天下響應,文體一新,七子之名,遂竟奪長沙之壇拈。漸久而摹擬剽竊,百弊俱生,厭故趨新,別開蹊徑。萬曆以後,公安倡纖詭之音,竟陵標幽冷之趣,么弦側調,嘈囋争鳴,佻巧蕩乎人心,哀思關乎國運,而明社亦於是乎屋矣。大抵二百七十年中,主盟者遞相盛衰,偏袒者互相左右,諸家選本亦遂皆堅持畛域,各尊所聞。至錢謙益《列朝詩集》出,以記醜言偽之才,濟以黨同伐異之見,逞其恩怨,顛倒是非,黑白混淆,無復公論。彝尊因衆情之弗協,乃編纂此書,以糾其謬。每人皆略敘始末,不横牽他事,巧肆譏彈,里貫之下,各備載諸家評論,而以所作《静志居詩話》分附於後。雖隆、萬以後所收未免稍繁,然世遠者篇章易佚,時近者部帙多存,當亦隨所見聞,不盡出於標榜,其以評品亦頗持平,於舊人私憎私愛之談,往往多所匡正。"

此本有扉頁,刻"明詩綜"。"玄"、"胤"字缺筆。

《四庫全書總目》入集部總集類。《中國古籍善本書目》著錄,天津圖書館、北京大學圖書館等十七館也有入藏。日本《內閣文庫漢籍分類目錄》著錄。

館藏有複本一部,四十冊。

2835　清乾隆刻本明詩別裁集　　T5237.78/3123C

《明詩別裁集》十二卷,清沈德潛、周準輯。清乾隆四年(1739)刻本。六冊。半頁十行十九字,左右雙邊,白口,單魚尾。框高17.3釐米,寬13.1釐米。題"長洲沈德潛確士、周準欽萊同輯"。乾隆三年(1738)周準序,乾隆四年蔣重光序,乾隆三年沈德潛序。

沈德潛,見清乾隆刻本《桂詩偶評》。

周準,字欽萊,號迂村,江蘇長洲人。諸生。少好讀書,絶嗜慾,寡交游,超然名利。陳鵬年訟繋京江,往受業。年二十,慕鹿門、峴山之勝,裹糧攜笻,上溯沔漢,盡探其奥而歸,不謁一人。每聞佳山水,必恣游。晚之京師,不交權貴,志節皎然。人或以迂誚之,益自喜,因號"迂村"。詩宗唐音,五言古、七言絶尤善。有《迂村文鈔》、《虚室吟稿》等。《清史列傳》卷七一有傳。

周準序云:"歸愚沈子,夙有明詩之選,予嘗與之參酌訂定。上自廊廟,下迄山林,旁及方外異域,遇有可採,悉爲收入,不求備乎人,亦未嘗偏遺乎人,凡以輔翼詩教云爾。予觀陳卧子《明詩選》,其所採取,時有刪潤,故所收較完美。是編所録,務從善本,其有名言可採,而疵纇並見者略焉。以是書之選,欲上續唐人,不敢不從其嚴也。書既成,釐爲十二卷,其作者里居出處亦略附焉。"

沈德潛序云:"國朝朱太史竹垞《明詩綜》,所收三千四百餘家,泯門户之見,存是非之公,比之牧齋,用心判别。然備一代之掌故,匪示六義之指歸,良楛正閏,雜出錯陳,學者將問道以親風雅,其何道之由。余與周子欽萊夙有同心,慨焉決擇,合群公選本暨前賢名稿,别而裁之。於洪、永之詩,刪其輕靡;於弘、正、嘉、隆之詩,汰其形似。萬曆、天啓以下,遂寥寥焉。而勝國遺老,廣爲搜羅,比宋逸民《谷音》之選,得詩十二卷,凡一千一十餘篇,皆深造渾厚,和平淵雅,合於言志永言之旨。而雷同沿襲,浮艷淫靡,凡無當於美刺者屏焉。有明之詩,誠見其陵宋躒元而上追前古也。"

此爲禁書,《禁燬總目》、《清代禁書知見録》著録,云:"查此集係原任侍郎沈德潛與長洲周準同選,取明一代之詩,按代甄録,凡一千餘首。内除屈大均、陳恭尹諸人之詩俱應抽燬外,其餘各家尚無干礙,應請毋庸全燬。"此本卷一二陳恭尹詩七首俱存。

此本有扉頁,刻"明詩别裁集"。"弘"字避帝諱。是書又有日本刻巾箱本,本館亦有入藏。

《四庫禁燬書叢刊》第97册收入。《中國古籍善本書目》著録,北京大學圖書館、天津圖書館等三十七館也有入藏。

鈐印有"光風霽月山居"。

2836 清乾隆刻本明人詩鈔   T5237.78/2918

《明人詩鈔》十四卷《續集》十四卷,清朱琰輯。清乾隆二十五年(1760)刻本。六册。半頁十行十九字,左右雙邊,白口,單魚尾。高16.1釐米,寬11.9釐米。題"海鹽朱琰編次";朱琰撰《凡例》十則。

朱琰,字桐川,號笠亭,又號樊桐山人,浙江海鹽人。涵濡經史,工詩古文詞,細膩刻劌,不落晚唐窠臼,兼善山水,文名藉甚。歷主金華、吳江諸書院。乾隆三十一年中進士。官直隸阜城令,專以撫字爲本,恥以奔走趨奉,爲政期年而口碑載道。越兩載,遽嬰疾以卒,囊無餘資,闔邑欽其廉介。著有《笠亭詩文鈔》、《續鴛鴦湖櫂歌》等。《續印人傳》卷五有傳。

此書鈔撰,始於乾隆二十三年三月,蕆事於二十五年七月,歷兩年有餘。正集録詩九百五十首,詩家六十五人;續集録詩七百九十八首,詩家四百三十二人。

朱琰序云:"余不敏,生長國家承平之日,壁簡冢書,藏者盡出。雖以僻處海陬,見聞固陋,而耳目所及,猶或有石倉、牧齋、竹垞三家所未及録者,則信乎傳述之難也。雖然有一代之才者,乃得與乎一代文章之運,其人本不能多,而其詩不可不存,此前修之楚萬,後學之津筏也。至於師友淵源,四方風氣之所判,別宜存其大,凡以爲考驗,則其人不可不存,而其詩又不必過多。間嘗瀏覽明人詩集,於大家、名家得六十有五人,鈔成一編,曰《正集》,又鈔諸家之詩,可爲羽翼者四百三十二人,曰《續集》。家數不及前人十之二三,而跌宕才華,標舉風格,有前人所未備者,蒙竊詳焉。至於一代正變升降之數,當代宗工哲匠已有定論,愚何能知,以此書當寫官之職志可也。"

《凡例》云:"選一代之詩者,必以人敘次,方可辨一代詩體。然多或數十首,少或一二首,多寡不均,高下迭奏,恐讀者耳目易混,未能別白。今鈔大家、名家詩爲一編,曰正集。其餘諸家之堪爲羽翼者,別爲一編,曰續集。分集以載,庶幾犁然有當。""四傑、七子諸稱,當時已有標目,日久論定,詩品懸殊,未容並列。有宜入正集者,有宜入續集者,斟酌去取,務衷至當。又或鄉里前喆,宏才碩學,實堪繼武昔賢,而集本未甚流傳,以致姓氏晦於當代。蒙服膺既久,不敢私諸篋衍,載入正集,以質當世知言君子。其有著作殘缺,而詩實可傳,附見續集,使覽者識其名字,亦發潛之意。然見聞淺隘,未能網羅放失,竊有憾焉。""分卷次第,或以時代限斷,或以方域師友分列,各有其意。讀者依次而求,可以考一時一方詩教盛衰大略,亦論世之一端也。"

此本佚去乾隆二十五年朱琰序。有扉頁,刻"乾隆庚辰鐫。明人詩鈔。樊桐山房藏板"。《正集》、《續集》目錄後刻"桐鄉程拱宇校錄"。

《四庫全書總目》、《續修四庫全書》未收。《續修四庫全書總目提要(稿本)》著錄。《中國古籍善本書目》著錄清乾隆二十五年樊桐山房刻本,天津圖書館、上海圖書館等十八館也有入藏。日本《內閣文庫漢籍分類目錄》著錄兩部。

鈐印有"許氏星臺藏書"。

館藏有複本一部,八冊。前有乾隆二十五年朱琰序。有扉頁,刻"明人詩鈔"、"明人詩鈔續集",並鈐有"英德堂發兌"。鈐印有"三餘樓印"、"中□倉氏"。

2837　明嘉靖刻本皇明文選　　　　　　T5238.7/3131

《皇明文選》二十卷,明汪宗元輯。明嘉靖三十三年(1554)自刻本。十二册。半頁十行二十字,左右雙邊,白口,單魚尾。框高20.2釐米,寬13.8釐米。前有嘉靖三十三年潘恩序,嘉靖三十三年汪宗元自序。

汪宗元,字子允,號春谷,湖北崇陽人。少穎悟好學,嘉靖八年進士,由行人授工科給諫,歷太僕太常寺卿,陞副都,總理河道,自通州至儀真堤岸衝決處皆修築之。嚴嵩以其不附己,謫福建少參,轉右布政,分守福寧道,晉江西左布政。後乞致仕,年六十八卒,賜祭葬,祀鄉賢。《(同治)崇陽縣志》卷七《進士》有傳。

是書選明代之文,卷一詔四、制二、誥二、册文二、表八、頌六、贊二、箴三、銘二;卷二至三述二、論二十八、議三、説七、文二;卷四解三、辯二、對一、雜著二十四;卷五至八記八十六;卷九至一六序二百四十二、題跋引十二、傳九;卷一七至一八原五、書五、碑十五、神道碑六;卷一九墓碑六、行狀二;卷二〇墓表四、祭文九。

潘恩序云:"楚春谷汪先生,負博雅之材,秉知言之鑒,於昭代之文,網羅蒐輯,越有歲年,日懼其放失,而莫之釐正也。迺取程篁墩氏舊刻《文衡》,芟繁撮要,大都所存凡十之三,增所未備又十之七,總五百餘篇,列爲二十卷。思以刻布,傳示將來……是編所載,華而不浮,質而不野。大之有以瀰綸造化,裨助皇猷;次之有以褒敘人倫,匡正氓俗。掇英茹實,蔑以加矣,是不可以傳乎?"

汪宗元自序云:"自我高皇開天,崇重文學,首聘真儒,一時鉅工,摛藻修詞,如未雕之玉,未吐之華,渾弘博大,論者以爲有淳古之風。宣德、天順以後,人自爲藝,淳風少更。逮至弘治之間,儒教聿興,藝文相尚,一時作者,雖體裁不同,博大偉麗,迄今稱之。至我皇上御極,超三邁五,制禮作樂,敬一垂訓,道久化成,士爭自濯磨,文治蔚然興矣。""自程篁墩先生選後,無繼之者。予荒鄙楚人,非知文者也,願學焉。但名家文集,極爲浩繁,藏攜不便。乃於容臺暇日,采而集之,以便觀覽。自國初以及於今,凡詔制、誥册,以代言也;頌贊,以告君也;箴銘、論議、説解、辨對,以訓世也;傳原、雜著、紀序、跋引,以紀事也;碑志,以彰微也。""采而集之,亦足以彰我明文治之盛,而立言之精華,亦因以傳也。壬子之春,謫官閩中,益加蒐輯。邇者,量移豫章,乃謀鋟梓,以成夙志,或曰能無遺乎?"

《四庫全書總目》未收。《中國古籍善本書目》著録。中國國家圖書館、南京圖書館等十四館,臺北"國家圖書館"(配影抄本)及美國國會圖書館、普林斯頓大學葛思德東方圖書館、日本内閣文庫、尊經閣文庫、静嘉堂文庫亦有入藏。

2838　明萬曆刻本皇明百家文範　T5238.77/1140

《皇明百家文範》八卷,明王乾章輯。明萬曆三年(1575)自刻本。十册。半頁九行二十字,四周雙邊,白口,單魚尾。框高 19.9 釐米,寬 13.3 釐米。題"東陽王乾章選"。前有萬曆三年勞堪序。

王乾章,字順卿,號震所,浙江東陽人。嘉靖四十一年進士,授中書舍人,擢御史,官至雲南參議。卒年七十三。《少室山房類稿》卷九三有《王公泊封宜人徐公墓志銘》。

卷一書類、論類,卷二議類、說類、序類,卷三至四序類,卷五至六記類,卷七封事類、跋類、文類、碑類、志銘類,卷八傳類、雜著類、賦類。

勞堪序云:"震所王大夫,積學好文。詮次近世詞賦諸體,命曰《百家文範》。刻而藏之白鹿古洞。"

《四庫全書總目》未收。《中國古籍善本書目》著録,中國國家圖書館、南京圖書館等四館,臺北"國家圖書館"亦有入藏。

2839　明萬曆刻本新刻三狀元評選名公四美士林必讀第一寶　T5238.77/2963

《新刻三狀元評選名公四美士林必讀第一寶》四卷,明朱國祚、唐文獻、焦竑選。明萬曆十九年(1591)金陵魏卿刻本。二册。半頁十行二十字,四周雙邊,白口,單魚尾,書眉上刻評。框高 19.7 釐米,寬 11.9 釐米。題"狀元養淳朱國祚、抑所唐文獻、從吾焦竑仝選;金陵對廷魏卿梓行"。前有萬曆十九年劉曰寧序。

三狀元者,朱國祚爲萬曆十一年一甲一名進士;唐文獻爲萬曆十四年一甲一名進士;焦竑爲萬曆十七年一甲一名進士。

此爲明季士人之讀本,所選鄒迪光、李廷機、李攀龍、蕭相、吴國倫、王世貞、屠隆、馮夢禎、陳文燭、汪道昆、茅坤等人之文，卷一爲書，卷二爲啓，卷三爲壽文，卷四爲祭文、墓志銘。

劉日寧序云："今世就帖括輩，借青衿逢掖調，以吐胸中洸洋磊珂之思，而竪幟於詞壇者，僉曰文義云、文義云。顧人身寰内，詎無吉凶兩歧耶？詎無酬酢交際耶？吉則曰壽、曰婚；凶則曰祭；交際則曰翰札。四者並爲世重，非一日矣。第學者溺於所聞，世儒闇於大較，銜霍鷲騁，悠謬其旨。有柯其枝葉，而獨留根荄者；有艾其乳廓，而獨存文采者。""從吾三先生，有慨於是也，乃搜集國朝諸名公傳世文，及所珍藏未鐫者，評其有合於四端矩度，彙爲一帙，命之曰四美，以永神大業。"

《四庫全書總目》未收。《中國古籍善本書目》未著録。

2840 明崇禎刻本皇明文徵　　T5236.7/2213

《皇明文徵》七十四卷，明何喬遠輯。明崇禎刻本。六十册。半頁九行十八字，左右雙邊，白口，單魚尾。框高19.2釐米，寬14釐米。題"晉江何喬遠穉孝選"。前有崇禎四年(1631)鄆於中序，崇禎三年(1630)韓如璜序，崇禎四年何喬遠自序。序後有較刻、參較姓氏。目録後有補遺目録。

何喬遠，字穉孝，號匪莪，福建晉江人。萬曆十四年進士，崇禎間累官南京工部右侍郎。立朝持正敢言，博覽好著書，嘗輯明十三朝遺事爲《名山藏》，又纂《閩書》一百五十卷，頗行於世。

是集以明代自洪武迄崇禎初年詩文，分體編次，各體之中，又復分類。卷一至五賦，卷六樂章、琴操，卷七古樂府、樂府變，卷八三言古詩、四言古詩，卷九至一二五言古詩，卷一三至一四七言古詩，卷一五至一六五言律詩、六言律詩，卷一七至一八七言律詩，卷一九五言排律、七言排律，卷二〇五言絶句、六言絶句，卷二一七言絶句，卷二二詩餘，卷二三册文、詔、制、誥、勅諭、檄、策問，卷二四表、露布，卷二五至二七疏，卷二八舉業，卷二九頌，卷三〇贊，卷三一箴，卷三二銘，卷三三文，卷三四辭，卷三五枚乘體、連珠，卷三六讀、考、辯，卷三七辯、解，卷三八問、對，卷三九原、篇、論，卷四〇論，卷四一議，卷四二至四三説，卷四四至四九序，卷五〇題、引、跋，卷五一跋，卷五二至五五記，卷五六書事、疏、上梁文、啓，卷五七至六一書，卷六二至六五傳，卷六六述、雜記，卷六七至六八碑，卷六九至七〇神道碑，卷七一祭文，卷七二誄，卷七三墓表、墓碣，卷七四墓志銘。

何喬遠自序云："明興二百七十餘年矣，列聖之所垂訓，賢士大夫之所稱説，皆可以軒天地而涣散不收，即前輩有收而時日久遠，於今在天地間者，又日新而月盛矣。遠山居有年，過不自量，擇其詞之雅馴而近古者，彙爲一部，以卷計者，七十有奇。而國家之施設建立，賢士大夫之經營論著，具悉其中。下及於方外、閨秀、外夷之作，無不兼採並録。"

《四庫全書總目》作七十三卷，誤。入集部總集類存目。《中國古籍善本書目》著録。上海圖書館、南京圖書館等十五館，臺北"國家圖書館"(三部)及美國普林斯頓大學葛思德東方圖書館、日本内閣文庫、尊經閣文庫亦有入藏。

2841 明刻本鼎鐫諸方家彙編皇明名公文雋　　T5238.77/4333

《鼎鐫諸方家彙編皇明名公文雋》八卷，明袁宏道輯，丘兆麟補。明金陵鄭思鳴奎璧堂刻本。四册。半頁九行二十字，四周單邊，白口，無魚尾，書眉上刻評。框高21.1釐米，寬12.3

釐米。題"石公袁宏道精選;侗初張鼐校閱;毛伯丘兆麟參補;寧野吳從先解釋;眉公陳繼儒標指;居一陳萬言彙評"。前有泰昌元年(1620)周宗建序,陳之美序。

　　是書選明人之文,如方孝孺、劉基、汪道昆、李贄、焦竑、李廷機、唐順之、徐渭、李攀龍、王守仁等數十家。

　　此本有扉頁,刊"鐫袁中郎先生評選今文化玉。奎璧堂鄭思鳴綉梓"。卷八末有牌記,刊"金陵奎璧堂鄭思鳴綉梓"。按,鄭思鳴奎璧堂或題奎璧齋,爲萬曆天啓間金陵坊肆,又刻有《歌林初集》十六種二集十四種、《新鐫樂府名時曲萬家錦》二卷、《養正圖解》二卷、《急覽類編》十卷等。

　　《四庫全書總目》著録之《明文雋》即此書,《總目》云,蓋坊間刻本,託宏道等以行。《中國古籍善本書目》著録。南京圖書館、甘肅省圖書館等九館,美國普林斯頓大學葛思德東方圖書館亦有入藏。

　　按,此書又有明師儉堂蕭少衢刻本,行款同此本,藏南京圖書館等五館。日本尊經閣文庫有明泰昌刻本,不知與何本同。

2842　明天啓刻本鼎鍥百名公評林訓釋古今奇文品勝　T5238.07/1123

　　《鼎鍥百名公評林訓釋古今奇文品勝》五卷,明孔貞運輯。明天啓刻本。五册。半頁九行二十一字,四周單邊,白口,無魚尾,書口下方刻篇目并頁數,書口上刻評。框高21.3釐米,寬11.8釐米。題"句容玉衡孔貞運編選;古莆元贊曾楚卿校閱;臨川毛伯丘兆麟參訂"。前有天啓二年(1622)文震孟序。

　　孔貞運,字開仲,江蘇句容人。萬曆四十七年進士,殿試第二人,授編修。天啓中充經筵展書官,纂修兩朝實録。崇禎元年,擢國子監祭酒,尋進少詹,仍管監事。後以艱歸服闋,起南京禮部侍郎,遷吏部左侍郎,與賀逢聖、黃士俊並入内閣。崇禎間,歸居建德山中七年,食不兼味,居無亭榭,卒年六十九,謚文忠。事蹟具《明史》本傳及《(乾隆)句容縣志》卷九《人物志》。是書題貞運編選,疑書肆托名者。

　　卷一詔彙、勅彙、策彙、對彙、議彙、奏彙、疏彙、諫彙、檄彙、表彙、封事彙;卷二論彙、書彙;卷三文彙、序彙、記彙;卷四辭彙、賦彙、傳彙、贊彙、頌彙、説彙;卷五箴彙、至彙、解彙、説彙、辯彙、議彙、對彙、卜彙、評彙、著彙、啓彙、銘彙、歌彙、碑彙、墓表彙、志銘彙。

　　文震孟序云:"惟兹孔太史先生,選所謂奇文品勝者,亘古亘今,奇種種備矣……皇明彬彬濟濟,無容枚舉,舉其尤奇者,如劉青田之渾雄、宋潛溪之浩蕩、方希古之爾雅、解大紳之豪放,其在洪弘間者,其以葆含元氣勝者乎!而嘉隆以前之奇,若李空同、王鳳洲、李滄溟、汪南溟,又如王守溪、唐荆川、瞿文懿、薛方山,各争奇詞壇,即唐宋之王、楊、盧、駱、韓、柳、歐、蘇,更何多勝哉!且自詔誥,以及歌賦,無不題題精解,語語實評。運此之奇以應世,固可爲決勝前矛,即垂此之奇以經世,亦可爲制勝石畫,故顔之曰《奇文品勝》。"

　　《四庫全書總目》未收。《中國古籍善本書目》未著録。美國國會圖書館、日本内閣文庫亦有入藏。

2843　明天啓刻本皇明經濟文輯　T4664.7/7949

　　《皇明經濟文輯》二十三卷,明陳其愫輯。明天啓七年(1627)自刻本。十二册。半頁八行十八字,四周單邊,白口,無魚尾。框高20.9釐米,寬14.2釐米。題"餘杭陳其愫點輯;同社姚明彥閱訂"。前有天啟七年陳其愫序；《凡例》七則。

陳其愫，字素心，餘杭人。

經濟者，經國濟民也。是書取嘉靖、隆慶以前之議論文章，分聖學、儲宮、宗藩、官制、財計、漕輓、天文、地理、禮制、樂律、兵政、刑法、河渠、工虞、海防、九邊、四夷，計目十七。作者爲王鏊、霍韜、王世貞、鄭曉、周弘祖、丘濬、李廷機、周應賓、張居正等數十人。據《凡例》云："是集博覽多編，僅存精粹，文皆古訓，實裨今時。"

陳其愫序云："其愫竊有志焉，因取我朝諸先生文，擇其有裨於實用者，彙而讀之。大抵本經史而約之以時制，光明正大，博古通今，妄謂事業文章無踰此者。日久成帙，乃遂上自聖學、儲宮，下至九邊、四夷，其間宗藩、官制、財計、漕輓、天文、地理、禮制……各以類分，總爲二十三卷，題曰《皇明經濟文輯》，梓以公之有志者。"

金鑲玉裝。

《應繳違礙書籍各種名目》著錄。《清代禁書知見錄》云："書內取明人之文有裨實用者，分類編錄，凡十有七目，略依《六典》爲次。其九邊門內所言防守事宜，多係指西北關隘而言。惟中間有語涉偏謬之處，仍應刪燬，其餘應請毋庸全燬。"

《四庫全書總目》入集部總集類存目。《中國古籍善本書目》著錄。中國國家圖書館、上海圖書館等十一館，臺北"國家圖書館"及美國國會圖書館、日本內閣文庫、尊經閣文庫亦有入藏。

2844 明天啟刻本明文奇賞　　　　　　　　　　T5238.7/7928

《明文奇賞》四十卷，明陳仁錫輯。明天啟三年(1623)刻本。二十冊。半頁十行二十一字，四周單邊，白口，單魚尾，書眉上刻評。框高21.8釐米，寬13.7釐米。題"史官陳仁錫明卿父評選"。前有天啟三年陳仁錫序。

此爲陳仁錫《古文奇賞》二十二卷《續古文奇賞》三十四卷《奇賞齋廣文苑英華》二十六卷《四續古文奇賞》五十三卷《明文奇賞》四十卷之部分。全帙藏天津圖書館、浙江圖書館等六館。美國普林斯頓大學葛思德東方圖書館、日本尊經閣文庫亦有全帙入藏。

是編選宋濂、楊維楨、王禕、劉基、解縉、方孝孺、蘇伯衡、高啟等一百七十七人之文，多爲序、題辭、論、疏、祭文、書、題跋、箋、評、傳、行狀、表、墓銘、碑、雜著、贊等。

孫殿起《清代禁書知見錄》著錄。

《中國古籍善本書目》著錄此本，南京圖書館、山東省圖書館等三十九館收藏。另臺北"國家圖書館"(四部)及日本內閣文庫、靜嘉堂文庫、東京大學東洋文化研究所亦有入藏。

2845 明崇禎刻本明文霱　　　　　　　　　　T5238.7/7248

《明文霱》二十卷，明劉士鏻輯並評。明崇禎刻本。二十冊。半頁九行二十字，四周單邊，白口，無魚尾，書眉上刻評。框高20.4釐米，寬13.3釐米。題"武林劉士鏻羽石父評選"。前有吳太冲序，崇禎七年(1634)洪吉臣序，崇禎七年朱徽序；劉懌撰《凡例》五則。

劉士鏻，仁和人。崇禎四年進士，官行人。

霱，霱雲，瑞雲。是書集明代之文，卷一至八序、記，卷九至一〇記、書事、題跋，卷一一至一二傳、傳贊，卷一三至一四碑、墓誌銘，卷一五墓誌銘、墓表、墓碣、行實、述，卷一六誄、辭、祭文，卷一七雜文、銘、頌、贊,卷一八論、説、解,卷一九至二〇書。

吴太冲序云:"羽石氏題所服誦者曰鬻,以志卿雲瑞霭之爲嘗物也,囿蓄祥麟、沼育神龜之意也。"朱徽序云:"予年友羽石氏,憫乎若斯之患,而欲拔學者之錮習,通古今於一揆。先是有《文致》之選,以銓品前修。而兹復有《文鬻》之舉,以提衡當代。使吾徒從事於二集之間,則亦可以亡乎前此二者之蔽矣。羽石淹貫博綜,才識贍敏,雅負當世之志。"

其《凡例》有云:"《文致》以致爲宗,是選多閎鉅之什,極深通變,頗盡勝場,而吐納英華,鼓吹風雅,亦强半以致采入。""家季偕余受經,髮未燥而好古,自命盡搜叔父架上之藏,且購貸以益之,手自纂輯,不翅截温舒之蒲,編孫敬之柳也。嘉隆以前,集不勝收,近時三數名公,或僅得之郵寄,或偶購之肆中,品隲甚嚴,而耳目未備,嗣有續選行世。"

《禁書總目》著録。《清代禁書知見録》云:"内有觸犯語,應摘燬。"

《中國古籍善本書目》著録。上海圖書館、天津圖書館等七館,臺北"國家圖書館"(三部,其一爲原藏北平館者)及美國國會圖書館、日本内閣文庫(兩部)、尊經閣文庫、静嘉堂文庫、東京大學東洋文化研究所亦有入藏。

鈐印有"楊鱣慶堂藏書"、"楊印珊和"、"璜川吴氏收藏圖書"。

2846　明抄本明文記類　　　　　　　　　　T5238.78/600

《明文記類》不分卷,明闕名輯。明黑格公文紙抄本。二册。半頁十行二十字,左右雙邊,白口,單魚尾。框高19.7釐米,寬13.8釐米。

是書乃抄録明代大家方孝孺、祝允明、吴寬、李東陽、舒芬、唐順之、趙寬、顧清、王鏊、孫大雅、袁袠、羅洪先、王璵、彭華、陳敬宗、程敏政、邵寶、夏鍭等十八家計四十七篇文章。如方孝孺《懿窩記》、祝允明《建康觀雲記》、李東陽《清明上河圖後記》、唐順之《裕州均田碑記》、吴寬《静逸齋記》等。

此本用紙爲明代嘉靖九年、十年浙江海鹽縣官府之公文紙。公文之字極小,細若髮絲,記載有關海鹽糧倉一類史料。明代公文紙印本尚可得見,而公文紙抄本則極爲罕見,抄者或爲縣衙文書一類人物。

明代抄本有黑格、紅格、藍格、無格之分,前兩種似比藍格在時間上要早一些。館藏明代抄本數部,但此本以公文紙所抄而令人刮目相看。

鈐印有"何紹基印"、"子貞",均僞,估人所爲也。

2847　明崇禎刻本媚幽閣文娱　　　　　　　T5238.77/8212

《媚幽閣文娱》不分卷,明鄭元勳輯。明崇禎三年(1630)鄭元化刻本。二册。半頁九行二十字,四周單邊,白口,單魚尾。框高20.3釐米,寬13.5釐米。題"明鄭元勳超宗選;陳繼儒眉公定;鄭元化贊可訂"。前有陳繼儒序,唐顯悦序,崇禎三年鄭元勳自序;崇禎三年鄭元化跋。

鄭元勳,字超宗,先爲歙人,家江都。崇禎十六年進士,以母老家居。甲申三月,聞變痛哭,出家資募勇俠,貽書當道。後因故誤爲人害。逾三日,有兵部職方之命,而元勳已及於難。《(雍正)揚州府志》卷二九有傳。

是編收賦、文、書、序、跋、制辭、奏疏、議、策、傳、記、雜文等，皆爲明人所撰。

陳繼儒序云："鄭超宗，磊落俠丈夫，文章高邁，名流見之，皆辟易出其精鑒，選爲《文娛》。斯亦吳道子東都之畫壁耳。"

鄭元勳自序云："余弟然其言，乃次第訂梓，閱二歲，庚午初夏工始竣。"

《禁書總目》、《違礙書目》、《清代禁書知見錄》著錄。《清代禁燬書目·補遺一》云："查《媚幽閣文娛》，係明鄭元勳輯，所撰皆同時之文，內多詆觸之處，應請銷燬。"

卷末刊"白門李文孝希禹梓"一行。

《中國古籍善本書目》著錄。上海圖書館、浙江圖書館等二十館、臺北"國家圖書館"（兩部）及美國國會圖書館、日本內閣文庫亦有入藏。

鈐印有"閩仙黎氏曾閱"、"安陽謝氏收藏金石書畫"。

此書爲《中國文學珍本叢書》第一輯收入。

2848　明萬曆刻本國朝名公翰藻

T5773.7/3438

《國朝名公翰藻》五十二卷《氏名爵里》一卷，明凌迪知輯。明萬曆刻本。三十冊。半頁九行二十字，四周單邊，白口，單魚尾，書口下有刻工。框高20.7釐米，寬13.1釐米。題"吳興凌迪知稚哲選"。前有萬曆十年（1582）王穉登序，吳京序，萬曆九年（1581）屠隆序，萬曆九年盧舜治序；《凡例》六則。

是書錄有明一代書牘，起自國初，迄萬曆。據《凡例》云，"凡文章鉅公，以及林壑韜聲之士，靡不拾其遺刻珍之。"《四庫全書總目》稱其書"意取博收，而冗雜特甚"。

此本有刻工夏邦彥、徐二、章右之、顧言、章扞等。卷五二第一頁書口下有"吳門高洪書"。又卷五二爲凌湛初致各家札，題"吳興余中元俊卿選；弟涵初玄渤校"。

《四庫全書總目》入集部總集類存目。《中國古籍善本書目》著錄，上海圖書館、南京圖書館、復旦大學圖書館入藏，作明萬曆十年刻本。臺北"國家圖書館"作明萬曆九年吳興凌氏刻本。美國國會圖書館此書作五十卷，明隆慶間刻本。日本內閣文庫所藏作明刻本。尊經閣文庫所藏或同此本。

鈐印有"真州吳氏有福讀書堂藏書"。

2849　明天啓刻本夢澤張先生手授選評四六燦花

T5239.7/1322

《夢澤張先生手授選評四六燦花》十二卷，明毛應翔注。明天啓刻本。六冊。半頁九行十八字，四周單邊，白口，單魚尾，書眉上刻評。框高20.9釐米，寬14.2釐米。題"蘭陵毛應翔鳳卿甫詮釋；江寧卜豫吉介甫品定；考城黃鼎實中有甫批閱；檇李馮化化之甫參訂；孝豐吳起經又玄甫論次；新都吳家周文孫甫輯正"。前有余大成序；批閱鉅公姓氏；《凡例》六則。

卷一宗藩（附宗人府），卷二內閣，卷三宮僚（附史館）、吏部，卷四戶部、禮部（附貢舉），卷五兵部、刑部、工部，卷六都察院、通政司、太常、光祿、太僕、鴻臚、尚寶、六科、中書、行人、國子監、京兆、司城、武學；卷七撫臺、各察院，卷八藩臬，卷九郡縣（附學博），卷一○勳戚、武職（附中官），卷一一婚姻，卷一二雜用。每篇後皆有評語并注，書眉上又加評，此等圖書，爲官場吏員之讀本。

余大成序云:"蘭陵毛鳳卿來客長干,與予邑卜介甫氏盡搜名作,爰彙斯編,顏曰《四六粲花》,且爲之品評,爲之箋釋……鳳卿蓋師本寧,而友夢澤,爲鄒彥吉似之甥。是選也,固以有之者,似之也。刻成,介子友姚益所問序於予。"

《凡例》有云:"四六之用,上自金門紫闥,下迄冷局散官,邑彼我之懷,申慶吊之悃,均所必藉。非珠玉筐篚,而假爲先資,非詩賦記序,而用以行遠。作實繁矣,選幾濫矣。是刻悉啓名公之篋藏,仍求巨眼之鑑定。恍靈蛇之寶初騰,光堪照乘;如荊山之輝乍剖,價足連城。且爵秩崇卑列眉,燦若官方内外,指掌了然,事必備體,署無遺篇,人所略而我必詳,彼或遺而此無漏。凡我同調,幸鑒苦心。""魚腹夙多贗物,捉刀每着床頭。而鴻篇出之巨手,全集載其高文,固自班班可考。乃坊間冒甲以乙,惑人耳目,披閱幾爲齒冷。茲選既無取已陳之芻狗,又何假當場之叔敖,悉爲改正,間有一二仍沿,殆無從核實,非有意隨聲。篇中已刻者,選不過什一,皆人能名世,文可爲經,餘出新型,悉非故物,高雅自能較別。"

《四庫全書總目》未收。《中國古籍善本書目》著錄。故宫博物院及美國普林斯頓大學葛思德東方圖書館(有天啓三年張師繹序)亦有入藏。臺北"國家圖書館"有明天啓三年蘭陵毛氏金陵刻本,或與此本同。

2850 明萬曆刻本新刻學餘園類選名公四六鳳采　　T5239.77/7130

《新刻學餘園類選名公四六鳳采》四卷附錄一卷,明丘兆麟輯並注。明萬曆潭陽劉大易刻本。二册。半頁十行二十一字,四周單邊,白口,單魚尾,書口上方刻"四六鳳采",書眉上刻評(名公粹語)。框高22.4釐米,寬14.3釐米。題"臨川丘兆麟毛伯甫選注;秀水洪夢錫嘉名甫校閱;潭陽劉大易爌文甫梓行"。前有萬曆四十二年(1614)丘兆麟序。

丘兆麟,字毛伯,臨川人。萬曆三十八年進士,擢御史,崇禎初,爲河南巡撫,政事畢飭,尤盡心獄事。

卷一賀官秩新任類、考滿類、科第類(附賀主老)、武科第類(附奏捷);卷二壽誕類、年節啓類(附惠送答謝)、年節請讌類;卷三婚娶類、誕育啓類、迎類、送餞類、上啓類;卷四候訊類、請啓類、謝啓類、答復類。附錄一卷爲縉紳稱呼、京省郡名稱號。

丘兆麟序云:"予嘗讀唐宋諸篇,若盧、王、楊、駱,光采陸離;蘇眉山父子,爽剴襲人,予深喜之。第時漸降,體漸殊,近日名公,方之懸矣,故高言往古,亦必摹擬當今。因取邇來諸啓,拔其雅馴者,彙爲一集。人自公卿,以至司尹;事自慶賀,以及謝慰,莫不井然分析。搴芳潤於前修,資筆海於承學,五色相宣,鳳毛不足喻也,遂命之曰鳳采。"

《四庫全書總目》未收。《中國古籍善本書目》著錄,浙江圖書館、東北師範大學圖書館亦有入藏。臺北"國家圖書館"有據此刻影抄本。此本又有清闕名朱筆圈點。

鈐印有"江琳之印"、"琅卿"、"燕臺劉覽"。"毘三讀本"。

2851 明刻本新刻旁注四六類函　　T5239.7/2982

《新刻旁注四六類函》十二卷,明朱錦輯,閔師孔注。明舒承溪刻本。十二册。半頁七行二十四字,四周單邊,白口,單魚尾。框高22.1釐米,寬13.7釐米。題"浙姚朱錦文敩父類選;中都徐榛邊實父校閱;洪都闗師孔矩卿父旁注;宛陵許以忠君信父編正;繡谷王世茂爾培父參訂;三衢國輔舒氏承溪梓行"。前有方大鎮序;《凡例》四則。附有文職品級、武職品級、稱呼類、兩京十三省郡名別號。

朱錦,字文敩,浙江餘姚人。萬曆二十年進士,官南京禮部主事,有名於時。

是編起自宗藩,繼內閣、部院、司寺、科府、藩臬、郡州、儒學及勛階、貂貴、武曹,俱挨次二接,以便接覽。又有各職封贈即附各職類後,便於稽查。另雜賀謝請祝、冠婚喪祭、辭送問答并散啓也另附各類之後。

方大鎮序云:"今縉紳士大夫,大都以四六爲酬答,亦知格尚排偶,響叶宮商,以非此不足瀉發才情,寄吾繾綣。然而鼠璞混收,淄澠不辯,則續貂之濫也……頃季弟大欽觀光南省,館穀王生頗深結轄,倦遊之暇,得王生所編類函而寓目焉。往王生鐫有《萬樹梅》、《探驪獲珠》,在在紙貴。今又分類別門,棄故取新,覓名碩新牘珠璣而錯落之,使觀者快於類之有所聚,而品之有所分,王生亦可謂善於探珠者矣。今觀其所集,和粹中律,紓迴中情,高華中色,澹雅中度,縱橫中事。"據序,此書應爲王世茂所輯。

《四庫全書總目》未收。《中國古籍善本書目》著錄。天津圖書館、北京大學圖書館等十一館及美國國會圖書館、日本內閣文庫亦有入藏。

鈐印有"張印廷濟"、"張叔未"。

2852　明末刻本四六新函　　　　　　　　　　T5239.77/8191

《四六新函》十二卷,明鍾惺輯並注。明末刻本。十二册。半頁九行二十四字,四周單邊,白口,無魚尾。框高20.7釐米,寬11.5釐米。題"楚竟陵鍾惺伯敬選注"。前有鍾惺序。

卷一帝王、皇后、太子、宗藩,卷二宰相、宮僚、翰林,卷三吏部、戶部、禮部,卷四兵部、刑部、工部,卷五都察院、御史,卷六通政司、大理寺、給諫,卷七中書、行人、太常寺、光祿寺、太僕寺,卷八鴻臚寺、尚寶司、國雍、京府,卷九藩政、臬司,卷一〇鹽運司、郡守、郡佐、州守,卷一一外縣、學博、科第,卷一二武職、中貴、褫啓。皆明人之文,每節之後,皆有考略;每篇之後,皆有注釋。

鍾惺序云:"有如措詞天設,寒暄盡洽其素心;命意日新,妍媸各開其生面;雙聲叠韻,聊展其恭敬之忱;合璧聯珠,爰立其端嚴之體,又事君使臣朋友相遺,禮文之不可廢者也。故誥表牋啓,至今用之。然行之久而套襲之弊生,用之廣而假借之習起。故山龍火藻,盡優孟之裝;麟脯駝蹄,半市沽之味,何怪乎世之吐棄而厭觀也。予是以汰其舊帙,別裒新函,選材群玉之峯,下視塵凡,擷秀萬花之谷;不關烟火,金聲玉振,瑯肰擲地之才。"

《四庫全書總目》未收。《中國古籍善本書目》著錄。內蒙古自治區圖書館、復旦大學圖書館等四館及日本內閣文庫亦有入藏。

鈐印有"國相府印"、"周□國明倫館圖書印"。

2853　清康熙刻本明人尺牘選　　　　　　　　T5773.7/1112

《明人尺牘選》四卷,清王元勳、程化驟輯。清康熙四十四年(1705)碧雲樓刻本。八册。半頁十行二十一字,左右雙邊,白口,雙魚尾。框高17.2釐米,寬12.7釐米。題"常熟王元勳含章、休寧程化騄漢乘輯"。前有康熙四十四年嚴虞惇序,康熙四十四年汪繹序。末有康熙四十四年余經跋。

　　王元勳,字含章,江蘇常熟人。

　　程化騄,字漢乘,安徽新安人。

　　是書集明代名人書札,計卷一宋濂一首、倪瓚二首、方孝孺七首、陳獻章二首、岳正一首、楊守陳一首、何喬新三首、李東陽六首、桑悦二首、羅倫二首、章懋六首、程敏政一首、吳寬一首、王鏊五首、儲巏二首、羅玘二首、王守仁三首、沈周三首、祝允明二首、唐寅一首、王寵二首、康海二首、徐問二首、魏校二首、陸深三首;卷二文徵明三首、崔銑一首、楊慎三首、霍韜一首、張岳一首、許宗魯一首、胡侍一首、王廷陳二首、顏木一首、凌約言一首、徐階一首、徐獻忠三首、陸粲四首、唐順之四首、陳束二首、孫陞一首、趙貞吉二首、王維楨一首、茅坤五首、張居正二十五首、楊繼盛二首、王世貞五首、汪道昆三首、海瑞一首、謝榛二首、徐中行一首、宗臣三首、吳國倫二首、王世懋二首、王錫爵一首;卷三歸有光十四首、徐渭六首、于慎行一首、趙用賢五首、莫是龍五首、王穉登八首、嚴澤一首、馮夢禎四首、馮琦一首、屠隆四首、湯顯祖十五首、王在晉三首、李贄一首、董其昌一首、高攀龍二首、陳繼儒四首、謝肇淛二首、袁宏道七首、王思任二首、熊廷弼一首、王衡十四首、錢象坤一首、楊漣二首;卷四錢謙益十四首、王良臣三首、鍾惺二首、繆昌期一首、范景文一首、周順昌六首、俞琬綸五首、劉榮嗣一首、袁中道二首、魏大中三首、蕭士瑋二首、瞿式耜一首、姚希孟五首、祝世祿二首、唐時升一首、程嘉燧三首、茅維二首、魏學洢一首、陳衍四首、章世純二首、文震孟二首、陳于泰一首、趙士春二首、程先達三首、曾異撰三首、黃淳耀二首、徐世溥一首、陸圻二首、顧炎武二首、釋袾宏二首、釋德清二首、宋氏一首、余氏一首、顧氏一首、徐媛四首、周氏四首。

　　嚴虞惇序云:"王子含章好讀書,尤好蒐輯古今人文章,嘗手錄明人尺牘數百篇,示其友新安程子漢乘。漢乘亦向有尺牘之選,因相與參訂,摭所未備,謀諸梓。""茲編蒐採共百餘家,前明一代之人文略具於是,而前輩之流風遺韻,亦有足想見者。"

　　余經跋云:"有明三百年間,名人韻士輩出,其所論議著述,久爲詞壇所宗。至其往來之筆札,或累千百言,或寥寥數語,雖其緒餘,而雅有思致。顧具散逸紀載,中而簡冊浩窅,非淺鮮之士所能涉其萬一也。程子漢乘,少從余游,具絕世資,於先人所遺書無不披覽,每當賞會處,輒裂赫蹏,手書而貯之。乙酉歲,游虞山,與王君含章交善,出其所鈔明人尺牘百餘首質之。王君固博雅嗜古士也,以漢乘所裒錄不無掛遺,因相與窮搜博獵,採摭成編,刪繁薙複,取雅去靡,遂使琳琅錯陳,而一代之人文,可一披閱而占其概矣。刻成,郵以示余,爲書數語於後。"

　　此本有扉頁,刻"明人尺牘選。常熟王含章、休寧程漢乘輯。碧雲樓藏板"。

　　《續修四庫全書》、《續修四庫全書總目提要(稿本)》未收。《中國古籍善本書目》著錄,湖北省圖書館、四川省圖書館等七館也有入藏。

　　鈐印有"青田徐則恂藏"、"投戈講藝息馬論道"。

2854　明萬曆刻本皇明館課經世宏辭續集　　T5781/3116.2

　　《皇明館課經世宏辭續集》十五卷,明王錫爵、陸翀之輯。明萬曆二十一年(1593)周曰校刻本。十册。半頁十二行二十四字,四周單邊,白口,單魚尾,眉端上刻注。框高20.7釐米,寬

14釐米。題"太原王錫爵元馭父續補；秣陵焦竑弱侯父參訂；邑子陸翀之飛卿父纂輯；繡谷周曰校應賢父督刊"。前有萬曆二十年(1592)王錫爵序，萬曆二十一年陳文燭序；《凡例》六則。

王錫爵，字元馭，太倉人。嘉靖四十一年進士，授編修。萬曆初掌翰林院，進禮部右侍郎，累官禮部尚書，兼文淵閣大學士。首請禁諂諛、抑奔競、戒虛浮、節侈靡、闢橫議、簡工作。及爲首輔，以擬三王並封旨，爲言官所攻，乃自劾乞罷，不許，改吏部尚書。卒諡文肅。又有《王文肅集》及疏草。

先是錫爵與沈一貫輯有《國朝館課經世宏辭》十五卷，此續編，乃補前集之所未備。卷一詔集、册文集、璽書集、誥集、制集、勅集、疏集上，卷二疏集下、表集，卷三箋集、致語集、檄集、露布集、議集上，卷四議集下、論集上，卷五論集下，卷六策集、對集，卷七序集、記集，卷八碑集、傳集、考集、原集，卷九辨集、解集，卷一〇說集、評集、書集，卷一一頌集，卷一二賦集、箴集、銘集、韻語集、贊集、跋集，卷一三五言古詩、七言古詩、五言律詩，卷一四七言律詩、五言排律、七言排律、五言絕句、七言絕句、六言律詩、六言絕句、長短句雜體，卷一五附錄經世名臣章奏集。

王錫爵序云："乃以辛秋散館後，哀其著述之雅馴及前刻所未罄者，合而編之，爲《宏辭續集》。"

此本有扉頁，刊"國朝館課經世宏辭續編。蓋聞鋪張國華，斧藻皇序，必有經世之辭，以輝映當代，炤耀來茲。故前館課一書，悉採蘭臺之芳潤，旁搜天祿之菁華，播之詞林，爲世大寶。不朽之業，於是乎在誠甚盛已。迺者，蛟門太史先生，復蒐二酉之遺緝，三墳之秘庚，遴續編以壽之梓，俾與前集相媲美焉。驪黃駢綠，增勝玉堂，刻鳳雕龍，蜚英金馬。閱者合兩集而併存之，尚何遺珠之恨哉？萬卷樓主人白"。

闕名朱墨筆圈點。

《清代禁書知見錄》著錄。《中國古籍善本書目》著錄。中國國家圖書館、內蒙古自治區圖書館等九館及美國普林斯頓大學葛思德東方圖書館、日本內閣文庫(缺卷四)亦有入藏。

2855　明崇禎刻本歷科廷試狀元策

T5781/218

《歷科廷試狀元策》七卷《總考》一卷，明焦竑輯。明崇禎大業堂刻本。八冊。半頁十二行二十五字，四周雙邊、四周單邊不等，白口，單魚尾。框高19.5釐米，寬12.5釐米。卷三、卷六題"己丑狀元漪園焦竑編集；己丑榜眼曙谷吳道南校正"。前有吳道南序。

是書集明代成化十四年至崇禎十年廷試狀元策。總考爲國朝廷試儀制及歷科狀元總考。

吳道南序云："曩金陵唐氏，演次成帙，付之剞氏，傳布域中，已非一日。余三復卒業，領其罄竅，亦非一日，然猶嫌近科二三策之未備。頃陪對公車，謬次弱侯甫，後間嘗偕弱侯甫取舊本一繙訂之，復取近科二三策而補葺之，洋洋纚纚，庶幾稱一代完策云。"

扉頁題"狀元策。大業堂重梓"。

《四庫全書總目》未收。《中國古籍善本書目》著錄有二卷之本(有首一卷)，題明焦竑輯，吳道南校，明刻本。臺北"國家圖書館"有七卷本，題焦竑、吳道南同編，明末刻本。日本內閣文庫所藏作明崇禎刻本。

金鑲玉裝。

鈐印有"南陵徐乃昌校勘經籍記"。

2856　明末刻清初續刻本歷科廷試狀元策　　T5781/218B

《歷科廷試狀元策》七卷《總考》一卷，明焦竑輯，清胡任輿增輯。明末刻清初大業堂增刻本。八册。半頁十二行二十五字，四周雙邊、四周單邊不等，白口，單魚尾。框高19.8釐米，寬12.8釐米。題"己丑狀元漪園焦竑編集；己丑榜眼曙谷吳道南校正；國朝甲戌狀元芝山胡任輿增訂"。前有吳道南序〔康熙四十五年(1706)周麟舉重訂〕。

胡任輿，字孟行，號芝山，江蘇上元人。康熙三十三年進士。授修撰，官至諭德。

廷試者，科舉制度會試中式後，由皇帝親自策問，在殿廷上舉行的考試。《宋史·選舉志一》："凡廷試，帝親閲卷累日，宰相屢請宜歸有司，始詔歲命官知舉。"《明史·選舉志二》："以舉人試之京師，曰會試。中式者，天子親策於廷，曰廷試，亦曰殿試。"此本集明代成化至崇禎殿試第一名之對答，卷一始成化十四年戊戌科曾彦、十七年辛丑科王華，止崇禎七年甲戌科劉理順、十年丁丑科劉同升。《總考》一卷爲《國朝廷試儀制》、《歷科狀元總考》、《皇明歷科狀元姓氏籍貫履歷》。

《國朝廷試儀制》於廷試、放榜過程敍述甚詳，兹録於下："三月初十日，禮部尚書兼翰林院學士臣某等於皇極門奏爲科舉事。會試天下舉人，取中百十名。本年三月十五日殿試，合擬讀卷官及執事等官、少師兼太子太師、吏部尚書、中極殿大學士某等六十四員，其進士出身等第，恭依太祖高皇帝欽定資格。第一甲例取三名，第一名從六品，第二、第三名正七品，賜進士及第。第二甲從七品，賜進士出身。第三甲正八品，賜同進士出身。奉聖旨是，欽此。讀卷官：三閣下、六部尚書、吏部左侍郎兼翰林侍讀學士、詹事府詹事及少詹事、翰林院侍讀及侍講學士、都察院及大理寺官員共一十七員。提調官：禮部尚書及左右侍郎三員。監試官：監察御史二員。受卷官：翰林侍講、侍讀及都給事共四員。彌封官：翰林、光禄、鴻臚、都科部屬中書舍人共十四員。掌卷官：翰林修撰、編修、檢討及二都科共六員。巡綽官：都督至指揮，武職共八員。印卷官：禮部郎中及主事共四員。供給官：光禄、少卿寺丞及禮部主事司務共六員恩榮次第。某年三月十五日早，諸貢士赴内府殿試，上御皇極門，親賜策問。三月十八日早，文武百官朝服侍班。是日，錦衣衛設鹵簿於丹陛丹墀内。上御皇極殿，鴻臚寺官傳制唱名，禮部官捧黄榜，鼓樂導引，出長安左門外。張掛畢，順天府官用傘蓋儀從送狀元歸第。三月十九日，賜宴於禮部。宴畢，赴鴻臚寺習儀。三月二十一日，賜狀元朝服冠帶及進士寶鈔。三月二十二日，狀元率諸進士表謝恩。三月二十三日，狀元率諸進士詣先師孔子廟，行釋菜禮。禮部奏請命工部於國子監立石題名。"

吳道南序云："狀元策者，我國家列聖策士之雄謨，諸先達自獻之羔雉也。歷科以來，清問昭垂，如綸如綍，條答具在，臚列絲分，累牘連篇，千端萬緒，若籍籍乎靡一總之。諸先達披榞闕廷，符券明旨，鉅可黼黻乎廟謨，細可斧藻乎幾務者也。普天薄海，望而知其爲經世石畫矣，吾輩可須臾去此帙哉？曩金陵唐氏演次成帙，付之剞氏，傳布域中，已非一日。余三復卒業，領其罄竅，亦非一日，然猶嗛近科二三策之未備。頃陪對公車，謬次弱侯甫後，間嘗借弱侯甫取舊本一繙訂之，復取近科二三策而補葺之，洋又纚又，庶幾稱一代完策云。蓋無令後之業是編者，復如吳生鼎抱遺珠之憾也。"

此本有扉頁，刻"狀元策。大業堂重梓"。《皇明歷科狀元姓氏籍貫履歷》至崇禎四年陳于泰上。末刻"六卷止"。是本字體仿宋，但有兩種，凡字劃略細者爲清初增刻，它則爲明末所刻。

此爲禁書,《清代禁燬書目》著錄,云:"查此種係明代焦竑所編歷科狀元對策之文,其後坊間陸續增刻,自明初以至本朝,採錄頗爲完備。中間惟崇禎時諸策語有違悖,及他策內議論間涉偏謬者均應抽燬外,其餘尚無干礙,應請毋庸全燬。"

《續修四庫全書》未收。《續修四庫全書總目提要(稿本)》未著錄。《中國古籍善本書目》著錄八卷附《總考》一卷,明刻清初續刻本,吉林大學圖書館入藏。

鈐印有"詩龕書畫印",清法式善舊藏。

2857　明刻本皇明論衡　　　T5781/4221

《皇明論衡》六卷,明茅維輯。明刻本。六冊。半頁十行二十一字,左右雙邊,白口,無魚尾。框高20.1釐米,寬14.2釐米。題"吳興茅維孝若輯"。前有李維楨序、黃汝亨序。

茅維,字孝若,號僧曇,吳興人,茅坤季子。能詩,與同郡臧懋循、吳稼澄、吳夢暘並稱"四子"。萬曆四十四年北闈登乙榜,擬授翰林院孔目,協修國史,以瑢禍起,謝去。崇禎二年,詣闕上治安疏、足兵餉二議,逾三萬言,語多要害。不用,歸卒。《(光緒)歸安縣志》卷三六有傳。

是書始弘治五年,終萬曆四十一年,確爲六卷。

李維楨序云:"吳興茅孝若,裒弘治以來諸錄策爲《策衡》已,爲《論衡》、《表衡》,馮開之、黃貞父、李玄白三公爲序,又十年,所收日益。"黃汝亨序云:"萬曆乙巳,孝若刻《策衡》,予實爲之序。讀者曰,我輩得此,可以策當世取高名矣,而《論》、《表》閟而不宣,未厭也。又十年,而《論衡》、《表衡》成,予又序之……此孝若有《論衡》之刻也。嘗考後漢王充所著書八十五篇,故名《論衡》。其言淹貫今古,而不免蕪襍之誚,蔡邕目爲譚助,且爲帳中之秘。孝若茲纂,令人人共咀且嚼於其中,而不忍秘,其益廣矣。"

是書各卷均無標題。李序書口下有"翌軒"。黃序書口下有"論"。

《四庫全書總目》未收。《中國古籍善本書目》著錄有《皇明策衡》二十二卷,茅維輯,明萬曆三十三年自刻本。北京大學圖書館、中山大學圖書館、臺北"國家圖書館"有全帙。日本內閣文庫所藏爲《皇明論衡》六卷《皇明表衡》十二卷《皇明策衡》二十六卷,作萬曆三十三年序刻本。

鈐印有"藏暉書屋"、"半樹書屋"、"小蓮"。

2858　清乾隆刻本明文鈔　　　T5781/0226

《明文鈔初編》不分卷《二編》不分卷《三編》不分卷《四編》不分卷《五編》不分卷《六編》不分卷,清高塘輯。清乾隆五十一年(1786)刻本。十六冊。半頁九行二十五字,四周雙邊,白口,單魚尾。書眉上刻評。框高19.7釐米,寬14.5釐米。前有乾隆五十一年高塘序。

高塘,字梅亭。無考。

是鈔輯明代名人、學者,如王鏊、王守仁、儲巏、蔡清、唐寅、呂柟、王慎中、唐順之、薛應旂、高拱、茅坤、楊繼盛、王世貞、王錫爵、趙南星、魏允中、湯顯祖、董其昌、葉紹袁等數十人闡發《大學》、《論語》、《中庸》、《孟子》中之語句爲文者,計《初編》文一百四十篇,《二編》文一百四十七篇,《三編》文四十一篇,《四編》文九十八篇,《五編》文一百一十四篇,《六編》文二百零二篇。共七百四十二篇。輯者之意在於此類文章"流傳誦習,逾久不朽,皆作者之學力精神,實足以貞之,更有事功學術,清風介節,昭著史册者不少概見。至今讀其文,益仰其人,未可聽其没没也。"

高塘序云:"前明三百年間,文質迭更,純駁互見。大抵化、治之法正,兹鈔其體質高卓及光彩發越者,而枯寂平板者不與焉。正、嘉之理醇,兹鈔其氣息渾古及義理精實者,而膚殻寬衍者不與焉。隆、萬之機巧,天、崇之才大,兹取其間架老成巧不傷雅者,而凌駕輕剽者則不鈔取。其思力奇傑才不詭正者,而破律析度者則不鈔。初學入門,必先養正於小題中,擇其脈理清真,層次井井,兼可濬發性靈者則鈔之。至各批詞,或冠於頂,或注於旁,或列於後。於坊本中鈔其於書理文法實有發明,令讀者一覽了然,否則概加節除。鈔以名之,僅免繕寫之煩勞,編以分之,并著體裁之各別,如是而已。或曰:此其所爲選與以之公世。"

每編目録後皆有高塘識語。初編識語云:"初學讀本,首則式以文法,次則導其性靈,然必基始於前明之文,蒙以養正,不獨鼓篋祭菜之義也。夫先正之文,體正源清,詞簡意該,其間前後層次,反正開合,以及挑剔轉换,皆井井有條。而其機圓情邕,生發滚滚,全從一片心靈中導引而出。雖人所傳誦,亦相沿以熟者,然如規矩準繩之設,欲越此以他求,不可得已。兹編就諸選本逐一核閱,批詞獨詳,務使題理文義,讀者一見了然。至批中不注某某云云者,非敢掠人美,亦以節繁冗也(諸編同)。所録正、嘉以前及天、崇間秖十之二三,餘皆隆、萬時文。至當年游戲之習頗盛,類此者概不敢登,恐輕佻之見中於髫年,所關非細,竊寓别裁微旨焉。塾師從此口講指畫,以爲入門第一着,則升堂入室,恒必由之。倘舍此别鶩,勢必至凌躐倒亂,疊床架屋,百病叢生,不可藥救。或汩没於庸俗陳膚中,坐使心源,若廢井如是,而欲汲用有成其與斷港絶潢,以求至於海也奚異哉?"

此本每編皆有扉頁,《初編》刻"明文鈔初編。乾隆五十一年訂。小題文"。《二編》刻"明文鈔二編。乾隆五十一年訂。小題文"。《三編》刻"明文鈔三編。乾隆五十一年訂。化治文、前附"。《四編》刻"明文鈔四編。乾隆五十一年訂。正嘉文"。《五編》刻"明文鈔五編。乾隆五十一年訂。隆萬文"。《六編》刻"明文鈔六編。乾隆五十一年訂。天崇文"。均鈐有"廣郡永邑培元堂楊藏板"印。

《四庫全書總目》、《續修四庫全書》未收。《續修四庫全書總目提要(稿本)》未著録。《中國古籍善本書目》著録《初編》至《五編》,佚去《六編》,湖北省圖書館入藏。

封面書簽下鈐"讀書最樂"。

2859　明末刻本醉后居評次名山業皇明小論　　T5238.77/7282

《醉后居評次名山業皇明小論》不分卷,明周鍾選並評。明末醉后居刻本。六册。半頁十行二十六字,四周單邊,白口,無魚尾,書眉上刻評,書口下有"醉后居",書口上刊"名山業"。框高 21.5 釐米,寬 12 釐米。題"中吴周鍾介生氏選評;兄周銓簡臣氏、友張明弼公亮氏、弟周鎔我容氏參定"。前有沈承序;《論格評箋》二十四則;《名山附記》五則。

周鍾,字介生,號隨緣居士,江蘇金壇人。崇禎十六年進士,官翰林院庶吉士。見《(光緒)金壇縣志》卷八。

是書選明代有關性理、歷代史、四書之文,彙集成編,另附補遺。按,是書全帙應有《皇明論雋》不分卷,此本佚去。

《附記》有云:"凡文之寄旺於時者,得令則貴,過則棄之。房稿試牘,時爲帝者也,若夫參今古以立質,摘天地而成文,時不問久暫,人不問升沉,不問奇正,大約相其氣骨,真足列著作之席,不同時位爲存没,此余《名山》所由選也。""國朝有大文章,不在制義,而在論策疏略,余既纂其半以問世。至小論中,如王弇州、郭青螺之筆,周萊峰、顧泾陽之氣,茅鹿門、邵北虞之勢,陸貞山、尤廻溪之識,均足各有千古,遂旁採散帙,彙爲全書,間有蕪詞蔓筆,略爲删訂,因其先告竣也,《名山》以此始。"

《禁書總目》、《違礙書目》著録。又《清代禁燬書目・補遺一》云:"查《名山業》,原本不撰編輯人姓名,俱係場屋策略,剽竊冗濫,本不成書,且中多指斥字句,應請銷燬。"

沈承序後,刊"長洲趙邦賢刻"一行。

《中國古籍善本書目》著録,全帙藏中國社會科學院歷史研究所圖書館。

鈐印有"白榆樓"、"志氏書房之記"。

2860 明末刻本簡遠堂輯選名公四六金聲 T5239.77/0415

《簡遠堂輯選名公四六金聲》十卷補遺一卷,明譚元春輯,馬世奇評釋。明末刻本。七册。半頁九行二十一字,四周單邊,白口,無魚尾,書眉上刻評。框高21.5釐米,寬11.6釐米。題"竟陵友夏譚元春輯選;婁東天如張溥閲次;錫水君常馬世奇評釋;高安伯祥楊廷麟訂正"。前有張弼序;《凡例》五則(題澹齋主人識)。

馬世奇,字君常,無錫人。幼穎異,嗜學有文名。崇禎四年進士,官至左庶子。都城陷,自縊死。世奇砥礪名行,居館閣最有聲,好推引後進,不妄取與,謚文忠。

卷一《節序類》,卷二《慶賀類》,卷三《敦請類》,卷四《候問類》,卷五《上陳類》,卷六《復答類》,卷七《壽旦類》,卷八《婚姻類》,卷九《迎送類》,卷一〇《拜謝類》。

其《凡例》有云:"輯選四六,必期排偶之諧律令,韵致之叶宫商,句調鏗鎗,詞華璀璨者,無論人之存殁,文之今古,入選必録。若陳篇餖飣,掇拾竊取而沿襲舊物者,概不入選。""注釋必考經史百家,或人物、事蹟,必始終方盡其妙者,故亦全録,以備鉅觀。凡山川名號,亦並釋之額上,使閲者一開卷,皆瞭然在目矣。或一二未詳,不敢任臆見以俟知音。""粹語每卷之後,必附三段者,若起聯、中聯、末聯,俱列次序,仍於某聯冒以某事。又有一二典故,亦必旁注而明之。若摘聯,必詞華熠燿,韵諧徵羽雅,切於時用者,方爲掇輯,以便作者之採用云爾。"

《四庫全書總目》未收。《中國古籍善本書目》未著録。美國普林斯頓大學葛思德東方圖書館亦有入藏。

鈐印有"犬養氏圖書"。

2861 明萬曆刻本新刻乙未科翰林館課東觀弘文 T5781/7211

《新刻乙未科翰林館課東觀弘文》十卷,明劉元震、劉楚先輯。明萬曆二十五年(1597)嘉賓堂刻本。十六册。半頁十一行二十二字,四周單邊,白口,單魚尾,書口下刻"嘉賓堂刊"。框高21.5釐米,寬14釐米。題"館師復齋劉元震、衡野劉楚先全選"。前有萬曆二十五年謝廷諒序。

劉元震,字元東,號復齋,河北任邱人。隆慶五年進士,改庶吉士,授編修,一時制勅章奏及會典諸書,多所裁定。九年秩滿,轉侍讀,充經筵講官,旋轉庶子,補日講直起居注。戊子,典應天試,轉國子祭酒,晉禮部左侍郎,尋改吏部。乙未,以原官掌詹事府,主會試。後以親老缺養、身病曠官懇辭,林居二十年,卒年八十一。諡文莊。《(乾隆)任邱縣志》卷九《人物上》有傳。

劉楚先,字衡野,一字子良,湖北江陵人。隆慶五年進士。授翰林院檢討,累官禮部侍郎,權尚書事。後爲言官所擊,落職。起爲吏部侍郎,遷禮部尚書,掌詹事府。魏閹亂政,楚先每聞朝事,輒撫几長嘆,至於流涕。年八十四卒,諡文恪。《(乾隆)江陵縣志》卷二七《人物·賢達》有傳。

"乙未"爲萬曆二十三年。所選凡劉一燝、鄧士龍、劉綱、朱之蕃、孫慎行、何宗彦、白瑜、南師仲、陳之龍、林秉漢、湯賓尹、黃志清、佴祺、顧秉謙、趙用光、郭焜、朱延禧、孫如游十八人。卷一詔類、訟類,卷二疏類、議類,卷三論類上,卷四論類下,卷五對類,卷六解類、辨類,卷七説類、書類、訓類,卷八文類、序類、記類,卷九箴類、銘類、賦類,卷一〇詩類(四言古詩、五言古風、五言律、七言古詩、七言律、七言絶句、吟、歌、行、謡)。

謝廷諒序云:"會際休明,拔奇取異,一時海内知名之士收録殆盡。不佞亦繆厠其間,出而採詩觀風,入而與二三兄弟嘯咏燕臺,商揚大業,致足樂也。會余有新都之役,好事者追余輶軒,手持一編示余,乃《東觀弘文》,二三兄弟之所爲撰述鴻裁也。"

此本有扉頁,刊"東觀弘文。乙未翰林親授館課。丁酉夏月嘉賓堂勒"。按,嘉賓堂應是金陵書林周竹潭之肆名,刻書又有《大明律例注釋祥刑冰鑑》三十卷、《春秋左傳釋義評苑》二十卷、《古今玄屑》八卷等。

《四庫全書總目》不收。《中國古籍善本書目》著録。北京大學圖書館、中國科學院圖書館等五館,臺北"國家圖書館"(兩部,其一爲原藏北平館者)亦有入藏。.

2862 明末刻本新鐫選釋歷科程墨二三場藝府群玉　　T5781/2303

《新鐫選釋歷科程墨二三場藝府群玉》八卷,明焦竑、王衡選。明末翁日新刻本。十四册。半頁十行二十八字,四周單邊,白口,無魚尾,書眉上刻評。框高21釐米,寬12釐米。題"太史漪園焦竑、緱山王衡全選;後學星槎唐汝瀾注;岱石邵名世、岱宗王時學全校;三衢潛源翁日新繡梓"。前有唐汝瀾萬曆三十六年(1608)序;《凡例》。

唐汝瀾,字星槎。其讀書處爲慶霄館。

唐汝瀾序云:"余不自揆,輒披選二三場程録,拔其尤,附以墨,而爲之注釋。起嘉靖之季,訖於今。""是編成,用傾肝鬲其端,以謝凉薄,且致丁寧諮訪之忱,有加無已也。"

是書各卷書名略有不同。卷五題"鐫歷科程墨二三場藝府群玉",卷六題"注釋午未科二三場藝府群玉",卷七題"注釋歷科二三場藝府群玉",卷八同卷五。每篇會試文後,皆有注釋音義,眉端大都簡練之評語。

書口下刻"丁卯科"、"辛未科"、"癸酉科"等字。

《四庫全書總目》未收。《中國古籍善本書目》未著録。

鈐印有"□道閣藏"、"木堂秘板"、"盛方院"、"犬養氏圖書",皆日人之印。

2863 明崇禎刻本增訂二三場群書備考　　T5781/4348

《增訂二三場群書備考》四卷,明袁黄撰,明袁儼注,明沈世昌增。明崇禎刻本。八册。半頁九行二十一字，四周單邊，單魚尾，白口。框高20.8釐米，寬13.5釐米。卷一、卷二題"古吳袁黃坤儀甫著；袁儼若思甫注；西湖洪吉臣載之甫、龔五謨華茂甫閱；沈昌世伯文甫增；徐行敏幼魯甫訂"。卷三、卷四題"古吳袁黃坤儀甫著；袁儼若思甫注；西湖洪吉臣載之甫、張塘石宗甫閱；沈昌世伯文甫增；徐行敏幼魯甫訂"。卷二、卷四書名題作"增訂全場群書備考"。前有崇禎十五年（1642）沈昌世序。卷二前有《舉例》七則。

袁黃，字坤儀，號了凡，浙江嘉善人。萬曆十四年進士，除寶坻知縣，遷兵部主事。有《兩行堂集》、《寶坻政書》等。又有《史論》及《四書》，極詆程朱，坐非儒見黜，焚其書。袁儼，袁黃子，天啓五年進士。《罪惟錄》列傳卷一八、《明詩紀事》卷一五等有傳。

明代鄉試、會試，首場試四書五經，二場試論、判、詔、誥、表，三場試經史時務策。是書分門別類摘錄群書中之關於經史時務者，以爲士子應試二三場之助。卷一聖製、聖學、道學、性學、經傳、周易、尚書、毛詩、春秋、禮記、孝經、論語、孟子、爾雅、書籍、諸子、諸史、字學、書法、文章、詩、賦；卷二天文圖、象緯、曆數、日食、分野、正朔、災祥、形勢、地理圖、京省土俗、地脈、黃河圖、治河、漕河圖、漕渠、海運圖、海運、水利、東南水利、西北水利、潮汐；卷三治道、親征、語令、賞罰、儲訓、宗藩、刑律、宦官、鬻爵、賦稅、户口、土田、徭役、救荒、旱、蝗、水、火、錢楮、屯田、鹽法、馬政、茶法、驛傳；卷四禮樂、律呂、郊祀、藉田、謚法、學校、科舉、氏族、兵制、兵法、民兵、軍器、舟師、車戰、城塞、九邊總圖、九邊總考、遼東地圖、遼東考、薊州圖考、宣府圖考、大同圖考、三關考、榆林圖考、寧夏圖考、固原圖考、甘肅圖考、沿海防倭圖、備倭。正文大字，注爲雙行小字。

沈昌世序云："了凡先生是書誠爲擅美，條類固爾詳明，詞義又極説貫，不必窮經，而諸經之大旨已該；無事雜覽，而百家之精言咸備。義存乎精，文適於用。洇文人之綃縠，衣被無窮；舉業之山源，採漁□盡。予也不揣固陋，於文義或未明曉者，更爲箋釋。"

是書有扉頁，刻"增訂二三場群書備考。袁了凡先生手定。闈務秘笈。大觀堂梓"。

《清代禁書知見錄》著錄。《四庫禁燬書叢刊補編》收入明萬曆刻本。《中國古籍善本書目》著錄此本，北京大學圖書館、清華大學圖書館、中國人民大學圖書館等二十一館有藏。此外又著錄明崇禎古吳萬卷樓刻本、澹思堂刻本、致和堂刻本，及豹變齋刻八卷本等，中國人民大學圖書館、中國科學院圖書館等有藏。日本《東京大學東洋文化研究所漢籍分類目錄》著錄，《京都大學人文科學研究所漢籍分類目錄》著錄崇禎五年序刊本。

鈐印有"治治堂圖書"、"德星堂書"（墨色）、"銘鉉"（墨色）。

2864　清順治刻本石經齋精選十四科詩正全集　T5781/3631

《石經齋精選十四科詩正全集》不分卷，清潘江輯。清順治十六年（1659）刻本。八冊。半頁十行二十六字，左右單邊，無魚尾，白口。書口上刻"詩正"，中刻"國風"、"小雅"、"大雅"、"三頌"等字樣，下刻"石經齋選"。框高21.2釐米，寬11.5釐米。題"桐城潘江蜀藻評定；瑟玉諸子參選"。行間有圈點。前有順治十六年潘江序；《選略》六則；總目。

潘江，字蜀藻，安徽桐城人。明亡後隱居著述，清康熙十八年以博學宏詞薦，不赴。著有《木厓詩集》、《六經蠡測》、《龍眠風雅》前後集等。《明代三千遺民詩詠三編》卷五有傳。

此本選輯明天啓元年至清乾隆十六年間十四科之《詩經》制義。《選略》云："起自辛酉，而略於丁丑以前，詳於庚辰而後。""辛酉"爲明天啓元年，"丁丑"爲崇禎十年，"庚辰"爲崇禎十三年。與其他時文選集所不同者，是書兼收社義，即布衣儒士之作。内容按《詩經》章節分類。第

一、二册爲《國風》,第三、四册爲《小雅》,第五、六册爲《大雅》,第七、八册爲《三頌》。

是書編纂之旨可見潘江序,有云:"往讀韓子之言曰:'詩正而葩。'心竊韙之,以爲有味乎言之也。夫國風之中貞淫並見,二雅之什正變互存,其間多忠臣孝子、勞人思婦之作,一時憂思悱惻、沈綿困抑,不自知其情之所底,而其大義要規於正,雖性事屬辭,雕文鏤刻,固於葩之義有取,皆可以正櫽括之。若曰正其主,而葩其輔焉者,甚矣……故正爲本,以闡聖人遏邪之教;葩爲輔,以厭天下好華之心,韓子志也。夫韓子豈知千百年後,序、傳、箋、疏存之而不足者,制舉義亡之而有餘哉。隆、萬以前不具論,近溯啓、禎,至於今日,其間補偏救敝,科不乏人。然故習所沿,挾華失實,能爲葩而不能正也。予上下三十八年間網羅卷帙,竊慨詩學之亡,厥失有三:或勦飾訓詁,拘牽文義;或點竄詔策,泛濫無涯;或捃剥騷賦,淫哇艷調。彼其爲正者非正,即其爲葩者亦未全乎葩也。求其卓然自立,不詭於正者,科得數人,人得數義,則予喜;科得十數人或數十人,人得十數義或數十義,則予益喜。喜經義之可明,而正學之不絶於天下也。"所選以體正爲上,《選略》云:"是選辯體爲上,而脩意次之,修辭又次之。"

此書實爲潘江等應書賈之約所纂,《選略》云:"予家世藏詩義甚富,壬午僑寓白門,淪失殆盡。兹之役始自去夏,竣於今春。賈人致時選數十種,予間搜舊本又數十種,而吾盟許子綏人、齊子古愚、張子如三、子千,皆出其家藏,匡予寡陋,取材不謂不博矣。至遴選之嚴,評騭之慎,則四子佐予實多,良友之功不可没云。"

《四庫全書總目》、《續修四庫全書》未收。《續修四庫全書總目提要(稿本)》、《中國古籍善本書目》未著録。

2865 清康熙刻本重刻仕學大乘 T5771/3143

《重刻仕學大乘》十二卷,題清犀照堂主人撰。清康熙陳調侯刻本。十册。半頁九行二十四字,四周單邊,白口,無魚尾。框高19.7釐米,寬11.4釐米。題"三渊犀照堂主人彙纂"。前有康熙十六年(1677)沈捷序。

犀照堂主人,無考。

是書輯清初各部及官員公文題稿等,爲提供新官蒞任必讀之程式。卷一藿論、辯體,卷二題疏,卷三咨移,卷四文告,卷五條約,卷六申詳,卷七批駁,卷八讞語,卷九學政,卷一〇賦役、新定交盤册,卷一一先資、初仕、六曹事宜,卷一二頒定令儀注(附先儀注)、到任須知儀式、品級、稱呼。每篇之後皆有評論。又卷一〇中有"通行滚單",爲立法徵收、坐號單照證事,列出各種便民易知單式,并例舉康熙二年、三年之程式。又新官入境、參見、稟帖等,皆可窺見清初官場之一斑。

沈捷序云:"蓋天下道必有源,事必有本,天地人物,爲數萬殊,而資始成終,未嘗不一。正如江、漢、淮、濟異其名,嵩、衡、岱、華異其形,而滄海汙池,巨細不異,其潺洩羊腸,蟻垤險坦,不異其登躋。是故解囊開帙,探本循源,可分而萬,可彙而一,并可分一而彙萬,而其究咸歸於治而後止,此《仕學大乘》之微旨也。書行於卓觀堂主人,授梨限楮,燦緻可目,一時賢士大夫亟稱之,若鑑、若矩、若指南。玉尺未幾,而三災不恒,板續秦炬,海以内人悢悢,如瞽之失相。余及門黄綺堂主人陳子調侯衈然念之,命工而新剞劂爲,大樽置而載酌,黄鍾毁而重縣,調侯之立功於世,寧人予以中流一壺已哉。余心韙是役,樂附片言,以觀調侯之成。"

目録頁刻"黄綺堂重刻仕學大乘"。此雖爲坊間所刻,但傳世甚鮮見。

《四庫全書總目》、《續修四庫全書》、《續修四庫全書總目提要(稿本)》未收。《中國古籍善本書目》未著錄。

鈐印有"懷松慶記"、"勝安芳",皆日人印。

2866　清雍正刻本南邦黎獻集　　T5241.28/6215

《南邦黎獻集》十六卷,清鄂爾泰輯。清雍正三年(1725)慎時哉軒刻本。八册。半頁十行二十二字,左右雙邊,白口,單魚尾。框高 20 釐米,寬 13.5 釐米。題"西林學者鄂爾泰毅庵氏品定;男容校字"。前有雍正三年鄂爾泰序。

鄂爾泰,字毅庵,姓西林覺羅氏,滿洲鑲藍旗人。康熙舉人,授侍衛。雍正時累官三省總督,平雲貴諸苗,前後數十戰。進保和殿大學士、軍機大臣,封襄勤伯。卒謚文端。又有《西林遺稿》。

卷一至二賦,卷三頌,卷四詔、誥、箴、銘,卷五序,卷六記、論、策,卷七傳、贊,卷八議、文、狀、書、啓,卷九牋、考、辯、駁、說、跋、碑,卷一〇擬七,卷一一擬騷,卷一二擬連珠,卷一三樂府,卷一四紀恩詩、紀事詩、紀行詩,卷一五詠懷詩、詠物詩,卷一六擬古詩、懷古詩。

南邦者,南方文獻之邦也。黎獻,指衆多賢能之人,庶民中之賢者。《書》"益稷"云:"萬邦黎獻,共惟帝臣。"《傳》:"獻,賢也。萬國衆賢,共爲帝臣。"今文作"黎儀"。

鄂爾泰序云:"於是聽政之暇,常集南邦人士,與之論文賦詩,蓋不惟稱古道今、扢揚風雅也,并得以觀民風之正,淫民俗之淳澆,而因以周知政事之利弊得失……前大中丞清恪張公,創有紫陽書院,予既踵而行之,復於清恪公春風堂之後,更道山之亭爲春風亭,將以增屋數十間,集南邦人士誦讀其中。屋未成,而來者已趾相錯也。居無何,而奉命内召簡任粤西,嗣自今欲復與南邦人士優游吟詠其地,不可得矣。遂取其文,别爲古文、時文二帙,統名之曰《南邦黎獻集》。"

序後又有《下車觀風示文》、《延訪真才示文》、《刻期會課示文》、《春風亭面課示文》、《獎勵人才示文》、《慎時哉軒會約》。

按,此本寫刻,字體俊秀。後應附《南國清風集》二卷,清鄂容、鄂宓輯,今佚去。

《四庫全書總目》未收。《中國古籍善本書目》著錄,天津圖書館、四川省圖書館、雲南省圖書館等十館有全帙。

此本有扉頁,刻"南邦黎獻集。西林鄂毅庵先生品定。慎時哉軒藏板"。

鈐印有"張"。

2867　清抄本吾炙集　　T5432/4785

《吾炙集》一卷,清錢謙益撰。清抄本。二册。半頁九行二十一字,無框格。無序跋。前有順治十三年(1656)錢謙益序。

錢謙益,見清抄本《牧齋書目》。

是集多選遺民之詩,爲錢曾十二首、黃翼二首、鄧漢儀五首、龔鼎孳一首、沈祖孝一首、釋幻住一首、釋澄之三首、唐允甲二首、趙嶷一首、王天佑二首、吴時德六首、亦是一首、釋秉燈十五首、胡澂三首、梅磊一首、杜紹凱一首、張項印一首、黃師正一首、王潢三首、何雲六首、許友七十九首。

　　錢曾詩前有錢謙益所題,云:"每觀吳越間名流詩,句字襞績,殊苦眼中金屑。秋燈夜雨,泊舟吳門,從扇頭得遵王新句,不覺老眼如月。因語郭指曰:詩家之舖陳攢儷,裝金抹粉,可勉而能也。靈心慧眼,玲瓏漏穿,本之胎性,出乎毫端,非有使然也。'莫取琉璃籠眼界,舉頭争忍見山河'。取出世間妙義,寫世間感慨,正如切利天宮殿樓觀,影現琉璃地上,殆亦所謂非子莫證,非我莫識也。正欲取時人清詞麗句,隨筆鈔略,取次諷詠以自娱樂。遂鈔此詩壓卷,名曰《五(吾)炙集》。"

　　此書傳世僅有抄本,民國間常熟丁氏方刻入《虞山叢刻》。《續修四庫全書總目提要(稿本)》云:"其詩大率爲板蕩之餘音,黍離之變調,蓋遺民故老,愴懷舊國,其零篇賸墨,可歌可泣,令人流連詠嘆憑弔,欷歔而不能自已者。意者牧齋此選,或有深意存乎其間也。"又此本"玄"、"弘"字避帝諱。

　　《續修四庫全書》未收。《中國古籍善本書目》著録清抄本,中國國家圖書館收藏。

　　鈐印有"陳文田硯卿氏藏本"、"雨山草堂"。

2868　清康熙刻本詩持　　　　　　　　　　T5237.88/2133

　　《詩持一集》四卷《二集》十卷《三集》十卷,清魏憲輯。清康熙十年(1671)魏氏枕江堂刻本。十二册。半頁九行十八字,四周單邊,白口,單魚尾,書口下刻"枕江堂"。框高17.4釐米,寬13釐米。《一集》題"閩中魏憲惟度評選;梁谿顧宸修遠參閲"。前有康熙十年魏憲序;魏憲撰《凡例》七則。《二集》前有魏憲序;魏憲撰《凡例》十則。《三集》前有康熙九年(1670)魏憲序;魏憲撰《凡例》八則。

　　魏憲,字惟度,號兩峰居士,福建福清人。明諸生。入清不仕。詩文聲光矯矯,饒足動人。而復驅車燕、齊,覽長河大嶽,結交當代名公鉅卿,酬贈甚多,什襲亦富。著有《枕江堂詩》十卷,又輯有《百名家詩選》八十九卷。《清詩紀事》"明遺民"卷有傳。

　　是書以"詩持"名,可見《二集》序:"余是集之選,總其名曰持者,蓋將持之於其盛也。持之於其盛,而逆有以振衰也,其於名教風尚之間,不能無窺管之譏、杞憂之誚矣。然知之而故爲之者,何也? 蓋余於是集也,其體裁必正,其豐格必高,其性情必深,其意旨必婉,其諷誡必微,其典實必確,其繚繞於筆端,逗露於言外者,必透迤而清峭,庶幾可以告無罪於天下焉。"

　　此書《一集》刻於潭陽,《二集》刻於南京,《三集》刻於雲間。其編排乃以得詩之遲速爲登選之後先,亦間有弟居兄前、師列徒後者。大凡各地無名之輩,如"草野隱淪,畢世沉吟,或艱於剞劂,或窘於舟車,或有湮没名山、骯髒以老者",無分出處,悉付拔尤。又集中亦列僧詩,故方外之詩十居其一。

　　據《一集》《凡例》,是集自天啓四年至順治三年,總二十三年之風雅,僅得二卷。康熙五年攜入京師,紙貴一時,而板亦漫滅。兹悉照原本,廣至康熙十年,閲稿四百餘家,得詩三千餘首,至精以嚴,漸次告成。其所選得之先輩遺稿者十之三,得之寒士逸篇者十之七,以古風爲多。所載人物,吳越爲多,齊魯次之,燕趙次之,秦晉又次之,楚蜀兩粤又次之,滇黔閩再次之。

　　又《二集》之編爲順治四年至康熙八年,《凡例》云:"每得佳稿,必鄭重評鷺,次第梓傳,獨不敢輕用徵文。蓋近日徵詩成套,初無選刻,實意不過借此作納交之資。即有刻者,亦屬情面,不甚懸諸國門共相欣賞,余甚恥之。故不憚悉力博採,必不敢虛詞相欺。"

此爲禁書。《清代禁書總目》云:"查此詩十卷,係福州魏憲輯,皆選同時諸人之詩。内除屈大均等所作,及他人詩中有意寓感憤、措詞不合者,應行删燬,其餘應請毋庸全燬。"又《清代禁書知見録》、《違礙書目》也有著録。此本有扉頁,刻"詩持全集。閩中魏惟度先生評選。枕江堂藏板"。按,又有《四集》一卷,康熙十九年魏氏枕江堂刻本,刻於大梁,北京大學圖書館入藏。

《中國古籍善本書目》著録,中國國家圖書館、上海圖書館等四館也有入藏。

館藏有《二集》之複本,九册。

2869　清康熙刻本篋衍集

T5237.88/7922

《篋衍集》十二卷,清陳維崧輯。清康熙三十六年(1697)蔣國祥刻本。六册。半頁十行十九字,左右雙邊,黑口,單魚尾。框高15.9釐米,寬12.8釐米。目録頁題"試博學宏詞科徵仕郎翰林院檢討纂修明史宜興陳維崧元本;後學蘿村蔣國祥校訂"。前有宋犖序,康熙三十一年(1692)王士禛序,蔣景祁序,蔣國祥序。

陳維崧,見清康熙刻本《陳檢討集》。

此集爲維崧選本朝名公碩人之三百餘首,詩備諸體,人次錯出,不分時代,詩人前並冠小傳。計卷一至二五言古詩,卷三五古長篇,卷四五言律詩,卷五五言排律,卷六至八七言古詩,卷九至一〇七言律詩,卷一一七言絶句,卷一二五言聯句。因向藏篋衍,秘不示人,故名"篋衍"。

所輯之人爲錢澄之、邢昉、趙進美、蔣胤睿、施閏章、王庭、周體觀、王士禄、曹申吉、程康莊、汪琬、程可則、王士禛、屈大均、李鄴嗣、王又旦、魏禮、吴嘉紀、許旭、傅山、張彦之、侯方域、顧炎武、錢柏齡、宋犖、彭孫遹、李良年、徐倬、高詠、潘耒、馮廷櫆、潘高、蔣本生、顧景星、徐夜、邵長蘅、蔣鑨、吴雯、陳于王、洪昇、朱載震、蔣景祁、袁啓旭、陳允衡、謝重輝、紀映鍾、李中素、王隼、曹寅、姜宸英、錢謙益、吴偉業、方以智、龔賢等數十人。

是書爲蔣景祁自維崧從子枋處傳鈔,並由蔣國祥刊刻。蔣景祁序云:"吾鄉陳其年先生,工於詩,間嘗鈔數十年以來名公碩人之詩,得三百餘葉,手自披詠,名曰《篋衍集》,秘不示人。既殁,而其從子枋乃檢而存之。然其選主於自怡,故不謀於人,艱於借鈔,故篇弗求備,使遲以歲月,博以摭采,豈不偉然一代之全書哉?丁丑初夏,過家蘿村吴門寓舍,出示斯集。蘿村謂:足備本朝詩選之一,因不敢秘,以付剞人。""丁丑",爲康熙三十六年。

蔣國祥序云:"陽羨陳其年先生,以詩詞名天下三十餘年,晚應詔入史館,未幾身殁,海内作者有不盡其才之慨。家京少與游最久,搜其遺篋,得斯集示予,與斯選者,大都先生平昔交游,耳目所及,亦若夫唐人之選唐詩也。"

陳維崧輯此友朋詩什時,應在京師,雖王士禛不旬日即與之相見,然陳未嘗一語及此書,故王亦未及見也。昔錢牧齋有《吾炙集》、施愚山有《藏山集》、葉訒庵有《獨賞集》,皆秘不示人,此《篋衍集》亦如是。

此爲禁書,《清代禁燬書目》著録,云:"查此集係翰林院檢討陳維崧輯,以國朝諸家之詩,分體編次,所選頗爲精粹。内除錢謙益、屈大均等詩篇俱應抽燬外,其餘各家,尚無干礙,應請毋庸全燬。"

此本有扉頁,刻"今詩篋衍集。宜興陳其年先生元本。新城王阮亭、商丘宋牧仲兩先生鋻定"。鈐有"姑蘇閶門内吴趨坊徐河橋北堍宛委堂書舖發兑"印。

此書尚有稿本存世，今藏中國科學院圖書館。
《四庫全書總目》、《續修四庫全書》未收。《中國古籍善本書目》著録，天津圖書館、南京圖書館等三十館也有入藏。

2870　清乾隆刻本感舊集　　T5237.88/1143

《感舊集》十六卷，清王士禛輯。清乾隆十七年(1752)盧見曾刻本。十六册。半頁十一行二十一字，左右雙邊，白口，單魚尾。框高18.3釐米，寬13.8釐米。題"漁洋山人選；德州盧見曾補傳"。前有乾隆十七年盧見曾序，朱彝尊原序，康熙十三年(1674)王士禛自序，乾隆十七年盧見曾序。末有乾隆十七年張元後序；盧見曾撰《凡例》八則。

王士禛，見清康熙刻本《國朝謚法考》。

是集自錢謙益而下，凡三百三十三人，詩二千五百七十二首。計卷一錢謙益等五人，詩一百十七首；卷二吳偉業等九人，詩九十一首；卷三邢昉等二十九人，詩一百七十二首；卷四徐夜等六十九人，詩一百六十首；卷五趙進美等十二人，詩一百六十四首；卷六蔣超等十四人，詩一百六十四首；卷七余懷等二十二人，詩一百九十九首；卷八王又旦等十六人，詩一百五十四首；卷九宋琬等四人，詩一百三十七首；卷一〇董文驥等五人，詩一百五十六首；卷一一葉方藹等八人，詩一百六十二首；卷一二李天馥等五十五人，詩一百五十二首；卷一三申涵光等十五人，詩二百一首；卷一四秦松齡等二十人，詩一百九十六首；卷一五徐延壽等九人，詩一百四十首；卷一六吳雯等四十一人，詩一百七十八首。

王士禛序云："一日讀魏太子與元城令書，徐陳應劉，一時俱逝。謂百年已分，長共相保，何圖數年之間，零落殆盡。既痛逝者，行自念也。又讀歐陽子所作張君墓表，敘述河南幕府舊游，以爲自君之卒，師魯死且十餘年，王顧者死亦六七年，其與君同府而游者，蓋八九死矣。其幸而在者，不死則病且衰，如予是也，根觸紆鬱，不禁泣下沾襟也。因念二十年中，所得師友之益爲多，日月既逝，人事屢遷，過此以往，未審視今日何如。而僕年事長大，蒲柳之質，漸以向衰，歲月如斯，詎堪把玩。感子桓來者難誣之言，輒取篋衍所藏平生師友之作，爲之論次，都爲一集。自虞山而下，凡若干人，詩若干首。又取向所撰録《神韻集》一編，芟其什七附焉，通爲八卷，存歿悉載。竊取篋中收季川、中州，登敏之之例，以考功終焉，命曰《感舊集》。"

士禛身後，久之，盧見曾始得《感舊集》於黄叔琳處。盧見曾序云："辛未冬，以公役至京師，謁崑圃黄夫子於家，出所抄漁洋先生《感舊集》見示，拜受而卒讀之。其搜剔也廣而不濫，其持擇也約而不遺。竊謂此書傳我朝之詩與人，與俱傳矣。""是集亦僅有其序，而未流傳，其書詎意歿後四十餘年，猶爲宗工之所購求，珍秘以轉授於予。"

《凡例》云："先生自序，編纂是集在康熙甲寅年，是成書已久，特未嘗版行於世。聞先生歿後，其甥益都趙緩庵執端即其家，遍索原本不得，得散稿一束，開有目録抄存。此本共爲四大卷，卷百餘頁，'考功'在第二卷末，與自序所云'通爲八卷'、'以考功終'，及朱序'凡五百餘首'者不合，其爲先生晚年更定未成之書無疑也。今依抄本序次，共釐爲十六卷，補遺各詩，彙載每大卷之末者，各附正選之後。"

是集所載，皆士禛同時師友，故原本但列名字，並無小傳。見曾以爲距今才四十年，已多湮没不傳，若傳之後世，則不知其人，何以逆其志。因爲各補小傳，所採集諸書，但述而不作，爵里之外，别採士禛所著説部及旁搜别書記載與其人相涉者，分注於下。據《凡例》云：採集諸書並作小傳者，以張元之力居多。而搜羅幽隱並校訂者，則宋弼爲之。

此爲禁書，《禁書總目》著錄，云："查此集係刑部尚書王士禛撰輯，以所藏生平師友之作，彙爲一編，凡三百餘家，頗稱賅備。中間除錢謙益、屈大均等詩句，及所引《有學集》等各條均應抽燬外，其餘查無干礙，應請毋庸全燬。"按，此本錢謙益詩仍有，屈大均詩不存。

"禛"、"貞"、"弘"字避帝諱。卷一六後有"小傳補遺"。盧見曾二序內容相同，前者爲盧氏手書上版，後者爲端楷。

《續修四庫全書總目提要（稿本）》有《感舊集小傳》一卷，清光緒鉛印本。《中國古籍善本書目》著錄，天津圖書館、浙江圖書館等三十九館也有入藏。

鈐印有"陳氏祝齡鑒藏"。

2871　清康熙刻本皇清詩選　　　T5237.88/1983

《皇清詩選》三十卷首一卷，清孫鋐輯。清康熙二十七年（1688）刻本。二十冊。半頁九行十九字，四周雙邊，白口，單魚尾，書口下刻"盛集初編"。框高18.5釐米，寬13.2釐米。題"雲間孫鋐思九輯評；黃朱苐奕藻編校"。前有康熙帝《御製詩》、《御製耕織圖序》並詩，《初八日告祭昭陵恭述十二韻》；康熙四十四年（1705）孫鋐《恭進〈皇清詩盛初編〉奏章》；孫鋐撰《恭紀》；孫鋐撰《徵刻〈皇清詩盛二編〉啓》；康熙二十七年汪琬序，康熙二十六年（1687）徐乾學序，康熙二十七年陸慶臻序。

孫鋐，字思九，江蘇松江人。諸生。素以才學知名，尤篤嗜詩，與知交以詩歌相贈答，所作多清麗迥拔、風流韶令之詞，爲時賢所重。

是集計四言樂府一卷，五言古詩四卷，七言古詩五卷，五言律六卷，七言律八卷，五七言二卷，絕句三卷，離合迴文一卷。

其書採清初兩京十五省士大夫及騷人墨客、方外之徒詩作散見於世者，分體編錄，彙而葺之，繕刻成帙。徐乾學序云："青溪思九孫子、奕藻黃子，並賦才清英，神藻苕發，爲當世珪璋之選，慨然有揚風扢雅、表章昭代之志。十年間搜採詩集，首自三韓，遠泊滇益，備或全豹，細至寸鸞，捃據殆遍，登錄唯謹，今則裒然成書矣。"然《四庫》館臣稱其所選，"皆爲交游聲氣之地，非有所別裁也。"

集中釋僧之詩入選無多，又京師各省之詩，多出鄉先達郵寄及同社見貽，若滇、黔每省不過數人，人不過數章。另宮閨艷體，集中所收者，乃期於情不溢乎浮靡，體不流於詞曲者。

首一卷爲《盛集初編刻略》三十八則，云："集中所收，上則名公鉅卿，下而布衣方外，其黼繡岩廊，寤歌邁軸，無非所以鼓吹休明者也。然勝國之遺民有入者，以詩或出於交會之際，身曾處乎覆載之中，其詞可採，亦附於編。""是役也，始於庚申之秋，竣事於戊辰之夏。得諸家善本二十餘種，專集雜稿數百部。其他或自郵筒，或因酬倡，逮至壁間扇頭，悉供採擇，蓋歷九寒暑而後成。""凡詩之有關風教、表揚潛德者，見則必收。其直陳時事，風議得失，雖言多剴切，不失忠愛之旨，亦必存之於編。""詩人目次，各聚一省。但鋐索居寡與，千里之外，足跡限焉，兼以困於諸生，不能專心搜輯，故所得獨吳越爲最富。"

此本卷一七尾頁缺。

《四庫全書總目》入總集類存目。《中國古籍善本書目》著錄清康熙二十七年鳳嘯軒刻本，上海圖書館、天津圖書館等五館有全帙。日本《內閣文庫漢籍分類目錄》著錄。

2872　清康熙刻本蘭言集　　　　　　　　　　T5237.88/2238

《蘭言集》八卷首一卷,清林獬錦、何之銑等輯。清康熙三十四年(1695)刻本。五册。半頁八行二十字,四周雙邊,白口,單魚尾。框高20.3釐米,寬13.3釐米。題"甬上林時對璽、魏里孫鈖徵庵、張起宗粤山較;寧郡庠生林獬錦、鎮庠生何之銑、國學生李暾敬輯"。前有康熙三十四年鄭開極序,林時對序,仇兆鰲序。末有林獬錦跋,何之銑跋,李暾跋,丘玉跋;《凡例》四則。

林獬錦,浙江寧波人。

何之銑,浙江鎮海人。

是集以"蘭言"爲名,蓋取《易・繫辭》"同心之言,其臭如蘭"意。乃爲賀馬氏攬揆之辰,收五言古、五言排律、七言古、七言律、七言絶句等,計卷一二十六首,又補遺十二首;卷二七十首,又補遺四首;卷三紳袍八十八首,又補遺五首;卷四貢監生,四十首;卷五生員,八十二首;卷六生員,五十七首,又補遺十五首;卷七儒士並附耆民,七十五首;卷八方外,二十八首。首一卷爲序十四篇、啓二篇、賦二篇。

據《凡例》云:"兹集自當事及薦紳先生,以至子矜墨客、編户緇流,分或不齊,而頌德則一,不嫌並録,以俟輶軒之採。""是集爵臺不欲刊行,士民樂於從事,隨到隨梓,而於長幼尊卑不能按序。""是集凡四越月而成,集成之日,投贈者不止,若另列補遺,似乎尾諸方外,故仍各如其類以附之。"

何之銑跋云:"《蘭言集》之刻,非公意也。方公攬揆之辰,吏民既競張燈獻祝,士大夫覽其盛者,擬徵詩志喜,爰以引言呈覽。公輒藏稿不發,辭之再四,已而縉紳當事及僚屬士民投詩獻賦者連篇累牘,甚至異鄉游客、方外緇流,亦復含毫濡墨,爲公稱慶。銑等重違公意,遂於壽昌禪寺彙集授梓,計詩八卷,凡四越月而成。校訂之下,珠璣滿目,雖古近歌行,詩不一體,要取詞無溢美而止。"

此本有扉頁,刻"蘭言全集"。

《四庫全書總目》、《續修四庫全書》未收。《中國古籍善本書目》著録,作"清何之銑輯",無首一卷,湖北省圖書館入藏。

鈐印有"久志"。

2873　清康熙刻本本朝名媛詩鈔　　　　　　　　T5237.8/4246

《本朝名媛詩鈔》六卷,清胡孝思、朱琬輯。清康熙五十五年(1716)凌雲閣刻本。四册。半頁九行二十字,左右雙邊,白口,單魚尾。框高16.4釐米,寬11.3釐米。題"平江胡孝思抱一、朱琬友倩評輯;門人沈英萃庵、沈蔚修林較訂"。前有康熙五十五年胡孝思序;《凡例》八則;《本朝名媛詩鈔姓氏》。

胡孝思,字抱一,江蘇平江人。

朱琬,字友倩,江蘇平江人。

是編皆輯清代康熙及前朝名媛計五十七人所撰五七言詩,歷朝所傳,概勿刊入。其曰鈔而不曰選,蓋欲以備採風,非僅垂後世也。卷一五言古詩,卷二七言古詩,卷三五言律,卷四七言律,卷五五言絶句,卷六七言絶句。共三百五十餘首。

胡孝思序云："名媛詩之有鈔也，予採擇於本朝，蓋已有年。其間或購之坊家，或受之親友，或覓之書賈，或承四方之惠教，或於殘編斷簡中拾其瓣香寸玉，彙而集之，得溫厚和平不媿風雅者，合五言七言，共計三百有奇。至若調近香奩，句裁偽體，則概屏而弗錄，非敢擅爲去取，要求有當作者。輯成以示朱子友情，友情曰：是皆律中宮商，聲諧金石者也，無論下追道蘊，亦且上攀唐山，當爲子謀付剞劂，以公世好。"

《凡例》云："國初以來，海内名媛後先迭出，不止集中所載。兹就見聞所及，擇其風雅之當行者以付棗梨。嗣後見惠者，苟有體格醇正，辭意蘊蓄，不犯蜂腰鶴膝，平頭上尾，正紐旁紐諸病，無論摹漢唐、倣宋元，俱不敢少有遺珠。""閨秀之詩，其有專集行世者，小記不過詳其某府、某邑、某字、某室或某女所著有某集，使人彰彰可考。至於其他事實，概不敢登，庶使閲者諷詠之下，各得其性情之正。其無專集者，僅注其附於何集，録於何書，見於何地，亦不敢少略。至有以子虚烏有見貽者，恐徒費閲者清神，斷不能領教。""國朝名媛，年齒後先俱莫可稽，不過隨到隨刻，甲乙出於無心，閱者慎無以序次錯雜爲怪。""集中雖謬加圈點，聊置小批，不過欲閲者一覽之下，即得其旨趣所存，法脈所在，非敢以選家自命也。幸諒之。""集中名媛有未見專集者，未免掛一漏百，故小記内志明見於何書，附於何集，倘賜全豹，即選付續梓。""思等生長偏隅，網羅未能遍及，四方名媛如不吝賜教，有瓊章見貽者，幸郵至蘇郡府學前鳳池門胡抱一舍下，以便續刊。""是編之成，搜輯固非一日，而相與晨夕較勘，共爲商權者，實惟友情朱子，至共襄厥成者，皆門人沈萃庵、沈修林之力也。版藏凌雲閣，倘有翻刻，千里必究。"

館藏另有是書兩部，爲清康熙五十五年凌雲閣刻乾隆三十一年印本。乾隆本與此康熙本斷板及墨釘皆同，實爲同板，唯胡孝思序（康熙五十五年歲在丙申）之年款及干支當經後人挖去再補刻者（乾隆三十一年歲在丙戌），故當爲康熙五十五年刻乾隆印本。第一部四册，金鑲玉裝，鈐印有"金匱俞諼藏書"、"鐵林收藏金石書畫記"。第二部兩册。兩書均有扉頁，刻"本朝名媛詩鈔。平江胡抱一評輯。凌雲閣藏板"。第二部扉頁上鈐有"請勿翻閱書籍"。

《四庫全書總目》、《續修四庫全書》未收。《歷代婦女著作考》作"乾隆三十一年凌雲閣刻本"。《續修四庫全書總目提要（稿本）》著録。《中國古籍善本書目》著録，中國國家圖書館、福建省圖書館、清華大學圖書館入藏。

2874 清康熙刻本國朝詩的

T5237.88/7291

《國朝詩的》六十二卷，清陶煊、張璨輯。清康熙六十年（1721）刻本。二十四册。清闕名批並跋。半頁十行二十一字，左右雙邊，白口，單魚尾。框高 18 釐米，寬 12.8 釐米。題"長沙陶煊奉長選；同里張璨豈石同輯"。前有康熙六十年陳鵬年序，孫勷序，康熙六十年杜詔序，康熙六十年先著序，王棠序，程夢星序，周儀序，費錫璜序，許炳序；江祥跋，吴寅跋，陶煊引；陶煊撰《凡例》十三則；海内前、後較閱諸先生姓氏。

陶煊，字奉常，湖南長沙人。生於順治十四年。家學淵源，早有詩名，交游遍海内。考據精詳，搜羅極博，於詩道中折肱洗髓，歷有年所。

張璨，字豈石，號湘門，湖南湘潭人。康熙四十七年舉人。少負異才，與交多知名士。令無錫，以潔清休養爲治。授河間知府，改長蘆鹽運使，擢大理寺少卿。以事鐫秩歸，杜門不出,自顏其居曰相在室。工古文辭及書法。年八十餘卒。《國朝耆獻類徵初編》卷六九有傳。

其書名"詩的",蓋的,正鵠也。心觸成思,發而爲聲,著爲言者,所謂"詩言志"是也。杜詔序云:"詩,猶夫射也。棲鵠於正,正有遠近,有高下,射者持弓矢,審固要於中的而止,此《詩的》之所由名也。"

是書搜求本朝詩篇,按省分編,以次選定,蓋仿三百篇遺意。列國之詩,各自爲什,故始自長白,迄於滇黔。計《滿洲》一卷、《盛京》二卷、《直隸》二卷、《江南》十六卷、《江南續編》一卷、《江西》二卷、《浙江》八卷、《福建》二卷、《湖廣》十卷、《山東》二卷、《河南》二卷、《山西》一卷、《陝西》二卷、《四川》一卷、《廣東》一卷、《廣西》一卷、《貴州》一卷、《雲南》一卷、《方外》二卷、《閨秀》二卷。又附以《石谿詩鈔》一卷、《石漁詩鈔》一卷。此書所選之詩,有一人而連篇累牘多至數十首,也有一人片羽吉光僅存一二篇者。其選始於清朝定鼎之初,雖山林遺老沒於順治甲申以後者,皆盛世之人文,概收入集。又作者之下,皆繫以小傳。

程夢星序云:"長沙陶奉長先生選《詩的》六十餘卷,皆百年以內近人之詩,萃疆宇之觀,備古今之體,鋟其本於廣陵,欲以公諸海內。其鑒別也精,其搜采也富,不立異於時,不苟同於衆,參會折衷,既以見才人之面目,又以存先民之矩矱,誠哉如射之有的矣。"

先著序云:"長沙陶君奉長先生,世傳詩學,饜飫於風雅者五十餘年。晚而東來,出其篋中所搜羅采輯之詩得若干篇,爲五十卷,名曰《詩的》,遂以付之削氏。的之爲言,欲以標其準而示之歸也。予終覽焉,如入五都之肆,百寶錯陳;如搆九成之臺,衆材畢致。凡此百年以內之人,仕者、處者、存者、逝者,皆得寓姓名,留光響於其間,渢渢乎風,洋洋乎觀矣……故自三百篇後,作者相望於二千年中,所謂感神人、被金石,用之郊廟朝廷者,雖有隆替,固無止熄。不獨雄篇大章,卓然名世之作,與天壤而俱存,即騷心怨思,一句之微,有能極人工而出天巧者,咸可與於興觀群怨之品。然非有以會萃總集之,將不免於遺忘散失,致其人之心思才力,銷歸於烏有,則至可嗟惜。在於盛名之下,家有其集者,可不至於泯沒,外是而名微地僻,才人學士殫畢生之技,以冀望其萬一得傳,所操爲至悴,所恃爲愈危矣。此選之功不可以已,而奉長氏之用心爲不可及也。"

是書附《石谿詩鈔》一卷,爲陶煊撰,前有陳恭尹序。《石漁詩鈔》一卷,爲張璨撰。此本有扉頁,刻"國朝詩的。陳滄洲先生訂定。長沙陶奉長選,張豈石同輯。各省分編。石谿藏板"。並鈐有"長沙公後人"、"石谿選本"等印。又有闕頁,爲《直隸》卷一末頁、《江南》卷一至卷二目錄及卷一二第廿二頁、《浙江》卷六目錄、《四川》卷一第二頁、《石谿詩鈔》目錄。較閱諸先生姓氏後,刻"揚州夏智生刊"。

闕名跋云:"統觀茲選,蕪雜難言,掛漏不少,每人聊錄數首,每省必取數人,不過求備省分而已。況錢謙益輩,律以忠孝大節,實名教罪人,謙益詩集久經禁絕,煌煌功令,豈未之聞。茲選乃首登其詩,更爲昧於持擇。又若厲樊榭、高澹人,皆彬彬作手,僅登一首,豈足以盡其詩乎?卷端諸序,亦希圖潤筆而已,更不足責,亦不足據。""未觀其書之佳否,而列名校訂至三百餘人之多,蓋沿五百家編韓柳文集例也。是直不通書賈所爲,長沙後人,豈宜有此。然選詩總期精博,校訂人氏,何有定數,選既不佳,則諸人之名姓徒供後人嗤點而已。"

此爲禁書,《禁書總目》、《違礙書目》著錄。

《續修四庫全書總目提要(稿本)》未收。《中國古籍善本書目》著錄,中國科學院圖書館、浙江圖書館等六館也有入藏。《四庫禁燬書叢刊》第156至158冊收入此書。

鈐印有"陽湖陶氏涉園所有書籍之記"。

2875　清乾隆刻本薰風協奏集　　　　　T5237.88/1118

《薰風協奏集》三卷首一卷，清王又曾輯。清乾隆二十三年(1758)刻本。四冊。半頁九行二十一字，左右雙邊，白口，單魚尾。框高 18.2 釐米，寬 12.1 釐米。題"秀水穀原王又曾輯；嘉興立齋莊鳳翥注"。前有莊鳳翥序，乾隆二十二年(1757)王又曾序；《凡例》九則。

王又曾，字受銘，號穀原，浙江秀水人。乾隆十六年，南巡召試，賜舉人，授內閣中書。十九年進士。官刑部主事。工詩，有《丁辛老屋集》。《清史稿》卷四八五有傳。

薰風者，和暖之風，指春夏之時東南風。《呂氏春秋·有始》："東南曰薰風。"協奏，合奏。《宋史·樂志三》："律呂協奏，是謂和聲。"此集選清初詩，或採諸家專集，或錄名人舊輯，近則取諸試帖以及《近光集》、《和聲集》等書，決擇頗慎，不盡應試之作，如雅集唱和、臨試揣摩，也於附見。詩有注釋，蓋為便於初學而設。首一卷，為御製詩。

莊鳳翥序云："我皇上天章炳煥，喜起賡歌，再幸江浙，並以詩賦掄拔英髦。海內文海之士，聞風興起，霞舉鴻軒。乾隆二十二年，命鄉會試二場，改用五言排律，異命重申，光華復旦，猗與盛哉，誠風雅之極軌也。惟是唐以詩取士，故試帖往往流傳至今。我朝人才輩出，前後兩舉弘詞科，應制應試之篇比肩接跡，加以詞林館課名公擬作，篇章薪積，幾欲壓唐人而下之矣。適同里王比部侍養閒居，因相與共商選刻，以為不得聖人制作，無以樹萬世楷模，敬謹先錄御製詩，列為卷首。嗣取百餘年來名篇鉅製，並甄綜而附於後，庶幾乎淵源之意與憲章之志並行焉而不悖也。"

王又曾序云："我國家稽古右文，風雅道廣，前後兩舉博學弘詞科。康熙己未，試用五言排律，乾隆丙辰、丁巳試，俱用七言排律。近則特奉諭旨，鄉會試二場，改用五言排律取士，如進士朝考庶吉士散館之例，故五言為尤重。百餘年來，名家鉅公，肩差武接，離離乎，渢渢乎，信足跨沈宋而壓楊劉矣。又曾不揣固陋，擇其尤雅，附御製詩之後，離為三卷，所以揚太平之休聲，導舉業之先路。從是鄉會試帖泉湧飆發，清新無窮，要其源流同異之歸，後之人固可考次而知之矣。"

此本有扉頁，刻"薰風協奏集。秀水王穀原輯，嘉興莊立齋注。乾隆戊寅年鐫。文映書屋藏板"。

《四庫全書總目》、《續修四庫全書》、《續修四庫全書總目提要(稿本)》未收。《中國古籍善本書目》著錄清乾隆二十三年文映書屋刻本，福建師範大學圖書館也有入藏。又日本《內閣文庫漢籍分類目錄》著錄。

鈐印有"桂窗"，日人印也。

2876　清乾隆刻本霄崢集　　　　　T5237.88/3664

《霄崢集》八卷，清宮國苞輯。清乾隆三十三年(1768)春雨草堂刻本。四冊。半頁九行十九字，左右雙邊，白口，單魚尾。框高 18.3 釐米，寬 12.8 釐米。題"海陵宮國苞霜橋氏選；同學俞圻越千參閱"。前有康熙十一年(1672)李瀅序，乾隆三十三年宮國苞自序。

宮國苞，字霜橋，江蘇泰縣人。

霄崢者,高入雲霄之山。唐孟郊、韓愈《城南聯句》云:"大句幹玄造,高言軋霄崢。"是書選清初各地詩人之作品,多則數首,少則一首,詩後有宮氏評語。書中所選小名家甚多,計卷一李沂、朱冕、團昇、田雲鶴、胡裘錞、於震;卷二曹學詩、劉育杰、繆琬、馬樸臣、李蒞、王鳴盛、錢大昕、吳泰來、黃文蓮、曹仁虎、姚陛、嚴長明、張輅、胡業宏、李御、張鵬翀、俞楷、俞梅、俞熹、俞塤;卷三方椿齡、陳樹楸、方貞觀、李光國、陳以剛、黃以球、嚴遂成、王文治、阮鍾琪、周繩武、陳秉鈞、陳韶武、陶鑑、韋謙恒、黃鵬、顧宗泰、石椿、任大椿;卷四陳明祚、余京、徐藹坡、袁枚、劉星煒、宮增祜、楊錦樹、李鳴謙、宮履基、鮑皋、汪堂、繆永垣、宮慕超、宮超曾、黃模、黃法;卷五方本、楊法、張秉彝、陳璨、何忠相、團維埔、繆祖培、羅本建、黃文照、汪文錦、汪龍光、亢崇富、胡正坊、李根大、何鑾、崔起漢、宮韶金、姚燦、梁彥術、梁暹、葛維煦、孫喬年、王安昆、張星、陳志樞、陳伯齡、張鶴慶、張琮;卷六俞圻、汪熙寧、姚龍光、吳授曩、林開封、劉司炎、劉司燮、劉司夏、杜甲、汪文鍠、徐麟趾、徐雯、朱景泗、朱遵洛、朱慕渠、曹璉、俞大鼎、王鏞、團維墀、周永安、仲之琮、潘昌齡、仲耀政、翟宣、施雲標、楊若霖、張廷炳、郭雯、宮協華、解承寵、郭甡孫;卷七黃源、袁來章、李拔式、何秉德、何秉禄、陸昌祺、何秉榮、楊開基、黃金榜、夏淳修、常曦、黃泰、宮爲坊、朱泓、張達九、黃履岳、徐奎、周之鈞、陳作賓、耿鹿、耿育仁、陳萬福、黃景雲、黃名逄、羅克承、陳炳蔚、王蘭、李大綬;卷八閨秀,爲陳世陵、梁蘭漪、王崇蕙、俞廷元、吳正肅。

宮國苞自序云:"竊念我宮氏,自先太史築春雨草堂,館天下知名士,如周櫟園、杜茶村、施愚山輩爭縞紵焉。至高祖先中丞,著有《讀書紀數略》,曾進御覽,賚予有加,奉命刊行,又有《文苑英華》選行。世祖紅椒公,亦著有《紅椒山房詩集》,其後箸屢析,所藏書亦漫無統紀,日仰屋梁,株守兔園册子,率爾成詠,亦復了不異人間。從涉歷郡國,凡於耆舊朋儕惠好之詩,瀏覽尋繹,得一佳什,如珠一簞,於是日擴其觀,而廣羅以爲富焉。披吟至再,爰簡撮其尤者開雕,以公諸同好,亦篋中之故步云耳。"

此本有缺頁,爲卷三至卷五目錄、卷三第一至二頁、卷四第一至三頁、卷七第十四頁。按,李澄序與此書似無關係,或從它處移來。

《四庫全書總目》、《續修四庫全書》、《續修四庫全書總目提要(稿本)》未收。《中國古籍善本書目》著錄,清華大學圖書館也有入藏。

2877　清乾隆刻本霄崢集　　　　　　　　T5237.88/3664.1

《霄崢集》一卷,清宮國苞輯。清乾隆三十六年(1771)春雨草堂刻本。二册。半頁九行十九字,左右雙邊,白口,單魚尾。框高 18.1 釐米,寬 12.6 釐米。題"海陵宮國苞霜橋氏選;山陽楊禾稼軒參閱"。

宮國苞,見清乾隆刻本《霄崢集》。

是書爲前本之續集,計朱煥、左聖澤、戴棟、梁犖、王孫錫、殷嶧、李基簡、王作甯、李光國、王履吉、沈雅、王實堅、邊方泰、田玉、方士模、潘行堯、李奉瑞、金殿紳、沈均、徐昂、汪四皓、范安禮、沈鈺、林閶、楊奎聚、靳光普、林閏、沈宜浦、吳廷燮、徐鏕、田倬、任舉、汪之珩、岳澍、徐嘉穎、任承恩、汪爲霖、繆彩、任承緒、姚思康、曹宣、沈生芝、朱景英、熊兆瑾、尹湜、金棟、凌世昌、楊文炳、汪本義、方修、沈荆漳、方硯、陳松、陳本禮、陳煜、于時泰、汪廷機。

此本有扉頁,刻"霄崢集。海陵宮霜橋選。乾隆辛卯秋鐫。春雨草堂藏板"。又鈐有"卷帙浩煩,數目未定,瑤章隨到隨登,並非有心甲乙,觀者諒之"。

《四庫全書總目》、《續修四庫全書》、《續修四庫全書總目提要（稿本）》未收。《中國古籍善本書目》未著録。

2878　清乾隆刻本國朝詩正聲集　　　　　T5237.88/1804

《國朝詩正聲集》七卷首一卷，清項章輯。清乾隆三十四年(1769)懷斯堂刻本。八册。半頁九行十九字，四周雙邊，白口，單魚尾。框高16.9釐米，寬11.6釐米。題"桐城項章飲棠輯"。前有乾隆三十四年項章序；《凡例》十則。

項章，字飲棠，安徽桐城人。

是集所採，皆有關名教風化，故一切譏訕怒詈之章概不載入，且隨得隨刊，所選作者爵位科第年齒，並無排次先後。卷一英廉二十七首、諸重光九首、徐浩十二首、張體乾二十七首、吳鎮十八首、馬啓泰十六首、姚士銘十首、富昌三十一首、孟澍十六首、汪啓淑九首、李君賢八首、董世寧十首；卷二崔應階十九首、張邦柱三十八首、張亦栻二十五首、麥佑十六首、程晉芳三十五首、楊國霖四首、葉酉十三首、孟淦十二首、劉墀八首；卷三尹會一十五首、郭肇鐄十四首、尹嘉銓十五首、吳鈛十六首、鮑皋十七首、薩哈布四首、吳鼇十九首、顧杏章九首、王裕銓十首、牛稔文七首、郭進五首、楊國棟十九首、鄧克劭十二首、郎廷勳四首、江元春十一首、梁樞十七首；卷四胡德琳十五首、王永緒二十五首、蔣德二十四首、曹殿奇九首、周大樞八首、張開東十九首、孫維龍三十首、朱輔熙十七首、李中梓十二首、董國榮九首、郎若伊九首、王元梅七首、趙文哲七首；卷五錢維城六首、金文淳六首、曹麟開四十八首、卓金殿九首、郭清芳十九首、吳克元十首、徐昆十九首、周朱城七首、官偉三首、韓學海四首、郎若皋四首、萬經二十三首、陳葆光八首；卷六薩哈岱八十四首、薩哈齊七首、薩欽九首、杜照四首、郎錦駒五首、衛自浚五首、張繢祖三首、李掖垣一首、章麟趾二首、劉宏煦九首、張元表九首、李德舉三首、李簡八首、袁雲從二首、郎錦騤四首、戴天錫九首、仇壃五首；卷七胡翹元九首、俞瀚五首、蔣雍植十三首、李玉溪四首、繆永垣七首、趙秉鍾三十一首、衛德威十首、郎錦驥七首、黃宗傑八首、鄧贊清十三首、曹念祖九首、行多遜十二首、鮑之鍾二首、徐兆魁十四首、趙秉淵十首。

首一卷爲慎郡王二十七首、履郡王十一首、宗室瑤華主人三十一首、懋齋主人十三首、香松主人十三首、云爾吟四首、思敬主人三首、永忠十七首、書誠十一首。

項章序云："予自束髮，即喜韻語，雖四十無聞，而自士大夫以及湖海名流，長篇短什所在投贈多有。曩歲，從花南葉太史游，初有聯珠之刻。數年來，奚囊益富，復裒益而付攻木氏。雖決擇不拘一格，而一以温柔敦厚之旨爲主，顔之曰《正聲》。大雅之林，和其聲以鳴盛，庶其惠我好音乎。若夫聞鐘，而以爲盤捫籥，而以爲燭，予固自知其妄也已。"

《凡例》云："凡詩已經前人梓行流傳海内者，不復重贅。""舊選詩人名下俱有小傳，今存殁並載，未能備悉其爲人，不敢僭注。""釋道各寫懷抱，别有一種風旨，佳者亦爲采入。""閨壺之詩，得幽閑貞靜者亦登，以備體裁。"

此本有扉頁，刻"國朝詩正聲集。桐城項飲棠輯。懷斯堂藏板"。項章序末有"吳郡張若遷刻"。

《四庫全書總目》、《續修四庫全書》、《續修四庫全書總目提要（稿本）》未收。《中國古籍善本書目》著録，清華大學圖書館入藏。

鈐印有"韻珊珍藏"。

2879　清康熙刻本雙溪倡和詩　　　　　　　　　　T5237.88/2924

《雙溪倡和詩》六卷,清徐倬輯。清康熙刻本。二册。半頁十行十九字,左右雙邊,黑口,雙魚尾。框高 16.1 釐米,寬 11.9 釐米。題"德清徐倬薲村選"。前有康熙四十九年(1710)徐倬序,康熙五十年(1711)何焯序,柯煜序。

徐倬,字方虎,號蘋村,浙江德清人。受知於倪元璐。康熙十二年進士。改翰林院庶吉士,以選入史館,授編修。乞歸養者十年,服闋入京,轉司業。充順天鄉試正考官,尋陞侍讀,以年老乞歸,時年七十。擢禮部侍郎。康熙四十六年卒,年九十。倬工詩古文辭,與冒襄父子友善。又有《蘋村類稿》、《全唐詩録》等。《清史列傳・文苑傳》卷七〇、《國朝耆獻類徵初編》卷五八有傳。

雙溪在浙江餘姚。此集收雙溪詩人互相唱和之作,皆古今體詩,計卷一九十五首,卷二七十九首,卷三九十三首,卷四七十二首,卷五七十八首,卷六六十三首。共四百八十首。集中有沈涵、吳曙、沈樹本、吳大煒、沈炳巽、沈炳謙、沈允相、沈楷世、沈炳震、沈樹槐、沈楨國、柯煜、吳斯洺、吳溶、丁凝、姚德至、吳啓袞、沈揆曾、吳隆元、沈柱臣、柯壽坤、嚴光夔、茅應旦、茅應奎、吳啓褒、孫炘、董浩、朱廷傑、董胡駿,計二十九人。

何焯序云:"吳興前輩宫詹沈先生,請假里居,以經世有用之學教子弟,亦時用一譚一詠陶冶性靈。先生有顏謝之作,高倡於前,群從斐然繼聲,則又討源六代,師友三唐,下逮宋元諸體,旁備不遺。所居竹溪,兼據勝絶,遠朋佳士,從先生質疑請益者,因得與群從賦韻,角逐如呂命律,於是竹溪倡和之作遂得六卷,一時可謂盛哉。"何序末刻沈樹本識語云:"兹集原名竹溪倡和詩,故先生文云,爾後以前溪吳氏諸先生倡和最多,更今名云。"

此本有扉頁,刻"雙溪倡和詩。德清徐薲村先生選"。

《四庫全書總目》僅收有徐倬《蘋村類稿》、《全唐詩録》,而不及此書。《續修四庫全書》、《續修四庫全書總目提要(稿本)》未收。《中國古籍善本書目》著録,中國國家圖書館、上海圖書館等八館也有入藏。又《日本内閣文庫漢籍分類目録》著録。

2880　清乾隆刻本千叟宴詩　　　　　　　　　　T5237.8/2730

《千叟宴詩》三十四卷首二卷,清高宗弘曆等撰。清乾隆五十年(1785)内府刻本。十八册。半頁九行十九字,四周雙邊,白口,單魚尾。框高 21.7 釐米,寬 15.8 釐米。前有乾隆四十九年(1784)諭旨。

千叟宴始於康熙,盛於乾隆,是帝王爲籠絡臣民而舉行的規模最大、與宴者最多的盛大御宴。赴宴者均爲老人,故稱。清昭槤《嘯亭續録・千叟宴》云:"康熙癸巳,仁皇帝六旬,開千叟宴於乾清宫,預宴者凡一千九百餘人。乾隆乙巳,純皇帝以五十年開千叟宴於乾清宫,預宴者凡三千九百餘人,各賜鳩杖。丙辰春,聖壽躋登九旬,適逢内禪禮成,開千叟宴於皇極殿,六十以上預宴者凡五千九百餘人,百歲老民至以十數計,皆賜酒聯句。"後人稱千叟宴是"恩隆禮洽,爲萬古未有之舉"。

清代四次千叟宴,康熙、乾隆各兩次。第一次康熙五十二年,時值玄燁六旬大慶,"自秦漢以下,稱帝者一百九十有三,享祚綿長,無如朕之久者",且斯時天下承平,故在暢園宴賞各地年老之臣民，約千餘人。

乾隆四十九年，是時各地亂事一一平定，《四庫全書》編纂告竣，該年乾隆喜添第一位玄孫，喜上加喜。於是發布諭旨，定於乾隆五十年正月在乾清宮舉行千叟宴。凡內外文武官員，年在六十以上，皆在邀請之列，外地赴宴之年老官員，可由政府出資來京赴宴，出席者三千餘人，比康熙年間兩次千叟宴人數還多。

首一卷御製詩，附諸臣恭和詩一百六首；首二卷聯句詩，柏梁體一百韻。卷一預宴十八人，詩六十三首；卷二五十二人，詩六十四首；卷三六十五人，詩八十一首；卷四六十四人，詩七十二首；卷五八十七人，詩九十四首；卷六九十四人，詩一百八首；卷七七十八人，詩八十六首；卷八九十四人，詩一百六首；卷九八十八人，詩九十九首；卷一〇九十二人，詩九十九首；卷一一六十九人，詩八十四首；卷一二七十七人，詩八十七首；卷一三九十二人，詩一百四首；卷一四九十五人，詩一百五首；卷一五七十六人，詩八十五首；卷一六九十一人，詩一百三首；卷一七九十一人，詩九十六首；卷一八九十六人，詩一百七首；卷一九九十三人，詩一百五首；卷二〇八十八人，詩一百首；卷二一九十人，詩九十六首；卷二二九十五人，詩一百八首；卷二三九十四人，詩一百二首；卷二四八十八人，詩九十七首；卷二五九十四人，詩一百四首；卷二六一百十一人，詩一百三十首；卷二七一百十一人，詩一百三十一首；卷二八一百六人，詩一百二十六首；卷二九一百五人，詩一百二十五首；卷三〇一百十二人，詩一百二十七首；卷三一一百二人，詩一百六首；卷三二九十五人，詩一百五首；卷三三一百四人，詩一百十九首；卷三四九十三人，詩一百四首。總共三千人，詩三千四百二十九首。

御製詩小注云：＂皇祖於壬寅歲舉行千叟宴，實從古未有之曠典，維時與宴王大臣，命諸皇子賜觴，以示慈惠。至年未及歲之皇子、皇孫，並命侍立觀禮。余時年甫十二，躬逢嘉會，親見者筵慶錫、龍光燕譽之隆，閱今乙巳，凡六十四年矣。＂＂今歲乙巳，朕御極五十年，恭依皇祖盛典，於新正初六日再舉千叟宴禮。有年屆九十及一品大臣以上，皆召至御筵前，手賜之觴，以昭天恩國慶，酬酢一堂之盛。＂

乾隆四十九年十月初九日諭旨：＂我皇祖沖齡踐阼，統馭寰區，仁漸義摩，涵濡休養。康熙年間，曾舉行千叟宴，與中外臣民躋壽宇而迓繁禧，誠爲千載一時之嘉會。朕誕膺丕緒，敬紹鴻圖，仰承昊蒼眷顧，福佑朕躬，年逾古稀，尚能康強勤政，惟是斂時錫福，期舉世咸登仁壽。著於乾隆五十年正月初六日，舉行千叟宴盛典，用昭我國家景運昌期，重熙累洽，嘉與中外臣民、耆老，介祉延禧之至意。＂

是書又有清嘉慶元年武英殿活字印本，藏故宮博物院圖書館。

《續修四庫全書》、《續修四庫全書總目提要(稿本)》未收。《中國古籍善本書目》著錄，遼寧省圖書館、故宮博物院圖書館等五館也有入藏。又日本《內閣文庫漢籍分類目錄》著錄。

鈐印有＂陽湖陶氏涉園所有書籍之記＂。

2881　清乾隆刻本本朝館閣詩

T5237.8/7173

《本朝館閣詩》二十卷附錄一卷，清阮學浩、阮學濬輯。清乾隆二十三年(1758)刻本。二十册。半頁十行二十一字，左右雙邊，黑口，雙魚尾。框高15.8釐米，寬11釐米。題＂山陽阮學浩裴園、學濬澂園編次＂。前有乾隆二十三年沈德潛序，乾隆二十三年齊召南序，乾隆二十二年(1757)阮學浩序；乾隆二十三年阮學濬後序；《凡例》六則。

阮學浩,字裴園,號緩堂,江蘇山陽人。雍正八年進士。散館授檢討。著有《裴園詩鈔》。

阮學濬,字徵園,號芑崖,江蘇山陽人。學浩弟。雍正十一年進士。散館授編修。

館閣者,指典雅莊重。清鈕琇《觚賸續編·醉隱記》:"(區大相)居詞垣十五年,所著多館閣之作。"是集之編,乃因學浩任皇清文穎館纂修官時,以爲《文穎》卷帙浩繁,詩文並纂,窮鄉下士購求爲難。"兹集謹加銓擇,間搜續出文集鈔本益之要之,鴻辭傑搆及大典禮所關,約略備矣。"卷一五言古詩,一百六首;卷二至三七言古詩,七十五首;卷四至五五言律詩,三百七十四首;卷六至一一七言律詩,一千一百五十二首;卷一二至一五五言排律,三百七十首;卷一六至一七七言排律,八十三首;卷一八五言絶句,四十一首;七言絶句三百三十八首;卷一九補遺,爲五言古詩三十首、七言古詩十六首、五言律詩五十四首、七言律詩一百十八首;卷二〇補遺,爲五言排律六十二首、七言排律七首、五言絶句五首、七言絶句二十六首。附錄一卷,爲五言排律一百四十三首。

館閣之詩,貴氣局嚴整,屬對雅切,然必具有性靈而後開闔變化,泯其徘儷之蹟。沈德潛序云:"聖天子崇重風雅,詔鄉會試改用五言八韻詩,欲俾多士咸殫心於聲律,他日颺言矢音,繼虞廷成周之盛,誠曠典也。然無以示之準則,徒事裁花斗葉,妃白取青,語句雖工,而於揚扢之義,寧有當乎?前輩阮裴園先生偕難弟澂園先生,取國初迄今名公鉅卿鼓吹休明之什,以及禮闈試帖,擷其精藻,删其繁蕪,彙爲一十八卷,風格各殊,體裁異制,而情必本於忠愛,聲必極於和平,法律備而性靈存焉。披華啓秀,凡其可以追蹤王、楊、盧、駱、陳、杜、沈、宋、燕許、曲江者,始采入集,洵館閣詩之圭臬也。"

阮學浩序云:"學浩於詩學,眇所窺尋,顧曩者承乏纂局,職在搜討。竊見本朝百餘年,人文璘玢,擅美篇什,册府所收,凡館課進呈廷試,與夫恭紀、恭和、公餘于役等詩,珠淵玉海,景合雲蒸,允堪程式,藝林争先快睹。爰偕弟學濬,檢手鈔舊帙,增以禮闈試帖,得十八卷,爲《館閣詩》,梓而行之。體裁風格不名一家,要必本忠愛之心,抒和平之奏,温柔敦厚而不雜以粗厲猛起之音者,始登斯集。"學浩時爲翰林院檢討,充皇清文穎館纂修官。

阮學濬後序也云:"家兄里居多暇,與濬商榷,特奉《皇清文穎》所選諸體詩爲宗,復有增益,薈萃成書,併就正於長洲、天台兩宗伯,爰付之梓,以公同志。"

此爲寫刻本。"禛"字避帝諱。每卷之末刊"阮葵生、芝生校字"。

《四庫全書總目》、《續修四庫全書》未收。《續修四庫全書總目提要(稿本)》著録。《中國古籍善本書目》著録,又有續附録一卷,清乾隆二十三年因學書屋刻本,遼寧省圖書館、吉林省圖書館等十館也有入藏。又日本《内閣文庫漢籍分類目録》著録。

2882　清乾隆刻本本朝五言近體瓣香集　T5237.88/0443

《本朝五言近體瓣香集》十六卷,清許英輯並注。清乾隆二十八年(1763)刻本。四册。半頁十行二十三字,左右雙邊,黑口,雙魚尾。框高17.1釐米,寬12.3釐米。題"金匱許英海如編注;男璈元仁校"。前有乾隆二十八年吳培源序;《例言》八則。

許英,字海如,江蘇無錫人。

此書之編,蓋因乾隆帝崇尚風雅,鄉會小試皆增入五言排律一首,著爲定例。詩以類編,計卷一《治道》,卷二至三《天象》,卷四《時令》,卷五《地理》,卷六《朝省》、《農桑》,卷七《禮儀》、《音樂》,卷八《經籍》、《性理》,卷九《文學》、《武士》,卷一〇《仕進》、《人品》、《書畫》,卷一一《宮室》、

《文廟》、《佛寺》、《衣服》、《珍寶》,卷一二《器物》,卷一三《動物》,卷一四至一五《植物》,卷一六《食物》、《雜詩》。雜詩,爲無類可從,乃依《文選》例另編者。

集中之詩,除從朝考館課、召試鄉會試、歲科試選出外,另有輯者平時擬作,見聞所及,亦間收一二。又其原本則有《玉堂》、《和聲》、《琳瑯》、《同聲》、《玉琴》、《鯨鏗》、《梟藻》等集,以及《雨堂詩墨》、《阮選館閣詩》、《應制五言排律》、《類選試帖》、《精華錄》中選出。

吳培源序云:"許君海如,雅好讀書,寄懷毫素,國初以來館閣詩,尤所篤好。曾因北游,盡得京師佳本,嘆爲鉅觀。爰輯五律,另爲一編,凡鄉會歲科等試,及塾課擬作之詩亦附焉。用宏取精,群分類聚,博考群書,爲之注解,簡而能該,繁而不冗,名曰《瓣香》。暇輒燒名香、啜苦茗,與二三同志商榷校讎,隨時增訂,凡屢易寒暑而成書,其用心亦勤矣哉。首列治道,次天文、時令,次地理、山川,由是而朝省、農桑、禮儀、音樂、經籍、性理、文學、武功、仕進、人品、書畫,以至宮室、衣服、器物、珍寶、動物、植物、食物,凡二十有二門,而以雜詩終焉。爲卷十有六,得詩幾八百首,誠近體之菁華,五言之軌範也。未及梓行,而海如謝世,其子元仁乃續成先志,刊以行世。"

《例言》云:"試律,鄉會俱用五言八韻,小試率用六韻,而館閣詩則自四韻以上有至百韻者。茲集廣爲搜羅,凡三十韻以內,並皆採錄。體製雖殊,均以疏瀹性靈,發揮才調。惟八韻以內,須團練堅凝,以外貴敷陳詳贍,稍有不同。竊圖團練中,不可無疏越之音,敷陳中尤貴有警策之筆,義本相通,無嫌紛出也。"

此爲寫刻本。有扉頁,刻"本朝五言近體瓣香集。吳蒙泉先生鑒定。乾隆癸未冬鐫。翻刻必究。心逸堂藏板"。

《四庫全書總目》、《續修四庫全書》、《續修四庫全書總目提要(稿本)》未收。《中國古籍善本書目》著錄清乾隆二十八年心逸堂刻本,湖北省圖書館、中國人民大學圖書館等三館也有入藏。又日本《內閣文庫漢籍分類目錄》著錄。

鈐印有"養",日人印也。

2883 清乾隆刻本國朝五言長律賡颺集   T5237.88/1361

《國朝五言長律賡颺集》十六卷,清張曰珣、邱先德輯並注。清乾隆刻本。十二冊。半頁九行二十一字,左右雙邊,黑口,雙魚尾。框高16.5釐米,寬11.6釐米。題"仁和陸心齋先生原本;順德張曰珣縝廬、番禺邱先德星垣箋補"。前有乾隆四十二年(1777)湯先甲序,乾隆四十三年(1778)姚成烈序;《例言》二十二則。

張曰珣,字縝廬,廣東順德人。

邱先德,字星垣,廣東番禺人。

賡颺者,謂飛揚輕舉連續而歌。宋洪邁《唐黃御史公集》序:"於時墨儒詞匠所爲詩若文,咸矩護自然,不以雕飾爲工,相與贊翊道真,賡颺鴻化,斯爲鏘鏘爾雅,故文盛於韓、柳、皇甫。"是書專爲場屋舉子所編,當作制科標準,書原爲陸心齋所選,張、邱多加增補,並參以箋釋。其類按題次入,以十四類分其綱,而每類之中仍分細目,以使閱者披卷了然。計卷一至二《天文》,卷三《地志》,卷四《歲時》,卷五《治道》(武功仕進附),卷六《性學》(人品藝事附),卷七《典禮》(符瑞附),卷八《音樂》,卷九《農桑》(飲食附農、衣服附桑),卷一〇《宮室》,卷一一《器用》(珠玉之器歸於珍寶),卷一二珍寶,卷一三花木(草附),卷一四花木下(果蔬附),卷一五鳥獸,卷一六魚蟲。

所選詩作者爲史貽直、蔡新、裘曰脩、黃機、金甡、蔣士鏛、彭元瑞、盧文弨、錢載、翁方綱、梁國治、謝墉、鄒一桂、德齡、鄭虎文、阮葵生、王鳴盛、錢陳群、錢維城、李文藻、黃叔琳等。張、邱其箋釋之文,總列於詩後。

湯先甲序云:"余奉命視學粵東,於今三載,聲律之隆,雖山陬海澨,靡不宣臻,心焉喜之。邱生先德,詩古文辭夙冠諸生,丁酉選拔,生與焉。既乃出其與同塾張生曰珣共輯《賡颺集》一册,請序於予。予繙閱之下,見其搜羅繁富,詮釋精確,雖所選止排律,抑亦究心風雅者之一助也。"

姚成烈序云:"邱生先德,羊城名士。余於辛卯歲恭奉簡命,承宣粵藩,每課粵秀書院諸生而心識之。丁酉初秋,生與選拔,旋登賢書,余竊喜夙賞之不謬。既而生來謁,並出其與同塾張生曰珣共輯《賡颺集》一編,求序於余。余於公暇,再三披閱,爲詩一千餘首,其搜羅也富,其采摘也精,其分類也嚴,其箋釋也核於聲律之學,可謂工矣。"

其《例言》云:"是編授自心齋中允,在壬辰春。而增補箋釋,則始於丙申仲冬,迄於丁酉上巳,凡四閱月告竣。""壬辰",爲乾隆三十七年;"丙申",爲乾隆四十一年;"丁酉",爲乾隆四十二年。

《四庫全書總目》、《續修四庫全書》、《續修四庫全書總目提要(稿本)》未收。《中國古籍善本書目》著録清乾隆五桂堂刻本,北京大學圖書館藏。又《清華大學圖書館藏善本書目》、《中國人民大學圖書館古籍善本書目》著録。

鈐印有"木堂圖書"。

2884　清乾隆內府刻本皇清文穎　　T5236.88/4106

《皇清文穎》一百卷首二十四卷目録六卷,清張廷玉等輯。清乾隆十二年(1747)內府刻本。一百册。半頁八行二十字,四周雙邊,白口,單魚尾。高18.9釐米,寬13.4釐米。前有乾隆十二年御製序;張廷玉等《爲編輯皇清文穎告竣奏表》;《凡例》五則;武英殿監理、皇清文穎館總裁官、提調校閱官、收掌官、謄録官、武英殿監造銜名。

張廷玉,見清乾隆刻本《文貞公集》。

此本卷首一聖祖仁皇帝御製文,爲論、説、解;卷首二爲序、記、碑文;卷首三爲雜著;卷首四爲連珠、頌、贊、箴、銘、賦;卷首五聖祖仁皇帝御製詩,爲四言古詩、五言古詩、七言古詩;卷首六爲五言律詩、七言律詩、五言排律、五言絶句、六言絶句、七言絶句;卷首七世宗憲皇帝御製文,爲論、序;卷首八,爲記、跋、碑文、祭文;卷首九世宗憲皇帝御製詩,爲五言古詩、七言古詩、五言律詩;卷首一〇爲七言律詩、五言排律、七言排律、六言詞、七言絶句;卷首一一御製文,爲論、説;卷首一二至十三序;卷首一四記、跋、雜著;卷首一五頌、贊、銘、箴、文;卷首一六碑文;卷首一七至一八賦;卷首一九至二〇御製詩,爲樂府、四言古詩、五言古詩;卷首二一七言古詩;卷首二二至二三五言律詩、七言律詩;卷首二四五言排律、七言排律、五言絶句、六言絶句、七言絶句。

正文卷一至二表;卷三至一〇論;卷一一説;卷一二至一三解;卷一四至一七序;卷一八至二〇記;卷二一跋;卷二二辨;卷二三至二四策問;卷二五策對;卷二六至二七議;卷二八疏、劄子;卷二九碑;卷三〇贊、箴、銘;卷三一對、書、詩問、考;卷三二雜文;卷三三至三八頌;卷三九至五〇賦;卷五一至五六樂府;卷五七至五八四言古詩;卷五九至六〇五言古詩;卷六一至六四七言古詩;卷六五九言詩;卷六六至八〇五言律詩;卷八一至九一七言律詩、六言律詩;卷九二至九四五言排律;卷九五至九六七言排律;卷九七至一〇〇五言絕句、七言絕句。

御製序云:"曩我皇祖命大學士陳廷敬選輯《皇清文穎》,儲之延閣,未及刊布。皇考復允廷臣之請,開館編輯,隨時附益,久之未竣。朕因命自乾隆甲子以前先爲編次,凡御製詩文廿四卷,臣工賦頌及諸體詩文一百卷錄成,序其首簡。昔之論文,以代爲次者,於漢則有《西漢文類》,唐則有《文苑英華》、《唐文粹》,宋則有《文海》、《文鑑》,元則有《文類》,明則有《文衡》,皆博綜一代著作之林,無體不備。今是編惟取經進之作,朝廷館閣之篇,與諸書小異,然以觀斯文風尚,當有取焉。"

《凡例》云:"御製自《樂善堂全集》已刻外,按年裒錄。遵旨甲子以後者,統俟續入。""今編錄各體,謹以宗室諸王列群臣之冠,其文學諸臣,起逢掖而登蓬瀛,列承明而參槐棘。"館閣之體"今所選若干篇,皆取音律和平,詞義正大者,其波瀾雖富而音調未諧,繪藻雖華而體裁未合,概不濫入。""其尋常酬應之篇,雖著作如林,裒然成集,而未經乙覽,概不入選。是以諸體未能悉備,與《文粹》諸編體裁小異。"

是書又有續編一百八卷首五十六卷目錄十卷,清董誥等輯。清嘉慶十五年內府刻本,藏遼寧省圖書館、故宮博物院圖書館。

《四庫全書總目》入集部總集類。《中國古籍善本書目》著錄,遼寧省圖書館、故宮博物院圖書館入藏。

鈐印有"寶勤堂書畫印"。

2885　清刻本南宋雜事詩　　　　T5237.88/3145

《南宋雜事詩》七卷,清沈嘉轍等輯。清康熙武林芹香齋刻本。八册。半頁十一行二十一字,左右雙邊,白口,單魚尾。框高17.5釐米,寬12.5釐米。卷一題"錢唐沈嘉轍欒城"。前有查慎行序,章藻功序,萬經序;《凡例》八則;白長庚、程夢星、韓雲、柴世堂、程鳴、張奕光、徐逢吉、汪燴、陳撰、金司農、趙殿成題辭;總目;引用書目;引用書目補遺。

沈嘉轍,字欒城,一字個亭,浙江錢塘人。諸生。能以詩世其家。與厲鶚交尤密,鶚嘗刪定其遺集付梓,今不傳。

吳焯,字尺鳧,號繡谷,浙江錢塘人。諸生。工詞,喜聚書,所藏多宋雕元槧與舊家善本。又著有《藥園詩稿》、《陸渚飛鴻集》等。

陳芝光,字蔚九,浙江仁和人。諸生。

符曾,字幼魯,號藥林,浙江錢塘人。乾隆初,由國子生試鴻博不遇,後以薦舉官至戶部郎中。工詩,超妙絕俗。又著有《春鳧小稿》。

趙昱,字功千,號谷林,浙江仁和人。諸生。乾隆初,薦試鴻博不遇。性耽風雅。其藏書處曰小山堂。又著有《愛日堂集》、《秋芙蓉吟稿》。

厲鶚,字太鴻,號樊榭,浙江錢塘人。康熙庚子舉於鄉。乾隆初,薦試鴻博不遇。性嗜書。博洽詳贍,詩幽新雋妙,自成一家。又著有《樊榭山房集》。

趙信,字辰垣,號意林,浙江仁和人。昱弟。諸生。乾隆初,薦試鴻博不遇。與昱並擅詩名,時號"二林"。詩極秀琬,工書善畫。又著有《秀研齋吟稿》。

是書輯沈嘉轍、吳焯、陳芝光、符曾、趙昱、厲鶚、趙信七人之詩,爲補田藝蘅《西湖游覽志》而作。因其鄉爲南宋故都,故捃摭軼聞,每人各爲詩百首,以南宋百五十年事蹟爲斷,一一釋其顛末,遐搜冥索,析考而彙編之,其外不復闌入。詩中所引典故,注於每首之下,意主紀事,不在修詞,故警句頗多,而牽綴填砌之處亦復不少。計卷一沈嘉轍,卷二吳焯,卷三陳芝光,卷四符曾,卷五趙昱,卷六厲鶚,卷七趙信。

此書以闡微發幽爲己任,採據浩博,所引書九百七十九種,一字一句,悉有根柢。《四庫全書總目》云:"萃說部之精華,采詞家之腴潤,一代故實,巨細兼該,頗爲有資於考證,蓋不徒以文章論矣。"

查慎行序云:"錢唐沈樂城、吳尺鳧、陳蔚九、符幼魯、趙功千、厲太鴻、趙意林,相約爲《南宋雜事詩》,大而朝廟宮壼,細及閭閻風俗,或取諸志乘,或取諸稗史,或取諸名家詩文集,一篇之中,或專舉一事,或連綴數事,網羅散逸,鉅細不捐,人各成七言絕句百首,合七家之作,得七百篇焉。大抵絢者若霞錦,淡者若雲煙,領異標新,目不暇給,而今而後,於故都舊事,可無舛漏之憾矣乎!綜其指歸,在補田副使《西湖志》之未備,洵田氏之功臣也。"

據《凡例》,"南宋事跡綦繁,無係行都者概不入詠。故上自宮廟省寺,下逮瓦市坊隅,人物土風,山川園囿,以及職貢聘問之紛蕃,學校科名之盛美,圖史金石之流傳,禽魚卉木之浩侈,士女伎樂之嬉游,器玩服御之精麗,仙梵方技鬼怪夢囈之誕幻,鬼瑣甄綜掌錄略云備矣。""田志於西湖古跡名勝,所錄詩古文辭饒於近代,故此編綴述南渡諸賢居多,所以使遺文之不終蕪沒爾。""詩以紀事,事即注於下,往往合數事以成一詩,鱗次分注,詳載書名,並列總目於首,登記作者姓氏。詩僅七百首,而隸事幾數千條,冀觀者因詩繹注,或他日修郡邑志乘者,於斯弗棄。"

此爲寫刻本,端楷甚精。"玄"字避康熙諱,"弘"字不避。有扉頁,刻"南宋雜事詩"。並鈐有"詩卷長留天地間"、"小山堂"印。每卷之末,刻"嘉善劉子端手錄。武林芹香齋摹鐫"。金鑲玉裝。

《四庫全書總目》入集部總集類。《中國古籍善本書目》未收。《湖南省古籍善本書目》、《清華大學圖書館古籍善本書目》、《中國人民大學圖書館古籍善本書目》、日本《內閣文庫漢籍分類目錄》著錄。

鈐印有"海昌鄒彥瑜家珍藏印"、"家在二柳叢中"、"蘅園秘籍"、"蛾術齋藏書"、"蘅園居士"。

2886　清康熙刻本四六初徵　　T5239.88/4433

《四六初徵》二十卷,清李漁輯,清沈心友釋。清康熙十年(1671)金陵翼聖堂刻本。二十冊。半頁九行二十字,四周單邊,白口,無魚尾。框高 18.9 釐米,寬 12.5 釐米。題"湖上笠翁李漁蒐輯;婿沈心友因伯較釋;男將舒陶長訂正"。前有康熙十年許自俊序,康熙十年吳國縉序;沈心友撰《凡例》十則。

李漁,字笠鴻,謫凡,號笠翁,浙江蘭溪人。戲曲理論家、劇作家。康熙時流寓金陵,著一家言。能爲唐人小說,尤精譜曲。著有《閒情偶寄》,又有傳奇多種,合稱《笠翁十種曲》。

沈心友,字因伯,號西冷,又號克庵。李漁婿,芥子園甥館主人。刻有《芥子園畫傳》(清康熙彩色套印本)。

是書卷一《津要部》，卷二《藝文部》，卷三《箋素部》，卷四《典禮部》，卷五《生辰部》，卷六《乞言部》，卷七《嘉姻部》，卷八《誕兒部》、卷九《讌賞部》、卷一〇《感物部》、卷一一《節義部》，卷一二《碑碣部》，卷一三《述哀部》，卷一四《傷逝部》，卷一五《閒情部》，卷一六《餽遺部》，卷一七《祖送部》，卷一八《戲謔部》，卷一九《艷冶部》，卷二〇《方外部》。

許自俊序云："李子笠翁，彙近代名筆，録其尤者若干篇，不忍秘之中郎帳内，乃梓以行之國門，亦一代彤管也。"

《凡例》云："駢體之文，始於漢魏，盛於六朝，踵事增華，由來尚矣。時至於今，文人韻士每因舊刻陳腐，遂視駢體爲飣餖，略而勿講，雖其間不無名作輩出，亦緣風氣所鄙，淹没不傳，以致此道中衰，知音絶響，殊爲可慨。家岳足跡遍天下，凡遇此種佳文，惜字如金，多方蒐録，迄今十易寒暑，告厥成書。""家岳年來遍游四方，足無寧晷，凡值駢體佳文，盡珍行笥，命友彙付剞劂。第愧初學，佐司選輯，僅倣李君實《四六群書》例，止爲增釋，未敢妄評。""是集友輩增釋，寧詳勿略，不妨失之過冗。至於博洽之士，原視注釋爲贅旒，決不使金屑成翳也。"末則爲心友芥子園介紹新書廣告，云："芥子園新輯諸書，自《尺牘初徵》、《四六初徵》、《資治新書》外，尚有《綱鑑會纂》、《明詩類苑》、《列朝文選》嗣出，萬望四方名彥，盡啓秘藏，以光梨棗。"

此本有扉頁，刻"新四六初徵。儒宦交資。李笠翁先生手輯。是集悉翰苑新篇、名公秘稿，先生蒐羅採輯經十餘年矣，今盡出笥藏，以公當世。凡係舊刻陳言，一篇不載，覽者自有賞心，用者非同恒目。金陵翼聖堂梓行"。又鈐"二集即出名篇速寄"、"不許翻刻"兩印。按，扉頁中"儒宦交資"及圈號爲朱色套印，餘爲藍印。

《四庫全書總目》、《續修四庫全書》未收。《續修四庫全書總目提要（稿本）》著録。《中國古籍善本書目》著録，南京圖書館入藏。又日本《内閣文庫漢籍分類目録》也有著録。

2887　清乾隆刻本國朝律賦偶箋　　T5240.88/3122

《國朝律賦偶箋》四卷，清沈豐岐撰。清乾隆二十四年（1759）刻本。四册。半頁九行十九字，左右雙邊，黑口，單魚尾。框高16.4釐米，寬11.2釐米。目録頁題"歸安沈豐岐大宗箋；吴浩然涵之、弟升嶠方李參訂"。前有乾隆二十四年沈豐岐序。

沈豐岐，字大宗，浙安歸安人。

卷一收潘耒等二十人二十一篇；卷二收高士奇等二十一人二十二篇；卷三收張灝等二十五人二十五篇；卷四收鄒一桂等二十七人二十八篇。每篇後皆有豐岐箋注及評語。

此書爲豐岐受其生徒所請而作。沈序云："夫箋則余何敢哉？而吾徒復請至再三，不得已，聊取夙昔所聞見者，偶加箋釋，約百篇，其中詳略互殊，掛漏不免，因署之曰《偶箋》以授徒，且誡之曰：余之固陋，不能爲汝曹諱，而汝曹尚其爲余諱之。洒今秋杪，會有坊人過齋，適見是編，因搆於吾徒，而吾徒竟付諸開雕氏，且爲索序於余。余櫻然曰：此塾課也，敢問世哉？何貿貿而出此？然其事已成，沮之不及，寢之不能，而余之固陋知不能掩矣。"

此本有扉頁，刻"國朝律賦偶箋。乾隆己卯春鎸。養素齋藏板"。

《清史稿藝文志拾遺》、《中國古籍善本書目》著録，均作清乾隆二十四年（1759）養素齋刻本，蓋以藏板處作出版者，北京大學圖書館、厦門大學圖書館也有入藏。

鈐印有"岡鳳圖書之記"。

2888　清乾隆刻本本朝館閣賦　T5240.88/2132

《本朝館閣賦前集》十二卷,清葉抱崧、程洵等輯。《後集》七卷《補遺》一卷《附録》一卷,清周曰澧、程琰等輯。清乾隆阮學濬因學齋刻本。十一册。半頁十行二十一字,左右雙邊,上黑口,單魚尾。框高15.8釐米,寬11.1釐米。題"天台齊息園、山陽阮薑村兩先生鑒定;安東程洵邵泉、山陽阮芝生紫坪、南匯葉抱崧方宣編録"。前有乾隆二十九年(1764)齊召南序,乾隆二十九年朱邦楷序,程洵序,程琰序,乾隆二十九年葉抱崧序,乾隆二十九年阮學濬序。《後集》題"長洲彭芝庭、山陽阮薑村兩先生鑒定;長洲程琰奐若、錢塘周曰澧漪塘、吳縣潘元振聲谷編録"。前有阮學濬序,乾隆三十三年(1768)周曰澧序,乾隆三十三年程琰序;《凡例》五則。

葉抱崧,字方宣,一字麗農,上海南匯人。爲葉應榴曾孫。諸生。苦志力學,少以雋才著於峰泖。乾隆三十年帝南巡,召試二等。早卒,所著書多散佚。《湖海詩人小傳》卷一九、《初月樓續見聞録》卷七有傳。

昔阮學浩、阮學濬輯有《本朝館閣詩》二十卷附録一卷續附録一卷(清乾隆二十三年因學書屋刻本),爲藝林典範。學濬之門人葉方宣、程洵等仿館閣詩例爲此賦選。此本之選乃在鍾衡(岱峰)《同館課藝》四集基礎上參訂,並益以乾隆七年後諸名家之作品。《前集》收賦二百五十篇。《後集》收賦一百六十篇。《補遺》收賦七篇。《附録》收賦十篇。每賦之後均有輯者評語。其《凡例》云:"《同館課藝》及邇日《和聲琳琅》諸集,所選止於翰苑。兹集循《詩選》之舊,稍廣其例,名公之作,無不采録,序次則亦仍《詩選》例云。"

阮學濬序云:"南匯葉君方宣,績學博雅士也,與程君奐若俱工詞賦,近有《本朝館閣賦》之選,博觀而約取,得賦二百五十篇有奇,持擇特精,體裁悉協,因爲付之剞劂,傳播藝林。"

《前集》成書後,葉方宣復蒐輯時賢試帖、塾課佳作,擬續付梓,未竟而方宣謝世,書稿庋閣數年。後程琰與周曰澧踵而成之。阮學濬序云:"兹集釐爲七卷,補遺一卷,負才而早逝者,方宣外又六人焉。別爲附録一卷。"按,《前集》刻於清乾隆二十九年。《後集》刻於清乾隆三十三年。

此本有扉頁,刻"本朝館閣賦。天台齊息園、山陽阮薑村兩先生鑒定。南匯葉方宣、長洲程奐若仝編。乾隆甲申冬新鐫。因學齋藏版","本朝館閣賦後集。長洲彭芝庭、山陽阮薑村兩先生鑒定。長洲程奐若、錢塘周漪塘仝編。乾隆戊子冬新鐫。因學齋藏版"。因學齋,爲阮學濬齋名。此本亦阮氏出資刊刻。

《四庫全書總目》未收。《中國古籍善本書目》著録清乾隆刻本,又作者項《後集》作"清周曰漣、程琰等輯"。"周曰漣"應爲"周曰澧"。清華大學圖書館、内蒙古自治區圖書館、暨南大學圖書館也有入藏,北京大學圖書館有殘本。

2889　清康熙刻本狀元策　T5781/2180.1

《狀元策》不分卷。清康熙六十年(1721)榮錦堂刻乾隆續刻本。十二册。半頁十行二十字,四周雙邊,白口,雙魚尾。框高20.4釐米,寬13.3釐米。前有康熙六十年張于皋序;乾隆四年(1739)大學士伯張等爲殿試策文定式奏折,又禮部擬定殿試及出榜之時間安排。

此本始康熙三年甲辰科嚴我斯(狀元)、李元振(榜眼)、秦弘(探花);止乾隆二十八年癸未科秦大成(狀元)、沈初(榜眼)、韋謙恒(探花)。

奏折云:"殿試乃國家求才之鉅典,而士人進身入仕之始也。近歲以來,所對策文拘定時格,未能指畫精詳,援據該洽,爭餙駢語,以爲頌聯,謏說雷同,實屬無益。仰蒙皇上特降諭旨,今年殿試,戒諸貢士刪去頌聯之舊習,并飭臣等斟酌策文定式,誠求才勵士之至意。""我朝取士,遠邁往昔,三歲臨軒策問,未嘗限之以有數之字與一定之法,冀得奇俊傑出之才而拔之。然士子相循,積久成俗,於字之多少若有定數,寫之起訖若有定位。至於策中頌聯,現蒙皇上飭禁多士,自當凜遵。若夫酌定規模,應取歷朝流傳誦習之文以爲成式,如漢則晁錯、董仲舒,唐則劉蕡,宋則蘇軾,雖則短長不同,皆要條對明切,古茂博暢。平時誦之,既可以益士人之學問,而對策倣之,復有佐大廷之敷陳。應請通飭各省學臣廣行曉諭,俾士子知悉,務期貫穿古今,陶鑄經史,服習既久,規矩在心,承問置對時,必有斐然可觀者矣。再殿試試卷,舊無橫格,嗣後貢士等果有通達治體、學問淹通者,應聽其發抒,不必限以字數。惟最短者,亦必以千爲率,不及一千字者不入式論。至於四六頌聯并不切膚泛套語,概不准復用。其前幅策冒十四行,後幅空白十四行,原非古式,不必拘泥。惟承問逐條詳對,起處仍書臣對、臣聞字樣,訖處仍書臣草茅新進云云字樣,以昭畫一。"

禮部擬定殿試及出榜之時間安排爲:"每科會試年,出榜後,禮部具題請旨。五月初六日,早,諸貢士赴太和殿前殿試。皇上賜策問。五月初十日,早,讀卷等官並諸王以下、公以上,文武百官,各具朝服,赴太和殿前侍立。禮部官捧黃榜置於丹陛正中黃案上,鴻臚寺官傳制唱名。禮部官捧黃榜置於龍亭內,鼓樂前導,出長安左門外張掛。順天府官用傘蓋儀從送狀元歸第。五月十二日,賜宴於禮部。五月十五日,賜狀元頂帽披領帶等物及進士折鈔銀兩。五月十六日,狀元率諸進士上表謝恩。五月十八日,狀元率諸進士詣先師孔子廟行禮。"

張于皋序云:"原朝廷策士之意,必求得其人,釋褐一朝,榮光三族,位備卿相,心秉忠真。奠社稷,福蒼生,功名蓋天下,事業傳奕禩。而後文與行稱,□與實齊。"張序作於京都榮錦堂書肆。

此本有扉頁,刻"狀元策。康熙六十年新鎸"。

《續修四庫全書》未收。《續修四庫全書總目提要(稿本)》未著錄。《中國古籍善本書目》著錄,清華大學圖書館、中國科學院圖書館有入藏。

2890　清乾隆刻本文武狀元策

T5781/2180

《文武狀元策》不分卷。清乾隆四年(1739)刻本。十二冊。半頁十四行三十二字,四周雙邊,單魚尾,白口。書口上刻開科年號。框高20.6釐米,寬14.0釐米。前有乾隆四年何其睿序;乾隆四年大學士伯張等《爲殿試策文定式奏折》。

此書爲清代文、武一甲狀元、榜眼、探花殿試策。目錄中開列姓名、籍貫及鄉試、會試名次。正文中首列策題,後刊策文。

第一至十冊爲文策,第十一、十二冊爲武策。文策始順治三年丙戌科傅以漸(狀元)、呂纘祖(榜眼)、李奭棠(探花),終乾隆十七年壬申科秦大士(狀元)、范棫士(榜眼)、盧文弨(探花)。乾隆十九年甲戌科、二十二年丁丑科僅存目錄,且姓名、籍貫皆被鏟去。武策始雍正元年癸卯科李琰(狀元)、畢映(榜眼)、施景範(探花),終乾隆十七年壬申科哈廷樑(狀元)、林建鼎(榜眼)、馬璚(探花)。

是書有扉頁,刻"乾隆四年新鎸。文武狀元策(左下欄破損,字佚去)"。

《續修四庫全書》未收。《續修四庫全書總目提要(稿本)》、《中國古籍善本書目》均未著錄。

2891　清乾隆刻本賞音編　　　　　　　　　　T5213/1134

《賞音編》六卷首一卷,清孟永菜撰。清乾隆二十四年(1759)詒穀堂刻本。五册。半頁八行十八字,左右雙邊,白口,單魚尾。書眉上間刻評。框高 14.9 釐米,寬 13.3 釐米。題"睢陽孟永菜蘭圃氏選注"。前有乾隆二十四年陳浩序,乾隆二十三年(1758)諸俟藻序,乾隆二十四年黄輝序,乾隆二十四年宋殿金序;《例言》十一則。

孟永菜,字蘭圃,號雲亭,河南睢陽人。承累世文獻,後克紹家聲。未弱冠,膺魁選,博通好古,行端品粹,賢士大夫咸折節之。

是書乃爲孟氏課諸子弟讀本。卷一至二五言八韻前集正式,卷三至四五言八韻後集參變,卷五五言六韻,卷六分韻長排。首一卷爲雲亭家課賞音編詩論總目、參校姓氏、全詩總論、五言八韻總論、八韻前後集名目記、八韻前集正式提綱、八韻後集參變提綱。

陳浩序云:"睢州孟蘭圃孝廉,博學善屬文,編纂古人之書甚富,未嘗出以示人。兹以所輯《賞音編》六卷梓以行世,蓋薈萃唐人及本朝諸名家五言長律之近試帖體者,詮解論次,皆簡而有則,一展卷而心目爲之豁然也……蘭圃固中州文士之秀者,異日將出而應此選,而今且樂與其同志者共之也,其意亦勤矣哉。"

黄輝序云:"孝廉孟君蘭圃,中州名士,素爲儒林山斗。欣逢曠典,仰體聖主,作人雅化,選漢唐以後之五言詩有裨於應制者,得若干首,珍藏久之。先是,先生應方伯蘇公祖聘,課業藩署,余因得親教晨夕。承不我遐棄,出以示予,予諦觀此選,典贍古雅,格律兼該,初讀之如集千香之麝,再讀之如游萬寶之林,誠詩學之模楷,應制之津梁也。"

宋殿金序云:"雲亭沐浴聖化,於國家重熙累洽之餘,泳游自適,生平著述甚富,而所注《賞音編》一集,尤爲風雅指南。是編博採群書,歷三寒暑,體制備而條理明,迥異他刻。其尤善者,論詩一册,以六十四規包貫古今詩派源流,確而該,典而要,綱領詳明,注釋盡悉,泂補前人未備,開後學法門,豁老生之心眼,信今傳後,兩得之矣。先是余請公諸世,雲亭遜未遑罷之。戊寅冬,會家京兆公閱,賞歎爲寶筏,催付梓,命金襄其事。""戊寅",爲乾隆二十三年。

《凡例》云:"凡論述,但詞求達意而止。友人急勸付梓,未及修潤,深愧荒略。""自唐以來,五言八韻,曾不多覯,選家亦少。善本大概不過就詩談詩,體裁究竟莫辨,致使學者無所師承,恣爲臆説。兹集議論粗備,繩尺頗嚴,實欲爲學者示之章程,使確然不爲岐論所惑,已不自知其入於妄誕。惟希大人先生重加更定,以昭畫一,則兹編或以發其端也夫。""國家以五言八韻範圍一代,風雅之士論著,不能骿包,恐滋軼越。兹編於八韻詩分爲二集,前集正式,爲學人言之。後集參變,爲才人言之。古今詩人,不外才學兩種,竊謂評詩亦不可無正式參變兩集。""本朝名公鉅卿鴻文雅製,一時不及悉採,不無遺憾。"

此本有扉頁,刻"賞音編。錦裏孟蘭圃評注。乾隆己卯夏鎸。詒穀堂藏板"。并鈐有"孟氏家課"印。"己卯",爲乾隆二十四年。"玄"字避帝諱。

《四庫全書總目》、《續修四庫全書》、《續修四庫全書總目提要(稿本)》未收。《中國古籍善本書目》未著錄。

2892　明弘治刻本新安文獻志　　TNC5241.27/3234

《新安文獻志》一百卷《先賢事略》二卷《目錄》二卷,明程敏政輯。明弘治十年(1497)祁司員、彭哲等刻本。三十二冊。半頁十三行二十七字,左右雙邊,白口,雙魚尾,書口下間有刻工。框高18.9釐米,寬12.9釐米。前有弘治三年(1490)程敏政自序。末有弘治十年王宗植跋,弘治十年程敏政跋;《凡例》十二則。

程敏政,字克勤,新安人。成化二年進士,歷左諭德,直講東宮,學問該博,爲一時冠。孝宗嗣位,擢少詹,直經筵。官終禮部右侍郎。

是書於南北朝以後文章事蹟,凡有關於新安者,悉採錄之。六十卷以前爲甲集,皆其鄉先達詩文,略依真德秀《文章正宗》之例,分類輯錄。六十一卷以後,則皆先達行實,不必盡出郡人。所論撰分神迹、道原、忠孝、儒碩、勳賢、風節、才望、吏治、遺逸、世德、寓公、文苑、材武、烈女、方技十五目。其中有應行考訂者,敏政復間以己意參核而附注之,徵引繁博,條理淹貫。凡徽州一郡之典故,彙萃極爲賅備,遺文軼事,咸得藉以考見大凡,故自明以來,推爲鉅製。

程敏政自序云:"齋居之暇,竊不自揆,發先世之所藏,搜別集之所錄,而友人汪英、黃莆、王宗植暨宗姪隱充,亦各以其所有者來饋。參伍相乘,詮擇考訂,爲甲集六十卷,以載其言;乙集四十卷,以列其行。蓋積之三十年始克成也。"

王宗植跋云:《新安文獻志》"共一百卷,文凡一千八十七篇,詩凡一千三十四篇,今太常學士篁墩先生舊所編也。先生編意肇自齊梁,而訖於我大明永樂,此後則嗣續編者。宗植蓋嘗在校勘之列……既而郡侯下令,俾六邑先賢之子孫助刊書之費,樂成者甚衆。衆乃以爲是編也,既公其事於人,則先生亦有不得專者。宗植乃與高明尹張君旭、上舍鄭君鵬、庠生李君汎、程君曾輩,僭取宣德以來諸先達之文五十一篇、詩五十九篇,以類增入,用以滿願見者之心,而一郡之文獻益備。"

程敏政跋云:"初,予編《新安文獻志》成,今少宰鄆城侶公適以謫來知郡事,許爲刊布。既而公被徵入朝,不久復受詔巡撫南畿,遂下令於郡,俾置文梓以俟,而繕寫未竟也。乙卯冬,予以憂還里。嗣歲春,始復葺舊書,而侶公所置文梓故無恙,因言於同守瀏陽彭君哲,航至休寧,寘南山僧舍,召工從事,而工鉅役繁,費無從出。值太守山陰祁君司員至,乃知彭君各捐俸金爲倡,且用儒學生汪祚等言,求助於先賢之有後者……蓋是書之編,以字計者一百二十萬有畸;以板計者,一千六百有畸,非諸君子垂意斯文,固不能致此,而興道善俗之功,實於斯不可泯也。"

此本末附"先賢之後尚義之家樂助工食人姓名",其出資最多者,爲新安千户于明。目錄後有繕寫校對者汪祚等二十六人。跋後有刻梓者,爲黃文敬、文漢、文通、文迪、永昇、永晟、道清、道齊、永杲、永喦、昱、昊、士環;仇以壽、以茂、以忠、以順、以才、以淳、廷永、廷海。俱爲新安黃、仇兩姓刻工。

《四庫全書總目》入集部總集類。《中國古籍善本書目》著錄,中國國家圖書館、上海圖書館等十二館有全帙。臺北"國家圖書館"藏五部(其一爲原藏北平館者)。日本內閣文庫、尊經閣文庫亦有入藏。是書又有明萬曆刻本,爲半頁九行二十字。

鈐印有"白雲勸盡杯中物"。

館藏有複本一部,二十四冊。鈐有"樂亭史氏藏書印"、"竹素園丁"。

2893　明嘉靖刻本南滁會景編　　T5236.07/3969

《南滁會景編》十卷,明趙廷瑞輯。明嘉靖三十四年(1555)高氏刻本。四册。半頁十一行二十字,左右雙邊,白口,單魚尾。框高 18.9 釐米,寬 13.7 釐米。前有嘉靖三十四年章焕序,嘉靖十六年(1537)趙廷瑞序;古今題名。

趙廷瑞,開州人,正德十六年進士,官至兵部尚書。

卷一《栢子潭文集》(繹思亭、龍泉寺、夜度兩關記附),卷二《栢子潭詩集》(來遠亭、梧桐岡、龍泉寺附),卷三《豐樂亭文集》(菱溪石、醒心亭、壯懷亭、紫薇泉、景歐亭附),卷四《豐樂亭詩集》(醒心亭、壯懷亭、紫薇泉、景歐亭、菱溪石、幽谷附),卷五《醉翁亭文集》(歐陽文忠公畫像記附),卷六《醉翁亭詩集》(釀泉、梅亭、二賢祠附),卷七《瑯琊山文集》(日觀亭、攬秀亭、龍蟠寺附),卷八《瑯琊山詩集》(凡二十三景、攬秀亭附),卷九《龍蟠山詩集》(偃月洞附),卷一〇雜景、詩集(西澗附)。此確爲十卷,目録頁無割裂。

滁,即滁州,在安徽省。

趙廷瑞序云:"今年春,余自右通政叨總駉牧,至滁寺事,勉爲整復。緣地僻務簡,適愁霖逾春,歷夏日,坐齋中,頗稱無事,數檢是集,不直闕佚爲歉,舛訛亦多,爰思一增刻之。乃蒐獵山館之作,皆集中所無,而窮岩幽塢、斷碣殘碑,采擷靡遺,然至不能辨焉者抑多矣。居無何,滁中大夫士聞之,咸出所藏相畀,刺目快心,應接弗皇,於是古今作者稍用表見。所愧以余譾劣,復乏清鑒,聊即諸勝地,景以類分,篇以景附,漫爲編次之。尔編既成,遂槧於木而自序之。"

章焕序云:"淮南疆域千里,號稱都會名區,奥境錯列其間。及至滁陽,而群山蟠結,地方十里,泉谷岩洞之勝,聞於天下,淮南之景,悉會於滁焉。學士大夫過者,未嘗不弭節一登,登者輒濡毫紀述,然弗能遍也。故司馬趙公,爲太僕考牧於兹,遂裒次諸作,彙而成帙。於是南滁之景,悉會於編中,不出几案,而泉谷岩洞之勝,可按籍而知,遊者雖弗遍焉,弗病也。歲久殘缺,篇什散亂,編中之景,幾於復晦。京兆高公爲太僕,遂屬兩太丞錢公、鄭公校正之,考圖經,訂氏籍,高公親臨决删定,采其有補於民風者附焉,因命工刻之。"

按,是書又有十二卷本,中國國家圖書館、北京大學圖書館、臺北"國家圖書館"(兩部,其一爲原藏北平館者)及美國國會圖書館皆有入藏,據王重民《中國善本書提要》,此書十二卷本(國圖藏本)卷五李廷機《歐陽文忠公祠重修記》云:"丁亥春,機以使事過滁。""丁亥",當爲萬曆十五年。又美國國會館藏本爲林烴補刻。《中國古籍善本書目》十二卷本之著録,作明嘉靖三十四年高□刻本。臺北"國家圖書館"藏兩部,分開著録,一作明嘉靖三十四年京兆高氏重刊萬曆間增補本,一作明嘉靖十六年滁州原刊本(見該館書目 1185 頁;1340 頁)。又按,疑大陸及臺灣所藏十二卷本,乃是據此十卷之本所增補,故其著録"嘉靖十六年"、"嘉靖三十四年"者,似可商榷。

《千頃堂書目》卷一《地理類下》著録,然作四卷。

《四庫全書總目》入集部總集類存目。《中國古籍善本書目》未著録。

鈐印有"合肥范毓瑞蕙堯珍藏"、"金生閣"、"吴翌鳳家藏文苑"。

2894　明萬曆刻本泰山蒐玉集　　T5236.77/4326

《泰山蒐玉集》二卷,明袁稭輯。明萬曆七年(1579)袁稭刻本。四册。半頁九行十九字,四周單邊，白口，單魚尾，書口上刻"泰山蒐玉"。框高20.5釐米，寬14.3釐米。題"荊人袁稹輯；訓導王化校正；生員張重光編次"。前有萬曆七年王化序。末有萬曆七年周希旦跋。

袁稹，字大賓，號玉田，鳳陽懷遠人。以貢倅東昌，治河有功，遷泰安知州，有廉聲。修岱嶽十八盤，民尤便之。

是書採泰山碑銘詩文，彙爲一帙，皆嘉靖三十四年以後之作。

王化序云："《泰山蒐玉》，郡侯袁公蒐輯泰山諸著作爲編以成之者也……自嘉靖乙卯歲，纂志收集，後迄於今，累累藉藉，如珠連璧合，不可勝計。但時久易湮，散逸於岩壑，仆沒於苔礫，猶良玉埋輝，無能自表見者何多也。惟時郡侯袁公，性耽學，經傳史籍，貫洽無遺，叩之如韶，鈞鳴於奏，莫測其淵邃爲何如，而古文百家，凡瑰奇瑋麗者，無不兼涉，以鈞其深。涖任二載，政修民和，遠邇交頌。公餘，時或享祀登謁，目擊而珍惜之。乃旁搜悉錄，躬自校閱，爰命鋟諸梓，以壽其傳。於戲，公之意亦深且遠矣。"

周希旦跋云："茲集也，袁公玉田所刻，而名之以《蒐玉》者，蓋以集中諸作，如玉散逸於櫝之外，茲從而蒐輯之耳。予則以公之意有不止於此者，蓋凡名山大川在宇宙間，多有詩文銘刻以紀其勝，而後人必錄之，志者，示傳久也。泰山勝甲天下，而古今紀其勝者尤多，自周、秦，歷漢、唐、宋，以至我朝嘉靖之乙卯，皆志之矣。但志者，志前事也，志之後，又三十年，而碑銘詩文又不知其凡幾，中有關於風化國體者，種種人文，郁郁乎盛矣哉！公欲作之志，時有所未可，欲弗志，則恐其久而遂湮也，故集成帙，命工鋟梓，曰《蒐玉》，欲人之知其美而愛，愛而傳也。"

金鑲玉裝。

《四庫全書總目》入集部總集類存目。《中國古籍善本書目》著錄，中國科學院圖書館亦有入藏，然著錄爲三卷，作明萬曆七年刻增修本。

2895　明萬曆刻本溫陵留墨三種　　T5236.08/2994

《溫陵留墨三種》四卷，明朱炳如輯，丁一中編次。明萬曆元年(1573)丁一中刻本。三冊。半頁十行二十字，左右雙邊，白口，單魚尾，書口下間有刻工及字數。框高19釐米，寬13.8釐米。末有萬曆元年黃鳳翔後序。

朱炳如，字雅文，衡陽人。嘉靖三十八年進士，由御史出守泉州，單騎入境，與一老蒼頭相卧處。好獎拔士類，泉士比之真德秀、王十朋。歷兩浙運使、陝西布政使，益勵名節，坐不附張居正罷。

《宋王梅溪先生溫陵留墨》一卷，宋王十朋撰。題"明後學衡陽朱炳如纂集；丹陽丁一中編次；湘鄉陳嘉謨精選；河源李燾校正；郡人何炯、李熙校錄"。前有隆慶五年朱炳如刻宋王梅溪真西山二先生溫陵留墨序。

《宋真西山先生溫陵留墨》二卷，宋真德秀撰。題"明後學衡陽朱炳如纂集；丹陽丁一中編次；湘鄉陳嘉謨精選；河源李燾校正；郡人史宏詢、王惟中校錄"。

《明朱白野先生溫陵留墨》一卷，明朱炳如撰。題"丹陽少鶴丁一中纂集；湘鄉赤沙陳嘉謨編次；河源斗野李燾精選；門人林奇石、張問仁、楊日采、李廷機校錄"。前有隆慶六年丁一中序。

朱炳如序云："越今年孟夏，予以憫旱，徧禱群神。竊憶二先生往以遺愛在民，祠而尸祝之，則其默祐郡人，必有速應於他者，遂次及梅溪祠。何博士擢庵，先期侯予禮神已，因訊先生製作何具,以平日編纂二先生所著頗成鉅帙爲對。懇求之,出以示予。連日莊誦思服,恍若神交於千載之上,而不知其世之隔也。乃以原帖敬託序齋李君校之。王作凡三卷,真作凡七卷,彙爲全集,題曰《溫陵留墨》,復以授予。將付梓人,忽報轉秩未果,濱行,屬之郡丞少鶴丁君,以終其事……是集以《留墨》名,所以寓親愛二先生之意,爲可繹思矣。"

丁一中序云:"我明隆慶己巳,衡陽白野朱公來守是郡,去梅溪、西山□□百年,然規畫條教,一以二公爲法。□□□公在郡□所著文字,得《溫陵留墨》□□□講求而□之行事,將付梓,而公遷,□□□有同志之雅以見囑焉。因考正編□□之,以成公志。復以公之作於溫陵者,次於二公之左。蓋公以梅溪、西山之心,而行梅溪、西山之政,郡之縉紳士民,亦以梅溪、西山頌之。今去郡三載,而建祠永慕,父老每言及即垂淚,則郡人之思梅溪、西山又未必過此,是公之可紀而可思者……郡人請合而刻之,非獨予意也。"

此本有刻工王六、王仁、余三、王金、黃六、奇、可、長、葉、仕。

《四庫全書總目》未收。《中國古籍善本書目》著録,北京大學圖書館、日本內閣文庫亦有入藏。

鈐印有"四明盧氏抱經樓藏書印"、"無竟先生獨志堂物"。

2896　明崇禎刻本瀋國勉學書院集　　T5235.7/2914

《瀋國勉學書院集》十五卷,明朱珵堯編。明崇禎元年(1628)瀋藩勉學書院刻本。八册。半頁八行十八字,四周單邊,白口,單魚尾,書口上方刊"勉學書院集"。框高21.6釐米,寬14.5釐米。前有崇禎元年吳時亮序,萬曆十九年(1591)朱孟震序,崇禎三年(1630)王所用序;萬曆十八年(1590)朱珵堯題辭。

朱珵堯,明宗室。萬曆十年,襲封定王。"仁孝恭慎"。見《明史》卷一一八。

是書爲瀋藩四代歌詠之篇,卷一《凝齋稿》,卷二至六《保和齋稿》,卷七至一○《緑筠軒稿》,卷一一至一三《脩業堂稿》,卷一四至一五《脩業堂文稿》。

《凝齋稿》一卷,明朱詮鈢撰。題"瀋安王凝齋道人著"。詮鈢,憲王之祖,嘉靖十年追謚爲安王。此卷收五七言近體詩五十四首。末有朱珵堯跋云:"安祖睿稿,在憲祖時已製敘入梓。茲所集一遵舊刻,原敘不具録。不肖玄孫嗣王珵堯薰沐稽首謹識。"

《保和齋稿》五卷,明朱允栘撰。題"瀋憲王南山道人著"。允栘爲憲王,攝府事凡十年乃嗣封。當是時,瀋府諸郡王勛、冹、詮、鏞並争襲,帝皆切責之,而令允栘嗣。嘉靖二十八年薨。收五言律詩一百九十六首、七言律詩一百三十三首、五七言絶句八十三首、附六言四首。又附李新芳撰清秋倡和序,陳崇慶撰清秋倡和引、萬曆十八年珵堯識語。

《緑筠軒稿》四卷,明朱恬烄撰。題"瀋宣王西屏道人著"。恬烄,爲宣王,好學,工古文詞,審聲律,萬曆十年薨。收五言律詩八十三首、七言律詩五十二首、五言排律十三首、賦五首。附谷中虛撰鶴木賦序、裴宇撰緑筠軒唫帙序。萬曆十八年朱珵堯識語云:"謹按先考之稿,以緑筠名者,蓋取淇園緑竹之義。暨鶴木等賦先各有敘,俱一時才賢相與之誼,茲併入集,不敢湮厥美也。"

《脩業堂稿》三卷,明朱珵堯撰。題"瀋定王繼成子著"。收五言古詩三十二首、七言古詩十七首、五言近體七十七首、七言近體一百十二首。卷前有唐堯欽序。卷末刊"不肖男嗣王效鏞薰沐稽首校刊"。

《脩業堂文稿》二卷,題"皇明瀋定王繼成子著"。收文二十九篇。末刻"不肖男嗣王效鏞薰沐稽首校刊"。

潘藩分封潞州。朱孟震序云："《勉學書院集》者，潘先王暨今王所爲詩也。集爲卷十五，安王一、憲王五、宣王四、今王三。蓋四王相承而所爲詩，若是猗與盛矣。""高皇帝首建潘藩，賜院勉學，介平陽、蒲坂、汾水之間，聖意深矣。"

此本有刻工裴波。

《四庫全書總目》未收。《中國古籍善本書目》著錄，中國國家圖書館所藏爲十二卷本。臺北"國家圖書館"也爲十二卷本，但作萬曆十八年潘藩刻本（爲原藏北平館者）。美國普林斯頓大學葛思德東方圖書館有十一卷本，作明萬曆十九年刻本。

2897　清康熙刻本江左三大家詩鈔　T5241.28/3844

《江左三大家詩鈔》九卷，清顧有孝、趙澐編。清康熙七年（1668）刻本。四冊。半頁十一行二十一字，左右雙邊，黑口，單魚尾。框高 18.5 釐米，寬 13.7 釐米。題"吳江顧有孝茂倫、趙澐山子輯；丹徒談允謙長益、常熟嚴拭子張、桐城方文爾止、同里吳之紀小脩參"。前有康熙七年盧絃序；趙澐撰《凡例》十則。

顧有孝，字茂倫，江蘇吳江人。諸生。居釣雪灘，以選詩爲事。所選《唐詩英華》，盛行於世。又有《五朝詩鈔》、《明文英華》諸選。自著有《雪灘釣叟集》。

趙澐，江蘇吳江人。康熙二年孝廉。

"江左三大家"爲錢謙益、龔鼎孳、吳偉業。

錢謙益，字受之，號牧齋，江蘇常熟人。萬曆三十八年進士。官至禮部侍郎。坐事削籍歸，福王時召爲禮部尚書。多鐸定江南，謙益迎降，授禮部右侍郎，旋即歸里。以文章標榜東南，後進奉爲壇坫。又有《初學集》、《有學集》等。

龔鼎孳，字孝升，號芝麓，安徽合肥人。崇禎七年進士。授兵科給事中。李自成陷京師，授直指使。順治初迎降，以原官起用，屢起屢仆。康熙時官至禮部尚書，卒諡端毅。爲人放曠，頗爲時所譏。而洽聞博學，詩古文並工。又有《定山堂集》。

吳偉業，字駿公，一字梅村，江蘇太倉人。崇禎四年進士。官至少參事。與馬士英、阮大鋮不合，假歸。康熙時有司力迫入都，累官國子祭酒。尤長於詩。少時才華艷發，後經喪亂，遂多悲涼之作。又有《梅村集》、《綏寇紀略》等。

是書之刻，乃因顧氏曾刻有《驪珠集》，收當時能詩之家，每人三四首，以爲未盡。復有《百名家英華》之選，既而又思三家之詩，《英華》未備，故復爲是刻。盧絃序云："吳江顧君茂倫、趙君山子有《三大家詩鈔》之輯，刻既成，乃以弁言來命。""三先生之生也，固氣運所開，故終能主持氣運者也，是誠爲海內推仰之人，百代推仰之人。而適聚一方，適聚一時者，庸江左之所得私哉，顧、趙二君獲我同心，爰有是刻。"

《凡例》云："虞山先生之詩，其在《初學集》中者無論已，晚年吟詠益工。遺稿有《秋槐三集》、《高會堂》、《夏五》等數種，四方所未見者，盡已搜葺入編。""婁東先生歌行，爲世膾炙，他選中所習見者，兹或未備，其未刻新詩，載者實多。""廬江先生於京侍坐時，求其全稿，謀付剞劂，而先生時正悼亡，以篇什散亂爲辭。近刻《尊拙》、《香岩》二集，則先生所手自檢定也，編中所錄十之三四耳。"

此爲禁書，《清代禁燬書目》、《清代禁書知見錄》著錄。《禁燬書目》云："查此詩係吳江顧有孝所選錢謙益、龔鼎孳、吳偉業三人之詩,内除錢謙益、龔鼎孳二家均應抽出銷燬外,其吳偉業詩集,現擬存留。此詩鈔三卷,應諸毋庸銷燬。"

《中國古籍善本書目(徵求意見稿)》著録清康熙七年緑蔭堂刻本,中國國家圖書館、北京大學圖書館等十一館入藏。《中國古籍善本書目》未收。

鈐印有"芸樓"、"夥山李氏藏書"。

2898　清康熙刻本江左十五子詩選　　T5241.28/399

《江左十五子詩選》十五卷,清宋犖編。清康熙四十二年(1703)宋氏刻本。四册。半頁十行十九字,左右雙邊,黑口,單魚尾。框高16釐米,寬12.8釐米。題"商丘宋犖牧仲選;毗陵邵長蘅子湘訂;商丘宋至山言校"。前有康熙四十二年宋犖序。

宋犖,字牧仲,號漫堂,又號西陂,河南商丘人。康熙間以任子入官,累擢江蘇巡撫,在官持大體,以清節著,官至吏部尚書,加太子少師。精鑒藏,善畫,淹通典籍。詩與王士禎齊名。有《西陂類稿》、《緜津山人詩集》、《筠廊偶筆》等。

此編爲宋犖任蘇州巡撫時,甄拔境内能文之士王式丹等十五人,各選詩一卷刻之。十五子詩者,爲王式丹詩選一卷(一百四十首)、吳廷楨詩選一卷(五十三首)、宮鴻曆詩選一卷(九十三首)、徐昂發詩選一卷(一百一首)、錢名世詩選一卷(四十首)、張大受詩選一卷(五十九首)、楊掄詩選一卷(六十六首)、吳士玉詩選一卷(四十二首)、顧嗣立詩選一卷(一百三十一首)、李必恒詩選一卷(一百三十二首)、蔣廷錫詩選一卷(八十四首)、繆沅詩選一卷(八十三首)、王圖炳詩選一卷(六十六首)、徐永宣詩選一卷(六十四首)、郭元釪詩選一卷(六十六首)。

王式丹,字方若,號樓村,寶應人。康熙中會試、殿試皆第一,授修撰。積學嗜古,淡於仕進,未久以疾歸。又有《龍竿集》、《翠蘇集》、《樓村集》。

吳廷楨,字山掄,長洲人。康熙舉人,康熙四十二年進士。夙慧工文,召入南薰殿,官左諭德,纂修《佩文韻府》、《月令輯要》。又有《南村詩》。

宮鴻曆,字友鹿,別字恕堂,泰州人。工詩。康熙四十五年進士。入詞館。又有《恕堂甲己游草》、《淮壖集》。

徐昂發,字大臨,長洲人。康熙三十九年進士,官編修。工駢體文,善詩。又有《畏壘山人詩集》、《乙未亭詩》。

錢名世,字亮功,一字綱庵,武進人。康熙四十二年進士,官至翰林院侍講學士。又有《古香亭詩集》、《崇雅堂集》。

張大受,字日容,嘉定人。康熙四十八年進士,官檢討。詩文超雋,尤長駢體。後視學貴州,教諸生讀書之法。又有《匠門書屋文集》、《清溪集》。

楊掄,字青村,武進人。又有《吹萬集》、《天外集》。

吳士玉,字荆山,吳縣人。爲諸生時,即以文名天下。康熙四十五年進士,累官禮部尚書,好扶植人倫。卒諡文恪。又有《吹劍集》。

顧嗣立,字俠君,長洲人。康熙五十一年進士,選庶吉士,改中書,以疾歸。博學有才名,喜藏書,尤工詩。又有《秀野草堂集》、《金焦集》、《山陰集》、《啖荔集》、《大小雅堂詩》。

李必恒,字百藥,一字北岳,高郵人。諸生,能詩。又有《三十六湖草堂詩集》。

蔣廷錫,字揚孫,號西谷,常熟人。康熙四十二年進士,官至文華殿大學士,秉公執政,參贊機務。少工詩，善畫花卉。卒諡文肅。又有《青桐》、《秋風》、《片雲》諸集。

繆沅，字湘芷，泰州人。康熙四十八年進士，官至刑部侍郎，視學楚中，得人極盛。工詩。又有《蘭渚》、《浮山》、《西溪》諸集。

王圖炳，字麟照，華亭人。康熙五十一年進士，官至禮部侍郎，降官侍讀，加詹事銜。又有《梭香書屋詩》。

徐永宣，字學人，號茶坪，武進人。康熙三十九年進士，授部曹。又有《雲溪草堂詩》。

郭元釪，字于宮，揚州人。家世業鹽筴，饒於貲。好學工詩，以諸生與修《佩文韻府》諸書。授中書。又有《一鶴庵詩》、《寶玠堂詩》、《拙適軒詩》。

宋犖序云："今十五子中有連茹而升岩廊者，亦有翩羽於將來者，予咸望其載賡明良，矢音卷阿，作爲雅歌而追虞周之作者，詎不偉與！予嘗舉是集，與老友邵子湘氏共精選而存之，得三之一授之梓。"

《四庫全書總目》入集部總集類存目。館臣評價不高，云："犖與王士禎並以文章宿老，領袖詩壇。士禎既以同時之人爲十子詩選，犖亦以所拔之士編爲此集，雖獎成後進，原不失爲君子之用心，究未免前明詩社之習也。夫諸人詩儻不佳，袞刻何益？其詩果佳，則人人各足以自傳，又何必藉此品題乎？"

《中國古籍善本書目》著錄清康熙四十二年(1703)宋氏宛委堂刻本，或有所據，湖南省圖書館、湖北省圖書館等二十八館入藏。

鈐印有"道南人家"、"阮葵生讀書記"。阮葵生，字寶誠，號唐山，江蘇山陽人。乾隆二十二年進士，官至刑部右侍郎。著有《茶餘客話》、《七錄齋集》。

2899　清乾隆刻本江浙十二家詩選　　T5237.88/1165

《江浙十二家詩選》二十四卷，清王鳴盛輯。清乾隆三十年(1765)刻本。六冊。半頁十行十九字，左右雙邊，白口，單魚尾。框高17.9釐米，寬13.2釐米。題"東吳王鳴盛西莊采錄"。"家數"題"嘉定王鳴盛鳳喈采錄；元和高攀桂澹澄輯評；寶山范起鳳紫庭編次；奉賢陳廷溥時可勘校"。前有王鳴盛序。

王鳴盛，見清乾隆刻本《尚書後案》。

"十二家"者，爲李繩、汪棣、姜宸熙、蔡忠立、王廷魁、張夢喈、顧鴻志、高景光、廖景文、薛龍光、吳琦、趙曉榮。每家選古今體詩各一卷。

李繩，字綿白，一字勉伯，江蘇長洲人。乾隆六年舉人。有《菦田集》、《剡東集》。

汪棣，字韡懷，安徽歙縣人。諸生。有《持雅堂集》。

姜宸熙，字檢芝，別號笠堂，浙江烏程人。諸生。有《陵陽集》、《雲巢集》等。

蔡忠立，字企閎，浙江秀水人。諸生。有《蓀完齋小稿》。

王廷魁，字岡齡，一字盤溪，江蘇吳縣人。貢生。有《小停雲館吟稿》。

張夢喈，字鳳于，別號玉壘，江蘇華亭人。諸生。有《塔射園詩鈔》。

顧鴻志，字學遜，江蘇奉賢人。諸生。有《遜齋學古初編》。

高景光，字同春，江蘇元和人。諸生。有《桐村小草》。

廖景文，字琴學，別號檀園，江蘇青浦人。乾隆十二年舉人，官合肥令。有《古檀集》、《平梁集》等。

薛龍光,字少文,上海人。諸生。有《酌雅堂集》。

吳琦,字赤玉,浙江仁和人。諸生。有《圭齋稿》。

趙曉榮,字陛庭,江蘇嘉定人。諸生。有《闖古山房詩鈔》。

王鳴盛序云:"曩予有《江左十子詩鈔》,皆受業予門者也,而平生老友題襟雅故或未之及。且浙西詩家,麻列不下江左,乃以限於一路,亦未暇甄綜,有遺憾焉。於是復爲江浙十二家之選,經始於乙酉初春,訖五月而蕆事。""予僻處一隅,見聞寡尠,僅就所知,略爲詮次,望漏之譏,諒所不免,曩《十子詩》序已言之。茲選猶前志也,十二家者,上江徽州一人,下江蘇州三人,松江四人,太倉一人,浙西杭州一人,嘉興一人,湖州一人。若葑田、若碧谿、若玉壘、若桐村、若琴學,皆予同社,而琴學又同年友也。盤溪則予弟,而陛庭,予甥也。笠堂、蔆完、遜齋、少文、赤玉,謬以一日之長,自稱弟子,而其詩格之妙,予方將以藍謝青焉。錯綜位置,略以刻之先後分卷,而爵齒里居,概不復次者,亦以示無所軒輊之義云。是選緝評,並出我友澹澄高君,而編次校勘,則表弟范子紫庭、門人陳子時可之力居多。至於江浙而外,天下名流,惠寄佳篇,行將別爲《苕岑集》行世,而是選剞劂先竣。"

此本有扉頁,刻"江浙十二家詩選。王光祿西莊先生鑒定。乾隆乙酉夏鐫。苕岑集嗣出。吳門幽蘭巷本衙藏板"。"玄"字避帝諱。

《四庫全書總目》、《續修四庫全書》、《續修四庫全書總目提要(稿本)》、《中國古籍善本書目》未收。《清華大學圖書館藏善本書目》著錄清乾隆三十年王鳴盛三槐堂刻本。

鈐印有"含翠書房之章"、"三餘堂橫山氏圖書記"。

2900 清乾隆刻本七十二峰足徵集

T5241.28/2331

《七十二峰足徵集》八十八卷《文集》十六卷,清吳定璋輯。清乾隆十年(1745)吳氏依綠園刻修補印本。三十册。半頁九行十九字,左右雙邊,白口,單魚尾。框高17.5釐米,寬12.2釐米。題"武峰吳定璋友篔蒐録;虞山陳祖范見復編訂"。前有乾隆九年(1744)沈德潛序,乾隆十年秦蕙田序;《凡例》十二則。

吳定璋,字友篔,江蘇吳縣人。夙擅風華,煙霞成性,無心於經世理物。

此集計詩七十三卷、閨秀三卷、寓公四卷、方外五卷、仙鬼僕伎一卷、賦三卷、詞二卷、文十三卷。乃蒐歷代文士之生於太湖七十二峰間者,存其言行,選其文辭,共爲一編於揚風扢雅之中。所選之詩,不敘時代,惟每姓各以類從,題曰某氏合編,仿《中州集》之例,人各冠以小傳,徵引頗爲賅洽,其意在傳其人。至於散體之文,名家具有專集,而此止採其有關湖山風物,足備考稽者。然《四庫全書總目》云:"大旨在因詩以存人,不免誇飾之見,復不免鄉曲之私,濫採兼收,固其勢所必至。"

太湖詩文之集,肇自明吳思政之《洞庭清氣集》,嗣之者爲孔道行之《續清氣集》,皆始於宋南渡迄明之中葉,入集者三十餘人,人不過數首,未嘗有漢唐以上之作。況太湖湖山荒僻,前輩詩人吟嘯隱居者,止求自怡,不求人知,其梓稿問世者十無二三。定璋從事此書數年來,裹糧移棹於七十二峰,古里荒村,無遠不到,殘編剩卷,無有不搜,計得二百八十餘種,姓名可考者六百餘人。故沈德潛序云:"友篔扁舟簑笠,往來於七十二峰之間,詣荒僻,訪爐餘,枯禪野樵,相與諮詢,即殘編零落一二語可傳者,兼收並蓄而使之俱傳。""此書之成,前後歷二十餘稔。"

秦蕙田序云:"其編纂至百餘卷,首詩、次賦、次詞、次文,略仿昭明太子例。詩八,詞賦合得一,文一。人以氏族序,不限時代,各系一小傳,略仿遺山《中州》、虞山《列朝》例。東山、西山外,旁及他山,去取精嚴,蒐羅詳到,積數十年之力,以潰於成,名其集曰《足徵》。"

此本有扉頁,刻"七十二峰足徵集。武山吳友篁蒐錄。依綠園藏板"。並鈐有"依綠園藏板"印。

《四庫全書總目》集部總集類存目著錄。《中國古籍善本書目》著錄,中國國家圖書館、上海圖書館、南京圖書館等十館有全帙,疑十館所藏必有修補之本。

鈐印有"彭城伯子"、"空翠閣藏書印"、"華步寒碧莊印"、"寒碧莊章"、"傳經堂鑒藏"、"傳經堂印"、"傳經後人"、"蓉峰"、"蓉峰氏"、"華步劉氏家藏"、"曾在東山劉惺常處"、"臣恕私印"、"葉德輝煥彬甫藏閱印"。

2901　清乾隆刻本海虞詩苑　　　　　　　　　　T5241.28/1433.1

《海虞詩苑》十八卷,清王應奎輯。清乾隆二十四年(1759)刻後印本。八冊。半頁十行十九字,左右雙邊,黑口,單魚尾。框高 16.4 釐米,寬 13 釐米。題"同邑王應奎東漵編輯;顧士榮文寧校訂"。前有陳祖范序。末有乾隆二十四年王錫爵等跋;《凡例》十二則。

王應奎,字柳南,號東漵,江蘇常熟人。又有《柳南文鈔》。

是書集常熟詩人所作,計一百八十三人,始錢陸燦、馮舒,止蔣旭、童隱。專主發潛闡幽,以詩存人,間亦以人存詩,人各繫以小傳。蓋小傳之作,務在採取佳事佳話,以爲點綴。所選之詩,凡有關邑中山川、風俗、人物、事蹟者,即詩僅平通,亦必節取。又所重在搜殘編於放逸之餘,俾布衣窮老之士,一生吟詠苦心,不至終歸泯沒。

常熟詩學,自錢謙益始。錢爲一代詩壇宗主,流風所被,作者輩出,然遺稿叢殘,精英未耀,應奎以爲若不編輯,"或致歸於散亡,吾爲此懼,爰有斯役。"陳祖范序云:"吾邑雖偏隅,有錢宗伯爲宗主詩壇,旗鼓遂淩中原而雄一代。里中屬而和者,鈍吟最有聞,餘亦各以其情思資學,爭鳴於聯絕之間。或帙繁須汰,或篇寡足收,或遺編零落散在他所,或姓氏沉倫不省誰作,若任其放失,不簡擇彙成一書,久益消亡莫考。吾友王君柳南,引爲己責,勤搜博覽,閱四載始克告成,名曰《海虞詩苑》。"

王錫爵等跋云:"《海虞詩苑》共十八卷,自錢圓沙先生始,至童雪樵止,共一百八十三人,選定詩一千六百八十八首。先君子意主發潛闡幽,倣元遺山《中州集》、錢宗伯《列朝詩》之例,以詩存人,或以人存詩,苦心搜討,歷二十載。原擬二十四卷,先梓成十六卷,後以應奉賢修志之聘,未經續編。前年秋間,編輯十七、十八兩卷,甫經脫稿,小傳尚缺,遽遭大故。不肖等撫手澤之如新,痛先志之未竟,勉力續刊,悉仍原稿,不敢妄增一人,濫收一詩,以誣先人,以欺當世。梓成,因記大略於簡末。"

此本有扉頁,刻"海虞詩苑。同邑王東漵輯。古處堂藏板"。此本非初印。

《中國古籍善本書目》著錄,然只收名人評點本,作清乾隆二十三年刻本,未詳所據,今藏上海圖書館。按,清瞿紹基輯有《海虞詩苑續編》六卷,稿本,亦藏上海圖書館。

2902　清乾隆刻本國朝松陵詩徵　　　　　　　　T5241.28/2369.4

《國朝松陵詩徵》二十卷,清袁景輅輯。清乾隆三十二年(1767)袁氏愛吟齋刻本。十六冊。

半頁十行二十一字，左右雙邊，白口，單魚尾。書口下刻"愛吟齋"。題"後學袁景輅質中編次；後學費周仁開岐、周汝雨純夫同輯"。前有乾隆三十二年沈德潛序，乾隆三十二年陳毓乾序，乾隆三十二年袁景輅序；袁景輅撰《例言》二十則。

袁景輅，字質中，號樸村，江蘇吳江人。乾隆時諸生。工詩。游沈德潛、陳祖范之門。又著有《小桐廬詩鈔》。

松陵，吳江縣之別稱。輯吳江一邑之詩者，清初有周梅坡選明以上詩為《詩乘》，詩拔精華，幾無掛漏。繼之者顧雪灘《詩略》，專採時賢。周笠川有《詩粹》，合兩朝彙選之，表彰之功不在《詩乘》下。又張雪窗即《詩粹》刪之，名曰《詩約》。四書惟《詩略》有刻本，餘當時皆有抄本流傳，然乾隆間藏書家亦罕有全帙。

此書乃舉清乾隆前吳江一邑之詩薈萃成帙，計收四百四十一人，詩數千首。其選鄉先輩詩，以發潛闡幽之意為主，所采皆已往之人，排列次序則有科目者，以科目之先後為次；無科目者，約計輩行年齒參差其間。又其選詩，在工不在多，能工一體，不必定兼各體，集中凡一首佳與一體佳者登之，餘不旁及。此集以地方為主，然流寓諸賢或與邑中前輩結詩社、訂石交者，或設教地方，而後輩資其指授者，其風流文采，至今猶津津道之人，輯寓賢詩一卷。其有專集行世者，只采有關吾邑之作，其集未鎸而詩可傳者，采輯稍多。

沈德潛序云："吳江袁生質中，髫齔能詩，著有《小桐廬集》十卷，近復選定《國朝松陵詩徵》，自朱長孺、顧茂倫、計甫草、吳漢槎、潘稼堂諸公以至今詩人之為古人者，無不收錄，附以寓賢、方外、名媛。其選詩之意，謂以詩存人，以人存詩，二者不可偏廢。以詩存人，為後學導先路也；以人存詩，為前哲表苦心也。洋洋乎，一邑之風，固同郡他邑所未能完善者哉！"

袁景輅序云："是集始事於甲申之春，已四閱寒暑於茲矣。康熙乙酉以前，約本三書，詩則別有去取焉。餘或從其家抄撮，或藉同人蒐葺，或從僧房村舍、頽垣敗篦中得之。歲月既久，纂錄漸多。今夏彙而訂之，得卷二十，未敢謂吾邑佳篇盡此無遺，然集富者抉其精，體雜者存其是，務纖濃者避之。""甲申"，為乾隆二十九年。

此本刻工為王景桓。沈德潛序後，有"剞劂氏王景桓"。"愛吟齋"則為袁氏書齋，袁序末書"松陵袁景輅樸村題於小桐廬之愛吟齋"。

《四庫全書總目》未收。《中國古籍善本書目》著錄，湖北省圖書館、廣東中山圖書館等八館入藏。

2903　清康熙刻本嘉定四先生集　　T5235.7/4638

《嘉定四先生集》八十七卷，明謝三賓輯。明崇禎刻清康熙陸廷燦重修本。四十八冊。半頁九行十八字，左右雙邊，無魚尾，綫黑口。框高 18.2 釐米，寬 12.7 釐米。前有王士禛序，康熙三十三年(1694)宋犖序，錢謙益序。第三十二冊《學古緒言》書後有張雲章後序、康熙三十四年(1695)陸廷璧所作總集後序。

四先生者，為唐時升、婁堅、程嘉燧、李流芳，皆出嘉定，且皆學有所宗，同氣相求。王士禛序云："四先生者，唐氏叔達、婁氏子柔、程氏孟陽、李氏長蘅，皆經明行修，學有根柢。而子柔之文、孟陽之詩、長蘅之畫，至今照映海內，人爭寶之。四先生之所長不必盡同，而其淵源古學，不逐時好為向背，則一也。"錢謙益序亦云："熙甫(歸有光)既沒，其高第弟子多在嘉定，猶能守其師說，講誦於荒江寂寞之濱。四君生於其鄉，熟聞其師友緒論，相與服習而論討之。如唐如婁，蓋嘗及司寇之門而親炙其聲華矣,其學問之指歸,則確乎不可拔,有如宋人之瓣香於南豐者。熙甫之流風遺書久而靡著者,則四君之力不可誣也。四君之爲詩文,大放厥詞,各自已出,不必盡規模熙甫,然其師承議論,則經經緯史爲根柢,以文從字順爲體要,出車合轍,則固相與共之。""居今之世,誠欲箴砭俗學,原本雅故,溯熙甫而上之,以蘄至於古之立言者,則四君之集,其中流之一壺也矣。"

唐時升,字叔達。其父與歸有光善,故早登歸氏之門。年未三十,謝舉子業,專意古學。王世貞官南都,延之邸舍,時升以出歸氏門,不復肯稱王氏弟子。文得歸氏之傳,與里人婁堅、程嘉燧並稱"練川三老"。《明史》卷二八八、《列朝詩集小傳》丁集下有傳。

婁堅,字子柔,號柔嘉、歇庵。其師友皆出歸有光門。堅學有師承,經明行修,鄉里推爲大師。貢於國學,不仕而歸。工書法,詩亦清新。《明史》卷二八八、《列朝詩集小傳》丁集下有傳。

程嘉燧,字孟陽,號松圓、偈庵。安徽休寧人,僑居嘉定。工詩善畫,崇禎中至常熟,讀書耦耕堂,士林重之。錢謙益最重其詩,稱曰"松圓詩老"。《明史》卷二八八、《列朝詩集小傳》丁集下有傳。

李流芳,字茂宰,一字長蘅,號泡庵、檀園、慎娛居士。萬曆三十四年舉於鄉。天啓初北上會試,抵近郊聞警,賦詩而返,遂絕意進取。詩、書、畫俱工。《明史》卷二八八、《列朝詩集小傳》丁集下有傳。

輯是書者謝三賓,字象三,號塞翁。鄞縣人。天啓五年進士,曾任嘉定知縣,歷官太僕卿。工山水畫,每與董其昌、李流芳、程嘉燧講論書藝。《明畫錄》卷五有傳。

是書刊刻者陸廷燦,字扶照,一字幔亭。嘉定人。幼從王士禛、宋犖游,深得作詩之趣。以諸生貢例選宿松教諭,遷崇安知縣。以撰《續茶經》著稱。《(光緒)嘉定縣志》卷一九有傳。

是書收唐時升《三易集》,婁堅《吳歈小草》、《學古緒言》,程嘉燧《松圓浪淘集》、《松園偈庵集》,李流芳《檀園集》,共六種。

《三易集》二十卷。"三易"爲唐氏齋名。題"嘉定唐時升叔達著"。前有謝三賓序、侯峒曾序、王衡序、王錫爵序。卷一五言古詩,卷二七言古詩,卷三五言律詩,卷四至五七言律詩,卷六五言絕句、七言絕句,卷七經論、史論,卷八書牘,卷九至一○序,卷一一游記,卷一二記,卷一三至一四祭文,卷一五行狀,卷一六傳、贊、銘、說、疏,卷一七至一八墓志銘,卷一九至二○壽序。

王衡序云:唐時升"五言古高閑遠澹,以方儲韋,不啻過之。七言古步驟老杜,乃專肖其神情。五、七言律出入王右丞、劉隨州間。其才情橫溢,無如《落花》詩。雖不束縛格律,要之無粉澤酸餡氣"。又王錫爵序云:"君生平不欲以詩人自名,顧其中深解偶溢,而爲嘯歌詠言,則淡不失真,巧不落格,變化滅沒,出奇無窮,如《落花》諸篇及諸古詩是也。"

《吳歈小草》十卷。"歈"者,歌也。題"長洲婁堅子柔甫著;嘉定後學陸廷燦扶照重校"。前有崇禎三年謝三賓序、錢謙益《婁貢士堅傳》。卷一四言古詩、五言古詩,卷二五言古詩,卷三七言古詩,卷四五言絕句、六言絕句、七言絕句,卷五五言律詩,卷六五言律詩,卷七五言排律、六言律詩、六言排律、七言律詩,卷八七言律詩,卷九七言律詩,卷一○七言律詩、七言排律。

《學古緒言》二十五卷。題"長洲婁堅子柔甫著;嘉定後學陸廷燦扶照重校"。卷一至二序,卷三贈行序,卷四碑記、傳,卷五壽序,卷六至八壽序,卷九至一一墓志銘,卷一二墓表、行狀,卷一三至一八祭文,卷一九祭文、哀辭,卷二○呈、雜著、說、疏,卷二一至二二書牘,卷二三雜銘、贊、題跋,卷二四至二五題跋。

《松圓浪淘集》十八卷。題"新安程嘉燧孟陽著"。前有程嘉燧《溪堂題畫詩引》、天啓元年

《松寥詩引》,泰昌元年唐時升序、婁堅序。卷一《涉江》,卷二《春盤》,卷三《山樓》,卷四《蓬户》,卷五《空齋》,卷六《詠古》,卷七《谿堂》,卷八《移居》,卷九《雪浪》,卷一○《遇琴》,卷一一《春湖》,卷一二《荆雲》,卷一三《春帆》,卷一四《松寥》,卷一五《雪江》,卷一六《吳裝》,卷一七《易水》,卷一八《甞甘》。

婁堅序:"君平生不欲輕刻其詩以示於人,至人有欲得其詩,或爲手録百千言,或取諸腹笥,頃刻誦數十篇,或多至百篇無倦色。當其在潞也,乃肯彙次其近作,刻以應人之求,兼還寄其所求之,於是編有餘師矣。"

《松圓偈庵集》二卷。題"新安程嘉燧孟陽著"。卷上序、記,卷下墓志銘、祭文、書牘、啓、疏。

《檀園集》十二卷。題"嘉定李流芳長蘅甫著;孫聖芝、曾孫異參重校;後學陸廷燦扶照重訂"。前有清康熙間徐秉義序、崇禎二年(1629)謝三賓序。錢謙益撰《李長蘅墓志銘》、《李先輩長蘅傳》。正文後有崇禎二年(1629)李宜之後序、闕名後序(佚去一頁)、康熙二十八年(1689)陸元輔序。

卷一五言古詩,卷二七言古詩,卷三五言律詩,卷四七言律詩,卷五五言絶句,卷六七言絶句,卷七序,卷八記,卷九行狀、墓志、像贊,卷一○祭文,卷一一西湖卧游册跋語、江南卧游册題詞,卷一二題跋。

謝三賓序:"予爲嘉定之三年,始謀刻四家文集。於時長蘅已病卧檀園。予躬致藥餌,登床握手,長蘅爲强起,盡出所著作,手自芟纂,得詩六卷,序、記、雜文四卷,畫册題跋二卷,合十二卷,題曰《檀園集》,授其侄宜之以應予之請。"

是集明崇禎時謝三賓於嘉定知縣任上初刻。侯峒曾序云:"文章之變作者代起,其於秦漢晉魏六朝唐宋,入主出奴,紛如聚訟,近更欲抉去町畦,飇煜電發。而深心好古,不尚雕飾之士,謂吾吴古學一派,獨在祁川,蓋以四先生云。四先生之詩文,向僅傳寫於吴越好事,莫窺全豹。四明謝明府始彙而梓之,以廣其傳。"

明清易代,謝氏原刻因兵燹毀壞,清康熙間陸廷燦重修印行。宋犖序云:"四君各有集,明崇禎初,邑令四明謝君爲槧板行,未幾遭亂,板亦毀。後五十年,陸生扶照慨然表章,其已毀者刻之,闕者補之,朽蠹者新之,而四君集復完。"張雲章後序亦云:"是書之刻,始於四明謝三賓爲縣令時,而婁、李二集續毀於兵燹,唐、程亦多殘缺。今得陸子扶照重名工刻其已毀,補其所缺,而四先生集復完。表章之功,與謝令等。"《檀園集》闕名後序所述更詳:"乙酉之亂,李氏被禍最酷……檀園既成劫灰,梨棗亦無復孑遺矣。婁思修,兵死無後,其板析而爲薪,所存不能什二。唐、程二集幸無恙。金治、文渭師兄弟後爲程刻《耦耕堂集》以續之。唐遺稿尚多,惜無人爲之補刻。遠近來購四先生集者,久有缺逸之歎。吾宗開倩暨其伯子扶照,嗜古好學,慨然以復舊爲己任。因遂捐金,先校李集付諸梓,將次及於婁之缺板、唐之續稿,以成大觀。"

此書有扉頁,刻"嘉定四先生詩文全集。宋大中丞鑒定。唐叔達時升,婁子柔堅,程孟陽嘉燧,李長蘅流芳"。又《三易集》扉頁刻"唐氏三易集",《吴歈小草》、《學古緒言》前扉頁刻"婁子柔先生全集。甲戌新鐫"。"甲戌"爲康熙三十三年。"玄"字有避有不避。

《四庫全書總目》未收此集,僅有《學古緒言》、《檀園集》兩種。《續修四庫全書》收入《松圓浪淘集》、《松圓偈庵集》。《續修四庫全書總目提要(稿本)》著録。《中國古籍善本書目》著録明崇禎刻清康熙二十八年陸廷燦重修本,上海圖書館、北京大學圖書館、中國社會科學院文學研究所等五館藏有全帙,山西大學圖書館、吉林大學圖書館等六館有殘帙。日本静嘉堂文庫亦有入藏。《中國善本書提要》著録北大藏本，半頁十行十八字，誤。

鈐印有"侯官劉筠川藏書印"、"寶伊臺"、"東林氏藏"、"□□鄉賢之家"、"得過草堂"、"侯官黃宗彝印"、"潘氏桐西書屋之印"。

2904　清康熙刻本毗陵六逸詩鈔　　　　　T9110/6170

《毗陵六逸詩鈔》六種二十三卷，清莊令輿、徐永宣輯。清康熙五十六年(1717)刻本。八册。半頁十一行二十一字，左右雙邊，黑口，單魚尾。框高17.5釐米，寬12.6釐米。前有康熙五十六年彭會淇序，康熙五十六年王嗣衍序，康熙五十六年孫讜序；莊杜芬、徐梅輯《六逸詩話》；《凡例》十三則。

莊令輿，字蓀服，號阮尊，江蘇武進人。康熙四十五年進士。官編修。天姿穎異，下筆千言立就，尤工詩。好汲引後進，主浙江試，所得皆一時名士，旋告歸。《清代毗陵名人小傳》卷二有傳。

徐永宣，字學人，號辛齋，又號茶坪，江蘇武進人。康熙三十九年進士。授户部主事。天爵自貴，不就選人，肆力於詩古文辭，與王士禛、朱彝尊相頡頏。又有《雲溪草堂詩鈔》、《茶坪詩鈔》。《清代毗陵名人小傳》卷二有傳。

六逸者，爲惲格、楊宗發、胡香昊、陳鍊、唐惲宸、董大倫。六種爲《南田詩鈔》五卷、《白雲樓詩鈔》一卷、《香草堂詩鈔》五卷、《西林詩鈔》五卷、《苣野詩鈔》四卷、《梅坪詩鈔》三卷，皆古近體詩，大都抒發感發悲憤、憂愁幽思、不遇於時之情。其書取班椽《藝文志》"學詩之士，逸在布衣"，故名。

《南田詩鈔》五卷，題"武進惲格壽平；芷園先生王嗣衍閲定；山陰孫讜椒圃氏選"，計四百二十九首。

《白雲樓詩鈔》一卷，題"武進楊宗發起文；芷園先生王嗣衍閲定；山陰孫讜椒圃氏選"，計七十四首。

《香草堂詩鈔》五卷，題"武進胡香昊芋莊；芷園先生王嗣衍閲定；山陰孫讜椒圃氏選"，計三百八十三首。

《西林詩鈔》五卷，題"武進陳鍊道柔；芷園先生王嗣衍閲定；山陰孫讜椒圃氏選"，計三百二十八首。

《苣野詩鈔》四卷，題"武進唐惲宸靖元；芷園先生王嗣衍閲定；山陰孫讜椒圃氏選"，計三百零五首。

《梅坪詩鈔》三卷，題"武進董大倫叔魚；芷園先生王嗣衍閲定；山陰孫讜椒圃氏選"，計二百一十一首。

惲格，字正叔，一名壽平，別號南田。生而敏慧，眉目秀朗。畫筆得於天性，少工山水，澹靜高逸。作花卉寫生，含苞怒放，多出意匠。尤善没骨法，間作鳥蟲，傳神阿堵，刻欲飛動。卒年五十八。

楊宗發，字起文。家貧，年三十七始以制藝受知當事，其文翕然傳誦士林。作詩横絶而氣體尤高古，容若傲物而多隱行。年四十二，以居憂刻苦成疾卒。

胡香昊，字芋莊，別號竹紆。生而穎悟，少治舉子業，擯棄帖括，而專肆力於詩歌古文，於漢魏六朝三唐盡得其源流根柢。一生不慕榮利，性樂琴書，口不臧否人物，以周易老莊自娱，他所不屑。著有《春郊詠物詩》。卒年七十三。

　　陳鍊,字道柔,號半緣居士。幼隨大父讀書館舍,過目成誦,不俟講解而大義盡析。長以諸生餼於庠,文譽大起,所爲制義雄深雅健。於學無所不窺,而其指歸必宗朱子。生於順治二年,卒於康熙五十四年,年七十一。有《六有齋存稿》、《翜靈集》。

　　唐惲宸,初名杜,字靖元,別字芑野。日課以《五經》、《左》、《史》,故於古爲邃。及長,從錢湘靈、楊宗發、陳鍊游,始工制舉藝,然嗜古益深。性豪邁,喜飲酒。詩尤刻意生造,以《離騷》爲宗。甚潦倒,鬱鬱不得志,卒年五十五。

　　董大倫,字敷五,一字疇敘,又字叔魚,號伯魚。四歲而孤,及長,偕兄漢求執經於錢湘靈。年二十受知於吉水李學使,補弟子員。工詩,尤擅詠物,其詩出入中晚,兼宋元諸名家之勝。以貧故客游山左,抱病南歸,卒於康熙二十九年,時僅三十六歲。

　　孫謙序云:"晉陵有六逸者,惲子南田、楊子起文、胡子芋莊、陳子道柔、唐子芑野、董子叔魚,生秉穎異,非《五經》、《史》、《漢》屏不寓目,或豪於酒,或耽於畫,其發抒性靈,著有詩詞古文,最工亦最富。嗟乎!此數君子者,使得遇於時承明著作,以五典爲笙簧,以三墳爲金玉。吾知其所以鼓吹休明者,當與燕許潘陸,後先頡頏,而乃窮愁蕭寂,以布衣老,且其所撰述,亦僅留斷簡殘編,存什一於千百,此數君子者,乃真逸矣。夫表揚幽隱,不忍其人湮没弗彰者,鄉大夫之事也;採輯遺文,使其人有所托以傳於後,蒞斯土者之責也。吾友莊君搽服、徐君學人,旁搜六逸生平所著述……而付諸梓。"

　　《凡例》云:"鈔六家詩,始於丙申夏五,至丁酉暮春卒業,共得詩若干卷。王芷園太守、孫椒圃明府既爲之序,以揭德振華,復損俸趣剞氏開雕,於是六君子骯髒抑塞之志屈於人間者,可以伸於地下。""六君子生平,各有著述,今此所錄,僅僅韻語耳。楊起文文筆雄鶩,惜乎年命不永,詩亦不多。惲南田詩,率幽渺悽戾,然其大者,不可得而錄也,贈酬題畫諸小什,又不足以盡南田,則俟後之論世而知其心者。""六逸詩,自其嗣人所藏遺稿論次,間亦從友朋書屋殘箋舊篡中錄入,或旗亭驛壁、箏人酒徒所記憶者,見輒繕存,故前後舛訛不能。""丙申"爲康熙五十五年,"丁酉"爲康熙五十六年。

　　金鑲玉裝。此本有扉頁,刻"毗陵六逸詩鈔。惲正叔格、楊起文宗發、胡芋莊香昊、陳道柔鍊、唐靖元惲宸、董叔魚大倫。壽南堂藏板"。並鈐有"福壽"圓形印。

　　《四庫全書總目》、《續修四庫全書》未收。《中國古籍善本書目》著録,有兩種版本,作"清康熙五十六年敬義堂刻本"、"清康熙五十六年壽南堂刻本",疑爲同板。此哈佛本有"壽南堂藏板"字樣。

2905　清乾隆刻本惠山聽松庵竹罏圖詠　T5237.88/2385

　　《惠山聽松庵竹罏圖詠》四卷,清吴鉞輯。清乾隆二十七年(1762)刻本。二册。有圖。半頁八行十七字,四周雙邊,白口,無魚尾。框高16.6釐米。寬11.2釐米。前有乾隆帝《駐蹕惠山詩》。後有乾隆二十七年吴鉞跋。

　　吴鉞,字愛棠,安徽全椒人。以知州借補無錫縣,調吴縣,擢邳州知州,遷奉天同知,卒於官。鉞乾隆二十四年至三十年在無錫任上。《(民國)全椒縣志》卷一〇《人物志》有傳。

　　惠山,亦名慧山,在江蘇無錫縣西,爲天目山支脈,由東南蜿蜒而來。相傳晉代西域僧人慧照居此山,故名。乾隆十六年,皇太后六旬萬壽,皇上奉慈輿巡幸江浙,三月車駕臨無錫惠山。

後又在二十二年、二十七年駐蹕惠山,期間得詩十八首。僧成瑩有詩恭和。

竹鑪者,明初聽松庵高僧性海所製,高不盈尺,圓上方下,類學仙家流稱乾坤之象者,規製絕精巧可玩,一時名流傳詠甚盛。歲久鑪亡,至成化間,武昌太守秦廷韶購得,復還僧舍。王紱(孟端)等各爲詩文圖讚以記之。中間失去,好事者倣爲之。已而復得,其倣未復,胥見諸題詠,聯爲橫卷者四。清初宋犖爲之裝池,識以官印,俾寺僧世藏之。乾隆帝駐蹕惠山時,曾用前人原韻,成二律題王紱畫卷上。此本元集前爲《御題竹鑪圖詠》,後有汪由敦、沈德潛、鄒一桂、吳鉞、韓錫胙恭和之詩。

此本分元亨利貞四集,錄名賢於《竹鑪圖》之款識。吳鉞跋云:"聖天子三幸惠泉,揮灑宸翰,霞燦雲飛。鉞用廓填法摹勒上石,裝潢兩册,恭陳於竹鑪山房,曾邀御鑒,至畫卷爲山僧世寶,汲古家無從摩挲。鉞省耕憇山寺,與山僧成瑩商榷,擬壽諸石,而需費不貲,謹奉御題元亨利貞四卷,列爲四册,付之梨棗。首錄天章,以冠篇首,其古今名賢,依原卷款識以次相附。智水仁山,開卷如晤,而惠山盡在目前矣。臨畫者秦文錦、書簡者吳心榮、校字者錢紹成,各具精心,例得附名。"

圖計四幅。第一圖署"九龍山人王紱爲真性海上人製"。第二圖署"履齋寫"。第三圖署"成化丁酉冬吳珵寫"。第四圖署"小臣張宗蒼恭畫"。

末附《惠泉記略》,爲吳鉞撰。"弘"字避帝諱。

《四庫全書總目》、《續修四庫全書》、《續修四庫全書總目提要(稿本)》未收。《中國古籍善本書目》著錄,中國國家圖書館、北京大學圖書館等六館也有入藏。

2906　清乾隆刻本吳中女士詩鈔

T5241.28/2369.2

《吳中女士詩鈔》十種附三種,清任兆麟輯。清乾隆五十四年(1789)至五十九年(1794)刻本。四册。半頁九行十九字,左右雙邊,白口,單魚尾。書口上方刻"林屋吟榭"。框高17.5釐米,寬11.6釐米。前有乾隆五十四年許寶善序,乾隆五十五年(1790)潘奕雋序,乾隆五十四年任兆麟序;石韞題詞;姓氏。

任兆麟,見清乾隆刻本《述記》。

是書計收吳中女士十家之詩,爲張滋蘭、張芬、陸瑛、李媖、席蕙文、朱宗淑、江珠、沈纕、尤澹仙、沈持玉。

張滋蘭,名允滋,以字行,一字清溪,號桃花仙子。張大受曾孫女,受業伯父雲南觀察張鳳孫之門,翰林院侍讀學士彭紹觀義女,任兆麟室。幼秉家訓,嫻禮習詩,所居潮生閣,爲大受讀書處。著有《潮生閣詩稿》。

《清溪詩稿》一卷,題"匠門女史張氏滋蘭著;同學諸子參閱"。前有任兆麟序。龍鐸、江珠、沈纕、陸貞等題詞。末有乾隆五十三年宋林跋。收詩三十六首。

張芬,字紫繁,一字月樓。雲南學政學庠孫女,舉人曾彙女,滋蘭從妹,吳縣縣丞夏清和室。嘗從常熟許冰壺游。著有《兩面樓偶存稿》、《別雁吟草》。

《兩面樓詩稿》一卷,題"心齋居士任兆麟文田閱定;長洲女子張芬紫繁著;愚姐滋蘭清溪選"。前有乾隆五十六年任兆麟序;乾隆五十四年尤澹仙題詞。收詩五十一首,詞八首。

陸瑛,字素窗。貢生羅康濟室。著有《賞奇樓蠹餘稿》。

《賞奇樓蠹餘稿》一卷,題"林屋山人任兆麟閱定;素窗女史陸瑛著;清溪同學張允滋選"。

前有江珠、張芬題詞。收詩九首，詞十首。

李媺，字婉兮。詩人李其永女，溧陽教諭蟠根妹，吳縣諸生陸咏室。著有《琴好樓小製》。

《琴好樓小製》一卷，題"心齋居士任兆麟閱定；婉兮女史李媺著；清溪同學張允滋選"。前有悟源題詞。收詩十首，詞二首。

席蕙文，字蘭枝，一字耘芝。清溪縣知縣紹元女。著有《采香樓詩草》、《自怡集》。

《采香樓詩集》一卷，題"心齋居士任兆麟閱定；耘芝女史席蕙文著；清溪同學張允滋選"。前有乾隆五十四年江珠序。收詩三十首。

朱宗淑，字德音，一字翠娟。廩膳生雲驤女。著有《修竹廬吟稿》、《德音近稿》。

《修竹廬吟稿》一卷，題"心齋居士任兆麟閱定；長洲朱宗淑翠娟著；匠門張滋蘭清溪選"。前有乾隆五十四年任兆麟序。收詩二十七首。

江珠，字碧岑，號小維摩。國子生藩妹，受業余處士蕭客之門。著有《青藜閣集》。

《青藜閣集》一卷，題"林屋山人任兆麟閱定；吳中女史江珠碧岑著；同學張允滋滋蘭、沈纕蕙孫選"。前有江珠自序；任兆麟、張因等題詞。收詩三十三首，詞九首。

沈纕，字蕙孫，一字散華，號玉香仙子。祁門訓導起鳳女，進士清瑞姪女。著有《翡翠樓詩文集》。

《翡翠樓集》二卷，分《繡餘草》一卷、《浣紗詞》一卷。《繡餘草》題"林屋山人任兆麟閱定；散花女史沈纕蕙孫著；清溪同學張允滋滋蘭選"。收詩四十一首。《浣紗詞》題"散花女史沈纕蕙孫著；同學張允滋清溪、江珠碧岑選"。前有乾隆五十四年沈纕自序；張滋蘭、任兆麟、江珠題詞；乾隆五十四年任兆麟跋。收詞二十二首。

尤澹仙，字素蘭，一字寄湘。著有《曉春閣詩集》。

《曉春閣詩集》一卷，題"林屋山人任兆麟心齋閱定；清溪內史張允滋選；寄湘女子尤澹仙著"。前有乾隆五十四年任兆麟序，沈持玉序。收詩四十六首，詞十首。

沈持玉。字佩之，一字皎如。著有《停雲閣詩稿》。

《停雲閣詩稿》一卷，題"林屋山人任兆麟心齋閱定；清溪內史張滋蘭選；皎如女子沈持玉著"。前有乾隆五十四年尤澹仙序。收詩二十二首。

附《愛蘭詩鈔》一卷，清王瓊撰。題"震澤任兆麟心齋閱定；丹徒碧雲王瓊撰；長洲月樓張芬、波仙馬素貞校"。前有乾隆五十九年王鳴盛序，乾隆五十九年任兆麟序，張芬序，乾隆五十九年馬素貞序，金逸序；馬素貞札；蔡之定等題詞。末有季耀南跋。瓊，江蘇丹徒人，王文治女孫。幼敏慧，年未笄而能詩。博涉經史，女紅之暇，輒自得句，澹雅超常。收詩六十九首，又札三通。

附《翡翠林閨秀雅集》一卷。

附《簫譜》一卷，清任兆麟撰。前有乾隆五十四年沈纕序。末有乾隆五十四年江珠後序；尤澹仙題詞。

潘奕雋序云："任君文田，居震澤之濱，稽古而能文。淑配張滋蘭，好學而善詠，既刻其唱和之什爲一編，一時聞風應和者張紫蘩、陸素窗、李婉兮、席蘭枝、朱德音、江碧岑、沈蕙孫、尤素蘭、沈佩之，皆出其詩以相質，於是文田彙而刻之，題曰《吳中女士詩鈔》。"

任兆麟序云："清溪曰：滋素不善詩，實藉同學諸女士之教，其可弗彙萃一編以行世乎？且志一時盛事也。因檢篋衍中先後惠示並酬贈之什，於吳中得九媛，各錄一卷，請余閱定焉。"

此本有扉頁，刻"吳中女士詩鈔。心齋居士任文田閱定。十子合集。清溪女史選錄。己酉夏鐈。附散花女史手書簫譜。愛蘭集附"。"己酉",爲乾隆五十四年。《愛蘭詩鈔》末有"吳門梟司前西張遇清刻"一行。

《四庫全書總目》、《續修四庫全書》未收。《續修四庫全書總目提要(稿本)》、《歷代婦女著作考》著錄。《中國古籍善本書目》未著錄。

2907　清康熙刻本新安二布衣詩　　　　T5235.7/1143

《新安二布衣詩》八卷。清王士禛編。清康熙四十三年(1704)汪洪度、吳瞻泰刻本。二册。半頁十行十九字,四周單邊,白口,雙魚尾。框高17.3釐米,寬12.6釐米。題"濟南王士禛貽上選;新安後學汪洪度于鼎、吳瞻泰東巖校"。前有王士禛序,康熙四十三年宋犖序,汪洪度序;曹學佺舊序;吳苑撰《吳兆傳》;錢謙益撰《程嘉遂傳》。

"二布衣"者,吳兆、程嘉遂也,蓋是書由《吳非熊集》和《程孟陽集》兩種合成,各爲四卷。

吳兆,字非熊,安徽休寧人。生而警敏,讀書不事章句,少好爲詞曲,嘗撰傳奇以寄諷刺,已而悔之,力學爲詩,傚初唐體。曹學佺爲之延譽,一時名公卿皆折節與之交。其倜儻負奇氣,生平貴率真,不膠繩墨。凡游歷白下、西泠、蘇臺、武夷、九華諸名勝,每一詩出,競相傳誦。後客死嶺南。有《遺稿》十卷。

程嘉遂,字孟陽,安徽歙縣人。僑居嘉定,少學制科不成,去學擊劍又不成,乃折節讀書,刻意爲歌詩,三十而詩大就。其爲詩主於陶冶性情,耗磨塊壘,每遇知己,口吟手揮,纏纏不少休。善畫山水,兼工寫生,嗜古書畫器物,晚尤深老莊荀列楞嚴諸書。崇禎十六年卒,年七十有九。

《吳非熊集》、《程孟陽集》皆古今體詩。吳集卷一九十四首,卷二九十一首,卷三一百二首,卷四八十六首。程集卷五九十一首,卷六一百五首,卷七一百三首,卷八一百一首。

王士禛序云:"歙門人汪生洪度以書來京師,請曰:先生宿昔論明布衣詩,極推吳非熊、程孟陽,海內莫不聞兩先生皆新安產也,其集具在,然薪楚叢脞,恐不足以傳遠。洪度爲鄉後進,與有斯文之質,敢以請予,嘉其誼,乃以暇日,芟其繁蕪,擷其菁華,各得詩三百餘篇,定爲八卷。論之曰:二先生同萬曆之世,時天下承平久,士大夫以文章爲職業,布衣之士,時時頡頏,上下其間。吳受知閩曹公,程受知常熟錢公,用能成名當世,聲施至今。予嘗反覆二家之詩,吳五言,其源出於謝宣城、何水部,意得處時時近之。程七言,近體學劉文房、韓君平,清辭麗句,神韻獨絕。絕句出入於夢得、牧之、義山之間,不名一家,時詣妙境。歌行刻畫東坡,如桓元子,似劉越石,無所不撼。大抵吳以五言擅場,七言自秦淮斗草篇而外,無頗可采。程以七言擅場,古體不逮今體,此其大略也。予於二家,登其瑜,掩其瑕,賞其神駿,而無銜櫱蹄齧之累,要以求爲可傳而已。"

汪洪度序云:漁洋先生"所選漢魏以迄宋元詩所瓣香者,可指而數也。其在前明,則推昌穀、子業二家,業有合集行世矣。復於布衣中得二人,曰吳非熊、程孟陽,嘗取其詩,昕夕吟諷,有神契已。念二君皆新安產,洪度爲其鄉後進,命廣爲搜訪。吳與先從祖仲嘉公,程與先伯父僑孫公,皆死生性命之友,先人手澤尚有全集,因檢得報命。先生遴其尤者,彙爲一編,曰《新安二布衣詩》,從京邸寄余山中。""是編餘膏剩馥,足以鼓鑄後進者,又寧僅桑梓而已。爰偕吳東巖諸同志亟授之梓,以廣其傳云。"

此本寫刻,甚精。有扉頁,刻"新安二布衣詩。新城王阮亭先生選。吳非熊集。程孟陽集"。"玄"字不避帝諱。

《四庫全書總目》、《續修四庫全書》未收。《續修四庫全書總目提要(稿本)》著録。《中國古籍善本書目》著録,中國國家圖書館、中國科學院圖書館等三館也有入藏。又日本《内閣文庫漢籍分類目録》著録。

2908　清康熙刻本三晉詩選　　T5241.17/4102

《三晉詩選》十四卷,清范鄗鼎輯。清康熙十二年(1673)范氏五經堂刻本。四册。半頁九行二十五字,四周雙邊,白口,無魚尾。書口下刻"五經堂藏板"。框高19釐米,寬11.1釐米。題"晉洪洞范鄗鼎彪西評選;男翼孝前參閲"。前有康熙十七年(1678)林芃序,康熙十二年(1673)范鄗鼎序;康熙十二年范鄗鼎作《凡例》二十則。

范鄗鼎,字彪西,芸茂子。山西洪洞人。順治三年中五經副榜,康熙六年成進士。讀書篤志好學,闡明絳州辛全之學,釋褐後即告終養,閉户讀書,足不入城市。與應撝謙、李顒以理學著於南北,河汾人士多從之受經。康熙十八年舉博學鴻儒,召取十三次弗就。家居樂善好施,設希賢書院,置田以贍學者。年八十卒於家,門人私諡"文介先生"。又有《理學備考》、《五經堂文集》等四十餘種。輯有《續垂棘編初集》六卷《二集》十卷《三集》十卷《四集》九卷(清康熙十一年至三十四年五經堂刻本)。《(民國)洪洞縣志》卷一二有傳。

山西有地方總集,始於元房祺輯《河汾諸老詩集》。又明吕陽輯有《晉詩選雅》,范弘嗣輯《晉國垂棘》、清趙瑾輯《晉風選》,然第一、三種今未之見。此本所收皆明人,而不及前代,卷一十九人,卷二十六人,卷三十二人,卷四十一人,卷五七人,卷六十八人,卷七三十四人,卷八二十九人,卷九二十六人,卷一〇二十四人,卷一一二十人,卷一二二十六人,卷一三一人,卷一四十八人,總共二百六十一人。如吕崇烈、白印謙、趙天麒、趙三麒、馮如京、梁檀、白孕彩、胡庭、萬代尚、趙日暉、辛經世、畢振姬、魏象樞、馬永升、寧鳳翔等。

林芃序云:"三晉之詩聞天下,當二帝三王時已然矣。彪西范先生乃起而選之,何居?彪西,晉人也,以晉人而選晉詩,其亦猶吾夫子因魯史而修春秋之家法乎?彪西之意以爲,自上世以來,詠歌代作,前乎此者有選矣;乃有明之季,昭代之初,家握隨珠,人操荆璧,各自爲集,未與會通,則何必羹五侯之鯖,裘千狐之腋,以成巨美也,而又絶不取靡麗淫哇之響與夫風雲月露之詞,務必一一軌之於理焉……今彪西是選,一與澄清,惟是大者國家之治亂安危,小者身世之順逆出處,可以興觀群怨、事父事君、鳥獸草木盡之矣,是誠渢渢大音也,是誠思深憂遠也,其怨者可繼五子,其感者直追八伯,依然唐虞夏之遺風焉,猗歟美哉!觀止矣。"

《凡例》云:"家刻《晉詩續雅》,始乎唐虞,止於有明,屢經兵火,板帙殘缺。兹選期續家傳,用存手澤。"據《凡例》,鄗鼎當時有"三晉四種之選(一爲人物、一爲語録、一爲古文、一爲詩詞)祇爲同鄉表章,不揆一己愚謬,板行數年,海内共睹,非同虚徵惡套"。且是書爲連續出版物,徵文皆得朋輩之助,"代徵之力,得之同人者,難以枚指……具名鏤啓,遍檄通省,蒐羅之富,尤出尋常,或兼惠以語録,或並寄以人文,皆有功於拙刻者也。""嗣後續到,即有二刻,惟冀速賜,用成大觀。"然不知後有續刻否。

是書收傅山詩數十首,分别刻於卷五、卷九、卷一四。今以此本與1984年山西人民出版社影印《霜紅龕集》(清宣統三年山陽丁寶銓刻本)相較,此本卷九《丁未十月閣字四首效顰(録其醒者一)》、《觀劇嘆一歌童之尤》、《題自畫蘭寄彪西》、《早起》四首爲《霜紅龕集》所未收。其《觀劇》詩云:"當場無大小,只要出群才。傀儡憐三尺,獼猴可一臺。愁脾常不鼓,睡眼頓能開。信爾張拳處,無人芥意來。文章高膽氣,戰伐捷風雷。今古全供弄,精神不受咍。面花花亂面,毒唾唾誰毒。未解提攜者,焉分真偽哉。君山好偈樂,所取亦何材。"卷五又收有傅山子傅眉詩數首。

此本爲范氏家刻,"五經堂"即范鄗鼎室名。

目錄頁"晉詩總目"下,刻"康熙癸丑冬起,壬戌春完",蓋是刻始於康熙十二年,訖於二十一年。

卷六第七頁佚去。

《四庫全書總目》、《續修四庫全書總目提要(稿本)》未收。《中國古籍善本書目》著錄,上海圖書館、太原市圖書館、山西省臨漪縣圖書館入藏。

2909　清乾隆刻本國朝山左詩鈔　　T5241.15/2168

《國朝山左詩鈔》十卷,清盧見曾輯。清乾隆二十三年(1758)盧氏雅雨堂刻本。十二册。半頁十行二十一字,四周單邊,白口,單魚尾。書口下刻"雅雨堂"。題"雅雨山人盧見曾纂"。前有乾隆二十三年盧見曾序;盧見曾撰《凡例》十八則。

盧見曾,字抱孫,號澹園,別署雅雨山人,山東德州人。康熙六十年進士。歷官四川洪雅、安徽蒙城知縣。陞六安、亳州知州,再爲江寧、潁州知府及兩淮鹽運使。乾隆元年以蜚語遣戍,九年起補直隸灤州知州,遷長蘆鹽運使。十八年復任兩淮鹽運使十年,以老乞還。三十三年又以事逮問,籍没家産,歿於獄中。生於康熙二十九年,卒於乾隆三十三年,年七十九。又有《雅雨堂詩文集》、《讀易便解》、《雅江新政》等。

見曾擅吏才,延接文士,風流文采,世謂繼王士禎後。是集輯清初山東一省之詩,計六百二十餘家,五千九百餘首。附見詩又一百十九首。其始因山左之詩,盛於東南,昔王士禎有《感舊集》之選,遍及海内知交,但於山東卻缺略未備。士禎殁後四十年,見曾爲成其志,方有此輯。

集中所收之人,凡國初名節事蹟著在前朝,已載《明詩綜》者,概不重録。其以《詩鈔》爲名,而不曰選,蓋因選家標立風旨,合者收之,不合者去之。集中之詩,凡有關於該省名勝古跡、園亭物産及小説遺聞、隸事之僻秘者,各附考辨於下,述古証今,以釋滯而晰疑。又詩有軼人、鄉有軼事,皆爲補載,其前朝人物、他郡事蹟亦間及之。詩之來源,或鈔自本集者,或采於志乘以及説部、詩話,或友人以一二篇郵寄者。至於閨秀流寓、緇流黄冠、青衣仙鬼,近乎風雅者亦間采之。

是編起於乾隆十八年,成於乾隆二十三年。盧序云:"余近刊漁洋《感舊集》,爲之補傳。每嘆遺文散失,姓氏無徵,吾鄉文獻及今不爲搜輯,再更數十年,零落澌滅盡矣,此後死者所大懼也。竊不自揆,屬同里宋蒙泉弼、董曲江元度及諸同人,遍搜昭代之詩,上自名公鉅卿,下及隱逸方外,莫不畢載,釐爲六十卷。每人各附小傳,具列鄉里出處,間綴名流評隲,以備一代之詩史,以昭我聖朝風雅之盛。"

館藏有複本一部,有扉頁,刻"國朝山左詩鈔。乾隆戊寅鐫。雅雨堂藏板"。此爲後印本,卷一第一頁重刻。宋琬小傳中涉及錢牧齋之文字全部删除,又卷二第二十二頁後《贈龔芝麓太常》詩亦剜去,蓋錢謙益、龔鼎孳之詩文其時均遭禁也。

盧書刊行後,清宋弼又輯有《國朝山左詩補鈔》七卷,清抄本,今藏山東省圖書館。

《續修四庫全書總目提要(稿本)》著録。《中國古籍善本書目》不收。是書流傳甚多,《清華大學圖書館藏善本書目》、《中國人民大學圖書館古籍善本書目》、《北京師範大學圖書館古籍善本書目》、《山東師範大學圖書館館藏古籍書目》等著録。

鈐印有"四明黄氏怡善堂之藏書"。

2910　清乾隆刻本濤音集　　　　　　　　　　T5241.15/1143

《濤音集》八卷,清王士禄、王士禎輯。清乾隆五十七年(1792)掖縣儒學刻本。二册。半頁十行二十字,左右雙邊,黑口,單魚尾。框高 19.7 釐米,寬 15 釐米。題"新城王士禄西樵選輯;弟王士禎貽上仝選;東萊趙瀚海客參訂"。前有乾隆五十七年翁方綱序。末有乾隆五十七年湯惟鏡跋;助刻姓氏。

王士禄,字子底,號西樵,山東新城人。順治九年進士。清介有守,篤於友愛,自少能文章,工吟詠,愛孟浩然。以詩法授諸弟,咸有成就。初爲萊州府教授,尋遷國子監助教,擢吏部主事,遷員外郎。康熙二年充河南鄉試正考官,以磨勘罣吏,議逮下獄,後得昭雪。移擢杭州,歷覽湖山之勝,再起補吏部員外郎。與弟士祐、士禎號"三王"。康熙十二年母喪,士禄哀毁卒於家,年四十有八,鄉人私謚"節孝先生"。有《讀史蒙拾》、《炊聞詞》、《然脂集》、《十笏山房集》等。《國朝耆獻類徵初編》卷一四〇有傳。

王士禎,字貽上,號阮亭,别號漁洋山人。順治十五年進士。事蹟具見《清史列傳》。

是集爲士禄於山東萊州所選掖縣人之詩,時順治十四年,士禄爲萊州教授,士禎省兄於學舍,相與觀海賦詩,因撰次其邑人之作。詩中多有士禄、士禎評語,是年集成,正士禄、士禎昆季盛年馳聲藝苑之時。後士禎作《西樵年譜》,於《然脂》、《濤音》二集,皆有追叙之語。

卷一毛宗魯、毛紀、郭東山、任萬里、毛似徐、宿度、趙耀、胡來貢、徐圖、孫善繼、趙允昌、畢拱辰;卷二孫鎮;卷三宿鳳翥、宿鳳鳴、宿鳳起、王泰交、張忻、趙士元、趙士亮、姜開;卷四趙士喆;卷五王漢、李宗儀、王爾齎、宿孔暉、宿鳳翀、張宗英、張孕美、任冕、劉鑫永、劉鋟永;卷六宿孔暉、李森先、趙士完、趙士冕;卷七張端、任彦芳、任唐臣、任虞臣、張之維;卷八趙濤、趙瀚。計四十三人。

是書當時印本頗難得,翁方綱尋訪三十年不得見,後按試萊州始見之。

此本爲湯惟鏡資助刊刻而成。惟鏡跋云:是書"無刻本,山東藏書家亦未見,惟萊人僅有存者,又秘不肯出,將恐久而失其傳矣。余官掖之明年,曲阜桂君未谷馥來攝訓導事,求得一本,募金開雕,力或不副,余助成之。東萊舊稱勝地,水有北海之大,山有寒同亞禄雲峰之秀,其詩派則衍於唐之王無競,故國朝諸人饒有餘風。西樵既到官,阮亭來省其兄,相與登蠡勺亭,觀窟室畫松,作爲長歌,萊人至今稱之。余每覽前賢故跡,惜不及追隨杖履,游詠其中。今與未谷校理此集,品陟舊藝,聯綴新篇,山川滿目,琴尊間作,亦極文酒之興也"。

此本有扉頁,刻"濤音集。新城王西樵先生原本,掖縣儒學募金開雕。乾隆五十七年歲在壬子冬十二月刻成"。"助刻姓氏"計六十二人,第一人即湯惟鏡。"助刻姓氏"後有"歷城楊龍泉疏山校刊"一行。

按,北京大學圖書館藏有此書,並有李盛鐸跋,録於後:"此順治中王西樵先生官萊州教授所選掖縣人詩,乾隆中桂未谷先生刻之,傳本甚尠。余既得《然脂集》殘稿本數册,又得此書,於西樵可謂有緣矣。"

《清史稿藝文志拾遺》、《續修四庫全書總目提要(稿本)》、《中國古籍善本書目》著録,中國國家圖書館、北京大學圖書館、山東省圖書館、福建師範大學圖書館四館也有入藏。

2911　清乾隆刻本渠風集略　　　　　　　T5241.15/3471

《渠風集略》七卷，清馬長淑輯。清乾隆八年(1743)輯慶堂刻本。四册。半頁十行二十二字，左右雙邊，白口，單魚尾，書口下刻"輯慶堂"。框高17.7釐米，寬11.6釐米。題"邑後學馬長淑蓼亭甫校輯"。前有馬長淑序；乾隆八年馬長淑題詞；校訂姓氏。末有乾隆八年曹澣後序，乾隆八年李大本後序。第五卷題"西琅館彙編"，前有馬長淑《別序》。

馬長淑，字漢荀，安邱人。雍正進士。官至磁州知州。

稱渠風者，蓋安邱，古渠邱地也。初，安邱張貞欲輯其邑自明以來迄於清代之詩，名曰"渠邱詩留"，又曰"渠風"。以搜羅弗廣，事遂中輟，遺稿亦澌滅無存。四十餘年後，長淑踵成是編，刊布傳後。其第五卷，專輯馬氏一家詩，計十八人。第六卷爲流寓、方外、閨秀、續編。第七卷爲詩餘。

馬長淑題詞云："吾渠雖蕞爾丸邑，而博物洽聞，揚鑣藝苑者，代不乏人。第屢易滄桑，散軼略盡，即殘編斷簡存什一於千百。"

曹澣後序云："吾師蓼亭先生，溯洄淵源，恭敬桑梓，緬懷邑之先輩，勢位浮名比於飄風過耳，而性情精神僅託文字以傳者，吉光片羽，忍不球圖珍之乎？用是博采遺篇，遍求凤搆，毋論簪纓之貴，蓬蓽之儒，流寓之高人，隱逸之野老，以至空門緇衲、繡閣香奩，凡有所作，蒐輯罔遺。""肇於乾隆庚首春，迄於壬戌冬杪，數年來集稿滿案，删繁去蕪，披沙揀金，計得詩七百首有奇，長短句四十餘闋，名曰《渠風》，分爲六卷。"

作者輯馬氏一家之詩，上溯其高曾祖父馬應龍，下逮群從子姪等。《別序》云：諸作"不忍割愛，亦並存之，以附《渠風》之末，俾知馬氏風雅之傳，其來有自"。

《四庫全書總目》云："然意主夸飾風土，不免附會古人，如《方外》内闌入唐釋皎然一詩，殊不含斷自前明之例。而《流寓》内首列蘇軾，亦非事實也。"

此本有扉頁，刻"渠風集略。輯慶堂梓"。

《四庫全書總目》入集部總集類存目。《中國古籍善本書目》著録，著者作"馬常淑"，誤。中國國家圖書館也有入藏。

2912　清康熙刻本梁園風雅　　　　　　　T5241.16/4802

《梁園風雅》二十七卷，明趙彦復輯。清康熙四十三年(1704)陸廷燦刻本。十六册。半頁十行十九字，左右雙邊，白口，雙魚尾。框高16.7釐米，寬12.6釐米。題"雍丘趙彦復微生選；東郡汪元范明生校"。前有康熙四十三年宋犖序，萬曆四十四年(1616)趙彦復原序；《凡例》七則；汪元范撰諸公爵里。末有宋犖識語。

趙彦復，字微生，河南杞縣人。明萬曆三十二年進士。性剛正，尚氣節。初令寶坻，調曲沃，有愛在民。遷知汾州府，擢楚中觀察，居官始終矯矯，聲望甚著。仕至湖廣按察副使。爲詩慕鄉先生遺範，溯源漢魏，沉浸於天寶、大曆間。

是編選中州之詩，凡九家，爲李夢陽五卷、何景明五卷、王廷相一卷、孟洋一卷、薛蕙二卷、高叔嗣二卷、劉繪一卷、張九一三卷、謝榛五卷。趙彦復詩一卷附於後。《四庫全書總目》云：

"李薛皆秦産,以夢陽祖籍扶溝,蕙祖籍偃師,遂併闌入。謝榛本臨清人,以游蹟偶至,遂强爲流寓。以是爲例,今古詩人,其可以攀附者强半矣,又何止是三人乎?梁王兔園,僅漢時一別館,取以概名中州之卷,尤無也。"

李夢陽詩,樂府七首、五言古詩一百首、七言古詩五十三首、散篇十九首、五言律詩八十九首、五言排律八首、七言律詩六十二首、五言絶句十三首、六言律詩一首、七言絶句二十五首。

何大復詩,樂府十八首、五言古詩七十一首、七言歌行四十四首、五言律詩七十四首、五言排律八首、七言律詩四十六首、七言排律二首、五言絶句二十六首、六言律詩二首、六言絶句三首、七言絶句二十六首。

王廷相詩,五言古詩十八首、五言律詩二十一首、五言排律二首、七言律詩六首、五言絶句五首、七言絶句十三首。

孟洋詩,樂府一首、五言古詩五首、七言古詩二首、五言律詩十一首、五言排律一首、七言律詩九首、五言絶句三首、七言絶句二首。

薛蕙詩,樂府一首、五言古詩五十二首、七言古詩十一首、五言律詩四十二首、五言排律八首、七言律詩八首、五言絶句八首、七言絶句十首。

高叔嗣詩,五言古詩三十六首、七言古詩二首、五言律詩七十四首、五言排律十首、七言律詩十九首、五言絶句六首、六言絶句六首、七言絶句二首。

劉繪詩,樂府五首、五言古詩三十二首、五言律詩九首、五言排律三首、七言律詩二十首、七言排律二首、五言絶句五首、七言絶句九首。

張九一詩,五言古詩十首、七言古詩十一首、五言律詩六十八首、七言律詩五十二首、五言排律九首、七言排律三首、五言絶句六首、七言絶句五十六首。

謝榛詩,五言古詩九首、七言古詩三十七首、五言律詩一百九十七首、七言律詩一百二十五首、五言排律四十三首、七言排律六首、五言絶句五十九首、七言絶句八十三首。

趙彦復詩,五言古詩七首、七言古詩八首、五言律詩四十三首、七言律詩二十四首、五言排律二首、六言絶句六首。

此本爲陸廷燦所刻。宋犖序云:"是編爲吾鄉先正之遺芬,每愛翫流連弗忍置,會嘉定陸生廷燦請重付剞劂,以永其傳。"

又此書尚有明刻本存世,遼寧大學圖書館有全帙。此本有扉頁,刻"梁園風雅。明雍丘趙微生先生選。大中丞宋漫堂先生發刻"。

《四庫全書總目》入集部總集類存目。《中國古籍善本書目》著録,遼寧省圖書館、福建省圖書館等十三館也有入藏。

鈐印有"林一桂印"、"鈍村"、"後爲鈍村林氏所得"、"不醉亭"、"雨山草堂"。

2913　清康熙刻本中州名賢文表　　　T5241.16/7266

《中州名賢文表》三十卷,明劉昌輯。清康熙四十五年(1706)汪立名刻本。八册。半頁十二行二十二字,左右雙邊,黑口,單魚尾。框高18.1釐米,寬13.6釐米。題"姑蘇劉昌欽謨"。前有康熙四十五年宋犖序,成化七年(1471)劉昌舊序;康熙四十五年汪立名跋;中州名賢本傳。

劉昌,字欽謨,號樓園,江蘇吳縣人。正統十年進士。早歲穎悟,過目不忘。舉進士,對策忤時宰,抑置二甲,授南京工部主事。景泰初,詔選儒臣纂修宋元史,昌被選,史事竟,復舊任。

越五年,拜按察副使,歷官河南提學副使,遷廣東布政司左參政。居艱服闋,卒於家,年五十。昌博學多聞,勤於著述,又有《懸笥瑣探》、《胥臺集》五種等。《列朝詩集小傳》乙集、《本朝分省人物考》卷二〇有傳。

是編爲劉昌官河南時所輯元代中州名賢之集,凡許衡六卷(奏議、奏對、雜著、韻語、墓銘、書牘、詩章、詞調、附錄)、姚燧八卷(詩賦、代言、銘辭、碑文、記序、墓碣、神道碑、附錄)、馬祖常五卷(五言古詩、七言古詩、五言律詩、五言排律、七言律詩、五言絕句、七言絕句、樂府歌行、雜言、聯句、騷賦、制誥、表箋、章疏、記序、碑志、附錄)、許有壬三卷(古賦、五言古詩、五言律詩、七言律詩、七言絕句、歌行、贊、題跋、序、碑志、附錄)、王惲六卷(五言古詩、七言古詩、七言律詩、奏議、記序、碑志、題跋、附錄)、孛朮魯翀(富珠哩翀)二卷(碑銘、記序、詩頌、附錄)。

劉昌序云:"懷慶守呂恕以許文正公遺書授昌,昌遂附之以姚文公燧、馬文貞公祖常、許文忠公有壬、王文定公惲、孛朮魯文靖公翀諸集之僅存者而表章顯著之,蓋皆中州之名賢也,故題之曰《中州名賢文表》。"

《四庫全書總目》云:"又略依本集之體,各以碑志銘傳等篇附錄於後。考許衡《魯齋遺書》、馬祖常《石田集》、許有壬《至正集》、王惲《秋澗集》,雖尚存傳本,而惟《魯齋遺書》有刊板,餘皆輾轉傳鈔,舛誤滋甚,賴此編擷其英華,得以互勘。至姚燧本集五十卷、富珠哩翀本集六十餘卷,見於諸家著錄者,已久佚不傳,獨賴此僅存,其表章之功,亦不可泯矣。"

每集末有劉昌跋語數則,頗見考訂功夫。又此爲內集,尚有外集、正集、雜集若干卷,今俱未之見,或久而散佚。昔王士禎《香祖筆記》,載其勸宋犖重刻《文表》事,且云:欽謨諸跋,當悉刻文,以存其舊。此本實宋犖授汪立名所刻,今跋俱在,當士禎之意也。汪立名跋云:"蘇州劉昌欽謨氏視學河南,蒐許文正以下六公之作,題曰《中州文表》,凡三十卷。書撰於成化之初,去元未遠,而姚文公集五十卷、孛朮魯文靖公集六十餘卷,已不復見,藉是編所錄以傳,其表章之力匪細矣。按欽謨序,以是爲內集,復有外集、正集、雜集,惜其並亡,訪之儲藏家不可得。吾師商丘宋公手授藏本,命讎校而鋟之,凡匝歲而後卒業云。"宋犖序也云:"余自少知有是書,輒景慕鄉先生遺風餘烈,心響往者久之。後建節三吳,得於藏書家,亟以授汪子西亭重什剞劂。"

此爲寫刻本,端楷。有扉頁,刻"中州文表"。

此書最早有明成化刻本,中國國家圖書館、寧波天一閣博物館入藏。《四庫全書總目》入集部總集類。《中國古籍善本書目》著錄,中國國家圖書館、上海圖書館等十四館也有入藏。

2914　清乾隆刻本汜南詩鈔　　T5241.16/0345

《汜南詩鈔》四卷,清張邦伸、耿蕘等輯。清乾隆三十九年(1774)刻本。四冊。半頁九行十九字,左右雙邊,白口,單魚尾。框高16.8釐米,寬12.7釐米。題"廣漢張邦伸石臣評選;襄城劉曾慶丹峰、耿蕘機谷同輯"。前有乾隆三十九年張邦伸序;《凡例》十一則。

張邦伸,字石臣,號雲谷,四川新津人。乾隆三十六年,以孝廉選知襄城事。緩催科,減徭役,該綜經術,好古教化,師其意弗泥其蹟,繕學校,厲生徒。性嗜讀書,致忘寢饋,刻苦專精。《國朝耆獻類徵初編》卷二三九有傳。

襄城,於春秋爲汜南地,跨許之一隅,而山水實甲於中州。是集收清初河南襄城詩家計七十二人,共詩八百八十九首。倣元遺山《中州集》之例,每人各附小傳,間綴評語。或以詩存人,或以人存詩,總期無濫無遺,然同時人及生存者皆不收錄。又集中諸詩,各以類序,先樂府,次古體，次近體，次絕句，至聯句、集古等體均附於後，而襄城文獻賴以不墜。

此本之編，始於耿蒉，後由邦伸復加徵採，《凡例》中有云："是編始於耿君機谷，徵求草創，五歷星霜，用心良苦。余於公暇，挑燈檢校，復加徵採，不足存者汰之，遺者補之，七閱月始克竣事。因節廉俸以付梓人。至訂訛考異、共勸厥成，則劉明經丹峰、王孝廉硯田、侯學博中黃及家召南也。"

張邦伸序云："癸巳秋，耿君機谷以所輯邑先達詩屬選，敗紙殘箋，幾盈兩麓。公暇挑燈檢校，凡七閱月始克卒事，復加徵採，擇其尤者，斷自國初，迄於丙辰，中間八十餘年，凡名公鉅卿以及山林隱逸、婦人女子，無不畢載。""抑余聞之，詩本性情，通乎政治，其為用也廣。顧作者必有拳拳不得已之深心，而後詞文旨遠，光景常新，使讀者忠孝廉恥之念油然而生，淫佚邪辟之私惕然而止，詎徒較工拙於聲韻間哉。是編雖華實兼收，酸鹹異味，而緣情綺麗，不失乎風雅之宗，用以正人心而維世教。""癸巳"，為乾隆三十八年。"丙辰"，為乾隆元年。

此本有扉頁，刻"氾南詩鈔。乾隆甲午秋鑴。澄虛堂藏板"。第一百二十八頁佚去。

《四庫全書總目》、《續修四庫全書總目提要（稿本）》、《中國古籍善本書目》均未著錄。《北京圖書館古籍善本書目》著錄。

2915　清康熙刻本甬上耆舊詩　　T5241.29/1221

《甬上耆舊詩》三十卷，清胡文學、李鄴嗣輯。清康熙十五年（1676）胡氏敬義堂刻本。十冊。半頁十一行二十二字，四周單邊，白口，單魚尾，書口下刻"敬義堂"。框高18.4釐米，寬13.7釐米。題"後學胡文學輯選；李鄴嗣敘傳"。前有康熙十三年（1674）胡文學序，康熙十四年（1675）李鄴嗣序；康熙十五年胡德邁附述。

胡文學，又有《疏稿》。

李鄴嗣，又有《杲堂文鈔》。

卷一古詩四家三十二首，卷二宋詩二十四人七十四首，卷三元詩十二人八十一首，卷四明初詩家十五人一百一十二首，卷五耆舊一集十一人七十五首，卷六耆舊二集五人五十七首，卷七白齋先生集三百二十八首，卷八九大家集（附閨秀一人）三百七十七首，卷九石溪先生集七十一首，卷一〇二陳先生詩（附閨秀二人）七十九首，卷一一十二名家詩一百四十九首，卷一二八名公詩十首，卷一三正嘉以前名薦紳詩二十七人四十四首，卷一四續前集四十二人九十七首，卷一五張大司馬勝游錄二十人三十三首，卷一六正嘉以前布衣詩二十九人六十一首，卷一七七名家詩八十四首，卷一八二相國詩一百四十二首，卷一九屠余二先生詩（附閨秀一人）八十五首，卷二〇汪屠二名家詩七十九首，卷二一布衣勾章先生集（門人二家）三百十二首，卷二二布衣楊李二先生集一百五十八首，卷二三布衣十二名家詩二百四十七首，卷二四鄞詩清派後五人九十五首，卷二五三名公詩十七首，卷二六林泉雅集詩十一人二十八首，卷二七隆萬以前薦紳詩四十一人八十六首，卷二八名將詩十人四十一首，卷二九布衣逸詩八家（附一人）一百九十五首，卷三〇隆萬以前布衣詩四十八人（附閨秀一人）九十首。每卷之首，俱有小序，略依其才品名位高下為次，使各以類從，而不盡以時代為斷，於支派極為詳晰。

甬上，古寧波之稱也。千餘年來，人物嘉行，遺編爛然。然集鄉邦人士之詩亦非易事，如王深寧先生集至百卷，而輯者僅見其《哭袁進士》一首。鄭滎陽詩學三世，其《四明文獻錄》所載詩亦僅數家，可見宋人詩在清初即已散軼俱缺。明代宋弘之取里中詩人二十家，為《四明雅集》，戴鯨續爲六十家，張時徹更廣爲一百二十家，編爲《皇朝四明風雅》四卷。之後甬上詩日盛，又有明楊德周等輯《甬東詩括》十三卷，然一時風雅藉其采拾而仍有漏失。

是書最初所錄詩四十卷，胡文學取前三十卷先授梓，其後十卷及《方外耆舊詩》、《甬上詩話》即續成復錄。然而功甫及半，文學即逝，刻事亦中輟。後文學子胡德邁"伏念此書係里中文獻甚重，且先君遺志不敢中廢，因復鳩功刻成前三十卷，俱先君所授草也"。

李鄴嗣序云："宋以前詩不傳，此非今日之罪也。成弘以前詩傳而不盡傳，尚可采補，正嘉以後詩不能刪繁領要，搜隱獲奇，恐終至於湮没，此皆余今日之罪也。因與友人胡道南先生謀以余所撰《甬上耆舊傳》爲本，凡先賢士大夫名章軼草，有傳有未傳，以至單門處士蠢稿鼠篇，極耳目所至，無不走訪，既得畢集於前，始敘其世，次定其品目，考其支派，分承壇坫相嬗。'集成，凡得選家四百三十人，詩三千有奇，爲四十卷。'其間名將之詩，亦得十二家，此一奇也。閨秀詩，女從其父，婦從其夫，母從其子，此一奇也。方外有十高僧，三支二老，此亦一奇也。葛遲乃賢本回鶻部人，來居鄞先生之里，其詩遂稱江南一絕，此更一奇也。初，道南先生既與余相論定，遂以前三十卷先付梓人，工甫及半而道南云亡，未及睹其書之成。其子德邁，年少善讀書，以爲先公之業不可中廢也，遂梓成前三十卷行世，俱有功於文獻。"

附述云："先君因盡取家所藏先輩逸集，及它所散見，益補其未備。李先生遂專事敍傳，而以緝選屬先君，共商酌去取大略，於諸名家集盛傳當世者錄之頗嚴，而於藏集未行者及行世而名未顯者，每力爲表章，意在搜奇表異，務使不遺。"

《四庫全書總目》入集部總集類。《總目》云："其體例精審，於部居州次之中，寓論世知人之義，徵文考獻，條理秩然，固非釣名悦俗、瓦礫雜陳者所得而相比矣。"

《中國古籍善本書目》著錄，中國國家圖書館、上海圖書館、寧波天一閣博物館、湖北省圖書館等十五館也有收藏。

2916　清乾隆刻本西江風雅　　　　　　　　　　　　T5241.26/8121

《西江風雅》十二卷《補編》一卷，清金德瑛輯。清乾隆十八年（1753）刻本。五册。半頁十行十九字，左右雙邊，黑口，單魚尾。框高 17 釐米，寬 13 釐米。目錄頁題"仁和金德瑛慕齋選；烏程沈瀾泊村編"。前有王興吾序，湯聘序，乾隆十八年沈瀾序。

金德瑛，字汝白，一字慕齋，號檜門，浙江仁和人。乾隆元年一甲一名進士，授修撰，充福建鄉試正考官，提督江西、山東、順天學政，擢內閣學士，官至都察院左都御史。性好古，善鑒別金石摹本及古人手蹟真贗。工書法，出入晉唐。二十七年卒於官，年六十有二。又有《檜門詩疑》。《清史列傳》卷二○、《國朝耆獻類徵初編》卷八一有傳。

是集收清代江西詩人之作，卷一至三五言古詩，收八十三人，計三百二十七首；卷四至六七言古詩，收四十八人，計一百四十五首；卷七至九五言律詩，收八十七人，計二百七十七首；卷一○七言律詩，收五十五人，計一百四十九首；卷一一五言絕詩，收十七人，計四十首；卷一二七言絕詩，收四十七人，計一百二十五首。《補編》爲五言古詩，收五人，計十二首；七言古詩，收四人，計五首；五言律詩，收二十人，計二十八首；七言律詩，收十一人，計二十五首；五言絕詩，收二人，計四首；七言絕詩，收六人，計九首。

王興吾序云："沈君泊村，守筠州有年，雅愛詩，聞人有片語工善，嗟誦不置。前學使金太常有《西江風雅》之選，其詩多古質可喜，因彙爲若干卷，將以教授多士。余既不得見前人之作，深樂其有是編,可以識當世士大夫性情問學。而十三郡治、名賢古蹟、民物風土、志好美惡,並得見其端隅,其於政事不無補矣。"

沈瀾序云:"往歲,慕齋奉常視學江右,喜談詩,有投贈者輒品隲甲乙,鈔寄商榷,庋置篋衍,間蠹蝕過半。今春,料簡舊文,重加茸整,蒐殘補缺,彙若干卷。其先後詳略,遵用元本錄校,偶有見聞,間附入一二。至國初遺老,及近時名作,如穆堂、一齋諸公,或因卷帙浩繁,或未見專集,不敢妄增,俟他日續編。"

此本有扉頁,刻"西江風雅。仁和金德瑛慕齋選;烏程沈瀾泊村編"。

《四庫全書總目》、《續修四庫全書總目提要(稿本)》均未著錄。《中國古籍善本書目》著錄,北京大學圖書館、復旦大學圖書館等三館也有入藏。

2917　清乾隆刻本述本堂詩集　　　　T5235.8/0241

《述本堂詩集》十八卷。清乾隆二十年(1755)方觀永等刻本。六册。半頁十行十九字,左右雙邊,白口,單魚尾。前有沈德潛序,乾隆二十年方桼如序。

是書爲清代桐城方氏三世家集。依次爲:

方登嶧撰《依園詩略》一卷《星硯齋存稿》一卷《垢硯吟》一卷《葆素齋集》三卷《如是齋集》一卷。

方式濟撰《陸塘初稿》一卷《出關詩》一卷《龍沙紀略》一卷。

方觀承撰《東間剩稿》一卷《入塞詩》一卷《懷南草》一卷《豎步吟》一卷《叩舷吟》一卷《宜田彙稿》一卷《看鷺詞》一卷《松漠草》一卷。

方登嶧,字鳧宗,號屏垢。康熙三十三年貢生。官工部主事。受文字獄牽連,謫黑龍江卜魁塞。

方式濟,字屋源,號沃園。康熙四十八年進士。官中書舍人。受文字獄牽連,謫黑龍江卜魁塞。

方觀承,字遐穀,號問亭,又號宜田。少攖家禍,寄食清涼山寺。其間刻志力學,遍知天下郡國形勢,人情政宜,所當施設。由監生薦授中書舍人,乾隆初,入直軍機處,累遷吏部郎中,出爲直隸清河道、直隸布政使,擢浙江巡撫,官至直隸總督。觀承少師事族人苞,仕宦數十年,退食即手書讀,性嗜詩篇,政務之餘,不廢吟詠。卒年七十一,謚恪敏。《皖志列傳稿》卷三有傳。

《依園詩略》前有乾隆十八年黃叔琳序。

《陸塘初稿》前有雍正元年蔡世遠序。

《東間剩稿》前有乾隆十九年錢陳群序、陳兆崙序。《看鷺詞》末有方桼如跋、顧光跋、乾隆十四年方觀本跋。《松漠草》末有乾隆十八年顧光後序、張鳳孫後序。

沈德潛序云:"桐城方氏,代多傳人,自名臣誼士、孝子貞婦、畸人逸民,無不有其人之著述。自仕宦羈旅、山林閨閣,無不能詩者,人自爲家,皆足以傳後而不朽……乾隆十九年春,獲見方氏三世《述本堂詩》,蓋水部鳧宗先生、中翰沃園先生及今宜田宮保之所作也。水部負朋友之累,與中翰遠處窮邊。宮保少經患難,今且秉節鉞,任封疆,爲天子重臣。乃圖衣冠之盛事,誦先人之清芬,裒聚前詩,附以己作,都爲一集。發而讀之,凡天時之變幻,地勢之阻深,人事之險夷,與夫友朋之死生契闊,物類之詭狀殊形,一於樂府古今諸製見之。雖其體格時有不同,而其淵源忠孝、立言有物者,《龍眠風雅》之後,此爲大宗,而非別子矣。"

此本有扉頁，刻"述本堂詩集。漳浦蔡聞之、長洲沈歸愚、北平黃崑圃、嘉興錢香樹、淳安方文輈、錢塘陳星齋先生仝訂。本堂藏板"。《依園詩略》目錄後刻"孫觀永、承、本謹校梓"。"玄"字避帝諱。此書應有《續集》五卷《爲薇香集》一卷，清方觀承撰；《燕香集》二卷《二集》二卷，清方觀承撰。本館佚去。

《四庫全書總目》入集部總集類存目。《四庫全書存目叢書補編》第 30 册收入，底本爲遼寧大學圖書館所藏。《中國古籍善本書目》著録，天津圖書館、北京大學圖書館等十四館也有入藏。又日本《内閣文庫漢籍分類目録》著録。

2918　清康熙刻本商丘宋氏三世遺集　　T5235.8/3995

《商丘宋氏三世遺集》四卷附一卷，清宋犖編。清康熙六年（1667）自刻本。四册。半頁十行十九字，四周單邊，白口，單魚尾。前有周龍藻序。

宋犖，見清康熙刻本《滄浪小志》。

《莊敏公遺集》一卷，明宋纁撰。框高 18.5 釐米，寬 13.7 釐米。題"從曾孫犖編"。

宋纁，字伯敬，號栗庵，河南商丘人。幼而穎異，年十七補郡學生。嘉靖三十一年舉於鄉，三十八年成進士。授永平府推官，持法平允。擢山東道監察御史，奉命巡按陝西、應天、山西，遷順天府丞，拜右僉都御史，巡撫保定，進南京户部右侍郎，改北轉左總督，進户部尚書、吏部尚書。卒贈太子太保，謚莊敏。著有《四書就正録》、《性理便覽》、《古今藥石》、《四禮初稿》、《粹白録》等。

序三篇、跋一篇、疏三篇、墓志銘一篇。附《莊敏公家傳》。

《福山公遺集》一卷，明宋沾撰。框高 18.4 釐米，寬 13.6 釐米。題"孫犖編"。

宋沾，字承恩，號復宇，河南商丘人。自少矢志，居貧好讀書。舉萬曆十九年鄉試。就選福山令，涖政三年，使民樂生興事富，而教之無細，大必盡其心。以勞成疾而卒，民傾城號哭。

序一篇。附《福山公家傳》。

《文康公遺集》二卷，明宋權撰。框高 18.8 釐米，寬 13.7 釐米。題"男犖編"。前有康熙六年張仁熙序。

宋權，字元平，號雨恭，又號梁園，河南商丘人。年十七補諸生，天啓五年成進士。授陽曲令。崇禎中，歷吏、工、兵部給事中。出爲山西按察副使，以母老乞歸。尋起大名道，調順廣，再調遵化，巡撫順天，後總轄山海、永平、密雲、昌平等處。拜内翰林國史院大學士，加太子太保，尋致政歸。卒年五十五，謚文康。有《白華堂詩》。

卷上詩；卷下序三篇、疏十篇、世略行實二篇。附《文康公家傳》。

《文康公年譜》一卷，清宋犖撰。框高 19 釐米，寬 13.7 釐米。權生於萬曆二十六年，卒於順治九年。

周龍藻序云："韓魏公琦有言，祖先所爲文字與家世銘志，必寶而藏之。有遺逸者，精意搜掇，不容少懈，此物此志也。吾師又嘗龍藻言，流寇之亂，歸德最被其毒。莊敏公著作甚富，惟《四禮初稿》、《古今藥石》及商丘邑志以板行得流傳，其他手澤掃地無餘。福山公文僅留一篇，而文康公生平著作，亦多湮没無可考訂，深用惋歎。然則斯集所輯，在吾師方致恨於千百之存什一，而又安得不斤斤寶貴之歟？夫人必視其祖若父，語言文字之小者重，而德業之大，自有所不敢忘。是故斤斤斯集之守，乃所爲紹衣光大之本也。"

《四庫全書總目》、《續修四庫全書》未收。《續修四庫全書總目提要(稿本)》第31冊收錄。《中國古籍善本書目》著錄,吉林大學圖書館入藏。

2919　清康熙刻本李氏家集四種　　T5463/4484

《李氏家集四種》四十三卷,清李菊房編。清康熙李氏家刻乾隆續刻本。四册。半頁十一行二十一字,左右雙邊,黑口,雙魚尾。

是書四種,爲《秋錦山房集》二十二卷《外集》三卷,清李良年撰。《香草居集》七卷,清李符撰。《尋壑外言》五卷,清李繩遠撰。《青蓮館集》六卷,清李旦華撰。館藏此本闕《秋錦山房集》二十二卷及《青蓮館集》六卷。

《秋錦山房外集》,題"嘉興李良年武曾"。末有李菊房跋。三卷皆爲尺牘。目録後題"門下後學金壽彭、珏、德興校訂,元孫旦華編録"。

李良年,初名法遠,更名北澟,字武曾,號秋錦,浙江秀水人。監生。少與兄繩遠、弟符齊名,號"三李"。又與朱彝尊齊名,稱"朱李"。康熙中以國子生召試鴻博,未遇。徐乾學開《一統志》局於洞庭西山,聘主分修。卒於康熙三十三年,年六十。

《四庫全書總目》入集部别集類存目。《總目》云:"良少有雋才,其游蹤幾遍天下,所未至者,秦蜀嶺嶠耳。其詩清峭灑落,亦頗得江山之助。惟自少至老風調不變,其蹊徑之狹,殆才分所偏歟。文則長於議論,而短於敘述,不逮其詩。詞則已刻於《六家詞》中者,殆三分之二,品在其詩文之間云。"李菊房跋云:"先祖徵士公與親知簡牘,稿多不存,爲同時所推,有綴録成帙者,虎林茅氏傳鈔得之,遂與倦圃先生合刻。其中有非先祖之筆而誤入者,姓氏事跡紕繆甚多,先子當年於編成文集後訂正尺牘,或得之遺墨,或訪諸故舊,釐爲三卷。"

《香草居集》,題"嘉興李符分虎"。前有康熙十五年(1676)半完圃老人(《耒邊詞》)及汪琬、曹貞吉序,方光琛序。末有李菊房跋。高層雲撰《布衣李君墓表》。卷一至五詩,卷六至七詞。

李符,原名符遠,字分虎,號耕客,良年弟。布衣。穎悟絶倫,讀書一過成誦,早受知於曹溶,又與朱彝尊等結詩社,故其學頗有淵源。善詩詞,工駢體。精鑒别,與王翬、黄虞稷善。生於崇禎十二年,康熙二十八年卒於福州,年五十一。又有《花南老屋歲鈔》,《補袍集》。

《四庫全書總目》入集部别集類存目。《總目》云:(符)"詩則詞意清婉,似出於范成大,與彝尊等格又異焉。"李菊房跋云:"叔祖耕客公集刻於滇南者曰《香草居詩》,刻於金陵者曰《耒邊詞》,未刻詩詞曰《花南老屋集》……今就《香草》、《花南》二本編録五卷,俱遵原稿,不敢移易只字,庶公之真面目得存也。"

《尋壑外言》,題"嘉興李繩遠斯年"。前有高兆(《屬雲閣稿》)序、佚名(《秀攬亭詩》)序、汪琬(《屬雲閣偶體》)序、康熙三十六年李繩遠自序。末有李菊房跋。卷一至四詩,卷五雜文。目録後題"後學金珏校字,元孫春華同校"。卷五末刻"曾姪孫集編録,後學金壽彭、德興校字"。

李繩遠,字斯年,號尋壑,又號樵嵐山人、補黄村農,良年兄。諸生。入國子監,考授州同知,未就。康熙十八年歸,居武林,耽心釋典。與良年及弟符稱"三李"。康熙四十七年卒,年七十六。又著有《姓氏譜》、《正字通補正》二十卷、《獺祭録》五十卷,曾編刊其曾祖應徵以下之詩爲《澄遠堂三世詩存》。

繩遠之詩集,《四庫全書總目》入集部别集類存目,云:"是集詩二卷,文三卷。其詩格意頗清,文亦謹飭,近人集中之有法度者。然束於邊幅,未能凌躒古人也。"此所云卷之内容,顯誤。

李菊房跋云："先伯祖尋壑公集凡三鋟版，其初刻曰《秀攬亭詩》，續刻曰《屬雲閣稿》，最後手自刪定曰《尋壑外言》，詩文尺牘皆統焉。公晚而耽心釋典，目詞翰爲結習，不欲印行，惟一二知交得見其本，及公棄世，而版旋毀棄。金子秀□以昔有三李之目，而《尋壑》、《香草》二集未見於世，欲仿阮亭先生集附見西樵東亭之例，庶稱全美。余感其厚意，命兒子集及大孫旦華編錄《外言》，其持擇商榷則朱子吉人之力爲多。存詩四卷、雜文一卷，而公之菁英略備矣。"

是本有扉頁，刻"香艸居集"、"尋壑外言"、"秋錦山房尺牘"。此係家刻，如有翻刻，千里必究"。本館著錄之版本項據《中國古籍善本書目》。

《中國古籍善本書目》著錄，中國國家圖書館、上海圖書館等六館有全帙。三李之集，《日本現存清人文集目錄》分開著錄。《秋錦山房集》並《外集》，靜嘉堂文庫、東洋文庫、京都大學所屬圖書館入藏。《尋壑外言》，靜嘉堂文庫、東洋文庫入藏。《香草居集》，靜嘉堂文庫、東洋文庫入藏。《青蓮館集》，靜嘉堂文庫入藏。

鈐印有"琴香書庫"、"溝□氏藏"，日人印也。

2920 清康熙刻本雪鴻堂全集　　　　　　T5235.88/4482

《雪鴻堂全集》二十四卷。清康熙刻本。八冊。半頁十一行二十一字，左右雙邊，黑口，雙魚尾。

《雪鴻堂文集》十八卷，清李蕃撰。框高16.2釐米，寬11釐米。題"通江李蕃錫徵著；男鍾璧校字"。前有康熙五十七年(1718)王掞序，康熙五十六年(1717)汪份序，康熙三十七年(1698)趙吉士序，康熙二十三年(1684)楊開運序，康熙二十三年姜其垓序、宋和序，康熙二十三年楊開運序，康熙五十七年車景錞序，康熙五十八年(1719)吳璉序，康熙五十七年李光坡序，康熙五十七年李光墺序；康熙五十八年詹明章題辭；查雲標撰《通江李錫徵先生傳》；康熙五十一年(1712)吳翊載撰《通江李錫徵先生贊》。

李蕃，字錫徵，號懶庵，四川通江人。順治十四年舉人。官黃縣知縣。質直能文，好吟詠，每遇一事，輒形之詩歌筆札，諄諄懇摯。其文生於情，情生於事，字鈇句鉞，甚得春秋之義。康熙三十三年卒，年七十三。

卷一至二序，卷三記，卷四論、辨，卷五考、說、解，卷六擬、傳、賦，卷七疏、贊、頌、銘，卷八跋，卷九讀杜，卷一〇周禮通義問，卷一一問梅，卷一二紀略，卷一三隨說，卷一四鄉語，卷一五啓，卷一六尺牘，卷一七古體詩、近體詩、詩餘，卷一八祭文、墓志。是集爲其子鍾峨所刊。

王掞序云："懶庵以名孝廉起家，爲縣尹治登之黃，美政弗勝書。讀其文可以知其政，蓋其所以言者，其所以爲用者也……懶庵之文，宗經而支於史。其學正，故其言質而不浮，要而不煩，粹然藹然，而無偏雜旁騖之弊。""懶庵没二十餘年，仲子芝麓檢討視學閩南，方以有用之文期多士，因梓其先集以行，斯亦廣文教之一大端也。"

《雪鴻堂文集》四卷，清李鍾璧撰。書口中刻"燕喜堂文"。框高15.6釐米，寬10.9釐米。題"通江李鍾璧鹿嵐甫著"。前有康熙五十六年序，康熙五十六年查雲標序，康熙五十七年李鍾僑序，康熙五十七年宋和序、陳書序。末有康熙五十五年(1716)李鍾峨跋。

李鍾璧，號鹿嵐，四川通江人。康熙三十五年舉人。官平南縣知縣。

卷一序，卷二尺牘，卷三古體詩、近體詩，卷四疊韻詩。其詩皆信筆揮灑，於聲律多未能諧。其文亦惟意所如。

宋和序云："李君之學，既貴於思，故其爲詩與文，皆思其所自得，而不思夫人之所得。其詩若干卷，多抉發泉源之音，搜剔幽遠之閟，而丘壑崇深，精入穎出，故能摧陷其蹈襲之弊，而開拓其哀樂之懷。""李君曾爲縣於平南，以其詩被於絃歌，教民有善政，然不善媚計典，以病罷之。"

《雪鴻堂文集》二卷，清李鍾峨撰。書口中刻"垂雲亭"。框高 15.7 釐米，寬 11 釐米。題"通江李鍾峨芝麓甫著"。前有康熙五十七年車景錞序。末有康熙五十八年朱評跋。

李鍾峨，號芝麓，四川通江人。康熙四十五年進士。官翰林院檢討。

卷一賦、頌，卷二古體詩、近體詩。是集乃其督學福建時所編，多館課及應酬之作。

朱評跋云："其於詩也，如憶母、夢弟、示姪之什，皆孝友至性所流露。《祝萬壽早朝》及《湯泉頌》，悉本忠愛之誠。他若寫景賦物諸體，莫不有裨於倫教。"

此本楷書，三種皆有扉頁，刻"雪鴻堂全集"。"玄"字有避有不避。

《四庫全書總目》於此書分開著録，皆入集部別集類存目。《四庫全書存目叢書》第 261 冊收入李鍾壁四卷本、第 264 冊收入李鍾峨二卷本，底本爲北京大學圖書館所藏。《中國古籍善本書目》著録，中國國家圖書館、天津圖書館等七館也有入藏。

鈐印有"陽湖陶氏涉園所有書籍之記"。

2921　清乾隆刻本吳江沈氏詩集　　　T5241.28/2369.3

《吳江沈氏詩集》十二卷，清沈祖禹輯。清乾隆五年(1740)刻本。五冊。半頁十一行二十一字，左右雙邊，白口，單魚尾。框高 18.1 釐米，寬 12.6 釐米。題"祖禹謹録；彤謹校"。前有乾隆五年沈祖禹序；前後鑒閲諸先生名氏；旁采諸名家選本。末有沈彤後序。

沈祖禹，字所揆，江蘇吳江人。

沈氏於元末始居吳江，忠孝傳家，而文學亦開其先，厥後遂以詩賦文辭名者衆，而詩爲尤甚。此集即集明成化至清乾隆間沈氏之詩，爲卷一六人，詩五十七首；卷二四人，詩八十一首；卷三三人，詩一百零六首；卷四二人，詩一百二十五首；卷五十人，詩六十七首；卷六三人，詩九十九首；卷七九人，詩八十二首；卷八四人，詩六十二首；卷九七人，詩五十八首；卷一〇二十二人，詩八十三首；卷一一至一二，閨秀二十人，計一百三十一首。

是書每人選詩數首，或乃至百數十首，要以其佳者爲斷。作者均有小傳一篇列於詩前，間有評論，以見詩律。

沈祖禹序云："其最著者，顧篇什略見他名家所編而集之刊行者，十不得二。往者，冽泉公嘗撰爲總集，尚有所遺，且自明季而止，用是我大父晚香公、從父真崖公，先後罔羅，復補其闕，篇什增多，而業俱未就。今又曰三十年矣，舊所藏者，各有蠹蝕，而諸公別集，轉益殘缺。每與從弟冠雲語及而傷心之。己未夏五，乃敢忘其固陋，發舊所藏，重加搜訪。自明之成化，逮國朝之乾隆，凡得七十公暨閨秀二十人，遺詩計數千首，敬謹繙閲，因三稿而整齊之。復於善言詩者商榷之，定録詩九百五十一首，析爲十有二卷，名曰《吳江沈氏詩集録》，并謀諸族人相與資而刻之。"

此本初印，楷書，秀美齊整，刻工精湛。有扉頁，刻"吳江沈氏詩集録"。按，是書有同治六年重刻本。

《四庫全書總目》未收。《續修四庫全書總目提要(稿本)》著録。據《續修提要》，是本應有沈德潛序，今似佚去。《中國古籍善本書目》著録，首都圖書館、遼寧省圖書館等六館也有入藏。

2922　明刻本三蘇先生文粹　　T5339/1422

《三蘇先生文粹》七十卷，宋蘇洵、蘇軾、蘇轍撰。明刻本。二十册。半頁十四行二十六字，左右雙邊，白口，單魚尾。框高 18.8 釐米，寬 13.6 釐米。無序跋。

蘇洵，字明允，號老泉，眉州眉山人。年二十七始發憤讀書。嘉祐間，歐陽修薦於宰相韓琦，授秘書省校書郎。洵文奇峭雄拔，一時學者競效蘇氏爲文章。

蘇軾，字子瞻，自號東坡居士。洵次子。嘉祐二年進士，英宗時爲直史館。後通判杭州，徙湖州。言者摘其詩語以爲訕謗，貶謫黄州。召還，爲翰林學士、端明殿侍讀學士，曾知登州、杭州、潁州，官至禮部尚書。復貶謫惠州、瓊州。卒謚文忠。詩文縱橫恣肆，詞開豪放一派，書畫亦有名。

蘇轍，字子由，洵三子。嘉祐二年進士。神宗時，反對王安石行新法。哲宗時，累官翰林學士、門下侍郎。徽宗時辭官，築室居於許州，號潁濱遺老。文章與軾齊名。

卷一至一一爲蘇洵，卷一二至四三爲蘇軾，卷四四至七〇爲蘇轍。三蘇之名，始見於宋王辟之《澠水燕談錄》卷四"才識"，云："蘇氏文章擅天下，目其文曰三蘇。蓋洵爲老蘇、軾爲大蘇、轍爲小蘇。"其曰"文粹"，蓋仿陳亮《歐陽先生文粹》例。所錄多議論之文，蓋備場屋策論之用。

《四庫全書總目》入總集類存目。《中國古籍善本書目》著錄。中國國家圖書館、上海圖書館等三十三館，臺北"國家圖書館"（五部，其一爲原藏北平館者）及美國國會圖書館、日本内閣文庫亦有入藏。

鈐印有"高凌霞澤畚甫收藏印"、"沽上散人"、"景荀堂藏書印"。

2923　明刻本蘇雋　　T5238.57/1141

《蘇雋》五卷，明陳仁錫輯并評。明刻本。七册。半頁九行十八字，四周單邊，白口，無魚尾，書眉上刻評。框高 22.5 釐米，寬 14 釐米。題"古吴陳仁錫選評"。前有序（佚去末頁）。

是書收《老泉先生集》一卷（宋蘇洵撰）、《東坡先生集》三卷（宋蘇軾撰）、《潁濱先生集》一卷（宋蘇轍撰）。

《中國古籍善本書目》著錄有此書兩種。一作明王世元輯，明湯賓尹評，明萬曆四十一年王世元刻本，行款同此本，藏河南省圖書館等六館，臺北"國家圖書館"亦有入藏。一作明王鳳翔輯，湯賓尹評，明萬曆刻本，行款也同此哈佛本，藏福建師範大學圖書館等三館。疑此本或與前兩種中之一種同板，作者項爲得板者剜改，而易作"古吴陳仁錫選評"。

《四庫全書總目》未收。《中國古籍善本書目》未著錄。

鈐印有"菊隱子"、"豐山"、"洪友榮聖善章"、"聖善"。

2924　明萬曆刻天啓重修本楊升庵先生批點文心雕龍　　T5212/7243.49

《楊升庵先生批點文心雕龍》十卷，梁劉勰撰；明楊慎批點；梅慶生音注。明萬曆三十七年(1609)梅慶生刻天啓二年(1622)重修本。二册。半頁九行十八字，左右雙邊，白口，單魚尾。

卷一第一頁書口下刻"天啓二年梅子庚第六次校定藏板"。框高20.8釐米,寬14.4釐米。題"梁通事舍人劉勰著;明豫章梅慶生音注"。前有萬曆三十七年顧起元序(天啓二年宋穀重書);讎校姓氏;楊升庵先生與張禺山公書(有萬曆三十七年梅慶生跋);都穆舊跋;萬曆二十一年(1593)朱謀㙔跋;《梁書》劉舍人本傳;《凡例》八則。

劉勰,字彥和,南朝梁東莞莒縣人。梁武帝時,歷任東宮通事舍人、步兵校尉等職。早年家貧,不婚娶,依沙門僧祐研習佛教經論。晚年出家爲僧,法名慧地。《梁書》、《南史》有傳。

是書五十篇,以文章雕縟成體,取戰國齊人騶衍別名雕龍奭爲義,故稱《文心雕龍》,是我國古代第一部體系較爲完整的文學理論著作。

顧起元序云:"豫章梅子庚氏,既擷東莞之華,復賞博南之鑒,手自較讎,博稽精考,補遺刊衍,汰彼肴訛。凡升庵先生所題識者,載之行間,以覈詞致。至篇中曠引之事,畢用疏明;旁采之文,咸爲昭晰。使敦悦研味者,不滯于才之思,玩索鉤校者,直撮孝標之勝。若子庚者,微獨爲劉氏之功臣,抑可稱楊公之益友矣。"

現存《文心雕龍》之最早版本,爲元至正十五年刻明修本,今藏上海圖書館。明代有數刻,爲弘治十七年馮允中刻本、嘉靖十九年汪一元刻本、嘉靖二十二年佘誨刻本、隆慶三年魯藩三畏堂刻本、萬曆七年張之象刻本、萬曆八年刻本、明刻本(兩種)、萬曆十年原一魁刻《兩京遺編》本等。梅慶生刻原本,上海圖書館、浙江圖書館等十二館及臺北"國家圖書館"有藏。天啓二年重修本,中國國家圖書館、上海圖書館等三十館,及臺北"國家圖書館"、日本内閣文庫入藏。

此本有扉頁,刊"文心雕龍。楊升菴先生批點。古吴陳長卿梓"。此實爲陳氏所印,非其所梓。

《四庫全書總目》入集部詩文評類。《中國古籍善本書目》著錄。此陳長卿印本,湖南圖書館、北京大學圖書館等五館亦有入藏。

2925　明刻五色套印本劉子文心雕龍　　　　　　　T5212/7243

《劉子文心雕龍》二卷,梁劉勰撰,明楊慎、曹學佺等批點;注二卷,明梅慶生撰。明閔繩初刻五色套印本。六册。半頁九行十九字,四周單邊,白口,無魚尾,中無直格。書眉上刻評。框高20.8釐米,寬14.4釐米。前有萬曆四十年(1612)曹學佺序;楊升庵先生與張禺山書;閔繩初序;凌雲撰《凡例》六則;劉舍人本傳;校讎姓氏。

曹學佺序云:"《雕龍》苦無善本,漶漫不可讀。相傳有楊用修批點者,然義隱未標,字譌猶故。予友梅子庚,從事於斯,音注十五,而校正十七,差可讀矣。予以公暇,取青州本對校之,間一籤其大指,是亦以易見意而少補。"

此本色分紅、黑、藍、紫、黄五色。注二册,單色。

《中國古籍善本書目》著錄。中國國家圖書館、上海圖書館等二十五館,臺北"國家圖書館"(作明吴興凌雲刊五色套印本),及日本内閣文庫(作明刊三色套印本)亦有入藏。

鈐印有"慎宜軒"、"舒桐鄉民"。

2926　清乾隆刻本文心雕龍　　　　　　　　　　T5212/7243.14

《文心雕龍》十卷,梁劉勰撰,清張松孫輯注。清乾隆刻本。四册。半頁九行十八字,四周雙邊，白口，單魚尾。框高18.6釐米，寬13.2釐米。題"梁劉勰撰；明楊慎批點；長洲張松孫鶴坪輯注；男智瑩樂水校"。前有乾隆五十六年(1791)張松孫序；《凡例》八則；《梁書》劉舍人本傳；《楊升庵先生與張禹山公書》(附梅慶生識語)；元校姓氏。

張松孫，字稚赤，號鶴坪，江蘇長洲人。補山東東平州判，攝濟陽知縣，擢泉河通判，調河南之商虞，又爲四川潼川知府，改發河南，署歸德知府、河南府知府。後解官養疴，然積勞且久，病竟不起。松孫好蓄研，工書善詩。生於雍正八年，卒於乾隆六十年，年六十六。《國朝耆獻類徵初編》卷二四五有傳。

張松孫序云：《文心雕龍》一書，"歷唐宋元明，爲藝文志不祧之目，直比經史子集，爲絃誦家必讀之書。楊升庵闡發精微，厥功偉矣；梅子庚疏通訓詁，其旨深焉。乃迄今一百餘年，古篇漸缺，雖不至二三其説，真本難傳，徒問東觀之藏；意殷往代，空入洛陽之市。心切前人，余也卅載宦場，一麾出守，家原儒素，酷類任昉之貧；學媿書淫，深慕張華之積。況東都士俗，堪上擬鄒魯之風，而古郡人文，宜益振絃歌之化。是編盡屈壘曹牆之蘊，擅班香宋艷之能，試攬英華快覩，珠聯璧合，堪供佔畢，永稱玉律金科。惟思被諸膠庠，資多士下帷之讀，必當壽之梨棗，公一時希世之珍。爰爲數典而稽瞭如指掌，庶使悅心以解朗若列眉，視梅注而加詳，稍更陳式，集楊評而參考，敢步後塵，略避雷同，習見者尤滋娛目，再經剞劂，傳誦者益足饜心。寫入衍波箋中，碧窗觀海；攜到讀書樓上，烏几生雲。從茲比户流傳，儒林爭賞。"

《例言》云："梅子庚元本，讎校精密，但流傳既久，初印難購，字跡或至模糊。今得黃崑圃本，依據參考，悉爲訂補。其字句間有多寡不同，仍照梅本刊刻。惟'隱秀'一篇，則照黃刻，從何義門校本補足全文。""注釋，梅本簡中傷煩；黃本煩中傷雜，且皆附載各篇之後，長者累紙不盡，難於繙閱。愚於參考之中，略加增損，即各注當句之下，其重出疊見者，概從略焉。""是書卷帙雖簡，亦資衆力校讎。則有德清蔡曰讓、武進董達章、長洲胡紹曾、遂寧張問彤，以僅此數人故，附見於此。"

"玄"字避帝諱。是書又有翻刻本，竹紙。卷一第一頁框高18.1釐米，寬13.1釐米。有扉頁，刻"文心雕龍。沈登瀛題"。

《四庫全書總目》收有清黃叔琳輯注本。《續修四庫全書》、《續修四庫全書總目提要(稿本)》未收。《中國古籍善本書目》不收。《清華大學圖書館藏善本書目》著錄。

鈐印有"劍匣之中有龍氣"、"積學齋徐乃昌藏書"、"南陵徐乃昌校勘經籍記"、"張氏珍藏"、"藝農珍賞"。

2927　明嘉靖刻本增修詩話總龜

T5213/7171

《增修詩話總龜》四十八卷《後集》五十卷，宋阮閱輯。明嘉靖二十四年(1545)月窗道人刻本。十册。清瞿鴻磯題識，民國丁福保跋。半頁十一行二十二字，四周單邊，白口，單魚尾。框高17.2釐米，寬12.9釐米。題"龍舒散翁阮一閲宏休編；皇明宗室月窗道人刊；鄱陽亭梧程珙舜甫校"。前有嘉靖二十三年(1544)張嘉秀序，李易序。末有嘉靖二十四年程珙跋。

阮閱，字宏休，舒城人。趙希弁《讀書附志》稱其建炎初以中奉大夫知袁州，然事蹟未詳。又有《松菊集》，今佚不傳。

是書採集古今詩話之作，附以諸家小説，分爲一百六門，所採書凡二百種。摭拾舊文，多資考證。惟分類不免瑣屑。此書本名《詩總》，改爲今名，不知出於誰手。

卷一聖製、忠義、諷諭,卷二達理、博識、幼敏,卷三志氣、知遇、狂放,卷四詩進、稱賞,卷五自薦、投獻、評論,卷六至九評論,卷一〇至一一雅什、苦吟,卷一二至一四警句,卷一五至一六留題,卷一七至一九紀實,卷二〇至二一詠物,卷二二宴游,卷二三寓情,卷二四至二五感事,卷二六寄贈,卷二七書事,卷二八故事、詩病,卷二九詩累、王訛,卷三〇道僧,卷三一至三二詩讖,卷三三至三四紀夢,卷三五至三七譏誚,卷三八至三九詼諧,卷四〇樂府,卷四一送別,卷四二怨嗟,卷四三傷悼,卷四四隱逸、神仙,卷四五神仙,卷四六藝術、俳優、奇怪,卷四七奇怪、鬼神,卷四八鬼神、佞媚、琢句。

張嘉秀序云:"白川子負譴嬰疾,分牧芝城,居常怏怏弗樂也。酒月巤殿下時時遣貴侍覘之,閒授二册曰,是為《詩話總龜》,是為宋阮一閱所編,是為今程子珖所校,是將壽諸文梓,期與好事者共。""今月巤酒能逸塵遠覽,訂古準今,與二三博雅君子,冥羅約採,彙為全書。書有門,示別也;有類,示同也;有序,示次也。若有勸有規,有慨有慕,有願學之意,則皆置之,不言之表而亦昭昭然灼灼然。""月巤為我高皇六世孫。程珖修學楚楚,郡博弟子員,番陽人。"

李易序云:"淮伯王月窗,嗜古學文,其志慕東平、河間,而欲相揖遜於異代者。官暇,酒取阮子《詩話總龜》,延庠生程珖校讎之,命工刊布。"

程珖跋云:"龍舒阮子,集百家《詩話總龜》,前卷四十有八,後卷五十,實抄錄未傳之書也。月巤殿下樂善嗜古,見而珍愛,亟欲與四方風雅之士共之,延珖校讎訛舛,芟剔重冗,而壽諸梓焉。復俾采集近代及□□□家者而續成之。"

此書為淮憲王所刻。憲王名厚熹,為莊王子。嘉靖四十二年薨,謚曰憲。

《後集》末刊"寫書貴溪姜輔周,刊字番易□□祖、朱□、樂平胡暹"。

瞿鴻禨題識云:"仲祐所藏,鴻禨讀過。"瞿鴻禨,字子玖,號止盦,長沙人。曾任軍機大臣。

丁福保跋云:"《詩話總龜》前集四十八卷、後集五十卷,宋阮閱編,明月窗道人刊。著錄於天一閣、菉竹堂、述古堂、天祿琳瑯、鐵琴銅劍樓、皕宋樓、善本書室各書目,為宋詩話薈萃之鉅著。其中已佚之書,已占十之六七,幸賴此書以存其梗概。余少時屢思一見其書,求之各藏書家不可得,復託京友求之古書肆,謂此書傳本甚少,現值百五十銀圓,即一時亦不易購得也。去年秋季,書估攜此書來,議價數日,卒以銀圓百枚得之。書中硃筆大點,狼藉行間,實為美玉之瑕,命工重裝,藏之篋衍。客窗枯坐,偶檢及之,爰題數語,以志得書緣起,閱收得時已半載矣。民國五年四月,丁福保識。"丁福保,字仲祐,號疇隱居士,江蘇無錫人。潛心研究佛學,著述甚豐。

《四庫全書總目》入集部詩文評類。《中國古籍善本書目》著錄。中國國家圖書館、上海圖書館等十八館,臺北"國家圖書館"(四部),及日本內閣文庫、尊經閣文庫、靜嘉堂文庫亦有入藏。

鈐印有"休寧汪季青家藏書籍"、"丁福保四十後讀書記"、"丁福保字仲祐"、"善本"、"曾藏丁福保家"。又有"擷藻堂藏書印"、"屐硯齋圖書印"。"蛟川方義路正甫氏所藏金石書畫之印"、"鴻禨長壽"、"止盦"。"趙文敏云:聚書藏書,良非易事。善觀書者澄神端慮,淨几焚香。勿捲腦,勿折骨,勿以爪侵字,勿以唾揭幅。勿以作枕,勿以夾刺。隨損隨修,隨開隨掩。後之得吾書者,并奉贈此法。江左下工錄"、"富兒有書不解讀,貧兒欲讀無其福。餅金輦致玩好同,插架牙籤手誰觸。此彭甘亭詩也,錄之以銘書帙"。

2928　明嘉靖刻本唐詩紀事　　　　　　　　　　　T5214.4/0441

《唐詩紀事》八十一卷,宋計有功撰。明嘉靖二十四年(1545)張子立刻本。二十四冊。半頁十行二十一字，四周單邊，白口，無魚尾。框高19.4釐米，寬12.6釐米。前有嘉靖二十四年張子立序，計有功序，嘉定十七年(1224)王禧序。目錄後有張子立識語。

計有功，字敏夫，號灌園居士，蜀邛州臨邛郡(今四川邛崍)人。徽宗宣和三年進士，爲南宋抗金名將張浚之從舅，曾長期參與張浚幕府。紹興五年，以右承議郎知簡州提舉兩浙西路常平茶鹽公事，陞直徽猷閣，提舉潼川府路刑獄公事。張浚以避嫌，乞就秘閣，僅任直秘閣都督府書寫機宜文字，後知眉州，任利州路轉運判官，移知嘉州。

是書由於計氏之廣泛採輯，很多不傳於世的唐代作家及作品都賴此書而保存，爲後世編纂彙輯唐代詩歌提供了條件。此外計氏又比較全面而集中地從數百種前人著作中蒐集了大量有關唐代詩人的資料，其中也保存了不少現今已遺佚的文獻。明胡震亨《唐音癸籤》卷三一云："此書雖詩與事跡評論並載，似乎詩話之流，然所重在錄詩，故是編輯家一巨撰。收採之博，考據之詳，有功唐詩非細。"該書共收一千一百五十家，包括名篇、本事、世系爵里。

計有功序云："敏夫閒居，尋訪三百年間文集、雜說、傳記、遺史、碑志、石刻，下至一聯一句，傳誦口耳，悉搜採繕錄。間捧宦牒，周遊四方，名山勝地，殘篇遺墨，未嘗棄去。老矣無所用心，取自唐初，首尾編次，姓氏可紀近一千一百五十家；篇什之外，其人可考，即略紀大節，庶讀其詩知其人。所恨家貧缺簡籍，地僻罕聞見，聊據所得，先成八十一卷，目曰《唐詩紀事》云。"

張子立序云："宋計有功《唐詩紀事》八十一卷，嘉定間王慶長氏校刻時，已稱傳疑，版刻堙沒。士夫家傳抄，屬之胥吏，運毫眩視，後先襲謬，舛字斷句，歲積寖遠，益不可矧讀。簡袠繁重，憚於校理，即校鮮能卒業，以故疑者猶昔。且復有與今傳本異者，意爲選錄，或加摘飾，各仍其舊，爰備讎訂，不欲易之。有功自謂周索遺墨，流閱金石，垂老而始成書，載者千一百人，可謂窮搜，良極苦心。"子立，山東黃縣人，嘉靖五年進士。

《四庫全書總目》入集部詩文評類。《中國古籍善本書目》著錄。中國國家圖書館、上海圖書館等二十館，臺北"國家圖書館"(三部)亦有入藏。

鈐印有"萊陽張氏桐生藏書之印"。

2929　明崇禎刻本唐詩紀事

T5214.4/0441B

《唐詩紀事》八十一卷，宋計有功撰。明崇禎五年(1632)毛氏汲古閣刻本。二十四冊。半頁八行十九字，左右雙邊，白口，無魚尾，書口下刻"汲古閣"。框高19.2釐米，寬12.8釐米。題"宋臨邛計敏夫有功輯；明海虞毛晉子晉訂"。前有計有功自序，嘉靖二十四年(1545)張子立序，嘉定十七年(1224)王禧序。末有崇禎五年毛晉跋。

毛晉跋云："既讀計敏夫《唐詩紀事》八十一卷，雖詩與事未甚詳，而姓氏已備於他集，且率意散書，無評注眩目，頗令人有匡鼎之思。第嘉定間王慶長本子已不可得，迄國朝一刻於嘉靖乙巳，再刻於萬曆甲午，其間遺逸淆譌，讀者不能意逆。或一人重見，如十三卷、十九卷王熊之類是也；或一詩重見，如第四卷、第九卷凌潮浮江旅思之類是也；或脫去本詩，如賀知章江皋聞曙鐘、趙東曦上月今朝滅之類是也；或誤入他詩，如虞世南豫游欣勝地、韋承慶萬里人南去之類是也；甚至有幾人混作一人，幾題溷作一題，或一人一詩反分析幾首者。予參之本集，及《御覽》、《英華》、《文萃》、《弘秀》諸書二百餘種，一一釐正，庶幾無遺恨矣。"

此汲古閣本，或據張子立刻本再刻。

《唐詩紀事》最早之本，爲南宋嘉定十七年王禧刻本，今已不傳於世。明代所刻，又有張子立刻本及嘉靖二十四年洪楩清平山堂刻本。洪本中國國家圖書館、上海圖書館等十四館及臺北"國家圖書館"(兩部)有藏。

《四庫全書總目》入集部詩文評類。《中國古籍善本書目》著録。南京圖書館、遼寧省圖書館等二十二館,臺北"國家圖書館",及美國普林斯頓大學葛思德東方圖書館、日本静嘉堂文庫亦有入藏。

鈐印有"章印雲鷺"、"紫儀"、"藜閣清暇"、"菁岩"。

2930　清乾隆刻本漁隱叢話　　　T5213/4224

《漁隱叢話前集》六十卷《後集》四十卷,宋胡仔輯。清乾隆五年(1740)至六年(1741)楊佑啓耘經樓刻本。十册。半頁十三行二十一字,左右雙邊,綫黑口,雙魚尾。框高 18.4 釐米,寬 13 釐米。題"苕溪漁隱胡仔纂集"。前有紹興十八年(1148)胡仔序。《後集》有乾道三年(1167)胡仔序。末有楊佑啓跋。

胡仔,字元任,安徽績溪人。寓居苕溪,自號苕溪漁隱。生於大觀四年。以蔭授迪功郎兩浙轉運司幹辦公事,官至奉議郎,知常州晉陵縣。晚年爲閩中漕幕。後卜居湖州。

此書予北宋以前之詩話,收輯頗爲詳備,爲繼阮閲《詩話總龜》而作。阮書以内容性質分類,此書則按人物年代先後排列,能成家者列其名,以論文考義爲多,瑣聞軼句則或附録之、或類聚之。採摭舊文、引録資料較爲繁富,去取較爲嚴謹,足資參訂。除輯録前人或時人著述外,並采其父舜陟之説,有時也申述己意。

《新安文獻志》引方回《漁隱叢話》考云:"元任寓居雪上,謂阮閲閎休《詩總》,成於宣和癸卯,遺落元祐諸公,乃增纂集。自國風、漢魏六朝以至南渡之初,最大家數,特出其名,餘入雜紀,以年代爲後先。回幼好之學詩,實自此始。元任以閎休分門爲未然,有湯巖起者,閎休鄉人,著《詩海遺珠》,又以元任爲不然。回聞之吾州羅任臣毅卿,所病者元任紀其自作之詩,不甚佳耳。其以歷代詩人爲先後,於諸家詩話有去有取,間斷以己意,視《皇朝類苑》中概而並書者,豈不爲優。"

據沈乃文《胡仔及〈苕溪漁隱叢話〉歷代版本》(載《文獻》2006 年 3 期),其文述是書版本甚詳。又是書《前集》爲胡氏三十五歲至四十歲時所作,其時在湖州。五十八歲時,《後集》完稿。

胡仔序云:"阮因古今詩話,附以諸家小説,分門增廣,獨元祐以來諸公詩話不載焉。考編此《詩總》,乃宣和癸卯,是時元祐文章禁而弗用,故阮因以略之。余今遂取元祐以來諸公詩話,及史傳小説所載事實,可以發明詩句及增益見聞者,纂爲一集。凡《詩總》所有,此不復纂集,庶免重複。一詩而二三其説者,則類次爲一,間爲折衷之。又因以余舊所聞見爲説以附益之……余今但以年代人物之先後次第纂集,則古今詩話不待檢尋,已粲然畢陳於前,顧不佳哉。今老矣,日以廢亡,此集之作,聊自備觀覽而已,匪敢傳之當世君子。故不愧。"

楊佑啓跋云:"《漁隱叢話》,宋胡元任先生所編次也。先生屏居苕上,耽事著述,患阮閲《詩話總龜》之略,於是廣爲搜輯,上自國風,下訖北宋,集分前後,共成百卷,啓詞場之秘鑰,作風雅之鼓歆,自有詩話以來,未有若斯之詳備者矣……向時雅愛此書,但傳抄者紕繆極多,近因購得宋刻,遂勘讎付棗。始於乾隆庚申春仲,訖辛酉夏首而竣。其中尚有訛脱處,無從校補,未敢妄爲增改,悉仍其舊焉。""庚申",爲乾隆五年;"辛酉",爲乾隆六年。

此書有扉頁,刻"苕溪漁隱叢話。依宋板重雕。前集六十卷後集四十卷。耘經樓藏板"。

並鈐有"海鹽楊氏耘經樓圖書"。此爲寫刻本,"玄"字避帝諱。有蟲蛀。

《四庫全書總目》入集部詩文評類。《中國古籍善本書目》著録,中國國家圖書館、首都圖書館等二十九館也有入藏。美國《普林斯頓大學葛思德東方圖書館中文舊籍書目》、日本《内閣文庫漢籍分類目録》著録。

鈐印有"觀古堂"、"葉德輝焕彬甫藏閲書"。

館藏有複本一部,十册,有扉頁。鈐印有"桂窗",日人印也。

2931　明正德刻本韻語陽秋　　　　　　　　　　　　　　T5213/420

《韻語陽秋》二十卷,宋葛立方撰。明正德二年(1507)葛諶刻本。五册。半頁十行二十字,左右雙邊,間有四周雙邊,白口,單魚尾。框高19.3釐米,寬12.6釐米。題"丹陽葛立方常之"。前有正德二年都穆序,乾道元年(1165)徐林舊序,乾道二年(1166)沈洵舊序,隆興二年(1164)葛立方自序。末有正德二年葛諶後序。

葛立方,字常之,丹陽人。紹興八年進士,官至吏部侍郎。又著有《西疇筆耕》五十卷、《方輿別志》二十卷、《歸愚集》二十卷、《歸愚詞》一卷。前兩種今佚。

是書因取晉人語"皮裏陽秋"之義,故名。後人或稱《葛常之詩話》、《葛立方詩話》,持論頗公,而引詩不免訛誤。全書共四百二十二則,由於廣泛採輯,保存了不少不傳於世的宋及宋以前的文學作品。

徐林序云:"隆興元年,常之由天官侍郎罷七年矣,於是《韻語陽秋》之書成。"當爲葛氏晚年之作。

沈洵序云:"吏部侍郎葛公博極群書,以文章名一世,暇日嘗著《韻語陽秋》廿卷,自漢魏以來詩人篇詠,咸參稽抉摘,以品藻其是非。不以名取人,亦不以人廢言,質事揆理,而維當之爲貴,至於有益名教。若悖理傷道者,則反覆評論,折衷取予,以示勸戒。振六義於古詩既亡之後,發奧賾於靈均未覩之先,又豈若世之評詩者徒揣其句語之工拙,格律之高下,而屑屑於月露風雲、花木蟲魚形狀之間而已哉!公既歿,或請其書鋟板以傳世。"

葛立方自序云:"獨喜讀古今人韻語,披味紬繹,每畢景忘倦。凡詩人句義當否,若論人物行事高下是非,輒私斷臆處而歸之正;若背理傷道者,皆爲説以示勸戒。書成,號《韻語陽秋》。昔晉人褚裒爲皮裏陽秋言,口絶臧否而心存涇渭,余之爲是也,其深愧於斯人哉!"

葛諶後序云:"諶幸生公後,居同邑,姓同譜,矧文康寔葬由里山觀音礦下。而公父子伯仲,皆嘗講學於定山玉乳泉上,松楸桑梓,宛然在目,其可無傳乎?近偶得之於里……而伏讀之,弗忍私也,亟謀鋟木,以永其傳。"

《韻語陽秋》傳世有宋乾道二年刻本,今存上海圖書館,1979年上海古籍出版社曾影印出版。明代除此本外,尚有一白口十行本。清乾隆間《歷代詩話》、道光間《學海類編》、清末《常州先哲遺書》均有重刻。清初宛委山堂刻《説郛》,收有《韻語陽秋》一卷,僅採十七則。

《四庫全書總目》入集部詩文評類。《中國古籍善本書目》著録。上海圖書館、南京圖書館等九館,臺北"國家圖書館"(兩部),及日本尊經閣文庫亦有入藏。

鈐印有"蔣印爾振"、"宜孫";"渡邊千春遺愛書"、"安政七改"、"明倫館印"。

館藏有複本一部,六册。爲買人抽去正德二年都穆序及葛諶後序。鈐印有"竹添光鴻"、"井井居士珍藏"、"三井家鑒藏"、"竹沾光鴻之章"、"井井竹沾氏之圖章"、"□冰壬戌以後所集舊槧古鈔"、"三井家□冰閣"。

2932　明嘉靖刻萬曆重修本全唐詩話　　T5214.44/4103

《全唐詩話》六卷，題宋尤袤撰。明嘉靖三十四年(1555)張鶚翼伊蔚堂刻萬曆十三年(1585)張自憲重修本。六册。半頁九行十七字，四周單邊，白口，無魚尾，書口下刻"伊蔚堂"。框高19.1釐米，寬14釐米。前有嘉靖三十四年張鶚翼序，咸淳七年(1271)尤袤序。末有萬曆十三年張自憲跋。

尤袤，字延之，號遂初居士，無錫人。紹興十八年進士，官至禮部尚書。詩與楊萬里、范成大、陸游齊名，有南宋四大家之稱。卒謚文簡。其藏書甚多，有《遂初堂書目》一卷。《宋史》有傳。

《四庫全書總目》云其爲僞書，"考袤爲紹興二十一年進士，以光宗時卒，而自序年月，乃題咸淳，時代殊不相及。校驗其文，皆與計有功《唐詩紀事》相同。紀事之例，凡詩爲唐人採入總集者，皆云右取爲某集。此本張籍條下，尚未及删此一句，則其爲後人刺取影撰，更無疑義。考周密《齊東野語》，載賈似道所著諸書，此居其一，蓋似道假手廖瑩中，而瑩中又剽竊舊文，塗飾塞責，後人惡似道之姦，改題袤名，以便行世，遂致僞書之中，又增一僞撰人耳。毛晉不爲考核，刻之《津逮秘書》中，疏亦甚矣。"按，《總目》云袤爲二十一年進士，誤。

張鶚翼序云："《全唐詩話》，宋尤文簡公所錄諸名家詩也。始自貞觀，迄於龍紀，上下二百年餘，漱芳藝苑，説者以博洽許之。余獨喜其説詩也，約而旨，詳而有體，而廟堂之賡和，暨夫孝節、忠規，一篇之中，三致意焉……其他翩翩雅藻，咸入品題，以備玄覽。所謂探穴獲珠，不羨鱗爪者也。方之大雅，雖未入室，然由唐而求漢魏，由漢魏而求三百篇之旨，則幾矣。是誠來哲之先驅，大雅之餘音也，詎可少耶？余視篆之留都，稍加校正，因付梓人，以公同好云爾。"

張自憲跋云："先大父中丞公，詩宗少陵，而詞旨清遠，超然有凌雲氣，藝林稱公入唐室云。所著《須野集》、《晚林近稿》、《撫貴錄》、《詩選》皆行世。雅好唐詩聞往貴陽出是編授先君曰，吾讀尤文簡公詩話，既有雅致，兼才華芳艷，種種可人，吾不欲秘其美，付剞劂氏。兹因歲久，間有殘闕者，憲不敏，勉校而更新之，承先志也。"

《全唐詩話》明代除此本外，又有正德二年秦昂刻三卷本，中國國家圖書館、上海圖書館等九館及臺北"國家圖書館"(兩部)入藏；正德十二年鮑繼文教養堂刻本，中國國家圖書館、上海圖書館等五館入藏；正德十五年太監尚景元閩中刻本，臺北"國家圖書館"入藏；明刻藍印本，中國國家圖書館入藏。六卷本，有嘉靖二十二年王教、王政刻本，中國國家圖書館、江西省圖書館等四館及臺北"國家圖書館"入藏；萬曆三十六年沈儆炌刻本，中國國家圖書館、上海圖書館(皆爲藍印本)、吉林省圖書館、東北師範大學圖書館入藏；萬曆四十二年凌子任刻本，華南師範大學圖書館入藏。

《四庫全書總目》入集部詩文評類存目。《中國古籍善本書目》著錄，上海圖書館、重慶市圖書館等五館亦有入藏。

鈐印有"檇李萬氏鑒藏"、"芙蓉山下監澤家藏"、"學圃圖書"、"梨齋珍藏"。

2933　清刻本詩人玉屑　　T5213/2103

《詩人玉屑》二十卷，宋魏慶之輯。清初刻本。十册。半頁十一行二十一字，四周雙邊，雙魚尾,黑口。框高 19.6 釐米,寬 12.7 釐米。前有宋淳祐四年(1244)黃昇序。

魏慶之,字醇甫,號菊莊,福建建安人。宋末人,有才名,而不屑科第,惟種菊千叢,日與騷人佚士觴咏於其間。

此書與阮閱《詩話總龜》、蔡正孫《詩林廣記》、胡仔《苕溪漁隱叢話》爲僅存之宋人詩話,收南宋人語較多。大致前半部以格法分類,後半部以人物分類。卷一詩辨、詩法;卷二詩評、詩體;卷三句法;卷四風騷句、唐人句法、宋朝警句;卷五口訣、初學蹊徑;卷六命意、造句、下字;卷七用字、壓韻、屬對;卷八煅煉、沿襲、奪胎換骨、點化;卷九托物、諷興、規誡、白戰;卷一〇含蓄、詩趣、詩思、體用、風調、平淡、閑適、自得、變態、圓熟、詞勝、綺麗、富貴、品藻;卷一一詩病、礙理、考証;卷一二品藻古今人物;卷一三兩漢、六代、靖節;卷一四草堂;卷一五王維、韋蘇州、孟浩然等人;卷一六白香山、玉谿生、王建等人;卷一七西崑體、六一居士、蘇子美、梅都官等人;卷一八涪翁、陳履常、秦太虛等人;卷一九中興諸賢;卷二〇禪林、方外、靈異、詩餘。

《四庫全書總目》云:是編"卷帙爲富,然《總龜》蕪穢,《廣記》挂漏,均不及胡、魏兩家之書。仔書作於高宗時,所録北宋人語爲多。慶之書作於度宗時,所録南宋人語較備。二書相輔,宋人論詩之概亦略具矣。慶之書以格法分類,與仔書體例稍殊。其兼采齊已風騷旨格僞本,詭立句律之名,頗失簡擇。又如禁體之中,載蒲鞋詩之類,亦殊猥陋"。"然采摭既系繁,菁華斯寓,鍾嶸所謂披沙揀金往往見寶者,亦庶幾焉,固論詩者所必資也。"

是書版本較多,流傳亦廣。卷數有二十卷、二十一卷、二十二卷之别,内容相同,分卷略異。《四庫全書總目》入集部詩文評類。存世最早有宋刊本,北京大學圖書館存卷四至七。元刊本,上海圖書館、臺北"國家圖書館"入藏,北京大學圖書館藏有殘本。明刊本有嘉靖六年洪都潛仙刻本、汪元臣刻遞修本、謝天瑞刻本等多種,《中國古籍善本書目》均有著録。清刊本有清處順堂刻本、古松堂刻本。館藏此本無清人序跋,唯行款俱同清處順堂、古松堂刻本,是否一刻,尚俟將來考訂。

是書又有朝鮮刻本和日本刻本。朝鮮刻本有朝鮮世宗二十一年(1439)刊本,日本内閣文庫、東洋文庫有藏。日本刻本有日本寬永十六年(1639)翻朝鮮本、明治十七年鉛印本,臺北"國家圖書館"、"故宫博物院"、日本内閣文庫、尊經閣文庫、東洋文庫等有藏。

是書還有民國上海掃葉山房石印本。亦有數種叢書收入,如萬曆三十一年胡文焕刻《格致叢書》,民國二十三年《詞話叢編》,作一卷;1958 年上海古典文學出版社《中國文學參考資料小叢書》收入第二輯。

此本有扉頁,題"詩人玉屑。重刊元板。謹厚堂藏板"。寫刻,開化紙印。卷二〇末題"瑞昌府章涯右山龍沙識"。"玄"字避帝諱。

鈐印有"翰林院印"、"北平黄氏萬卷樓圖書"。

2934　明弘治刻本精選古今名賢叢話詩林廣記　T5213/4911

《精選古今名賢叢話詩林廣記》十卷《後集》十卷,宋蔡正孫輯。明弘治十年(1497)張鼒刻本。存五册。半頁十行二十字,四周單邊,白口,雙魚尾。框高(卷三)21.9 釐米,寬 14 釐米。題"蒙齋野逸蔡正孫粹然"。

蔡正孫,字粹然,自號蒙齋野逸。

此本存卷三至一〇、《後集》卷一至二、卷八至一〇。

《四庫全書總目》入集部詩文評類。《中國古籍善本書目》著錄。中國國家圖書館、上海圖書館等十一館,臺北"國家圖書館"(兩部)亦有入藏,皆全帙。

2935　明成化刻本詩學權輿　　　　　　　　　　　　　　　　T5213/4834

《詩學權輿》二十二卷,明黃溥輯。明成化五年(1469)刻本。存二册。半頁十行二十一字,四周雙邊,黑口,雙魚尾。框高21釐米,寬13.2釐米。前有成化五年黃溥序,成化五年夏塤序。

黃溥,字澄齋,號石厓居士,弋陽人。正統十三年進士,官至廣東按察使。

是書兼收衆體,各爲注釋,定爲名格、名義、韻譜、句法、格調諸目,復雜引諸説以證之。然採摭雖廣,考證多疏。

此本僅存卷一至二。目錄頁爲書賈施以小伎,以充全本。

黃溥序云:"然是編蓋自早歲已嘗著之,以課家塾,名曰《詩學權輿》。每患其疎略未詳,至是重加纂集,頗爲明白,仍其舊名而不改者,良以後先所述,雖有詳略不同,而其爲初學行遠升高之助,初亦未嘗異也,若其名篇之義。"

《四庫全書總目》入集部總集類存目。《中國古籍善本書目》著錄,中國國家圖書館所藏,存卷一至九、卷一一至二二。是書又有明成化六年熊斌刻本,行款同此本,藏南京大學圖書館。又明天啓五年復禮堂刻本,藏蘇州市圖書館。

2936　明萬曆刻本名家詩法彙編　　　　　　　　　　　　　　　T5213/230

《名家詩法彙編》十卷,明朱紱等編。明萬曆五年(1577)刻本。四册。半頁十行二十一字,四周雙邊,白口,無魚尾。框高19.8釐米,寬12.8釐米。題"明三山楊成考訂;潛川宛嘉祥校正;潛川朱紱編次"。卷八題"明荆南王用章刊定;潛川朱紱校正;潛川談輅編次"。卷一〇題"宋金華王栢選輯;明潛川徐珪校正;潛川談輅編次"。前有萬曆五年朱紱序。

卷一《范德機木天禁語》,卷二《范德機詩家一指》,卷三《嚴滄浪詩體》,卷四《楊仲弘詩法》,卷五《白樂天金鍼集》,卷六《范德機詩學禁臠》,卷七《沙中金集》,卷八《傅與礪詩法正論》、《傅與礪詩文正法》、《黃子肅詩法》、《揭曼碩詩法正宗》、《揭曼碩正法眼藏》,卷九《詩準》,卷一〇《詩翼》。

朱紱序云:"至我皇朝楊、王、黃氏,先後蒐比諸集,勒成一家之言,題曰《名家詩法》。前此宋淳祐何、倪、王氏,推本晦庵先生所論,選輯古來傳記所載篇章,并漢魏以下名公製作,名曰《詩準》、《詩翼》,可謂窮幽入微,透徹底裏。學者讀三百篇、讀《楚辭》,復進諸此詩道,其殆庶幾乎。丙子歲夏日,予友宛白湖、談小山、徐西石偕予林皋閑憩,因相與擬議諸家著,遂爲詮次校讎而會粹之。凡十卷,作者凡若干人,付書肆鋟梓,質諸四方同志,或有取焉,未必無小補云。"

《四庫全書總目》未收。《中國古籍善本書目》未著錄。臺北"國家圖書館"有藏。

2937　明刻本詩藪　　　　　　　　　　　　　　　　　　　　T5213/4200

《詩藪內編》六卷《外編》六卷《雜編》六卷《續編》二卷,明胡應麟撰。明刻本。十册。半頁九行二十字，四周單邊，白口，單魚尾。框高20.6釐米，寬14釐米。題"東越胡應麟元瑞著；大名張銓平仲、莆陽黃衍相六治仝校"。前有汪道昆序。

胡應麟，字元瑞，更字明瑞，蘭溪人。萬曆四年舉人，能詩。受知於王世貞。嗜書，家藏四部書多至四萬餘卷，因築室山中，專事著述。又有《少室山房筆叢》等。《明史》有傳。

是書《內編》分古今體各三卷；《外編》自周至元，以時代爲次；《雜編》分遺逸、閏餘各三卷，皆其評論之語。

汪道昆序云："會嚴陵明瑞出《詩藪》三編，凡若干卷，蓋將軼談藝衍、厄言廓虛，心摻獨見，凡諸耄倪妍醜，無不鏡諸靈臺。其世則自商周漢魏、六代三唐，以迄於今；其體則自四詩五言、七言雜言、樂府歌行，以迄律絕；其人則自李陵、枚叔、曹、劉、李、杜，以迄元美、獻吉、于鱗。發其櫝藏，瑕瑜不掩，即晚唐弱宋、勝朝之籍，吾不欲觀，雖在穅秕，不遺餘粒。"

《四庫全書總目》入集部詩文評類存目。《中國古籍善本書目》著錄，天津圖書館、吉林大學圖書館、故宮博物院有全帙。按，是書又有明刻本及明萬曆三十七年張養正刻本。前者十行二十字，細黑口，左右雙邊。後者九行十八字，白口，左右雙邊。

又是書汪道昆序首頁書口下刊"豫章楊文刻"。

2938　明萬曆刻本詩話類編　　　　　T5213/1168

《詩話類編》三十二卷，明王昌會輯。明萬曆刻本。三十二冊。半頁九行二十字，四周單邊，白口，單魚尾。框高22.3釐米，寬13.4釐米。題"雲間嘉侯父王昌會纂輯"。前有何宗彥序，萬曆四十四年(1616)吳之甲序；《凡例》八則。

王昌會，字嘉侯，上海人，王圻之孫。萬曆四十三年舉人，屢試不第，遂絶意進取，杜門讀書。曾修郡志，賦役鹽榷等俱出其手。卒年五十八。《(嘉慶)上海縣志》卷一三有傳。

寫作詩話之風，盛於宋代。宋人詩話，不下數十家。是書摭拾諸詩話，參以小說，裒合成書。卷一《體格》，卷二至三《名論》，卷四至五《帝王》(附后妃外戚)，卷六《忠孝》，卷七《節義》，卷八《鳳慧》、《科第》，卷九《神仙》(附箕仙)，卷一〇《鬼怪》，卷一一《方外》(附尼姑)，卷一二《宮詞》，卷一三《閨秀》，卷一四至一五《妓》，卷一六至一七《題咏》，卷一八至一九《考訂》，卷二〇至二二《品評》，卷二三至二四《詩賞》，卷二五《詩遇》，卷二六《詩窮》、《詩彈》，卷二七《詼諧》，卷二八《感慨》、《識異》，卷二九《高逸》，卷三〇《吊古》、《哀輓》，卷三一《夢幻》、《規諷》，卷三二《雜錄》。

何宗彥序云："洒文孫嘉侯君，夙負奇資，早承家學，方總丱，游黌宮，蚤英籍籍，孜矻韋編。手輯《四書指南》，業已樹經生赤幟，而又彙爲《詩話類編》，上旨邃古，下迄來茲。首辯體格，繼之名論，貴而帝王后妃，大而忠孝節義，常而事物咏歌。會遇升沉，登臨玩賞，內而閨秀，外而仙釋，幽而神鬼，正而考訂，幻而詼諧。第人賦咏足備風謠、可資勸懲垂法戒者，莫不備錄而類聚之。爲彙三十有二，所爲裨益性情，振起騷雅者，豈其微哉？"

吳之甲序又云："嘉侯善繩祖武，獨飽青箱，汎瀾百家，醉心六籍。明經之暇，漁獵今古，裒採詩話，彙萃成編。上緯二儀，下騭八鴻，首颺忠孝節義，次敘科名仙佛，巨則郊廟宮闈，細及草木昆蟲，它若詼諧評賞、規諷識異咸收。"

何序第一頁書口下刊"武林洪文刊"。

《四庫全書總目》入集部詩文評類存目。《總目》云："議論則不著其姓名，事實則不著其時代,又並不著出自何書,糅雜割裂,茫無體例,亦博而不精之學也。"《中國古籍善本書目》著録。中國國家圖書館、天津圖書館等十二館,臺北"國家圖書館"(三部,其一爲原藏北平館者),及日本内閣文庫、尊經閣文庫亦有入藏。

鈐印有"華亭耿氏所藏"、"南陽茂先今字松岩"、"同野堂圖書"。

2939　明崇禎刻本詩譚　　　　　　　　　　　T5213/4912

《詩譚》十卷《續録》一卷,明葉廷秀撰。明崇禎八年(1635)胡正言十竹齋刻本。七册。半頁八行十八字,四周單邊,白口,單魚尾,書眉上刻評,書口下刊"十竹齋"。框高 20.5 釐米,寬 13.6 釐米。題"東魯謙齋葉廷秀輯評;新都無所胡正心、曰從胡正言、子著胡正行較訂"。前有崇禎八年葉廷秀序;《凡例》十則。附引用書目。

葉廷秀,字謙齋,濮州人。天啓五年進士,崇禎中歷南京户部主事。黄道周逮下獄,廷秀抗疏救之,遣戍福建。廷秀受業劉宗周門,造詣淵邃,爲宗周高第弟子。與道周未相識,冒死論救獲重罪,處之怗然,道周深服其養。福王時召爲僉都御史。南都覆,唐王召拜左僉都御史,進兵部右侍郎,事敗,爲僧以終。

是集所輯詩話,半録舊文,半出己論。其自序云:"愚之於《詩譚》也,凡關於忠孝大道理,未始不三致意焉。國家多事,爲人臣者,正宜提出真精神力量,以畢效之君父,請以是集而告之海内君子,其以爲譚詩也可,譚道也可,即以爲譚天下事也可。"

此爲胡正言十竹齋所刻。正言,字曰從,原籍徽州休寧,寄寓南京,齋前植新竹十餘竿,因以爲名。博學多聞,精古文字,工書善畫,又能治印,曾官中書舍人,棄官後遂隱居不出,專事藝術。刻有《千文六書統要》、《牌統孚玉》、《古今詩餘醉》等,又有《十竹齋畫譜》、《十竹齋箋譜》,皆爲不朽之作。

《四庫全書總目》入集部詩文評存目。《中國古籍善本書目》著録。中國國家圖書館、上海圖書館等六館,臺北"國家圖書館",及日本内閣文庫亦有入藏。

2940　清雍正刻本雅倫　　　　　　　　　　　T5213/5822

《雅倫》二十四卷,清費經虞撰,清費密補。清康熙四十九年(1710)刻雍正五年(1727)汪玉球重修本。八册。半頁九行二十一字,左右雙邊,白口,單魚尾。框高 18.6 釐米,寬 12.5 釐米。題"成都費經虞撰;男密補;江都後學于王根校"。前有康熙四十九年(1710)于王根序,順治十二年(1655)費經虞序,雍正四年(1726)汪玉球跋,雍正四年汪玉珂序。

費經虞,字仲若,四川新繁人。邃於經學,嘗著《毛詩廣義》,以漢儒注説爲宗。明崇禎間由舉人官昆明知縣,陞同知。見時事日非,求退不得,遂削髮自罷歸,徙居江都野田,著書講學。又有《荷花集》、《臨池懿訓》。《皇清書史》卷二七、《明代千遺民詩詠二編》卷八有傳。

費密,經虞子,字此度,號燕峰。盡傳父業,又博證學士大夫,與王復禮、毛甡、閻若璩交。往蘇門謁孫奇逢,稱弟子。工詩古文,其詩以漢魏爲宗。書法古勁,人得其片紙輒珍藏之。杜門三十年,著書甚多。年七十七卒。有《史記箋》、《歷代貢舉合議》、《燕峰文鈔》等。《清史稿》列傳二八八、《國朝耆獻類徵初編》卷四二八有傳。

是書詳論歷代之詩,分源本、體調、格式、製作、合論、工力、時代、鍼砭、品衡、盛事、題引、瑣語、音韻十三門。

費經虞序述成書經過云:"經虞性魯劣,未能承先人之學,惟手詩傳注,家世舊業,少誦習之。年十八,頗好古學,遂稍用志經史。在諸生間二十餘年,甫得待次公車,邀一命遠宦南荒,遽丁世變,解組還蜀,行年五十矣。還蜀數載,亂不可存,乃避地遠出,羈旅沔縣。客中爲饔餐計,復授徒村塾,經書之外,無可觀者。踰年,褒城張氏迎中男密訓其子。張氏膏腴之族,家多藏書,密他日持海鹽胡氏所輯《詩法統宗》歸,經虞竟閱,訓密曰:先喆高論,人爲一編,亦云備矣。若合而次之,更定義例,部分州聚,除削蕪猥,收存精要,博稽旁證,使理事昭燦,開卷爽豁,誠風雅鉅觀也。老耄不復著述,爲指授大略而去。月餘,密病,遂累月不瘥,以書來上請定,乃爲脱稿,八閲月甫就。"

于王棖序云:燕峰"一日顧謂王棖曰:《雅倫》一書,汝他日其爲我付之剞劂。不肖謹志於心者數年。己丑春,先生長君厚藩、次君滋衡過留耕草堂,問及《雅倫》,言尚未就梓。予因不勝感嘆焉。既乃請其書讀之,淹博精深,上極黄農,下該近代,無體不搜,無法不備。議論則要之中和,工力必極其嚴刻,誠學者之津梁,詩家之衡鑑,播之海内,傳於將來,其有裨於風雅豈淺鮮哉。蓋鮮民先生創爲之於前,燕峰先生廣益之於後,再世相承,始克成書也。"

此爲汪玉球重修本,汪玉球跋云:"費氏著書三十餘種,其登諸梨棗者,如《荷衣集》、《漢詩説》、《掣鯨堂集》、《貫道堂集》諸書,已不脛而遍宇内矣。《雅倫》一書,尤爲當世艷稱,成於孝貞、中文兩先生之手,刻於康熙庚寅間。憶甫成時,余亦曾爲校定點畫。今夏,費氏文孫執御邦采兩世兄過余齋中……尚論詩歌,余則曰詩歌之科律,莫《雅倫》若矣。執御因憮然起曰:年來薄游四方,先世之遺稿,未能畢舉而問世,《雅倫》所鋟,半屬春梨,已就脱落。余聞之,悄然而思,其何能以前賢之手澤不令之源流長耶?因命工補綴之,不半月,頓還舊觀。"

按,此書又有二十六卷本,《四庫全書存目叢書》本即是。前有許承家序。末有康熙七年費密後序、康熙十年費密序後。卷二五爲(禮部韻略)音韻上,卷二六爲音韻下。

此書有扉頁,刻"雅倫。成都費孝貞先生著。雍正五年仲春重校。本衙藏版"。汪玉珂序後,有"古歙汪元吉書"。又此書存卷一至二三,目録頁卷二三音韻後爲估人割裂,並以相同之紙配補,又劃欄綫於上,彌補甚精,以充全帙。第一、七、八册有蟲蛀。

《四庫全書總目》入集部詩文評存目。《四庫全書存目叢書》第420册收入,底本爲北京師範大學圖書館所藏,二十六卷,作清康熙四十九年刻本。《中國古籍善本書目》著録,二十四卷,清康熙四十九年刻本,藏中國科學院圖書館、中共中央黨校圖書館。此重修本中國國家圖書館、華東師範大學圖書館也有入藏。

2941　清抄本圍爐詩話　　　　　　　T5213/2322.69

《圍爐詩話》六卷,清吴喬撰。清抄本。六册。半頁九行二十五字,無邊框。前有康熙二十五年(1686)吴喬序。

吴喬,又名殳,字修齡,江蘇崑山人。高才博學,尤工於詩。王士禛稱其善學西崑體。又著有《舒拂集》。《明遺民録》卷三有傳。

吴喬序述該書撰著緣由:"辛酉冬,萍梗都門,與東海諸英俊圍爐取煖,噉曝栗京子苦茶,笑言颷舉,無復畛畦。其有及於吟咏之道者,小史録之。時日既積,遂得六卷,命之曰《圍爐詩話》。""辛酉",爲康熙二十年。

是書論詩强調比、興,宗晚唐而抑兩宋,對明七子之模擬風氣排擊尤力,然往往失之偏頗。主張詩須有情境,詩中須有人在。《四庫全書總目》云:"是書所論如意喻之米,文則炊而爲飯,詩則釀而爲酒。飯不變米形,酒則變盡。如《小弁》、《凱風》諸篇,斷不能以文章之道,平直出之。又謂詩之中須有人在,趙執信作《談龍錄》,皆深取其説。然統核全書,則偏駁特甚。大旨初尊長沙而排慶陽,又祖晚唐而擠兩宋,氣質囂浮,欲以毒駡狂談刦伏俗耳。遂以王李爲牛吼驢鳴,而比陳子龍於王錫爵之僕。夫七子摹擬盛唐,誠不免於流弊,然亦各有根據,必斥之不比於人類,殊未得其平。至於賦、比、興三體並行,源於三百,緣情觸景,各有所宜,未嘗聞興、比則必優,賦則必劣。況唐人非無賦體,宋人亦非盡無比、興,遺詩具在,吾將誰欺?乃劃界分疆,誣宋人以比、興都絶,而所謂唐人之比、興者,實皆穿鑿附會,大半難通。即所最推之李商隱、韓偓二家,李則字字爲令狐而吟,韓則句句爲朱温而發,平心而論,果盡如是哉。閻若璩《潛邱劄記》載喬自譽之言曰:'賀黄公《載酒園詩話》、馮定遠《鈍吟雜録》及某《圍爐詩話》,可稱談詩之三絶。'過矣。"

《四庫全書總目》入集部詩文評類。《中國古籍善本書目》著録清抄本多種,中國國家圖書館、上海圖書館、南京圖書館、吉林省圖書館、南京市博物館、廣東省社會科學院圖書資料室有藏。《借月山房彙鈔》、《適園叢書》、《叢書集成初編》等叢書亦收入。又有上海古籍出版社1983年校點本。《四庫全書存目叢書》第421册收入。

該書卷數,《四庫全書總目》作八卷,誤。吴喬自序中已明言成書時爲六卷,《中國叢書綜録》、各種館藏書目皆著録爲六卷,《四庫全書存目叢書》所收《借月山房彙鈔》本張海鵬跋亦云該書爲六卷。

鈐印有"雨山草堂"、"翁方綱"、"元樞私印"、"心峴"、"載齡鶴峰"、"梧門詩草"、"詩龕書畫印",可證其曾爲翁方綱、載齡、法式善等人所藏。

翁方綱,字正三,一字忠敘,號覃溪,晚號蘇齋。直隸大興人。乾隆十七年進士,官至内閣大學士。善詩文,宗西江派。精書法及金石譜録書畫碑版之學,對著名碑帖考證題跋甚多。著有《復初齋詩文集》、《兩漢金石記》、《粤東金石略》等。

載齡,字鶴峰,謚文恪,清宗室,鑲藍旗滿洲人。誠隱郡王允祉五世孫。道光二十一年進士,光緒間官至内閣大學士。《清史稿》卷四四〇有傳。

法式善,字開文,又字梧門,號時帆,蒙古烏爾濟氏,隸内務府正黄旗。書齋號梧門書屋、詩龕。乾隆四十五年進士,歷任左庶子、國子監祭酒、侍講學士等官。精史學,工詩文。著有《清秘述聞》、《槐廳載筆》、《陶廬雜録》、《存素堂詩集》等書。

2942 清順治刻本詩法火傳

T5213/7222

《詩法火傳》十六卷,清馬上巘撰。清順治十八年(1661)刻本。四册。半頁九行二十二字,四周單邊,白口,無魚尾。框高19.5釐米,寬13.4釐米。題"檇李馬上巘雪偶輯;男壽穀佺其較;孫鈞羲道昉、鈞載芳雍、鈞穆御西、鈞益渭千閲"。卷一第一頁書名下有"左編"。前有袁株序,順治十七年(1660)金式玉序;順治十八年邵延齡跋;同參姓氏;傳經堂主人撰《輯志》八則。

馬上巘,字雪偶,浙江嘉興人。

詩法者,詩之創作方法及規律。宋陳師道《後山詩話》云:"杜之詩法出審言,句法出庾佳,但過之爾。杜之詩法，韓之文法也。"明海瑞《注唐詩鼓吹序》："況賡歌《風》、《雅》、《頌》，詩法在焉。"火傳者，喻養生者隨變任化與物俱遷，形體雖有生滅，而精神如火種綿延不絕。《莊子·養生主》："指窮於爲薪，火傳也，不知其盡也。"

卷一古歌謠，爲歌、謠、曲、箴、銘、書、石刻、辭、繇、吟、詩、謳、誦、諺、諫、贊；卷二樂府，爲祭祀樂歌；卷三樂府，爲鼓吹歌辭；卷四樂府，爲舞曲歌辭；卷五樂府，爲琴曲歌辭；卷六樂府，爲相和歌辭；卷七樂府，爲清商歌辭；卷八至九樂府，爲雜曲歌辭；卷一〇至一二樂府，爲新曲歌辭；卷一三古體，爲三言古詩、四言古詩、五言古詩、六言古詩、七言古詩、長短句古詩；卷一四近體，爲五言律詩、七言律詩、拗體五七言律詩、五七言排律、五七言絕句、六言律絕；卷一五雜體，爲三韻詩、和韻詩、聯句詩、集句詩、口號、三句詩、五句詩、促句詩、雜言詩、蜂腰體、斷絃體、隔句體、偷春體、首尾吟、盤中詩、迴文反覆詩、仄起詩、疊字詩、句用字詩、稿砧體、兩頭纖纖詩、三婦艷詩、宛轉歌、五雜俎詩、五仄體、四聲體、雙聲疊韻詩、問答體、葫蘆體、轆轤韻體、進退韻體、顛倒韻體、平仄兩韻體、四時詩、四氣詩、四色詩、四愁詩、五噫詩、五情詩、六憶詩、六甲詩、六府詩、七經詩、八音詩、十索詩、十離詩、十二屬詩、百年歌、數名詩、建除詩、星宿名詩、道里詩、郡縣名詩、州名詩、斜冗名詩、將軍名詩、人名詩、宮殿名詩、屋名詩、車名詩、船名詩、藥名詩、草名詩、樹名詩、鳥名詩、獸名詩、龜兆名詩、卦名詩、相名詩、歌名詩、離合詩、藏頭詩、歇後詩、風人體、諸言詩、諸語詩、諸意詩、禽言詩、字謎詩、詩句爲題；卷一六諸家總論。

是書編成，兩易裘葛，三易稿本，務期博採，以備覽觀。袁株序云："《詩法火傳》，馬子雪俛所輯之書也，其言述自古歌淫詞，及漢人樂府、魏晉六朝三唐諸家體製，述作源流，粲然具備，極變化之殊，致集百代之大成，誠藝苑之淵海，作者之指南也，功顧不偉哉？"

《輯志》云："詩自漢魏迄唐，體無不具，《明辨》一書，可云櫽括。但各體祇存其概，學者全豹未窺，即詩家名論如林，大成亦鮮，而閑評可刪者什九。茲編體製求其極詳，旨義求其極確，芟繁抉要，初學者得門而入，成家者益進竿頭，詎無補歟？""吳競解題，久稱宗鏡。茲復旁搜衆說，以闡源流，雖未讀古辭，而知題義如此，章句如此，原辭如此，擬作如此，按代選言，瞭若止鑑。""是編說皆有本，敘亦有倫，先之以原論，次之以分體，終之以綜要。觀原論知其來歷，觀分體知其裁製，觀綜要知其精微，條緒縷縷，庶無冗複。""茲效唐荊川讀史法，左編紀事，右編紀言，則以詩中章櫛句比爲左編，以諸詩精確必讀爲右編，作詩由此法合而徑捷矣。閱者鑒之。"

是書作清順治十八年刻本之依據，在邵延齡跋。跋云："雪俛先生留心是事已非一日，參互考證，輯而成書，名曰《火傳》，誠風雅之津筏也。余兄弟親炙先生有年，時義切磋，誼同師範，而暇從先生言詩，亦竊嘗聞其緒論焉。故於其刻之成也，不辭僭越，而爲之跋。"

《四庫全書總目》、《續修四庫全書》未收。《續修四庫全書總目提要（稿本）》著錄。《中國古籍善本書目》著錄，中國國家圖書館、北京大學圖書館等九館也有入藏。

鈐印有"雨山草堂"。

2943　清康熙刻本柳亭詩話　　T5213/3972

《柳亭詩話》三十卷，清宋長白撰。清康熙四十六年（1707）天茁園刻本。六冊。半頁十行二十一字，左右雙邊，白口，單魚尾。書口下刻"天茁園"。框高18.1釐米，寬13.2釐米。題"山陰宋長白纂原名俊以字行"。前有康熙四十六年羅坤序，康熙四十六年陶及申序，康熙四十四年(1705)宋長白自序。

宋長白,原名俊,以字行,號岸舫,浙江山陰人。

是編成於康熙四十四年,自三代以迄近人,凡涉於詩者,多所記録。《四庫全書總目》云:"時以己意品題,而議論考據,多無根柢,猶明季山人之餘緒也。"

宋長白自序云:"總角時,侍先大夫於家塾,側聞諸長者溫柔敦厚之言,浹於寤寐而録録因人,卒未有所纂述。甲申春,薄游廣德,與王子庶歌下榻柳亭,亭故弘敞可喜,而老幹乖條,復婆娑掩映。長夏之交,匡居無事,王子輒以詩學爲請,出吾腹笥,命彼手鈔。越明年,而舊雨重尋,依依似昔,會刺史朱君慾恩成編。老友羅蘿村見而悦之,因爲點次如左,雖不足以觀風俗而知得失,動天地而感鬼神,然於五際六情之旨,不無所啓發云。"

羅坤序云:"予友宋子岸舫,讀書等身,言語妙天下,其推重於名場者幾四十年。甲申之春,客游廣德,柳亭銷夏,著有詩話成帙,受而讀之。""今岸舫自三代以迄今兹,凡涉於詩句、詩聯、詩之格律、詩之長短本末、名物象數,罔不兼收畢舉,而一字半語,具有根蒂,正訛闢謬,裨益無窮。如入璚圃珠淵,琳瑯參錯,取之不竭,挹之彌青。又若仙廚瑶席,玉饌天漿,食之不厭,其飽飲之,更戀其餘,誠學海之奇觀也。"

此書有扉頁,刻"柳亭詩話。山陰宋岸舫纂。天茁園藏板"。

《四庫全書總目》入集部詩文評類存目。《四庫全書存目叢書》第421册收入,底本爲北京大學圖書館所藏。《中國古籍善本書目》著録,北京大學圖書館、清華大字圖書館等十一館也有入藏。

鈐印有"曾歸徐氏彊諤"。

2944 清乾隆刻本諧聲别部 T5213/1143

《諧聲别部》六卷,清王士禛撰。清乾隆刻本。四册。半頁九行二十字,四周雙邊,白口,雙魚尾。框高19釐米,寬11.9釐米。題"王阮亭先生原本;南昌喻端士編"。前有乾隆五十四年(1789)喻端士序;《例言》七則;總目;同編姓氏。

王士禛,見清康熙刻本《國朝諡法考》。

是書計志趣四十八則、風雅五十則、感慨三十三則、考證五十八則、評論六十九則、彙編上四十一則、彙編下六十三則,皆評論詩歌之語也。

喻端士序云:"讀阮亭先生《皇華紀聞》、《隴蜀餘聞》、《池北偶談》、《居易録》、《香祖筆記》、《分甘餘話》凡六種,其間詠歌散見,評泊所及,輒别擇而彙集之,號之曰《諧聲别部》。"

《例言》云:"阮亭先生《皇華紀聞》諸書,其中言詩者甚多,因仿《帶經堂詩話》例彙編之。至以類區分,則别有取裁,不敢蹈襲。""編次首志趣,次風雅、感慨、考證、評論,以次分編。其不以類從者,終以彙編收之。説詩不引本詩者不登。""本詩有當删,與其人有不當存者,除查校全毁、摘毁書目外,即間有可議處亦不收入。忠厚之教,無取背道而馳也。""和聲鳴盛,貴諧人心,風雅鼓吹,此爲别部。長夏編校,取便舟車攜帶,且以識私淑之意云。"

此本有扉頁,刻"諧聲别部"。

《四庫全書總目》、《續修四庫全書》未收。《續修四庫全書總目提要(稿本)》著録。《中國古籍善本書目》著録,湖北省圖書館、暨南大學圖書館也有入藏。

鈐印有"積學齋徐乃昌藏書"、"徐乃昌馬韻芬夫婦印"。

2945　清康熙刻本説詩樂趣類編　　T5213/2134

《説詩樂趣類編》二十卷,清伍涵芬輯。清康熙刻本。四册。半頁九行二十二字,四周單邊,白口,單魚尾。框高17.4釐米,寬12釐米。題"紫水伍涵芬芝軒定;男炳宸薇占、炳日旦華校;真州汪正鈞鳴韶參訂"。前有毛際可序,朱庭柏序,汪正鈞序,伍涵芬自序;採用書目。附《偶詠草續集》後有戴名世跋。

伍涵芬,字芝軒,於潛人。康熙二十六年舉人。又有《讀書樂趣》八卷。

此書爲伍氏卜居幽樓山時,與其徒汪鳴韶採摭前人詩話,倣劉孝標《世説新語》例而彙括之。《四庫全書總目》云:"其書龐雜無緒,去取失倫,卷端所列引用書目乖舛,不一而足,則其於詩可知矣。"

卷一體格門,卷二評論門,卷三雅什門,卷四警句門,卷五層進門、苦吟門、幼敏門,卷六博識門,卷七知遇門、達觀門、志氣門,卷八豪放門、箴諷門、故事門,卷九游覽門、留題門,卷一○詠物門,卷一一辨譌門、宴賞門,卷一二仕宦門、科第門、頌美門,卷一三餞送門、寄贈門、豔情門、感事門,卷一四詩讖門、詩病門、詩厄門,卷一五紀夢門、譏誚門、詼諧門,卷一六樂府門、哀輓門,卷一七高隱門、神仙門,卷一八藝術門、僧道門,卷一九閨秀門,卷二○俳優門、奇怪門。附《偶詠草續集》。

伍涵芬自序云:"蓋詩固不獨士大夫所喜談,即下而草野士女、山澤樵漁,與夫一切百工技藝之徒,皆可與焉者。向所編《讀書樂趣》,集内採諸詩者,什之二三,夫亦以詩之爲道。大抵遣情言外,寄托遥深,語淺而味腴,節短而韻長,可以疏蕩人之心胸,以開其湮鬱。是故古之人,凡有思積於中而不得達者,其必假諸詠歌唱歎,以抑揚反復而傳之。韓子云:窮愁之言易好,懽愉之辭難工。歐陽子云:詩非能窮人,殆窮者而後工。夫既以易好而工,歸之窮人,則窮於境,固可不窮於心矣,又何窮之足云乎?予因廣採古今名人詩話,擇其雅馴者分類編之,與真州汪子商定去取以付梓,名之曰《説詩樂趣》,非專以爲詩也。蓋亦謂人果能寄其情於詩之中,而心之所樂,必有油然其日以生者。而天下之人,亦庶可無數奇遇厄之感也。又況乎遭逢順境,未有數奇遇厄之感者,其觀於此,更何如也。"

毛際可序云:"辛巳夏,謁余於白門,復出《説詩樂趣》相示,并屬爲序。則集古今詩話,釐爲四十一種,不獨習制舉業者讀之而樂,且欲使天下人讀之無不有以自樂其樂也……蓋真能詩者,必倘佯於山水之間,放浪於清風朗月之候,所見蟲魚花卉,焉往不足自娛。乃以處境抑鬱之故,必欲易樂而爲苦,亦何貴於詩耶?……即如以芝軒之才,不能讀書中秘,半生坎壈,至筆耕自給。而其容益舒,其氣益豪邁,豈無得於詩中之樂而能若是乎。"

《偶詠草續集》有伍氏自題,云:"予向有《偶詠草》一集,附刊《讀書樂趣》八卷之末,因友人朱林修許可然也。兹《説詩樂趣》既成,乃復錄近作數十首,始自丁丑,訖於辛巳,質之林修及姻黨裴紹衣、族兄松山,爲予點評,仍附卷末。續貂之嫌,前既不免,後復蹈焉。自顧影漸,亦冀海内君子有以教我耳。""丁丑",康熙三十六年;"辛巳",康熙四十年。

《四庫全書總目》入集部詩文評類存目。《四庫全書存目叢書》第421册收入,底本爲中國人民大學圖書館所藏。《中國古籍善本書目》著錄清康熙四十年華日堂刻本,北京大學圖書館、清華大學圖書館等四館也有入藏。

2946　清康熙刻本西江詩話　　T5213/4311

　　《西江詩話》十二卷,清裘君弘撰。清康熙四十二年(1703)裘氏妙貫堂刻本。六册。半頁九行十九字,四周單邊,白口,單魚尾。書口下刻"妙貫堂"。框高18.8釐米,寬12.9釐米。題"香坡裘君弘任遠輯"。前有康熙四十三年(1704)劉廷璣序,康熙四十二年裘君弘序;《緣起》;《編餘隨筆》十三則(即凡例)。

　　裘君弘,字任遠,號香坡,又號妙貫室主人,江西新建人。

　　此書之編,緣起於君弘以《通志》"人物傳"脱略頗多,非所以徵文考獻,備清一統志之採擇,因旁搜博考,輯《江西通志人物補》。又因其事重大,不敢速成,"而譾閲亦已勤矣,搜覽亦頗廣矣。其間遇先輩嘉言懿行,有可興起百世者,會心不遠,輒摘而録之,積久成帙。辛巳冬月,更加編較,又彙其家庭世澤、師友燈薪,與夫人與跡之異代同符、異事同情者合而傳之,總曰敬恭録,取恭敬桑梓之義……因思吕舍人江西宗派之説,爲西江詩話十二卷,此是書之所由起也。"

　　西江詩發靈於晉,萌芽於唐,而昌大於宋,故此書取西江人物之涉於詩者,彙輯而爲是編。計晉唐一卷、兩宋四卷、元一卷、明清四卷,附以仙道、閨秀二卷。

　　裘君弘序云:此十二卷,"大都拈警摘瑕,月旦昔氏,或明體制,記見聞,録異事,正訛誤,資閑譚,未嘗剖符劃域而以地限之也。""編《西江詩話》者,隱然有忠孝之思焉。雜纂諸家評録,隨標一二佳什,大段倣《全唐詩話》,而微有不同者,詳爵里出處,考時代先後,名公巨製,連幅不述,人微事渺,只字必登。凡以徵文獻之闕遺,補志乘之滲漏,總祈無失乎,維桑與梓之意而已矣……而草茅之士,叨刊賢書,雅有採輯之志,因衷此編,以附敬恭。"

　　劉廷璣序云:"余披閱數通,見其搜羅甚富,而詳略有體,增節不冗,而始末畢見。或言無多而其人可嘉者,不以言廢人;或人甚漸而其言足録者,不以人廢言。真可以徵文獻之闕,而補志乘之漏矣。名曰《詩話》,漸顯闡幽之志也,繫以西江,恭敬桑梓之義也。任遠學識端亮,早登京兆賢書,名聞禁中,共推爲天下士。"

　　《編餘隨筆》云:"編中所録詩人姓名,見於《通志》者十之七,不見者十之三。則知此編補正《通志》脱漏,固非一端也。匪是,則其人之姓名,且不聞於鄉里矣。""世俗忽近貴遠,甚者忌嫉之心,積而爲毀。余故遇同郡同邑諸先輩,有一篇一句傳播者,每降格收之,亦欲以懲薄俗云爾。覽者諒焉。""是編據所見衷之,深媿纂紀不博,俟再搜考爲《西江詩話續編》云。"

　　此書有扉頁,刻"西江詩話。新建裘任遠輯。妙貫堂藏板"。

　　《續修四庫全書》第1699册收入。《續修四庫全書總目提要(稿本)》著録。《中國古籍善本書目》著録,中國國家圖書館、首都圖書館等四館也有入藏。

　　鈐印有"雨山草堂"。

2947　乾隆刻本初白庵詩評　　T5213/4192

　　《初白庵詩評》三卷,清查慎行撰,清張載華輯。附《詞綜偶評》一卷,清許昂霄撰,清張載華輯。清乾隆刻本。六册。半頁十二行二十三字,左右雙邊,單魚尾,綫黑口。框高18.3釐米,寬13.2釐米。題"海鹽後學張載華芷齋輯"。每卷後題"魯郡吾進書;堉蕭嘉植,男鶴徵、鷺振同校"。前有乾隆三十三年(1768)張宗楠序,乾隆三十二年(1767)張載華序。目錄後有乾隆四十二年(1777)蕭嘉植跋;《纂例》十五則。後有陸以謙撰《明經芷齋張先生墓志銘》;吳懋政撰《明經芷齋張先生行狀》;乾隆四十二年張柯跋。

查慎行,見清康熙刻本《敬業堂詩集》。

張載華,字佩兼,號芷齋,浙江海鹽人。其家爲海鹽望族,居廬號涉園,素富藏書。乾隆初年貢生,屢躓科場,遂棄舉子業,肆力於經史百氏之書。兄弟八人,佩兼行七,與兄含廣、宗楠等皆喜抄輯群書,講論文藝。

該書彙集查氏評點詩集十二種,釐爲三卷。卷上:陶靖節、李青蓮、杜少陵、韓昌黎、白香山;卷中:蘇東坡、王半山、朱紫陽、謝臯父、元遺山、虞道園;卷下:瀛奎律髓。

清初查氏之詩與王士禛、朱彝尊齊名,王氏《帶經堂詩話》、朱氏《静志居詩話》已先行世,張載華素仰查氏之名,遂有纂輯查氏詩評之舉。張載華自序云:"海昌查初白先生以詩名海内,與王漁洋、朱竹垞兩先生鼎峙藝林……漁洋詩話,散見雜著諸書,先兄含廣彙爲一編。《静志居詩話》具載明詩綜。獨先生論詩之旨,間有流傳,無專刻行世,學者有遺憾焉。余生也晚,不獲親炙先生,幸自幼及壯得從許蒿廬夫子游。夫子與先生同里,於友朋間每聞先生評閱古人詩集,必展轉購借,攜至涉園,約諸兄亟爲鈔錄。猶憶壬子以後十餘年間,酒闌燈灺,輒舉先生評語可與漁洋、竹垞兩先生發明者,與諸兄互相參究,漏四鼓猶娓娓不倦。余時心竊識之,爰方攻章句,未暇旁及也。弱冠後,間事吟詠,瞻望前賢,茫無憑藉,從夫子及諸兄處錄先生評本數種,偶閱一編,雖着語不多,動中肯綮。""余年忽五十,百念俱灰。自唯平生私淑之志,耿耿難忘。檢理故篋,合邇年所得先生評本計十二種,載歷寒暑,綴輯成帙。"

是書編纂始於乾隆二十八年,刻成於乾隆四十二年。《纂例》云:"是書纂輯,權輿於癸未之冬,含廣兄笑謂余曰:'詩評成日,與《帶經堂詩話》並行於世,亦士林佳話也。'不意乙酉仲秋,先兄去世,棄置篋中者二載。丁亥秋冬之交,還理舊業,朝夕商榷、析疑而訂僞者,思嚴兄之功居多。至讎校之勞,蕭堉嘉植及兩兒鶴徵、鷺振亦與有力焉。蓋三易藁,而後卒業。戊子初夏,曉堂兄自唐昌歸里,謬謂是編能洗俗本蕪穢,從臾開雕。"蕭嘉植跋又云:"戊子冬日,謁外舅芷齋先生於涉園,得所纂《初白庵詩評》,受而卒讀……爾時即以付梓爲請,先生自謂原評之當屬某段某聯,未易明確也,附錄諸條或涉遺濫也,附識按語恐未允當也,奚敢問世?越一二載,先生再易藁本,藏諸篋衍。今歲上元爲先生六十覽揆之辰,客冬復請壽諸梨棗,爲先生壽。先生笑而領之,廼與選巖、在廷兩昆互相讎勘,徂歲入春,校畢開雕。"

《詞綜偶評》,題"海寧許昂霄蒿廬閱;門人張載華芷齋輯"。卷後題"魯郡吾進書;堉蕭嘉植,男鶴徵、鷺振同校;姪男玉輪覆審"。卷末又題"族姪玉麟鋟字"。是爲張載華纂輯其業師許昂霄對唐以來諸家詞之評點。

是書版本有初印本、後印本、民國上海六藝書局石印本。初印本有扉頁,題"海鹽後學張佩兼輯。涉園觀樂堂藏板"。卷中第三十六頁第十行"錢牧齋"、"試拈"等字,後印本改作墨釘。卷後所題"魯郡吾進書"亦爲後印本補鐫。館藏爲後印本,由此本間有抄補亦可證之。

《續修四庫全書總目提要(稿本)》著錄。《中國古籍善本書目》著錄,中國國家圖書館、上海師範大學圖書館等十六館藏有全帙,清華大學圖書館藏殘帙。此外,上海圖書館亦有收藏。日本《内閣文庫漢籍分類目錄》、《東洋文庫漢籍分類目錄》、《東京大學東洋文化研究所漢籍分類目録》、《京都大學人文科學研究所漢籍分類目録》著録。美國《柏克萊加州大學東亞圖書館中文古籍善本書志》著録。

鈐印有"徐乃昌考藏金石文字"、"得此書良不易後之人弗輕棄"、"仁和朱庚壽曼叔漱霞仙館之藏本"。

2948　清乾隆刻本全閩詩話　　　　　　　　　　　　　　　T5213/8204

《全閩詩話》十二卷,清鄭方坤輯。清乾隆詩話軒刻本。十册。半頁十一行二十一字,左右雙邊,單魚尾,白口。書口下刻"詩話軒"。框高 18.5 釐米,寬 12.8 釐米。題"晉安鄭方坤編輯"。前有朱仕琇序,乾隆十九年(1754)劉星煒序;鄭方坤所撰《例言》十一則;引用書目。

鄭方坤,見清乾隆刻增修本《蔗尾詩集》。

卷一六朝、唐、五代,卷二至四宋,卷五宋、元,卷六至八明,卷九清,卷一〇無名氏、宫閨,卷一一羽士、緇流,卷一二神仙、鬼怪、雜綴。

是書抄撮群書達四百三十八種,薈萃歷代閩人詩話,及詩話之有關於閩者。其體例除卷一二外,其餘皆爲將所輯詩話分繫於各人名下。《四庫全書總目》謂其"摭拾繁富,未免細大不捐。而上下千餘年間,一方文獻犁然有徵,舊事遺文多資考證,固亦談薮之淵藪矣。"

關於歷代閩詩源流,朱仕琇序云:"閩中在周盛時,隸於職方,去吴尤遠,在八蠻九貉之列。其樂附屬鞮鞻氏,然語言須譯而後通,俗尤僻陋,歌謡殆無可採者。至唐,乃始稍稍出。唐以詩取士,士生其間,比諸漢人,無不能爲文者。而閩中風氣卑弱,獨不能與諸方齒,其犖然特見於時者,歐陽生一人而已。至五季之亂,衣冠之族隨王氏南遷,接以宋興,太祖、太宗之治,百餘年間,秀士傑人磊落爭出。若楊文公、蔡忠惠、謝景山、王深甫兄弟,皆以詩文雄視天下。迄於南渡、元、明之盛,劉後邨、嚴儀卿、楊仲弘、陳衆仲、高廷禮、鄭善夫、王道思之倫,最其佼佼者也,其能既見於天下,天下之人得而論之。因是袞其論,都爲一集,而以識微之意考之,則作者所志之得失與一時之好惡,可得而見矣。"

該書爲首部閩人詩話集,劉星煒序云:"閩詩晚出,作者代不乏人,事跡流傳亦時見於他説,獨未聞有彙次詩話勒成一書者,乃今晉安鄭荔鄉先生始奮起爲之。"

鄭氏所撰《例言》於編纂過程述之甚詳:"是書甫發凡,吾友林蒼巖(正青)在小海聞之,以所輯《榕海詩話》寄示,提綱挈領,文彩斐然。惜其僅及福州、福寧,又時代至明而止。不佞乃合全閩十郡自晉迄今之美談勝事、瑣義微文,彙次而整齊之,遲久成書,又遲久付梓……初,書成,欲開雕,卒卒未暇,閱今七八載,意亦少衰矣。會魚臺饒使君(夢燕)見其書,好之,爲鳩工南陽,越五月告竣……至校字監工,半出族孫九有之力。"

"玄"、"弘"字避帝諱。

《四庫全書總目》入集部詩文評類。《中國古籍善本書目》著録,清華大學圖書館、廈門市圖書館等五館有藏。臺北"故宫博物院"藏文淵閣四庫全書本。日本《内閣文庫漢籍分類目録》、《静嘉堂文庫漢籍分類目録》、《東京大學東洋文化研究所漢籍分類目録》著録。

2949　清乾隆刻本宋詩紀事　　　　　　　　　　　　　　　T5214.5/7262

《宋詩紀事》一百卷,清厲鶚輯。清乾隆十一年(1746)樊榭山房刻本。二十四册。半頁十一行二十二字,左右雙邊,綫黑口,單魚尾。框高19.7釐米,寬13.9釐米。題"錢唐厲鶚緝;祁門馬曰琯同緝"。前有乾隆十一年厲鶚自序。

厲鶚,字太鴻,又字雄飛,號樊榭,浙江錢塘人,先世本慈谿。少孤貧,讀書不輟,於學無所不窺,以詩古文詞教授鄉里。康熙五十九年舉人,乾隆元年應博學鴻詞科試,因違反程式,罷歸,遂絕意功名。生平諸體皆工,而詩學尤邃,其旨溫以厚,其音和以雅,其詞麗以則,尤熟於兩宋朝章典故。與沈德潛、杭世駿、金農、全祖望等相友善,名重一時。生於康熙三十一年,卒於乾隆十七年,年六十一。又有《樊榭山房集》、《遼史拾遺》、《南宋院畫錄》等。《碑傳集》卷一四一、《清史稿·列傳·文苑二》有傳。

是書乃繼宋計有功《唐詩紀事》之後裒輯宋代詩歌最爲宏大之著作。據厲鶚序,入選宋代作家三千八百十二人,每人之後,多附有簡略小傳,綴以評論,並標有作品之出處大概。鶚輯此書,嘗客揚州馬曰琯、曰璐小玲瓏山館,利用所藏之書,從宋人文集、詩話、筆記以至山經、地志等各種典籍中輯出資料,"苟片言之足採,雖只字以兼收"。

厲鶚序云:"宋承五季衰敝後,大興文教,雅道克振,其詩與唐在合離間,而詩人之盛,視唐且過之。前明諸公剽擬唐人太盛,凡遇宋人集,概置不問,迄今流傳者僅數百家。即名公鉅手,亦多散逸無存,江湖林藪之士,誰復發其幽光者,良可歎也!予自乙巳後,薄游邗溝,嘗與汪君袚江欲效計有功搜括而甄錄之,會袚江以事罷去,遂中輟。幸馬君嶰谷、半槎兄弟,相與商榷,以爲宋人考本朝尚有未當,如胡元任不知鄭文寶、仲賢爲一人,注蘇詩者不知歐陽閼非文忠之族,方萬里不知薛道祖非昂之子,以至阮閎休所紀三李定,王伯厚所紀兩曹輔之類,非博稽深訂,烏能集事?因訪求積卷,兼之閲市借人,歷二十年之久。披覽既多,頗加汰擇,計所抄撮,凡三千八百一十二家,略具出處大概,綴以評論,本事咸著於編,其於有宋知人論世之學,不爲無小補矣。部帙既繁,恐歸覆瓿,念與二君用力之勤,不忍棄去。暇日釐爲百卷,目曰《宋詩紀事》,鏤板而傳之,庶幾後之君子,有以益我紕漏云。"

《四庫全書總目》云:"此書裒輯詩話,亦以紀事爲名,而多收無事之詩,全如總集,旁涉無詩之事,竟類説家,未免失於斷限。又採摭既繁,牴牾不免。""然全書網羅賅備,自序稱閱書三千八百十二家,今江南、浙江所採遺書中,經其簽題自某處鈔至某處,以及經其點勘題識者,往往而是,則其用力亦云勤矣。考有宋一代之詩話者,終以是書爲淵海,非胡仔諸家所能比較長短也。"

此書出版後百年,陸心源又輯有《宋詩紀事補遺》一百卷,補厲氏所遺,增多三千餘家,得詩八千餘首。編次之例,以人從代,一依厲氏原例。惟厲書有西崑體一卷,以篇什無多,是編不復另列。厲書之舛錯,多有訂正。又以爲新收之詩,大半得之宋元舊刻及明代抄本,輾轉傳寫,間有亥豕,悉存其舊。陸氏之編,於亡篇逸句蒐輯幾欲無漏,而考訂精詳,信爲樊榭之功臣。又陸氏於厲書之小傳,或有字無貫,或有貫無字,或字貫全無,或有字貫而仕履不詳、時代未著者,別爲《宋詩紀事小傳補正》四卷。

《四庫全書總目》入集部詩文評。《中國古籍善本書目》著錄,吉林省圖書館入藏。《中國科學院圖書館藏中文古籍善本書目》、《清華大學圖書館藏善本書目》、《中國人民大學圖書館古籍善本書目》也有著錄。又日本《内閣文庫漢籍分類目録》著録兩部。上海古籍出版社1983年出版有此書整理標點本。

鈐印有"蓉賡"、"存齋董子珍藏"。

2950　清乾隆刻本藝苑名言　　　　　　　　T5213/443

　　《藝苑名言》八卷,清蔣瀾輯。清乾隆四十年(1775)刻本。四冊。半頁八行十六字,左右雙邊,無魚尾,白口。框高11.2釐米,寬7.7釐米。題"苕水蔣瀾雲會氏纂輯"。前有乾隆四十一年(1776)蔣瀾自序;《例言》四則;採錄書目。各卷前有目錄。行内有圈點。

　　蔣瀾,字雲會,浙江烏程人。生平不詳。

　　是書從一百十一種書中輯出歷代詩話七百餘則,雜錄博採,不立類別。所錄各條之下皆注明出處,時加作者按語。《例言》云:"是編所錄約七百餘則,釐爲八卷。恐強立名目,不敢分類,而不類之中,類略分爲。每類多寡不同,有一類爲一卷者,有一卷而分數類者,其各類中先後,又以類相從,不暇計世次也。""書名必標於各條下。兩書重見,則錄其雅馴者。間附管見,加'按'字、低一格列之,不敢混也。""凡採取諸書,另列書目於卷首,詳注姓氏。其有從選本中錄出,未見全書者,姑闕焉,俟查明增入。""每條撮其大旨,標題於前,取便檢閱。而其中有難包舉者,恐蹈紐捏之病,但節錄首數字爲題。"

　　蔣氏自序述此書編纂、刊刻之由,云:"余自弱冠學爲詩,見説之有益於詩者,輒手自抄寫。嗣飢驅走東越,向之所錄,半歸散佚。癸巳夏日,偶取案頭所存者閲之,輒有會心,不忍釋手。爰聚歷朝説詩諸書,詳加採擇,必其言之有味,令人讀之足以賞心悦目者,方爲編入,僅得若干首,名之曰《藝苑名言》。染指可以知鼎味,又奚必多之爲貴乎?但恐選擇未精,考核未詳,徒貽口實,用不敢出以示人。而諸學侣力爲慫恿,竟付剞劂氏。"

　　此書有扉頁,刻"藝苑名言。苕水蔣雲會纂輯。乾隆乙未嘉平新鐫。懷谷軒藏版"。"乙未",爲乾隆四十年。

　　《中國古籍善本書目》著錄,清華大學圖書館、山西省圖書館、廈門市圖書館、湖北省圖書館有藏。《續修四庫全書總目提要(稿本)》著錄,作"忠恕堂刊版"。《臺灣公藏普通本綫裝書目》著錄臺灣大學藏清乾隆四十年嘉平懷谷軒重刊袖珍本(十卷);東海大學藏日本文政九年(1826)日本龍章堂刊本(八卷)。日本《内閣文庫漢籍分類目錄》、《東京大學東洋文化研究所漢籍分類目錄》著錄此本,而《尊經閣漢籍分類目錄》則著錄文政版八卷,《京都大學人文科學研究所漢籍分類目錄》著錄"文政八年序大阪淺井吉兵衛等刊本"。

　　鈐印有"木堂圖書"、"木堂讀過"。

　　館藏另有《藝苑名言》一部,四冊。行款、圈點、卷冊皆與此本同,而寫刻、用紙皆較此本爲劣,當據此本翻刻者。其扉頁題"藝苑名言。苕水蔣雲會輯。三懷堂梓行"。

2951　明崇禎刻本宋名家詞　　　　　　　　T5582/2116

　　《宋名家詞》六十一種九十卷,明毛晉編。明崇禎毛氏汲古閣刻本。存八冊。半頁八行十八字,左右雙邊,白口,無魚尾,書口下刻"汲古閣"。

　　本館存《坦庵詞》一卷,宋趙師使撰;《書舟詞》一卷,宋程垓撰;《西樵語業》一卷,宋楊炎撰;《竹屋癡語》一卷,宋高觀國撰;《夢窗甲稿》一卷《乙稿》一卷,宋吳文英撰;《海野詞》一卷,宋曾覿撰;《空同詞》一卷,宋洪瑹撰;《平齋詞》一卷,宋洪咨夔撰;《文溪詞》一卷,宋李公昂撰;《丹陽詞》一卷,宋葛勝仲撰。共十種。

《中國古籍善本書目》著錄。中國國家圖書館、上海圖書館等三十一館及臺北"國家圖書館"(兩部)有全帙。

2952　明刻清印本花間集　　　　　　　　　　　T5582.4/4823C

《花間集》四卷,後蜀趙崇祚輯,明湯顯祖評。明聚錦堂刻清印本。四册。半頁八行十八字,四周單邊,白口,無魚尾,眉端上刻評。框高19.7釐米,寬14釐米。題"唐趙崇祚集;明湯顯祖評"。前有廣政三年(940)歐陽炯序。

趙崇祚,字宏基,事孟昶爲衛尉少卿。

是書收録晚唐五代十八家詞,共五百首,爲現存最早之詞總集。集中大都冶游享樂之作,語多濃豔。後稱風格香豔之詞派爲花間派,本此。每卷前有音釋。

此本有扉頁,刊"花間集。湯若士先生評選。聚錦堂梓行"。并鈐有"郁胡堂印記"。

《中國古籍善本書目》著錄有四卷本三種,除明刻朱墨套印本外,又有明刻本及明文治堂刻本,行款皆同此本。前者上海圖書館、浙江圖書館等五館入藏;後者藏天津圖書館、山東師範大學圖書館。惟不知此本和上述兩本有何區别。

2953　明萬曆刻本類選箋釋草堂詩餘　　　　　　　T5582.57/8523

《類選箋釋草堂詩餘》六卷,明顧從敬輯;《續選草堂詩餘》二卷,明錢允治箋釋;《類編箋釋國朝詩餘》五卷,明錢允治輯,陳仁錫釋。明萬曆四十二年(1614)刻本。存六册。半頁九行二十字,左右雙邊,白口,單魚尾。《續選》框高23釐米,寬13.8釐米。《續選》題"長洲錢允治箋釋;同邑陳仁錫校閱"。《國朝》題"長洲錢允治功甫編;同邑陳仁錫明卿釋"。前有萬曆四十二年錢允治序。

此書缺《類選箋釋草堂詩餘》六卷。

《續選草堂詩餘》收小令一百三十一首、中調六十四首、長調二十九首。《國朝詩餘》卷一小令一百三十一首,卷二小令一百二首,卷三中調九十五首,卷四長調七十九首,卷五長調五十八首。

錢允治序云:"今兹集一遵舊本,旁求博采,彙萃本朝名人所製,續於二集之後,凡若干卷,然什百之一,尚多遺亡也。與陳明卿孝廉稍爲注釋,略加標記,然亦什百之一,尚多掛漏也。"

《中國古籍善本書目》著録。中國國家圖書館、上海圖書館等二十館,臺北"國家圖書館"亦有入藏。

2954　明末刻本古香岑草堂詩餘　　　　　　　　　T5582.07/3824

《古香岑草堂詩餘》四集十七卷。明末吴門童湧泉刻本。十六册。半頁九行十九字,四周單邊,白口,單魚尾,書眉上刻評。框高23.1釐米,寬12.9釐米。前有秦士奇序,陳仁錫序,沈際飛序;《發凡》(銓異、比同、疏名、研韻、分裘、著品、證故、刊誤、定譜、竢喆、誡翻)爲沈際飛撰。

是書計四集,爲《正集》六卷(題"雲間顧從敬類選;吴郡沈際飛評正");《續集》二卷(題"毘陵長湖外史類選;姑蘇天羽居士評箋");《別集》四卷(題"婁城沈際飛選評;東魯秦士奇訂定");《國朝詩餘新集》五卷(題"吳郡沈際飛評選;錢允治原編")。

《發凡》中"分袠"云:"正集裁自顧汝所手,此道當家,不容輕爲去取,其附見諸詞,並鱗次其中。續集視顧選尤精約,悉仍其舊。別集則余僭爲排纘,自宋泝之,而五代、而唐、而隋;自宋沿之,而遼、而金、而元,博綜花間、樽前、花庵選、宋元名家詞,以及稗官逸史。卷凡四,詞凡若干首。新集,錢功父始爲之,恨功父蒐求未廣,到手即收,故玉石雜陳,竽瑟互進。茲刪其什之五,補其什之七。甘於操戈,功父不至,續尾顧公。"又"刊誤"云:"一句訛,則一篇累;一字訛,則一句累。同時才人,腐毫八股業,皇及填詞。即留心騷雅,高者工詩,其次製曲。詩餘正續,本帝虎亥豕,訛謬滋興,誰與講訂。錢功父新編,訛以傳訛,差落顛倒,甚而調名亦混……今茲考訂正文、附注、訛字,次其前後,芟其混入,可謂犂然。"又"誡翻"云:"坊人嗜利,更惜費,翻刻之弊,所繇始也。邇來評告追板,而急於竊其實,巧於掩其名,如《詩餘》舊本,按字數多寡編次,今以春夏秋冬編次矣。至本意、送別、題情、咏物諸詞,儘不可以時序論,必硬入時序中,不妥莫甚。太末翁少麓氏,志趣風雅,敦懇茲集,捐重貲精鐫行世。吾懼夫後來市肆,有以春夏秋冬故局刻之者,不然以四集合編,稍增損評注,刻之者而能逃於翻之一字乎?"

秦士奇序云:"余故商之沈天羽氏,以正續兩集並我明新集爲之正次。訂舛抉微,擷芳先識,古今體製雅俗,脫出宿生塵腐氣。大約取其命意遠,造語鮮、煉字響,用字便。典麗清圓,一一粘出。至於別集,則歷朝近代中所逸,辭意穎拔、風韻秀上、騷不雄、麗不險、質不率、工不刻,天然無雕飾。且語不經人道,皆如新脫手,讀之使人神越色飛,令斗字逞俠者退舍。"

沈際飛序云:"詩餘之傳,非傳詩也,傳情也,傳其縱古橫今,體莫備於斯也。余之津津焉,評之而訂之,釋且廣之,情所不自已也。"

此本有扉頁,刊"鐫古香岑批點草堂詩餘四集。一重訂正集。一搜採新集。一校訛別集。一精選續集。吳門童湧泉梓"。按,據《發凡》,此本爲翁少麓所刻,翁爲明末書林中人(所刻最著者爲《漢魏六朝二十二名家集》一百二十九卷)。南京圖書館、浙江圖書館等九館有是書,作明末翁少麓印本。疑此哈佛本乃爲吳門童湧泉得翁少麓板重印本。又上海圖書館、山東省圖書館等二十一館有是書之明末刻本,行款等皆同此本,余疑明末刻本、翁少麓本、童湧泉本乃爲一板,俟之它日,或有同道者有緣作一比對。

《四庫全書總目》未收。《中國古籍善本書目》著錄,南京圖書館、浙江圖書館等十二館亦有入藏。

2955　明刻清乾隆印本詞苑英華　　　　　　T5573/0444

《詞苑英華》四十三卷,明毛晉輯。明末毛氏汲古閣刻清乾隆印本。二十冊。半頁九行二十字,左右雙邊,雙魚尾,白口。框高17.8釐米,寬11.5釐米。前有清乾隆十七年(1752)洪振珂序;總目。

毛晉,原名鳳苞,字子晉,江蘇常熟人。博雅好古,家富圖籍,多宋元舊本,建汲古閣藏之。校刻《十三經》、《十七史》、《津逮秘書》、《六十種曲》等書,流布天下。

是書爲毛晉所輯歷代詞選,含《花庵絕妙詞選》、《花庵絕妙詞選續集》、《草堂詩餘》、《花間集》、《尊前集》、《詞林萬選》、《詩餘圖譜》七種。此本爲洪振珂於清乾隆年間以明末毛氏舊板所印,略有校正。洪振珂序云:"去年冬,購得毛氏汲古閣《詞苑英華》原版。喜其字畫尚無漫漶,略有僞謬,悉取他本校正之。"

《花庵絶妙詞選》十卷《續集》十卷,宋黃昇編。目錄頁題"花庵詞客編集"。前有宋淳祐九年黃昇序、宋淳祐九年胡德方序。《續集》末有毛晉識語。《花庵絶妙詞選》各卷書口刻"唐詞"、"宋詞"。《續集》目錄前兩頁版面上部有缺損,書口刻"中興卷×",每卷首末二頁書口刻"汲古閣"、"毛氏正本"。《花庵絶妙詞選》收唐至北宋詞,卷一爲唐詞,卷二至一○爲北宋詞;《續集》收南宋詞,書後附錄黃昇詞三十八首。編排以人繫詞,前附詞人小傳。書末毛晉識語曰:"是編爲淳祐黃叔陽所選,計若干卷。遡自盛唐,迄於南宋,凡七百年,詞家菁英,盡於是乎。"

《草堂詩餘》四卷目錄一卷,不著撰人名氏。題"武陵逸史編;隱湖小隱訂"。前有嘉靖二十九年何良俊序。每卷首末二頁書口刻"汲古閣"、"毛氏正本"。卷末有毛晉識語。據《四庫全書總目》,是書至晚於南宋慶元年間已編成。以體式分卷,卷下復以詞牌細分。卷一小令,卷二中調,卷三至四長調。

《花間集》十卷,後蜀趙崇祚輯。前有後蜀廣政三年歐陽炯序。每卷首末二頁書口刻"汲古閣"、"毛氏正本"。卷末有笠澤翁、開禧元年務觀東籬及毛晉識語。選錄唐末五代溫庭筠等十八家詞。歐陽炯序云:"今衛尉少卿字弘基……廣會衆賓,時延佳論。因集近來詩客曲子詞五百首,分爲十卷。以炯麤預知音,辱請命題。"按,弘基爲崇祚字。毛晉識語云:"據陳氏云,《花間集》十卷,自溫飛卿而下十八人,凡五百首,今逸其二,已不可考。近來坊刻往往繆其姓氏,續其卷帙,大非趙弘基氏本來面目。余家藏宋刻,前有歐陽炯序,後有陸放翁二跋,真完璧也。"又云:"李翰林普薩蠻、憶秦娥,及南唐二主、馮延巳諸篇俱未入選,不無遺珠之憾云。"按,此本未見陸游跋。

《尊前集》二卷,不著撰人名氏。前有萬曆十年顧梧芳序。卷末有毛晉識語。每卷首末二頁書口刻"汲古閣"、"毛氏正本"。收唐、五代詞。顧梧芳序云:"余素愛《花間集》勝《草堂詩餘》,欲播傳之。曩歲客於吳興茅氏,兼有附補,而余斯編第有類焉。"毛晉識語云:"雍熙間,有集唐末五代諸家詞,命名'家宴',爲其可以侑觴也。又有名《尊前集》者,殆亦類此。惜其本皆不傳。嘉禾顧梧芳氏,采錄名篇,釐爲二卷,仍其舊名,雖不堪與《花間》、《草堂》頡頏,亦能一洗綺羅香澤之態矣。此本予得之閩中郭聖僕。"觀此是書似爲顧氏所編,然據《四庫全書總目》,頗疑爲前代之書。

《詞林萬選》四卷,明楊慎輯。前有嘉靖二十二任良幹序。每卷首末二頁書口刻"汲古閣"、"毛氏正本"。後有識語,因板片漫漶不清,署名難辨。據《四庫全書總目》著錄,此書有毛晉跋,復觀識語語氣,亦應毛晉所爲。是書爲唐、五代、宋詞選,編排以人繫詞。任良幹序云:"升庵太史公家藏有唐宋五百家詞,頗爲全備。暇日取其尤綺練者四卷,名曰《詞林萬選》,皆《草堂詩餘》之所未收者也。間出以示……遂假錄一本,好事者多快見之,故刻之郡齋,以傳同好云。"毛晉識語云:"予向慕用修先生《詞林萬選》,不得一見。金沙于季鸞貽予一帙,前有任良幹序,不啻咽三危之露而聆秋竹積雪之曲矣。"則是書由任氏初刻於嘉靖,毛晉據以爲底本刊之。

《詩餘圖譜》三卷,明張綖輯。題"高郵南湖張綖編輯;濟南霽宇王象乾發刊;康宇王象晉重梓;姑蘇子九毛鳳苞訂正"。無魚尾。前有崇禎八年王象晉序,序云:"南湖張子創爲《詩餘圖譜》三卷,圖列於前,詞綴於後,韻腳句法犁然井然,一披閱而調可守、韻可循,字推句敲,無事望洋,誠修詞家南車已。萬曆甲午乙未間,予兄霽宇刻之上谷署中,見者爭相玩賞,竟攜之而去。今書簏所存日見寥寥,遲以歲月,計當無剩本已。海虞毛子晉,博雅好古,見予讎較此篇,遂請歸而付之剞人,使四十年前几案間物頓還舊觀,亦一段快心事也。"則是書王象乾初刻於萬曆,毛氏以之爲底本上板。書中以圖解各詞牌韻調，並附詞例。以體式分卷，卷一小令，卷二中調，卷三長調。

是書有扉頁，刻"毛氏原本。詞苑英華。汲古閣藏板。""玄"字避帝諱。

是書又有明末毛晉汲古閣原刊本傳世，共九種，四十五卷，較此本多出宋秦觀《少游詩餘》一卷、明張綖《南湖詩餘》一卷。《中國古籍善本書目》著録明毛晉汲古閣原印本，中國國家圖書館、首都圖書館等九館有全帙。臺北《"國家圖書館"善本書志初稿》亦著録明末毛氏汲古閣本。日本《京都大學人文科學研究所漢籍分類目録》、《静嘉堂文庫漢籍分類目録》著録明末汲古閣印本。《東洋文庫漢籍分類目録》亦著録明汲古閣刊本，收七種四十三卷，與此本種數、卷數相同。日本《内閣文庫漢籍分類目録》有此洪振珂後印本。

鈐印有"詁曲居"。

2956　清乾隆刻本陳檢討塡詞圖

T5632/4337

《陳檢討塡詞圖》一卷，清陳淮輯。清乾隆刻本。一册。半頁八行十七字，四周雙邊，單魚尾，白口。框高18.2釐米，寬12.3釐米。前有乾隆五十九年(1794)沈初序。後有集陳維崧詞句跋。

陳淮，字望之，號藥洲，爲清初詞人陳維崧之侄孫，注籍河南商丘。乾隆十八年拔貢，二十六年選授廣東廉州知府，調韶州府、廣州府，三十八年升浙江鹽法道，四十三年擢安徽按察使，旋因陳輝祖案革職。四十八年復補授山東青州知府，五十年升甘肅按察使，五十一年升湖北布政使，五十六年擢貴州巡撫，五十八年調江西巡撫。爲官明敏幹練，屢獲議敍。嘉慶初，以貪鄙獲罪，革職回籍，終老鄉里。善書法。《清史列傳》卷二七、《皇清書史》卷八有傳。

是書爲陳淮以所藏迦陵先生塡詞圖及圖後諸名士題詠刊印。沈初序云："陳藥洲中丞出其伯祖迦陵先生塡詞圖，設色橫幅，髠敷地衣坐，手執管伸紙欲書，若沉吟者，意象灑如。旁一蕉葉，坐麗人，按簫將倚聲，雲鬟鈌衣，望若神仙也。卷中一時著名當代之士大夫，以至山人衲子，各有題詠，蠅頭細書，鱗次櫛比，皆可諷玩……中丞以《塡詞圖》重繪縮本，合後幅詩詞爲一編，付之剞劂，近之題識亦附焉。"按，"迦陵"爲陳維崧號。維崧，字其年，官至翰林院檢討。

圖前刊朱彝尊書"塡詞圖。其年年長兄屬書。弟朱彝尊"，並仿朱氏"彝尊私印"、"朱氏錫鬯"印鈐於後。圖爲清初詩畫僧大汕所繪，圖下有題識："歲在戊午閏三月廿四囘。爲其翁維摩傳神。釋汕。"鈐印"看松"、"大"、"汕"，亦爲仿製。"戊午"爲康熙十七年。圖後附梁清標、王士禎、朱彝尊、尤侗、毛奇齡、嚴繩孫、納蘭性德、高士奇、宋犖、柯維楨、洪昇、于敏中、翁方綱、蔣士銓、王文治、陸費墀、吴錫麒、汪如洋、錢棨等數十人題詞，題詠之盛，罕出其右。末附陳氏子孫題詞。陳淮題詩云："半幅傳神蹟未磨，墨痕淡處幾摩挲。百年絶調吾家有，一代詞人此卷多。湘管拈來香不散，紫簫吹澈韻無訛。只今罨畫溪邊路，猶有餘音饒碧波。"

是書有扉頁，刻"陳檢討塡詞圖"。封面有題識："陳其年先生塡詞圖刻本。宣統三年辛亥七月望日，徐積餘觀察見贈。越三日，鐙下今非居士題。積餘書云，家有二本，故輟其一以贈云。"按，"積餘"爲近代藏書家徐乃昌字。"今非居士"，疑樊增祥。

《續修四庫全書總目提要(稿本)》著録《塡詞圖詠》二卷，作商丘陳氏本，湖南汪蔚摹勒。上卷爲維崧同時人題詞，下卷爲乾嘉時人所題，又有翁方綱隸書題簽，蓋與此本不同。

鈐印有"積學齋徐乃昌藏書"、"榮郭齋"、"榮郭齋藏"、"劉定庚印"、"富岡謙大定紀元後所得"。

2957　清康熙刻乾隆重修本詞綜　　　T5582/2928

《詞綜》三十六卷，清朱彝尊、汪森輯。清康熙十七年(1678)汪氏裘杼樓刻、三十年(1691)增刻、乾隆九年(1744)汪氏碧梧書屋重修本。八册。半頁十行二十一字，左右雙邊，單魚尾，黑口。框高18.4釐米，寬13.6釐米。總目頁題"秀水朱彝尊抄撮；休寧汪森增定；嘉善柯崇樸編次；嘉興周篔辨僞"。前有康熙十七年汪森序；朱彝尊撰《凡例》十七則；總目。後有汪森跋，乾隆九年汪孟鋗跋。

朱彝尊，見清刻本《曝書亭集詩注》。

汪森，字晉賢，號碧巢，居浙江桐鄉，原籍安徽休寧。以詩名。從周篔學詩，因得廣交兩浙名士。官廣西桂林府通判，調太平府，遷知河南鄭州，丁母憂未赴官。後補刑部員外郎、户部郎中。著有《小方壺存稿》、《桐扣詞》、《粤西詩載》、《粤西文載》、《粤西叢語》等。《清史列傳》卷七一、《清詩紀事初編》卷五有傳。

是書輯唐至元人詞。卷一唐詞，卷二至三五代十國詞，卷四至二五宋詞，卷二六金詞，卷二七至三〇元詞，卷三一至三六補遺。以詞人分類，並附詞人小傳。朱彝尊撰《凡例》云："是編所録，半屬抄本。"又廣集稗海小説數十種，多有他集所未收者。《四庫全書總目》云："所採唐宋金元詞通五百餘家，於專集諸選本之外，凡稗官野紀中有片詞足録者，輒爲採掇，故多他選未見之作。其調名、句讀爲他選所淆舛，及姓氏爵里之誤，皆詳考而訂正之。其去取亦具有鑒別。"

此本成書過程頗爲複雜。本編爲三十卷，刻於康熙十七年。其中二十六卷爲朱彝尊所編，汪森增輯四卷，由柯崇樸編次，周篔校勘。汪森序云："友人朱子錫鬯，輯有唐以來迄於元人所爲詞，凡一十八卷目，曰《詞綜》。訪予梧桐鄉，予覽而有契於心，請雕刻以行。朱子曰：'未也。宋元詞集傳於今者，計不下二百家，吾之所見，僅及其半而已，子其博搜以輔吾不足，然後可。'予曰唯唯。錫鬯仍北游京師，南至於白下，逾三年歸，廣爲二十六卷。予亦往來苕霅，間從故藏書家抄白諸集，相對參論，復益以四卷，凡三十卷。計覽觀宋元詞集一百七十家，傳記、小説、地志共三百餘家，歷歲八稔，然後成書，庶幾可一洗《草堂》之陋，而倚聲者知所宗矣。若其論世而敘次詞人爵里，勘讎同異而辨其僞，則柯子寓匏、周子青士力也。"

此後，汪森、周篔等又補輯六卷，於康熙三十年續刻。汪森跋云："《詞綜》之刻，成於戊午。會錫鬯以應薦入都，官翰林，嗣不省故集。繼典試江南事竣，會予與青士於故里，論及前刻挂漏尚多，欲謀爲定本，而卒難刊改，思補輯以成完書。未幾北去，間遺一二鈔本，前此所未經見者，然約而未廣，不足以成卷。辛酉春，青士偕山子過舍，相與燕坐草堂，出其遠近所搜輯，並錫鬯所遺，復從故集繙閲，彙爲兩卷，得詞若干首，猶未備也。久之，各以事罷去。其後，從吳門藏書家得《梅苑翰墨全書》、《鐵網珊瑚》及宋元小集二十餘種，青士又從魏塘柯南陔攜草窗所輯《絶妙好辭》，偕山子相爲討論，目視手鈔，日無寧晷，而郡城曹子民表亦時有緘寄，佐所不逮。共補人百二十有二，補詞三百六十餘首，裒然可觀矣……(辛未冬)詮次其先後，凡六卷，以附於初刻之末。"

乾隆九年，汪氏曾孫汪孟鋗又據舊板重修刊印，即爲此本。汪孟鋗跋云："《詞綜》三十卷，抄撮於竹垞檢討，先曾大父碧巢公復加增定，刊於康熙戊午，先曾大父獨任其役，未幾又有補遺之刻。今板存余家，單行者六十年於兹矣。歲丙辰，侍家大人比(北)上，庋置高閣，而外間購是書者貴重彌甚。自罹母憂,歸理舊業,坊人請者殆屢,檢視其板,日月糜爛,兼有殘缺,因以原書集工精寫補刊,遂還舊觀。"

按,是書於嘉慶間又有一百零六卷之增刻本,含《詞綜》三十八卷、《明詞綜》十二卷、《國朝詞綜》四十八卷、《國朝詞綜二集》八卷。《詞綜》前三十六卷版與乾隆本同,惟總目頁、目錄頁新雕。卷三七、三八爲《續補》二卷。《明詞綜》爲王昶所輯明人詞,前有嘉慶七年王昶序,扉頁刻"明詞綜。王述庵少司寇續選。三泖漁莊藏板"。《國朝詞綜》爲王昶所輯清人詞,前亦有嘉慶七年王昶序,扉頁刻"國朝詞綜。王述庵少司寇續選。三泖漁莊藏板"。《國朝詞綜二集》爲王昶續輯清人詞,前有嘉慶八年王紹成序,扉頁刻"國朝詞綜二集。王述庵少司寇續選。三泖漁莊藏板"。按,是書總目中未含《國朝詞綜二集》,蓋該集爲後刻闌入者。

是書有扉頁,題"詞綜。朱竹垞太史著。碧梧書屋藏版"。

《中國古籍善本書目》著錄,上海圖書館有藏。臺北"中央研究院"史語所傅斯年圖書館亦有入藏。

2958　清康熙刻本御選歷代詩餘　T5582/7320

《御選歷代詩餘》一百二十卷,清沈辰垣、王奕清等輯。清康熙四十六年(1707)內府刻本。三十六冊。半頁十一行二十一字,左右雙邊,白口,雙魚尾。框高16.7釐米,寬11.1釐米。題"司經局洗馬掌局事兼翰林院修撰加二級臣王奕清奉旨校刊"。前有康熙四十六年御製序;編纂官人員;《凡例》九則。

沈辰垣,浙江嘉興人。康熙二十四年進士。

是書所錄詞自唐至明,凡一千五百四十調,九千餘首,釐爲一百卷。又詞人姓氏十卷,詞話十卷。計詞人九百五十七人,詞話七百六十三則。

御製序云:"朕萬幾清暇,博綜典籍,於經史諸書有關政教而裨益身心者,良已纂輯無遺。因流覽風雅,廣識名物,欲極賦學之全而有《賦彙》,欲萃詩學之富而有《全唐詩》刊本,宋金元明四代詩選,更以詞者繼響夫詩者也,乃命詞臣輯其風華典麗悉歸於正者,爲若干卷,而朕親裁定焉。夫詩之揚厲功德,鋪陳政事,固無論矣,至於桑中蔓草諸什,而孔子以一言蔽之曰'思無邪',蓋蕙茝可以比賢者,嚶鳴可以喻友生。苟讀其詞,而引伸之,觸類之,範其軼志,砥厥貞心,則是編之含英咀華、敲金戛玉者何在,不可以'思無邪'之一言該之也。若夫一唱三歎,譜入絲竹,清濁高下,無相奪倫,殆宇宙之元音具是。推此而沿流討源,由詞以溯之詩,由詩以溯之樂,即簫韶九成,其亦不外於本人心以求自然之聲也。"

《凡例》云:"詞者,詩之餘也。詩三百篇,皆可歌,採諸列國,領於樂官,至漢而爲樂府。古詩至唐而爲古今體詩,而詩不盡叶於管絃。自李白創爲《菩薩蠻》、《憶秦娥》二詞,以及白居易、王建、溫庭筠、韋莊諸人相繼有作,流傳詞苑,至南北宋而大盛,雖體製因時遞變,而和聲協律之中具有古樂府遺意,今自唐迄明,網羅採擇,彙爲成書,鼓次風雅。""是選錄其風華典麗而不失於正音爲準式,其沉鬱排宕,寄托深遠,不涉綺靡,卓然名家者,尤多收錄。""詞人以時代爲序,其爵里姓氏彙載卷後。""閨媛方外工詞擅名者,代不乏人,是選亦皆採入。"

《四庫全書總目》云:帝"游心藝苑,於文章之體,一一究其正變,核其源流,兼括洪纖,不遺一技。乃命侍讀學士沈辰垣等蒐羅舊集,定著斯編,凡柳周婉麗之音,蘇辛奇恣之格,兼收兩派,不主一隅。旁及元人小令,漸變繁聲,明代新腔,不因舊譜者,苟一長可取,亦衆美胥收。至於考求爵里，可以爲論世之資；辨證妍媸，可以爲倚聲之律者。網羅宏富，尤極精詳，自有詞選以來，可云集其大成矣。"

此本有扉頁，刻"御選歷代詩餘"。編纂官題：日講官起居注翰林院侍讀學士臣沈辰垣、司經局洗馬兼翰林院修撰加二級臣王奕清、提督廣西學政翰林院編修臣閻錫爵、翰林院編修臣余正健。"玄"字避帝諱。

《四庫全書總目》入集部詞曲類。《中國古籍善本書目》著錄，故宮博物院圖書館、上海圖書館等三十三館也有入藏。又日本《內閣文庫漢籍分類目錄》著錄。

鈐印有"金陵夏氏收藏圖書"、"建懷周氏珍藏"。

2959　清乾隆刻本清綺軒詞選　　　　　　　　　T5582/1422B

《清綺軒詞選》十三卷，清夏秉衡輯。清乾隆清綺軒刻巾箱本。六冊。半頁六行十二字，左右雙邊，單魚尾，黑口。框高 7.8 釐米，寬 5.5 釐米。題"華亭夏秉衡選"。前有乾隆十六年(1751)沈德潛序，乾隆十六年夏秉衡自序；《凡例》十則。

夏秉衡，字平千，號縠香子，松江府華亭縣人。乾隆十七年舉人，三十年任陝西周至知縣。工文學，著有傳奇《百寶箱》、《詩中聖》、《雙翠圓》，合稱《秋水堂三種》。又有《清綺軒初集》。上海人民出版社 1991 年《松江縣志》卷三一有傳。

該書輯唐宋以來諸家名作，清詞入選其多。以體式分卷，卷一至六小令，卷七至八中調，卷九至一三長調。各卷下又以詞牌分類。

夏秉衡序云："余嘗有志倚聲，竊怪自來選本，詞律嚴矣而失之鑿，汲古備矣而失之煩，他若《嘯餘》、《草堂》諸選，更拉雜不足爲法。惟朱竹垞《詞綜》一選最爲醇雅，但自唐及元而止，猶未爲全書也。因不揣固陋，網羅我朝百餘年來宗工名作，薈萃得若干首，合唐宋元明共成十三卷，意在選詞不備調，故寧隘毋濫。"

是書有扉頁，題"歷朝詞選。夏谷香輯。清綺軒雕版"。夏秉衡序後有刻工，題"雲間丁鳴和、吳郡金子亮、旌邑劉其章仝鐫"。行間有圈點。按，此書又有清光緒二十一年刻本。

《續修四庫全書》未收。《續修四庫全書總目提要(稿本)》著錄。《中國古籍善本書目》著錄清乾隆刻本，北京師範大學圖書館、復旦大學圖書館等四館入藏。又臺灣大學圖書館、日本東京大學東洋文化研究所也有入藏。

鈐印有"申三讀本"、"硯湖祕笈"、"申三寶笈"、"澹寧齋圖書記"、"燕臺劉覽"、"燕臺詞庵"、"申三所得詞曲"。據日本青裳堂書店平成十三年版《新編藏書印譜》，"澹寧齋圖書記"爲日人飯岡義齋之印。

2960　清康熙刻本瑤華集　　　　　　　　　　T5582.8/4463

《瑤華集》二十二卷附二卷《詞人姓氏爵里表》一卷，清蔣景祁輯。清康熙二十五年(1686)天藜閣刻本。十二冊。半頁十行二十一字，左右雙邊，黑口，單魚尾。框高 19.2 釐米，寬 13.7 釐米。前有康熙二十五年宋犖序；蔣景祁撰述《凡例》三十八則；康熙二十六年(1687)顧景星後序。

蔣景祁，見清康熙刻本《春秋指掌》。

書名"瑤華"者,可見其述:"片玉珠璣,體崇妍麗,金荃蘭畹,格尚香纖,以是求詞,大致具矣。集名《瑤華》,亦猶師古人之意云爾。"

此集專於採詞,力求精審,時間斷自清代六七十年來之詞人。以小令、中調、長調之名殊無實據,乃以字數為編次。詞人姓氏爵里則繫之以表,分省隸入,首以姓氏,次以籍貫、通籍、科分、現官、詞集之名。附二卷為《名家詞話》、《沈氏詞韻略》(杭州沈謙去矜著)。

宋犖序云:"蔣子京少,篤學嗜書,不屑為章句之業,尤肆心風雅於《花間》、《草堂》,蓋兼綜而條貫之。猶以近日倚聲未有全書,乃網羅數十年來填詞宗工,薈萃成帙,命曰《瑤華集》,合二十二卷。蔣子之意,蓋將使後之學者由此知樂也。""若其淘汰之精覈,搜採之奧博,文人才士鏤腎鉥腑之所為,蓋靡不具焉。"

《凡例》云:"詞學盛行,直省十五國多有作者。景祁生長東南,未免南浙撮採較富,然足跡所不到,耳目限焉。覽者賞其備美,可以知其缺遺矣。""是編或集詩或集詞,要於自然,無取牽附。""其年先生向有選本,頗嫌簡略。茲編大約攬其所有而益補未備,外此則藉之周子雪客在浚、顧子梁汾貞觀、惠子沛蒼潤、姜子敬直遴、黃子崑山庭,已刻未刻,薈萃兼收。""景祁閉門株守,四方諸君子投契弗遺,填詞一道,意特好之,所覽刻集暨鈔本,無慮百十家,而郵亭驛壁,片楮隻字,靡不寶錄,以故取數該備。今年讀禮之次,輒鳩工雕刻之。蓋有鑒於他家尺幅未展,先行徵檄,豫布封籤,成則一募緣簿,否則苟滿其囊橐而已。""是編刻既竣,而嘉興周青士適遇予燕山邸舍,出其藏本,尚有二十餘家,啟篋展視,珠光燦如。欲闕而弗書,則紕漏已甚,即待廣二集,亦終未愜心。今條其集中未備之調,別為一卷,又次其調之已見者,廣為一卷,合二十二卷。"

《續修四庫全書總目提要(稿本)》云:"其選詞之例,條列甚詳,於清初詞事頗多采述。可以知詞風之昌盛,可以知詞家之派別,可以知詞人之議論,可以知詞集之存佚,尤為本書之精詣也。"

《詞人姓氏爵里表》編於康熙二十五年,其爵秩遵照現官。"玄"字避帝諱。

《四庫全書總目》、《續修四庫全書》未收。《續修四庫全書總目提要(稿本)》著錄。《中國古籍善本書目》著錄清康熙二十五年天藜閣刻本,今依之。中國國家圖書館、上海圖書館等十館也有入藏。

2961 清康熙刻本記紅集

T5582/2321

《記紅集》三卷《詞韻簡》一卷,清吳綺、程洪輯。清康熙二十五年(1686)自刻本。六冊。半頁九行二十字,四周雙邊,白口,單魚尾。框高20.3釐米,寬13.3釐米。題"豐南吳綺薗次、程洪丹問同選定;吳興茅麐天石較"。前有康熙二十五年吳綺自序,康熙二十五年程洪序;《凡例》七則。

吳綺,見清乾隆刻本《林蕙堂詩文集》。

卷一為單調小令四十七體、雙調小令一百六十六體;卷二中調一百十四體;卷三長調一百三十六體。所收多唐宋之作,間亦及於仙鬼。《詞韻簡》一卷,與《選聲集》所載相同。

是書為吳綺《選聲集》行世後,與程洪合撰之另一著作,自序云:"然以《選聲集》簿書旁午,猶慚顧曲之未精,較閱刁丁,尚若謀篇之不備,積懷既久,適耳為難。""乃有程子丹問,既研精而肄學,亦好古以求音,咸搜蘭畹之藏,益廣花庵之選。""予與程子掇拾無遺,編摩最久,譜蒐古逸,寧言葑菲之微詞尚淹通,用冀棗梨之壽,務令記歌娘子數紅豆以傳聲,勿使度曲才人望青蓮而閣筆。"

程洪序云:"詞故有《嘯餘譜》、《詩餘圖譜》諸篇,然《嘯餘》煩而寡要,《圖譜》略而不詳。聽翁吳先生因有《選聲》一集,考訂精密,爲詞家之珍久矣。獨其間諸體頗有缺遺,予茲復爲校正,廣搜博采,按調選詞,以成一書,題曰《記紅集》,蓋取昔人紅豆記歌之意云爾。"

《凡例》云:"茲集概不敢違古從今,或調名間有未雅,亦取本調麗句一易以新名,仍注舊名於下,以免淆惑。蓋古人已破此例,非敢故爲更張衒異也。""作詞本於樂府,始於六朝,盛於唐,極於宋金元,而後代不乏人,作者總以陶情寄興,則體格不可不正。茲集選其精粹,棄其繁蕪,如望夫歌、一片子、紇那曲即五言絕句,阿那曲、清平調引、小秦王、竹枝、柳枝、八拍蠻、浪淘沙、春鶯囀、陽關曲即七言絕句之類,概不贅入。""詞譜苦無善本,《嘯餘》較訂不確,訛謬甚多。《圖譜》又覺煩瑣,《選聲》亦苦未備。茲集考訂精密,凡可平可仄,以'｜'句法,暗斷以'·'。至詞之清新婉麗者,旁加圈點,又以資博覽者之一助云。"

《四庫全書總目》未收此書,而以《選聲集》入集部詞曲類存目。《續修四庫全書》未收。《續修四庫全書總目提要(稿本)》著錄。《中國古籍善本書目》著錄,中國國家圖書館、上海圖書館等七館也有入藏。

鈐印有"鴛胭湖莊"。

2962　清康熙刻本詞律　　　　　　　　　　T5575/4244

《詞律》二十卷,清萬樹撰。清康熙二十六年(1687)萬氏堆絮閣刻本。二十册。半頁七行二十一字,左右雙邊,白口,單魚尾。書口下刻"堆絮園"。框高17.9釐米,寬13.8釐米。題"古越吳大司馬留村先生鑒定;陽羨萬樹紅友үр次;姚江姜垚蒼崖、古越吳秉鈞琰青仝參;古越吳秉仁慎庵、山陰吳棠禎雪舫校閱"。前有嚴繩孫序,康熙二十六年萬樹序;萬樹撰《發凡》二十一則。

萬樹,字紅友,又字花農,江蘇宜興人。佐兩廣總督吳興祚幕,以才稱。尤工詞曲,填樂府二十餘種。又有《堆絮園集》、《香膽詞》、《璇璣碎錦》等。

此書乃樹有感於《嘯餘譜》觸目暇瘢,通身罅漏,又因《填詞圖譜》持議或偏,參稽太略,故發願校讎。樹自序云:"戍夏,自晉安蓮幕從韡吧於軍中;丑春,在端署蕉窗寄琴尊於閣上,因繙舊業,儳卒前編。時公子琰青,方有志於聲律家之學,其小阮雪舫,復夙負乎長短句之名,聞述鄙懷,咸資鼓勸。但以官衙嚴謐,若新婦於深閨里,秘置三年,載籍荒涼,如老衲之破笥中殘經一卷。漂泊向天涯海角,既不比通都大市,有四庫之堪求,交游惟明月清風,又不遇騷客名流,無一鴝之可借。祗據賀囊之所挈,及搜鄴架之所存,惟《花庵》、《草堂》、《尊前》、《花間》、《萬選》、汲古刻諸家、沈氏四集、《嘯餘譜》、《詞統》、《詞匯》、《詞綜》、《選聲》數種,聊用參較。考其調之異同,酌其句之分合,辨其字之平仄,序其篇之短長,務標準於名家,必酌中於各製。有調同名別者則刪而合之,有調別名同者則分而疏之,複者釐之,缺者補之。時則慎庵吳子相爲助閱於其初,蒼崖姜君更共編摩於其後,錄之成帙,稍有可觀,計爲卷二十,爲調六百六十,爲體千一百八十有奇,其篇則取之唐宋,兼及金元而不收明朝。""然自揣愚妄,多所懷慚,本以秘之帳中,豈敢懸諸市上。會制府有梓書之役,故琰青爲訂稿之謀,率付殺青,殊多曳白,因爲粗述鄙意,勉質方家。"

嚴繩孫序云："吾友萬子紅友,蓋於聲音之道深浹情性,未嘗斯須去之,久而得其所以然者也。所著《詞律》,不獨剔抉諸譜之訛謬,至無遺憾,若其所論上去二聲之别,皆得之口吟神會,若發天地之藏,而適合古人已然之跡。凡其所駁正,一準以前人之成作,而無所穿鑿傅會於其間,故其可貴在是。"

《四庫全書總目》云:"是編糾正《嘯餘譜》及《填詞圖譜》之訛,以及諸家詞集之舛異。""其論最為細密,至於考調名之新舊,證傳寫之舛訛,辨元人曲詞之分,斥明人自度腔之謬,考證尤一一有據。雖其考核偶疏,亦所不免,如'綠意'之即為'疏影',樹方斷斷辨之,連章累幅,力攻朱彝尊之疏,而不知'疏影'之前為'八寶妝',疏影之後為'八犯玉交枝',即已一調複收,試取李甲、仇遠詞合之,契若符節。""如斯之類,千慮而一失者,雖間亦有之,要之唐宋以來,倚聲度曲之法久已失傳,如樹者固已十得八九矣。"

此本似為後印本。

《四庫全書總目》入集部詞曲類。《中國古籍善本書目》著錄,南京圖書館、上海圖書館等十九館入藏。又日本《内閣文庫漢籍分類目錄》著錄。

2963　清康熙刻朱墨套印本詞譜　T5575/1103

《詞譜》四十卷,清王奕清等撰。清康熙五十四年(1715)内府刻朱墨套印本。四十册。半頁八行二十一字,四周雙邊,白口,雙魚尾。框高19.3釐米,寬11.8釐米。前有康熙五十四年御製序;總閱校對纂修分纂校刊諸臣職名;《凡例》十二則。

王奕清,字幼芬,江蘇太倉人。康熙三十年進士。選庶吉士,歷官詹事。代父赴軍,歷駐武斯、阿達拖羅海。奕清體羸多病,處之晏然。善書,工繪事。雍正四年,命赴阿爾泰坐臺。又十年,乾隆元年,召還,仍以詹事管少詹事。乞假葬父,尋卒。《清史稿》卷二八六有傳。

是書乃因宋元以來調名日多,舊譜未備,故廣搜博採,次第編輯,俾倚聲者知有所考。卷一四十二調(八十六體);卷二二十七調(七十九體);卷三十七調(七十四體);卷四九調(六十二體);卷五二十三調(六十三體);卷六二十一調(六十九體);卷七三十五調(七十四體);卷八二十五調(七十六體);卷九二十調(六十九體);卷一〇三十調(六十六體);卷一一十二調(六十四體);卷一二二十三調(五十八體);卷一三三十調(六十三體);卷一四二十五調(五十六體);卷一五十四調(五十五體);卷一六二十調(五十一體);卷一七二十一調(五十一體);卷一八九調(五十四體);卷一九十九調(六十一體);卷二〇八調(六十體);卷二一二十六調(五十六體);卷二二十九調(五十六體);卷二三三十二調(五十二體);卷二四二十二調(五十一體);卷二五二十五調(五十五體);卷二六二十六調(六十五體);卷二七二十一調(五十七體);卷二八二十二調(五十八體);卷二九二十二調(五十四體);卷三〇十二調(六十九體);卷三一十五調(六十二體);卷三二二十一調(六十一體);卷三三二十五調(五十九體);卷三四二十三調(四十九體);卷三五二十二調(六十六體);卷三六二十調(五十三體);卷三七十調(三十三體);卷三八八調(二十七體);卷三九六調(二十體);卷四〇九調(十二體)。

御製序云:"間覽近代《嘯餘》、《詞統》、《詞匯》、《詞律》諸書原本,《尊前》、《花間》、《草堂》遺說,頗能發明,尚有未備。既命儒臣先輯《歷代詩餘》,親加裁定,復命校勘《詞譜》一編,詳次調體,剖析異同,中分句讀,旁列平仄,一字一韻,務正傳訛,按譜填詞,渢渢乎,可赴節族而諧筦絃矣。""是編之集,不獨俾承學之士攄情綴采有所據依,從此討論宮商,審定調曲,庶幾古昔樂章之遺響,亦可窺見於萬一云。"

《凡例》云:"宋元人所撰詞譜流傳者少,明《嘯餘譜》諸書,不無舛誤。近刻《詞律》,時有發明,然亦得失並見。是譜繙閱群書,互相參訂,凡舊譜分調、分段及句讀、音韻之誤,悉據唐宋元詞校訂。""每調選用唐宋元詞一首,必以創始之人所作本詞爲正體。""詞名原委,及一調異名之故,散見群書者,悉爲採注。"

《四庫全書總目》云:"詞萌於唐而大盛於宋,然唐宋兩代皆無詞譜。蓋當日之詞,猶今日里巷之歌,人人解其音律,能自製腔,無須於譜。其或新聲獨造,爲世所傳,如霓裳羽衣之類,亦不過一曲一調之譜,無裒合衆體勒爲一編者。元以來南北曲行,歌詞之法遂絕。姜夔《白石詞》中間有旁記節拍,如西域梵書狀者,亦無人能通其說。今之詞譜,皆取唐宋舊詞,以調名相同者互校,以求其句法字數;取句法字數相同者互校,以求其平仄。其句法字數有異同者,則據而注爲又一體。其平仄有異同者,則據而注爲可平可仄。自《嘯餘譜》以下,皆以此法推究,得其崖略,定爲科律而已。然見聞未博,考證未精,又或參以臆斷無稽之説,往往不合於古法。惟近時萬樹作《詞律》,析疑辨誤,所得爲多,然仍不免於舛漏。""又以詞亦詩之餘派,其音節亦樂之支流,爰命儒臣輯爲此譜,凡八百二十六調,二千三百六體,凡唐至元之遺篇,靡弗採錄。元人小令,其言近雅者,亦間附之。唐宋大曲,則彙爲一卷綴於末。每調各注其源流,每字各圖其平仄,每句各注其韻葉,分刌節度,窮極窈眇,倚聲家可永守法程。"

纂修官題:王奕清、余正健、閻錫爵。校刊官爲王奕清。"玄"字避帝諱。

《四庫全書總目》入集部詞曲類。《中國古籍善本書目》著錄,上海圖書館、天津圖書館等三十八館有全帙。

2964　明萬曆刻本元曲選　　　　　　　　　　T5661/2542

《元曲選》一百種一百卷,明臧懋循編;《論曲》一卷,明陶宗儀等撰。明萬曆刻本。八十册。有圖。半頁九行二十字,左右雙邊,白口,單魚尾。框高20.6釐米,寬13釐米。前有萬曆四十三年(1615)臧懋循自序,萬曆四十四年(1616)又序。

臧懋循,字晉叔,因居顧渚之陽,因號顧渚,浙江長興人。萬曆八年進士,授荆州教授,擢南京國子監博士。後被劾罷官,隱於顧渚山中,寄情於山林水涯。於天啓元年病逝。懋循生而敏穎,讀書數行下,博聞强記,畋漁百代,與吳稼澄、吳夢暘、茅維並稱"苕溪四子"。其以高才逸韻不屑屑一官,既祭酒南中,時與名人雋士覽六朝遺蹟,命題分賦,或至丙夜。又精曲律,持論斷斷不爽。《(光緒)長興縣志》卷二三上有傳。懋循又有《古詩所》、《唐詩所》。自著有《負苞堂稿》。

此爲元雜劇選集,全書十集,每集十卷,共收錄九十四種元人作品、六種明初人作品。在數量上,擁有現存元人雜劇之三分之二,在質量上,乃從衆多雜劇秘本及宫廷内府本互相校訂選出,爲收羅最富、影響最大之元人雜劇選集。劇本經作者修飾整理,使科白俱全且通俗易懂,後人經過校勘,認爲就大體而論,比較忠實於原作。

其細目爲:

《破幽夢孤雁漢宫秋雜劇》一卷(元馬致遠撰)
《李太白匹配金錢記雜劇》一卷(元喬吉撰)
《包待制陳州糶米雜劇》一卷

集 部

《玉清庵錯送鴛鴦被雜劇》一卷
《隨何賺風魔蒯通雜劇》一卷
《溫太真玉鏡臺雜劇》一卷（元關漢卿撰）
《臨江驛瀟湘秋夜雨雜劇》一卷（元楊顯之撰）
《李亞仙花酒曲江池雜劇》一卷（元石君寶撰）
《楚昭公疎者下船雜劇》一卷（元鄭廷玉撰）
《龐居士誤放來生債雜劇》一卷
《薛仁貴榮歸故里雜劇》一卷（元張國賓撰）
《裴少俊牆頭馬上雜劇》一卷（元白樸撰）
《唐明皇秋夜梧桐雨雜劇》一卷（元白樸撰）
《散家財天賜老生兒雜劇》一卷（元武漢臣撰）
《硃砂擔滴水浮漚記雜劇》一卷
《便宜行事虎頭牌雜劇》一卷（元李直夫撰）
《楊氏女殺狗勸夫雜劇》一卷
《相國寺公孫合汗衫雜劇》一卷（元張國賓撰）
《錢大尹智寵謝天香雜劇》一卷（元關漢卿撰）
《爭報恩三虎下山雜劇》一卷
《張天師斷風花雪月雜劇》一卷（元吳昌齡撰）
《趙盼兒風月救風塵雜劇》一卷（元關漢卿撰）
《東堂老勸破家子弟雜劇》一卷（元秦簡夫撰）
《同樂院燕青博魚雜劇》一卷（元李文蔚撰）
《包龍圖智賺合同文字雜劇》一卷
《凍蘇秦衣錦還鄉雜劇》一卷
《翠紅鄉兒女兩團圓雜劇》一卷（元楊文奎撰）
《李素蘭風月玉壺春雜劇》一卷（元武漢臣撰）
《呂洞賓度鐵拐李雜劇》一卷（元岳伯川撰）
《小尉遲將鬬將認父歸朝雜劇》一卷
《陶學士醉寫風光好雜劇》一卷（元戴善夫撰）
《魯大夫秋胡戲妻雜劇》一卷（元石君寶撰）
《神奴兒大鬧開封府雜劇》一卷
《半夜雷轟薦福碑雜劇》一卷（元馬致遠撰）
《謝金吾詐拆清風府雜劇》一卷
《呂洞賓三醉岳陽樓雜劇》一卷（元馬致遠撰）
《包待制三勘蝴蝶夢雜劇》一卷（元關漢卿撰）
《說鱄諸伍員吹簫雜劇》一卷（元李壽卿撰）
《河南府張鼎勘頭巾雜劇》一卷（元孫仲章撰）
《黑旋風雙獻功雜劇》一卷（元高文秀撰）
《迷青瑣倩女離魂雜劇》一卷（元鄭德輝撰）
《西華山陳摶高臥雜劇》一卷（元馬致遠撰）

《龐涓夜走馬陵道雜劇》一卷
《救孝子賢母不認屍》一卷(元王仲文撰)
《邯鄲道省悟黃粱夢雜劇》一卷(元馬致遠撰)
《杜牧之詩酒揚州夢雜劇》一卷(元喬吉撰)
《醉思鄉王粲登樓雜劇》一卷(元鄭德輝撰)
《昊天塔孟良盜骨雜劇》一卷
《包待制智斬魯齋郎雜劇》一卷(元關漢卿撰)
《朱太守風雪漁樵記雜劇》一卷
《江州司馬青衫淚雜劇》一卷(元馬致遠撰)
《四丞相高會麗春堂》一卷(元王德信撰)
《孟德耀舉案齊眉雜劇》一卷
《包龍圖智勘後庭花雜劇》一卷(元鄭廷玉撰)
《死生交范張雞黍雜劇》一卷(元宮大用撰)
《玉簫女兩世姻緣雜劇》一卷(元喬吉撰)
《宜秋山趙禮讓肥雜劇》一卷(元秦簡夫撰)
《鄭孔目風雪酷寒亭雜劇》一卷(元楊顯之撰)
《桃花女破法嫁周公雜劇》一卷
《陳季卿悞上竹葉舟雜劇》一卷(元范子安撰)
《布袋和尚忍字記雜劇》一卷(元鄭廷玉撰)
《謝金蓮詩酒紅梨花雜劇》一卷(元張壽卿撰)
《鐵拐李度金童玉女雜劇》一卷(明賈仲名撰)
《包待制智賺灰闌記雜劇》一卷(元李行道撰)
《崔府君斷冤家債主雜劇》一卷
《㑳梅香騙翰林風月雜劇》一卷(元鄭德輝撰)
《尉遲恭單鞭奪槊雜劇》一卷(元尚仲賢撰)
《呂洞賓三度城南柳雜劇》一卷(明谷子敬撰)
《須賈大夫誶范叔雜劇》一卷
《李雲英風送梧桐葉雜劇》一卷
《花間四友東坡夢雜劇》一卷(元吳昌齡撰)
《杜蕊娘智賞金線池雜劇》一卷(元關漢卿撰)
《王月英元夜留鞋記雜劇》一卷(元曾瑞卿撰)
《漢高皇濯足氣英布雜劇》一卷
《兩軍師隔江鬥智雜劇》一卷
《馬丹陽度脫劉行者》一卷(元楊景賢撰)
《月明和尚度柳翠雜劇》一卷
《劉晨阮肇悞入桃源雜劇》一卷(明王子一撰)
《張孔目智勘魔合羅雜劇》一卷(元孟漢卿撰)
《玎玎璫璫盆兒鬼雜劇》一卷
《逞風流王煥百花亭雜劇》一卷

《秦脩然竹塢聽琴雜劇》一卷（元石子章撰）
《金水橋陳琳抱粧盒雜劇》一卷
《趙氏孤兒大報讎雜劇》一卷（元紀君祥撰）
《感天動地竇娥冤雜劇》一卷（元關漢卿撰）
《梁山泊李逵負荆雜劇》一卷（元康進之撰）
《蕭淑蘭情寄菩薩蠻雜劇》一卷（明賈仲名撰）
《錦雲堂暗定連環計雜劇》一卷
《羅李郎大鬧相國寺雜劇》一卷（元張國賓撰）
《看錢奴買冤家債主雜劇》一卷
《都孔目風雨還牢末雜劇》一卷（元李致遠撰）
《洞庭湖柳毅傳書雜劇》一卷（元尚仲賢撰）
《風雨像生貨郎旦雜劇》一卷
《望江亭中秋切鱠雜劇》一卷（元關漢卿撰）
《馬丹陽三度任風子雜劇》一卷（元馬致遠撰）
《薩真人夜斷碧桃花雜劇》一卷
《沙門島張生煮海雜劇》一卷（元李好古撰）
《包待制智賺生金閣雜劇》一卷（元武漢臣撰）
《馮玉蘭夜月泣江舟雜劇》一卷

臧懋循序云："予家藏雜劇多秘本，頃過黃，從劉延伯借得二百種，云錄之御戲監，與今坊本不同。因爲參伍校訂，摘其佳者若干，以甲乙釐成十集，藏之名山，而傳之通邑大都，必有賞音如元朗氏者。若曰妄加筆削，自附元人功臣，則吾豈敢！"

此書曾分二次刊刻，甲集至戊集刊於萬曆四十三年，己集至癸集刊於次年。懋循《寄黃貞父書》云："刻元劇本，擬百種，而尚缺其半，搜輯殊不易，乃先以五十種行之。且空囊無以償梓人，姑借此少資緩急，茲遣奴子賣售都門，亦先以一部呈覽，幸爲不佞吹噓交游間，便不減伯樂之顧，可以買紙計矣。"（《負苞堂集》卷四）

1918年，上海涵芬樓曾據博古堂印本影印。1936年，上海中華書局《四部備要》又有排印本行世。今人隋樹森編有《元曲選外編》，收雜劇六十二種，可爲《元曲選》之補充。

金鑲玉裝。圖甚精。

《四庫全書總目》未收。《中國古籍善本書目》著錄。中國國家圖書館、上海圖書館等二十七館，臺北"國家圖書館"（五部，作明萬曆四十三年吳興臧氏雕蟲館刊本）亦有入藏。按，又有明萬曆刻博古堂印本，北京首都圖書館、四川省圖書館等八館有入藏。日本東京大學東洋文化研究所、京都大學人文科學研究所、静嘉堂文庫、日本宮內廳書陵部亦有明刻本入藏。

2965　明萬曆刻本元曲選圖　　T6351/1536

《元曲選圖》一卷。明萬曆刻本。三册。

此爲殘本，存圖一百六十八幅。按，《元曲選》之插圖爲現存曲類圖書中最多的一種，共二百二十四幅，此本佚去五十六幅。

查《中國古籍善本書目》,中國國家圖書館、上海圖書館各有入藏。

鈐印有"櫻谷文庫",日人印也。

2966　明崇禎刻本盛明雜劇　　　　　　　　　　　　　　T5662/3153

《盛明雜劇》三十種三十卷,明沈泰編。明崇禎刻本。十六冊。半頁九行二十字,左右雙邊,白口,無魚尾,書眉上刻評。框高20.2釐米,寬13.7釐米。前有翼望山人序。

沈泰,字林宗,自署西湖福次居主人。杭縣人。

是書有初、二兩集,此爲初集。

三十種爲《高唐夢》一卷,明汪道昆撰;《五湖游》一卷,明汪道昆撰;《遠山戲》一卷,明汪道昆撰;《洛水悲》一卷,明汪道昆撰;《漁陽三弄》一卷,明徐渭撰;《翠鄉夢》一卷,明徐渭撰;《雌木蘭》一卷,明徐渭撰;《女狀元》一卷,明徐渭撰;《昭君出塞》一卷,明陳與郊撰;《文姬入塞》一卷,明陳與郊撰;《袁氏義犬》一卷,明陳與郊撰;《霸亭秋》一卷,明沈自徵撰;《鞭歌妓》一卷,明沈自徵撰;《簪花髻》一卷,明沈自徵撰;《北邙説法》一卷,明葉憲祖撰;《團花鳳》一卷,明葉憲祖撰;《桃花人面》一卷,明孟稱舜撰;《死里逃生》一卷,明孟稱舜撰;《中山狼》一卷,明康海撰;《鬱輪袍》一卷,明王衡撰;《紅線女》一卷,明梁辰魚撰;《崑崙奴》一卷,明梅鼎祚撰;《花舫緣》一卷,明孟稱舜撰;《春波影》一卷,明徐翽撰;《廣陵月》一卷,明汪廷訥撰;《真傀儡》一卷;《男王后》一卷,題秦樓外史撰;《再生緣》一卷,題蘅蕪室撰;《一文錢》一卷,題破慳道人撰;《齊東絶倒》一卷,題竹癡居士撰。

此本有扉頁,刊"名家雜劇。精繪繡像。諸名公評閲。本衙藏板"。有圖六十幅,較精。

《四庫全書總目》未收。《中國古籍善本書目》著録。中國國家圖書館、大連市圖書館、臺北"國家圖書館"(原藏北平館者),及日本内閣文庫亦有入藏。

鈐印有"齊氏所藏戲曲小説印"、"高陽齊氏百舍齋存書之印"、"齊林玉世世子孫永寶用"。

按,1918年,董康誦芬室曾據原本覆刻梓行。1925年,上海中國書店再據董本影印。1958年,北京中國戲劇出版社又用董本重印。

2967　清初刻本雜劇新編　　　　　　　　　　　　　　T5663/2248

《雜劇新編》三十三卷,清鄒式金編。清康熙刻本。八册。有圖。半頁九行十九字,左右雙邊,白口,單魚尾,書眉上刻評。框高19.7釐米,寬12.4釐米。前有吳偉業序,康熙元年(1661)鄒式金序;康熙二年(1662)鄒漪跋。

鄒式金,字仲愔,號木石,江蘇無錫人。崇禎十三年進士。歷官南京户部主事、郎中。南明隆武間,襄贊抗清,官泉州知府。曹務委積,能倚柱斷文案。後稱病辭歸,洪承疇二次薦之清廷,均拒不出。少工古文詞,思致清逸,通音律,亦能調歌撰曲,所製歌曲,每令家侍度之,自司拍板。有《香眉亭詞》。

此爲明清之際雜劇合集,選吳偉業、尤侗、茅維、鄭瑜、孟稱舜、周如璧、查繼佐、張來宗、薛旦、張龍文、孫源文、黃家舒、陸世廉、堵廷棻、黃方胤、南山逸史、碧蕉軒主人、土室道民計十八家。計卷一《通天臺》(題"灌隱主人著");卷二《臨春閣》(題"梅村吳偉業著");卷三《讀離騷》(題"悔庵尤侗著");卷四《弔琵琶》(題"悔庵尤侗著");卷五《空堂話》(題"叔介鄒兑金著");卷六《蘇園翁》(題"孝若茅僧曇著");卷七《秦廷築》(題"孝若茅僧曇著");卷八《金門戟》(題"孝若茅僧曇著");卷九《鬧門神》(題"孝若茅僧曇著");卷一〇《雙合歡》(題"孝若茅僧曇著");卷一一《半臂寒》(題"南山逸史著");卷一二《長公妹》(題"南山逸史著");卷一三《中郎女》(題"南山逸史著");卷一四《京兆眉》(題"南山逸史著");卷一五《翠鈿緣》(題"南山逸史著");卷一六《鸚鵡洲》(題"西神鄭瑜著");卷一七《汨羅江》(題"西神鄭瑜著");卷一八《黃鶴樓》(題"西神鄭瑜著");卷一九《滕王閣》(題"西神鄭瑜著");卷二〇《眼兒媚》(題"子若孟稱舜著");卷二一《孤鴻影》(題"芥庵周如璧著");卷二二《夢幻緣》(題"芥庵周如璧著");卷二三《續西廂》(題"伊璜查繼佐著");卷二四《不了緣》(題"碧蕉軒主人著");卷二五《櫻桃宴》(題"來宗張源著");卷二六《昭君夢》(題"既揚薛旦著");卷二七《旗亭讌》(題"掌霖張龍文著");卷二八《餓方朔》(題"笨庵孫源文著");卷二九《城南寺》(題"漢臣黃家舒著");卷三〇《西臺記》(題"晚庵陸世廉著");卷三一《衛花符》(題"伊令堵廷棻著");卷三二《鯉詩讖》(題"土室道民著");卷三三《陌花軒雜劇》(題"醒狂黃方胤著")。

吳偉業序云:"木石鄒年兄,梁谿老學,宿有契悟,旁通聲律。近選雜劇三集成,囑袁子重其索余言。余閱其三十餘種,近今名流鉅公之筆搜採殆遍,達情敘事,閎暢詳明,貞淫錯出,各遵至妙,殆真所謂有其文則傳其文,可以為鑒,可以為勸者也。是其為雜劇,也可以傳也。"

鄒式金序云:"幽居無事,郵筒往來,得若干種,先梓行之,用公同好。"

鄒漪跋云:"家大人幼侍愚公先叔祖於歌舞之場,曾於桃花扇影中悉其三昧。而余亦過庭之餘,習聞緒論,用是留心博採,凡壇坫之所裒,及郵筒之所致,得若干首,選付梓人。或清商迭奏,傳軼韻於金元;或錦繡紛披,踵妍思於關董;或以筆代指,如月明滄海之聲;或翻譜為新,有木落洞庭之怨。洵元龜之非寶,知大貝之無奇,而天地元音,亦藉此復振矣。近世詩學大興,選家競出,而南北九宮棄置不講,以為此優伶之能事,非儒雅之兼長,淫哇雜進,風雅云亡。余既有百名家詩選,力追盛唐之響,茲復有三十種雜劇,可奪元人之席,庶幾詩樂合一,或有當於吾夫子目衛反魯之意乎?故於刻成,妄識簡端如此。"

中國國家圖書館有《雜劇三集》三十四卷,存二十六卷,作清順治十八年鄒式金刻本。以館藏本與之相核,有八種為國家館所無,為《雙合歡》、《半臂寒》、《長公妹》、《中郎女》、《京兆眉》、《昭君夢》、《旗亭讌》、《餓方朔》、《陌花軒雜劇》。而國家館本有《醉金豐》、《風流塚》二種為館藏此本所無。又1941年武進董氏誦芬室刻有《雜劇三集》,三十四卷,內《醉金豐》、《風流塚》二種,本館佚去。但《陌花軒雜劇》卻為董本所缺。

館藏此本有圖三十三幅,每劇一幅(圖背面又有花鳥、動物、孩童等圖),圖中間署"承勛刻"、"鮑承勛鐫"、"旌邑鮑承勛刻"、"之約"、"曾之約"。按,曾之約為繪者,鮑承勛為刻工。董本無圖。又館藏此本吳偉業序後署"年家弟吳偉業題",董本則題"小弟灌隱人題",可證兩本當非一板。

《續修四庫全書》第1765冊收有《雜劇三集》三十四卷,底本即武進董氏誦芬室刻本。《續修四庫全書總目提要(稿本)》未收。《中國叢書綜錄》著錄國圖本。《中國古籍善本書目》未著錄。

鈐印有"妾池王"、"瑩如"、"毗陵董康審定"、"曾在董氏誦芬室中"、"董康暨侍姬玉奴珍藏書籍記"、"花好月圓人壽"、"曾在野悉蜜華館"、"高陽齊氏百舍齋存書之印"、"齊林玉世世子孫永寶用"、"齊氏所藏戲曲小說印"、"高陽齊如山珍藏"。

2968　清康熙刻本雅趣藏書　　　　　　　　　　　　T5666/4121.8

《雅趣藏書》一卷，清錢書撰。清康熙刻套印本。四冊。半頁九行二十五字，四周單邊，白口，無魚尾。框高20.5釐米，寬12.5釐米。題"吳門錢書酉山訂"。前有康熙四十二年(1703)陳玉序，康熙四十二年徐鵬序，鄭鵬舉序，錢書自序。

錢書，無考。

此書寫西廂事。標題作驚艷(怎當他臨去秋波那一轉)、借廂(待颺下教人怎颺)、酬韻(隔牆兒酬和到天明)、鬧齋(我是多愁多病身怎當你傾國傾城貌)、寺警(筆尖兒橫掃五千人)、請宴(我從來心哽一見了也留情)、賴婚(他誰道月底西廂變做夢里南柯)、琴心(中間一層紅紙幾眼疎櫺不是雲山幾萬重)、前候(這叫做才子佳人信有之)、鬧簡(晚粧樓上杏花殘)、賴簡(金蓮蹴損牡丹芽)、後候(親不親盡在您)、酬簡(難道是昨夜夢中來)、拷艷(立蒼苔袛將繡鞋兒冰透)、哭宴(昨宵今日清減了小腰圍)、驚夢(慘離情半林紅葉)、捷報(一寸眉心怎容得許多顰皺)、寄彩(治相思無藥餌)、爭艷(偷韓壽下風頭香)、團圓(願天下有情的都成了眷屬)。

陳玉序云："適癸未秋，石城有錢子酉山繡像《西廂》藏本，余展卷玩味，不禁爲之傾倒。曰：噫嘻！《西廂》一書，已足醉心，況錦繡在前，更加珠玉乎？見其摘題，作八股也。寫張生，則字里行間，依然一風魔解元。寫雙文，則筆尖紙上，宛然一千金嬌女。寫紅娘，則楮頭墨跡，隱然一慧心婢子。梵刹院宇，僻靜地都是相思處；月色林陰，幽雅間皆成風流景。極意摹擬，曲盡形容，《湘妃騷》、《洛神賦》不是過矣。"

錢書自序云："《西廂》傳奇一書，不識元稹何所感而爲此，而句雕字琢，傳神寫照，膾炙人口，由來久矣。彼執拘墟之見者，以爲淫詞艷曲，詼諧謔浪，屏不涉目。嗚乎！天下情文交至者，孰如《西廂》。況遊戲神通，爲兩教之妙用，而游藝工夫，又吾儒之精義耶？余嘗於花朝月夕，酒後燈前，取所謂《西廂》者，恬吟蜜詠，而探索其所以然。因嘆古之才人，觸乎心，動乎情，發而爲文章。其變幻離奇，不可方物，儼若天造地設，鬼斧神工，就此一時之妙境，撰成絕世之奇書，俾學者讀之心醉神怡，縱有錦心繡口，亦爲之閣(擱)筆而不能贊一詞。"

此本有圖二十幅，分別以"佛殿奇逢"、"僧房假寓"、"牆角聯吟"、"齋壇鬧會"、"惠明寄書"、"紅娘請宴"、"夫人停婚"、"鶯鶯聽琴"、"錦字傳情"、"粧臺窺簡"、"乘夜踰牆"、"□(疑"倩"字)紅問病"、"月下佳期"、"堂前巧辯"、"長亭分別"、"草橋驚夢"、"泥金報捷"、"尺素緘心"、"鄭恒求配"、"衣錦還鄉"爲題，圖後有詞一首。書內圈點、圖章爲朱色。

《續修四庫全書總目提要(稿本)》未收。《中國古籍善本書目(徵求意見稿)》著錄，中國國家圖書館、清華大學圖書館等十六館入藏。日本內閣文庫有四部。

2969　清道光刻本六觀樓北曲　　　　　　　　　　　　T5707/0437

《六觀樓北曲》六卷，清許鴻磐撰。清道光二十六年(1846)刻本。六冊。半頁七行十六字，四周雙邊，白口，單魚尾。框高13.8釐米，寬9.9釐米。目錄頁題"山左許鴻磐著"。前有許鴻磐識語。

許鴻磐，字漸逵，號雲嶠，山東濟寧人。乾隆四十六年進士。官指揮，改安徽同知，擢泗州知州，所至有聲。暇即著書，所作方輿考證，考訂精詳，學者稱之。又有《六觀文集》、《雪帆雜著》、《尚書札記稿》等。

六種爲：《西遼記》一卷、《雁帛書》一卷、《女雲台》一卷、《孝友存孤》一卷、《儒吏完城》一卷、《三釵夢》一卷。清人之各家戲曲書目，均未見著録。《續修四庫全書總目提要（稿本）》云："俱倣元人體裁，劇各四折，排場雖嫌過簡，但情文並佳，律法尚可，亦不失爲妙品。惟梨園中從未見有燹弄也。"

《西遼記》，前有道光三年許鴻磐自序。演西遼帝直魯古繼續遼統事，乃據《遼史·天祚紀》而譜成者。自序云："乃依元人百種之體爲北曲四折，以歌詠其事，題曰《西遼記》，亦放翁《南唐書》之意云爾。"第一折《大石纘統》，第二折《蕭后合圍》，第三折《戚臣除亂》，第四折《天禧延祚》。

《雁帛書》，前有道光二年許鴻磐自序。述元郝經使宋，爲賈似道拘留真州十五年，以雁足寄書事，取材《遼史》本傳及《輟耕録》。自序云："伯常文章氣節，冠絶一時，而雁書一事，尤足千古。故據本傳參之《宋史》，爲北曲四套，以傳其奇，表伯常之節。即以斥似道之罪，誅奸諛於既死，發潛德之幽光，亦庶幾昌黎之意歟。"第一折《拜雁》，第二折《得書》，第三折《詰罪》，第四折《還朝》。

《女雲台》，前有道光二年許鴻磐自序。譜明代秦良玉捨身報國事，摭採《明史》渲染而成。自序云："夫人一土舍寡婦耳，乃能統部勤王，裹糧殺賊，效命疆場者二十年，迫至無可如何，復能仗節，以終爲一代之完人，實千古之奇人也。因倣元人百種之體，以歌詠其事。"第一折《傳概》，第二折《誓師》，第三折《敘功》，第四折《完節》。

《孝友存孤》，前有道光二年許鴻磐自序。述孝女張氏撫孤事。自序云："孝女者，臨桂張氏所稱之義姑也。孝女之父兄俱死吳逆之難，所剩止一呱呱兒，乃以屢然不字之身，摒挡於巢碣。卵破之日，無依無與且二十年，卒使生者立，死者續，故張氏立祠祀之，曰義姑祠。然夷考其行，推原其心，當時之所以飲血茹恨而爲此者，非若朋友主僕之間感知己，受付託，激於義憤之行，徒稱之曰義，恐九京且有遺憾。余既本張氏之意作《義姑傳》，兹改'義'曰'孝'者，核其行，原其心也，動於人，固不若動於天者之爲尤至哉。"第一折《存孤》，第二折《課姪》，第三折《報姑》，第四折《祭祠》。

《儒吏完城》，前有道光元年許鴻磐自序。寫河南潛縣知縣朱鳳森據城抗寇事，乃據鳳森所撰《守潛日記》編製而成。自序云："吾友臨桂朱韞山著《守潛日記》，述其拒滑賊事，既囑余爲序，又囑余爲之製曲。夫韞山一書生耳，乃能據危城抗強寇，凡十餘日，援至而城完，既保其境，而西南鄰邑皆資屏障，是亦可歌而可詠矣。時余養痾夷門，困頓無聊，且以文辭爲破愁之具，歲云暮矣，風雨淒然，乃以病腕握凍筆，爲北曲四套，以示韞山，韞山喜附其日記刻之。但讎校稍疏，間有訛字遺句，今皆添正，又有余續行修改處，故此本與彼本少有不同。"第一折《設防》，第二折《拒寇》，第三折《破圍》，第四折《頌功》。

《三釵夢》，前有道光元年許鴻磐自序。演《紅樓夢》故事。自序云："《紅樓夢》小說，膾炙人口，續之者似畫蛇足，其筆墨亦遠不逮也。近有儈父合兩書爲傳奇，曲文庸劣，無足觀者。臨桂朱蘊山，別爲十二釵十六折，思有以勝之，脫稿示余，未見其能勝也。余謂讀《紅樓夢》，以爲悲且恨者，莫如晴雯之逐，黛玉之死，寶釵之寡，乃別出機杼，以三人爲經，以寶玉爲緯，倣元人百種體爲北調四折，曰勘夢、曰悼夢、曰斷夢、曰醒夢，因謂之《三釵夢》。夫晴雯之逐夢也，黛玉之死亦夢也，寶釵之先淪塵而後證果，則夢之中又演夢焉。嗟乎！人生如夢耳。"第一折《勘夢》，第二折《悼夢》，第三折《斷夢》，第四折《醒夢》。

許鴻磐識語云：″右六種，多經友人評點，今皆不載，非敢委瓊瑤之贈於草莽也。誠以文章之美惡，有識者自能辨之，必盡舉過情之譽列諸上方，是借人之譽己而自譽也。余竊愧焉。故評本則什襲藏之，此則僅分句讀，以便觀覽。″

此本有扉頁，刻″六觀樓。道光丙午年鐫″。傅惜華先生於1949年後曾在書肆中見有是書之謄清稿本，今則不知歸於何處。

《續修四庫全書》未收。《續修四庫全書總目提要(稿本)》著録。《古本戲曲劇目提要》於內容釋解甚詳。《中國古籍善本書目》著録，中國人民大學圖書館、中國社會科學院文學研究所圖書館也有入藏。

2970　清道光刻本補天石傳奇　　　T5707/7223

《補天石傳奇》八卷，清周樂清撰。清道光靜遠草堂刻本。八冊。有圖。半頁六行十六字，四周雙邊，單魚尾，白口。框高18.6釐米，寬12.5釐米。題″鍊情子填詞；吹鐵簫人正譜″。書眉上有評語。前有道光十年(1830)陳階平序，道光十年譚光祜序，道光十年邱開來序；道光十七年(1837)呂恩湛跋；周樂清自序；歐陽紹洛、張家榘、危煥臺題詞；《凡例》六則；提綱；總目。

周樂清，字安榴，號文泉，別署鍊情子，浙江海寧人。以父蔭任湖南道州判官，祁陽、沅陵、麻陽等縣知縣，後以永州知州銜任山東掖縣知縣，兼任即墨知縣、萊州府同知。著有《桂枝樂府》、《靜遠草堂詩文集》、《靜遠草堂詩話》、《靜遠草堂麈談》。

是書作於道光九年樂清上計途中。周樂清自序云：″余曩閱毛聲山評序《琵琶》傳奇云，欲撰一書，名《補天石》，歷舉其事，皆千古之遺恨，天欲完之而不能，人欲求之而未得者。雖未見其書，而覽其條目，已爽心快膈，如食哀梨，使人之意也消。三十年來，遍訪其書，杳不可得，豈聲山當時本無是書，但標其目，使後人過屠門而大嚼，以虛饜快意耶？嘗竊訝之。已丑冬北上，雨雪載途，征車無事，偶憶及此，輒假聲山舊鼎，補鍊五色雲根。時颭輪硌碌，鈴語郎當，若代爲按腔應節者。越宿輒成一劇，抵都而八劇就焉。″

此劇由吹鐵簫人譚光祜正譜，而梓成於陳階平之手。《凡例》云：″自涖錦江，催科撫字，昕夕不遑，何暇作曉風殘月之問？久已束之高閣。乃荷譚鐵簫郡伯爲之按譜正拍，陳雨峰都督又復欣賞，再三敦勸付梓，並代爲鑒定開雕。″陳階平序云：″代付剞劂，爲鼓吹休明一助。″

此集雖標爲傳奇，實爲八種雜劇之合刊。各取史上悲劇故事，改寫爲喜劇結局。八種爲：《宴金臺》、《定中原》、《河梁歸》、《琵琶語》、《紉蘭佩》、《碎金牌》、《紞如鼓》、《波弋香》，各一卷。

《宴金臺》，全名《太子丹恥雪西秦》，演戰國末年燕太子丹興兵滅秦事。第一齣《定計》，第二齣《餞易》，第三齣《獻圖》，第四齣《潛師》，第五齣《滅秦》，第六齣《宴臺》。

《定中原》，全名《丞相亮祚綿東漢》，演三國時諸葛亮滅吳、魏二國，統一天下事。第一齣《禳星》，第二齣《敗懿》，第三齣《禪諶》，第四齣《歸盧》。

《河梁歸》，全名《明月胡笳歸漢將》，演漢代李陵歸漢而滅匈奴事。第一齣《報書》，第二齣《釋疑》，第三齣《關凱》，第四齣《墓封》。

《琵琶語》，全名《春風圖畫返明妃》，演漢代王昭君復歸於漢宮事。第一齣《訴廟》，第二齣《駐雲》，第三齣《啁圖》，第四齣《吼獅》，第五齣《歸璧》，第六齣《圖樂》。

《紉蘭佩》，全名《屈大夫魂返汨羅江》，演戰國時屈原回生而復用於楚王事。第一齣《仙援》，第二齣《鄰助》，第三齣《遇途》，第四齣《責約》，第五齣《求盟》，第六齣《勘罪》。

《碎金牌》,全名《岳元戎凱宴黄龍府》,演宋代岳飛破金而秦檜被誅事。第一齣《矯詔》,第二齣《詰奸》,第三齣《渡河》,第四齣《殱術》,第五齣《凱宴》,第六齣《仙慨》。

《統如鼓》,全名《賢使君重還如意子》,演晉代鄧攸終於得子有嗣事。第一齣《酬乘》,第二齣《賜泉》,第三齣《繪賑》,第四齣《鼓圓》。

《波弋香》,全名《真情種遠覓返魂香》,演曹魏時荀粲夫婦偕老終生事。第一齣《警絃》,第二齣《取冷》,第三齣《籲冥》,第四齣《判醫》,第五齣《乞香》,第六齣《合絃》。

是書有扉頁,題"補天石傳奇。道光庚寅仲冬。靜遠草堂藏板"。按,庚寅爲道光十年,則是書刻於該年,道光十七年吕恩湛跋當爲後闌入者。每齣前均有繡像一幅。"玄"字避帝諱。《曲録》著録。《續修四庫全書總目提要(稿本)》著録。《中國古籍善本書目》著録此本,首都圖書館有藏,山東省圖書館藏有是書稿本。臺北"中央研究院"史語所、臺灣大學圖書館亦藏有此本,作清道光十七年靜遠草堂刊本。美國《普林斯頓大學葛思德東方圖書館中文舊籍書目》著録。是書又有清咸豐五年靜遠草堂重刻巾箱本。

2971　明末刻本山水鄰新鐫出像四大癡傳奇　T5690/4444

《山水鄰新鐫出像四大癡傳奇》四卷。明末山水鄰刻本。二册。半頁九行二十字,四周單邊,白口,單魚尾。框高19.9釐米,寬13.3釐米。

此爲雜劇劇本集。收酒、色、財、氣四雜劇。

酒卷名酒懂,明李逢時撰。逢時,字九標,浙江錢塘人。此劇述姜應召好飲酒而不好色,最終得以中舉故事。共五折。

色卷,計九折,爲搧墳、毀扇、病訣、晤俊、露衷、决嫁、假塚、劈棺、陰妬。用莊子搧墳,其妻劈棺事。作者不詳。後人改訂爲《蝴蝶夢》傳奇。

財卷,計六折。即用徐復祚之《一文錢》雜劇,演盧至員外性極慳吝,帝釋幻化爲盧至容貌,趁盧出外,到盧家把家財散給窮人,真盧至返家反被指假冒,後盧至省悟世上一切皆爲虛假,乃成正果。

氣卷,計四折,演黄巢不第,因氣反唐事。即孟舜舉所作之《英雄成敗》雜劇。

此爲明末山水鄰刻本。山水鄰又刻有《歡喜冤家》二十四卷、《山水鄰新鐫花筵賺》二卷等。此本有圖,甚精,繪酒、色、財、氣、文飾、鳥羽、花卉、山景八圖。

《四庫全書總目》未收。《中國古籍善本書目》著録。中國國家圖書館、中國人民大學圖書館、臺北"國家圖書館"亦有入藏,作清初刻本。

金鑲玉裝。

鈐印有"高陽齊氏百舍齋存書之印"、"齊林玉世世子孫永寶用"、"如山過目"、"齊氏所藏戲曲小説印"。

2972　明萬曆刻巾箱本齊世子灌園記　T5682/3600

《齊世子灌園記》三卷,明張鳳翼撰。明萬曆三十三年(1605)吴興茅彥徵刻巾箱本。六册。半頁七行十五字,四周單邊,白口,無魚尾。框高10.8釐米,寬7.1釐米。題"西漢司馬子長析傳;大明張伯起氏彙編;吴興茅彥徵氏重梓"。前有萬曆三十三年茅茹序。

張鳳翼，字伯起，號靈墟，長洲(今江蘇蘇州)人。嘉靖四十三年舉人，屢赴會試不中，晚年以賣字及詩文爲生。所作傳奇今知有九種，現存又有《紅拂記》、《祝髮記》、《竊符記》、《虎符記》，均以詞藻華麗著稱。鳳翼與弟獻翼、燕翼並有才名，吳人語曰：前有四王，後有三張。其文學品格，獨邁時流。吳中舊曲師有太倉魏良輔，鳳翼出而一變之，群起宗焉。萬曆四十一年卒，年八十七。

此劇演齊世子田法章灌園實事，本事見《史記·田完世家》。戰國時，齊燕交戰，燕兵破齊，齊王被殺，太子田法章逃亡至太史敫家，隱名爲灌園僕人。敫女奇法章狀貌，以爲非恒人，常竊衣食之，繼而私訂婚姻。後齊將田單用火牛陣破燕兵，恢復齊國，迎立法章爲王，是爲襄王，立敫女爲后，是爲君王后。劇中惟增出后婢朝英，并以嫁田單，餘與史合。共三十出。

茅茹序云：“予童而嗜奇，栖心韻語，敢於聲律，稍窺一班，其半縻於公車，業私心未竟也。歲在閼逢執徐，犬馬齒長矣。懷刺莫投，英雄氣短；老驥伏櫪，空懷千里之思。適覽張伯起《灌園》一記，可知人生若轉篷，榮枯聚散，天實有靈緣。是遂生欣戚，想終呆骨矣。樂將軍以一戰下齊七十餘城，反以讒去。王太傅抗疏批鱗，赤忠貫日，秖令魂迷芳樹，骨掩愚公。田世子貸力火攻，嗣基東海，人侈其雄，緬維埋名太史園中，長簑圓笠，插棘荷鋤，時屬何境界。至若裙釵慧眼，潛渡鵲橋，帝子皇英，兩諧連理，彼固有夙緣耶？若翁老不解事，猶譙責不休也。冤哉！伯起氏之嘔血於斯也，蓋自有深心歟！嗟嗟，寒窗踈雨，皓魄驚秋，按節而歌，令人腸熱。伯起氏負才不羈，博綜典籍，間以駒隙之暇，勒成新響，豈曰鼓吹四筵耶？舌端隱隱現青蓮矣。試就辭壇而叩曰，誰爲執牛耳者？敢不共推伯起氏哉！予弟公美有同好焉，乃衷而付之剞劂氏。”

呂天成《曲品》、《傳奇品》、《曲考》、《曲海目》、《曲錄》並見著錄。又《今樂考證》著錄。《古本戲曲叢刊》初集所收，爲明金陵唐氏富春堂刻本。

卷三末刊“萬曆乙巳年菊月梓於千里臺。不二道人雲津父校”。

《中國古籍善本書目》未著錄，僅有《新刊音注出像齊世子灌園記》二卷，爲明金陵唐氏富春堂刻本，藏北京大學圖書館。臺北“國家圖書館”也有唐氏富春堂本。

鈐印有“壽山獵祭窩”、“陶菴”、“草衣陶盦”。

2973　明刻本新刊重訂出像附釋標注音釋趙氏孤兒記　T5676.9/4717

《新刊重訂出像附釋標注音釋趙氏孤兒記》二卷，明題陳氏尺蠖齋訂釋。明唐氏世德堂刻本。二冊。半頁八行二十一字，左右雙邊，白口，單魚尾，書口上刻“孤兒記”，書眉上刻評。框高21.4釐米，寬12.6釐米。題“姑孰陳氏尺蠖齋訂釋；繡谷唐氏世德堂校梓”。

此本無撰者。或作紀君祥撰。紀，元戲曲作家，大都(今北京市)人。所作雜劇今知有六種，《趙氏孤兒》爲其所存之一。

此傳奇寫春秋時晉國權臣屠岸賈殘殺趙盾全家，并搜捕孤兒趙武。趙家門客程嬰與公孫杵臼定計救出趙武，由程嬰撫養成人，報仇雪恨事。

上卷二十五折，爲傳末開場、趙朔放燈、周堅貰酒、王婆追債、朔收周堅、堅留門下、賈妻勸夫、趙盾勸農、翳桑救輒、張維諷諫、閨幃敘樂、割截人手、趙屠爭辨、遣鉏行刺、鉏霓觸槐、賈計不遂、趙府占夢、嗾獒計定、輒負盾逃、彌明擊犬、周堅替死、奸雄得意、宮中悲嘆、程嬰辭臼、買計害孤。下卷十九折，爲報產孤兒、朔遇靈輒、計脫孤兒、榜募孤兒、嬰計存孤、嬰杵共謀、程嬰首孤、公孫死難、公主聞信、靈輒傳疑、山神點化、朔議下山、陰陵思憶、趙朔雲遊、北邙會獵、陰陵聚會、幽魂索命、指説冤枉、孤兒報冤。計四十四折。

唐氏世德堂,爲南京坊肆,所刻戲曲甚多。今所存者尚有《新刊重訂出相附釋標注香囊記》四卷、《新鍥重訂出像附釋標注驚鴻記題評》二卷、《新刊重訂出相附釋標注裴度香山還帶記》二卷、《玉合記》二卷等。

此本有圖十五幅。

臺北"國家圖書館"所藏(原北平館者),在《繡刻演劇》內。《古本戲曲叢刊》初集所收即爲原北平館本,然佚去圖二幅,存十三幅。

鈐印有"甲"、"鄭氏"、"曙雯樓藏"、"春雨樓頭所讀"、"珠還室藏曲記"、"立奉"、"鳴晦廬珍藏金石書畫記"、"鳴晦秘寶"、"高陽齊如山珍藏"、"齊林玉世世子孫永寶用"、"齊氏所藏戲曲小説印"、"高陽齊氏百舍齋存書之印"。

2974　明刻本批點牡丹亭記　　　　　　　　　　　　　　T5686/2700L

《批點牡丹亭記》二卷,明湯顯祖撰,袁宏道評。明刻本。四册。半頁九行二十字,左右雙邊,白口,單魚尾,書眉上刻評。框高20.4釐米,寬13.4釐米。題"臨川玉茗堂編;公安瀟碧堂批;新都蒲水齋校"。

卷上三十一齣,爲標目、言懷、訓女、腐嘆、延師、悵眺、閨塾、勸農、肅苑、驚夢、慈戒、尋夢、訣謁、寫真、虜諜、詰病、道覡、診祟、牝賊、鬧殤、謁遇、旅寄、冥判、拾畫、憶女、玩真、魂游、幽媾、旁疑、懽撓、繕備;卷下二十四齣,爲冥誓、秘議、調藥、回生、婚走、駭變、淮警、如杭、僕偵、眈試、移鎮、禦淮、急難、寇間、折寇、圍釋、遇母、淮泊、鬧宴、榜下、索元、硬拷、聞喜、圓駕。共五十五齣。

一名《還魂記》,傳奇劇本。寫南宋時南安太守杜寶延師陳最良教女麗娘讀經書。麗娘游園散悶,夢中與書生柳夢梅相愛,醒後感傷病死。三年後,柳夢梅到南安養病,拾得麗娘自畫像,深爲愛慕,朝夕對畫呼喚,麗娘鬼魂與柳相見,并復生與柳結爲夫婦。最後以柳中狀元,麗娘得到封贈爲結局。

《中國古籍善本書目》著録。中國國家圖書館有藏。

每卷有圖五幅。卷上圖佚去半幅,卷下第五十八頁書口下刻"廣絶堂"。

鈐印有"久保天隨珍藏圖書"、"木林寶書"、"虛白軒"、"槐南詩料"、"吟到梅花處"。

2975　明末刻本湯義仍先生還魂記　　　　　　　　　　　T5686/2700

《湯義仍先生還魂記》二卷,明湯顯祖撰。明末著壇刻本。二册。半頁十行二十一字,四周單邊,白口,單魚尾,書眉上刻評。框高20.4釐米,寬13.4釐米。題"臨川玉茗堂編"。前有天啓三年(1623)王思任序。

卷上三十一齣,卷下二十四齣。共五十五齣。齣目同館藏《批點牡丹亭記》。

序之書口下刊"著壇藏板"。

《中國古籍善本書目》未著録此本,但有《清暉閣批點玉茗堂還魂記》二卷,明末張弘毅著壇刻本,半頁九行二十字,版心下鐫"著壇藏板"。疑此爲《玉茗堂四種傳奇》本。

鈐印有"千葉文庫"、"擁書樓千葉氏珍藏印"。

2976　民國抄本投桃記　　　　　　　　　　　　　　T5687/3110

《投桃記》二卷,明汪廷訥撰。民國王立承抄本。二册。有圖。半頁十行二十字,左右單邊,單魚尾,白口。框高21.6釐米,寬14.0釐米。題"明新都無無居士汪廷訥昌朝父著"。

汪廷訥,原字去泰,後改字昌朝,一字無如,號坐隱先生、無無居士、無悶道人、全一真人、清痴叟,安徽休寧人。捐貲爲南京國子監監生、監課副提擧。喜詩賦,善填詞,好刻書。結坐隱園、環翠堂,日爲詩酒之會,與湯顯祖、王穉登等游。著有《人鏡陽秋》、《文壇列俎》、《華袞集》、《無如子正續贅言》、《環翠堂集》等。《静志居詩話》卷一八有傳。

該劇演書生潘用中與大家閨秀黄舜華投桃傳情,歷經曲折,終結爲伉儷事。本事見《情史·私情類》。《西湖二集》卷一二《吹鳳簫女誘東牆》亦演其事。三十齣。卷上:提綱、假館、家慶、求友、弄笛、宸游、邂逅、報命、禱月、投桃、脩信、通款、擢守、閨訓、私計;卷下:迎醫、鬧寺、幽會、強婚、秋懷、逼嫁、寄髮、遺詩、計陷、傳詩、得情、拒婚、還桃、廷證、賜完。

《曲品》著録。《中國古籍善本書目》著録明汪氏環翠堂刻環翠堂樂府本,中國國家圖書館有藏。《古本戲曲叢刊》二集據以影印。

是本目録頁書口上寫"環翠堂樂府",底本即爲明環翠堂刊本。抄繪俱精,據鈐印,爲王立承所寫定。版畫描摹尤精,一勾一劃,盡得汪氏原刻徽派版畫之神韻。據《最近官紳履歷彙録》第一集(北京敷文社1920年版)、姜德明《餘時書話·王孝慈與魯迅》,立承字孝慈,號鳴晦廬主人,河北通縣人,監生,廣西法政學堂畢業,曾任度支部主事、檢查紙幣清理財政處幫辦、大總統秘書、政事堂機要局僉事、國務院秘書廳僉事等職,曾獲五等嘉禾獎章。民國收藏家,喜收戲劇小說及套印本圖書,其中最著名者爲明崇禎刻本《金瓶梅》、《十竹齋箋譜》,後者爲鄭振鐸、魯迅、趙萬里等借出,交榮寶齋複製影印,得廣爲流傳。

鈐印有"王立承"、"孝慈"、"立承寫定"、"鳴晦廬珍藏金石書畫記"、"齊林玉世世子孫永寶用"、"高陽齊氏百舍齋存書之印"、"齊氏所藏戲曲小說印"、"如山讀過"。此書當於立承身後散出,爲齊如山所購藏。

2977　民國抄本譚友夏鍾伯敬先生批評綰春園傳奇　　T5690/3129

《譚友夏鍾伯敬先生批評綰春園傳奇》二卷,明沈嵊撰。民國王立承抄本。二册。半頁十行二十一字,四周單邊,白口,單魚尾,書眉上刻評,書口上有"綰春園"、下有"蜘麟齋"。框高20.3釐米,寬13.4釐米。題"四海孚中道人編;新安右子居士次"。無序跋。

沈嵊,字孚中,一字會吉,號唵庵,別署孚中道人,浙江杭州人。性豪放,好縱酒,喜談兵,不以功名爲意,人多以狂士目之。明崇禎間,縣令宋兆和薦於學使,乃補生員。清兵南下,因誤傳清兵渡江消息,被里人誤殺。嵊工詞曲,周亮工《復余澹心》謂嵊"雖未登峰造極,而一落筆便有證入元人三昧"。陸次雲《沈孚中傳》(見《虞初新志》)云:"填詞奪元人席,所存者獨《息宰河》、《綰春園傳》,尤爲詞場稱艷。"

此劇寫元末阮翀與伯顔不和,隱居杭州綰春園。揚州崔固與妻許氏、女倩雲至杭州天竺進香,借居綰春園。嘉興書生楊鈺游西湖,與崔遇於園,一見鍾情。楊鈺誤將倩雲認作園主阮翀之女蒨均,題詩寄意。不料詩被誤送蒨均,引出誤會。後誤傳蒨均死訊,鈺悲傷痛絶。直至真相大白,楊鈺、倩雲、蒨均三人成婚。

　　劇計四十四齣。上卷第一齣《本傳》,第二齣《虜媚》,第三齣《旋旌》,第四齣《賞菊》,第五齣《僑園》,第六齣《貽詩》,第七齣《泣月》,第八齣《痴憶》,第九齣《奸譖》,第十齣《空訪》,第十一齣《北上》,第十二齣《移寓》,第十三齣《遐思》,第十四齣《售珀》,第十五齣《回詩》,第十六齣《猜贈》,第十七齣《江祖》,第十八齣《慘戮》,第十九齣《驚變》,第二十齣《之揚》,第二十一齣《哭艷》,第二十二齣《南寇》。下卷第二十三齣《假庵》,第二十四齣《徒粵》,第二十五齣《失詩》,第二十六齣《旅病》,第二十七齣《耡奸》,第二十八齣《病試》,第二十九齣《苗警》,第三十齣《鬧捷》,第三十一齣《召妹》,第三十二齣《貽詩》,第三十三齣《死忠》,第三十四齣《晤兄》,第三十五齣《述緣》,第三十六齣《奸斃》,第三十七齣《允婚》,第三十八齣《避亂》,第三十九齣《疑配》,第四十齣《再寓》,第四十一齣《空訪》,第四十二齣《得耗》,第四十三齣《議婚》,第四十四齣《合詩》。

　　此本乃據明末螭麟齋刻本傳鈔,端楷謄寫,一筆不苟,極工整,筆墨勻稱。格子全部手畫,凡寫錯之字皆有挖補。封面灑銀臘箋,裝幀考究。

　　《中國古籍善本書目》著録,有明末螭麟齋刻本,中國國家圖書館、上海圖書館均有入藏。《古本戲曲叢刊》二集收録。

　　鈐印有"立承寫定"、"鳴晦廬珍藏金石書畫記"。又有"齊氏所藏戲曲小説印"、"高陽齊氏百舍齋存書之印"、"齊林玉世世子孫永寶用"、"如山過目"。

　　王立承資料不多,僅知其與鄭振鐸善,雖然鄭、王僅見過一面。最初是鄭在馬隅卿處見到由王收集整理的《明代版本刻工姓氏録》。1934年春,鄭和魯迅輯印《北平箋譜》,鄭告知魯迅曾在馬先生處見到王藏《十竹齋箋譜》,那是中國木刻藝術之精華,如若重鐫,即易流傳,而北平的印工也能擔當此事。魯迅聽后力促其成。鄭乃托趙萬里借得王氏所藏,交北平榮寶齋覆印。是年歲暮,《十竹齋箋譜》第一册印竣,王至北平,鄭遂以覆本貽之,所以鄭曾説那是他與王"訂交之始"。

　　1952年5月,鄭振鐸撰《重印十竹齋箋譜序》云:"《箋譜》印行於明崇禎十七年,即公元一六四四年,迄今三百餘載,傳本至爲罕見。予嘗於王孝慈先生許一遇之,時方與魯迅先生編《北平箋譜》,知燕京刻工足勝復印之責,遂假得之,付榮寶齋重刻,時歷七載,乃克畢功。魯迅、孝慈二先生均不及見其成矣。"在《箋譜》前扉頁上,專門印有:"中華民國二十三年十二月,版畫叢刊會假通縣王孝慈先生藏本翻印,編者魯迅、西諦;畫者王榮麟;彫者左萬川;印者崔毓生、岳海亭。經理其事者,北平榮寶齋也。紙墨良好,鐫印精工,近時少見,明鑒者知之矣。"又鄭振鐸編《中國版畫史》中説:"與余有同好者,在滬有魯迅、周越然、周子競諸氏;在平有王孝慈、馬隅卿、徐森玉、趙斐雲諸氏,搜訪探討,興皆豪。有得必以相視,或一見奇書,獲一秘籍,則皆大喜。孝慈竟因書發癲死。"鄭序《十竹齋箋譜》説:"孝慈家事極窘迫,不能不盡去所藏以謀葬事。箋譜遂歸北平圖書館。余知孝慈書出售事,嘗致北平諸友,欲得其箋譜,但余時亦在奇窮之鄉,雖曰欲之,而實則一錢莫名,并借貸之途亦絶。"

　　王立承喜收藏戲劇小説以及套印本圖書,藏本精品甚多,如《新鐫古今大雅北宮詞紀》六卷(明陳所聞輯。明萬曆三十二年陳氏繼志齋刻本)、《鴛鴦縧傳奇》二卷(明路迪撰、明醉竹居士評。明崇禎刻本)、《遙集堂新編馬郎俠牟尼合記》二卷(明阮大鋮撰。明末刻石巢傳奇四種本)等。1936年2月,王逝去,年僅五十三歲。王氏故去后,遺書散出,《十竹齋箋譜》歸北平圖書館,其他售與舊書店。

此書中另夾有一小條,上寫:"螭麟齋抄本綰春園傳奇。一函。五百元。文友堂。"當是王氏書散,文友堂得到不少,其中有些又售與齊如山者。而1953年,齊氏所藏之戲曲小說價讓本館。

王氏故事很少人得知,他曾從陶湘處得到《鴛鴦縧傳奇》二卷,為明崇禎刻有圖本,上卷七幅插圖,下卷六幅,圖畫刊刻細膩傳神。《禁毀書目》曾有著錄。昔涉園陶氏得於滬上,傅增湘告知王氏,盛稱其圖畫精工,撫刻靈巧,王心志之。厥後陶氏付之景印,以一本贈王。王後來在天津特謁陶氏,始見原本,摩挲愛翫,迄難忘懷。陶氏素喜閔刻,尤喜有圖本,以王藏有《還魂記》、《紅梨記》二書,曾欲以此交換,王則以精刊殊難再覯,遂未允許。然此書在王心中,終未去懷。不久,王得閔刻《艷異編》,前有摹刻仇十洲圖六頁,益萌互易之心。1933年夏,王大病初起,其老友尹石公屢來慰視,尹與陶亦稔熟,因乞為介。遂以《艷異編》歸涉園,換得《鴛鴦縧傳奇》。一部書使王氏結想八年,竟得插架,對於王氏來說,也是"何幸如之"的事了。後來王氏為此書寫了一段跋語,并做詩:"喜逢春與廣爰書,同被亡秦付爐餘(《喜逢春》、《廣爰書》皆明人所撰傳奇,與此曲同見《禁毀書目》)。獨愛惠期詞雋爽,玉籤插架壯吾廬。"按,《鴛鴦縧傳奇》今藏中國國家圖書館。錄之或也可為書林之一段掌故。

2978　清初刻本懷遠堂批點燕子箋　T5689/4180

《懷遠堂批點燕子箋》二卷,明阮大鋮撰。清初刻本。四冊。有圖。半頁九行二十四字,四周雙邊,白口,單魚尾。框高20.5釐米,寬11.5釐米。題"百子山樵撰"。前有韋佩序(佚去後半部分)。

阮大鋮,字集之,號圓海,別號百子山樵,安徽懷寧人。萬曆四十四年進士,官給事中,依附閹宦魏忠賢,升太常寺少卿、光祿卿。崇禎初,名列逆案,罷職匿居。後起用,任兵部尚書、右副都御史等職。清兵陷南京,乞降,為士林所不齒。又撰有《春燈謎》、《牟尼合》、《雙金榜》等劇。

此為詠懷堂四種之一,乃大鋮匿居南京時所撰,演唐代秀士霍都梁應試長安,與曲江妓女酈飛雲、華行雲婚姻故事,以燕子銜箋為重要情節,故名"燕子箋"。卷上第一齣《家門》,第二齣《約試》,第三齣《授畫》,第四齣《偕征》,第五齣《合圍》,第六齣《寫像》,第七齣《購倖》,第八齣《誤畫》,第九齣《駭像》,第十齣《防胡》,第十一齣《題箋》,第十二齣《拾箋》,第十三齣《入闈》,第十四齣《開試》,第十五齣《試窘》,第十六齣《駞泄》,第十七齣《謀緝》,第十八齣《閨痊》,第十九齣《偽緝》,第二十齣《守潰》,第二十一齣《鼠奔》,第二十二齣《拒挑》,第二十三齣《兵囂》,第二十四齣《收女》,第二十五齣《誤認》,第二十六齣《謁汧》,第二十七齣《入幕》,第二十八齣《閨憶》,第二十九齣《刺奸》,第三十齣《平胡》,第三十一齣《勸合》,第三十二齣《招婚》,第三十三齣《放榜》,第三十四齣《轟報》,第三十五齣《箋合》,第三十六齣《辨奸》,第三十七齣《遷官》,第三十八齣《奸遁》,第三十九齣《雙逅》,第四十齣《排宴》,第四十一齣《合宴》,第四十二齣《誥圓》。

有圖十八幅,前有酈飛雲像、華行雲像,再為約試(武林項南洲刻)、授畫、寫像、誤畫、駭像、題箋(項南洲刻)、拾箋、守潰、拒挑、誤認、入幕、勸合、箋合、奸遁、合宴、誥圓。

此本有扉頁,刻"燕子箋。本衙藏板"。並鈐"文翰樓圖書"印。目錄頁題"雪韻堂批點燕子箋"。

《中國古籍善本書目》著錄,中國國家圖書館(有吳梅跋)、上海圖書館、上海博物館等五館入藏。又有《雪韻堂批點燕子箋》二卷,明末刻本,藏中國國家圖書館(有清李慈銘跋並題詩)、上海圖書館、南京圖書館等九館。《古本戲曲叢刊》二集中之《懷遠堂批點燕子箋》,即據清初刻本影印。

鈐印有"齊林玉世世子孫永寶用"、"齊氏所藏戲曲小説印"、"高陽齊氏百舍齋存書之印"、"齊如山",又有"鑑湖"。

2979　明萬曆刻本邯鄲記　　T5686/4600C

《邯鄲記》二卷,明湯顯祖撰,臧懋循訂。明萬曆吳郡書業堂刻本。二册。半頁九行十九字,左右雙邊,白口,單魚尾,書眉上刻評。框高19釐米,寬13.1釐米。題"臨川湯義仍撰;吳興臧晉叔訂"。前有萬曆二十九年(1601)湯顯祖題辭。

湯顯祖,字義仍,號若士,又號海若,自號清遠道人,江西臨川人。萬曆十一年進士,官禮部主事,抗疏劾政府,謫廣東,遷遂昌,投劾罷歸,不復出。里居二十年,病卒。《列朝詩集》稱其窮老蹭蹬,所居玉茗堂,文史狼籍,賓朋雜坐,雞塒豕圈,接蹟庭户。《静志居詩話》云:"義仍填詞,妙絶一時。或勸之講學,答曰,諸公所講者性,僕所言者情也。湯氏晚年師盱江而友紫柏,翛然有度世之志。胸中塊壘,淘寫未盡,發而爲曲詞。"又有《紫釵記》、《還魂記》、《紫簫記》等。

一名《邯鄲夢》,取材於唐沈既濟傳奇小説《枕中記》。寫吕洞賓以磁枕使盧生入夢,盧在夢中行賄中試,出將入相,一時享盡榮華,但因官場傾軋而遭貶,後又復官,得封爲國公,一門榮華,復享高齡而卒。待一場夢醒,始知身卧邯鄲旅店中。盧生大悟,乃從吕洞賓學道成仙。

卷上行田、度世、入夢、招賢、贈試、奪元、驕宴、虜動、外補、鑿郟、邊急、望幸、東巡、西諜、大捷;卷下勒功、閨喜、飛語、死竄、讒快、備苦、織恨、功白、召還、極欲、友歎、生寤、合仙。計二十八折。

湯顯祖題辭云:"《邯鄲夢》記盧生遇仙旅舍,授枕而得婦遇主,因入以開元時人物事勢,通漕於陝,拓地於番,讒構而流,讒亡而相。於中寵辱、得喪、生死之情甚具,大率推廣焦湖祝枕事爲之耳。世傳李鄴侯泌作,不可知。然史傳泌少好神仙之學,不屑昏宦,爲世主所強,頗有幹濟之業……獨嘆《枕中》生於世法影中,沉酣嗁嚷,以至於死,一哭而醒。夢死可醒,真死何及。"

《今樂考證》著録。明萬曆間又有玉茗堂刻本、又明天啓元年閔光瑜刻朱墨套印本、明末柳浪館刻本、明末汲古閣刻本、明末潘際飛刻本等。《古本戲曲叢刊》初集所收,乃據天啓元年閔光瑜刻朱墨套印本影印。吕天成《曲品》、《曲考》、《曲海目》、《曲録》並見著録。

此本有扉頁,刊"邯鄲記。新編繡像。吳郡書業堂梓行"。有圖二十八幅,頗精。按,書業堂又刻有《秘傳眼科龍木總論》十卷。

《四庫全書總目》未收。《中國古籍善本書目》著録,臧懋循訂本,有明萬曆刻本,浙江圖書館、北京大學圖書館等六館入藏,不知與此同板否。按,中國國家圖書館、上海圖書館等七館有《玉茗堂四種傳奇》,爲明刻清乾隆二十六年書業堂重修本,内有《邯鄲記》二卷,録此,以待相核。

鈐印有"高陽齊氏百舍齋存書之印"、"齊林玉世世子孫永寶用"、"齊如山"、"齊氏所藏戲曲小説印"。

2980　明刻本怡雲閣金印記　　T5678.9/4923

《怡雲閣金印記》二卷,明蘇復之撰。明讀書坊刻本。二册。半頁十行二十二字,四周單邊,白口,單魚尾。框高21.1釐米,寬13.4釐米。

蘇復之,明朱權《太和正音譜》所載洪武時作家,官指揮,或即此人。
上卷齣目:副末開場、蘇張講書、玩賞園亭、蘇張講命、逼釵赴選、王婆當釵、辭親求官、蘇張往秦、當釵被誚、商相嫉賢、不第羞歸、唐二傳音、一家恥辱、周氏尋夫、蘇秦自嘆、蘇張投師、怨詈三叔。下卷齣目:當絹供姑、周氏投水、蘇張往魏、魏相招賢、引進賢良、游說六國、蘇秦為相、俊說張儀、蘇激張儀、張儀往秦、商相薦儀、張儀為官、馬俊回音、周氏燒香、百戶下書、三叔傳音、公姑賞雪、踏雪官亭、蘇秦榮歸、合家團圓。共三十八齣。每齣之後,多有總評。
此為南戲,寫戰國蘇秦未得官時,受盡家中人輕視,作丞相後,家人又百般奉承,曲盡世態炎涼。
《四庫全書總目》未收。《中國古籍善本書目》未著錄此本。是書又有《李卓吾先生批評金印記》二卷,明刻本,上海圖書館、北京市文物局藏;《重校蘇季子金印記》二卷,明陳氏繼志齋刻本,中國國家圖書館入藏;《重校金印記》四卷,明刻本,中國國家圖書館藏。《古本戲曲叢刊》初集所收為四卷本,有圖,目錄後有"二南里人羅懋登注釋"。
按,此本書口上端應有數字,但被剜去,僅餘"金印記"三字。又卷上末頁尾行刻"先生批評金印記卷上",似為李贄評本。臺北"國家圖書館"有三刻五種傳奇十卷,內有金印記一種,有圖十四幅,每卷卷首題"李卓吾先生批評金印記"。又第五齣作"逼賣釵梳",與此本也不同。
有扉頁,刊"金印。精鐫古本。讀書坊梓"。又鈐印有"讀書坊圖章"。
鈐印有"高陽齊氏百舍齋存書之印"、"齊如山"、"齊林玉世世子孫永寶用"、"齊氏所藏戲曲小說印"。

2981　明刻本新刻全像漢劉秀雲臺記　　T5687/4427

《新刻全像漢劉秀雲臺記》二卷,明蒲俊卿撰。明金陵唐氏刻本。二冊。半頁十一行二十字,四周單邊,白口,無魚尾(有六頁為單魚尾),書眉上刻注。框高21.4釐米,寬14釐米。
蒲俊卿,字里未詳,號江右散人,疑江西人。
此傳奇寫西漢王莽為帝,宗室劉秀逃亡,得烏鴉引路,到陰大公家,娶陰玉真為妻。後劉秀以鄧禹為帥,姚期、馬武、岑彭、杜貌為將,并得馬援、郅鄆相助,殺死王莽大將巨無霸,作了皇帝。劇情全據民間傳說。
上卷二十二齣,下卷二十二齣,共四十四齣。
《曲品》、《曲錄》皆有著錄。《古本戲曲叢刊》二集所收,乃據明萬曆間文林閣刻本影印。
此本有扉頁,刊"新刻全像點板劉文叔雲臺記。金陵唐氏藏板"。有圖六幅,甚精。
《四庫全書總目》未收。《中國古籍善本書目》也未著錄。
金鑲玉裝。原籤題"新刻全像漢光武雲臺記"。
鈐印有"齊氏所藏戲曲小說印"、"如山過目"、"高陽齊氏百舍齋存書之印"、"齊林玉世世子孫永寶用"。又有"珠還室藏曲"印。

2982　明末刻本長命縷　　T5687/4523

《長命縷》二卷,明梅鼎祚撰。明末刻本。二冊。半頁九行二十字,四周單邊,白口,單魚尾。框高20.4釐米,寬13.3釐米。題"江東勝樂道人編"。

梅鼎祚,字禹金,號勝樂道人,安徽宣城人。國子監生,棄舉子業,肆力詩文,撰述甚富。好聚書,與焦弱侯、馮開之、趙玄度訂約蒐訪,期三年一會於金陵,各出所得異書逸典,互相讎寫。隱書帶園,構天逸閣,著述其中。又有《古樂苑》、《唐樂苑》、《書記洞銓》等。

此傳奇寫宋代單飛英和邢春娘幼有婚約,後遭兵亂,春娘淪爲娼妓,飛英受父蔭爲官,與邢相遇而不歧視,仍與她成親。劇情本宋王明清《摭青雜說》,但添出觀世音爲兩人撮合,說明婚姻前定等情節。明人小說有《單符郎全州佳偶》(載《古今小說》),故事與《摭青雜說》相同。

上卷十五齣,計提綱、南渡、閨適、虜警、兵竄、徙粵、赴義、釋囚、勤王、拒誘、協策、奏捷、懷貞、宴勞、依親;卷下十五齣,計庭別、導師、禪逅、錫召、抒幽、證縷、告婚、移牒、還元、慕化、參好、納李、邁觀、圓夢、團圖。共三十齣。以飛英幼時與春娘相嬉時,曾以五月五日之長命縷爲兩者訂婚之盟,故名。

此傳奇不見舊目著錄。《古本戲曲叢刊》初集所收,即爲此本。

此本有圖,計十幅。正面繪劇情,反面刻花鳥小品。

金鑲玉裝。

《四庫全書總目》不收。《中國古籍善本書目》著錄,中國社會科學院文學研究所、中國戲曲研究院亦有入藏。

鈐印有"齊林玉世世子孫永寶用"、"齊氏所藏戲曲小說印"、"如山過目"、"高陽齊氏百舍齋存書之印"。

2983　明崇禎刻本新刻袁中郎先生批評紅梅記　T5687/7242

《新刻袁中郎先生批評紅梅記》二卷,明周朝俊撰,袁宏道評。明崇禎陳長卿刻本。二冊。半頁九行二十一字,四周單邊,白口,單魚尾,書眉上刻評。框高18.1釐米,寬11.7釐米。題"公安中郎袁宏道刪潤"。無序。

周朝俊,字夷玉,一作儀玉,浙江鄞縣人。少有才,爲詩學長吉,填詞亦擅名。王穉登《紅梅記序》,稱其舉動言笑,大抵文弱自愛,而一種曠越之情,超然塵外云。約萬曆元年前後在世。又有《李丹記》、《香玉人》、《畫舫記》等。

此傳奇寫南宋時書生裴禹同盧昭容相愛,受權相賈似道迫害,後終於結合的故事。劇中有賈似道侍妾李慧娘,因游西湖顧盼裴禹,而被賈殺害,鬼魂同裴相會,救裴脫難,並與賈似道面辯等情節。又事以紅梅作合,故名《紅梅記》。

上卷十七齣,計提綱、泛湖、慈訓、殺妾、折梅、虜圍、瞥見、詢婢、克婿、誘禁、私推、夜走、幽會、抵揚、謀刺、脫難、鬼辯;下卷十七齣,計探姻、調婢、秋懷、怨聚、遣杭、城破、恣宴、劫奸、得耗、應試、促歸、改粧、尋遇、夜晤、速訟、空喜、完娶。共三十四齣。

《古本戲曲叢刊》初集所收,爲據明末玉茗堂刻本影印。遠山堂《曲品》、《傳奇品》、《曲考》、《曲海目》、《曲錄》、《今樂考證》皆有著錄。《繡谷春容》、《燕居筆記》俱有《古杭紅梅記》小說,殆本此而作。劇中李慧娘數折,乃出元人《綠衣傳》趙源與綠衣雙鬟故事。

此本有扉頁,刊"新刻袁中郎先生評釋紅梅記。古吳陳長卿梓"。按,陳長卿刻書甚多,有《古今醫統大全》、《劉氏鴻書》、《文心雕龍》、《婦人良方》等。

《四庫全書總目》未收。《中國古籍善本書目》著錄,有明三元堂刻本,行款與此同,北京大學圖書館藏。臺北"國家圖書館"有《新刊出相點板紅梅記》二卷,明末書坊唐振吾廣慶堂刻本

（原藏北平館者）。

金鑲玉裝。

鈐印有"高陽齊如山珍藏"、"高陽齊氏百舍齋存書之印"、"齊林玉世世子孫永寶用"、"鄭氏"、"曙雯樓藏"。

2984　明刻本新刻全像點板張子房赤松記　　　T5687/4427

《新刻全像點板張子房赤松記》二卷。明金陵唐氏刻本。二冊。半頁十一行二十字，四周單邊，白口，無魚尾，書眉上刻注。框高19.1釐米，寬14釐米。

此爲明人所作，姓名不詳。寫西漢功臣張良之故事，穿插以楚漢戰爭時各種史實，如鴻門宴、楚歌吹散八千子弟兵等，又添有黃石公授兵書與張良等情節。劇本頭緒較《千金記》簡潔。因張良欲從赤松子游，故名。

上卷十九齣，計開場、出游、訴苦、謀擊、游幸、進履、望靜、失約、斬蛇、傳法、演武、投漢、玩月、問計、秦降、夜宴、獻讒、爲友、會宴；下卷二十二齣，計整衣、痛主、寄衣、追薦、妄報、起兵、教歌、散楚、全節、追項、自刎、封贈、餞別、遇石、回家、擒信、訪道、誘信、殺信、拿何、途嘆、登仙。共四十一齣。

呂天成《曲品》、遠山堂《曲品》、《傳奇曲》、《曲考》、《曲海目》、《曲錄》以及《今樂考證》皆有著錄。《古本戲曲叢刊》二集所收，乃據明文林閣刻本影印。元有李文蔚《張子房圯橋進履》、王仲文《從赤松張良辭朝》、吳弘道《子房貸劍》等雜劇。

此本有扉頁，刊"全像點板張子房赤松記。金陵唐氏藏板"。按，金陵唐氏富春堂爲萬曆間名肆，所刻戲曲甚多，以今日所存者看，凡富春堂所刻者，書名前所冠多爲"新刻出像音注"。又有金陵書鋪唐氏，鐫刻戲曲也多，書名前所冠則爲"新刊全像"。另有書林唐振吾廣慶堂，也刻戲曲多種，多冠"新刻出相"。又金陵唐氏文林閣所刻戲曲也多冠"新刻全像"。此唐氏和上述四者定有關係，然不得實證，俟之它日，或可冰釋。

有圖六幅，甚精。金鑲玉裝。

《四庫全書總目》不收。《中國古籍善本書目》也未著錄。

鈐印有"如山過目"、"齊氏所藏戲曲小說印"、"齊林玉世世子孫永寶用"、"高陽齊氏百舍齋存書之印"。又有"珠還室藏曲"印。

2985　清初刊本西園記　　　T5690/2392.1

《西園記》二卷，明吳炳撰。清初刻《粲花齋新樂府》本。二冊。半頁九行二十字，四周單邊，白口，單魚尾，書眉上刻評。框高19.2釐米，寬13.6釐米。題"粲花主人編；西園公子評"。

吳炳，字石渠，號粲花主人，江蘇宜興人。萬曆四十七年進士。崇禎時任江西提學副使。南明永曆王朝時，任兵部侍郎兼東閣大學士，後爲清兵所俘，絕食，自盡於湘山寺。清乾隆時，謚忠節。又有《說易》、《雅俗稽言》等。

此劇述張繼華、王玉真配合事。西園者，爲武林趙禮罷官林居，卜築西山僻處，名曰西園。

卷上第一齣《開卷》，第二齣《舟閧》，第三齣《倦繡》，第四齣《尋幽》，第五齣《庭譖》，第六齣《雙覷》，第七齣《憶見》，第八齣《訛始》，第九齣《憶訛》，第十齣《留館》，第十一齣《巫醫》，第十二齣《堅訛》,第十三齣《代禱》,第十四齣《病訣》,第十五齣《聞訃》,第十六齣《訛驚》;卷下第十七齣《議立》,第十八齣《立女》,第十九齣《倖想》,第二十齣《同登》,第二十一齣《再館》,第二十二齣《覬婚》,第二十三齣《呼魂》,第二十四齣《訝疏》,第二十五齣《議贅》,第二十六齣《幽媾》,第二十七齣《辭婚》,第二十八齣《遣伺》,第二十九齣《勸婚》,第三十齣《冥拒》,第三十一齣《驚婚》,第三十二齣《訛釋》,第三十三齣《道場》。

《續修四庫全書總目提要(稿本)》云:"此記關目,生動離奇,全出假托。記中玉真、玉英,一生一死,就兩人上分寫,各極其妙。描摹王伯寧,雖屬俗物,而語語爽快。第三十《冥拒》齣,尤爲千古奇文,混江龍曲,痛罵紈袴子弟。寄生草曲,則調侃文人,此等妙人妙語,出諸淨腳口吻,宜擊唾壺歌之。明人傳奇,凡淨丑諸色,皆不從身後著筆,此作直是創格。末齣《道場》,車遮韻純用入聲,尖刻流利,允稱絕作,惟惜梨園中已久失爨弄也。"

此爲《粲花齋新樂府》四種之一。另三種爲《綠牡丹傳奇》二卷,《療妒羹記》二卷,《畫中人傳奇》二卷。按,此書又有明末兩衡堂刻本,藏中國國家圖書館、上海圖書館等八館;又有明末三美堂刻本,藏中國社會科學院文學研究所、山東師範大學圖書館。唯此三種不同版本,行款皆同。

《續修四庫全書》未收。《南詞新譜·古今入譜詞曲傳劇總目》著錄此劇。《重訂曲海目》、《傳奇彙考標目》、《曲目表》、《今樂考證》、《曲錄》並著錄,題作者爲清人。《續修四庫全書總目提要(稿本)》著錄。又《古本戲曲劇目提要》於內容釋解甚詳。《中國古籍善本書目》著錄此清初刻本,藏中國國家圖書館。1957年《古本戲曲叢刊》三集第十六種,乃據此書明末兩衡堂刻本影印。

鈐印有"千葉文庫"、"灘書樓千葉氏珍藏印"、"尚風樓圖書",爲日人千葉鑛所藏。

2986 清初刊本畫中人傳奇   T5690/2040

《畫中人傳奇》二卷,明吳炳撰。清初刻《粲花齋新樂府》本。二冊。半頁九行二十字,四周單邊,白口,單魚尾,書眉上刻評。框高 19.3 釐米,寬 13.5 釐米。題"粲花主人編;牡丹花史評"。

吳炳,見清初刊本《西園記》。

此劇述庾啓、鄭瓊枝姻緣事。本事出唐人小説《真真》,見馮夢龍《情史》卷九注引《聞奇錄》。庾爲揚州書生,華陽真人贈以美人圖,令庾拜喚,瓊枝生魂竟與庾交接,其真身得病而亡,停柩寺中,庾啓而活之,遂成夫婦。"畫中人"即取卷中人之意。又曲中每云畫兒里愛寵,此其標名之由也。

卷上第一齣《畫略》,第二齣《圖嬌》,第三齣《花淚》,第四齣《玩畫》,第五齣《示幻》,第六齣《遷藩》,第七齣《呼畫》,第八齣《離魂》,第九齣《畫現》,第十齣《之任》,第十一齣《友瞷》,第十二齣《拷僮》,第十三齣《哭畫》,第十四齣《畫變》,第十五齣《術窮》,第十六齣《攝魂》,第十七齣《賊起》。

卷下第十八齣《再畫》,第十九齣《折妾》,第二十齣《旅襯》,第二十一齣《魂游》,第二十二齣《被召》,第二十三齣《示戲》,第二十四齣《壁畫》,第二十五齣《痛女》,第二十六齣《決勦》,第二十七齣《破賊》,第二十八齣《魂遇》,第二十九齣《畫生》,第三十齣《代繋》,第三十一齣《生還》,第三十二齣《觀場》,第三十三齣《榮登》,第三十四齣《証畫》。

此爲《粲花齋新樂府》四種之一。另三種爲《療妬羹記》二卷、《西園記》二卷、《緑牡丹傳奇》二卷。按，此書又有明末兩衡堂刻本，藏中國國家圖書館、上海圖書館等八館；又有明末三美堂刻本，藏中國社會科學院文學研究所、山東師範大學圖書館。唯此三種不同版本，行款皆同。

《曲海總目提要》云：此劇"雜採趙顔、張攫、葛棠等事，爲此記云"，"此數條雜見説部中，《情史》一並臚載，皆畫中之人也。"

《續修四庫全書》未收。《南詞新譜·古今入譜詞曲傳劇總目》著録此劇。《祁氏讀書樓目録》、《鳴野山房書目》著録。《重訂曲海目》、《傳奇彙考標目》、《曲目表》、《今樂考證》、《曲録》並著録，作者題爲清人。《續修四庫全書總目提要（稿本）》著録。又《古本戲曲劇目提要》於内容釋解甚詳。《中國古籍善本書目》著録此清初刻本，藏中國國家圖書館。1957年，《古本戲曲叢刊》三集第十七種乃據此書崇禎本影印。

鈐印有"千葉文庫"、"灘書樓千葉氏珍藏印"、"尚□樓圖書"，爲日人千葉鑛所藏。

2987　清初刊本緑牡丹傳奇　　　　　T5690/2392.2

《緑牡丹傳奇》二卷，明吴炳撰。清初刻《粲花齋新樂府》本。二册。半頁九行二十字，四周單邊，白口，單魚尾，書眉上刻評。框高19釐米，寬13.7釐米。題"粲花主人編；牡丹花史評"。

吴炳，見清初刊本《西園記》。

此劇述謝英才富而家貧，任學友柳家塾師。柳廢學，與友車本高時飲酒賭錢。謝又有友顧粲。翰林學士沈重欲爲女擇婿，托名文會，招柳、車、顧以"緑牡丹"爲題，使各賦一絶試其才。謝爲柳捉刀，而車妹静芳善詞章，亦代兄屬稿。沈取柳第一，車第二，顧屈第三。車遂圖爲沈婿而願以妹許柳，後妹語兄召柳親試，而己在簾内命題，復以"緑牡丹"俾賦一首。柳仍覓謝代作，謝覺其情，乃以謳自比，作一惡詩與之。柳不能辨，親筆書之。沈學士知前首取之詩實係謝作，竟許以女，而車妹亦賞顧之才。會兩人登第，於是謝娶沈女，顧娶車妹。

卷上第一齣《奇略》，第二齣《強吟》，第三齣《謝詠》，第四齣《倩筆》，第五齣《社集》，第六齣《私評》，第七齣《贋售》，第八齣《閨賞》，第九齣《訪俊》，第十齣《扼腕》，第十一齣《報閨》，第十二齣《友譴》，第十三齣《疑貌》，第十四齣《覘姻》，第十五齣《艱遇》。

卷下第十六齣《群謁》，第十七齣《戲草》，第十八齣《簾試》，第十九齣《逐館》，第二十齣《辨贋》，第二十一齣《談心》，第二十二齣《邀館》，第二十三齣《疑釋》，第二十四齣《叩倩》，第二十五齣《嚴試》，第二十六齣《晤賢》，第二十七齣《閨晤》，第二十八齣《争婚》，第二十九齣《假報》，第三十齣《捷姻》。

此爲《粲花齋新樂府》四種之一，另三種爲《療妬羹記》二卷、《西園記》二卷、《畫中人傳奇》二卷。按，此書又有明末兩衡堂刻本，藏中國國家圖書館、上海圖書館等八館；又有明末三美堂刻本，藏中國社會科學院文學研究所、山東師範大學圖書館。唯此三種不同版本，行款皆同。

《曲海總目提要》云："明吴炳所作。謝英、顧粲率皆捏造，翰林學士沈重亦無其人。白云：世居吴興，炳乃宜興人，蓋以自喻也。"

《續修四庫全書》未收。《南詞新譜·古今入譜詞曲傳劇總目》著録此劇。《重訂曲海目》、《傳奇彙考標目》、《曲目表》、《今樂考證》、《曲録》並著録，作者題爲清人。《續修四庫全書總目提要（稿本）》著録。又《古本戲曲劇目提要》於内容釋解甚詳。《中國古籍善本書目》著録此清初刻本，藏中國國家圖書館。1957年，《古本戲曲叢刊》三集第十四種據明末兩衡堂刻本影印，卷末有吳梅跋文二篇。

鈐印有"千葉文庫"、"灘書樓千葉氏珍藏印"、"尚□樓圖書",爲日人千葉鑛所藏。

2988　清乾隆刻本異方便浄土傳燈歸元鏡三祖實錄　T5726/8633

《異方便浄土傳燈歸元鏡三祖實錄》二卷,明釋智達撰。清乾隆四十二年(1777)釋惟賢刻本。四册。有圖。半頁十行二十字,四周單邊,白口,無魚尾。框高21.3釐米,寬14.4釐米。題"古杭報國嗣法沙門智達拈頌;弟子德日閱錄"。前有萬曆二十年(1592)嚴而和序,萬曆十八年(1590)孟良胤序。末有闕名跋;休閑老衲懶融道人撰《規約》十五則。

釋智達,號心融,又稱休閑老衲、懶融道人,萬曆間杭州報恩寺僧人。

萬曆時蓮池之教盛行,專修浄土,念誦阿彌陀佛,其教原本於遠公壽師。作者緣起,實爲蓮池。佛經云:歸元無二路,方便有多門。作此錄者,或顯理,或顯事,或事理互融,或真妄兩顯,故取名歸元鏡。此實錄分四十二分,取《華嚴經》四十二字母之義,其中曲白皆本藏經語錄。

卷上計一傳燈總敘、二方便歸元、三受囑傳燈、四諸天護法、五殿開神運、六群賢結社、七真主驅魔、八訪賢自屈、九奉旨汰儈、十發願受囑、十一夢驗佳祥、十二湖舟放生、十三公庭鞠認、十四腸斷聞音、十五仁賢臨難、十六恩沾蠲釋、十七割恩雲水、十八千里瞻風、十九指迷護法、二十拈闈灌露、二十一開權顯實。卷下計二十二懲奸禮祖、二十三地獄游魂、二十四還陽覓道、二十五道傳海外、二十六遺囑傳燈、二十七暗垂接引、二十八逗機發願、二十九七筆勾塵、三十護法搜山、三十一東昌發悟、三十二衣缽還元、三十三病魔雙困、三十四庵主談經、三十五恩沾法雨、三十六請建朱橋、三十七潮神請旨、三十八竹窗垂範、三十九普濟幽魂、四十頒囑西歸、四十一彌陀接引、四十二同生安養。

圖二十幅,爲方便歸元、殿開神運、群賢結社、真主驅魔、奉旨汰儈、受囑傳燈、湖舟放生、仁賢臨難、割恩雲水、指迷護法、拈闈灌露、懲奸禮祖、地獄游魂、逗機發願、東昌發悟、病魔雙困、庵主談經、恩沾法雨、普濟幽魂、同生安養。

嚴而和序云:"近日賢智者參禪習教,不暇念佛,愚拙者應名了事,不信西方,將迦文苦口叮嚀,幾成虚設,五濁難信,豈不然歟。心師悲之,欲使人人咸歸浄域,無計可爲筏渡。因思蓮社中主張浄土者,唯廬山、永明、雲棲三大老,其行願精確,而事實尤昭著人之耳目。爰是搜三祖本傳、塔銘,一生實蹟,敷爲四十分,借諸伶人,當場搬演,音樂問答,出相露布,俾三祖公案一朝重新,浄土法門,燈傳無盡。"

《規約》云:"此錄專修廬山、永明、雲棲三祖,在俗以至出家成道,傳燈實行。其本傳塔銘外,不敢虚誕世俗。""此錄本願專在勸人念佛,戒殺茹齋,求生西方,以三祖作標榜,分分皆實義,切勿隨例認戲,但名演實錄,若不以戲視者,其功德無量。""此錄情求通俗,上而慧業文人,以至稚童幼女,使無一不通曉,故一切深文奥義,不敢贅入。""此錄皆真經、真呪、真法、真理、真祖實事、真心發願,借人顯法,權巧化導,故曰實錄,隨喜者詳之。""此錄不曰傳奇而曰實錄,不曰齣而曰分者,以此中皆真諦,非與世俗戲等,故别之。"

末有"本寺惟賢敬刻歸元鏡全部,祈保在堂父母福壽康寧,闔院師徒俱各吉祥如意者。乾隆四十二年菊月吉旦"。卷下又附《戲劇共通》、《客問决疑》、《問答因緣》。

《四庫全書總目》不收。《續修四庫全書總目提要(稿本)》未著錄。《今樂考證》、《曲錄》、《曲海總目提要》著錄。《中國古籍善本書目》未著錄此本,但有清康熙三十八年雲栖寺刻本,藏上海戲劇學院圖書館、武漢大學圖書館。又有清刻本,藏中國人民大學圖書館。

2989　清乾隆刻本異方便净土傳燈歸元鏡三祖實録　　T5726/8633B

《異方便净土傳燈歸元鏡三祖實録》二卷,明釋智達撰。清乾隆四十九年(1784)刻本。二册。有圖。半頁十行二十字,四周單邊,白口,單魚尾。框高20.4釐米,寬14.3釐米。題"古杭報國嗣法沙門智達拈頌;弟子德日閲録"。前有萬曆二十年(1592)嚴而和序,萬曆十八年(1590)孟良胤序。末有闕名跋;休閑老衲懶融道人撰《規約》十五則。

此本四十二分及所附内容,與乾隆四十二年釋惟賢刻本同。圖二十幅,與惟賢本有不同,然非據惟本重刻,當另有底本。

末有"乾隆甲辰秋九月重刊板存西直門内龍王廟"。"弘"字避帝諱。

《中國古籍善本書目》未著録此本。

2990　清初刻本西湖扇傳奇　　T5695.9/1290

《西湖扇傳奇》二卷,清丁耀亢撰。清初刻本。二册。半頁九行二十字,四周單邊,白口,無魚尾。框高19.7釐米,寬13.3釐米。題"紫陽道人著"。前有湖上鷗吏序;宋娟題清風店原詩並序。

丁耀亢,字西生,號野鶴,别署紫陽道人、木雞道人、野航居士,山東諸城人。早年南游,曾師事董其昌。貢生,順治十六年任惠安知縣,因病辭官。學問淵雅,讀書好奇節,尤嫻音律,名著齊、魯間。以所作小説《續金瓶梅》而坐獄,得釋後雙目失明,康熙八年卒於家。所輯《天史》一書,歷采史乘所載因果實事。著有傳奇《化人游》、《赤松游》等,又有《陸舫》、《椒邱》等集。

此劇以宋金之事影射明清易代情事,敍南宋時,顧史約歌姬宋娟娟游湖,邂逅宋湘仙。中途遇雨,湘仙遺扇爲顧所得,顧向娟娟贈扇訂盟。後金兵掠揚州,三人均被擄去,由此引出一段姻緣故事。卷上第一齣《開場》,第二齣《訂游》,第三齣《閨訓》,第四齣《南侵》,第五齣《徵艷》,第六齣《廷諍》,第七齣《題扇》,第八齣《奸陷》,第九齣《憶扇》,第十齣《驚避》,第十一齣《航海》,第十二齣《分掠》,第十三齣《前難》,第十四齣《後難》,第十五齣《不辱》,第十六齣《北征》,第十七齣《雙題》。卷下第十八齣《參偈》,第十九齣《遇詩》,第二十齣《遼帳》,第二十一齣《悲扇》,第二十二齣《妬貞》,第二十三齣《逢故》,第二十四齣《歸道》,第二十五齣《雙邁》,第二十六齣《竊扇》,第二十七齣《勢探》,第二十八齣《廷薦》,第二十九齣《亂盟》,第三十齣《鬧宴》,第三十一齣《宫訊》,第三十二齣《還旌》,第三十三齣《完扇》。

湖上鷗吏序云:"正如以宋廣平而賦梅花,而使覽者知絶世才媛遭時不偶,以播遷發其幽思,因淪落而傳其姓字,爲天下憐才者一澆塊磊亦云爾。"孫楷第《戲曲小説書録解題》云:"前載宋娟題清風店詩及宋蕙湘原詩,知曲爲二人所作。其詩清初盛傳,乃當時實事也。"

金鑲玉裝。寫刻。

《今樂考證》著録。《中國古籍善本書目》著録清康熙刻本,中國國家圖書館、上海圖書館、中國社會科學院文學研究所圖書館也有入藏。《古本戲曲叢刊》第五集據清康熙刻本影印。

鈐印有"齊氏所藏戲曲小說印"、"高陽齊氏百舍齋存書之印"、"齊林玉世世子孫永寶用"。

2991　清初刻本秣陵春傳奇　　T5693/2752

《秣陵春傳奇》二卷附《通天臺》一卷《臨春閣》一卷，清吳偉業撰。清初刻本。二冊。半頁九行十九字，左右雙邊，白口，單魚尾。框高19.5釐米，寬12.5釐米。題"灌隱主人編次；寓園居士參定"。前有灌隱主人序。《通天臺》、《臨春閣》均題"灌隱主人著"。

吳偉業，見清乾隆刻本《吳詩集覽》。

此劇一名雙影記。其事託之宋初徐適，以南唐世裔爲其主腳。劇中適爲徐鉉子，黃展娘則爲黃濟女。徐有御賜于闐玉杯，黃有宜官寶鏡，使杯鏡互易其主，另以鍾、王墨蹟和燒槽琵琶作爲穿插，卒成姻緣。徐、黃因感後主之德，爲之立廟，並以南唐舊樂工曹善才爲司香火。事雖幻誕，但作者隱寓亡國之痛，無事不有其張本。卷上第一齣《塵引》，第二齣《話玉》，第三齣《闈授》，第四齣《恨嘲》，第五齣《攬鏡》，第六齣《賞音》，第七齣《惜杯》，第八齣《仙媒》，第九齣《杯影》，第十齣《示要》，第十一齣《廟市》，第十二齣《誤謁》，第十三齣《決婿》，第十四齣《鏡影》，第十五齣《思鏡》，第十六齣《齟怒》，第十七齣《影現》，第十八齣《見姑》。卷下第十九齣《醉逐》，第二十齣《遇獵》，第二十一齣《虔劉》，第二十二齣《仙婚》，第二十三齣《影讋》，第二十四齣《詒獻》，第二十五齣《婢俠》，第二十六齣《宮餞》，第二十七齣《敘影》，第二十八齣《魂飄》，第二十九齣《特試》，第三十齣《冥拒》，第三十一齣《辭元》，第三十二齣《影歸》，第三十三齣《闈誑》，第三十四齣《杯圓》，第三十五齣《詰病》，第三十六齣《縣聱》，第三十七齣《獄傲》，第三十八齣《箋恨》，第三十九齣《使訪》，第四十齣《真婚》，第四十一齣《仙祠》。

灌隱主人序云："余端居無憀，中心煩懣，有所徬徨感慕，髣髴庶幾而目將遇之，而足將從之，若真有其事者，一唱三嘆，於是乎作焉。是編也，果有託而然耶，果無託而然耶，即余亦不得而知也。"

《詞苑叢談》云：吳祭酒作《秣陵春》，嘗寒夜命小鬟歌演，自賦《金人捧露盤》詞。又《花朝生筆記》云：夏存古作《大哀賦》而敘南京之亡，吳梅村見之，大哭三日，《秣陵春》傳奇之所由作也。

《通天臺》，《今樂考證》、《曲錄》載之。作者本《陳書·沈炯傳》而自喻。敘炯流寓長安，郁郁寡歡。一日郊游，偶過漢武帝通天臺，乃登臺痛哭，使童沽酒，草表奉於武帝之靈。醉卧間，夢武帝召宴，並欲起用之，炯力辭，乃送之出函谷關。醒視之，仍在通天臺下酒店中。

《臨春閣》，《今樂考證》、《曲錄》載之。本《隋書·譙國夫人傳》，並《陳書·張貴妃傳》。冼氏以婦女之身，任嶺南節度使，凡嶺北、嶺南皆服之。後主命張麗華草詔書，召冼氏至臨春閣賜宴，共赴青溪山張女郎廟聽智勝禪師説法，暗喻陳將亡。未幾，隋兵攻江南，冼氏起義兵赴江南，宿營越王臺，夜夢麗華，醒得急報，江南已陷，後主出降，而妃已自縊。忽有一僧投詩轅門，點示玄機，則智勝也。冼氏乃解甲遣散諸軍，入山修道。

此本有扉頁，刻"秣陵春。附通天臺、臨春閣。半竹居藏板"。按，此本又有清初刻乾隆五十九年重修本。

《今樂考證》、《新傳奇品》、《曲考》、《曲錄》著録。《中國古籍善本書目》著録，上海圖書館、天津圖書館、首都圖書館等九館也有入藏，但均無附《通天臺》、《臨春閣》二種。《古本戲曲叢刊》二集及《暖紅室匯刻傳奇》收有此劇。

鈐印有"齊氏所藏戲曲小說印"、"高陽齊氏百舍齋存書之印"、"齊林玉世世子孫永寶用"。

2992　清乾隆刻本一笠庵四種曲　　　　　　　　　　T5687/4411

《一笠庵四種曲》八卷，清李玉撰。清乾隆五十九年（1794）寶研齋刻本。八冊。半頁八行二十一字，左右雙邊，無魚尾，白口。框高19.7釐米，寬13.3釐米。前有揆八愚序。

李玉，字玄玉，一作元玉，號蘇門嘯侶，江蘇吳縣人。所居曰一笠庵，故稱一笠庵主人。好學多才，精通音律。明末中副榜舉人，明亡後絕意仕進，專事戲曲創作，爲明末清初蘇州劇壇翹楚。劇作約三十種，總稱《一笠庵傳奇》。又編有《北詞廣正譜》十八卷。

該書收入李玉所作傳奇四種：《一捧雪》、《人獸關》、《永團圓》、《占花魁》。《人獸關》、《永團圓》兩種經馮夢龍校訂。

《一捧雪》二卷，題"一笠庵新編一捧雪傳奇。蘇門嘯侶筆"。三十折。演明嘉靖年間權相嚴嵩之子嚴世蕃爲奪取玉杯"一捧雪"而陷害莫懷古一家事。卷上樂圃、醉洩、囑訓、讚膺、燕游、搜邸、征遇、遣邐、豪晏、關攫、婪賄、出塞、勢索、代戮、僞獻；卷下訐發、徙置、株逮、泣讀、勘首、回轍、醜醋、劾惡、誅奸、塚遇、哭瘞、入塞、誼潛、杯圓、邊憤。

《人獸關》二卷，題"墨憨齋訂定人獸關傳奇。蘇門一笠庵新編；同郡龍子猶竄定"。三十三折。演桂薪爲富不仁，忘施濟之恩，其妻罰墮輪回，轉爲施家之犬事。本事出於筆記小說《覓燈閑話》卷一《桂遷夢感錄》。卷上家門大意、虎丘餞別、桂薪鬻妻、佛殿贈金、菩薩證誓、俞公訓女、踵門留款、園房假寓、獻女定婚、財神出現、園中掘藏、雪中遇故、施濟遭官、設計遷居、二醫鬧病、移家往浙、征討旋旌；卷下豪家占產、母子投店、狡妻勸惡、閽門拒客、貞女傳心、王婆遞信、錢江拯溺、癡擬榮華、私成假契、勸婚求名、負人人負、冥中證誓、犬報警心、桂尤相遇、證明奇夢、妻妾雙圓。

《永團圓》二卷，題"墨憨齋重訂永團圓傳奇。吳門一笠庵刱稿；同郡龍子猶竄定"。三十二折。演書生蔡文英與少女江蘭芳婚姻受阻撓，然終於團圓事。卷上家門大意、蔡母勸學、姊妹秋闈、俠士贈裘、看會生嫌、筵中定計、請宴懷疑、逼寫離書、詒契還家、府堂對理、貞女異夢、官儒鬧府、投江遇救、計定移星、公堂斷配、山城懼內；卷下除夕敘緣、江邊解鬧、登堂勸駕、因妬全身、喜聞捷報、江女解危、郵亭認義、報任寧陽、供明次女、設謀擒賊、都府揑婚、看錄明緣、書館訊因、江納勸女、王晉送親、永慶團圓。

《占花魁》二卷，題"一笠庵新編占花魁傳奇。蘇門嘯侶筆"。二十八折。演賣油郎秦良獨占名妓花魁娘子莘瑤琴事。事本馮夢龍《醒世恒言》第三卷《賣油郎獨占花魁》。卷上檄禦、卻醜、驚變、勸粧、虜夢、品花、渡江、塵遇、拐紿、一顧、萍寄、北還、落阱、再顧；卷下禿涎、心語、僞冊、巧遇、計販、歡敘、探芳、脫阱、溺淫、合璧、種緣、會醮、勸僞、榮蔭。

此本有扉頁，刻"一笠庵四種曲。蘇門嘯侶編；吳趨囿栢較。乾隆甲寅年重鐫。一捧雪；人獸關；永團圓；占花魁。寶研齋藏板"。

四種傳奇又分別有明崇禎刊本、清初刻本。《新傳奇品》、《曲海總目提要》、《續修四庫全書總目提要（稿本）》著錄。《古本戲曲叢刊》三集收入明崇禎刊本。

《中國古籍善本書目》著錄，中國國家圖書館、南京圖書館、湖北省圖書館有藏。《香港大學馮平山圖書館藏善本書錄》亦著錄。

2993　清康熙刻本擁雙艷三種　　T5698/5221

《擁雙艷三種》六卷,清萬樹撰。清康熙粲花別墅刻本。六册。半頁九行二十二字,左右單邊,單魚尾,白口,書口下刻"粲花別墅"。書眉上刻評。框高18.4釐米,寬12.6釐米。

萬樹,字紅友,又字花農,號山翁、山農,別署三野,江蘇宜興人。爲明末曲家吳炳之甥,少有才名,曾爲國子監監生,未入仕,四處游歷。康熙間入兩廣總督吳興祚幕,於公暇製曲,以吳府家班演之。二十八年吳降調離任,萬抱病返鄉,病逝於西江舟中。劇作二十餘種,今僅存《擁雙艷三種》。精詞學,又著有《詞律》、《璇璣碎錦》、《香膽詞》、《堆絮園集》、《花農集》、《左傳論文》等,亦僅存前三種。

是書含《風流棒》、《念八翻》、《空青石》三種傳奇,故事均寫一才子娶兩佳人,故名《擁雙艷三種》。

《風流棒》二卷,二十六齣。題"陽羨紅友山農萬樹編次;古越琰青道人吳秉鈞題評"。前有康熙二十五年(1686)吳秉鈞序,康熙二十五年吳棠楨序。寫書生荆瑞草游山,見才女謝林風題詩,心生愛慕。又遇女子賴能文、倪菊人,賴丑而愚,倪美而慧,荆生愛倪而被賴糾纏,又有劣生童某冒荆生之名求婚於謝林風,誤會頻生。荆生赴試得中,被授顯官,謝、倪二女同嫁荆生。荆生誤以倪爲丑女能文,不願結親,强迫成禮。二女怨艾,合謀於新婚之夜以"風流棒"責打荆生。荆生見二女真顏,疑慮頓釋,甘心受棒。

卷上第一齣《情晷》,第二齣《詩醉》,第三齣《赴潯》,第四齣《閨鬧》,第五齣《駭狂》,第六齣《舟贈》,第七齣《賺札》,第八齣《疑妄》,第九齣《旅病》,第十齣《春顛》,第十一齣《倩療》,第十二齣《述情》,第十三齣《鬼婚》;卷下第十四齣《証奸》,第十五齣《椎靖》,第十六齣《誤瞽》,第十七齣《怒逃》,第十八齣《擊寇》,第十九齣《嫗泄》,第二十齣《再誑》,第二十一齣《錯招》,第二十二齣《釋訛》,第二十三齣《懲凶》,第二十四齣《佯憤》,第二十五齣《閨剖》,第二十六齣《打喜》。

《念八翻》二卷,二十八齣。題"陽羨紅友山農萬樹編次;姚江藥庵居士吕洪烈題評"。前有康熙二十五年吕洪烈序。敘書生虞柯與女子祝鳳車、妓女阮霞邊相互愛慕,柯父虞雲卿被都御史寇源陷害下獄,虞柯逃亡。雲卿爲人救出,雪冤復職,破敵立功。虞柯亦登第爲官,歷經曲折,終與祝、阮二女成婚。因劇中情節有功翻罪、罪翻功、邪翻正、正翻邪等二十八翻變化,故名。虞柯實爲作者自況,因《百家姓》中有"虞萬支柯"一句,而虞柯字上枝,隱含"萬樹"二字。《曲海總目提要》著録此劇,並云此劇得名於劇中有二十八國入貢,實誤。

卷上第一齣《翻案》,第二齣《聞艷》,第三齣《救俠》,第四齣《借史》,第五齣《讀史》,第六齣《議觸》,第七齣《獄候》,第八齣《驚别》,第九齣《商騙》,第十齣《女竄》,第十一齣《途結》,第十二齣《代殭》,第十三齣《甦語》,第十四齣《彙計》;卷下第十五齣《防露》,第十六齣《僞瘋》,第十七齣《男竄》,第十八齣《收媛》,第十九齣《番訂》,第二十齣《識主》,第二十一齣《襌憒》,第二十二齣《誑奸》,第二十三齣《疏剖》,第二十四齣《糴逢》,第二十五齣《互謙》,第二十六齣《屠凶》,第二十七齣《勵捷》,第二十八齣《雙成》。

《空青石》二卷,二十九齣。題"陽羨紅友山農萬樹編次;山陰雪舫溪漁吳棠楨題評"。前有康熙二十五年吳棠楨序。劇情爲書生鍾青家傳寶物空青石,可使瞽者復明。朝鮮犯境,少宰曲隨封保舉親信禦敵,大臣鞠躬反對。曲誓言若保舉無功,當雙目成瞽。後曲果失明,向鍾家索取空青石。鍾家老僕耳聾誤聽,將空青石送入鞠躬府中。鞠以名帖回贈,帖内夾有公主之女珊然詞作。鍾青見詞，心生愛慕，並酬和一首。曲隨封懷恨在心，生計陷鍾，派人搶奪空青石並揉瞎鞠躬雙目。鞠女書仙與珊然到尼庵許願，巧遇鍾青，彼此傾心。曲隨封保舉之人兵敗投降，被劾獲罪。鍾青中狀元，復得空青石，治愈鞠躬。鞠躬奉旨出征，鍾青隨軍贊畫，獲勝班師，書仙、珊然同嫁鍾青。

上卷第一齣《情譜》，第二齣《脅石》，第三齣《聾誤》，第四齣《鵲和》，第五齣《墜箋》，第六齣《祝媾》，第七齣《屏覘》，第八齣《代紲》，第九齣《雋覓》，第十齣《姆辨》，第十一齣《闈婚》，第十二齣《農酣》，第十三齣《神裮》，第十四齣《拾珍》，第十五齣《庸叛》；下卷第十六齣《述笑》，第十七齣《饜給》，第十八齣《尼囑》，第十九齣《阻闈》，第二十齣《商援》，第二十一齣《暢彈》，第二十二齣《剖盟》，第二十三齣《醫諢》，第二十四齣《奸窮》，第二十五齣《邊靖》，第二十六齣《綸訛》，第二十七齣《賜嬪》，第二十八齣《醮考》，第二十九齣《鼎圓》。

此本應爲吳興祚出資刻印。《念八翻》呂洪烈序云：「先生每脫一稿，則大司馬留村先生必令家伶演之登場，授之梓人。蓋不欲僅播之管絃，而傳之名山也。」《空青石》吳棠禎序亦稱：「此家大司馬壽諸梨棗以傳……」

是書有扉頁，後人墨筆題「擁雙艷三種。陽羨萬紅友編次。風流捧（棒）念八翻空青石。粲花別墅藏板」。按，粲花爲吳炳之號，吳炳曾著有《粲花齋五種曲》。

三種傳奇《曲海目》、《曲錄》、《曲考》、《今樂考証》皆有著錄。《中國古籍善本書目》著錄清康熙萬氏粲花別墅刻本，中國國家圖書館、北京大學圖書館等十四館有藏。

2994　清初抄本文淵殿　　　　　　　　　　　　　　　　TNC5690/0437

《文淵殿》不分卷，清闕名撰。清初抄本。四册。半頁九行二十字。框高 22.9 釐米，寬 14.1 釐米。無序跋，無齣目。

此劇計二十七齣。演漢代呂后垂簾聽政，諸呂盡沾王位，專權僭竊。呂后聖誕，諸王齊來拜壽，后賜宴文淵殿，四下埋伏甲士，酒中暗藏鴆毒。劉章英勇，當殿傾力救代王脫難。呂禄圖影追擒，劉恒歷受顛連困苦，危急之中，得葉氏女救助，百磨百折，不改初心。忠良酈寄計密機深，朱虛侯交通太尉，一心爲國，同心滅逆，並立新君代王劉恒，後有功諸臣加官晉爵，退班齊赴文淵殿慶功宴故事。

金鑲玉裝。「玄」字避帝諱。

此劇知者甚鮮，《曲海總目提要》、《曲海總目提要補編》、《古本戲曲劇目提要》、《古典戲曲存目彙考》、《明代雜劇全目》、《清代雜劇全目》、《續修四庫全書》、《續修四庫全書總目提要（稿本）》、《中國古籍善本書目》均未著錄。

鈐印有「止雲秋夢」、「聽雨樓查氏有圻珍賞圖書」。按，查有圻，號小山，浙江海寧人。官京師，席先世業，稱巨富，性奢侈，京師以三膘子呼之。喜蓄硯，不惜重價。晚年家落，以藏硯質金，遍歷歌臺舞榭，金盡，悲極號咷曰：「千古之能散財者，當以查小山爲第一人。」

2995　清嘉慶刻本容居堂三種曲　　　　　　　　　　　　T5699/7220

《容居堂三種曲》六卷，清周稺廉撰。清嘉慶十二年(1807)書帶草堂刻本。六册。有圖。半頁九行二十字，四周單邊，白口，無魚尾。框高 18.9 釐米，寬 12.8 釐米。題「可笑人填詞」。

周穉廉,字冰持,號可笑人,上海松江人。周綸子。少時穎悟絕倫,嘗作《錢塘觀潮賦》,大顯才名,受王士禛賞識。爲人狂誕不羈,與同郡范纘齊名,時稱"周范"。惜才人無壽,英年早逝。又有《容居堂詩鈔》。

三種計《新編元寶媒傳奇》二卷、《珊瑚玦傳奇》二卷、《雙忠廟傳奇》二卷。

《新編元寶媒傳奇》前有范纘序。有圖二幅,係抄配。述明代無名乞兒,行俠尚義,因正德皇帝賜以元寶而引出一段故事。後帝封乞兒爲皇親,并賜宅第完婚。范纘序云:"今傳中所載乞兒,其至窮無告,更甚窮士,乃能哀多益寡,援人於草莽之中,濟人於顛危之際。還金而受誣,賑金而受辱,盜其名而不怒,處舛途而無怨尤,雖古俠烈丈夫,不過如是。彼掛金鑰,持牙籌,錙銖自守者,又何能與之頡頏哉?卒因此獲高爵,匹佳偶,貲盈巨萬,其一生富貴,賴元寶爲之斡旋。命名《元寶媒》,知元寶仍非薄倖物。"

卷上第一齣《優述》,第二齣《財源》,第三齣《郭遇》,第四齣《豪劫》,第五齣《棄女》,第六齣《路拯》,第七齣《失銀》,第八齣《還金》,第九齣《官斷》,第十齣《牝虐》,第十一齣《假丐》,第十二齣《途窮》,第十三齣《妓訪》,第十四齣《恩酬》,第十五齣《奏聖》;卷下第十六齣《豪餤》,第十七齣《嫗懇》,第十八齣《義贖》,第十九齣《財妖》,第二十齣《使輯》,第二十一齣《陷盜》,第二十二齣《冤鞫》,第二十三齣《府寃》,第二十四齣《兇敗》,第二十五齣《庭審》,第二十六齣《宮賜》,第二十七齣《發財》,第二十八齣《天緣》。

《珊瑚玦傳奇》前有張天口序。有圖四幅。演陝西諸生卜青、祁氏夫婦於難中分別,取所佩珊瑚玦各分其半以爲他日相見憑證。劇末爲父子相認、夫妻團圓,全家俱受封贈,謝恩慶賀事。張天口序云:周氏"讀書嗜古,靡不宏覽,制藝以逮雜著,沉博絕麗,迴非儕輩所及。予每見輒心折之,間出爲詞餘,異采紛披,機穎觸發,匪可思議。且人情物態、纖微凌雜之事,咸能曲折縷析,無所不能"。

卷上第一齣《發端》,第二齣《辭館》,第三齣《儒報》,第四齣《述夢》,第五齣《揚縹》,第六齣《餞帥》,第七齣《分玦》,第八齣《矢貞》,第九齣《嘗別》,第十齣《喪師》,第十一齣《慈拯》,第十二齣《訐愕》,第十三齣《立嗣》,第十四齣《尋妻》;卷下第十五齣《羅英》,第十六齣《廐況》,第十七齣《耋訴》,第十八齣《投幕》,第十九齣《會舅》,第二十齣《殲兇》,第二十一齣《園遇》,第二十二齣《陳情》,第二十三齣《闈灠》,第二十四齣《閨度》,第二十五齣《誨覓》,第二十六齣《合玦》,第二十七齣《欽封》,第二十八齣《天圓》。

《雙忠廟傳奇》前有瞿天潢序。有圖四幅。演舒真、廉國寶罹禍,其孤兒幼女賴義僕王保等撫養於雙忠廟中,後得結爲夫妻,報仇雪恨,并得朝廷封賞事。瞿天潢序云:"此書所傳忠義之事,乃出於奴僕婦寺之流,其容貌言語,婉轉生動,恍乎可接。至於鬼神之情狀,報應之往復,燎若日星,捷若桴鼓。事雖疑於誕理,實道其常,觀此而無所動於中者,則非人類也。""周子冰持是書之作,所以激人忠義之氣,而去其悲禍畏死之心,其憂深思遠,蓋有出於不得以爲爾。"

卷上第一齣《大概》,第二齣《杞憂》,第三齣《託媼》,第四齣《佈穽》,第五齣《神瞷》,第六齣《被逮》,第七齣《廷鞫》,第八齣《託孤》,第九齣《出乳》,第十齣《依佺》,第十一齣《行乞》,第十二齣《神護》,第十三齣《止刺》,第十四齣《義釋》,第十五齣《內操》;下卷第十六齣《儐商》,第十七齣《敕選》,第十八齣《御點》,第十九齣《恩釋》,第二十齣《剖明》,第二十一齣《路遇》,第二十二齣《出鬘》,第二十三齣《學畫》,第二十四齣《祭主》,第二十五齣《私白》,第二十六齣《創耄》,第二十七齣《殿籲》,第二十八齣《奸敗》,第二十九齣《換裝》。

金鑲玉裝。此本有扉頁,刻"容居堂三種曲。可笑人填詞。嘉慶十二年重鐫。書帶草堂梓"。

《續修四庫全書》未收。《重訂曲海總目》、《今樂考證》著錄。又《古本戲曲劇目提要》於内容釋解甚詳。《中國古籍善本書目》著錄清書帶草堂刻本，中國國家圖書館、上海圖書館等六館也有入藏。《古本戲曲叢刊》五集所據底本，即爲此本。

2996　清康熙刻本揚州夢傳奇　　　　　T5687/7702A

《揚州夢傳奇》二卷，清岳端撰。清康熙四十年(1701)啓賢堂自刻本。二册。有圖。半頁九行二十二字，四周雙邊，白口，單魚尾。框高21.3釐米，寬13.5釐米。目錄頁題"長白玉池生填詞；長洲鶴栖堂老人尤侗鑒定；無錫朱襄、吳江顧卓、新安俞瀾同校"。前有康熙三十八年(1699)尤侗序，洪昇序。末有康熙四十年(1701)朱襄跋。

岳端，本名蘊端，字正子，一字兼山，號玉池生，別署紅蘭主人。清初宗室，多羅安和親王岳樂子，封固山貝子，康熙三十七年革爵。曾奉命出塞到漠北，工詩善畫，與從兄博爾都名相埒。好度曲，嘗集合吳中教師並各曲家，編撰《南詞定律》，稱爲善本。生於康熙九年，卒於康熙四十三年。又有《玉池生集》，分《紅蘭》、《蓼汀》、《出塞》、《無題》四集。

是書《曲錄》著錄。演杜子春得道成仙事，本《醒世恒言·杜子春三入長安》，原出《太平廣記》卷一六鄭還古《杜子春傳》。劇以杜爲揚州巨商，後遇老君得道，故採杜牧"十年一覺揚州夢"詩句標題，所載非牧之事。通本律法謹嚴，文則淡遠自然，全用白描，與劇中沖穆之意境相稱，於明清傳奇中別具風格。

卷上第一齣第二齣第三齣《一遇》，第四齣《歸家》，第五齣《點化》，第六齣《游園》，第七齣《運金》，第八齣《計貧》，第九齣《投親》，第十齣《再遇》，第十一齣《祖餞》，第十二齣《賞燈》。

卷下第十三齣《被逐》，第十四齣《索債》，第十五齣《指路》，第十六齣《三遇》，第十七齣《雲游》，第十八齣《守丹》，第十九齣《轉輪》，第二十齣《説親》，第二十一齣《做親》，第二十二齣《報子》，第二十三齣《撲子》，第二十四齣《昇仙》。

洪昇序云："前歲門人沈用濟自都下歸，盛稱玉池生所撰《揚州夢》院本，詞工律細，擅長旂亭。今年庚辰夏五月，吳中顧卓來，持此本見示。昇披繙窮日夕，其寫杜子春豪蕩窮愁，各極佳致，至老聃兩番贈金，與三藏以酒色化三車事相類。蓋人生快意一過，即興味蕭然，惟未得者想慕之爲耳。"

朱襄跋云："《揚州夢》者，紅蘭主人談道之作也。夫道之出口，淡乎其無味，視之不足見，聽之不足聞，用之不可既。此老聃之言也。主人有見乎此，故假《太平廣記》杜子春三上長安故事，以爲所遇老人即老聃，乃作爲樂府，名曰《揚州夢》，命諸伶播以笙弦。一時名士之在京師者，咸相與詠歌其盛。後三年，吾友顧硯山攜其稿歸吳門，將鏤板行世，而新安俞君瑶章欣然爲董其役。自此而後，人之見之聞之者，宜莫不有味其言，謂之樂府可也，謂之喻老亦可也。"

每齣一圖，計二十四幅，極精。第一幅圖書口下有"鮑承勳子孳"，第二十四圖上有"吳門顧士琦寫"，下有"旌邑鮑承勳子孳"。此本有扉頁，刻"揚州夢。玉池生填詞。啓賢堂藏板"。

《續修四庫全書》未收。《曲海總目提要》、《續修四庫全書總目提要(稿本)》著錄。又《古本戲曲劇目提要》於内容釋解甚詳。《中國古籍善本書目》著錄，中國國家圖書館、上海圖書館等八館入藏。

鈐印有"培經堂珍藏印"、"夢生庵主人茂南氏過眼書畫之章"、"齊氏所藏戲曲小説印"、"齊如山”、“高陽齊氏百舍齋存書之印”。

2997　清抄本揚州夢傳奇　　　　　　　　　　　　　　　T5687/7702B

《揚州夢傳奇》二卷,清岳端撰。清抄本。二册。半頁九行二十二字,無框格。目錄頁題"長白玉池生填詞;長洲鶴栖堂老人尤侗鑒定;無錫朱襄、吴江顧卓、新安俞瀾同校"。前有康熙三十八年(1699)尤侗序,洪昇序;康熙四十年(1701)朱襄跋。

金鑲玉裝。此本乃據清康熙四十年啓賢堂自刻本傳抄。"玄"字避帝諱。

鈐印有"墨香堂"、"問景"、"退齋"、"煙波霧雨"。

2998　清初刻本偷甲記　　　　　　　　　　　　　　　T5691.9/4145.2

《偷甲記》二卷,清范希哲撰。清初刻《傳奇十一種》本。四册。半頁八行二十字,四周單邊,白口,單魚尾。框高19.7釐米,寬11.5釐米。無序跋。

范希哲,清初人,生平事蹟不詳。是書疑范氏作,傳世之《湖上李笠翁先生閲定繡刻傳奇八種》(《萬全記》、《十醋記》、《補天記》、《雙瑞記》、《偷甲記》、《四元記》、《雙錘記》、《魚籃記》)及雜劇《三幻集》(含《萬古情》、《萬家春》、《豆棚閑戲》)或云均爲范氏所作。

此劇一名"雁翎甲"。敍宋將呼延灼進剿梁山,以連環馬取勝。或謂惟金槍班教頭徐寧之鉤鐮槍法能破連環馬,宋江定計由時遷取徐寧之世傳雁翎寶甲,賺徐上山,並動之以情,使徐同意教授槍法,大破呼延。呼延敗後,被誣投敵,只得上山入伙。後朝廷招撫宋江,湯隆、戴宗、時遷三人不願爲官,隨公孫勝出家。劇情多本《水滸傳》第五十至五十七回而有所增改。卷上第一齣《開場》,第二齣《試甲》,第三齣《勤王》,第四齣《類合》,第五齣《巡山》,第六齣《巧探》,第七齣《戰捷》,第八齣《尋親》,第九齣《露布》,第十齣《定計》,第十一齣《廟算》,第十二齣《俠憤》,第十三齣《伙伏》,第十四齣《差敍》,第十五齣《偷甲》,第十六齣《假信》,第十七齣《義慰》,第十八齣《追甲》。卷下第十九齣《疑執》,第二十齣《心肯》,第二十一齣《秋砧》,第二十二齣《教鎗》,第二十三齣《證甲》,第二十四齣《逼戰》,第二十五齣《驚鎗》,第二十六齣《敗奔》,第二十七齣《胎窘》,第二十八齣《弔甲》,第二十九齣《義釋》,第三十齣《追夥》,第三十一齣《卜繰》,第三十二齣《義聚》,第三十三齣《會策》,第三十四齣《詔隱》,第三十五齣《狂錦》,第三十六齣《甲圓》。

《曲海總目提要》卷一二著録,云:"演徐寧事也,不知誰作。按《癸辛雜識》,龔聖與金鎗班徐寧贊云:金不可辱,亦忌在穢。盍鑄長殳,羽林是衛。寧固宋江群盜之一。今劇中所演多據《水滸傳》,其略云宋命將呼延灼討宋江,灼用連環甲馬,江無策抵敵。聞徐寧善使鉤鐮槍法可破此陣,因與湯隆設計賺寧。寧有家藏雁翎甲,先使時遷盜之,寧憤恨,不得此甲不止,間行求賊。隆故寧友也,宛轉誘導,醉而輿之入梁山泊。寧不得已,強從焉。後灼爲江所敗,亦降於江。"又《今樂考證》著録。《考證》題四願居士《偷甲記》,一名《雁翎甲》。《曲録》據《傳奇彙考》著録《雁翎甲》,明秋堂和尚撰。並於李漁名下重出《偷甲記》一本,係據《曲海目》著録之。

金鑲玉裝。

《中國古籍善本書目》著録,有《傳奇十一種》,清初刻本,中國國家圖書館有全帙,另上海圖書館、浙江圖書館、中國科學院圖書館、北京大學圖書館、中國藝術研究院戲曲研究所均爲不全之本。《北京大學圖書館藏古籍善本書目》作《笠翁新傳奇三種》六卷。《古本戲曲叢刊》第五集據清康熙刻本影印，底本爲北京大學圖書館所藏。另有張樹英點校整理本，收入《明清傳奇選刊》。

鈐印有"齊氏所藏戲曲小說印"、"高陽齊氏百舍齋存書之印"、"齊林玉世世子孫永寶用"、"如山過目"。

2999　清初刻本四元記　　　　　　　　　　T5691.9/4145.6

《四元記》二卷，清范希哲撰。清初刻《傳奇十一種》本。二册。半頁八行二十字，四周單邊，白口，單魚尾。框高19.2釐米，寬11.5釐米。前有燕客退拙子序。

范希哲，見《偷甲記》。

此劇一名"小萊子"。敘宋之仁不貪名利，子再玉十三歲中解元，之仁不以爲祥，恐其一入宦海，觸奸致禍，乃離家隱居。再玉會試又中會元，王安石欲招爲婿，再玉改女裝，避入皇姑寺。後帝因覽《流民圖》感悟，罷王安石。再玉乃應複試，仍中會元，再殿試中狀元。而安石二女扮男裝應試，分中榜眼、探花。後二女均嫁再玉成婚，再玉身萊衣舞以娛其親，故又謂"小萊子"。劇情憑空幻出，序中云旨在發揮馮夢龍"亡其身而身存，後其身而身先，以亡爲存，以後爲先"之說。卷上第一齣《開場》，第二齣《鄉薦》，第三齣《慶春》，第四齣《別試》，第五齣《監門》，第六齣《奸敘》，第七齣《閨嗾》，第八齣《間親》，第九齣《寺覿》，第十齣《湖嘯》，第十一齣《報訊》，第十二齣《捷苦》，第十三齣《重訂》，第十四齣《謁相》，第十五齣《即真》，第十六齣《改妝》，第十七齣《投寺》，第十八齣《繪圖》。卷下第十九齣《追逃》，第二十齣《再遁》，第二十一齣《閨憤》，第二十二齣《請禱》，第二十三齣《探囊》，第二十四齣《上旛》，第二十五齣《虛捷》，第二十六齣《假子》，第二十七齣《發奸》，第二十八齣《鬧卜》，第二十九齣《求試》，第三十齣《出寺》，第三十一齣《詿露》，第三十二齣《檢舉》，第三十三齣《謹禮》，第三十四齣《敕錦》，第三十五齣《泣別》，第三十六齣《彩圓》。

燕客退拙子序云："夫宋之仁者，常人也，村農也，市井也。以常人之情推之，鮮不有置富貴二字於胸中，以成患得患失之交橫，所以湧於進而不知退者比比，獨宋之仁則不然。之仁之涉世也見機，之仁之處身也謹約，之仁之遇富貴也不求進，之仁之遭榮辱也急於退，實有得乎猶龍子亡身身存、後身身先之三昧。且之仁以廉作孝，其子再玉以孝承廉，畏顯名而名愈隨，卸榮辱而寵愈切，天地爲之作合，鬼神爲之曲成，既免高明之瞰，又無斗沫之豐。即爲之仁千古占便宜人亦可，千古好打乖人亦可，反復因緣，無非借此以發猶龍子之亡身身存、後身身先之大道耳。"

《曲海總目提要補編》著錄，云："不知何人作，與《富貴仙》、《滿床笏》、《小江東》、《中庸解》、《雁翎甲》、《合歡錘》、《雙錯奢》共八種同爲一帙，標云'湖上李笠翁閱定'，當是近時人手筆。閱其辭旨關目，疑出自一手。劇中宋之仁、再玉父子，《宋史》無其人，大致是憤王、呂新法，憑空幻出，以恣其嘻笑怒罵耳。"又莊一拂《古典戲曲存目彙考》卷一一云："《今樂考證》著錄。清初刊本。《曲考》、《曲海目》、《曲錄》並見著錄，與李漁十種曲並列。《考證》於呂氏著錄外，並於四願居士名下重出，注'聊類錄之'。凡二卷三十六齣，李漁閱定。題目作'宋子仁不貪名利，王安石酷聯翁婿；兩俠女一榜同登，小萊子四元及第'。"

《中國古籍善本書目》著錄，有《傳奇十一種》，清初刻本。中國國家圖書館有全帙，另上海圖書館、浙江圖書館、中國科學院圖書館、北京大學圖書館、中國藝術研究院戲曲研究所均爲不全之本。《北京大學圖書館藏古籍善本書目》作《笠翁新傳奇三種》六卷。《古本戲曲叢刊》第五集據清康熙刻本影印,底本爲北京大學圖書館所藏。

鈐印有"齊氏所藏戲曲小説印"、"高陽齊氏百舍齋存書之印"、"齊林玉世世子孫永寶用"。

3000 清乾隆刻本轉天心　　　　　　　　　　　　　　T5701/5130

《轉天心》二卷,清唐英撰。清乾隆古柏堂刻本。二册。半頁九行二十字,四周雙邊,白口,單魚尾,書口下刻"古柏堂"。框高20.3釐米,寬12.7釐米。題"蝸寄居士填詞"。前有乾隆十八年(1753)董榕序。

唐英,字雋公,又字叔子,號蝸寄居士,遼寧沈陽人,隸漢軍正黃旗。十六歲值内廷,曾官内務府員外郎。雍正六年出監江西景德鎮窯務,乾隆元年改任淮關監督,三年任滿復回景德鎮。十四年移任粵海關,任滿再回九江充任原職。能詩工書,善畫山水。又有《陶人心語》傳世。劇作則又有《巧換緣》、《傭中人》等。

此劇本事見明末清初艾衲居士所作小説《豆棚閑話》。演湖廣秀才吳明,才高氣傲,命運多蹇,因觸犯天條,被玉帝判爲出世,改名吳定,流爲乞丐。後吳定在困苦流離中仍能忠勇孝義,破賊有功,得朝廷封贈,故爾轉動天心,終成善果。

卷上第一齣《開場》,第二齣《豆因》,第三齣《題壁》,第四齣《丐因》,第五齣《換胎》,第六齣《算命》,第七齣《瞰祝》,第八齣《丐敘》,第九齣《拾鈔》,第十齣《還鈔》,第十一齣《謀劫》,第十二齣《義援》,第十三齣《戲譴》,第十四齣《奸竄》,第十五齣《贈劍》,第十六齣《驛洩》,第十七齣《山叛》,第十八齣《拿問》,第十九齣《棄母》。

第二十齣《殛逆》,第二十一齣《代孝》,第二十二齣《劫留》,第二十三齣《鸎子》,第二十四齣《代償》,第二十五齣《誣盜》,第二十六齣《盜圍》,第二十七齣《閨憶》,第二十八齣《雪誣》,第二十九齣《丐婚》,第三十齣《勸戎》,第三十一齣《夢勇》,第三十二齣《投軍》,第三十三齣《賊壽》,第三十四齣《合謀》,第三十五齣《滅寇》,第三十六齣《降證》,第三十七齣《豆圓》,第三十八齣《豐登》。然第三十一齣之後皆佚去。

按,唐英有《鐙月閒情》二十卷,收有英撰十七種劇作,第一種即爲《轉天心》。《閒情》爲清乾隆嘉慶間唐氏古柏堂刻本,中國國家圖書館有全帙,疑館藏此本爲《閒情》零種。

《續修四庫全書》第1766册收入。《今樂考證》著録。又《古本戲曲劇目提要》於内容釋解甚詳。1987年上海古籍出版社出版周育德校點本《古柏堂戲曲集》,中有此劇。

3001 清乾隆刻本悭齋新曲六種　　　　　　　　　　　T5703/2941

《悭齋新曲六種》十三卷,清夏綸撰。清乾隆十八年(1753)夏氏世光堂刻本。十二册。半頁十行二十字,四周單邊,白口,單魚尾,書眉刻評。書口上刻"悭齋五種",下刻"世光堂"。框高19.7釐米,寬13.4釐米。題"錢唐夏綸悭齋撰;同里徐夢元徐村評"。前有乾隆十四年(1749)壺天隱叟序;悭齋小像;東湖樵謙像贊;乾隆十七年龔淇撰撚髭圖記。末有徐村跋,吳兆鼎跋。

夏綸,字言絲,號悭齋,晚年又號悭齋朧叟,浙江杭州人。十四歲應鄉試,八試棘闈,不獲志於司。值西陲用兵,罄所有,循例得授邑宰,旋受阻,浮沉里門者幾二十年。棄帖括,閉門著書,至六十餘歲,始製戲曲。

六種爲：《無瑕璧傳奇》二卷、《杏花村傳奇》二卷、《瑞筠圖傳奇》二卷、《廣寒梯傳奇》二卷、《南陽樂傳奇》二卷、《花萼吟傳奇》二卷。

《無瑕璧傳奇》，前有《無瑕璧傳》，乃爲《明史稿》"鐵鉉傳"、"高賢寧傳"，又《明史紀事本末》中關於鐵鉉之記載。演明建文年間，兵部尚書鐵鉉與子女悲歡離合故事，無瑕璧乃鐵氏祖傳之物，後由內廷璧還。劇中寫鐵鉉之忠、福安之孝、瑤英之貞、高賢寧等人之義，所謂忠教節義生於一門。

卷上第一齣《分璧》，第二齣《攻城》，第三齣《隱樂》，第四齣《獻城》，第五齣《攘位》，第六齣《焚驛》，第七齣《匿孤》，第八齣《烹鐵》，第九齣《雨話》，第十齣《哭尸》，第十一齣《獻璧》，第十二齣《拒挑》，第十三齣《訂璧》，第十四齣《忿首》，第十五齣《大索》，第十六齣《義討》；卷下第十七齣《路拯》，第十八齣《探孤》，第十九齣《雪淚》，第二十齣《閨夢》，第二十一齣《邱逐》，第二十二齣《被獲》，第二十三齣《解京》，第二十四齣《赴救》，第二十五齣《燕窘》，第二十六齣《出獄》，第二十七齣《見姐》，第二十八齣《解圍》，第二十九齣《互媒》，第三十齣《賜璧》，第三十一齣《祭鐵》，第三十二齣《合璧》。

《杏花村傳奇》，事本《明史》，演金華諸生王世名冤情平反事，其間報應分明，經緯縱錯，極盡古今傳奇之能事。

卷上第一齣《起釁》，第二齣《阻控》，第三齣《嘯聚》第四齣《購刃》，第五齣《舞鎗》，第六齣《祠遇》，第七齣《鐫刃》，第八齣《報讎》，第九齣《初審》，第十齣《賄吏》，第十一齣《行取》，第十二齣《駭信》，第十三齣《探獄》，第十四齣《設阱》，第十五齣《仙救》，第十六齣《妖勝》；卷下第十七齣《簡鎮》，第十八齣《演法》，第十九齣《郊話》，第二十齣《滅口》，第二十一齣《監鬧》，第二十二齣《覓屍》，第二十三齣《下山》，第二十四齣《代狩》，第二十五齣《破妖》，第二十六齣《餞別》，第二十七齣《出罪》，第二十八齣《見父》，第二十九齣《謁謝》，第三十齣《籌嫁》，第三十一齣《迓甥》，第三十二齣《旌圓》。

《瑞筠圖傳奇》，演禮部右侍郎章綸母金太夫人有詩題瑞筠圖上，章因進諫，爲皇帝下旨處決，後絕處逢生，再升爲禮部尚書事。

卷上第一齣《介壽》，第二齣《駕陷》，第三齣《謀左》，第四齣《女諍》，第五齣《定策》，第六齣《舟遇》，第七齣《題畫》，第八齣《擬旨》，第九齣《迎鑾》，第十齣《駕旋》，第十一齣《友訂》，第十二齣《教忠》，第十三齣《進本》，第十四齣《傳旨》，第十五齣《冤鞫》，第十六齣《西市》；卷下第十七齣《賄薦》，第十八齣《籌禱》，第十九齣《籲神》，第二十齣《獄庇》，第二十一齣《閱河》，第二十二齣《憶子》，第二十三齣《扎露》，第二十四齣《投河》，第二十五齣《復辟》，第二十六齣《考試》，第二十七齣《廷訴》，第二十八齣《祭于》，第二十九齣《僞倩》，第三十齣《議姻》，第三十一齣《獻圖》，第三十二齣《旌節》。

《廣寒梯傳奇》，事本《齊東野語》所載三山蘇大璋事。寫王蘭芳一家骨肉團圓、婚姻完美、功成名就事。廣寒梯者，乃相面法師賜之書。

卷上開端，第一齣《聚榜》，第二齣《慈勗》，第三齣《談相》，第四齣《海氛》，第五齣《笑迂》，第六齣《議逼》，第七齣《榮任》，第八齣《債窘》，第九齣《狡控》，第十齣《酷比》，第十一齣《憫禍》，第十二齣《慨贈》，第十三齣《餞飲》，第十四齣《入洋》，第十五齣《倭警》，第十六齣《閨陷》；卷下第十七齣《鑒馨》，第十八齣《餓米》，第十九齣《環救》，第二十齣《魁兆》，第二十一齣《填榜》，第二十二齣《迎宴》，第二十三齣《上京》，第二十四齣《痴警》，第二十五齣《請纓》，第二十六齣《會勦》，第二十七齣《平倭》，第二十八齣《謁轅》，第二十九齣《浼薦》，第三十齣《庵迓》，第三十一齣

《見女》,第三十二齣《圓圓》。

《南陽樂傳奇》,作者寫此劇,意在"補恨",即補三國蜀漢未能一統天下之遺憾。

卷上第一齣《起程》,第二齣《懿探》,第三齣《禳星》,第四齣《問病》,第五齣《帝格》,第六齣《丹拯》,第七齣《丕宴》,第八齣《憂國》,第九齣《星瑞》,第十齣《演陣》,第十一齣《賄璫》,第十二齣《廟刺》,第十三齣《圍府》,第十四齣《吳氛》,第十五齣《遣將》,第十六齣《擒懿》;卷下第十七齣《丕執》,第十八齣《掘塚》,第十九齣《江奠》,第二十齣《閫囑》,第二十一齣《忠訴》,第二十二齣《璫敗》,第二十三齣《泣樓》,第二十四齣《戰江》,第二十五齣《權降》,第二十六齣《姬旋》,第二十七齣《舟憶》,第二十八齣《逮逆》,第二十九齣《獻俘》,第三十齣《餞相》,第三十一齣《凱圓》,第三十二齣《嗣統》。

《花萼吟傳奇》,寫南宋年間姚氏兄弟歷盡艱險,後出使元朝議和,不辱使命,回朝復命,得享富貴榮華,合家歡樂事。

卷上第一齣《入泮》,第二齣《春郊》,第三齣《餽津》,第四齣《應聘》,第五齣《拒媒》,第六齣《之楚》,第七齣《設陷》,第八齣《抵幕》,第九齣《起贓》,第十齣《屈訊》,第十一齣《駭禍》,第十二齣《議召》,第十三齣《聞召》,第十四齣《獄救》,第十五齣《遣督》,第十六齣《責尉》;卷下第十七齣《提審》,第十八齣《探審》,第十九齣《謝審》,第二十齣《警惡》,第二十一齣《義匿》,第二十二齣《歸里》,第二十三齣《誤訽》,第二十四齣《買敗》,第二十五齣《抄家》,第二十六齣《庵戮》,第二十七齣《薦使》,第二十八齣《台訪》,第二十九齣《出使》,第三十齣《試吟》,第三十一齣《寵錫》,第三十二齣《聯輝》。

徐村跋云:"先生傳奇六種,皆余年來次第評點,或疑其不稍易一字。余曰:昔吳興臧晉叔讀玉茗四夢,憎其音韻乖張,宮調錯雜,因而自出手眼,刪改行世,識者羨其有點鐵成金之妙。先生六種,則字悉精金,即晉叔見此,亦祗應俛首贊歎。余何人,斯敢強作解事,妄有改竄,令明眼人嗤其點金成鐵乎?"

吳兆鼎跋云:"聞《南陽樂》一種,江西之九江、吾浙之海寧、江南之吳下,諸名部已紛然開演,可見文患不工耳,工則未有不遇賞音者。六種佳劇行,且遍滿海內,惜先生年齒高不能遠游,如往日孔東塘之坐恒山太守席上,觀演自己所製《桃花扇》,僚友爭以杯酒爲壽也。"

此本有扉頁,刻"無瑕璧。褒忠傳奇。惺齋五種之一"。"杏花村。闡孝傳奇。惺齋五種之一"。"南陽樂。補恨傳奇。惺齋五種之一"。"花鄂淦。式好傳奇。惺齋壬申續編"。惺齋小像,爲沈乾繪。"玄"字避帝諱。

《續修四庫全書》未收。《續修四庫全書總目提要(稿本)》、《曲錄》、《今樂考證》著錄。又《古本戲曲劇目提要》於内容釋解甚詳。《中國古籍善本書目》著錄,中國國家圖書館、遼寧省圖書館等九館也有入藏。

館藏有複本一部,十二冊。

3002　清乾隆内府刻五色套印本勸善金科

T5690/4286

《勸善金科》十本二十卷首一卷,清張照等撰。清乾隆内府刻五色套印本。二十一冊。半頁八行二十二字,四周雙邊,單魚尾,白口。框高 20.9 釐米,寬 14.2 釐米。前有無名氏序;題詞;《凡例》十則;總目。

張照,字得天,江蘇婁縣人。康熙四十八年進士,改庶吉士,授檢討,南書房行走。雍正初,累遷侍講學士,復三遷刑部侍郎。十一年,授左都御史,遷刑部尚書。十三年,爲撫定苗疆大臣。乾隆初,以挾私誤軍興奪職下獄,免死罪,令在武英殿修書處行走。二年,起内閣學士,南書房行走。五年,復授刑部侍郎,尋擢刑部尚書,兼領樂部。卒後加太子太保、吏部尚書,諡文敏。敏於學,通法律,富文藻,精音樂,尤工書。又著有《昇平寶筏》、《月令承應》、《法宮雅奏》、《九九大慶》等承應大戲。《清史稿》卷三〇四、《清史列傳》卷一九有傳。

是書爲乾隆時張照所編清宫大戲劇本,敷演目連救母故事。據昭槤《嘯亭續錄》卷一"大戲節戲"條載:"乾隆初,純皇帝以海内升平,命張文敏製諸院本進呈,以備樂部演習……演目犍連尊者救母事,折爲十本,謂之《勸善金科》,於歲暮奏之,以其鬼魅雜出,以代古人儺祓之意。"

按,目連救母故事濫觴於晉代《佛説盂蘭盆經》,云佛弟子目犍連之母罪根深結,死後墮入地獄爲餓鬼,目連入地獄救母,借佛法之力得出母於苦厄。以其宣揚孝道,於民間流傳甚廣。唐時已有目連變文,宋元時有《目連救母》雜劇、南戲,明代鄭之珍撰有《目連救母勸善戲文》。明清又有目連寶卷多種。是書《凡例》云:"《勸善金科》,其源出於《目連記》。""舊本相沿,魚魯豕亥,其間宫調舛訛,曲白鄙猥。今爲斟酌宫商,去非歸是,數易稿而成,舊本所存者,不過十之二三耳。""《勸善金科》,舊有十本……每本中或二十一二齣,或三十餘齣,多寡不匀。今重加校訂,定以二十四齣爲準,仍分十本,共二百四十齣。""舊本名目,或七字,或八字,參差不齊,且不雅馴,今概以七言標目,當句有對。"

該書對傳統目連救母故事予以改編,以唐末藩鎮割據爲背景,備述朱泚、李希烈叛亂本末,撻伐亂臣賊子,刑其尸戮其首,入十八層地獄,而忠臣烈士顔真卿、段秀實則升入天堂,位列仙班,意在宣揚忠奸善惡報應,强化綱常倫理。第一齣"樂春臺開宗明義"云:"當今萬歲,憫赤子之癡迷,借儡儡爲刑賞……使天下的愚夫愚婦看了這本傳奇,人人曉得忠君王,孝父母,敬尊長,去貪淫,戒之在心,守之在志。"

該戲共十本,每本分上下兩卷,每卷十二齣,共二百四十齣,四十餘萬言,堪稱中國戲劇史上最長之劇本。爲便演出,以黑、緑、黄、紅、藍五色套印。《凡例》云:"宫調,用雙行小緑字;曲牌用單行大黄字;科文與服色,俱以小紅字旁寫;曲文,用單行大黑字;襯字,則以小黑字旁寫別之。""曲文,每句每讀每韻,每疊每格每合之下,皆用藍字注之,以免歌者悞斷而失其義。""中原音韻,填北曲所用也。故入聲皆分隸平、上、去三音。是刻凡遇北調,其入聲應作平、上、去聲者,皆照發聲之例,用小紅圈一一圈出。其南詞中一字有兩音者,如少少好好之類,亦皆以小紅圈發聲。"

《續修四庫全書總目提要(稿本)》著録。王國維《曲録》著録。中華書局1964年版《古本戲曲叢刊九集》收入。《中國古籍善本書目》著録,中國國家圖書館、上海圖書館、北京大學圖書館等二十館有藏。臺北"故宫博物院"亦有入藏。

3003　清嘉慶内府刻朱墨套印本昭代簫韶　　　　T5707/1110

《昭代簫韶》十本二十卷首一卷,清王廷章、范聞賢等撰。清嘉慶十八年(1813)内府刻朱墨套印本。二十一册。董康跋。半頁八行二十二字,四周雙邊,白口,單魚尾。框高20釐米,寬14.2釐米。序後題"校閱燕山張生寅文虞、宛平李禄喜中和、崑山鄒焕章錦文;參定古吴陳楚畹紉佩、長洲張鳳林紹廷;編輯虞山王廷章朝炳;分纂茂苑范聞賢知愚"。前有嘉慶十八年序;《凡例》十則。

王廷章，字朝炳，江蘇常熟人。

范聞賢，字知愚，江蘇蘇州人。

此爲清代宮廷大戲之一，計十本，每本二十四齣，共二百四十齣。劇演北宋楊家將故事，自宋太宗親征伐遼起，至蕭后降宋止，旨在感發人心，善者使之入聖超凡，彰忠良之善果；惡者使之冥誅顯戮，懲奸佞之惡報，令觀者知有警戒。

第一本卷上第一齣《萬國春臺同兆庶》，第二齣《三霄帝座拱星辰》，第三齣《集鵰班議防邊釁》，第四齣《聯雁序訓守家箴》，第五齣《圍合龍沙馳萬騎》，第六齣《檄傳雁塞寇三邊》，第七齣《潘楊釁隙於斯始》，第八齣《遼宋干戈自此興》，第九齣《報私仇權臣竊柄》，第十齣《申天討御駕親征》，第十一齣《無敵威名驚北塞》，第十二齣《如神妙算贊中樞》。卷下第十三齣《振先聲龍驤虎賁》，第十四齣《合勁旅鯨奮豨張》，第十五齣《宋帥嫉功縱強敵》，第十六齣《遼師奮勇困堅城》，第十七齣《臣解君憂退虎旅》，第十八齣《子承父志假龍袍》，第十九齣《好弟兄全忠死義》，第二十齣《賢父子扈駕回鑾》，第二十一齣《明薦暗謀圖雪怨》，第二十二齣《褒封進秩爲酬勞》，第二十三齣《舉監軍護持良將》，第二十四齣《驅健卒襲取雄關》。

第二本卷上第一齣《慕少年絲蘿誤結》，第二齣《救老將兄弟連擒》，第三齣《面真同謀傾勇將》，第四齣《糧假絕計撤監軍》，第五齣《劫宋寨欣得王強》，第六齣《投遼邦先圖繼業》，第七齣《難挽回黑心元帥》，第八齣《苦逼迫赤膽先鋒》，第九齣《單槍闖寨思全孝》，第十齣《萬箭攢身先盡忠》，第十一齣《慕義孤軍甘捨命》，第十二齣《抒忠烈將願捐軀》。卷下第十三齣《突絕谷將死兵傷》，第十四齣《求救軍父圍弟斃》，第十五齣《頭觸碑歃心未泯》，第十六齣《屍埋地冷淚難乾》，第十七齣《避世兄勇氣猶存》，第十八齣《埋名婿苦情漫述》，第十九齣《獻謀刺臂期傾宋》，第二十齣《聞檄回軍急援幽》，第二十一齣《詳夢境憂疑莫釋》，第二十二齣《宿郵亭性命幾戕》，第二十三齣《楊景渡頭遭暗算》，第二十四齣《瓊娥陣上展雄威》。

第三本卷上第一齣《暗偷營瓊娥計拙》，第二齣《明對陣廷讓軍殘》，第三齣《巧寫狀借劍殺人》，第四齣《莽劫糧因風放火》，第五齣《見慈母言隨淚下》，第六齣《擊冤鼓聲竭心摧》，第七齣《滾釘難洗孤兒血》，第八齣《持節先勞聖主心》，第九齣《不量力失機遷怒》，第十齣《懷私忿斬將示威》，第十一齣《賺兵符奸邪拘執》，第十二齣《賣國法狼狽貪緣》。卷下第十三齣《假虎威不分鱔鯉》，第十四齣《懼獅吼強納金珠》，第十五齣《舉金鞭義除貪酷》，第十六齣《定鐵案罪著奸雄》，第十七齣《冥主拘魂聚差鬼》，第十八齣《賢王執法諫明君》，第十九齣《四惡雖除繼二佞》，第二十齣《一官暫授守三關》，第二十一齣《殘兵聚虎豹潛藏》，第二十二齣《義旅伸鴟鴞並獲》，第二十三齣《山寨復仇開勁弩》，第二十四齣《泉臺捉鬼擲鋼叉》。

第四本卷上第一齣《射馬初擒雖被縛》，第二齣《墜坑再獲未輸心》，第三齣《擒虎將義結金蘭》，第四齣《失龍駒奸施讒譖》，第五齣《連雁心同歸虎帳》，第六齣《獻魚膽壯探龍潭》，第七齣《識名將順大成績》，第八齣《藥良驥背母行權》，第九齣《賺來騏驥排兄難》，第十齣《逐退熊羆解弟危》，第十一齣《能料敵終墜詭謀》，第十二齣《敢突圍始稱忠勇》。卷下第十三齣《勁旅圍一籌莫展》，第十四齣《禪心定五戒難開》，第十五齣《勘惡鬼北岳施刑》，第十六齣《盜追風南宮縱火》，第十七齣《巧易名駒馳萬里》，第十八齣《迅飛禪杖解重圍》，第十九齣《舌下風雷褫賊魄》，第二十齣《眼前褒貶快人心》，第二十一齣《試驌驦衝途計險》，第二十二齣《傾梁棟掃穴謀深》，第二十三齣《天波樓無端被拆》，第二十四齣《森羅殿有案奚逃》。

第五本卷上第一齣《離寨難違慈母命》，第二齣《還京恰墮佞臣謀》，第三齣《金吾府魚腸洩憤》，第四齣《雲陽市虎口餘生》，第五齣《聖主憐才肆赦宥》，第六齣《頑民漁色逞強梁》，第七齣

《奮雄心揮刀誅賊》，第八齣《施毒計易字傾賢》，第九齣《獻私劄喪恥忘廉》，第十齣《解反詩奇冤極枉》，第十一齣《重義輕身甘入地》，第十二齣《歸朝函首巧瞞天》。卷下第十三齣《計退三城傾宋社》，第十四齣《書搜一紙証奸謀》，第十五齣《恨粗心書歸賊手》，第十六齣《遭惡計刑及親身》，第十七齣《陳諫不從遙扈躍》，第十八齣《受降有變急回鑾》，第十九齣《強食言遼人肆志》，第二十齣《圖報國俠士同心》，第二十一齣《救國患重效馳驅》，第二十二齣《捉奸魂明彰報應》，第二十三齣《旌旗壁壘群雄會》，第二十四齣《龍虎風雲大武昭》。

第六本卷上第一齣《奮雄威三城連克》，第二齣《摧勁敵萬騎齊奔》，第三齣《逢勇將難圖後舉》，第四齣《借強兵思復前仇》，第五齣《一函寶册由天賜》，第六齣《五國雄兵匝地陳》，第七齣《榜始懸妖仙應召》，第八齣《陣初佈番帥排兵》，第九齣《示固有意驕仇國》，第十齣《探陣無心遇至親》，第十一齣《併勝負陣前決戰》，第十二齣《通消息月下喬裝》，卷下第十三齣《陣圖全驚心駭目》，第十四齣《仙馭降起死回生》，第十五齣《仗神術英雄被縛》，第十六齣《結良緣老嫗主婚》，第十七齣《絕歸途孟良縱火》，第十八齣《違嚴令宗保忤親》，第十九齣《奮軍威救夫闖帳》，第二十齣《乘雲馭招婿下山》，第二十一齣《地現九環耀神武》，第二十二齣《仙圓雙璧訂良緣》，第二十三齣《寶器順時歸幼主》，第二十四齣《天心消劫降真仙》。

第七本卷上第一齣《建大纛奮起雄師》，第二齣《舉神刀劈開金鎖》，第三齣《九環被攝因貪績》，第四齣《二將爭功互逞雄》，第五齣《椿樹精假幻木刀》，第六齣《紅顏女巧逢黑煞》，第七齣《重入北營心益壯》，第八齣《先尋南將智猶深》，第九齣《恩愛重夫唱婦隨》，第十齣《夢寐酣帳空刀失》，第十一齣《假豈混真終受戮》，第十二齣《邪難勝正總成虛》。卷下第十三齣《邀狐意合揚氛猛》，第十四齣《舐犢情深出令難》，第十五齣《小將抒忠甘盡命》，第十六齣《香童慕色自燒身》，第十七齣《欲解夫危空闖陣》，第十八齣《驚聞子厄急衝圍》，第十九齣《發援兵令如火急》，第二十齣《破惡陣魔似冰消》，第二十一齣《幻世相仙姥圓姻》，第二十二齣《駕妖雲邪魔攝鏡》，第二十三齣《夢境迷離偶會合》，第二十四齣《鏡輝明朗大團圓》。

第八本卷上第一齣《小豪傑斗武聯盟》，第二齣《妖道人書符作法》，第三齣《將帥分符選勁卒》，第四齣《神祇奉敕息洪濤》，第五齣《電雷奮迅擊妖狐》，第六齣《父女忠誠助大宋》，第七齣《石怪猖狂空作孽》，第八齣《山靈擁護漫衝營》，第九齣《揚鞭擊鏡陰陽散》，第十齣《激帥投淵罪孽深》，第十一齣《一計潛通傾兩陣》，第十二齣《群妖奮起困全軍》。卷下第十三齣《王素真故國欣投》，第十四齣《胡守信荒山冤陷》，第十五齣《真仙施法迷方醒》，第十六齣《郡主憐姑心向夫》，第十七齣《感神靈陰陽兄妹》，第十八齣《誇武藝魯莽夫妻》，第十九齣《曳兵棄甲貽群誚》，第二十齣《瀝膽披肝服衆心》，第二十一齣《神火猛空放葫蘆》，第二十二齣《孝心堅欣連喬梓》，第二十三齣《恩波浹洽酬群虎》，第二十四齣《神火飛騰煉九龍》。

第九本卷上第一齣《誠歸宋寨遇群番》，第二齣《猛探遼營逢衆鬼》，第三齣《兵連敗子陷父傾》，第四齣《扇一揮魂消魄散》，第五齣《鐵杖掄開誅猛將》，第六齣《金鐘劈破援嬌妹》，第七齣《九頭獅神通大展》，第八齣《三關帥忠忿難舒》，第九齣《陷主截回部將》，第十齣《降神僧攝伏妖僧》，第十一齣《護陣真求破陣計》，第十二齣《洩機假捏失機形》。卷下第十三齣《貔貅千軍齊奮》，第十四齣《用鎗炮萬弩空埋》，第十五齣《椿岩敗北讒言進》，第十六齣《耶律圖南天象違》，第十七齣《書拋一計害三賢》，第十八齣《陣列三軍圍一帥》，第十九齣《逆賊險心傳偽檄》，第二十齣《仁君明鑑得真情》，第二十一齣《仙玉成妖人遁跡》，第二十二齣《陣瓦解女帥全忠》，第二十三齣《天門開遼軍游戲》，第二十四齣《仙侶會衆陣消除》。

第十本卷上第一齣《宋將齊心出營壘》，第二齣《天神奉敕返星垣》，第三齣《箭驅邪燈消軍亂》,第四齣《仙佑正陣破妖除》,第五齣《郡主同殷孝母心》,第六齣《元戎誤中緩兵計》,第七齣《設陷阱奸心愈毒》,第八齣《留將相法駕先還》,第九齣《演連環明排組練》,第十齣《懷狡詐突起戈矛》,第十一齣《聞信移兵添虎翼》,第十二齣《傳書助米縛鷴翎》。卷下第十三齣《忠誠奮肝膽包身》,第十四齣《罪孽盈銀鐺錮體》,第十五齣《士氣委靡馬脫轡》,第十六齣《人心渙散鳥投林》,第十七齣《志扶遼雙忠盡節》,第十八齣《心向宋二女勸降》,第十九齣《懷德畏威欣振旅》,第二十齣《酬勳錫爵沐推恩》,第二十一齣《用嚴刑招詳伏法》,第二十二齣《開綺宴奉敕完姻》,第二十三齣《帝鑑無私著册籍》,第二十四齣《天心有感佑昇平》。

序云:"兹《昭代簫韶》者,因宋代之遺聞,表楊氏之忠藎,誅佞人於既死,發潛德之幽光。切著一門,則輝爭日月;節昭四世,則義薄風雷。潤色固近於子虚,因緣實愜乎衆欲。筆花璀璨,積幻成真,意匠經營,以神設教。魍魎魑魅,縱侈目以飾觀;忠孝節廉,能移風而易俗。哀樂具備,文武兼陳,誠臣子之楷模,而導揚之善術也。"

《凡例》云:"《昭代簫韶》,其源出自北宋傳之演義書,考通鑒正史,其中惟楊業陳家谷盡忠一節爲實事耳,其餘皆後人慕楊業之忠勇,譽其後昆,而敷演成傳。即潘美之惡,亦不如是之甚。祇因既與楊業約駐兵谷口聲援,王侁争功離次,不能禁制,及引全軍徑退,乃坐致楊業於死地,是以衆惡皆歸焉。"

此爲套印本,凡宮調用雙行小紅字,曲牌用單行大紅字,科文與服色以至韻句讀疊格叶押合俱用小紅字,傍寫曲文用單行大黑字,襯字則以小黑字傍寫別之。

董康跋云:"《昭代簫韶》十本,凡二百四十齣,譜北宋楊令公父子故事,情節曼衍,自來傳奇無如此描寫盡致者,雖經傳刻,流播絶稀。是本爲恭邸舊藏,初印精美,朱墨爛然。春間,正文主人以鉅價得之,錦裘牙籤,洵堪寶貴也。壬子冬日,南蘭陵董康識。""壬子",爲1912年。

《古典戲曲存目彙考》卷一一云:"此戲未見著録。内廷刊朱墨本。係廷章等奉敕撰。演北宋楊家將故事,依《北宋志傳》爲注脚,略增正史爲綱領,創成新劇。並舊有《祥麟現》、《女中傑》、《昊天塔》等劇,輯成二百四十齣。自遼兵入寇起,至蕭后降宋止,凡十本,每本二十四齣。至道光間,由昇平署排演兩次。""此劇於道光二十四年,已由崑劇改編爲京劇演唱,按舊本次序,略加删節,翻至第七本第三齣。"《續修四庫全書總目提要(稿本)》云:"通本體製,悉如勸善金科,排場宏偉,亦爲清代内廷之承應大戲。道光咸豐間,昇平署内監曾三度排演,崑弋並奏,供奉宫中。至於民間梨園,則從無爨者焉。"

此書甚難得,昔鄭振鐸欲得此書三十年,以其價昂而不能下手。1953年,鄭氏籌備影印《古本戲曲叢刊》,亟思將此劇收入,時廠肆正進行社會主義改造,清産估價,凡陳年塵封之古本胥得重見天日。鄭乃於來薰閣得此書十册,於邃雅齋得六册,於修綆堂得八册,去其重復,計得十七册,爲卷一至七上、卷八下至九下、卷一〇下。今鄭書俱捐贈中國國家圖書館,此殘帙也在其中。鄭氏書跋云:"一書之收得,其難如此,一書之得成全帙,其難又如彼,坐享其成的學者們將怎樣感謝辛勤艱苦的採訪者呢!採得百花成蜜後,勞動者是會自食其勞動之果實的,但憾世之知此艱辛者甚少耳。"

《中國古籍善本書目》著録,上海圖書館、南京圖書館等八館有全帙。《古本戲曲叢刊》第九集有影印本,底本爲吴曉鈴所藏。

鈐印有"高陽齊如山珍藏"、"齊氏所藏戲曲小説印"、"高陽齊氏百舍齋存書之印"、"齊林玉世世子孫永寶用"。

3004　清乾隆刻本雙仙記傳奇　　　　　T5690/1414

《雙仙記傳奇》二卷,清崔應階撰。清乾隆三十二年(1767)香雪山房刻本。四册。半頁十行二十字,左右雙邊,白口,單魚尾。框高19.4釐米,寬14釐米。題"鄂渚研露樓主人編著;淮陰郁州山人分填;桂海碧腴居士較閲"。前有乾隆三十二年崔應階序;徐績、吴恒宣、梁翥鴻題詞。末有胡德琳跋。

崔應階,字吉升,號拙圃,別號研露樓主人,湖北江夏人。以父蔭授順天府通判,歷官山東巡撫、閩浙總督、刑部尚書。乾隆四十一年調都御史,解組歸,殁於途。又有《情中幻》、《煙花債》、《拙圃詩草》等。

此劇本事出於唐人薛調傳奇小説《無雙傳》,明陸采據此衍爲傳奇《明珠記》。演王仙客與户部尚書劉震女無雙歷盡滄桑,最終得古洪之助,救出無雙,棄官歸隱。後得聖旨,仙客授知制誥翰林院學士事。

卷上第一齣《發端》,第二齣《春宴》,第三齣《臨軒》,第四齣《謀刺》,第五齣《閨遇》,第六齣《密叛》,第七齣《棄官》,第八齣《憂國》,第九齣《兵警》,第十齣《驚變》,第十一齣《探關》,第十二齣《閨盼》,第十三齣《擊賊》、第十四齣《勤王》,第十五齣《迎鑾》,第十六齣《誣逮》,第十七齣《殄賊》,第十八齣《回鑾》;卷下第十九齣《配掖》,第二十齣《賣蘋》,第二十一齣《入府》,第二十二齣《遇僕》,第二十三齣《訴月》,第二十四齣《贖蘋》,第二十五齣《廷薦》,第二十六齣《謫陵》,第二十七齣《驛計》,第二十八齣《茶晤》,第二十九齣《得書》,第三十齣《訪俠》,第三十一齣《覓藥》,第三十二齣《矯詔》,第三十三齣《回生》,第三十四齣《辨冤》,第三十五齣《婚隱》,第三十六齣《恩圓》。

崔應階云:"余閑嘗閲稗官野史,每愛邢春娘之守舊盟,鄭六郎之遇貞狐,及無雙、古押衙之節義。邢春娘、鄭六郎之事,予已譜之聲律矣,而無雙、古押衙之奇人奇事,雖有《明珠記》傳演,究之未暢其情。""因於退食之暇,欲增其事以公天下之同好。用錯綜其同異,敷衍三十六出,已填六出,而政務倥偬,遂束高閣,荏苒四十餘年,原目與填詞俱已等之煙雲矣,而胸中時徘徊而不能去。丁亥春,邂逅來旬吴子,知其長於音律,余與之商榷。來旬隨擬三十六出之目,適與前題吻合而更周密焉。遂煩其捉筆,余亦以餘暇分填數闋,不逾月而稿成。"

金鑲玉裝。此本有扉頁,刻"雙仙記。研露樓主人編著。香雪山房藏板"。

《續修四庫全書》、《續修四庫全書總目提要(稿本)》未收。《重訂曲海總目》、《今樂考證》著録。《古本戲曲劇目提要》於内容釋解甚詳。《中國古籍善本書目》著録,中國國家圖書館、上海圖書館等七館也有入藏。

3005　清乾隆刻本漪園四種　　　　　T5707/3363

《漪園四種》八卷附《度藍關》一卷,清永恩撰。清乾隆禮府刻本。四册。半頁十行十九字,四周雙邊,黑口,雙魚尾。框高16.3釐米,寬13釐米。

永恩,字惠周,號蘭亭主人,禮烈親王五世孫,康修親王崇安子。初封康親王,乾隆四十三年復號禮親王。性坦易,而持己嚴,襲爵垂五十年,淡泊勤儉,出處有恒。嘉慶元年與千叟宴,明年卒,謚禮恭親王。工詩文,通音律,善戲曲。孫楷第《戲曲小説書録解題》云:"永恩際升平之世,詩酒從容,負一時文藻之訾譽,間寄情聲律,亦風流自賞,其所詣雖未必與明之涵虛子、錦槧老人抗衡,要之文采志尚亦先後輝映矣。"又有《誠正堂稿》、《律呂元音》。

漪園,爲永恩邸中菉漪園。四種爲:《五虎記》二卷、《四友記》二卷、《三世記》二卷、《雙兔記》二卷,均未見著録。

《五虎記》,前有乾隆四十一年程蔭棟序,姚鼐題辭。此劇據《本事詩》、《隋唐演義》中御水紅葉、繡衣傳詩故事敷衍而成。寫秦王李世民率兵征剿王世充事,五虎者,爲秦瓊、羅士信、王君廓、段志元、尉遲恭。

卷上第一齣《緣起》,第二齣《興師》,第三齣《議降》,第四齣《起信》,第五齣《來歸》,第六齣《拜闕》,第七齣《勞軍》,第八齣《奪槊》,第九齣《夜追》,第十齣《敗賊》,第十一齣《良川》,第十二齣《斗勇》,第十三齣《收恭》,第十四齣《釋放》,第十五齣《陳情》,第十六齣《征洛》,第十七齣《聽訟》,第十八齣《窺城》,第十九齣《退衆》,第二十齣《飛捷》,第二十一齣《計取》,第二十二齣《較勇》,第二十三齣《爭勝》;卷下第二十四齣《宴辱》,第二十五齣《助洛》,第二十六齣《諫夫》,第二十七齣《野賀》,第二十八齣《射從》,第二十九齣《講和》,第三十齣《取馬》,第三十一齣《計議》,第三十二齣《陳兵》,第三十三齣《大戰》,第三十四齣《擒寶》,第三十五齣《歸命》,第三十六齣《祭友》,第三十七齣《天策》,第三十八齣《書葉》,第三十九齣《捨葉》,第四十齣《瀛洲》,第四十一齣《放女》,第四十二齣《文會》,第四十三齣《思纜》,第四十四齣《武會》,第四十五齣《封虎》,第四十六齣《家宴》。

《四友記》,此乃合元吳昌齡《張天師斷風花雪月》及《花間四友東坡夢》二劇而成。寫北宋書生陳世英乃蘇東坡轉世,褚女氏前世爲丹桂仙子,二人費盡辛苦,終於結爲夫妻。四友者,爲桃花精、荷花精、菊花精、梅花精。

卷上第一齣《標目》,第二齣《謁叔》,第三齣《神會》,第四齣《賞月》,第五齣《吟詩》,第六齣《彈琴》,第七齣《塵感》,第八齣《下凡》,第九齣《投胎》,第十齣《拾簡》,第十一齣《天師》,第十二齣《游春》,第十三齣《封議》,第十四齣《汎舟》,第十五齣《春夢》,第十六齣《桃花》,第十七齣《感悟》,第十八齣《春思》,第十九齣《審春》,第二十齣《賞荷》,第二十一齣《封送》,第二十二齣《荷花》,第二十三齣《祈雨》,第二十四齣《夏夢》,第二十五齣《望雲》,第二十六齣《山寺》,第二十七齣《審夏》;卷下第二十八齣《對月》,第二十九齣《封竅》,第三十齣《舞劍》,第三十一齣《賀壽》,第三十二齣《菊花》,第三十三齣《梧桐》,第三十四齣《秋夢》,第三十五齣《審秋》,第三十六齣《封奇》,第三十七齣《會雪》,第三十八齣《梅花》,第三十九齣《冬夢》,第四十齣《松濤》,第四十一齣《竹影》,第四十二齣《玉帛》,第四十三齣《審冬》,第四十四齣《病感》,第四十五齣《歸山》,第四十六齣《定配》,第四十七齣《奪婚》,第四十八齣《紫府》,第四十九齣《神霄》,第五十齣《長眉》,第五十一齣《成配》,第五十二齣《登仕》,第五十三齣《叩月》,第五十四齣《彈冠》,第五十五齣《圓會》。

《三世記》,事出《池北偶談》。寫明末書生邵士梅之前生與妻子有三世姻緣,感動神靈,後得皇帝恩准,榮歸故里,成三世奇緣之事。

卷上第一齣《標目》,第二齣《自述》,第三齣《會詩》,第四齣《訓女》,第五齣《被辱》,第六齣《拜山》,第七齣《割股》,第八齣《投岩》,第九齣《救童》,第十齣《議婚》,第十一齣《赴考》,第十二齣《思友》,第十三齣《恤舊》,第十四齣《河濱》,第十五齣《訪陸》,第十六齣《閱經》,第十七齣《河曲》,第十八齣《主婚》,第十九齣《辭親》,第二十齣《中試》,第二十一齣《聞報》;卷下第二十二齣《遇仙》,第二十三齣《逼賊》,第二十四齣《殺妾》,第二十五齣《異術》,第二十六齣《陞用》,第二十七齣《監軍》，第二十八齣《遣將》，第二十九齣《敗賊》，第三十齣《窺柳》，第三十一齣《逢醫》，第三十二齣《蘇斷》，第三十三齣《論畫》，第三十四齣《擊怪》，第三十五齣《神奇》，第三十六齣《鷹化》，第三十七齣《刺繡》，第三十八齣《問信》，第三十九齣《江濱》，第四十齣《會友》，第四十一齣《重圓》。

《雙兔記》，本事出北朝樂府民歌《木蘭詩》，明徐渭《四聲猿》有"雌木蘭替父從軍"。此乃據徐渭劇敷演而成。寫北魏書生王青雲與花木蘭之事，木蘭從軍十二年，立下戰功，凱旋而歸。木蘭曾養雙兔，雌雄難辨，木蘭歸來，雙兔歡悅。

卷上第一齣《摽目》，第二齣《儒嘆》，第三齣《閨傑》，第四齣《黑山》，第五齣《傳檄》，第六齣《聞報》，第七齣《拜親》，第八齣《改妝》，第九齣《鄰餞》，第十齣《稟命》，第十一齣《軍書》，第十二齣《送別》，第十三齣《憶婚》，第十四齣《起兵》，第十五齣《思女》，第十六齣《自傷》，第十七齣《寄繐》，第十八齣《睹舊》，第十九齣《會文》，第二十齣《謀姦》；卷下第二十一齣《登壇》，第二十二齣《識俊》，第二十三齣《點將》，第二十四齣《爭鋒》，第二十五齣《聚守》，第二十六齣《思鄉》，第二十七齣《談藝》，第二十八齣《私語》，第二十九齣《獻計》，第三十齣《破賊》，第三十一齣《訴衷》，第三十二齣《相罵》，第三十三齣《奏功》，第三十四齣《封官》，第三十五齣《痛遠》，第三十六齣《慰婿》，第三十七齣《辭帥》，第三十八齣《路警》，第三十九齣《歸家》，第四十齣《團圓》。

《度藍關》，清代各家戲曲書録未見記載。

第一齣《靈感》，第二齣《上壽》，第三齣《進表》，第四齣《佛骨》，第五齣《南遷》，第六齣《遇孫》，第七齣《除怪》，第八齣《登仙》。

此本有扉頁，刻"漪園四種。蘭亭主人鑒定。五虎記、四友記、三世記、雙兔記"，刻有"禮親玉寶"、"蘭亭主人"。又有扉頁"雙兔記"，刻有"禮王之寶"、"緑漪主人"、"風流日長"。

《續修四庫全書》、《續修四庫全書總目提要（稿本）》未著録。《古本戲曲劇目提要》於内容釋解甚詳。《中國古籍善本書目》著録，中國國家圖書館、中國戲曲研究院圖書館也有入藏。

3006　清乾隆刻本芝龕記　　T5702/4146

《芝龕記》六卷，清董榕撰。清乾隆十六年(1751)刻本。十二册。半頁十行十九字，四周單邊，黑口，單魚尾，書眉上刻評。框高17.6釐米，寬13釐米。題"繁露樓居士填；海内諸名家評"。前有黃叔琳序，乾隆十六年邵大業序；陳士璠、蔣士銓、章甫、吳士賢、吳省欽、黃爲兆、沈廷芳、曹秀先、秦譻、柏超、馮渠、蔣衡題詞。又湯聘、丁敬、張香、姚沺、沈剛才、宋啓傳題詞；范泰恒跋；嚴遂成、毛奇齡詩銘；《凡例》九則；引訓三則。

董榕，字念青，號定岩，又號漁山，别署繁露樓居士，河北豐潤人。雍正十三年拔貢，歷官河南鞏縣知縣，遷浙江金華、江西九江知府，分巡江西吉南、贛寧，兼水利道，攝贛關事。博綜群書，明於治亂。母故，自溺殉母。又有《周易觀象》、《㵎陽詩集》等。

此傳奇衍明季秦良玉、沈雲英二女將軍事，通本關目，以曲爲史，全據史傳敷演而成。以秦、沈爲經，以明季事涉閨閣暨軍旅者爲緯，穿插野史，頗費經營。《續修四庫全書總目提要（稿本）》云："每齣於正文外，旁及數事，甚至十餘事者，隸引太繁，祇可於賓白中帶敘。篇幅過長，正義反略，喧賓奪主，眉目不清，此其所短。故李調元《雨村曲話》亦評之曰：明季史事，一一根據，可爲傑作。但意在一人不遺，未免失之瑣碎，演者或病之焉。"

卷一第首《開宗》,第一齣《忠餞》,第二齣《郊訂》,第三齣《江遇》,第四齣《蓮瑞》,第五齣《雙憶》,第六齣《翰通》,第七齣《江閱》,第八齣《仙引》,第九齣《繡譚》,第十齣《祀別》;卷二第十一齣《播叛》,第十二齣《雙征》,第十三齣《夜擊》,第十四齣《誓師》,第十五齣《平播》,第十六齣《閫算》,第十七齣《聘警》,第十八齣《娥召》,第十九齣《義概》,第二十齣《譙離》;卷三第二十一齣《獄渡》,第二十二齣《曇援》,第二十三齣《閣遇》,第二十四齣《右判》,第二十五齣《左巡》,第二十六齣《擒梃》,第二十七齣《表忠》,第二十八齣《蘭狙》,第二十九齣《勤王》,第三十齣《四援》;卷四第三十一齣《禦略》,第三十二齣《蕩寇》,第三十三齣《雙貞》,第三十四齣《罵瑙》,第三十五齣《水搆》,第三十六齣《招魂》,第三十七齣《珍逆》,第三十八齣《北征》,第三十九齣《醒閫》,第四十齣《召對》;卷五第四十一齣《芝聚》,第四十二齣《城姻》,第四十三齣《靖畿》,第四十四齣《游虛》,第四十五齣《郟會》,第四十六齣《檢報》,第四十七齣《夔捷》,第四十八齣《狐奔》,第四十九齣《斷袖》,第五十齣《防荊》;卷六第五十一齣《吊藩》,第五十二齣《救父》,第五十三齣《荊夢》,第五十四齣《殉忠》,第五十五齣《龕祀》,第五十六齣《題閣》,第五十七齣《江還》,第五十八齣《雙全》,第五十九齣《徽感》,第六十齣《芝圓》。

黃叔琳序云:"董君恒巖,工文章,具卓識,爲政之餘,以高才博學著作自娛。壬申秋,郵近製《芝龕記》院本屬余序。余受而讀之,蓋以一寸餘紙,括明季萬曆、天啟、崇禎三朝史事,雜採群書、野乘、墓誌、文詞,聯貫補綴,爲之翕闢張弛,襃貶予奪,詞嚴義正,慘澹經營,洵乎以曲爲史矣。其中以石砫女官秦良玉、道州游擊沈雲英爲綱,以東林君子及疆場死事諸賢,與殉烈群貞爲之紀,而以彭、曇兩仙經緯其間。至排場,正變遞見,奇險莫測。狀戎旅,則風雲變色。寫戰鬥,則草木皆兵,灑嫠婦孤臣之淚,滿座沾巾。幻鬼神仙佛之觀,一堂擊節。若夫詞令之工,組繡編珠,鏤肝鉥腎,雄傑微婉,謔辯諧謔,無不各肖其人。能使賢奸善惡,一啟口而肺肝畢露。邊□軍國,一指掌而光景悉陳。汪洋縱恣行間,海立山飛;細膩幽微字里,月明花淨。至其穿插迴暎之巧,比屬裁剪之精,又如亂絲就理,萬派尋源,妙緒環生,匠心獨運。要其旨趣本於忠孝,紀載根諸史冊。析疑補闕,闡微表幽,作者激昂感慨,設施蘊蓄,又可想見也。"

《凡例》云:"記中惟闡揚忠孝節義,并無影射譏彈。所有事跡,皆本《明史》及諸名家文集志傳,旁采說部,一一根據,并無杜撰。"

金鑲玉裝。書中有抄配,甚精。

《續修四庫全書》未收。《續修四庫全書總目提要(稿本)》、《曲錄》、《今樂考證》著錄。又《古本戲曲劇目提要》於內容釋解甚詳。《中國古籍善本書目》著錄,上海圖書館、四川省圖書館等七館也有入藏。

鈐印有"光熙所藏"。

3007　清乾隆刻本義貞記　T5710/2393

《義貞記》二卷,清吳恒宣撰。清乾隆四十三年(1778)刻後印本。二冊。半頁十行二十字,四周單邊,單魚尾,白口。書口下刻"耡月山房"。框高17.4釐米,寬13.0釐米。題"郁州山人填詞"。前有闕名序;目錄;荊如棠撰《貞義行爲程允元夫婦作》。

吳恒宣,字來旬,號郁州山人,江蘇海州人。乾隆間監生。幼稱神童,長游太學,擅古文詞曲。三十五年入崔應階漕督幕,並合纂《雲臺山志》十卷。又著有《郁州山人集》。

此劇本諸清初史實，事載王椷《秋燈叢話》卷一，演程允元與劉氏白首完婚事。山陽監生程允元，幼聘劉氏，歷盡曲折，堅守初志，越五十餘載，終成眷屬，貞義兩全，故名《義貞記》。

上卷第一齣《開宗》，第二齣《別兄》，第三齣《病訓》，第四齣《月鑑》，第五齣《議歸》，第六齣《旅窘》，第七齣《掃墓》，第八齣《覓媒》，第九齣《前訪》，第十齣《利誘》，第十一齣《前卻》，第十二齣《媒閧》，第十三齣《修懺》，第十四齣《媒鬨》，第十五齣《後卻》，第十六齣《搶親》；下卷第十七齣《辭婚》，第十八齣《守髮》，第十九齣《後訪》，第二十齣《失音》，第二十一齣《野祭》，第二十二齣《夜□》，第二十三齣《靈感》，第二十四齣《依劉》，第二十五齣《阻風》，第二十六齣《茶社》，第二十七齣《拒婚》，第二十八齣《勸嫁》，第二十九齣《堂配》，第三十齣《辭妾》，第三十一齣《賀子》，第三十二齣《旌圓》。

是書卷前序佚去末頁。下卷缺第十六頁。

《續修四庫全書》未收。《續修四庫全書總目提要（稿本）》著錄。《中國古籍善本書目》著錄乾隆四十三年刻本，首都圖書館有藏。是書又有清光緒五年刊本，香港中文大學圖書館有藏。

3008　清乾隆刻本雷峰塔傳奇　　T5707/0254

《雷峰塔傳奇》四卷，清方成培撰。清乾隆三十七年（1772）水竹居刻巾箱本。四冊。半頁七行十五字，左右雙邊，白口，單魚尾。框高10.2釐米，寬6.8釐米。題"岫雲詞逸改本；海棠巢客點校"。前有乾隆三十六年（1771）方成培序；汪宗瀚、徐德達、吳士岐題詞。

方成培，字仰松，號岫雲詞逸，安徽歙縣人。嘗客揚州、漢皋。有《香硯居詞塵》、《聽奕軒稿》、《雙泉記傳奇》等。

《白蛇傳》故事最早見於唐人小說《李黃》（《太平廣記》卷四五八），至《警世通言·白娘子永鎮雷峰塔》故事始定型。此劇乃據清黃圖珌《雷峰塔》傳奇改編。

卷一開宗、付缽、出山、上塚、收青、舟遇、訂盟、避吳、設邸、獲贓；卷二遠訪、開行、夜話、贈符、逐道、端陽、求草；卷三療驚、虎阜、審配、再訪、樓誘、化香、謁禪、水斗；卷四斷橋、腹婚、重謁、煉塔、歸真、塔敘、祭塔、捷婚、佛圓。

方成培序云："《雷峰塔》傳奇，從來已久，不知何人所撰。其事散見吳從先《小窗自紀》、《西湖志》等書，好事者從而撾拾之，下里巴人，無足道者。歲辛卯，朝廷逢璇闈之慶，普天同忭。淮商得以恭襄盛典，大學士、大中丞高公語銀臺李公，令商人於祝嘏新劇外，開演斯劇，祇候承應。余於觀察徐環谷先生家屢經寓目，惜其按節甋觝之上，非不洋洋盈耳，而在知音，繙閱不免攢眉，辭鄙調譌，未暇更僕數也。因重爲更定，遣詞命意，頗極經營，務使有裨世道，以歸於雅正。較原本曲改其十之九，賓白改十之七，'求草'、'煉塔'、'祭塔'等折，皆點竄終篇，僅存其目，中間芟去八齣。'夜話'及首尾兩折，與集唐下場詩，悉余所增入者。時就商酌，則徐子有山將伯之力居多，既成，同人繆相許可，欲付開雕。"

此本有扉頁，刻"雷峰塔傳奇定本。乾隆壬辰新鐫。水竹居藏板"。金鑲玉裝。

《今樂考証》著錄無名氏一本，注云："此本有岫雲詞逸改本"。《續修四庫全書》入集部第1776冊，底本爲中國戲曲研究院戲曲研究所藏。《續修四庫全書總目提要（稿本）》著錄者，爲清黃圖珌撰，非此本。又《古本戲曲劇目提要》於內容釋解甚詳。《中國古籍善本書目》著錄，上海圖書館，遼寧省圖書館等六館也有入藏。

3009　清乾隆刻本新西廂　　　　　　　　　　　　T5707/1382

《新西廂》二卷,清張錦撰,清范建杲評。清乾隆刻本。二册。半頁九行二十字,四周雙邊,單魚尾,白口。框高 17.9 釐米,寬 12.5 釐米。書眉上刻評。題"白沙山人樂句;秋塘山人論文"。前有范建杲序,成錫田序,乾隆五十四年(1789)張錦自序;駁元稹《會真記》。後有范建杲跋兩篇。

張錦,字菊知,山西晉陽人。舉人出身,曾爲縣令,後謫戍邊疆,於公餘撰成此書。此外又著有《新琵琶》。

是書又名《翻西廂》,其前後情節基本同於舊本,而於崔、張淫褻之處極力翻改,宣揚名教。劇中人物個性亦與舊本大相徑庭。鶯鶯一改原作之大膽、自主,變爲重禮教、名節之閨門淑女。老夫人非但不阻崔、張婚姻,反積極玉成。

張錦自序云:"吾讀其書(《西廂記》),每憾其寫鶯鶯類蕩婦,寫張生類浪子,淫聲穢態,往往而有。其爲風俗人心之累者,甚非淺也。嘗擬爲西廂摘謬,以正其非,而未暇也。迨謫伊江……因撰《新西廂》十六齣,全反張生、鶯鶯之妄,而夫人、紅娘一一歸於大雅。蓋欲存佳人才子之真,以爲名教救也。"

范建杲序云:"菊知孝廉,晉陽才子也。栽花未幾,出塞爲元戎司篆曹。兩袖清風,一腔熱血。趨公外,落落寡交游,而著作日益富。暇時復趁江管餘香,撰《新西廂》一書,翻崔張舊事,一一歸之於正,俠義端貞,大家風範。"

王作舊本爲五本二十一折,是本則爲十六齣。

上卷第一齣《旅游》,第二齣《課女》,第三齣《借廂》,第四齣《驚艷》,第五齣《琴心》,第六齣《寺警》,第七齣《哭柩》,第八齣《慰憂》;下卷第九齣《破賊》,第十齣《請宴》,第十一齣《賴婚》,第十二齣《前候》,第十三齣《後候》,第十四齣《拷紅》,第十五齣《哭宴》,第十六齣《驚夢》。

《中國古籍善本書目》著録,中國國家圖書館有藏。

3010　清抄本伏虎韜傳奇　　　　　　　　　　　　T5707/2824

《伏虎韜傳奇》不分卷,清沈起鳳撰。清抄本。二册。半頁九行十九字。

沈起鳳,見清乾隆刻本《諧鐸》。

此爲《沈賓漁四種曲》之一,所演懲治、降服妒婦故事。故事源出袁枚《子不語》中《醫妒》而有所張揚,情節又與《聊齋志異》中《馬介甫》相似。述天界羅刹女放胭脂虎下凡爲妒婦,觀世音命伏虎尊者前去收服,後二人在人間成就一段因果。

第一齣《開宗》,第二齣《説法》,第三齣《採風》,第四齣《學閫》,第五齣《喬逼》,第六齣《賣身》,第七齣《選妾》,第八齣《奇枷》,第九齣《允親》,第十齣《看齋》,第十一齣《鬧婚》,第十二齣《夜賺》,第十三齣《催試》,第十四齣《膺聘》,第十五齣《閨譴》,第十六齣《婢戲》,第十七齣《巧合》,第十八齣《丏諢》,第十九齣《演差》,第二十齣《雙套》,第二十一齣《撲蝶》,第二十二齣《托賄》,第二十三齣《述笑》,第二十四齣《誘醮》,第二十五齣《定計》,第二十六齣《醋報》,第二十七齣《詭遇》,第二十八齣《妒圓》,第二十九齣《結案》。

《續修四庫全書總目提要(稿本)》云:"起鳳夙服膺吴炳《粲花樂府》,故所作四種往往擬之,即如此劇,亦效《療妒羮曲》,而與汪廷訥之《獅吼記》絕不相似,可窺其宗尚矣。此劇第三《採風》、第八《奇枷》兩齣,搬來最足使人嘔噦,顧科白轉折,亦類《情郵記》中之樞密乃顔不獨。第七《選妾》齣,解三酲曲,'人前枉說金縢誓,戲語難封桐葉侯'之句,直襲《療妒羮》中賢風也。蓋起鳳諸劇,意境務求其曲,愈曲而愈能見才;詞藻務求其雅,愈雅而愈不失其真。即科白亦不使一懈筆。其第一關鍵,每在男女易妝,令人撲朔難辨,所作四劇,俱用此法。而此劇更幻,佳處在此,而落套亦在此也。此劇久稱盛唱,至今梨園猶有釁者焉。"

金鑲玉裝。民國間吳梅曾據刻本及抄本影印,入《奢摩他室曲叢》。又清姚燮編《復莊今樂府選》(稿本,中國國家圖書館、浙江圖書館、寧波天一閣藏)也收入此劇,作四卷。《沈賚漁四種曲》有清古香林刻本,另三種爲《報恩緣》、《才人福》、《文星榜》。

《續修四庫全書》未收。《續修四庫全書總目提要(稿本)》著錄。又《古本戲曲劇目提要》於內容釋解甚詳。《中國古籍善本書目》著錄,中國國家圖書館也有入藏。

3011　清嘉慶刻本蘭桂仙　　T5707/4138

《蘭桂仙》二卷,清左潢撰。清嘉慶七年(1802)刻本。二册。半頁九行二十二字,左右雙邊,白口,單魚尾,書眉上刻評。框高 17.4 釐米,寬 12.4 釐米。題"龍眠左潢異縠填詞;吳門沈起鳳賚正譜;皋城程秉銓楠村評點"。前有《宮氏雙孝娥傳》;吳甸華序,程秉銓序,恩普序,嘉慶十八年左潢自序;周升桓、寧貴、鄧振甲、葉士琦、倪本仁、許鯉躍、王敏、馬春田、王瑯、趙偉題辭;左潢撰《凡例》二十七則。末有沈起鳳跋;左潢後序。

左潢,字異縠,安徽桐城人。嘗知霍山縣,主熙湖講席。博聞殫見,爲文深微峭刻,雅近章羅,各體皆工,尤嫻音律。又有《琴川集》、《桂花塔傳奇》等。

此劇演乾隆、嘉慶間安徽懷遠孝女宮蘭芳、宮桂萼事,兩孝女爲南籠太守宮綺岫之女。安徽按察使濟南方昂有《宮氏雙孝娥傳》一文,潢亦有題雙孝娥傳四六之作,此即取孝娥傳中事蹟,逐節譜成,皆係徵實,間有憑空設想者。《續修四庫全書總目提要(稿本)》云:"而其大旨,則主於維持風化,扶掖人倫。至其筆則雄偉雋秀,詞則正大鮮妍,律法則謹嚴,聲韻則諧協,可稱當行之作。""此劇流傳不多,故梨園中向無演者也。"

卷上第一齣《仙餞》,第二齣《守箴》,第三齣《春園》,第四齣《家宴》,第五齣《平苗》,第六齣《守殉》,第七齣《哭守》,第八齣《寫經》,第九齣《刲股》,第十齣《鄰驚》;卷下第十一齣《仙憶》,第十二齣《萱萎》,第十三齣《哭母》,第十四齣《埋香》,第十五齣《哭妹》,第十六齣《恤烈》,第十七齣《婢祭》,第十八齣《舟櫬》,第十九齣《迎舟》,第二十齣《仙圓》。

左潢自序云:"余與錦峰宮君訂交十載餘矣,昨者,錦峰由章江返斾臨濠,道經皖水,得敘闊悰,乃出其女姪《雙孝娥傳》索題,并縷述其情境,余既作駢體二千言以應之矣。別後展轉誦繹,覺前作不過即事敷陳,於孝娥身心苦慘纖悉曲折之處,尚未能細爲摹寫。因思詩詞傳跋,只以供學士文人之傳播,而千古忠臣孝子,能使愚夫愚婦津津樂道於不朽者,半藉傳奇之力。不揣譾陋於風雨山窗之下,藥鑪茶竈之旁,描情繪境,按律諧聲,慷慨歌呼,不能自已,作《蘭桂仙傳奇》二十首,度茹酸于廿載,應証果于諸天。又況娥先世之清聲,女姪之節烈,皆足并傳永久者。"

沈起鳳跋云:"吾友異縠先生,借宮氏之雙姝,補傳奇之缺陷,墨痕雜以血點,著紙都飛,彤管代以紅牙,長歌當哭,一朝瘞玉,千古留真,真有裨世教之文者。律之細,賓白之工,特餘事耳。惜此本後出,未及採入內廷,爲國朝傳奇之冠。而此卷長留天壤,兩女子之孝行亦藉以不朽。"

左潢後序云:"《蘭桂仙》稿成,薦紳先生、同寮社友借抄者甚多,連繕數本,幾不能遍給。一時文壇老宿、詞苑宗工,貢以瑤華者業已燦列簡端,賜以賞鑑者如寶山李君保泰……均以付梓爲慈惠。今勉遵諸公命,刊於邗江書肆。甫繕底本,時毘陵太守呂公子國珍,漕運副總鎮白公子守清、守廉,精通音律,見而好之,攜《封股》、《仙憶》等齣稿歸,譜之宮商,調以絲竹,淒清悱惻,座中有潸然泣下者。"

《凡例》云:"此書專爲紀孝而作,惟以莊重馴雅、纏綿篤摯爲主,不獨尋常風月情態無從闌入筆端,即滑稽嘲笑亦不多取。""此書據《孝娥傳》中事蹟,逐節譜成戲齣,皆係徵實,間有憑虛設想者,亦係情理宜然,非烏有子虛之比。""予落拍江湖近三十年,粗知音律,每當同人宴集,板拍紅牙,謬承獎借,屬予顧誤。茲當搦管填詞,深懼斯未能信,凡格式之不合宮譜,音韻之不諧歌唱者,不憚數易其稿,第經營雖極慘淡,究未敢自以爲是焉。"

此本有扉頁,刻"蘭桂仙。表孝傳奇、琴川外集。嘉慶壬戌春鎸。藤花書舫藏板"。"壬戌",爲嘉慶七年。

《今樂考證》著錄。《續修四庫全書》未收。《續修四庫全書總目提要(稿本)》著錄。《古本戲曲劇目提要》於内容釋解甚詳。《中國古籍善本書目》著錄,又有《曲譜》二卷,作清嘉慶七年至八年藤花書舫刻本,中國國家圖書館入藏。

3012 清道光刻本紅樓夢傳奇

T5710/7980

《紅樓夢傳奇》八卷,清陳鍾麟撰。清道光十五年(1835)汗青齋刻本。八册。半頁九行十九字,左右雙邊,白口,無魚尾,書眉上刻評。框高19.4釐米,寬12.5釐米。題"元和陳鍾麟厚甫填詞"。前有《凡例》七則;俞思謙題詞。

陳鍾麟,字厚甫,江蘇元和人。嘉慶四年進士,官觀察,博學多才。《詞餘叢話》稱其"工制藝試帖,爲十名家之一,度曲乃其餘事"。

此劇情節多依《紅樓夢》小說,亦有出於作者自添者。其以寶、黛愛情故事貫穿始終,兼及賈府興衰諸事。

卷一仙引、渭陽、情覿、枉判、妒月、游仙、試幻、嬌眠、金緣、鬧學;卷二醫花、寶鑑、夢警、野合、恩宣、園題、試燈、迎鑾、送駕、燈謎;卷三喬勸、塵影、鏡笑、情波、藏髮、續莊、園聚、讀曲、俠贈、帕緣;卷四魔病、餞春、贈巾、負荆、戲浴、畫薔、嚴撻、題帕、嘗羮、繡鴛;卷五初社、園譚、品茶、理裝、悲秋、翦髮、詩癡、集艷、掃雪、補裘;卷六鋤園、夢甄、鵑啼、眠芍、解裙、壽紅、私祭、醋騙、吞金、閨試;卷七風筝、情隱、園抄、品笛、換衫、入道、驚秋、心夢、枯棋、離魂;卷八花妖、焚稿、夢別、哭湘、鴛殉、塵劫、辭親、寄孥、冥戒、幻圓。

《續修四庫全書總目提要》云:"此劇盡多藴籍風流,悱惻纏綿之致,惜排場未盡善也。《紅樓》原書,雖斷而不斷,連而不連,然起伏照應,自具草蛇灰線之妙。鍾麟強爲牽連,每齣正文後,另插賓白,引起下齣,下齣開場,又用賓白,遥應上齣,始及正文,頗似時文家作割截題,用意鉤聯,究非正軌。且以柳湘蓮、尤三姐後成劍仙,頗嫌蛇足。至於曲律,尤爲乖方,不適爨弄。道光末,釐商家樂曾有演者,惟未盛傳,至近年梨園更從未一睹也。"

《凡例》云:"古今曲本,皆取一時一事一線穿成。《紅樓夢》全書,頭緒較繁,且係家常瑣事,不能不每人摹寫一二闋,殊難於照應,偶於起訖處稍爲聯絡,蓋原書體例如此。""原書以寶、黛作主,其餘皆是附傳。然如湘雲、惜春、寶琴、妙玉、香菱皆聰明過人者,摹其性靈,使千古活現。""晴雯是黛玉影子,襲人是寶釵影子,所謂身外身也。今摹擬黛玉、晴雯,極爲蒼涼;摹擬寶釵、襲人,極爲勢利。可以見人心之變。""柳湘蓮、尤三姐俱有俠氣,與各人旖旎者不同,難以安頓,且净腳頗少,今借柳、尤二人,以代一僧一道,不特避熟,而净腳亦可登場。""余素不諳協律,此本皆用四夢聲調,有《納書楹》可查驗對。引子以下,大約相仿,惟工尺頗有不諧,度曲時再行斟酌。"

卷八末刻"粤東省城西湖街汗青齋承刊"。"玄"字避帝諱。

《曲録》著録。《續修四庫全書》未收。《續修四庫全書總目提要(稿本)》著録。又《古本戲曲劇目提要》於内容釋解甚詳。《中國古籍善本書目》著録,遼寧省圖書館、湖北省圖書館也有入藏。

3013　清刻本桃花影傳奇　　　　　　　　　　T5707/4462

《桃花影傳奇》二卷,清范鶴年撰。清刻本。二册。半頁八行二十二字,四周雙邊,白口,單魚尾。框高 19.1 釐米,寬 11 釐米。前有劉大懿序;劉大懿、嚴娘、侯敏政題詞。

范鶴年,字青子、琴山,號硯雲,別署琴軒,山西洪洞人。世業儒,家素貧,髫齡即負文名。年十七,爲人傭書或教館,足蹟遍晉陽。乾隆四十四年中舉,五十四年成進士。歷任湖南會同、衡陽、清泉、桃源知縣。其間曾經黔貴,遠游至滇。嘉慶七年,於衡陽縣令時,"以常平谷石不如額,監司持之,憂俱卒"。又著有《皃雪山房全集》。傳見《國朝耆獻類徵》。

此劇一名《離魂記》,又名《五色綫》。演趙顔與真真、倩倩事。本事載《聞奇録·畫工》(見《太平廣記》卷二八六),並串以《張倩娘》、《薛雍妻》中有關離魂與五色綫事(見《情史》卷九)。卷上第一折《濫觴》,第二折《茶話》,第三折《閨訓》,第四折《仙夢》,第五折《寫真》,第六折《種緣》,第七折《贈畫》,第八折《妖氛》,第九折《喚真》,第十折《遣真》,第十一折《降真》,第十二折《郊囑》,第十三折《窺真》,第十四折《誤真》,第十五折《疑真》。卷下第十六折《離魂》,第十七折《合真》,第十八折《返魂》,第十九折《陷刑》,第二十折《妖劫》,第二十一折《村鬨》,第二十二折《碎畫》,第二十三折《歸璧》,第二十四折《降閤》,第二十五折《上書》,第二十六折《見舅》,第二十七折《真鬨》,第二十八折《憶女》,第二十九折《議婚》,第三十折《證真》。

金鑲玉裝。

《古典戲曲存目彙考》卷一二著録,作查揆撰,云:"此戲未見著録。乾隆刻本。凡二卷三十齣。上卷一題《離魂記》,下卷一題《五色綫》。演趙顔與真真、倩倩事。本唐人小説《畫里真真》,又串以《離魂》諸記。題目作'斗口角的小仙姬聞聲救苦,興風波的老魔王妬色撚酸;錯相思的離魂女暗中扯淡,費精神的痴情郎到底嘗甜'。劇以真真、倩倩俱愛桃花,且容貌相似,並以吳道子畫真真手持桃花,故名《桃花影》。"

《中國古籍善本書目》著録,作者題"清查揆撰",山東省圖書館也有入藏。

鈐印有"齊如山"、"齊氏所藏戲曲小説印"、"高陽齊氏百舍齋存書之印"、"齊林玉世世子孫永寶用"。

3014　清嘉慶刻本紅牙小譜　　　　　　　　　　T5707/4582

《紅牙小譜》不分卷,清全德撰。清嘉慶三年(1798)刻本。一册。半頁六行十八字,左右雙邊,無魚尾,白口。框高16.3釐米,寬8.9釐米。前有嘉慶三年全德自序。行內有圈點。

全德,滿人,戴佳氏,號惕莊主人,乾隆間任兩淮鹽政,於江西、江蘇等地爲官。又著有《潯陽詩稿》。《八旗文經》卷五八有傳。《古本戲曲劇目提要》作"戴全德",誤。

紅牙爲樂器名,爲檀木製作之拍板,用以調節樂曲節拍。明王世貞《同省中諸君過徐丈》:"紫玉行杯彈《出塞》,紅牙催拍按《梁州》。"清洪昇《長生殿·製譜》:"聽宮鶯數聲,恰好應紅牙。"

是書作於嘉慶初年全德爲官江南任上,計二齣,爲《輞川樂事》、《新調思春》。全德自序云:"余涖潯陽者三載,視權之暇日,坐愛山樓,以筆墨自娛。詩詞而外,旁及傳奇、雜曲。花晨月夕,授雛伶歌之,聊以適性而已。戊午夏,移官江蘇,檢視行篋,得新劇二齣,付諸剞劂外,西調、小曲另分兩帙。雖雕蟲小技,大雅弗尚,而世態人情,頗有談言溂中者,比諸白傅吟詩,老嫗都解可也。爰書數語,以弁其首。"按,"戊午"即嘉慶三年。

《輞川樂事》一齣,演唐王維歸隱山林,值良辰美景,攜夫人游竹里館,即興將新近譜成之春夏秋冬四闋琵琶曲次第奏來,與夫人共樂。

《新調思春》一齣,演春宵夜永,某氏姐妹二人同至窗前賞月。姐因夫遠游未歸,拈香拜月,祈求夫妻早日團聚。妹見狀牽動思春之念,與丫環春蘭、秋菊輪流吟唱以解情懷。

《中國古籍善本書目》著錄,中國國家圖書館有藏,作二卷,又較是本多出《潯陽詩稿》一卷、《西調》一卷、《小曲》一卷。

3015　清道光刻本回春夢　　T5707/3849

《回春夢》二卷《雲庵遺稿》二卷,清顧森撰。清道光三十年(1850)刻本。四冊。半頁九行二十字,四周雙邊,下黑口,單魚尾,書眉上刻評。框高18.2釐米,寬13.3釐米。題"古吳顧森雲庵氏編;長安王元長南圃氏評;外孫楊坊立甫氏訂;孫宜陽東皋氏校"。前有道光十九年(1839)王元長序,顧森自序,嘉慶四年(1799)張寶樹序,闕名序;張鳳詔、王承曾、唐階、王兆榮、浦銑、鮑標、李承范、吳球、李炎、丁鳴玉、王延照、王筠、楊生芃題詞;道光三十年楊坊撰《雲庵先生傳》;《遺稿》前有道光三十年楊坊序;又武廷選、童顏舒等題詞。

顧森,字廷培,一字錦柏,號雲庵,江蘇長洲人。少穎悟,因貧廢學。授北直涿鹿尉。後代州牧受過,謫西安,安置役裯。壽逾古稀,杜門謝客,足不出閭門,手不釋書卷。又有《見聞新集》、《旗亭集》、《雲庵雜錄》等。

此傳奇通本情節,全寫作者半生之際遇。《續修四庫全書總目提要(稿本)》云:"劇中主人,即作者本人,而姓名亦未稍隱變,實傳奇中別開生面之作。至於梨園,尚未見有爨弄者也。"

卷上第一齣《旅嘆》,第二齣《入夢》,第三齣《獵遇》,第四齣《強贅》,第五齣《就試》,第六齣《驚艷》,第七齣《邊警》,第八齣《踵求》,第九齣《眷聚》,第十齣《議邊》,第十一齣《出守》,第十二齣《閨戲》;卷下第十三齣《祭掃》,第十四齣《諱敗》,第十五齣《擊奸》,第十六齣《游湖》,第十七齣《召對》,第十八齣《守城》,第十九齣《破敵》,第二十齣《掃穴》,第二十一齣《奸敗》,第二十二齣《功封》,第二十三齣《出夢》,第二十四齣《證道》。

顧森自序云:"《回春夢》何由而作也?傷余生平之命蹇也。余生自名邦,系出舊族,不幸纔開智識,家事多艱。未弱冠而孤,無片瓦立錐之業,人間辛苦,靡不備嘗。及長,爲稻粱謀,奔走四方,三入京華,後從事館閣,議敍授涿鹿尉,地屬天下繁難首區,日事於車塵馬足,刻無寧晷。然藉得微祿以養親,亦不之苦,兢兢業業,黽勉供職大吏,廁之薦剡,方以爲轉否爲泰矣。忽爲周牧事波及,削籍遠竄關中,煢煢孤旅,苦莫勝言。繼之眷屬來依,耕瘠地數畝,爲餬口計,育一男一女,喁喁相向,稍慰寂寥,又以爲轉否爲泰矣。無何,男四歲而夭,今膝下惟一弱女。考余一生之遭際,不知者必以爲短行險毒,故報應若此也。然余自問,生平實無纖芥之惡,此無他,天也,命也。天命既定,即有蓋世才、拔山力,奚能挽回?今老矣,髻毛如雪,齒牙摇落,心如槁木,無能爲矣。然悒鬱之氣,猶耿胸次,因思天意既不可回,好夢或可得乎?夢者,意也。意之所及,即屬夢矣。夢之所成,即爲真矣。此《回春夢》之所由作也,藉此一消胸中之塊壘,其工拙不及計也。又嘗讀諸家傳奇,談忠孝者必涉迂闊,談蘊藉者必涉放蕩,文者無武功,武者不能明吏治,余故兼而收之,以悦觀者之目,非敢自矜也,閱者諒之。"

《遺稿》爲《遺詩》一卷、《遺文》一卷。《遺詩》計六十三首,《遺文》十九篇。

此本有扉頁,刻"回春夢傳奇。庚戌冬月。三鱸堂藏板"。"雲庵遺稿。庚戌冬月。三鱸堂藏板"。

《續修四庫全書》未收。《續修四庫全書總目提要(稿本)》著録。《古本戲曲劇目提要》於内容釋解甚詳。《中國古籍善本書目》未著録。

3016　清抄本新編西川圖

T5696/1260

《新編西川圖》二卷,清闕名撰。清咸豐九年(1859)抄本。一册。半頁九行二十六字。無序跋。

此劇演劉備入吳招親事。卷上第一齣《開場》,第二齣《參議》,第三齣《請宴》,第四齣《設計》,第五齣《別吳》,第六齣《允姻》,第七齣《回允》,第八齣《別荆》,第九齣《抵南》,第十齣《揚名》,第十一齣《拜喬》,第十二齣《報喜》,第十三齣《報信》,第十四齣《請宴》,第十五齣《請觀》,第十六齣《觀婿》,第十七齣《完婚》,第十八齣《問計》。卷下第十九齣《賞月》,第二十齣《入宫》,第二十一齣《訴荆》,第二十二齣《告母》,第二十三齣《報逊》,第二十四齣《稟母》,第二十五齣《追劉》,第二十六齣《退兵》,第二十七齣《過江》,第二十八齣《報周》,第二十九齣《氣周》,第三十齣《酬勞》。

金鑲玉裝。封面書"咸豐玖年拾月貳拾六日就赴"。

《曲海總目提要》卷三二有《錦繡圖》(一名《西川圖》),演劉備及諸葛亮謀取西川事,非此本。《古典戲曲存目彙考》卷一三云:"此戲未見著録。鈔本。吳曉鈴云:《西川圖》,余曾見二本,一在中國戲曲學院,演劉備入吳招親事。一在故宫,衍劉備入蜀事。"又《續修四庫全書總目提要(稿本)》云:"未題撰人名氏。考明代戲曲選集及談曲各書,均不及此劇,當非明人舊本。惟錢德蒼《綴白裘初集》卷三録《蘆花蕩》一齣,題曰'西川圖',按即此劇第二十九《氣周》齣,可知乾隆時此劇已傳唱梨園,則成書時必在乾隆以前,殆出於清初人之手。此劇凡三十齣,衍三國時劉備於東吳招親故事,關目情節,大略取材於羅《三國志通俗演義》渲染而成。通本結構尚稱緊湊,曲詞賓白亦清利可誦。其中《氣周》一齣,乃割襲元人朱凱所作《劉玄德醉走黄鶴樓》雜劇之末折,梨園中至今盛演也。近世俗劇有《美人計回荆州》一齣,最稱流行,而情節穿插與此劇全然相合,蓋此乃俗劇之祖本耳。"

《中國古籍善本書目》未著録。

鈐印有"齊氏所藏戲曲小説印"、"高陽齊氏百舍齋存書之印"、"齊林玉世世子孫永寶用"、"如山過目"、"歌家世"、"□緑陰齋"。

3017　明萬曆刻本新鐫古今大雅北宮詞紀　　T5659/7977.2

《新鐫古今大雅北宮詞紀》六卷,明陳所聞輯。明萬曆三十二年(1604)刻本。六册。半頁十行二十字,四周單邊,白口,無魚尾,書眉上刻評。框高21.4釐米,寬13.8釐米。題"秣陵陳所聞藎卿粹選;陳邦泰大來輯次"。前有萬曆三十二年焦竑序,萬曆三十二年朱之蕃序;《凡例》四則;《古今品詞大旨》十則。

陳所聞,字藎卿,金陵人。諸生。工詩識曲。又有《蘿月軒集》。顧起元《客座贅語》"髯仙秋碧聯句"條云:"友人陳藎卿所聞亦工度曲,頗與二公相上下,而窮愁不稱其意氣。所著多冒他人姓氏,甘爲牀頭捉刀人以死,可嘆也!"

《北宮詞紀》兼採元明人作品,以元明間湯式及明陳鐸作品入選最多,前者多至四十八篇,後者亦達三十二篇。計收元人一百二十六家,明人八十家。

焦竑序云:"余友陳君藎卿,經子之暇,旁及樂律,其所撰造,業已無遜古人矣。復閔今昔名篇日就湮没,洒銓擇其合作,哀而錄之,用示同好。"

朱之蕃序云:"北曲昉自金元,摹繪神理,殫極才情,足抉宇壤之秘。逮至國朝作者,無慮充棟,大都音節既乖,鄙俚復甚。試觀《雍熙樂府》等刻,囊括雖多,然合典刑者纔什一耳,至有三、四名家,又未具載,不佞惜焉。同社陳藎卿氏,慨慕勝國諸君子遺風新聲,力追大雅,凡古今詞嫺,而法不失矩矱者,悉采入梓,成若干卷,命曰《詞紀》。"

其《凡例》第四則:"原律,一十七宮調,今所傳止黃鍾、正宮、大石調、小石調、仙吕、中吕、南吕、雙調、越調、商調、商角調、般涉調,十有二耳。兹集悉分門類,而類中又依上宮調爲次,元人情詞,較他類十分之七,故紀選獨多。"

《四庫全書總目》未收。《中國古籍善本書目》著録,中國國家圖書館、上海圖書館等五十七館亦有入藏(作明萬曆三十二年陳氏繼志齋刻本)。臺北"國家圖書館"(四部,作明萬曆三十二年刻本)以及美國普林斯頓大學葛思德東方圖書館亦有入藏。

3018　明萬曆刻本新鐫古今大雅南宮詞紀　　T5659/7977

《新鐫古今大雅南宮詞紀》六卷,明陳所聞輯。明萬曆三十三年(1605)刻本。六册。半頁十行二十字,四周單邊,白口,單魚尾,書眉上刻評。框高21.6釐米,寬13.9釐米。題"秣陵陳所聞藎卿粹選;陳邦泰大來輯次"。前有萬曆三十三年俞彥序;顧起元賦;《凡例》七則。

是書多錄明人作品,在所有南曲套數小令之選本中,可說是刊行最早的一部。其最值得重視者,在於保存了一些以前從未有人注意搜集的明人散曲,尤其是明代南京或流寓南京文人之散曲。計元人二家,明人七十四家。

據《凡例》云:"所選有豪爽者、有雋逸者、有淒惋者、有詼諧者。總之,錦繡爲質,聲調合符,體貼人情,委曲必盡,描寫物態,彷彿如生,即小令數言,亦皆翩翩有致,以故絶與他刻不同。獨恨聞見未廣,望同志者續增之。"又云:"海内傳奇幾千百種,未能徧擇,兹先選散套,用公同好。"

俞彥序云:"同社陳藎卿氏,風流蘊藉,醉經之餘,時染神於樂府,取諸名家所傳中殼者,彙而成紀。"

《四庫全書總目》未收。《中國古籍善本書目》著録,上海圖書館、南京圖書館等五十二館亦有入藏(作明萬曆三十三年陳氏繼志齋刻本)。臺北"國家圖書館"(四部,其一爲原藏北平館者)及美國普林斯頓大學葛思德東方圖書館亦有入藏。

3019　明崇禎刻本秋水庵花影集　　　　　　　　　　　T5628/210

　　《秋水庵花影集》五卷,明施紹莘撰。明崇禎刻本。八册。半頁八行二十字,四周單邊,白口,無魚尾。框高19.3釐米,寬12.4釐米。題"華亭峰泖浪仙施紹莘子野父著"。前有陳繼儒序、顧乃大序、顧胤光序、沈士麟序、施紹莘自序;《雜紀》十一則。

　　施紹莘,字子野,自號峰泖浪仙,松江人。工詞曲。《詞綜》卷五引《青浦詩傳》云:"子野少負雋才,作別業於泖上,又營精舍於西佘,極煙波花藥之美。時陳眉公居東佘,管絃書畫,兼以名童妙妓,來往嬉遊,故自號浪仙。亦慕宋張三影所作樂府,著《花影集》行世。"

　　卷一至三爲樂府,卷四爲樂府、樂府小令,卷五爲詩餘。

　　陳繼儒序云:"夫曲者,謂其曲盡人情也。詩,人人可學,而詞曲非才子決不能。子野才太俊,情太癡,胆太大、手太辣、腸太柔、心太巧、舌太纖,抓搔痛癢,描寫笑啼,太逼真、太曲折。當其志敞意得,搖筆如風雨,強半爲旁人掣去。或寫素屛紈扇,或題郵壁旗亭;或流播於紅綃麗人、黃衣豪客之口,而猶未睹子野之大全也。今《花影集》一出,上至王公名士,下至馬卒牛童,以及鷄林象胥之屬,皆咄咄吁駭,想望子野何如。人購善本,換新聲,擲餅金斛珠,當不吝惜,豈特爲三夢四聲猿之畏友而已乎?"

　　顧乃大序云:"吾友施子野氏,嫻雅絶倫,風流自賞,夙稱博物,兼負情癡。既篆蠹以時親,復雕蟲之旁涉,新聲驚座,佳製盈笥,爰繕芸牋,命名《花影》。蓋以綵分江令,雪壓巴人,非關墨妙筆精,獨出騷心賦手。"

　　施紹莘自序云:"猶記十六七時,便喜吟咏,而詩餘樂府,於中爲尤多。十餘年來,費紙不知幾十萬,嘗貯之古錦囊,挑以筇竹杖,向桃花溪畔、杏樹村邊、黃葉丹楓、白雲青嶂,席地高歌一兩篇,雖不入譜律,亦復欣然。自喜山童騎黃犢,負夕陽而歸,亦令拍手和歌,喁於互答,因擇其聲之幽脆者,命歌工教以音律。於是花月下、香茗前、詩酒畔、風雪裏,以至茅茨草舍之酸寒、崇臺廣囿之弘侈、高山流水之雄奇、松龕石室之幽致、曲房金屋之妖妍、玉缸珠履之豪肆、銀筝寶瑟之縈魂、機錦砧衣之憎思、荒臺古路之傷心、南浦西樓之感喟、憐花尋夢之閒情、寄淚緘絲之逸事、分鞵破鏡之悲離、贈枕聯釵之好會、佳時令節之杯觴、感舊懷恩之涕淚,隨時隨地,莫不有創譜……適有客至,倚杖與語。客曰,向聽爾詞,耳根快矣,獨不可使眼根亦受用乎?請授梨棗,使世間有眼人飽看一回也……乃私授剞劂。"

　　陳繼儒序書口下刊"金泰卿寫刊"、卷一第一頁書口下刊"金泰卿寫"。

　　《四庫全書總目》入集部詞曲類存目。《四庫全書總目》云:"是集前三卷爲樂府,後二卷爲詩餘,多作於崇禎中,大抵皆紅愁綠慘之詞,所謂亡國之音哀以思也。"其分卷和此本不同。《中國古籍善本書目》著録。上海圖書館、天津圖書館等二十五館,臺北"國家圖書館"及日本内閣文庫亦有入藏。

3020　明崇禎刻本新鐫出像點板怡春錦曲　　　　　　　T5665/4642

　　《新鐫出像點板怡春錦曲》六卷,題明冲和居士輯。明崇禎刻本。十六册。半頁九行二十字,四周單邊,白口,無魚尾。框高 21.4 釐米,寬 13.5 釐米。題"冲和居士選"。前有夏之日序。

原名《新刊出像點板纏頭百練》。分禮、樂、射、御、書、數六集,爲戲曲、散曲選集。戲曲部分選録各傳奇中若干單出,并加點板。

刻工有洪國良。有圖,較精。

《四庫全書總目》未收。《中國古籍善本書目》著録,中國科學院圖書館有全帙,中國國家圖書館、上海圖書館所藏皆殘帙。臺北"國家圖書館"亦有入藏(爲原北平圖書館者)。

鈐印有"栩園藏書",又有"齊林玉世世子孫永寶用"、"高陽齊氏百舍齋存書之印"、"齊氏所藏戲曲小説印"、"齊如山"。

3021　明崇禎刻清順治重修本度曲須知　　T5658/3132

《度曲須知》二卷《絃索辨訛》三卷,明沈寵綏撰。明崇禎十二年(1639)自刻清順治六年(1649)沈標重修本。四册。半頁八行二十二字,四周單邊,白口,無魚尾,書眉上刻評。框高 20 釐米,寬 11.6 釐米。題"松陵適軒主人沈寵綏君徵甫著"。前有崇禎十二年沈寵綏自序,顔俊彦序;《絃索辨訛》:崇禎十二年沈寵綏自序,順治六年沈標序;《凡例》四則。總目後刻"茂苑顧允升暘甫父、松陵張培道叔賢父較鐫"。又《絃索辨訛》有《凡例》十則並詞學先賢姓氏。

沈寵綏,字君徵,號適軒主人,吴江人。淵静靈慧,於書無所不窺,於象緯青烏諸學,無所不曉,尤醉心聲歌。

是書爲戲曲音樂論著。《度曲須知》共三十六章。首章曲運隆衰,着重探討南北戲曲聲腔之演變與發展,其餘各章均爲解説南北戲曲唱法,按平、上、去、入四聲,分別總結其出字、收音等各方面之經驗。舉例詳明,并採用表格及口訣,使讀者便於領悟。末二章則爲摘引魏良輔及王驥德之戲曲理論。當時戲曲界一意模仿魏之唱法,而又未得其門徑,故謬誤叢生。此書專爲糾正各種謬誤唱法而作。《絃索辨訛》則列舉元王實甫所作雜劇《西廂記》以及明代傳奇《千金記》、《焚香記》、《寶劍記》、《紅拂記》等劇中之十餘套曲詞,分別用符號注出其用北曲演唱時之字音及口法。此二種乃作者實際經驗之積累,并爲後來昆曲常用爲唱曲之依據。

《凡例》有云:"南詞向來多譜,惟絃索譜,則絶未有睹,所以辨訛一集,專載北詞。然南之謳理,比北較深。故是編論北兼論南,且釐權尤爲透闢。覽者寧以附列絃索譜之後,遂謂無關南曲,而草草閲過可乎。"

沈寵綏序云:"吾吴魏良輔,審音而知清濁,引聲而得陰陽,爰是引商刻羽,循變合節,判毫杪於翕張,别玄微於高下,海内翕然宗之。顧駕鴦繡出,金針未度,學者見爲然,不知其所以然。習舌擬聲,沿流忘初,或聲乖於字,或調乖於義。刻意求工者,以過泥失真;師心作解者,以臆斷遺理,予有嘅矣。小愡多暇,聊一拈出,一字有一字之安全,一聲有一聲之美好,頓挫起伏,俱軌自然,天壤元音,一綫未絶,其在斯乎!其在斯乎!"

顔俊彦序云:"嘗見其稽韻考譜,津津不置,遇聲場勝會,必精神寂寞,領署入微。某音戾、某腔乖、某字吸呼協律,即此中名宿,靡不心媿首肯。迄今推敲久之,成《度曲須知》、《絃索辨訛》兩書,採前輩諸論,補其未發,釐音權調,開卷了然,不須更覓導師,始明腔識譜也。"

沈序又云:"南曲向多坊譜,已略發覆,其北詞之被絃索者,無譜可稽。惟師牙後餘慧,且北無入聲,叶歸平上去三聲,尤難懸解。以吴儂之方言,代中州之雅韻,字理乖張,音義逕庭,其爲周郎賞者誰耶? 不揣固陋,取中原韻爲楷,凡絃索諸曲,詳加釐考,細辨音切,字必求其正聲,聲必求其本義，庶不失勝國元音而止。若夫按節諧聲，潛氣內轉，清音外激，抑揚變化，此自存乎其人。況予不能詞而欲盡詞之妙，不能歌而欲窮歌之奧，多見其不知量也。惟是生於吳，習於吳，不啻衆楚之咻，聊以是爲莊嶽假途則可矣。"

沈標序云："標幼侍先君子，側聞緒論，每嘅正始淪缺，而詞曲宮調猶存，復古之功，端在於斯。顧北曲九宮十三，則皆總章北里遺音。元人珂筆者，多素嫻律呂，妙協宮商。南之九宮，原不入調，詞人按腔就板，牽合尤甚，故釐正以北爲首。恒病摛詞者，類不解律，而按曲者又不識字，爰著《度曲須知》，爲詞家秉金科；《絃索辨訛》，爲時師懸玉律。二書成，天下始知有聲音之正，事豈微眇哉！先君子讀書，賞音雅，有神解。嘗得檇李陳子《四聲經緯圖》，爲之反覆紬繹，以韻儷母，適得翻切天然諧合之妙，雖爲此圖者，亦未能洞曉本末至此也。乙酉歲，手著《中原正韻》一書，未竣，會避兵搶攘，齎慎永背，於乎恨哉！予小子慧業復短，精微莫究，洊遭燹餘，手澤僅存，恐久遂湮沒，讀禮之暇，稍稍捃拾散亡，校理前緒。"

此本有扉頁，刊"度曲須知。桂森齋注釋。附絃索辨訛。松陵本衙藏板"。

金鑲玉裝。《絃索辨訛》卷三第二十四頁至三十六頁抄配。

《四庫全書總目》入集部詞曲類存目。《中國古籍善本書目》著錄，中國國家圖書館、遼寧省圖書館等十二館有全帙。臺北"國家圖書館"及日本尊經閣文庫亦有入藏。

鈐印有"苟操之印"、"介石"。又有"齊林玉世世子孫永寶用"、"齊氏所藏戲曲小說印"、"高陽齊氏百舍齋存書之印"。

3022　清雍正刻本廿一史彈詞注

T5728/4298

《廿一史彈詞注》十卷，明楊慎撰，清張三異增定，清張仲璜注。《明紀彈詞注》一卷，清張三異撰，清張仲璜注。清雍正五年(1727)刻本。十二册。半頁十一行二十一字，四周單邊，綫黑口，單魚尾。框高17.6釐米，寬13.3釐米。題"成都楊慎用修編著；漢陽張三異禹木增定；男仲璜別麓注；伯琮鶴湄訂；叔珽鵠巖參；孫坦含坤章、坦麟畫臣、坦驄青御、坦熊男祥全校"。前有天啟三年(1623)宋鳳翔序，雍正五年張坦麟序；張仲璜撰《凡例》十三則；張三異《明紀彈詞序》；康熙四十九年張仲璜《彈詞注序》。

楊慎，字用修，號升庵，四川新都人。舉正德六年殿試第一，授翰林修撰。世宗時，謫戍雲南永昌。明世記誦之博、著作之富，推慎爲第一。詩文外，雜著至一百餘種。

張三異，字禹木，湖北漢陽人。順治六年進士。爲政多奇績，有古良吏之風。言論謇直，顧且庵目爲暑月懷冰，懍懍有霜氣。

張仲璜，字別麓，湖北漢陽人。三異子。

此書亦名《史略詞話》，卷以段分。先之以聲歌，繼之以敘說。第一段總說，第二段說三代，第三段說秦漢，第四段說三分兩晉，第五段說南北史，第六段說五胡亂華，第七段說隋唐，第八段說五代史，第九段說宋遼金夏，第十段說元史。

張仲璜所注，乃承三異之命，"按詞注解，考證詳晰，如四書之有集注，讀者源委悉明，講者尋繹不倦，俾一部廿一史，從容漸漬，淹貫於胸，中所記約，而所通博，是詞之有功史學。"

張仲璜序云："升庵彈詞，揉全史爲十段，采用宏博。大人續補明詞，並驅不朽。倘蒐羅未廣，考核未詳，遽登梨棗，貽笑通儒，非大人所以命璜之意也，敢請緩之。先子曰：然。古人十年而成一賦，注書豈厭詳慎，汝其勉之。余唯唯而退。由是篝燈起稿，繙閱群書，根究事蹟，悉其原委,歷寒暑而注幾成,可以梓矣。而未遽梓者,不敢謂已得古人之旨也,故曰不欲梓者,余之心也。嗣是歸里,暇日猶數易稿,請正先大人。大人命匠計工,亟圖授梓。緣辛酉以前,余事制舉藝,未得全力搜討,及于役梧江,飽繫雞肋,校讎無人,授梓之意終不果,而先子遂於辛未見背矣。徒跣奔旋,雞骨支床,潦倒疾病,諸事俱廢,遷延又十九載。今自顧鬚髮霜盈,桑榆影逼,倘過此不能付梓成書,懼無以見先人於地下。""余不才,去古人何啻天淵,而其不忍忘先人之心,與先人望予之心則一也。乃今閱三十七年,而始謀授梓。"

張坦麟序云:"先王父汲古嗜學,於書無所不讀,尤邃於史。簿書之暇,手不停披,宦游所至,未嘗不以全史自隨。生平訓子弟,必援據史傳,舉古忠臣孝子以爲法。嘗謂升庵先生《彈詞》一書,言簡而義該,其入人也深,其感人也易,一唱三歎,有遺音者矣。顧其書終於元末,間采明紀,續勒成編,猶恐讀之者之習其詞而遺其事,聆其聲而昧其義也,命先君子博採羣書,合正續二編,細加注釋,片言必揭其詳,軼事必探其要,夫而後人人可讀彈詞,不啻人人與讀全史矣。書成,藏弆家塾者三十年,先君子解組歸里,檢閱刊行,江漢人士珍賞同心,購求者如布帛菽粟焉。坦麟奉使兩淮,重授之梓,敢云肯構,亦使先人津逮後學一片苦心,差共質於海内也。"

《凡例》云:"彈詞止於元末,其《明紀彈詞》一書,係先子乙卯於武林續著,因時近事繁,不比往古,概可簡略,故詞務精詳。璜謹注釋成卷,綴於十段詞後,亦爲一段分作上下兩卷。奈《明史》尚無成書,祇據《明紀編年》、《崇信錄》、《鴻猷錄》、《史竊》、《通紀》、《廣彙》、《紀事本末》、《昭代紀略》、《歷代小史》諸書,採用成詞,恐歷朝頗多缺略,是非或有謬誤,尚希鴻筆駁正,是則彈詞之幸,而璜與先子之厚望也。"

《清代禁燬書目》、《清代禁書知見錄》著録此書,但爲孫德威(成)注本。

《續修四庫全書總目提要(稿本)》著録。《中國古籍善本書目》著録,河南省圖書館、廣東中山圖書館等九館也有入藏。按,上海圖書館藏有張仲璜注此書之稿本,有顧廷龍録葉景葵跋,存三卷,爲南北朝一卷、隋唐一卷、後五代一卷。

3023　明刻本巍巍不動太山深根結果經　T5726/6132.5

《巍巍不動太山深根結果經》一卷,明羅清撰。明刻本。一册。經摺裝。每紙五折,每折四行十三字,上下雙邊。框高29.5釐米。

此亦羅氏五部六册之一種。前有扉畫、碑牌,末缺韋馱像。扉畫前有牌記:"計開五部六册字數:苦功字壹萬貳伯肆字,嘆世字壹萬壹千玖伯壹字,上册字壹萬貳千伍伯柒拾壹字,下册字壹萬陸伯貳拾陸字,正信字壹萬陸千肆拾柒字,太山字壹萬肆千壹伯玖拾捌字。通共字柒萬伍千伍伯肆拾柒字。"書衣簽題"巍巍不動太山深根結果寶卷"。

此卷共二十四品,即:劫量退道苦不可説品第一、君子人悔前小人悔後品第二、這紗法不着無量大福遇不着品第三、一字流出萬物的母品第四、那個有壞那個不壞品第五、先有本來面目後有天地品第六、自家真身不認一包膿血肯認品第七、未曾初分天地先是現成品第八、萬物都有壞自有一個不壞品第九、但有執着牽連不自在品第十、那是大道那是警法品第十一、歸家人不知在何處細説便知品第十二、自家人身無諸病苦品第十三、自家人身愚癡不信品第十四、踏不着實地自説大病品第十五、行的巍巍不動深根品第十六、未曾初分無極太極雞子在先品第十七、迷人不敢承當現成的品第十八、習神通障道品第十九、不知家鄉無邊好事退道品第二十、既無好事帝王將向歸家品第二十一、迷人説未到古人田地自家就是品第二十二、流浪家鄉受苦品第二十三、受持神鬼耳報知人好來知人歹來品第二十四。

第二十四品末有云："俗家住在山東萊州府即墨縣豬毛城成陽社牢山居住，祖輩當軍密雲衛古北口司馬臺悟靈山江茅峪居住。我爲出家在家、四衆菩薩，打七煉魔，苦行無處投奔，發大好心，開五部經卷，救你出離生死苦海，永超凡世不回來。"下列五部經典名，此羅祖自述其籍貫及著作。

《中國古籍善本書目》集部曲類著録《巍巍不動太山深根結果寶卷》，一爲明萬曆元年刻本，青島市博物館藏；一爲明刻本，湖州市博物館藏。《中國寶卷總目》著録公私所藏明、清刻本數種，存世皆稀。

3024 清初抄本巍巍不動太山深根結果經 T5726/2212

《巍巍不動太山深根結果經》一卷，明羅清撰。清初抄本。一册。經摺裝，四行十三字，上下雙邊，框高29釐米。

無扉畫、碑牌及韋馱像。書衣簽題"泰山深根寶卷"。

3025 清康熙刻本苦功悟道經 T5726/6132.4

《苦功悟道經》一卷，明羅清撰。清康熙三十七年（1698）刻本。一册。經摺裝。每紙五折，每折四行十三字，上下雙邊。框高28.5釐米。

此亦羅氏五部六册之一種。前有扉畫，並碑牌三，內容與《嘆世無爲經》同。末有韋馱像。書衣簽題"苦功悟道寶卷"。

此經由第一參至第二十參，述羅祖發心修道至開悟的過程。如第一參云："嘆人身，不長遠，心中煩惱。父母亡，一去了，撇下單身。"第三參云："連忙去，拜師傅，不離左右。告師傅，說與我，怎麼修行。拜多時，不肯說，心中煩惱。求半年，我師傅，纔發慈心。"以下皆述其經歷及參悟歷程。

此本卷前有明正德十三年（1518）衆信讚語，包括翰林院中書鹿城王秉忠、僧録司左善逝文奈、武當山靈應觀道士抱一子陳守陽、尚衣監太監單玉、騰驤左衛左所正千户李敬祖、府學生員何仲仁之讚語，末署"正德戊寅歲四月初八佛誕吉日衆信虔誠沐手焚香拜讚"。卷末有"康熙戊寅孟春校證重刊"，並牌記云："祖意一堂，總計字數七萬四千二百六十五字，新板刊在家經舖內，有大字參際是新板，無有大字參際是舊板。"

按，羅清撰五部六册，因太監及當朝大臣支持，得以進呈正德帝，由官方印行。此本正德十三年讚語諸人，包括翰林院中書、尚衣監太監等，正反映當時狀況。如王秉忠讚云："釋道樂善士，翁德利諸方。文成三教典，卷集五函裝。言言真見諦，句句不無常。凡閱聞法者，無不讚公良。"單玉讚云："羅翁賢善士，苦行利群蒙。文集卷五部，德施四方人。貝葉三藏典，篇簡五千文。祝延明聖壽，普佑世間民。"陳守陽讚云："儒道釋文本一同，羅翁苦行度群蒙。"李敬祖讚云："善士羅道，累用積行。"此本有康熙三十七年刊記，當據正德原本重刊者。

《中國古籍善本書目》集部曲類著録此書，一爲明萬曆四十二年瓜洲倪雲臺經房刻本，南通市圖書館藏；一爲明刻本，湖州市博物館藏。《中國寶卷總目》著録此書明刻本數部，多爲萬曆間刊本，其所著録之中國國家圖書館藏正德四年原刊本及湖州市博物館藏正德十三年刊本，恐有不確。又著録前蘇聯列寧圖書館所藏清康熙三十七年重刊本,或即此本。

3026　明刻本嘆世無爲經　5726/6132.3

　　《嘆世無爲經》一卷,明羅清撰。明刻本。一册。經摺裝。每紙五折,每折四行十三字,上下雙邊。框高 29.8 釐米。

　　羅清,又名因,尊稱羅祖、羅大士、無爲居士等,山東即墨人。生於明正統八年(1443),卒於嘉靖(1527)六年。幼失父母,青年從軍,好佛、道,曾苦心參悟。著有《羅祖五部經》五部六册,包括《苦功悟道卷》、《歎世無爲卷》、《破邪顯正鑰匙卷》、《正信除疑無修證自在寶卷》、《巍巍不動泰山深根結果寶卷》五種,得正德帝支持,被封"無爲宗師",其書亦得官方刊行。倡"真空家鄉,無生父母",信徒弟子衆多,稱"無爲教",又稱羅教、羅祖教,後遭查禁。

　　此即羅氏五部六册之一種。前有扉畫,並碑牌三,一爲"皇圖永固,帝道遐昌。佛日增輝,法輪常轉";一爲"皇帝萬歲萬萬歲";一爲御製"六合清寧,七政順序。雨暘時若,萬物阜豐。億兆康和,九幽融朗。均躋壽域,溥種福田。上善攸臻,障礙消釋。家崇忠孝,人樂慈良。官清政平,訟簡刑措。化行俗美,泰道咸亨。凡序有生,俱成正果"。末有韋馱像。書衣簽題"嘆世無爲寶卷"。

　　此寶卷旨在宣講無爲教教義,開卷即云:"無邊的虛空,是無極身。大千世界,總是虛空。安住大千世界,總是無極化體。人人本來面目,真無極圓身。裏外相連太虛空,虛空原是無極身。"次爲"開經偈"。正文分第一際至第十九際,皆三言、四言及七言韻語,末附"嘆世警浮清音之詞"。

　　《中國古籍善本書目》集部曲類著録《嘆世無爲卷》明刻本一種,首都圖書館、湖州市博物館藏。《中國寶卷總目》(車錫倫著,臺北"中央研究院"文哲所籌備處 1998 年版)著録此書明正德四年(1509)原刊本,云中國國家圖書館、湖州博物館藏。經查《北京圖書館古籍善本書目》未著録此書,據國家圖書館網上目録,知其藏有此書明萬曆刻本一部,四行十三字;明刻本一部,行款不詳。《中國寶卷總目》著録"正德四年原刊本"者恐不確。日本澤田瑞穗《增補寶卷の研究》(東京,國書刊行會,昭和五十年)著録有明萬曆四十三年南京三山街第一家經房胡仰山刻本。

3027　明刻本破邪顯證鑰匙經　T5726/6132

　　《破邪顯證鑰匙經》二卷,明羅清撰。明刻本。二册。經摺裝。每紙五折,每折四行十三字,上下雙邊。框高 29.4 釐米。

　　此亦羅氏五部六册之一種。兩册前皆有扉畫及碑牌,末有韋馱像。其中上册之扉畫與下册之扉畫、碑牌、韋馱像,同館藏《嘆世無爲經》爲相同書板。上册之碑牌及韋馱像則爲另一板木,其中御製"六合清寧"牌末句作"俱成佛果"。

　　此經共二十四品。卷上爲:破不論在家出家辟支佛品第一、破四生受苦品第二、破悟道末後一着品第三、破覽集方便修三十三天諸天品第四、破三寶神通品第五、破禪定威儀白蓮無相天品第六、破十樣仙品第七、破覽集金剛經科儀布施咸悟菩提重辯重徵豈識覺性品第八、破受戒品第九、破無修證傀儡金剛經四果羅漢人天往返輪王十善化道品第十、破釋迦輪王多寶三貌菩提品第十一。卷下爲:破大顛無垢無佛無人無修證人法雙忘品第十二、破念經念佛信邪燒紙品第十三、破出陽有爲法定時刻廻品第十四、破道德清静經品第十五、破六道四生品第十六、破稱讚妙法品第十七、破涅槃經十住菩薩墮地獄覽集持戒懺悔殺生不學大乘法無吐唾地品第十八、破行雜法墮地獄品第十九、破念經品第二十、破無上妙法血脈論行壇品第二十一、破達磨血脈論品第二十二、破大道無一物好心二字品第二十三、破乾坤連環無盡品第二十四。

《中國古籍善本書目》子部釋家類末附此書,爲明萬曆四十年刻本,山東大學圖書館、青島市博物館藏,僅存卷上。《中國寶卷總目》著録此書明正德四年(1509)原刊本,云中國國家圖書館及日本吉岡義豐藏。經查《北京圖書館古籍善本書目》未著録此"正德四年"刻本。據國家圖書館網上目録,知其藏有此書明萬曆刻本兩部,一爲萬曆十三年(1585)刻本,四行十三字;一爲萬曆二十三年(1595)刻本,四行十四字。《北京大學圖書館藏古籍善本書目》著録明萬曆刻本。《中國寶卷總目》又著録有明萬曆二十五年、四十年、四十三年及清康熙十四年、三十七年等數種刻本,存世皆稀。

館藏又一部(T5726/6132/C2),上册與此本爲相同版本,缺扉畫。下册行款同此本,但版刻有異,爲另一種明刻本,其卷前亦缺扉畫,而卷末韋馱像又與此本下册之韋馱像爲相同版刻。

3028 明刻本正信除疑無修證自在經 T5726/6132.2

《正信除疑無修證自在經》一卷,明羅清撰。明刻本。一册。經摺裝。每紙五折,每折四行十三字,上下雙邊。框高29.7釐米。

此亦羅氏五部六册之一種。卷前扉畫、碑牌、卷末韋馱像,與《嘆世無爲經》等爲相同版刻。書衣籤題"正信除疑無修證自在寶經","經"字爲另紙粘貼,覆蓋原"卷"字。

此經分二十五品,即:諸惡趣受苦熬大劫無量品第一、嘆人生不常遠品第二、往生净土品第三、尚衆類得正法歸家品第四、無極化現度衆生品第五、化賢人度衆生品第六、飲酒退道殺生品第七、蓋古人錯答一字品第八、執相修行落頑空品第九、虚空架住大千界品第十、捨身發願度人品第十一、先天大道本性就是品第十二、布施品第十三、快樂西方人間難比品第十四、報恩品第十五、本無嬰兒見娘品第十六、本無一物性在前品第十七、拜日月邪法品第十八、彌勒教邪氣品第十九、西方净土人人有迷人不知往西求品第二十、不執有無心空品第二十一、不當重意品第二十二、行雜法疑病品第二十三、安心品第二十四、明心了潔品第二十五。其中第十八、十九品指斥白蓮教、彌勒教、懸皷教爲邪法、邪宗,有"白蓮燒紙是邪宗,哄的大衆錯用心"等語。

《中國古籍善本書目》未收此書。《中國寶卷總目》著録有明正德四年刻本、明萬曆刻本、清康熙三十七年刻本等,皆稀見,其正德四年刻本著録爲中國國家圖書館、傅惜華、吉岡三家藏。按,《北京圖書館古籍善本書目》未著録此書,國家圖書館網上目録有此書明刻本一部及明萬曆十三年刻本一部。澤田瑞穗《增補寶卷の研究》記吉岡義豐所藏正德四年刻本,稱原刊本卷端龍牌御製文末有正德四年刊記,又云吉岡藏本已於戰後歸國時散佚。此類寶卷傳世極稀,正德原刊本是否尚存世,有待詳考。即此明刻本,亦極難得,未知國家圖書館所藏明刻本是否與此爲相同版本。

3029 明刻本姚秦三藏西天取清解論 T5726/4514

《姚秦三藏西天取清解論》一卷。明刻本。一册。經摺裝。四行十三字,上下雙邊。框高

29.1釐米。

無扉畫、碑牌,僅韋馱像一頁,卷末殘闕。

此卷首云:"無上甚深微妙法,百千萬劫難遭遇。我今見聞得受持,願解如來真實意。將古正尊清静論解,論講以前無佛無法、無天無地,上下是個玄虛空,寸絲皆無將甚明佛大意,理性根源從根至本,細説一遍。"卷中有云:"若得省,本來面,無極根本。繞是實,爲真正,出世之人。""自己光,滿十方,皆同一體。參透了,無爲法,不滅不生。""本無古,本無今,無新無舊。清静身,無二法,一體虛空。"等等,屬無爲教之作。

澤田瑞穗《增補寶卷の研究》之《羅祖の無爲教》中提到:"萬曆乙卯本《太山卷》末尾附刻一行云'姚秦三藏西天取清静解論隨經在堂'。此論未見,但《破邪詳辨》卷二將此書與《嘆世卷》、《破邪卷》等一同著録,並摘録其'風不能刮、雨不能淫、火不能燒、水不能淳、刀不能砍、箭不能穿'之句。或爲羅什《金剛經》之解論。此書究屬羅祖著述,或爲其弟子著述,雖尚無明證,但可能爲後者……'隨經在堂'應當是書板藏在堂上之意。此論或爲羅祖某位弟子信徒所作,在五部六册之後刊行者。"

《中國古籍善本書目》未收。《中國寶卷總目》著録公私所藏此書明萬曆刻本及清初刻本數部,皆稀見。

3030 清乾隆刻本綴白裘新集合編　　T5665/1408

《綴白裘新集合編》二十四卷,清錢沛思輯。清乾隆三十五年(1770)寶仁堂刻本。二十四册。有圖。半頁九行二十字,左右雙邊,白口,單魚尾。框高16.3釐米,寬10釐米。前有乾隆三十五年程大衡序。《二編》前有乾隆二十九年(1764)李宸序。《三編》前有乾隆三十一年(1766)許仁緒序。《四編》前有乾隆三十一年陸伯焜序。《五編》前有乾隆三十三年(1768)沈瀛序。《六編》前有乾隆三十五年葉宗寶序。

錢沛思,字德蒼。乾隆時人。里居事蹟不詳。

此書彙集元明清三代之傳奇,以悦世人之心目,書名取百狐之腋,聚而成裘之意。書計六編,每編四集,分別以風調雨順、海宴河澄、祥麟獻瑞、彩鳳和鳴、清歌妙舞、共樂昇平集之,所選俱乾隆時梨園盛行之劇。

《初編》風集:開場、牧羊記、金鎖記、三國志。調集:邯鄲夢、占花魁、牡丹亭、白羅衫、永團圓。雨集:琵琶記、西川圖、一文錢、爛柯山、翠屏山、焚香記、一棒雪。順集:荊釵記、水滸記、尋親記、後尋親、金印記。

《二編》海集:開場、琵琶記、精忠記、玉簪記、望湖亭、雙珠記。宴集:金貂記、鐵冠圖、長生殿、摘錦、紅梨記、兒孫福。河集:連環記、雁翎甲、爛柯山、昊天塔、倒精忠。澄集:鳴鳳記、繡襦記、西廂記、十五貫、荊釵記。

《三編》祥集:開場、鳴鳳記、荊釵記、摘錦、千金記。麟集:千鍾禄、翠屏山、金印記、水滸記、滿床笏。獻集:琵琶記、風雲會、彩毫記、白兔記、漁家樂。瑞集:白羅衫、浣紗記、紅梨記、虎囊彈、百順記。

《四編》彩集:開場、釵釧記、西廂記、彩樓記、鐵冠圖。鳳集:鳴鳳記、尋親記、牡丹亭。和集:琵琶記、義俠記、八義記。鳴集:連環記、荊釵記、玉簪記、繡襦記、雙官誥。

《五編》清集:開場、琵琶記、三國志、紅梨記、節孝記、兒孫福、精忠記。歌集:鳴鳳記、西樓記、鸞釵記、宵光劍。妙集：牡丹亭、人獸關、獅吼集、艷雲亭、清忠譜。舞集：祝髮記、釵釧記、爛柯山、風箏誤。

《六編》共集：開場、琵琶記、八義記、慈悲願、繡襦記、梆子腔。樂集：倒精忠、盤陀山、梆子腔、麒麟閣、萬里緣、幽閨記、梆子腔。昇集：長生殿、蝴蝶夢、梆子腔。平集：翡翠園、梆子腔、百順記。

程大衡序云："尤西堂以世界爲小梨園，《二十一史》爲一部傳奇，則大地豈非一戲場乎？原夫忠孝節義流芳，陰邪奸險遺臭，其善惡殊途，不啻霄壤，乃派定生旦丑净作勢裝妖之腳色也。人生富貴貧賤不同，夭壽窮通各異，然電光石火，終歸一夢，猶敷演悲歡離合，頃刻戲完之散場也。屈指勞生，應無百歲之期，名牽利綰，枉作千年之計。光陰彈指，玉走金飛，良晨美景無多，月夕花朝有限，莫惜追歡尋樂，何妨淺酌高歌。憑今弔古，感慨多燕趙；尋宮數羽，世不乏周郎。玩月主人向集《綴白裘》，錢子德蒼搜採復增輯一而二、二而三，今則廣而爲六，其中大排場，褒忠揚孝，實勉人爲善去惡，濟世之良劑也。小結搆，梆子秧腔，乃一味插科打渾，警愚之木鐸也。雅艷豪雄，靡不悉備，南絃北板，各擅所長，擷翠尋芳，彙成全璧。既可怡情悅目，兼能善勸惡懲，雖梨園之小劇，若使西堂見之，亦必以此爲一部《二十一史》也。"

此本有扉頁，刻"綴白裘新集合編。乾隆三十五年校訂重鐫。初集風調雨順、二集海宴河澄、三集祥麟獻瑞、四集彩鳳和鳴、五集清歌妙舞、六集共樂昇平。寶仁堂梓行"。"綴白裘新集二編。時興雅調。乾隆三十五年春鐫。金閶寶仁堂梓行"，鈐有"海宴河澄"木記。"綴白裘新集三編。時興雅調。乾隆三十五年春鐫。金閶寶仁堂梓行"，鈐有"祥麟獻瑞"木記。"綴白裘新集四編。時興雅調。乾隆三十五年春鐫。金閶寶仁堂梓行"，鈐有"彩鳳和鳴"木記。"綴白裘新集五編。時興雅調。乾隆三十五年春鐫。金閶寶仁堂梓行"，鈐有"清歌妙舞"木記。"綴白裘新集六編。時興雅調。乾隆三十五年春鐫。金閶寶仁堂梓行"，鈐有"共樂昇平"木記。

《續修四庫全書》第1779至1780册收有《重訂綴白裘新集合編》十二集，清錢德蒼輯。《續修四庫全書總目提要（稿本）》著錄。《中國古籍善本書目》著錄有《新鐫綴白裘合選》四卷，清康熙翼聖堂刻本，中國國家圖書館有殘帙，北京大學圖書館有全本，但未有此乾隆刻本。

鈐印有"朱照"、"吟川"、"竹内藏弆"、"賴山氏圖書記"。

3031　清康熙刻本重訂嘯餘譜　　T5575/2168

《重訂嘯餘譜》十一卷，明程明善輯。清康熙六十一年(1722)張氏刻本。九册。半頁九行二十字，四周單邊，白口，單魚尾。框高20.5釐米，寬14.6釐米。總目題"西吴張漢重校"。前有康熙六十一年張漢序，萬曆四十七年(1619)程明善序；《凡例》十一則。

程明善，字若水，安徽歙縣人。天啓中監生。

書中内容爲嘯旨、聲音數、律吕、樂府原題、詩餘譜、致語、北曲譜、中原音韻、務頭、南曲譜、中州音韻、切韻。

張漢序云："自新安程若水編緝《嘯餘》而後，廣陵散今不復作。余間取而論次之，集中如'玉川嘯旨'可以略焉不詳，至邵康節象數之言，與漢儒黄鍾九寸三分之説，以及樂府、詩餘、曲譜、音韻，各有斟酌，要必折衷群書，參以神明，字真句確而後即安。"

《四庫全書總目》云："其書總載詞曲之式，以歌之源出於嘯，故名曰《嘯餘》。首列嘯旨、聲音度數、律吕、樂府原題一卷；次詩餘譜三卷，致語附焉；次北曲譜一卷，中原音韻及務頭一卷；

次南曲譜三卷,中州音韻及切韻一卷。考古詩皆可以入樂,唐代教坊伶人所歌,即當時文士之詞。五代以後,詩流爲詞;金元以後,又流爲曲。故曲者,詞之變;詞者,詩之餘。原流雖遠,本末相生。詩不本於嘯,詞曲安得本於嘯,命名已爲不確。首列嘯旨,殊爲附會,其皇極經世,律呂樂府原題之類與詞曲,亦復闊絕。所列詞譜第一體、第二體之類,以及平仄字數,皆出臆定,久爲詞家所駁。曲譜所載,亦不及南北九宮譜之詳備,徒以通俗便用,至今傳之,其實非善本也。"

　　此本有扉頁,刻"瑞凝堂重訂嘯餘譜。嘯餘譜爲填詞金針,向來失傳,遂使宫商不協,清濁難分。瑞凝主人慨然重訂,既無郢書燕説之訛,亦無魯魚亥豕之弊,識者鑒諸。"鈐有"浙湖張氏藏板翻刻必究",又鈐有雙鳳圓形印。缺卷一〇之下。

　　《四庫全書總目》入集部詞曲類存目。《四庫全書存目叢書》第 425 册收入,底本爲北京師範大學圖書館所藏。《中國古籍善本書目》著録明萬曆刻本,中國國家圖書館、上海圖書館等十七館有全帙。又北京大學圖書館、清華大學圖書館、日本内閣文庫有清康熙刻本;中國人民大學圖書館有清康熙元年刻本,扉頁刻"苕城張府藏板"。

　　鈐印有"馮印離玉"、"敬南"、"冰雪净聰明"。

3032　清乾隆刻本太古傳宗琵琶調西廂記曲譜　　T6756/3247

　　《太古傳宗琵琶調西廂記曲譜》二卷《宫詞曲譜》二卷《絃索調時劇新譜》二卷,清湯斯質輯,清朱廷鏐、朱廷璋重訂。清乾隆十四年(1749)允禄刻本。十册。半頁九行二十字,四周雙邊,白口,單魚尾,書眉上刻批語,書口下有"西廂"兩字。高 21.7 釐米,寬 15 釐米。題"毗陵鄒金生漢泉、茂苑徐興華紹榮同閲;古吴朱廷鏐嵩年、松江朱廷璋龍田重訂"。前有乾隆十四年允禄序,乾隆十四年朱廷璋序,乾隆十四年朱珩序,康熙六十一年(1722)孫鵬原序,康熙六十一年湯斯質原序。末有乾隆十四年徐興華、朱廷鏐後序;《琵琶説》;《凡例》十一則;又《〈新譜〉凡例》七則。

　　湯斯質,吴人。無考。

　　《西廂記曲譜》卷上爲點絳唇:奇逢;粉蝶兒:假寓;斗鵪鶉:聯吟;新水令:鬧會;八聲甘州:解圍;粉蝶兒:請宴;五供養:停婚;斗鵪鶉:聽琴;點絳唇:傳情;粉蝶兒:窺簡。卷下爲新水令:踰牆;斗鵪鶉:問病;點絳唇:佳期;斗鵪鶉:巧辯;端正好:送别;新水令:驚夢;集賢賓:報捷;粉蝶兒:緘愁;斗鵪鶉:求配;新水令:還鄉。

　　《宫詞曲譜》卷上爲黄鐘宫,有醉花陰:赶蘇卿;醉花陰:賈仲明(賞燈);絳都春亭:雍熙樂府(月下聽琴);三十腔:雍熙樂府(慶壽);點絳唇:楊文奎(四時景);點絳唇:千金記(埋伏);聚八仙:投宿;賞花時:瀟湘八景;步步嬌:高東嘉(阻歡);望吾鄉:楊斗望(四景題情);春雲怨:雍熙樂府(慶壽)。中吕宫,有粉蝶兒:盛世新聲;粉蝶兒:千金記(點將);粉蝶兒:詞林摘艷(大十面);古調石榴花:關漢卿(閨思);粉蝶兒:貫酸齋(西湖十景);粉蝶兒:詞林摘艷;粉蝶兒:邯鄲記;好事近:高東嘉(春遊);瓦盆兒:鄭虚舟(閨怨)。越調,有喬合笙:綵樓記;繡停鍼:雍熙樂府(題木犀)。正宫,有端正好:楊彦華(春遊);端正好:詞林摘艷;端正好:王舜耕;端正好:詞林摘艷;端正好:雪訪;端正好:白仁甫(御溝紅葉);花藥欄:雍熙樂府。卷下南吕宫,有一枝花:詞林摘艷;一枝花:雍熙樂府;一枝花:高文秀;四塊玉:王實甫;青納襖:詞林摘艷;十樣錦:雍熙樂府;香遍滿:雍熙樂府。商調,有集賢賓:杜善夫;字字錦:高東嘉;梧桐樹:雍熙樂府。雙調,有新水令:詞林摘艷;新水令:關漢卿(憶別);河西六娘子:雍熙樂府;新水令:雍熙樂府;夜行船:瓵江樓(春遊);對美人:詞林摘艷。

《絃索調時劇新譜》卷上爲和首:小妹子;山坡羊:崔鶯鶯;四朝元:散曲;榴花好:來遲;柳穿魚:散曲;玉嬌枝:大王昭君;山坡羊:小王昭君;番掛枝;琵琶調;誦子:思凡;賞宮花:僧尼會;四邊静:花子拾金;駐雲飛:北蘆林。卷下爲新水令:醉楊妃;玉嬌枝:羅和做夢;玉芙蓉:紅梅算命;如夢令:金盆撈月;和音:曠野奇逢;和首:夏得海;宮詞:臨湖;和音:踢毬;駐雲飛:花鼓;和音:唐二別妻;歌頭:借靴;點絳唇:磨斧。

湯斯質原序云:"予不敏,少而從事歌,至晚益留心宮調。嘗將時下所行元音數曲核之,辨訛諸錄,不揣愚狂,逐加考訂,去句字之冗舛,正腔板之乖異,注譜一卷,用以自私。戊戌仲夏,適與顧子峻德相遇,閒窗論次,偶及《西廂》一劇,由來膾炙人口,惜乎爲好奇者删改,殊乖正格正音。近得《絃索辨訛》一書,曷不與六才子外書合參使其字,不厭襯句,不犯格音,必求其協,律調不可以溷腔,因復相與參核。譜成,全書彙爲兩帙,將以公諸同好,專祈斧正,非敢自鳴杼軸以矜人,亦不欲爲依樣葫蘆以自誤。"

朱玨序云:"溯元至今,如馮猶龍之《曲律》、王元美之《曲藻》並《南音三籟》、《太和正音》諸譜行世,皆各得其説。若夫絃索之譜,古今罕見,吳中湯子彬和、顧子峻德,並鍾期之知音,繼周郎之顧悞,嘗著《太古傳宗》一編,品法精良,卓越恒豁,按宮商配以合套,加工尺,晰其斷續,始於絃索立諸準繩。喜遇徐朱二子,復商榷增訂於内廷侍直之暇,謹呈莊親王殿下,仰蒙鑒賞,隨授剞劂。"

《凡例》云:"王實甫《北西廂》,諸家翻刻頗多,不能畫一,今從《六幻西廂》定本採訂。至各宮調、南北詞,皆從《雍熙樂府》、《北宮詞紀》、《詞林摘艷》、《盛世新聲》及諸傳奇善本考定。""工尺譜,前經湯彬和、顧峻德審定,至爲妥協。今因添换襯字之間平仄不甚叶處少爲更改,然亦不失其大概。餘者悉依舊譜。""譜中有一句作一兩頓而出全句者,如《西廂記》聯吟套内調笑令首句'我這里甫能,我這里甫能見娉婷'是也。蓋製調取其抑揚,非曲文體格應爾,閲者審之。""譜中曲文全套,間有與原本刻文字眼句讀不符者,蓋取其叶調爲工,不得拘拘於字句之短長也。""譜中另列闕文者,蓋止有單闋而無全套之謂也,如黄鐘宫之畫眉序、攀桂步蟾;宫雙調之錦上花、懶展星眸等類。其全套雖原本具載,而舊譜不存,是以工尺無從考補,故附諸卷末,以備參訂。"

金鑲玉裝。"玄"字避帝諱。

《四庫全書總目》未收。《中國古籍善本書目》著録,中國國家圖書館、上海圖書館、南京圖書館等十三館入藏。